Schwerpunktbereich Kaufmann/Hassemer/Neumann · Einführung in Rechtsphilosophie und Rechtstheorie der Gegenwart

Schwerpunkte

Eine systematische Darstellung der wichtigsten Rechtsgebiete anhand von Fällen
Begründet von Professor Dr. Harry Westermann †

Einführung in Rechtsphilosophie und Rechtstheorie der Gegenwart

herausgegeben von

Dr. Dr. h.c. mult. Arthur Kaufmann †
Prof. Dr. Winfried Hassemer
Prof. Dr. Ulfrid Neumann

mit Beiträgen von

Alfred Büllesbach, Günter Ellscheid,
Winfried Hassemer, Arthur Kaufmann †,
Ulfrid Neumann, Lothar Philipps,
Jochen Schneider, Ulrich Schroth

8., überarbeitete Auflage

Arthur Kaufmann †, 1923-2001, Dr. jur., Dr. h.c. mult.,
em. o. Professor für Strafrecht, Strafprozessrecht
und Rechtsphilosophie an der Universität München.

Winfried Hassemer, geb. 1940, Dr. jur.,
o. Professor für Rechtstheorie, Rechtssoziologie
und Strafrecht an der Universität Frankfurt/Main.

Ulfrid Neumann, geb. 1947, Dr. jur.,
o. Professor für Strafrecht, Strafprozessrecht,
Rechtsphilosophie und Rechtssoziologie
an der Universität Frankfurt/Main.

Übersetzung der 1. Auflage ins Japanische, 1979;
Übersetzung der 5. Auflage ins Spanische, 1992;
Übersetzung der 3. Auflage ins Polnische, 1985 (Auszug);
Übersetzung der 4. Auflage ins Chinesische, 1986 (Auszug);
Übersetzung der 5. Auflage ins Türkische, 1991 (Auszug);
Übersetzung der 5. Auflage ins Slowenische, 1994 (Auszug);
Übersetzung der 6. Auflage ins Portugiesische, 2002;
Übersetzung der 6. Auflage ins Chinesische, 2002.

Bibliografische Informationen der Deutschen Nationalbibliothek
Die Deutsche Nationalbibliothek verzeichnet diese Publikation in der Deutschen Nationalbibliografie; detaillierte bibliografische Daten sind im Internet über <http://dnb.d-nb.de> abrufbar.

Bei der Herstellung des Werkes haben wir uns zukunftsbewusst für umweltverträgliche und wiederverwertbare Materialien entschieden. Der Inhalt ist auf elementar chlorfreies Papier gedruckt.

ISBN 978-3-8114-9690-3

E-Mail: kundenbetreuung@hjr-verlag.de
Telefon: +49 89/2183-7928
Telefax: +49 89/2183-7620

© 2011 C.F. Müller, eine Marke der Verlagsgruppe Hüthig Jehle Rehm GmbH
Heidelberg, München, Landsberg, Frechen, Hamburg

www.cfmueller-campus.de
www.hjr-verlag.de

Dieses Werk, einschließlich aller seiner Teile, ist urheberrechtlich geschützt. Jede Verwertung außerhalb der engen Grenzen des Urheberrechtsgesetzes ist ohne Zustimmung des Verlages unzulässig und strafbar. Dies gilt insbesondere für Vervielfältigungen, Übersetzungen, Mikroverfilmungen und die Einspeicherung und Verarbeitung in elektronischen Systemen.

Satz: Gottemeyer, Rot
Druck: Beltz Druckpartner, Hemsbach

Vorwort

Die 7. Auflage dieses Buches war beim Verlag rascher vergriffen, als Herausgeber und Autoren dies erwartet hatten. Die 8. Auflage erscheint deshalb als unwesentlich veränderte Ausgabe der Vorauflage. Die biografischen Daten der im historischen Teil behandelten zeitgeschichtlichen rechtsphilosophischen Autoren wurde aktualisiert, Änderungen der Gesetzeslage berücksichtigt (betrifft Kapitel 14). Im Übrigen bleibt der Text, von kleineren Umformulierungen abgesehen, unverändert.

Für ihre Hilfe bei der Herstellung der Neuauflage danken die Herausgeber Frau *Wida Babakarkhel*, Frau *Agata Pawlukiewicz* und Frau *Aynur Turcan* (alle Frankfurt am Main).

Frankfurt am Main, im Oktober 2010
Winfried Hassemer
Ulfrid Neumann

Vorwort zur siebten Auflage

Die siebte Auflage weist gegenüber der Vorauflage mehrere Änderungen auf, die überwiegend der Entwicklung der rechtsphilosophischen Diskussion in den letzten zehn Jahren Rechnung tragen. So ist der Theorie der juristischen Argumentation, die seit dem Erscheinen der sechsten Auflage weiter an Bedeutung gewonnen hat, jetzt eine eigenes Kapitel gewidmet. Neu aufgenommen wurde ein Beitrag über die derzeit besonders aktuellen rechtsphilosophischen Probleme im Bereich von Biorecht und Bioethik. Dagegen wurde auf das bisherige Kapitel über „Recht und Sprache" ebenso verzichtet wie auf eine eigenständige Darstellung der marxistischen Rechtsphilosophie, die in den künftigen Auflagen in den „Historischen Diskurs" integriert werden soll. Die Aufnahme eines eigenen Kapitels zum Verhältnis von Recht und Moral schließt eine von vielen Lesern der Vorauflagen bedauerte Lücke. Die Darstellung von Positionen der analytischen Rechtstheorie, der bisher ein eigener Abschnitt gewidmet war, ist jetzt bei den jeweiligen Sachdiskussionen konzentriert.

Arthur Kaufmann, der diese „Einführung" initiiert und über sechs Auflagen hinweg maßgebend gestaltet hat, ist am 11. April 2001 verstorben. Wir haben uns entschlossen, seine – zentralen – Beiträge unverändert in diese Auflage zu übernehmen und nur die ihnen angefügten Literaturhinweise (S. 19 ff. und 147) auf den neuesten Stand zu bringen. Im Übrigen wurden lediglich offensichtliche Druckfehler berichtigt. Alle anderen Beiträge wurden überarbeitet und aktualisiert.

Unverändert bleibt die seit der ersten Auflage durchgehend verfolgte Absicht, die Leser nicht nur über den Stand der Diskussion zu zentralen rechtsphilosophischen und rechtstheoretischen Problemen der Gegenwart zu informieren, sondern sie auch zum „Mitphilosophieren" einzuladen. Unverändert bleibt auch das Anliegen, einen Beitrag zur weiteren Intensivierung des rechtsphilosophischen Austauschs zwischen den unterschiedlichen Rechtsordnungen und Rechtskulturen zu leisten.

Frau Assessorin *Urte Eisenhardt*, Frau *Vera Sacher* sowie den Herren *Lutz Eidam* und *Alexander Kolz* (alle Frankfurt/Main) danken wir für ihre engagierte Mitarbeit bei der Fertigung dieser Neuauflage. Ein besonderer Dank gebührt Herrn *Sascha Ziemann*, der nicht nur das Sachregister erstellt, sondern auch die Korrektur- und sonstigen technischen Arbeiten erfolgreich koordiniert hat.

Frankfurt/Main, im Januar 2004

Winfried Hassemer
Ulfrid Neumann

Aus dem Vorwort zur ersten Auflage

Das vorliegende Buch hat einen Vorgänger: die von den beiden Herausgebern verfasste Schrift „Grundprobleme der zeitgenössischen Rechtsphilosophie und Rechtstheorie" (1971). Diese Schrift – ursprünglich aus einer englischsprachigen Artikelserie entstanden und mittlerweile auch in japanischer und koreanischer Übersetzung vorliegend – hat das bescheidene Ziel, den interessierten Leser über den gegenwärtigen Stand von Rechtsphilosophie und Rechtstheorie zu informieren. Sie wurde durchweg freundlich aufgenommen. Soweit Kritik laut wurde, betraf sie fast ausschließlich die zu knappe und komprimierte Darstellung: bei dem Leser, der in erster Linie Orientierung suche, würden bereits zu viele Kenntnisse vorausgesetzt. Dies gab den Anlass, eine erhebliche Erweiterung vorzunehmen. Entstanden ist dann im Ergebnis ein ganz neues Buch und nicht nur eine neue Auflage. Daneben behalten die „Grundprobleme" jedoch weiterhin ihre Funktion.

Den „Grundproblemen" ein neues, erweitertes Buch zur Seite zu stellen, hat noch einen weiteren Grund. In sämtlichen Bundesländern ist in den letzten Jahren eine Umstrukturierung des Prüfungsstoffes vorgenommen worden, derzufolge die Rechtsphilosophie – neben ihrem Charakter als Grundlagenfach – zum Wahlfach deklariert worden ist. Das bedeutet keine Abwertung, sondern weit eher eine Aufwertung der Rechtsphilosophie. Nach den früheren Prüfungsordnungen konnte sich der Kandidat auf die „Grundzüge der Rechtsphilosophie" beschränken, die zudem fast nie zum Gegenstand der Prüfung gemacht worden sind. Jetzt muss der Prüfling, der sich für das Wahlfach Rechtsphilosophie entschieden hat, schriftlich und mündlich den Nachweis erbringen, dass er umfassende und vertiefte Kenntnisse auf diesem Gebiet erworben hat.

Es gibt nun zwar ein großes Angebot an vortrefflicher rechtsphilosophischer, rechtstheoretischer und methodologischer Literatur, es gibt aber kein Buch, das dem Wahlfachstudenten zum einen die nötigen Grundlagen und zum andern aber auch den erforderlichen Überblick speziell über die zeitgenössischen Strömungen der Rechtsphilosophie (im weitesten Sinne) vermittelt.

Die vorhandene rechtsphilosophische Literatur leidet weitgehend an einer zu großen Spezialisierung. Um nicht auch dieser Tendenz zu erliegen, wurde ein entsprechend großer Kreis von Mitarbeitern herangezogen. Es liegt auf der Hand, dass ein Team von zwölf Autoren dem Leser einen tieferen Einblick und einen breiteren Überblick vermitteln kann, als das nur ein oder zwei Verfasser vermögen.

Aus dem Vorwort zur ersten Auflage

Jeder Autor dieses Buches trägt die volle wissenschaftliche Verantwortung für seinen Beitrag. Dass dabei auch gelegentliche Konfrontationen auftreten, ist unvermeidlich, aber auch unschädlich, solange dem Leser noch das Ganze durchschaubar bleibt. Um diese Durchschaubarkeit – und das heißt: den Sachzusammenhang – zu gewährleisten, wurde der Kreis der Mitarbeiter ausschließlich auf solche Personen beschränkt, die sich aus längerer gemeinsamer Arbeit am Institut für Rechtsphilosophie und Rechtsinformatik der Universität München kennen. Insbesondere während der Ausarbeitung dieses Buches fand ein reger Meinungsaustausch unter den Autoren statt. Mögliche Überschneidungen und Widersprüche wurden besprochen und tunlichst beseitigt. Durch Querverweisungen zwischen den einzelnen Kapiteln soll die Transparenz erhöht und die Benutzbarkeit des Buches erleichtert werden. Diesem Ziel dienen auch die Vereinheitlichung der Zitierweise, die Auswahl der weiterführenden Literatur sowie das Inhaltsverzeichnis und die Register.

Der Leser muss jedoch immer bedenken: Rechtsphilosophische und rechtstheoretische Probleme kann man nicht so aufbereiten, wie das ein Großteil der kursbegleitenden und examensvorbereitenden Literatur bisher noch mit den Erkenntnissen der juristischen Dogmatik tut. Grundlagenprobleme sind nicht zu „erkennen", sondern kritisch mit- und nachzudenken. Wenn es auch in erster Linie auf die Nachzeichnung des Problemstandes ankam, so wird der Leser doch in der Auswahl und Darstellung allenthalben die Meinung der Autoren zu dem Dargestellten ausmachen können.

Obwohl diese Einführung möglichst umfassend sein soll, kann doch keine Rede von einer geschlossenen, lückenlosen Darstellung der rechtsphilosophischen und rechtstheoretischen Probleme sein. Manche Fragen sind nicht, manche nur im Schlussteil des Buches anhand von Schaubildern erörtert. Die vorliegende Schrift hat – das soll ausdrücklich betont werden – durchaus exemplarischen Charakter. Wie schon in den „Grundproblemen" wird auch hier versucht, rechtsphilosophisches und rechtstheoretisches Denken gewissermaßen am „Fall" zu üben. Dies vermittelt der Darstellung – und hoffentlich auch dem Leser – einen Aspekt und damit einen Halt, ohne doch den Blickwinkel über Gebühr einzuengen. Im Vordergrund steht nicht die Information, sondern das Mitdenken der Probleme, wobei vor allem auch auf die Berücksichtigung sozialwissenschaftlicher Gesichtspunkte Wert gelegt wurde.

Das vorliegende Buch will zwar in erster Linie für den Studenten ein Mittel zur Vorbereitung auf das Wahlfach Rechtsphilosophie sein. Aber die Verfasser wollen beileibe nicht nur den Examenskandidaten ansprechen („Paukbücher" in Rechtsphilosophie sind ohnehin undenkbar), sie wollen vielmehr jedem rechtsphilosophisch Interessierten eine Hilfe zur Orientierung und ein Angebot zum Mitdenken bieten. Und last not least hoffen die Verfasser, auch außerhalb der Bundesrepublik Deutschland Gehör zu finden. Echte rechtsphilosophische und rechtstheoretische Themen sind ja nie auf einen nationalen Bereich beschränkt.

Aus dem Vorwort zur ersten Auflage

Zur Systematik des Buches ist noch zu sagen, dass von den mehr allgemeinen und teils auch traditionellen Themen der Rechtsphilosophie und der Rechtstheorie zu den besonderen und moderneren Problemen fortgeschritten wird. Historische Lehren werden jedoch nur soweit erörtert, als sie für die gegenwärtige Situation unmittelbar relevant sind.

München, im Oktober 1976   *Arthur Kaufmann*

Inhaltsübersicht

Vorwort V
Vorwort zur siebten Auflage VI
Aus dem Vorwort zur ersten Auflage VII
Inhaltsverzeichnis XIII
Abkürzungsverzeichnis XXV
Die Autoren XXVII

A. Einleitung

1 Rechtsphilosophie, Rechtstheorie, Rechtsdogmatik
  (Arthur Kaufmann †) 1

B. Historischer Diskurs

2 Problemgeschichte der Rechtsphilosophie *(Arthur Kaufmann †)* 26

C. Schwerpunkte

3 Strukturen naturrechtlichen Denkens *(Günter Ellscheid)* 148
4 Recht und Moral *(Günter Ellscheid)* 214
5 Rechtssystem und Kodifikation: Die Bindung des Richters
  an das Gesetz *(Winfried Hassemer)* 251
6 Hermeneutik, Norminterpretation und richterliche Normanwendung
  (Ulrich Schroth) 270
7 Juristische Logik *(Ulfrid Neumann)* 298
8 Normentheorie *(Lothar Philipps)* 320
9 Theorie der juristischen Argumentation *(Ulfrid Neumann)* 333
10 Theorie juristischen Entscheidens *(Jochen Schneider)* 348

D. Theorien der Rechtswissenschaft

11 Wissenschaftstheorie der Rechtswissenschaft *(Ulfrid Neumann)* 385
12 Rechtswissenschaft und Sozialwissenschaft *(Alfred Büllesbach)* 401
13 Systemtheorie im Recht *(Alfred Büllesbach)* 428

E. Tendenzen
14 Medizin-, Bioethik und Recht *(Ulrich Schroth)* 458

Personenverzeichnis 485

Sachverzeichnis 497

Inhaltsverzeichnis

Vorwort	V
Vorwort zur siebten Auflage	VI
Aus dem Vorwort zur ersten Auflage	VII
Inhaltsübersicht	XI
Abkürzungsverzeichnis	XXV
Die Autoren	XXVII

A. Einleitung

1 Rechtsphilosophie, Rechtstheorie, Rechtsdogmatik
(Arthur Kaufmann †)

1.1	Rechtsphilosophie und Rechtsdogmatik	1
1.2	Der Gegenstandsbereich der Rechtsphilosophie	3
1.3	Über das richtige Fragen in der Rechtsphilosophie	5
1.4	Die Fehler des Scientismus, des Philosophismus und das falsche Umgehen mit der Philosophie	7
1.5	Rechtsphilosophie und Rechtstheorie	8
1.6	Ursprünge der Philosophie und der Rechtsphilosophie	10
1.6.1	Die Ontologie (die Welt als Objektivität)	11
1.6.2	Die Erkenntnistheorie (die Welt als Subjektivität)	12
1.6.3	Die Existenzphilosophie (die Welt als Selbstwerdungsprozess)	13
1.6.4	Die Synthese der verschiedenen Richtungen	15
1.7	Die Aufgabe der Philosophie und der Rechtsphilosophie in heutiger Zeit	16

B. Historischer Diskurs

2 Problemgeschichte der Rechtsphilosophie
(Arthur Kaufmann †)

2.1	Vorbemerkung	26
2.2	Die historische Entwicklung der Rechtsphilosophie	28
2.2.1	Die Rechtsphilosophie des Altertums	28
2.2.1.1	Das archaische Zeitalter	28
2.2.1.2	Die Vorsokratik	29
2.2.1.3	Die Sophistik	31
2.2.1.4	Die attische Philosophie	32
2.2.1.5	Die Stoa	38
2.2.2	Die Rechtsphilosophie des Mittelalters	40
2.2.2.1	Der Übergang von der Antike zum Mittelalter	40
2.2.2.2	Augustinus	40
2.2.2.3	Thomas von Aquin	42
2.2.2.4	Das Ende der Scholastik	45
2.2.3	Die Rechtsphilosophie der Neuzeit	47
2.2.3.1	Das neue Philosophie- und Wissenschaftsverständnis	47
2.2.3.2	Das neuzeitliche Naturrecht	49
2.2.3.3	Das Ende des klassischen Naturrechts	55
2.2.3.3.1	Historischen Rechtsschule	56
2.2.3.3.2	Die kritische Philosophie Kants	56
2.2.3.3.3	Die idealistische Philosophie Hegels	63
2.2.3.3.4	Die materialistische Geschichtsauffassung	67
2.2.3.3.5	Die Zeit nach Hegel	70
2.2.3.4	Der rechtswissenschaftliche Positivismus	72
2.2.3.5	Der Zerfall des Rechtspositivismus	78
2.2.3.6	Rechtsphilosophie und Nationalsozialismus	79
2.2.4	Der Neubeginn nach dem Zweiten Weltkrieg	81
2.2.4.1	Die Naturrechtsrenaissance	81
2.2.4.2	Der Neopositivismus	82
2.2.4.3	Der Funktionalismus	83
2.2.4.4	Weitere Versuche zur Rechtserneuerung	84
2.2.4.4.1	Die apriorische (phänomenologische) Rechtslehre	84
2.2.4.4.2	Sachlogische Strukturen	85
2.2.4.4.3	Natur der Sache	85
2.2.4.4.4	Der Neuhegelianismus	86
2.2.4.5	Formale Richtungen – analytische Rechtstheorie, Normentheorie, juristische Logik, Topik, Rhetorik	86
2.2.4.6	Die Analytik-Hermeneutik-Diskussion	88
2.2.5	Jenseits von Naturrecht und Rechtspositivismus	89

2.2.5.1	Gustav Radbruch	89
2.2.5.2	Christlichen Rechtsphilosophie	95
2.2.5.3	Die Rechtsanthropologie	96
2.2.5.4	Argumentieren im offenen System	99
2.2.5.4.1	Die Hermeneutik	100
2.2.5.4.2	Die Argumentationstheorie	102
2.2.5.5	Die Theorie der „General Principles of Law"	106
2.3	Die historische Entwicklung der neueren juristischen Methodenlehre	109
2.3.1	Die Gesetzgebungstheorie	110
2.3.2	Friedrich Carl v. Savigny	111
2.3.3	Die Begriffsjurisprudenz	116
2.3.4	Der empirische Rechtspositivismus	118
2.3.4.1	Ernst Rudolf Bierling	118
2.3.4.2	Rudolf v. Jhering	119
2.3.4.3	Die Interessenjurisprudenz	120
2.3.4.4	Die Freirechtsbewegung	121
2.3.4.5	Die empirische Rechtssoziologie	123
2.3.5	Der logische Rechtspositivismus, insbesondere die „Reine Rechtslehre" Hans Kelsens	124
2.3.6	Zwischenbilanz	127
2.3.6.1	Rationale Werturteile?	127
2.3.6.2	Rechtswissenschaft – eine Wissenschaft?	128
2.3.6.3	Die Subsumtionsmethode	129
2.3.6.4	Arten des Schließens	129
2.3.6.4.1	Die Deduktion	129
2.3.6.4.2	Die Induktion	130
2.3.6.4.3	Analogie und Abduktion	130
2.3.7	Der Stufenbau im Prozess der Rechtsverwirklichung	131
2.3.8	Das hermeneutische Verständnis der juristischen Methode	132
2.3.8.1	Vorverständnis, Zirkel, Interpretation, Konstruktion	133
2.3.8.2	Die Gleichsetzungstheorie	134
2.3.8.3	Freie richterliche Rechtsfortbildung	134
2.3.8.4	Die Methode der Gesetzgebung	135
2.3.8.5	Die Methodenwahl	136
2.4	Prozedurale Theorien der Gerechtigkeit	137
2.4.1	Die Systemtheorie	137
2.4.2	Das Vertragsmodell	138
2.4.3	Das Diskursmodell	139
2.4.4	Das Konvergenzmodell	143
2.5	Entwurf einer personal fundierten prozeduralen Gerechtigkeitstheorie	145

C. Schwerpunkte

3 Strukturen naturrechtlichen Denkens *(Günter Ellscheid)*

3.1	Naturrecht oder Gesetzespositivismus?	148
3.1.1	Begriff des Gesetzespositivismus – Das Zwei-Ebenen-Modell ...	148
3.1.2	Rechtstheoretische Infragestellung des Zwei-Ebenen-Modells ..	149
3.1.3	Rechtstheoretische Voraussetzungen des Problems „Naturrecht oder Gesetzespositivismus?"	151
3.1.4	Historische Rolle des Gesetzes im Unrechtsstaat als Anlass naturrechtlicher Reflexion?	151
3.1.5	Die Idee der Unverfügbarkeit von Recht als gemeinsames Kriterium modernen Naturrechtsdenkens	152
3.1.6	Die Idee des Naturrechts als Problem der Verfassung des Rechtserkenntnisprozesses	154
3.1.7	Problem der Positivierung der Rechtserkenntniskompetenz	155
3.1.8	Naturrecht und Widerstand	155
3.1.9	Die Frage nach der besten Verfassung als Problem eines Naturrechts „höherer" Ordnung	156
3.1.9.1	Das Autonomieprinzip	157
3.1.9.2	Keine Dogmatisierung	157
3.1.9.3	Abgrenzung vom Relativismus	158
3.1.9.4	Richtigkeit, Konsens, Entscheidung	160
3.2	Zur Struktur naturrechtlichen Argumentierens	162
3.2.1	Die Bedeutung des Naturrechts der ersten Ebene	163
3.2.2.	Berufung auf den common sense	164
3.2.3	Wahrheitstheoretischer Exkurs	164
3.2.4	Ein Prüfungsschema für naturrechtliche Argumente	166
3.2.5	Abstraktes Naturrecht	167
3.2.5.1	Der Sinn oberster formaler Prinzipien	167
3.2.5.2	Dekalog- und Grundrechtsformeln	170
3.2.5.2.1	Funktionsweise von Dekalog- und Grundrechtsformeln	170
3.2.5.2.2	Die Tragweite der Formeln	173
3.2.5.2.2.1	Der abstrakte Charakter der Formeln	173
3.2.5.2.2.2	Der utopische Charakter der Formeln	173
3.2.6	Die Formeln und das konkrete Ganze	174
3.2.6.1	Naturrechtliche Metaregeln?	176
3.2.6.2	Das utilitaristische Prinzip als perfekte (umfassende) Metaregel?	178
3.2.7	Prozedurale Prinzipien	181
3.2.7.1	Die goldene Regel	182
3.2.7.2	Der kategorische Imperativ	184
3.2.7.3	Der Schleier des Nichtwissens (John Rawls)	186

3.3	Wege zum konkreten Naturrecht	196
3.3.1	Die „Natur der Sache" als Sammelbecken der Konkretisierungsversuche	196
3.3.2	„Natur der Sache" und praktische Jurisprudenz	198
3.3.2.1	Denken aus der Natur der Sache: ein Beispiel	198
3.3.2.2	Kritik des Beispiels	200
3.3.3	Die methodischen Voraussetzungen der Kritik. Das Problem von Sein und Sollen	201
3.3.4	Methodendualistische Interpretation und Verwendung der „Natur der Sache"	204
3.3.5	Natur der Sache als Brücke vom Sein zum Sollen?	205
3.3.6	Überwindung des Dualismus von Sein und Sollen durch eine fundamentalontologische Theorie der Natur der Sache?	205
3.4	Abstrakt-rationales Naturrecht und Denken aus der Natur der Sache im Vergleich	207
3.5	Die Geschichtlichkeit des Rechts als rechtsphilosophisches Problem	208
3.5.1	Richtiges Recht im Wandel?	209
3.5.2	„Kodifikation" ewigen Naturrechts?	209
3.5.3	Naturrecht mit wechselndem Inhalt (Stammler)	210
3.5.3.1	Kritische Einordnung	210
3.5.4	Existenzphilosophische Begründung geschichtlich wahren Rechts?	211
3.5.4.1	Die Einheit von Entscheiden und Finden	211
3.5.4.2	Kritik	212
3.5.5	Geschichtsphilosophische Rechtsbegründung	213
4	**Recht und Moral** *(Günter Ellscheid)*	
4.1	Bezüge zwischen Recht und Moral. Vergleiche, Begriffe, traditionelle Problemstellungen	214
4.1.1	Recht und Moral als auseinanderdriftende normative Ordnungen	214
4.1.2	Vorbegriff des Rechts	216
4.1.3	Moralbegriffe	216
4.1.3.1	Moral als gesellschaftliches Phänomen	217
4.1.3.2	Moral und (religiöse) Autorität	217
4.1.3.3	Autonome (kritische) Moral	218
4.1.3.3.1	Verwurzelung des autonomen moralischen Denkens im gesellschaftlichen Bewusstsein	218
4.1.3.3.2	Kommunikatives moralisches Denken	220
4.1.3.3.3	Die Dynamisierung der Moral	220

4.1.4	Die rechtspositivistische These der Trennung von Moral und Recht	221
4.1.4.1	Gibt es einen einheitlichen Verpflichtungsbegriff?	223
4.1.4.2	Moralische Argumente für die rechtspositivistische Trennungsthese	225
4.1.4.3	Grenzen der moralischen Argumentation für die Trennungsthese	226
4.2	Autonomie im Spannungsfeld von Recht und Moral	228
4.2.1	Der Sinnzusammenhang zwischen Moraltypus und Verfassungstypus	228
4.2.2	Die Institution einer rechtsstaatlichen Demokratie als Voraussetzung kritischen moralischen Denkens	229
4.2.2.1	Autonome Moral und ihr Bezug zu den Freiheitsrechten	229
4.2.2.2	Kommunikative moralische Vernunft und Grundrechte der Kommunikation	231
4.2.2.3	Kommunikative moralische Vernunft und politische Grundrechte	231
4.2.3	Die von einer freiheitlich-demokratischen Rechtsordnung ausgehende moralische Herausforderung	232
4.2.3.1	Die Ambivalenz der Freiheiten	233
4.2.4	Die Gleichheit der Menschen als moralisches und rechtliches Grundprinzip	234
4.2.4.1	Abgrenzung gegenüber dem diskurstheoretischen Gleichheitsprinzip	235
4.2.4.2	Gleichbehandlung, „Gleichheitssachverhalt" und die für sie konstitutive Bedeutung des moralischen Urteils	236
4.2.4.3	Gleichheit als Rechtsprinzip	237
4.2.4.4	Diskriminierungsverbote	240
4.2.4.5	Achtung und Missachtung als Wegweiser	241
4.2.4.6	Noch einmal: Der Gleichheitssachverhalt	242
4.2.4.7	Autonome Moral als Grundlage des Gleichheitssachverhalts	243
4.2.4.8	Folgerungen	246
4.2.4.8.1	Abgrenzung der gleichen Würde gegen egalitäre Gleichheit	247
4.2.4.8.2	Respekt in einer Welt der Ungleichheit	249
5	**Rechtssystem und Kodifikation: Die Bindung des Richters an das Gesetz** *(Winfried Hassemer)*	
5.1	Vorbemerkung	251
5.2	Die Bedeutung der Kodifikation im Rechtssystem	251
5.2.1	Kodifikation und „Subsumtionsideologie"	252
5.2.2	Kodifikation und Rechtsprechung	252
5.2.2.1	Rechtssicherheit	254

5.2.2.2	Systematisierung juristischen Wissens	255
5.2.2.3	Legitimation der Rechtsentscheidung	256
5.2.2.4	Positivierung des Rechts	257
5.3	Die Bedeutung der Kodifikation für die Entscheidung von Rechtsfällen	258
5.3.1	Freiheit und Gebundenheit des Richters	258
5.3.2	Die gesetzlichen Grundlagen der Richterbindung	259
5.3.3	Kritik am Bindungspostulat	260
5.3.4	Chancen des Bindungspostulats	262
5.3.4.1	Bindung durch Auslegungsregeln	262
5.3.4.2	Bindung durch Richterrecht	263
5.3.4.3	Bindung durch Rechtsdogmatik	264
5.3.4.4	Bindung durch informelle Programme	264
5.3.4.5	Bindung durch Habitus	266
5.3.5	Faktische Bindung und Bindungsprinzip	267

6 Hermeneutik, Norminterpretation und richterliche Normanwendung *(Ulrich Schroth)*

6.1	Die neuere hermeneutische Philosophie	270
6.2	Leistung und Kritik hermeneutischer Philosophie	273
6.3	Probleme der Anwendung von Rechtsnormen auf den Einzelfall	275
6.3.1	Die Anwendungskriterien von Rechtssätzen	275
6.3.2	Die Theorie der Fallnorm – das Präjudiz: Die Beschreibung der Praxis der Rechtsanwendung	277
6.3.3	Wie werden Anwendungskriterien von Normen herausgefunden und überprüft?	278
6.3.3.1	Erkenntnistheoretische Problematik	278
6.3.3.2	Die Auslegungsproblematik von Rechtsnormen	279
6.3.4	Unbestimmte Auslegungskriterien und Entscheidungsfolgen	290
6.3.5	Auslegungskriterien und Strafrahmen	291
6.3.6	Auslegungskriterien und Dispositionsprädikate	292
6.3.7	Anwendungskriterien und Folgenorientierungsproblematik juristischer Entscheidungen	293
6.4	Richterliche Normanwendung	294
6.4.1	Analyse und Ziele richterlichen Handelns	294
6.4.2	Problemkatalog	295
6.4.3	Rechtsfindung und Rechtfertigung	296

7	**Juristische Logik** *(Ulfrid Neumann)*	
7.1	Der Begriff der juristischen Logik	298
7.2	Syllogistik und „Justizsyllogismus"	299
7.3	Logische Kalküle	300
7.3.1	Der Aussagenkalkül	301
7.3.2	Der Prädikatenkalkül	303
7.4	Die Leistungsfähigkeit der Logik im Recht	304
7.4.1	Formalisierung und Axiomatisierung von Rechtssätzen	304
7.4.1.1	Ziele der Formalisierung	304
7.4.1.2	Probleme einer Formalisierung von Rechtsnormen	305
7.4.1.3	Wahrheitsfunktionale oder deontische Logik	306
7.4.2	Die Axiomatisierung von Rechtssätzen	308
7.4.3	„Formale" und „natürliche" Logik in der Rechtswissenschaft	311
7.4.3.1	Die Verbindlichkeit der „Logik der Sprache"	311
7.4.3.2	Pseudo-logische Argumente	311
7.4.3.3	Die „logische" Grundstruktur regelorientierten Entscheidens	312
7.5	Die Frage des Geltungsgrundes	315
7.5.1	Möglichkeiten der Logikbegründung	315
7.5.2	Die intuitionistische Logik in der Rechtswissenschaft	316
7.5.3	Die dialogische Begründung der Logik	317
7.5.4	Juristische Logik und juristische Argumentation	317
7.5.5	Ansätze einer „nichtmonotonen" Logik	318
8	**Normentheorie** *(Lothar Philipps)*	
8.1	Verbote und Gebote – der Strukturunterschied	320
8.2	Bestimmen und Bewerten – zur Frage der Erlaubnisse	323
8.3	Norm und arbeitsteiliges Verhalten – Verbotsübertretung durch Unterlassen	325
8.4	Exkurs zu Venn-Diagrammen im normativer Interpretation	326
9	**Theorie der juristischen Argumentation** *(Ulfrid Neumann)*	
9.1	Ziel und Funktion juristischen Argumentierens	333
9.2	Struktur der juristischen Argumentation	334
9.2.1	Rechtsanwendung und Tatsachenfeststellung	334
9.2.2	Regelorientierung	335
9.2.3	Gesetzliche und dogmatische Regeln	335
9.2.4	Grenzen der Regelorientierung der Entscheidung	336
9.3	Standards juristischen Argumentierens	337
9.3.1	Autoritätsargumente und Sachargumente	337

9.3.2	Das Verhältnis von juristischer und allgemein-praktischer Argumentation	338
9.4	Das Problem der einzig richtigen Entscheidung	340
9.4.1	„Richtigkeit" oder „Vertretbarkeit" rechtlicher Entscheidungen?	340
9.4.2	Die Theorie der „einzig richtigen Entscheidung" (Dworkin)	341
9.4.3	Die Abhängigkeit der Richtigkeit von der Begründung	341
9.4.4	Die einzig richtige Entscheidung als regulative Idee	342
9.5	Theorien juristischen Argumentierens	343
9.5.1	Einteilungskriterien	343
9.5.2	Der logisch-analytische Zugang zur juristischen Argumentation	344
9.5.3	Topisch-rhetorische Ansätze	345
9.5.4	Die Theorie des rationalen juristischen Diskurses (Alexy)	345
9.5.5	Historische und kulturelle Relativität von Argumentationsstandards	346
10	**Theorie juristischen Entscheidens** *(Jochen Schneider)*	
10.1	Rechtsfindung und Rechtfertigung	348
10.2	Überblick	351
10.3	Die Analyse juristischer Entscheidungsprozesse	353
10.3.1	Präskriptive Theorien	353
10.3.1.1	Das ökonomische Verhaltensmodell als Ausgangspunkt	353
10.3.1.2	Übertragbarkeit der ökonomischen Analyse auf das Recht	354
10.3.1.3	Lineare Phasenschemata	357
10.3.1.4	Ablaufschemata mit Rückkopplung	359
10.3.2	Deskriptive Entscheidungstheorien	362
10.3.2.1	Soziologisch-empirische Analyse richterlichen Verhaltens	362
10.3.2.2	Attitüden als Entscheidungsdeterminanten	365
10.3.2.3	Rollentheorie und Entscheidungsverhalten	367
10.3.2.4	Problemstruktur und Organisationsstruktur von Entscheidungen	371
10.3.3	Verstehende Ansätze	373
10.3.4	Informationsbeschaffung und -analyse als Entscheidungsproblem	376
10.4	Zusammenfassung	383

D. Theorien der Rechtswissenschaft

11 Wissenschaftstheorie der Rechtswissenschaft
(Ulfrid Neumann)

11.1	Rechtswissenschaft und Wissenschaftstheorie	385
11.2	Die Wissenschaftlichkeit der Rechtswissenschaft	386
11.2.1	Der Gegenstandsaspekt	387
11.2.2	Der Methodenaspekt	388
11.3	Rechtswissenschaft und analytische Wissenschaftstheorie	389
11.3.1	Das empiristische Sinnkriterium	389
11.3.2	Die Überprüfbarkeit der Rechtssätze	390
11.3.3	Das Falsifikationsmodell in der Rechtswissenschaft	391
11.3.4	Probleme der rechtswissenschaftlichen Begriffsbildung	393
11.3.5	Theorien in der Rechtsdogmatik	394
11.3.5.1	Parallelen zu Theorien in den empirischen Wissenschaften	394
11.3.5.2	Unterschiede zu Theorien in den empirischen Wissenschaften	395
11.4	Rechtswissenschaft als Handlungswissenschaft	396
11.4.1	Die Rechtswissenschaft als normative Wissenschaft	396
11.4.2	Die sozialtechnologische Deutung der Rechtswissenschaft	397
11.4.3	Die Rechtswissenschaft als kritische Wissenschaft	399

12 Rechtswissenschaft und Sozialwissenschaft
(Alfred Büllesbach)

12.1	Sozialwissenschaftliche Anknüpfungen für die Rechtswissenschaft	401
12.2	Orientierungen	403
12.2.1	Anknüpfungspunkte	403
12.2.2	Rechtswissenschaft als Sozialwissenschaft/Rechtssoziologie	404
12.2.3	Funktionale Betrachtung	405
12.2.4	Empirische Sozialforschung	406
12.3	Rechtsnorm – soziale Norm	407
12.3.1	Normen sind Instrumente sozialer Kontrolle	407
12.3.2	Wirkungsspirale	408
12.3.3	Verhaltensregelmäßigkeiten durch Normen und Sanktion	409
12.3.4	Die doppelfunktionale Wirkung des Rechts	410
12.4	Soziale Wirklichkeit und Rechtswirklichkeit – Die Aufnahme sozialwissenschaftlicher Beiträge	411
12.4.1	Sozialisationsprobleme der Juristen	412
12.4.2	Rechtstatsachenforschung	414
12.4.3	Gesetzgebungslehre	416

12.4.4	Sozialwissenschaftliche Ansätze in der Kriminologie	418
12.4.5	Selektivität von Sanktionstätigkeit	419
12.4.6	Rechtsanthropologie	424

13 Systemtheorie im Recht *(Alfred Büllesbach)*

13.1	Ausgangssituation	428
13.2	Der Begriff des Systems	429
13.3	Soziologische Theorie als Systemanalyse	430
13.3.1	Allgemeine Systemtheorie	432
13.3.2	Die kybernetische Systemtheorie	433
13.3.2.1	Überblick	433
13.3.2.2	Ein kybernetisches Modell der Jurisprudenz	434
13.3.3	Das Input-Output-Modell des politischen Systems	436
13.3.4	Die strukturell-funktionale und die funktional-strukturelle Systemtheorie (Talcott Parsons – Niklas Luhmann)	437
13.3.5	Kybernetische Regelungstheorie des Rechts	445
13.3.6	Theorien der Selbststeuerung von Systemen (Autopoiesis)	445
13.4	Kritik der Systemtheorie Luhmanns	453
13.4.1	Allgemeine kritische Anmerkungen zu Luhmanns Systemtheorie	453
13.4.2	Habermas' Kritik	454

E. Tendenzen

14 Medizin-, Bioethik und Recht *(Ulrich Schroth)*

14.1	Die Begriffe	458
14.2	Das gegenwärtige Interesse an Medizin- bzw. Bioethik	458
14.3	Die Entwicklung von Medizin- und Bioethik	459
14.4	Methoden der Medizin- und Bioethik	460
14.5	Einige zentrale Fragen der Medizin- und Bioethik	463
14.5.1	Schadensvermeidung, Respektierung der Autonomie, Patientenfürsorge am Beispiel der Lebendspende	463
14.5.2	Gesetzliche Einschränkungen der Möglichkeit autonomer Entscheidungen – Das Paternalismusproblem	467
14.5.3	Nützlichkeit versus Gerechtigkeit bei der Verteilung von Organen	469
14.5.4	Die Forschung mit embryonalen Stammzellen, der Status des Embryos vor der Nidation und das Problem eines wertkonsistenten Schutzes des Embryos	470

Inhaltsverzeichnis

14.5.4.1	Argumente im Hinblick auf den Schutz des Embryos	472
14.5.4.2	Argumente im Hinblick auf Allgemeininteressen	475
14.5.5	Mehrlingsreduktion als normatives Problem	478
14.6	Ethik und Recht in der Medizin	480
14.6.1	Juristische Regeln sichern den notwendigen Respekt vor der Patienten-Autonomie ab	480
14.6.2	Juristische Regeln geben dem Schadensvermeidungsprinzip einen Standort	480
14.6.3	Medizinethische Fragestellungen als Kritik an juristischen Regeln	482
14.6.4	Medizinethik als Ausfüllung von Leerstellen	482
14.6.5	Medizinethik als Plattform zur Diskussion normativer Fragen ..	482
14.6.6	Juristische Regeln und Entsolidarisierung im Arzt-Patienten-Verhältnis	483

Personenverzeichnis 485
Sachverzeichnis 497

Abkürzungsverzeichnis

a. a. O.	am angebenen Ort
Abt.	Abteilung
a. E.	am Ende
a. F.	alte Fassung
A(llg.)T	Allgemeiner Teil
Abs.	Absatz
AcP	Archiv für die civilistische Praxis
ADV	Automatisierte Datenverarbeitung
Alt.	Alternative
Anm.	Anmerkung
Anm. d. Verf.	Anmerkung des Verfassers
AöR	Archiv des öffentlichen Rechts
ARSP	Archiv für Rechts- und Sozialphilosophie
ARWP	Archiv für Rechts- und Wirtschaftsphilosophie
Art.	Artikel
ARWP	Archiv für Rechts- und Wirtschaftsphilosophie
Aufl.	Auflage
Ausg.	Ausgabe
BB	Der Betriebs-Berater
Bd., Bde.	Band, Bände
BDSG	Bundesdatenschutzgesetz
Beih.	Beiheft
bes., insbes.	besonders, insbesondere
BGB	Bürgerliches Gesetzbuch
BGH	Bundesgerichtshof
BGHSt	Entscheidungen des Bundesgerichtshofs in Strafsachen (Amtliche Sammlung)
BGHZ	Entscheidungen des Bundesgerichtshofs in Zivilsachen (Amtliche Sammlung)
BImSchG	Bundesimmissionsschutzgesetz
BT	Deutscher Bundestag
BVerfG	Bundesverfassungsgericht
BVerfGE	Entscheidungen des Bundesverfassungsgerichts (Amtliche Sammlung)
bzw., resp.	beziehungsweise, respektive
ca.	circa
CR	Computer und Recht

Abkürzungsverzeichnis

dgl., ders., dens., dies.	dergleichen, derselbe, denselben, dieselbe
d. h.	das heißt
d. i.	das ist
Dig.	Digesten
Diss.	Dissertationsschrift
DÖV	Die Öffentliche Verwaltung
DRiZ	Deutsche Richterzeitung
DSWR	Datenverarbeitung, Steuer, Wirtschaft und Recht
dtsch., dt.	deutsch
DVR	Datenverarbeitung im Recht (1972/73–1985)
DZPhil	Deutsche Zeitschrift für Philosophie
ed., edd.	(hat bzw. haben) herausgegeben (lat. edidit, ediderunt)
Eds., eds.	haben herausgegeben (engl. edited by)
Ed.	Editor, Herausgeber bzw. engl. edition (Auflage)
EDV	Elektronische Datenverarbeitung
ESchG	Embryonenschutzgesetz
etc.	et cetera
f., ff.	folgende
FamRZ	Zeitschrift für das gesamte Familienrecht
FAZ, F.A.Z	Frankfurter Allgemeine Zeitung
Festschr. f.	Festschrift für
Fn.	Fußnote
GG	Grundgesetz für die Bundesrepublik Deutschland
ggf.	gegebenenfalls
grds.	grundsätzlich
GRGA	Gustav-Radbruch-Gesamtausgabe in 20 Bänden, hrsg. von Arthur Kaufmann, seit 1987
GVG	Gerichtsverfassungsgesetz
HGB	Handelsgesetzbuch
hrsg., Hrsg.	herausgegeben, Herausgeber
i. e. S.	im engeren Sinne
insbes.	insbesondere
i. S.	im Sinne
i. S. v.	im Sinne von
i. Üb.	im Übrigen
iur	Informatik und Recht (1986–1988)
i. V. m.	in Verbindung mit
i. w. S.	im weiteren Sinne
JA	Juristische Arbeitsblätter
Jb.	Jahrbuch für Rechtssoziologie und Rechtstheorie
JBl	Juristische Blätter
Jg.	Jahrgang
Jura	Juristische Ausbildung
JuS	Juristische Schulung
JW	Juristische Wochenschrift
JZ	Juristenzeitung

Kap.	Kapitel
KJ	Kritische Justiz
KrimJ	Kriminologisches Journal
KZfSS	Kölner Zeitschrift für Soziologie und Sozialpsychologie
MDR	Monatsschrift für Deutsches Recht
MEW	Marx-Engels-Werke, Dietz Verlag Berlin
m.	mit
m. N.	mit Nachweisen
m. w. N.	mit weiteren Nachweisen
n. Chr.	nach Christus
NF, N. F., n. F.	Neue Folge
NK-StGB	Nomos Kommentar (zum Strafgesetzbuch)
NJ	Neue Justiz
NJW	Neue Juristische Wochenschrift
NJW-RR	Neue Juristische Wochenschrift, Rechtsprechungs-Report
Nr.	Nummer
PID	Präimplantationsdiagnostik
o. J.	ohne Jahr
OLG	Oberlandesgericht
ÖVD	Öffentliche Verwaltung und Datenverarbeitung
ÖZöffR, ÖZöR	Österreichische Zeitschrift für öffentliches Recht
Rdn., Rn.	Randnummer
resp.	respektive
Röm	Römer-Brief (Der Brief des Paulus an die Christen in Rom)
RR	Reine Rechtslehre
RTh, RTh.	Rechtstheorie, Zeitschrift für Logik, Methodenlehre, Kybernetik und Soziologie des Rechts
RTh. I	Rechtstheorie. Ansätze zu einem kritischen Rechtsverständnis, hrsg. von *Arthur Kaufmann*, 1971.
RTh. II	Rechtstheorie. Beiträge zur Grundlagendiskussion, hrsg. von *G. Jahr* und *W. Maihofer*, 1971.
RuP	Recht und Politik
S., s.	Seite bzw. siehe (oder auch Satz)
s. a.	siehe auch
SJZ	Süddeutsche Juristenzeitung
s. o.	siehe oben
sog.	sogenannte
Sp.	Spalte
StGB	Strafgesetzbuch
StPO	Strafprozessordnung
s. u.	siehe unten
SZGB	Schweizerisches Zivilgesetzbuch
TPG	Transplantationsgesetz
u. a.	und andere bzw. unter anderem
u. Ä.	und Ähnliches

Abkürzungsverzeichnis

u. a. m.	und andere(s) mehr
Übers., übers.	Übersetzung, übersetzt von
u. ö.	und öfter
u. s. w.	und so weiter
v.	von bzw. vom
v. a.	vor allem
v. Chr.	vor Christus
Vgl., vgl	vergleiche
Vol., vol.	Volume
WEX	Wahlfach Examinatorium
z. B.	zum Beispiel
ZfbF	Zeitschrift für betriebswirtschaftliche Forschung
ZfS	Zeitschrift für Soziologie
zit.	zitiert
ZPO	Zivilprozessordnung
ZRP	Zeitschrift für Rechtspolitik
ZSchr	Zeitschrift
ZStW	Zeitschrift für die gesamte Strafrechtswissenschaft
z.T.	zum Teil
ZVglRWiss.	Zeitschrift für vergleichende Rechtswissenschaft

Die Autoren

Alfred Büllesbach, geb. 1942. Verwaltungsausbildung und -tätigkeit, Studium des Rechts, der Soziologie, der Politikwissenschaft, 1. und 2. Juristisches Staatsexamen, Diplom in politischer Wissenschaft, Promotion zum Dr. jur. (bei Arthur Kaufmann), Honorarprofessor an der Universität Bremen für Angewandte Informatik, Rechtsinformatik. Bis 1979 wissenschaftlicher Mitarbeiter am Institut für Rechtsphilosophie und Rechtsinformatik der Universität München. Von 1979 bis 1990 Landesbeauftragter für den Datenschutz des Landes Bremen. Danach Leiter Datenschutz und IV-Sicherheit bei Daimler-Benz InterServices (debis) und zusätzlich Leiter des Bereichs Rechts- und Vertragswesen im debis Systemhaus. Er war Konzernbeauftragter für den Datenschutz der Daimler-Chrysler AG weltweit. Desweiteren 1. Vorsitzender des Vorstandes der Deutschen Gesellschaft für Recht und Informatik (DGRI), Mitglied in mehreren wissenschaftlichen Beiräten, Gastprofessor am Europainstitut der Universität Saarbrücken und Ehrenprofessor der staatlichen Ural-Universität Jekaterinburg. Er ist Vorsitzender des Stiftungsrates der Deutschen Stiftung für Recht und Informatik.

Veröffentlichungen zur Wahlfachgruppe Rechtsphilosophie und Rechtssoziologie, verschiedene Veröffentlichungen zum Thema Datenschutz, Rechtsinformatik, Informationstechnologie-Entwicklung und Sicherheit in der Informationstechnik. Ca. 200 Veröffentlichungen zu diesen Themengebieten. Herausgeber mehrerer Bände in der Reihe „Informationstechnik und Recht" zu den Themenbereichen „Konvergenz in Medien und Recht", „Datenschutz im Telekommunikationsrecht", „Informationsrecht 2000", „Datenverkehr ohne Datenschutz", „E-Government" etc., Autor und Mitherausgeber des Kommentars „Concise European IT Law", Kluwer Verlag, 2. Auflage 2010.

Günter Ellscheid, geb. 1930. 1950–1954 Studium der Rechtswissenschaft an den Universitäten Mainz und Köln. Ab 1962 rechtsphilosophische Studien an der Universität Saarbrücken (bei Arthur Kaufmann und Maihofer). 1967 Promotion (bei Arthur Kaufmann). Seit 1958 im Justizdienst, zunächst als Staatsanwalt, dann als Richter am Amtsgericht, Landgericht und Oberlandesgericht. Vom 1. 10. 1969 bis 30. 9. 1970 Assistent am Institut für Rechtsphilosophie der Universität München. Danach wissenschaftlicher Mitarbeiter am Institut für Rechts- und Sozialphilosophie der Universität Saarbrücken. Von 1985 bis 1995 Präsident des Saarländischen Oberlandesgerichts. Honorarprofessor für Rechtsphilosophie und Rechtstheorie an der Universität Saarbrücken.

Veröffentlichungen: Das Problem von Sein und Sollen in der Philosophie Immanuel Kants, Köln, Berlin, Bonn, München 1968. Interessenjurisprudenz. Band CCCXLV der Reihe: Wege der Forschung. Herausgegeben von G. Ellscheid und W. Hassemer. Mit einer Einleitung von Ellscheid, Darmstadt 1974, sowie Aufsätze zu rechtsphilosophischen, -theoretischen und strafrechtlichen Themen.

Die Autoren

Winfried Hassemer, geb. 1940. 1959 bis 1963 Studium der Rechtswissenschaft in Heidelberg, Genf und Saarbrücken. 1964–1969 Assistent am Institut für Rechts- und Sozialphilosophie der Universität des Saarlandes. 1967 Promotion zum Dr. jur. (bei Arthur Kaufmann). 1970 Assessorexamen. Ab 1970 Assistent am Institut für Rechtsphilosophie in München. 1972 Habilitation für Strafrecht, Strafprozessrecht, Rechtsphilosophie und Rechtssoziologie in München und Berufung auf die Professur für Rechtstheorie, Rechtssoziologie und Strafrecht am Fachbereich Rechtswissenschaft der Universität Frankfurt am Main. Langjähriges Vorstandsmitglied in der Deutschen Sektion der Internationalen Vereinigung für Rechts- und Sozialphilosophie sowie in der Vereinigung für Rechtssoziologie. Von 1991 bis 1996 Hessischer Datenschutzbeauftragter. 1996–2008 Richter des Bundesverfassungsgerichts, Dr. h.c. mult. Seit 10. April 2002 Vizepräsident des Bundesverfassungsgerichts und Vorsitzender des Zweiten Senats.

Selbständige Veröffentlichungen: Tatbestand und Typus. Untersuchungen zur strafrechtlichen Hermeneutik, 1968. Grundprobleme der zeitgenössischen Rechtsphilosophie und Rechtstheorie, 1971 (zusammen mit Arthur Kaufmann). Theorie und Soziologie des Verbrechens. Ansätze zu einer praxisorientierten Rechtsgutslehre, 1973, 1980. Strafrechtsdogmatik und Kriminalpolitik, 1974. Hauptprobleme der Generalprävention, 1979 (zusammen mit Klaus Lüderssen, Wolfgang Naucke). Einführung in die Grundlagen des Strafrechts, 1981[1], 2. Aufl. 1990. Fortschritte im Strafrecht durch die Sozialwissenschaften?, 1983 (zusammen mit Klaus Lüderssen, Wolfgang Naucke). Produktverantwortung im modernen Strafrecht, Heidelberg 1994, 2. Aufl. 1996. Datenschutz und Datenverarbeitung heute, Wiesbaden 1995. Das Opfer als Verfolger, Frankfurt am Main 1996 (zusammen mit Karin Matussek). Die Chancen der Privatheit angesichts neuer Kontrollbedürfnisse und Informationstechnologien, 1997. Strafen im Rechtsstaat. Mit einem Vorwort von Andrew von Hirsch, Baden-Baden 2000 (Strafrechtswissenschaft und Strafrechtspolitik, Band 3). Freiheitliches Strafrecht. Mit einem Geleitwort von Robert Leicht, Berlin 2001 („Köpfe der Republik"). Verbrechensopfer. Gesetz und Gerechtigkeit, München 2002 (zusammen mit Jan Philipp Reemtsma). Religiöse Toleranz im Rechtsstaat. Das Beispiel Islam, 2004; Selbstbestimmung – noch zeitgemäß?, 2006; Notizen über Gerichtsbarkeit, 2007; Erscheinungsformen des modernen Rechts, 2007; Strafrecht. Sein Selbstverständnis, seine Welt, 2008; Warum Strafe sein muss. Ein Plädoyer, 2. Aufl. 2009.

Arthur Kaufmann †, geb. 1923 in Singen (Hohentwiel); gest. am 11.04.2001 in München. 1945–1949 Studium der Rechtswissenschaft u. a. in Heidelberg. 1949 Promotion zum Dr. jur. (bei Gustav Radbruch). 1952–1957 Richter am Landgericht Karlsruhe. 1957–1960 Studium der Philosophie in Heidelberg. 1960 Habilitation für Strafrecht, Strafprozessrecht und Rechtsphilosophie in Heidelberg. 1960 Ordinarius für Strafrecht, Strafprozessrecht und Rechtsphilosophie in Saarbrücken, seit 1969 in München; Leiter des Instituts für Rechtsphilosophie und Rechtsinformatik der Universität München. Seit 1989 emeritiert.

Dr. h.c. mult.; Ordentliches Mitglied der Bayerischen Akademie der Wissenschaften; Honorary President of the International Association for Philosophy of Law and Social Philosophy; Ehrenvorsitzender der Deutschen Sektion der Internationalen Vereinigung für Rechts- und Sozialphilosophie; Ehrenmitglied der Japanischen Gesellschaft für Strafrecht; Honorary Corresponding Member of the Institute for Advanced Studies in Jurisprudence of the University of Sydney; Korrespondierendes Mitglied der Provinciaal Utrechts-Genootschap van Kunsten en Wetenschappen u. a. m.

Über 400 Veröffentlichungen, vornehmlich auf den Gebieten der Rechtsphilosophie und des Strafrechts, z. T. übersetzt in 16 Fremdsprachen. Herausgeber der wissenschaftlich-kritischen Gesamtausgabe der Werke Gustav Radbruchs in 20 Bänden (erscheint seit 1987).

Ulfrid Neumann, geb. 1947. Studium der Rechtswissenschaft in Tübingen und München. 1971 Erstes, 1974 Zweites juristisches Staatsexamen in München. Ab 1974 wissenschaftlicher Assistent am Institut für Rechtsphilosophie und Rechtsinformatik der Universität München. 1978 Promotion, 1983 Habilitation an der Universität München. 1984 Professor für Rechtsphilosophie an der Universität Frankfurt/Main, 1987 Professor für Strafrecht, Strafprozessrecht, Rechtsphilosophie und Rechtssoziologie an der Universität Saarbrücken. Seit 1994 Professor für Strafrecht, Strafprozessrecht, Rechtsphilosophie und Rechtssoziologie an der Universität Frankfurt/Main. 1998–2006 Präsident der Deutschen Sektion der Internationalen Vereinigung für Rechts- und Sozialphilosophie (IVR). Seit 2007 Mitglied des Weltpräsidiums der IVR. Vorsitzender der Gustav Radbruch-Stiftung. 1991–1999 Fachgutachter der Deutschen Forschungsgemeinschaft (DFG) für Rechts- und Staatsphilosophie. Dr. h.c. Mitherausgeber der „Zeitschrift für die gesamte Strafrechtswissenschaft" sowie von „Archives for Legal Philosophy and Sociology of Law" (Beijing). Mitherausgeber und -autor des Nomos-Kommentars zum Strafgesetzbuch (Baden-Baden 1995 ff.).

Wichtigste Veröffentlichungen: Rechtsontologie und Juristische Argumentation, 1979; Zurechnung und „Vorverschulden", 1985; Juristische Argumentationslehre, 1986; Wahrheit im Recht, 2004; Recht als Struktur und Argumentation, 2008. Aufsätze zu Themen des Straf- und Strafprozessrechts, der Rechtsphilosophie, Rechtstheorie und Rechtssoziologie.

Lothar Philipps, geb. 1934. Studium der Rechtswissenschaft in Münster, Würzburg und Saarbrücken. Erstes juristisches Staatsexamen 1959. Assistent am Institut für Rechts- und Sozialphilosophie der Universität Saarbrücken (Werner Maihofer). Promotion (bei Werner Maihofer) 1963, zweites Staatsexamen 1965, Habilitation 1970. 1972 Professor an der Universität Saarbrücken, seit 1977 Professor für Strafrecht, Strafprozessrecht und Rechtsphilosophie am Institut für Rechtsphilosophie und Rechtsinformatik der Universität München. Seit 1999 im Ruhestand.

Selbständige Veröffentlichungen: Zur Ontologie der sozialen Rolle, 1964; Der Handlungsspielraum, 1974; Testaufgaben in der Rechtswissenschaft und ihre Auswertung durch den Computer, 1978. Im Übrigen Aufsätze zu Themen der Rechtsphilosophie, Rechtstheorie, Rechtsinformatik, des Strafrechts und des Strafprozessrechts.

Jochen Schneider, geb. 1943. Studium der Rechtswissenschaft. Erstes juristisches Staatsexamen 1970, zweites 1980. 1971 wissenschaftlicher Mitarbeiter, von 1972 bis 1980 am Institut für Rechtsphilosophie und Rechtsinformatik der Universität München. Promotion (bei Arthur Kaufmann) 1977. Nach Stelle in der Industrie seit 1982 selbständig als Rechtsanwalt. Seit 1992 Honorarprofessor an der Universität München (für Rechtsinformatik).

Veröffentlichungen zu Rechtsinformatik, Rechtstheorie, Rechtsphilosophie, Datenschutz und EDV-Recht, u. a. Software-/IT-Recht.

Die Autoren

Ulrich Schroth, geb. 1946. Studium der Rechtswissenschaft an den Universitäten Saarbrücken und München. Von 1976–1981 Rechtsanwalt in München, 1982 Promotion, 1987 Habilitation. Seit Nov. 1987 Universitätsprofessor an der Ludwig-Maximilians-Universität in München für Strafrecht, Strafprozessrecht, Rechtsphilosophie und Rechtssoziologie. Derzeit Prodekan der Juristischen Fakultät der LMU München.

Veröffentlichungen: Neuere Theorien von Kriminalität und Strafe, 1980 (zusammen mit U. Neumann); Theorie und Praxis subjektiver Auslegung im Strafrecht, 1983; Vorsatz und Irrtum, 1998; Strafrecht BT, 5. Aufl. 2010; Organspende in Europa (zusammen mit Thomas Gutmann), 2002; Grundlagen einer gerechten Organverteilung (zusammen mit anderen), 2002. Herausgeber der Reihe „Medizin, Ethik und Recht"; Handbuch des Medizinstrafrechts (zusammen mit C. Roxin), 4. Aufl. 2010 und anderes mehr.

A. Einleitung

1 Rechtsphilosophie, Rechtstheorie, Rechtsdogmatik

Von Arthur Kaufmann †, München

1.1 Rechtsphilosophie und Rechtsdogmatik

Die Rechtsphilosophie ist ein Zweig der Philosophie, nicht ein Zweig der Rechtswissenschaft. Dabei darf man es aber auch nicht so sehen, als sei die Rechtsphilosophie eine spezielle Art der Gattung (Allgemein-) Philosophie. Philosophie hat immer und in allen ihren Formen mit den Grundproblemen des menschlichen Daseins zu tun, mit dem, was *Karl Jaspers* das „Umgreifende" nennt[1], in der Philosophie geht es, kurz gesagt, stets um das „Überhaupt".

Rechtsphilosophie unterscheidet sich also von anderen Zweigen der Philosophie nicht dadurch, dass sie spezieller wäre, sondern dass es juristische Grundsatzfragen, juristische Grundprobleme sind, die auf philosophische Manier reflektiert, diskutiert und, sofern möglich, beantwortet werden. Man kann es, etwas salopp, so sagen: In der Rechtsphilosophie fragt der Jurist, die Antwort gibt der Philosoph. Deshalb muss ein zünftiger Rechtsphilosoph auch in beiden Disziplinen zu Hause sein, in der Rechtswissenschaft und in der Philosophie, und die schon oft gestellte Frage, was denn schlimmer sei, die Rechtsphilosophie der „reinen Philosophen" oder die der „reinen Juristen", ist wohl dahin zu bescheiden, dass beides gleich schlimm ist.

Rechtsphilosophie ist also nicht Rechtswissenschaft, sie ist vor allem nicht Rechtsdogmatik. Dogmatik ist nach *Kant* „das dogmatische Verfahren der reinen Vernunft, ohne vorangehende Kritik ihres eigenen Vermögens"[2]. Der Dogmatiker geht von Voraussetzungen aus, die er ungeprüft als wahr annimmt, er denkt „ex datis". Der Rechtsdogmatiker fragt nicht, was Recht überhaupt ist und ob, unter welchen Umständen, in welchem Umfang und auf welche Weise es Rechtserkenntnis gibt. Das heißt nicht notwendig, dass die Rechtsdogmatik unkritisch verführe; aber auch

---

1 *Jaspers*, Einführung in die Philosophie, 25. Aufl. 1986, S. 24 ff. Weitgehend im Sinne des Textes auch *Edith Stein*, Einführung in die Philosophie, 1991, Einleitung (S. 21 ff.).
2 *Kant*, Kritik der reinen Vernunft, Ausgabe B, S. XXXV. Vgl. zu diesem Thema auch: *Eike v. Savigny*, Die Rolle der Dogmatik – wissenschaftlich gesehen; in: *U. Neumann* u. a., Juristische Dogmatik und Wissenschaftstheorie, 1976, S. 100 ff.

A Einleitung

wo sie kritisch vorgeht, etwa eine Norm des Gesetzes kritisch überprüft[3], argumentiert sie stets systemimmanent, das geltende System bleibt unangetastet. Im Rahmen der Rechtsdogmatik ist diese Haltung durchaus legitim; sie wird erst dann gefährlich, wenn sie die nicht-dogmatische (meta-dogmatische) Denkweise der Rechtsphilosophie und der Rechtstheorie als unnötig, als „rein theoretisch" oder gar als unwissenschaftlich zurückweist.

Nun ist es freilich auch nicht so, dass die Philosophie, die Rechtsphilosophie, vollkommen voraussetzungslos vorgehen könnte. Man kann sich das leicht klarmachen an dem, was *Pascal* in der „Logik von Port Royal" (1662) als die – unerreichbare – „vollkommenste Methode" bezeichnet hat: Man darf keinen Begriff verwenden, der nicht zuvor eindeutig definiert wäre, und man darf keine Behauptung aufstellen, ohne dass man deren Wahrheit beglaubigt hätte. Es bedarf keiner langatmigen Ausführungen, um darzutun, dass diese Forderungen unerfüllbar sind, weil sie beide zu unendlichen Regressen führen müssten.

Aber die Philosophie muss doch wenigstens – anders als die Dogmatik – den Versuch machen, auch die Grundprobleme und die Grundvoraussetzungen der Wissenschaften und Systeme zu „hinterfragen" (wie man heute gerne sagt), sie muss – mit anderen Worten – eine systemtranszendente Stellung einnehmen[4]. Diese Stellung ist nicht eine solche der tabula rasa. Gerade die neuere Hermeneutik hat gezeigt, dass das „Vorurteil" oder „Vorverständnis" eine transzendentale Bedingung des Verstehens von Sinngehalten ist, woraus sich ihre besondere Bedeutung vor allem für die Sprachwissenschaften (dazu gehört auch die Rechtswissenschaft, denn sie hat es wesentlich mit sprachlichen Texten zu tun[5]) ergibt. Aber die Philosophie darf nie bei einem solchen Vorentwurf stehen bleiben, sondern dieser muss „beständig von dem her revidiert werden, was sich bei weiterem Eindringen in den Sinn ergibt"[6]. Es gibt in der Philosophie – und dasselbe gilt immer auch für die Rechtsphilosophie – nichts, was nicht problematisch sein kann, ihr eigenes Wesen nicht ausgenommen. Prinzipiell darf der Philosoph nichts als fraglos hinnehmen. Insofern darf man in der Tat sagen, dass die Philosophie „gründlicher" verfährt als die Einzelwissenschaften. Nur darf man daraus nicht die Folgerung ziehen, dass es

---

3 Vgl. z. B. BGHSt 24, 40 ff.: zur „Verteidigung der Rechtsordnung" (§§ 47 Abs. 1, 56 Abs. 3 StGB) – eine durchaus kritisch, aber ganz dogmatisch unterfangene Rechtsentscheidung.
4 Vgl. *Coing*, Grundzüge der Rechtsphilosophie, 5. Aufl. 1993, S. 3: „Die Rechtsphilosophie muss also, ohne auf die Erkenntnisse zu verzichten, welche die Rechtswissenschaft in ihrem Bereich erarbeitet hat, notwendig über deren Grenzen hinausgehen; sie verknüpft die besonderen Probleme, welche die Kulturerscheinung des Rechts bietet, mit den allgemeinen und grundsätzlichen Fragen der Philosophie."
5 Siehe vor allem *Gadamer*, Wahrheit und Methode, 5. Aufl. 1986, S. 270 ff., 330 ff.; *Esser*, Vorverständnis und Methodenwahl in der Rechtsfindung, 2. Aufl. 1972, bes. S. 136 ff. Vgl. ferner *Arthur Kaufmann*, Beiträge zur Juristischen Hermeneutik, 2. Aufl. 1993, S. 51 f., 74 ff., 86 f., 92 ff. Neuestens sehr klar und grundlegend *J. Stelmach*, Die hermeneutische Auffassung der Rechtsphilosophie, 1991.
6 *Gadamer*, Wahrheit (Fn. 5), S. 271.

in der Philosophie um „wichtigere" Dinge gehe als in den dogmatischen Einzelwissenschaften. So ist beispielsweise die medizinische Krebsforschung ganz sicher nicht weniger bedeutsam als die rechtsphilosophische Forschung nach den Kriterien richtigen (gerechten) Rechts. Philosophie und Dogmatik stehen nicht im Verhältnis des „mehr oder weniger", „wichtiger oder unwichtiger", sondern im Verhältnis des Andersseins. Keines kann darum das andere ersetzen.

1.2 Der Gegenstandsbereich der Rechtsphilosophie

Das Anderssein von Rechtsphilosophie und Rechtsdogmatik zeigt sich, wie schon oben angedeutet, in der Verschiedenheit des Gegenstandsbereichs. In der Wissenschaftstheorie versteht man unter *Materialobjekt* den konkreten Gegenstand, mit dem sich eine Wissenschaft befasst, in seiner Ganzheit; *Formalobjekt* dagegen ist die besondere Rücksicht, unter der sie dieses Ganze erforscht (daher gelegentlich auch als „Forschungsobjekt" bezeichnet). Kennzeichnend für jede Wissenschaft ist ihr Formalobjekt, während das Materialobjekt mehreren Wissenschaften gemeinsam sein kann. So ist das „Recht" das gemeinsame Materialobjekt aller juristischen Disziplinen; ihr Unterschied als Zivilrecht, Staatsrecht, Verwaltungsrecht, Strafrecht usw. liegt im jeweiligen Formalobjekt. Die gerade in der jüngsten Zeit zu beobachtende Aufspaltung der Materialobjekte in immer weitere Formalobjekte (z. B. Kriminologie als eigenes Fach neben der Strafrechtswissenschaft, und die Kriminologie selbst wieder unterteilt in mehrere Spezialdisziplinen) hat zu einer fortschreitenden Spezialisierung der Wissenschaften geführt. Dieser kaum aufzuhaltende Prozess hat zwangsläufig die Gefahr der Einengung des Blicks auf ein beschränktes „Fachgebiet" zur Folge; die Zusammenhänge, das Ganze, das Grundlegende entschwindet aus den Augen. Umso wichtiger wird die Philosophie.

Besteht das Wesen der Einzelwissenschaften, wie ihr Name schon sagt, darin, dass sie sich immer auf Einzelnes, nie auf Seiendes in seiner Ganzheit richten, so ist das Wesen der Philosophie durch die *Totalität ihres Formalobjekts* gekennzeichnet. In der Philosophie geht es, wie wir wissen, nie um Einzelnes, auch nicht um die Vielheit der Einzelnen, sondern um das Ganze, um die Zusammenhänge, um das Grundlegende. Darin liegt eines der schwierigsten Probleme der Philosophie.

Den Einzelwissenschaften ist die Bindung an ein bestimmtes Materialobjekt, an ein konkretes Seiendes eigen, das sie unter einem bestimmten Aspekt, dem Formalobjekt, untersuchen. Bei der Philosophie haben wir diese Doppelbindung an Material- und Formalobjekt in dieser Weise nicht mehr. Ja, hat sie überhaupt einen „Gegenstand" (einen substanziellen gewiss nicht?)? Ein bestimmtes Materialobjekt hat sie jedenfalls nicht, und das Formalobjekt, das ihr zugrunde liegt, ist indefinit: das „Sein überhaupt". Dieses Fehlen eines bestimmten Materialobjekts einerseits und die Universalität des Formalobjekts andererseits machen die philosophische Erkenntnis und die philosophische Methode so problematisch. Wie wohl auch für die Philosophie gelten muss, dass sie ihren Ausgangspunkt immer an erfahrbarem Einzelnen nimmt (z. B. an einer bestimmten Rechtsnorm), so ist doch dieses oder jenes Einzelne nie ihr eigentlicher Gegenstand, sondern immer nur das Mittel, um zu etwas Dahinterliegendem, zu einem „Transzendenten", zu gelangen (etwa zur Frage, was die Rechtsnorm „überhaupt" ist).

Daher nämlich, dass die Philosophie kein bestimmtes Materialobjekt, dagegen aber ein universales Formalobjekt hat, kommt auch notwendig ein gewisser spekulativer Einschlag in die Philosophie. Der Philosoph soll das Ganze erkennen, aber der menschliche Verstand ist so geartet, dass er immer nur auf Einzelnes gerichtet sein kann. Niemals bekommen wir das Ganze des Seins oder das Ganze des Rechts unmittelbar in den Griff. Die Philosophie kann somit ihren „Gegenstand" nie direkt und uno actu zu fassen bekommen, sie muss vielmehr bei Singulärem ihren Ausgang nehmen – dies freilich stets im Vorblick und im Hinblick auf das Ziel allen philosophischen Forschens: auf das Ganze. Um es mit den Worten *Jaspers'* zu sagen: „Geht die Philosophie als Wissenschaft auf das Ganze, so verwirklicht sie sich doch jeweils nur in einem Einzelnen."[7]

In der Einzelwissenschaft kann, eben weil es um Einzelnes geht, grundsätzlich auch ein einsamer Forscher in seiner Studierstube oder in seinem Laboratorium eine wissenschaftliche Entdeckung machen. In der Philosophie ist dergleichen unmöglich. Nur von den vielen Teilen her kommt das menschliche Erkennen an das Ganze heran. Darum kann das Ziel der Philosophie, soweit es uns überhaupt erreichbar ist, nur im Zusammenwirken der vielen Mit-Philosophierenden erreicht werden, im „Diskurs". Aus diesem Grund spielt die *Kommunikation*, die „Gemeinschaft durch Mitteilung"[8], in der Philosophie eine so große Rolle, kommt es bei ihr viel mehr als in den Einzelwissenschaften auf Interaktion, Intersubjektivität, Konsens, Konvergenz an[9]. Die Mannigfaltigkeit der Standpunkte, der *Pluralismus* der verschiedenen Lehren sind, recht verstanden, durchaus kein Hindernis oder gar eine Sackgasse für die Philosophie, sondern ganz im Gegenteil eine notwendige Bedingung für ihre volle Entfaltung.

Von hier aus fällt auch Licht auf das Problem des (rechts-)philosophischen *Relativismus*. Wer die Aussagen der verschiedenen Philosophen jede einzeln für sich betrachtet, so als ob jeder Einzelne für sich allein das Ganze vollbringen müsste, der muss zwangsläufig zu dem Ergebnis kommen, dass in der Philosophie ein heilloser Relativismus herrscht. Nur wer die Philosophie aus dem Zusammenwirken der Vielen durch die Jahrhunderte und Jahrtausende begreift, wer die Konvergenz in der Divergenz zu sehen vermag, wird dem Relativismus entrinnen.

---

7 *Jaspers*, Philosophie, 3. Aufl. 1956, 1. Bd., S. 322.
8 Vgl. *Jaspers*, Einführung (Fn. 1), S. 21 ff. und öfter. Siehe auch *Arthur Kaufmann*, Gerechtigkeit – der vergessene Weg zum Frieden, 1986, bes. S. 122 ff.
9 Siehe näher *Arthur Kaufmann*, Rechtsphilosophie im Wandel, 2. Aufl. 1984, S. 57 ff.

1.3 Über das richtige Fragen in der Rechtsphilosophie

In der (dogmatischen) Einzelwissenschaft wird die Richtung der Frage von ihrem Gegenstand bestimmt; denn da sie von vornherein nur auf Einzelnes gerichtet ist, kann die Fragestellung unmittelbar hieran anknüpfen. Konkret gesprochen: Welches Problem dem Juristen gestellt ist, ergibt sich ohne weiteres aus dem jeweiligen Formalobjekt; ist dieses beispielsweise Schadensersatz aus unerlaubter Handlung, so ist selbstverständlich danach gefragt, ob die §§ 823 ff. BGB einschlägig sind.

Anders ist das in der Philosophie, in der Rechtsphilosophie. Ihr „Gegenstand" ist das Ganze des Seins bzw. des Rechts. Da aber, wie gesagt, unser Denken sich nicht sofort und uno actu dieses Ganzen bemächtigen kann, sondern bei Singulärem, bei einem Teil des Ganzen beginnen muss, kann in der Philosophie die methodische Fragestellung nicht von ihrem Gegenstand bestimmt werden. Ich kann zwar fragen: Was ist das Sein im Ganzen?, oder: Was ist das Recht im Ganzen?, aber so komme ich in der Philosophie bzw. in der Rechtsphilosophie methodisch nicht weiter. Ich muss detaillierter beginnen, etwa mit der Frage nach Zweck und Ziel des Rechts, nach der Bedeutung des Rechtspositivismus, nach dem Verhältnis von Recht und Sittlichkeit, nach der Funktion der Rechtsnorm, nach dem Moment der Geschichtlichkeit des Rechts, nach dem „Methodendualismus" von Sein und Sollen, nach dem Verhältnis von „General Principles" und „Rules". Erst aus diesen vielen Details kann dann – aber auch nur annäherungsweise – das Ganze zusammengefügt werden. Keine wissenschaftliche Philosophie kann auf die analytische Methode verzichten; freilich muss dieser dann auch die Synthese folgen.

Wodurch aber wird nun die richtige Problemstellung, das richtige Fragen in der Philosophie bestimmt? Das ist schwer zu beantworten, denn irgendeine Nötigung, nach einer bestimmten Richtung zu fragen, gibt es in der Philosophie nicht. Grundsätzlich kann man ja von jedem Detail an das Ganze herankommen, wenn man dabei nur richtig vorgeht (freilich zeigt sich gerade am Teil-Ganzen-Verhältnis der „hermeneutische Zirkel": Was ein Teil ist, kann man nicht ohne [Vor-]Verständnis des Ganzen wissen, das Ganze aber erschließt sich nur über das Wissen von den Teilen). Rechtsphilosophisches Fragen kann sich genauso gut an der Todesstrafe oder an der Schuld entzünden wie an der Generalklausel des § 242 BGB oder an der Institution der juristischen Person. Ja, eine so technisch anmutende Vorschrift wie „Rechts fahren!" kann durchaus Ansatzpunkt zur Beantwortung der rechtsphilosophischen Frage nach Sinn, Wesen und Bedeutung der „Rechtsnorm überhaupt" sein.

Die Zahl der möglichen philosophischen Frage- und Problemstellungen ist nach allem zuvor Gesagten grundsätzlich unbegrenzt, wiewohl alle Philosophie letzten Endes immer auf dasselbe Ziel gerichtet ist: das Ganze des Seins, das Ganze der Wahrheit, das Ganze des Rechts. Auch hierin unterscheidet sich die Philosophie wiederum von den Einzelwissenschaften, bei denen die Zahl der Probleme prinzipiell begrenzt ist. Deshalb kann die Einzelwissenschaft in Bezug auf einen be-

A *Einleitung*

stimmten Forschungsgegenstand einmal ans Ziel kommen, während das in der Philosophie aus der „Natur der Sache" heraus unmöglich ist.

Da nun aber die Philosophie einer bestimmten Zeit nie das Ganze im Auge hat, sondern immer nur einzelne Seiten des Ganzen, so bedeutet das notwendig, dass darüber andere Seiten vernachlässigt werden. Daraus ergibt sich für die Philosophie einer neuen Zeit dann die Aufgabe, nun diese bisher vernachlässigten Seiten in den Blick zu bekommen und sie zu erfassen. So erwachsen der Philosophie, obwohl es ihr letzten Endes stets um dasselbe Ziel zu tun ist, aus der Geschichte und also aus der *historischen Situation* heraus fortwährend neue und veränderte Aufgaben[10]. Konkret: Die einseitige Betonung des rationalen und ideellen Moments im Recht durch die rationalistische und idealistische Naturrechtsdoktrin des 17. und 18. Jahrhunderts musste zwangsläufig in der Historischen Rechtsschule und schließlich im Rechtspositivismus Befreiung suchen. Der Rechtspositivismus des 19. Jahrhunderts hatte durchaus eine geschichtliche Aufgabe; er musste die *existenzielle* Seite des Rechts, seine *Positivität*, wieder ins Blickfeld rücken. Aber nach dem ungeheuren Rechtsmissbrauch, den das extreme positivistische Denken in unserem Jahrhundert heraufbeschworen hat, ist es nunmehr unsere Aufgabe, ein „*Unverfügbares*" aufzufinden, das der Willkür in Rechtssetzung und Rechtsfindung Grenzen setzt, was aber nicht in einem abstrakten Werte-Himmel, sondern in der Rechtswirklichkeit zu suchen ist[11]. Man sieht aus dem Beispiel auch, dass ein Philosoph durchaus an den Problemen seiner Zeit vorbeifragen kann[12].

Das Gesagte sollte deutlich machen, dass die richtige philosophische Fragestellung ein Problem von großer Tragweite und von erheblicher wissenschaftlicher Verantwortung ist. Und es sollte gezeigt werden, dass eine bestimmte Philosophie nur von ihrer Fragestellung her verstanden werden kann. Kein philosophischer Gedanke ist verstehbar, wenn man nicht begreift, mit welcher Fragestellung der betreffende Philosoph an die Dinge herangegangen ist und wenn man nicht die geschichtliche Situation erfasst, die einen bestimmten Denker zu ganz bestimmten Fragen veranlasst hat. Kenntnisse über philosophische Lehrmeinungen sind noch keine Philosophie, sondern, wie *Heidegger* zutreffend sagt, „höchstenfalls nur Philosophiewissenschaft"[13].

---

10 Wenn *Radbruch* sagt, „dass jedes Zeitalter seine Rechtswissenschaft neu schreiben muss", so gilt das für die Rechtsphilosophie erst recht (Rechtsphilosophie, 9. Aufl. 1983, S. 222; GRGA, Bd. 2, 1993). Vgl. auch *Jaspers*, Einführung (Fn. 1), S. 109: „Eine vergangene Epoche als die unsere nehmen, das ist so wenig möglich, wie ein altes Kunstwerk noch einmal hervorzubringen."
11 Vgl. z. B. *W. Hassemer*, Unverfügbares im Strafprozeß, in: Rechtsstaat und Menschenwürde; Festschr. f. W. Maihofer, 1988, S. 183 ff.
12 Dazu näher *Arthur Kaufmann*, Rechtsphilosophie (Fn. 9), Siehe bes. S. 69 ff., 101 ff.
13 *Heidegger*, Einführung in die Metaphysik, 1953, S. 9.

1.4 Die Fehler des Scientismus, des Philosophismus und das falsche Umgehen mit der Philosophie

Schon oben wurde angemerkt, dass die Rechtsphilosophie der „reinen Philosophen" ein ebensolches Übel ist wie die Rechtsphilosophie der „reinen Juristen". Um mit letzteren zu beginnen: Der rein juristisch orientierte „Rechtsphilosoph" verfällt dem Fehler des *Scientismus*, d.h. einer übersteigerten Bewertung der (dogmatischen Einzel-)Wissenschaft, einer einseitigen Orientierung am (rechts-)wissenschaftlichen Denken. Er möchte die rechtsphilosophischen Probleme – und gerade auch die Grundfragen des Rechts – ohne Rückgang auf die Philosophie und meist ohne philosophische Kenntnisse beantworten. Diese Haltung ist sehr verbreitet. *Jaspers* trifft ins Schwarze, wenn er dazu sagt: „In philosophischen Dingen hält sich fast jeder für urteilsfähig. Während man anerkennt, dass in den Wissenschaften Lernen, Schulung, Methode Bedingung des Verständnisses sei, erhebt man in Bezug auf die Philosophie den Anspruch, ohne weiteres dabei zu sein und mitreden zu können"[14]. Genauso ist es bei den Juristen. Fast jeder hält sich in den Dingen der Rechtsphilosophie für sachkompetent, mag er sich auch niemals ernstlich mit der Philosophie beschäftigt haben. Am ausgeprägtesten zeigte sich dieser juristische Scientismus um die Jahrhundertwende bei der sog. Allgemeinen Rechtslehre, dieser „Euthanasie der Rechtsphilosophie"[15], wo der juristische „Spezialist" das Geschäft des Philosophierens in die Hand nehmen, die Rechtsphilosophie also in eine „Juristenphilosophie" ummünzen wollte. Das Ergebnis einer solchen juristischen Inzucht ist bestenfalls eine Vulgär-Philosophie, die intuitiv vielleicht einmal das Richtige trifft, aber um ihr eigenes Tun nicht weiß; in der Regel ist es platter Dilettantismus.

Den gegenteiligen Fehler, den des *Philosophismus*, begeht der nur philosophisch inspirierte und orientierte „Rechtsphilosoph", der sich nicht um die eigentümlichen Rechts-Probleme kümmert, um die Fragen, die die Rechtswissenschaft hier und jetzt an die Philosophie stellt. Er liefert uns mitunter erstaunlich tiefsinnige Untersuchungen darüber, was dabei herauskommt, wenn man diese oder jene philosophische Denkrichtung in die Sprache der Rechtsphilosophie übersetzt, wobei er aber Fragen „beantwortet", die in dieser bestimmten geschichtlichen Situation gar nicht aufgeworfen und daher hic et nunc überhaupt nicht fragwürdig: des Fragens wert und würdig sind.

Ein verbreitetes Fehlverhalten des Nicht-Philosophen gegenüber der Philosophie ist das Bestreben, irgendwelche philosophischen Gedanken, Lehrsätze, Theorien auf das eigene Gebiet zu übertragen, d. h. Philosophie „*anzuwenden*" wie man ein Rezept anwendet. Daraus entstehen dann die bekannten Richtungen in der Rechtsphilosophie: Thomismus, Kantianismus, Hegelianismus, Marxismus und wie sie

---
14 *Jaspers*, Einführung (Fn. 1), S. 10.
15 *Radbruch*, Rechtsphilosophie (Fn. 10), S. 114.

alle heißen mögen. Daran ist zunächst schon einmal dies zu beanstanden, dass Aussagen der Philosophie niemals fertige Lösungen – Patentrezepte – darstellen, die man so einfach übernehmen kann, wie man eine mathematische Formel übernimmt. Vielmehr handelt es sich dabei „nur" um Aspekte: um Blickrichtungen, die sich von einer bestimmten raum-zeitlichen Warte aus als wesentlich erweisen. Leider muss sich die Philosophie nur allzu häufig des Versagens beschuldigen lassen, was in Wahrheit allein die geist- und kritiklose Behandlung derselben ist. Man kann sich die Lehre eines Philosophen nur im aktiven Nach- und Mitvollzug des Denkens, nur durch *eigenes* Mit-Philosophieren aneignen. Ein solches *Aneignen* ist aber wesensverschieden vom äußeren Übernehmen: „Erst das Nehmen, das das Erworbene durch Anverwandeln in eigenes Tun aufgehen lässt, ist nicht Stehlen."[16]

Des Weiteren folgt aus dem Gesagten, dass eine *Schulenbildung* dem Wesen der Philosophie widerspricht. Solche Schulen mögen noch so viele Verdienste haben, früher oder später entarten sie zu einem Dogmatismus, der nicht mehr fähig ist, sich nach anderen Seiten zu öffnen und so zu einer Verhärtung, Verkrustung, ja Verabsolutierung der „Schulmeinung" führt. Alle Absolutismen, alle griffigen, akkuraten Formeln – „Befehl ist Befehl" und „Gesetz ist Gesetz", oder aber auch „Recht ist Gerechtigkeit" –, sie alle bergen einen Kern von Unwahrheit und Starre. Nur das noch Offene, Unfertige, Fragende ist lebendig. Im Grunde ist es so, wie *Edith Stein* treffend sagt, dass man nämlich gar nicht Philosophie lehren und lernen kann, sondern nur das Philosophieren[17].

1.5 Rechtsphilosophie und Rechtstheorie

Wie sich Philosophie und Dogmatik zueinander verhalten, lässt sich verhältnismäßig leicht zeigen. Wie aber unterscheiden sich Rechtsphilosophie und Rechtstheorie voneinander? Darauf gibt es eine zufriedenstellende Antwort bis heute nicht. Das erweist sich schon in Äußerlichkeiten. Die Artikel, die im „Archiv für Rechts- und Sozialphilosophie" einerseits und in der Zeitschrift „Rechtstheorie" andererseits veröffentlicht sind, könnten vom Thema her allesamt auch in dem jeweils anderen Organ erschienen sein.

Dass es neben der Rechtsphilosophie noch eine Rechtstheorie gibt, kann man nur historisch erklären. Zwar ist die Bezeichnung „Rechtstheorie" alt, ihre Verwendung für eine spezielle Disziplin der Rechtswissenschaft aber kaum älter als drei Jahrzehnte. Und doch ist das Fach Rechtstheorie so neu auch wieder nicht, denn was im 19. bis zu Anfang des 20. Jahrhunderts unter der Etikette „Allgemeine Rechts-

---

16 *Jaspers*, Philosophie (Fn. 7), 1. Bd., S. 285. Auf S. 287 ff. auch zur und gegen die Schulenbildung in der Philosophie.
17 *E. Stein*, Einführung (Fn. 1), S. 21.

lehre" lief, ist zwar nicht ganz dasselbe, aber doch etwas sehr Ähnliches wie die heutige Rechtstheorie.

Im Übrigen ist der Unterschied von Rechtsphilosophie und Rechtstheorie sehr unscharf. Dass die Rechtsphilosophie mehr inhaltlich, die Rechtstheorie mehr formal ausgerichtet ist, stimmt zwar cum grano salis, aber da es Stoff ohne Form und Form ohne Stoff nicht gibt, ist so auch keine genaue Abgrenzung zu gewinnen. Mit der Rechtsphilosophie hat die Rechtstheorie gemein, dass sie sich nicht auf das geltende Recht beschränkt (auch sie verfährt grundsätzlich systemtranszendent), sondern, wenn auch oft nur indirekt, auf das „richtige Recht" zielt, und sie befasst sich auch nicht, wie die Rechtssoziologie, mit den Rechtstatsachen.

Im Grunde hebt sich die Rechtstheorie von der Rechtsphilosophie nur durch ihr Motiv ab: Es geht um die *„Emanzipation"* von der Philosophie, der Jurist will die philosophischen Fragen des Rechts in eigener Regie als eine Art „Juristenphilosophie" selbst beantworten[18]. Das ist ja ein Vorgang, der oft beschrieben worden ist: das „Abwandern" der Wissenschaften aus der Philosophie, das „Ende der Philosophie", die Philosophie als bloße „Residualdisziplin". Vor allem *Heidegger* hat darauf aufmerksam gemacht, dass „schon im Zeitalter der griechischen Philosophie ein entscheidender Zug der Philosophie zum Vorschein kommt: „Es ist die Ausbildung von Wissenschaften innerhalb des Gesichtskreises, den die Philosophie eröffnete ... Es genügt, auf die Eigenständigkeit der Psychologie, der Soziologie, der Anthropologie als Kulturanthropologie, auf die Rolle der Logik als Logistik und Semantik hinzuweisen ..."[19]. Man denke auch daran, dass ursprünglich alle Naturwissenschaften bei der Philosophie angesiedelt waren.

Ebenso verhält es sich – mutatis mutandis – auch mit der Rechtsphilosophie. Auch aus ihr sind im Laufe der Zeit verschiedene Bereiche „abgewandert", wie *Hans Ryffel* das nennt[20]. Um Beispiele ist man nicht verlegen. *Kant* hat in seinen „Meta-

---

18 Vgl. *Roellecke*, in: *ders.* (Hrsg.), Rechtsphilosophie oder Rechtstheorie?, 1988, S. VII, 1 ff. Siehe außerdem noch *R. Dreier*, Was ist und wozu Allgemeine Rechtstheorie?, in: *ders.*, Recht, Moral, Ideologie, 1981, S. 17 ff.; *Jahr/Maihofer* (Hrsg.), Rechtstheorie, 1971; *Arthur Kaufmann* (Hrsg.), Rechtstheorie, 1971; *Adomeit*, Rechtstheorie für Studenten, 3. Aufl. 1990. – Grundsätzlich neuestens *Ralf Dreier*, Zum Verhältnis von Rechtsphilosophie und Rechtstheorie, in: *V. Schöneburg* (Hrsg.), Philosophie des Rechts und das Recht der Philosophie; Festschr. f. H. Klenner, 1992, S. 15 ff.
19 *Heidegger*, Zur Sache des Denkens, 1969, S. 61 ff., bes. S. 63. Interessant ist die Bemerkung von *Edith Stein*, „dass der Forschungsbereich der Philosophie sich durch die Abgrenzung bestimmter Aufgaben für die Einzelwissenschaften nicht verengt hat. Im Gegenteil; es sind ihr in Gestalt dieser Wissenschaften, die als bis dahin unbekannte Gegenstände in der Welt auftraten, neue Forschungsobjekte entstanden. Ihre Aufgabe ist ihr durch die positiven Wissenschaften nicht abgenommen worden"; Einführung (Fn. 1), S. 23.
20 *Ryffel*, Grundprobleme der Rechts- und Staatsphilosophie; Philosophische Anthropologie des Politischen, 1969, S. 5, 19, 32 ff. Vgl. näher hierzu *Arthur Kaufmann*, Hermeneutik (Fn. 5), S. 6 ff.

A *Einleitung*

physischen Anfangsgründen der Rechtslehre"[21] noch Sachenrecht, Eherecht, Elternrecht, Staatsrecht, Völkerrecht u. a. m. behandelt. Und in *Hegels* „Rechtsphilosophie"[22] findet man beispielsweise Abschnitte über Eigentum, Vertrag, Unrecht, Schuld, Familie, Staat. Aber selbst bei *Gustav Radbruch* – die letzte „klassische" Rechtsphilosophie[23] – stößt man noch auf ebensolche Kapitel, etwa über privates und öffentliches Recht, Eigentum, Eherecht, Erbrecht, Strafrecht, Prozessrecht, Kirchenrecht, Völkerrecht ... Man kann eben im Grunde alle Rechtsfragen philosophisch diskutieren. Das ändert aber nichts daran, dass Sachenrecht, Erbrecht, Strafrecht, Völkerrecht usw. inzwischen selbständige Disziplinen geworden sind.

Im Zug der Zeit, nämlich dass man infolge der fortschreitenden Komplizierung der Wissenschaftsbereiche immer weniger überschauen kann, liegt es nun auch, dass man in den letzten drei oder vier Jahrzehnten bestimmte Themen der Rechtsphilosophie ausgesondert hat und sie nunmehr unter der Bezeichnung „Rechtstheorie" diskutiert – als da etwa sind: Normentheorie, Erkenntnistheorie, Argumentationstheorie und Entscheidungstheorie des Rechts, sodann juristische Methodenlehre, Semantik und Hermeneutik, ferner juristische Topik, juristische Rhetorik und noch manches andere mehr. Aber anders als etwa beim Erbrecht, Strafrecht, Staatsrecht und auch bei der Rechtssoziologie, die sich weitgehend verselbständigt haben, gehören die eben erwähnten Problembereiche der „Rechtstheorie" noch immer zur Rechtsphilosophie, denn es gibt bis zur Stunde kein Kriterium, das die Abgrenzung der Rechtstheorie von der Rechtsphilosophie ermögliche; man kann allenfalls eine gewisse Schwerpunktsetzung feststellen: Bei der Rechtstheorie geht das Interesse mehr auf formelle und strukturelle Momente, bei der Rechtsphilosophie im engeren Sinne mehr auf das Inhaltliche[24]. In dem vorliegenden Buch wird auch kein strenger Unterschied zwischen Rechtsphilosophie und Rechtstheorie gemacht. Was im Vorangegangenen über die Rechtsphilosophie gesagt wurde, gilt jedenfalls auch für die Rechtstheorie, und ebenso verhält es sich auch mit dem Folgenden.

1.6 Ursprünge der Philosophie und der Rechtsphilosophie

Um zu verstehen, was Philosophie bzw. Rechtsphilosophie eigentlich soll und will, muss man sich vor allem einmal über ihre *Ursprünge* Klarheit verschaffen. Dabei muss daran erinnert werden, dass die Philosophie, wiewohl sie der Idee nach die

---

21 *Kant*, Metaphysik der Sitten, 1. Teil, 1798.
22 *Hegel*, Grundlinien der Philosophie des Rechts, 1821.
23 *Radbruch*, Rechtsphilosophie, 3. Aufl. 1932 (9. postume Aufl. 1983); GRGA Bd. 2, 1993.
24 Vgl. dazu auch *Alfred Büllesbach* und *Jochen Schneider*, Wahlfachgruppe Rechtsphilosophie, Rechtssoziologie, in: JuS 1975, S. 747 ff.

„philosophia perennis" (die ewig eine) ist, unter dem Gesetz der Geschichtlichkeit[25] steht. Und zwar handelt es sich dabei wirklich um eine Gesetzmäßigkeit; es ist keineswegs so, dass hier der Zufall oder die Laune der Philosophen regiert. *Jaspers* hat gezeigt, dass es drei Haupt-Ursprünge der Philosophie gibt: das Staunen, den Zweifel und die Erschütterung[26]. Dementsprechend gibt es drei Grunddisziplinen der Philosophie: die Ontologie, die Erkenntnistheorie und die Existenzphilosophie. Jeder dieser Disziplinen entspricht eine ganz besondere Haltung, eine ganz spezifische Einstellung zur Welt. Und jede hat ihre Epochen.

1.6.1 Die Ontologie (die Welt als Objektivität)

Jede ontologische Philosophie ist primär dem Sein zugewandt: dem *Objekt* (das aber nicht notwendig substantieller Art sein muss; es kann sich zum Beispiel auch um Strukturen oder Relationen handeln[27]). Diese Haltung entspringt dem *Staunen* über das Wunder aller Wunder: dass Seiendes ist und nicht vielmehr nichts. Das findet man bei *Platon*, bei *Aristoteles*, bei *Thomas von Aquin*, bei *Goethe*. Das Sichwundern über das Dasein einer Welt, die von uns nicht gemacht ist, drängt zum Wissenwollen, zum Fragen, denn da ich mich wundere, werde ich inne, dass ich nichts weiß. Ich will wissen: Was ist der Grund dafür, das Seiendes ist und nicht vielmehr nichts. Es ist die Frage der *Ontologie*.

Die Ontologie ist also eine Philosophie, die auf Seinsvertrauen gründet, die davon ausgeht, dass es Seiendes gibt, das unabhängig von unserem Denken besteht. Sie ist nicht dem Bewusstsein, sondern dem Sein zugewandt, das prinzipiell *unverfügbar* ist und dem Menschen nur insoweit zu Diensten steht, als er die im Sein (in der „Natur") angelegten Gesetze beachtet. Es versteht sich, dass eine solche auf Seinsvertrauen beruhende, an der objektiven Wirklichkeit orientierte Philosophie nur in einer Zeit möglich ist, die in sich fest gefügt ist, die auf sicheren Fundamenten steht und die vor allem auch Vertrauen zu sich selbst hat. Es sind daher die geistigen und kulturellen Hoch-Zeiten, in denen die Ontologie die beherrschende philosophische Denkrichtung darstellt: auf der Höhe des klassischen Altertums bei *Aristoteles*, in der Hochscholastik bei *Thomas von Aquin*, auf dem Gipfel des deutschen Idealismus bei *Hegel*.

---

25 Vgl. *Arthur Kaufmann*, Naturrecht und Geschichtlichkeit, 1957; *ders.*, Hermeneutik (Fn. 5), S. 25 ff.; *ders.*, Die Geschichtlichkeit des Rechts unter rechtstheoretisch-methodologischem Aspekt, in: ARSP-Supplementa II (1988), 114 ff. Umfassend *J. Llompart*, Die Geschichtlichkeit in der Begründung des Rechts im Deutschland der Gegenwart, 1968; *ders.*, Die Geschichtlichkeit der Rechtsprinzipien, 1976.
26 *Jaspers*, Einführung (Fn. 1), S. 16 ff.
27 Siehe z. B. *H. Rombach*, Strukturontologie, 1971; *R.-F. Horstmann*, Ontologie und Relationen, 1984; *W. V. Quine*, Ontologische Relativität, 1975.

Auch eine objektivistische *Rechtsphilosophie* nimmt vom Staunen ihren Ausgang, von dem Staunen darüber, dass das Sein von Ursprung an Ordnung und Gestalt in sich birgt, dass es eine „naturhafte" Ordnung der Dinge und Verhältnisse gibt, dass überall, wo Menschen in einer Gemeinschaft zusammenleben, ursprunghaft auch schon das Recht da ist. Wer nie von dem Erstaunen über die dem Sein selbst innewohnenden Gesetze der menschlichen Gesittung erfasst wurde, wird niemals der Naturrechtsfrage gerecht werden können. Denn wie sollte der, der das Recht für ein bloßes Werk der Menschen hält, die Frage nach einem seinsgerechten und unverfügbaren Recht auch nur stellen? Eine echte Naturrechtslehre ist nur da möglich, wo das Recht als eine seinem Wesen nach unabhängig von unserem Denken und Wollen bestehende Realität erfasst, wo die Seinshaftigkeit des Rechts nicht geleugnet wird. Es kann keinen anderen Geltungsgrund für das Naturrecht geben als das Sein. Die Naturrechtslehre ist letzten Endes immer Rechtsontologie (aber nicht notwendig Substanzontologie). Daher fallen die Blütezeiten des Naturrechts mit den Blütezeiten der Ontologie zusammen. Das Naturrecht gedeiht nur auf dem Boden eines grundsätzlichen Seinsvertrauens. Nur Geschlechter, die Zutrauen zu sich und zur Welt haben, wenden sich dem Naturrecht zu.

1.6.2 Die Erkenntnistheorie (die Welt als Subjektivität)

Steht am Anfang aller objektivistischen Philosophie das Staunen und das Vertrauen, so ist die Grundstimmung der primär am *Subjekt* orientierten Philosophie das Misstrauen und der *Zweifel*. Da nicht gewiss ist, ob die Sinne uns nicht trügen, da wir uns immer wieder in unserem Erkenntnisstreben irren, da wir nur allzu oft erfahren müssen, dass sich unser Denken in unlösbare Widersprüche verstrickt, muss zunächst einmal alles das, was wir wahrzunehmen und zu erkennen vermeinen, in Frage gestellt werden, damit sich erweist, was solchem radikalen Zweifel standhält und was alsdann wirklich als Gewissheit gelten kann. Um diese Gewissheit unseres Erkennens, um die „clara et distincta perceptio", ging es *Descartes*, wenn er in seinen „Meditationes de prima philosophia" (1641) das Bezweifeln alles Bezweifelbaren zum Prinzip erhob[28], und darum ging es auch *Kant*, wenn er in der Vorrede der „Kritik der reinen Vernunft" (1787) sagt, er habe das (vermeintliche) Wissen der alten Metaphysik aufheben müssen, um zum Glauben Platz zu bekommen[29].

Wo man mit dem Zweifel zu philosophieren beginnt, wird die Einstellung der Welt gegenüber eine andere. Nicht auf die Dinge, wie sie an sich bestehen, ist der Blick gerichtet, sondern auf das denkende Subjekt. Nicht das Sein ist das Ursprüngliche, sondern das Bewusstsein, das Sein wird als Produkt des Bewusstseins erklärt. Der Mensch wird zum Maß aller Dinge, wie schon *Protagoras* lehrte. Die Philosophie

---

28 Meditatio I: De iis quae in dubium revocari possunt; Meditatio IV: De vero et falso.
29 B XXX.

wird ganz und gar subjektivistisch, sie wird Bewusstseinsphilosophie. Und die philosophische Grundfrage lautet demnach: Wie komme ich aus meinem Bewusstsein heraus zu einer „Außenwelt"-Erkenntnis? Das heißt: Wie kann ich überhaupt etwas wissen? Es geht nicht mehr primär um die Sache, den Gegenstand, das Sein, sondern um das Erkennen, das Bewusstsein, die Methode. Nicht die Ontologie, sondern die *Erkenntnistheorie* ist jetzt die prima philosophia. Nur allzu leicht tritt dann das ein, was *Goethe* der Philosophie *Kants* einmal zum Vorwurf gemacht hat, dass sie nämlich „nicht mehr zum Objekt kommt"[30]. Und eine solche Philosophie, die nicht mehr vertrauend das Sein erfasst, sondern im ewigen Zweifel gefangen bleibt, ist ein sicheres Zeichen dafür, dass der Höhepunkt einer Epoche überschritten ist und auflösende Tendenzen begonnen haben. „Ich will Ihnen etwas entdecken", sagte *Goethe* einmal zu *Eckermann* (29. 1. 1826), „und Sie werden es in Ihrem Leben vielfach bestätigt finden. Alle im Rückschreiten und in der Auflösung begriffenen Epochen sind subjektiv, dagegen haben alle vorschreitenden Epochen eine objektive Richtung". Und der Zeitgenosse *Kants* fügte noch hinzu: „Unsere ganze jetzige Zeit ist eine rückschreitende, denn sie ist eine subjektive."

Für die *Rechtsphilosophie* gilt das Gesagte ganz entsprechend. Steht an ihrem Anfang nicht das Staunen über eine im Sein vorgegebene Ordnung, sondern der Zweifel, dass es eine solche Ordnung überhaupt gibt, dann ist primär nicht mehr die Frage nach dem richtigen Recht, sondern, wie *Rudolf Stammler* sagt, das Problem um „das Wissen des Rechts"[31]. Dem Recht wird eine eigenständige Seinshaftigkeit abgesprochen, es ist nur noch ein Nominalbegriff, eine Sammelbezeichnung für die aus der Machtvollkommenheit des Gesetzgebers erzeugten Gesetze (Positivismus). Die Naturrechtsidee wird gar nicht mehr verstanden. So wie man in den Naturgesetzen nur mehr „wissenschaftliche Verallgemeinerungen" zu sehen vermag, so erklärt man das Naturrecht für ein „Erzeugnis der Theorie"[32]. Und mehr als die „Allgemeine Rechtslehre"[33] bleibt von der Rechtsphilosophie auch nicht übrig. Auch hier zeigen sich also auflösende Tendenzen[34].

1.6.3 Die Existenzphilosophie (die Welt als Selbstwerdungsprozess)

Der dritte Ursprung des Philosophierens ist die *existenzielle Erschütterung*, die den Menschen überkommt, wenn er vor die „Grenzsituationen" des Daseins gestellt wird, Situationen, über die er nicht hinaus kann und die er nicht zu ändern vermag, an denen er (oder die Gesellschaft, die ganze Menschheit) die Grenze seines

---

30 *Goethe*, Brief an Schultz vom 18. 9. 1831.
31 *Stammler*, Theorie der Rechtswissenschaft, 2. Aufl. 1923, S. 14 ff.
32 *Engisch*, Die Idee der Konkretisierung in Recht und Rechtswissenschaft unserer Zeit, 2. Aufl. 1968, S. 231. Es soll nicht behauptet werden, dass diese These völlig falsch sei.
33 Vgl. oben bei und in Fn. 15.
34 Siehe *Radbruch*, Einführung in die Rechtswissenschaft, 8./9. Aufl. 1929, S. 199 (12. postume Aufl., besorgt von *Konrad Zweigert*, 1969, S. 252 ff.; GRGA Bd. 1, 1987, S. 390).

A *Einleitung*

Daseins, die Un-Endgültigkeit seiner alltäglich besorgten Welt erfährt: Schuld, Krankheit, Tod, Krieg, Seuchen, Zerfall von Kulturen, Untergang von Völkern. Das Bewusstwerden dieser Grenzsituationen, das Gewahrwerden der eigenen Schwäche und Ohnmacht, drängt, wie *Epiktet* schon sagte, zur Stellungnahme, zur Frage nach dem Sinn des menschlichen Daseins. „Not lehrt denken" (*Ernst Bloch*)[35]. Alles kommt darauf an, wie sich der Mensch zu diesen Grenzsituationen stellt. Er kann die Augen davor verschließen, so tun, als wären sie nicht, und sich dann eines Tages faktisch von ihnen überwältigen lassen. Das ist der Modus der Uneigentlichkeit, der Defizienz des Daseins: Massedasein. Zu wahrer Existenz, zur Eigentlichkeit des Daseins gelangt der Mensch nur dann, wenn er sich den Grenzsituationen entschlossen stellt, wenn er sie sinnvoll einfügt in sein Planen und Handeln und wenn er so durch die Verwandlung seines Selbstbewusstseins ganz er selbst wird. Darum geht es in der *Existenzphilosophie:* Sie ruft den Menschen auf, der Anwandlung zur Flucht in die Uneigentlichkeit des bloßen Dahinvegetierens zu widerstehen, indem er sich für seine Möglichkeiten entscheidet und damit zur Verwirklichung seiner selbst gelangt.

Es kann nach dem Gesagten nicht wundernehmen, dass wir die Existenzphilosophie vorzugsweise überall dort antreffen, wo sich eine Zeit im Umbruch und darum in einer Krise befindet. Sie ist die typische Philosophie der Zeitenwende. Wir begegnen ihr, wenn auch nicht dem Namen nach, an der Schwelle zum Altertum bei den *Vorsokratikern*, an der Schwelle zum Mittelalter bei *Augustinus*, an der Schwelle zur Neuzeit etwa bei *Pascal*, und sie ist die Philosophie wiederum *unserer Zeit*, der Zeit des Übergangs zu einem neuen, noch namenlosen vierten Zeitalter[36].

Auch im *Bereich des Rechts* gibt es die existenzielle Erschütterung, das Bewusstwerden der Grenzsituationen, das Erfahren des unvermeidlichen Versagens unseres irdischen Rechts und seiner letzthinnigen Fragwürdigkeit, gemessen am Maßstab absoluter Werte. *Radbruch* hat einmal gesagt, ein guter Jurist könne nur der Jurist mit schlechtem Gewissen sein, nur derjenige, dem „in jedem Augenblick seines Berufslebens zugleich mit der Notwendigkeit ... auch die tiefe Fragwürdigkeit seines Berufes voll bewusst" ist[37]. Das ist durchaus existenzphilosophisch gedacht. Der Jurist, der vor der Begrenztheit, Unvollkommenheit und Unverlässlichkeit des Rechts, so wie es uns zugänglich ist, die Augen verschließt, ist diesem blindlings verfallen und all seinen Verhängnissen preisgegeben. Diese Haltung ist

---

35 Tübinger Einleitung in die Philosophie, Bd. 1, 1963, S. 12 ff. Informativ *Hannah Arendt*, Was ist Existenzphilosophie?, 1990.
36 *Heidegger* – aber nicht nur er – spricht vom „kybernetischen" Zeitalter; vgl. Zur Sache des Denkens (Fn. 19), S. 64. – Siehe vor allem auch *Guardini*, Das Ende der Neuzeit; Ein Versuch zur Orientierung, 5. Aufl. 1950. Auch *Arthur Kaufmann*, Rechtsphilosophie in der Nach-Neuzeit, 2. Aufl. 1992; spanisch: La Filosofía del Derecho en la Posmodernidad, Bogotá 1992.
37 *Radbruch*, Rechtsphilosophie (Fn. 10), S. 204. Siehe auch *Erik Wolf*, Fragwürdigkeit und Notwendigkeit der Rechtswissenschaft, 1953 (Nachdruck 1965).

für den Positivisten wie für den Naturrechtler gleichermaßen kennzeichnend. Der Positivist sieht nur das Gesetz, er versperrt sich gegenüber jedem übergesetzlichen Moment des Rechts und ist darum, wie wir das in unserem Jahrhundert ja bis zum Überdruss erfahren haben, ohnmächtig gegenüber jeder Pervertierung des Rechts durch die politische Macht. Der Naturrechtler schätzt das positive Gesetz gering ein, er setzt auf vorgegebene Normen; da er diese aber nicht erkenntnismäßig aufweisen kann, ist das Ergebnis, wie sich vor allem im „naturrechtlichen" 18. Jahrhundert gezeigt hat, Rechtsunsicherheit und Willkür. Beide Theorien verfehlen die Existenzweise des Rechts, und daher kommt bei beiden das Recht nicht zu sich selbst[38].

1.6.4 Die Synthese der verschiedenen Richtungen

Die vorstehende Einteilung der Philosophie ist idealtypisch zu verstehen; keine Richtung kommt in dieser Reinheit vor. Aber die Akzente werden zu den verschiedenen Zeiten unterschiedlich gesetzt. Die idealtypische Verdichtung der Charakteristika einer Philosophie lässt vor allem auch ihre Fehler deutlicher als bei realistischer Betrachtung hervortreten.

Falsch ist die alte substanzontologische und objektivistische Auffassung des Rechts. Das Recht ist kein „Objekt" wie Bäume und Häuser. Das Recht ist vielmehr das Gefüge der Beziehungen, in denen die Menschen zueinander und zu den Dingen stehen. Statt einer Substanzontologie ist eine *Ontologie der Relationen* zu entwickeln.

Falsch ist aber auch, alles ins Subjektive und schließlich Funktionale zu verflüchtigen und „Ontologisches" (Unverfügbares) überhaupt zu verneinen. Dadurch entsteht die Gefahr, dass das Recht dem Gesetzgeber völlig zur Disposition gestellt wird.

Beide Haltungen – die objektivistische und die subjektivistische – sind dem *Subjekt-Objekt-Schema* (Subjekt und Objekt bleiben in der Erkenntnis getrennt) verhaftet, wenn auch mit umgekehrten Vorzeichen. Dieses Schema wird heute selbst in den Naturwissenschaften in Frage gestellt, zumindest aber den hermeneutischen (Verstehens-)Wissenschaften ist es nicht angemessen. Es muss einem *personalen Denken* weichen.

Zu vermeiden ist dabei sowohl das Extrem der Existenzphilosophie in der Version von *Jean-Paul Sartre*, wonach der Mensch seine Moral selbst macht, wie auch das Extrem des Funktionalismus im Sinne von *Niklas Luhmann*, demzufolge das Recht einzig durch Verfahren entsteht und legitimiert wird. Person und ebenso auch Recht sind *gegeben und aufgegeben zugleich*, sind unaufhebbar Objektivität und Subjektivität in einem, sind sowohl das „Was" als auch das „Wie" des personalen

---

38 Zu dieser Problematik siehe *Maihofer* (Hrsg.), Naturrecht oder Rechtspositivismus?, 3. Aufl. 1981; auch *Arthur Kaufmann*, Hermeneutik (Fn. 5), S. 79 ff.

Gestaltungsprozesses, durch den sie zu ihrer konkreten Daseinsgestalt gelangen, ohne ausschließlich das Produkt dieses Prozesses zu sein. Das ist in Kurzform die Idee einer *sachlich (personal) fundierten prozeduralen Theorie der Gerechtigkeit*[39].

1.7 Die Aufgabe der Philosophie und der Rechtsphilosophie in heutiger Zeit

Wir leben in einer Zeit des Übergangs und des Umbruchs. Es ist viel von „Paradigmenwechsel" die Rede, und ein Paradigmenwechsel folgt auf den anderen. Gerade hat man noch das Markenzeichen der Moderne: die Rationalität aufs Höchste gepriesen, da hält auch bei uns – aus den USA und aus Frankreich kommend – die „Postmoderne" Einzug, und das bedeutet nichts weniger als die Wiederkunft des Irrationalen. Nun ist Irrationalität sicher kein Rezept für eine Philosophie, die wissenschaftliche Ansprüche erhebt. Aber gerade wenn man auf Rationalität und Vernunft setzt, wird man gut daran tun, zur Kenntnis zu nehmen, woher das Unbehagen an der Moderne und zumal an der Aufklärung rührt, das der Postmoderne eine so große Anziehungskraft verliehen hat. Um es mit einem Satz zu sagen: Es ist der „Vollendungszwang der Moderne", die „totalisierende Vernunft", die „perennierende Aufklärung", die alles auf bloßes Herrschafts- und Nutzwissen gesetzt und sich eben dadurch als *unfähig erwiesen hat, Antworten auf die Fragen zu geben, die für die Menschen wirklich wichtig sind*[40]. Wie ist dieses Versagen zu erklären?

Blicken wir in die Geschichte, so werden wir feststellen können, dass immer wieder zwei extreme Auffassungen über die Aufgabe der Philosophie, insonderheit der Rechtsphilosophie, einander gegenüberstanden bzw. einander ablösten. Die eine Richtung weist der Philosophie die Aufgabe zu, *absolute, allgemeingültige und unveränderliche Aussagen* über die Welt, über den Menschen, über das Recht zu machen. Unzählige Male ist das versucht worden – man denke nur an die (absolutistischen) Naturrechtslehren –, noch jedes Mal aber sind diese Bemühungen gescheitert. Sie mussten scheitern, vor allem schon deswegen, weil es solche absoluten und überzeitlichen Inhalte hienieden nicht gibt, zumindest aber darum, weil – nach *Kant* – „reine" Erkenntnis nur die *Form*, unter der etwas erkannt wird, enthält, die Inhalte

---

39 Näher zum Ganzen: *Arthur Kaufmann*, Vorüberlegungen zu einer juristischen Logik und Ontologie der Relationen; Grundlegung einer personalen Rechtstheorie, in: RTh 17 (1986), 257 ff.; *ders.*, Über die Wissenschaftlichkeit der Rechtswissenschaft; Ansätze zu einer Konvergenztheorie der Wahrheit, in: ARSP 72 (1986), 425 ff.; *ders.*, Recht und Rationalität, in: Rechtsstaat und Menschenwürde; Festschrift für Werner Maihofer, 1988, S. 11 ff.; *ders.*, Prozedurale Theorien der Gerechtigkeit, 1989; *ders.*, Rechtsphilosophie in der Nach-Neuzeit (Fn. 36).
40 Siehe hierzu *Peter Koslowski*, Die postmoderne Kultur; Gesellschaftlich-kulturelle Konsequenzen der technischen Entwicklung, 1987, bes. S. 27 ff.

aber, da sie nicht aus dem Verstand, sondern aus der Erfahrung kommen, nur a posteriori gelten, also nicht „rein" sind[41].

Und aus diesem Befund resultiert die andere Richtung. Sie verzichtet um der „Reinheit" des Philosophierens willen auf jegliche Inhalte, insbesondere auf Aussagen über Werte (z. B. *Max Webers* „Wertfreiheit der Wissenschaft", *Hans Kelsens* „Reine Rechtslehre") und wendet sich nur den *Formen* des Seins, des Denkens, des Rechts zu. Diese „Reinheit" ist es, die viele als das entscheidende Kriterium von „Rationalität" erachten, weshalb sie alles *inhaltliche* Philosophieren als irrational und damit als unwissenschaftlich ablehnen. Aber eben diese so auf formale Reinheit verkürzte Rationalität ist es auch, die sich den Vorwurf gefallen lassen muss, dass sie keine Antworten auf die Fragen hat, auf die es wirklich ankommt. Der Formalismus in der Philosophie (den *Kant* selber so nicht vertreten hat) hat ganz gewiss manche scharfsinnigen Theorien hervorgebracht, aber da Gedanken ohne Inhalt bekanntlich leer sind[42], blieb ihre Bedeutung für das praktische Leben umso geringer, je strenger sie an der Reinheitsregel festhielten.

Man kann nicht beides haben: formale Reinheit und inhaltlich bedeutungsvolle Aussagekraft. Das wusste von den modernen Rechtsphilosophen keiner besser als *Gustav Radbruch*, der nach einem Jahrhundert formalistischer Allgemeiner Rechtslehre einer der Ersten war, die wieder über die Inhalte des Rechts philosophiert haben. Fast zur gleichen Zeit als in der Philosophie die Rückkehr „zu den Sachen selbst" gefordert wurde, hat sich auch die Rechtsphilosophie wieder der „Sache des Rechts"[43] zugewandt. Nur ein Jahr nach *Edmund Husserls* „Ideen zu einer reinen Phänomenologie und phänomenologischen Philosophie" (1913) erschienen *Radbruchs* „Grundzüge der Rechtsphilosophie" (1914), mit denen ein neues Fragen nach dem *Inhalt* und nach der *Richtigkeit* des Rechts begann. *Radbruch*, den man so gerne als Kronzeugen des Positivismus benennt, ist in Wahrheit sein Überwinder. Von dem früh vertretenen „Methodendualismus" zwischen Sein und Sollen (siehe unten Kapitel 2.5.1) über den Gedanken von der „Stoffbestimmtheit der Idee" bis hin zur späten Lehre von der „Natur der Sache" führt ein gerader Weg. Mit *Radbruchs* Namen verbindet sich der Übergang zu einem neuen Kapitel der Rechtsphilosophie: einer *Rechtsphilosophie jenseits von Naturrecht und Positivismus*.

Freilich hat *Radbruch* für die Materialisierung seiner Rechtsphilosophie einen Preis bezahlen müssen, und dieser Preis war der rechtsphilosophische oder werttheoretische Relativismus. *Radbruch* hielt zwar die Zahl der möglichen Höchstwerte des

---

41 Siehe dazu den Abschnitt „Die transzendentale Logik" in *Kants* Kritik der reinen Vernunft (A 50 ff., B 74 ff.).
42 *Kant*, Kritik der reinen Vernunft, B 75: „Gedanken ohne Inhalt sind leer, Anschauungen ohne Begriffe sind blind."
43 Zur „Sache des Rechts" vgl. *Arthur Kaufmann*, Hermeneutik (Fn. 5), S. 53 ff., 95 f., 98. Aus etwas anderer Sicht: *J. Hruschka*, Das Verstehen von Rechtstexten; Zur hermeneutischen Transpositivität des positiven Rechts, 1972, S. 56 ff.

Rechts für begrenzt, eine wissenschaftliche Antwort auf die Frage nach dem allein richtigen Wert aber für ausgeschlossen. Hinter diesem Relativismus stand das Ethos der Freiheit, der Toleranz, der Demokratie. Mit dem Verrat an diesem Ethos in der Diktatur wurde auch der Relativismus in der Rechtsphilosophie preisgegeben; über die Inhalte des Rechts wurde diktatorisch entschieden. Dieser Weg ist uns heute und hoffentlich für immer versperrt. Müssen wir damit aber auch die Idee einer materialen wissenschaftlichen Rechtsphilosophie begraben?

Radbruch hat zu früh aufgegeben. Da er die Höchstwerte des Rechts – Individualwerte, Kollektivwerte, Werkwerte – nicht eindeutig verifizieren kann, verzichtet er von vornherein auf die Kommunikation mit all denen, die von diesen Inhalten nicht überzeugt sind, genauer: Die Kommunikation mit ihnen kann nur auf politischer, nicht aber auf wissenschaftlicher Ebene erfolgen.

In diesem Ansatz liegt eine Verkürzung der Philosophie. Abgesehen davon, dass auch *Radbruch* nur eindeutige, „reine" Erkenntnis als Erkenntnis gelten lässt (auch er war eben Kantianer und demgemäß der Meinung, dass es auf eine Frage wissenschaftlich nur *eine* richtige Antwort geben kann), sieht er den ganzen Prozess philosophischer Erkenntnis als viel zu monologisch an. Philosophische Erkenntnis erfordert aber eine kooperative Anstrengung, der Vollzug der Philosophie – und damit zugleich der Selbstvollzug des Menschen, der Philosophie treibt – geschieht im Akt der *philosophischen Kommunikation* mit anderen Philosophierenden. Schon in der von *Platon* gegründeten Athener Akademie kannte man dieses Miteinanderphilosophieren (συμφιλοσοφεῖν) und es gab auch schon ganz bestimmte methodische Regeln für das argumentative und abwägende Gespräch (ἔλεγχος). In der modernen Diskurstheorie (*Jürgen Habermas, Karl-Otto Apel* u. a.) hat diese Idee, dass die Wahrheit (Richtigkeit), vor allem im nichtempirischen (normativen) Bereich, nur kooperativ gefunden werden kann, wieder einen großen Auftrieb erfahren; freilich ist man bei dem Bestreben, durch den Diskurs zu einer „Letztbegründung" zu kommen, vielfach in einen vorkantischen Objektivismus, Anti-Relativismus und Anti-Pluralismus (folglich in naturrechtliche und positivistische Denkweisen) zurückgefallen.

Autoritäres Denken macht eine Kommunikation von vornherein unmöglich. Der Relativismus verzichtet verfrüht auf ein kommunikatives Gespräch, wenn hinsichtlich der Inhalte keine Übereinstimmung besteht. Beide verfehlen daher die Aufgabe des Philosophierens, im Wege der Kommunikation die „Gemeinschaft durch Mitteilung"[44] fort und fort zu realisieren. Freilich geschieht solche Mitteilung nicht einfach um ihrer selbst willen. Ziel des philosophischen Diskurses ist die Erreichung eines *intersubjektiven Konsenses* und in diesem Sinne von Wahrheit. Aber man darf es auch nicht so auffassen, als ob ein Scheitern des Konsenses einem Scheitern der Kommunikation gleichkäme, vielmehr kann Kommunikation gegen-

---

44 Vgl. oben bei und in Fn. 8.

seitiges Verstehen und Akzeptieren gerade auch hinsichtlich solcher Fragen bedeuten, die unbeantwortet ausgehalten werden müssen; das ist eine Forderung des *Prinzips Toleranz*.

Dass Menschen sich einander frei von Zwang und Gewalt über die Fragen, „auf die es ankommt", mitteilen und so zu sich selber kommen, wird auch im „kybernetischen Zeitalter", in der „Nach-Neuzeit", so bleiben. Denn bei dieser Aufgabe wird sie keine Maschine und kein Automat jemals einholen können. Die „Postmoderne" bedeutet auch eine Mahnung, dass wir es mit der technischen Rationalität – und die Verrechtlichung unserer Welt ist ein Teil von ihr – nicht so weit treiben, dass wir darüber den Menschen und seine Grundanliegen vergessen[45].

Ausgewählte Literatur*

A. Einführungen in die Philosophie, Wörterbücher, Enzyklopädien

Bloch, Ernst, Tübinger Einleitung in die Philosophie, 2 Bde., 1963, 1964 (2. Aufl. 1979).
Heidegger, Martin, Einführung in die Metaphysik, 1953 (6. Aufl. 1998).
Hirschberger, Johannes, Geschichte der Philosophie, 2 Bde., 13./14. Aufl. 1991.
Hoerster, Norbert (Hrsg.), Klassiker des philosophischen Denkens, 2 Bde., 3. Aufl. 1985.
Höffe, Otfried (Hrsg.), Klassiker der Philosophie, 2 Bde., 2. Aufl. 1985 (3. Aufl. 1994, 1995).
Jaspers, Karl, Einführung in die Philosophie, 1953 (Serie Piper 13), (31. Aufl. 1994, Neuausgabe [19. Aufl. dieser Ausgabe]).
ders., Die großen Philosophen, 3 Bde., 1981.
Ritter, Joachim (Hrsg.), Historisches Wörterbuch der Philosophie; neu bearbeitete Ausgabe des „Wörterbuchs der philosophischen Begriffe" von *Rudolf Eisler*, 11 Bde., erscheint seit 1971 (Stand bei Erscheinen der 6. Aufl.: 8. Bd., R bis Se; gegenwärtiger Stand: Bd. 11, 2001, U bis V).
Röd, Wolfgang, Der Weg der Philosophie, Band I: Altertum, Mittelalter, Renaissance, 1994, Band II: 17. bis 20. Jahrhundert, 1996*.
Speck, Josef (Hrsg.), Grundprobleme der großen Philosophen, 13 Bde., 1975 bis 1992.
Stegmüller, Wolfgang, Hauptströmungen der Gegenwartsphilosophie; Eine kritische Einführung, Bd. 1, 7. Aufl. 1989; Bd. 2, 8. Aufl. 1987; Bd. 3, 8. Aufl. 1987; Bd. 4, 1. Aufl. 1989.
Stein, Edith, Einführung in die Philosophie, 1992.
Wuchterl, Kurt, Bausteine einer Geschichte der Philosophie des 20. Jahrhunderts, 1995*.

---

45 Siehe dazu auch *V. Hösle*, Die Krise der Gegenwart und die Verantwortung der Philosophie, 1990.
* Die von *Arthur Kaufmann* erstellte Literaturliste wurde hinsichtlich inzwischen erschienener Neuauflagen aktualisiert und um die mit Sternchen (*) maskierten neueren Titel ergänzt.

A *Einleitung*

B. Klassiker der Rechtsphilosophie

Aristoteles, Nikomachische Ethik, ca. 320 v.Chr. (das V. Buch enthält die Lehre von der Gerechtigkeit).
Thomas von Aquin, Recht und Gerechtigkeit. Sonderausgabe des 18. Bandes der Deutschen Thomas-Ausgabe (lateinisch-deutsch), 1987. Die Originalstelle ist die Summa theologica II, II, 57-79, entstanden 1266–1272.
Kant, Immanuel, Metaphysik der Sitten, 1797, 2. Aufl. 1798 (1. Teil: Metaphysische Anfangsgründe der Rechtslehre).
Fichte, Johann Gottlieb, Grundlage des Naturrechts – nach Prinzipien der Wissenschaftslehre, 1796.
ders., Rechtslehre, 1812.
Hegel, Georg Wilhelm Friedrich, Grundlinien der Philosophie des Rechts – oder Naturrecht und Staatswissenschaft im Grundrisse, 1821.

C. Hauptwerke der Gegenwarts-Rechtsphilosophie
(einschließlich Rechtstheorie und Methodenlehre)

Aarnio, Aulis, Denkweisen der Rechtswissenschaft; Einführung in die Theorie der rechtswissenschaftlichen Forschung, 1979.
ders., On Legal Reasoning, Turku 1977.
Adomeit, Klaus, Rechtstheorie für Studenten, 3. Aufl. 1990.
Alchourrón, Carlos E./Bulygin, Eugenio: Normative Systeme (aus dem Englischen), 1994*.
Alexy, Robert, Theorie der juristischen Argumentation, 2. Aufl. 1991 (3. Aufl. 1996).
ders., Begriff und Geltung des Rechts, 2. Aufl. 1994.
ders., Recht, Vernunft; Diskurs, Studien zur Rechtsphilosophie, 1995*.
Ballweg, Ottmar/Seibert, Thomas-Michael (Hrsg.), Rhetorische Rechtstheorie, 1982.
Baruzzi, Arno, Freiheit, Recht und Gemeinwohl; Grundfragen einer Rechtsphilosophie, 1990.
Baumann, Max, Recht, Gerechtigkeit in Sprache und Zeit, 1991.
Böckenförde, Ernst-Wolfgang, Staat, Nation, Europa. Studien zur Staatsrechtslehre, Verfassungstheorie und Rechtsphilosophie, 1999*.
Braun, Johann, Rechtsphilosophie im 20. Jahrhundert, 2001*.
Brieskorn, Norbert, Rechtsphilosophie, 1990.
Bydlinski, Franz, Juristische Methodenlehre und Rechtsbegriff, 2. Aufl. 1991.
Canaris, Claus-Wilhelm, Systemdenken und Systembegriff in der Jurisprudenz, 2. Aufl. 1983.
Coing, Helmut, Grundzüge der Rechtsphilosophie, 5. Aufl. 1993.
Dreier, Ralf, Recht – Moral – Ideologie; Studien zur Rechtstheorie, 1981.
ders, Recht – Staat – Vernunft; Studien zur Rechtstheorie 2, 1991.
Dubischar, Roland, Einführung in die Rechtstheorie, 1983.
Dworkin, Ronald, A Matter of Principle, Cambridge, Mass. 1985.
ders., Law's Empire, Cambridge, Mass. 1986.
ders., Bürgerrechte ernstgenommen (aus dem Englischen), 1990.
Engisch, Karl, Einführung in das juristische Denken, 8. Aufl. 1983 (2. Binderate 1989), (9. Aufl. 1997, herausgegeben und bearbeitet von *Thomas Würtenberger* und *Dirk Otto*).
ders., Auf der Suche nach der Gerechtigkeit; Hauptthemen der Rechtsphilosophie, 1971.
ders., Beiträge zur Rechtstheorie, 1984.
Esser, Josef, Vorverständnis und Methodenwahl in der Rechtsfindung; Rationalitätsgrundlagen richterlicher Entscheidungspraxis, 2. Aufl. 1972.

ders., Grundsatz und Norm in der richterlichen Fortbildung des Privatrechts, 4. Aufl. 1990.
Fechner, Erich, Rechtsphilosophie; Soziologie und Metaphysik des Rechts, 2. Aufl. 1962.
Feinberg, Joel/Gross, Hyman, Philosophy of Law, 2nd Ed. 1980 (6th Ed. 2000).
Fikentscher, Wolfgang, Methoden des Rechts in vergleichender Darstellung, 5 Bde., 1975-1977.
Fezer, Karl-Heinz, Teilhabe und Verantwortung, 1986.
Frankenberg, Günter, Auf der Suche nach der gerechten Gesellschaft, 1994*.
Gagnér, Sten, Studien zur Ideengeschichte der Gesetzgebung, 1960.
Golding, Martin P., Legal Reasoning, New York 1984.
Goutier, Klaus, Rechtsphilosophie und juristische Methodenlehre im Lichte der evolutionären Erkenntnistheorie, 1989.
Grimm, Dieter/Maihofer, Werner (Hrsg.), Gesetzgebungstheorie und Rechtspolitik (Jahrbuch für Rechtssoziologie und Rechtstheorie 13), 1988.
Günther, Klaus, Der Sinn für Angemessenheit; Anwendungsdiskurse in Moral und Recht, 1988.
Habermas, Jürgen, Faktizität und Geltung; Beiträge zur Diskurstheorie des Rechts und des demokratischen Rechtsstaates, 1992 (4. Aufl. 1994).
ders., Die Einbeziehung des Anderen, Studien zur politischen Theorie, 1996*.
Haft, Fritjof, Juristische Rhetorik, 4. Aufl. 1990 (5. Aufl. 1994).
Hamann, Wolfram, Juristische Methodik, 5. Aufl. 1989 (8. Aufl. 1994).
Hart, Herbert Lionel A., Der Begriff des Rechts (aus dem Englischen), 1973.
Henkel, Heinrich, Einführung in die Rechtsphilosophie, 2. Aufl. 1977.
Herberger, Maximilian/Simon, Dieter, Wissenschaftstheorie für Juristen; Logik, Semiotik, Erfahrungswissenschaften, 1980.
Höffe, Otfried, Politische Gerechtigkeit; Grundlegung einer kritischen Philosophie von Recht und Staat, 1987 (2. Aufl. 1994).
ders., Kategorische Rechtsprinzipien; Ein Kontrapunkt der Moderne, 1990.
ders., Demokratie im Zeitalter der Globalisierung, 1999*.
Hofmann, Hasso, Einführung in die Rechts- und Staatsphilosophie, 2000*.
Horn, Norbert, Einführung in die Rechtswissenschaft und Rechtsphilosophie, 2. Aufl. 2001*.
Hruschka, Joachim, Die Konstitution des Rechtsfalles; Studien zum Verhältnis von Tatsachenfeststellung und Rechtsanwendung, 1965.
ders., Das Verstehen von Rechtstexten. Zur hermeneutischen Transpositivität des positiven Rechts, 1972.
Huber, Wolfgang, Gerechtigkeit und Recht, 1996*.
Jahr, Günther/Maihofer, Werner (Hrsg.), Rechtstheorie. Beiträge zur Grundlagendiskussion, 1971.
Jakobs, Günther, Norm, Person, Gesellschaft. Vorüberlegungen zu einer Rechtsphilosophie, 2. Aufl., 1999*.
Jørgensen, Stig, Recht und Gesellschaft (aus dem Dänischen), 1970.
ders., Fragment of Legal Cognition, Aarhus 1988.
Kaufmann, Arthur, Rechtsphilosophie im Wandel, 2. Aufl. 1984.
ders., Analogie und „Natur der Sache". Zugleich ein Beitrag zur Lehre vom Typus, 2. Aufl. 1982.
ders., Beiträge zur Juristischen Hermeneutik – sowie weitere rechtsphilosophische Abhandlungen, 2. Aufl. 1993.
ders., Prozedurale Theorien der Gerechtigkeit, 1989.

A *Einleitung*

ders., Rechtsphilosophie in der Nach-Neuzeit, 2. Aufl. 1992.
ders., Über Gerechtigkeit; Dreißig Kapitel praxisorientierter Rechtsphilosophie, 1993.
ders., Grundprobleme der Rechtsphilosophie, 1994*.
Kaufmann, Matthias, Rechtsphilosophie, 1996*.
Kelsen, Hans, Reine Rechtslehre, 2. Aufl. 1960 (Nachdruck 1976).
ders., Allgemeine Theorie der Normen, 1979.
Kersting, Wolfgang, Politik und Recht. Abhandlungen zur politischen Philosophie der Gegenwart und zur neuzeitlichen Rechtsphilosophie, 2000*.
ders., Theorien der sozialen Gerechtigkeit, 2000*.
Klenner, Hermann, Rechtsphilosophie in der Krise, 1976.
ders., Vom Recht der Natur zur Natur des Rechts, 1984.
ders., Deutsche Rechtsphilosophie im 19. Jahrhundert, 1991.
Klug, Ulrich, Juristische Logik, 4. Aufl. 1982.
Koch, Hans-Joachim (Hrsg.), Juristische Methodenlehre und analytische Philosophie, 1976.
ders./Rüßmann, Helmut, Juristische Begründungslehre, 1982.
Koller, Peter, Theorie des Rechts. Eine Einführung, 2. Aufl. 1997*.
Kramer, Ernst A., Juristische Methodenlehre, 1998*.
Krawietz, Werner, Das positive Recht und seine Funktion; Kategoriale und methodologische Überlegungen zu einer funktionalen Rechtstheorie, 1967.
Krawietz, Werner, Juristische Entscheidung und wissenschaftliche Erkenntnis, 1978.
Kriele, Martin, Theorie der Rechtsgewinnung – entwickelt am Problem der Verfassungsinterpretation, 2. Aufl. 1976.
ders., Recht und praktische Vernunft, 1979.
Ladeur, Karl-Heinz, Postmoderne Rechtstheorie: Selbstreferenz – Selbstorganisation – Prozeduralisierung, 2. Aufl. 1995*.
Lampe, Ernst-Joachim, Rechtsanthropologie, 1970.
ders., Genetische Rechtstheorie; Recht, Evolution und Geschichte, 1987.
ders., Strafphilosophie. Studien zur Strafgerechtigkeit, 1999*.
Larenz, Karl, Methodenlehre der Rechtswissenschaft, 6. Aufl. 1991.
ders., Richtiges Recht; Grundzüge einer Rechtsethik, 1979.
Legaz y Lacambra, Rechtsphilosophie (aus dem Spanischen), 1965.
Llompart, José, Die Geschichtlichkeit der Rechtsprinzipien, 1976.
Lombardi-Vallauri, Luigi, Corso di Filosofia del Diritto, Padova 1981.
Lopez-Calera, Nicolás María, Filosofía del Derecho, 1985.
Lüderssen, Klaus, Erfahrung als Rechtsquelle, 1972.
ders., Genesis und Geltung in der Jurisprudenz, 1996*.
Luhmann, Niklas, Rechtssystem und Rechtsdogmatik, 1974.
ders., Ausdifferenzierung des Rechts, 1981.
ders., Das Recht der Gesellschaft, 1993 (stw 1995)*.
ders., Ausdifferenzierungen des Rechts. Beiträge zu Rechtssoziologie und Rechtstheorie, 1999*.
MacCormick, Neil, Legal Reasoning and Legal Theory, Oxford 1978.
Maihofer, Werner, Recht und Sein; Prolegomena einer Rechtsontologie, 1954.
ders. (Hrsg.), Begriff und Wesen des Rechts, 1973.
Marcic, René, Rechtsphilosophie; Eine Einführung, 1969.
ders./Tammelo, Ilmar, Naturrecht und Gerechtigkeit, 1989.
Marino, Giuseppe, Diritto Principi Giurisprudenza, 1990.
Martinez-Doral, José María, The Structure of Juridical Knowledge, 1963.

Mastronardi, Philippe, Juristisches Denken; Eine Einführung, 2001*.
Mollnau, Karl A. (Hrsg.), Rechtswissenschaft als Gesellschaftswissenschaft, 1983.
ders. (Hrsg.), Probleme einer Strukturtheorie des Rechts, 1985.
Müller, Friedrich/Christensen, Ralph, Juristische Methodik, Bd. 1: Grundlagen, öffentliches Recht, 5. Aufl. 1993 (8. Aufl. 2002).
Müller, Wolfgang H., Ethik als Wissenschaft und Rechtsphilosophie nach Immanuel Kant, 1992.
Naucke, Wolfgang, Rechtsphilosophische Grundbegriffe, 2. Aufl.1986 (4. Aufl. 2000).
Nerhot, Patrick (Hrsg.), Law, Interpretation and Reality; Essays in Epistemology, Hermeneutics and Jurisprudence, 1990.
Nerhot, Patrick (Hrsg.), Legal Knowledge and Analogy; Fragments of Legal Epistemology, Hermeneutics and Linguistics, 1991.
Neumann, Ulfrid, Rechtsontologie und juristische Argumentation, 1979.
ders., Juristische Argumentationslehre, 1986.
ders./ Rahlf, Joachim/v. Savigny, Eike, Juristische Dogmatik und Wissenschaftstheorie, 1976.
Noll, Peter, Gesetzgebungslehre, 1973.
Ollero, Andrés, Derechos Humanos y Metodologia Juridica, 1989.
ders., Interpretación del Derecho y Positivismo legalista, Madrid 1982.
ders., Rechtswissenschaft und Philosophie; Grundlagendiskussion in Deutschland, 1978.
Opałek, Kazimierz, Theorie der Direktiven und der Normen, 1986.
Opocher, Enrico, Lezioni di Filosofia del Diritto, 1983.
Pawlowski, Hans-Martin, Methodenlehre für Juristen, 2. Aufl. 1991 (3. Aufl. 1999).
ders., Einführung in die Juristische Methodenlehre; Ein Studienbuch zu den Grundlagenfächern Rechtsphilosophie und Rechtstheorie, 1986 (2. Aufl. 2000).
Peczenik, Aleksander, Grundlagen der juristischen Argumentation, 1983.
ders./Uusitalo, Jyrki (Hrsg.), Reasoning on Legal Reasoning, 1979.
Perelman, Chaïm, Über die Gerechtigkeit (aus dem Französischen), 1967.
ders., Juristische Logik als Argumentationslehre (aus dem Französischen), 1979.
Perelman, Chaïm, Das Reich der Rhetorik; Rhetorik und Argumentation (aus dem Französischen), 1980.
Peschka, Vilmos, Grundprobleme der modernen Rechtsphilosophie (aus dem Ungarischen), 1974.
ders., Die Theorie der Rechtsnormen (aus dem Ungarischen), 1982
ders., Die Eigenart des Rechts (aus dem Ungarischen), 1989.
Pospísil, Leopold, Anthropologie des Rechts; Recht und Gesellschaft in archaischen und modernen Kulturen (aus dem Englischen), 1982.
Radbruch, Gustav, Rechtsphilosophie, 3. Aufl. 1932 (postum 9. Auflage 1983).
ders., Vorschule der Rechtsphilosophie, 1947 (postum 3. Aufl. 1965).
ders., Einführung in die Rechtswissenschaft, 7./8. Aufl. 1929 (postum 13. Aufl. 1980, bearbeitet von *Konrad Zweigert*).
ders., Gesamtausgabe in 20 Bänden, hrsg. von *Arthur Kaufmann*. Erscheint seit 1987. Die Rechtsphilosophie im engeren Sinne ist in den Bänden 1 bis 3 enthalten.
ders., Rechtsphilosophie (Studienausgabe), 2. Aufl. 2003*.
Raisch, Peter, Juristische Methoden, 1995*.
Rawls, John, Eine Theorie der Gerechtigkeit (aus dem Amerikanischen), 5. (deutsche) Aufl. 1990.
ders., Gerechtigkeit als Fairneß, hrsg. von Otfried Höffe, 1977.
ders., Gerechtigkeit als Fairneß. Ein Neuentwurf, 2003*.

A *Einleitung*

Reale, Miguel, Filosofia do Direito, 2 Bde., 1972.
Reich, Norbert, Marxistische und sozialistische Rechtstheorie, 1972.
Reese-Schäfer, Walter/Schuon, Karl Theodor (Hrsg.), Ethik und Politik; Diskursethik, Gerechtigkeitstheorie und politische Praxis, 1991.
Rhinow, René A., Rechtsetzung und Methodik; Rechtstheoretische Untersuchungen zum gegenseitigen Verhältnis von Rechtsetzung und Rechtsanwendung, 1979.
Robbers, Gerhard, Gerechtigkeit als Rechtsbegriff, 1980.
ders., Epistemología y Derecho, 1982.
Robles, Gregorio, Introdución a la Teoria del Derecho, 1988.
Rodingen, Hubert, Pragmatik der juristischen Argumentation, 1977.
Rödig, Jürgen, Theorie des gerichtlichen Erkenntnisverfahrens, 1973.
ders. (Hrsg.), Studien zu einer Theorie der Gesetzgebung, 1976.
Röhl, Klaus, Allgemeine Rechtslehre, 2. Aufl. 2001*.
Roellecke, Gerd (Hrsg.), Rechtsphilosophie oder Rechtstheorie?, 1988.
Romeo, Francesco, Analogie; Zu einem relationalen Wahrheitsbegriff im Recht, 1991.
Rottleuthner, Hubert, Rechtstheorie und Rechtssoziologie, 1981.
Rüthers, Bernd, Rechtstheorie: Begriff, Geltung und Anwendung des Rechts, 1999*.
Ryffel, Hans, Grundprobleme der Rechts- und Staatsphilosophie; Philosophische Anthropologie des Politischen, 1969.
Saliger, Frank, Radbruchsche Formel und Rechtsstaat, 1995*.
Schapp, Jan, Hauptprobleme der juristischen Methodenlehre, 1983.
ders., Freiheit, Moral und Recht, 1994*.
Schmidt, Johannes, Gerechtigkeit, Wohlfahrt und Rationalität; Axiomatische und entscheidungstheoretische Fundierungen von Verteilungsprinzipien, 1991.
Schneider, Hans, Gesetzgebung, 2. Aufl. 1982 (3. Aufl. 2002).
Schramm, Theodor, Einführung in die Rechtsphilosophie, 2. Aufl. 1982.
Schreckenberger, Waldemar, Rhetorische Semiotik, 1978.
ders. (Hrsg.), Gesetzgebungslehre, 1986.
Schwintowski, Hans-Peter, Recht und Gerechtigkeit, 1996*.
Seelmann, Kurt (Hrsg.), Aktuelle Fragen der Rechtsphilosophie, 2000*.
ders., Rechtsphilosophie, 2. Aufl., 2001*.
Seidler, Grzegorz Leopold, Rechtssystem und Gesellschaft, 1985.
Sforza, Cesarini Widar, Rechtsphilosophie (aus dem Italienischen); mit einem Nachwort von *Alessandro Baratta*, 1966.
Siller, Peter/Keller, Bertram (Hrsg.), Rechtsphilosophische Kontroversen der Gegenwart, 1999*.
Sousa e Brito, José de, Filosofia do Direito e do Estado, 1987.
Stelmach, Jerzy, Die hermeneutische Auffassung der Rechtsphilosophie, 1991.
Stolleis, Michael, Recht und Unrecht, 1994*.
Stone, Julius, Human Law and Human Justice, London 1965.
Stranzinger, Rudolf, Gerechtigkeit; Eine rationale Analyse, 1988.
Struck, Gerhard, Zur Theorie juristischer Argumentation, 1977.
Tammelo, Ilmar, Rechtslogik und materiale Gerechtigkeit, 1971.
ders., Theorie der Gerechtigkeit, 1977.
ders., Zur Philosophie der Gerechtigkeit, 1982.
Toulmin, Stephen, Der Gebrauch von Argumenten (aus dem Englischen), 1975 (2. Aufl. 1996).
Trapp, Rainer W., „Nicht-klassischer" Utilitarismus; Eine Theorie der Gerechtigkeit, 1988.
Viehweg, Theodor, Topik und Jurisprudenz, 5. Aufl. 1974.

Villey, Michel, Philosophie du droit, Vol. 1, 3. Ed. Paris 1982.
Weinberger, Ota, Norm und Institution; Eine Einführung in die Theorie des Rechts, 1988.
dies., Rechtslogik; Versuch einer Anwendung moderner Logik auf das juristische Denken, 2. Aufl. 1989.
dies., Moral und Vernunft; Beiträge zur Ethik, Gerechtigkeitstheorie und Normenlogik, 1992.
Welzel, Hans, Naturrecht und materiale Gerechtigkeit, 4. Aufl. 1962 (Nachdruck 1980).
Wesel, Uwe, Juristische Weltkunde; Eine Einführung in das Recht, 6. Aufl. 1992 (8. Aufl. 2000).
Westermann, Christoph, Argumentationen und Begründungen in der Ethik und Rechtslehre, 1977.
Winkler, Günther (Hrsg.), Gesetzgebung, 1981.
ders., Theorie und Methode in der Rechtswissenschaft, 1989.
ders., Rechtstheorie und Erkenntnislehre, 1990.
Wolf, Erik, Griechisches Rechtsdenken, 4 Bde. (Band 3 und 4 in zwei Teilen), 1950 ff.
ders., Große Rechtsdenker der deutschen Geistesgeschichte, 4. Aufl. 1963.
Zaccaria, Giuseppe, Diritto Positivo e Positivitá del Diritto, 1991.
Ziembinski, Zygmunt, Polish Contributions to the Theory and Philosophy of Law, Amsterdam 1987.
Zippelius, Reinhold, Rechtsphilosophie, 2. Aufl. 1989 (4. Aufl. 2003).
ders., Juristische Methodenlehre, 5. Aufl. 1990 (8. Aufl. 2003).
ders., Recht und Gerechtigkeit in der offenen Gesellschaft, 2. Aufl. 1996*.

B. Historischer Diskurs

2 Problemgeschichte der Rechtsphilosophie

Von Arthur Kaufmann †, München

2.1 Vorbemerkung

Alle Rechtsphilosophie hat – unmittelbar oder mittelbar – der Aufgabe zu dienen, *das Recht vom Unrecht zu scheiden*. Daraus ergeben sich die beiden Grundfragen der Rechtsphilosophie: 1. *Was ist richtiges Recht?*, und 2. *Wie erkennen bzw. verwirklichen wir richtiges Recht?* Beide Fragen zusammen ergeben die Frage nach der *Gerechtigkeit* als dem Bewertungsmaßstab für das positive Recht und damit die Frage nach der *Rechtsgeltung*.

Man hat lange geglaubt, und nicht wenige glauben es auch heute noch, dass man die beiden Fragen völlig getrennt voneinander behandeln und beantworten kann. Das „richtige Recht" – was immer das auch sei – stellt man sich als einen substanziellen Gegen-Stand vor, der unserem Denken entgegensteht, also ein „Objekt" ist, das vom „Subjekt" in seiner reinen Objektivität, d. h. ohne Beimischung irgendwelcher subjektiver Momente, zu erfassen ist. Das ist das Wissenschaftsideal der Neuzeit, das am Vorbild der exakten Naturwissenschaften orientiert ist. Dementsprechend lehrt und schreibt man bis heute „Rechtsphilosophien" (z. B. *Larenz*, „Richtiges Recht") auf der einen und „Methodenlehren" (z. B. *Larenz*, „Methodenlehre der Rechtswissenschaft") auf der anderen Seite, die nahezu berührungslos nebeneinander stehen.

Nun ist aber die Neuzeit zu Ende, und in der Wissenschaftstheorie hat man erkannt, dass die Welt nicht ausschließlich nach naturwissenschaftlichen Maßstäben und Kategorien betrachtet und beurteilt werden kann. Man ist sogar dahinter gekommen, dass selbst im Bereich der Naturwissenschaften nicht allenthalben subjektfreie Erkenntnisse möglich sind. Erst recht gilt das für die Verstehenswissenschaften zu denen auch die Rechtswissenschaft gehört, ja hier ist das Subjekt-Objekt-Schema, wie noch zu zeigen sein wird, schon vom Ansatz her verfehlt. Es gibt in der Rechtswissenschaft keine Erkenntnisse, die nicht von dem Rechtsuchenden geprägt sind, es spielt immer auch (aber gewiss nicht nur) ein schöpferisches Moment dabei mit – Rechts-„erkenntnis" ist stets auch ein Stück Rechts-„gestaltung". Noch deutlicher: Recht in seiner konkreten Daseinsform (wie es vornehmlich von den Gerichten „gesprochen" wird), entsteht immer erst *im Prozess der*

Rechtsverwirklichung. Dementsprechend haben sich in neuerer Zeit mehr und mehr *prozedurale Theorien der Gerechtigkeit* durchgesetzt, die „richtiges Recht" als Produkt des Rechtsfindungsprozesses begreifen – es fragt sich nur, ob ausschließlich als ein solches Produkt oder ob dieser Prozess ein sachliches („ontologisches") Fundament hat.

Man kann also vom „richtigen Recht" ohne Rücksicht auf die „Methode richtigen Rechts", vom „Was" ohne das „Wie", eigentlich gar nicht sprechen. Und die Aufteilung dieses Kapitels in zwei Abschnitte ist von der Sache her verfehlt. Didaktisch lässt es sich aber rechtfertigen. Wir erschließen ein Problem nur im schrittweisen Vorgehen, wir können nicht alles auf einmal erfassen. Allerdings muss man schon eine gewisse Vorstellung haben, worum es „überhaupt" geht. Man kann, wie schon oben bemerkt, ein Ganzes nur von den Teilen her verstehen, aber was ein Teil ist, weiß man nur, wenn man das Ganze schon „vorverstanden" hat („hermeneutisches Vorurteil"; davon später). Aus diesem Grund wurde hier in dieser „Vorbemerkung" das Ergebnis gewissermaßen schon vorweggenommen, damit der Leser weiß, in welches „Ganze" er die folgenden Teilerörterungen einordnen soll.

Warum aber problemgeschichtliche Erörterungen? Auch Philosophie und Rechtsphilosophie sind, wollen sie nicht im Spekulativen verharren, auf die *Erfahrung* und das *Experiment* angewiesen[1]. Das Experiment der Philosophie ist ihr Auftreten in der Geschichte (dieses ist gleichsam der „Fall" der Philosophie), und dieses Experiment hat den großen Vorzug, dass es nicht bloß fiktiv ist (im Gegensatz zu manchen anderen prozeduralen Gerechtigkeitstheorien, die von fiktiven Experimenten ausgehen: das Vertragsmodell von der gedanklichen Vorstellung eines „Urzustands", in dem das jedem Zustehende durch Übereinkunft aller festgelegt wird; das Diskursmodell von der gedanklichen Vorstellung einer „idealen Sprechsituation", der konsens- und wahrheitserzeugende Kraft beigemessen wird). Unsere problemgeschichtlichen Erörterungen stellen auch auf einen Diskurs ab, aber auf einen *realen Diskurs*, einen Diskurs, *der wirklich stattgefunden hat und ständig stattfindet:* der alte Gedanke von einer philosophia perennis. Die Prinzipien der Gerechtigkeit – Suum cuique, Goldene Regel, Kategorischer Imperativ, Fairnessprinzip, Toleranzgebot u. a. m. – sind, jenseits aller geschichtlichen Erfahrung gedacht, in der Tat „Leerformeln", für die es auch keine Präferenzregeln gibt. Einen Sinn und eine Rangordnung haben sie nur in der Gestalt, wie sie unter den jeweiligen Zeitumständen mit Inhalt gesättigt wurden. Aus der Geschichte heraus müssen wir unsere heutigen Aufgaben begreifen und lösen. Dementsprechend durchforschen wir die Geschichte der Rechtsphilosophie nicht ziellos, sondern nach Maßgabe der uns heute gestellten Probleme. Dabei müssen wir uns freilich auf die Geschichte der abendländischen Rechtsphilosophie beschränken, einmal aus dem sachlichen

---

1 Vgl. *R. Zippelius,* Die experimentierende Methode im Recht, in: Akademie der Wissenschaften und der Literatur Mainz; Abhandlungen der geistes- und sozialwissenschaftlichen Klasse, Jg. 1991, Nr. 4.

B *Historischer Diskurs*

Grund, weil sie unsere Rechtskultur geprägt hat, zum andern aber auch aus Raumgründen. Es sei aber nachdrücklich darauf hingewiesen, dass Europa nicht die einzige Wiege der Rechtskultur ist, hohe Rechtskulturen gab es sehr früh auch anderwärts – man denke nur an Babylon und an den Codex Hammurabi. Eine Universalgeschichte der Rechtsphilosophie und überhaupt des Rechts muss erst noch geschrieben werden[2].

2.2 Die historische Entwicklung der Rechtsphilosophie

Die Geschichte der Rechtsphilosophie ist auf weite Strecken identisch mit der *Geschichte des Naturrechts*. Es ist die Geschichte der Frage, wie man aus etwas Unverfügbarem, nämlich der *Natur* (wobei eines der größten Probleme ist, um was für eine „Natur" es sich dabei handeln soll), Maßstäbe und Normen für das menschliche Verhalten entnehmen kann, die sich gegenüber menschlicher Willkür als resistent erweisen – eine Frage, die heute noch so aktuell ist wie vor zweitausend Jahren, ja gerade heute im Zeitalter der Atom- und der Gentechnologie ganz besonders wieder.

2.2.1 Die Rechtsphilosophie des Altertums

2.2.1.1 Im *archaischen (vorwissenschaftlichen) Zeitalter* (vor dem 7. Jh. v. Chr.) wurde diese Frage noch nicht gestellt. Das Recht war einfach da, in den Sagen, Märchen, Riten, Gewohnheiten, Mythen der Menschen[3], und als solches wurde es fraglos hingenommen. Wohl trachtete auch der archaische Mensch, die Welt zu erklären, denn der metaphysische Trieb, die Frage nach dem Warum, ist unausrottbar in den Menschen hineingelegt. Aber seine Antworten entsprangen nicht einer Einsicht in das Gefüge des Kosmos, sie zeigten keine Gesetzmäßigkeiten des Geschehens auf, sie waren vielmehr weithin das Ergebnis der Fantasie, die die Vorgänge der Natur, der Welt, des Lebens einfach auf überirdische, in Analogie zum Menschen vorgestellte, frei und planlos waltende Mächte zurückführte. „Alles haben Homer und

---

2   Der große Rechtsgelehrte *Paul Johann Anselm v. Feuerbach* (1775–1833) hatte eine solche Universalrechtsgeschichte begonnen, aber nicht vollenden können. Vgl. hierzu *Gustav Radbruch*, Paul Johann Anselm Feuerbach; Ein Juristenleben, 3. Aufl. 1969, S. 190 ff. Siehe auch *Arthur Kaufmann*, Vergleichende Rechtsphilosophie – am Beispiel der klassischen chinesischen und klassischen abendländischen Rechtskultur, in: Festschr. f. W. Lorenz, 1991, S. 635 ff.
3   Interessant ist die Feststellung von *H. Scholler*, dass primitive Rechte oft den gleichen ethnologischen Ursprung haben wie das Märchen; vgl. Märchen, Recht und Rechtsverwirklichung, in: Festschr. f. Th. Maunz zum 80. Geburtstag, 1981, S. 317 ff.

Hesiod den Göttern angedichtet", spottete *Xenophanes*[4] nicht ganz zu Unrecht. Vom Mythos wurde alles zu erklären versucht, im Mythos hatte auch das Recht seine Grundlage.

Dieses mythologische Weltbild versetzte den archaischen Menschen in einen Zustand der Hilflosigkeit (ἀμηχανία) den elementaren Ereignissen außerhalb seiner und in ihm selbst gegenüber. Himmel und Erde, Krankheit und Kriege, Leben und Tod waren ihm dunkle, mythische Gewalten, deren Wirken und Zusammenhänge er nicht begriff, sie waren ein Verhängnis (μοῖρα) für ihn, feindliche Mächte, die ständig sein Dasein bedrohten. So fühlte er sich „geworfen" in eine ihm letztlich unbegreifliche Welt, und die Daseinsangst war sein ständiger Begleiter.

Uns Heutigen mutet dieses Daseinsgefühl gar nicht so fremd an, und es ist ja auch das Daseinsgefühl von Zeitenwenden. Im ersten Kapitel wurde gezeigt, dass die für Zeitenwenden typische existenzielle Erschütterung angesichts unaufhebbarer „Grenzsituationen" den Menschen zur Stellungnahme, zur Frage nach dem Sinn des Daseins drängt (vgl. oben 1.6.3). So entsprang auch am Ende der archaischen Zeit aus dem Gefühl der Preisgegebenheit an das Schicksal das erste tastende Suchen nach einem in der Vernunft begründeten Halt. „Vom Mythos zu Logos" bezeichnet *Marcic* diesen Schritt[5].

2.2.1.2 Damit sind wir in der Epoche, die man *Vorsokratik* zu nennen pflegt[6]. Kennzeichnend für das neue Weltbild ist die polare Denkweise; Eigenschaften werden nur gemeinsam mit ihrem Gegensatz erfasst. Schon *Anaximander* (um 600 v. Chr.) hat in diesem Sinne Sein und Ordnung (heute sagen wir: Sein und Sollen) denkend unterschieden, aber noch als eine Einheit gesehen: Alles was ist, ist auch als Seiendes in Ordnung[7]. Dieser „älteste Rechtsgedanke des Abendlandes"

---

4 Fragment 11. Die Fragmente der Vorsokratiker sind von *Hermann Diels* bearbeitet und herausgegeben worden, nach seinem Tod von *Walter Kranz*; 1. Bd., 6. Aufl. 1951 (12. Nachdruck 1985); 2. Bd., 6. Aufl. 1952 (11. Nachdruck 1985); 3. Bd., 6. Aufl. 1951 (12. Nachdruck 1985). Die Nummerierung der Fragmente erfolgt herkömmlich nach *Diels/Kranz* (DK).
5 *Marcic*, Geschichte der Rechtsphilosophie, 1971, S. 152.
6 Dazu näher (mit weiteren Nachweisen) *A. Verdross*, Abendländische Rechtsphilosophie; Ihre Grundlagen und Hauptprobleme in geschichtlicher Schau, 2. Aufl. 1963, S. 7 ff. – Wer sich umfassend orientieren will, sei hingewiesen auf *Erik Wolf*, Griechisches Rechtsdenken, 4 Bde. (Bd. 3 und Bd. 4 in zwei Teilen), 1950 ff. Instruktiv auch *K. Adomeit*, Antike Denker über den Staat; Eine Einführung in die politische Philosophie, 1982. – Zum Schmunzeln, aber durchaus ernst zu nehmen: *L. De Crescenzo*, Geschichte der griechischen Philosophie (aus dem Italienischen), 1. Bd. Die Vorsokratiker, 1985; 2. Bd. Von Sokrates bis Plotin, 1990.
7 Siehe *Erik Wolf*, Das Problem der Naturrechtslehre, Versuch einer Orientierung, 3. Aufl. 1964, S. 33. Dies ist allerdings eine sehr freie Übersetzung des Urtextes: „... διδόναι γὰρ αὐτὰ δίκην καὶ τίσιν ἀλλήλοις τῆς ἀδικίας κατὰ τὴν τοῦ χρόνου τάξιν ..." (Fragment 12). Vgl. *Erik Wolf* selbst in: Griechisches Rechtsdenken, Bd. 1, 1950, S. 226 ff., bes. S. 233 f.

enthält also eine existenzphilosophische Aussage, und zwar dahin, dass mit dem Dasein selbst auch ein Recht, da zu sein und so zu sein, ein Anspruch auf Selbstbehauptung des je eigenen Wesens gegeben ist, und dass man deshalb auch den anderen lassen muss, was er ist und wie er ist (erst viel später wurde dafür die Formel des „suum cuique" geprägt). Nicht unterlassen werden soll ein Hinweis auf *Pythagoras* (um 570 v. Chr.), der schon eine Art soziale Gerechtigkeit entwickelt hat, deren Wesen die Harmonie, vergleichbar der Ordnung der Zahlen, ist.

Bei *Heraklit* dem „Dunklen" (um 500 v. Chr.) findet die polare Denkweise des frühgriechischen Geistes ihren vollkommensten Ausdruck, und er hat damit nahezu alle ihm nachfolgenden Denker beeinflusst, *Platons* Ideenlehre, nach der hinter der Welt der Erscheinungen (φαινόμενα) die Welt der Idee, des wahren Seins (νοῦμενα), steht, ebenso, wie die „Entelechie" des *Aristoteles*, das Prinzip alles lebendigen Werdens. Nach *Heraklit*, in dessen Weltbild nur das Prozesshafte, das Werden, Platz hat („du steigst nicht zweimal in denselben Fluss"; der Slogan „πάντα ῥεῖ", alles fließt, stammt wahrscheinlich nicht von ihm), entstehen alle Dinge durch den Gegensatz, und alles Geschehen wird durch ein Weltgesetz, die Weltvernunft, den Logos, beherrscht. So versteht sich das berühmte, aber auch umstrittene Fragment 114: „Alle menschlichen Gesetze nähren sich von dem einen göttlichen."[8] Hier ist zum ersten Mal die Gerechtigkeit der menschlichen Satzung (δίκαιον νόμῳ) von der natürlichen Gerechtigkeit unterschieden, das positive Recht vom Naturrecht, und damit ist der Anfang einer rationalen Gerechtigkeits- und Naturrechtslehre gemacht. Zwar werden beide, Gesetz und Natur, noch als eine wesensmäßige Einheit gesehen, aber der denkende Geist hat sie als unterscheidbar erkannt und war damit auf ihr mögliches Auseinanderfallen vorbereitet.

In der Folgezeit bis heute hat dieses polare Rechtsbild die Szene beherrscht: Dem Gegensatz von Natur und Satzung in der Antike folgte der Gegensatz von göttlichem und weltlichem Recht im Mittelalter (wobei freilich das Naturrecht zwischen dem ius divinum und dem ius humanum angesiedelt wurde), und dieser wurde in der Neuzeit durch den Gegensatz von Vernunftordnung und Zwangsordnung abgelöst. Dabei werden dieser „klassischen Naturrechtslehre" in ihren drei Perioden drei gemeinsame Wesenszüge zugeordnet: 1. das Naturrecht ist unwandelbar und allgemein gültig, gilt also für alle Zeiten und alle Menschen; 2. das Naturrecht ist durch die Vernunft erkennbar; 3. das Naturrecht ist nicht nur Maßstab für das positive Recht, sondern tritt an dessen Stelle, wenn dieses mit ihm im Widerspruch steht (also schon hier der Gedanke des „gesetzlichen Unrechts")[9]. Wir werden allerdings sogleich sehen, dass die antike, z. T. auch die mittelalterliche Naturrechtslehre diesem Schema nicht immer gefolgt ist.

---

8 „Γαρ πάντες οἱ ἀνθρώπεοι νόμοι ὑπὸ ἑνὸς τοῦ θείου" – Interessant in diesem Zusammenhang auch *P. Eisenhardt / D. Kürth / H. Stiehl*, Du steigst nie zweimal in denselben Fluß; Die Grenzen der wissenschaftlichen Erkenntnis, 1988.

9 Vgl. *G. Radbruch*, Vorschule der Rechtsphilosophie, 3. Aufl. 1965, S. 20; GRGA, Bd. 3, 1990, S. 138.

2.2.1.3 Schon die *Sophisten*[10] haben wieder reichlich Wasser in den naturrechtlichen Wein gegossen. Ihr bedeutendster Exponent, *Protagoras* (480–410 v. Chr.)[11] brachte die Wende vom kosmologischen zum anthropozentrischen Denken. Nach ihm war nicht der Logos oder das Sein, sondern der Mensch das Maß aller Dinge, und zwar der empirische Mensch, nicht der Mensch als sittliche Person. Mit diesem Homo-mensura-Gedanken wurde ein Schritt vom objektiven zum subjektiven Rechtsdenken und auch hin zum werttheoretischen Relativismus gemacht. Bei *Protagoras* war es noch ein gemäßigter Relativismus, bei *Gorgias* und *Trasymachos* (beide zwischen 450 und 350 v. Chr.) war es dann aber ein radikaler und *Epikur* (371–270 v. Chr.) sowie *Karneades* (214–129 v. Chr.) haben schließlich dem skeptischen Standpunkt gehuldigt, dass nichts von Natur gerecht sei, ja *Kallikles* (5. Jh. v. Chr.) hielt sogar dafür, dass jeder das Recht besitze, seine Begierden durch beliebige Mittel zu befriedigen – also Naturrecht als das Recht des Stärkeren, womit die Tyrannis gerechtfertigt war. Aber kehren wir noch einmal zu *Protagoras* zurück. Schon er hat eine objektive Wahrheit geleugnet, wahr könnte nur genannt werden, was der Mensch mit seinen Sinnen wahrnimmt, die Wahrheit wurde somit auf das wahrnehmende Subjekt bezogen und also relativ. Mit diesem Denken traten Nomos und Physis in einen scharfen Gegensatz zueinander. Als Recht galt nur die positive, durch menschliche Übereinkunft festgelegte Satzung. Wenn man so will, kann man die Sophistik als den Ursprung des wissenschaftlichen Positivismus bezeichnen. Aber nicht von ungefähr ist sie auch der Ursprung der – relativistischen – Demokratie. Denn der Subjektivismus des *Protagoras* war kein individualistischer, sondern ein kollektiver: Die Mehrheitsauffassung entscheidet. Als Recht gilt daher nur die positive, durch Übereinkunft festgelegte Satzung. Die Mehrheit hat darüber zu bestimmen, was als gleich und als ungleich zu gelten hat. Zwar ist das Rechtsprinzip, *dass* Gleiches gleich und Ungleiches entsprechend verschieden zu behandeln ist, vorgegeben, doch darüber, *was* als gleich bzw. ungleich zu behandeln ist, entscheidet der Mehrheitswille.

Aber nach welchem Kriterium trifft die Mehrheit ohne Willkür diese Entscheidung? Dieses Kernproblem der Rechtsphilosophie war in der griechischen Antike schon vollauf erfasst. Im „Protagoras" lässt *Platon* den *Hippias* sagen: „Ich denke, dass wir Verwandte und Befreundete und Mitbürger von Natur sind, nicht durch das Gesetz ... Für uns also wäre es schändlich, die Natur der Sache zwar zu kennen, uns aber dennoch ... dieser Würde nicht würdig zu zeigen ..."[12]. Indessen, was ist die „Natur des Menschen" und die „Natur der Sache"? Dass der Stärkere im Recht ist oder dass die Gleichheit der menschlichen Natur darin besteht, „dass wir doch

---

10 Zum sophistischen Naturrecht siehe außer *Verdross, Erik Wolf* und *Marcic* auch noch *H. Welzel*, Naturrecht und materiale Gerechtigkeit, 4. Aufl. 1962 (Nachdruck 1980), S. 12 ff. – Die vier Genannten sind auch für die weiteren Ausführungen im Text einschlägig.
11 Von *Protagoras* wissen wir hauptsächlich durch *Platons* „Protagoras" und „Theaitetos".
12 *Platon*, Protagoras 337 c, d.

alle durch Mund und Nase in die Luft ausatmen und mit Hilfe der Hände essen", wie der Sophist *Antiphon* (5. Jh. v. Chr.) bemerkt hat[13]? *Welzel* hat dazu gemeint, dass die Proteusgestalt der menschlichen Natur unter der Hand eines jeden naturrechtlichen Denkers die Gestalt annehme, die er sich wünscht[14]. Das ist der vieldiskutierte „naturrechtliche" (oder „naturalistische") „Zirkelschluss". Was es mit ihm auf sich hat, lassen wir einstweilen auf sich beruhen. Richtig ist jedenfalls, dass seit der Sophistik der Naturbegriff zum Angelpunkt der Rechtsphilosophie geworden ist. Altertum und Mittelalter verstanden ihn überwiegend substanziell. Erst *Kant* ist die Überwindung dieser Substanzontologie gelungen, wiewohl es auch schon vor *Kant* Philosophen gab, die nicht substanzontologisch dachten, zum Beispiel *Plotin*[15].

2.2.1.4 In der zeitlichen Folge betreten wir jetzt die Welt der *attischen Philosophie*, die man als Vollenderin und zugleich Überwinderin der Sophistik ansehen kann. An ihrem Beginn steht *Sokrates* (469–399 v. Chr.), dessen Lehren uns größtenteils sein Schüler *Platon*, zum Teil aber auch *Xenophon* überliefert haben. *Sokrates* vollzog eine Wendung in das Innere des Menschen. Es ist ein erster Ansatz zu einem anthropologischen Denken, wenngleich es eine echte anthropologische Fragestellung weder im Altertum noch im Mittelalter gegeben hat. *Sokrates* teilte einerseits nicht mehr den unkritischen Glauben an eine sittliche Weltvernunft, andererseits suchte er aber auch über den Subjektivismus und Relativismus der Sophisten hinauszukommen. Es ging ihm um den Vorstoß zu einer objektiven Wahrheitssphäre. Die Losung dazu hieß Vertiefung nach innen: γνῶθι σαυτόν, erkenne dich selbst. Das natürliche Gesetz wohnt in der Brust des Menschen, die Seele gibt dem Menschen das sittliche Maß, und dieses Maß bleibt ihm, auch wenn die äußere Autorität erschüttert ist. Damit hat *Sokrates* die nativistische Naturrechtslehre begründet, die dann später viele Nachfolger gefunden hat: *Cicero, Paulus, Augustinus, Chrysostomus* u. a.

Zugleich rang *Sokrates* mit dem objektiv-ethischen Problem des Sittlichen, mit der Frage nach den Inhalten des Gerechten, des Guten, des Tugendhaften. Das Verhältnis von Recht und Sittlichkeit wurde zum Problem[16]. Und noch einen Gedanken hat er, weniger durch seine Lehre freilich als durch sein Leben, Geltung verschafft, dem Gedanken der Gesetzesgerechtigkeit. Das Gesetzliche erachtet er als eine Art des Gerechten (das kehrt später bei *Thomas von Aquin* wieder), und daher galt ihm

---

13 Fragment 44.
14 *Welzel*, Naturrecht (Fn. 10), S. 16.
15 Zum Naturbegriff siehe *Arthur Kaufmann*, Die „Natur" in rechtswissenschaftlichen und rechtsphilosophischen Argumentationen, in: G. Fuchs (Hrsg.), Mensch und Natur; auf der Suche nach der verlorenen Einheit, 1989, S. 121; auch *ders.*, Gibt es Rechte der Natur?, in: Festschr. f. G. Spendel, 1992. Sodann auch *H. Klenner*, Vom Recht der Natur zur Natur des Rechts, 1984; *F. Böckle* (Hrsg.), Der umstrittene Naturbegriff, 1987.
16 Ausführlich dazu *Verdross*, Rechtsphilosophie (Fn. 6), S. 24 ff.

der Gehorsam gegenüber dem Gesetz als unabdingbar, selbst wenn es ein fehlsames oder gar verbrecherisches Gesetz ist. Wie man weiß, ist er für diese Auffassung in den Tod gegangen. Das entwaffnende Argument, mit dem er die Hilfe zur Flucht aus dem Gefängnis ablehnte, ist noch heute aktuell: „Oder dünkt es dich möglich", hielt er Kriton entgegen, „dass ein Staat noch bestehe und nicht in gänzliche Zerrüttung gerate, in dem die gefällten richterlichen Urteile keine Kraft haben, sondern von Einzelpersonen ungültig gemacht und umgestoßen werden können?"[17] Das Hohelied auf die Rechtssicherheit! Gewiss ein wichtiges Moment alles Rechtlichen, aber keines, das man absolut setzen darf. Auch das lehrt die Geschichte.

Wie *Sokrates* forschte auch *Platon* (427–347 v. Chr.)[18], der Gründer der „Akademie" in Athen, nach Denkinhalten, die nicht lediglich dem subjektiven Meinen (δόξα) entstammen, sondern allgemeingültiges Wissen (ἐπιστήμη) darstellen, Denkinhalte, die dem Wandel und der Unsicherheit der Sinnenwelt entzogen sind und sich ewig gleich bleiben. Wie sein Lehrer wollte auch er zu einer jedem Zweifel entzogenen Wahrheitssphäre vorstoßen, die er aber nicht in der Seele des Menschen, sondern in den allen irdischen Erscheinungen vorgelagerten absoluten Ideen erblickte. Die Ideen (ἰδέα εἶδος) sind das wahrhaft Seiende, denn sie haben einen stets identischen, apriorischen Inhalt und sind dadurch allem Wandel entzogen (unter den Gleichnissen *Platons* ist sein „Höhlengleichnis" am bekanntesten: wir befinden uns im Schatten und können daher im ersten Schritt unserer Erkenntnis die Quelle des Lichts: die Idee des Guten, nur schattenhaft erkennen[19]). Dadurch ist *Platon* der Schöpfer der Ideenlehre und überhaupt der objektiv-idealistischen Philosophie geworden, wie sie in späteren Jahrhunderten noch manches Mal, natürlich in verschiedenen Modifizierungen, aufgetreten ist, man denke vor allem an *Hegel*.

Wie in *Hegels* objektivem Idealismus war in der Tat auch schon in *Platons* ideeller Naturrechtslehre eine extrem autoritäre Staatstheorie fundiert. Er teilte die Meinung des *Protagoras*, wonach grundsätzlich jeder Bürger befähigt ist, an der Bildung des Staatswillens teilzuhaben, nicht. Seiner Ansicht nach ist es vielmehr eine kleine Schar von Menschen, die um das gemeine Beste wissen, und diese müssen über die Unwissenden herrschen, auch zwangsweise – „keineswegs jedoch in der Meinung, der Knecht solle zu seinem eigenen Schaden beherrscht werden, wie *Trasymachos* von den Beherrschten meinte, sondern dass es beiden das beste sei, von dem Göttlichen und Verständigen beherrscht zu werden, am liebsten zwar so, dass jeder es als sein eigenes in sich selbst habe, wenn aber nicht, dann dass es ihm von außen gebiete, damit wir alle als von denselben beherrscht auch nach Vermögen einander insgesamt ähnlich seien und befreundet"[20]. Zwang zum Guten, so lehrte *Platon*, sei

---

17 *Platon*, Kriton 50.
18 Zur Orientierung: *K. Jaspers*, Plato, 1976.
19 *Platon*, Politeia 517b.
20 *Platon*, Politeia 590d.

sittlich gerechtfertigt (auch um der Gleichheit willen), wie ja auch der Arzt den Kranken zu dessen Heil nötigen dürfe[21]. Wie sich das mit seinem Freiheitsbegriff vereinbaren lässt, ist freilich eine andere Frage[22]. Es dürfte aber ersichtlich sein dass für *Platon* nicht die Demokratie die ideale Staatsform sein konnte, sondern dass er die Aristokratie, aber auch die Monarchie favorisierte. Freilich müsste man, um der damaligen geistigen und politischen Bedeutung Athens und des damaligen Griechenlands gerecht zu werden, noch viele bedeutende Namen nennen: etwa *Herodot* (500–424 v. Chr.), *Perikles* (499–429; Demokratia!), *Thukydides* (460–400), doch da müsste man ein anderes Buch schreiben.

Wie die Ideen überhaupt, so ist auch die Rechtsidee das unwandelbare, wahrhaft Seiende des Rechts und damit Gegenstand eines vollkommenen und unwandelbaren Wissens. Bezeichnend ist, wie *Platon* am Schluss seines Dialogs über den „Staatsmann" Gesetz und Einsicht (νόμος und φρόνησις) zueinander in Beziehung setzt: „Auf gewisse Weise nun ist wohl offenbar, dass zur königlichen Kunst die gesetzgebende gehört; das beste aber ist, wenn nicht die Gesetze Macht haben, sondern der mit Einsicht königliche Mann. Und weshalb? Weil das Gesetz nicht imstande ist, das für alle Zuträglichste und Gerechteste genau zu umfassen und so das wirklich Beste zu befehlen ..."[23] *Platon* misstraute dem Gesetz, er setzte auf das in den Ideen gegründete Naturrecht. Und schon er hat die Frage gestellt, die später vor allem die Neuscholastiker lebhaft beschäftigt hat, „ob wohl das Gerechte, weil es gerecht ist, von den Göttern geliebt wird, oder ob es, weil es von ihnen geliebt wird, gerecht ist"[24]. *Platon* antwortete, anders als später z. B. *Paulus*, im ersten Sinne: Gott ist nicht Gesetzgeber der Welt, was vom Standpunkt seines ideellen Naturrechts sicherlich konsequent ist. In seinem Alterswerk „Nomoi" hat *Platon* dann auch das Gleichheitsproblem diskutiert und dabei die Lehre entwickelt, dass die Gerechtigkeit nicht als numerische, sondern als proportionale Gleichheit (Verhältnisgleichheit, Analogie) zu begreifen ist. Der eigentliche Kopf dieser Lehre aber war *Aristoteles*.

In *Aristoteles*, dem Stagiriten (384–322 v. Chr.), hat die antike Naturrechtslehre ihren Höhepunkt erreicht. Er, der zwanzig Jahre Schüler *Platons* war, übernahm dessen Philosophie der Ideen, bildete sie aber in entscheidenden Punkten um. Wichtig sind vor allem zwei Momente: Zum einen verknüpfte *Aristoteles* die Idee mit dem Naturbegriff, wodurch er zum eigentlichen Begründer einer ideellen Naturrechtslehre wurde, und zum anderen lehrte er die Einheit von Form und Stoff bei allem Seienden. Beides verband er zu der These, dass die Natur (φύσις) immer die vollendete Form der Wirklichkeit eines Gegenstandes sei. Das Naturgemäße sei

---

21 *Platon*, Politikos 296.
22 Vgl. zum ganzen *H.-G. Gadamer*, Platos dialektische Ethik; Phänomenologische Interpretationen zum Philebos, 1983.
23 *Platon*, Politikos 294.
24 *Platon*, Euthyphron 10.

allemal der beste Zustand eines Dinges²⁵ – wobei Natur aber werthaft verstanden wurde, nicht bloß empirisch.

Die Unterscheidung von natürlicher und gesetzlicher Gerechtigkeit war für *Aristoteles* eine Selbstverständlichkeit. Im Gegensatz zu den Älteren war er aber skeptisch hinsichtlich der Vollkommenheit der Gesetze und ihrer unverbrüchlichen Gültigkeit. Schon er erkannte (was wir Heutigen erst wieder lernen mussten), dass es auch schlechthin ungerechte Gesetze geben kann, und er forderte, dass solches „gesetzliches Unrecht" durch die Billigkeit (ἐπιείκεια) korrigiert werden müsste. Die von *Sokrates* verabsolutierte Rechtssicherheit wurde hier wieder auf ein vernünftiges Maß reduziert.

Bei *Aristoteles* finden wir auch zum ersten Mal eine Definition des natürlichen und positiven Rechts: „Das Recht der Polis zerfällt in das natürliche und das gesetzliche (positive). Natürlich ist jenes, das überall die nämliche Geltung hat, unabhängig davon, ob es den Menschen gut scheint oder nicht; gesetzlich jenes, dessen Inhalt ursprünglich indifferent ist, das aber, einmal durch Gesetz festgelegt, seinen bestimmten Inhalt hat."²⁶ *Aristoteles* nennt also auch das Naturrecht ein Recht der Polis, ein politisches Recht, und das nicht von ungefähr. Die Polis, der Staat, ist ihm das Ziel aller Menschen und Gliedgemeinschaften, denn nur der Staat ist autark. Der Mensch ist – es wird oft zitiert – von Natur ein staatsbildendes, ein politisches Wesen: ζῷον πολιτικόν²⁷.

Im 5. Buch der Nikomachischen Ethik (benannt nach seinem Sohn *Nikomachos*) hat *Aristoteles* seine Gerechtigkeitslehre entwickelt, die noch heute den Ausgangspunkt aller ernsthaften Überlegungen zur Gerechtigkeitsfrage bildet. Kern der Gerechtigkeit ist die Gleichheit. Aber während noch viel Spätere, z. B. *Kant*, Gleichheit als formale oder numerische Gleichheit verstanden haben (Gleiches muss mit genau Gleichem vergolten werden: Haupt um Haupt, Blut um Blut, Zahn um Zahn), hat *Aristoteles* die Gleichheit richtig als eine proportionale, geometrische, analogische erkannt²⁸. „Das Gleiche", sagt er, „ist eine Mitte (μέσον) zwischen dem Zuviel (ὑπερβολή) und dem Zuwenig (ἔλλειψις) ... Da aber das Gleiche ein Mittleres ist, so

---

25 *Aristoteles*, Politik 1254a. Die Literatur zu Aristoteles ist Legion. Vgl. zu den hier anstehenden Fragen etwa *M. Salomon*, Der Begriff der Gerechtigkeit bei Aristoteles, 1937; *G. Bien*, Die Grundlegung der politischen Philosophie bei Aristoteles, 1985; *F.-P. Hager* (Hrsg.), Ethik und Politik des Aristoteles, 1972; *W. Siegfried*, Der Rechtsgedanke bei Aristoteles, 1947; *J. Ritter*, „Naturrecht" bei Aristoteles, 1961; *O. Höffe*, Praktische Philosophie; Das Modell des Aristoteles, 1971; *A.O. Rorty* (Hrsg.), Essays on Aristotle's Ethics, 1980; *W. v. Leyden*, Aristotle on Equality and Justice, 1985; *H.A. Fechner*, Über den Gerechtigkeitsbegriff des Aristoteles, 2. Neudruck der Ausgabe Leipzig 1855, 1987.
26 *Aristoteles*, Nikomachische Ethik 1134b.
27 *Aristoteles*, Politik 1253a.
28 Zur Analogie als einem der zentralen Probleme der Gerechtigkeit und des Rechts siehe *Arthur Kaufmann*, Analogie und „Natur der Sache"; Zugleich ein Beitrag zur Lehre vom Typus, 2. Aufl. 1982. Wichtig jetzt *F. Romeo*, Analogie; Zu einem relationalen Wahrheitsbegriff im Recht, 1991; auch *P. Nerhot* (Hrsg.), Legal Knowledge and Analogy, 1991.

ist auch das Recht ein Mittleres ... Das Recht ist demnach etwas Proportionales ... Denn das Proportionale ist die Mitte, und das Gerechte ist das Proportionale."[29] (Zwischen der Strafe des Mörders und der Strafe des Diebes muss also, so etwa kann man *Aristoteles* kommentieren, die rechte Proportion bestehen, z. B.: Mörder : Dieb = lebenslänglich : 1 Jahr Haft – nicht heißt Gerechtigkeit Hinrichtung des Mörders und Abhauen der Langfinger des Diebes.) Proportion verlangt ein Maß (μέτρον), Analogie ein tertium comparationis. *Aristoteles* nennt dieses Maßgebende die „Würdigkeit"[30]. Es ist klar, dass damit der Kernpunkt, aber auch die ganze Problematik der Gerechtigkeitsfrage angesprochen ist.

Aristoteles unterscheidet zwei Arten der Gerechtigkeit, in denen sich die Gleichheit in zwei verschiedene Formen ausprägt: die *ausgleichende Gerechtigkeit* (iustitia commutativa) und die *austeilende Gerechtigkeit* (iustitia distributiva)[31]. Jene ist die Gerechtigkeit unter den von Natur Ungleichen, aber vor dem Gesetz Gleichen (*Aristoteles* nennt sie „berichtigend": δίκαιον διανεμητικόν), und sie bedeutet die absolute Gleichheit von Leistung und Gegenleistung (Ware und Preis, Schaden und Ersatz) unter den vom Gesetz Gleichgestellten, wie sie uns vorzugsweise in den privatrechtlichen Verhältnissen des synallagmatischen Austauschs begegnet (daher auch Tauschgerechtigkeit genannt). Diese hingegen besagt die verhältnismäßige Gleichheit in der Behandlung einer Mehrzahl von Personen: die Zuteilung (δίκαιον διανεμητικόν) von Rechten und Pflichten nach Maßgabe von Würdigkeit, Fähigkeit, Bedürftigkeit – etwa die unterschiedliche Besteuerung im Hinblick auf die verschiedenen Einkommensgrößen oder die Beförderung von Beamten unter dem Gesichtspunkt von Dienstalter und Qualifikation. Die distributive Gerechtigkeit ist mit anderen Worten das später namentlich von *Cicero* so genannte Prinzip des „suum cuique tribuere". Sie ist die Urform der Gerechtigkeit, da die ausgleichende Gerechtigkeit des Privatrechts einen öffentlichen Akt der austeilenden Gerechtigkeit voraussetzt, beispielsweise die Zuteilung eines bestimmten Status wie etwa Rechts- und Geschäftsfähigkeit und überhaupt die Gleichsetzung der am Rechtsverkehr teilnehmenden Personen (wie auch ihre Ungleichsetzung: z. B. Kinder, Minderjährige, Volljährige, was je für sich freilich wieder Gleichsetzungen sind).

In dem ersten hier vorgestellten Schema (S. 37) ist noch eine dritte Art der Gerechtigkeit berücksichtigt, die *legale Gerechtigkeit* (iustitia legalis), mit der *Thomas von Aquin* die aristotelische Einteilung vervollständigt hat[32]. Hierdurch soll die soziale Verpflichtung des Einzelnen gegenüber der Gesamtheit zum Ausdruck kommen. *Sokrates* hat ein gelebtes Beispiel für diese Art der Gerechtigkeit gegeben. Aus unserer Zeit mag man etwa an Art. 14 Abs. 2 GG denken: „Eigentum verpflichtet. Sein Gebrauch soll zugleich dem Wohle der Allgemeinheit dienen."

---

29 *Aristoteles*, Nikomachische Ethik, 1131a, 1131b, 1132a.
30 *Aristoteles*, Nikomachische Ethik, 1131a.
31 *Aristoteles*, Nikomachische Ethik, 1130b ff.
32 *Thomas von Aquin*, Summa theologica II, II, 57 ff.

Die unterschiedlichen Formen der Gerechtigkeit kann man, in die Gegenwart transponiert, exemplarisch an den Straftheorien verdeutlichen. Fasst man im Sinne der „absoluten Theorie" die Strafe als Vergeltung („Schuldausgleich") auf, so geht es um die ausgleichende Gerechtigkeit: Herstellung des absoluten Gleichmaßes zwischen Schuld und Strafe (so besonders pointiert *Kant*: „Hat er aber gemordet, so muss er sterben. Es gibt hier kein Surrogat zur Befriedigung der Gerechtigkeit ..."[33]). Sieht man dagegen im Sinne der „relativen Theorie" das Wesen der Strafe in der so genannten Resozialisierung oder auch in der heute vielfach vertretenen „positiven Generalprävention", so geht es um Akte der austeilenden und der legalen Gerechtigkeit: Auferlegung und Leistung von Pflichten, Stabilisierung des Rechts wie auch der Rechtstreue innerhalb der Gesellschaft, um soziale Wiedergutmachung und vor allem darum, den Straftäter wieder als gleichberechtigtes Glied in die Gesellschaft zu integrieren.

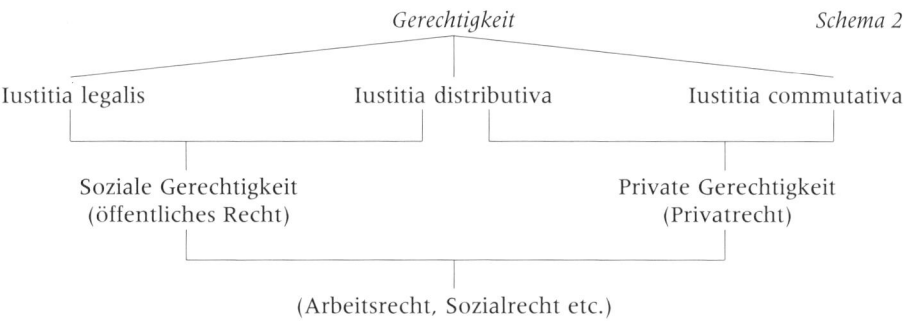

---

33 *Kant*, Metaphysik der Sitten, Ausg. B, S. 229.

B *Historischer Diskurs*

Das zweite Schema zeigt, dass es schon von der Idee der Gerechtigkeit her gesehen eine reinliche Scheidung zwischen öffentlichem und privatem Recht nicht geben kann[34].

2.2.1.5 Würden wir rein historische Absichten verfolgen, so müssten wir jetzt die verschiedenen Richtungen und Schulen nach *Aristoteles* behandeln: Die Peripatetiker, die Hedoniker, die Kyniker, die Epikureer, die skeptische Richtung, den Neuplatonismus, die Plotin-Schule (es gibt heute eine gewisse Plotin-Renaissance, die jedoch in der Rechtsphilosophie keine sonderliche Resonanz gefunden hat, hatte doch *Plotin* selbst kaum ein Interesse an Rechtlichem; immerhin ist bemerkenswert, dass er einen *prozesshaften Naturbegriff* vertreten hat, der sich viel später bei *Schelling* wieder findet), die athenische Schule, die alexandrinische Schule und noch manch andere mehr. Von unserem problemgeschichtlichen Ansatz her interessiert aus dieser Epoche jetzt aber die *Stoa*, denn sie hat den philosophischen Bogen geschlagen vom antiken zum mittelalterlich-christlichen Naturrecht. Im Einzelnen haben freilich die stoischen Philosophen recht unterschiedliche Lehren vertreten, reichte doch die *Stoa* (der Name kommt von der Säulenhalle Stoa Poikile in Athen) vom 4. Jahrhundert v. Chr. (von *Zenon*, ihrem ersten Begründer) bis ins 2. Jahrhundert n. Chr. (bis *Epiktet* und *Marc Aurel*). Doch es gibt eine Anzahl einheitlicher Grundgedanken, und diese kennzeichnen die Stoa als solche.

Im Verlauf der stoischen Epoche trat das Denken der Philosophie allmählich aus dem engen Bereich der Stadtstaaten heraus und wurde zur Weltvernunft (τοῦ κόσμου λόγος[35]); die Berührung mit dem römischen Weltreich fand ihren Niederschlag. Das göttliche eine Gesetz, für das die Stoiker die Bezeichnung „Nomos" verwendeten, besteht von Natur aus für *alle* Menschen, im Unterschied zur menschlichen Satzung (genannt), die nicht der Natur angehört und nur für einen begrenzten Bereich gilt. *Cicero* (106–43 v. Chr.) hat diesem allumfassenden Naturrechtsgedanken der Stoa wohl den beredtesten Ausdruck verliehen: „Es stellt sich ja das wahre Gesetz in der rechten Vernunft dar, die mit der Natur im Einklang steht, die allen Menschen gemeinsam ist, die festen, dauernden Bestand hat, die zur Pflicht ruft durch Gebot, die von Bösem abschreckt durch Verbot ... Dieses Gesetz in seiner Reichweite einzuschränken, verstößt wider göttliches Recht; es ist auch nicht erlaubt, es teilweise aufzuheben, und es kann auch nicht ganz abgeschafft werden. Wir können uns aber auch nicht durch den Senat oder durch das Volk von der Bindung an dieses Gesetz lösen ... Es wird nicht anders in Rom, anders in Athen, anders heute, anders später sein, sondern die Völker werden sowohl in ihrer Gesamtheit wie zu allen Zeiten dieses eine Gesetz als ewiges und

---

34 Siehe dazu eingehend *J.J.M. van der Ven*, Ius Humanum; Das Menschliche und das Rechtliche, 1981, S. 244 ff., 257 ff.
35 *Chrysippos*, zitiert nach *Welzel*, Naturrecht (Fn. 10), S. 39. *Chrysippos* (280–207 v. Chr.) war der zweite Gründer der Stoa.

unveränderliches umfassen, und einer wird gleichsam der gemeinsame Lehrer und Gebieter über alles sein: Gott ... Wer diesem Gesetz nicht gehorcht, wird vor sich selbst auf der Flucht sein und, da er die menschliche Natur verleugnet, dafür schwerste Strafe erleiden ..."[36]. Dass dies nicht nur schöne Worte waren, sondern sehr reale Konsequenzen hatte, zeigt sich z. B. sehr deutlich in der Sklavenfrage: Die Sklaverei wurde als naturrechtswidrig verworfen, da alle Menschen ihrer Natur nach frei seien (schon *Chrysippos* hat das gelehrt[37]) – ein gewaltiger Vorsprung vor dem Mittelalter, bedenkt man, dass noch *Thomas von Aquin* die Leibeigenschaft naturrechtlich sanktioniert hat[38].

Wie schon *Sokrates*, vertraten auch die Stoiker, vor allem *Cicero*, den Gedanken, dass das Naturgesetz dem Menschen als „lex indita" eingeboren sei. *Seneca* (etwa 1-65 n. Chr.) hob hervor, dass auf Grund der gemeinsamen Natur alle Menschen miteinander verwandt seien, und folgerte daraus das Gebot der Nächstenliebe. Ähnlich lehrte *Epiktet* (50–138 n. Chr.) Menschenliebe und Weltbürgertum auf der Grundlage der Vernunft, in der er auch das Religiöse verankert sah. Der Mensch galt nicht mehr nur als ζῶον πολιτικόν als staatsbildendes Wesen, sondern als soziales, „mildtätiges" Wesen: ζῶον κοινωνικόν. Der Geist der Stoa hat auch deutlichen Niederschlag gefunden im *Corpus Juris Civilis*; vgl. Digesten 1.1.10.1: „Juris praecepta sunt haec: honeste vivere, alterum non laedere, suum cuique tribuere" *(Ulpian)*.

Durch die Stoa wurde die Berührung der griechischen mit der römischen Philosophie eingeleitet. Schon oben wurde darauf hingewiesen, dass die Formel des „suum cuique", die den Grundgedanken der Gerechtigkeit beinhaltet, von *Cicero* geprägt worden ist. Unter *Ciceros* Einfluss entstand dann in Rom auch das Jus Gentium, das nicht Völkerrecht im heutigen Sinne, sondern Naturrecht war und als solches für jeden Menschen galt, gleichviel ob Bürger oder Fremder, Freier oder Sklave. Für Rom, das damals ja eine Weltmacht war, spielte ein solches allumfassendes Recht eine erhebliche Rolle, denn es war eine der wichtigsten Klammern, um das Imperium zusammenzuhalten. Der bedeutende spätklassische römische Jurist *Ulpian* hat diesen stoischen Naturrechtsbegriff dann sogar auf das Tierreich ausgedehnt: „Ius naturale est, quod natura omnia animalia docuit, nam ius istud non humani generis proprium est, sed omnium animalium, quae in caelo, quae in terra, quae in mari nascuntur."[39] Vielleicht haben wir Heutigen unter dem Eindruck der ökologischen Bewegung sogar wieder einiges Verständnis für diese Auffassung.

---

36 *Cicero*, De re publica III, 22 (33).
37 *Welzel*, Naturrecht (Fn. 10), S. 40.
38 Allerdings nicht, wie vielfach missverstanden (z. B. *Welzel*, Naturrecht [Fn. 10], S. 66), als primäres, d. h. unabdingbares Naturrecht, sondern nur als sekundäres, zeitbedingtes Naturrecht. Vgl. *Arthur Kaufmann*, Rechtsphilosophie im Wandel, 2. Aufl. 1984, S. 7 (m. w. N.).
39 *Ulpian*, Digesten 1, 1, 3.

Zieht man die Summe, dann hat die Frage nach dem „richtigen Recht" in der Stoa aber einen deutlichen subjektiven Einschlag bekommen. Nicht in der Außenwelt der kosmischen Natur und auch nicht in transzendenten Ideen ist es zu suchen, sondern in der Innenwelt der eigenen Brust. Für die weitere Entwicklung der Naturrechtsfrage war diese Wendung von großer Bedeutung. Bis freilich die methodische Reflexion auf diesen Befund, dass „richtiges Recht" nicht etwas objektiv in der „Natur" Bestehendes, sondern etwas sich prozesshaft Ereignendes ist, einsetzte, sollte es noch viele Jahrhunderte dauern.

2.2.2 Die Rechtsphilosophie des Mittelalters

2.2.2.1 Wie in den obigen Ausführungen schon angeklungen ist, hat sich der *Übergang* von der Antike zum Mittelalter allmählich vollzogen. Die christliche Philosophie und Naturrechtslehre ist nicht ein Novum, sondern ohne das antike Erbe gar nicht denkbar. Der alte Streit zwischen Intellektualismus und Voluntarismus beherrschte für Jahrhunderte die Diskussion; *Augustinus* war mehr Platoniker, *Thomas von Aquin* mehr Aristoteliker. Was zunächst *Paulus* (ca. 10–64 n. Chr.) angeht, so ist bei ihm der Einfluss der stoischen Philosophie noch am deutlichsten spürbar. Christus hat uns das „neue Gesetz" gegeben, das auch die Heiden, die es nicht haben, befolgen können, da das Werk des Gesetzes in ihre Herzen geschrieben ist[40]. Das Naturrecht, das lehrte schon *Cicero*, ist jedem erkennbar, und niemand kann sich auf einen Irrtum herausreden[41].

2.2.2.2 Die eigentliche christliche Philosophie, die bewusste Verbindung des griechischen Erbes mit dem neuen Evangelium, begann aber erst mit *Augustinus* (354–430), dem Philosophen und Theologen der Zeitenwende zwischen Antike und Mittelalter (man hat ihn den „ersten christlichen Existenzphilosophen" genannt). Von *Platon* übernahm er die Ideenlehre, doch versetzte er die Ideen, die bei *Platon* einen eigenen „Himmel" hatten (den „Ideenhimmel"), in den Geist Gottes. Die augustinische „lex aeterna" ist identisch mit der göttlichen Vernunft oder mit dem Willen Gottes („lex vero aeterna est ratio divina vel voluntas Dei"[42]). Sie ist ewig und unveränderlich wie Gott selbst[43].

Den Begriff der „lex aeterna" hat *Augustinus* von der Stoa übernommen. Im Unterschied zu dieser, bei der die „lex aeterna" mit der „lex naturalis" zusammenfiel, gab

---

40 Röm 2, 14 f. Siehe dazu *Pannenberg/Kaufmann*, Gesetz und Evangelium, 1986, und schon *Arthur Kaufmann*, Gesetz und Evangelium, in: Gedächtnisschrift für Peter Noll, 1984, S. 61 ff.
41 Zu dieser Problematik und dabei auch zu *Ciceros* Imputationslehre siehe *Arthur Kaufmann*, Die Parallelwertung in der Laiensphäre; Ein sprachphilosophischer Beitrag zur allgemeinen Verbrechenslehre, 1982, passim, z. B. S. 4 ff.
42 *Augustinus*, Contra Faustum Manich. XXII, C 27.
43 *Augustinus*, De libero arbitrio 1, c 6, No. 14 f.; auch De vera religione 81.

Augustinus der „lex naturalis" aber eine neue Bedeutung: Sie ist ein Abdruck des ewigen göttlichen Gesetzes im menschlichen Bewusstsein, verschieden von der „lex aeterna" wie das Bild eines im Wachs abgedrückten Siegelringes vom Siegelring selbst[44]. Dieses Bild kann freilich durch die Leidenschaften getrübt werden. *Augustinus* hat das bekanntlich an sich selbst erfahren, und hier in seinem eigenen Erleben (niedergeschrieben in seinen „Confessiones") liegt vielleicht die tiefste Wurzel für seinen Voluntarismus (*Platon!*) und für seine psychologische Lehre von der menschlichen Freiheit. Sittlich bewertbar ist nach seiner Auffassung allein der Wille, denn der Wille, nicht der Verstand, ist die wesentliche Kraft des Menschen. Im Willen wurzelt das Böse, von dem der Mensch sich nicht aus eigener Kraft befreien kann, sondern nur durch die Gnade Gottes. *Augustinus* hat diesen Standpunkt, wonach die Freiheit zur Erfüllung der Gebote ein reines Gnadengeschenk Gottes ist, im Streit gegen *Pelagius* entwickelt, der die Behauptung aufgestellt hatte, die Freiheit gehöre zum natürlichen Wesen des Menschen und es bedürfe daher nur unterstützender Gnadenhilfen, damit der durch die Sünde gehemmte Gebrauch der Freiheit gefördert werde. Dieser Streit hat dann Jahrhunderte später in der Auseinandersetzung der Konfessionen um „Gesetz und Evangelium" keine geringe Rolle gespielt[45].

Die „lex naturalis" ist das Abbild der „lex aeterna" im menschlichen Bewusstsein oder in seiner Seele, das „lumen naturale", wie *Augustinus* auch sagt. Die dritte, unterste Rechtsstufe ist die „lex temporalis", durch die der menschliche Gesetzgeber festlegt, was in einer bestimmten Zeit geboten und verboten ist. Verbindlich ist dieses positive Gesetz aber nur soweit es sich auf die „lex aeterna" stützen kann[46]. Ungerechte „Gesetze" sind keine Gesetze, wie ja auch Staaten ohne Gerechtigkeit nichts anderes als große Räuberbanden sind[47].

Diese Stufenordnung des Rechts wirft nun freilich die alles entscheidende Frage nach dem Inhalt der „lex aeterna" auf. *Augustinus* verwies auf die Schöpfungsordnung, und für lange Zeit wurde diese Antwort akzeptiert. Der christliche Glaube bestimmte also letztendlich über den Inhalt des Rechts. Im Hochmittelalter, bei *Thomas von Aquin*, hat dieses christliche Naturrecht dann seinen Höhepunkt erfahren. Ihm wenden wir uns jetzt zu, mit einem gewaltigen Zeitsprung über acht Jahrhunderte, wohl bedenkend, dass auch in der übrigen Patristik und namentlich in der Vor- und Frühscholastik bedeutende Köpfe (u. a. *Anselm v. Canterbury, Bernhard v. Clairvaux, Averroes, Albert der Große* und *Roger Bacon*) nicht nur Theologie und allgemeine Philosophie, sondern auch die Rechtsphilosophie (sie war damals und für lange Zeit fast identisch mit der Naturrechtslehre) gefördert haben. Aber da

---

44 *Augustinus*, De trinitate 14, No. 21.
45 Näher *Arthur Kaufmann*, Gesetz und Evangelium, in: Gedächtnisschr. (Fn. 40), S. 61 ff.
46 *Augustinus*, Sermones 81, No. 2.
47 *Augustinus*, De civitate Dei Liber IV, Caput IV: „Remota itaque iustitia quid sunt regna nisi magna latrocinia?"

wir nur unserem problemgeschichtlichen Kompass folgen, dürfen wir sie vernachlässigen.

2.2.2.3 Wer das erste Kapitel dieses Buches gelesen hat, weiß, dass die *Hochscholastik* wieder eine Zeit des Objektivismus und der Substanzontologie war. Nichts lag daher näher, als dass sich die Philosophie wieder *Aristoteles* zuwandte. *Thomas von Aquin* (1225–1274) ist der christliche Aristoteliker par excellence. Die Dreistufenfolge des Gesetzes: „lex aeterna" (vel „divina"), „lex naturalis" und „lex humana" (vel positiva) übernahm er aus der Tradition. Aber die „lex naturalis" ist bei ihm – anders als bei *Augustinus* – nicht das subjektive Gesetz der Seele, sondern eine objektive Größe. *Thomas* hat den aristotelischen Realismus übernommen, nach dem der Wert nicht von der Wirklichkeit getrennt ist, Sollen und Sein in Beziehung stehen – das berühmte scholastische Axiom: bonum et ens convertuntur[48]. Man müsste eigentlich formulieren: bonum et ens et verum convertuntur, denn der Mensch ist durch seine Vernunft befähigt, das Seiende in seiner Werthaftigkeit intellektuell zu erkennen, zwar vielfach nur inadäquat und unvollkommen, aber streng einsichtig und wahr. So ist auch die „lex naturalis" die intellektuelle (nicht voluntative) Teilhabe der vernunftbegabten Wesen an dem Weltgesetz, sie ist einerseits Teil der „lex aeterna", andererseits Ausfluss des natürlichen Urteilsvermögens der menschlichen Vernunft. Da aber, wie erwähnt, der menschliche Intellekt die Wahrheit nicht immer vollkommen und adäquat erfassen kann, muss für die jeweiligen besonderen zeitlichen und situativen Umstände durch das positive Gesetz, die „lex humana", festgelegt werden, was gelten soll.

Die Frage, ob ein menschliches Gesetz, das vom natürlichen Gesetz abweicht, gültig ist, beantwortet *Thomas* mit einem Hinweis auf *Augustinus:* „Ein ungerechtes Gesetz ist gar kein Gesetz", und er fügt hinzu: ein solches Gesetz, das vom natürlichen Gesetz abweicht, ist „eine Zerstörung des Gesetzes", eine „legis corruptio"[49]. Wie aber kann man eine solche Abweichung feststellen – oder ins Positive gewendet: Wie findet die menschliche Vernunft vom natürlichen zum menschlichen Gesetz? *Thomas* antwortet darauf an der nämlichen Stelle, und zwar nennt er zwei Arten der Herleitung: die einfache Schlussfolgerung, d. h. die Herleitung per modum conclusionis (z. B. ergeben sich aus dem Grundsatz „neminem laede" die meisten durch das Strafrecht zu verbietenden Handlungen) und die nähere Bestimmung, d. h. die Herleitung per modum determinationis (z. B. wird die Naturrechtsnorm „Verbrechen sind zu bestrafen" durch das positive Gesetz hinsichtlich der Art der

---

[48] *Thomas von Aquin*, Summa theologica I, II, 18, 1.
[49] *Thomas von Aquin*, Summa theologica I, II, 95, 2. Aus Gründen der Rechtssicherheit und des Rechtsfriedens, nämlich zur Vermeidung von Anstoß und Verwirrung, darf nach *Thomas* eine „lex corrupta" trotz ihrer Nichtigkeit befolgt werden, eine sehr wirklichkeitsnahe Auffassung. Einem Gesetz allerdings, das im Widerspruch zur „lex divina" steht, darf man keinesfalls gehorchen.

angedrohten Strafe konkretisiert)[50]. Diese „scholastische Methode" imponiert durch die Rationalität der Gedankenfolge, aber sie beruht auch auf einer grandiosen Täuschung: Man könne nämlich das konkrete Recht aus höherem und immer höherem und zugleich immer abstrakterem, formalerem Sollen rein deduktiv, ohne Rücksicht auf die empirische Wirklichkeit, bestimmen, eine Täuschung, der man bis in unsere Zeit stets aufs Neue erliegt (so wird in einigen Spielarten der prozeduralen Gerechtigkeitstheorie der Versuch unternommen, aus einem *rein formalen* [gedanklichen] Verfahren zu *Inhalten* zu gelangen). In Wahrheit ist natürlich doch Empirie eingeflossen, nur blieb das infolge der Ineinssetzung von Wert und Wirklichkeit weitgehend unbemerkt (in unserem Jahrhundert hat die totale Trennung von Sein und Sollen diese Täuschung bewirkt). Die Scholastik ist überhaupt nicht angetreten, den Inhalt der Wahrheit, d. h. der Offenbarung, zu finden; dieser war in bestimmten, fest formulierten Sätzen dogmatischer und autoritativer Dignität vorgegeben (insofern ist die scholastische Philosophie spekulativ, was nicht dasselbe ist wie „irrational"). Es ging darum, diese Wahrheit methodisch, mittels der Vernunft, durch Abwägen der Gründe und Gegengründe argumentativ zu untermauern und näher zu erläutern: credo ut intellegam (was bei *Thomas* allerdings häufig hieß: intellego ut credam). Mit der Ehrfurcht vor dem überlieferten Glaubensgut verband sich das logische Denken, mit dem strömenden Leben der Mystik die methodische Strenge der Wissenschaft.

Will man die Naturrechtslehre des Aquinaten richtig würdigen, so muss man wissen, dass *Thomas* sehr klar unterschieden hat zwischen dem abstrakt-allgemeinen *Gesetz*, das von einer Autorität „gesetzt" ist („positum"), und dem konkret-individuellen *Recht*, das „getan" und „gesprochen" wird (er nennt es eine „actio iustitiae"[51]). Das Gesetz bewegt sich in allgemeinen Normen. Das oberste Naturgesetz enthält sogar nur die allerallgemeinsten Grundsatznormen: Tue das Gute, meide das Böse, handle vernunftgemäß, außerdem diejenigen Gebote des Naturgesetzes, die sich aus der Ordnung der natürlichen Neigungen des Menschen ergeben[52]: aus dem Selbsterhaltungstrieb das Tötungsverbot, aus dem Fortpflanzungstrieb das Gebot der Eheschließung und der Kinderaufziehung, aus der Vernunftbegabung und der Neigung zur Geselligkeit das Gebot, die Wahrheit zu sagen und den Mitmen-

---

50 *Thomas von Aquin*, Summa theologica I, II, 95, 2. An anderer Stelle (I, II, 94, 5) nennt *Thomas* noch eine dritte Art: die Ergänzung des Naturgesetzes (per modum additionis).
51 *Thomas von Aquin*, Summa theologica II, II, 57, 1. – *Thomas*' Lehre von Recht und Gerechtigkeit ist in den Quaestiones 57-59 des II. Teils des II. Buches (secunda secundae) der Summa theologica enthalten. Siehe dazu die Sonderausgabe *A.F. Utz* (Hrsg.), Thomas von Aquin, Recht und Gerechtigkeit, 1987. – Zur Unterscheidung von Gesetz und Recht (vgl. Art. 20 Abs. 3 GG) siehe *A.F. Utz*, Kommentar zum 18. Bd. der Deutsch-Lateinischen Ausgabe der Summa theologica, 1953, S. 425 ff., und *Arthur Kaufmann*, Rechtsphilosophie (Fn. 38), S. 131 ff.
52 *Thomas von Aquin*, Summa theologica I, II, 94, 2: „Secundum igitur ordinem inclinationum naturalium, est ordo praeceptorum legis naturae."

schen nicht zu verletzen⁵³. Insoweit handelt es sich um Natur*gesetz* und dieses gilt, grundsätzlich, für alle und für immer⁵⁴. Natur*recht* dagegen entsteht erst durch die konkrete Ausformung des Gesetzes für das Hier und Jetzt, was bedeutet, dass Natur*recht* geschichtliches Recht ist. Denn die Natur (wir müssen wohl ergänzen: die konkrete Natur) des Menschen ist veränderlich, sagt *Thomas*⁵⁵. Nur in diesem Sinne, im Sinne eines solchen „sekundären Naturrechts" (*Thomas* hat diesen Ausdruck nicht gebraucht, er ist eine Erfindung der Neuthomisten), ist es richtig, dass im Naturrecht des Aquinaten noch die Sklaverei (Leibeigenschaft) verankert war⁵⁶, aber nicht im Sinne eines ewigen und unabänderlichen Gesetzes. Sicher hat *Thomas* das Phänomen der Geschichtlichkeit des Rechts nur sehr unvollkommen erfasst⁵⁷, aber man darf auch nicht verkennen, dass bei ihm das konkrete Naturrecht keinesfalls den Absolutheitscharakter hatte, wie das später beim rationalistischen Naturrecht der Aufklärungszeit der Fall war.

Thomas von Aquin war, wie gesagt, Aristoteliker. Bei *Augustinus* war es noch offen, ob die „lex aeterna" der Vernunft oder dem Willen Gottes entstammt (siehe das Zitat bei Fußnote 42). *Thomas* aber hat sich klar für die intellektualistische Deutung entschieden (weshalb, wie man ihm entgegenhielt, sein Gott überhaupt keinen Willen habe). Diesem Intellektualismus entsprach es, das Böse nicht dem Willen anzulasten, sondern dem Verstand, d. h. die Fehlerhaftigkeit des Willens wurzelt immer in einem Fehler des Verstandes. Oberste Instanz für das menschliche Handeln ist das Gewissen in seiner zweifachen Ausformung: die Synderesis als das der Vernunft eingegebene Erkenntnisvermögen der obersten Gebote des Naturgesetzes; sie kann nicht irren – und die Conscientia als das Vermögen der Vermittlung dieser Gebote auf den Einzelfall; bei ihr sind Irrtümer möglich. Das hat die höchst wichtige Konsequenz, dass – entgegen *Paulus* und *Cicero* – in Bezug auf die Gebote und Verbote des Handelns (ausgenommen die principia communissima) ein entschuldbarer Irrtum (error invincibilis) möglich ist (unser heutiger § 17 StGB ist thomasisches Gedankengut!). *Thomas* hat sogar dem schuldlos irrenden Gewissen verpflichtende Kraft beigemessen, und er hat selbst die Konsequenz nicht gescheut, dass derjenige, der das Böse, das zu tun er sich im Gewissen für verpflichtet hält,

---

53 Vgl. *Thomas von Aquin*, Summa theologica II, II, 109, 3: zum Verhältnis von Wahrheit und Gerechtigkeit.
54 *Thomas von Aquin*, Summa theologica I, II, 94, 4 u. 5.
55 *Thomas von Aquin*, Summa theologica II, II, 57, 2: „Natura autem hominis est mutabilis".
56 *Thomas* hat das Prinzip der Über- und Unterordnung der Menschen in der Gesellschaft (*Hegel, Marx*: „Herren und Knechte") auf die in seiner Zeit vorfindlichen Verhältnisse angewandt. Freilich, die stoische Philosophie hätte ihn eines Besseren belehren sollen. Hierzu näher *H. Klenner*, in: Festschr. f. Arthur Kaufmann, 1993.
57 Zur Geschichtlichkeit des Rechts näher *Arthur Kaufmann*, Rechtsphilosophie (Fn. 38). Sehr eingehend: *J. Llompart*, Die Geschichtlichkeit in der Begründung des Rechts im Deutschland der Gegenwart, 1968; *ders.*, Die Geschichtlichkeit der Rechtsprinzipien, 1976.

nicht tut, sich versündige[58]. Hier tauchen vielschichtige Probleme auf, die noch heute von großer Aktualität sind, etwa das des Überzeugungstäters, des Tyrannenmordes und des Widerstandsrechts allgemein. *Thomas von Aquin* hat sie in dem für sein kurzes Leben erstaunlich umfangreichen Werk alle behandelt[59]. Hier muss es mit diesem Hinweis, der zum Weiterstudium anregen soll, sein Bewenden haben.

2.2.2.4 Das *Ende der Scholastik* begann mit *Wilhelm v. Ockham* (ca. 1300–1350)[60], nachdem allerdings schon *Johannes Duns Scotus* (1266–1308) scharfsinnige Kritik am Thomismus geübt hatte[61]. *Ockham* ist vor allem durch die Erneuerung des Nominalismus in die Geschichte eingegangen, jener Lehre, nach der es nur Einzelnes, Besonderes gibt, nicht aber das Allgemeine. Die „universalia" sind zufolge dieser Auffassung nicht „ante rem" (etwa als ansichseiende Ideen), sondern lediglich „post rem" als der vom denkenden Geist gebildete Begriff („nomen"). Das ist das „Universalienproblem", das seine Wurzeln schon in der Antike hat, damals in der Spätscholastik heftig diskutiert wurde und noch heute die Gemüter bewegt (wer den Roman von *Umberto Eco* „Der Name der Rose" aufmerksam liest, wird diesem Problem immer wieder begegnen).

Nach diesem Nominalismus kann es ein real existierendes allgemeines Naturgesetz nicht geben (auch nicht in den Naturwissenschaften; was man hier „Naturgesetze" nennt, sind bloß wissenschaftliche Verallgemeinerungen). Es bleibt nur Raum für eine subjektivistische („idealistische") Naturrechtslehre, die das Naturrecht für nichts Gegebenes oder gar Vorgegebenes hält, sondern lediglich für ein „Erzeugnis der Theorie"[62]. Dass ein solches „Naturrecht" dem positiven, gesetzten Recht hoffnungslos unterlegen ist und keine Chance hat, sich ihm gegenüber – z. B. gegenüber einer lex corrupta – durchzusetzen, liegt auf der Hand. Der Nominalismus war schon immer ein Wegbereiter und Geselle des Positivismus, der Lehre von der Alleinherrschaft der positiven Gesetze.

Ockhams Lehre hat auch der Reformation *Luthers* (1483–1546) den Weg geebnet. Zwar war *Luthers* Auffassung vom Naturrecht noch wesentlich scholastisch bestimmt[63].

---

58 Vgl. z. B. Summa theologica I, II, 19, 5. Näheres zu dieser Problematik *H. Welzel*, Vom irrenden Gewissen, 1949, und *Arthur Kaufmann*, Parallelwertung (Fn. 41), bes. S. 6 f.
59 Das Widerstandsrecht z. B. im Sentenzenkommentar II und in der Summa theologica II, II, 69, 4; II, II, 42, 2; II, II, 64, 2.
60 Siehe hierzu *A.S. MacGrade*, William of Ockham: A Short Discourse on Tyrannical Government, 1992.
61 Näher zu *Duns Scotus: Welzel*, Naturrecht (Fn. 10), S. 66 ff., und *G. Stratenwerth*, Die Naturrechtslehre des Johannes Duns Scotus, 1951. Neuerdings *Johannes Duns Scotus*, Abhandlungen über das erste Prinzip, hrsg. von *W. Kluxen*, 2. Aufl. 1987.
62 So *K. Engisch*, Die Idee der Konkretisierung in Recht und Rechtswissenschaft unserer Zeit, 2. Aufl. 1968, S. 231.
63 Vgl. dazu *F.X. Arnold*, Zur Frage des Naturrechts bei Martin Luther, 1936.

Im Psalmenkommentar spricht *Luther* vom „natürlichen Gesetz", dem „Gesetz der Natur", das uns ins Herz geschrieben ist, und er hält dafür, dass die Gebote des Mose den Christen nur angingen, sofern sie mit jenem Gesetz übereinstimmten. Im Kommentar zum Römerbrief sagt er, dass das natürliche Gesetz unserer Natur als unauslöschliches Zeugnis des Guten und Schlechten eingeprägt sei. Aber obwohl er (im Psalmenkommentar) wie *Thomas von Aquin* dem Menschen das Vermögen zuspricht, zwischen Gut und Böse zu unterscheiden (Synderesis), also „wiewohl die Gebote Gottes allen Menschen in die Herzen geschrieben sind, so werden doch die Herzen durch den Teufel so sehr verfinstert, dass man sie nicht sehen noch erkennen kann", vielmehr sind sie „dunkel und ganz verblichen". Und aus diesem Grund, weil nach *Luther* die menschliche Natur durch den Sündenfall ganz verdorben ist und der Mensch daher aus eigener Kraft nicht imstande ist, das Richtige zu erkennen, konnte er die Lehre von dem dreistufigen Gesetz nicht übernehmen. Zwischen der „lex aeterna" und der „lex humana", zwischen dem Reich Gottes und dem Reich der Menschen gibt es keine *rechtliche* Brücke, es gibt nur die Zuwendung Gottes durch seine erbarmende Gnade. Das „lumen naturale" ist erloschen, der Mensch vermag nichts, außer durch die Gnade Gottes. Und die „Freiheit eines Christenmenschen" gründet nicht im Gesetz, sondern einzig im Evangelium, sie ist die Freiheit, „die frei macht von allen Sünden, Gesetzen und Geboten"[64].

Bei *Luther* und seinen geistigen Nachfahren hat das weltliche Recht seine Weihe verloren, die es in der Patristik und Scholastik durch seine Teilhabe an der „lex aeterna" hatte. Es ist nun wirklich „weltliches" Recht. *Luther* hat mit seiner Zweireichelehre das Recht auch ganz den weltlichen Obrigkeiten überlassen, einschließlich des Kirchenrechts. Zwar sah er in der weltlichen Rechtsordnung nur ein vorläufiges und fragwürdiges Regiment, in dem man leben soll, als lebte man nicht in ihm; das wahre Regiment ist das des Evangeliums, das Reich der Liebe (man denke an Tolstoi!). Aber mit der Überlassung des Rechts an die weltlichen Obrigkeiten, an den Staat, war im Grunde jede Möglichkeit genommen, dieses Recht zu kritisieren. Das Problem „von weltlicher Obrigkeit, wieweit man ihr Gehorsam schuldig sei" hat *Luther* heftig bewegt, und mit der Frage des Widerstandsrechts hat er Zeit seines Lebens gerungen. Von seinen Grundgedanken her musste er die Gehorsamspflicht auch gegenüber einer lex corrupta bejahen, ein Recht zum aktiven Widerstand verneinen; dass er das so nicht durchgehalten hat, beweist seine Größe[65]. Immerhin aber muss man diese protestantische Rechtstradition bedenken, wenn man unserer jüngsten Geschichte gerecht werden will. *Gustav Radbruch* urteilt so: Die „Betonung der letztendigen Weihelosigkeit des Rechts, seiner Wesenlosigkeit und Unwichtigkeit gegenüber dem Gewicht religiöser Haltung, hatte entscheidenden Anteil an

---

64 Ich zitiere nach der Auswahl von *K.G. Steck* und *H. Gollwitzer*, 1961, hier S. 94. Siehe auch Fn. 40.
65 Siehe dazu jetzt *Arthur Kaufmann*, Vom Ungehorsam gegen die Obrigkeit, 1991, bes. S. 19 ff.

der Entwicklung des absoluten Fürstentums einerseits, andererseits an der Gleichgültigkeit des Deutschen gegenüber der Politik, der infolge ihrer Wesenlosigkeit die Ausrichtung auf letzte Werte nicht zuerkannt wurde. Wohin ein Recht ohne höhere Weihe führt, haben wir alle erlebt. Auch die evangelische Kirche ist jetzt bemüht, dem Recht eine religiöse Begründung zu verleihen, wie sie der Katholizismus (und innerhalb des evangelischen Bekenntnisses: der Calvinismus) ihm nie versagt hat."[66]

2.2.3 Die Rechtsphilosophie der Neuzeit

2.2.3.1 Wir sind in die Neuzeit gelangt unter Außerachtlassung, dass am Übergang zu ihr noch zahlreiche andere als die genannten Denker und Denkrichtungen wirkten: die spanischen Spätscholastiker, z. B. *Francesco Suárez*[67], die metaphysische Richtung, hier ragt *Nikolaus von Kues* („De docta ignorantia") heraus, die Staatsphilosophie von *Machiavelli* („Il principe") und *Thomas Morus* („Utopia") sowie noch etliche andere mehr. Derjenige, der schon mit beiden Beinen in der Neuzeit steht, ist *René Descartes* (1596–1650), der „Vater der neuzeitlichen Philosophie".

Das mächtige Emporblühen der Naturwissenschaften und der aufkommende Frühkapitalismus zu Beginn der Neuzeit bedeuteten einen völligen Umbruch der geistigen Situation. Zwar waren alle großen Philosophen der neuzeitlichen Frühperiode, etwa *Descartes, Hobbes, Grotius, Pufendorf, Spinoza* auch *Locke* und *Leibniz* (sicher nicht mehr *Kant*), scholastisch geschult, aber unter den veränderten Verhältnissen änderten sich auch die Denkinhalte (freilich nicht mit der Automatik, wie das später *Marx* angenommen hat). *Welzel* hat gewiss nicht so ganz unrecht, wenn er bemerkt, dass nicht *Ockham*, sondern erst *Hobbes* ein echter „Nominalist" gewesen sei[68] – *Ockham* war es schon auch, aber sein Nominalismus wirkte in eine Zeit, die dafür weit weniger empfänglich war als die Zeit des *Thomas Hobbes*.

Descartes hat der Wissenschaft verordnet, was bis heute ihr oberstes Prinzip geblieben ist: clare et distincta perceptio, klare und deutliche Erkenntnisse[69]. Er forderte, die alte „theoretische", d. h. metaphysische, Philosophie durch eine neue „praktische" zu ersetzen, damit wir so zu „domini et possessores naturae" würden[70]. Wissenschaft, auch Philosophie, sollte nicht mehr betrieben werden aus der Neugier des Wissenwollens (*Thomas von Aquin*: desiderium sciendi), sondern aus der Macht-

---

66 *Radbruch*, Vorschule (Fn. 9), S. 43; GRGA Bd. 3, 1990, S. 160. Hier ist auch Anlass und Gelegenheit auf die wegweisende Schrift von *Max Weber*: „Die protestantische Ethik und der Geist des Kapitalismus", 1920, hinzuweisen (in: Die protestantische Ethik I, Eine Aufsatzsammlung, 7. Aufl. 1984, S. 27 ff.).
67 *F. Suárez*, Über die Individualität und das Individuationsprinzip, hrsg. von *R. Specht*, 1976.
68 *Welzel*, Naturrecht (Fn. 10), S. 109.
69 Meditationes de prima philosophia, 1641, Meditatio IV.
70 *Descartes*, Discours de la méthode VI, 62.

gier des Beherrschenwollens (*Francis Bacon*: knowledge is power). Dieses Wissenschaftsideal forderte die radikale Beschränkung auf das, was dem abstrahierenden, zergliedernden, analytischen *Verstand*, dem Vermögen der Begriffe (διάνοια, Ratio) zugänglich ist – im Unterschied zur *Vernunft* als der obersten, auf den Zusammenhang und die Einheit des Wissens abzielenden Vollzugsweise des menschlichen Geistes, dem Vermögen der Ideen (νοῦς, Intellectus). Das Zeitalter der „Vernunft" war ein Zeitalter des Verstandes: Rationalismus. Denn nur die Reduktion der Erkenntnistätigkeit auf das „Rationale" ermöglichte die Beherrschung der Natur (wie sehr wir sie beherrscht haben, wissen wir inzwischen). Und nur mit dem sinnlich Wahrnehmbaren, dem empirisch Gegebenen kann der Verstand arbeiten, das Überempirische, das Metaphysische, also auch die Ideen, die Rechtsidee, liegen außerhalb seiner Reichweite – letzten Endes glaubt man dann, dass es dergleichen überhaupt nicht gäbe. So wurden in diesem aufgeklärten Zeitalter Wille, Fühlen, Erleben des Menschen vernachlässigt, ja als spekulativ überhaupt aus Wissenschaft und Philosophie verbannt. Der Einfluss des englischen Empirismus (*John Locke, David Hume*) ist unverkennbar.

Für die Rechtsphilosophie des Rationalismus gilt das Gesagte ganz entsprechend[71]. Das neuzeitliche Naturrecht steht völlig im Bann des rationalistischen Wissenschaftsbegriffs. Dabei ist die Ratio nicht nur Erkenntnismittel des richtigen Rechts, sie ist auch seine Quelle. Die Ratio – die menschliche Ratio! – gibt dem Menschen das natürliche Gesetz. Es gibt keinen Logos, keine ansichseienden Ideen, keine lex aeterna, es gibt keine vorgegebene Wahrheit wie in der Scholastik (man argumentierte jedenfalls nicht mehr von hier aus), der Mensch ist ganz und gar auf seine Erkenntniskräfte angewiesen. Nicht mehr Autorität und Tradition bestimmten, was „richtiges Recht" sei, sondern gelten sollte nur, was rational einsichtig, „vernünftig", ist („Vernunftrecht"). Die Rechtsphilosophie löste sich von der Theologie, das Naturrecht wurde säkularisiert.

Methodisch ging man bei der Findung des „richtigen Rechts" ganz schulgerecht so vor, dass man nach der „Natur" des Menschen fragte, selbstverständlich nach der empirischen, nicht nach der moralischen Natur!, danach, wie der Mensch rein tatsächlich ist, um dann von hier aus logisch schlussfolgernd die „natürlichen" Rechte und Pflichten des Menschen abzuleiten. Eine beachtliche Rolle bei der Begründung des rationalistischen Naturrechts spielte der sog. Gesellschaftsvertrag (vor allem *Jean-Jacques Rousseau*, 1712–1778) im Sinne eines fiktiven Urzustandes, in dem die Einzelnen in freier Übereinkunft ihre gegenseitigen Rechte und Pflichten festlegen (in der modernen Rechtsphilosophie hat dieser Gedanke wieder Auftrieb erfahren, vor allem bei *John Rawls*). Man glaubte, auf diese Weise eine Rechts-

---

71 Eingehend dazu *Arthur Kaufmann*, Recht und Rationalität, in: Rechtsstaat und Menschenwürde; Festschr. f. W. Maihofer, 1988, S. 11 ff. – Förderlich für das Verständnis des Folgenden: *J. Kopper*, Einführung in die Philosophie der Aufklärung, 2. Aufl. 1990; ders., Ethik der Aufklärung, 1983.

ordnung grundlegen zu können, die wie die gleich bleibende Vernunft des Menschen universalen Charakter haben, also für alle Menschen und für alle Zeiten gültig sein müsste. Es kann nicht verwundern, dass fast alle Versuche, ein solches absolutes Naturrecht zu begründen, bei der Herausarbeitung einiger weniger, sehr abstrakter Grundprinzipien des Rechts stecken geblieben sind. Wir wollen die wichtigsten dieser Versuche in Kürze vorstellen.

2.2.3.2 Als der Begründer des neuzeitlichen Naturrechts und auch als der „Vater des Völkerrechts" wird *Hugo Grotius* (1583–1645) angesehen. Die Grundeigenschaft des Menschen sah er im „appetitus societatis", im Streben nach einem ruhigen, geordneten Zusammenleben, nach Liebe zu seinesgleichen[72]. Hinzu kommt die menschliche Gabe, auch über den sinnlichen Trieb hinaus das ihm Nützliche zu erkennen und zu befolgen. Die menschliche Gemeinschaft wurde solchermaßen auf die Vernunft, auf das „dictamen rectae rationis"[73] gegründet, nicht auf Instinkt. Und von hier aus deduzierte *Grotius* als obersten Satz des natürlichen Rechts, dass es geboten ist, geschlossene Verträge zu halten: pacta sunt servanda – des Weiteren, dass man sich fremden Gutes enthalte, dass man angerichteten Schaden ersetze, dass man anderen keine Gewalt antue, dass man für Verbrechen Wiedervergeltung durch Strafe erleide[74].

Anders *Thomas Hobbes* (1588–1679)[75]. Für ihn ist der Mensch ein asoziales Wesen, ein Egoist. Der Naturzustand ist die schrankenlose Freiheit, jeder besitzt „ein Recht auf alles, die anderen Menschen selbst nicht ausgenommen"[76]. Daraus lassen sich freilich keine echten normativen Rechte und vor allem keine Pflichten ableiten. *Hobbes* bemerkt selbst, dass in diesem Naturzustand die Namen „gerecht" und „ungerecht" keinen Platz haben[77]. Aber nun setzt seine rationalistische Argumentation ein. Da alle Menschen dieselben unbeschränkten Freiheiten haben, besteht im

---

72 *Hugo Grotius*, De iure belli ac pacis, Prolegomena, 16. Vgl. hierzu *M. Diesselhorst*, Die Lehre des Hugo Grotius vom Versprechen, 1959.
73 *Hugo Grotius*, De iure belli ac pacis, Liber I, Cap. I, 10.
74 *Hugo Grotius*, De iure belli ac pacis, Prolegomena, 8.
75 Zu ihm aus neuerer Zeit: *R. Schnur*, Individualismus und Absolutismus; Zur politischen Theorie des Thomas Hobbes (1600–1640), 1963; *E. Lagerspetz*, Hobbes' Logic of Sovereignty, in: RTh 19 (1980), 191 ff.; *G. Zimmermann*, Staat und Souveränität nach Thomas Hobbes, in: RTh 22 (1991), 489 ff.; *H. Klenner*, Des Thomas Hobbes bellum omnium contra omnes, in: Sitzungsberichte der Akademie der Wissenschaften der DDR, Gesellschaftswissenschaften, Jg. 1989, S. 3 ff.; *P.C. Mayer-Tasch*, Hobbes und Rousseau, 1976; *M. Diesselhorst*, Naturzustand und Sozialvertrag bei Hobbes und Kant. Zugleich ein Beitrag zu den Ursprüngen des modernen Systemdenkens, 1988; *G. Wagner*, Parsons, Hobbes und das Problem der sozialen Ordnung, in: Zeitschr. f. soziale Ordnung 20 (1991), 115 ff.; *R. Tuck*, Hobbes: Leviathan, o. J.; *S.A. Lloyd*, Ideals as Interests in Hobbes's Leviathan, 1992; *J. Hampton*, Hobbes and the Social Contract Tradition, 1988.
76 *Hobbes*, Leviathan, Kapitel 14.
77 *Hobbes*, Leviathan, Kapitel 13.

Naturzustand ein Krieg aller gegen alle (bellum omnium contra omnes), ist jeder dem Anderen ein Wolf (homo homini lupus). Jeder hat daher vor dem anderen Angst. Aus diesem Grund und weil er einsieht, dass ein schrankenloser Gebrauch seiner urtümlichen Freiheit zu einer Selbstvernichtung führen müsste, erscheint es vernünftig, den Frieden zu suchen, soweit dies möglich ist. Und so ist also dies das erste natürliche Gesetz: „Jedermann hat sich um Frieden zu bemühen, solange dazu Hoffnung besteht; kann er ihn nicht herstellen, so darf er sich alle Hilfsmittel und Vorteile des Kriegs verschaffen und sie benützen."[78] Aus diesem ersten folgt ein zweites natürliches Gesetz: „Jedermann soll freiwillig, wenn andere ebenfalls dazu bereit sind, auf sein Recht auf alles verzichten, soweit er dies um des Friedens und der Selbstverteidigung willen für notwendig hält, und er soll sich mit soviel Freiheit gegenüber anderen zufrieden geben, wie er andern gegen sich selbst einräumen würde."[79] – Das Recht ist also im Grunde ein Angstprodukt. Auf diesen Befund gründet sich auch die Staatsgewalt. Die beste Staatsverfassung ist die, durch welche die Befolgung der Naturrechtsgebote am sichersten gewährleistet wird. Daher hat der Staat die unbeschränkte Macht über die Bürger, um deren zerstörerische Kräfte niederzuhalten (deshalb der Vergleich mit dem biblischen Seeungeheuer Leviathan). Nur darin, dass er dies vermag, liegt seine Legitimation – modern gesprochen: in der Gewährleistung von Rechtssicherheit (auctoritas, non veritas facit legem[80]). Aber *Hobbes* denkt nicht an Tyrannei und Diktatur. Wenn der Staat die Bürger nicht schützen kann, endet sein Anspruch auf Gehorsam[81]. Der Staat ist bei *Hobbes* nicht Selbstzweck.

Eine gewisse Verbindung der Lehren von *Grotius* und *Hobbes* versuchte *Baruch Spinoza* (1632–1677) zu erreichen. Die von *Hobbes* schon verwendete mathematisch-kausale Methode der Naturwissenschaften hat *Spinoza* bis ins Extrem verfeinert. Er hat alle Zweckbetrachtung aus der Philosophie ausgeschaltet und allein das strenge Gelten der Kausalität anerkannt; seine Philosophie ist Substanzphilosophie. Demgemäß sind auch Recht und Staat Teil der (empirischen) Natur. Wie alle Vernunftrechtler fragte auch *Spinoza* nach dem „status naturalis" des Menschen, und er fand, dass der Mensch weder ein rein geselliges Wesen, noch ein krasser Egoist sei; er habe von Haus aus gute und schlechte Eigenschaften. Als Stück der Natur besitze er soviel und sowenig Recht, wie er Macht habe: „Es ist das Naturrecht der Fische, zu schwimmen, und der größeren Fische, die kleineren zu fressen."[82] Recht und Macht sind identisch, nur Macht erzeugt Recht. Die „more geometrico" kon-

---

78 *Hobbes*, Leviathan, Kapitel 14: „Prima et fundamentalis lex naturae est, quaerendam esse pacem, ubi haberi potest; ubi non potest, quaerenda esse belli auxilia."
79 *Hobbes* (Fn. 78).
80 *Hobbes*, Leviathan, Kapitel 26. Vgl. auch *mein* Vorwort zur Neuausgabe von *Hobbes*, Naturrecht und Allgemeines Staatsrecht in den Anfangsgründen (1640), 1976.
81 *Hobbes*, Leviathan, Kapitel 21.
82 *Spinoza*, Tractatus Theologico-Politicus, CXI.

struierte Ethik *Spinozas* ist kein Kompendium von Normen für das menschliche Verhalten, sie stellt vielmehr eine Analyse und Erklärung der menschlichen Leidenschaften dar. Es gibt kein Sollen, es gibt nur ein Sein. Sind also Macht und Recht identisch, dann ist jeder soweit im Recht, wie er dem Anderen überlegen ist; jeder hat soviel Eigentum, wie er behaupten kann; an ein Versprechen ist man nur insoweit gebunden, wie der andere in der Lage ist, es zu realisieren[83]. Aber, so sagt *Spinoza*, es ist für die Menschen nützlicher, nach den Gesetzen ihrer Vernunft zu leben. Sie können das indessen nur, wenn sie sich vereinigen und ein Gemeinwesen bilden, einen Staat, was voraussetzt, dass ein jeder unter Verzichtleistung auf sein natürliches Recht, den Vertrag zu brechen, sobald er dazu die Macht hat, dem Staat sich in allen Fällen unterwirft. Die Macht des Staates beruht also auf der vernünftigen Einsicht der Bürger, dass nur er das Gemeinwohl gewährleisten kann, nicht auf seiner Zwangsgewalt; der Staat ist das kleinere Übel im Vergleich zur Anarchie. Im „status civilis" hat der Staat, nicht der Bürger, das meiste Recht, und nur durch ihn wird entschieden, was gut und was schlecht ist[84]. Das klingt sehr nach Positivismus. Doch *Spinoza* sucht ihm mit dem Argument zu entgehen: „Wie im Naturzustand der am mächtigsten ist, welcher der Vernunft folgt, so wird auch der Staat der mächtigste sein, der auf Vernunft gegründet und von ihr geleitet wird."[85] Daher müsse der Staat vernünftige, nicht willkürliche Gesetze machen.

Samuel Pufendorf (1632–1694), Inhaber des ersten deutschen Lehrstuhls für Naturrecht und Völkerrecht in Heidelberg, ist zunächst dadurch bedeutsam, dass er das seit *Hobbes* dominierende einseitig mathematisch-kausale Denken korrigierte und zwischen den „entia physica" und den „entia moralia" unterschied. Die Physik beschreibt und erklärt die Erscheinungen, die Moralwissenschaft bewertet sie als gut oder böse, gerecht oder ungerecht. Auf diese Weise bekam *Pufendorf* auch wieder Platz für ein echtes Sollen, für die Freiheit und für Gemeinschaftspflichten. – In der Naturrechtslehre knüpfte *Pufendorf* an *Grotius* und *Hobbes* an[86]. Er erachtete beider Standpunkte aber als zu einseitig. Einerseits sei der Mensch ein Egoist, er liebe sich selbst am meisten und trachte danach, anderen zum eigenen Vorteil zu schaden, andererseits aber sei er schwach und hilflos (imbecillitas) und bedürfe daher schon im Naturzustand aus Gründen der Selbsterhaltung (se ipsum conservare) der Gesellschaft. Auf dieser – hier sehr verkürzt wiedergegebenen – Grund-

---

83 *Spinoza*, ebenda. Siehe auch *Spinoza*, Politischer Traktat, hrsg. von *H. Klenner*, 1988.
84 Vgl. *Spinoza*, Ethica IV, Lehrsatz 57.
85 *Spinoza*, Tractatus (Fn. 82), Kap. 3.
86 Wichtig vor allem *Pufendorf*, De officio hominis et civis prout ipsi praescribuntur lege naturali libri duo, 1673 (hier bes. Kap. VI-VIII). Es gibt eine von *Erik Wolf* herausgegebene gekürzte deutsche Fassung: *Samuel Pufendorf*, Die Gemeinschaftspflichten des Naturrechts; Ausgewählte Stücke aus „De Officio Hominis et Civis", 1673 (Deutsches Rechtsdenken Heft 4), 1948. – Zu Pufendorf: *Welzel*, Die Naturrechtslehre Samuel Pufendorfs, 1958; *Randelzhofer*, Die Pflichtenlehre bei Samuel Pufendorf, 1983; *J. Tully* (Hrsg.), Pufendorf: On the Duty of Man and Citizen According to Natural Law, 1991.

B *Historischer Diskurs*

lage entfaltete *Pufendorf* ein System natürlicher Pflichten. Die alte Dreiteilung von lex aeterna, lex naturalis und lex humana war ihm noch wohlvertraut. Das Entscheidende bei ihm ist aber, dass er das Naturrecht völlig vom göttlichen Recht getrennt hat. Mit den Pflichten gegen Gott hat es nur die Religion, mit den Pflichten gegen sich selbst nur die Moral zu tun. Rechtspflichten sind einzig die Pflichten gegen die Gemeinschaft, sie sind von Religion und Moral völlig unabhängig und ergeben sich allein aus der Vernunft. Unter den Rechtspflichten unterschied *Pufendorf* diese drei grundlegenden: a) niemand schädige den anderen (neminem laedere; dazu gehören auch die Achtung des Eigentums und die Erfüllung von Verträgen); b) jeder behandle den anderen als gleichberechtigt (suum cuique, Achtung der Menschenwürde); c) jeder unterstütze den anderen soweit möglich (Fürsorge).

Auf dem Weg der Trennung des Rechts von Religion und Moral ist dann *Christian Thomasius* (1655–1728) weitergeschritten; er hat das Naturrecht endgültig vom ius divinum getrennt. Sein Hauptanliegen war die scharfe Scheidung von Ethik, Politik und Recht und dementsprechend der drei Arten von Vernunftgeboten. Die Ethik, das honestum, hat es mit den Pflichten gegen sich selbst zu tun; es geht um die innere Ehre, den inneren Frieden des Menschen (quod vis ut alii sibi faciant, tu et facias). Unter Politik ist das Wohlanständige, das decorum, zu verstehen; Maßstab ist die „positive goldene Regel": wie ihr wollt, dass euch die andern tun, so tut auch ihr ihnen (quod vis ut alii tibi faciant, tu et ipsis facias[87]). Dem Recht schließlich, dem iustum, ist oberstes Prinzip, dass man anderen nicht schaden soll, die „negative goldene Regel": was du nicht willst, dass man dir tu, das füg' auch keinem anderen zu (quod tibi non vis fieri, alteri ne feceris).

Der mehr oder weniger dominierende Leitgedanke der vorstehend dargestellten Naturrechtslehren ist der *soziale Eudämonismus* und *Utilitarismus*, wie er bei *Jeremy Bentham* (1748–1832) seinen Höhepunkt erfahren hat (nach ihm hat vor allem noch *John Stuart Mill*, 1806–1873, Bedeutung erlangt). Alle Menschen wollen möglichst lange und glücklich leben, alle verabscheuen den Tod. Daher: The greatest happiness of the greatest number![88]

---

87 *Lukas* 6, 31; *Matthäus* 7, 12. Bei *Pufendorf* ist dies noch als eine Rechtspflicht angesehen. Vgl. den heutigen § 323c StGB. – Zu Thomasius näher: *H. Rüping*, Die Naturrechtslehre des Christian Thomasius und ihre Fortbildung in der Thomasius-Schule, 1968. Sodann auch *Ch. Bühler*, Die Naturrechtslehre des Christian Thomasius, 1991.

88 Sehr interessante Einblicke in die Rechtsphilosophie jener Epoche (auch zum Verhältnis von Bentham und Mill) gibt *K. Papageorgiou*, Sicherheit und Autonomie; Zur Strafrechtsphilosophie Wilhelm von Humboldts und John Stuart Mills, in: ARSP 76 (1990), 324 ff. Siehe auch *J.H. Bruns/H.L.A. Hart* (Hrsg.), Jeremy Bentham: A Fragment on Government, o. J.; *S. Collini* (Hrsg.), J.S. Mill: On Liberty; With the Subjection of Woman and Chapters on Socialism, o. J.

An dieser Stelle muss ein kleiner *Exkurs* eingefügt werden. Der *Utilitarismus* spielt auch in der modernen Rechtsphilosophie, besonders in der amerikanischen, eine gewichtige Rolle, z. B. bei *Oliver Wendell Holmes jun.* (1841–1935), *Roscoe Pound* (1870–1964) und *Lon Fuller* (1902–1978). Die Klassifizierung ist freilich nicht immer unproblematisch; manche sprechen lieber von „pragmatischem Realismus" oder „pragmatischem Instrumentalismus"[89]. Vielfach wird dabei der reine Utilitarismus auch überschritten. Der *Pragmatismus* von *Charles S. Peirce* (1839–1914; seine überragende Bedeutung liegt vor allem in der Entwicklung einer Logik und Ontologie der Relationen[90]) ist kaum noch als utilitaristisch zu bezeichnen. In neuester Zeit ist namentlich *John Rawls* (1921–2002) mit seinem viel beachteten Buch: „A Theory of Justice" (1971) weit über den Utilitarismus hinausgekommen[91]. – Eine kleine Anmerkung noch zu *Bentham:* Bei ihm finden wir die ersten Ansätze zu einer wissenschaftlichen Gesetzgebungslehre, wie sie dann erst in unseren Tagen weiterentwickelt worden ist[92]. – Zur neuesten Entwicklung im anglo-amerikanischen Rechtskreis wird später noch einiges zu sagen sein.

Zurück in das Zeitalter des Vernunftrechts. Die rein naturalistisch-empirisch ausgerichtete Rechtsphilosophie suchte schon damals *Gottfried Wilhelm Leibniz* (1646–1716) zu überwinden. Es ist bemerkenswert, dass er, der ein hervorragender Mathematiker war und heute im Zeitalter der Computer fast ausschließlich als solcher gewürdigt wird, gegen den Monopolanspruch der naturwissenschaftlichen Methode zu Felde zog (ganz ähnlich wie sein französischer Zeitgenosse *Blaise Pascal*). Die Mechanik, lehrte er, müsse durch Teleologie ergänzt werden[93]. Neben der physikalischen Welt bestehe die Welt der moralischen Geister („Monaden"[94]). Ziel des

---

89 Vgl. *Robert S. Summers*, Pragmatischer Instrumentalismus und amerikanische Rechtstheorie (aus dem Amerikanischen), 1983.
90 Siehe hierzu *Arthur Kaufmann*, Vorüberlegungen zu einer juristischen Logik und Ontologie der Relationen; Grundlegung einer personalen Rechtstheorie, in: RTh 17 (1986), 257 ff. Umfassend: *Lorenz Schulz*, Das rechtliche Moment der pragmatischen Philosophie von C.S. Peirce, 1988.
91 Deutsch: Eine Theorie der Gerechtigkeit, 1975 (5. deutsche Aufl. 1990). Im Hinblick auf den Text vgl. *Horst Eidenmüller*, Versuch einer Überwindung des Utilitarismus bei John Rawls, in: ARSP 73 (1987), 235 ff. – Informativ zur utilitaristischen Ethik: *Otfried Höffe* (Hrsg.), Einführung in die utilitaristische Ethik; Klassische und zeitgenössische Texte, 1975, und *Norbert Hoerster*, Utilitaristische Ethik und Verallgemeinerung, 2. Aufl. 1977. Speziell unter rechtsphilosophischem Aspekt: *Julius Stone*, Human Law and Human Justice, 1965, S. 105 ff.
92 Grundlegend: *Peter Noll*, Gesetzgebungslehre, 1973. Siehe neuestens *D. Grimm* und *W. Maihofer* (Hrsg.), Gesetzgebungstheorie und Rechtspolitik; Jahrb. f. Rechtssoziologie und Rechtstheorie Bd.13, 1988; *G. Winkler/B. Schilcher* (Hrsg.), Gesetzgebung, 1981.
93 Vor allem in dem Brief an Nicolas Remond vom 10. Januar 1724. Siehe dazu *Verdross*, Rechtsphilosophie (Fn. 6), S. 136.
94 Die Prinzipien der Philosophie oder die Monadologie (Philosophische Schriften, Bd. 1, hrsg. von *Hans Heinz Holz*, 1985, S. 439 ff.).

Menschen sei nicht das größtmögliche Glück, sondern seine Vervollkommnung, und das müsse auch als das leitende Prinzip des Naturrechts gelten[95].

Zu einem System hat *Leibniz* seine Naturrechtslehre nicht ausgebaut. Das hat dann aber sein Schüler *Christian Wolff* (1679–1754) getan, der die Lehre des *ethischen Perfektionismus* aufgriff und weiterführte. Er argumentierte, in Kurzfassung, so: Die Moral verpflichtet den Menschen zur Vollkommenheit. Auf sich allein gestellt, kann er dieses Ziel aber nur begrenzt erreichen. Daher müssen der Staat und die Rechtsordnung die Vervollkommnung der Menschen fördern: durch Bereitstellung der notwendigen Güter (sufficientia vitae), durch Befreiung von der Furcht vor Unrecht (tranquilitate civitatis) und durch Schutz vor äußerer Gewalt (securitate). Das Recht wird als Ermöglichung sittlicher Pflichterfüllung verstanden[96]. Wir sind im Zeitalter des aufgeklärten Despotismus.

Die Zeit war jetzt auch reif geworden, das aufklärerische Naturrecht in Kodifikationen zu transformieren. Namentlich das groß angelegte System *Christian Wolffs* (der Gedanke eines *geschlossenen Systems aller Erkenntnisse* ist kennzeichnend für den Rationalismus) hat den Weg zu den *naturrechtlichen Gesetzbüchern* des 18. und 19. Jahrhunderts geebnet. Nur die vier bedeutendsten können hier genannt werden: Codex Maximilianeus Bavaricus Civilis (1756), Preußisches Allgemeines Landrecht (1794), Code Civil („Code Napoleon", 1804), Österreichisches Allgemeines Bürgerliches Gesetzbuch (1811).

Diese Kodifikationen bedeuten indessen nicht den Höhepunkt des neuzeitlichen Naturrechts, sondern dessen Abschluss. Eigentlich hatte sich schon bei *Rousseau*, und zwar vor allem in seiner Staatslehre („Contrat Social"), das Aufkommen einer neuen Epoche angekündigt. Ja, man muss sogar noch weiter zurückgehen, zu *Jean Bodin* (ca. 1529–1596) nämlich, der den Begriff und die Idee der *Souveränität* entwickelt hat[97]. Noch gegen Ende des 18. Jahrhunderts erscheint die gesetzgebende Gewalt nicht als Staatsfunktion, sondern als Hoheitsrecht, das im Landesherrn konkretisiert ist. *Bodin* dagegen hatte den Absolutismus schon vorweggenommen:

---

95 Über das ethische Prinzip der Vollkommenheit spricht *Leibniz* an zahlreichen Stellen seiner Werke, z. B. „Metaphysische Abhandlung" und „Neues System" (Philosophische Schriften, Bd. 1 [Fn. 94], S. 56 ff., 200 ff.). Vgl. näher *Welzel*, Naturrecht (Fn. 10), S. 145 ff.; *ders.*, Bemerkungen zur Rechtsphilosophie von Leibniz, in: Festschr. f. G. Husserl, 1969, S. 201 ff. Sodann auch *H.-P. Schneider*, Der Plan einer „Jurisprudentia Rationalis" bei Leibniz, in: ARSP 52 (1966), 553 ff.

96 Die Naturrechtslehre *Christian Wolffs* ist in seinem achtbändigen Werk: „Ius naturae methodo scientifica pertractatum" (1740–1748) enthalten. Vgl. dazu *H.-M. Bachmann*, Die naturrechtliche Staatslehre Christian Wolffs, 1977; *E. Stipperger*, Freiheit und Institution bei Christian Wolff (1679–1754); Zum Grundrechtsdenken in der deutschen Hochaufklärung, 1984; *B. Winiger*, Das rationale Pflichtenrecht Christian Wolffs, 1992; *Ch. Schröer*, Naturbegriff und Moralbegründung; Die Grundlegung der Ethik bei Christian Wolff und deren Kritik durch Immanuel Kant, 1988.

97 Siehe dazu *J.H. Franklin*, Bodin: On Sovereignty, 1992.

Der Herrscher steht als „absolute und kontinuierliche Macht" über allen Parteien und Bürgern, die zu Untertanen degradiert werden (als Preis für diese Unterwerfung gewährt ihnen der Souverän Religionsfreiheit[98] und Sicherheit)[99]. Die Gesetze erlässt er in seiner Eigenschaft als Souverän. Er selbst ist ihnen nicht unterworfen, aber für die Untertanen gelten sie unbedingt, selbst wenn sie Naturrechtsnormen verletzen (ein letzter Rest von Widerstandsrecht ist für den Fall vorgesehen, dass der Befehl des Souveräns gegen göttliches Recht verstößt)[100]. –

Noch einmal ein Blick in die Zeit des Vernunftrechts. Die Naturrechtslehrer der rationalistischen Epoche, von *Hugo Grotius* bis *Christian Wolff*, waren gläubige Christen und, wie schon bemerkt, scholastisch geschult. Nur gründeten sie das Naturrecht nicht auf diesen Glauben. Bezeichnend ist die Äußerung des *Grotius*, man müsse das Naturrecht fundieren, „etiamsi daremus non esse Deum", als ob Gott nicht existierte[101]. Das war ein methodisches Prinzip. Aber allmählich wurde die Nichtexistenz Gottes zur Überzeugung, und damit ging der bislang immer noch vorausgesetzte religiöse Bezugspunkt des Rechts verloren.

Ganz scholastisch verfuhren die Vernunftrechtler jedenfalls insofern, als auch sie davon überzeugt waren, aus einigen wenigen apriorischen Obersätzen, z. B. „pacta sunt servanda", rein deduktiv alle weiteren Rechtssätze ableiten zu können, ohne Rücksicht auf die empirische Wirklichkeit, auf die räumlichen und zeitlichen Umstände (denn nur so glaubte man dem Naturrecht die universale Gültigkeit für alle Zeiten und für alle Menschen sichern zu können). In Wahrheit ging man doch empirisch vor, indem man aus dem römischen Recht, dessen Rationalität man rühmte, Anleihen machte (es war die Zeit der Rezeption). Nur so konnten die großen „naturrechtlichen" Gesetzbücher entstehen.

2.2.3.3 Der Rationalismus hatte den Bogen überspannt. Mehr und mehr erwachte der Sinn für das Historische und Irrationale. Das rationalistische Zeitalter und die Aufklärung wurden von der Romantik und, in seltsamer Parallelität zu ihr, vom Kritizismus abgelöst. Damit war auch das *Ende des klassischen Naturrechts* gekommen.

---

98 An der Religionsfreiheit entzündete sich die *Idee der Toleranz*, der sich namhafte Geister verschrieben haben, z. B. *John Locke*, Ein Brief über Toleranz, 1689; *Pierre Bayle*, Aspekte einer Theorie der Toleranz, 1682–86; *Voltaire*, Abhandlung über die Toleranz (anlässlich des Todes von Jean Calas), 1763. Vgl. hierzu auch *F. Lezius*, Der Toleranzbegriff Lockes und Pufendorfs, 1987; *M. Stolpe/F. Winter* (Hrsg.), Wege und Grenzen der Toleranz; Edikt von Potsdam 1685–1985 (darin *H. Klenner*, Toleranzideen im siebzehnten Jahrhundert, S. 80 ff.); *H. Lutz* (Hrsg.), Zur Geschichte der Toleranz und Religionsfreiheit, 1977; *Arthur Kaufmann*, Die Idee der Toleranz aus rechtsphilosophischer Sicht, in: Festschr. f. U. Klug, Bd. 1, 1983, S. 97 ff.
99 *Bodin*, Six livres de la République, 1576, I, 7.
100 Vgl. näher *Franz L. Neumann*, Die Herrschaft des Gesetzes, 1980, S. 107 ff.
101 *Hugo Grotius*, De iure belli ac pacis, Prolegomena, 11. Dazu näher *van der Ven*, Ius Humanum (Fn. 34), S. 365 ff.

2.2.3.3.1 Die eine Strömung, die Romantik, fand im Bereich von Philosophie und Wissenschaft ihren Niederschlag im Historismus, im Bereich speziell der Rechtswissenschaft in der *Historischen Rechtsschule*[102]. Ihr Vorläufer war *Gustav Hugo* (1764–1844), ihr Haupt *Friedrich Carl v. Savigny* (1779–1861). *Savigny*, von dem später noch eingehender die Rede sein wird (3.2), war einer der bedeutendsten, wenn nicht der bedeutendste Zivilrechtslehrer Deutschlands; mit ihm begann die Weltgeltung der deutschen Rechtswissenschaft. Er ist vor allem auch der Begründer der modernen juristischen Methodenlehre. Hier interessiert uns zunächst nur seine gegen den Heidelberger Rechtslehrer *Thibaut* gerichtete Kampfschrift „Vom Beruf unserer Zeit für Gesetzgebung und Rechtswissenschaft" (1814). *Thibaut* (1772–1840), der noch dem Geist des rationalistischen Naturrechts verhaftet war, hatte in einer ebenfalls 1814 erschienenen Abhandlung die „Notwendigkeit eines allgemeinen bürgerlichen Rechts für Deutschland" darzutun versucht. Dem hielt *Savigny* entgegen, dass das Recht kein Erzeugnis der Vernunft, sondern des in der Geschichte waltenden „Volksgeistes" sei[103]. Das Naturrecht sei spekulativ ausgedacht, sei „ein bodenloser Hochmut der Philosophen". *Savigny* bestritt die Existenz eines unwandelbaren, für alle Völker gleichen Rechts, denn jedes Volk habe seine eigene Individualität, seine eigene „Volksseele". Mit ihr wandle sich auch das Recht, so dass es sich in einer ständigen Entwicklung befinde (der Zusammenhang mit dem Evolutionismus des 19. Jahrhunderts ist unverkennbar). Und da *Savigny* das Recht als eine „Emanation des Volksgeistes" ansah, als Ausdruck des Geistes eines bestimmten nationalen Volkes auf bestimmter historischer Kulturhöhe, hielt er das Gewohnheitsrecht, wie es „durch die stilwirkenden Kräfte des Volksgeistes geprägt" wird, für die charakteristische und eigentliche Form des Rechts. Der Gesetzgeber habe nicht neues Recht zu schaffen, sondern nur das schon bestehende Recht zu formulieren und zu redigieren. Daraus erklärt sich *Savignys* Abneigung gegen Gesetzbücher. Dem Rationalismus des neuzeitlichen Naturrechts hielt er die triebmäßige Unbewusstheit des Rechtsgefühls entgegen. Die eigentliche *Pandektenwissenschaft* mit ihrem strengen Begriffsformalismus („Inversionsmethode") hat freilich nicht *Savigny*, sondern sein Schüler und Nachfolger in der Führung der Schule *Georg Friedrich Puchta* (1798–1846) begründet[104].

2.2.3.3.2 Die Historische Rechtsschule vermochte das rationalistische Naturrecht zwar tatsächlich zu verdrängen, wissenschaftlich widerlegt aber wurde es durch den *Kritizismus*, durch *Immanuel Kant* (1724–1804)[105]. Zwar hat *Kant* noch in sei-

---

102 Dazu *Franz Wieacker*, Privatrechtsgeschichte der Neuzeit, 2. Aufl. 1967, S. 348 ff.
103 Siehe hierzu und zum folgenden *Thibaut/Savigny*, Ein programmatischer Rechtsstreit auf Grund ihrer Schriften (mit Abdruck der beiden Schriften), 1959, S. 72 ff.
104 Siehe hierzu wieder *Wieacker*, Privatrechtsgeschichte (Fn. 102), S. 399 ff.
105 Zum einführenden Verständnis der Philosophie und Rechtsphilosophie Kants bieten sich etwa an: *K. Jaspers*, Kant; Leben, Werk, Wirkung, 1975; *O. Höffe*, Immanuel Kant, 1983; *R. Dreier*, Recht – Moral – Ideologie, 1981, S. 286 ff.: Zur Einheit der praktischen Philosophie Kants; Kants Rechtsphilosophie im Kontext seiner Moralphilosophie; *ders.*,

nem Spätwerk „Metaphysik der Sitten" (1797), deren erster Teil eine Rechtsphilosophie darstellt, einen recht unkritischen[106], in wesentlichen Punkten rationalistischen Naturrechtsstandpunkt vertreten (die späteren Neukantianer, z. B. *Karl Bergbohm* und *Hans Kelsen*, haben ihm das auch vorgeworfen[107]). Aber in seinen Kritiken, vor allem in der „Kritik der reinen Vernunft" von 1781 (2. Aufl. 1787), hat er doch die schärfsten Waffen gegen das Vernunftrecht geschmiedet. Dieses Vernunftrecht sollte, wie erinnert sei, nach seinem ganzen Inhalt ein Erzeugnis der Vernunft – des Verstandes – sein, unbeschadet des Umstands, dass als Ausgangspunkt die empirische Natur des Menschen diente. Den Nachweis, dass dies nicht möglich ist, hat *Kant* erbracht.

Kant wollte wissen: „Wie ist die Metaphysik als Wissenschaft möglich?"[108] Das bedeutete für ihn: Gibt es in der Metaphysik (das heißt im Wesentlichen: in den Nicht-Naturwissenschaften) synthetische Urteile a priori, nämlich sichere allgemein gültige, unser Wissen erweiternde (also nicht bloß analytische) Erkenntnisse aus „reiner Vernunft"? Um dies zu ergründen, musste die grundsätzliche Frage aufgeworfen werden: „Wie sind synthetische Urteile a priori möglich?"[109] Dass es solche Urteile gibt, bezweifelte *Kant* nicht; Beweis dafür waren ihm die Mathematik und die mathematisch betriebenen Naturwissenschaften. Wenn aber gerade dort synthetische Urteile a priori anzutreffen sind, dann muss das an der besonderen Eigenart dieser Wissenschaften liegen. In ihnen sah *Kant* daher die Prototypen der Wissenschaften überhaupt. Folglich lief für ihn das Problem, wie synthetische Urteile a priori möglich seien, auf die Frage hinaus: „Wie ist reine Mathematik möglich?" und „Wie ist reine Naturwissenschaft möglich?"[110] Ganz in diesem Sinne heißt es darum in der Vorrede der „Metaphysischen Anfangsgründe der Naturwissenschaft": „Ich behaupte aber, dass in jeder besonderen Naturlehre nur so viel eigentliche Wissenschaft angetroffen werden könne, als darin Mathematik anzu-

---

Rechtsbegriff und Rechtsidee; Kants Rechtsbegriff und seine Bedeutung für die gegenwärtige Diskussion, 1986; *G.-W. Küsters*, Kants Rechtsphilosophie, 1988; *H. Klenner*, Deutsche Rechtsphilosophie im 19. Jahrhundert, 1991, S. 43 ff.: Zur Theorie/Praxis-Relation bei Kant; *W. Brugger*, Grundlinien der Kantischen Rechtsphilosophie, in: JZ 1991, 893 ff.; *G. Römpp*, Exeundum esse e statu naturali; Kants Begriff des Naturrechts und das Verhältnis von privatem und öffentlichem Recht, in: ARSP 74 (1988), 461 ff.

106 „Unkritisch" im Sinne *Kants* eigener kritischer Philosophie. Ich sehe insofern keinen Widerspruch zu *Wolfgang Kersting*, Wohlgeordnete Freiheit, 1984. Dass Kant selbst oft nichtkantisch argumentiert hat, ist eine alte Sache.
107 Siehe *K. Bergbohm*, Jurisprudenz und Rechtsphilosophie, Bd.1, 1892 (Neudruck 1973), S. 198; *H. Kelsen*, Die philosophischen Grundlagen der Naturrechtslehre und des Rechtspositivismus, 1928, S. 75 ff.
108 *Kant*, Kritik der reinen Vernunft, Ausg. B, S. 22.
109 *Kant*, Kritik der reinen Vernunft, Ausg. B, S. 19. Zur Unterscheidung von synthetischen und analytischen Urteilen siehe Ausg. A, S. 6 ff.; Ausg. B, S. 10 ff.
110 *Kant*, Kritik der reinen Vernunft, Ausg. B, S. 20.

B *Historischer Diskurs*

treffen ist."[111] Also, das ist die Quintessenz, wird auch Metaphysik – Rechtswissenschaft, Rechtsphilosophie – in eben dem Maße als Wissenschaft durchführbar sein, als in ihr Mathematik enthalten ist.

Kants Antwort in der „Kritik der reinen Vernunft" finden wir kurz und prägnant in dem ersten Abschnitt der „transzendentalen Logik" zusammengefasst[112]. Alle unsere Erkenntnis, heißt es da, enthält zwei Elemente: die Anschauung und den Begriff. Durch jene wird uns ein Gegenstand gegeben, durch diesen wird er gedacht. „Gedanken ohne Inhalt sind leer, Anschauungen ohne Begriffe sind blind." Anschauung und Begriff sind nun entweder „rein" oder „empirisch" und gelten demgemäß „a priori" oder „a posteriori". Ersteres ist dann der Fall, wenn der Vorstellung keine Empfindung beigemischt ist. Aber „unsere Natur bringt es so mit sich, dass die Anschauung niemals anders als sinnlich sein kann". Der Verstand ist einer Anschauung (im Sinne einer geistig-intellektuellen Anschauung) nicht fähig; er ist einzig „das Vermögen, den Gegenstand sinnlicher Anschauung zu denken". Es eignet ihm somit keine schöpferisch-aktive Erkenntniskraft, sondern nur die „Spontaneität des Erkenntnisses", d. h. die Zusammenfassung des in der sinnlichen Anschauung gegebenen Mannigfaltigen zum Begriff. „Der Verstand vermag nichts anzuschauen und die Sinne nichts zu denken." Daher, und das ist nun das Entscheidende, „enthält reine Anschauung lediglich die *Form*, unter welcher etwas angeschaut wird, und reiner Begriff allein die *Form* des Denkens eines Gegenstandes überhaupt." Die „Kritik der reinen Vernunft" wird also zu einer transzendentalen Formenlehre[113], sie ist einerseits „Wissenschaft der *Regeln* der Sinnlichkeit überhaupt" (*Kant* nennt sie „Ästhetik") und andererseits „Wissenschaft der Verstandes*regeln* überhaupt" (*Kant* nennt sie „Logik").

Kant spricht hier mit Bedacht nicht von „Vernunft", sondern von „Verstand". Er schreibt dem Verstand die legitime Erkenntnis zu, beschränkt diese aber auf den Bereich der Gegenstände möglicher Erfahrung und auf die mathematischen Naturwissenschaften. Denn dies ist das Ergebnis des vorstehend referierten Abschnitts der „transzendentalen Logik": Der Verstand erkennt die Dinge nicht, wie sie „an sich" sind, wie sie „wirklich" sind, sondern nur, wie sie ihm vermittelst der Sinnlichkeit „erscheinen". Nur die „Phainomena" der Gegenstände sind uns gegeben, d. h. nur Sinnes- und Erfahrungsgegenstände. Zu den „Noumena", den „Dingen an sich", können wir nicht vordringen; das wäre nur möglich, wenn der Verstand der

---

111 *Kant*, Metaphysische Anfangsgründe der Naturwissenschaft, A VIII, IX. Vgl. dazu *J. Lege*, Wie juristisch ist die Vernunft?; Kants „Kritik der reinen Vernunft" und die richterliche Methode, in: ARSP 76 (1990), 203 ff., bes. S. 216.
112 *Kant*, Kritik der reinen Vernunft, Ausg. A, S. 50 ff.; Ausg. B, S. 74 ff.
113 „Transzendental" nennt *Kant* „alle Erkenntnis, die sich nicht sowohl mit Gegenständen, sondern mit unserer *Erkenntnisart* von Gegenständen, insofern diese a priori möglich sein soll, überhaupt beschäftigt". Transzendental-Philosophie ist demnach nur ein System solcher Begriffe" und nicht etwa eine Lehre vom Transzendenten. Siehe Kritik der reinen Vernunft, Ausg. A, S. 12; Ausg. B, S. 25.

Anschauung fähig wäre, wenn er die Gegenstände in ihrem Ansichsein erfassen könnte. Aber eben dies ist nicht der Fall. Der Verstand hat kein ihm eigentümliches Objekt, keine Intelligibilia oder Noumena; daher kann er nur das, was ihm durch die Sinne vermittelt wird, nämlich die Erscheinungen verarbeiten und formen. Oder so ausgedrückt: Der Erkenntnisgebrauch der Verstandesbegriffe geht nicht auf die Wirklichkeit an sich, sondern nur auf ihre Erscheinungen: nur auf die Gegenstände möglicher Erfahrung. *Kant* sagt es ausdrücklich: „Folglich ist uns keine Erkenntnis a priori möglich, als lediglich von Gegenständen möglicher Erfahrung."[114] Und an anderer Stelle: „Die transzendentale Analytik hat demnach dieses wichtige Resultat: dass der Verstand a priori niemals mehr leisten könne, als die Form einer möglichen Erfahrung überhaupt zu antizipieren, und, da dasjenige, was nicht Erscheinung ist, kein Gegenstand der Erfahrung sein kann, dass er die Schranken der Sinnlichkeit, innerhalb deren uns allein Gegenstände gegeben werden, niemals überschreiten könne. Seine Grundsätze sind bloß Prinzipien der Exposition der Erscheinungen, und der stolze Name einer Ontologie, welche sich anmaßt, von Dingen überhaupt synthetische Erkenntnis a priori in einer systematischen Doktrin zu geben, muss dem bescheidenen einer bloßen Analytik des reinen Verstandes Platz machen."[115]

Man muss sich klarmachen, was *Kant* bewiesen bzw. widerlegt hat und wieweit seine Argumentation reicht. Er hat bewiesen, dass es nicht möglich ist, den Inhalt einer Metaphysik – eines Naturrechts – ohne Empirie einfach nur aus formalen apriorischen Prinzipien herzuleiten, und dass daher eine inhaltliche Metaphysik niemals allgemein gültig und mathematisch exakt sein kann. Der Anspruch, aus der „Natur" ein für alle Menschen und alle Zeiten gleiches Naturrecht mit eindeutigem Inhalt begründen zu können, wurde damit zurückgewiesen. Hinter diese Erkenntnis *Kants* gibt es keinen Weg zurück.

Aber *Kant* hat „nur" bewiesen, dass Metaphysik, Naturrecht, Rechtsdogmatik nicht als Naturwissenschaften betrieben werden können – oder, um vorsichtig zu sein, jedenfalls nur insoweit, „als darin Mathematik anzutreffen ist". Natürlich kann man endlos darüber streiten, und man streitet auch endlos darüber, ob nur die mathematisch betriebenen Wissenschaften wirklich „Wissenschaften" sind – dann also z. B. nicht die Rechtswissenschaft[116]. Aber der Streit ist müßig. Wer nur die mathematischen Disziplinen „Wissenschaften" *nennen* will, mag dies tun. Entschei-

---

114 *Kant*, Kritik der reinen Vernunft, Ausg. B, S. 166.
115 *Kant*, Kritik der reinen Vernunft, Ausg. A, S. 246 f.; Ausg. B, S. 303.
116 Siehe die berühmte Rede *Julius Herrmann v. Kirchmanns* von 1848: Die Wertlosigkeit der Jurisprudenz als Wissenschaft, Neudruck, 1964; Ausgabe *H. Klenner*, 1990. – Näher zum Problem: *Arthur Kaufmann*, Beiträge zur Juristischen Hermeneutik, 2. Aufl. 1993, S. 119 ff.; *ders.*, Über die Wissenschaftlichkeit der Rechtswissenschaft; Ansätze zu einer Konvergenztheorie der Wahrheit, in: ARSP 72 (1986), 425 ff.; *ders.*, Recht und Rationalität (Fn. 71), S. 11 ff. Zum Ganzen: *M. Herberger/D. Simon*, Wissenschaftstheorie für Juristen, 1980, und *U. Neumann*, in diesem Buch, Kap. 11.

dend ist dies: Unstreitig gibt es auch bei Rechtswissenschaft und Rechtsphilosophie Kriterien der Plausibilisierung, der Evidierung, der Falsifizierung und damit eine Basis für *„vernünftiges"* Argumentieren wie auch für *intersubjektiven Konsens*. Es ist deshalb doch wohl sinnvoll, auch hier von „Erkenntnissen" und von „Wissenschaft" zu sprechen. Freilich, eine „Rationalität" im Sinne mathematischer Exaktheit gibt es in diesen Bereichen nicht. Das heißt aber nicht, dass es dort „irrational" zuginge. Eine Untersuchung ist auch nicht deshalb irrational, weil sie sich mit Phänomenen befasst, die ihrerseits nicht rein rational sind. So ist die Juristische Hermeneutik durchaus eine rationale Wissenschaft, wiewohl – nein: gerade weil sie den Rechtsfindungsvorgang nicht als einen rein formal-logischen Schluss erfasst, sondern als einen sehr viel komplexeren Vorgang, der auch produktive, dialektische, vielleicht auch intuitive Momente enthält. Irrational ist es, vor diesen Momenten die Augen zu verschließen. Natürlich darf sich eine Wissenschaft nicht gegen die Logik stellen. Aber eine Wissenschaft, die es mit nicht nur Formalem zu tun hat, muss die reine formale Logik überschreiten. Was sie nicht überschreiten darf, ist die Vernunft. Gerade *Kant*, der sehr klar zwischen „Verstand" und „Vernunft" unterschieden hat, steht für diese Auffassung.

Darum schießt der Neukantianer *Rudolf Stammler* doch wohl erheblich übers Ziel hinaus, wenn er *Kants* Naturrechtslehre als „wissenschaftlich unhaltbar" bezeichnet[117]. Es ist oben schon gesagt worden, dass *Kant* insoweit in der Tat noch stark im Bann des Rationalismus stand. Das beweist seine Definition des Naturrechts als „das nicht-statutarische ..., das a priori durch jedes Menschen Vernunft erkennbare Recht", im Gegensatz zum „positiven (statutarischen) Recht, was aus dem Willen eines Gesetzgebers hervorgeht" (zu beachten ist freilich, dass *Kant* hier von „Vernunft" und nicht von „Verstand" spricht)[118]. Wenn die Nachfahren dann allerdings geglaubt haben, die ganze Naturrechtslehre des Königsberger Weisen über Bord werfen zu können, dann muss gesagt werden, dass *Kant* seinen Epigonen doch auch hier voraus war. *Kant* wusste nämlich, dass es eine rein positivistische Begründung des Rechts und des Staates nicht geben kann: „Es kann ... eine äußere Gesetzgebung gedacht werden, die lauter positive Gesetze enthielte; alsdann aber müsste doch ein natürliches Gesetz vorausgehen, welches die Autorität des Gesetzgebers (d. i. die Befugnis, durch seine bloße Willkür andere zu verbinden) begründete."[119] Was aber ist dieses „natürliche Gesetz", das die Autorität des Gesetzgebers begründet? Die Frage zielt nach dem für die Legitimation von Staat und Recht erforderlichen materialethischen Mindestgehalt.

Auf den ersten Blick sieht es so aus, dass *Kant* jeden objektiv-materialen Inhalt der Ethik, den er mit dem aufklärerischen Glückseligkeitsdenken gleichsetzt, ausschließen will, denn dieser Inhalt sei nur empirisch gegeben: „Alles ..., was empirisch ist,

---

117 *R. Stammler*, Die Lehre von dem richtigen Rechte, 2. Aufl. 1926, S. 27.
118 *Kant*, Metaphysik der Sitten, Akademieausgabe S. 296 f., 237.
119 *Kant*, Metaphysik der Sitten, Akademieausgabe S. 224.

ist als Zutat zum Prinzip der Sittlichkeit nicht allein dazu ganz untauglich, sondern der Lauterkeit der Sitten selbst höchst nachteilig ..."[120]. Was *Kant* stattdessen tut, ist neu. Er lässt an die Stelle des objektiv-materialethischen Problems, das die ganze seitherige Naturrechtslehre beschäftigt hat, das Problem der *subjektiven* Moralität treten. Die sittliche Autonomie des Menschen wird zum Grundsatz der moralischen Welt erhoben. *Die sittliche Person ist Zweck an sich selbst*, nicht Mittel zu fremden Zwecken. Zu beachten ist dabei aber, dass diese nicht für den empirischen Menschen als einem Teil der Sinnenwelt (homo phainomenon) gilt, sondern für die „Menschheit in seiner Person" (homo noumenon). Und das „Wie" des sittlichen Verhaltens beantwortete *Kant* mit seinem berühmten „*kategorischen Imperativ*": „Handle so, dass die Maxime deines Willens jederzeit zugleich als Prinzip einer allgemeinen Gesetzgebung gelten könne."[121] Freilich ist dieser kategorische Imperativ auch nur ein formales und dazu fragwürdiges Prinzip, denn es kann schwerlich alles das sittlich gut sein, was man mit widerspruchsfreier Konsequenz verfolgt. Das ist oft vermerkt worden. Darüber darf aber nicht übersehen werden, dass *Kant* mit dem Prinzip der sittlichen Autonomie der Person einen sehr wesentlichen Beitrag zur philosophischen Begründung der Menschenrechte geleistet hat (ein objektives Naturrecht gibt es zwar nicht, wohl aber gibt es „natürliche" subjektive Rechte, die dem Menschen gleichsam angeboren sind). Wenn wir heute in den Grundrechtskatalogen unserer Verfassungen das unverzichtbare und nicht disponible rechtsstaatliche Minimum erblicken, dann ist das kantisches Erbe. Auch Art. 19 Abs. 2 GG, wonach ein Grundrecht in keinem Falle in seinem „Wesensgehalt" angetastet werden darf, mag an kantisches Gedankengut erinnern: Soweit das Grundrecht den „empirischen" Menschen betrifft, ist eine gesetzliche Einschränkung statthaft, nicht dagegen, wenn die Einschränkung die „Menschheit" in ihm treffen würde[122].

Nun hat *Welzel* sehr mit Recht festgestellt, dass „Kants Ethik immerfort eine objektiv-sittliche Ordnung der Dinge" voraussetzt[123]. Eine rein subjektive Ethik hätte ja auch zur Konsequenz, dass der Mensch – wenn auch als homo noumenon – sich selbst zum Gesetzgeber (machen) würde. Es sei nicht behauptet, dass dies eine ganz unmögliche Annahme ist (*Sartre* z. B. hat sie gemacht), aber es ist jedenfalls nicht der Standpunkt *Kants*. Stoßen wir damit aber nicht auf einen erneuten Wider-

---

120 *Kant*, Grundlegung zur Metaphysik der Sitten, Akademieausgabe S. 426.
121 *Kant*, Kritik der praktischen Vernunft, Akademieausgabe S. 54. Es gibt noch zwei andere, teils stärkere Versionen des Kategorischen Imperativs: „Handle so, dass du die Menschheit, sowohl in deiner Person als in der Person eines anderen, jederzeit zugleich als Zweck niemals bloß als Mittel brauchst" (Grundlegung zur Metaphysik der Sitten, Akademieausgabe, S. 429) und „Handle so, als ob die Maxime deiner Handlung durch deinen Willen zum allgemeinen Naturgesetze werden sollte" (ebenda S. 421).
122 Vgl. dazu eingehend *Arthur Kaufmann*, Über den „Wesensgehalt" der Grund- und Menschenrechte, in: ARSP 70 (1984), 384 ff.
123 *Welzel*, Naturrecht (Fn. 10), S. 169.

spruch dieses großen Denkers? *Welzel* scheint das anzunehmen. Er sagt: *Kant* „verkennt die selbständige Bedeutung, die dem materialethischen Problem (dem ‚Was' der sittlichen Handlung) gegenüber dem subjektiv moralischen Problem (dem ‚Wie' der sittlichen Handlung) zukommt. Stattdessen glaubt er, aus dem ‚Wie' das ‚Was' entwickeln zu können", nämlich mittels des kategorischen Imperativs[124]. – Wer nun verkennt hier die Dinge? Wenn das auf den ersten beiden Seiten dieses Kapitels (oben 1) Gesagte zutrifft, ist es *Welzel*, der irrt. Er nimmt ja offensichtlich an, Inhalte, das „Was", ließen sich ohne subjektive Beimischung, ohne das „Wie", ausmachen. Doch das geht nicht. Der Zirkel, den *Welzel* an *Kant* aufzeigt, dass das „Was" aus dem „Wie" entwickelt wird, ist kein vitiöser, jedenfalls kein zu umgehender (was keineswegs heißen soll, das „Was" ginge *ausschließlich* aus dem „Wie" hervor, wie das der Funktionalismus im Sinne *Niklas Luhmanns* annimmt). Wie *Günter Ellscheid* im nächsten Kapitel aufzeigt[125], ist *Kants* kategorischer Imperativ im Grunde schon eine Spielart der „prozeduralen Gerechtigkeitstheorien". *Kant* will dem kategorischen Imperativ, der als solcher ein rein formales gedankliches Verfahren darstellt und nicht ein inhaltlich-moralisches Prinzip, gleichwohl Inhalte abgewinnen. Es ist eine faszinierende Idee, dass „reine Form", „Form an sich", Inhalte hervorbringen könnte, die dem Trug der Sinnenwelt entrückt sind. Im letzten Grund ist es das Gottesproblem.

Wir haben hier *Kant* recht ausführlich gewürdigt, weil die ganze neuere Rechtsphilosophie und Rechtsdogmatik unter seinem Einfluss standen und weitgehend noch stehen. Das gilt aber mehr für seine Erkenntniskritik als für seine Rechtslehre. Speziell zu seiner Gerechtigkeitstheorie soll hier abschließend nur noch weniges gesagt werden, denn in dieser Hinsicht war *Kant* in der Tat nicht auf der Höhe der Zeit, er erreichte selbst *Aristoteles* nicht einmal annäherungsweise.

Wie erinnerlich, hat *Aristoteles* die Gleichheit (die iustitia distributiva) bereits als eine proportionale, geometrische Gleichheit erkannt, als Verhältnisgleichheit, und er hat darin sehr deutlich das Problem der Analogie gesehen. *Kant* dagegen musste, da er nur apriorische, reine, univoke Erkenntnisse gelten lassen wollte, die Analogie suspekt erscheinen, denn analoge Erkenntnis ist nicht univok, sondern eben analog (diese Verdächtigung der Analogie hat sich bis in unsere Zeit erhalten)[126]. Demgemäß bestimmte er die Gleichheit numerisch. Seine Straftheorie hört sich ganz mosaisch an: „Nur das Wiedervergeltungsrecht (ius talionis) ... kann die Qualität und Quantität der Strafe bestimmt angeben; alle anderen sind hin und her schwankend und können, anderer sich einmischender Rücksichten wegen, keine Angemessenheit mit dem Spruch der reinen und strengen Gerechtigkeit enthalten." Wer also beleidigt hat, dem muss in seiner Ehre wehgetan werden, wer

---

124 *Welzel*, wie Fn. 123.
125 Unten Kapitel 2.4.4.
126 Eingehend (mit zahlreichen weiteren Nachweisen) *Arthur Kaufmann*, Analogie (Fn. 28), passim.

gestohlen hat, ist des Rechts auf Eigentum verlustig und kommt auf Zeit oder für immer in den Sklavenstand. „Hat er aber gemordet, so muss er sterben. Es gibt hier kein Surrogat zur Befriedigung der Gerechtigkeit. Es ist keine Gleichartigkeit zwischen einem noch so kummervollen Leben und dem Tode …" Und welcher ethische Rigorismus in dieser kantischen Gerechtigkeitslehre waltet, zeigt das berühmte Inselbeispiel: „Selbst wenn sich die bürgerliche Gesellschaft mit aller Glieder Einstimmung auflöste (z. B. das eine Insel bewohnende Volk beschlösse, auseinander zu gehen und sich in alle Welt zu zerstreuen), müsste der letzte im Gefängnis befindliche Mörder vorher hingerichtet werden, damit jedermann das widerfahre, was seine Taten wert sind … Soviel also der Mörder sind, die den Mord verübt oder auch befohlen oder dazu mitgewirkt haben, so viele müssen auch den Tod leiden; so will es die Gerechtigkeit als Idee der richterlichen Gewalt nach allgemeinen, a priori begründeten Gesetzen …" Und: „Wenn die Gerechtigkeit untergeht, so hat es keinen Wert mehr, dass Menschen auf Erden leben."[127] Fiat justitia, pereat mundus!

2.2.3.3.3 *Kant* hat bewiesen, dass es ein rational erkennbares Naturrecht, das für alle Zeiten und alle Menschen gültig ist, dass es also ein reines Vernunftrecht nicht geben kann. Der Inhalt des Rechts stammt, zumindest weitgehend, aus der Empirie, der *Kant* ja auch die materialethischen Gehalte zugeordnet hat. Aber er hat diesen Bereich der Empirie nicht erforscht. Und darum hat er vor allem ein Moment verfehlt, das für das 19. und 20. Jahrhundert von ausschlaggebender Bedeutung werden sollte, das Moment der *Geschichtlichkeit* des Menschen und, darin eingeschlossen, der Geschichtlichkeit des Rechts.

Die historische Rechtsschule hat diese Lücke rein tatsächlich ausgefüllt, indem sie dem Prozess des Werdens und Vergehens des Rechts Aufmerksamkeit geschenkt hat. Aber sie hat im Grunde nur die Geschichte in den Griff bekommen, nicht die Geschichtlichkeit als eine Strukturform des menschlichen (rechtlichen) Seins. Die rechtsphilosophische Frage, ob der Rechtsinhalt infolge seiner Zeit- und Raumbedingtheit ein Ergebnis des Zufalls ist oder ob es hier nicht eine Gesetzmäßigkeit gibt, wurde nicht gestellt, geschweige denn beantwortet. Man kann diese Frage auch so formulieren: *Kann eine Rechtsordnung, auch wenn sie nicht immer und überall verbindlich ist, doch wenigstens hier und jetzt verbindlich, d. h. die gesollte Ordnung dieser Zeit und dieses Kulturkreises sein?*

Schon diese Fragestellung macht deutlich, dass *Kant* nur eine bestimmte Version des Naturrechts, die rationalistisch-absolutistische, widerlegt hat, die Naturrechtsidee als solche hat er nicht widerlegt. Die Naturrechtsidee meint das „richtige Recht", über dessen Inhalt nicht beliebig disponiert werden darf, sie meint aber nicht notwendig, dass ein solches „richtiges Recht" zu jeder Zeit und unter allen Umständen gültig sein müsste.

---

127 *Kant*, Metaphysik der Sitten, Akademieausgabe, S. 332 ff.

B *Historischer Diskurs*

Der Erste, der das geschichtsphilosophische Problem des Naturrechts in seiner vollen Tragweite erkannt hat, ist *Georg Friedrich Wilhelm Hegel* (1770–1831)[128]. In *Hegel* hat der Deutsche Idealismus – und mit ihm das idealistische Naturrecht – seinen Höhepunkt erfahren. Im Gegensatz zu *Kants* dualistischer Philosophie („Zweiweltentheorie"), in der Sein und Bewusstsein, Natur und Geist, Objekt und Subjekt, Reales und Ideales, Sein und Sollen streng unterschieden und geschieden sind, gibt es für *Hegels* Identitätsphilosophie nur *eine* Welt, die Welt des Geistes. Damit erfüllt sie das mächtige Bedürfnis des Denkens und der Lebensgestaltung, zur Synthese vorzudringen.

Schon *Platon* hatte, wie wir wissen, eine idealistische Philosophie und Naturrechtslehre entwickelt. Aber für *Platon* ist die Idee eine übergeschichtliche Gestalt, weshalb er, wie *Hegel* dazu anmerkt, den Besonderheiten der historischen Zeit nicht gerecht werden konnte[129]. *Platon* vermochte nicht zu erklären, warum es in der empirischen Wirklichkeit, die doch Ausfluss der Idee ist, Werden, Wandel und Vergehen gibt. Das Geniale an *Hegels* Konzept ist nun, dass er das Gesetz der Entwicklung als in der Idee selbst angelegt, als dem Geist entstammend verstand. Alles Geistige vollzieht sich nach einem bestimmten, ständig fortschreitenden Schema, nach dem Schrittmaß von Thesis, Antithesis und Synthesis, kurz: nach der berühmten hegelischen Dialektik. Wesentlich ist, dass diese dialektische Entwicklung nicht das dunkle Walten eines Volksgeistes etwa ist, sondern sich logisch-notwendig vollziehen muss nach dem Gesetz der Vernunft. So ist auch die Geschichte bei *Hegel* eine Entfaltung der Vernunft, kein irrationales Geschehen. „Der einzige Gedanke", schreibt er, „den die Philosophie mitbringt, ist der einfache Gedanke der Vernunft, dass die Vernunft die Welt beherrsche, dass es also auch in der Weltgeschichte vernünftig zugegangen sei."[130] Und während die Historische Schule als

---

[128] Einführend zu seiner Philosophie und Rechtsphilosophie: *D. Henrich/R.P. Horstmann* (Hrsg.), Hegels Philosophie des Rechts; Die Theorie der Rechtsformen und ihre Logik, 1982; *M. Riedel*, Studien zu Hegels Rechtsphilosophie, 1969; *R. Marcic*, Hegel und das Rechtsdenken, 1970; *V. Hösle* (Hrsg.), Die Rechtsphilosophie des deutschen Idealismus, 1989 (mit mehreren Beiträgen zu Hegel); *H. Klenner*, Deutsche Rechtsphilosophie (Fn. 105), S. 141 ff.: Hegel und die Götterdämmerung des Absolutismus; *R. Dreier*, Recht (Fn. 105), S. 316 ff.: Bemerkungen zur Rechtsphilosophie Hegels; *E. Topitsch*, Die Sozialphilosophie Hegels als Heilslehre und Herrschaftsideologie, 2. Aufl. 1981; *A.W. Wood* (Hrsg.), Hegel: Elements of the Philosophy of Right, 1991. – Zu zwei interessanten Sonderproblemen: *P. Landau*, Das Unrecht als Stufe des abstrakten Rechts in Hegels Rechtsphilosophie; zugleich zum Verhältnis Hegels zu Kants „Metaphysischen Anfangsgründen der Rechtslehre", in: *L. Philipps /H. Scholler* (Hrsg.), Jenseits des Funktionalismus; Arthur Kaufmann zum 65. Geburtstag, S. 143 ff. – und *G. Haney*, Zum Hegelverständnis Hermann Hellers, in: *Ch. Müller / I. Staff* (Hrsg.), Der soziale Rechtsstaat; Gedächtnisschr. f. H. Heller, 1984, S. 467 ff.

[129] *Hegel*, Grundlinien der Philosophie des Rechts – oder Naturrecht und Staatswissenschaft im Grundrisse, § 185 (Ed. Suhrkamp, Bd. 7, S. 341 f.).

[130] *Hegel*, Vorlesungen über die Philosophie der Geschichte, Einleitung (Ed. Suhrkamp, Bd. 12, S. 20).

letzten Wert das Volk ansah, rückte bei *Hegel* an dessen Stelle etwas durchaus Rationales, der Staat. Der Staat ist für ihn der erhabenste Begriff, die vollkommenste Wirklichkeit, nämlich „die Wirklichkeit der sittlichen Idee" und damit auch der höchste Rechtswert[131].

Staat und sittliche Vernunft, Staat und Recht sind eins. Es gibt deshalb für *Hegel* auch nur *einen* Staat und *ein* Recht – nicht neben dem wirklichen Staat noch einen idealen, nicht neben dem positiven Recht noch ein natürliches; beides ist dasselbe. Nicht von ungefähr steht die berühmte Sentenz: „Was vernünftig ist, das ist wirklich; und was wirklich ist, das ist vernünftig" just in *Hegels* Rechtsphilosophie[132]. Natürlich will *Hegel* nicht einfach alles Bestehende als vernünftig sanktionieren. Aber er ist darum bemüht, eine Einheit zu stiften zwischen Allgemeinheit und Besonderheit zum einen und zwischen objektiver Sittlichkeit und subjektiver Gesinnung zum andern. Einzelinteresse und Gesamtinteresse werden versöhnt, Freiheit und Gehorsam stehen in spannungsfreiem Verhältnis. Der Staat nämlich „ist die Wirklichkeit der konkreten Freiheit ... Das Wesen des neuen Staates ist, dass das Allgemeine verbunden sei mit der vollen Freiheit der Besonderheit und dem Wohlergehen der Individuen, dass also das Interesse der Familie und bürgerlichen Gesellschaft sich zum Staat zusammennehmen muss, dass aber die Allgemeinheit der Zwecke nicht ohne das eigene Wissen und Wollen der Besonderheit, die ihr Recht behalten muss, fortschreiten kann."[133] Dass von diesem theoretischen Ansatz aus Empirie und Geschichtlichkeit keine Einbuße für das Naturrecht bedeuten, versteht sich.

Aber wie sieht es in der Wirklichkeit aus? Behält die Besonderheit ihr Recht gegenüber der sittlichen Idee, dem Staat? *Welzel* hat sich dazu in bemerkenswerter Weise geäußert. *Hegel* will in der Gestalt des Staates die Synthese von objektiver Bindung und subjektiver Freiheit, von Allgemeinheit und Besonderheit herstellen. Der neuralgische Punkt dabei ist die Rolle des individuellen Gewissens. *Hegel* erkennt ein solches dem Buchstaben nach zwar an, aber ob „das Gewissen eines bestimmten Individuums der Idee des Gewissens gemäß ist, ob das, was es für gut hält oder ausgibt, auch wirklich gut ist, dies erkennt sich allein aus dem Inhalt dieses Gutseinsollenden ... Der Staat kann deswegen das Gewissen in seiner eigentümlichen

---

131 Vgl. *Hegel*, Philosophie des Rechts (Fn. 129), § 257 (S. 398).
132 *Hegel*, Philosophie des Rechts (Fn. 129), Vorrede (S. 24). Dass *Hegel* neben dem positiven Recht nicht noch ein natürliches kannte, stimmt freilich nur cum grano salis. Bereits in seiner Jenaer Frühzeit setzte er sich in einer umfassenden, im „Kritischen Journal der Philosophie" (1802/1803) erschienenen Abhandlung mit Kants und Fichtes, aber auch Platons und Aristoteles' Naturrechtslehren auseinander: „Über die wissenschaftlichen Behandlungsarten des Naturrechts, seine Stelle in der praktischen Philosophie und sein Verhältnis zu den positiven Wissenschaften" (Ed. Suhrkamp, Bd.2, S. 434 ff.); darin hat *Hegel* sehr wohl einen eigenen Naturrechtsstandpunkt bezogen.
133 *Hegel*, Philosophie des Rechts (Fn. 129), § 260 und Zusatz (S. 406 f.).

Form, d. i. als subjektives Wissen, nicht anerkennen ..."[134] An dieser Stelle setzt die Kritik *Welzels* ein. Er nennt „die Idee eines solchen ‚objektiven' Gewissens, das dem subjektiven eines bestimmten Individuums gegenübergestellt wird ..., in Wahrheit die Vernichtung des Gewissens". Und weiter: „Ein Gewissen, das nicht ein subjektiv-individuelles, sondern ein objektiv-allgemeines ist, ist ein Widerspruch in sich selbst ... So ist es nicht verwunderlich, dass in dem Augenblicke, wo Hegel zur konkreten Sittlichkeit übergeht, die Eigenwilligkeit und das eigene Gewissen des einzelnen ... in der sittlichen Substantialität verschwunden sind. Trotz der hohen Worte Hegels über das Gewissen und die subjektive Besonderheit lässt er diese im Meere der substantiellen Allgemeinheit, nämlich im Staate untergehen ..."[135] Wie berechtigt und aktuell diese Kritik *Welzels* ist – man denke nur an die heutige Problematik der Wehrdienstverweigerung aus Gewissensgründen (Art. 12a Abs. 2 GG) –, wird noch durch einige *Hegel*-Zitate unterstrichen: „Der Staat ist die göttliche Idee, wie sie auf Erden vorhanden ist. Er ist so der näher bestimmte Gegenstand der Weltgeschichte überhaupt, worin die Freiheit ihre Objektivität erhält und in dem Genusse dieser Objektivität lebt. Denn das Gesetz ist die Objektivität des Geistes und der Wille in seiner Wahrheit; und nur der Wille, der dem Gesetze gehorcht, ist frei, denn er gehorcht sich selbst und ist bei sich selbst und frei. Indem der Staat, das Vaterland, eine Gemeinsamkeit des Daseins ausmacht, indem sich der subjektive Wille des Menschen den Gesetzen unterwirft, verschwindet der Gegensatz von Freiheit und Notwendigkeit. Notwendig ist das Vernünftige als das Substantielle, und frei sind wir, indem wir das Gesetz anerkennen und ihm als der Substanz unseres eigenen Wesens folgen: der objektive und der subjektive Wille sind dann ausgesöhnt und ein und dasselbe ungetrübte Ganze."[136]

Die Gedankenkette hat zweifellos etwas Imponierendes: Notwendig ist das Vernünftige – das Vernünftige ist notwendig wirklich – der Staat ist das an und für sich Vernünftige[137]. Die Einheit von Naturrecht und staatlichem Recht ist damit hergestellt. Der Wille des Staates ist die oberste Quelle des Rechts, über dem Staatswillen gibt es keinen höheren Willen. Für *Hegel*, der damit noch über die Souveränitätslehre des *Jean Bodin* hinausgeht, ist der Staat im absoluten Sinne souverän.

Dass *Hegels* Prämissen nicht stimmen, haben spätestens wir Heutigen leidvoll erfahren. Der Staat ist keineswegs a priori „die Wirklichkeit der sittlichen Idee", und seine Gesetze sind durchaus nicht mit zwingender Notwendigkeit das richtige Recht der Vernunft, dem zu gehorchen Ausdruck der Freiheit und des Beisichselbstseins ist. Es ist ja auch nicht an dem, dass das Vernünftige und das Wirkliche immer identisch wären, auch wenn man den Begriff des Wirklichen nicht mit dem des rein

---

134 *Hegel*, Philosophie des Rechts (Fn. 129), § 137 (S. 254 f.).
135 *Welzel*, Naturrecht (Fn. 10), S. 179. Siehe auch *Arthur Kaufmann*, Das Gewissen und das Problem der Rechtsgeltung (Juristische Studiengesellschaft Karlsruhe 190), 1990.
136 *Hegel*, Philosophie der Geschichte (Fn. 130), Einleitung (S. 57).
137 *Hegel*, Philosophie des Rechts (Fn. 129), § 257 (S. 399).

Faktischen gleichsetzt. *Hegel* hat, indem er alles auf *ein* Prinzip, auf die Idee, den objektiven Geist, zurückführen wollte, in weitem Maße die Wirklichkeit verfehlt.

2.2.3.3.4 So ließ die Gegenbewegung, die *materialistische Geschichtsauffassung* von *Karl Marx* (1818–1883) und *Friedrich Engels* (1820–1895), nicht lange auf sich warten. Sie hatte in der materialistisch-atheistischen Philosophie *Ludwig Feuerbachs* (1804–1872)[138] bereits eine Vorläuferin, und *Marx* hat sich auch vielfach mit *Feuerbach* befasst (bekannt sind vor allem seine elf Thesen über Feuerbach). Aber der Ausgangspunkt seiner Philosophie war *Hegel*. Er fand, dass *Hegel* die Dinge auf den Kopf gestellt hat und dass sie darum umgedreht und wieder auf die Beine gestellt werden müssen. Nicht das Sein hänge vom Bewusstsein (von der Idee) ab, sondern umgekehrt das Bewusstsein vom Sein, genauer: von den tatsächlichen Produktionsverhältnissen[139]. Die ökonomische Struktur der Gesellschaft, sagt *Marx*, bildet „die reale Basis, worauf sich ein juristischer und politischer Überbau erhebt, und welcher bestimmte gesellschaftliche Bewusstseinsformen entsprechen. Die Produktionsweise des materiellen Lebens bedingt den sozialen, politischen und geistigen Lebensprozess überhaupt". Mit der Änderung der ökonomischen Grundlage „wälzt sich der ganze ungeheure Überbau langsamer oder rascher um"[140]. Das Ideelle ist somit nichts anderes als das im Menschenkopf umgesetzte und übersetzte Materielle. Es sind bloß „Ideologien", gesellschaftlich bedingte Verhaltensorientierungen und Verhaltensanweisungen, die der jeweiligen Klasse als Kampfmittel dienen. Auch das Recht (ebenso wie die Moral und die Religion) gehört diesem ideellen Überbau an, es hat keinerlei Selbständigkeit, es ist nichts anderes als der „zum Gesetz erhobene Wille" der herrschenden Klasse, dessen Inhalt wiederum „in den materiellen Lebensbedingungen" dieser Klasse gegeben ist[141]. Und selbst in den überlieferten „ewigen Wahrheiten, wie Freiheit, Gerechtigkeit usw." sehen *Marx* und *Engels* nur „das gesellschaftliche Bewusstsein aller Jahrhunderte", in dem sich die „allen vergangenen Jahrhunderten gemeinsame Tatsache" der „Ausbeutung des einen Teils der Gesellschaft durch den anderen" manifestiert[142].

Nach der Grundthese der materialistischen Geschichtsauffassung ist „die Geschichte aller bisherigen Gesellschaft … die Geschichte von Klassenkämpfen"[143]. Die Abfolge dieser Klassenkämpfe geschieht in der Weise der hegelischen Dialektik, nur dass diese Dialektik „umgedreht" wurde: das Ursprüngliche ist das Materielle, sind

---

138 Hier ist leider nicht der Raum, auf ihn näher einzugehen. Der Interessierte sei verwiesen auf *W. Maihofer*, Konkrete Existenz; Versuch über die Philosophische Anthropologie Ludwig Feuerbachs, in: Existenz und Ordnung; Festschr. f. Erik Wolf zum 60. Geburtstag, 1962, S. 246 ff.
139 *Marx*, MEW XIII, S. 8 f.
140 *Marx*, wie Fn. 139.
141 Vgl. MEW III, S. 46; IV, S. 477, 480. Vgl. dazu *A. Menger*, Das bürgerliche Recht und die besitzlosen Volksklassen, 5. Aufl. 1927.
142 *Marx/Engels*, Manifest der Kommunistischen Partei; MEW IV, S. 480.
143 *Marx/Engels*, Manifest (Fn. 142), MEW IV, S. 462.

B *Historischer Diskurs*

die Lebensbedingungen der Menschen, nicht das Ideelle. Aus dem Klassenkampf zwischen der feudalen Gesellschaft und der Bourgeoisie ging die Letztere siegreich hervor. Sie jedoch beutete nun das Proletariat aus, so dass sich ein neuer Klassenkampf entwickelte. Aus diesem wird dann aber, so die These von *Marx*, die „Diktatur des Proletariats" hervorgehen als der Synthesis und dem Ende aller Klassenkämpfe. Und mit dem Ende der Klassenkämpfe, mit dem Anbruch der „klassenlosen Gesellschaft", werden auch der Staat und das Recht überflüssig, so dass sie von selbst „absterben" werden[144]. Auch insofern haben wir eine Umkehr des hegelischen Idealismus. In ihm ist der Staat die vollkommenste Wirklichkeit, die Gemeinschaft der Menschen hat demgegenüber kaum einen Stellenwert. Im dialektischen Materialismus dagegen tritt die Gemeinschaft, genauer: die kommunistische Gesellschaft an die Stelle des Staates. In ihr wird das „Lumpenproletariat" nicht mehr wie eine „Ware" behandelt, das sich „stückweise verkaufen" muss[145], man ist überhaupt nicht mehr ausschließlich Arbeiter, Arzt, Jurist, Poet …, sondern kann sich in jedem beliebigen Zweig ausbilden, denn im Kommunismus regelt die Gesellschaft die allgemeine Produktion und macht es mir dadurch möglich, „heute dies, morgen jenes zu tun, morgens zu jagen, nachmittags zu fischen, abends Viehzucht zu treiben, nach dem Essen zu kritisieren, wie ich gerade Lust habe, ohne je Jäger, Fischer, Hirt oder Kritiker zu werden"[146].

Der humanistische Grundton des Marxismus ist hier unüberhörbar. Es ist dies die „konkrete Utopie" einer vollkommen befriedeten und gerechten Gesellschaft. *Marx'* Formel für diesen „realen Humanismus" ist der „kategorische Imperativ, alle Verhältnisse umzuwerfen, in denen der Mensch ein erniedrigtes, ein geknechtetes, ein verlassenes, ein verächtliches Wesen ist"[147]. Er sollte der Aufbruch sein zu einer „menschlichen Gesellschaft" zum „Reich der Freiheit", in dem „die sachlichen Forderungen des Naturrechts" endlich erfüllt sein würden[148].

Es ist sehr bemerkenswert, dass derjenige, der die „konkrete Utopie" des frühen Marx am reinsten hat bewahren wollen, der ganz radikal für „Naturrecht und menschliche Würde" (1961) gestritten hat, dass *Ernst Bloch* (1885–1977)[149] in dem „Reich der Freiheit" keine Bleibe gefunden hat. Die Rechnung ist nicht aufgegangen. So wie *Hegels* idealistische Philosophie die Wirklichkeit verfehlt hat, so hat

---

144 *Marx/Engels*, Manifest (Fn. 142), MEW IV, S. 463 ff. u. ö. Ob man der Klennerschen Einschätzung des „rechtsphilosophischen Denk-Einsatzes von Karl Marx" so noch folgen kann, erscheint sehr zweifelhaft; *H. Klenner*, Deutsche Rechtsphilosophie (Fn. 105), S. 155 ff. Zum Ganzen siehe neuerdings *Andrea Maihofer*, Das Recht bei Marx; Zur dialektischen Struktur von Gerechtigkeit, Menschenrechten und Recht, 1992.
145 *Marx/Engels*, Manifest (Fn. 142), MEW IV, S. 469, 472 u. ö.
146 *Marx*, MEW III, S. 33.
147 *Marx*, Zur Kritik der Hegelschen Rechtsphilosophie, Einleitung; MEW I, S. 385.
148 Vgl. dazu *G. Radbruch*, Kulturlehre des Sozialismus, 4. Aufl. 1970 (hrsg. von *Arthur Kaufmann*), S. 32 f.
149 Vgl. dazu *Ch. Gramm*, Zur Rechtsphilosophie Ernst Blochs, 1987.

Marx' materialistische Philosophie das Ideelle verfehlt. Es ist eben nicht richtig, dass es sich beim Ideellen um bloße „Ideologien" handelt, die völlig vom „Unterbau" abhängig sind und deshalb „absterben", wenn die gesellschaftlichen Verhältnisse andere werden[150]. So konnte nicht ausbleiben, dass man dies auch im materialistischen Lager früher oder später zugeben musste.

Schon *Engels* hat gegen Ende seines Lebens angedeutet, dass *Marx* und er die formelle gegenüber der inhaltlichen Seite vernachlässigt hätten. Später hat *Lenin* erklärt, dass auch im Marxismus-Kommunismus Recht und Staat für eine gewisse und unbestimmte Zeit fortbestehen müssten. Die deutlichste Absage an das eschatologische Dogma vom „Absterben" des Rechts und des Staates hat dann *Stalin* erteilt. In seiner letzten Schrift „Marxismus und Fragen der Sprachwissenschaft" (1950) hat er die *marxsche* These vom wirtschaftlich-sozialen Unterbau und ideologischen Überbau abgeändert, indem er feststellte, dass der Überbau in der Form des Staates nicht eine passive, nur den Änderungen des Unterbaus angepasste Existenz führt, sondern dass er seinerseits aktiv an den ihm erwünschten Änderungen des Unterbaus arbeitet und sich dabei des Rechts bedient. Damit war die aktive, die Gesellschaft umformende Rolle des Rechts anerkannt. Als *Eugen Paschukanis* Ende der Zwanzigerjahre noch einmal die Absterbensthese propagierte[151], stempelte ihn der Chef-Staatsanwalt und Chef-Jurist *Andreij Wyschinski* zum „Feind des Volkes" und ließ ihn verschwinden[152].

Das Recht war also wieder in seine Funktion eingesetzt – bzw. es war gar nie daraus entlassen worden. Das sozialistische Recht ist nun aber keineswegs das Recht einer klassenlosen Gesellschaft. Was Recht ist, „erkennt mit ihrem kollektiven Verstand

---

150 Als Beispiel für das Zusammenwirken wirtschaftlicher Ursachen mit der Eigengesetzlichkeit des Rechts führt *Radbruch* (Vorschule [Fn. 9], S. 14; GRGA, Bd. 3, 1990, S. 133) die Entwicklung der Koalitionsfreiheit an: „Die aufsteigende Bourgeoisie erkämpfte in ihrem eigenen ökonomischen Interesse die Vereinsfreiheit. Aber sie forderte und erreichte die Vereinsfreiheit in der Form Rechtens, d. h. in der Form der Allgemeinheit, als eine für alle gleiche Freiheit. Diese Einkleidung in die Rechtsform brachte es mit sich, dass die Vereinsfreiheit über das Wirtschaftsinteresse der Bourgeoisie hinaus auch dem Proletariat zugute kam und in Gestalt der Koalitionsfreiheit der Gewerkschaften sogar zu einem Kampfmittel gegen eben diese Bourgeoisie wurde, welche die Vereinsfreiheit in ihrem Interesse durchgesetzt hatte. So führte die Eigengesetzlichkeit der Rechtsform zu einer Rückwirkung auf die Wirtschaft, die sich seiner nur hatte bedienen wollen." – Ein anderes bekanntes Beispiel für die Eigenständigkeit des Ideellen gegenüber dem Ökonomischen bringt *Max Weber*: Wenn der Marxismus Recht hätte, wäre es ganz unverständlich, dass sich der Kapitalismus in England und den kontinentalen Staaten im Wesentlichen in gleicher Weise entwickelt hat, während die Rechtssysteme beider einander völlig unähnlich sind (Die protestantische Ethik [Fn. 66], bes. S. 64 ff.).
151 *E. Paschukanis*, Allgemeine Rechtslehre und Marxismus, 3. (deutsche) Aufl. 1970, bes. S. 33 f.
152 Näher zu diesen Entwicklungen *E. Bloch*, Naturrecht und menschliche Würde, 1961, S. 253 ff.

die kommunistische Partei, d. h. ihr Zentralkomitee"[153] – richtiger: das Politbüro. Die „sozialistische Gesetzlichkeit", von der so viel geredet und geschrieben wird, ist letztlich nichts anderes als der Ausdruck der diktatorischen Führungsrolle der Partei und also des Staates, denn beide sind eins. *Hegel* kam von der einseitigen Ausrichtung am Ideellen zur Absolutsetzung des Staates, der Marxismus gelangte zum gleichen Ergebnis von der einseitigen Ausrichtung am Materiellen. Praktisch erprobt wurde das allerdings erst im 20. Jahrhundert. Das ausgehende 20. Jahrhundert hat dann freilich auch den von niemand so vorausgeahnten fast völligen Zusammenbruch der Philosophie von *Marx, Engels, Lenins* und *Stalins* gebracht, dergestalt, dass man die Frage *Klenners:* „Was bleibt von der marxistischen Rechtstheorie?"[154] nur mit einem: Viel sicher nicht! beantworten kann – wenngleich *Marx* als Philosoph zweifellos überdauern wird.

2.2.3.3.5 Im 19. Jahrhundert waren Hegelianismus und Marxismus Episode. Die verschiedenen Hegel-Schulen, die „rechte" und die „linke", standen außerhalb der geistigen Strömungen der Zeit und hatten daher nur wenig Einfluss, auf Rechtsphilosophie und Rechtswissenschaft so gut wie keinen. Das gilt im Grunde auch für *Johann Gottlieb Fichte* (1762–1814)[155] und, mit Einschränkung, auch für *Friedrich Wilhelm Schelling* (1775–1854)[156], der immerhin Kontakte zur Historischen Rechtsschule (*v. Savigny* und *Puchta*) hatte[157]. In der modernen Rechtsphilosophie, und nicht nur in Deutschland, hat sich das überraschenderweise geändert; die Philosophen des Deutschen Idealismus, unter ihnen auch *Fichte* und *Schelling*, gewinnen zunehmend an Aufmerksamkeit. Man erinnert sich auch wieder an *Karl Christian Friedrich Krause* (1781–1832), dessen Rechtsphilosophie in Spanien einen erheblichen Einfluss hatte und noch hat („Krausismo"). Sein Schüler *Heinrich Ahrens* (1808–1874) hat ein zweibändiges „Naturrecht" geschrieben, das ebenfalls wieder

---

153 *Selektor*, in: Philosophie und Gesellschaft, S. 335 f.; zitiert nach *Welzel*, Naturrecht (Fn. 10), S. 200. Vgl. auch *H. Klenner*, Der Marxismus-Leninismus über das Wesen des Rechts, 1954.
154 *H. Klenner*, Was bleibt von der marxistischen Rechtstheorie?, in: NJ 1991, 442 ff.
155 Grundlagen des Naturrechts nach Prinzipien der Wissenschaftslehre, begonnen 1795; Rechtslehre, 1812. Vgl. hierzu *M. Kahlo/E.A. Wolff/R. Zaczyk* (Hrsg.), Fichtes Lehre vom Rechtsverhältnis; Die Deduktion der §§ 1-4 der „Grundlagen des Naturrechts" und ihre Stellung in der Rechtsphilosophie, 1992.
156 Von Interesse sind vor allem seine zahlreichen Arbeiten zur Naturphilosophie. Bedeutsam für die Rechtsphilosophie könnten auch noch etliche bisher nicht veröffentlichte Schriften aus dem Nachlass sein.
157 Siehe dazu *Alexander Hollerbach*, Der Rechtsgedanke bei Schelling; Quellenstudien zu seiner Rechts- und Staatsphilosophie, 1957, S. 275 ff.; des weiteren *H. Klenner*, Deutsche Rechtsphilosophie (Fn. 105), S. 70 ff.; *M. Buhr*, Zum Problem der Geschichte in Schellings Naturphilosophie, in: *K.H. Schöneburg* (Hrsg.), Wahrheit und Wahrhaftigkeit in der Rechtsphilosophie (Hermann Klenner zum 60. Geburtstag), 1987, S. 52 ff.

gelesen wird¹⁵⁸. Auch sein weiterer Schüler *Karl Röder* (1806–1879) ist insofern wieder aktuell, als er lange vor Gründung der „Modernen Strafrechtsschule" (*Franz v. Liszt*) für den Erziehungsgedanken im Strafrecht (wir sagen heute „Resozialisierung") eingetreten ist.

Um die hegelianischen Rechtsphilosophen des 19. Jahrhunderts ist es hingegen auch heute noch ziemlich still, was wohl auch mit der unrühmlichen Rolle des Hegelianismus in der Zeit der Diktatur zu tun hat. Das Wichtigste in Kurzfassung: Unter den Rechtsphilosophen dieser Richtung trat außer *Ferdinand Lassalle* (1825–1864)¹⁵⁹ und *Adolf Lasson* (1832–1917) eigentlich nur *Friedrich Julius Stahl* (1802–1862) deutlicher hervor, der allerdings nur bedingt zu den Hegelianern zu zählen ist. Jedenfalls aber vertrat auch er eine idealistische Staatsauffassung, nach der die Autorität des Staates weder auf der Volkssouveränität noch auf dem Naturrecht, sondern unmittelbar auf göttlicher Einsetzung beruht, die den Staat zur selbständigen Rechtssetzung ermächtigt („Autorität, nicht Majorität") und zugleich die organisch gewachsenen Institutionen, vor allem das „monarchische Prinzip" und die ständische Gliederung, legitimiert. *Stahl* hat mit dieser vor allem in seiner dreibändigen „Philosophie des Rechts nach geschichtlicher Ansicht" (1830 ff.) niedergelegten Lehre den Konservatismus geprägt und der im 20. Jahrhundert kreierten „institutionellen Rechtslehre" (Begründer: *Maurice Hauriou*) vorgearbeitet. Erwähnung verdient in diesem Zusammenhang auch *Ludwig Knapp*, der in seinem „System der Rechtsphilosophie" von 1857 (Neudruck 1963) an die Tradition *Hegels* und *Fichtes* anknüpfte.

Der Chronist müsste nun auch noch einer Reihe anderer Strömungen des 19. Jahrhunderts gedenken, die eine, wenngleich nur mittelbare, Auswirkung auf das Ende des rationalistischen Naturrechts gehabt haben. Im Zusammenhang mit der Historischen Rechtsschule war schon vom irrationalen Zeitgeist die Rede. Besonderen Ausdruck fand dieser Irrationalismus in der *Lebensphilosophie*, als deren Repräsentanten *Friedrich Nietzsche* (1844–1900)¹⁶⁰ und *Sören Kierkegaard* (1813–1855), der Vorläufer der Existenzphilosophie, anzusehen sind; einen weitreichenden Einfluss von Frankreich aus nahm *Henri Bergson* (1859–1941). Diese Lebensphilosophie ist gegen viele Missbräuche einer rationalistischen, mechanistischen Kultur wirkungsvoll aufgetreten. Doch hat sie selbst auch viele Missbräuche hervorgerufen, z. B. die „völkische Staatsphilosophie" eines *Carl Schmitt* (1888–1985) und *Otto Koellreutter* (1883–1972) oder die „Rassenphilosophie" eines Houston Stewart Chamberlain

---

158 Naturrecht oder Philosophie des Rechts und des Staates, 2 Bde., 6. Aufl. 1870/71 (Neudruck 1968). Hierzu *Evi Herzer,* Der Naturrechtsphilosoph Heinrich Ahrens (1808–1874), 1993.
159 Dazu *Beyer,* Ferdinand Lassalles juristische Ader, in: NJW 1990, 1959.
160 Vgl. neuestens *Henry Kerger,* Autorität und Recht im Denken Nietzsches, 1988. Sodann auch *K. Ansell-Pearson,* Nietzsche contra Rousseau; A Study of Nietzsche's Moral and Political Thought, 1991.

B *Historischer Diskurs*

(1855–1927) und *Alfred Rosenberg* (1893–1946). – Eine andere Wurzel des Irrationalismus war die voluntaristische Anthropologie *Arthur Schopenhauers* (1788–1860), dessen Einfluss auf Rechtsphilosophie und Rechtsdenken überhaupt merkwürdig gering ist, was nicht heißt, dass er nicht die Diskussion zu Einzelfragen befruchtet hätte[161].

Wir gehen diesen Strömungen jetzt aber nicht weiter nach. Der Zeitgeist des 19. Jahrhunderts war überwiegend ein anderer. Man vergegenwärtige sich (in Stichworten): die von der französischen Revolution ausgehende Freiheitsbewegung; der das Sozial- und Wirtschaftsleben beherrschende englische Liberalismus; die wachsende deutsche Nationalidee; die Gründung der Burschenschaft; das Wartburgfest; die Ermordung Kotzebues; das Hambacher Fest; die Karlsbader Beschlüsse; das Paulskirchenparlament und die Formulierung der Grundrechte und nicht zuletzt: die großen Gesetzgebungswerke des 19. Jahrhunderts. Das war nicht die Zeit eines absolutistischen Naturrechts und eines autoritären Staats („rechter" oder „linker" Prägung). Es war die Zeit des Positivismus und des Rechtsstaats.

2.2.3.4 Der von *Franz Wieacker* so genannte *„rechtswissenschaftliche Positivismus"*[162] war die notwendige Gegenreaktion auf die vom vernunftrechtlichen Denken heraufbeschworene Willkür in der Rechtsprechung und die daraus folgende beispiellose Rechtsunsicherheit. Besonders im Strafrecht machten sich diese Missstände bemerkbar. Wenn der Richter einen Fall nicht unter einen Tatbestand des Gesetzes (das war die Constitutio Criminalis Carolina von 1532, kurz „Carolina" genannt) subsumieren konnte, entschied er nach seinem „vernünftigen Ermessen" und verhängte eine „poena extraordinaria". Zudem gab es keine Rechtskraft; der Freigesprochene (es war sowieso nur eine „Lossprechung von der Instanz") konnte jederzeit wieder vor Gericht gestellt werden. Kurz: Das Gesetz galt nichts.

Das 19. Jahrhundert brachte nun den bereits durch die neue Staatsauffassung des *Jean Bodin* vorbereiteten *Siegeszug der Gesetzesidee*. Dieser Siegeszug beruht auf man-

---

161 In neuerer Zeit gibt es immerhin einige einschlägige Arbeiten: *K. Brinkmann*, Die Rechts- und Staatslehre Schopenhauers, 1985; *P.R. Glauser*, Arthur Schopenhauers Rechtslehre; Eine Lehre vom moralischen Recht, 1967; *R. Neidert*, Die Rechtsphilosophie Schopenhauers und ihr Schweigen zum Widerstandsrecht, 1966. Vgl. ferner *N. Hoerster*, Aktuelles in Schopenhauers Philosophie von der Strafe, in: ARSP 58 (1972), 555 ff. Diese Aktualität bestreitet allerdings *H. Ostermeyer*, in: ARSP 59 (1973), 237 ff.; Erwiderung von *Hoerster*, ebenda S. 242. Neuestens *H. Münkler*, Das Dilemma des deutschen Bürgertums: Recht, Staat und Eigentum in der Philosophie Arthur Schopenhauers, in: ARSP 67 (1981), 379 ff.; *Mario A. Cattaneo*, Das Problem des Strafrechts im Denken Schopenhauers, in: Schopenhauer-Jahrbuch 67 (1986), 95 ff.; *ders.*, Schopenhauers Kritik der Kantischen Rechtslehre, ebenda Bd. 69 (1988), 399 ff.; *Würkner*, Recht und Staat bei Arthur Schopenhauer, in: NJW 1988, 2213 ff.
162 *Wieacker*, Privatrechtsgeschichte (Fn. 102), S. 430 ff.

nigfachen Faktoren¹⁶³. Da sind neben der besseren Beherrschung abstrahierender Methoden etwa der Frühkapitalismus, die heraufkommende Industrialisierung und die Gestaltwerdung des Sozialstaats zu nennen. In komplexen Gesellschaften mit entwickelter Wirtschaft bedarf es eines hohen Maßes an Rechtssicherheit; eine solche aber können die überkommenen Naturrechtssysteme nicht gewährleisten, hierfür bedarf es rationaler, abstrakt-allgemein formulierter Gesetze.

Hinzu kommt Folgendes. Wie schon dargelegt, bedeutet die neue Staatsauffassung, dass der Willensträger des Staates *als Souverän* die Gesetze erlässt. Dieses so legitimierte Gesetz ist nun aber ebenso unumstößlich wie der Souverän selbst, von dessen Macht es seine Geltung ableitet. Und damit kam es zu einer höchst bedeutungsvollen Spaltung des Gesetzesbegriffs. War bisher der Gesetzesbegriff ein einheitlicher, der formale und materiale Merkmale vereinigte¹⁶⁴, so unterscheidet man jetzt zwischen Gesetzes*inhalt* – Gesetz im materiellen Sinne – einerseits und Gesetzes*befehl* – Gesetz im formellen Sinne – andererseits¹⁶⁵. Der springende Punkt bei dieser Unterscheidung ist der, dass es für die *Geltung* eines Gesetzes nur auf die Beobachtung des *förmlichen Gesetzgebungsverfahrens* ankommt, darauf, dass ein authentischer Willensakt des Souveräns vorliegt (ita ius esto!), nicht dagegen auf den Gesetzesinhalt. Die Positivität wird zur „Natur" des Rechts.

Der Jurist, der mit philosophischer Gelehrsamkeit und Akribie, zudem mit nachhaltigem Erfolg, den vom vernunftrechtlichen Denken verursachten Missständen entgegentrat, war *Paul Johann Anselm v. Feuerbach* (1775–1833)¹⁶⁶. Als an der Philosophie *Kants* geschulter Kritizisten ging es ihm um die Frage, ob es natürliche subjektive Rechte gibt – die Möglichkeit eines objektiven Naturrechts hielt er für ausgeschlossen –, die sich aus der Vernunft begründen lassen (die Frage eines „geschichtlichen Naturrechts" blieb bei ihm offen)¹⁶⁷. Das Ergebnis seiner Untersu-

---

163 Dazu (m. w. N.) *Arthur Kaufmann*, Gesetz und Evangelium, in: Gedächtnisschr. f. Noll (Fn. 40), bes. S. 38 ff.
164 Nach *Thomas von Aquin* z. B. gehören zum Begriff und zur Geltung der „lex" vier Momente: 1. sie ist eine „rationis ordinatio", 2. sie ist „ad bonum commune" gerichtet, 3. sie muss erlassen sein von dem, „qui curam communitatis habet", und 4. ist eine „promulgatio" erforderlich (Summa theologica I, II. 90, 4).
165 Zur „Lehre vom doppelten Gesetzesbegriff" vgl. näher *E.-W. Böckenförde*, Gesetz und gesetzgebende Gewalt; Von den Anfängen der deutschen Staatsrechtslehre bis zur Höhe des staatsrechtlichen Positivismus, 2. Aufl. 1981, S. 226 ff.
166 Zu ihm vor allem *Radbruch*, wie Fn. 2. Feuerbach ist der Vater des Philosophen *Ludwig Feuerbach* und Großvater des Malers *Anselm Feuerbach*. Sodann auch *E. Kipper*, Johann Paul Anselm Feuerbach, 2. Aufl. 1989, sowie *G. Haney* u. a., in: *B. Wilhelmi* (Hrsg.), Gedenkkonferenz für den Juristen P.J.A. Feuerbach, 1984.
167 *Feuerbach*, Kritik des natürlichen Rechts als Propädeutik zu einer Wissenschaft der natürlichen Rechte, 1796. Dazu (mit weiteren Nachweisen) *Arthur Kaufmann*, Paul Johann Anselm v. Feuerbach – Jurist des Kritizismus, in: Land und Reich – Stamm und Nation; Probleme und Perspektiven bayerischer Geschichte; Festg. f. M. Spindler zum 90. Geburtstag, Bd. 3: Vom Vormärz bis zur Gegenwart, 1984, S. 181 ff.

chungen lässt sich in aller Kürze so zusammenfassen: 1. es gibt subjektive Rechte des Menschen, die unverfügbar sind, da sie aus seiner sittlichen Autonomie folgen – also ungefähr das, was wir heute als Menschenrechte bezeichnen; 2. wesentliches und unverzichtbares Merkmal allen objektiven Rechts ist seine Positivität.

Vor allem diese letztere Erkenntnis hat *Feuerbachs* Strafrechtslehre (er ist Verfasser des erfolgreichsten Strafrechtslehrbuchs des Jahrhunderts) wie auch seine gesetzgeberische Tätigkeit (von ihm stammt das erste moderne Strafgesetzbuch, nämlich das bayerische von 1813) geprägt. Für die Rechtsprechung forderte er strenge Bindung an das Gesetz, also „nulla poena sine lege", in erster Linie aus dem liberalen Gedanken heraus, dass das Strafrecht nicht nur die Strafgewalt begründet, sondern vor allem auch begrenzt, so dass es, wie sein geistiger Nachfahre *Franz v. Liszt* dann formuliert hat, geradezu die „Magna Charta des Verbrechers" ist. Zum andern spielte dabei auch die Gewaltenteilungslehre *Montesquieus* (1689–1755) mit, der in seinem „De l'esprit des lois" (1748) grundgelegt hat, dass die Judikative nur das Recht anzuwenden, nicht aber schöpferisch auszufüllen und zu ergänzen habe, sie dürfe nichts weiter sein als „la bouche qui prononce les paroles de la loi"[168]. Ganz ähnlich hat sich *Feuerbach* geäußert. Der Richter, sagte er, soll an den „strengen, nackten Buchstaben des Gesetzes" gebunden sein, „sein Geschäft soll kein anderes sein, als den gegebenen Fall mit diesem Buchstaben zu vergleichen und, ohne Rücksicht auf Sinn und Geist des Gesetzes, zu verdammen, wenn der Klang des Wortes verdammt, und, wenn es losspricht, loszusprechen"[169].

Man muss dem freilich hinzufügen, dass *Feuerbach* vom Richter (er hat selbst ein hohes Richteramt bekleidet) nicht Gesetzesbefolgung um jeden Preis verlangt hat; vielmehr sei der „richterliche Ungehorsam" dem Richter „eine heilige Pflicht", wo „der Gehorsam Treubruch sein würde gegen die Gerechtigkeit, in deren Dienst allein er gegeben ist"[170] – also keine Bindung an „gesetzliches Unrecht" (*Gustav Radbruch*).

---

168 *Montesquieu*, De l'esprit des lois, XI. Buch, 6. Kapitel. – Nur andeutungsweise kann auf die staatsphilosophische Bedeutung *Montesquieus* hingewiesen werden. Sie zeigt sich am klarsten bei einem Vergleich mit *Rousseau*. Dessen vielzitierte „volonté générale", der Gesamtwille (der bei ihm freilich keine rein quantitative Größe ist), bedeutet eine Verabsolutierung des Mehrheitsprinzips; Freiheitsrechte galten ihm nicht als naturgegeben, sondern als politisch gewährt (absolute Demokratie). *Montesquieu* dagegen warb mit seiner Gewaltenteilungslehre für eine Begrenzung des Staatsabsolutismus, auch des Mehrheitsabsolutismus, und für den liberalen Gedanken, dass die Freiheitsrechte natürliche, nicht vom Staat verliehene, aber von ihm zu schützende Rechte sind.
169 *Feuerbach*, Kritik des Kleinschrodischen Entwurfs zu einem peinlichen Gesetzbuche für die Chur-Pfalz-Bayerischen Staaten, 1804, II, S. 20.
170 *Feuerbach*, Die hohe Würde des Richteramts, 1817. Dazu näher *Arthur Kaufmann*, Paul Johann Anselm v. Feuerbach: „Die hohe Würde des Richteramts", in: Festschr. f. K. Larenz zum 80. Geburtstag, 1983, S. 319 ff.

Feuerbachs „Positivismus" ist somit ein solcher mit einer salvatorischen Klausel. Er ist ein „legitimer Positivismus", der an Werten – Gerechtigkeit, Sittlichkeit, Zweckmäßigkeit – orientiert ist, der allerdings, zumindest für den Regelfall, die Geltung des Gesetzes nicht davon abhängig macht, wieweit es seinem Inhalt nach mit diesen Werten übereinstimmt. Für den Positivismus ist, prinzipiell, jedes Gesetz gültig, das in der für seinen Erlass vorgesehenen Form zustande gekommen ist. Man ist sofort an *Kant* erinnert. Nur die Form ist apriorisch gegeben, nicht der Inhalt. Wegen der Unfähigkeit des Verstandes, „Stoff an sich" zu erfassen, muss auch das „Recht an sich", das Naturrecht, in seinem ganzen Inhalt für uns unerkennbar sein. Das „richtige Recht" kann es nur noch als Kategorie unseres Verstandes geben, als leere *Denkform*, die wir auf den empirisch gegebenen Rechtsstoff anwenden, mittels der wir die positive Norm als Recht, als richtiges Recht *denken*. Ganz in diesem Sinne sagte der Neukantianer *Rudolf Stammler* (1856–1938; er gehörte der Marburger Richtung des Neukantianismus an), dass „kein einziger Rechtssatz möglich ist, der in der Besonderheit seines Inhalts absolut richtig feststände"[171], und dies eben darum, weil nach ihm das „richtige Recht" nichts anderes ist als eine „reine Denkform", eine „formale Methode", nur eine „Fragestellung" in Richtung „auf die grundsätzliche Eigenschaft eines gegebenen Rechtsinhalts"[172]. Ein „Naturrecht" kann es nach *Stammler* nur „mit wechselndem Inhalt" geben[173].

Der Positivismus des 19. Jahrhunderts wurde aber noch aus einer anderen Quelle gespeist: aus dem *Empirismus* (entsprechend entwickelten sich später ein normlogischer und ein soziologischer Rechtspositivismus). Nachdem der Rationalismus mit seiner einseitig deduktiven Methode die Welt des sinnlich Wirklichen vernachlässigt hatte, erwachte nun der Tatsachensinn. *Kant* hatte ja schon die zwei Wurzeln der Erkenntnis herausgestellt, die Sinne und den Verstand, und im Hinblick auf jene knüpfte er an die englischen Empiristen an. Diese verwarfen jede Metaphysik und forderten, dass wissenschaftliche Erkenntnis nur auf Beobachtung, Experiment und Kausalität gegründet werden dürfe. Die Frage nach dem Warum wurde als metaphysische Spekulation abgetan. Es ging um das „Machbare". Dieses Denken fing schon bei *Francis Bacon* (1561–1626) an, den Wissen nur als Machtfaktor interessierte, hat dann den Nominalisten *John Locke* (1632-1704) ergriffen[174] (der Zusammenhang von Nominalismus und Positivismus wurde oben schon hervorgehoben) und auch *David Hume* (1711–1776) muss in diesem Zusammenhang erwähnt werden, wiewohl er eher ein kritischer Empirist war, der den Substanz- und Kausalitätsbegriff in Frage stellte[175]. Und dann darf man zumindest zwei Fran-

---

171 *Stammler*, Richtiges Recht (Fn. 117), S. 94.
172 *Stammler*, Richtiges Recht (Fn. 117), 51; Theorie der Rechtswissenschaft, 2. Aufl. 1923, S. 77.
173 *Stammler*, Wirtschaft und Recht nach der materialistischen Geschichtsauffassung, 1896, S. 185.
174 Zu ihm vgl. *W. Euchner*, Naturrecht und Politik bei John Locke, 1979.
175 Vgl. dazu *Hume*, Treatise (Books I-III) and Enquiries, 1991.

zosen nicht vergessen: *René Descartes*, von dem oben schon die Rede war, und *Auguste Comte* (1798-1857). *Comte* wird vielfach als der Begründer des Positivismus bezeichnet; das ist aber nur insofern korrekt, als er dieser Richtung den Namen gegeben hat (Positivismus heißt Beschränkung der Wissenschaft auf das erfahrbar = „positiv" Gegebene); richtig jedoch ist, dass *Comte* mit seinem Drei-Stadien-Gesetz (Entwicklung von der Theologie über die Metaphysik zur positiven Wissenschaft) dem Positivismus eine wirksame theoretische Glaubwürdigkeit verschaffte[176]. Die praktische Glaubwürdigkeit lieferten natürlich die großartigen Erfolge der mathematisch betriebenen Naturwissenschaften.

Was lag näher, als dass sich alle Wissenschaften, und also auch die Rechtswissenschaft, der Methode der Naturwissenschaften bedienten: nicht Deduktion, sondern Induktion, d. h. nicht Ableitung des Rechts aus allgemeinen Naturrechtsnormen, vielmehr Beobachtung der Lebenssachverhalte und Gewinnung allgemeiner Regeln aus ihren gemeinsamen Strukturen. Diese „naturalistische" Rechtsphilosophie ist jedoch erst im Zusammenhang mit den Methodenproblemen sinnvoll zu entfalten; es wird deshalb auf spätere Ausführungen (unten 2.3.4) verwiesen.

Das siegreiche Vordringen des Positivismus bewirkte, dass nach *Hegels* Tod die materiale Rechtsphilosophie überhaupt zum Erliegen kam (die oben 2.2.3.3.5 erwähnten Rechtsphilosophen waren Außenseiter). An ihre Stelle trat die so genannte *Allgemeine Rechtslehre*, die sich auf die Herausarbeitung der apriorischen Grundbegriffe (Rechtsverhältnis, Rechtssubjekt, Rechtsnorm ...) und Grundstrukturen (Kausalität, Geltung, System ...) beschränkte, alle inhaltliche philosophische Begründung des Rechts aber als spekulativ ablehnte. Für jeden legitimen *Kant*-Nachfahren galt der Inhalt des Rechts, zumal das vom Sein völlig getrennte Sollen („Methodendualismus"), als wissenschaftlich unerkennbar. Somit musste man die Bestimmung des Rechtsinhalts kritiklos dem Gesetzgeber überlassen. „Vermag niemand festzustellen", erklärte der frühe *Radbruch*, „was gerecht ist, so muss jemand festsetzen, was rechtens sein soll, und soll das gesetzte Recht der Aufgabe genügen, den Widerstreit entgegengesetzter Rechtsanschauungen durch einen autoritativen Machtspruch zu beenden, so muss die Setzung des Rechts einem Willen zustehen, dem auch eine Durchsetzung gegenüber jeder widerstrebenden Rechtsanschauung möglich ist. Wer Recht durchzusetzen vermag, beweist damit, dass er Recht zu setzen berufen ist."[177] Das klingt schon sehr gefährlich nach Identifizierung von Macht und Recht. *Radbruch* suchte ihr freilich dadurch zu entgehen, dass er sagte, Recht gelte nicht, weil die politische Macht es durchsetze, sondern weil nur gleichmäßig zur Durchsetzung gelangendes Recht Rechtssicherheit gewährleiste[178].

---

176 Siehe *A. Comte*, Rede über den Geist des Positivismus, 1844; übersetzt, eingeleitet und herausgegeben von *Iring Fetscher*, 3. Aufl. 1979.
177 *Radbruch*, Rechtsphilosophie, 9. (postume) Aufl. 1983, S. 175; GRGA, Bd. 2, 1993 (3. Aufl. 1932).
178 *Radbruch*, Rechtsphilosophie (Fn. 177), S. 176.

Rechtssicherheit, nicht Gerechtigkeit, wurde zum Höchstwert des Rechtes erhoben
– mit einem Schlagwort: law and order.

Begründer der Allgemeinen Rechtslehre, dieser „Euthanasie der Rechtsphilosophie" (*Radbruch*[179]), ist *Adolf Merkel* (1836–1896). Er ist vor allem durch die Übertragung des Entwicklungsbegriffs auf die Rechtswissenschaft hervorgetreten; das Recht, so behauptete er, entwickle sich empirisch feststellbar von der niedrigeren zur höheren Form, und aus dieser gesetzmäßigen Evolution könnten dann auch Erkenntnisse für das künftige Recht hergeleitet werden (Fortschrittsglaube!). Diesen Entwicklungsgedanken hat etwas später *Franz v. Liszt* (1851–1919) für die von ihm begründete, auf *Rudolf v. Jherings* Zwecktheorie („Der Zweck ist der Schöpfer des ganzen Rechts") fußende „moderne" (soziologische) Strafrechtsschule fruchtbar zu machen versucht. Er meinte, „indem wir das Seiende als ein geschichtlich Gewordenes betrachten und darnach das Werdende bestimmen, erkennen wir das Seinsollende"[180] (wobei dieses Seinsollende in concreto die Besserungsstrafe ist, die an die Stelle des Seienden, der Vergeltungsstrafe, treten wird). Es ist interessant, wie mit dieser Ineinssetzung von Werdendem und Seinsollendem der Methodendualismus mindestens teilweise preisgegeben wird. Es ist aber auch auf die Fehlsamkeit dieser Argumentation hinzuweisen: Die Entwicklung kann nur ein Anderswerden dartun, nicht ein Besserwerden. Es ist auch ein Schlechterwerden möglich, und die Rechtsgeschichte nach *Merkel* und *v. Liszt* hat das mit schrecklicher Deutlichkeit bewiesen.

Wir können an dieser Stelle nicht noch die weiteren Vertreter dieses „wissenschaftlichen Rechtspositivismus" jener Epoche einzeln würdigen, sondern nennen jetzt nur die wichtigsten Namen: *Karl Binding* (1841–1920; er war als Haupt der „klassischen" Strafrechtsschule der große Gegenspieler von *Franz v. Liszt*), *Ernst Rudolf Bierling* (1843–1919), *Karl Bergbohm* (1849–1927) und *Felix Somló* (1873–1920). Manches wird noch weiter unten, vor allem im Abschnitt über die Methodenlehre (2.3), zur Sprache gebracht werden.

Das gilt namentlich auch für jene Richtungen des Rechtspositivismus, die ihren Schwerpunkt in der ersten Hälfte des 20. Jahrhunderts haben und die in erster Linie unter rechtstheoretisch-methodologischen Gesichtspunkten bedeutsam sind. Man kann sie – gemäß der methodendualistischen Trennung von Sollen und Sein – in zwei große Lager einteilen: Auf der einen Seite ist der dem Sollen, der Norm, zugewandte, der *normlogische Positivismus*; ihm geht es nur um die formalen Strukturen von Normen, nicht um ihren Inhalt (Kant!); die bedeutendste Ausgestaltung dieses Positivismus ist die „Reine Rechtslehre" von *Hans Kelsen*. Auf der anderen Seite ist der *empirisch verfahrende Positivismus*, der sich mit dem Seienden, den Rechtstatsachen befasst, mit den subjektiven die Rechtspsychologie (*Bierling* u. a.),

---

179 *Radbruch*, Rechtsphilosophie (Fn. 177), S. 110.
180 Siehe *v. Liszt*, Das „richtige Recht" in der Strafgesetzgebung, in: ZStW 26 (1906), 553 ff.; 27 (1907), 91 ff.

mit den objektiven die Rechtssoziologie (Wurzeln bei *Rudolf v. Jhering* und dann vor allem bei *Max Weber*).

Wenigstens erwähnt werden soll hier noch, dass dem Positivismus in seiner Spätperiode noch eine weitere philosophische Richtung (außer Kantianismus und Empirismus) sekundiert hat: die *Existenzphilosophie*, jedenfalls in einigen ihrer Ausprägungen (nicht z. B. bei *Gabriel Marcel* und auch kaum bei *Karl Jaspers*). Am meisten kommt das zur Geltung in *Jean-Paul Sartres* (1905–1980) ontologischem Entwurf, wonach die Existenz der Essenz vorausgeht, mit der Folge, dass uns nichts vorgegeben ist, keine Moral, keine Werte, keine unverfügbaren Rechtsgehalte, alles ist Werk des völlig auf sich gestellten Menschen[181]. Aber auch *Martin Heidegger* (1889–1976) findet keinen Zugang zu einem Rechtsverständnis, das der Willkür Grenzen setzt, da nach ihm das Recht überhaupt keinen „eigentlichen" Seinsmodus, kein „Selbstsein" besitzt, sondern die Form der „Uneigentlichkeit" aufweist: der Preisgegebenheit an das „Massedasein"[182].

2.2.3.5 Der *Zerfall des Rechtspositivismus* setzte schon ein, als er nach außen hin seine bemerkenswertesten Erfolge zeitigte: die großen Gesetzgebungswerke des ausgehenden 19. Jahrhunderts, z. B. StGB, ZPO, StPO, BGB, HGB. Die Kritik am Rechtspositivismus war zunächst eine immanente. Seine beiden Dogmen, dass der Richter nicht rechtsschöpferisch tätig werden darf, dass er aber auch das Recht nicht verweigern darf, Rechtsschöpfungsverbot und Rechtsverweigerungsverbot also, setzen logisch zwingend ein Drittes voraus, dass nämlich die gesetzte Rechtsordnung ein geschlossenes, lückenloses Ganzes ist. Aber diese *Voraussetzung der Lückenlosigkeit der Gesetze* erwies sich als unhaltbar. Da man indessen das Rechtsverweigerungsverbot nicht aufgeben konnte, musste das Rechtsschöpfungsverbot fallen. Das heißt aber, dass der Richter im Falle einer Gesetzeslücke notgedrungen nach Kriterien entscheiden muss, die jenseits des Gesetzes liegen. Damit ist der strenge Gesetzespositivismus aus den Angeln gehoben. – Wir werden das jetzt aber nicht weiter verfolgen, vielmehr an späterer Stelle wieder aufgreifen.

Ein noch viel gravierenderer Umstand kam hinzu, der lange Zeit allerdings latent geblieben ist: Der Positivismus ist machtlos angesichts ungerechter oder unsittlicher Gesetze. Bei *Feuerbach* sahen wir noch, dass er in dieser Hinsicht eine Klausel eingebaut hat: kein Gehorsam gegenüber einer lex corrupta (er war insofern kein echter Positivist). Gegen Ende des Jahrhunderts hat man diese Schranke dann aber fallen lassen. Man nahm den Positivismus beim Wort, nach dem Gesetz und Recht identisch sind, mithin also *nur* das Gesetz, aber auch *jedes* Gesetz Recht ist. Es war der Weg vom „wissenschaftlichen Positivismus" zum „Gesetzespositivismus"[183]. So

---

181 Näher mit Nachweisen: *Arthur Kaufmann*, Rechtsphilosophie (Fn. 38), S. 102 ff.
182 Dazu *Werner Maihofer*, Recht und Sein; Prolegomena zu einer Rechtsontologie, 1954.
183 Vgl. *Wieacker*, Privatrechtsgeschichte (Fn. 102), S. 458 ff., der von einem „Sieg der Justiz über die Rechtswissenschaft, der politischen Nation über die Kulturnation" spricht.

erklärte *Bergbohm* mit fataler Konsequenz, dass wir auch „das niederträchtigste Gesetzesrecht, sofern es nur formell korrekt erzeugt ist, als verbindlich anerkennen" müssen; zwar soll solches „Missrecht" möglichst bald abgeschafft werden, aber „es ist, weil es heute Recht ist, heute zu respektieren"[184]. Oder ein Zitat von *Somló*: „Es gilt unumstößlich die Wahrheit, dass die Rechtsmacht (oder nach anderer Terminologie: der Gesetzgeber, der Staat, die souveräne Macht) jeden beliebigen Rechtsinhalt setzen kann."[185] Ähnliche Äußerungen, z. B. von *Paul Guggenheim* und *Hans Kelsen*, könnten hinzugefügt werden.

Bei alledem muss aber bedacht werden, dass die Positivisten des ausgehenden 19. und beginnenden 20. Jahrhunderts von der für sie selbstverständlichen Annahme ausgingen, dass der Gesetzgeber keine „niederträchtigen" Gesetze erlässt. Und der damalige Gesetzgeber hat das ja auch tatsächlich nicht getan. In ihm war das sittliche Qualitätsbewusstsein noch so lebendig, dass er gar nicht auf den Gedanken kam, die ihm vom Positivismus eingeräumte Omnipotenz zu missbrauchen und andere als gerechte, zumindest nicht ungerechte, Gesetze zu machen. Und eben auf diese Garantie, „dass im Gesetz ein Stück jener durch die Natur der Sache bedingten Ordnung geboten wird, dass in dem jeweils zu ordnenden Sachgebiet die Intention auf Gerechtigkeit entscheidend und deutlich sichtbar ist, dass bei aller, vom sozialen Leben geforderten Zweckmäßigkeit das Rechtsdenken nicht von krasser Utilität ... überspielt wird"[186], gründete sich der „wissenschaftliche" Positivismus.

Als es zur Bewährungsprobe kam, zerplatzte aber alles wie eine Seifenblase.

2.2.3.6 Das Kapitel *„Rechtsphilosophie und Nationalsozialismus"*[187] ist ohne Frage das dunkelste in der Geschichte der deutschen Rechtsphilosophie. Im Nationalsozialismus hat man wirklich „niederträchtige", „unsittliche", „verbrecherische" Gesetze gemacht. Was aber geschah von Seiten der Rechtsphilosophen, denen doch in erster Linie das „richtige Recht" und damit das Widerstandsrecht gegen das Unrecht anvertraut ist? Nichts, so gut wie nichts. Nur wenige wandten sich ab und gingen in die äußere oder innere Emigration: *Hans Kelsen* (unten 2.3.5), *Erich Kaufmann* (1880–1972), *Hermann Kantorowicz* (unten 2.3.4.4), *Arthur Baumgarten* (1884–1966), *Gustav Radbruch* (unten 2.2.5.1). Einige andere blieben immerhin passiv: *Karl Engisch* (unten 2.2.4.5), *Hans Welzel* (unten 2.2.4.4.2). Die allermeisten unterstützten das diktatorische Regime nachdrücklich und oft mit peinlicher Beflissenheit: *Carl Schmitt, Ernst Forsthoff, Otto Koellreutter, Hans-Helmut Dietze, Helmut Nicolai, Reinhard Höhn, Ernst-Rudolf Huber, Georg Dahm* (alle um die Jahrhundertwende geboren, wenige, z. B. *Carl Schmitt*, älter als Hitler, die meisten jünger) – und

---

184 *K. Bergbohm*, Jurisprudenz (Fn. 107), S. 144 f.
185 *F. Somló*, Juristische Grundlehre, 2. Aufl. 1927 (Nachdruck 1973), S. 308.
186 *Eb. Schmidt*, Gesetz und Richter; Wert und Unwert des Positivismus, 1952, S. 7 f.
187 Eingehend mit zahlreichen Quellenangaben: *Arthur Kaufmann*, Rechtsphilosophie und Nationalsozialismus, in: ARSP, Beiheft Nr. 18, 1983, S. 1 ff.; siehe auch *J. Ward*, Law, Philosophy and Nationalsocialism; Heidegger, Schmitt und Radbruch in Context, 1992.

noch viele andere, deren Namen man vergessen mag, deren Taten aber nie vergessen werden dürfen.

Diese Taten begannen schon damit, dass man die sofort nach der Machtübernahme der Nationalsozialisten vorgenommenen Eingriffe in den Grundrechtsbestand mit Beifall quittierte. Grundrechte erklärte man für ein Gedankengut des Liberalismus und des Individualismus, die in der „völkischen Gemeinschaft" allenfalls einen untergeordneten Stellenwert haben könnten. Überhaupt galten Liberalismus und Individualismus, selbstverständlich auch Judentum, Pazifismus, Sozialismus und Freimaurertum den nationalsozialistischen Rechtsphilosophen als die schlimmsten Feinde. Im Namen dieses Antiliberalismus und Antiindividualismus zog man auch gegen die subjektiven Rechte zu Felde, vor allem gegen die subjektiven öffentlichen Rechte, ja man sprach sogar vom Ende des subjektiven öffentlichen Rechts. In der Konsequenz dieser totalitären Rechtsauffassung lag es dann auch, dass man die Rechtsfähigkeit und Rechtssubjektivität einschränkte; rechtsfähig könnten nur „Volksgenossen" sein, nicht „Artfremde" wie Juden und Zigeuner. Damit war das Gleichheitsprinzip preisgegeben, das man natürlich auch als „liberalistisch", als der „egalitären" Demokratie Weimarer Provenienz verhaftet, verketzert hat. Dieser „Liberaldemokratie" galt der besondere Abscheu der damaligen Rechtsphilosophen und Staatsrechtler. Man wollte und half ihn schaffen: den „autoritären Staat", den „totalen Staat", eben den „Führerstaat". In diesem Staat gab es keine Gewaltenteilung, die selbstverständlich auch als eine typisch liberale, jedes echte Führertum vernichtende Konstruktion angeprangert wurde. Der „Führer" hatte nicht nur die oberste Regierungsgewalt, er war auch oberster Gesetzgeber und oberster Richter, sogar zum Hüter der Verfassung hat ihn die nationalsozialistische Rechtsphilosophie erklärt.

Der Tiefpunkt war natürlich die Verfolgung der „Artfremden", insbesondere der Juden. Auch das wurde von vielen Rechtsphilosophen jener Zeit beifällig, ja mit anspornenden Reden begleitet. Man würde gerne diese Geschehnisse als für immer abgeschlossen betrachten, wenn nicht auch heute unter der Flagge „Ausländerpolitik" bedenkliche Anzeichen einer Diskriminierung von „Artfremden" erkennbar wären.

Auch in der *juristischen Methodenlehre* war der Einfluss der nationalsozialistischen Ideologie vielfach zu spüren. Recht müsse, so hieß es allerseits, immer im nationalsozialistischen Sinne ausgelegt werden. Demgemäß sei der Richter an vorrevolutionäres Recht nicht strikt gebunden. Man war also gar nicht unbedingt positivistisch gesonnen; um die Ziele des Nationalsozialismus zu erreichen, hielt man auch eine Transzendierung des Gesetzes, ja eine Entscheidung contra legem für geboten. *Karl Larenz* hat deshalb schon damals von einem Standpunkt „jenseits von Naturrecht und Positivismus" gesprochen[188]. Das ist in der Tat auch unsere heutige Position – allerdings in einem anderen Sinne, als man das damals gemeint hat.

---

188 *K. Larenz*, Rechts- und Staatsphilosophie der Gegenwart, 2. Aufl. 1935, S. 150 ff.

2.2.4 Der Neubeginn nach dem Zweiten Weltkrieg

Die geschichtliche Erfahrung lehrt, dass sowohl die klassische Naturrechtslehre als auch der klassische Rechtspositivismus versagt haben. Das Naturrecht mit seinem starren Normensystem mag in Gesellschaften mit sehr einfacher Struktur funktionieren, der modernen hochkomplexen Gesellschaft mit einem sehr empfindlichen Wirtschaftssystem kann es nicht genügen. Der Rechtspositivismus andererseits brachte zwar die großen Gesetzgebungswerke des ausgehenden 19. Jahrhunderts hervor, weil den damaligen Gesetzgeber noch ein starkes moralisches Bewusstsein leitete, in den Diktaturen unserer Zeit jedoch ist diese Voraussetzung nicht mehr ohne weiteres gegeben; Schandgesetze sind nicht mehr nur Kathederbeispiele, sondern Wirklichkeit geworden, der rein formale Gesetzesbegriff hat versagt[189].

2.2.4.1 Nach der ungeheuren Willkürherrschaft des Nationalsozialismus, in der das Recht bis zur Unkenntlichkeit pervertiert wurde[190], glaubten freilich viele in der Stunde Null nach dem Zweiten Weltkrieg, wieder zum Naturrecht zurückkehren zu sollen. Schon *Jean Paul* hat gespottet, jede Messe und jeder Krieg liefere neue Naturrechte. Aber was sollten die Gerichte in der Rechtsnot jener Jahre auch schon anderes machen, als auf den nationalsozialistischen Unrechtsstaat mit Hilfe „naturrechtlicher" Erwägungen zu reagieren und Gesetzesnormen, die ungerecht waren oder ihnen wenigstens so erschienen, beiseite zu schieben und den Fall mit Berufung auf ein „überpositives Wesensrecht" zu entscheiden? Diese *„Naturrechtsrenaissance"*[191] ist viel gescholten worden, und sie war ja auch in der Tat keine Ausgeburt der Rationalität und Vernünftigkeit, aber der Vorwurf gilt eigentlich der Wissenschaft, vornehmlich der Rechtsphilosophie, die die Rechtsprechung auf das Phänomen des „gesetzlichen Unrechts" gar nicht vorbereitet hatte. So muss man den Gerichten doch so manchen „naturrechtlichen" Fehltritt verzeihen.

Diese „Naturrechtsrenaissance" als solche war Episode. Aber es blieb etwas hängen. Freilich, solche monströsen Gerichtsentscheidungen wie der Beschluss des Bundesgerichtshofs vom 17. Februar 1954[192] in Sachen Unzuchtscharakter des Sexualverkehrs von Verlobten findet man heute, zumindest der Sprache nach, nicht mehr.

---

189 Grundlegend *G. Radbruch*, Gesetzliches Unrecht und übergesetzliches Recht, in: SJZ 1946, 105 ff.; GRGA, Bd. 3, 1990, S. 83 ff. (abgedruckt auch im Anhang der postum erschienenen 4.-9. Aufl. von *Radbruchs* „Rechtsphilosophie"; GRGA, Bd. 2, 1993).
190 Immer noch lesenswert: *F. v. Hippel*, Die Perversion von Rechtsordnungen, 1955.
191 Dazu näher *A. Kaufmann*, Die Naturrechtsrenaissance der ersten Nachkriegsjahre – und was daraus geworden ist, in: Festschr. f. S. Gagnér, 1991, S. 105 ff. Siehe auch *K. Kühl*, Rückblick auf die Renaissance des Naturrechts nach dem 2. Weltkrieg, in: *G. Köbler/ M. Heinzel/J. Schapp* (Hrsg.), Geschichtliche Rechtswissenschaft, 1990, S. 331 ff. – Zum heutigen Naturrecht aus anderer Sicht: *R.P. George*, Natural Law Theory; Contemporary Essays, 1992. Siehe neuestens auch *J. Hruschka*, Vorpositives Recht als Gegenstand und Aufgaben der Rechtswissenschaft, in: JZ 1992, 429 ff.
192 *BGHSt* 6, 46; auch 6, 147.

Der Senat hat sich hierin auf die „Normen des Sittengesetzes" berufen und diese so charakterisiert: „Ihre (starke) Verbindlichkeit (im Unterschied zur ‚schwachen Verbindlichkeit' der ‚bloßen Sitte', der ‚bloßen Konvention') beruht auf der vorgegebenen und hinzunehmenden Ordnung der Werte und der das menschliche Zusammensein regierenden Sollenssätze; sie gelten unabhängig davon, ob diejenigen, an die sie sich mit dem Anspruch auf Befolgung wenden, sie wirklich befolgen und anerkennen oder nicht; ihr Inhalt kann sich nicht deswegen ändern, weil die Anschauungen über das, was gilt, wechseln."

Eine Kritik des Ergebnisses, zu dem der Bundesgerichtshof hier gekommen ist (der Verlobten-Verkehr widerstreitet dem objektiven Sittengesetz und ist daher unzüchtig), kann man sich heute ersparen. Aber zweierlei muss festgehalten werden: 1. Das „Sittengesetz" – in anderer Terminologie: das „Naturrecht" oder einfach das „Recht" (im Unterschied zum „positiven Gesetz") –, das hier beschworen wird, ist etwas *Substanzielles, Zeitloses, Überpositives*, es ist etwas, das *fertig* da ist, ein *Bestand*, ein *Zustand*. 2. Aus diesem „Sittengesetz" oder „überpositiven Recht" kann man konkrete Folgerungen, Rechtsentscheidungen, *rein deduktiv ableiten*, man kann Sachverhalte darunter *„subsumieren"*. Es ist ein *substanzontologisches Subsumtionsdenken*. Und daraus sind wir noch keineswegs heraus.

2.2.4.2 Der *Neopositivismus*, der Ende der Fünfziger-, Anfang der Sechzigerjahre einsetzte, verwarf wohl jeden Gedanken an ein überpositives Recht, aber die Denkstrukturen waren und sind bei ihm die nämlichen wie bei den Naturrechtlern. Das kann man allgemein formulieren. Die Naturrechtslehre (gemeint ist die „klassische": absolutistische und rationalistische Naturrechtslehre) und der Gesetzespositivismus unterscheiden sich zwar rechtsphilosophisch-ontologisch in der Auffassung über den Seinsgrund, die Geltung des Rechts: Bei jener ist es die vorgegebene und gleich bleibende „Natur des Menschen", bei diesem ist es der nicht an eine schon vorhandene natürliche Ordnung gebundene wandelbare „Wille des Gesetzgebers". Rechtstheoretisch-methodologisch gesehen gleichen sich indessen beide im Verständnis des Rechtsfindungsprozesses: Nach der (rationalistischen) Naturrechtslehre lassen sich aus absoluten rechtsethischen Prinzipien die positiven Rechtsnormen und aus diesen dann die konkreten Rechtsentscheidungen, nach dem (normativistischen) Gesetzespositivismus lassen aus den Gesetzen unter Zuhilfenahme der Direktiven des Gesetzgebers („Gesetzesmaterialien") ebenfalls die konkreten Rechtsentscheidung *ohne Rückgriff auf Erfahrung rein deduktiv* und in diesem Sinne „streng logisch" erschließen. Natürlich ist ganz notwendig immer Empirie eingeflossen, aber das wurde nicht reflektiert. So ist nach beiden Denkmodellen *das konkrete, positive Recht etwas Starres, a priori Festgelegtes*. Diese Verwandtschaft zweier so erklärter Gegner wie Naturrecht und Positivismus mag verwunderlich erscheinen, aber sie hat durchaus ihre inneren Gründe. Beide sind axiomatisch orientiert, beiden liegt das kodifikatorische Denken zugrunde, und vor allem sind beide der Systemphilosophie des Rationalismus verpflichtet, ein *geschlossenes System* adäquater und exakter Erkenntnisse zu errichten.

Bei Licht besehen hatte der Neopositivismus im Grunde auch nur ein Argument für sich: die Unhaltbarkeit der Naturrechtslehre. Dass folglich der Positivismus im Recht sein müsse, wäre nur dann zwingend, wenn die Alternative: Naturrecht oder Rechtspositivismus, eine ausschließliche wäre – was seit Menschengedenken völlig unkritisch als selbstverständlich unterstellt wird. Eine philosophische Fundierung des Positivismus, wie sie zum Beispiel *Hans Kelsen* in seiner „Reinen Rechtslehre" geliefert hat, findet man heute kaum irgendwo. Man ist Positivist aus skeptischer Resignation. Charakteristisch für den Zeitgeist ist, wie *Hans-Ulrich Evers* die bedenklichen Auffassungen der Positivisten der Jahrhundertwende wieder aufgreift: „Auch die verwerflichste Rechtsordnung", sagt er, „hat noch einen verpflichtenden Wert ...", denn auch sie gewährt noch „ein Minimum an Schutz" und „um dieser Funktion willen hat sie auch einen Wert ... ohne Rücksicht auf ihren Inhalt"[193].

Wenn auch diese Auffassung noch irgendwie verstehbar ist, so ist sie doch keinesfalls eine Antwort auf die uns heute aufgegebenen Probleme. Das Zurück-hinter-Kant der Naturrechtsrenaissance war verfehlt. Doch nicht weniger verfehlt ist das Zurück-hinter-die-Rechtsperversion-der-Nazidiktatur. Was uns aufgegeben ist, das ist die Beschränkung der Willkür in Gesetzgebung und Gesetzesanwendung; es geht um die Auffindung eines „Unverfügbaren" im Recht. Darauf wird es eine befriedigende Antwort nicht geben, solange man an der Alternative: entweder Naturrecht oder Positivismus, tertium non datur, festhält. Gerade die Nachkriegsdiskussion hat ad oculos demonstriert, dass das Denken in dieser Alternative in eine Sackgasse führt. Jeder kennt die tausendmal vorgebrachten Argumente und Gegenargumente, aber keiner ist in der Lage, den Gegner von seiner Meinung abzubringen, weil er die eigene Position nicht überzeugend begründen kann.

2.2.4.3 In eine Sackgasse führt es aber auch, wenn man dem *substanzontologischen* Naturrecht eine *funktionalistische* Rechtsauffassung, wie sie vor allem *Niklas Luhmann* vertritt[194], entgegenstellt. Nach diesem Funktionalismus kommt es nicht darauf an, dass das Recht gerecht ist (so etwas wie „Gerechtigkeit" oder „Unverfügbarkeit" gibt es überhaupt nicht, das sind vielmehr nur Symbole, mit denen man

---

193 *H.-U. Evers,* Der Richter und das unsittliche Gesetz, 1956, S. 141. – Einer der wenigen Anhänger des Rechtspositivismus heute ist *N. Hoerster*: Verteidigung des Rechtspositivismus, 1989. Siehe im Übrigen: *E.J.-Lampe,* Grenzen des Rechtspositivismus, 1988; *R. Dreier* (Hrsg.), Rechtspositivismus und Wertbezug des Rechts, in: ARSP-Beiheft 37, 1990; *ders.,* Neues Naturrecht oder Rechtspositivismus?, in: RTh 18 (1987), 368 ff.; *W. Krawietz,* Neues Naturrecht oder Rechtspositivismus?, in: RTh 18 (1987), 209 ff.; *W. Maihofer* (Hrsg.), Naturrecht oder Positivismus?, 3. Aufl. 1981; *N. MacCormick/O. Weinberger,* Grundlagen des institutionalistischen Rechtspositivismus, 1985; *G. Marino,* Positivismo e Giurisprudenza, 1986; *G. Zaccaria,* Diritto positivo Positivitá del Diritto, 1989.
194 Sein bekanntestes Werk: Legitimation durch Verfahren, 1969.

gute Absichten beteuert[195]), entscheidend in einer hochgradig komplexen Gesellschaft ist allein, dass das Recht funktioniert, indem es „Komplexität reduziert" (woran gewiss etwas ist, aber das Recht wird so völlig fungibel). Wohl ist richtig, dass das „Unverfügbare" nicht in einer substanzontologisch verstandenen starren, dinghaften, versteinerten „Natur" liegen kann; es muss auch nicht etwas „Vorgegebenes" wie der Logos, das Jus Divinum oder die rationalistische Menschennatur im Sinne des alten Naturrechts sein[196]. Doch das ist kein Argument dafür, dass es Unverfügbares im Recht überhaupt nicht gebe. Gewiss, *Kant* hat die Substanzontologie überwunden. Aber *Charles R. Peirce* hat den großen Schritt gemacht von den Substanzen zu den *Verhältnissen* und *Relationen*, indem er von der aristotelischen und kantischen Logik, die nur Eigenschaftsprädikate kannte, zu einer Logik der Relationsprädikate vorstieß[197]. Dieser Schritt muss in Rechtsphilosophie und Rechtstheorie erst noch nachvollzogen werden. Doch wir haben weit vorgegriffen.

Wir müssen einen Weg *jenseits von substanzontologischem Naturrecht und funktionalistischen Gesetzespositivismus* finden. Den Anstoß zur Überwindung des fatalen Stellungskriegs zwischen diesen beiden Lagern hat bereits *Gustav Radbruch* gegeben. Betrachtet man sein Werk im Ganzen, dann stellt sich klar heraus, dass sein Standort jenseits von Naturrecht und Positivismus gewesen ist. Darüber wird alsbald Genaueres zu sagen sein.

2.2.4.4 Zuvor aber wollen wir noch einige Versuche würdigen, die auch an der Aufgabe der ersten Nachkriegszeit orientiert waren, die aus dem Nationalsozialismus überkommene Rechtsnot zu überwinden, nämlich die Willkür im Rechtsdenken durch den Gedanken eines Unverfügbaren im Recht zu begegnen. Dabei ging es immer auch darum, den hauptsächlich von *Max Weber* (1864–1921) und *Gustav Radbruch* (1878–1949) vertretenen werttheoretischen Relativismus, wenn nicht zu überwinden, so doch zu begrenzen.

2.2.4.4.1 Wesentliche Impulse für die Erneuerung der Rechtsphilosophie gingen von der *Phänomenologie Edmund Husserls* (1859–1938) aus (*Husserls* bedeutende Schülerin, die zum katholischen Glauben übergetretene Jüdin *Edith Stein*, wurde 1942 in Auschwitz ermordet). Nach phänomenologischer Lehre sollen sich die an sich seienden Wesenheiten in „ideierenden Akten" unter „eidetischer" und „phänomenologischer Reduktion" oder „Einklammerung" aller „zufälligen Daseinsko-

---

195 Näher dazu *A. Kaufmann/W. Hassemer*, Grundprobleme der zeitgenössischen Rechtsphilosophie und Rechtstheorie, 1971, S. 27 ff.; *R. Dreier*, Recht – Moral – Ideologie, 1981, S. 270 ff.: Zu Luhmanns systemtheoretischer Neuformulierung des Gerechtigkeitsproblems. Siehe neuerdings vor allem auch *L. Philipps/H. Scholler* (Hrsg.), Jenseits des Funktionalismus; Arthur Kaufmann zum 65. Geburtstag, 1989.
196 Vgl. dazu *A. Kaufmann*, Recht und Rationalität (Fn. 71), S. 1 ff., bes. S. 24 ff.
197 Siehe dazu *W. Stegmüller*, Hauptströmungen der Gegenwartsphilosophie, Bd. 1, 6. Aufl. 1978, S. 429 ff., bes. S. 431.

effizienten" in reiner Selbstgegebenheit darstellen, und zwar streng einsichtig, irrtumsfrei und adäquat. Wer sich diese höchst komplizierte Erkenntnisweise verdeutlichen will, lese bei *Gerhart Husserl* (1894–1973) die Phänomenologie des Schuhes[198]; das Beispiel ist kennzeichnend, denn die phänomenologische Methode funktioniert offensichtlich nur bei einfach strukturierten Gegenständen, nicht bei so etwas Komplexem, zudem Normativem, wie es das Recht ist. Die Bemühungen *Gerhart Husserls* und *Adolf Reinachs* (1883–1917)[199], apriorische Elemente des Rechts herauszuarbeiten, die der Gesetzgeber beachten muss, wenn er eine sachgerechte Regelung treffen will (*„apriorische Rechtslehre"*), waren nicht von Erfolg gekrönt.

2.2.4.4.2 Diese Lehre basiert auf der logisch-erkenntnistheoretischen Version der Phänomenologie. Nachhaltiger wirkte sich die werttheoretische Version aus, deren erster Gewährsmann *Max Scheler* (1874–1928) ist. Von ihr sind vor allem *Hans Welzel* (1904–1977) und sein Schüler *Günter Stratenwerth* (geb. 1924) inspiriert worden. Nach ihrer Lehre wird das gesamte Recht von *„sachlogischen Strukturen"* durchzogen – zum Beispiel die Strukturen der menschlichen Handlung, des Vorsatzes, des Täter-Teilnehmer-Verhältnisses –, die die gesetzliche Regelung binden, wenn Handlungen usw. normiert werden sollen[200].

2.2.4.4.3 Eine dritte Richtung argumentiert mit der *„Natur der Sache"*. Sie hat die neuere Rechtsphilosophie zweifellos am nachhaltigsten befruchtet, was sich auch an der unübersehbaren Literatur dokumentiert. Schon *Radbruch* hatte die Rechtserneuerung über die „Natur der Sache" versucht, die er aber im Sinne des Neukantianismus nur als eine „Denkform" verstand, mittels derer der von ihm schon früh vertretene „Methodendualismus von Sein und Sollen"[201] entspannt werden kann; dabei hat *Radbruch* der „Natur der Sache" aber nicht den Charakter einer Rechtsquelle zuerkannt[202]. Das tat dann *Werner Maihofer* (1918–2009), der, von der Existenzphilosophie *Martin Heideggers* (1889–1976) herkommend, die „Natur der Sache" als echte Rechtsquelle im Sinne eines „konkreten Naturrechts" begreift[203].

---

198 G. Husserl, Recht und Zeit, 1955, S. 14 ff.
199 *Reinachs* wichtigstes Werk: Zur Phänomenologie des Rechts; Die apriorischen Grundlagen des bürgerlichen Rechts, 1953. Erwähnt werden soll aber auch seine heute noch lesenswerte Einführung in die Phänomenologie: A. Reinach, Was ist Phänomenologie?, 1951.
200 Sehr klar vertritt diesen Standpunkt G. Stratenwerth in: Das rechtstheoretische Problem der „Natur der Sache", 1957.
201 G. Radbruch, Vorschule (Fn. 9), § 1: „Wirklichkeit und Wert"; GRGA, Bd. 3, 1990.
202 G. Radbruch, Die Natur der Sache als juristische Denkform, in: Festschr. zu Ehren von R. Laun, 1948, S. 157 ff.; GRGA, Bd. 3, 1990, S. 229 ff.
203 W. Maihofer, Die Natur der Sache, in: ARSP 44 (1958), 145 ff. Zu meinem eigenen Standpunkt siehe A. Kaufmann, Analogie (Fn. 28): die „Natur der Sache" ist das Verbindungsglied („Katalysator") zwischen Sein und Sollen, Fall und Norm (vgl. dazu mehrere Beiträge in P. Nerhot [Hrsg.], Legal Knowledge and Analogy; Fragments of Legal Epistemology, Hermeneutics and Linguistics, 1991). Neuestens vor allem F. Romeo, Analogie; Zu einem relationalen Wahrheitsbegriff im Recht, 1991, und A.W.H. Langhein, Das Prinzip

B *Historischer Diskurs*

2.2.4.4.4 Zu erwähnen wäre noch manches. Wir beschließen diesen Streifzug aber mit einem kurzen Blick auf den *Neuhegelianismus*, wie er etwa von *Julius Binder* (1870–1939)[204], *Walther Schönfeld* (1888–1958) und *Karl Larenz* (1903–1993)[205] vertreten worden ist. Da der Neuhegelianismus nie positivistisch war, hatte er insofern keine Schwierigkeiten, nach dem Zusammenbruch zur Rechtserneuerung beizutragen. Andererseits war er aber aus nahe liegenden Gründen (autoritäre Staatstheorie) in das Verhängnis des Nationalsozialismus verstrickt, so dass nunmehr die Berufung auf das „konkrete Ordnungsdenken" (*Carl Schmitt*, 1888–1985) nicht mehr so recht glaubwürdig erscheint, wiewohl manches Kluge dahintersteckt.

2.2.4.5 Dass alle diese Bemühungen um ein „Unverfügbares" im Recht schließlich zu einer Ernüchterung, ja Enttäuschung geführt haben, beruht namentlich darauf, dass man überwiegend immer noch an einem *objektivistischen Erkenntnisbegriff* festgehalten hat[206]. Teilweise führte das wieder zu einer Hinwendung zu *formalen Rechtstheorien*, namentlich zu der in der streng mathematisch orientierten Philosophie von *Bertrand A.W. Russell* (1872–1970) und *Alfred N. Whitehead* (1861–1947), aber auch in der Sprachphilosophie von *Ludwig Wittgenstein* (1889–1951) grundgelegten *analytischen Rechtstheorie*, deren Hauptvertreter heute *H.L.A. Hart* (1907–1992), *Alf Ross* (1899–1979), *Kazimierz Opałek* (1918–1995), *Aleksander Peczenik* (1937–2005), *Aulis Aarnio* (geb. 1937) sind und die durch logische Sprachanalysen bei strikter Trennung von Recht und Moral sowie von empirischen und normativen Sätzen streng einsichtige, „evidente" Aussagen über das Recht machen wollen[207].

---

der Analogie als juristische Methode, 1992. Aus dem Kreis der kritischen Stimmen sei besonders genannt *R. Dreier*, Zum Problem der „Natur der Sache", 1965. Weitere Literatur zur „Natur der Sache" findet sich bei *A. Kaufmann* (Hrsg.), Die ontologische Begründung des Rechts, 1965, S. 4-243.

204 Vgl. zu ihm *R. Dreier*, Recht – Staat – Vernunft, 1991, S. 142 ff.: Julius Binder (1870-1939); Ein Rechtsphilosoph zwischen Kaiserreich und Nationalsozialismus.

205 Siehe die heute noch lesenswerte Schrift: *K. Larenz*, Hegels Zurechnungslehre und der Begriff der objektiven Zurechnung, 1927.

206 Anders, nämlich relational, hat *G. Stratenwerth* die „Natur der Sache" erfasst. In dieser Hinsicht ist mein eigener Standpunkt sehr ähnlich.

207 Aus der Literatur: *H.L.A. Hart*, Der Begriff des Rechts (aus dem Englischen), 1973; *ders.*, Recht und Moral (aus dem Englischen), 1971; *E. Barros*, Rechtsgeltung und Rechtsordnung; eine Kritik des analytischen Rechtsbegriffs, 1984; *G. Robles*, Rechtsregeln und Spielregeln; Eine Abhandlung zur analytischen Rechtstheorie, 1987; *J.-M. Priester*, Rechtstheorie als analytische Wissenschaftstheorie, in: *G. Jahr/W. Maihofer* (Hrsg.), Rechtstheorie, 1971, S. 13 ff.; *E. Tugendhat*, Vorlesungen zur Einführung in die sprachanalytische Philosophie, 1976; *H.-J. Koch*„ Juristische Methodenlehre und analytische Philosophie, 1976; *K.L. Kunz*, Die analytische Rechtstheorie: Eine „Rechts"-theorie ohne Recht? 1977; *H. Eckmann*, Rechtspositivismus und sprachanalytische Philosophie; Der Begriff des Rechts in der Rechtstheorie H.L.A. Harts, 1969; *V. Steiner*, Analytische Auffassung des Rechts und der Rechtsinterpretation, in: ARSP 69 (1983), 299 ff. – Eine analytische Untersuchung mit praktischem Bezug: *E.v. Savigny*, Die Überprüfbarkeit der Strafrechtssätze, 1967.

Inzwischen genügt vielen diese reine juristische Analytik mit ihrer Beschränkung auf die „Rules" nicht mehr, vielmehr wird, wie vor allem bei *Ronald Dworkin* (geb. 1931), das System um die „General Principles of Law" erweitert, deren Verhältnis zu den „Rules" allerdings höchst streitig ist (darüber unten mehr). Jedenfalls wurde dadurch die *Normentheorie*, deren bedeutendstes Werk *Hans Kelsen* hinterlassen hat[208], stark befruchtet; auch hier hat *K. Opalek* Wegweisendes geleistet[209]. Wichtig unter den formalen Rechtstheorien ist selbstverständlich auch die *juristische Logik*, für die *Karl Engisch* (1899–1990), *Ulrich Klug* (1913–1993), *Ilmar Tammelo* (1917–1982) und *Ota Weinberger* (1919–2009) stehen mögen[210]. Eine besondere Form der juristischen Logik, die *deontische Logik* (die Logik der Werte und Normen), hat *Georg Henrik von Wright* (1916–2003) zu entwickeln versucht[211].

So unverzichtbar diese Richtungen sind und so verdient sich ihre Vertreter gemacht haben, so können sie doch eine *materiale* Rechtsphilosophie nicht ersetzen. Zudem laufen die rein formalen Rechtstheorien Gefahr, das Recht in einem „axiomatischen System" (*Klug*) abzuschließen und es für das strömende Leben unzugänglich zu machen. Dem sucht neuerdings eine *topische* bzw. *rhetorische Jurisprudenz* zu begegnen, die unter Wiederbelebung alter Traditionen (*Aristoteles, Cicero*) ein „aporetisches" Verfahren entwickelt, damit man im „offenen System"[212] Orientierung finden kann (*Theodor Viehweg*, 1907–1988; *Chaïm Perelman*, 1912–1984)[213]. Die Lo-

---

208 *H. Kelsen*, Allgemeine Theorie der Normen, 1979 (postum).
209 Siehe *K. Opałek*, Überlegungen zu Kelsens „Allgemeiner Theorie der Normen", 1980; *ders.*, Theorie der Direktiven und der Normen, 1986. Sodann auch *O. Weinberger*, Norm und Institution, 1988.
210 Siehe *K. Engisch*, Logische Studien zur Gesetzesanwendung, 3. Aufl. 1963; *U. Klug*, Juristische Logik, 4. Aufl. 1982; *I. Tammelo/H. Schreiner*, Grundzüge und Grundverfahren der Rechtslogik, 2 Bde., 1974/1977; *O. Weinberger*, Rechtslogik; Versuch einer Anwendung moderner Logik auf das juristische Denken, 1970.
211 *G.H. von Wright*, An Essay in Deontic Logic and the General Theory of Action, 1968; *ders.*, Deontic Logic Revisited, in: RTh 4 (1973), 37 ff. Siehe etwa noch *G. Kalinowski*, Die präskriptive und die deskriptive Sprache in der deontischen Logik, in: RTh 9 (1978), 411 ff.; *A.G. Conte*, Konstitutive Regeln und Deontik, in: Ethics; Foundations, Problems, and Applications, 1981, S. 82 ff.
212 Hierzu vor allem *K.R. Popper*, Die offene Gesellschaft und ihre Feinde, 2 Bde., 6. Aufl. 1980 (der erste Band handelt von Platon). – Dazu den Anti-Popper: *A.F. Utz* (Hrsg.), Die offene Gesellschaft und ihre Ideologien, 1986. – Im Sinne eines „offenen Systems" auch *C.-W. Canaris*, Systemdenken und Systembegriff in der Jurisprudenz, 2. Aufl. 1983, S. 61 ff.; *W. Fikentscher*, Methoden des Rechts in vergleichender Darstellung, Bd. 2, 1975, S. 64 ff.; *R. Zippelius*, Rechtsphilosophie, 2. Aufl. 1989, S. 76 ff.
213 *T. Viehweg*, Topik und Jurisprudenz, 5. Aufl. 1954; *Ch. Perelman*, Das Reich der Rhetorik; Rhetorik und Argumentation, 1980. Siehe auch *W. Schreckenberger*, Rhetorische Semiotik, 1978; *F. Haft*, Juristische Rhetorik, 3. Aufl. 1985; *O. Ballweg* u. a. (Hrsg.), Rhetorische Rechtstheorie, 1982; *K. Lüderssen*, Juristische Topik und konsensorientierte Rechtsgeltung, in: Festschr. f. H. Coing, Bd. 1, 1982, S. 549 ff.; *G. Struck*, Topische Jurisprudenz, 1971; *O. Weinberger*, Topik und Plausibilitätsargumentation, in: ARSP 65 (1973), 17 ff.; *W. Gast*, Juristische Rhetorik, 2. Aufl. 1992.

sung heißt: *Argumentieren im offenen System!* Diese Losung haben die *Argumentationslehre* ebenso wie die *Hermeneutik* auf ihr Panier geschrieben. Wesentlich durch das Öffnen des Systems haben sie sowohl das Naturrecht als auch den Rechtspositivismus hinter sich gelassen[214] (darüber unten mehr).

2.2.4.6 Ein kurzes Wort noch zur *Analytik-Hermeneutik-Diskussion*[215]. Eine Erneuerung der Rechtsphilosophie muss von der Einsicht *Kants* ausgehen, dass Begriffe ohne Inhalt leer, Anschauungen ohne Begriffe blind sind. Auf der Basis der derzeitigen Theorie-Diskussion könnte man das auf die Formel bringen: Analytik ohne Hermeneutik ist leer, Hermeneutik ohne Analytik ist blind. In den zurückliegenden Jahren haben sich beide Richtungen allerdings mehr bekämpft als einander ergänzt. Die analytische Richtung wirft der Hermeneutik vor, sie sei irrational (was nicht zutrifft: die Hermeneutik selbst ist nicht irrational, sie sucht nur Licht zu bringen in Vorgänge, die nicht oder nicht rein rational sind, und derart ist der Rechtsfindungsprozess). Die Hermeneutik ihrerseits lastet der Analytik an, dass sie keine Antworten auf die wirklichen Probleme der Rechtsphilosophie und überhaupt des Menschen habe (solche Antworten strebt sie auch gar nicht an, weshalb die Analytik nur dann bedenklich wird, wenn sie den Anspruch erhebt, sie allein vertrete die Rechtsphilosophie).

In neuester Zeit zeigen sich deutlich Tendenzen, das Gegeneinander aufzugeben und zu einem Miteinander zu kommen. Einen wichtigen Schritt in diese Richtung hat schon *Georg Henrik von Wright* mit seinem Buch „Erklären und Verstehen" (1974) gemacht. Zu nennen ist in diesem Zusammenhang auch *Karl Engisch*, dem die Kunst, logisches und hermeneutisches Denken zu verbinden, schon immer eigen war, wie sein Buch „Logische Studien zur Gesetzesanwendung" (1943) unter Beweis stellt.

Weiter sind zu nennen *Ronald Dworkin*, der sich in seinem 1986 erschienenen Buch „Law's Empire" mit der Hermeneutik *Gadamers* befasst[216]. Noch deutlicher beschreibt das Zusammenspiel von Analytik und Hermeneutik *José de Sousa e Brito* (geb. 1939) in seinem Buch „Philosophia do Direito e do Estado" von 1987. Und weitere Namen, beispielsweise *Andrés Ollero Tassara* („Rechtswissenschaft und Philosophie", 1978), könnten hinzugefügt werden. Noch vor einigen Jahren haben die meisten Analytiker die Hermeneutik einfach übergangen. Das hat sich grundlegend gewandelt. Das Schrifttum über juristische Hermeneutik ist lawinenartig ge-

---

214 Zu den Problemen des axiomatischen Systems, der Topik und des (strukturalistisch verstandenen) offenen Systems siehe *H. Otto,* Methode und System in der Rechtswissenschaft, in: ARSP 55 (1969), 493 ff.
215 Dazu klar und überzeugend *J. Stelmach,* Die hermeneutische Auffassung der Rechtsphilosophie, 1991, S. 44 ff., 135 ff.
216 *R. Dworkin,* Law's Empire, 1986, S. 55 ff.

wachsen, und dies keineswegs nur im deutschsprachigen Raum. Man kann ja auch fürwahr weder die Analytik noch aber auch die Hermeneutik absolut setzen; das Eine ist so wenig entbehrlich wie das Andere.

2.2.5 Jenseits von Naturrecht und Rechtspositivismus

Die Suche nach einem *„dritten Weg"* zwischen oder jenseits von Naturrecht und Positivismus ist heute weltweit *das* Thema der Rechtsphilosophie (von den rein formalistischen und funktionalistischen Richtungen einmal abgesehen).

2.2.5.1 Wie oben auf S. 84 schon angemerkt worden ist, war der Erste, der den aussichtslosen Stellungskrieg zwischen Naturrecht und Positivismus überwunden hat, *Gustav Radbruch* (1878–1949). Wenn man im heutigen Jargon reden will, hat Radbruch mit seiner Rechtsphilosophie einen „Paradigmenwechsel" vollzogen: Abkehr von der nach *Hegel* fast ausnahmslos formal betriebenen Rechtsphilosophie, meist „Allgemeine Rechtslehre" genannt (von *Radbruch* als „Euthanasie der Rechtsphilosophie" bezeichnet[217]) und Neubegründung einer *materialen Rechtsphilosophie*, in der es um *Inhalte* und nicht nur um Formen und Strukturen geht. Allerdings war auch *Radbruch* wie *Kelsen* insofern Kantianer, als er apriorische, eindeutige, zwingende Aussagen nur von den Formen für möglich hielt, nicht von den Inhalten. Doch während sich *Kelsen* aus diesem Grund auf das Formale beschränkte, philosophierte *Radbruch* gleichwohl über Inhalte, zumal über Werte. Dafür musste er, von seiner kantianischen Position her, einen Preis bezahlen, einen hohen Preis: den des *werttheoretischen (rechtsphilosophischen) Relativismus*.

In der Literatur über *Radbruch* ist ein heftiger Streit darüber entbrannt, ob es in seinem Leben und zumal in seiner Rechtsphilosophie einen „Umbruch", gar ein „Damaskuserlebnis" gegeben hat oder ob die bei ihm zweifellos festzustellenden und von ihm auch nie geleugneten Wandlungen nur Ausdruck einer bruchlos vonstatten gehenden Entwicklung waren. Zugespitzt: Ist aus dem einstmaligen „Positivisten" *Radbruch* unter dem Eindruck des nationalsozialistischen Unrechtsstaats ein „Naturrechtler" geworden?[218]

Es gibt Stellen im Werk *Radbruchs*, mit denen man einen derartigen Umbruch belegen könnte. Aber es lassen sich auch unschwer gegensinnige Zitate anführen. Schon 1919 hat *Radbruch* den Positivismus als einen „Götzendienst der Macht" apostrophiert[219], und bereits in den „Grundzügen der Rechtsphilosophie" von 1914 steht der Satz: „Für die Geltung erweislich unrichtigen Rechts lässt sich keine

---

217 *G. Radbruch*, Rechtsphilosophie (Fn. 177), S. 110.
218 Siehe dazu *A. Kaufmann*, Gustav Radbruch – Rechtsdenker, Philosoph, Sozialdemokrat, 1987, bes. S. 20 ff.
219 *G. Radbruch*, Ihr jungen Juristen!, 1919, S. 13.

Rechtfertigung erdenken."[220] Andererseits hat sich *Radbruch* auch unter dem Eindruck des nationalsozialistischen Unrechtsstaats nicht völlig vom Rechtspositivismus gelöst, er hat nie die Rechtssicherheit als einen Bestandteil der Rechtsidee einem vagen Naturrechtsdenken geopfert. Es gibt keinerlei Hinweise, dass *Radbruch* jemals an eine Erneuerung der „klassischen" Naturrechtsidee gedacht hat, wonach aus einem substanziell aufgefassten Naturbegriff ein ganzes System objektiver und immerwahrer Rechtssätze abgeleitet werden kann. Was er als Naturrecht erachtet und anerkannt hat, sind, wie schon bei *Feuerbach* [221], gewisse subjektive Rechte des Menschen, die der staatlichen Gesetzgebung vorgegeben und unverfügbar, gleichwohl aber geschichtlich sind, also im Wesentlichen das, was wir als Grund- und Menschenrechte bezeichnen[222].

Radbruch ist eine Brücke, die die antagonistischen Positionen von gestern überspannt, seine Rechtsphilosophie hat, sieht man aufs Ganze und greift nicht willkürlich einzelne Aussagen heraus, ihren Standort jenseits von Naturrecht und Positivismus. Diese Brücke bildet bei *Radbruch* zu allererst sein *Rechtsbegriff*. Im klassischen Naturrecht wird „Recht" mit dem absoluten Rechtswert, der Gerechtigkeit, gleichgesetzt. Für den positivistischen Rechtsbegriff spielt der Inhalt überhaupt keine Rolle; auch ungerechtes „Recht" unterfällt diesem Rechtsbegriff, sofern es nur formell korrekt erzeugt ist. *Radbruchs* Rechtsbegriff, an dem er zeitlebens festgehalten hat und bei dem es keinen Wandel gab, folgt keiner dieser beiden Richtungen. Er stellt in der Tat einen „dritten Weg" dar.

Um *Radbruchs* Rechtsbegriff zu verstehen, muss kurz etwas über die Genese seiner Philosophie gesagt werden. Seine philosophischen Ausgangspunkte waren einmal der südwestdeutsche Neukantianismus, wobei vor allem der *werttheoretische Ansatz von Emil Lask* von Einfluss war, und zum anderen der *Methodendualismus von Sein und Sollen* (das Verhältnis von Sein und Sollen, Wirklichkeit und Wert, ist eines der grundlegendsten Probleme der Rechtsphilosophie; in Schema 3 (S. 91) sind die Hauptrichtungen mit ihren Konsequenzen dargestellt). Von hier aus unterschied er die *wertfreie Haltung* der Naturwissenschaften, die *wertende Haltung* der Ethik, dazwischen die *wertbeziehende Haltung* der Kulturwissenschaften und darüber die *wertüberwindende Haltung* der Religion[223]. *Das Recht*, das der Kultur angehört, ist *„wertbezogen"*: Es ist *„die Wirklichkeit, die den Sinn hat, der Gerechtigkeit zu dienen"*[224]. Dieser

---

220 G. Radbruch, Grundzüge der Rechtsphilosophie, 1914, S. 171; vgl. auch Rechtsphilosophie (Fn. 177), S. 178 f.; GRGA, Bd. 2, 1993.
221 Siehe oben 2.3.4.
222 Siehe vor allem G. Radbruch, Vorschule (Fn. 9), S. 94 ff., GRGA, Bd. 3, 1990, S. 211 ff. Zu den „Vorgegebenheiten" im Recht vgl. auch R. Zippelius, Rechtsphilosophie (Fn. 212), S. 46 ff.
223 Radbruch, Rechtsphilosophie (Fn. 177), S. 87 ff.
224 Radbruch, Rechtsphilosophie (Fn. 177), S. 119; ebenso schon früher: Grundzüge der Rechtsphilosophie, 1914, S. 29 ff.; GRGA Bd. 2, 1993; und später: Vorschule (Fn. 9), S. 32 ff.; GRGA Bd. 3, 1990, S. 150 ff.

Das Verhältnis von Sein und Sollen Schema 3
(Die drei Grundauffassungen)

SEIN   SOLLEN

1. *Sein und Sollen sind identisch („Methodenmonismus")*
   Klassische (idealistische) Naturrechtslehre
   (Thomas von Aquin, Neuthomisten, Hegel)

2. *Sein und Sollen sind different („Methodendualismus")*
   Kant, Neukantianer (Kelsen, Radbruch)
   Rechtspositivismus (Bergbohm, Somló)
   Analytische Rechtstheorie (Hart, Ross)

3. *Sein und Sollen sind äquivalent;* gegenseitiger Bezug
   („Methodenpolarität")
   Dialektik (Hegelianer: Schönfeld, Binder, Larenz
        – Marxisten: Bloch, Klenner)
   Analogie: Recht als Entsprechung von Sollen und Sein
   (Arthur Kaufmann, Winfried Hassemer)
   Natur der Sache: Stoffbestimmtheit der Idee –
   Ideebestimmtheit des Stoffes
   (der späte Radbruch, Maihofer)

Mundus sensibilis	Mundus intelligibilis
Homo phainomenon	Homo noumenon
a posteriori	a priori
Anschauung	Begriff
Wahrnehmbare Erscheinung	Wesen
empirisch	überempirisch
	(„metaphysisch")
Erfahrung	Denken
immanent	transzendent
offenes System	geschlossenes System
Topik (Aporetik)	Axiomatik
Fall	Norm
Konkret-positiv	abstrakt-allgemein
Gewalt (faktisch)	Macht (geistig)
Wirksamkeit	Gültigkeit
Heteronomie	Autonomie
Zwang	Freiheit
Kausalität	Finalität (Teleologik),
	Zweckmäßigkeit
Interessenjurisprudenz	Begriffsjurisprudenz
Rechtssoziologie (-psychologie)	Normentheorie
„Sache"	„Natur"
„Basis"	„Überbau"
…	…

Rechtsbegriff ist nach zwei Richtungen bemerkenswert. Erstens, er ist *nicht positivistisch*. Der positivistische Rechtsbegriff besagt nur, dass das Recht ein Inbegriff von formal korrekt erlassenen Normen beliebigen Inhalts ist („Recht an sich" gibt es gar nicht, es ist nur eine Sammelbezeichnung für die Gesetzesnormen). *Radbruch* dagegen betont, dass Rechtsqualität nur Normen haben, die auf Gerechtigkeit bezogen, die an ihr orientiert sind. Zweitens, *Radbruchs* Rechtsbegriff ist *nicht naturrechtlich*, da „richtiges Recht" nicht mit dem absoluten Rechtswert, der Gerechtigkeit, gleichgesetzt wird; Werte an sich gehören nach *Radbruchs* werttheoretischer Auffassung nur der ideellen, nicht der wirklichen Welt an (siehe dazu Schema 4, s. u.). Bei *Radbruch* gibt es nur „annäherungsweise" richtiges Recht, aber „verwerfliches Recht" wurde von ihm nie akzeptiert, auch nicht in seiner Frühperiode. *Radbruchs* Lehre von der Nichtigkeit „gesetzlichen Unrechts" mit der er 1946 großes Aufsehen erregte[225], ist im Grunde nur eine Konsequenz seines schon früh (schon in den „Grundzügen" von 1914) konzipierten Rechtsbegriffes, nur dass er die Betonung änderte: In der Frühzeit lag sie bei der Rechtssicherheit, in der Spätperiode mehr bei der materialen Gerechtigkeit.

225 *Radbruch*, wie Fn. 189.

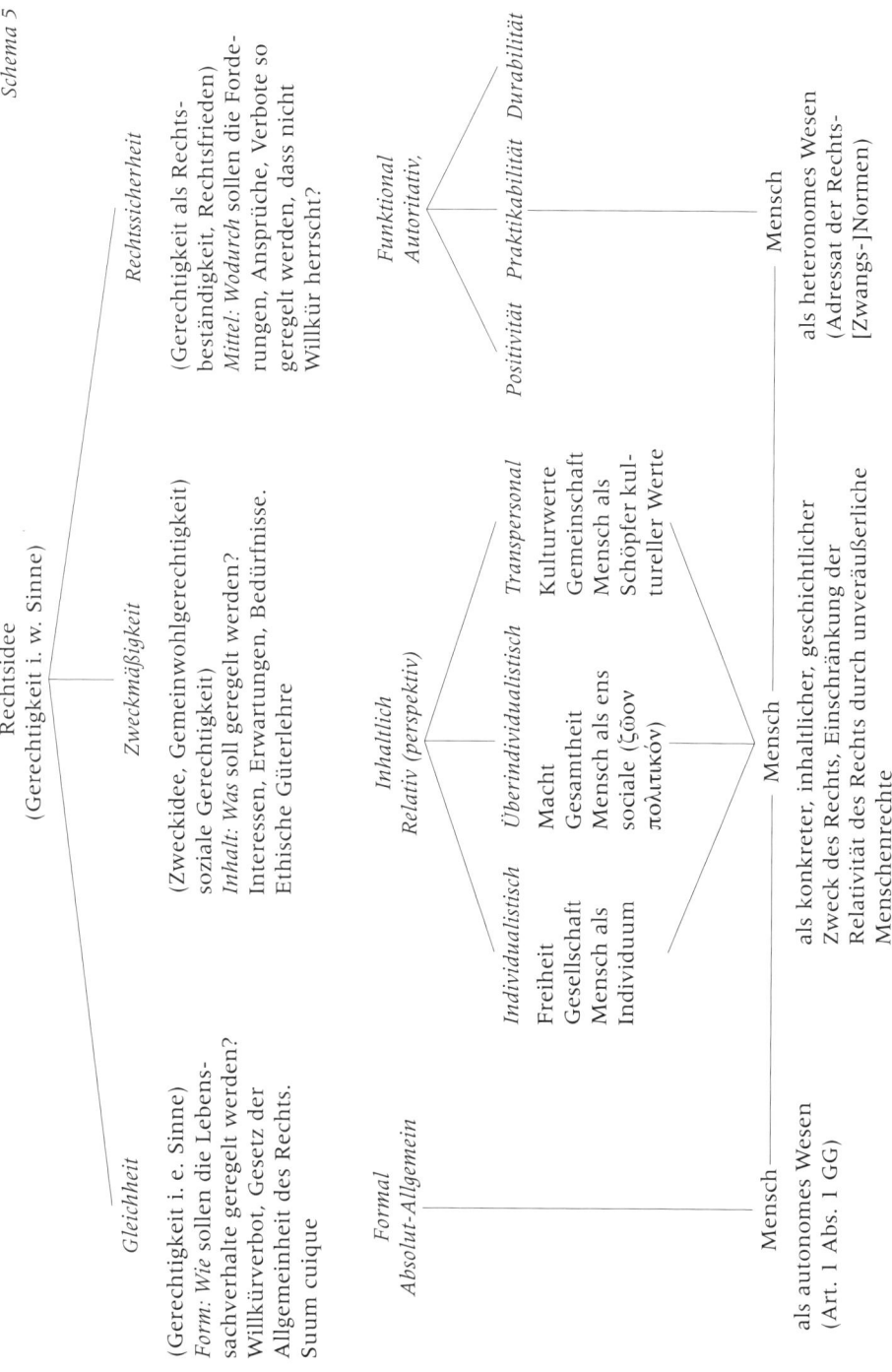

B *Historischer Diskurs*

Radbruch war von seiner Rechtsdefinition her gehalten, eine *Theorie der Gerechtigkeit*, und zwar der Gerechtigkeits*inhalte*, zu entwickeln. Er hat das schon sehr früh getan, und das von ihm erarbeitete Modell ist noch heute die Grundlage der rechtsphilosophischen Gerechtigkeitsdiskussion, wenngleich natürlich die Entwicklung seit seinem Tod nicht stehen geblieben ist (das Schema 5 auf S. 93 ist so von *Radbruch* nie aufgestellt worden, aber es entspricht, wie ich aus Gesprächen weiß, der rechtsphilosophischen Auffassung seiner letzten Jahre; dieses Schema braucht nicht von „oben" nach „unten" gelesen zu werden, als ob der Mensch Ausfluss der Rechtsidee sei, vielmehr liegt es so, dass die Rechtsidee die Idee des personalen Menschen in seinen verschiedenen Ausformungen ist).

Radbruchs Theorie der Gerechtigkeit[226] geht davon aus, dass das *Gleichheitsprinzip* (Gleiches gleich und Ungleiches entsprechend verschieden zu behandeln) zwar absolut gilt, aber nur formalen Charakter hat. Es muss also ein inhaltliches Prinzip hinzukommen, die *Zweckidee*; diese ist material, gilt aber nur relativ, denn es stehen drei verschiedene Höchstwerte des Rechts ohne rational auszumachende Rangordnung zur Verfügung: der *individualistische*, der *überindividualistische* und der *transpersonale Wert*. Um der *Rechtssicherheit* willen ist es daher nötig, den Rechtsinhalt autoritativ festzusetzen. Wieder ist *Radbruchs* Lehre nicht positivistisch, weil auch Werte einbezogen werden, allerdings um den Preis des Relativismus; und sie ist nicht naturrechtlich, weil nicht „absolut richtiges Recht" aus der Rechtsidee gefolgert wird. Näheres darüber auszuführen, verbietet leider der zur Verfügung stehende Raum.

Auf einen Punkt muss an dieser Stelle allerdings noch aufmerksam gemacht werden. *Radbruch* hat, und zwar von allem Anfang an, den orthodoxen Rechtspositivismus auch insofern überschritten, als er sich zur *„objektiven Auslegungstheorie"* bekannte[227]. Der konsequente Rechtspositivist muss die „subjektive Auslegungstheorie" favorisieren, wonach sich der Richter (und wer sonst rechtlich urteilt) nur an den im Gesetz verkörperten Willen des wirklichen Gesetzgebers zu halten hat (was streng genommen die Lückenlosigkeit der gesetzten Rechtsordnung voraussetzt). Nach der objektiven Theorie kommt es dagegen nicht, jedenfalls nicht ausschließlich, darauf an, was der historische Gesetzgeber tatsächlich gewollt hat, vielmehr was das Gesetz bzw. ein *gedachter* heutiger Gesetzgeber sinnvollerweise für diese bestimmte Situation hic et nunc bezwecken muss.

Manche Kritiker haben bezweifelt, ob *Radbruchs* Rechtsphilosophie überhaupt ein „System" habe. Dieser Zweifel ist so ganz unberechtigt nicht. Denn ein „geschlossenes System" nach Art des Naturrechts und des Rechtspositivismus hat *Radbruch* in der Tat nicht vorgelegt. Aber ein *„offenes System"* ist in seiner Rechtsphilosophie deutlich vorhanden. Dafür gibt es eine Reihe von Anhaltspunkten, etwa die soeben

---

226 *Radbruch*, Rechtsphilosophie (Fn. 177), S. 119 ff., 142 ff., 164 ff.
227 *Radbruch*, Rechtsphilosophie (Fn. 177), S. 205 ff.

erwähnte objektive Auslegungstheorie, die Lehre von den *„Ordnungsbegriffe"* („Typenbegriffen"[228]) und, besonders wichtig, meist aber übersehen, obwohl von *Radbruch* in Kursivdruck hervorgehoben: die Hinwendung zur *juristischen Hermeneutik*, und zwar im Zusammenhang mit der Widerlegung des juristischen Positivismus[229]. Freilich kann man *Radbruch* keinen Hermeneutiker im Sinne *Schleiermachers, Diltheys, Gadamers* nennen. Aber wie sehr ihm hermeneutisches Denken geläufig war, zeigt eine sehr anschauliche Anmerkung, die *Radbruch* an seine „Grundzüge der Rechtsphilosophie" anbrachte (jetzt im 2. Band der Gesamtausgabe, 1994, zu S. 58 f.): „Die Deduktion des Rechtsbegriffs bewegt sich in einem offenbaren Zirkel: sie will das Recht auf dem Umweg über den Rechtswert finden – das, wofür der Rechtswert Geltung beansprucht –, kann nun aber den Rechtswert nur wieder durch Bezugnahme auf die Gemeinschaft definieren, deren konstitutiver Bestandteil das Recht ist. Auch wenn es nicht gelingen sollte, einen rechtsimmunen Begriff des Zusammenlebens zu gewinnen, wäre dennoch unsere Deduktion nicht schon wegen jenes Zirkelschlusses wertlos: sie würde auch dann beweisen, dass sich die Rechtswirklichkeit in zwei Bestandteile zerfallen lässt, einen apriorischen und einen aposteriorischen, mag nun auch jeder dieser Bestandteile nur durch Bezugnahme auf den anderen definiert werden können. In solchen Zirkelschlüssen bewegt sich eben alle kritische Philosophie um das ewig unerkennbare Geheimnis herum. Das Verfahren einer solchen Zirkelphilosophie wäre aber dies, von beiden Seiten den Tunnelbau zu versuchen, von beiden Seiten her den Rechtsbegriff in Angriff zu nehmen – stoßen beide Stollen aufeinander, so stimmt es. In der Philosophie gibt es keinen anderen Wahrheitsbeweis als die immanente Folgerichtigkeit des allumfassenden Denkens, sie ist wenigstens ein Symptom auch transzendenter Wahrheit." Man kann in der hermeneutischen Literatur lange suchen, bis man auf eine ähnlich treffliche Charakterisierung dessen stößt, was Hermeneutik ist.

2.2.5.2 Auch im Bereich der *christlichen Rechtsphilosophie* (falls es eine solche gibt) fehlt es nicht an Versuchen, aus der Sackgasse des überkommenen Naturrechts herauszukommen, ohne im Positivismus zu landen. Was die *katholische Naturrechtslehre* anlangt, so hat sie nie dem Positivismus gefrönt. Sie hat auch damals, als man die Naturrechtsidee tot glaubte, an ihr festgehalten und sie weiter wissenschaftlich erforscht; ich nenne nur *Victor Cathrein* (1845–1931) und *Josef Mausbach* (1861–1931). Die heutige Szene ist dadurch gekennzeichnet, dass man nur noch allgemeinste Prinzipien als Naturrecht gelten lassen will, während, wie der einflussreichste Naturrechtslehrer der Gegenwart, *Johannes Messner* (1891–1984) sagt, alles Übrige „dem Willen der Gesellschaftsmitglieder überlassen" werden soll[230]. In der

---

228 *Radbruch*, Klassenbegriffe und Ordnungsbegriffe im Rechtsdenken, in: Internationale Zeitschrift für die Theorie des Rechts 12 (1938), 46 ff.; GRGA, Bd. 3, 1990, S. 60 ff.
229 *Radbruch*, Vorschule (Fn. 9), S. 76; GRGA, Bd. 3, 1990, S. 194.
230 *J. Messner*, Das Naturrecht, 1950, S. 345.

Sache noch rigoroser verfährt *Heinrich Rommen* (1897–1967), der nur noch zwei Normen als Naturrecht anerkennt: „Das Gerechte ist zu tun, das Ungerechte zu lassen, und die uralte ehrwürdige Regel: Jedem das Seine"[231]. Zwar ist anzuerkennen, dass die katholischen Naturrechtler den Gedanken an eine umfassende, allgemein gültige naturrechtliche Ordnung preisgegeben haben. Aber es ist die Frage, ob sie nicht nun nach der anderen Seite übertreiben, indem sie das Unverfügbare im Recht auf ganz wenige allgemeinste Prinzipien verkürzen.

Die *protestantische Rechtslehre* hatte naturgemäß größere Schwierigkeiten, den Schwächen des Rechtspositivismus zu begegnen, denn eine naturrechtliche Tradition gab es hier nicht. Doch zeigte schon das Buch des Schweizer Theologen *Emil Brunner* (1889–1966) „Gerechtigkeit" von 1943, dass man auch in diesem Lager zu neuen Ufern jenseits von Naturrecht und Positivismus aufgebrochen ist. Etwas später (1948) kam das Buch des französischen evangelischen Rechtsphilosophen *Jacques Ellul* (1912–1994) „Die theologische Begründung des Rechts" heraus, in dem ebenfalls der Versuch unternommen wurde, von der von *Karl Barth* (1886–1968) begründeten „christologischen" Richtung aus die Rechtserneuerung zu befördern. In Deutschland hat vor allem *Ernst Wolf* (1914–2008) in diesem Sinne gearbeitet, aber auch *Erik Wolf* (1902–1977) und der erste Präsident des Bundesgerichtshofs *Hermann Weinkauff* (1894–1981) verdienen in diesem Zusammenhang Erwähnung. Hier wurde durchaus von protestantischer Seite „naturrechtlich" argumentiert, ohne dabei aber die klassische Naturrechtsidee wieder aufleben zu lassen. Welche Richtung man dabei anvisierte, kommt in dem programmatischen Buchtitel von *Klaus Ritter* (geb. 1918) deutlich zum Ausdruck: „Zwischen Naturrecht und Rechtspositivismus", 1956. Aber grundsätzlich blieb man gegenüber dem Naturrecht zurückhaltend. Man dachte nicht so sehr an Naturrechtsnormen als an „Institutionen", die, wie beispielsweise Familie, Kirche, Staat, Eigentum, als „Stiftungen Gottes" aller Staatsgewalt vorgegeben sind. Das ist die so genannte „institutionelle Rechtsauffassung", deren eigentlicher Begründer der französische Staatsrechtslehrer *Maurice Hauriou* (1856–1929) ist und die im deutschsprachigen Raum hauptsächlich von *Hans Dombois* (1907–1997)[233] vertreten wird.

2.2.5.3 Eine Disziplin, die in neuerer Zeit viel an Boden gewonnen und zur Rechtserneuerung beigetragen hat (und dies häufig auch im Sinne einer Überwindung der Naturrecht-Positivismus-Kontroverse), ist die *Rechtsanthropologie*.

Schon *Radbruchs* Gerechtigkeitslehre weist in konsequenter Fortführung zum Menschen als dem Grund und dem Ziel allen Rechts (vgl. nochmals Schema 5, S. 93)

---

231 *H. Rommen*, Die ewige Wiederkehr des Naturrechts, 2. Aufl. 1947, S. 225.
232 *M. Hauriou*, La théorie de l'institution de la fondation; deutsch: Die Theorie der Institution, 1965.
233 *H. Dombois* (Hrsg.), Recht und Institution, 1956. Neuestens *K.E. Heinz*, Zur Theorie der rechtlichen Institution, in: RTh 23 (1992), 106 ff.

und damit zur Rechtsanthropologie. Er selbst hat eine solche allerdings nicht ausgearbeitet. Das lag damals nicht im Zug der Zeit. Überhaupt ist die Anthropologie lange Zeit ein Stiefkind der Wissenschaft gewesen. Dafür gibt es Erklärungen[234].

Natürlich ging es in der Philosophie schon immer irgendwie um die Frage nach dem Menschen, aber dieses Thema war nicht ihr beherrschender Mittelpunkt. Die Antike kreiste um den Kosmos, um die Natur, als deren Teil sie den Menschen sah. Ähnlich war im Mittelalter der Mensch ein Glied der von Gott ausgehenden Schöpfungsordnung. Von einer Anthropologie bei *Platon, Aristoteles, Augustinus, Thomas von Aquin, Nikolaus von Kues* kann man daher nicht sprechen. Allenfalls in der Stoa lassen sich frühe Ansätze einer naturrechtlichen Anthropologie entdecken, und manche wollen in dem Ausspruch *Ciceros*: „... natura enim iuris explicanda nobis est, eaque ab hominis repetenda natura, considerandae leges quibus civitates regi debeant"[235] den noch heute gültigen Programmsatz rechtsanthropologischer Forschung erblicken[236]. So gesehen, kann man dann auch im neuzeitlichen Naturrecht – bei *Hobbes, Spinoza, Locke, Thomasius, Bentham, Rousseau* – sowie auch noch bei *Hugo, Ahrens* und *Röder* rechtsanthropologische Fragestellungen ausmachen. Aber eine Anthropologie im eigentlichen Sinne bedeuten alle diese Strömungen nicht, weil sie ganz überwiegend keine Herauslösbarkeit des Menschen aus der vorgegebenen Weltordnung kannten. Und wo die Neuzeit den Menschen von solchen tragenden Gründen löste und ihn auf sich selbst stellte, hat sie ihn nur als „Subjekt" der Vernunft gesehen, als Erkenntnissubjekt, schließlich als transzendentales Subjekt oder pantheistisch als All-Vernunft. Auch *Kant* hat sich in seiner „Anthropologie in pragmatischer Hinsicht" (1. Aufl. 1798, 2. Aufl. 1800) eigentlich nur für den Menschen als sittliche Person interessiert, nicht aber für den Menschen in seiner Kreatürlichkeit.

So gab es zwar viele „Menschenbilder"[237], doch keine Anthropologie. Der Durchbruch erfolgte bei *Friedrich Wilhelm Schelling*, dann hat die Lebensphilosophie das

---

234 Kurzgefasste Hinführungen zur modernen Anthropologie bieten *K. Lorenz*, Einführung in die philosophische Anthropologie, 2. Aufl. 1992, und *G. Haeffner*, Philosophische Anthropologie, 1982.
235 De legibus I, 17.
236 So z. B. *E.-J. Lampe*, Rechtsanthropologie, in: Ergänzbares Lexikon des Rechts, LdR 18 vom 7. März 1986.
237 Auch „Bilder" des Menschen im Recht gibt es nicht wenige. Vgl. etwa *G. Radbruch*, Der Mensch im Recht, 1927; *K. Engisch*, Der Mensch im Recht, in: Vom Weltbild des Juristen, 2. Aufl. 1965, S. 26 ff.; *H. Sinzheimer*, Das Problem des Menschen im Recht, 1933; *U. Klug*, Das Menschenbild im Recht, in: *W. Silber* (Hrsg.), Das Menschenbild der Gegenwart, 1955, S. 35 ff.; *J.J. van der Ven*, Ius Humanum (Fn. 34), S. 18 ff.; *Arthur Kaufmann*, Rechtsphilosophie (Fn. 38), S. 23 ff.; *F. Kopp*, Das Menschenbild im Recht und in der Rechtswissenschaft, in: Rechtsstaat, Kirche und Sinnverantwortung; Festschr. f. K. Obermayer, 1986, S. 53 ff.; *H.-O. Mühleisen*, Überlegungen zum Zusammenhang von Menschenbild und politischer Ordnung, in: Menschenwürde – Soziale Gerechtigkeit – Europa; Festschr. f. F. Pirkl zum 60. Geburtstag, 1985, S. 103 ff.

Thema aufgenommen, auch *Arthur Schopenhauer* (alle oben 2.2.3.3.5) muss hier erwähnt werden, eine eigenständige wissenschaftliche Anthropologie wurde aber erst durch die phänomenologische Methode von *Edmund Husserl* (oben 2.2.4.4.1) ermöglicht. Von ihr ging *Max Scheler* (oben 2.2.4.4.2) aus, der das anthropologische Thema erstmals ausdrücklich formulierte und damit bahnbrechend für die moderne philosophische Anthropologie wurde[238]. Die Späteren, etwa *Ludwig Klages* (1872–1956), *Helmuth Pleßner* (1892–1985), *Erich Rothacker* (1888-1965), *Adolf Portmann* (1897–1982), *Arnold Gehlen* (1904–1976) sind alle mehr oder weniger von der Phänomenologie geprägt worden. Innerhalb der Existenzphilosophie hat vor allem *Jean-Paul Sartre* (oben 2.2.3.4) anthropologische Untersuchungen angestellt[239]. Überhaupt hat die Anthropologie in Frankreich, wo schon *Henri Bergson* vorgearbeitet hatte, ihre größte Entfaltung erfahren; es sei nur auf *Gaston Bachelard* (1894–1962) und *Maurice Merleau-Ponty* (1908–1961) hingewiesen. In neuester Zeit bildet die Verhaltensforschung einen Schwerpunkt anthropologischen Arbeitens; hier hat *Konrad Lorenz* (1903–1989) Pionierarbeit geleistet.

Das Gesagte macht verständlich, dass es eine eigentliche Geschichte der Rechtsanthropologie nicht gibt. Ja, selbst in der Gegenwart hat sich eine Disziplin dieses Namens noch nicht fest etabliert. *Wolfgang Fikentscher* bemerkt zutreffend, dass das methodische Bewusstsein in dieser Hinsicht noch in der Entwicklung begriffen ist[240]. Man hat sich noch nicht einmal auf eine bestimmte rechtsanthropologische Fragestellung geeinigt. Die eine Richtung, vertreten vor allem durch *Jan M. Broekman* (geb. 1931) und *Ernst-Joachim Lampe* (geb. 1933)[241], gibt der Rechtsanthropologie einen betont rechtsphilosophischen Akzent; sie versucht, das Recht aus der Bestimmung des Menschen zu legitimieren (worin auch die vorliegende „Problemgeschichte der Rechtsphilosophie" mündet). Die andere Richtung, deren wichtigster Repräsentant *Leopold Pospísil* (geb. 1923) ist[242], sieht in der Rechtsanthropologie eine rein empirische Disziplin; ihre Forschungsgebiete lassen sich mit Stichworten wie Internalisation, Enkulturation und Akkulturation, sodann ethologische, psychologische, ethnologische und differenzielle Rechtsanthropologie, ferner Beobachtung und Beschreibung devianten Verhaltens sowie kultureller und subkultureller Verhaltensweisen andeutungsweise benennen.

---

238 *M. Scheler,* Die Stellung des Menschen im Kosmos, 1928 (6. Aufl. 1962).
239 *Sartre,* Critique de la raison dialectique, 1960. Es handelt sich um eine Anthropologie marxistischer Prägung. Eine Anthropologie aus der Sicht des Strukturalismus hat *C. Lévi-Strauss* vorgelegt: Strukturale Anthropologie, 1966. Aus christlicher Sicht: *Wolfhart Pannenberg,* Anthropologie in theologischer Perspektive, 1983.
240 *W. Fikentscher,* Methoden (Fn. 212), 1. Bd. 1975, S. 60.
241 *M. Broekman,* Recht und Anthropologie, 1979; *E.-J. Lampe,* Rechtsanthropologie; Eine Strukturanalyse des Menschen im Recht, 1970; *ders.* (Hrsg.), Beiträge zur Rechtsanthropologie, in: ARSP-Beiheft 22, 1985; *ders.,* Grenzen des Positivismus; Eine rechtsanthropologische Untersuchung, 1988.
242 *Pospísil,* Anthropologie des Rechts; Recht und Gesellschaft in archaischen und modernen Kulturen, 1982. Zu ihm siehe *Peter Landau,* Anthropologie des Rechts; zur Rechtsanthropologie von Leopold Pospísil, in: FamRZ 1986, 126 ff.

Die eigentliche philosophische Rechtsanthropologie, der *Joseph J.M. van der Ven* (1907–1988) einen Großteil seiner Lebensarbeit gewidmet hat[243], gewinnt heute im Zeitalter der Bio- und insbesondere der Gentechnologie einen sichtbar wachsenden Stellenwert. Inwieweit sind solche Technologien, die das Gesicht der Welt mit Folgen für viele nachfolgende Generationen verändern können, mit dem „bonum commune", mit dem Wohl des Menschen, vereinbar? Was besagt in diesem Zusammenhang die im Grundgesetz Artikel 1 Abs. 1 verankerte Formel von der Achtung der Menschenwürde?[244]

Wenn in der heutigen Rechtsphilosophie das Bewusstsein dominant ist, dass wir eigentlich nicht wissen, was das Recht ist, dann ist das nur ein Reflex der noch tiefer liegenden Ratlosigkeit, was denn überhaupt der Mensch ist. *Dostojewski* hat einmal gesagt: „Die Ameise kennt die Formel ihres Ameisenhaufens, die Biene die ihres Bienenstocks – sie kennen sie zwar nicht auf Menschenart, sondern auf ihre eigene Art – aber mehr brauchen sie nicht. Nur der Mensch kennt seine Formel nicht."[245]

2.2.5.4 Oben (2.2.4.5) wurde gesagt, dass die Überwindung von Naturrecht und Positivismus, die beide der rationalistischen Idee des geschlossenen Systems verhaftet sind, wesentlich durch das *Öffnen des Systems* erreicht wurde, und dass die Losung: *Argumentieren im offenen System!* sowohl die juristische Hermeneutik als auch die juristische Argumentationstheorie auf ihr Panier geschrieben haben. Dazu muss im Folgenden noch etwas gesagt werden.

---

243 Zusammengefasst ist das in dem Band: Ius Humanum; Das Menschliche und das Rechtliche, 1981. Siehe auch *dens.,* Recht, Mensch, Person. – Eine rechtsanthropologische Anfrage an die Rechtsvergleichung, in: *W. Hassemer* (Hrsg.), Dimensionen der Hermeneutik: Arthur Kaufmann zum 60. Geburtstag, 1984, S. 15 ff. – Aus der weiteren Literatur zum Thema seien noch genannt: *Hans Ryffel,* Grundprobleme der Rechts- und Staatsphilosophie; Philosophische Anthropologie des Politischen, 1969; *H. Zemen,* Evolution des Rechts; Eine Vorstudie zu den Evolutionsprinzipien des Rechts auf anthropologischer Grundlage, 1983. Von den kleineren Beiträgen sei wichtig: *Thomas Würtenberger,* Über Rechtsanthropologie, in: Mensch und Recht; Festschr. f. Erik Wolf zum 70. Geburtstag, 1972, S. 1 ff.; *W. Maihofer,* Anthropologie der Koexistenz, ebenda, S. 163 ff.; *P. Noll,* Die Normativität als rechtsanthropologisches Grundphänomen, in: Festschr. f. Karl Engisch, 1969, S. 125 ff.; *Erik Wolf,* Das Problem einer Rechtsanthropologie, in: Die Frage nach dem Menschen: Aufriß einer philosophischen Anthropologie; Festschr. f. Max Müller, 1966, S. 130 ff.; *R. Zippelius,* Erträge der Soziobiologie für die Rechtswissenschaft, in: ARSP 73 (1987), 386 ff.; *H. Müller-Dietz,* Existentielles Naturrecht und Rechtsanthropologie, ebenda, S. 391 ff.; *N. Brieskorn,* Rechtsphilosophie, 1990, S. 23 ff.; *R. Zippelius,* Rechtsphilosophie (Fn. 212), S. 53 ff
244 Die Literatur hierzu steigt flutartig an. Ich kann hier nur auf *meinen* Artikel in: JZ 1987, 837 ff. und das dort angegebene reichhaltige Schrifttum verweisen: „Rechtsphilosophische Reflexionen über Biotechnologie und Bioethik an der Schwelle zum dritten Jahrtausend".
245 Zitiert nach *Th. Würtenberger,* Jurisprudenz und philosophische Anthropologie, in: Die Vielstimmigkeit der Wissenschaft; Freiburger Dies Universitatis, Bd. 7, 1957/59, S. 100.

B *Historischer Diskurs*

2.2.5.4.1 Naturrecht und Positivismus hatten sich dem *objektivistischen Erkenntnisbegriff*, dem *substanzontologischen Rechtsbegriff* und, wie gesagt, der Idee eines *geschlossenen Systems* verschrieben. Die *Hermeneutik* – deren Klassiker *Friedrich Ernst Daniel Schleiermacher* (1768–1834), *Wilhelm Dilthey* (1833–1911), *Martin Heidegger* (1889–1976) und *Hans-Georg Gadamer* (1900–2002) sind[246] – sagte allen diesen Dogmen den Kampf an.

Unter *Hermeneutik* versteht man, einem Wort *Friedrich Ernst Daniel Schleiermachers* folgend, gewöhnlich die „Kunstlehre des Verstehens". So richtig das ist, so wenig trifft doch die vielfach anzutreffende Meinung zu, die Hermeneutik sei eine Methode unter anderen Methoden. Gewiss hat sie auch methodologische Funktionen speziell bei den Verstehenswissenschaften. Aber ihrem Wesen nach ist Hermeneutik *keine Methode*, sondern *Transzendentalphilosophie*. Das war sie schon bei *Schleiermacher*, und das ist sie auch bei den späteren genuinen Hermeneutikern, etwa *Dilthey, Gadamer, Ricoeur*[247]. Sie ist Transzendentalphilosophie in dem Sinne, dass sie die *Bedingungen der Möglichkeit von Sinnverstehen überhaupt* benennt. Sie als solche schreibt keine Methode vor. Sie sagt nur, unter welchen Voraussetzungen man irgendetwas in seinem Sinn verstehen kann. Und da es nichts gibt, das dem verste-

---

246   Zu ihnen *H. Birus* (Hrsg.), Hermeneutische Positionen; Schleiermacher, Dilthey, Heidegger, Gadamer, 1982 (*Gadamers* Buch: Wahrheit und Methode; Grundzüge einer philosophischen Hermeneutik, 5. Aufl. 1986, ist das weltweit führende Werk); *U. Nassen*, Klassiker der Hermeneutik, 1982. Aus der allgemeinen Literatur siehe etwa noch *J. Grondin*, Einführung in die philosophische Hermeneutik, 1991; *F. Rodi*, Erkenntnis des Erkannten; Zur Hermeneutik des 19. und 20. Jahrhunderts, 1990; *H. Ineichen*, Philosophische Hermeneutik, 1991; *B. Rössler*, Die Theorie des Verstehens in Sprachanalyse und Hermeneutik, 1990; *J. Zimmermann*, Wittgensteins sprachphilosophische Hermeneutik, 1977. – Aus dem reichhaltigen juristischen Schrifttum siehe vor allem die gut informierende Schrift von *J. Stelmach*, Das hermeneutische Verständnis der Rechtsphilosophie, 1991. Sodann *J. Brito*, Hermeneutik und Recht, in: Zschr. d. Savigny-Stiftung für Rechtsgeschichte, Romanistische Abteilung, 1987, 596 ff.; *J. Esser*, Vorverständnis und Methodenwahl in der Rechtsfindung, 2. Aufl. 1972; *M. Frommel*, Die Rezeption der Hermeneutik bei Karl Larenz und Josef Esser, 1981; *W. Hassemer*, Tatbestand und Typus; Untersuchungen zur strafrechtlichen Hermeneutik, 1968; *ders.*, Juristische Hermeneutik, in: ARSP 73 (1986), 195 ff.; *ders.* (Hrsg.), Dimensionen der Hermeneutik; Arthur Kaufmann zum 60. Geburtstag, 1984; *A. Kaufmann*, Beiträge zur Juristischen Hermeneutik, 2. Aufl. 1993; *ders.*, Analogie (Fn. 28); *J. Hruschka*, Das Verstehen von Rechtstexten; Zur hermeneutischen Transpositivität des positiven Rechts, 1972; *S. Jørgensen*, Hermeneutik und Auslegung, in: RTh 9 (1978), 63 ff.; *J. Lamego*, Hermenêutica e Jurisprudência, 1990; *P. Ricoeur*, Die Interpretation, 1969; *T. Studnicki*, Das Vorverständnis im Begriff der juristischen Hermeneutik, in: ARSP 73 (1987), 467 ff.; *ders.*, Das hermeneutische Bewusstsein der Juristen, in: RTh 18 (1987), 344 ff.; *J. Uusitalo*, Legal Dogmatics, Epistemology, and Radical Hermeneutics, in: ARSP-Beiheft 40 (1991), 116 ff.; *G. Zaccaria*, Ermeneutica e Giusprudenza, 2 Bde., 1984; *ders.*, L'arte dell' interpretazione; Saggi sull' ermeneutica Giuridica contemporanea, 1990; *Ch. Weinberger/O. Weinberger*, Logik, Semantik, Hermeneutik, 1979; *F. Wieacker*, Notizen zur rechtshistorischen Hermeneutik, 1963.
247   Siehe hierzu sehr klar *J. Stelmach*, wie Fn. 246, S. 19 ff. u. ö.

henden Geist unzugänglich wäre, hat die Hermeneutik universalen Charakter[248]. Das *Sinnverstehen (nicht die Methode!)* von „Physik" oder von „Religion" oder von „Wirtschaft" geschieht unter denselben transzendentalen Bedingungen wie das Verstehen von „Recht". Man darf diese Universalität der Hermeneutik aber auf keinen Fall als ein Absolutum missverstehen; die Hermeneutik ist eine von vielen Möglichkeiten, mit der Welt und so auch mit dem Recht umzugehen, und sie darf sich darum nicht gegenüber anderen Theorien, etwa der analytischen Theorie oder der Argumentationstheorie, verschließen – ja sie verweist geradezu auf die Notwendigkeit solcher Theorien.

Welches die transzendentalen Bedingungen der Möglichkeit von Sinnverstehen sind, kann hier nur kurz und unvollständig aufgezeigt werden (näher *Schroth* unten Kapitel 6).

Die Hermeneutik wendet sich *gegen den objektivistischen Erkenntnisbegriff*, sie hebt das Subjekt-Objekt-Schema (der Erkennende erkennt den Gegenstand in seiner reinen Objektivität ohne Beimischung subjektiver Elemente – Erkenntnis als „Abbildung" des Gegenstands im Bewusstsein) für das Verstehensphänomen auf (es gilt heute selbst in den Naturwissenschaften nicht mehr unangefochten). Vielmehr ist Verstehen immer *objektiv und subjektiv zugleich*, der Verstehende geht in den „Verstehenshorizont" mit ein, und er bildet das zu Verstehende nicht bloß passiv in seinem Bewusstsein ab, sondern er *gestaltet* es – oder so: er „subsumiert" nicht einfach den Fall unter das Gesetz und bleibt bei diesem Vorgang völlig außerhalb, sondern er spielt bei der so genannten „Rechtsanwendung" eine *aktiv-gestaltende Rolle*. Und wie es zwecklos ist, eine „objektive Richtigkeit" das Rechts außerhalb des hermeneutischen Verstehensprozesses zu suchen, so ist auch jeder Versuch, in den Verstehenswissenschaften Rationalität von der Verstehenspersönlichkeit zu trennen, zum Scheitern verurteilt[249].

Die Aufhebung des Subjekt-Objekt-Schemas im Erkennen bedeutet aber *keine Hinwendung zum Subjektivismus* wie etwa in der Situationsethik oder im Existenzialismus *Sartres*. Hermeneutisches Denken bleibt nicht den Zufälligkeiten des Augenblicks verhaftet, sondern lebt aus dem „Erbe" der *Tradition* als dem „gemeinsamen Boden der öffentlichen Welt, auf dem wir stehen", dem „gesicherten Bestand der öffentlichen Einsichten, aus dem wir leben"[250]. Die Hermeneutik geht davon aus, „dass, wer verstehen will, mit der Sache, die mit der Überlieferung zur Sprache

---

248 Vgl. *J. Habermas*, Der Universalitätsanspruch der Hermeneutik, in: Hermeneutik und Dialektik, Festschr. f. H.-G. Gadamer, 1970, S. 73 ff. Siehe auch *M. Frank*, Das individuelle Allgemeine, 1977, S. 147 ff.: „Die Begründung des Universalitätsanspruchs der Hermeneutik".
249 Siehe *R. Wittmann*, Der existenzialontologische Begriff des Verstehens und das Problem der Hermeneutik, in: *Hassemer* (Hrsg.), Dimensionen der Hermeneutik (Fn. 246), S. 41 ff., 48.
250 *W. Maihofer*, Naturrecht als Existenzrecht, 1963, S. 44.

kommt, verbunden ist und an der Tradition Anschluss hat oder Anschluss gewinnt, aus der die Überlieferung spricht"[251]. Und gegen alle formalistischen Rationalisten sei einmal mehr gesagt, dass zwischen so verstehender Tradition und Vernunft kein Gegensatz besteht[252].

Dass Rechtsfindung nicht einfach nur ein passiver Akt der Subsumtion, sondern ein gestaltender Akt ist, in den der Rechtsfindende mit eingeht, bedeutet, dass Recht *nichts Substanzielles* ist, es ist nicht, wie es in *Stifters* „Witiko" heißt, „in den Dingen", vielmehr hat alles Recht *Verhältnischarakter*, Recht ist etwas Relationales, es besteht in den Beziehungen der Menschen untereinander und zu den Dingen. Dass es für ein solches Rechtsdenken nur ein „offenes System" und in diesem nur „*Intersubjektivität*" geben kann, versteht sich dabei von selbst.

Ist das Verstehen von Sinnhaftem nicht ein rein rezeptiver Vorgang, so ist es immer auch und zuerst ein *Sichselbstverstehen* des Verstehenssubjekts (der Richter, der meint, er entnehme die Entscheidung „nur dem Gesetz" und nicht auch seiner in bestimmter Weise gearteten Person, unterliegt einem Irrtum, und zwar einem verhängnisvollen, denn er bleibt, unbewusst, abhängig von sich selbst[253]). Nur wenn der Verstehende mit einem „Vorverständnis" (*Josef Esser*) oder „Vorurteil" (*Hans-Georg Gadamer*) an den Text herangeht („dies könnte ein Fall von culpa in contrahendo sein"), wird er den Text zum Sprechen bringen können, nur wenn er – mit all der ihn tragenden Tradition – in den Verstehenshorizont mit eingeht, wird er argumentativ begründen können, was er als „vorläufiges" Ergebnis bereits antizipiert hatte („*hermeneutischer Zirkel*" oder „*Spirale*"[254]). Hermeneutik ist nicht Argumentationstheorie, aber sie fordert sie.

2.2.5.4.2 Nach dem soeben Gesagten sollte man meinen, dass Hermeneutik und Argumentationstheorie eng verschwistert sind. Dem ist indessen nicht so. Die *Argumentationstheorie*[255] kommt hauptsächlich aus der Analytik. Diese Herkunft ist auch

---

251 *Gadamer*, Wahrheit (Fn. 246), S. 279.
252 *Gadamer*, Wahrheit (Fn. 246), S. 265. Zum Ganzen siehe auch *A. Kaufmann*, Recht und Rationalität (Fn. 71), passim.
253 Dazu eingehend *A. Kaufmann*, Richterpersönlichkeit und richterliche Unabhängigkeit, in: Festschr. f. K. Peters, 1974, S. 295 ff.
254 Zum „hermeneutischen Zirkel" siehe näher *A. Kaufmann*, Der Zirkelschluss in der Rechtsfindung, in: Festschr. f. W. Gallas, 1973, S. 7 ff.; neuestens *J. Stelmach*, wie Fn. 246, S. 54 ff. Sehr kritisch *W. Stegmüller*, Der sogenannte Zirkel des Verstehens, in: Natur und Geschichte, X. Deutscher Kongress für Philosophie, 1973, S. 21 ff. Hierzu dann wieder *M. Frommel*, Die Rezeption (Fn. 246), S. 17 ff. – Den treffenderen Ausdruck „*hermeneutische Spirale*" hat *Hassemer* eingeführt; Tatbestand (Fn. 246), passim.
255 Auch die Literatur zur Argumentationstheorie ist längst nicht mehr überschaubar. Angeführt seien: *S. Toulmin*, Der Gebrauch der Argumente (aus dem Englischen), 1975; *R. Alexy*, Theorie der juristischen Argumentation, 2. Aufl. 1991; *U. Neumann*, Rechtsontologie und juristische Argumentation, 1978; *ders.*, Juristische Argumentationslehre, 1986; *A. Aarnio*, On Legal Reasoning, 1977; *ders.* u. a. (Hrsg.), Methodologie und Erkenntnistheorie der juristischen Argumentation, in: RTh-Beiheft 2, 1981; *M. Atienza*, For

heute noch bei fast allen Argumentationstheoretikern feststellbar. Es ist hier weder möglich noch nötig, sämtliche Lehren der Argumentationstheorie zu referieren, zumal es, wie *Ulfrid Neumann* bemerkt, überhaupt nicht *die* Theorie der juristischen Argumentation gibt[256]. So ist schon fraglich, ob man die *„Topik"* und die *„Rhetorik"* als besondere Arten der Argumentationstheorie ansehen kann. Selbst hinsichtlich der Idee des „offenen Systems", die man doch gerade mit der Argumentationstheorie verbindet, sind sich die Argumentationstheoretiker nicht einig; es wird (z. B. von *Schreckenberger*) die Meinung vertreten, ein „offenes" System sei überhaupt kein „System", weshalb das Systemdenken einem „Problemdenken" (aporetisches Denken) weichen müsse. Immerhin plädiert kein Argumentationstheoretiker für ein geschlossenes System à la Naturrecht und Positivismus. Auch das Subsumtionsdenken ist der Argumentationstheorie fremd. Eine ihrer wichtigsten Erkenntnisse ist gerade die, dass die von *Savigny* herrührende und noch heute nicht völlig überwundene[257] Auslegungslehre, nach der es nur die geschlossene Zahl von vier „Elementen" (Modi der Argumentation) gibt: das grammatische, das logische, das historische und das systematische (der Positivismus forderte diese Begrenzung) als falsch nachgewiesen hat[258]. Es gibt noch sehr viel mehr Argumente, mit denen juristische Urteile begründet werden, als nur die genannten vier: etwa Gewährleistung von Rechtssicherheit oder von Gerechtigkeit, Folgenbewertung, Rechtsgefühl, Praktikabilität, Rechtseinheitlichkeit usw., *die Zahl der möglichen Argumente ist grundsätzlich unbegrenzt.*

a Theory of Legal Argumentation, in: RTh 21 (1990), 393 ff.; *N. MacCormick,* Legal Reasoning and Legal Theory, 1978; *A. Peczenik,* Grundlagen der juristischen Argumentation, 1983; *ders.* u. a. (Hrsg.), Reasoning on Legal Reasoning, 1979; *Ch. Perelman,* Juristische Logik als Argumentationslehre, 1979; *M. Pavcnik,* Juristisches Verstehen und Entscheiden, 1993; *W. Hassemer/A. Kaufmann/U. Neumann* (Hrsg.), Argumentation und Recht, ARSP-Beiheft, N.F. Nr. 14, 1980; *H. Rodingen,* Pragmatik der juristischen Argumentation, 1977; *R. Gröschner,* Theorie und Praxis der juristischen Argumentation, in: JZ 1985, 170 ff.; *O. Weinberger,* Logik und Objektivität der juristischen Argumentation, in: Gedächtnisschr. f. I. Tammelo, 1984, S. 557 ff.; *N. Horn,* Rationalität und Autorität in der juristischen Argumentation, in: RTh 6 (1975), 145 ff.; *G. Struck,* Zur Theorie juristischer Argumentation, 1977; *H. Yoshino,* Die logische Struktur der Argumentation bei der juristischen Entscheidung, in: RTh-Beiheft 2 (1981), 235 ff.; *E. Hilgendorf,* Argumentation in der Jurisprudenz; Zur Rezeption analytischer Philosophie und kritischer Theorie in der Grundlagenforschung der Jurisprudenz, 1991.

256 *U. Neumann,* Argumentationslehre (Fn. 255), S. 1 f.
257 Das gilt vor allem für *K. Larenz,* der auch in der 6. Auflage seiner „Methodenlehre der Rechtswissenschaft" (1991) trotz vielfacher Kritik an den „klassischen" Kriterien der Auslegung festhält (S. 320 ff.) und der daher für eine eigentliche juristische Argumentationstheorie keinen Platz hat. Siehe neuestens auch *D. Buchwald,* Die Canones der Auslegung und rationale juristische Begründung, in: ARSP 79 (1993), 16 ff.
258 Das Hauptverdienst hat hier *Friedrich Müller;* siehe seine jetzt in 3. Auflage vorliegende „Juristische Methodik" (1989). Freilich sind da auch noch andere Namen zu nennen, z. B. *Josef Esser* und *Martin Kriele.*

B *Historischer Diskurs*

Ein ganz zentrales, aber auch außerordentlich schwieriges Problem der Argumentationstheorie (jedoch auch anderer Theorien, etwa der Vertragstheorie, der Diskurstheorie, überhaupt der Ethik) ist die Frage nach dem *Rang der Argumente*. Da gibt es stärkere und schwächere Argumente, „Gewinner-" und „Verliererargumente". Es gibt Vorzugsregeln verschiedener Stufungen. Aber gibt es eine Rangordnung, die rein auf rationale Kriterien gestützt, die *logisch zwingend* ist? Oder ist es nicht so, wie *Karl Engisch* sagt, es sei die Praxis der Gerichte, „von Fall zu Fall diejenige Auslegungsmethode zu wählen, die zum befriedigenden Ergebnis führt"?[259]

Aber nun sind wir schon mitten in der Methodendiskussion, deren Behandlung dem Abschnitt 2.3 vorbehalten ist. Daher nur noch einige wenige Gesichtspunkte, die die Argumentationstheorie charakterisieren.

Genannt wurde schon: *„offenes System"* – oder überhaupt kein System stattdessen „Problemdenken".

Sodann: *kein geschlossener Katalog der Auslegungs-Canones*. Es gibt, wie gesagt, eine unbegrenzte Vielzahl von Argumenten, und im herrschaftsfreien rationalen Diskurs müssen alle zugelassen werden.

Insoweit gehen Argumentationstheorie und Hermeneutik Hand in Hand miteinander.

Dann aber: die Argumentationstheorie ist *anti-hermeneutisch*, weil sie die Hermeneutik als eine irrationale Metaphysik ansieht. Indessen ist dies, wie oben schon bemerkt, ein Irrtum. Die Hermeneutik ist rational, sie beschäftigt sich nur mit (ganz oder teilweise) irrationalen Vorgängen, wie dies bei der Rechtsfindung der Fall ist, gemäß der Devise: Möglichst rational mit dem Irrationalen umgehen.

Weiter: die Argumentationstheorie ist *anti-ontologisch*, wobei das Wort „ontologisch" unreflektiert auf „substanzontologisch" verkürzt wird (gegen die Substanzontologie ist auch die Hermeneutik). Im Übrigen ist es keine Frage, dass auch die Argumentationstheorie auf „ontologischen" Implikationen beruht[260].

Endlich macht die Argumentationstheorie die hermeneutische Aufhebung des Subjekt-Objekt-Schemas nicht mit, sondern pocht auf *Objektivität*[261], ja man behauptet

---

259 *K. Engisch,* Einführung in das juristische Denken, 8. Aufl. 1983 (Nachdruck 1989), S. 82.
260 Das konzidiert auch *U. Neumann,* Rechtsontologie (Fn. 255). Freilich ist es mit einem bloßen Aufweisen dieser Implikationen nicht getan.
261 *O. Weinberger* (Fn. 255). Freilich lässt *Weinberger* die Kirche im Dorf: „Eine kognitive, zu richtigem Recht – im absoluten Sinne – führende Objektivierung gibt es nicht; wer sie als möglich voraussetzt, mißversteht meines Erachtens die conditio humana mit ihrem ewigen Streben und Suchen im Bereich des Erkennens ebenso wie im Bereich der Praxis." – Vgl. auch *U. Neumann,* bei dem deutlich eine objektivistische Grundtendenz zu erkennen ist, der aber doch (mit Recht) den „juristischen Determinismus" (Rechtsfindung als formallogischer Syllogismus, als bloße Subsumtion) ablehnt: Argumentationslehre (Fn. 255), z. B. S. 17 ff.

sogar die Vollständigkeit der Argumente und den Ausschluss von Zufälligkeiten[262]. Aber das ist nur eine vermeintliche Objektivität, und in diesem Punkt ist die Argumentationstheorie noch immer nicht über Naturrecht und Positivismus hinausgekommen, wie das ja auch die analytische Rechtstheorie bisher nicht vermocht hat. Und bedeutet diese vermeintliche Objektivität nicht auch ein Stück „argumentative Autorität" statt reiner „argumentativer Rationalität"?[263]

Kennzeichnend für diesen „Objektivismus" ist auch dies, dass sich die meisten Argumentationstheoretiker nicht oder nur am Rande um das *Problem des Relativismus* kümmern. Und wesentlich an diesem Objektivitätsanspruch liegt es, dass die Mehrheit der Vertreter der (einer) Argumentationstheorie den *Pluralismus* in Wissenschaft und Philosophie wenn nicht überhaupt ablehnen, so doch für ein eher negativ zu beurteilendes Phänomen halten, eine Einstellung, die sie mit den meisten Diskurstheoretikern nicht von ungefähr teilen – eine anachronistische Einstellung, hat man ja doch längst herausgefunden, dass der Pluralismus nicht ein Hindernis bei der Wahrheitsfindung ist, sondern eine höchst wichtige Voraussetzung, um zur Wahrheit zu kommen, freilich nicht zu einer „objektiven" Wahrheit (die wir nicht erreichen können – nur die Kirche kann sie auf ihre Weise beanspruchen, weshalb auch nur sie mit innerem Grund antipluralistisch ist), aber doch zu einer „intersubjektiven" Wahrheit[264].

Wohl das Richtige trifft *Ulfrid Neumann*, wenn er aus der Warte der Argumentationstheorie über die Hermeneutik so urteilt: „Freilich sind Konsens und Intersubjektivität, Argumentation und Reflexion nicht eine Domäne hermeneutischen Denkens. Aber die juristische Hermeneutik vermag diese Momente, anders als die analytische Rechtstheorie, mit dem Text zu vermitteln. Während die analytische Theorie Textbedeutung und intersubjektive Verständigung auseinander reißen muss, weil sie die Bedeutung des Textes nur nach generellen semantischen Regeln

---

262 Siehe *J. Schneider/U. Schroth*, Kapitel 14 der 6. Aufl., die die im Text erwähnte Auffassung vor allem *Robert Alexy* zuschreiben.
263 Vgl. *Horn*, Rationalität (Fn. 255). M. E. übertreibt *Horn*, aber an der Sache ist zweifellos etwas dran. „Objektivistische" Positionen sind keineswegs per se die rationaleren.
264 Vgl. *A. Kaufmann*, Hermeneutik (Fn. 246), S. 209 ff., bes. S. 219 ff. (Kapitel „Toleranz"). Siehe auch *H.F. Zacher*, Die immer wieder neue Notwendigkeit, die immer wieder neue Last des Pluralismus, in: Festschr. f. S. Gagnér, 1991, S. 579 ff.; auch schon *H. Krings*, Was ist Wahrheit?; Zum Pluralismus des Wahrheitsbegriffs, in: Philosophisches Jahrbuch 90 (1983), 20 ff. Sodann etwa noch *F. Böckle*, Theologische Dimensionen der Verantwortlichkeit unter den Bedingungen des weltanschaulichen Pluralismus, in: Jahrbuch für Rechtssoziologie und Rechtstheorie, Bd. XIV (1989), 61 ff.; *G. Briefs* (Hrsg.), Laissez-faire-Pluralismus; Demokratie und Wirtschaft des gegenwärtigen Zeitalters, 1966; *W. Sadurski*, Moral Pluralism and Legal Neutrality,1990; *M. Mihailina*, Pluralism and Unity of Law Substance, in: ARSP 78 (1992), 22 ff.; *Th. Mayer-Maly*, Werte im Pluralismus, in: JBl 1991, 681 ff. *J. Braun*, Pluralismus und Grundkonsens, in: RTh 23 (1992), 97 ff.; *M. Walzer*, Sphären der Gerechtigkeit; Ein Plädoyer für Pluralität und Gleichheit (aus dem Englischen), 1992.

B *Historischer Diskurs*

zu bestimmen vermag, ermöglicht das hermeneutische Denken eine Einbeziehung des Textes in den Vorgang der intersubjektiven Konstitution einer ‚richtigen' Entscheidung"[265].

2.2.5.5 Versuche, aus dem Dilemma des Naturrecht-Positivismus-Streits herauszukommen, gibt es noch einige. Als letzten lenken wir das Augenmerk auf eine besonders interessante und derzeit lebhaft diskutierte Version dieser Bemühungen, nämlich auf die vor allem im anglo-amerikanischen (auch skandinavischen) Rechtskreis diskutierte Theorie der *„General Principles of Law"*. Nun ist die Unterscheidung von „Allgemeinen Rechtsprinzipien" und „Rechtsregeln" („Rechtsnormen") in der deutschen, ja überhaupt in der kontinentaleuropäischen Rechtstheorie seit langer Zeit fest verankert[266]. Aber im anglo-amerikanischen Bereich hat die Unterscheidung von „General Principles" und „Rules" allein schon deshalb eine besondere Bedeutung, weil das dortige Recht prinzipiell case law und nicht gesetztes Recht ist. Zudem aber bringt die anglo-amerikanische Theorie eine neue, interessante Note in die Diskussion.

Wenn heute über die General Principles gesprochen oder geschrieben wird, fällt meistens als Erstes der Name von *Ronald Dworkin*. Das ist insofern angebracht, als *Dworkin* das Verhältnis der „General Principles" und der „Rules" als Erster zu einer Theorie entwickelt hat – jedenfalls im anglo-amerikanischen (skandinavischen) Rechtskreis. Es ist aber nicht so, als ob zu allererst er über dieses Problem nachgedacht hätte; ich nenne nur *Alf Ross*, der schon 1968 über „Directives and Norms" geschrieben hat[267].

Um *Dworkins* Standpunkt verständlich zu machen, muss kurz etwas zur Rechtstheorie seines Lehrers *H.L.A. Hart* gesagt werden[268]. Von seiner positivistischen Analytik her kennt *Hart* (außer der Gewohnheit, auf die man das Recht aber nicht allein stützen kann) nur „Rules" (die Unterscheidung in primäre und sekundäre Regeln ist in unserem Zusammenhang nicht von Bedeutung), die normativ verpflichtend

---

265 *U. Neumann,* Zum Verhältnis von philosophischer und juristischer Hermeneutik, in: *Hassemer* (Hrsg.), Dimensionen (Fn. 246), S. 56.
266 Grundlegend *J. Esser,* Grundsatz und Norm in der richterlichen Fortbildung des Privatrechts, 4. Aufl. 1990. Ich selbst habe schon vor langer Zeit ein System von allgemeinen Rechtsprinzipien, Rechtsregeln (Rechtsnormen) und Rechtsentscheidungen vorgelegt: *A. Kaufmann,* Gesetz und Recht, in: Existenz und Ordnung; Festschr. f. Erik Wolf, 1962, S. 357 ff. (mit zahlreichen Literaturhinweisen); auch in: *ders.,* Rechtsphilosophie (Fn. 38), S. 131 ff. Vgl. auch *A. Troller,* Überall gültige Prinzipien der Rechtswissenschaft, 1965.
267 Bemerkenswert ist auch die frühe Arbeit von *Werner Lorenz,* General Principles of Law: Their Elaboration in the Court of Justice of the European Communities, in: American Journal of Comparative Law 13 (1964), 1 ff. Des Weiteren ist auf *W. Fikentscher* hinzuweisen, der lange vor *Dworkin* das Verhältnis von „Rules" und „Principles" diskutiert und geklärt hat: Methoden des Rechts in vergleichender Darstellung, Bd. 2: Anglo-amerikanischer Rechtskreis, 1975, S. 82, 133 ff., 251 ff.
268 Dazu *H.L.A. Hart,* Der Begriff des Rechts (aus dem Englischen), 1973.

sind. Indessen sind diese „Rules" nicht immer exakt; sie lassen „Zwielichtzonen", „Vagheitsspielräume". Wird ein schwieriger Fall („hard case") von einer Rechtsregel nicht eindeutig abgedeckt, so entscheidet der Richter nach seinem Ermessen; im Rahmen des Ermessensspielraums ist seine Entscheidung stets richtig.

Hier an dieser Stelle, wo *Hart* aufhört, setzt *Dworkin* an[269]. Er fragt, wie ein Richter in schwierigen Fällen, bei denen unterschiedliche Rechtsauffassungen bestehen, trotzdem zu einem bestimmten Urteil gelangt. Nach seiner Ansicht ist dies ein Interpretationsproblem. Er begreift die Rechtsfindung als einen *Interpretationsvorgang*[270]. Das allein wäre allerdings noch nichts grundlegend Neues gegenüber dem Standpunkt *Harts*.

Das Neue ist, dass *Dworkin* nicht nur „Rules" kennt, sondern auch *„General Principles of Law"* (er nennt hauptsächlich drei Grundwerte: Gerechtigkeit, Fairness und Rechtsstaatlichkeit), die – entgegen positivistischer Auffassung – rechtlich bindend sind, und zwar für alle Staatsgewalten: Legislative, Judikative, Exekutive. In diesem Sinne begreift er seine Theorie geradezu als „general attack on positivism"[271]. Den Unterschied zwischen „Rules" und „Principles" sieht *Dworkin* darin, dass jene eine Alles-oder-nichts-Funktion haben und daher keinen Spielraum lassen, während diese eine Dimension des Gewichts und der Bedeutung haben (in unserem Strafrecht entspricht dem der Streit zwischen Spielraum- und Punktstrafentheorie[272]). Damit ist jedenfalls der positivistische Rechtsbegriff gesprengt.

Nach *Dworkin* muss der Richter vor allem bei der Interpretation der „hard cases" die „General Principles" berücksichtigen. Er ist überzeugt, dass es für einen Fall immer nur *eine* richtige Lösung geben kann. Freilich ist er sich darüber im Klaren, dass zur Findung dieser *einen* richtigen Lösung ein Jurist mit übermenschlichen Fähigkeiten vorausgesetzt werden muss (*Dworkin* nennt ihn „Herkules"[273]), für den es nie eine

---

269 *Dworkin* hat seine Theorie hauptsächlich in drei Büchern entwickelt: Taking Rights Seriously, 1978 (deutsch: Bürgerrechte ernst genommen, 1990); A Matter of Principle, 1985; Law's Empire, 1986. Die Sekundärliteratur zu *Dworkin* ist inzwischen sehr umfangreich geworden. Gut informiert *C. Bittner,* Recht als interpretative Praxis; Zu Ronald Dworkins allgemeiner Theorie des Rechts, 1988. Sodann *P. Mazurek,* Ronald Dworkins konstruktive Methode im Test des reflexiven Äquilibriums, in: RTh-Beiheft 2 (1981), 213 ff.; *J. Hund,* New Light on Dworkin's Jurisprudence, in: ARSP 75 (1989), 468 ff.; *J. Uusitalo,* Legitimacy in Law's Empire: Burke and Paine Reconciled?, in: ARSP 75 (1989), 484 ff.
270 Siehe *Dworkin,* Law's Empire (Fn. 269), S. 45 ff. u.ö.
271 Siehe *R. Dreier,* in: ARSP-Beiheft 25 (1985), S. 6. Interessant ist, dass *Ch. Covell* in seinem Buch: The Defence of Natural Law, 1992, Ronald Dworkin ausdrücklich zu seinen Gewährsleuten zählt.
272 Hierzu neuestens *W. Grasnick,* Über Schuld und Sprache; Semantische Studien zu den Grundlagen der Punktstrafen- und Spielraumtheorie, 1987.
273 Zur „herkulischen Methode" siehe *Dworkin,* Law's Empire (Fn. 269), S. 239 ff., 380 ff. u. ö.; *ders.,* Bürgerrechte (Fn. 269), passim. Gut informiert hierüber *C. Bittner,* Recht (Fn. 269), bes. S. 165 f., 185 ff.

B *Historischer Diskurs*

Wahl, ein Ermessen, gibt. Dieser „Herkules" ist natürlich eine Fiktion, aber *Dworkin* fordert zumindest dies, dass der Richter bei der Ausübung seines Ermessens zur Erhellung der „Zwielichtzonen" die „General Principles" berücksichtigt.

Dworkins Theorie ist inzwischen von vielen aufgegriffen und modifiziert worden, worauf hier nicht des einzelnen eingegangen werden kann[274]. Das Thema „Allgemeine Rechtsprinzipien" gibt es, wie schon erwähnt, auch bei uns seit langem. Neuerdings gibt es auch Versuche, den „dritten Weg" über solche Rechtsprinzipien zu finden. *Karl Larenz* zum Beispiel will allein über Rechtsprinzipien – Pacta sunt servanda, Treu und Glauben, Schuldprinzip, Gleichbehandlungsprinzip, Verhältnismäßigkeitsprinzip und noch einige andere mehr – zum „richtigen Recht" gelangen. Eines der vielen Probleme, die hier auftauchen, ist dies, ob die allgemeinen Rechtsprinzipien nicht viel zu abstrakt und inhaltsarm sind, als dass man *allein* daraus zu richtigen konkreten Rechtsentscheidungen kommen könnte (wiewohl, anders als bei *Dworkin*, eher das Prinzip als die Regel keinen Spielraum lässt)[275]. Und gibt es, wie *Dworkin* meint, immer nur die *eine* und *einzig richtige* Lösung, wenn auch nur für einen „Herkules"? Oder ist es nicht vielmehr so, dass es beim Normativen eben nicht die beim Deskriptiven relevanten Modalitäten „unmöglich", „notwendig", „zwingend" gibt, sondern vorzugsweise solche wie „plausibel", „stimmig", „triftig",

---

274 Erwähnt seien *N. MacCormick*, Principles of Law, in: Juridical Review 19 (1974), 217 ff.; *A. Peczenik*, Principles of Law, in: RTh 2 (1971), 17 ff.; *ders.*, Legal Rules and Moral Principles, in: RTh-Beiheft 11 (1991), 151 ff.; *Benditt*, Law as Rule and Principle, 1978; *F. Schauer*, Playing by the rules, 1991. Sodann die Beiträge von *R. Alexy, J. Llompart, J.W. Murphy, T. Schramm, R.A. Shiner, C. Wellman* in: ARSP-Beiheft 25 (1985). – Aus dem deutschsprachigen Bereich: *R. Alexy*, Zum Begriff der Rechtsprinzipien, in: RTh-Beiheft 1 (1979), 59 ff.; *U. Penski*, Rechtsgrundsätze und Rechtsregeln, in: JZ 1989, 105 ff.; *J.R. Sieckmann*, Regelmodelle und Prinzipienmodelle des Rechtssystems, 1989; *ders.*, Rechtssystem und praktische Vernunft, in: ARSP 78 (1992), 145 ff.; *D. Horster*, Die aktuelle Diskussion über die Funktion von Rechtsprinzipien, in: ARSP 77 (1991), 257 ff.; *F. Bydlinski*, Fundamentale Rechtsgrundsätze in der Löwengrube, in: RTh 22 (1991), 199 ff.; *I. Llompart*, Die Geschichtlichkeit der Rechtsprinzipien, 1976; – Eine besonders interessante Version des Themas erörtert *W. Fikentscher:* Die Verwendung von Analogie und Allgemeinen Rechtsprinzipien in der Rechtsprechung, in: La Sentenza in Europa; Methodo, Tecnica e Stile (Padova), 1988, S. 83 ff.

275 *K. Larenz*, Richtiges Recht; Grundzüge einer Rechtsethik, 1979. – Zur Prinzipientheorie vgl. auch *R. Dreier*, Recht (Fn. 204), S. 83 ff., 113 ff. Verstehe ich *Dreier* recht, so ist bei ihm das „Rechtsprinzip" identisch mit dem, was in Art. 20 Abs. 3 GG „Recht" genannt wird; dieser Artikel, demzufolge die vollziehende Gewalt und die Rechtsprechung „an Gesetz und Recht gebunden" sind, bedeutet auch einen neuen Weg, denn bisher hieß es (und heißt es sogar an anderer Stelle im GG, Art. 97, immer noch) streng positivistisch, dass der Richter „*nur dem Gesetz*" verpflichtet, ja ihm „*unterworfen*" sei (nicht bloß daran „gebunden"). Art. 20 Abs. 3 GG ist ein sehr begrüßenswertes Novum (freilich ist die Erkenntnis, dass Gesetz und Recht nicht dasselbe sind, sehr alt, nur ist sie im Positivismus verloren gegangen). Zweifelhaft erscheint mir allerdings, dass der hier gebrauchte Rechtsbegriff auf das allgemeine Rechtsprinzip hinauslaufe; vgl. dazu *A. Kaufmann*, Gesetz und Recht (Fn. 266), passim.

so dass durchaus mehrere verschiedene Rechtsaussagen zu derselben Frage gleichermaßen „plausibel" (der Jurist spricht gerne von „vertretbar") und in diesem Sinne „richtig" sein können? Diese Frage mag einstweilen dahinstehen.

Es gibt im anglo-amerikanischen Bereich noch etliche andere Versuche, aus dem überkommenen Pragmatismus und Positivismus herauszukommen. Neuerdings machen die *„Critical Legal Studies"* von sich reden[276]. Wir können indessen auf diese Theorie, die noch sehr in den Anfängen steckt, schon aus Raumgründen nicht eingehen.

Überhaupt muss man dem vielerorts herrschenden Eindruck wehren, als sei die moderne Rechtsphilosophie fast ausschließlich in Anglo-Amerika (Skandinavien, Australien) beheimatet. Um ein einigermaßen ausgewogenes Bild der Gegenwarts-Rechtsphilosophie zu vermitteln, müsste man demgegenüber auch die sehr zahlreichen Bemühungen von *Rechtsphilosophen anderer Länder* würdigen, man denke nur an die romanischen Länder oder an Polen. Indessen würde die Darstellung all der vielen Bemühungen, dem „richtigen Recht" – oder doch dem besseren Recht – auf die Spur zu kommen, den Rahmen dieses Buches sprengen.

In den letzten Abschnitten ist schon viel vom „Wie" der Rechtserkenntnis die Rede gewesen, was unvermeidlich war, da, wie schon eingangs hervorgehoben, über das „Was" des Rechts gar nicht geredet werden kann, ohne dem „Wie" der Rechtsfindung Rechnung zu tragen. Man kann nur jeweils die Akzente mehr auf das „Was" oder mehr auf das „Wie" setzen. Im Folgenden werden wir uns schwerpunktmäßig mit dem „Wie" der Rechtserkenntnis und dabei vor allem mit der juristischen Methodenlehre befassen.

2.3 Die historische Entwicklung der neueren juristischen Methodenlehre

Wir müssen und können uns hier auf die neuere Geschichte der juristischen Methodenlehre beschränken[277], da es unter dem Aspekt unserer Gegenwartsprobleme nur auf sie ankommt. Es soll aber nicht versäumt werden, auf die umfassende Darstellung der Methoden früherer und auch fremder (romanischer, anglo-amerikanischer) Rechte von *Wolfgang Fikentscher* nachdrücklich hinzuweisen; hier findet der Interessierte reichste Belehrung[278].

---

276 Der Interessierte kann sich bei *S.P. Martin*, Ist das Recht mehr als eine bloße soziale Tatsache?; Neuere Tendenzen in der anglo-amerikanischen Rechtstheorie, in: RTh 22 (1991), 525 ff., informieren.

277 Siehe hierzu den gedrängten, aber vorzüglichen Abriss von *Karl Larenz*, Methodenlehre der Rechtswissenschaft, 6. Aufl. 1991, S. 11 ff.

278 *W. Fikentscher*, Methoden des Rechts in vergleichender Darstellung, 5 Bde., 1975–77. In Band 3 ist die uns hier interessierende neuere Methodengeschichte des mitteleuropäischen Rechtskreises behandelt, Band 4 enthält den dogmatischen Teil. Hinsichtlich der allgemeinen Literatur zur juristischen Methodenlehre verweise ich auf das Schrifttumsverzeichnis zu Kapitel 1.

2.3.1 Die Gesetzgebungstheorie

Zu Beginn dieses Abschnitts soll wenigstens ein kurzer Hinweis auf die *Gesetzgebungstheorie* erfolgen, obwohl diese nicht im Rahmen der juristischen Methodologie diskutiert zu werden pflegt. Die herkömmliche Methodenlehre bis zum heutigen Tag hat immer nur das Verfahren der Gewinnung konkreter Rechtsentscheidungen aus dem Gesetz behandelt. Über die Methode, mit der man zu richtigen Gesetzen kommt, wurde und wird kein Wort gesagt.

Warum das so ist, lässt sich daraus erklären, dass sowohl die Naturrechtslehre als auch der Rechtspositivismus keiner Gesetzgebungstheorie bedurften. Nach der Naturrechtsdoktrin wurde das positive Gesetz (lex humana) durch rein logische Schlüsse aus dem vorgegebenen natürlichen Recht (lex naturalis) abgeleitet (man glaubte jedenfalls, dass man so verfahren würde). Unter der Herrschaft des Rechtspositivismus galt Gesetzgebung nicht als Wissenschaft, sondern als Aufgabe der Politik.

Inzwischen sind die Epochen des Naturrechts und des Rechtspositivismus vorüber, und mehr und mehr bricht sich die Einsicht Bahn, dass auch die Gesetzgebung wissenschaftlichen Methoden unterliegt[279]. Dabei hat sich herausgestellt, dass das Gesetzgebungsverfahren eine dem Rechtsanwendungsverfahren vergleichbare Struktur aufweist. So spricht denn auch *Werner Maihofer* davon, dass es sich bei fast allen Fragen und Verfahren der Gesetzgebungstechnik um eine Art ‚umgekehrte Subsumtion' handelt"[280]. Nun, eine „Subsumtion" ist weder hier noch dort das entscheidende methodologische Instrument, richtig aber ist, dass eine auffallende „Komplementarität zwischen Rechtsetzung und Rechtsanwendung" besteht[281]. Wir werden das unten noch kurz darstellen – nur kurz, denn bedauerlicherweise hat die Entwicklung dazu geführt, dass sich die moderne Gesetzgebungstheorie *neben* der juristischen Methodenlehre entfaltet hat. Das lässt sich hier nicht korrigieren.

---

279 Als bahnbrechend hat sich das Buch von *Peter Noll*, Gesetzgebungslehre, 1973, erwiesen.
280 *W. Maihofer*, Gesetzgebungswissenschaft, in: *G. Winkler/B. Schilcher* (Hrsg.), Gesetzgebung, 1981, S. 25 f.
281 Siehe *K.A. Mollnau*, Komplementarität zwischen Rechtsetzung und Rechtsanwendung, in: *K.-H. Schöneburg* (Hrsg.), Wahrheit und Wahrhaftigkeit in der Rechtsphilosophie; Hermann Klenner zum 60. Geburtstag, 1987, S. 286 ff. Sodann auch *H. Klenner*, Analyse der Wechselwirkungen zwischen Rechtsanwendung und Gesetzgebung, in: *K.A. Mollnau* (Hrsg.), Einflüsse des Wirkens des Rechts und seiner gesellschaftlichen Wirksamkeit auf den sozialen Rechtsbildungsprozess, 1982, S. 77 ff.

2.3.2 Friedrich Carl v. Savigny

Die neuere juristische Methodenlehre, zumindest was den deutschsprachigen Raum angeht, beginnt mit *Friedrich Carl v. Savigny* (vgl. schon oben 2.2.3.3.1)[282]. Um seine und die auf ihrer Grundlage hervorgegangene traditionelle Methodenlehre besser verstehen zu können, stelle ich zwei Schemata voran, die die wichtigsten Punkte der traditionellen Methodenlehre darstellen (dabei ist das Schema 7 [S. 113] nur aus technischen Gründen verselbständigt; es gehört eigentlich zu Schema 6 [S. 112], und zwar ganz links bei „Interpretation"). Das geschieht aus der Erkenntnis heraus, dass auch eine moderne Methodenlehre auf dieser Grundlage aufbauen muss. So sind, entgegen der Meinung mancher Methodiker (*Josef Esser, Martin Kriele*) die herkömmlichen Canones der Auslegung nicht deshalb wertlos, weil bis jetzt keine scharfen Prioritätsregeln gefunden worden sind und weil es, wie dem Leser bekannt ist, außer diesen vier Canones noch zahlreiche andere Argumenttypen gibt. Der Rechtsanwendende wird auch heute noch gut daran tun, sich zunächst einmal an die klassischen Argumente zu halten[283].

Diese beiden Schemata sollen die ganzen nachfolgenden Ausführungen zur juristischen Methodenlehre begleiten.

Wenn wir zunächst das Schema 6 (S. 112) betrachten, dann finden wir „Rechtsanwendung" und „Rechtsfindung" als zwei verschiedene Arten des Rechtsentscheidungsprozesses vermerkt. Das ist der Ausgangspunkt der traditionellen Methodenlehre. Der Normalfall ist die „Rechtsanwendung", bei der es darum – „nur" darum – geht, einen Fall unter eine vielleicht auslegungsbedürftige, aber an sich komplette („passende") Norm (gegebenenfalls unter mehrere Normen) zu „subsumieren". Man stellt sich das als einen rein logischen Syllogismus nach dem „modus barbara" (siehe dazu unten Kapitel 7 Punkt 7.2) vor, also z. B. so:

> Alle Mörder werden mit lebenslanger Haft bestraft
> M ist ein Mörder
> ──────────────────────────────────
> M wird mit lebenslanger Haft bestraft

Bei diesem Vorgang bleibt der Rechtsanwendende passiv. Er ordnet nur zwei objektive Größen einander zu, das Gesetz und den Fall.

---

282 Aus der sehr umfangreichen Literatur über Savigny seien hier nur zwei neuere Arbeiten erwähnt: *H. Klenner,* Savignys Forschungsprogramm der Historischen Rechtsschule, in: *ders.,* Deutsche Rechtsphilosophie (Fn. 105), S. 92 ff.; *D. Nörr,* Savignys Anschauung und Kants Urteilskraft, in: Festschr. f. H. Coing, Bd. 1, 1982, S. 615 ff.

283 Siehe *P. Raisch,* Vom Nutzen der überkommenen Auslegungscanones für die praktische Rechtsanwendung, 1988. Sodann auch *R. Zippelius,* Juristische Methodenlehre, 5. Aufl. 1990, S. 39 ff.

B *Historischer Diskurs*

Juristische Methode (Auf der Basis der traditionellen, von F.C. v. Savigny grundgelegten Methodenlehre)   *Schema 6*

Sog. Rechtsanwendung	*Sog. Rechtsfindung*
Direktwirkung von Rechtsnormen „Subsumtion" eines Falles unter eine Rechtsnorm	Fernwirken von Rechtsnormen „Lückenergänzung"

Sollen ←→ *Sein*

Ermittlung des Tatbestands aus der Rechtsnorm im Hinblick auf den Fall „Interpretation"

„Deduktion" ↑↓ Induktion im Modus des „Zugleich" Relation Entsprechung Analogie
Recht ist die „Entsprechung von Sein und Sollen" (A. Kaufmann)

Ermittlung des Sachverhalts aus dem Fall im Hinblick auf das Gesetz „Konstruktion"

Der zu beurteilende Fall ist nicht bzw. nicht unmittelbar in einer Rechtsnorm geregelt. Aber nur bei „planwidriger" Unvollständigkeit des Gesetzes handelt es sich um eine ausfüllungswürdige Lücke, nicht bei einem „qualifizierten Schweigen" des Gesetzes; die Nichtstrafbarkeit der versuchten Körperverletzung z. B. ist beabsichtigt (freilich könnte eine „Lückenfüllung" hier schon deshalb nicht statthaben, weil im Strafrecht die Analogie in malam partem verboten ist). Aber wessen „Plan" ist maßgebend, von wem wird eine Regelung „erwartet"; kommt es auf den *historischen* Gesetzgeber oder auf einen *gedachten heutigen* Gesetzgeber an?

Analogie (im engeren Sinne)

argumentum a simile. Dazu gehört auch das argumentum a fortiori (a maiore ad minus; a minore ad maius). Rechtsfiktionen sind ihrem Wesen nach gesetzlich angeordnete Analogien.

Umkehrschluss

argumentum e contrario (z. B. RGSt, 29, 111: Da nur der Diebstahl einer Sache strafbar ist, fällt die Entwendung von elektrischer Energie nicht unter § 242 StGB).

Freie richterliche Rechtsfortbildung

Es fehlen nicht nur einzelne passende Rechtsnormen, vielmehr ist ein ganzes Rechtsinstitut nicht geregelt, z. B. die Sicherungsübereignung. Zu dieser Fortbildung des Rechts gehört auch die sog. *teleologische Reduktion*, d. h. die Einschränkung sogar des Kernbereichs einer Norm, z. B. die Restriktion des § 266 StGB = Untreue auf die Verletzung einer Vermögensfürsorgepflicht. Siehe den berühmten Art. 1 Abs. 2 Schweizerisches Zivilgesetzbuch (eine Schöpfung von *Eugen Huber*): „Das Gesetz findet auf alle Rechtsfragen Anwendung, für die es nach Wortlaut oder Auslegung eine Bestimmung enthält. Kann dem Gesetz keine Vorschrift entnommen werden, so soll der Richter nach Gewohnheitsrecht entscheiden, und wo solches fehlt, nach der Regel, die er als Gesetzgeber aufstellen würde. Er folgt dabei bewährter Lehre und Überlieferung." Der „königliche" Richter als Gesetzgeber!

Bei der *Methodenwahl*, der Bestimmung von Prioritätsregeln, handelt es sich um *Wertentscheidungen*. Ihre wichtigsten Mittel sind *Reflexion, Argumentation, Diskussion*.

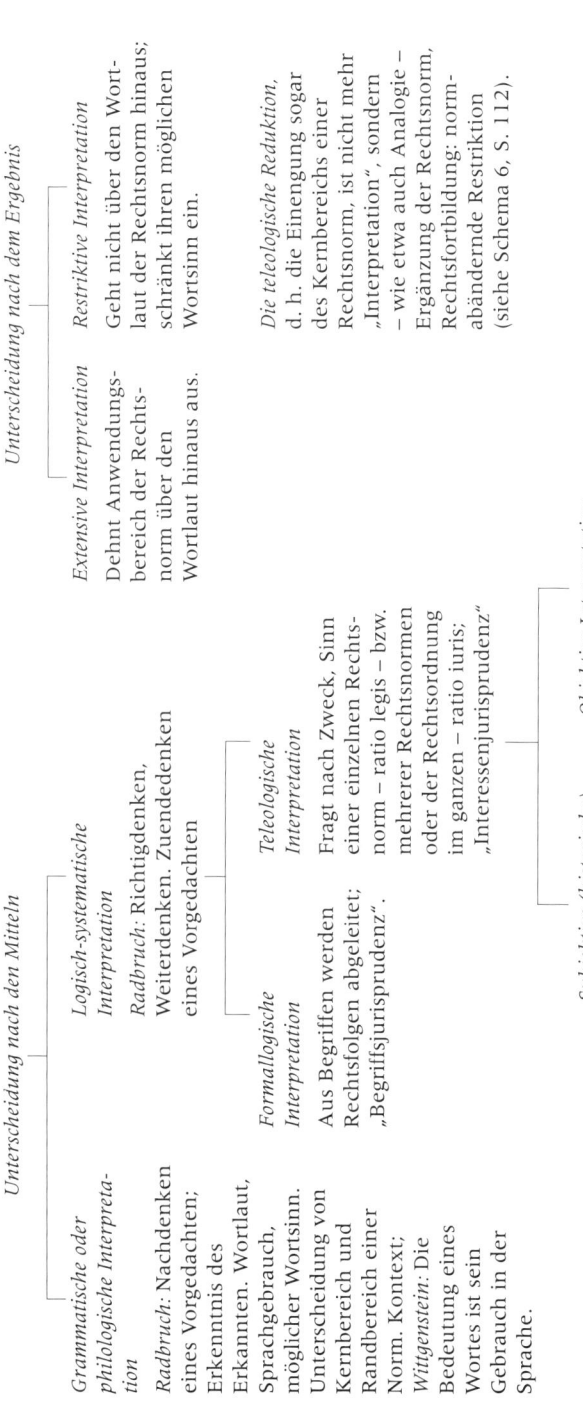

Allein dort, wo das Gesetz – ausnahmsweise – lückenhaft ist[284], wo es keine „fertige" Rechtsnorm für den zu beurteilenden Sachverhalt bereit hält, soll der Richter in einem „Rechtsfindungsakt" rechtsschöpferisch – sozusagen als stellvertretender Gesetzgeber – tätig werden. Siehe dazu unten den berühmten Art. 1 des schweizerischen Zivilgesetzbuchs (Schema 6, S. 112).

Das Problem, ob und wieweit der Richter rechtsschöpferisch tätig werden darf bzw. muss, hat Generationen von Rechtsgelehrten beschäftigt (näher Kap. 5). Wir haben ja oben (2.2.3.4) gesehen, dass der Richter aus Gründen der Rechtsstaatlichkeit und der Gewaltenteilung möglichst streng an den Buchstaben des Gesetzes gebunden sein soll. (*Feuerbach* und andere haben sogar Interpretationsverbote für erforderlich gehalten.) An diesem Punkt setzen auch die Überlegungen *Savignys* ein.

In der seiner Frühperiode entstammenden „Juristischen Methodenlehre" (1802/1803)[285] hat er einen Standpunkt eingenommen, der zwar nicht schlechthin gesetzespositivistisch war, der aber doch gesetzespositivistische Elemente enthielt[286]. *Savigny* versteht Auslegung als „Reconstruction des dem Gesetz innewohnenden Gedankens". Zu diesem Behufe entwickelte er vier Canones der juristischen Interpretation, die seitdem die „klassische Auslegungslehre" kennzeichnen (und die auch dem Schema 7, S. 113, zugrunde liegen)[287]. Das Erste ist das *grammatische Element*; sein Gegenstand ist das Wort, „welches den Übergang aus dem Denken des Gesetzgebers in unser Denken vermittelt". Als Zweites kommt das *logische Element* hinzu; sein Gegenstand ist die Gliederung des Gedankens, das logische Verhältnis, in welchem die einzelnen Teile zueinander stehen. Drittens das *historische Element*; es betrifft „den zur Zeit des gegebenen Gesetzes für das vorliegende Rechtsverhältnis durch Rechtsregeln bestimmten Zustand". Und schließlich viertens das *systematische Element*; es bezieht sich „auf den großen inneren Zusammenhang, welcher alle Rechtsinstitute und Rechtsregeln zu einer großen Einheit verknüpft".

In diesem Schema kommen „extensive" und „restriktive" Auslegung nicht vor. *Savigny* hielt sie für unzulässig, weil sie über den Standpunkt des Gesetzgebers hinausgingen. Maßgebendes Auslegungskriterium müsse der Wille des historischen Gesetzgebers sein. Damit bekannte sich *Savigny* zur „subjektiven Auslegungstheorie"; die „objektiv-teleologische", die auf den Sinn oder Zweck des Gesetzes abstellt („ratio legis" bzw. „ratio iuris"), lehnte er mit der Begründung ab, der Zweck des Gesetzes sei nicht Inhalt des Gesetzes geworden. Das ist durchaus positivistisch

---

284 Zum „Lückenproblem" gibt es sehr viel Literatur. Hier sei nur verwiesen auf C.-W. Canaris, Die Feststellung von Lücken im Gesetz, 2. Aufl. 1983.
285 F.C. v. Savigny, Juristische Methodenlehre (Kollegnachschrift von Jacob Grimm); hrsg. von G. Wesenberg, 1951.
286 Siehe dazu Larenz, Methodenlehre (Fn. 277), S. 12, mit einem interessanten Hinweis auf J. Rückert, vgl. J. Rückert, Idealismus, Jurisprudenz und Politik bei Friedrich Carl v. Savigny, 1984.
287 In voller Ausgestaltung findet sich das freilich erst in Savignys Alterswerk: System des heutigen Römischen Rechts, 8 Bde., 1840/49; hier: 1. Bd., 4. Kap. S. 206 ff.

gedacht, denn Rechtspositivismus ist ja eben die Lehre, wonach ein Transzendieren des Gesetzes in Richtung auf seinen Sinn unzulässig ist. Die subjektive Theorie war daher zu allen Zeiten das Eldorado der Rechtspositivisten; ihr wichtigster Trumpf ist Rechtssicherheit. Die Objektivisten dagegen verweisen mit Recht darauf, dass das Gesetz erstarren und daher ungerechte Ergebnisse zeitigen müsste, wenn man nicht die unablässige Veränderung der Lebensverhältnisse berücksichtigte (Geschichtlichkeit des Rechts); zu bedenken ist aber, dass eine extrem objektive Theorie den Richter legibus solutus machen und gegen das Gewaltenteilungsprinzip verstoßen würde. Es ist daher verständlich, dass das Pendel einmal mehr nach der objektiven, ein andermal mehr nach der subjektiven Theorie ausschlägt[288].

Auch bei *Savigny* gab es in dieser (und nicht nur in dieser) Hinsicht einen Wandel. Er war ohnehin auch in seiner Frühperiode kein reiner Subjektivist, denn er hat, erstaunlicherweise, die Analogie zur Lückenausfüllung zugelassen. Er meinte freilich, Analogie sei nur die Ergänzung des positiven Gesetzes aus sich selbst heraus. In seiner späteren und Spätperiode („Vom Beruf unserer Zeit" [oben 2.2.3.3.1] und „System des heutigen Römischen Rechts") ist *Savigny* dann aber überhaupt vom Standpunkt seiner „Methodenlehre" weitgehend abgerückt. Nicht mehr Primat des Gesetzes heißt es jetzt, die ursprüngliche Rechtsquelle ist vielmehr der „Volksgeist". Die Rechtsregeln müssen durch Anschauung und Abstraktion aus den Rechtsinstituten, den typischen Lebensverhältnissen, gewonnen werden. Extensive und restriktive Interpretation werden zugelassen. Auch die teleologische Interpretation wird nicht mehr strikt verworfen, wenngleich *Savigny* in dieser Hinsicht zurückhaltend bleibt; eine Auslegung aus dem „Grund" des Gesetzes oder aus „allgemeinen Rechtsgedanken" wäre nicht mehr Auslegung, sondern Rechtsfortbildung, die dem Richter nicht zusteht.

Zu dem Kardinalproblem der Methodenwahl meinte *Savigny*, einer Rangordnung der vier Canones bedürfe es nicht, denn diese Canones seien „nicht vier Arten der Auslegung, unter denen man nach Belieben wählen könnte, sondern verschiedene Tätigkeiten, die vereinigt wirken müssen, wenn die Auslegung gelingen soll"[289]. Anscheinend sieht das *Bundesverfassungsgericht* das auch so (Schema 7, S. 113), dass unter den klassischen Auslegungsargumenten der Zustand völliger Harmonie bestünde. Aber *Karl Engisch* hat sicher recht, wenn er *v. Savigny* vorwirft, „er verdeckte das Problem mit einer gewandten Formulierung"; in Wirklichkeit können die Methoden zu widersprechenden Ergebnissen führen, und es ist in der Tat in der Praxis der Gerichte häufig das Verfahren zu beobachten, „von Fall zu Fall diejenige Auslegungsmethode zu wählen, die zum befriedigenden Ergebnis führt"[290].

---

288 Siehe dazu näher *Ulrich Schroth*, Theorie und Praxis subjektiver Auslegung im Strafrecht, 1983. Er weist mit Recht darauf hin, dass es eine echte Alternative von subjektiver und objektiver Auslegung nicht gibt.
289 *v. Savigny*, System (Fn. 287), S. 215.
290 *K. Engisch*, Einführung (Fn. 259), S. 82.

2.3.3 Die Begriffsjurisprudenz

Das richterliche Rechtsschöpfungsverbot erwies sich sehr bald als undurchführbar, nicht nur wegen der Lückenhaftigkeit der Gesetze, sondern weil schon jede Interpretation eine Verfügung über das Gesetz bedeutet, bei der der Interpret als Subjekt mit ins Spiel kommt. Indessen war die Zeit noch lange nicht reif, diese Bewandtnisse offen zuzugestehen. Man suchte vielmehr durch Argumentationen verschiedener Art das Subjekt-Objekt-Schema aufrechtzuerhalten. Einer dieser Versuche ist die *Begriffsjurisprudenz*, die im 19. Jahrhundert zahlreiche Anhänger hatte, deren Methode sich aber auch heute noch, bewusst oder unbewusst, viele Juristen bedienen.

Kennzeichnend für die Begriffsjurisprudenz, die nicht unbedingt dem Positivismus verhaftet sein muss, ist die Deduktion von Rechtssätzen aus bloßen Begriffen; z. B. wird aus dem Begriff „Juristische Person" die Folge abgeleitet, dass die juristische Person, weil „Person", beleidigungsfähig und strafempfänglich sei. Die Begriffe dienen als Erkenntnisquelle. Auf diesem Ontologismus, demzufolge die Existenz aus der Essenz folgt, beruht der berühmte ontologische Gottesbeweis: Aus dem Begriff des „vollkommensten Wesens" ergebe sich notwendig dessen Existenz (sonst wäre es nicht vollkommen).

Die Methode der Begriffsjurisprudenz diente ihren Vertretern zum Nachweis, dass das Gesetz aus sich selbst heraus, ohne Rekurs auf die Lebensverhältnisse, fruchtbar sei. *Georg Friedrich Puchta* (oben 2.2.3.3.1) hat im ersten Band seines „Cursus der Institutionen" (1841) eine ganze „Begriffspyramide" entfaltet, an deren Spitze ein höchster Begriff steht, aus dem zunächst sehr abstrakte und allgemeine Begriffe, aus diesen dann aber wieder konkretere und inhaltlichere usw. abgeleitet werden. *Larenz* beschreibt es so: „Von Schicht zu Schicht verliert die Pyramide an Breite, gewinnt sie an Höhe. Je größer die Breite, d. h. die Fülle des Stoffs, umso geringer die Höhe, d. h. die Möglichkeit der Übersicht – und umgekehrt. Der Breite entspricht der Inhalt, der Höhe der Umfang (der Anwendungsbereich) eines ‚abstrakten' Begriffs. Das Ideal des logischen Systems ist vollendet, wenn an der Spitze ein allgemeinster Begriff steht, unter den sich alle übrigen Begriffe, also solche von Arten und Unterarten subsumieren lassen, zu dem man also von jedem Punkte der Basis aus, durch eine Reihe von Mittelgliedern, im Wege jeweils der Weglassung des Besonderen aufsteigen kann."[291] *Puchta* nennt das geradezu eine „Genealogie der Begriffe". Die Verwandtschaft mit der Methode des rationalistischen Naturrechts springt in die Augen, aber das ist so verwunderlich nicht, denn Naturrecht und Positivismus sind methodisch nahe verwandt: Beide glauben, das Recht aus höherem und schließlich höchstem Sollen *deduktiv* ableiten zu können. Das Problem dabei ist immer „nur": Woher stammt der Inhalt des höchsten Begriffs, der

---

291 *Larenz*, Methodenlehre (Fn. 277), S. 20. Siehe dazu auch *J. Bohnert*, Über die Rechtslehre Georg Friedrich Puchtas (1798–1846), 1975.

den Inhalt aller abgeleiteten Begriffe mitbestimmt? Und wie entgeht man dabei einem Zirkel?

Puchta hat noch einen rechtsethischen Gehalt des höchsten Begriffs angenommen. *Rudolf v. Jhering* (1818–1892) dagegen hat diese Voraussetzung fallen lassen und ist rein *induktiv* verfahren. Er hat in seinem Frühwerk eine „naturhistorische Methode" vertreten, die er später selbst mit beißendem Spott übergossen hat[292]. Es ist die Zeit des *Naturalismus*, der Orientierung der Rechtswissenschaft an der Denkweise der Naturwissenschaften. Das hat merkwürdige Blüten getrieben. Viel zitiert wird der Satz von *Jhering*: „Die Begriffe sind produktiv, sie paaren sich und zeugen neue."[293] Oder er kennzeichnete diese Konstruktionsjurisprudenz so: Sie führe zur Entdeckung neuer Rechtssätze, die existieren, weil sie „nicht nicht existieren können"[294].

Doch wir wollen dem jetzt nicht weiter nachgehen und aus der Zeit der Begriffsjurisprudenz nur noch *Bernhard Windscheid* (1817–1892)[295] erwähnen, der jenen oben (2.2.3.4) schon geschilderten „legitimen" Positivismus vertreten hat, wonach ein Gesetzgeber mit ethischer Substanz vorausgesetzt wird, ein Gesetzgeber, der nicht einfach einen Machtspruch erlässt, sondern in den Gesetzen die „Vernunft der Völker" einfängt. *Larenz* spricht von einem „durch den Glauben an die Vernunft des Gesetzgebers gemilderten rationalistischen Gesetzespositivismus"[296]. *Windscheid*, dessen Positivismus übrigens schon ins Psychologische gewendet ist, hat auch in der Methodenfrage einen gemäßigten Standpunkt eingenommen. Zwar votierte er als Positivist für die subjektive Auslegungsmethode, aber er hat den „Willen" des Gesetzgebers idealisiert: Es komme auf die „objektive Vernünftigkeit" dieses Willens an. Damit hat er praktisch eine Position bezogen, die sich der objektiven Theorie nähert, ohne deren Gefahren zu erliegen.

In der Folgezeit, also in der zweiten Hälfte des 19. und in der ersten Hälfte des 20. Jahrhunderts, hat sich dann aber die objektive Auslegungstheorie immer mehr durchgesetzt: *Karl Binding, Adolf Wach, Josef Kohler, Gustav Radbruch, Wilhelm Sauer*. Diese Wende war hauptsächlich dadurch hervorgerufen, dass die formalistische Begriffsjurisprudenz zu einer immer größeren Sinnentleerung des Rechts geführt hatte. Mittels der objektiven Auslegungsmethode wollte man nun die sinnentleerten abstrakten Gesetzesbegriffe wieder mit Sinn anreichern. Juristische Auslegung, heißt es dementsprechend bei *Radbruch*, ist nicht die „Erkenntnis des Erkannten", nicht „das Nachdenken eines Vorgedachten, sondern Zuendedenken eines Gedach-

---

292 *v. Jhering*, Scherz und Ernst in der Jurisprudenz, 1884 (Neudruck der 13. Aufl. 1924, 1964).
293 *v. Jhering*, Geist des römischen Rechts auf den verschiedenen Stufen seiner Entwicklung, 1. Bd., 2. Aufl. 1866, S. 40.
294 *v. Jhering*, Geist (Fn. 293), 2. Bd., 2. Abt., 2. Aufl. 1869, S. 392.
295 Hauptwerk: Lehrbuch des Pandektenrechts, 3 Bde., 7. Aufl. 1891.
296 *Larenz*, Methodenlehre (Fn. 277), S. 28.

ten" – der „Ausleger kann das Gesetz besser verstehen, als es seine Schöpfer verstanden haben, das Gesetz kann klüger sein als seine Verfasser – es muss sogar klüger sein als seine Verfasser"[297]. Auf das Gesetz kommt es an, nicht auf den Gesetzgeber – oder mit *Hobbes*: „Gesetzgeber ist nicht der, durch dessen Autorität das Gesetz zuerst gemacht wurde, sondern der, durch dessen Autorität es fortfährt, Gesetz zu sein."[298]

2.3.4 Der empirische Rechtspositivismus

Die objektive Auslegungstheorie will die Gesetzesbegriffe mit *Sinn* anreichern. Woher aber kommt der Sinn? Die Begriffsjuristen suchten ihn im Gesetz; man sprach von einer „immanenten Teleologie". Es hat sich aber gezeigt, dass die Inzucht der „Paarung" der Gesetzesbegriffe nur zu einer Sinnentleerung des Gesetzes führt. Also musste man zu etwas außerhalb des Gesetzes Gelegenem greifen, und zwar, da eine Rückkehr zum Naturrecht nicht zur Diskussion stand, zu den Rechtstatsachen. Hier setzt der *empirische Rechtspositivismus* ein, der das Recht entweder als ein Faktum der Innenwelt, als psychologische Tatsache, oder als ein Faktum der Außenwelt, als soziologische Tatsache, begreift. Damit ist ein bisher vernachlässigter Bereich in das Blickfeld der Rechtswissenschaft gekommen, und das hat sich für die Folgezeit sehr fruchtbar ausgewirkt. Andererseits ist mit der einseitigen Ausrichtung an den Rechtstatsachen das Eigentliche des Rechts, seine Normativität, aus dem Gesichtskreis entschwunden, und auch das hatte seine Folgen[299].

2.3.4.1 Mit *Ernst Rudolf Bierling* (1841–1919) setzt die eigentliche *psychologische Rechtstheorie* ein[300]. Die Vertreter des empirischen Positivismus haben begreiflicherweise Schwierigkeiten, die Geltung des Rechts nachzuweisen, denn sie können diese ja nicht in einem Wert („Rechtsidee"), sondern nur in einem Faktum fundieren. Dabei kommen zwei Fakten in Betracht: *Anerkennung und Macht, Consensus und Imperium*. *Bierling* hat den ersten Weg beschritten. Recht ist nach ihm, was in der Gemeinschaft als solches *anerkannt* wird. Sofort erhebt sich natürlich die Frage, was mit denen ist, die dem Recht die Anerkennung verweigern. *Bierling* meint, Anerkennung sei ein dauerndes habituelles Verhalten; indirekte Anerkennung genüge daher. Aber damit ist nicht beantwortet, ob das Recht auch gegenüber dem gilt, der sich ganz bewusst gegen das Recht stellt, z. B. der Überzeugungstäter. Schon *Hegel* ist demgegenüber auf den Gedanken verfallen, dass derjenige, der das Recht über-

---

297 *Radbruch*, Vorschule (Fn. 9), S. 206 f.; GRGA, Bd. 3, 1990.
298 Zitiert nach *Radbruch*, Vorschule (Fn. 9), S. 208; GRGA, Bd. 3, 1990. Die englische Formulierung findet man bei F. *Somló*, Juristische Grundlehre, 2. Aufl. 1927 (Neudruck 1973), S. 96.
299 Ebenso urteilt *Larenz*, Methodenlehre (Fn. 277), S. 38.
300 Sein Hauptwerk ist die „Juristische Prinzipienlehre", 5 Bde., 1894–1917.

tritt, dieses logisch-notwendig anerkenne; z. B. der Dieb wolle sich ja Eigentum verschaffen und bejahe damit notwendig dessen rechtlichen Schutz. Dagegen ist zu erwidern, dass Anerkennung ein psychologisches Phänomen ist und kein logisches. In neuester Zeit hat *Niklas Luhmann* die Anerkennung funktionalistisch zu erklären versucht; Anerkennung bedeute nicht Zustimmung aus Überzeugung, in einer komplexen Gesellschaft könne das System nur funktionieren, wenn auch der Rechtsunterworfene funktioniert, wenn er möglichst störungsfrei lernt und sich in das System einfügt; denn auch er sei Teil des Gesamtsystems, so dass letztlich das System selbst die Anerkennung produziere[301]. – Zurück zu *Bierling*, von dem noch zu sagen ist, dass er ein erklärter Gegner der objektiven Auslegungstheorie gewesen ist. Die Gesetzesauslegung habe anhand der Entstehungsgeschichte (der „Gesetzesmaterialien") den wirklichen Willen des Gesetzgebers zu erforschen, nicht den Geist des Gesetzes; wo dieser Geist nicht zu ermitteln sei, müsse das Gesetz allerdings „nach Treu und Glauben" ausgelegt werden.

2.3.4.2 Oben (2.3.3) ist schon gesagt worden, dass *Rudolf v. Jhering* (sein Buch „Der Kampf um's Recht", 1872, hat weltweites Aufsehen erregt) von seiner früh vertretenen Konstruktionsjurisprudenz später abgerückt ist. Das geschah vor allem in dem zweibändigen Werk „Der Zweck im Recht", 1877/1883. Das Motto dieses Werkes: „Der Zweck ist der Schöpfer des ganzen Rechts" bezeichnet deutlich die neue Richtung. *Jhering* wandte sich entschieden gegen den „Kultus des Logischen", denn die Rechtswissenschaft sei keine Mathematik. Entscheidend sei die Zweckbetrachtung, und diese werfe die Frage nach dem Zwecksubjekt auf, da Zwecke das Recht nicht selbsttätig hervorbrächten. *Jhering* sah als eigentlichen Gesetzgeber die Gesellschaft an, die er als ein „Zusammenwirken für gemeinsame Zwecke, bei dem jeder, indem er für andere, auch für sich, und indem er für sich, auch für andere handelt", verstand[302]. In merkwürdigem Widerspruch dazu hat er aber an der gesetzespositivistischen Auffassung vom Rechtssetzungsmonopol des Staates festgehalten: „Recht ist der Inbegriff der in einem Staate geltenden Zwangsnormen …; der Staat (ist) die alleinige Quelle des Rechts."[303] Immerhin aber wird das Recht auf einen sozialen Zweck bezogen, von dem es seinen Inhalt empfängt; alle Rechtssätze, heißt es, haben „die Sicherung der Lebensbedingungen der Gesellschaft zum Zweck"[304]. *Jhering* argumentierte nicht mehr logisch und auch nicht psychologisch, sondern soziologisch-utilitaristisch (hier ist deutlich schon das Problem des Verhältnisses von Zweck- und Wertrationalität angesprochen, mit dem sich später vor

---

301 Vgl. vor allem *N. Luhmann*, Rechtssoziologie, 2 Bde., 3. Aufl. 1987.
302 *v. Jhering*, Der Zweck im Recht, 6.-8. Aufl. 1923, 1. Bd., S. 87.
303 *v. Jhering*, Zweck (Fn. 302), S. 320. – Eine sehr eingehende Darstellung und Würdigung der Rechtslehre *v. Jherings* bietet *Fikentscher*, Methoden (Fn. 278), 3. Bd., S. 101-282. Der näher Interessierte sei aufmerksam gemacht auf *Mario G. Losano*, Der Briefwechsel zwischen Jhering und Gerber, 1984; *dens.*, Studien zu Jhering und Gerber, 1984.
304 *v. Jhering*, Zweck (Fn. 302), S. 462.

allem *Max Weber* befasst hat[305]). Aber woher kommt die Bewertung der Zwecke? Das ist die Achillesferse seiner Rechtstheorie und nicht weniger der Interessenjurisprudenz, die in ihm ihren geistigen Urheber hat.

2.3.4.3 Mit der *Interessenjurisprudenz*[306] erfolgte die vollständige Loslösung der Rechtswissenschaft von der Begriffsjurisprudenz, erfolgte aber auch unter der Parole: nicht Primat der Logik, sondern Primat der Lebenswerte! eine mitunter sehr bedenkliche Absage an die Begrifflichkeit der Gesetze. Indessen kann kein Zweifel sein, dass die Interessenjurisprudenz – ihr Haupt war *Philipp Heck* (1858–1943), andere führende Köpfe waren *Heinrich Stoll* (1891–1937) und *Rudolf Müller-Erzbach* (1874–1959) – sich mit ihrer Öffnung zum Leben als außerordentlich fruchtbar erwiesen hat. *Larenz* schreibt: „Sie hat mit der Zeit die Rechtsanwendung in der Tat revolutioniert, indem sie mehr und mehr die Methode einer lediglich formal-logisch begründeten Subsumtion unter die starren Gesetzesbegriffe durch die der abwägenden Beurteilung eines komplexen Sachverhalts und einer Bewertung der dabei in Betracht kommenden Interessen nach den der Rechtsordnung eigenen Bewertungsmaßstäben ersetzt hat. Damit hat sie den Richtern das gute Gewissen verschafft und häufig Scheinbegründungen überflüssig gemacht."[307] Gewiss, das ist richtig. Die andere Seite der Medaille ist aber eine rechtstheoretisch äußerst fragwürdige, oft ganz unreflektierte Begründung des Rechtsverwirklichungsprozesses. Die Interessen – Lebensbedürfnisse, Begehrungen, Erwartungen, Rollen – werden einerseits als Kausalfaktoren des Rechts angesehen („genetische Interessenjurisprudenz"). Andererseits – und das ist für den empirisch-soziologischen Positivismus inkonsequent genug – werden sie auch als Wert, als Sollen verstanden; das Interesse sei auch Maßstab der Interessenbewertung. Wie aber kommt es zu diesem geheimnisvollen dialektischen Sprung, dem Übergang von Quantität zur Qualität, von Sein zum Sollen? Rechtstheoretisch kann die Interessenjurisprudenz nicht befriedigen. Methodologisch aber hatte sie, wie *Larenz* zutreffend hervorhebt, einen nachhaltigen Erfolg. Zwar lehnte sie die objektive Auslegungstheorie ab, aber indem sie den Gesetzesinterpreten auf die dem Gesetz zugrunde liegende Interessenkonstellation und deren Bewertung verwies, öffnete sie praktisch das Gesetz zum Leben. Vollends bei Gesetzeslücken sollte der Richter ermächtigt sein, nach teleologischen Gesichtspunkten das Recht „durch eigene Gebote zu ergänzen" („produktive Interessenjurisprudenz")[308].

---

305 Zum Zweck- und Wertrationalismus Max Webers siehe *A. Kaufmann*, Rechtsphilosophie in der Nach-Neuzeit, 2. Aufl. 1992, S. 18 ff.
306 Siehe dazu den Dokumentarband von *Ellscheid/Hassemer* (Hrsg.), Interessenjurisprudenz, 1974.
307 *Larenz*, Methodenlehre (Fn. 277), S. 58.
308 *Heck*, Das Problem der Rechtsgewinnung, 2. Aufl. 1932, insbes. S. 5; *ders.*, Begriffsbildung und Interessenjurisprudenz, 1932, S. 30 f.

2.3.4.4 Die eklatante Schwäche der Interessenjurisprudenz hat *Hermann Kantorowicz* (1877–1940), der brillanteste Kopf der *Freirechtsbewegung*, schon 1910 in einer Abhandlung über „Rechtswissenschaft und Soziologie" glasklar aufgedeckt: „Die richtige Behandlung der ‚Interessenlagen' setzt Kenntnis des Gesetzeszwecks voraus, da ohne Rücksicht auf ihn wohl entschieden werden kann, welche Interessen tatsächlich vorhanden sind, nicht aber, welche von Rechts wegen bevorzugt werden sollen."[309] Also wieder die Frage nach Zweck und Sinn. Woher kommen sie? Die Freirechtsbewegung[310] – der Name geht auf *Eugen Ehrlich* (1862–1922) zurück und bedeutet eine bewusste Analogie zu „freireligiös" – versuchte eine eigene Antwort zu geben. Will man sie verstehen, so muss man wissen, dass es sich bei der Freirechtsbewegung um eine irrationalistische Gegenströmung nicht so sehr zum rationalistischen Naturrecht – das hielt man längst für tot –, sondern zur logisch-formalistischen Begriffsjurisprudenz und zu jeglicher Art von „Pandektismus" und „Scholastik" handelte. Sie trat das Erbe der Lebensphilosophie (vgl. oben 2.2.3.3.5) an, ihre geistigen Ahnen sind *Schopenhauer, Nietzsche, Bergson* – soweit die Freirechtsbewegung nicht überhaupt, wie namentlich bei *Ernst Fuchs* (1859–1929)[311], ihrem redegewaltigen Wortführer, eine völlig aphilosophische Richtung war.

„Freirecht", das heißt im Grunde: frei vom Gesetz. Zwar haben sich die Freirechtler immer gegen die „Contra-legem-Fabel" gewandt, gegen die Unterstellung, sie wollten dem Richter gestatten, sich über das (gültige) Gesetz hinwegzusetzen, gar gegen das Gesetz zu entscheiden. In der Tat haben die Freirechtsjuristen derartiges nicht gelehrt. Sie wollten nur sagen, wie der Richter zu verfahren hat, wenn das Gesetz Lücken aufweist. Aber, und das ist nun der springende Punkt, nach Auffassung der Freirechtslehrer ist das Gesetz nicht erst dann lückenhaft, wenn es eine einschlägige Regelung überhaupt nicht enthält, sondern bereits dort, wo es den Fall nicht ausdrücklich und eindeutig entscheidet („hard case" im Sinne von *H.L.A. Hart*). Und das ist natürlich so gut wie immer so, zumindest in allen streitigen Fällen. Darum meinte *Kantorowicz*, man dürfe getrost behaupten, „dass nicht weniger Lücken als Worte da sind" und dass nur „ein unwahrscheinlicher Zufall" es fügen könnte, dass ein Rechtsfall ohne weiteres sämtlichen Begriffen des anzuwendenden Rechtssatzes unterfalle[312]. Wo aber findet der Richter das „freie Recht"? Woher kommt überhaupt das Recht? *Kantorowicz* antwortete positivistisch-volun-

---

309 *H. Kantorowicz*, Rechtswissenschaft und Soziologie; Ausgewählte Schriften zur Wissenschaftslehre; hrsg. von *Th. Würtenberger,* 1962, S. 130.
310 Eingehend zu ihr *Arthur Kaufmann*, Rechtsphilosophie (Fn. 38), S. 231 ff.
311 Siehe *Ernst Fuchs,* Gerechtigkeitswissenschaft; Ausgewählte Schriften zur Freirechtslehre; hrsg. von *Albert S. Foulkes* und *Arthur Kaufmann,* 1965.
312 Das steht in der berühmten, unter dem Pseudonym *Gnaeus Flavius* erschienenen Flugschrift: Der Kampf um die Rechtswissenschaft, 1906, S. 15 (in: Rechtswissenschaft [Fn. 309], S. 18).

B *Historischer Diskurs*

taristisch: Alles Sollende ist ein Seiendes, denn Sollen ist Wollen[313]. Ähnlich hat sich auch *Hermann Isay* (1873–1938) geäußert[314]. Er sah in der richterlichen Entscheidung keine Deduktion aus dem Gesetz, sondern einen Willensakt, eine Dezision. Immer nehme das Rechtsgefühl das Urteil vorweg, die logische – scheinlogische – Begründung folge erst hinterher. Darin steckt, wie noch zu zeigen sein wird, ein richtiger Gedanke. In der Tat ist das „hermeneutische Vorverständnis" eine Voraussetzung für das Verständnis eines Sinnzusammenhangs. Aber ist dieses Vorverständnis nur eine Sache des irrationalen Rechtsgefühls? Und ist die nachfolgende Begründung scheinlogisch?

Hierzu ein kleiner Exkurs. Das *Rechtsgefühl* hat in neuerer Zeit wieder erhöhte Aufmerksamkeit gefunden[315], wobei einerseits von einer „Rationalität des Rechtsgefühls"[316] andererseits von einer „Verabschiedung des Rechtsgefühls"[317] gesprochen wird. Beides sind Übertreibungen. Einerseits ist das Rechtsgefühl nicht rational, andererseits wird man nicht verkennen dürfen, dass die Rechtsfindung keine rein rationale Tätigkeit ist, sondern, ähnlich der Medizin, auch (nicht nur!) eine *Kunst* darstellt, die „ars boni et aequi"[318]. Das Rechtsgefühl, das mit dieser Kunst viel zu tun hat, nimmt nach einem Wort *Radbruchs*, „das Resultat vorweg, das Gesetz soll dann nachträglich die Gründe und Grenzen dafür hergeben"[319], ein ganz hermeneutischer Gedanke, dem *Radbruch* später noch hinzufügte: „Das Rechtsgefühl verlangt einen behenden Geist, der vom Besonderen zum Allgemeinen und vom Allgemeinen wieder zum Besondern hinüberzuwechseln vermag"[320]. Das Rechtsgefühl ist, so kann man zusammenfassen, *die Kunst, richtige Vorverständnisse zu haben*. Seltsam ist nur, dass der Richter kein Rechtsgefühl, keine Vorverständnisse haben, es jedenfalls in die Entscheidung nicht einbringen soll, ist er doch „nur dem Gesetz unterworfen". In Wahrheit führt diese Fiktion der ausschließlichen Unterworfenheit des Richters unter das Gesetz zu nichts weiterem als zu *Scheinbegründungen* richterlicher Urteile.

---

313 *Kantorowicz*, Kampf (Fn. 312), S. 34 (Rechtswissenschaft [Fn. 309], S. 30). Einen neuerlichen Versuch, das Recht rein induktiv auf das Wollen (des Richters) zu gründen, hat *Ch. v. Mettenheim*, Recht und Rationalität, 1984, unternommen.
314 Sein in diesem Zusammenhang wichtigstes Werk: Rechtsnorm und Entscheidung, 1929.
315 Siehe *E.-J. Lampe* (Hrsg.), Das sogenannte Rechtsgefühl, in: Jahrbuch für Rechtssoziologie und Rechtstheorie, Bd. 10, 1985; *E. Riezler*, Das Rechtsgefühl, 3. Aufl. 1969; *G. Rümelin*, Über das Rechtsgefühl, 2. Aufl. 1948; *M. Biehler*, Rechtsgefühl, System und Wertung, 1979; *G. Oesterreich*, Im Dschungel der Paragraphen; Rechtsgefühl zwischen Klischee und Information, 1984; *R. Zippelius*, Rechtsphilosophie (Fn. 212), S. 123 ff.; *K. Obermeyer*, Über das Rechtsgefühl, in: JZ 1986, 1 ff.
316 *K. Zapka*, Rationalität des Rechtsgefühls, in: RuP 1987, 19.
317 *W. Meyer-Hesemann*, Abschied vom sog. Rechtsgefühl, in: ARSP 73 (1987), 405 ff.
318 *Ulpian*, Dig. 1, 1, 2 pr unter Berufung auf *Celsus*.
319 *G. Radbruch*, Geburtshülfe und Strafrecht, 1907, S. 3; GRGA, Bd. 7, 1995.
320 *G. Radbruch*, Über das Rechtsgefühl (1914/15), GRGA, Bd. 1, 1987, S. 429.

2.3.4.5 Wollen ist kein Sollen. Daraus allein, dass der Gesetzgeber oder der Richter etwas will, ergibt sich vielleicht ein Müssen, aber nimmermehr eine Verpflichtung. Auf die Frage, wie das rechtliche Sollen begründet werden kann, ist die Freirechtsbewegung die Antwort schuldig geblieben. Aber auch die rein empirisch betriebene *Rechtssoziologie* konnte diese Antwort nicht geben. Ihr Fehler war nicht, dass sie sich der Erforschung der gesellschaftlichen Tatsachen annahm; das war und ist wichtig. Ihr Fehler war, dass sie sich an die Stelle der dogmatischen Rechtswissenschaft setzen wollte. Wenn der oben schon genannte *Eugen Ehrlich* forderte, man müsse „den lächerlichen Mummenschanz der abstrakten Begriffsbildung und Konstruktion für immer ablegen"[321], dann ist ein solcher Zynismus aus dem Zeitgeist heraus vielleicht zu verstehen, aber er ist gefährlich; wir haben erlebt, welche Perversion des Rechts die Missachtung der Begrifflichkeit und der Form des Gesetzes zeitigen kann.

Der „große alte Mann" der Soziologie und auch der Rechtssoziologie war und ist *Max Weber* (1864–1920). Seine Rechtssoziologie[322] ist streng empirisch, worüber auch der Umstand nicht hinwegtäuschen darf, dass er gelegentlich von „verstehender Soziologie" gesprochen hat. Gerade auch in der uns vor allem interessierenden *Geltungsfrage* hat er einen empirischen Standpunkt vertreten. Er unterschied genau zwischen dem „normativen Sinn", der einer Rechtsnorm „logisch richtigerweise zukommen sollte", und dem, was „faktisch" innerhalb einer Gemeinschaft „um deswillen geschieht, weil die Chance besteht, dass am Gemeinschaftshandeln beteiligte Menschen ... bestimmte Ordnungen als geltend subjektiv ansehen und praktisch behandeln, also ihr eigenes Handeln an ihnen orientieren"[323]. „Empirisches Gelten" heißt demnach, dass bestimmte Einzelpersonen „berechenbare Chancen" haben, „ökonomische Güter in ihrer Verfügung zu behalten oder künftig ... zu erwerben", was aber „die Hilfe eines dafür bereitstehenden ‚Zwangsapparates'" voraussetzt[324]. Recht wird also letzten Endes auf *Macht* gegründet: die Imperiumstheorie. Indessen, aus der staatlichen Macht, die Rechtsnormen notfalls durchsetzen zu können, ergeben sich, was *Weber* freilich gesehen hat, allenfalls Erwartungen, Chancen, Exspektanzen, aber kein Sollen.

Die Rechtssoziologie jener Zeit, also bis etwa zur Mitte unseres Jahrhunderts, hat sich als die eigentliche „Wissenschaft" vom Recht verstanden, und zwar deshalb, weil sie empirisch, d. h. in der Weise der Naturwissenschaften verfuhr. Was dabei herauskommen konnte, zeigt z. B. *Franz v. Liszts* „wissenschaftliche" Definition der Beleidigung als einer Reihe von Kehlkopfbewegungen, Schallwellenerregungen,

---

321 *E. Ehrlich*, Grundlegung der Soziologie des Rechts, 1913, S. 274.
322 Ich benutze die von *Johannes Winckelmann* herausgegebene Ausgabe von *Max Webers* „Rechtssoziologie", 1960. Vgl. dazu auch *F. Loos*, Zur Wert- und Rechtslehre Max Webers, 1970; *K. Engisch*, Max Weber als Rechtsphilosoph und Rechtssoziologe, in: Max-Weber-Gedächtnisschr. 1966, S. 67 ff.
323 *M. Weber*, Rechtssoziologie (Fn. 322), S. 53.
324 *M. Weber*, Rechtssoziologie (Fn. 322), S. 57 f.

Gehörreizungen und Gehirnvorgängen[325] – selbstverständlich wusste *v. Liszt*, dass das „Wesen" der Beleidigung in einer Ehrkränkung besteht, aber dieser normative Gehalt sei „wissenschaftlicher" Erkenntnis eben nicht zugänglich. Dieses kuriose Beispiel erweist, wie gründlich man die Rechtsdogmatik missverstanden hat. *Franz Jerusalem* (1883–1970)[326] meinte, in der dogmatischen Jurisprudenz gehe es gar nicht um Wahrheit, sondern allein um politische Zielsetzungen. Somit hatte sich die Rechts*wissenschaft* überhaupt nicht mehr um das „richtige Recht" zu kümmern – und in der Tat hat sie es ja auch nicht mehr getan (vgl. oben 2.2.3.6).

2.3.5 Der logische Rechtspositivismus, insbesondere die „Reine Rechtslehre" Hans Kelsens

Von gerade entgegengesetzter Seite ist *Hans Kelsen* (1881–1973), einer der bedeutendsten Rechtsphilosophen unseres Jahrhunderts, Begründer der „Reinen Rechtslehre"[327], ebenfalls zu dem Ergebnis gekommen, dass die normative Rechtsdogmatik keine Wissenschaft, sondern Rechtspolitik sei. *Kelsen* entstammte dem Wiener Kreis des Neopositivismus oder logischen Positivismus um *Rudolf Carnap* (1881–1970). Nach dieser philosophischen Richtung ist sinnvoll und verstehbar nur das, was logisch „verifiziert" werden kann. Aussagen metaphysischer Art, insbesondere solche über Inhalte von Werten und Normen, sind daher sinnlos. Bewertungen werden nur als Ausdruck von Gefühlen angesehen[328].

Die „Reine Rechtslehre" ist die wichtigste Ausprägung des normativistischen oder normlogischen Rechtspositivismus. *Kelsen* selbst hat sie als *„die* Theorie des Rechtspositivismus" bezeichnet[329]. Und das mit Grund. Den psychologischen und soziologischen Rechtspositivismus erachtete *Kelsen* überhaupt nicht als *Rechts*wissenschaft, da er sich nur mit Tatsachen befasst. Die Rechtswissenschaft habe es mit dem Sollen, mit Normen zu tun, sie sei eine Normwissenschaft. Als Neukantianer unterschied *Kelsen* streng zwischen Sein und Sollen (Methodendualismus) und demgemäß zwischen einer deskriptiven (explikativen) und einer präskriptiven (nor-

---

325 Vgl. dazu *G. Radbruch*, Zur Systematik der Verbrechenslehre, in: Festg. f. Reinhard v. Frank, Bd. 1, 1930, S. 161 f.
326 *Jerusalem*, Kritik der Rechtswissenschaft, 1948.
327 Dabei darf man aber *Kelsens* Bedeutung als Normlogiker keinesfalls übersehen; siehe die postum (1979) erschienene „Allgemeine Theorie der Normen". Dazu *K. Opalek*, Überlegungen zu Hans Kelsens „Allgemeiner Theorie der Normen", 1980; *M. Rath*, Fiktion und Heteronomie; Hans Kelsens Normtheorie zwischen Sein und Sollen, in: ARSP 74 (1988), 207 ff.
328 Aus der Fülle der Literatur seien aus neuerer Zeit genannt: *W. Krawietz/H. Schelsky* (Hrsg.), Rechtssystem und gesellschaftliche Basis bei Hans Kelsen, in: RTh-Beiheft 5, 1984; *R. Dreier*, Recht (Fn. 105), S. 217 ff., 241 ff.; *C. Varga*, Hans Kelsens Rechtsanwendungslehre, in: ARSP 76 (1990), 348 ff.; *L. Gianformaggio*, Hans Kelsen on the Deduction of Validity, in: RTh 21 (1990), 181 ff. *L. Villar Borda*, Kelsen in Columbia, 1991.
329 *Kelsen*, Was ist die Reine Rechtslehre? in: Festschr. f. Z. Giacometti, 1953, S. 153.

mativen) Betrachtungsweise[330]. In der „Reinen Rechtslehre" geht es nur um die Letztere. Als positivistische Theorie kann sie aber nur die formalen (logischen) Strukturen der Rechtsnormen zum Gegenstand haben, nicht deren Inhalte, denn diese sind wissenschaftlichem Erkennen nicht zugänglich. Für *Kelsen* ist die Gerechtigkeit nur ein „schöner Traum der Menschheit", wir wissen nicht, was sie ist, und werden es nie wissen[331]. (In unseren Tagen hat der Systemtheoretiker *Niklas Luhmann* die noch weitergehende Konsequenz gezogen, dass Wahrheit und Gerechtigkeit überhaupt keine Werte darstellen, sondern lediglich „Symbolfunktionen" haben: „Sie dienen dazu, gute Absichten zu beteuern und an guten Willen zu appellieren, vorausgesetzten Konsens auszudrücken und Verständigungsmöglichkeiten zu postulieren."[332])

Der „Reinen Rechtslehre" ist es um das Sollen zu tun, und zwar um das „reine" juristische Sollen, das kein ethischer Wert, sondern nur eine logische Struktur ist. Oberstes Postulat ist daher die „Methodenreinheit". So heißt es gleich zu Beginn der „Reinen Rechtslehre": „Wenn sie sich als ‚reine' Lehre vom Recht bezeichnet, so darum, weil sie nur eine auf das Recht gerichtete Erkenntnis sicherstellen und weil sie aus dieser Erkenntnis alles ausscheiden möchte, was nicht zu dem exakt als Recht bestimmten Gegenstand gehört. Das heißt: sie will die Rechtswissenschaft von allen ihr fremden Elementen befreien" – *Kelsen* nennt insbesondere Psychologie, Soziologie, Ethik und politische Theorie[333]. Man muss, um *Kelsen* gerecht zu werden, das wissenschaftliche Ethos bedenken, das hinter seiner, wie es scheint: indifferenten Rechtsphilosophie steht. Er will die Rechtswissenschaft davor bewahren, als „Propaganda absoluter Werte" (*Max Weber*), als Deckmantel politischer und ideologischer Meinungen missbraucht zu werden. Ganz zu Unrecht ist dann aber die „Reine Rechtslehre" selbst in solcher Weise missbraucht worden.

Kelsen hat seine Theorie vom Sollen mehrfach und unterschiedlich begründet. Das kann hier nicht näher dargestellt werden. Nur das wichtigste sei mitgeteilt. Kennzeichnend für die ursprüngliche Auffassung sind etwa folgende Sätze aus der ersten Auflage: „Sagt man, wenn das so genannte Unrecht eintritt, ‚soll' die Unrechtsfolge eintreten, so bedeutet dieses ‚Sollen' – als Kategorie des Rechts – nur den spezifischen Sinn, in dem Rechtsbedingungen und Rechtsfolge im Rechtssatz zusammengehören. Diese Kategorie des Rechts hat – und dadurch unterscheidet sie sich prinzipiell von einer transzendenten Rechtsidee – einen rein formalen Charakter. Sie bleibt anwendbar, welchen Inhalt immer die so verknüpften Tatbestände haben, welcher Art immer die als Recht zu begreifenden Akte sein mögen ... Die Reine Rechtslehre ... lässt die im Rechtssatz an eine bestimmte Bedingung geknüpfte Folge den staatlichen Zwangsakt, das ist die Strafe und die zivile oder

---

330 Schon in: Hauptprobleme der Staatsrechtslehre, 1911.
331 *Kelsen*, Was ist Gerechtigkeit?, 1953, bes. S. 43.
332 *Luhmann*, Positives Recht und Ideologie, in: ARSP 53 (1967), 567 f. Dazu näher *Kaufmann/Hassemer*, Grundprobleme der zeitgenössischen Rechtsphilosophie und Rechtstheorie, 1971, S. 27 ff.

administrative Zwangsvollstreckung, sein, wodurch allein der bedingende Tatbestand als Unrecht, der bedingte als Unrechtsfolge qualifiziert wird. Nicht irgendeine immanente Qualität und auch nicht irgendeine Beziehung zu einer metarechtlichen Norm, einem moralischen, das heißt aber dem positiven Recht transzendenten Wert macht, dass ein bestimmtes menschliches Verhalten als rechtswidrig, als Delikt ... zu gelten habe; sondern ausschließlich und allein: dass es im Rechtssatz als Bedingung auf dieses Verhalten mit einem Zwangsakt reagiert."[334] Es ist nicht zu übersehen, dass hier das Sollen methodenwidrig auf etwas Faktisches, auf den staatlichen Zwang, zurückgeführt wird. Und weiter ist deutlich, dass dieses „reine" Sollen keinerlei Inhalt hat und daher jeden beliebigen Inhalt annehmen kann. *Kelsen* ist sich der Konsequenz bewusst: „Eine Norm kann auch einen sinnlosen Inhalt haben."[335] Auch in der zweiten Auflage heißt es noch: Es „kann jeder beliebige Inhalt Recht sein"[336]. Die boshafte Bezeichnung der Theorie *Kelsens* als „Rechtsleere" durch *Hermann Klenner* kann man für so ganz unberechtigt nicht halten[337].

Später hat *Kelsen* seine Lehre von der Geltung der Norm modifiziert[338]. Er sieht im Rechtssatz ein hypothetisches Urteil, einen Grund-Folge-Zusammenhang, den er als *Zurechnung* bezeichnet. Der Rechtssatz ist danach eine Aussage über ein künftiges Verhalten der Staatsorgane, die besagt: Wenn sich jemand dem Tatbestand der Norm gemäß verhält, wird ein bestimmtes Staatsorgan die und die Sanktion gegen ihn verhängen. Aber inwiefern kann eine solche Aussage mehr als eine bloße Erwartung, nämlich ein echtes Sollen begründen? Das wäre nur dadurch möglich, dass das Staatsorgan selbst wieder durch einen zweiten Rechtssatz „verpflichtet" wird, der ihm eine Sanktion in Aussicht stellt, wenn es die von ihm zu verhängende Sanktion nicht verhängt. Wie aber leicht einzusehen ist, müsste sich auf diese Weise die Rechtspflicht in einen regressus in infinitum solcher bedingter Zwangsakte auflösen. Da indessen die Reihe der Kontrollorgane nicht ins Unendliche weitergehen kann, sieht sich *Kelsen* genötigt, eine *„Grundnorm"* als Hypothese einer widerspruchsfreien und sinnvollen Ordnung zu postulieren, von der er sagt, dass sie „wie eine Norm des Naturrechts" gelte[339]. Letzten Endes ist das Sollen bei *Kelsen* also doch eine ethische Kategorie.

---

333 *Kelsen*, Reine Rechtslehre, 1934, S. 1 (hier wird auch noch die Biologie genannt); 2. Aufl. 1960 (Nachdruck 1976), S. 1.
334 *Kelsen*, Reine Rechtslehre, (Fn. 333), S. 24 ff.
335 *Kelsen*, Reine Rechtslehre (Fn. 333), S. 104.
336 *Kelsen*, Reine Rechtslehre, 2. Aufl. (Fn. 333), S. 201.
337 H. *Klenner*, Rechtsleere; Verurteilung der Reinen Rechtslehre, 1972. Vgl. dagegen aber W. *Schild*, Die Reinen Rechtslehren; Gedanken zu Hans Kelsen und Robert Walter, 1975.
338 Siehe Reine Rechtslehre, 2. Aufl. (Fn. 333), S. 9 ff. u. ö.
339 *Kelsen*, Die philosophischen Grundlagen (Fn. 107), S. 20. Siehe dort auch S. 66: „Mit dem Postulate einer sinnvollen, d. i. widerspruchslosen Ordnung überschreitet die Rechtswissenschaft bereits die Grenzen des reinen Positivismus. Der Verzicht auf dieses Postulat wäre aber zugleich ihre Selbstauflösung." Es handelt sich um das „Minimum an Metaphysik", ohne das „eine Erkenntnis des Rechtes nicht möglich ist".

An *Kelsens* Methodenlehre ist interessant, dass er einen ähnlichen „Stufenbau der Rechtsordnung" kennt[340], wie er von der antiken, vor allem aber von der scholastischen Rechtslehre begründet worden ist, nur dass an oberster Stelle natürlich nicht der Logos, eine objektive Idee oder die lex aeterna steht, sondern die oben erwähnte „Grundnorm". Aber *Kelsen* fasst Rechtsverwirklichung durchaus auch als einen *Prozess* auf, der von der Verfassung (deren Geltung die „Grundnorm" gewährleistet) über das Gesetz bis zum richterlichen Rechtsprechungsakt fortschreitet. Die Sinnentfaltung der Rechtsinstitute und Rechtssätze kann er freilich von seinem Ansatz aus nicht als Wissenschaft verstehen; sie ist Rechtspolitik[341]. Sieht man davon ab, so erscheint doch seine Erkenntnis als richtig, dass das Recht nicht fertig im Gesetz steckt, so dass es daraus einfach mittels formallogischer Prozeduren herausgelöst werden könnte. Das Gesetz lässt dem Rechtsuchenden allermeist einen Spielraum, der durch einen konstitutiven, rechtsschöpferischen Akt ausgefüllt werden muss. Dieser Akt, so *Kelsen*, ist Rechtspolitik. Die Wissenschaft kann nur die verschiedenen Möglichkeiten der Entscheidung, den Entscheidungsrahmen, feststellen, und allein dies wird von *Kelsen* als Interpretation bezeichnet (vgl. *Dworkin*: Recht als interpretative Praxis).

Die „Reine Rechtslehre" hat die Rechtstheorie außerordentlich stark befruchtet. Von der Praxis allerdings wurde sie kaum beachtet, was verständlich ist, denn die Praxis kann mit Formen und Kategorien allein nicht viel anfangen.[342]

Wie der empirische Positivismus die Norm aus dem Blickfeld verloren hat, so hat der normlogische Positivismus das wirkliche Leben aus dem Blickfeld verloren. Die Frage, wie sich *Form und Stoff, das Wie und das Was,* zueinander verhalten, ist nach wie vor eines der dringlichsten Probleme der Rechtsphilosophie.

2.3.6 Zwischenbilanz

2.3.6.1 Überdenkt man die vorstehenden Erörterungen, so stellt sich vor allem die Frage: *Gibt es rationale Werturteile?*[343] Wie wir gesehen haben, lösen sich immer wieder zwei Arten von Rechtstheorien ab: die *deduktiv* verfahrenden wie der normlogische Positivismus, die Begriffsjurisprudenz und die Reine Rechtslehre einerseits sowie die *induktiv* verfahrenden wie die Rechtslehre *Rudolf v. Jherings*, der empirische Rechtspositivismus, die Interessenjurisprudenz, die Freirechtsbewegung und die empirische Rechtssoziologie. Und jede dieser Richtungen behauptet, die wahre

---

340 Siehe *Kelsen*, Reine Rechtslehre, 2. Aufl. (Fn. 333), S. 228 ff.
341 Vgl. *Kelsen,* Existentialismus in der Rechtswissenschaft?, in: ARSP 43 (1957), S. 161 ff., 166.
342 Siehe das ausgewogene Urteil von *G. Winkler,* Glanz und Elend der Reinen Rechtslehre; Theoretische und geistesgeschichtliche Überlegungen zum Dilemma von Sein und Sollen in Hans Kelsens Rechtstheorie, 1988.
343 Näher *A. Kaufmann,* Rechtsphilosophie in der Nach-Neuzeit, 2. Aufl. 1992, S. 20 ff.

Rechtswissenschaft zu sein. Bei Licht besehen, ist weder die eine noch die andere Richtung *die* Rechtswissenschaft, sondern allenfalls ein Aspekt von ihr. Die deduktiv verfahrenden Rechtstheorien betonen zutreffend den Sollenscharakter des Rechts, vernachlässigen aber das Seinsmoment des Rechts, die Rechtstatsachen. Bei den induktiv verfahrenden Rechtstheorien ist es gerade umgekehrt: Sie sehen auf das Sein, die Wirklichkeit, vermögen aber nicht zu begründen, wie man von hier aus ohne Wertgesichtspunkt zu einem Sollen gelangen kann. Mit reiner Deduktion geht es, wie noch zu zeigen sein wird, nicht, aber ebenso wenig mit reiner Induktion, denn *es geht nun einmal nicht ohne Wertgesichtspunkt*. So stellt sich mithin die Frage, ob es im Bereich des Werthaften wissenschaftliche Erkenntnisse gibt[344].

2.3.6.2 Meistens schließt sich hieran die Frage an, *ob denn die Rechtswissenschaft überhaupt eine Wissenschaft ist*. Wir wollen dem aber hier nicht weiter nachgehen, sondern auf das Kapitel 11 verweisen[345]. Nur ein paar Gesichtspunkte sollen herausgegriffen werden. Die einen verneinen den Wissenschaftscharakter der Jurisprudenz, und zwar, wie vor allem *Karl R. Popper* („Logik der Forschung"), mit dem Argument, nur die deduktive Methode sei eine wissenschaftliche Methode, die Rechtswissenschaft verfahre aber normativ und damit nicht rein deduktiv[346]. Problematisch erscheint hier die Prämisse, dass in den echten Wissenschaften nur die Deduktion statthaben könne. Andere, wie zum Beispiel *Richard M. Hare* (1919–2002), sind der Meinung, es gebe genauso eine „Wertevidenz" wie es eine „Beobachtungsevidenz" gibt; die Universalisierung von normativen Aussagen wie „a ist gut" sei in gleicher Weise möglich wie die von deskriptiven Aussagen der Art „a ist rot".[347] Das leuchtet aber ebenfalls nicht ein. Auch wenn man *Poppers* These von der ausschließlichen Zulassung der Deduktion nicht akzeptiert, wird man doch einräumen müssen, dass Übereinstimmung und Intersubjektivität im Bereich des Normativen von zum Teil anderen Faktoren abhängen als im Bereich des Deskriptiven. Andererseits gibt es auch im Gebiet des Rechtlichen und überhaupt des Normativen Kriterien der Evidierung und Falsifizierung, der Erfahrung und Beobachtung (wiewohl nur in einem übertragenen Sinne), der Einsichtigmachung und rationalen Argumentation, der Intersubjektivität und Universalisierbarkeit, die es erlauben, hier von wahren (richtigen) Erkenntnissen zu sprechen, selten freilich, da wir nicht über *Dworkins* Herkuleskraft verfügen, eine einzige, *die* allein wahre Lösung, sondern eine „stimmige", „plausible", „vertretbare" Lösung neben anderen ebenfalls „vertretbaren" Antworten.

---

344 Ich muss hier wieder auf eingehendere anderweitige Darstellung verweisen: *A. Kaufmann*, Über das Problem der rechtswissenschaftlichen Erkenntnis, in: Gedächtnisschr. f. Armin Kaufmann, 1989, S. 1 ff.
345 Siehe auch *A. Kaufmann*, Rechtsphilosophie zum Mitdenken, in: Jura 1992, 297 ff.
346 Versuche (wie die z. B. von *Koch/Rüßmann*), eine Rechtstheorie auf rein deduktiver Grundlage zu errichten, sind denn auch gescheitert.
347 *R.M. Hare*, Die Sprache der Moral, 1983, S. 139 ff., 144 ff.

2.3.6.3 Betrachtet man die derzeitige gerichtliche Praxis unter methodologischen Gesichtspunkten, so gewinnt man den Eindruck, dass hier die Zeit stehen geblieben ist. Es herrscht noch die gleiche *Subsumtionsmethode* wie im 19. Jahrhundert. Es gilt ja noch immer der Satz, dass der Richter „nur dem Gesetz unterworfen" sei, und vermutlich gibt es noch immer Richter, die in der Tat davon überzeugt sind, das Urteil rein *objektivistisch* einzig und allein dem Gesetz zu entnehmen und keinerlei persönliche Werturteile mit einfließen zu lassen. So hat – um nur ein Beispiel zu bringen – der *Bundesgerichtshof* in seiner Entscheidung zur Sitzblockade[348] behauptet, nur unter § 240 StGB subsumiert zu haben, und dies selbst im Hinblick auf die Verwerflichkeitsklausel. Aber wie kann man unter einen so außerordentlich vagen Begriff wie „verwerflich" (genau genommen handelt es sich gar nicht um einen „Begriff", denn was wären seine konstituierenden Merkmale?) „subsumieren", d. h. mittels eines rein logischen Syllogismus rein deduktiv die eine und allein richtige Lösung ohne jegliche Bewertung seitens der Richter finden? Oder man denke an „Subsumtionen" angesichts solcher Elemente wie „objektives Sittengesetz", „gute Sitten", „Anstandsgefühl aller billig und gerecht Denkenden", „herrschende Meinung". Fließt hier nicht überall die eigene Wertauffassung der Richter *mit* ein, haben sie bei der Entscheidung solcher (und vieler ähnlicher) Fälle nicht einmal ein Vorverständnis, keinerlei Rechtsgefühl? Natürlich haben sie es, und das ist ihnen wahrlich nicht vorzuwerfen. Vorzuwerfen ist ihnen, dass sie auf ihr Vorverständnis, ihr Werturteil, ihr Rechtsgefühl nicht reflektieren und daher *Scheingründe* in die Urteile schreiben, dass sie nicht sauber argumentieren, sondern letzten Endes einen *Machtspruch* fällen (um nicht missverstanden zu werden: Rechtsprechung ohne Macht, ohne Dezision, ist nicht möglich, nur muss sich die Macht argumentativ rechtfertigen[349]).

2.3.6.4 Bisher sind wir nur zwei *Arten des Schließens* begegnet, der Deduktion und der Induktion

2.3.6.4.1 Die *Deduktion* ist für die Wissenschaft unentbehrlich (aber nicht ausreichend). Sie ist der Schluss vom Allgemeinen auf das Besondere, ein Syllogismus nach dem modus barbara (vgl. das Beispiel oben S. 111). Der Schluss ist zwingend, aber ob er zu wahren Ergebnissen führt, hängt von der Wahrheit der Prämissen ab. Man betrachte folgende Deduktion: 1. Prämisse: Alle vom Gesetzgeber formal korrekt erlassenen Normen sind Recht; 2. Prämisse: Die NS-Rassegesetze sind vom Gesetzgeber formal korrekt erlassen; 3. Conclusio: Die NS-Rassegesetze sind Recht. Die gängigste wissenschaftliche Begründung einer rein deduktiv verfahrenden Rechtswissenschaft liegt in dem vor allem von *Radbruch* und *Kelsen* vertretenen *Methodendualismus von Sollen und Sein*, demzufolge ein Sollen immer nur auf ein

---

348 *BGHSt* 35, 270. Hierzu kritisch *A. Kaufmann*, in: NJW 1988, 2581 ff.
349 Vgl. dazu *D. Grimm*, Methode als Machtfaktor, in: Festschr. f. H. Coing, Bd. 1, 1982, S. 469 ff.

B *Historischer Diskurs*

anderes (höheres) Sollen, niemals auf Seiendes, zurückgeführt werden kann[350]. Wenn das möglich wäre, das Recht rein deduktiv zu finden, dann gäbe es in der Tat auf jede Rechtsfrage immer nur *eine* richtige Antwort. Aber nur dem *Dworkinschen* „Herkules" ist das möglich, ansonsten funktioniert der Methodendualismus nicht (wie kann man bei der Rechtsfindung eine Brücke schlagen vom Sollen zum Sein?; *Radbruch* antwortete später: mittels der „Natur der Sache").

2.3.6.4.2 Auch die *Induktion* ist ein unentbehrliches Instrument, jedenfalls für alle Wissenschaften, die sich mit der Wirklichkeit befassen, so also auch für die Rechtswissenschaft. Während die Deduktion rein analytisch ist und daher nicht zu neuen Erkenntnissen führt, ist die Induktion innovativ, sie führt zu neuen Einsichten, dies aber *nicht zwingend*. Zwingend wäre der Schluss vom Besonderen auf das Allgemeine nur bei vollständiger Induktion, also wenn *alle* Exemplare beobachtet wären, was nur mathematisch, nicht aber praktisch vorkommt.

In der Rechtswissenschaft haben vor allem die empirischen Theorien geglaubt, allein vom Fall aus ohne Zuhilfenahme einer Norm zur Rechtsentscheidung zu kommen (es ist gewissermaßen ein „umgekehrter Methodendualismus"). Aber rein induktiv kommt man so wenig zu konkreten Rechtsentscheidungen, wie es rein deduktiv unmöglich ist.

2.3.6.4.3 Das ist ein wichtiges Resultat: *Wir kommen zum Recht weder rein deduktiv noch rein induktiv*. Wir brauchen eine Schlussform, die aus Deduktion und Induktion zusammengesetzt ist. Derartige Schlussformen gibt es zwei: die *Analogie* und die *Abduktion*. Die Analogie schließt vom Besonderen, das bekannt ist, auf ein Besonderes, das unbekannt ist, was aber nur über ein Allgemeines möglich ist: 1. Die Erde ist ein Planet mit den Eigenschaften a b c d + organisches Leben; 2. Der Mars ist ein Planet mit den Eigenschaften a b c d ?; 3. Der Mars hat organisches Leben. Dieser Schluss ist nur über ein Allgemeines möglich, nämlich unter der Voraussetzung der Gesetzmäßigkeit des Geschehens. Es ist klar, dass die Analogie zu neuen Erkenntnissen führt (weshalb sie praktisch in allen Wissenschaften heimisch ist), aber *auf hypothetischer Basis*. Es ist immer ein Schluss unter Risiko, und immer ist auch der gegenteilige Schluss, das *argumentum e contrario* möglich (man legt z. B. zugrunde, was beim Mars *anders* ist, etwa dass er eine dünnere Atmosphäre hat als die Erde und es deshalb auf ihm kein organisches Leben gibt). Bei der Analogie wird das zu Erkennende nicht in ihm bzw. an ihm (in seinem Wesen) erkannt, sondern in einem *Bezug* (Relation), den es zu einem anderen, das bekannter ist, hat. Es ist der Schluss („Schluss") von der Übereinstimmung in einigen Merkmalen zur Übereinstimmung auch in unbekannten anderen Merkmalen. Da es aber in der Wirklichkeit nie völlige Gleichheit und nie völlige Ungleichheit gibt, wird dieser Schluss immer ein *problematischer* sein.

---

350 Siehe *G. Radbruch* Vorschule (Fn. 9), S. 19; GRGA, Bd. 3, 1990, S. 137 f.; *H. Kelsen*, Reine Rechtslehre (Fn. 333), passim. Dazu sehr aufschlussreich *G. Ellscheid*, Das Problem von Sein und Sollen in der Rechtsphilosophie Immanuel Kants, 1968.

Noch unsicherer als die Analogie (die der Deduktion näher ist als der Induktion) ist die *Abduktion*, die vor allem *Peirce* entwickelt hat[351]. Hier wird von einem bekannten Allgemeingesetz zu bekannten Besonderen auf unbekanntes Besonderes geschlossen. Beispiel *Peirce*: 1. Alle Bohnen aus diesem Sack sind weiß; 2. Diese Bohnen sind weiß (dies ist bekannt, ob aber aus dem Sack stammend, ist unbekannt); 3. Diese Bohnen sind aus diesem Sack. Nach *Peirce* dient die Abduktion vor allem der Auffindung von Hypothesen. Die Analogie *arbeitet* mit Hypothesen, die Abduktion *findet* Hypothesen. Wir werden uns im Folgenden mit der Abduktion nicht weiter beschäftigen.

2.3.7 Der Stufenbau im Prozess der Rechtsverwirklichung

Wir gehen aus von dem *Stufenbau im Prozess der Rechtsverwirklichung*, wie er von vielen entwickelt worden ist, u. a. von so heterogenen Geistern wie *Thomas von Aquin* und *Hans Kelsen* (wobei das Wort „Stufen" bildhaft zu verstehen ist)[352]. Dabei unterscheiden wir drei Stufen: Die erste Stufe bilden die *abstrakt-allgemeinen, überpositiven und übergeschichtlichen Rechtsprinzipien*[353]; auf der zweiten Stufe stehen die *konkretisiert-allgemeinen, formell-positiven*, nicht übergeschichtlichen, aber doch *für einen mehr oder minder langen Zeitabschnitt* („Gesetzesperiode") *geltenden Rechtsregeln* (Rechtsnormen); die dritte Stufe ist das *konkrete, materiell-positive, geschichtliche Recht*. Oder kurz: Rechtsprinzip – Rechtsnorm – Rechtsentscheidung. Dabei darf man diese Reihenfolge aber nur als eine logische verstehen; ontologisch ist das Verhältnis umgekehrt, denn das konkrete Recht ist seinsnäher und seinshafter als das Rechtsprinzip (die Rechtsidee).

Für das weitere Verständnis sind nun zwei Thesen grundlegend, und beide sind von gleicher Wichtigkeit. Die erste These besagt, dass im Prozess der Rechtsverwirklichung keine der genannten Stufen entbehrlich ist. Das heißt also: keine Rechtsregel *ohne* Rechtsprinzip, keine Entscheidung *ohne* Rechtsregel. Die zweite These besagt, dass keine Stufe aus der (logisch) nächst höheren einfach deduziert werden kann. Das heißt also: keine Rechtsregel *nur* aus den Rechtsprinzipien, keine Rechtsentscheidung *nur* aus der Rechtsregel.

Mit der ersten These distanzieren wir uns von jenen Auffassungen, die besagen, man könne zum Recht ohne einen Wertgesichtspunkt gelangen, aus der Macht (*Hobbes*), aus dem Willen (Voluntarismus der Freirechtsbewegung), aus Interessen,

---

351 *Ch. S. Peirce*, Collected Papers (an zahlreichen Stellen); *ders.*, Schriften zum Pragmatismus und Pragmatizismus; hrsg. von *K.-O. Apel*, 2. Aufl. 1976. Eine umfassende Würdigung findet sich bei *L. Schulz*, Das rechtliche Moment der pragmatischen Philosophie von Charles Sanders Peirce, 1988.
352 Näher hierzu und zum folgenden *A. Kaufmann*, Analogie (Fn. 28), S. 10 ff.
353 In der Form, wie die Rechtsprinzipien unter den jeweiligen Umständen mit Inhalt gefüllt werden, sind sie freilich nicht übergeschichtlich. Vgl. *J. Llompart*, Die Geschichtlichkeit der Rechtsprinzipien, 1976.

Erwartungen, mitmenschlichen Rollen (Interessenjurisprudenz, Rechtssoziologie). Die „Normative Kraft des Faktischen" (*Georg Jellinek*) existiert nicht, rechtliche Konsequenzen kann man immer nur aus einem zum Wert in Beziehung gesetzten Faktum ziehen: „sittliche" Macht, „vernünftiger" Wille, „wertvolle" Interessen.

Mit der zweiten, hier uns vor allem interessierenden These erteilen wir eine ebenso deutliche Absage allen jenen einseitig „normativistischen" Richtungen, die umgekehrt nur auf den Wertgesichtspunkt, das Prinzip, die Norm, das Sollen sehen und es für möglich halten, man könne von hier aus ohne weiteres zum realen Recht gelangen. An solchen Versuchen hat es nicht weniger gefehlt (klassisches Naturrecht, Begriffsjurisprudenz, normlogischer Positivismus), erscheint doch die „faktische Kraft des Normativen" als eine ebenso taugliche Zauberformel, um die Brücke von der Idee zur Wirklichkeit, vom Sollen zum Sein zu schlagen. Aber dieser Ontologismus, die Deduktion des Seins aus bloßen Begriffen, beruht auf einer Täuschung: Es geht nicht rein normativ, es fließt immer Empirie ein.

Wir sehen hier wieder bestätigt, dass Rechtsfindung *deduktiv-induktiv: analogisch* verläuft. Man braucht Sollens- und Seinselemente. *Das Recht ist ursprünglich analog.* Auch *Gesetzgebung* ist nicht möglich ohne Seinselement, ohne Blick auf die antizipierten möglichen Fälle, für die das Gesetz gelten soll.

Wollte man diesen Prozess der Rechtsverwirklichung, der deduktiv-induktiv immer *zugleich* ist, nicht hintereinander oder nebeneinander, grafisch darstellen, so müsste das so etwas Ähnliches sein wie eine gegenläufige Wendeltreppe. Vielleicht noch anschaulicher ist das Tunnelbeispiel *Radbruchs* (oben S. 95).

2.3.8 Das hermeneutische Verständnis der juristischen Methode

Oben (2.2.5.4.1) wurde die Hermeneutik als *Transzendentalphilosophie* vorgestellt, die die Bedingungen der Möglichkeit von Sprach- und Sinnverstehen überhaupt benennt, nicht als Methode. Es geht nicht um das tatsächliche Vorverstehen leibhaftiger Richter, um deren Denkform jenseits des Subjekt-Objekt-Schemas, um das wirkliche, inhaltliche Sinnverstehen[354]. Nun nennt man vielfach auch dieses tatsächliche methodische Vorgehen „Hermeneutik". Das ist gewiss zulässig, nur muss man wissen, dass diese Art von „Hermeneutik" nicht Transzendentalphilosophie, sondern *Methode* ist. Die Einwände, die gegen die Hermeneutik erhoben werden – irrational, subjektivistisch, unwissenschaftlich – beziehen sich fast immer auf diese zweite Art von Hermeneutik, und sie gelten dann der juristischen Methode überhaupt.

Wir wollen im Folgenden keine hermeneutische Methode entwickeln, sondern das, was methodisch bei der Rechtsfindung geschieht (bzw. geschehen soll), unter

---

[354] Siehe hierzu nochmals *J. Stelmach*, Die hermeneutische Auffassung der Rechtsphilosophie, 1991.

hermeneutischen Gesichtspunkten betrachten. Es geht um das *hermeneutische Verständnis der juristischen Methode* (was die Einsicht einschließt, dass es auch andere Verständnisse der Rechtsmethode geben kann – nur sollten diese sich nicht absolut setzen).

Der Leser wird gebeten, beim Folgenden immer die Schemata 6 und 7 (oben S. 112 und S. 113) vor Augen zu haben.

2.3.8.1 Wir gehen von folgendem Strafrechtsfall aus, den der Bundesgerichtshof einmal zu entscheiden hatte[355]. Der Sachverhalt klingt ganz einfach. Ein Mann hat einer Kassiererin Salzsäure ins Gesicht geschüttet und ihr dann die Geldtasche entrissen. Die entscheidende Rechtsfrage ist, ob Salzsäure eine „Waffe" im Sinne des schweren Raubes ist (§ 250 StGB; das Merkmal „oder sonst ein Werkzeug oder Mittel" wurde erst nach Ergehen des BGH-Urteils in das Gesetz aufgenommen; offenbar sah der Gesetzgeber die BGH-Entscheidung als sehr windig an). Wenn man nach der ursprünglichen positivistischen Auffassung die Interpretation des Gesetzes und die Feststellung des Sachverhalts als getrennte Akte ansieht, wird man nicht weit kommen. Salzsäure ist nach dem Wortlaut und auch nach dem möglichen Wortsinn (der ja schon etwas sehr Analoges ist[356]) keine Waffe. Andererseits führt die Feststellung des Sachverhalts ohne Hinblick auf eine Norm nicht zu der Frage, ob Salzsäure eine Waffe ist. Auf diese Frage kann man nur stoßen, wenn man das Geschehen als einen möglichen Fall des schweren Raubes „vorversteht". Wenn man den Fall anders, etwa als versuchte Tötung „vorversteht", spielt es gar keine Rolle, ob Salzsäure eine „Waffe" ist. Man sieht, ohne sinnvolle Vorverständnisse gelangt man nie zu den relevanten Rechtsproblemen. Gut zu erkennen ist hier auch der „Zirkel" des Verstehensprozesses: Nur wenn ich weiß, was schwerer Raub ist, kann ich den konkreten Fall als einen Fall des schweren Raubes verstehen; was schwerer Raub ist, kann ich indessen ohne richtige Analyse des konkreten Falles nicht wissen. Die Gestaltung einer Gesetzesnorm zu einem *„Tatbestand"* (Interpretation) geschieht am Fall, die Gestaltung des Falles zu einem *„Sachverhalt"* (Konstruktion) geschieht an der Gesetzesnorm – und diese Gestaltung ist immer ein kreativer, schöpferischer Akt, der der Subsumtion vorausgeht (wenn auch in den „klaren" Fällen Gestaltung und Subsumtion in eins zu fallen scheinen).

Fall und Norm sind nur das „Rohmaterial" des methodischen Prozesses, sie lassen sich, unbearbeitet, gar nicht einander zuordnen, da sie auf kategorial verschiedenen Ebenen liegen. Die Norm gehört dem abstrakt-allgemeinen definierten Sollen an, der Fall mit seinen unendlich vielen Fakten dem ungegliederten amorphen

---

355 *BGHSt* 1,1.
356 Vgl. dazu *U. Neumann*, Der „mögliche Wortsinn" als Auslegungsgrenze in der Rechtsprechung der Strafsenate des BGH, in: *U. Neumann/J. Rahlf/E.v. Savigny*, Juristische Dogmatik und Wissenschaftstheorie, 1976, S. 42 ff.; *G. Bemmann*, Die natürliche Wortbedeutung als Auslegungsgrenze im Strafrecht, in: MDR 1958, 394 ff.

B *Historischer Diskurs*

Sein. Eine Zuordnung ist erst möglich, nachdem die Norm mit Empirie und der Fall mit Normativität in der Weise angereichert worden sind, dass sie einander „entsprechen" und diese Entsprechung ist argumentativ zu begründen.

2.3.8.2 Im juristischen Urteil müssen Sachverhalte und Norm „zur Entsprechung gebracht werden" (dabei kommt *Analogie* zur Sprache). Anders formuliert: Fall und Norm müssen, da sie sich auf kategorial verschiedenen Ebenen befinden und daher ursprünglich nicht gleich sind, in einem aktiv gestaltenden Akt „gleichgesetzt" werden (*„Gleichsetzungstheorie"*; Karl Engisch, Arthur Kaufmann). Diese Gleichsetzung, die niemals nur Determination und Subsumtion ist, auch nicht nur Interpretation (sondern auch Konstruktion), ist nur unter der Voraussetzung möglich, dass Fall und Norm wenn auch nicht gleich, so doch ähnlich sind, und zwar in einem bestimmten Punkt: der ratio iuris. Um Norm und Fall „gleichsetzen" zu können, muss eine *Identität im Sinnverhältnis* bestehen.

Wie kam nun der BGH dazu, „Salzsäure" und „Waffe" gleichzusetzen? Nach *Wortlaut* und *möglichem Wortsinn* geht das nicht. Auch das *systematische Element* führt nicht dazu, denn nirgendwo in der Rechtsordnung (Waffengesetz) wird eine Chemikalie als Waffe behandelt. Die *subjektive (historische) Interpretation*[357] gibt ebenfalls nichts dafür her, dass der historische Gesetzgeber eine derartige Vorstellung hatte. Der BGH kam zu seinem Ergebnis nur aufgrund einer extrem *objektiv teleologischen*[358] *extensiven Interpretation*, die weit in die *Analogie* hineinreicht[359]. Eine objektiv-teleologische Interpretation ist schon an sich bedenklich, weil sie den Richter weitgehend zum Herrn über das Gesetz macht. Eine unzulässige Analogie liegt zumindest dann vor, wenn alle anderen Canones die Gleichsetzung verbieten. Der BGH hätte deshalb das *argumentum e contrario* anwenden und einen schweren Raub verneinen müssen.

2.3.8.3 Es ist nicht möglich, hier alle Implikationen der vorgestellten Schemata näher zu erläutern. Gesagt sei aber noch dies: Die traditionelle positivistische Methodenlehre sah die „*Rechtsanwendung*" als den Normalfall und die *Rechtsfindung* als einen Ausnahmefall an, der sich *qualitativ* von der Rechtsanwendung unterscheide. Nun ist die „*freie richterliche Rechtsfortbildung*" in der Tat sehr problematisch, weil hier der Richter unter Missachtung des Gewaltenteilungsprinzips an die Stelle des

---

357 Dazu *U. Schroth*, Theorie und Praxis der subjektiven Auslegung im Strafrecht, 1983; *W. Naucke*, Der Nutzen der subjektiven Auslegung im Strafrecht, in: Festschr. f. K. Engisch, 1969, S. 274 ff.
358 Vgl. dazu *R. D. Herzberg*, Kritik der teleologischen Gesetzesauslegung, in: NJW 1990, S. 2525 ff.; *J. Mittenzwei*, Teleologisches Rechtsverständnis, 1989.
359 Zur Gefahr einer überdehnten Auslegung: *P. Velten/O. Mertens*, Zur Kritik des grenzenlosen Gesetzesverstehens, in: ARSP 76 (1990), S. 516 ff.

Gesetzgebers tritt³⁶⁰. Dabei ist das so neu nicht. Nochmals *Thomas Hobbes*: Gesetzgeber ist nicht der, durch dessen Autorität das Gesetz zuerst gemacht wurde, sondern der, durch dessen Autorität es fortfährt, Gesetz zu sein³⁶¹. Und eben, schon durch die „bloße" Rechtsanwendung fährt das Gesetz fort, Gesetz zu sein. So unterscheiden sich die verschiedenen Rechtsfindungsmodi in Wahrheit auch nicht qualitativ, sondern durch den *Grad der Extension des Gesetzes*: Zahlbegriffe – eindeutiger Wortlaut – möglicher Wortsinn – Gesetzestelos – Analogie/Umkehrschluss – freie richterliche Rechtsfortbildung.

Die *Unfertigkeit des Gesetzes* ist, entgegen positivistischer Auffassung, kein Mangel, sondern sie ist eine *apriorische und notwendige*. Das Gesetz kann und darf nicht eindeutig formuliert werden, denn es ist für Fälle geschaffen, deren Vielfalt unendlich ist. Ein in sich geschlossenes, fertiges, lückenloses, eindeutiges Gesetz (sofern derartiges möglich wäre) würde die Rechtsentwicklung zum Stillstand bringen. Das ist auch wichtig für die *Sprache* des Gesetzes. Die Gesetzesbegriffe sind, abgesehen von den wenigen Fällen der Zahlbegriffe, nicht eindeutig, es sind keine abstrakt-allgemeinen Begriffe, sondern *Typenbegriffe, Ordnungsbegriffe*, bei denen es nicht das Entweder-oder, sondern das Mehr-oder-minder gibt³⁶². „Waffe" im Sinne des schweren Raubes ist kein „Begriff", sondern ein „Typus". Natürlich stellt sich hier, und gerade hier, das Problem, inwieweit solche Typenbegriffe geöffnet werden dürfen und wieweit der abstrakt-allgemeine Begriff hier Grenzen setzen muss. Das näher darzulegen, würde den zur Verfügung stehenden Raum sprengen.

2.3.8.4 Wie schon oben gesagt, ist die *Methode der Gesetzgebung* derjenigen der Rechtsanwendung analog. Rechtsanwendung (Rechtsfindung) ist ein analogisches Verfahren, bei dem das Gesetz (Sollen) und der Fall (Sein) so aneinander (wechselbezüglich) aufbereitet werden, dass aus dem abstrakten Gesetz durch „Interpretation" (am Fall) ein konkretisierter „Tatbestand" und aus dem individuellen (amorphen) Fall durch „Konstruktion" (am Gesetz) ein typisierter „Sachverhalt" wird; das tertium comparationis ist der „Sinn" (ratio iuris), in dem Tatbestand und Sachverhalt einander „entsprechen" (entsprechen sie sich nicht, kann die Rechtsnorm nicht angewendet werden). Ebenso – oder wenn man will: in „Umkehrung" dieses Verfahrens – lässt sich auch die Gesetzgebung begreifen. Die Rechtsidee bzw. die allgemeinen Rechtsprinzipien wie Suum quique, Pacta sunt servanda, Goldene

---

360 Die Literatur zur Rechtsfindung ist längst unüberschaubar geworden. Genannt seien: *F. Wieacker,* Gesetz und Richterkunst; Zum Problem der außergesetzlichen Rechtsordnung, 1958; *R. Lautmann,* Freie Rechtsfindung und Methode der Rechtsanwendung, 1967; *R. Ogorek,* Richterkönig oder Subsumtionsautomat?, 1986; *F. Müller,* Richterrecht, 1986.
361 Englischer Text bei *F. Somló,* Juristische Grundlehre, 2. Aufl. 1927 (Neudruck 1973), S. 96.
362 Näher *A. Kaufmann,* Analogie (Fn. 28), S. 44 ff.

Regel, Kategorischer Imperativ, die Prinzipien der Fairness, der Verantwortung, der Toleranz und andere mehr (Sollen) und die zu regelnden möglichen, vom Gesetzgeber gedanklich antizipierten Lebenssachverhalte (Sein) müssen in einem wechselbezüglichen (analogischen) Verfahren so aneinander aufbereitet werden, dass sie einander *„entsprechen"*. Auch hier erfolgt eine *„Gleichsetzung"*. Der Gesetzgeber fasst eine Gruppe von Lebenssachverhalten, die sich unter einem als „wesentlich" anzusehenden Gesichtspunkt (etwa der Geschäftsfähigkeit) als „gleich" erweisen, zu einer begrifflich formulierten Rechtsnorm zusammen und ordnet dafür eine Rechtsfolge an. Was so um der Verwirklichung des Gleichheitsgebots willen in der Rechtsnorm als gleich „gesetzt" wird, ist aber in Wahrheit niemals wirklich „gleich": Der Siebenjährige ist dem Siebzehnjährigen nicht gleich, aber irgendeine Gleichsetzung der vermindert Geschäftsfähigen muss erfolgen. Zugleich zeigt sich, dass solche Gleichsetzungen immer auch Ungleichsetzungen sind: Die noch nicht Siebenjährigen und die schon Achtzehnjährigen werden aus der Norm ausgegrenzt.

2.3.8.5 Das Kardinalproblem ist nach wie vor die *Methodenwahl*. Die Gerichte verfahren insofern noch immer willkürlich. Dabei hat die moderne Argumentationstheorie hier inzwischen beachtliche Fortschritte erzielt. Insbesondere *Robert Alexy* hat sehr eindrucksvoll präskriptive Argumentations- und Präferenzregeln erarbeitet[363]. Der Nachteil ist nur, dass diese Regeln zwar für den rationalen Diskurs passen, aber nicht für das Gerichtsverfahren. *Alexy* fasst dieses freilich als „Sonderfall" des rationalen Diskurses auf[364], aber zu Unrecht. Das Gerichtsverfahren ist nicht herrschaftsfrei, die Beteiligten sind an das Gesetz, auch an ein mangelhaftes Gesetz, gebunden, das Verfahren kann nicht bis ins Unendliche oder auch nur bis zur „Sättigung der Argumente" (wann gibt es je Einigkeit über eine solche Sättigung?) fortgesetzt werden, sondern endet auch ohne Konsens, es hat nicht nur der Wahrheit und Gerechtigkeit zu dienen, sondern auch und vor allem dem Rechtsfrieden, weshalb die Gerichtsurteile, auch die unrichtigen, in Rechtskraft erwachsen, was bei einem rationalen Diskurs ganz unmöglich ist[365]. Ob alle Beteiligten eines Gerichtsprozesses wirklich „beanspruchen, vernünftig zu argumentieren", was *Alexy* das Wesentliche an seiner Sonderfalltheorie bezeichnet[366], dürfte jedem, der (Straf-) Richter ist oder es einmal war, höchst zweifelhaft erscheinen; aber wenn auch, das allein würde aus dem Gerichtsverfahren noch keinen rationalen Diskurs machen, sofern man das Wort „rational" nicht zu einer ganz formalen Kategorie verdünnt, sondern darunter vor allem eine *inhaltliche Vernünftigkeit* (νοῦς, intellectus) versteht.

---

363 *R. Alexy*, Theorie der juristischen Argumentation, 2. Aufl. 1991.
364 *R. Alexy*, Theorie (Fn. 363), S. 261 ff., 426 ff.
365 Siehe dazu (mit zahlreichen Literaturhinweisen) *A. Kaufmann*, Läßt sich die Hauptverhandlung in Strafsachen als rationaler Diskurs auffassen?, in: *H. Jung/H. Müller-Dietz* (Hrsg.), Dogmatik und Praxis des Strafverfahrens; Gerhard Kielwein zum 65. Geburtstag, 1989, S. 15 ff.
366 *R. Alexy*, Theorie (Fn. 363), S. 428 f.

Im Übrigen wird zu dem Problem der Vorrangregeln im nächsten Abschnitt noch einiges gesagt werden.

2.4 Prozedurale Theorien der Gerechtigkeit

Wie wir wissen, ist *Kant* in seiner „Transzendentalen Logik" zu dem Resultat gelangt, dass „reine Anschauung lediglich die *Form*, unter welcher etwas angeschaut wird", enthält, „und reiner Begriff allein die *Form* des Denkens eines Gegenstandes überhaupt" (siehe oben 2.2.3.3.2). Die Inhalte, so sie aus der *Erfahrung* kommen, gelten nur a posteriori. Wenn das aber so ist, sollte man dann nicht einmal versuchen, ob sich konsistentere Inhalte vielleicht aus der *Form* gewinnen lassen? In der Tat hat dieser Gedanke, dass die „reine Form" Inhalte gebären könnte, die dem Trug der Wahrnehmung entrückt sind, auf viele Denker Faszination ausgeübt. Wie in Kapitel 3 (3.2.7) gezeigt wird, entspringt im Grunde schon *Kants* kategorischer Imperativ einer derartigen Idee. Heute werden diese Versuche meist als „prozedurale Theorien" bezeichnet[367]. Da im nächsten Kapitel mehr darüber gesagt wird, beschränken wir uns hier auf das für unsere Absichten Notwendige.

2.4.1 Die Systemtheorie

Die auf *Talcott Parsons* (1902–1979) zurückgehende, bei uns hauptsächlich von *Niklas Luhmann* (1927–1998) vertretene *Systemtheorie* kann nur bedingt als eine prozedurale Gerechtigkeitstheorie angesehen werden, da es danach so etwas wie „Richtigkeit", „Gerechtigkeit", „Wahrheit" überhaupt nicht gibt; das sind vielmehr nur Symbole, mit deren Gebrauch man gute Absichten beteuert oder einen vorausgesetzten Konsens ausdrückt. Denn nach dieser Theorie ist die Systemfunktion umfassend, eine Kritik an ihm von extrasystematischen Positionen aus ist daher unmöglich. Das System produziert sich und seine Anerkennung (durch Lernprozesse) selbst: „Legitimation durch Verfahren"[368]. Es kommt nicht darauf an, dass „Gerechtigkeit" verwirklicht wird (sie gibt es ja nicht), sondern dass das System funktioniert, indem es soziale Komplexität reduziert.

Dieser Entwurf *Luhmanns* ist wohl aus sich heraus nicht zu widerlegen. Er zeigt aber zugleich, dass eine ganz konsequent durchgeführte *rein* prozedurale Theorie keinerlei Inhalte mehr zulässt. Es gibt überhaupt kein „Was", das aus dem „Wie"

---

[367] Siehe dazu näher *Arthur Kaufmann*, Recht und Rationalität, in: Rechtsstaat und Menschenwürde; Festschr. f. W. Maihofer zum 70. Geb., 1988, S. 11 ff.; *ders.*, Prozedurale Theorien der Gerechtigkeit, 1989; *ders.*, Rechtsphilosophie in der Nach-Neuzeit, 2. Aufl. 1992. Aus etwas anderer Sicht: *R. Alexy*, Die Idee einer prozeduralen Theorie der juristischen Argumentation, in: RTh-Beiheft 2 (1981), S. 177 ff.
[368] *N. Luhmann*, Legitimiation durch Verfahren, 1969. Dazu (m. w. N.) *Arthur Kaufmann/Winfried Hassemer*, Grundprobleme (Fn. 195), S. 27 ff.

hervorgeht, es gibt nur das „Wie". Daher wird das Recht absolut fungibel. Und wenn auch dieser Funktionalismus theoretisch unanfechtbar erscheint, so muss er doch aus praktischen Gründen zurückgewiesen werden – gemäß der Devise von *Charles S. Peirce*: „An ihren Früchten werdet ihr sie erkennen!"[369] Die Früchte des Funktionalismus sind dem Recht nicht bekömmlich.

2.4.2 Das Vertragsmodell

Es fragt sich nun, wie andere, nichtfunktionalistische prozedurale Konzepte zu Inhalten zu kommen versuchen. Da ist zunächst das *Vertragsmodell* zu erwähnen, das eine gewisse Renaissance der Idee des „Gesellschaftsvertrags" (*Rousseau, Hobbes* u. a.) darstellt[370]. Am bekanntesten ist die Gerechtigkeitstheorie von *John Rawls* (1921–2002)[371], bei der es darum geht, universalisierbare Normen dadurch zu gewinnen, dass sich die moralisch Urteilenden in einen fiktiven Urzustand („original position") versetzen, der Machtdifferenziale ausschließt, gleiche Freiheiten für alle verbürgt und – das ist der Pfiff an der Sache – jeden in Unkenntnis über die Positionen lässt, die er selbst in einer künftigen Ordnung einnehmen würde („Schleier des Nichtwissens"). *Rawls* meint, in einem solchen fiktiven Urzustand würden sich die Vertragspartner auf Folgendes einigen: 1. auf zwei Grundsätze, nämlich gleiches Recht auf gleiche Grundfreiheiten sowie Chancengleichheit; und 2. auf zwei Vorrangregeln: nämlich Vorrang der Freiheit sowie Vorrang der Gerechtigkeit vor Leistungsfähigkeit und Lebensstandard. Das mag weitgehend plausibel sein. Aber wieso sind die fiktiven Vertragspartner gerade zu diesen Regeln gelangt? Sie sind es deshalb, weil *Rawls* schon bestimmte inhaltliche Gerechtigkeitsvorstellungen unterstellt – und natürlich seine eigenen bzw. die seiner Gesellschaft, genauer: der amerikanischen Gesellschaft des 20. Jahrhunderts. Was im *Rawls*schen Urzustand vereinbart wird, entspricht unserem heutigen moralischen und rechtlichen Verständnis, und wo dieses Verständnis aufhört, endet auch die Plausibilität der Argumentationen von *Rawls*.

Die Inhalte sind also nicht, jedenfalls nicht allein, aus der Form, aus dem Verfahren gewonnen. Der Zirkel in der Beweisführung ist nicht zu übersehen. Das ist kein Vorwurf, sondern eine Feststellung. Dabei ist es durchaus positiv zu bewerten, dass *Rawls* zu Gerechtigkeitsinhalten kommt. Er findet so auch wieder Platz für das

---

369 *Ch.S. Peirce*, Collected Paperes, 8 Bde., 1931 ff., hier Bd. 5, S. 204 und 464 f.
370 Hierzu gibt es viel Literatur. Aus neuester Zeit seien genannt: *I. Kern/H.P. Müller* (Hrsg.), Gerechtigkeit, Diskurs oder Markt?; Die neuen Ansätze in der Vertragstheorie, 1986; *O. Höffe*, Politische Gerechtigkeit; Grundlegung einer kritischen Philosophie von Recht und Staat, 1987, S. 441 ff.; *W. Bender*, Ethische Urteilsbildung, 1988, S. 92 ff.
371 *J. Rawls*, Eine Theorie der Gerechtigkeit, 1975 (5. deutsche Aufl. 1991); *ders.*, Gerechtigkeit als Fairness, 1977. Dazu eingehend *O. Höffe* (Hrsg.), Über John Rawls Theorie der Gerechtigkeit, 1977.

Widerstandsrecht, das es nach positivistischer Auffassung nicht geben kann (denn es gibt kein Recht gegen das Recht, und für den Positivismus ist jedes Gesetz, auch das schändlichste, Recht). Das Problem der Gehorsamspflicht gegenüber ungerechten Gesetzen wird eingehend diskutiert[372]. Dabei interessiert *Rawls* aber nicht so sehr das „klassische Widerstandsrecht", das sich gegen eine ungerechte, tyrannische Staats- und Rechtsordnung wendet (wie z. B. der Widerstand im Dritten Reich)[373], ihn interessiert vielmehr das Recht zum Widerstand in einer „fast gerechten" Gesellschaft, den er gar nicht „Widerstand", sondern *„zivilen Ungehorsam"* nennt[374]. Hier kann nicht darüber informiert werden, unter welchen Voraussetzungen *Rawls* einen Widerstand im Rechtsstaat (denn darum geht es schließlich) für legitim erachtet. Die große Aktualität dieses Themas ist bekannt[375] und dass es ein wichtiges Thema ist, erhellt aus der Zielsetzung des „zivilen Ungehorsams" bzw. nach eigenem Sprachgebrauch, des *„Widerstandsrechts der kleinen Münze"*: Der „kleine" Widerstand in der „fast gerechten" Gesellschaft soll geleistet werden, damit es zum Unrechtsstaat und damit zur Notwendigkeit des „großen" Widerstands gar nicht erst kommt[376].

2.4.3 Das Diskursmodell

Zurück zu den prozeduralen Gerechtigkeitstheorien. *Jürgen Habermas* (geb. 1929) hat gegen *Rawls* eingewandt, dass die Aufgaben, die in moralischen Argumentationen gelöst werden sollen, nicht monologisch bewältigt werden könnten, sondern eine kooperative Anstrengung erforderten. Moralisches Argumentieren diene dem Ziel, einen gestörten Konsens wiederherzustellen. Denn Konflikte im Bereich normgeleiteter Interaktionen gingen unmittelbar auf ein gestörtes normatives Einverständnis zurück[377]. Dem Vertragsmodell stellt *Habermas* das *Diskursmodell* gegenüber, das in der Rechtsphilosophie eine mindestens ebenso breite Resonanz gefunden hat wie das *Rawls*sche Konzept.

Habermas stellt sich die Aufgabe, wahre bzw. richtige Inhalte aus dem *Prozess rationaler Kommunikation* zu gewinnen, wobei es bei dem *theoretischen Diskurs* um die Wahrheit von empirischen Tatsachen, bei dem *praktischen Diskurs* um die Richtigkeit normativer Aussagen geht[378]. Ein Problem für sich ist es, ob sich *richtige Normen*

---

372 *Rawls*, Theorie (Fn. 371), S. 386 ff.
373 Siehe den Dokumentarband: *Arthur Kaufmann* (Hrsg.), Widerstandsrecht, 1972.
374 *Rawls*, Theorie (Fn. 371), S. 399 ff. Zum Problem der Mehrheitsregel im Hinblick auf das Widerstandsrecht siehe a. a. O. S. 392 ff.
375 Es gibt schon sehr viel Literatur dazu. Siehe etwa *Peter Glotz* (Hrsg.), Ziviler Ungehorsam im Rechtsstaat, 1983; *W. Hassemer*, Ziviler Ungehorsam – ein Rechtfertigungsgrund?, in: Festschr. f. Rudolf Wassermann, 1985, S. 325 ff.; *R. Dreier*, in: Recht (Fn. 204) S. 39 ff.
376 Vgl. *Arthur Kaufmann*, Vom Ungehorsam gegen die Obrigkeit, 1991.
377 *J. Habermas*, Moralbewußtsein und kommunikatives Handeln, 1983, S. 76 f.
378 *Habermas*, Vorstudien und Ergänzungen zur Theorie des kommunikativen Handelns, 1984, S. 127 ff., 179.

B *Historischer Diskurs*

ähnlich begründen lassen wie *wahre Tatsachen*, ob es, anders ausgedrückt, eine *Wertevidenz* in entsprechender Weise gibt wie eine *Beobachtungsevidenz*. Ein weiteres Spezialproblem betrifft die Frage, ob juristische Argumentationen überhaupt dem Modell des rationalen Diskurses unterfallen. Zu beiden Fragen wurde oben schon Stellung genommen.

Habermas verkennt nicht, dass nur ein *begründeter* Konsens Wahrheits- bzw. Richtigkeitskriterium sein kann. Was aber legitimiert den Konsens? *Habermas* antwortet auf sehr bemerkenswerte Weise: Die „*Kraft des besseren Arguments*" kann allein durch *formale* Eigenschaften des Diskurses erklärt werden und nicht durch *etwas*, das entweder, wie die logische Konsistenz von Sätzen, dem Argumentationszusammenhang *zugrunde liegt*, oder, wie die Evidenz von Erfahrungen, *von außen* gleichsam in die Argumentation *eindringt*. Und was sind nun diese formalen Eigenschaften des Diskurses, die ihn als Wahrheits- bzw. Richtigkeitskriterium ausweisen? Im Anschluss an *Stephen Toulmin*[379] erblickt *Habermas* diese Kriterien in den Bedingungen einer „*idealen Sprechsituation*": Chancengleichheit für alle Diskursteilnehmer, Redefreiheit, keine Privilegierungen, Wahrhaftigkeit, Freiheit von Zwang[380].

In der Tat dürften hierin im Wesentlichen die Bedingungen eines rationalen und idealen Diskurses liegen. Aber wieso erzeugt er die Wahrheit bzw. Richtigkeit eines *Etwas* (empirischer Tatsachen, rechtlicher Normen), wo ihm doch gerade kein Etwas zugrunde liegt? Haben wir hier nicht wieder diese geheimnisvolle Urzeugung des Stoffs aus der Form, die wir schon bei *Kant* beobachtet haben, den „naturrechtlichen Zirkel", der uns bei aller inhaltlichen Gerechtigkeitsbegründung begegnet ist?[381] Auch das Modell von *Habermas* geht nicht auf. Zwar ermöglicht das „Prinzip des besseren Arguments" immer eine Lösung, aber da es bei *Habermas* keinerlei Prioritätsregeln gibt, bleibt alles im Unbestimmten, ist das „Prinzip des besseren Arguments" letztlich ein „leeres Prinzip"[382].

In dieser Hinsicht ist das *Rawls*sche Modell überlegen, weil sich aus dessen Differenzierungsprinzip eine ethische Priorität bestimmter Argumente ableiten lässt, so vor allem das Prinzip, dass der schlechtergestellten Person das prioritätsentscheidende Argument zuzubilligen ist[383]. Das hat eine gewisse Verwandtschaft mit dem, was ich den „*negativen Utilitarismus*" nenne: Statt mit dem „positiven Utilitarismus" auf das größtmögliche Glück der größtmöglichen Zahl abzustellen (wie lässt sich

---

379 *St. Toulmin*, Der Gebrauch von Argumenten, 1978.
380 *Habermas*, Vorstudien (Fn. 378), S. 160, 174 ff. – Ein ähnlicher Ansatz findet sich bei *Ch. Perelman*, Über die Gerechtigkeit, 1967, S. 149 ff.: „universales Auditorium".
381 Einen interessanten, letzten Endes aber auch nicht überzeugenden Versuch, wissenschaftliche Erkenntnisse aus der Praxis vernünftiger Rede bzw. vernünftigen Handelns „zirkelfrei" zu begründen, haben die „Konstruktivisten" unternommen: *P. Lorenzen, O. Schwemmer, J. Mittelstraß, F. Kambartel* u. a.
382 Vgl. *I. Kern*, Von Habermas zu Rawls; Praktischer Diskurs und Vertragsmodell im entscheidungslogischen Vergleich, in: *Kern/Müller* (Hrsg.), Gerechtigkeit (Fn. 370), S. 93 ff.
383 *Rawls*, Theorie (Fn. 371), S. 291 ff. u. ö.

„Glück" universalieren?, was ist mit den Glücklosen?), begnügt er sich mit der Forderung nach größtmöglicher Verminderung des Elends, d. h. anzustreben ist ein so geringes Maß an Elend, wie es nur irgend geht, und die Belastung damit soll auf die schonendste Weise erfolgen[384]. Und auch das *Toleranzprinzip* ist hier zu erwähnen, wonach gilt, dass im Zweifel das Argument oder das Gut den Vorrang hat, das die größere Toleranzbreite besitzt, wobei dieses Prinzip immer im Zusammenhang mit dem Verantwortungsprinzip (*Hans Jonas*) gesehen werden muss (das kann zu schwierigen Fragen führen, zum Beispiel, ob Toleranz nur gegenüber der Schwangeren und nicht auch gegenüber dem ungeborenen Kind zu üben ist, ein Konflikt, der bei den unterschiedlichen Gegebenheiten verschieden zu beantworten ist, je nachdem, wo die größere Toleranzbreite besteht).

Auch die Diskurs- oder Konsensustheorie zeigt unter der Lupe, dass die Inhalte aus der Erfahrung kommen, hauptsächlich jedenfalls. Wer glaubt, er habe sie einzig der Form, dem Verfahren entnommen, unterliegt einer Selbsttäuschung. Stammen die Inhalte – zumindest auch – aus der Erfahrung, dann gelten sie nicht absolut. Und somit verbürgt auch das Konsensprinzip keine „*Letztbegründung*" von Wahrheit[385], sondern niemals mehr als Plausibilität, als Wahrscheinlichkeit, als Entscheidung unter Risiko. Den prozeduralen Theorien ist nicht vorzuwerfen, dass in ihren Argumentationen Zirkel und unbewiesene Annahmen vorkommen, sondern dass dies nicht offen gelegt wird. Jeder, der inhaltliche Aussagen über Wahrheit oder Gerechtigkeit macht, muss notgedrungen auf unausgewiesenen Annahmen bauen und insofern zirkelhaft verfahren, wie auch die Logik mit impliziten Definitionen arbeiten muss. Das ist aber kein Einwand gegen inhaltliche Begründungen an sich, sondern nur gegen die Behauptung ihrer Absolutheit.

Das Gesagte gilt auch für die *Diskursethik*, wie sie vor allem von *Karl-Otto Apel* entwickelt worden ist[386]. Es geht darin nicht um die Frage nach „gut und böse" und nach dem „guten Leben", der „Lebenswelt", sondern einzig um „richtig-unrichtig", wobei sich die Frage, was richtig oder unrichtig ist, allein nach den *formalen* Regeln des Diskurses richtet. Was „richtig" ist, entscheidet der Konsens derer, die in einer „idealen Kommunikationsgemeinschaft" dazu gekommen sind, ohne Rücksicht auf den Inhalt des Konsenses, auch wenn dieser das absolut Böse (ein verfassungskonform zustandegekommenes Schandgesetz) konsentiert. Abgesehen von dieser fragwürdigen Rolle des Konsenses[387] ist einzuwenden, dass ein solcher Konsens immer nur ein fiktiver ist, der sich empirisch nicht feststellen lässt. Eine behauptete

---

[384] Siehe (mit Literaturhinweisen) *A. Kaufmann,* Nach-Neuzeit (Fn. 367), bes. S. 51.
[385] So aber *Habermas,* Vorstudien (Fn. 378), S. 179, und vor allem *K.-O. Apel,* Diskurs und Verantwortung; Das Problem des Übergangs zur postkonventionellen Moral, 1988, S. 8, 117 f., 143 ff., 198 ff., 347 ff., 406 ff., 442 ff. u. ö.
[386] *K.-O. Apel,* Diskurs (Fn. 385), passim. Neuestens *K.-O. Apel/M. Kettner* (Hrsg.), Zur Anwendung der Diskursethik in Politik, Recht und Wissenschaft, 1992.
[387] Siehe die zutreffende Kritik von *O. Weinberger,* Die Rolle des Konsenses in den Wissenschaften, im Recht und in der Politik, in: RTh-Beiheft 2 (1981), 147 ff.

B *Historischer Diskurs*

Geltung soll so behandelt werden, als ob erst der Konsens aller diese Behauptung bestätigen könnte. De facto eingeholt werden kann dieser Konsens allerdings nicht, denn der ideale Diskurs ist nur ein Denkprozess, der sich allein in den Köpfen der Diskursethiker abspielt und der prinzipiell keine Inhalte hat. Die Diskursethik hat nur ein einziges moralisches Prinzip, nämlich den Grundsatz der Verallgemeinerung. Darum hat *Charles Taylor*[388] recht, dass diese reine Verfahrensethik unhaltbar ist, weshalb zu einer Ethik der Klugheit (φρόνησις), die dem Begriff des Guten verpflichtet ist, zurückgekehrt werden muss[389].

Wir erachten das Diskursmodell nicht als falsch, wohl aber als ergänzungsbedürftig. Die Konsensustheorie der Wahrheit muss erweitert werden zu einer *Konvergenztheorie der Wahrheit*.

Aus dem *Vernunftprinzip* (dass sich die Vernunft „in allen ihren Unternehmungen der Kritik unterwerfen" muss[390]) ergeben sich die drei tragenden Säulen des Diskurses: Argumentationsprinzip, Konsens- bzw. Konvergenzprinzip und Fallibilitätsprinzip[391].

Nach dem *Argumentationsprinzip* besteht der rationale Diskurs aus einer freien Argumentationsgemeinschaft, in der alle Argumente zugelassen werden. Das Ziel ist die Herstellung von Intersubjektivität durch Konsens. Erkennen und Anerkennen stehen in einem gegenseitigen Wechselspiel (*Peirce* im Gegensatz zu *Kant*).

Das Argumentationsprinzip bedarf der Ergänzung durch das *Konsens-* bzw. *Konvergenzprinzip* und das *Fallibilitätsprinzip*. Diese besagen, dass kein Konsens endgültig ist, dass vielmehr jede Aussage, jeder Schluss, jedes Argument grundsätzlich fallibel, also prinzipiell korrigierbar ist – mit einer Ausnahme: Das Konsensprinzip selbst, der Satz, dass kein erreichter Konsens endgültig ist, ist nicht fallibel, würde doch sonst gelten, dass es einen endgültigen Konsens geben kann, was aber das Gegenteil des Konsensprinzips wäre.

Nun kann man beim Fallibilismus gewiss nicht stehen bleiben, man muss auch argumentieren. Die Frage aber ist, was rationales Argumentieren vermag. Nach dem „Kritischen Rationalismus" *Karl R. Poppers* (1902–1994)[392] ist eine positive Begründung und Verifizierung in dem Sinne, dass eine Aussage abschließend und zwingend bewiesen ist, nicht möglich. Möglich ist nur, Aussagen zu *falsifizieren* und

---

388 *Ch. Taylor*, Die Motive einer Verfahrensethik, in: *W. Kuhlmann* (Hrsg.), Moralität und Sittlichkeit; Das Problem Hegels und die Diskursethik, 1986, S. 101 ff.
389 Näher *A. Kaufmann*, Nach-Neuzeit (Fn. 367), S. 45 ff.
390 *Kant*, Kritik der reinen Vernunft, B 766 f. Nicht sehr verschieden davon ist das, was man heute, im Anschluss an *Karl Popper*, die „Idee der kritischen Prüfung" nennt.
391 Zum Folgenden näher (m. w. N.): *Arthur Kaufmann*, Über die Wissenschaftlichkeit der Rechtswissenschaft; Ansätze zu einer Konvergenztheorie der Wahrheit, in: ARSP 72 (1986), 425 ff.
392 Vor allem *K.R. Popper*, Logik der Forschung, 7. Aufl. 1982. Weitere Hinweise (auch auf *Poppers* Schüler *Imre Lakatos* und *Hans Albert*) bei *Arthur Kaufmann*, Wissenschaftlichkeit (Fn. 391), S. 438 f.

Theorien zu *widerlegen*, indem man sie an den Tatsachen scheitern lässt. Dahinter steht der schon bei *Peirce* zu findende Gedanke, dass dann, wenn es auf lange Sicht, „in the long run", nicht möglich ist, eine Aussage, eine Hypothese, eine Theorie und dergleichen zu falsifizieren, die Annahme ihrer Wahrheit berechtigt sei, weil sich unsere Irrtümer langfristig aufhöben[393].

Dass das Falsifizieren in der Wissenschaft eine herausragende Rolle spielt, ist nicht zweifelhaft. Das gilt zumal im Recht, können wir doch meist nicht sagen, was schlechthin „richtiges Recht" ist oder was die „guten Sitten" sind, sondern nur, was schlechthin ungerecht und schlechthin unsittlich ist[394]. Aber es ist unmöglich, es beim Falsifizieren bewenden zu lassen. Praktische Wissenschaft hat die Aufgabe, nicht nur zu falsifizieren, sie muss auch *begründen*. Dafür ist *Induktion*, wenngleich *Popper* sie nicht als Mittel der Wissenschaft zulassen will, unentbehrlich[395]. Mit anderen Worten, wie müssen uns auf *Erfahrung* stützen.

Die Schwäche der Konsensustheorie besteht hauptsächlich darin, dass sie glaubt, ohne Erfahrung und ohne etwas Sachhaltiges, Inhaltliches, auskommen zu können. Das hat mit der zugrunde liegenden *Auffassung von Wahrheit* zu tun: Wahrheit beziehe sich nur auf die *Aussagen* von Wirklichkeit (Konsensustheorie der Wahrheit) und nicht auf die *Wirklichkeit selbst* (Korrespondenztheorie der Wahrheit)[396]. Das kann in dieser Einseitigkeit aber nicht richtig sein. Die Wahrheitsfindung wird so zu einem Insichgeschäft, das zu der Konsequenz nötigt, auch das konsentierte Böse als legitim anzuerkennen – es sei denn, man ist unverfroren genug, sich zu dem Satz zu bekennen, etwas formal korrekt Konsentiertes könne per se nicht falsch und böse sein (der gedankliche Ausweg, nur ein Konsens *aller* habe wahrheitserzeugende Kraft, ist praktisch nutzlos, weil es einen solchen allseitigen Konsens nicht gibt und nie geben wird).

Ein erreichter *Konsens* – auch schon die Konsensfähigkeit – ist ein ganz wichtiges *Indiz* dafür, dass Wahres – „richtiges Recht" – vorliegt. Aber *eine Letztbegründung kann er nicht sein*. Eine solche ist, soweit überhaupt, rein formal, wie es die Konsensustheorie versucht, nicht möglich.

2.4.4 Das Konvergenzmodell

Das eigentliche Kriterium für die Wahrheit bzw. Richtigkeit einer Aussage ist auch nicht das Vorliegen eines Konsenses, sondern der Umstand, *dass mehrere voneinander unabhängige Subjekte hinsichtlich desselben Gegenstandes zu sachlich konvergierenden Er-*

---

393 Vgl. *Klaus Oechler,* in: *Charles S. Peirce,* Über die Klarheit unserer Gedanken; Einleitung, Übersetzung, Kommentar von Klaus Oehler, 1986, S. 97 ff., 112.
394 Die *Radbruch*sche Formel vom „gesetzlichen Unrecht" (oben 2.2.5.1) bedeutet im Grunde nichts weiter als eine Falsifikation.
395 Siehe *R. Wittmann,* Induktive Logik und Jurisprudenz, in: RTh 9 (1978), 43 ff.
396 *Habermas,* Vorstudien (Fn. 378), S. 149 ff.

kenntnissen gelangen. Die Grundlage dieser „Konvergenztheorie der Wahrheit"[397] (die alte Gedanken der Kohärenztheorie der Wahrheit wieder aufnimmt[398]) liegt in der Überlegung, dass das subjektive Moment in jeder Erkenntnis aus einer anderen Quelle herrührt, das objektive Moment dagegen jeweils aus *demselben Seienden.* Die subjektiven Momente, gegeneinander gehalten, schwächen sich daher gegenseitig ab oder heben sich gar auf; die objektiven Momente hingegen weisen alle auf den Einheitspunkt des Seienden hin und bewähren sich so als begründet.

Damit sind wir nicht wieder bei der reinen Korrespondenztheorie und beim substanzontologischen Denken angelangt. Wir halten an dem prozeduralen Standpunkt fest, dass Erkenntnisse von Normativem *Produkt des Erkennenden* sind – allerdings *auch* Produkt, *nicht ausschließlich* Produkt des Erkennenden, soll der Wahrheitsprozess nicht dem Unternehmen des Münchhausen gleichen, sich am eigenen Zopf aus dem Sumpf zu ziehen. Auch der praktische, normative Diskurs muss einen „Gegenstand" haben, den er im Modell von *Habermas* aber (vorgeblich) nicht hat.

Wichtig ist aber nun die Feststellung, dass es bei normativen Diskursen *keine substanziellen Gegenstände* gibt. Falsch ist jedoch, wenn man daraus folgert, solchen Diskursen fehle überhaupt etwas, was, wenn auch noch in einem fragmentarischen Status, außerhalb des Diskurses besteht. Jeder Jurist weiß, dass es einen Prozess ohne einen Prozessgegenstand, der ihm Identität verleiht, nicht gibt. Er weiß aber auch, dass einerseits dieser Prozessgegenstand *als Prozessgegenstand* vor dem Prozess nicht schon fertig gegeben ist, sondern ihm als ein *historisches Ereignis mit Rechtsverhältnischarakter* vorausliegt, dass andererseits dieser Prozessgegenstand aber erst im Prozess seine genauen und konkreten Konturen erhält. „Gegenstand" der normativen Wissenschaften – Ethik, Normtheorie, Rechtswissenschaft – sind nie Substanzen, sondern *Verhältnisse, Relationen.* Der große Schritt, den *Peirce* gemacht hat, nämlich von der aristotelischen und kantischen Logik, die nur Eigenschaftsprädikate kannte, zu einer Logik der Relationsprädikate, muss in Rechtsphilosophie und Rechtstheorie erst noch nachvollzogen werden[399].

Soweit die Diskurstheorie nur *formale* Regeln benennt, *wie* vernünftig zu argumentieren ist – die Bedingungen einer „idealen Sprechsituation" –, kann sie nur zu der Feststellung berechtigen, dass ein Konsens formal korrekt zustande gekommen ist, sie kann aber nicht die Erreichung von Wahrheit bzw. Richtigkeit von einem *inhaltlichen Etwas*, z. B. von Normen, behaupten. Der rationale, konsenserzielende Dis-

---

397 Erste Ansätze: *Arthur Kaufmann,* Gedanken zur Überwindung des rechtsphilosophischen Relativismus, in: ARSP 46 (1960), 553 ff. (m. w. N.); *ders.,* Wissenschaftlichkeit (Fn. 391), S. 441 f.; *ders.,* Die strafrechtlichen Aussagetheorien auf dem Prüfstand der philosophischen Wahrheitstheorien, in: Festschr. f. J. Baumann, 1992, S. 119 ff.
398 Vgl. dazu *L. Bruno Puntel,* Wahrheitstheorien in der neueren Philosophie, 1983, S. 172 ff., 205 ff.
399 Näher *Arthur Kaufmann,* Vorüberlegungen (Fn. 90), S. 260 ff.

kurs als solcher sagt nicht, *was* wahr oder richtig ist, und nicht, *was* wir tun sollen. Er ersetzt nicht das Wissen und die Erfahrung der Diskurspartner, sondern setzt diese Fertigkeiten voraus. Erst wenn die Argumentationspartner dem Diskurs einen Inhalt, ein „Thema", geben, der nicht der Diskurs selbst ist (wobei die genaue Fixierung des Themas meist erst im Fortschreiten des Diskurses geschieht), kann er zu wahren bzw. richtigen Ergebnissen führen.

2.5 Entwurf einer personal fundierten prozeduralen Gerechtigkeitstheorie

Unsere Überlegungen haben sich auf die entscheidende Frage zugespitzt: Was ist denn nun der „Gegenstand", das „Thema", des Gerechtigkeitsdiskurses? Nach allem bislang Gesagten kann dieser (keinesfalls substanziell zu verstehende) „Gegenstand" weder völlig außerhalb des Rechtsfindungsprozesses liegen noch völlig in ihm – wir wären sonst wieder bei der Substanzontologie oder beim Funktionalismus angelangt. Wir brauchen ein Phänomen, das *seinshaft und prozesshaft zugleich* ist. Dieses Gesuchte kann nur der Mensch sein, aber nicht der empirische Mensch, sondern der Mensch als *Person*, dies aber nicht im ethischen oder anthropologischen Sinne, sondern in der ursprünglichen logisch-ontologischen Bedeutung als „Rolle", als das Ensemble der Beziehungen in denen der Mensch zu anderen Menschen oder zu Sachen steht[400]. Alle *Ordnung* hat einen solchen *Verhältnischarakter*[401]. Die personalen Beziehungen der Menschen sind das, was den juridischen Diskurs als solchen identifiziert, denn im Grunde wird sich das Recht immer nur dadurch legitimieren lassen, *dass es einem jeden das ihm als Person Zustehende gewährt*: das Suum Iustum (vor allem durch *Garantierung der Grund- und Menschenrechte*). Darum hat schon *Hegel* gesagt: Das Rechtsgebot ist: „sei eine Person und respektiere die anderen als Personen"[402].

Aber wohlgemerkt: Person ist nicht Substanz, Person ist *Relation*, genauer: die Struktureinheit von Relation und Relata[403]. In diesem Sinne ist Person das „Wie" und „Was", „Subjekt" und „Objekt" des normativen Diskurses *in einem*, sie ist innerhalb wie auch außerhalb dieses diskursiven Prozesses, Gegebenes und Aufgegebenes, sie ist nicht statisch und zeitlos, in ihrer dynamisch-geschichtlichen Gestalt aber nicht beliebig verfügbar. Von daher zeigt sich auch, dass der („hermeneuti-

---

400 Wichtige Vorarbeiten haben hier *W. Maihofer*, Recht und Sein; Prolegomena zu einer Rechtsontologie, 1954, und *L. Philipps*, Zur Ontologie der sozialen Rolle, 1963, geleistet.
401 Schon bei *Thomas von Aquin* heißt es: „Ordo non est substantia, sed relatio": Summa theologica I, 116, 2. Ebenso spricht *W. Maihofer* von der Ordnung als einem „Gefüge von Entsprechungen": Vom Sinn menschlicher Ordnung, 1956, bes. S. 64 ff.
402 *Hegel*, Grundlinien der Philosophie des Rechts (Fn. 129), § 36.
403 Näher (m. w. N.) *Arthur Kaufmann*, Vorüberlegungen (Fn. 90), passim.

sche") Zirkel allen Verstehens in der Personalität des Menschen begründet und daher nicht aufhebbar ist. Und es wird auch sichtbar, dass die Konvergenztheorie der Wahrheit kein Drittes gegenüber Korrespondenz- und Konsensustheorie ist, vielmehr deren sinnvolle Verbindung.

Doch ist auch gegenüber dieser Konvergenztheorie erkenntnistheoretische Nüchternheit geboten. Sie zeigt im Grunde nur, wie sich im Erkenntnisprozess das Objektive vom Subjektiven abhebt. Sie selbst ist aber kein Mittel, um beides voneinander zu scheiden. Eine generelle, abstrakte Scheidung im Sinne des Subjekt-Objekt-Schemas kann es beim Relationalen und Personalen, das Subjekt-Objekt zugleich ist, ohnehin nicht geben. Es geht auch gar nicht eigentlich um eine *Scheidung* der beiden Momente, sondern um die *Bewährung des Objektiven gegenüber dem Subjektiven*, des Sachhaltigen gegenüber dem Meinungshaften. Diese Bewährung findet allein im konkreten Rechtserkenntisverfahren statt; gerade darin liegt der eigentliche Prozesscharakter des Rechtsfindungsverfahrens.

Wie aber wird man einer solchen Bewährung inne? Das wichtigste *Mittel zur Feststellung* der Bewährung des Objektiven ist der Konsens. Der *Grund* für die Wahrheit bzw. Richtigkeit des Konsenses ist aber nicht der (in idealer Weise gewonnene) Konsens selber, sondern die Konvergenz als das eigentliche Kriterium der Wahrheit (Richtigkeit).

Aus dieser Sicht zeigt sich auch, dass die Einzelausführung einer so verstandenen *personal fundierten prozeduralen Theorie der Gerechtigkeit* nicht Aufgabe nur der Rechtsphilosophie sein kann, sondern Sache aller ist, denen das Recht anvertraut ist. Dazu bedarf es des Diskurses, aber nicht nur in der Form eines fiktiven Denkmodells („ideale Sprechsituation"), sondern vor allem in der Form *tatsächlich existierender Argumentationsgemeinschaften* (durch die Geschichte hindurch), bei denen *wirkliche Erfahrungen und Überzeugungen über „Sachen"* ausgetauscht werden. Dass ein solcher *realer Diskurs* eines empirischen Fundaments bedarf[404], sei nochmals mit Nachdruck betont. Es wäre zu schön, wenn man wahre Inhalte einfach durch Denkprozesse aus der Form gewinnen könnte. Aber seit diese Welt besteht, hat sich dergleichen noch nie ereignet.

Wenn es ein Fazit aus diesen problemgeschichtlichen Erörterungen zu ziehen gibt, dann dieses: *Die Idee des Rechts ist die Idee des personalen Menschen – oder sie ist gar nichts.*

---

404 Dazu *K. Lüderssen*, Erfahrung als Rechtsquelle, 1972.

Ausgewählte Literatur*

Böckenförde, Ernst Wolfgang, Geschichte der Rechts- und Staatsphilosophie, Antike und Mittelalter, 2002*.
Emge, Carl August, Geschichte der Rechtsphilosophie, 1931 (Nachdruck 1967).
Fikentscher, Wolfgang, Methoden des Rechts in vergleichender Darstellung, 5 Bde., 1975–1977.
Flückiger, Felix, Geschichte des Naturrechts, 1. Bd. Altertum und Frühmittelalter, 1954.
Friedrich, Carl J., Die Philosophie des Rechts in historischer Perspektive, 1955.
Hilgendorf, Eric (Hrsg.), Wissenschaftlicher Humanismus. Texte zur Moral- und Rechtsphilosophie des frühen logischen Empirismus, 1998*.
Hösle, Vittorio (Hrsg.), Die Rechtsphilosophie des Deutschen Idealismus, 1989.
Kaufmann, Arthur, Theorie der Gerechtigkeit; Problemgeschichtliche Betrachtungen, 1984.
Klenner, Hermann, Deutsche Rechtsphilosophie im 19. Jahrhundert, 1991.
Landau, Peter, Rechtsphilosophie unter der Diktatur. Drei Beispiele deutschen Rechtsdenkens während des Zweiten Weltkriegs, Würzburger Vorträge zur Rechtsphilosophie, Rechtstheorie und Rechtssoziologie Heft 29, 2002*.
Larenz, Karl, Methodenlehre der Rechtswissenschaft, 6. Aufl. 1991.
Marcic, René, Geschichte der Rechtsphilosophie; Schwerpunkte – Kontrapunkte, 1971.
Ryffel, Hans, Das Naturrecht; Ein Beitrag zu seiner Kritik und Rechtfertigung vom Standpunkt grundsätzlicher Philosophie, 1944.
Strömholm, Stig, Kurze Geschichte der abendländischen Rechtsphilosophie (aus dem Englischen), 1991.
Verdross, Alfred, Abendländische Rechtsphilosophie; Ihre Grundlagen und Hauptprobleme in geschichtlicher Schau, 2. Aufl. 1963.
Welzel, Hans, Naturrecht und materiale Gerechtigkeit, 4. Aufl. 1962 (Nachdruck 1980).
Wesel, Uwe, Frühformen des Rechts in vorstaatlichen Gesellschaften, 1985.
Wieacker, Franz, Privatrechtsgeschichte der Neuzeit – unter besonderer Berücksichtigung der deutschen Entwicklung, 2. Aufl. 1967 (Nachdruck 1996).
Wolf, Erik, Das Problem der Naturrechtslehre; Versuch einer Orientierung, 3. Aufl. 1964.
ders., Große Rechtsdenker der deutschen Geistesgeschichte, 4. Aufl. 1963.
Zippelius, Reinhold, Geschichte der Staatsideen, 10. Aufl. 2003.

---

* Vgl. Anm. S. 19.

C. Schwerpunkte

3 Strukturen naturrechtlichen Denkens

Von Günter Ellscheid, Saarbrücken

3.1 Naturrecht oder Gesetzespositivismus?

3.1.1 Begriff des Gesetzespositivismus – Das Zwei-Ebenen-Modell

Unter Gesetzespositivismus versteht man die Auffassung, dass jedes ordnungsgemäß zustande gekommene Gesetz ohne Rücksicht auf seinen Inhalt verbindlich ist. „Gesetz" bedeutet in diesem Zusammenhang den Akt einer kompetenten Macht, durch den einem bestimmten normativen Inhalt äußerlich erkennbar Rechtsqualität verliehen wird. Das Gesetz wird damit auf der Ebene der Normen insofern zur Rechtsquelle schlechthin, als alle sonstigen Rechtsquellen zur Disposition des Gesetzgebers gestellt werden. Gewohnheitsrecht und Richterrecht, aber auch ein wie immer zu begründendes Naturrecht, können, wenn überhaupt, nur so lange gelten, als der Gesetzgeber sich der Regelungsmaterie nicht angenommen hat. Sie haben äußerstenfalls eine Geltung von Gnaden des Gesetzgebers. Darüber hinaus besteht sogar die Tendenz, das Recht seinem vollen Umfange nach mit dem Gesetz zusammenfallen zu lassen und damit Phänomene wie Richterrecht, Gewohnheitsrecht, Rechtsentscheidungen aus der Natur der Sache u. Ä. gänzlich zu leugnen.

Der Gesetzespositivismus ist keine erledigte Theorie. Er hat im Gegenteil durch die systemtheoretische Rechtssoziologie Unterstützung erhalten. Für *Luhmann* ist das Recht „der Entscheidung des politischen Systems der Gesellschaft überlassen" und gilt damit als „vollständig positiviert"[1]. Andererseits hat die Theorie des Gesetzespositivismus eine lange, beachtliche Tradition. Bei *Kant* liest man: „Denn da dieser (d. i. der Juristen, Anm. d. Verf.) ihr Geschäfte nicht ist, über Gesetzgebung selbst zu vernünfteln, sondern die gegenwärtigen Gebote des Landesrechts zu vollziehen, so muss ihnen jede jetzt vorhandene gesetzliche Verfassung und, wenn diese höheren Orts abgeändert wird, die nun folgende immer die beste sein; wo dann alles so in seiner gehörigen mechanischen Ordnung ist"[2]. Wie der Nachsatz zeigt, ging es

---
1 *Luhmann*, Positives Recht und Ideologie. In: Soziologische Aufklärung, Köln/Opladen, 2. Aufl. 1971, S. 180. – Auch von der philosophischen Handlungstheorie wird postuliert, dass Normen eines Aktes der Setzung bedürfen und dass dieser „konstitutive Willensakt ... ein unverzichtbares Moment historischer Kontingenz (bedeutet)" (*Rüdiger Bubner*, Norm und Geschichte, in: Neue Hefte für Philosophie, Heft 79, S. 118. Vgl. auch S. 123).
2 *Kant*, Zum ewigen Frieden, in: Werke in zwölf Bänden, W. Weischedel (Hrsg.), Bd. XI, S. 235.

schon *Kant* um die Bedingungen der Funktionsfähigkeit eines Systems. Die Funktionsfähigkeit des Ganzen wird als davon abhängig gesehen, dass auf zwei Ebenen entschieden wird: „höheren Orts", auf der Ebene der Gesetzgebung, die zugleich die Ebene der Politik ist, über allgemeine Regeln; sodann gemäß diesen auf der zweiten Ebene, der juristisch-technischen, über Einzelfälle. Dabei darf die zweite Ebene der ersten nicht ins Gehege kommen. Versucht der Entscheider der zweiten Ebene auf die erste vorzudringen, indem er die Gültigkeit einer auf der ersten Ebene getroffenen Entscheidung in Frage stellt, so stört er die „mechanische Ordnung".

Zumindest aus der Perspektive der zweiten Ebene stellen sich die Inhalte der Gesetze deshalb als beliebig dar[3]. Bei *Luhmann* heißt es: „Die Positivierung des Rechts bedeutet, dass für beliebige Inhalte legitime Rechtsgeltung gewonnen werden kann, und zwar durch eine Entscheidung, die das Recht in Geltung setzt und ihm seine Geltung auch wieder nehmen kann".[4] Systemtheoretisch ins Positive gewendet, bedeutet der Gedanke der Beliebigkeit des Rechtsinhalts die funktionsförderliche Entlastung des juristischen Technikers von der Verantwortung für eben diesen Inhalt und die aus ihm ableitbaren Entscheidungen auf der zweiten Ebene.[5]

3.1.2 Rechtstheoretische Infragestellung des Zwei-Ebenen-Modells

Die Frage ist, ob das Zwei-Ebenen-Modell eine richtige *Beschreibung* irgendwelcher wirklicher oder auch nur möglicher Rechtssysteme ist. Eine Reihe von Einwänden lässt sich formulieren. Sie führen zumindest zu einer Modifikation des Modells.

Was das kontinentale Rechtssystem betrifft, so sieht auch der Systemtheoretiker die Durchbrechungen des gesetzespositivistischen Modells. Die Pluralität der Intentionen auf der politischen Entscheidungsebene führt dazu, dass „ein gut Teil offener Fragen ... durch unbestimmte oder widerspruchsreiche Programmierung auf dem Wege der Rechtsetzung auf die rechtsanwendenden Instanzen abgewälzt (wird)".[6] In der Rechtstheorie ist dieses Phänomen seit langem unter dem Begriff des gesetzgeberischen Formelkompromisses bekannt: Widerstreitende politische Vorstellun-

---
3 So *Kelsen*, Reine Rechtslehre, 2. Aufl. 1960, S. 201.
4 *Luhmann*, Recht (Fn. 1), S. 180.
5 *Luhmann*, Rechtssoziologie, 2 Bde. 1972, S. 230 ff.
6 *Luhmann*, Recht (Fn. 1), S. 195. – In seinem Buch „Das Recht der Gesellschaft" (I. Aufl. 1995; II. Aufl. 1997) wird der Begriff der Positivität, den die positivistischen Rechtstheorien auf sprachliche Gebilde (Regeln, Normen , Texte) – und der Gesetzespositivismus eben auf Gesetze – beziehen, aufgegeben und die Unhintergehbarkeit des Teilsystems Recht per Moral oder Naturrecht durch die „operative Geschlossenheit des Rechtssystems" ersetzt. Das Recht ist die „Gesamtheit seiner Operationen und Strukturen" (S. 74), hinter die nicht zurückgegangen werden kann. Die Operationen des Rechts arbeiten mit den Werten „Recht" – „Unrecht". Jeder Zuordnung der Werte ist dann ein kontingentes Resultat kontingenter Operationen und muss sich daher präsentieren als Entscheidung, die im Prinzip auch anders hätte ausfallen können, *und dies erwogen hat.* (S. 183).

gen werden mit einer Gesetzesformulierung zugedeckt, die den Streit in Wirklichkeit unentschieden lässt; jedoch wird dadurch, dass die Formel als gesetzgeberische Entscheidung ausgegeben, als Gesetz dargeboten wird, die Rechtsprechung oder die Exekutive genötigt, der Formel einen Entscheidungsgehalt beizulegen und so die auf der ersten Ebene verweigerte Entscheidung auf der zweiten nachzuholen.[7] Neben solchen gezielten Lücken gibt es die ungewollten, deren sich der Gesetzgeber nun wieder entweder bewusst war oder nicht. Betrachten wir hier nur eine bestimmte Art von bewussten, aber in Anbetracht der Materie als unvermeidlich angesehenen. Explizite Anweisungen, wie die: nach billigem Ermessen zu entscheiden, auf Zumutbarkeit Rücksicht zu nehmen, Rechtsmissbrauch zu verhindern, Treu und Glauben zu berücksichtigen, unbillige Härten zu vermeiden, berechtigte Interessen des Gläubigers gegen Härten für den Schuldner unter dem Gesichtspunkt der Billigkeit zu wägen – sie haben eine wesentlich größere Verbreitung in den verschiedenen Institutionen des Zivilrechts als es die Warnung vor den Generalklauseln ahnen lässt –, sind keine Entscheidungsregeln, unter die subsumiert werden könnte. Diese Wendungen machen vielmehr einen Durchgriff auf das pluralistisch strukturierte Wertbewusstsein einer Gesellschaft und damit – in der Konsequenz – auf die erste (oft „politisch" genannte) Entscheidungsebene notwendig, weshalb man richtig davon spricht, dass Generalklauseln unter anderem die Funktion haben, die Aufgabe der Aufstellung von Entscheidungsregeln auf die Rechtsprechung zu delegieren.[8] Die Verantwortung für die Güte der Entscheidung und für ihre Konsequenzen liegt in diesen Fällen – systemwidrig – beim Richter. Freilich versucht die juristische Methodenlehre das Zwei-Ebenen-Modell zu retten und sieht ihre Aufgabe darin, durch Denkfiguren wie Analogie und Umkehrschluss oder Ableitung von Rechtsregeln aus ins positive Recht integrierten Prinzipien das Lückenproblem im Sinne eines „denkenden Gehorsams" (*Philip Heck*) zu beherrschen. Trotzdem bleiben gerade hinsichtlich grundlegender Bewertungsfragen erhebliche Ungewissheiten, die mit juristischer Logik oder Argumentationstheorie allein nicht zu beheben sind.

Der in gewisser Weise radikalste rechtstheoretische Angriff auf das gesetzespositivistische Modell lässt sich aus der juristischen Hermeneutik ableiten. Sie lehrt in einigen ihrer Spielarten die Unlösbarkeit des Sinnes eines Textes von dem Vorverständnis des Interpreten. Ist dieses weder durch den Text noch auch durch den historischen oder systematischen Kontext voll determinierbar, so fällt dem Interpreten die Verantwortung für den sich im Auslegungsprozess konstituierenden Sinn zu. Anders ausgedrückt: Was Inhalt eines Gesetzes ist, liegt immer auch an seinem Interpreten.

---

[7] Vgl. dazu *Noll*, Gesetzgebungslehre, 1973, S. 185.
[8] *Teubner*, Standards und Direktiven in Generalklauseln, 1971, S. 106 ff.

3.1.3 Rechtstheoretische Voraussetzungen des Problems „Naturrecht oder Gesetzespositivismus?"

Wäre aufgrund dieser rechtstheoretischen Einwände das Zweistufenmodell des Gesetzespositivismus als irreal zu klassifizieren, so ließe sich kaum verstehen, dass der Gesetzespositivismus zum naturrechtlichen Problem geworden ist. Hätte das Gesetz, wie man aufgrund hermeneutischer Überlegungen (voreilig) annehmen könnte, keine oder nur eine geringe Kraft der Determination gegenüber der zweiten Entscheidungsebene, könnte es jederzeit durch „unbegrenzte Auslegung"[9] überspielt werden, so müsste es als ein Mangel an rechtstheoretischer Einsicht erscheinen, dass der zentrale Anlass für das heftige Wiederaufleben der Naturrechtsdiskussion nach 1945 das „Unrechtsgesetz" war.[10] Zu einem Gerechtigkeitsproblem kann ein Gesetz nur werden, wenn es seinem Inhalte nach geeignet ist, die zweite Entscheidungsebene in einer relativ bestimmten Weise zu programmieren, wenn es selbst also Entscheidungsgehalt besitzt – vorweggenommene Entscheidung einer beliebigen Anzahl von Fällen bestimmte Merkmalsgruppierung oder Typisierung ist. Wer diese Unterstellung nicht nachzuvollziehen vermöchte, könnte in seinem naturrechtlichen Kampf ums wahre Recht die Gesetzgebung letztlich als quantité negligeable beiseite lassen. Es würde genügen, die Illusion einer Bindungsfähigkeit von Gesetzen hermeneutisch zu zerstören, um sodann die Verantwortlichen auf der Ebene der Exekutive und Rechtsprechung zu suchen.

Damit ist das rechtsphilosophische Problem des Gesetzespositivismus in einen rechtstheoretischen Rahmen gestellt. Die Ausarbeitung dieses Rahmens wollen wir hier nicht vorwegnehmen. Die rechtstheoretischen Hinweise dienten nur dazu, die durch das Zwei-Ebenen-Modell aufgegebenen Wertungsprobleme, welche sich in der Frage nach der Geltung von Unrechtsgesetzen zusammendrängen, von den sich ergebenden rechtstheoretischen Vorfragen abzuschichten.

3.1.4 Historische Rolle des Gesetzes im Unrechtsstaat als Anlass naturrechtlicher Reflexion?

Damit soll nicht gleichzeitig angenommen werden, das Wiederaufleben der Naturrechtsdiskussion sei durch Unrechtsgesetze der Nazidiktatur adäquat veranlasst gewesen. Dass die im Nazismus sich darstellende politische Fehlentwicklung durch die Doktrin des Gesetzespositivismus bedingt oder auch nur gefördert oder ermöglicht worden ist, muss bezweifelt werden, wiewohl dies in vielen Beiträgen zur

---

9 Vgl. den charakteristischen Titel von *Rüthers*: Die unbegrenzte Auslegung, Zum Wandel der Privatrechtsordnung im Nationalsozialismus, 2. Aufl. 1973.
10 Für diese problemgeschichtliche Sicht vgl. z. B. *Welzel*, Naturrecht und Rechtspositivismus, in: *Maihofer* (Hrsg.), Naturrecht oder Rechtspositivismus?, 3. Aufl. 1981, S. 323.

Naturrechtsdiskussion behauptet worden ist.[11] Das Dritte Reich war kein Gesetzesstaat, seine Verbrechen waren zum größeren Teil zugleich *Gesetzes*brüche. Freilich wurde auch das Instrument des Gesetzes zur Verfolgung bestimmter Gruppen eingesetzt;[12] überholt wurde dies alles aber in einem späteren Stadium durch einen *illegalen* Ausrottungsplan. Der formell rechtsstaatliche Gesetzesvollzug war nicht das genuine Instrument zur Massenvernichtung. Im Gesetzespositivismus den Grund der Perversion der Rechtsordnung zu sehen, erscheint, historisch gesehen, als starke Übertreibung, die zu der Illusion verleiten kann, mit dem erhofften naturrechtlichen Sieg über den Gesetzespositivismus sei jener Perversion nachhaltig vorgebeugt. Perversion kam auch und gerade aus der Sphäre überpositiven Rechtsdenkens, aus der sich teils als Naturrecht deklarierenden Ideologie nämlich,[13] die, weil die Bindung an die Masse der nicht alle auf einmal zu ändernden überlieferten Gesetze als hemmend erfahren wurde, die Bindung an das Gesetz durch eine Bindung an die Ideologie ersetzen wollte.[14]

3.1.5 Die Idee der Unverfügbarkeit von Recht als gemeinsames Kriterium modernen Naturrechtsdenkens

Mag also die Nazidiktatur kein hinreichender historischer Anlass gewesen sein, sich mit naturrechtlichen Waffen auf den Gesetzespositivismus einzuschießen – folgerichtiger wäre der Kampf des „wahren" Naturrechts gegen das „falsche" des Dritten Reiches[15] gewesen – so hat dieser Vorgang doch eine innere – auch geschichtliche – Logik, die das Erkenntnisinteresse zumindest der modernen Natur-

---

11 In diesem Sinne beispielsweise *Radbruch*, Gesetzliches Unrecht und übergesetzliches Recht, in: *Radbruch*, Rechtsphilosophie, *Erik Wolf* (Hrsg.), 6. Aufl. 1963, S. 347 ff. Kritisch zu dieser Auffassung: *Baratta*, Rechtspositivismus und Gesetzespositivismus; Gedanken zu einer „naturrechtlichen" Apologie des Rechtspositivismus, in: ARSP 54 (1968), S. 325, 327. Vgl. weiter (ebenfalls kritisch) *Rosenbaum*, Naturrecht und positives Recht. Rechtssoziologische Untersuchungen zum Einfluss der Naturrechtslehre auf die Rechtspraxis in Deutschland seit Beginn des 19. Jahrhunderts, 1972, S. 143-146 m. N. und *H. Rottleuthner*, Substantieller Dezisionismus. Zur Funktion der Rechtsphilosophie im Nationalsozialismus, in: ARSP, Sonderband: Recht, Rechtsphilosophie und Nationalsozialismus 1982, S. 20 ff.
12 Vgl. dazu z. B. *Weinkauff*, Das Naturrecht in evangelischer Sicht, in: *Maihofer* (Fn. 10), S. 217.
13 Zum „Naturrecht" der totalen Staaten vgl. etwa *Hans Fehr*, Die Ausstrahlungen des Naturrechts der Aufklärung in die neue und neueste Zeit, 1938, S. 24 ff. Vgl. auch die Bewertung der rassengesetzlichen Rechtslehre des Nationalsozialismus als Naturrecht bei *Forsthoff*, Zur Problematik der Rechtserneuerung, in: *Maihofer* (Hrsg.), Naturrecht oder Rechtspositivismus?, 2. Aufl. 1966, S. 78, 79.
14 So *Luhmann*, Recht (Fn. 1), S. 199, Anm. 9.
15 Wie es sich etwa bei *Dietze*, Naturrecht in der Gegenwart, 1936, darstellt.

rechtsbestrebungen prägnant zum Ausdruck bringt.[16] Es geht dem Naturrecht nach seiner Renaissance mehr denn je darum, die *Unverfügbarkeit* von Recht zu behaupten und zu sichern.[17] Im genauen Gegenzug zur Doktrin des Gesetzespositivismus, wonach dem Staat die Verfügung über das Recht zusteht,[18] wird Naturrecht als das verstanden, was die Manipulierbarkeit von Recht durch Gesetzgebung durchkreuzt, sei es als Maßstab der Kritik am positiven Recht, sei es – weitergehend – als die Verneinung der Geltung positiv-rechtlicher Normen.[19] Die Idee der Unverfügbarkeit von Recht war immer schon in der Naturrechtsidee mitgedacht, denn Natur wurde stets als „das von menschlicher Praxis nicht gesetzte Seiende"[20] verstanden. Wegzufallen droht indessen die Bindung an einen wie immer gearteten Naturbegriff; diese Bindung wird mehr und mehr ersetzt durch das bloße Festhalten an der Vorstellung von Unverfügbarkeit überhaupt, die sich gegen die positive Rechtssetzung, um deren Zähmung es geht, richtet. Die begriffsgeschichtliche Folge ist eine immense Ausdehnung des Begriffs „Naturrechtslehre". Wird darunter jede Theorie verstanden, die die (universale) Verfügungsbefugnis des Staates über das Recht verneint, so können selbst Theorien, die sich gegen Naturrecht zu wenden glaubten, als Naturrecht identifiziert werden. So widerfährt es der von *Savigny* angeführten historischen Rechtsschule. Weil sie lehrt, nicht der Staat, sondern der Volksgeist erzeuge das Recht, der Staat finde das Recht in der Geschichte vor und sei in der Gestaltung des Rechts nicht frei, wird sie als naturrechtliche Strömung klassifiziert. „Sind naturrechtliche Spuren überall zu finden, wo man die Ermessensmacht des Staates zu willkürlicher Rechtsgestaltung einschränkt, so waren *Savigny* und seine

---

16 Zum Erkenntnisinteresse des naturrechtlichen Denkens vgl. *Ellscheid*, Stichwort „Naturrecht", in: *Hermann Krings* u. a. (Hrsg.), Handbuch philosophischer Grundbegriffe, Bd. 4, 1973, S. 969 ff.
17 Diese Position lässt sich als objektivistisch bezeichnen. Sie hat nicht nur im Rechtsdenken, sondern auch in der Ethik entschiedene Gegner. Vgl. z. B. *J.L. Mackie*, Ethik; Auf der Suche nach dem Richtigen und Falschen, 1981. Für das Naturrechtsproblem interessant besonders S. 296 bis 298.
18 *Forsthoff*, Problematik (Fn. 13), S. 74.
19 Die Frage, ob ein Gesetz naturrechtswidrig ist, muss von der Frage unterschieden werden, ob dem Gesetz bei Naturrechtswidrigkeit die Geltung abzusprechen ist. Dies bedarf einer speziellen Bewertung, die z. B. die Unrichtigkeit der Gesetzesnorm gegen ihre Funktion, Rechtssicherheit zu gewährleisten, abwägt. – Jedenfalls ist Naturrechtsdenken nicht auf das Problem der Nichtigkeit von gesetzten Normen eingeschränkt, wie es vielleicht für die Nachkriegszeit, in der das Problem des gesetzlichen Unrechts im Vordergrund stand, typisch war. Im Mittelalter waren Naturrechtslehren systematisch der Ethik und Moraltheologie zugeordnet (vgl. *Specht*, in: Historisches Wörterbuch der Philosophie, Stichwort Naturrecht, Abschnitt III, S. 572). Daraus muss man schließen, dass das naturrechtliche Denken nicht auf das Problem der Geltung positiven Rechts fokussiert war. Noch für *Thomas Hobbes* (1588–1679) gibt es eine Lehre von natürlichen Gesetzen, die dem positiven Gesetzesrecht vorgelagert und die der Gegenstand der Lehre von Gut und Böse, also Moralphilosophie, sind (vgl. *Hobbes*, Leviathan I und II, in der Übersetzung von *Dorothée Tidow*, 1965, Kapitel XIV und XV, S. 102-127).
20 *Spaemann*, Stichwort: „Natur", in: *Hermann Krings* (Fn. 16), S. 957.

ersten Nachfolger in der Tat Naturrechtler".[21] Vergeblich beklagt *Forsthoff* die „Unsitte ..., alle überpositiven Rechtsaussagen als naturrechtlich zu bezeichnen";[22] vergeblich bleibt sein Versuch, den Begriff des Naturrechts wieder auf die Idee der Maßgeblichkeit vorgegebener Wesensnaturen und Beschaffenheiten zurückzuführen.[23] Zumindest in der Neuzeit hat sich trotz solcher Einsprüche die Naturrechtsdiskussion zu dem umfassend angelegten Unternehmen erweitert, alle Vorgegebenheiten aufzuzeigen, an die der Gesetzgeber, der als maßgebliche Positivierungsagentur erscheint, gebunden ist, seien dies Werte, Normen, Wesensnaturen, Strukturen des menschlichen Miteinander, geschichtliche Situationen, Institutionen, Rollen und Lagen oder was immer sonst.[24]

3.1.6 Die Idee des Naturrechts als Problem der Verfassung des Rechtserkenntnisprozesses

Historisch steht der Gesetzespositivismus in einem Sinnzusammenhang mit der jeweiligen Auffassung von Wesen und Verfassung des Staates. Das Gesetz wird als Mittel der Durchsetzung des Willens des jeweiligen Gesetzgebers gesehen und nimmt an dessen historischer Legitimität oder Illegitimität teil. In der repräsentativen, gewaltenteilenden Demokratie etwa bedeutet die unbedingte Maßgeblichkeit des Gesetzes die Absicherung von Demokratie überhaupt. Antipositivistisches Naturrecht wird von daher der politischen Reaktion zugerechnet.[25] Auf jeden Fall gerät Naturrecht aber in den Streit um die beste politische Verfassung und muss sich damit vor einem Naturrecht höherer Ordnung, das sich auf die Verfassung des Verfahrens der Feststellung von Recht bezieht, verantworten. So erscheint die Naturrechtsidee als Problem der politischen Verfassung:

Die Idee der Unverfügbarkeit von Recht gibt noch ganz ohne Rücksicht darauf, *was* Naturrecht inhaltlich besagt, Probleme der politischen Verfassung auf. Nur unklar kommen diese in der Frage nach der *Geltung* von Naturrecht zum Ausdruck. Unter-

---

21 *Veit*, Der geistesgeschichtliche Standort des Naturrechts, in: *Maihofer* (Fn. 13), S. 46, 47.
22 *Forsthoff*, Problematik (Fn. 13), S. 17.
23 *Forsthoff*, Problematik (Fn. 13), S. 78.
24 Freilich könnte man einwenden, dass die Beibehaltung des Ausdrucks „Naturrecht" für den sich derartig verzweigenden Problemzusammenhang nicht zweckmäßig sei. Andererseits bezeichnet der Ausdruck doch den historischen und sachlichen Ausgangspunkt aller Bemühungen um ein inhaltlich richtiges und in seiner Richtigkeit rational erkennbares Recht: die Idee von Recht im Horizont von „Wahrheit". Es darf deshalb nicht verwundern, dass im Folgenden auch die Diskurstheorie in den Problemhorizont naturrechtlichen Denkens einbezogen wird (vgl. z. B. den Abschnitt 3.2 bis 3.2.1), was freilich eine gesonderte Darstellung der diskurstheoretischen Rechtsbegründung nicht ersetzen kann.
25 *Rosenbaum*, Naturrecht (Fn. 11), S. 143 ff. Vgl. auch *Mackie*, Ethik (Fn. 17), S. 297, 298, der die „Fiktion" des Naturrechts nur dann für nützlich hält, wenn die gesetzgebende Gewalt in einem bedenklichen Zustand ist.

stellt, dass es geltendes Naturrecht gibt, so bleibt doch die Frage offen, wem seine Erkenntnis und Auslegung maßgeblich obliegt. Die Frage nach der Verfassung dieses Erkenntnisprozesses würde sich nur erübrigen, wenn ein Streit über den Inhalt von Naturrecht undenkbar und seine automatische Befolgung gesichert wären. Da das nicht vorausgesetzt werden kann, lässt sich die verfassungspolitische Frage nach der Zuständigkeit zur Transformation von Naturrecht in positives Recht und nach dem Prozedere dieser Positivierung nicht umgehen.

3.1.7 Problem der Positivierung der Rechtserkenntniskompetenz

Die verbrieften oder gelebten Verfassungen der Gemeinwesen versuchen denn auch stets, das Kompetenzproblem zu lösen. Sie enthalten „Theorien" über die Entstehung und Verwirklichung von Recht, die in naturrechtlicher Sicht stets Befugnisse zur Rechtserkenntnis (einschließlich der Normformulierung) zuweisen. Wie alles positive Recht können auch diese positivierten Kompetenzordnungen auf ihre Richtigkeit befragt und vielleicht an einer unverfügbar vorgegebenen, „wahren" Ordnung der kompetenten Rechtserkenntnis – oder wenigstens an Grundzügen einer solchen Ordnung – gemessen werden. Naturrechtslehren kommen, wenn sie über die grundlegenden Fragen der Organisation eines Gemeinwesens mitreden wollen, nicht ohne eine Theorie der richtigen Verfassung des Rechtserkenntnisprozesses aus. Keine Lösung des Problems liegt darin, nach der kritischen Durchmusterung verschiedener Verfassungsformen, einschließlich der Demokratie, „die Anerkennung der Rechtssouveränität vor der Volkssouveränität, nämlich des absoluten Geltungsanspruchs des allem menschlichen Zugriff entzogenen Rechts, von dem die Natur des Menschen Zeugnis gibt",[26] zu fordern, ohne genau anzugeben, wem, wenn schon nicht dem als Rechtsgemeinschaft organisierten Volk, die Kompetenz zur verbindlichen Erkenntnis jenes Naturrechts *naturrechtlich* zufällt. Die katholische Naturrechtslehre beobachtet, wie es scheint, nicht nur gegenüber den verschiedenen Staatsformen eine strenge Neutralität,[27] sondern zeigt darüber hinaus gegenüber der – mit den Staatsformen mehr oder weniger eng zusammenhängenden – Frage nach den Kompetenzordnungen der Rechtserkenntnis eine auffällige Abstinenz.

3.1.8 Naturrecht und Widerstand

Der gute Sinn dieser Abstinenz liegt freilich darin, dass die Idee von Naturrecht sich mit einer *verabsolutierten* Ordnung der Kompetenzen zur Rechtsverwirklichung nicht verträgt, weil eine sich abschließende Kompetenzordnung eine Verabsolutierung der Positivierungskanäle von Recht und damit in Grenzfällen eine Verabso-

---

26 *Messner*, Das Naturrecht, 4. Aufl. 1960, S. 726.
27 *Messner*, Naturrecht (Fn. 26), S. 700.

lutierung des positiven Rechts überhaupt bedeuten würde. Die Idee der Unverfügbarkeit von Recht besagt gegenüber der Tendenz der Sphäre der Positivität, sich in sich abzuschließen, dass, da jede Befugnis zur Rechtsfindung oder Rechtssetzung missbraucht werden kann, eine organisatorische Absicherung des Prozesses, in dem „wahres" Recht gefunden wird, nicht gelingt. Diesen Zusammenhang trifft *Marcic*, wenn er sagt: „Am Ende ist der Widerstand Sanktion des Seinsrechts".[28] Widerstand ist in diesem Sinne das sich außerhalb der positiven Kompetenzordnung vollziehende zwangsweise Durchsetzen von Naturrecht, so wie es der den Widerstand Leistende zu erkennen glaubt. Damit steht Naturrecht quer zu aller Verfassung des Rechtsverwirklichungsprozesses. Es wendet sich im äußersten Fall unter Umgehung aller Zuständigkeitsordnungen an jedermann und an jede politische Kraft. Es ist noch nicht eigentlich Recht, wenn man diesem, anders als moralischen Normen, die Funktion des institutionell abgesicherten Schutzes vor Unrecht zuschreibt.

3.1.9 Die Frage nach der besten Verfassung als Problem eines Naturrechts „höherer" Ordnung

Gerade deshalb kann und muss die Frage gestellt werden, wie ein Staat verfasst sein soll, der sich optimal auf die Erkenntnis „wahren" Rechts hin organisieren möchte. Naturrechtliche Reflexion auf den Staat dürfte sich nicht in einer Ultima-Ratio-Logik vom Widerstand erschöpfen, sondern müsste versuchen, die Bedingungen aufzuweisen, unter denen eine möglichst große Wahrscheinlichkeit besteht, dass sich Naturrecht *innerstaatlich* realisiert.

In diesem Zusammenhang wird wichtig, dass das unverfügbar vorgegebene Recht „wahres" Recht ist, was bedeutet, dass es sich in einem Prozess der Erkenntnis, und nur hier, zu zeigen vermag.

Die Vorstellungen einer Epoche über das Wesen dieses Rechtserkenntnisprozesses und die daraus ableitbare richtige, ihm angemessene (förderliche) Institutionalisierung bilden eine wichtige Grundlage jenes Naturrechts auf der Metaebene, das sich als Staatsphilosophie und politische Theorie äußert. Jene Vorstellungen hängen unauflöslich mit den in der Epoche herrschenden Ideen von Wahrheit und Erkenntnis und den Bedingungen von Erkenntnis zusammen. Die moderne Staatsphilosophie, besonders *Ryffel*[29], hat sich dieser Zusammenhänge angenommen. Dabei hat sich gezeigt:

---

28 *Marcic*, Rechtsphilosophie, 1969, S. 276. – Zum Problem des Widerstandsrechts vgl. besonders *Arthur Kaufmann* (Hrsg.), Widerstandsrecht, 1972.
29 *Ryffel*, Grundprobleme der Rechts- und Staatsphilosophie; Philosophische Anthropologie des Politischen, 1969.

3.1.9.1 Das Autonomieprinzip. Das moderne Verständnis von Wahrheit verweist auf Rationalität im Gegensatz zu „Glaubenswahrheit", die religiös gestiftet und durch ein geistliches Lehramt verwaltet – interpretiert und angewendet – werden könnte. Menschliche Vernunft kennt also keine Instanz außerhalb ihrer selbst, die über die Wahrheit oder Unwahrheit von Aussagen zu entscheiden vermag. Das wird auf die Ebene des Praktisch-Richtigen ausgedehnt.[30] Wahrheit oder Richtigkeit stellt sich nur her in dem, was *Kant* das „Selbst-Denken" genannt hat.[31] Sobald deshalb im Bereich modernen Wahrheitsverständnisses von wahrem oder richtigem Recht geredet wird, so impliziert dies den Anspruch auf Autonomie des Vernunftwesens Mensch und den Appell, selbst zu prüfen und zu verstehen, was als richtig behauptet wird. Das prinzipielle Fremdgeleitetsein in den religiös bestimmten Epochen wird durch den ebenso prinzipiellen Anspruch auf eigenverantwortliche Praxis ersetzt. So wie „Wissenschaft" fordert, eigenverantwortlich zu prüfen, so besagt „richtige Praxis" die Eigenverantwortlichkeit des Handelnden hinsichtlich seiner Richtigkeitsvorstellungen. „Autonomie" ist deshalb bei *Ryffel* „Anerkennung des Richtigen in theoretischem und praktischem Betracht". Er fährt fort: „Es sei daran erinnert, dass die Wissenschaft im modernen Sinn und der demokratische Gedanke nicht zufälligerweise zu gleicher Zeit entstehen, sondern deshalb, weil sie ein und derselben Wurzel entstammen ... Die Wissenschaft ... ist grundsätzlich demokratisch, weil sie im Prinzip jedermann zugänglich ist ...".[32] Hier liegt *ein* wichtiger Ansatz zur philosophischen Begründung von Demokratie: Sofern der Staat über Möglichkeiten und Grenzen menschlicher Praxis bestimmt, muss der Einzelne als das um richtige Praxis eigenverantwortlich bemühte Wesen Einfluss auf den Staat gewinnen können[33] (Demokratieprinzip).

3.1.9.2 Keine Dogmatisierung. Das „Selbst-Denken" richtet sich auf die Sache: ein Objektives, dessen Eigenart – im rationalen Verständnis von Wahrheit – es ist, *universal* zugänglich zu sein. Es gibt kein Wissen der „Erleuchteten", kein Geheimwissen; sondern wirkliche Erkenntnis muss mitteilbar, „transmissibel"[34] sein, wenn auch nur an denjenigen, der sich der Mühe unterzieht, die (behauptete) Erkenntnis in ihren methodischen und materialen Voraussetzungen nachzuvollziehen. Transmissibilität „echter" Erkenntnis bedeutet nicht leichte Zugänglichkeit, aber doch die Aufbereitung des Erkenntnisprozesses nach Prämissen und Methoden so,

---

30   Zur geschichtlichen Entstehung der Kritisierbarkeit von normativen Geltungsansprüchen vgl. *Habermas*, Theorie des kommunikativen Handelns, 2 Bände, 1981, Bd. 2, S. 97 ff., besonders S. 111, 112.
31   *Kant*, Anthropologie in pragmatischer Hinsicht, Bd. XII (Fn. 2), S. 511. „Die Vorschrift ... enthält ... drei Maximen: 1. Selbstdenken, 2. sich ... an die Stelle des anderen zu denken, 3. jederzeit mit sich selbst einstimmig zu denken".
32   *Ryffel*, Rechts- und Staatsphilosophie (Fn. 29), S. 447.
33   *Ryffel*, Rechts- und Staatsphilosophie (Fn. 29), S. 441.
34   Zu diesem Begriff *Ryffel*, Rechts- und Staatsphilosophie (Fn. 29), S. 275.

dass das Gedachte durch ein „Bewusstsein überhaupt"[35] verstanden werden kann. Ist aber Erkenntnis von Wahrem oder Richtigem grundsätzlich transmissibel, so gibt es stets auch Kritik. Die Idee richtigen Rechts erfordert deshalb im geschichtlichen Bereich des rationalen Wahrheitsbegriffs die Möglichkeit uneingeschränkter Kritik an der Rechtspraxis auf allen Ebenen; sie ist in Anbetracht der Irrtumsmöglichkeiten nötig. Alle Erkenntnis, auch Rechtserkenntnis, hat in diesem Sinne vorläufigen Charakter.[36] Es gibt eben keine Instanz, die den Streit um „die Wahrheit" anders als durch das Beisteuern neuer Argumente – und damit überprüfbar – beeinflussen kann. Daraus folgen die prinzipielle Änderbarkeit von positivem Recht[37] und die Notwendigkeit einer breiten „rechtspolitischen" Diskussion, um alle Aspekte einer Sache zu erfahren; also auch Verfahren und Medien (Anhörungen, Publikationsfreiheit usw.), die diese Diskussion ermöglichen.

Die grundsätzliche Institutionalisierung von Kritik enthält aber auch, dass das Recht zu Kritik *allen* gewährt wird. Denn die Unterscheidung von Kritikfähigen und Kritiklosen ist prinzipiell undurchführbar, sollen nicht die Unterscheidungskriterien zum Hebel der Ausschaltung unbequemer Meinungen und Interessen werden. Auf philosophischer Ebene formuliert: Das Objekt rechtlicher Regelungen und Entscheidungen ist zugleich als Subjekt des Rechtsgedankens angesprochen und leitet daraus das elementare Recht auf Rechtsmeinung ab.

3.1.9.3 Abgrenzung vom Relativismus.

Die die Notwendigkeit von Diskussion und Kritik rechtfertigende Vorläufigkeit allen naturrechtlichen Wissens kann auf zwei Wegen verloren gehen: entweder durch Dogmatisierung von Richtigkeitsvorstellungen oder durch Relativierung von Wahrheit und Richtigkeit überhaupt. Rechtsphilosophischer Relativismus, wie ihn (ursprünglich) *Radbruch*[38] und *Kelsen*[39] vertreten haben, vermag ebenso wenig wie Dogmatismus die Notwendigkeit von Dialog, Diskussion und Kritik zu begründen. Wird nicht die Erkenntnis von Richtigem, sondern Richtigkeit selbst relativiert, so spricht nichts für ein kommunikatives Bemühen um Erkenntnis. Übrig bleibt allenfalls das Sich-Abtasten auf zufällige Gemeinsamkeiten und – unüberwindliche – Differenzen. Man muss als Relativist anderen das „Recht" konzedieren, dass sie ihren Standpunkt, obwohl auch sie ihn vielleicht als nicht begründbar erkannt haben, mit konsequenter Intoleranz durchsetzen. Auf Dialog ist nur zu verpflichten, wer Wahrheit oder Richtigkeit an sich voraussetzt, nicht aber der Relativist als solcher.[40]

---

35 Dazu *Jaspers*, Von der Wahrheit, 1947, S. 225 ff.
36 *Ryffel*, Rechts- und Staatsphilosophie (Fn. 29), S. 444.
37 *Ellscheid*, Die Verrechtlichung sozialer Beziehungen als Problem der praktischen Philosophie, in: Neue Hefte für Philosophie, Heft 17, S. 37 ff., hier: S. 58.
38 Rechtsphilosophie (Ed. *Erik Wolf* und *Hans-Peter Schneider*), 8. Aufl. 1973, S. 102.
39 Allgemeine Staatslehre, 1925, S. 368 ff.
40 Von *Ryffel*, Rechts- und Staatsphilosophie (Fn. 29), S. 273 ff., genauer herausgearbeitet.

Als in sich widersprüchlich muss deshalb der Versuch beurteilt werden, aus der relativistischen Position selbst Toleranz, Liberalität, Demokratie, politische Mitwirkungsrechte oder sonstige Grund- und Freiheitsrechte abzuleiten. In diese Richtung hat *Radbruch* in einem Vortrag, den er in Lyon gehalten und 1934 in den Archives de Philosophie du Droit veröffentlicht hat,[41] einen Versuch unternommen, den man als gescheitert ansehen muss:

Ausgehend von der These, dass naturrechtliche Überzeugungen nicht beweisbar und nicht widerlegbar sind, dass vielmehr deren Unbeweisbarkeit und Unwiderlegbarkeit erkenntnistheoretisch nachgewiesen werden können (S. 80-82), schließt *Radbruch*, man müsse zwar für die eigenen Überzeugungen kämpfen, um nicht als (glaubensloser) Skeptiker dazustehen, folglich die Überzeugungen des weltanschaulichen Gegners auch bekämpfen, gleichwohl müsse man die gegnerischen Überzeugungen wegen ihrer Unwiderlegbarkeit achten. Das gelte auch für den Gesetzgeber. Dieser könne zwar den Machtkampf zwischen verschiedenen Parteien durch seine Autorität beenden, nicht aber den Meinungskampf, weil er selbst nicht über ein naturrechtliches Wissen verfüge. Daraus folgen nach *Radbruch* die Prinzipien des Liberalismus: die Freiheit des Denkens, der Wissenschaft, der Presse, des Glaubensbekenntnisses (S. 82, 83), darüber hinaus die Freiheit aller politischen und sozialen Überzeugungen (S. 84). Da keine dieser Überzeugungen beweisbar oder widerlegbar sei, seien sie alle *gleichwertig*, und alle Träger von Überzeugungen seien – man muss wohl hinzufügen: in ihrer Eigenschaft *als* Überzeugungsträger – als gleich zu behandeln (S. 84). Die Konsequenz dieser Auffassung wäre an sich das Prinzip der Einstimmigkeit, da nur dann die praktische Gleichwertigkeit *aller* Überzeugungen gewahrt wäre. Da Einstimmigkeit nicht zu erreichen ist, lässt Radbruch an ihre Stelle umstandslos das demokratische Mehrheitsprinzip treten. Bleibt die Gleichheit des Menschen qua Träger politischer, insbesondere rechtspolitischer und (anti-)religiöser Überzeugungen nach den liberalen, den Gesetzgeber verpflichtenden Prinzipien (vgl. oben) bestehen, so dürfen neue Mehrheiten sich im Schutze der liberalen Freiheiten bilden, auch hinsichtlich der Frage, ob die etwa durch Mehrheitsbeschluss abgeschaffte Demokratie – wir schreiben das Jahr 1934 – wieder eingeführt werden soll. Die Demokratie ist „die gemeinsame Grundlage aller Staatsformen". (S. 85)

Radbruch ist sich bewusst, dass er den Relativismus als Ableitungsprinzip für Naturrechtssätze benutzt. Historisch gehören die behaupteten Freiheitsrechte und das Demokratieprinzip dem Naturrecht der Aufklärung an. *Radbruch* versteht sie im Sinne rational einsehbarer Rechtsprinzipien und bekennt sich ausdrücklich als Naturrechtler (S. 87). Paradoxerweise soll nun aber die Basis dieses Naturrechts der Relativismus sein, für den gilt, dass „die letzten Sollenssätze unbeweisbar, axioma-

---

[41] Wieder abgedruckt und hier zitiert aus: *Gustav Radbruch*, Der Mensch im Recht, 3. Aufl., Göttingen 1957, S. 80-87. Die Bezugnahmen in Klammern im Text.

tisch, nicht der Erkenntnis, sondern nur des Bekenntnisses fähig (sind)".[42] Die mangelnde Logik dieser relativistischen Begründung von nicht relativierbaren Rechtsprinzipien („obersten Sollenssätzen") ist allein schon darin sichtbar, dass sich Prämisse und Schlussfolgerung widersprechen. Die Ausgangsprämisse besagt: es gibt keine obersten beweisbaren Sollenssätze, die Schlussfolgerung lautet dahin, dass folgende oberste Sollenssätze aus der Unbeweisbarkeit von obersten Sollenssätzen bewiesen werden können u. s. w.[43] Man kann aber auch zeigen, dass Radbruch seine „Deduktion" des Naturrechts der Aufklärung gar nicht aus der Relativierung aller obersten Sollenssätze gewinnt, sondern aus anderen nicht relativierten Prämissen. So zieht er das Friedensgebot innerhalb einer Gesellschaft nicht in Zweifel und begründet damit die Notwendigkeit von Recht überhaupt. Ebenso wenig wird das moralische Achtungsgebot gegenüber Menschen anderer Überzeugungen schlüssig daraus abgeleitet, dass es für moralische, politische, religiöse Überzeugungen keine rationale Begründung gibt; denn daraus könnte man ebenso gut, wenn nicht besser, auf eine gerechtfertigte Missachtung gegenüber Überzeugungen dieser Art, einschließlich der eigenen, schließen. Das aber bedeutet, dass Achtung und Respekt gegenüber Menschen vom Relativismus logisch unabhängig sein müssen; ein Urteil, das intuitiv einleuchtet.

3.1.9.4 Richtigkeit, Konsens, Entscheidung. Hält man am naturrechtlichen Gedanken der Unverfügbarkeit von Recht, d. h. auch: an objektiver Richtigkeit als Maßstab staatlicher Praxis, fest, und kombiniert man ihn mit der modernen Idee von rationaler Wahrheit, so gilt zwar wegen des An-sich-Charakters von Richtig-

---

42 *Radbruch*, Rechtsphilosophie (Fn. 38), S. 100.
43 Einer analogen Kritik entgeht auch *Paul Feyerabend* nicht. In seiner Schrift „Erkenntnis für freie Menschen" geht es ihm darum, aus seinem erkenntnistheoretisch-relativistischen Prinzip des „anything goes" den gleichen staatlichen Schutz für alle „Traditionen" (heißt in etwa: überlieferte Auffassungs- und Lebensweisen der Gruppen) abzuleiten. Diese Ableitung funktioniert indessen nicht. Ist eine Tradition selbst intolerant, arbeitet sie insbesondere an der Unterdrückung anderer Traditionen, und gehört dieser Zug zu ihrem Wesen, weil er für die Identifikation mit einer Tradition entscheidend ist, so kann diese Tradition nicht aufgrund des erkenntnistheoretischen Relativismus zur Aufgabe ihrer Intoleranz gezwungen werden. Sie kann nämlich das „anything goes" einfach auf sich, so wie sie *ist*, beziehen und gerade deshalb auf ihrer Intoleranz bestehen. Ist einmal von Wahrheit und Richtigkeit nicht mehr die Rede, geht wirklich alles, so lässt sich auch über eine richtige Staatsordnung nicht mehr sinnvoll nachdenken. Noch merkwürdiger ist, dass *Feyerabend* glaubt, von seinem Ansatz her die Freiheit eines jeden Individuums, seine jeweilige Tradition zu verlassen, begründen zu können. Dieser Grundsatz trifft viele bekannt Traditionen an der Wurzel. Traditionsschutz und Freiheit des Individuums von traditionellen Bindungen gehen nicht zusammen, es sei denn, dass es sich um Traditionen handelt, die ihrem eigenen Verständnis nach auf freiwilliger Mitgliedschaft beruhen. Alle Traditionen auf dieses Organisationsprinzip zurechtzuschneiden, bedeutet nichts anderes, als die von *Feyerabend* vermeintlich relativierte abendländische Auffassung des Individualismus absolut zu setzen.

keit der *Konsens* in Rechtsfragen nicht als *Beweis* für Wahrheit, aber doch als ihr *Indikator*. Dies aber nur unter einer folgenreichen Voraussetzung: Die Konsensbildung muss sich in Formen und Situationen vollziehen, die der interessierten Verschleierung von Wahrheit nicht günstig sind. Daraus folgt im Einzelnen:[44]

Konsens besitzt nur dann Signifikanz, wenn *alle* beteiligten Interessen in die Diskussion zumindest eingebracht worden sind. Der Rechtswahrheit verpflichtet sein, bedeutet, sich nicht auf Kosten Dritter zu einigen. Deshalb muss die Artikulation aller involvierten Interessen möglich sein. Insbesondere müssen die Interessen im Gesetzgebungsverfahren, etwa durch Repräsentation aller Schichten oder durch sozialwissenschaftliche Enqueten, vergegenwärtigt werden. Der formaldemokratische Repräsentationsgedanke zielt auf jene Interessenrepräsentation. Insoweit sie fehlt, ist der Konsens fiktiv.

Richterliche Rechtserkenntnis muss auf Konsensfähigkeit ausgerichtet sein: Der Richter muss deshalb *anhören*, verstehen, zeigen, dass er verstanden hat, also – zumindest auf Verlangen – *begründen*. Seine Entscheidung darf, auch wenn sie unanfechtbar ist, öffentlich kritisiert werden. Konsensfähige Rechtserkenntnis setzt weiterhin der Idee nach einen Standort über Interessen, die die Erkenntnis des Richtigen irritieren könnten, voraus. Auf diesem Gedanken beruht fast die gesamte Gerichtsverfassung. Ihr Grundpostulat ist die Unabhängigkeit des Richters von Einflüssen der Parteien oder Dritter, besonders anderer staatlicher Stellen – auch anderer Richter. Aber sie reicht offenkundig nicht aus. Daneben gibt es das Problem des befangenen Richters. Die Verfahrensordnungen sehen den Ausschluss oder die Ablehnbarkeit eines möglicherweise voreingenommenen Richters vor.[45] Jedoch werden damit nicht alle denkbaren Parteilichkeiten erfasst, insbesondere nicht solche, die sich aufgrund Schichtzugehörigkeit und Sozialisation der Richter vermuten lassen. Das Justizsystem würde freilich überfordert, wenn allein schon daraus ableitbare Bedenken zur Ablehnung wegen Befangenheit führen würden. Es spricht aber nichts gegen eine Rechtstatsachenforschung über schichtspezifische Attitüden und Alltagstheorien, die das Entscheidungsverhalten beeinflussen könnten. Sie kann der Erhöhung der Objektivität der Richter dienen, wenn diese sie zur Kenntnis nehmen, wozu sie das Gebot der Unparteilichkeit und Unabhängigkeit von unkontrollierten, weil unbewussten Einflüssen verpflichtet.

Die prinzipielle Unabgeschlossenheit jedes Erkenntnisprozesses fordert anzuerkennen, dass es naturrechtlich ungelöste Fragen gibt. Dissens indiziert – unter entsprechenden Einschränkungen – das Ungelöstsein einer Frage. Im Bereich des Ungelös-

---

44 Es geht um einen Teil der Merkmale einer idealen Sprechsituation i.S. von *Habermas*, Wahrheitstheorien, in: Wirklichkeit und Reflexion (W. Schultz zum 60. Geburtstag), 1973. Vgl. dazu *R. Alexy*, Theorie der juristischen Argumentation, 2. Aufl., 1991, S. 155 ff.
45 Im angelsächsischen Rechtskreis wird die Unparteilichkeit des Richters als „traditional rule of natural justice" angesehen. Vgl. *Gerry Maher*, Natural Justice as Fairness, in: *Neil MacCormick* and *Peter Birks* (ed.), The Legal Mind, 1986, S. 103 ff., insbes. S. 112 f.

ten wird ein Entscheiden in Ungewissheit (sei es der Rechtsgemeinschaft als ganzer, sei es auch des Entscheidenden persönlich) legitim, falls Nichtentscheiden noch weniger tragbar erscheint – worüber natürlich gleichfalls Dissens verbleiben kann, der die Notwendigkeit eines Entscheidens für oder gegen Entscheidung mit sich bringen kann. Die Idee eines wahren, prinzipiell erkennbaren, aber nie ganz erkannten Rechts rechtfertigt damit den Entscheidungscharakter von Recht in Bereichen nicht behebbaren Dissenses.

Fällt in Teilbereichen „Wahrheit" im Sinne von Konsens als Legitimation für positives Recht aus, so kann man dort nach anderen Legitimationskriterien suchen. Legitim kann dann eine Rechtssetzung sein, weil sie auf einem Mehrheitsentscheid beruht, vorausgesetzt, dass das Entscheiden nicht prima ratio, sondern ultima ratio ist, also am Ende einer Diskussion aller eingebrachten Interessen und Standpunkte steht.

Nun kann die Mehrheitsregel nicht direkt auf die Idee richtigen Rechts zurückgeführt werden – so, als ob die Mehrheit per se der Wahrheit näher wäre. Natürlich gilt dasselbe für Minderheiten; nicht deshalb, weil man zur Minderheit gehört, ist man im wohlverstandenen Sinne „Elite". Aufgabe des auf rationale Richtigkeit von Recht hin organisierten Diskurses kann es nicht sein, die Indikatorfunktion von Konsens (s.o.) um die Mehrheitsregel oder eine Elitetheorie „anzureichern"; vielmehr kommt es darauf an, das Dissensproblem selbst durch eine konsensfähige Regel zu lösen. Die Strukturen des auf Konsens im Sinne des Indikators für Richtigkeit zielenden idealen Diskurses bleiben unbeschädigt, wenn Konsens nicht durch „Mehrheit" oder „Elite" ersetzt, sondern der (derzeit) unüberwindliche Dissens als regelungsbedürftiges Verfahrensproblem zum Gegenstand des Diskurses gemacht wird. Dabei gewinnt in Anbetracht des Gleichheitsprinzips die Mehrheit das Übergewicht. Leitet man die Gleichheit der Bürger aus deren Status als autonomer, zur Teilnahme am gesellschaftlichen und staatlichen Diskurs über richtiges Recht befähigter Vernunftwesen ab (s. o. 3.1.9.2), so wird der *mittelbare* Zusammenhang zwischen der Idee des richtigen Rechts und der Mehrheitsregel erkennbar.

3.2 Zur Struktur naturrechtlichen Argumentierens

Die Frage, ob Gesetze richtig sind, hängt nach der Doktrin des Naturrechts erster Ebene von ihrem Inhalt, nämlich von deren Vereinbarkeit mit bestimmten naturrechtlichen Primärnormen ab. Demgegenüber ist für das sich als Staatsphilosophie äußernde Naturrecht zweiter Ebene die Wahrheitsbezogenheit des bei der Aufstellung von Normen beobachteten *Verfahrens* maßgebend. Ist dieses Verfahren auf allen Ebenen so geordnet, dass es, der Idee richtigen Rechts verpflichtet, einer sorgfältigen, kommunikativ ausgerichteten Erforschung aller Fakten, Interessen, Gesichtspunkte, Ideen günstig ist, so wird von dieser Wahrheitsbezogenheit des Rechtserkenntnisprozesses auf die Richtigkeit des Ergebnisses vorläufig geschlossen[46] und damit die Gültigkeit der gesetzten Norm angenommen, freilich zeitlich begrenzt bis zu dem Tag einer für besser gehaltenen Erkenntnis.

3.2.1 Die Bedeutung des Naturrechts der ersten Ebene

Damit stellt sich die Frage, ob das naturrechtliche Erkenntnisziel nicht schon erreicht ist, wenn die optimalen Strukturen und Verfahren zur Erkenntnis richtigen Rechts gefunden und institutionalisiert sind, so dass es einer theoretischen Befassung mit den sonstigen Inhalten des Naturrechts – des Naturrechts erster Ebene – nicht bedarf. Man kann argumentieren, dass es für Rechtnormen keine andere Legitimität geben kann als die, in einem in optimaler Weise auf normative Richtigkeit ausgerichteten Verfahren gefunden worden zu sein. Ist das grundlegende Prinzip dieses Verfahrens wie es nach dem Vorstehenden einleuchtend erscheint, der offene, für jeden zugängliche demokratische Diskurs, so muss es ihm und den darauf aufbauenden repräsentativen Entscheidungsdiskursen überlassen bleiben zu bestimmen, was – abgesehen von den aus der Wahrheitsbezogenheit resultierenden Verfahrensprinzipien selbst – sonst noch als richtiges Recht zu gelten hat. Eine Theorie des richtigen Rechts der ersten (inhaltlichen) Ebene könnte dann nur „als ein Beitrag zu einem unter Staatsbürgern geführten Diskurs verstanden werden."[47] Das mag richtig sein, spricht aber nicht gegen den Versuch, die Argumentationsstrategie des Naturrechts erster Ebene zu untersuchen, um dessen Überzeugungskraft und Tragweite im rechtspolitischen Diskurs zu testen.

---

46 So weist beispielsweise *Noll*, Gesetzgebungslehre, 1973, S. 126, darauf hin, dass extreme Unrechtsgesetze erst nach Abschaffung des offenen Diskurses im Gesetzgebungsverfahren erlassen werden. In diesem Sinn wohl auch *Habermas*, Fakitität und Geltung, 2. Aufl., Frankfurt 1994 (das Nachwort), S. 662.

47 So *Habermas* über die Gerechtigkeitstheorie von J. *Rawls*, in: Moralbewusstsein und kommunikatives Handeln, Frankfurt 1996 (1983), S. 104. Dem entspricht es, wenn *Habermas* das Element der Unverfügbarkeit von Recht nur noch auf „die ins positive Recht schon eingewanderte Verfahrensrationalität" bezieht; sie sei „die (nach dem Zusammenbruch des Vernunftrechts) einzig übrig gebliebene Dimension, in der dem positiven Recht ein Moment Unverfügbarkeit und eine kontingenten Zugriffen entzogene Struktur gesichert werden kann." Vgl. *Habermas*, Recht und Moral (Tanner Lectures 1986), in: Faktizität und Geltung, 4. Aufl., Anhang, S. 541-599, hier: S. 598. – Mir scheint die ausschließliche Anwendung des Merkmals der Unverfügbarkeit von Recht – das wir als das spezifisch naturrechtliche Erkenntnisinteresse herausgestellt haben (vgl. oben 3.1.5) – auf die prozedurale Struktur der Rechtsentstehung nur dann akzeptabel, wenn es möglich ist, dieser Struktur die elementaren Menschenrechte als Konstitutiva zuzuordnen, so dass auch sie an der Unverfügbarkeit von Recht teilhaben. Einen solchen Versuch scheint *Habermas* in Faktizität und Geltung, Kapitel III, bes. S. 151-165, unter dem Titel eine Systems der Rechte zu unternehmen. Ob der Versuch gelungen ist, mag dahinstehen. Jedenfalls wird die unmittelbare Evidenz der Menschenrechte als Aussagen des Naturrechts der ersten Ebene durch ihre Einbeziehung in den diskurstheoretischen Wahrheitsbegriff eher geschwächt als gestärkt.

3.2.2 Berufung auf den common sense

Dabei fällt zunächst auf, dass Naturrechtslehrer den naturrechtlichen Normen allgemeine Bekanntheit zuschreiben. Der Scholastiker *Wilhelm von Auxerre* identifiziert das Naturrecht im engeren Sinne mit dem, „was die vernünftige Natur ohne alle oder viele Überlegung zu tun diktiert"; *Thomas von Aquin* lehrt, die natürlichen Gesetze, die sich auf das Leben in Gemeinschaft beziehen, würden ohne alle Mühe erkannt, und *Albertus Magnus* sagt, die allgemeinsten Prinzipien des Rechts seien ins menschliche Herz geschrieben.[48] Entsprechendes sollen Ausdrücke wie recta ratio oder principia communissima besagen.

3.2.3 Wahrheitstheoretischer Exkurs

Aus heutiger Sicht, insbesondere aus der der Diskurstheorie, wird man dazu neigen zu betonen, dass es diesem Naturrechtsdenken um eindeutig konsensfähige Aussagen über unbestreitbare richtige Normen des Zusammenlebens geht. Darin liegt aber keine Umstellung des Wahrheits- und Richtigkeitsbegriffs auf eine Konsenstheorie.[49] Naturrechtler verstehen die Normen des Naturrechts als objektive Gegebenheiten, die unabhängig vom Konsens anderer durch die je einzelne Vernunft erkannt werden können. Insofern liegt den Naturrechtslehren derselbe ontologische Wahrheitsbegriff zugrunde wie ihn die Aussagen über Sachverhalte in der objektiven Welt in Anspruch nehmen. Wahrheit ist für diese erkenntnistheoretische Auffassung die Übereinstimmung einer Aussage mit etwas objektiv Vorhandenem. Dem ist die diskurstheoretische Wahrheitstheorie entgegengetreten mit der Behauptung: Da das in den Aussagen über Sachverhalte und Normen genannte Objekt nur über einen idealen – oder dem Ideal genügend angenäherten – Diskurs zugänglich sei, könne das, was wir Wahrheit nennen, nur daran abgelesen werden, ob der Diskurs ein idealer war und zu einem Konsens geführt hat. Der Konsens unter idealen Bedingungen werde so zum *Kriterium* der Wahrheit. *Habermas*, der diese Konsenstheorie der Wahrheit entwickelt hat,[50] hat zwar für den Bereich deskriptiver Aussagen die Konsenstheorie aufgegeben, vertritt diese aber in verschärfter Form weiterhin hinsichtlich der Erkenntnis richtiger moralischer Normen und Urteile. Wahrheit im deskriptiven Sinne bezieht sich auf Aussagen über eine objektive Welt. Aussagen dieser Art sind offensichtlich nicht deshalb wahr, *weil* Konsens hinsichtlich ihrer besteht. Vielmehr gilt, „daß sich ein noch so sorgfältig herbeigeführter Konsens über eine noch so gut begründete Aussage im Lichte

---

48 Vgl. *Specht*, in: Historisches Wörterbuch der Philosophie, Stichwort „Naturrecht", Abschnitt III, S. 572-580. – Ähnliches finden wir noch bei *Hobbes*, vgl. oben die Fn. 19.
49 Vgl. zu dem folgenden: *Habermas*, Richtigkeit versus Wahrheit. Zum Sinn der Sollgeltung moralischer Urteile und Normen, in: *ders.*, Wahrheit und Rechtfertigung, S. 271-318.
50 *Habermas*, Wahrheitstheorie, 1973, wieder abgedruckt in: *ders.*, Vorstudien und Ergänzungen zur Theorie des kommunikativen Handelns, Frankfurt 1984, S. 127-186.

neuer Evidenzen als falsch herausstellen kann."⁵¹ Diese – zweifellos richtige, übrigens zur Vermeidung performativer Widersprüche der Diskursteilnehmer unverzichtbare – ontologische Auffassung von Wahrheit ist nach *Habermas* auf den Bereich der Sollgeltung nicht übertragbar. Dort soll gelten: „Ein unter idealen Bedingungen diskursiv erzieltes Einverständnis über Normen oder Handlungen hat mehr als nur autorisierende Kraft, es *verbürgt* die Richtigkeit moralischer Urteile. Ideal gerechtfertigte Behauptbarkeit *ist* das, was wir mit moralischer Geltung meinen; sie bedeutet nicht nur, dass das Für und Wider in Ansehung eines kontroversen Geltungsanspruchs erschöpft ist, sondern sie *selbst* erschöpft den Sinn von normativer Richtigkeit als Anerkennungswürdigkeit".⁵² Das bedeutet: Der im idealen Diskurs gefundene Konsens hat für Normen *konstitutive* Bedeutung.

Damit müsste die Frage nach der Richtigkeit der im idealen Diskurs konsentierten Normen eigentlich sinnlos sein. Diese Konsequenz zieht *Habermas* indessen nicht. Vielmehr hält er Erkenntnisse im Bereich des moralisch Normativen für fallibel. Ihre Fallibilität kann indessen nicht als die Möglichkeit des Auseinanderfallens dessen, was „wirklich" sein soll oder getan werden soll und der Aussage darüber gedeutet werden. Die Fallibilität ergibt sich vielmehr entweder daraus, dass die zu regelnden Handlungssituationen nicht in allen relevanten Hinsichten zutreffend aufgefasst worden sind, oder daraus, dass der Diskurs nicht ideal – z. B. nicht frei von Zwängen, Täuschungsversuchen, Ausgrenzungen – gewesen ist.⁵³ Die ontologische Wahrheitstheorie wird die beiden Aspekte als subjektive Gründe für das Verfehlen der objektiven normativen Wahrheit integrieren. Entscheidend ist, dass, unabhängig von der vertretenen Wahrheitstheorie, auftretender Dissens den Bedarf nach Argumentationen auslöst, die das Ziel haben, den Dissens durch „unbestreitbare" Argumente zu überwinden. Dabei wird die Unbestreitbarkeit als faktisches Akzeptieren von Aussagen operationalisiert.

Auf dieser Ebene gewinnt Naturrecht gleichsam einen experimentellen Charakter. Die Unbestreitbarkeit von Naturrecht wird durch Aussagen getestet, von denen man annehmen kann, dass sie von niemand bestritten werden. Dabei treten Aussagen über das, was *nicht* Recht sein kann, in den Vordergrund. So argumentiert z. B. *Arthur Kaufmann* auf der Basis einer ontologischen Wahrheitstheorie unter Anspielung auf staatlichen Mord (Gaskammern, Tötung von Geisteskranken) in der Nazizeit gegen den juristischen Positivismus: „Geradezu mit der Exaktheit eines naturwissenschaftlichen Experiments hat uns die Geschichte der jüngsten Vergangenheit darüber belehrt, dass auch Werte Wirklichkeiten sind, die nicht deswegen aufhören zu sein und zu wirken, weil man sie relativiert oder gar leugnet."⁵⁴ Dieses

---

51 Vgl. *Habermas*, Richtigkeit (Fn. 49), S. 296.
52 *Habermas*, Richtigkeit (Fn. 49), S. 297.
53 *Habermas*, Richtigkeit (Fn. 49), S. 298.
54 *Arthur Kaufmann*, Naturrecht und Geschichtlichkeit, 1957, S. 8 und 16, 17. Wieder abgedruckt in: *ders.*, Rechtsphilosophie im Wandel, S. 1-21, dort: S. 3 und S. 10.

„experimentelle" Naturrecht stützt sich auf das, was man als die *Erfahrung* von Unrecht – auch gesetzlichem – bezeichnen kann.

Was mit hoher Evidenz und Eindeutigkeit übereinstimmend als Unrecht erlebt wird, das gilt dem experimentellen Ansatz als wirkliches Unrecht. Wie immer man den Grund jenes (behaupteten) Konsenses erkenntnistheoretisch, ontologisch und anthropologisch deuten mag, auf jeden Fall gewinnt die Konsensfähigkeit einer Rechtsbehauptung ein Eigengewicht, welches das Argumentieren um Recht und Unrecht von jenen philosophischen Grundlagen des Naturrechts relativ unabhängig macht, dies umso mehr, als ein Streit über jene Grundlagen (über das „Wesen" des Menschen, den anthropologischen Sinn der Rechtsordnung usw.) die Konvergenz hinsichtlich bestimmter Norm- oder Zielvorstellungen nicht zu hindern braucht.[55]

3.2.4 Ein Prüfungsschema für naturrechtliche Argumente

Fassen wir die Konsensfähigkeit bestimmter „Grundsätze und Einzelnormen des Naturrechts"[56] im Sinne eines Faktums auf, so haben wir den Vorteil, die Argumentationsstrukturen abstrakten naturrechtlichen Denkens unbelastet von metaphysischen Vorfragen ins Auge zu fassen. Sie bleiben selbst für den absoluten Naturrechtsskeptiker interessant. Wir analysieren deshalb das naturrechtliche Denken der ersten Ebene als einen Versuch überzeugenden und fruchtbaren Argumentierens im präpositiven Bereich von Recht und prüfen seine Stärken und Schwächen im realen Diskurs. Es erscheint zu diesem Zweck nützlich, sich einen Begriff von Stärke und Schwäche naturrechtlicher Argumente zu bilden; und zwar dem experimentellen Ansatz entsprechend in der Weise, dass gefragt wird, inwieweit die einzelnen Argumente oder bestimmte Arten von Argumenten nach bisheriger Erfahrung konsensbildend wirken oder voraussichtlich auf Zustimmung treffen werden.

Von der Stärke und Schwäche einer Argumentation zu unterscheiden ist deren praktische Tragweite, ihre Fruchtbarkeit. Eine naturrechtliche Aussage mag im angegebenen Sinn äußerst stark sein, es dafür aber an praktischer Tragweite fehlen lassen. Solches Naturrecht ist dann rechtspolitisch unergiebig.[57]

Entsprechend können Naturrechtslehren aus zwei Gründen kritisiert werden: Es kann sein, dass eine Naturrechtslehre mit sehr starken Argumenten operiert, mit Sätzen also, die der allgemeinen Zustimmung sicher sein können, dass diese Argu-

---

55 Zu der Möglichkeit, Übereinstimmung in den Ergebnissen bei Streit über Prinzipien zu erzielen, vgl. *Noll*, Gesetzgebungslehre, 1973, S.126.
56 So die charakteristischen Termini im Titel einer Untersuchung im Bereich des abstrakten Naturrechts: *Hans Reiner*, Grundlagen, Grundsätze und Einzelnormen des Naturrechts, 1964.
57 Vgl. zu dieser Problematik besonders *Böckenförde*, Naturrecht in der Kritik, und *Franz Xaver Kaufmann*, Wissenssoziologische Überlegungen zu Renaissance und Niedergang des Katholischen Naturrechtsdenkens im 19. und 20. Jahrhundert, in: *Böckle/Böckenförde* (Hrsg.), Naturrecht in der Kritik, 1973.

mente aber die Konkretion des gesellschaftlichen Lebens einer Epoche nicht erreichen, weil sie zu dringenden rechtspolitischen Fragen keine Antwort geben können oder weil sie sich gar mit sich widersprechenden positivrechtlichen oder politischen Lösungen eines Problems vertragen.[58] Solches Naturrecht bleibt teils abstrakt, teils punktuell und ist von recht reduzierter Bedeutung. Möglich ist aber auch, dass zu konkreten und aktuellen Problemen naturrechtliche Sätze von hoher praktischer Relevanz aufgestellt werden, denen jedoch die Zustimmung weitgehend versagt wird und die sich damit als schwache Argumente erweisen.

Dieses Kritikkonzept nimmt seinen Maßstab aus dem naturrechtlichen Erkenntnisinteresse, starke und konkrete Aussagen über unverfügbares Recht zu machen, um so die Ordnung menschlichen Zusammenlebens argumentativ gegen Willkür zu schützen. In der sich ergebenden Matrix

		Naturrecht	
		abstrakt (inhaltsarm)	konkret (inhaltsreich)
Argumentation	stark	+	+
	schwach	−	−

zielt das naturrechtliche Erkenntnisinteresse auf das obere rechte Feld. Es war in Anbetracht dieses Erkenntnisinteresses unausbleiblich, dass – im Naturrecht des Rationalismus – der Versuch gemacht wurde, die Rechtsordnung insgesamt, d. h. in voller Konkretion, naturrechtlich zu begründen, so dass, wie *Welzel* dies im Bezug auf *Pufendorf* feststellt, „für das positive Recht nur wenig übrig (bleibt)".[59]

Vom Hintergrund des naturrechtlichen Erkenntnisideals her soll zunächst die Defizienz abstrakten Naturrechts erörtert und es sollen die sich in seiner Defizienz meldenden Zwänge zur Konkretion artikuliert werden. Sodann soll konkretes Naturrecht – oder was sich dafür ausgibt – auf seine Konkretheit und seine argumentative Stärke befragt werden.

3.2.5 Abstraktes Naturrecht

3.2.5.1 Der Sinn oberster formaler Prinzipien. Es wird wenig Neigung bestehen, Sätze der folgenden Art zu bestreiten:
a) „Das Gerechte ist zu tun, das Ungerechte zu lassen".[60]
b) „Meide das Böse und tue das Gute".
c) „Es gibt richtiges und unrichtiges (positives) Recht".[61]
d) „Jedem das Seine".[62]

---

58 Dazu *Böckenförde*, Naturrecht (Fn. 57).
59 *Welzel*, Die Naturrechtslehre Samuel Pufendorfs, 1958, S. 56.
60 Nach *Rommen*, Die ewige Wiederkehr des Naturrechts, 2. Aufl. 1947, S. 225.
61 Ableitbar aus *Stammlers* Lehre vom richtigen Recht (2. Aufl. 1926).
62 *Rommen*, Wiederkehr (Fn. 60), S. 226.

C *Schwerpunkte*

Die Sätze scheinen eine hohe Evidenz zu haben, womit aber nicht behauptet werden soll, sie seien schlechthin unbestreitbar.

Die Möglichkeiten des Bestreitens hängen dabei von der Interpretation der Sätze ab. Glaubt man, Satz a enthalte eine irgendwie geartete Rücksichtnahme auf andere („Nimm Rücksicht!"), so lässt sich durchaus eine philosophische Gegenposition denken, die – zumindest für ein weites Gebiet – Rücksichtslosigkeit, „Wille zur Macht" usw. als Haltung predigt. Natürlich lässt sich Satz a dann durch Uminterpretation mit der Ansicht der Opponenten harmonisieren: Das Gerechte tun, bedeute für den Opponenten, sich überall mit allen zweckmäßigen Mitteln durchzusetzen usw. Nicht Satz a werde bestritten, sondern der Begriff des Gerechten werde in spezifischer Weise bestimmt; es werde also zu Satz a als Obersatz lediglich ein etwas eigenwilliger Untersatz aufgestellt.

Diese Verteidigung von Satz a läuft auf eine Entleerung des Begriffs der Gerechtigkeit von allem praktischen Informationsgehalt hinaus. Sie endet damit, darauf zu insistieren, dass es für jeden, der Probleme praktischer Philosophie diskutieren will, Dinge gebe, die man tun soll oder nicht tun soll. Als einziges deskriptives Element von „Gerechtigkeit" bleibt dabei nur noch übrig, dass das gerechte oder ungerechte Tun sich auf *andere* bezieht („jus est ad alterum"). In dieser „gereinigten" Fassung wird Satz a für alle unbestreitbar, die eine Idee von „Sollen" zulassen, und das, so können wir vermuten, tun praktisch alle. Vom naturrechtlichen Erkenntnisinteresse aus wird verständlich, dass manche Naturrechtslehren bestrebt sind, solche Sätze wegen ihrer hohen „Evidenz" oder doch Plausibilität herauszustellen, um dann den Versuch zu machen, von diesem sicher scheinenden Boden aus eine mehr oder weniger vollständige Ordnung menschlichen Zusammenlebens zu entwerfen.

Sätze der hier diskutierten Art müssen nun aber, wie schon angedeutet, ihre hohe Evidenz, die in der allgemeinen Überzeugung von einer irgendwie gearteten Gerechtigkeit, Moralität oder Sittlichkeit gründet, mit einem absoluten Mangel an Verhaltensinformation bezahlen. Ausdrücke wie die, dass etwas sein „soll", „gut", „gerecht" ist, geben die sachlichen Kriterien, auf die sich die Bewertung stützt, nicht mit an. Das dürfte ein Ergebnis der modernen Sprachphilosophie sein.[63] Damit sind die genannten Ausdrücke – juristisch gesprochen – nicht subsumtionsfähig. Es fehlt ihnen, um einen kantischen Ausdruck zu benutzen, ein *Schema:* Sie

---

63 Vgl. zur ersten Orientierung *Kaufmann/Hassemer*, Grundprobleme der zeitgenössischen Rechtsphilosophie und Rechtstheorie, 1971, S. 19. Vgl. weiter: *Hartnack*, Wittgenstein und die moderne Philosophie, 1962, S. 121 ff.; *Specht, Rainer*, Über philosophische und theologische Voraussetzungen der scholastischen Naturrechtslehre, in: *Böckle/Böckenförde* (Fn. 57), S.55 f.; *H.J. Koch*, Seminar: Die juristische Methode im Staatsrecht, 1977, S. 49 ff.; *Mackie*, Ethik (Fn. 17), S. 47; *Rawls*, Eine Theorie der Gerechtigkeit, 1975, S. 437 ff.; S. 463. – Zu der Auffassung von *Hare* vgl. *Alexy* (Fn. 44), S. 85/86. Vgl. auch *Albert*, Probleme der Wissenschaftslehre in der Sozialforschung, in: René König (Hrsg.), Handbuch der empirischen Sozialforschung, S. 65 f.

geben keine Verfahren an, wie man einen Ausschnitt der Wirklichkeit in allgemeinen Zügen schildern kann, der dem Ausdruck entspricht. Ausdrücke wie „gut", „gerecht" usw. setzen zwar voraus, dass es Kriterien deskriptiver Art gibt, die vorliegen müssen, um etwas als „gut" oder „gerecht" zu bezeichnen; jedoch lassen sie offen, welches diese Kriterien sind; und sie lassen sogar offen, ob es für verschiedene gesellschaftliche Bereiche, vielleicht sogar für jedes Lebensverhältnis, besondere Kriterien der Gerechtigkeit gibt und wie diese gewonnen werden können. In diese Richtung zielen die verschiedenen Spielarten der Lehre von der *Natur der Sache*; sie wollen die Kriterien richtigen oder gerechten Rechts aus der konkreten oder wie auch immer typisierten Sachlage gewinnen. Ist diese Zielrichtung sachlogisch richtig, so lässt sich nicht absehen, welche deskriptiven Merkmale im Bereich der Rechtserfahrung zum Kriterium von Gerechtigkeit werden können. Als Ergebnis sprachanalytischer Untersuchungen kann man feststellen, dass es zahllose Kriterien für die Anwendung des Wortes „gut" gibt, weil wir unzählige Dinge, Zustände, Handlungen, Institutionen bewerten können und weil deren Güte oder Gutsein jeweils nach besonderen Merkmalen beurteilt wird. Entsprechendes gilt von „gerecht" und anderen Worten, die eine Wertung ausdrücken, sofern sie nicht durch Konkreteres, beispielsweise eine Theorie der Gerechtigkeit, interpretiert und inhaltlich gefüllt sind.[64] Man kann den fehlenden vorstellungsmäßigen Übergang zwischen jenen „Bewertungsworten" einerseits und den bewerteten Sachverhalten andererseits dahin deuten, dass die „Bewertungsworte" nichts über den bewerteten Sachverhalt selbst aussagen, sondern die positive oder negative Stellungnahme ausdrücken. Das Bewertungswort bedeutet damit eine (durchaus reale) *Beziehung* zwischen Objekt und Subjekt, also etwas, was über den Bereich des bewerteten Objekts hinausgeht – außerhalb seiner liegt – und gerade deshalb der Objektbeschreibung nicht zugänglich ist.[65] Darüber, in *welchen Fällen* solche Beziehung sich einstellt oder einstellen sollte, sagt das Wertwort, das nur die positive oder negative Stellungnahme ausdrückt, nichts. Es wiederholt sich damit im Bereich der Wertung, was *Kant* über das Wesen empirischer Wahrheit sagt; nämlich, dass die Frage nach *allgemeinen Kriterien der Wahrheit* zu jenen Fragen gehört, die zu ungereimten Antworten verleiten, so dass Frager und Antwortender den „belachens-

---

64 Was aber nicht hilft, wenn die Interpretationen auseinander laufen – wie es bei dem Terminus Gerechtigkeit aber gerade der Fall ist.
65 Ich halte also den ethischen Intuitionismus, wie ihn *G.E. Moore*, Principia Ethica, 1970, vertreten hat, für nicht haltbar. *Moore* nimmt an, dass moralische Qualitäten *an* Dingen, Menschen oder Handlungen vermöge einer besonderen Weise der Anschauung (Intuition) *wahrgenommen* werden. Lehnt man dies ab, so ergibt sich für moralische Urteile aller Art ein dem Intuitionismus unbekanntes Bedürfnis nach Erklärung. Nur *eine* Art der Erklärung ist die utilitaristische; sie nimmt an, dass sich in den moralischen Urteilen natürliche Wünsche melden, dass also das moralische Urteil mit der Bedürfnisstruktur des Menschen ursächlich verknüpft ist (vgl. *Mackie*, Ethik [Fn. 17]. S. 43-49). – Wie oben (3.2.4) schon dargelegt, klammern wir derartige Begründungsfragen hier aus.

werten Anblick ... geben, daß einer ... den Bock melkt, der andere ein Sieb unterhält". Dies aus folgendem Grunde: „Nun würde ein allgemeines Kriterium der Wahrheit dasjenige sein, welches von allen Erkenntnissen ohne Unterschied ihrer Gegenstände gültig wäre. Es ist aber klar, dass, da man bei demselben von allem Inhalt der Erkenntnis (Beziehung auf ihr Objekt) abstrahiert, und Wahrheit gerade diesen Inhalt angeht, es ganz unmöglich und ungereimt sei, nach einem Merkmale der Wahrheit dieses Inhalts der Erkenntnisse zu fragen, und dass also ein hinreichendes und doch zugleich allgemeines Kennzeichen der Wahrheit unmöglich angegeben werden können".[66]

Bei dieser Sachlage ist es sinnlos, auf Sätzen der angeführten Art sitzen zu bleiben oder durch ihre intuitive Anwendung oder deduktive Verwendung inhaltsreiches Naturrecht zu finden. Die Diskussion beginnt erst unterhalb der Ebene jener Sätze, bei der Bewertung konkreter Lebenssachverhalte oder bei der Diskussion von Normsätzen, die deskriptiven Gehalt besitzen. Diese lassen sich aus jenen Prinzipien nicht ableiten.[67]

3.2.5.2 Dekalog- und Grundrechtsformeln. Wenden wir uns deshalb einer anderen Gruppe von Sätzen zu, unter denen sich viele von Konsensfähigkeit finden dürften: den Dekalog- und Grundrechtsformeln.[68]

Mit den Dekalogformeln meinen wir nicht nur die zehn Gebote, sondern alle Sätze, die deren Sinnstruktur haben. Und natürlich lassen sich Grundrechtsformeln aufstellen, die (noch) in keiner Verfassung stehen. Als Beispiel einer Dekalogformel diene der Satz: Du sollst keinen Menschen töten (körperlich verletzen, einsperren) (Muster a); Beispiel einer Grundrechtsformel: Jeder hat das Recht auf Leben (körperliche Unversehrtheit, Freiheit, freie Berufswahl, Eigentum) (Muster b).

3.2.5.2.1 Funktionsweise von Dekalog- und Grundrechtsformeln. Solche Sätze besitzen deskriptiven Gehalt,[69] wenn auch unterschiedlicher Prägnanz. Ausdrücke wie „töten", „verletzen", „Ehe", „Leben" usw. eignen sich zur Subsumtion, weil sie nicht nur im Sollsatz, sondern auch bei der Beschreibung von Lebenssachverhalten verwendet werden, gleichgültig, ob die Regeln ihrer Verwendung bei der Beschreibung von Sachverhalten oder bei der Zusammenfassung solcher Beschreibungen umgangssprachlich festliegen oder mit Hilfe (letztlich) der Umgangssprache als die Metasprache zu allen technischen Sprachen fachterminologisch festgelegt werden. Sie erlauben mithin Konkretisierungen.

---

66 *Kant*, Kritik der reinen Vernunft, Bd. III (Fn. 2), S. 102, 103.
67 A.A. immerhin *Rommen*, Wiederkehr (Fn. 60), S. 226.
68 Zur Klassifizierung des biblischen Dekalogs als Naturrecht vgl. etwa *Süsterhenn*, Das Naturrecht, in *W. Maihofer* (Fn. 10), S. 20.
69 Zum Begriff des deskriptiven Gehalts vgl., im Anschluss an Wittgenstein, *Stegmüller*, Hauptströmungen der Gegenwartsphilosophie; Eine kritische Einführung, Bd. I, 7. Aufl. 1989, S. 574 ff. Vom Standpunkt der analytischen Rechtstheorie: *Koch* (Fn. 63), S.47.

Die Evidenzbasis dieser Sätze liegt nicht, wie bei den im vorhergehenden Unterabschnitt behandelten Sätzen in der Gewissheit, dass es Gut und Böse, Gerecht und Ungerecht usw. „irgendwie" ganz sicher gibt, sondern in der typisierenden Deskription eines Verhaltens, das zuverlässig eine positive oder (meistens) negative „moralische" Stellungnahme auslöst; oder in der Bezeichnung eines in der Wirklichkeit auffindbaren Gutes, dessen Schutzwürdigkeit zuverlässig bejaht wird.

In der *naturrechtlichen Tradition* spielen Sätze der genannten Art (vgl. 3.2.5.2) eine große Rolle. Während das scholastische Naturrecht Sätze nach dem Muster a bevorzugt (soweit es nicht, was aber weitgehend der Fall ist, der „Natur der Sache" nachforscht), also vom objektiven Recht her denkt, zieht die Aufklärung es teilweise vor, Sätze nach dem Muster b zu bilden. Die Satzreihen stehen in Beziehung; man kann etwa die Dekalogformeln als Folgerungen aus Grundrechten deuten.

Wie steht es nun mit der *argumentativen Stärke* dieser Sätze? Die Dekalogsätze sprechen Gebote oder Verbote in einer kategorischen Form aus; sie sind – wenigstens ihrer Fassung nach – bedingungsfeindlich, weil sie keinerlei einschränkende Bedingungen ihrer Geltung angeben. Das gibt ihnen eine gewisse Problemlosigkeit und Selbstverständlichkeit. Viele Dekalogformeln, wie: Du sollst nicht töten, nicht misshandeln, nicht ehrabschneiden usw. können (auch heute) auf einen sehr hohen Grad von Zustimmung rechnen. Sie stehen außer Diskussion.

In der praxisbezogenen Dialogsituation ist es regelmäßig ein angemessenes Verfahren, auf derartige evidente Sätze, soweit nötig, zurückzugreifen, um so eine feste Position zu haben oder doch der Argumentation einen festen, unbestrittenen Ausgangspunkt zu verschaffen. Und natürlich ist die Zahl solcher evidenter Sätze prinzipiell nicht beschränkt. Im biblischen Dekalog selbst sind nur auf elementare Güter bezügliche Schutzverbote aufgestellt; indessen können auch andere Güter oder „Interessen" gefunden werden, zu deren Gunsten die Aufstellung von Verboten plausibel erscheint. Das „neminem laedere", das als Zusammenfassung vieler Dekalogformeln angesehen werden kann, erschöpft sich nicht in den bisher beispielhaft angeführten Sätzen, sondern ermuntert zur Erfassung subtilerer Schädigungen, die vielleicht erst durch genauere Einblicke in das, was das Menschsein ausmacht und wie dieses Menschsein in soziale Verhältnisse verstrickt ist, sichtbar werden.

Dabei ergibt sich, dass Sätze des unbedingten Naturrechts der genaueren Bestimmung, insbesondere der Abgrenzung gegen äquivoke Bezeichnungen des positiven Rechts bedürfen, um ihre Evidenz zu erhalten. So zeigt sich bei dem naturrechtlichen Postulat, der Mensch müsse Eigentum haben (können), dass nicht einfach von einem positivrechtlichen Eigentumsbegriff ausgegangen werden darf.[70]

---

70 Dazu *Böckenförde*, Naturrecht (Fn. 57), S. 117. – In der Patristik war die naturrechtliche Qualität des Eigentums umstritten. Die einen (*Gregor von Nyssa, Basilius, Chrysostomos, Ambrosius*) hielten die Gütergemeinschaft für das Ursprüngliche, die anderen (*Klemens, Lactantius*) dagegen das Privateigentum (vgl. *Truyol y Serra*, in: Staatslexikon, „Naturrecht", Abschnitt IV 1).

C *Schwerpunkte*

Aber auch sonst muss geprüft werden, ob die vorgeschlagene Formel tatsächlich konsentiert wird. Wird nämlich die Behauptung, ein Verbots- oder Gebotssatz sei evident, vom Behauptenden dem empirischen Härtetest *entzogen*, so hat man es mit einer (häufigen) Form des dogmatischen Abbruchs naturrechtlicher Diskussion und Kommunikation zu tun, der die Möglichkeit von Dialog in Frage stellt und im politischen Bereich eine Zerklüftung nach Gesinnungsmerkmalen fördert.[71] Man muss sehen, dass das mit Dekalogsätzen (oder auch Grundrechtsformeln) arbeitende Naturrecht ganz gegen seinen Sinn, der darin liegt, allgemein anerkannte Prinzipien herauszustellen, Fraktionierungen ruinöser Art in die politische Auseinandersetzung zu tragen vermag, wenn es nämlich umstrittenes Dekalogrecht nicht nur als unverzichtbar erklärt, sondern als Prüfstein für den Wert einer Rechtsordnung schlechthin ausgibt.[72]

Der gute Sinn des Naturrechts, das mit Dekalogformeln arbeitet, ist glücklicherweise nicht mit solchem naturrechtlichen Doktrinarismus verknüpft. Denn auch und gerade, wenn der empirische Härtetest zugelassen wird, indem z. B. – trotz langer gegenteiliger Tradition – die Unauflöslichkeit der Ehe im Hinblick auf den mangelnden Konsens in der modernen Gesellschaft nicht weiter als Naturrechtssatz behauptet wird, behält das naturrechtliche *Verfahren*, es mit der Aufstellung bedingungsfeindlicher Sätze von starker Evidenz zu versuchen, den guten Sinn, Wege zu einem hohen Maß an Übereinstimmung zu erkunden und den Zusammenhang mit dem Rechtsbewusstsein der Rechtsgenossen zu wahren. Denn das Rechtsbewusstsein der Bevölkerung orientiert sich am ehesten an jenen knappen, bedingungsfeindlichen Formeln, während, wie man beobachten kann, der juristische Laie bei Abwägungsfragen rasch in Verwirrung gerät, indem er glaubt, einem endlosen „Wenn und Aber" ausgesetzt zu sein.

Entsprechende Überlegungen treffen auf die Sätze des aufklärerischen Naturrechts, die *Grundrechtsformeln*, zu. Zwar tauchen die Grundrechte in den Verfassungen zumeist zusammen mit Einschränkbarkeit auf. Indessen fällt jegliche Begründungs-

---

71 Dies dürfte der Fall sein bei dem Streit um den naturrechtlichen Status von Embryonen. Dass ihnen, auch schon im Reagenzglas, die uneinschränkbare Würde des Menschen (Art. 1 GG) zukommt, ist nicht communis opinio. Bemerkenswert ist auch, dass viele Vertreter der genannten Auffassung deren Konsequenzen nicht ziehen. Dies wären ein bis zur Grenze der Lebensgefahr für die Schwangere reichendes Abtreibungsverbot und ein absolutes Selektionsverbot im Rahmen der Präimplantationsdiagnostik. Die Wertungsinkonsequenz in den Entscheidungen des Bundesverfassungsgerichts, die sich mit dem Abtreibungsrecht befassen, hat *Reinhard Merkel*, Grundrechte für Embryonen?, in: Festschrift für Müller-Dietz, S. 493-521, hier: S. 494 ff., überzeugend dargelegt. Ein absolutes präimplantationsdiagnostisches Selektionsverbot wird es in der Europäischen Union nicht geben. Der derzeit unlösbare Streit über den Status des Embryos ruft nach einem vorläufig verbindlichen Mehrheitsentscheid, nicht nach einem die Mehrheitsmeinung außer Kraft setzenden Gerichtsurteil.
72 Philosophiegeschichtlich interessant hierzu *Welzel*, Naturrecht und Rechtspositivismus (Fn. 10), S. 329.

last dem zu, der Einschränkungen geltend macht. Die Grundrechtsformel spricht für sich, die Einschränkung muss sich rechtfertigen.

3.2.5.2.2 Die Tragweite der Formeln. Fragen wir jetzt nach der *praktischen Tragweite* der Dekalog- und Grundrechtsformeln, so wird man ein abgewogenes Urteil nur finden, wenn man ihr Funktionieren im praxisbezogenen – wissenschaftlichen oder alltäglichen – Dialog beobachtet.

3.2.5.2.2.1 Der abstrakte Charakter der Formeln. Dabei zeigt sich nun, dass die Dekalog- und Grundrechtsformeln sich in mehrfacher Hinsicht als Abstraktionen, d. h. hier: als aus beziehungsreicheren Lebens- und Wertzusammenhängen herausgelöste Gesichtspunkte darstellen. Die Unbedingtheit, die aus jenen Formeln anmutet, scheint auf der Ausblendung gerade solcher gesellschaftlicher Zusammenhänge zu beruhen, in denen die Formeln in ihrer Geltung problematisch werden. Selbst ein so starker Satz wie der, dass niemand getötet werden darf, wird dann je nach ethisch-politischer Gesamtkonzeption mit einer kürzeren oder längeren Reihe von Einschränkungen versehen, die etwa so aussehen kann:

„Niemand darf getötet werden, es sei denn, dass
a) er ein Feind im Krieg ist,
b) er einen gegenwärtigen rechtswidrigen Angriff auf das Leben (auf irgendein wertvolles Rechtsgut, irgendein schutzwürdiges Gut) begeht, der nur durch seine Tötung abgewendet werden kann,
c) er ein schweres Verbrechen (welche Verbrechen genau kommen in Frage?) begangen hat,
d) er selbst seine Tötung fordert,
e) sein Leben gar kein „wirkliches" Leben mehr ist,
f) das Gemeinwohl (was ist das?) seine Tötung unausweichlich verlangt,
g) der Getötete ein – wenn auch subjektiv „unschuldiger" – Exponent der Konterrevolution ist.

Die Liste denkbarer Einschränkungen ließe sich verlängern, und die genannten einschränkenden Bedingungen müssten aufgeschlüsselt werden. Besonders der Gemeinwohlvorbehalt würde in der Aufschlüsselung der in Betracht kommenden Fallgruppen eine breite Anwendungsmöglichkeit zeigen. Das Ausmaß, in welchem derartige einschränkende Bedingungen des Tötungsverbots akzeptiert werden, *schwankt historisch*. Es können geschichtlich neue Situationen auftreten, die die Frage einer Einschränkung des Tötungsverbots entstehen lassen; und es können derartige Situationen geschichtlich (scheinbar oder wirklich) wieder überholt werden. Bis jetzt lässt jedenfalls jede Rechtsordnung irgendwelche Einschränkungen unseres Beispielsatzes zu. Und dabei haben wir *den* Satz vor uns, der wohl alle anderen Dekalogformeln an „Evidenz" übertrifft.

3.2.5.2.2.2 Der utopische Charakter der Formeln. Werden demnach einschränkende Bedingungen bei allen Dekalogsätzen und Grundrechtsformeln zugegeben, so besagt dies für die Argumentation in der Praxis des rechtlichen oder moralischen Entscheidens, dass diese Sätze, – soweit sie Zustimmung finden – zwar Aussagen sind, die zum Richtigen hin *tendieren*,[73] dass sie aber unter bestimmten oder bestimmbaren Voraussetzungen trotzdem ihre handlungsbestimmende Wirksamkeit verlieren. Diese Aussage muss nach beiden Richtungen genauer entwickelt werden:

Dass jene mit Unbedingtheit auftretenden Naturrechtssätze trotz ihrer nur eingeschränkten Geltung zum Richtigen tendieren, besagt: Sie müssten ihrem Sinn nach auch dort „an sich" maßgebend sein, wo sie es nach unserer Einsicht aus bestimmten Gründen nicht sein können. Dass eine solche Norm verdrängt werden kann, bedeutet nicht, dass kein Anwendungsfall der Norm gegeben wäre, sondern die Norm wird wirklich verletzt, wenn auch in einer Konfliktsituation, in der der durch die Norm repräsentierte Wert hinter anderen Werten zurücktreten muss. Auch in der Welt der Normen sollte man nicht Harmonie substituieren, wo in Wahrheit Konfliktentscheidung vorliegt. Die Handlung bleibt in *einer* Rücksicht wertwidrig; sie hat ein wertwidriges Teilergebnis. So ist z. B. Freiheitsstrafe in ihrer Qualität als Übelszufügung nicht deshalb etwas in sich Positives, weil sie zum Rechtsgüterschutz erforderlich ist. Sie bleibt vielmehr an sich böse, wie überhaupt Macht und Gewalt an sich böse sind.[74] Deshalb gibt es auch die Utopie von einem besseren Recht, das das Strafrecht nicht zu verbessern sondern abzulösen hätte.[75] Die Unbedingtheit des Dekalogsatzes: „Du sollst niemanden seiner Freiheit berauben" wird auf diese Weise gegen die einschränkenden Bedingungen seiner praktischen Geltung festgehalten, wenn auch nur auf der Werteebene. Aber diese meldet sich als utopischer Anspruch, als Naturrecht im Stande der Unschuld, oder als Zeiger auf das Reich der Freiheit, wo es die Opferung von Werthaftem nicht gäbe.

Es ist wichtig, diesen unbedingten Sinn der Dekalog- und Grundrechtsformeln festzuhalten, weil nur dies die kritische Überprüfung jener einschränkenden Bedingungen jederzeit möglich macht. Wo dann solche utopische Kritik *geschichtlich* in reale Kritik umzuschlagen vermag, lässt sich allerdings nicht aus dem Arsenal der unbedingten Naturrechtssätze ableiten.

3.2.6 Die Formeln und das konkrete Ganze

Damit werden im Prinzip die Sätze des bedingungsfeindlichen Naturrechts von *Regeln*, die sie an sich sein wollen, in bloße *Ziele* verwandelt, die nur unter den Bedingungen eines Gesamtrahmens handlungsleitend bleiben.[76] Das hat die ver-

---

73 Nach *Broad*, in der Darstellung von *Stegmüller*, Hauptströmungen (Fn. 69), S. 507.
74 *Jakob Burckhardt*, Weltgeschichtliche Betrachtungen, Kapitel 3: Betrachtungen 1 a. E.
75 *Radbruch*, Rechtsphilosophie (Fn. 38), S. 269.
76 Den Begriff der Regel verwende ich in dem obigen – 1976 konzipierten und seit der 1. Auflage insoweit nicht veränderten – Text im gleichen Sinne, wie ihn später *Alexy*, Theorie der Grundrechte, 3. Aufl. 1996; S. 71-125, im Kontrast zum Begriff des Prinzips scharf herausgearbeitet hat (S. 75-77). (Vgl. auch unten 3.5.1 und 3.5.2) Diese scharfe

wirrende Folge, dass sich mit demselben Bestand an Dekalogsätzen und Grundrechtsformeln konträre Problemlösungen vertragen können, je nachdem, welche Bedingungen der Gesamtrahmen setzt.

Jener umfassendere Kontext ist in dem einen oder anderen Sinne das gegenüber den Dekalogsätzen und Grundrechten Konkretere. Umgekehrt: Diese Sätze sind Argumente, die aus dem Gesamtzusammenhang praktischen Argumentierens herausisoliert worden sind und sich der Tendenz nach der Rückbindung in den zugleich umfassenderen und konkreteren Kontext widersetzen. Trotzdem erzwingt die praktische Situation die kritische Wägung und damit das Einbinden sogar evidentester Dekalogsätze in eine – meist nicht abschließbare – *Totalität* vieler verschiedener Gesichtspunkte, die sich teils ergänzen mögen, die zum Teil aber auch konträr sind, so dass (nach welcher Maxime?) zwischen ihnen *entschieden* werden muss.

Das Konkretum, welches die Einbindung aller Dekalogsätze und Grundrechte in einen weitergespannten Argumentationsrahmen und damit ihre Einschränkung erzwingt, ist zunächst die Realität gesellschaftlichen Lebens selbst, in der es stets zu Situationen kommen kann, in denen verschiedene Naturrechtssätze der hier behandelten Art kollidieren. Die Grundrechtsdogmatik, die faktisch – wenn auch nicht dem methodischen Selbstverständnis nach – die Problematik eines Teils des aufklärerischen Naturrechts auf sich genommen hat und seine Konkretisierung betreibt, beschäftigt sich ständig mit den Grenzen, die sich die verschiedenen Grundrechte gegenseitig setzen, also mit Kollisionen der Grundrechte untereinander. Im Strafrecht kollidiert der Rechtsgüterschutz mit dem Satz, dass niemand seiner Freiheit beraubt werden soll. Das Zivilrecht ist fast vollends von der Interessenkollision her gedacht, die stets auch einen Wertkonflikt bedeutet.

Zudem kann die Verwirklichung unbedingten Naturrechts im Einzelfall mit der Funktionsfähigkeit eines Rechtssystems überhaupt[77] oder aber mit zwar weniger wichtigen, aber massenhaften Bedürfnissen kollidieren, und zwar so, dass – situationsgebunden – ernste Argumente gegen die Erfüllung eines an sich evidenten Dekalogsatzes aufkommen.

---

normtheoretische Unterscheidung wird zum einen relativiert, wenn ein Rechtssystem es erlaubt, den Anwendungsbereich von Regeln im Hinblick auf bestimmte Fälle mit einer Ausnahmeklausel zu versehen (S. 88). Dann gelten Regeln – wie Prinzipien – nur noch prima facie, nicht mehr ausnahmslos. Zum anderen ordnet *Alexy* den Grundrechtsbestimmungen sowohl Regeln als auch Prinzipien zu (S. 125). Für die hier behandelten naturrechtlichen Aussagen ließe sich eine analoge normtheoretische Analyse durchführen, wobei die Dekalog- und Grundrechtsformeln funktional betrachtet sowohl Regeln als auch Prinzipien wären. Nicht die normtheoretische Analyse ist es aber, worauf es mir hier ankommt, sondern es ist die hohe Konsensfähigkeit und das besondere moralische Gewicht, das die Dekalog- und Grundrechtsformeln im Spannungsverhältnis zu anderen Normen auch dann behalten, wenn sie für bestimmte (typische) Fallgestaltungen nicht die verbindliche Verhaltensregel sein können. Das ist es, was ich im vorigen Abschnitt als den im guten Sinne utopischen Charakter der Formeln analysiert habe.

77 Vgl. *Ellscheid,* Stichwort „Naturrecht" (Fn. 16), S. 977.

Überall zeigt also die Rechtserfahrung, dass das Arsenal der Dekalog- und Grundrechtsformeln die volle Problematik einer Rechtsordnung nicht ausschöpft, weil der – durchaus gegebene – handlungsdeterminierende Gehalt dieser Sätze alle diejenigen (zahlreichen und gewichtigen) Situationen außer Betracht lässt, in denen jene Naturrechtssätze in der Anwendung untereinander oder mit massenhaften Bedürfnissen oder mit Systeminteressen kollidieren. Es erscheint im Prinzip sogar möglich, alle rechtlichen Normierungsprobleme als die Suche nach Maßstäben zur Entscheidung von Wertkonfliktslagen zu deuten, so wie die Interessenjurisprudenz (vgl. 2.3.4.3) fast ausschließlich den Interessenkonflikt als Objekt der Normierung zu betrachten lehrt.[78]

Existiert das Recht konkret nur in der Entscheidung von Wertkonflikten und ist schon der Entscheidungsmaßstab – die Regel – zumeist auf einen Wertkonflikt bezogen, so wird deutlich, wie weit entfernt die stets nur *einen* Wert artikulierenden und deshalb unbedingt gefassten Dekalog- und Grundrechtsformeln von einem konkreten Recht entfernt sind.

Recht muss konkreter, nämlich komplexer, sein als solches Naturrecht. Es muss die Regeln enthalten (oder entwickeln), nach denen sich die Anwendbarkeit oder Nichtanwendbarkeit von Dekalogsätzen und Grundrechtsformeln richtet. Es muss beispielsweise den „Ausgleich" (oder eine sonstige Koordination) von liberalen und sozialen Grundrechten finden, die – beide für sich betrachtet – auf verschiedene Gesellschaftsstrukturen tendieren und doch in *einer* Gesellschaft nach Verwirklichung streben. Nicht immer kann dabei „praktische Konkordanz"[79] geschaffen werden; vielmehr sind auch „Prioritäten" zu setzen. Die Konkretisierung des Naturrechts müsste sich also nach Regeln vollziehen, die bestimmen würden, wann und unter welchen Umständen die verschiedenen Zielvorstellungen unbedingten Naturrechts zum Zuge kommen können. Diese Regeln wären dem unbedingten Naturrecht methodisch übergeordnet, sie wären „Metaregeln", weil sie (normative) Aussagen über Normen enthalten, ganz so, wie man Aussagen über eine Sprache nur in eine Metasprache machen kann.

3.2.6.1 Naturrechtliche Metaregeln? Entsprechend dem oben erörterten argumentationstheoretischen Ansatz ließe sich nun der Versuch machen, konkrete Metaregeln (wertphilosophisch: „Vorzugsregeln"), die man entweder in einer Rechtsordnung bzw. einem rechtspolitischen Entwurf vorfindet oder probehalber aufstellt, auf ihre argumentative Stärke im Dialog zu prüfen. So hat etwa die Lehre

---

78 Dazu *Ellscheid*, Einleitung, zu: *Ellscheid/Hassemer* (Hrsg.), Interessenjurisprudenz, 1974, S. 4 f. – Zumindest dürfte dies auf diejenigen rechtlichen Normen zutreffen, die ein Gerechtigkeitsproblem zu lösen versuchen. Nach *Rawls*, Eine Theorie der Gerechtigkeit, 1975, S. 150 gehört es zu den Bedingungen der Anwendbarkeit von Gerechtigkeit (zu ihren „Anwendungsverhältnissen"), dass „Menschen konkurrierende Ansprüche an die Verteilung gesellschaftlicher Güter bei mäßiger Knappheit stellen."
79 *Hesse*, Grundzüge des Verfassungsrechts der Bundesrepublik Deutschland, 20. Aufl., S. 27.

von den Rechtfertigungsgründen ein Geflecht solcher Regeln entwickelt. In der Mitbestimmungsfrage, wo es vielleicht, wenn man stilisiert, um den Ausgleich zwischen dem „naturgegebenen" Recht des *Betroffenen* auf Mitbestimmung und dem allgemeinen Interesse an der ökonomischen Effizienz freier Unternehmerentscheidung geht, bieten die stets umstrittenen Mitbestimmungsmodelle ihre verschiedenen Metaregeln an. Kein Zweifel, dass sich die Konkretion des Rechts zu einem guten Teil über die Ausarbeitung von Regeln für auftretende Konfliktfälle vollzieht. Die andere Frage, die uns im Hinblick auf unser Prüfungsschema (3.2.4) beschäftigt, ob nämlich die gesuchten Metaregeln starke oder schwache Argumente sein werden, ließe sich nur durch eine eingehende Phänomenologie der Metaregeln beantworten, eine Aufgabe, die wir hier nicht übernehmen können, die aber für die Naturrechtsproblematik von entscheidender Bedeutung sein dürfte.

Um die Aufstellung von Metaregeln ist beispielsweise *J. Messner* bemüht.[80] Der Versuch ist u. a. deshalb lehrreich, weil er zeigt, wie vorsichtig *Messner* formuliert und wie unerlässlich es wäre, von den vorgeschlagenen *Prinzipien* für Entscheidungsregeln (um mehr handelt es sich nicht) zur Formulierung konkreter Vorzugsregeln für bestimmte Situationen vorzustoßen. Es gibt aber ziemlich sichere Hinweise, dass Evidenz und Konsens im Bereich der Metaregeln wesentlich prekärer sind, als im Bereich der Dekalog- und Grundrechtsformeln.[81] Das wird deutlich, wenn man sich klar macht, dass die Metaregeln zu den Dekalog- und Grundrechtsformeln durch politisch-weltanschauliche Grundentscheidungen zumindest mitbedingt sind. Wer sähe nicht, dass das „nicht töten", „nicht verletzen", „Mitbestimmung in Angelegenheiten, von denen man betroffen ist" Bestandteil verschiedenster politischer Systeme und Ideologien sein kann, dass also die Differenz zwischen diesen Systemen sich erst im Bereich der Metaregeln zeigt! So fallen die Vorzugsregeln etwa unterschiedlich aus, je nachdem, ob mehr das individuelle oder das Gemeinschaftsinteresse betont wird. Freilich gibt es auch Formeln, die suggerieren, die Antithetik der Zielvorstellungen könne durch eine (dialektisch anmutende) Synthese abgefangen werden; etwa so: „Die christliche Sicht der Verhältnisse von Individuum und Gemeinschaft kann in die Formel gefasst werden: *Gemeinschaft in Freiheit, Freiheit in Gemeinschaft*".[82]

Aber irgendwo taucht der Zwang, zwischen Gemeinschaft und Freiheit zu entscheiden, wieder auf, und es wird dafür eine Entscheidungsregel gesucht. Nimmt man an, dass in den Dekalog- und Grundrechtsformeln grundlegende Bedürfnisse und Ziele des Menschen sich artikulieren, so können wir mit *Böckenförde* sagen, „dass die grundlegenden, im Hinblick auf die Wesensnatur des Menschen gemachten normativen Aussagen nicht als imperative Normen, sondern im eigentlichen

---

[80] Unter den Stichworten „die Vielfalt der Rechte und die Einheit des Rechts", Das Naturrecht, 4. Aufl. 1960, S. 244 ff.
[81] Völlig skeptisch in dieser Hinsicht *Luhmann*, Recht (Fn. 1), S. 190.
[82] *Brunner, Emil*, Gerechtigkeit, 1943, S. 99.

Sinne als Prinzipien und Richtungsanzeiger verstanden werden, die nicht im Wege angeblich strikt rationaler Schlussfolgerungen oder (situationsbezogener) Anwendungen Imperative aus sich heraus setzen, sondern den Ausgangspunkt bzw. die Grundlage für schöpferische, je nach Lage und Verhältnissen verschiedenartige argumentative Konkretisierungen bilden, Konkretisierungen, die diese Prinzipien als Bau- oder Konstruktionselement sozusagen in sich enthalten, aber nicht aus ihnen abgeleitet sind".[83] Um die Regeln solcher Konkretisierungen müsste es in erster Linie gehen.

Will man den Ursprung von Metaregeln finden, so entdeckt man ihn am ehesten in dem, was *Radbruch* „rechtsphilosophische Parteienlehre" genannt hat,[84] also in einer geistigen Landschaft, die von z. T. tiefgreifenden Dissensen bestimmt ist. Entscheidungstheoretisch gesehen ist dieser Befund nicht erstaunlich. Kommen mehrere Zielvorstellungen ins Spiel, die sich miteinander praktisch nicht vertragen, so bieten sich mehrere – und, je mehr Zielvorstellungen vorgegeben sind, umso mehr – Entscheidungsalternativen an. Die *getroffene* Entscheidung ist nur eine unter mehreren Möglichkeiten. Die ausgewählte Möglichkeit gehört, eben weil sie eine unter mehreren ist, der Sphäre unverfügbaren Rechts nicht an. Durch die Aufstellung von Metaregeln zur Handhabung von Dekalog- und Grundrechtsformeln ist dem naturrechtlichen Erkenntnisziel, entscheidungsrelevante Aussagen mit starker Überzeugungskraft und eindeutigem Determinationsgehalt zu finden, kaum näher zu kommen. Naturrechtsdenken dieser Provenienz leistet die Aufdeckung eines unverfügbaren konkreten Rechts nicht, sondern gibt die Aufgabe, Recht zu konkretisieren, an Entscheidungsinstanzen ab. Das Resultat ist eine Art von aufgeklärtem Positivismus, der weiß, dass der Ort seines Angriffs nicht die Ebene der Dekalog- und Grundrechtsformeln, sondern die Ebene der Metaregeln ist, die sagen, wie mit jenen Prinzipien umzugehen sei.

3.2.6.2 Das utilitaristische Prinzip als perfekte (umfassende) Metaregel? Nach diesem Prinzip ist diejenige Handlung moralisch richtig, die den Nutzen in der Welt vermehrt. Die Gesetzgebung ist gehalten, solche Regeln aufzustellen, deren Befolgung normalerweise diesem Ziel dient.[85] Es kommt auf den Gesamtnutzen an, nicht auf die Verteilung des Nutzens;[86] das utilitaristische Prinzip ist kein Grundsatz der austeilenden Gerechtigkeit. Wie der größtmögliche Gesamtnutzen entsteht, ob bei

---

83 *Böckenförde*, Naturrecht (Fn. 57), S. 123/124.
84 Überschrift des § 8 der Rechtsphilosophie.
85 Zu selten wird darauf hingewiesen, dass *Jeremy Bentham*, der sich als erster mit der breiten Anwendung des utilitaristischen Prinzips befasst hat, dies weitgehend aus der Perspektive der Gesetzgebung getan hat und in dieser Perspektive notwendigerweise praktischer Regelutilitarist war.
86 Zu diesem Prinzip der einfachen Aggregation vgl. *Ellscheid*, Über das Gleichheitsprinzip des klassischen Utilitarismus, Philosophisches Jahrbuch, Jahrgang 2001, 1. Halbband, S. 63 f. m. N.

Gleich- oder Ungleichverteilung, ist eine empirische Frage, die das Prinzip des größten Gesamtnutzens nicht berührt.

Der Nutzen wird als quantifizierbar gedacht, so dass verschiedene Einzelnutzen sowohl miteinander vergleichbar als auch bilanzierbar sind. Die Vergleichbarkeit führt, wenn nicht alle Einzelnutzen erzielt werden können, zu der Vorzugsregel, die größeren Nutzenquanten zu wählen und dementsprechend zu handeln bzw. solche Handlungen vorzuschreiben, die in Situationen des jeweils vorliegenden Typs gewöhnlich zur bestmöglichen Nutzenmenge führen.

Grundsätzlich würde das Prinzip des größten Gesamtnutzens, vorausgesetzt es wäre akzeptabel und durchführbar, alle Normkollisionen regeln können, genauer: es gar nicht zu Normkollisionen kommen lassen. Zu prüfen bleibt aber, ob das als universale Metaregel für alle möglichen Norm- und Wertkonflikte auftretende utilitaristische Prinzip zum einen ein starkes und zum anderen ein fruchtbares Argument im Sinne unseres Prüfungsschemas (3.2.4) ist.

Beginnen wir mit letzterem. In der Form, wie wir das utilitaristische Prinzip bisher dargestellt haben, lässt es sich unter den Typus oberster inhaltsloser formaler Prinzipien (vgl. oben 3.2.5.1) subsumieren, deren argumentative Reichweite gegen Null geht. Das liegt daran, dass der Nutzenbegriff als solcher keinen deskriptiven Gehalt hat. Er bezeichnet nur die noch mit keinem Inhalt gefüllte Relation, die sich wie folgt darstellen lässt: Etwas ist gut für etwas. In dieser Fassung treffen die Ausführungen im Abschnitt 3.2.5.1 über das Wertungswort „gut" auf den Utilitarismus zu.

Dem Vorwurf, ein inhaltleeres formales Prinzip zu sein, das keine „Subsumtion" erlaubt, kann der Utilitarismus grundsätzlich entgehen, wenn er inhaltlich festlegt, in welchen der Erfahrung zugänglichen und beschreibbaren Entitäten das als Relation ausgedrückte Gute gefunden werden soll. *Bentham* definiert diese Gute als Glück („happiness", „felicity", „pleasure"), womit ersichtlich mentale Zustände eines beschreibbaren Typs gemeint sind, die der subjektiven Erfahrung desjenigen, der sich in einem solchen Zustand befindet, auf unmittelbare („privilegierte") Weise zugänglich sind, prinzipiell aber auch von „außen" als fremdpsychische Phänomene erfasst werden können. Gibt man zu, dass Glücksgefühle und Leiden (= negatives Glück) verschiedene Intensitäten haben und plausible Aussagen über den relativen Grad ihrer Intensität („größer, kleiner als, gleich wie") gemacht werden können, so erscheint es – in Verbindung mit der Kategorie der Dauer – nicht von vornherein ausgeschlossen, eine Quantifizierung, Bilanzierung und Gesamtbilanz des Glücks in der Welt näherungsweise zu ermöglichen und Regeln aufzustellen, die einer relativ guten Gesamtbilanz dienen. Die Regelbildung kann zwar nicht von der Vorstellung einer konkreten glücksoptimalen Gesellschaftsstruktur als Sollwert ausgehen, weil wegen der ins Endlose verlaufenden, durch Handlungen oder Regeln ausgelösten Ursachenketten die Zukunft utilitaristisch nicht wirklich berechenbar ist. Vielmehr muss sich die utilitaristische Rechnung an überschaubare Wirkungszusammenhänge halten und prognostische Bilanzierungen für kleine Teilbereiche genügen lassen; dies in der nicht unvernünftigen Hoffnung, dass die regional prognostizierbaren Nutzen sich eher addieren als gegenseitig konterkarieren. Mit diesen pragmatischen Einschränkungen dürfte das utilitaristische Prinzip für eine Vielzahl typisierbarer Situationen die Aufstellung handlungsleitender Regeln ermöglichen, und es dürfte zugleich möglich sein, bei sich ergebenden Regelkollisionen durch erneuten Rückgriff auf das Nutzen- bzw. Glücksmaximierungsprinzip die kollidierenden Regeln so zu modifizieren, dass das Nutzenprinzip besser gewahrt ist.[87]

In inhaltlicher Deutung lässt sich dem utilitaristischen Prinzip die argumentative Fruchtbarkeit nicht absprechen. Anders verhält es sich mit seiner argumentativen Stärke im Sinne faktischer Konsensfähigkeit. Was bei einigem Nachdenken auf den Widerstand der moralischen Intuition trifft, ist die Tatsache, dass das utilitaristische Prinzip die Idee von unveräußerlichen Rechten ablehnen muss: Alle subjektiven Rechte stehen unter der einschränkenden Bedingung der optimalen Gesamtbilanz von Glück (oder Präferenzerfüllung). Schon die Installierung von subjektiven Rechten löst die Frage aus, ob ein System gleicher Grundrechte oder von subjektiven Rechten überhaupt günstig sei. Kommt der Utilitarist zu dem Ergebnis, die Zuteilung subjektiver Freiheitsrechte nach einem Prinzip der Gleichheit aller Individuen sei für die Nutzenmaximierung günstig,[88] so verbleiben die zugeteilten Rechte doch immer unter dem Vorbehalt, sie generell oder im Einzelfall offen oder versteckt einziehen zu können; so etwa die Unschuldsvermutung im Strafprozess, wenn die Strafverfolgungsbehörden zu der Überzeugung gelangen, sie sollten es mit den Anforderungen an den Schuldnachweis aus Gründen des „gemeinen Wohls" nicht so genau nehmen, weil sonst eine wirksame Bekämpfung gewisser besonders gefährlicher Formen von Kriminalität (z. B. Terrorismus) nicht möglich

---

87 Entsprechende Überlegungen lassen sich anstellen für eine andere Spielart des Utilitarismus, den sog. Präferenzutilitarismus. (Vgl. dazu *Nida-Rümelin*, Theoretische und angewandte Ethik: Paradigmen, Begründungen, Bereiche, in: *ders.*, (Hrsg.), Angewandte Ethik, S. 10 f.) Präferenzen müssen nicht durch Glücksstreben bestimmt sein. Der dazu gehörende Nutzenbegriff ist offener als der *Benthams*, gleichwohl nicht inhaltslos, weil auch die nicht durch Glücksstreben motivierten Präferenzen eine mit anderen Präferenzen vergleichbare Intensität haben, damit empirisch fassbare mentale Entitäten sind, die „gemessen" werden können, was zur vergleichenden Gewichtung von Präferenzerfüllungen führt. Vom ethischen oder naturrechtlichen Erkenntnisinteresse aus gesehen, wird erst ein reiner Konsequentialismus inhaltsleer. Gegenüber einer deontologischen Ethik macht der Konsequentialist zwar zutreffend geltend, für die moralische Bewertung einer Handlung komme es auf die dem Handelnden zurechenbaren Folgen seines Tuns an. Aus diesem Grundsatz allein lassen sich aber noch keine Handlungs- und Bewertungskriterien gewinnen. Es bedarf vielmehr der Ergänzung durch Bewertungsmaßstäbe, die erkennbar machen, welche empirisch beschreibbaren Konsequenzen mit welcher Gewichtung als positiv oder negativ einzuschätzen sind. Hierzu bedarf es der Maßstäbe, die Ausdrücke mit deskriptivem Gehalt verwenden (s.o. 3.2.5.1 und 3.2.5.2).

88 Diese theoretische Annahme führt zur wirkungsmächtigen Verzahnung des Utilitarismus mit der wirtschaftsliberalen Ideologie.

sei. Die Unschuldsvermutung als Rechtsinstitut ist nun aber in dem elementaren Recht auf gleiche Freiheiten verankert, das nicht aus Nutzengründen angetastet werden darf, solange die die Strafbefugnis exekutierende staatliche Gewalt noch im Rahmen des Rechts agieren will.

Auf der moralischen Ebene zeigt sich die Anstößigkeit des Utilitätsprinzips darin, dass das Glück des Einzelnen gegenüber dem zu optimierenden Gesamtglück nachrangig ist und deshalb fungibel erscheint. Wer sich in die utilitaristische Doktrin vertieft, entdeckt, dass von seinem persönlichen Glück und ebenso vom Glück eines jeden Einzelnen gar nicht die Rede ist, sondern von einem Abstraktum, einer Gesamtbilanz von Glück ohne Verbriefung subjektiver Rechte der Teilnahme, nicht einmal des Rechts des „pursuit of happiness". Der Utilitarismus ersetzt das menschliche Miteinander – das Verhältnis der Anteilnahme am Wohl und Wehe bestimmter oder doch bestimmbarer anderer Menschen – durch die Verpflichtung auf ein quasi ökonomisches Gesamtnutzenprinzip. Dabei wird vergessen, dass das Glück nicht als Gesamtmenge existiert, sondern jeweils nur als das individuelle Glück Einzelner. Die Zusammenrechnung von Glücksmengen über die Grenzen des je individuellen Glücks hinaus ist sinnlos, weil es an einem dazu gehörenden Gesamtsubjekt fehlt.[89]

Methodisch bleibt anzumerken, dass unsere Einordnung des utilitaristischen Prinzips unter die Metaregeln relativiert werden muss. Im vorherigen Abschnitt haben wir von Regeln des Abwägens zwischen konfligierenden, aber prinzipiell unaufgebbaren moralischen oder rechtlichen Grundsätzen gesprochen. Dies ist indessen nicht eigentlich die Denkfigur des Utilitarismus. Dieser kennt keine Pluralität von zumindest auf der idealen Ebene nicht aufgebbaren Prinzipien, die miteinander in einen „tragischen" Konflikt geraten können, dessen „Lösung" moralisch in dem Sinne beunruhigend bleibt, dass die gesellschaftlichen Verhältnisse, in denen solche Konflikte möglich sind, als im moralischen Sinne veränderungsbedürftig gekennzeichnet sind. Utilitaristen dagegen ziehen alle moralischen und rechtlichen Regeln auf den Prüfstand des Gesamtnutzens und glauben, dass bei Kenntnis aller dafür relevanten Fakten und aller darauf aufbauenden zuverlässigen Prognosen[90] stets ein richtiges Urteil, bei dem nichts ungelöst bleibt, möglich ist.

3.2.7 Prozedurale Prinzipien

Wir haben bisher die naturrechtliche Technik des einsichtigen Argumentierens geschildert als das Aufstellen von Sätzen, die erfahrungsgemäß oder erwartungsgemäß Zustimmung erhalten. Dabei kamen Sätze verschiedener Struktur vor, nämlich: oberste formale Prinzipien, Dekalog- und Grundrechtsformeln mit deskrip-

---

89 Vgl. dazu *Ellscheid* (Fn. 86), S. 73 f., unter Hinweis auf *Mackie*, Ethik, 1991, S. 178 ff.
90 Sozusagen aus der Sicht von Erzengeln, wie *Hare* sagt in: Moralisches Denken, 1992, besonders S. 91-100.

C *Schwerpunkte*

tivem Gehalt sowie Metaregeln oder Vorzugsregeln. Alle drei Arten von Sätzen wollen ihrem Sinn nach auf moralische Probleme, insbesondere auf Probleme der Gerechtigkeit, inhaltliche Antworten geben, auch wenn dies nur teilweise gelingt. Über das *Verfahren der Gewinnung* solcher Sätze ist nur so viel sichtbar geworden: Aufgestellt werden sie, weil jemand sie selbstverständlich, d. h. ohne den Versuch einer Herleitung aus anderen Ausgangspunkten, für richtig hält; und geprüft werden diese Sätze in einer realen Diskussion, finde diese nun in der naturrechtlichen Tradition, in der Wissenschaft der Ethik, in der politischen Öffentlichkeit, in Gesetzgebungsgremien oder im Gerichtsverfahren oder wo sonst immer statt. Man könnte dieses Verfahren als intuitionistisch-experimentell bezeichnen[91].

Ergänzt haben wir diesen Ansatz, indem wir zusätzlich an die Art der Diskussion gewisse normative Anforderungen gestellt und daraus gewisse Grundzüge des institutionellen Rahmens jener Diskussion abgeleitet haben (3.1.9.4). Es ging um das Prinzip und die Regeln fairen Diskutierens. Von diesen Diskursregeln zu unterscheiden sind gedankliche Verfahren, die auch außerhalb der Diskurssituation – von einem Menschen für sich – verwendet werden können. Ließe sich ein solches Verfahren begründen, so würde damit eine Ableitung von inhaltlichen Gerechtigkeitsaussagen aus gedanklichen Verfahrensvorschriften möglich, und dieser Ableitungszusammenhang könnte als Verstärkung oder als Kritik intuitiver normativer Aussagen fungieren. Möglicherweise könnte man so dort, wo die Intuition unsicher wird oder wo normative Aussagen in der Diskussion bestritten werden, zusätzliche eigengewichtige Argumente gewinnen.

Da es sich bei solchen Verfahrensregeln nicht um direkte Aussagen über das zu behandelnde moralische Problem handeln würde, solche direkten Aussagen aber die Konsequenzen eines regelgerechten gedanklichen Verfahrens sein würden, wollen wir derartige Verfahrensregeln als *prozedurale Prinzipien* (der praktischen Philosophie) bezeichnen. Das will sagen: Es wird behauptet, dass es ein vernünftiges Verfahren des Argumentierens und Entscheidens gibt, welches zur Aufstellung moralischer Aussagen führt, ohne dass andere moralische Aussagen schon vorausgesetzt werden müssten. *Am Anfang („in principio") steht nicht ein inhaltlich-moralisches Prinzip, sondern das Verfahren.* Prozedurale Prinzipien geben lediglich an, wie jemand, der eine inhaltliche Aussage zu moralischen Fragen herleiten will, gedanklich verfahren sollte. Sie enthalten nicht die Anweisung, von bestimmten moralischen Aussagen, wie es die oben erörterten Sätze waren oder zu sein versuchten, auszugehen, vielmehr sollen sich restlos alle Inhalte, auch die allgemeinsten, erst *in* jenem gedanklichen Verfahren herstellen.

3.2.7.1 Die goldene Regel.

Das populärste prozedurale Prinzip ist die goldene Regel in ihrer negativen Fassung: Was Du nicht willst, das man Dir tu', das füg'

---

[91] Die hier gemeinte Intuition hat natürlich nichts mit dem oben (Fn. 65) erwähnten erkenntnistheoretischen Intuitionismus zu tun.

auch keinem anderen zu.[92] Die Regel ist trotz ihrer Prozeduralität ergiebig; sie beschreibt deutlich, welche Überlegungen man anstellen soll, um herauszufinden, was man zu unterlassen hat, und sie führt auch zu Ergebnissen. Man soll von seinen eigenen Schutzbedürfnissen ausgehen, diese auf alle anderen Menschen projizieren und nach Maßgabe dieser Projektion auf die anderen Rücksicht nehmen. Das führt zu allgemein akzeptablen Regeln, soweit die Schutzbedürfnisse der Menschen im Wesentlichen gleich sind, also im Bereich elementarer Bedürfnisse und Interessen (außerhalb der Kollisionen von Prinzipien und Interessen, vgl. oben 3.2.5.2.2.1 und 3.2.6). Schon im Ansatz versagt dagegen die Regel, wenn die Schutzbedürfnisse auseinander gehen; so etwa im praktisch sehr wichtigen Bereich wirtschaftlicher Konkurrenz, wo die Auffassungen über wünschenswerte Formen von Konkurrenz – und darüber, ob überhaupt Konkurrenz stattfinden soll – weit auseinander gehen können. Was der eine als notwendigen Schutz seiner wirtschaftlichen Betätigung vor bestimmten Konkurrenzformen ansieht, kann für den anderen als missliche Einschränkung seiner wirtschaftlichen Betätigungsfreiheit eingeschätzt werden. Derartige Differenzen können sich noch weit deutlicher ergeben, wenn man die goldene Regel in ihrer positiven (neutestamentlichen) Gestalt als moralisches oder rechtliches Prinzip anwenden will: „Alles nun, was ihr wollt, dass euch die Menschen tun, sollt ebenso auch ihr ihnen tun …" (Mathäus 7, 12).[93]

Weil Schutz- und Hilfsbedürfnisse individuell verschieden sind, lassen sich aus beiden Fassungen der goldenen Regel keine zuverlässigen Schlüsse auf für alle akzeptable, *universalisierbare* Verhaltensregeln oder Institutionen ableiten.

Eben deshalb musste *Kant* sich dagegen verwahren, die goldene Regel mit dem kategorischen Imperativ gleichzusetzen. *Kant* zielt auf praktische (handlungsleitende) Grundsätze, die „objektiv, d. i. für den Willen jedes vernünftigen Wesens gültig" sind.[94] Eine solche Allgemeingültigkeit der Maximen des Verhaltens gewährleistet die goldene Regel nicht. Dies folgt aus *Kants* Kritik der traditionellen Ethik, deren Zentralbegriff die Glückseligkeit (Eudaimonia) ist. „Worin nämlich jeder seine Glückseligkeit zu setzen habe, kommt auf jedes sein besonderes Gefühl der Lust und Unlust an …"[95] Daraus folgt unmittelbar, dass die von der goldenen Regel empfohlene Projektion eigener Glücksvorstellungen auf andere zwecks Ableitung

---

92 Zur Verbreitung der goldenen Regel vgl. *Maihofer*, Die Natur der Sache, in: *Arthur Kaufmann* (Hrsg.), Die ontologische Begründung des Rechts, 1965, S. 78, Fn. 75; vgl. auch *Hruschka*, Kants Bearbeitung der goldenen Regel im Kontext der vorangegangenen und der zeitgenössischen Diskussion, in: Strafgerechtigkeit, Festschrift für *Arthur Kaufmann* zum 70. Geburtstag (Hrsg. *Haft* u. a.), 1993, S. 129-140. – Die goldene Regel findet sich auch bei *Hobbes* mit der interessanten Bemerkung, die Regel sei überall gültig und bekannt; sie enthalte alle natürlichen Gesetze (Leviathan, 26. Kapitel).
93 Die Formel dürfte indessen in ihrer positiven Fassung nur als „Liebesgebot" gemeint sein, das die Sphäre von Recht und Moral übersteigt.
94 Kritik der praktischen Vernunft, Bd. VII (Fn. 2), S. 125.
95 Kritik der praktischen Vernunft, a. a. O., S. 133.

von Verhaltensmaximen das Ziel der Allgemeingültigkeit der Maximen nicht erreichen kann.[96]

3.2.7.2 Der kategorische Imperativ. Das historisch berühmteste Beispiel eines prozeduralen Prinzips ist Kants kategorischer Imperativ.[97] Auch er ist als Anweisung zu verstehen, wie moralische Fragen in einem bestimmten gedanklichen Verfahren einer Lösung zugeführt werden können. Es gibt den kategorischen Imperativ (im nachfolgenden: k. I.) in verschiedenen Fassungen. Eine lautet: „Handle nur nach derjenigen Maxime, durch die du zugleich wollen kannst, dass sie ein allgemeines Gesetz werde" (S. 51). Dieser Satz sagt inhaltlich nichts darüber aus, welche Verhaltensgrundsätze gültig sind; so sagt er, um ein Beispiel *Kants* aufzugreifen, direkt nichts über die Pflicht zur Ehrlichkeit von (Darlehensrückzahlungs-)Versprechen. Er gibt aber an, wie man *verfahren* soll, um Verhaltensgrundsätze herzuleiten, beispielsweise das Verbot, zwecks Erlangung eines Darlehens eine nicht vorhandene Rückzahlungsabsicht oder -fähigkeit vorzutäuschen. Wie sieht dieses Verfahren aus? Dazu *Kants* Beispiel:

Wer, etwa aus Not, wider besseres Wissen Rückzahlung versprechen würde, würde dies nach folgender Maxime tun: „wenn ich mich in Geldnot zu sein glaube, so will ich Geld borgen und versprechen, es zu bezahlen, ob ich gleich weiß, es werde niemals geschehen" (S. 53). Der *erste Verfahrensschritt* besteht also darin, denjenigen Handlungsgrundsatz (Maxime) auszuformulieren, der der beabsichtigten Handlung als Regel zugrunde gelegt werden kann. Es handelt sich dabei um einen Grundsatz, der auf das mögliche Verhalten eines bestimmten Subjekts zugeschnitten ist, einen bloß subjektiven Grundsatz.

Der *zweite Verfahrensschritt* besteht in einem gedanklichen Experiment. Es wird angenommen, jene Maxime werde zu einem *allgemein* gültigen und wirksamen Gesetz, dem jeder folgt, erhoben, und es wird sodann betrachtet, welche Folgen dieses Gesetz in der (sozialen) Welt hätte. In unserem Beispielsfalle meint *Kant*, jene Maxime, zum Gesetz erhoben, würde den Glauben an die Kraft von Versprechen ruinieren.

Im *dritten Verfahrensschritt* wird geprüft, ob jemand, der nach der ausformulierten *Maxime* handeln möchte, zugleich die Folgen *wollen kann*, die ein allgemein geltendes und wirkendes *Gesetz* sonst gleichen Inhalts haben würde. Ein solches Wollen ist im Beispielsfalle nach *Kant* unmöglich, weil der, der ein Darlehn erstrebt, jeman-

---

[96] Wenn *Kant* gleichwohl „fremde Glückseligkeit als Zweck, der zugleich Pflicht ist" bezeichnet (Metaphysik der Sitten, Bd. VIII (Fn. 2), S. 524; vgl. besonders auch Kritik der praktischen Vernunft, Bd. VII (Fn. 2), S. 145), so liegt darin kein Widerspruch, solange die Defi-nitionsmacht darüber, was das Glück des anderen ist, bei diesem verbleibt und nicht durch die der goldenen Regel eigentümliche Projektion eigener Wünsche auf den anderen verdrängt wird.
[97] Die nachfolgenden Zitate aus *Kant*, Grundlegung zur Metaphysik der Sitten, Bd. VII (Fn. 2) (Seitenangabe jeweils im Text).

den braucht, der auf die Einhaltung von Versprechen vertraut. Dann darf das Vertrauen in Versprechen aber nicht schon durch ein Gesetz, also durchgängig, ruiniert sein (S. 53). Er kann nicht wollen, dass seine Handlungsmaxime als Gesetz gelte, weil sonst seine Maxime zur Erfolgslosigkeit verdammt wäre. Der Unterschied zum gedanklichen Verfahren der goldenen Regel wird deutlich: Nach ihr müsste der in Not Geratene sich fragen, ob er wolle, dass er von in Not Geratenen betrogen werde. Unter Anleitung durch den k. I. wird er dagegen fragen, ob die beabsichtigte Handlung, nämlich Betrug, in einer Welt überhaupt noch möglich ist, in der die Erlaubnis zum Betrug existiert. Da eine solche Erlaubnisnorm, ihre allgemeine Bekanntheit vorausgesetzt, das zu jedem Betrug benötigte Vertrauen des zu Betrügenden aufheben würde, wäre sie praktisch widersinnig. Diese Schlussfolgerung ist, anders als die goldene Regel, von der Bedürfnisstruktur des Handelnden oder seines potenziellen Opfers unabhängig; sie hebt ab auf einen pragmatischen Widerspruch, dem die erwogene Handlungsmaxime anheim fällt, wenn sie in der *Form* einer allgemein gültigen Norm gedacht wird. Die reine Form eines Gesetzes überhaupt ist es also, die zur Verwerfung bestimmter Maximen führen kann.

Vorausgesetzt, *Kants* Verfahren führe auf logisch einwandfreiem Wege zu einer für eine normative Ordnung, auch eine Rechtsordnung, ausreichenden Zahl von inhaltlichen Aussagen und wäre deshalb im Sinne unseres Prüfungsschemas (vgl. oben 3.2.4) als „konkret", „inhaltsreich" oder „fruchtbar" zu betrachten, so ist damit noch nichts darüber gesagt, warum *Kants* Verfahrensweise auch *einleuchtend* („stark") im Sinne unseres Prüfungsschemas sein soll. Die Formel des k. I. enthält die Idee der Unparteilichkeit des moralischen Urteils und drückt damit die Haltung der Gerechtigkeit aus. Diese kommt im Gesetzesbegriff zum Ausdruck; Gesetze gelten nicht für ein einzelnes Individuum – für mich –, sondern allgemein, für jeden. Die so über den Gesetzesgedanken ausgedrückte Unparteilichkeit ist vermutlich das, was dem k. I. die faktische Konsensfähigkeit sichert.

Fraglich erscheint indessen, ob die starke moralische Intuition der Unparteilichkeit sich der Form eines allgemeinen Gesetzes, wie *Kant* sie als Grund für das Verbot bestimmter Maximen denkt, mitteilt. Orientieren wir uns an dem erörterten Beispiel des Darlehensbetrugs, so scheint es *Kants* Intention zu sein, durch den Gedanken, dass moralische Gesetze für alle mit Vernunft und Willen begabte Wesen gelten müssen, eine Gesellschaft zu begründen, in die alle Menschen in dem Sinne eingeschlossen sind, dass sie vor dem (moralischen) Gesetz gleich sind. Dem kommt zumindest in der Moderne eine hohe Konsensfähigkeit zu.

In diesem Sinne lässt sich sogar noch *Kants* Begründung des Hilfsgebots verstehen: Wer weiß, dass er in einer Notlage Hilfe erwarten wird, soll ein Hilfsinteresse nicht nur respektieren, wenn es sich um sein eigenes handelt, sondern das Hilfsinteresse anderer als legitim und verpflichtend anerkennen; dies gebietet gleichfalls die Unparteilichkeit. Es lässt sich aber beobachten, dass sich der Gesetzesbegriff in der Moraltheorie *Kants* gleichsam verselbständigt und den Bezug zur Gesellschaftlichkeit des Menschen verliert. So geschieht es, wenn er das moralische Verbot des

Selbstmordes nicht im Hinblick auf gesellschaftliche Bezüge, sondern aus einer Analogie zum Naturgesetz entwickelt. Kants Frage geht dahin, ob es ein allgemeines Naturgesetz geben könne, wonach Lebewesen bei negativer Perspektive für die Glücksbilanz ihr Leben beenden. *Kant* meint, „dass eine Natur, deren Gesetz es wäre, durch dieselbe Empfindung, deren Bestimmung es ist, zur Beförderung des Lebens anzutreiben, das Leben selbst zu zerstören, ihr selbst widersprechen und also nicht als Natur bestehen würde ...".(S. 52 f.)

In dieser Reflexion kommt zweierlei zum Ausdruck: Zum einen zeigt sie, dass hier eine Rückbindung zur stets *gesellschaftsbezogenen* Idee der Unparteilichkeit nicht mehr besteht. Dementsprechend verliert das von *Kant* selbst vorgeführte Verfahren des k. I. an Evidenz: Die Ableitung wirkt konstruiert und „metaphysisch". Zum anderen wird deutlich, was *Kant* unter einer *reinen* praktischen Vernunft versteht: Ihre Reinheit besteht darin, dass sie sich, bezogen auf das Ziel der Bestimmung eines freien Willens, auf gedankliche Operationen beschränkt, die die logisch- pragmatische Kohärenz des Wollens sichern, wobei die Form eines Gesetzes überhaupt aufgrund komplizierter transzendental-philosophischer kategorialer Überlegungen als konstituierende Bedingung nicht nur der empirischen Welt, sondern auch – als Sollensgesetze – der (der Kategorie der empirisch nicht feststellbaren Freiheit zugeordneten) sittlichen Welt gedacht wird. Der Gesetzesgedanke dient der Bestandsfähigkeit sowohl der natürlichen als auch der sittlichen Welt.

Es ist anzunehmen, dass diese Auffassung dem normalen Denken fern liegt und deshalb nicht geeignet ist, im Sinne unseres Prüfungsschemas (3.2.4) faktischen Konsens zu stiften. Das bestätigt die Vermutung, dass die Herleitung aus weiter gespannten Theoriezusammenhängen die Evidenz und Akzeptabilität naturrechtlicher Aussagen nicht verstärkt.

3.2.7.3 Der Schleier des Nichtwissens (John Rawls). Wie *Kant*, so erarbeitet auch der amerikanische Philosoph *John Rawls* in seinem umfangreichen Werk ein prozedurales Prinzip, von dem jetzt die Rede sein soll.[98] Vorläufig gesagt, handelt es sich dabei um eine Abwandlung und Verfeinerung der vernunftrechtlichen Theorie vom Gesellschaftsvertrag. Grundsätze der gerechten Verfassung einer Gesellschaft sollen so betrachtet werden, *als ob* sie von Menschen im Urzustand, d. h. von Menschen vor ihrem Eintritt in jegliche gesellschaftliche Verbindung, einstimmig beschlossen würden. Das Verfahren zur Herleitung von Gerechtigkeitsgrundsätzen besteht darin, zu überlegen, ob ein beliebiger Mensch im Urzustand einem Grund-

---

98 Die nachfolgenden Zitate (Seitenzahlen im Text) aus *J. Rawls*, Eine Theorie der Gerechtigkeit, 1975. – Als einführende Lektüre sei empfohlen: *Otfried Höffe*, Rawls' Theorie der Gerechtigkeit, in: *ders.*, Ethik und Politik, 1979; vgl. zu der Fortbildung der *Rawls'*schen Theorie besonders die Einleitung von Wilfried *Hinsch* zu: John Rawls, Die Idee des politischen Liberalismus, Aufsätze 1978–1989, Frankfurt 1994, S. 9–44.

satz für das gesellschaftliche Leben, der ihm zur Abstimmung vorgelegt wird, zustimmen würde oder nicht.[99]

Nun hängt natürlich die Frage, welchen Grundsätzen ein Mensch im Urzustand zustimmen würde, von den einzelnen Bedingungen ab, die in dem Urzustand als existierend fingiert werden, insbesondere auch davon, durch welche Eigenschaften und Zielvorstellungen die Menschen im Urzustand gekennzeichnet sind und über welches Wissen sie verfügen. Darauf wird zurückzukommen sein. Anders als *Kant* versucht *Rawls* deshalb nicht, dieses prozedurale Prinzip des im Urzustand entscheidenden Menschen als „notwendige Wahrheit" darzustellen (S. 38/39). Es kommt ihm vielmehr nur darauf an, „dass wir (d. h. z. B.: die Leser von *Rawls*, Anm. G. E.) die der Beschreibung des Urzustandes zugrunde liegenden Bedingungen tatsächlich akzeptieren" (S. 39).

Neben dieses tatsächliche Akzeptieren der Beschreibung des Urzustandes tritt – so sieht es *Rawls* – eine ständige Rückkoppelung zwischen den „Folgerungen" aus dem Urzustand einerseits und unseren „wohl überlegten moralischen Urteilen" andererseits, und zwar so, dass die Beschreibung des Urzustandes auch abgewandelt werden kann, damit die Entscheidung der fiktiven Menschen im Urzustand sich den moralischen Prinzipien nähert, die wir *intuitiv* als gut gesichert, als allgemein akzeptiert oder als ganz sicher ansehen (S. 37/38). Die moralische Intuition, die uns im Sinne des oben in Bezug genommenen scholastischen Naturrechts (vgl. 3.2.2) für bestimmte moralische Aussagen einnimmt, wird eben nicht vollständig suspendiert, sondern bleibt die Basis, an der sich die Konstruktion des prozeduralen Prinzips und die Ableitungen aus ihm bewähren müssen. Das heißt nun aber wieder nicht, dass die moralischen Basisaussagen nicht aus dem Blickpunkt des prozeduralen Prinzips heraus kritisiert werden könnten (vgl. bes. S. 68 bis 71). Das Zusammenspiel von prozeduralem Prinzip und wohl überlegten moralischen Urteilen vollzieht sich in einem Hin- und Herwandern des Blicks, wobei manchmal das prozedurale Prinzip im Hinblick auf die wohl überlegten moralischen Urteile spezifiziert, manchmal aber auch die moralischen Urteile dem Prinzip angepasst, neue moralische Urteile hergeleitet und angezweifelte Urteile entweder befestigt oder zurückgenommen werden müssen. Ob das eine oder das andere zu geschehen hat, darüber entscheiden bei *Rawls* letztlich aber wieder intuitiv einleuchtende Argumente.

Diese hermeneutisch-zirkuläre Auffassung von der Entwicklung einer Theorie der Moral, insbesondere einer Theorie der Gerechtigkeit, würde missverstanden, wenn

---

99 Da die „original position" die *Fiktion* einer Diskurssituation ist, haben wir es nicht mit realen Diskursen (mit Diskursethik, die reale Diskurse fordert) zu tun, sondern ebenfalls mit einem bloß gedanklichen Verfahren der Ableitung von (für das Recht relevanten) moralischen Inhalten. Natürlich ist *Rawls* an der Zustimmung des Lesers gelegen. Irgendeine wahrheitstheoretische oder legitimatorische Bedeutung im Sinne obiger Ausführungen (3.2.3) kommt dem aber nicht zu. *Rawls*' Verfahren bleibt „monologisch".

C *Schwerpunkte*

man annehmen würde, sie verfahre rein induktiv, steige also von den intuitiv einleuchtenden moralischen Urteilen zu der Konstruktion eines Erkenntnis- und Entscheidungsverfahrens auf, welches jene Urteile logisch erklären könnte. Der Urzustand ist nicht das bloße Ergebnis einer induktiven Theorie; im Gegenteil wird intuitive Plausibilität nicht nur für die relativ konkreten, einleuchtenden moralischen Aussagen in Anspruch genommen, sondern auch für jenes *Verfahren* der Aufstellung moralischer Aussagen. Es handelt sich also um eine Plausibilität des Verfahrens noch ganz ohne Ansehung der konkreten Ergebnisse dieses Verfahrens. *Plausibilität des Verfahrens* und *Plausibilität intuitiv gemachter moralischer Aussagen* sollen sich gegenseitig dadurch ergänzen, dass sie unter Vornahme gewisser intuitiv annehmbarer Korrekturen auf der einen oder anderen Seite logisch einwandfrei miteinander verknüpft werden (vgl. z. B. S. 367 unten). Anders ausgedrückt: Das moralische Urteil über Gerechtigkeitsfragen sucht Abstützung in einer *Theorie*, d. h. in einer logisch-systematischen Verknüpfung der moralischen Aussagen.

Da wir die Plausibilität des Rawls'schen prozeduralen Prinzips betrachten wollen, müssen wir es zunächst darstellen. Wir werden seine Elemente nach und nach vorführen und diese jeweils auf Plausibilität befragen. Diese Betrachtung isoliert stärker, als *Rawls* selbst es tut, die Frage der Plausibilität der Elemente des Urzustandes. Das erscheint zulässig, weil *Rawls* selbst zu erkennen gibt, seine Theorie sei methodologisch nicht voll im Text abgesichert (S. 13).

Wie schon gesagt, sollen die grundlegenden Gerechtigkeitsprinzipien einer jeden menschlichen Gesellschaft gefunden werden, indem man sich vorstellt, sie seien von Menschen im Urzustand, von den sog. Vertragspartnern, einstimmig beschlossen worden. Es geht *Rawls* zunächst darum, die Menschen und deren Entscheidungssituation im Urzustand (in der „original position") so zu schildern, dass der Leser urteilen wird, es wäre gut, wenn über Gerechtigkeitsgrundsätze von solchen Menschen in einer solchen Situation ein für alle Mal befunden würde (S. 142, 143).

Zu *Rawls'* Schilderung der Entscheidungssituation gehört zunächst, dass den Vertragspartnern im Urzustand eine möglichst vollständige Liste von verschiedenen Gerechtigkeitsvorstellungen vorgelegt wird, zwischen denen sie zu entscheiden haben (S. 144 ff.). Diese Liste stellt *Rawls* aufgrund philosophiegeschichtlichen Wissens auf, wobei die Alternative zwischen einerseits zwei Arten des Utilitarismus und andererseits einer nicht utilitaristischen Gerechtigkeitsvorstellung, die den Vorrang der Freiheit des einzelnen vor dem Nutzen lehrt, die wichtigste Rolle spielen. Die Güte der ganzen Konstruktion hängt mit davon ab, ob die vorgestellten Thesen das Feld möglicher Grundsätze einigermaßen abdecken. Wer nämlich unvollständig fragt, bekommt falsche Antworten. Plausibel erscheint dieses Verfahren, wenn man annimmt, dass in der Geschichte der praktischen Philosophie das Problemfeld ziemlich ausgemessen worden ist. Das mag so sein.

Weiter ist wichtig, dass die Vertragspartner hinter einem Schleier des Nichtwissens über jene Grundsätze entscheiden müssen. Der Schleier des Nichtwissens blendet nun nicht alles Wissen, sondern nur eine bestimmte Art des Wissens aus, nämlich das Wissen davon, wie sich die verschiedenen Möglichkeiten der Wahl von Grundsätzen des gesellschaftlichen Zusammenlebens auf die Interessen der einzelnen Vertragspartner auswirken würden. *Rawls* erläutert dies so: „Vor allem kennt niemand seinen Platz in der Gesellschaft, seine Klasse oder seinen Status; ebenso wenig seine natürlichen Gaben, seine Intelligenz, Körperkraft usw. Ferner kennt niemand seine Vorstellung vom Guten, die Einzelheiten seines vernünftigen Lebensplans, ja nicht einmal die Besonderheiten seiner Psyche wie seine Einstellung zum Risiko oder seine Neigung zu Optimismus oder Pessimismus. Darüber hinaus setze ich noch voraus, dass die Parteien die besonderen Verhältnisse in ihrer eigenen Gesellschaft nicht kennen, d. h. ihre wirtschaftliche und politische Lage, den Entwicklungsstand ihrer Zivilisation und Kultur. Die Menschen im Urzustand wissen auch nicht, zu welcher Generation sie gehören" (S. 160). Dagegen haben die Vertragsschließenden alle Kenntnisse über allgemeine Tatsachen, wie z. B. Naturgesetze, Charakteristika gesellschaftlichen Zusammenlebens, soziologische Schichtung, Konfliktlagen u. dgl. (S. 160 ff., 165).[100]

Jenes spezifische Nichtwissen hat nach *Rawls* mehrere Folgen. Die wichtigsten sind: Niemand in einer solchen Kenntnislage könnte versuchen, die Grundsätze des gesellschaftlichen Zusammenlebens auf seine Individualität zuzuschneiden; denn diese ist ihm nicht bekannt. Positiv gewendet bedeutet dies, dass jeder die zu wählenden Grundsätze nach allgemeinen Gesichtspunkten beurteilen müsste. Da die Menschen im Urzustand die Unterschiede, die zwischen ihnen einmal bestehen werden, nur allgemein, aber nicht konkret, auf sich persönlich bezogen, kennen und über dasselbe Wissen verfügen, werden sie alle *dieselben* Grundsätze wählen,

---

[100] Wolfgang *Kersting*, Theorien der sozialen Gerechtigkeit, 2000, schildert den Schleier des Nichtwissens als ein „Verfahren des Wegsehens" (S. 357). *„Gerechtigkeit durch Verschleierung allen ungerechtfertigkeitsrelevanten Differenzwissens, das ist das Rawlssche Rezept; Ungerechtigkeit durch Verschleierung allen gerechtigkeitsrelevanten Ungleichheitswissens, das ist das Rezept der Reichen."* (S. 356, Sperrdruck von Kersting selbst). Darauf muss man erwidern: Alle Differenzen, die gerechtigkeitsrelevant sind, sind keine nur auf einzelne Individuen bezogene Tatsachen, sondern stets allgemeine Tatsachen, die aus der Perspektive der original position gesehen, auf jeden fallen können. Deren Kenntnis ist in der original position keineswegs verborgen (*Rawls* [Fn. 98], S. 165), sondern nur die Kenntnis der auf einzelne Individuen zutreffenden Aussagen. Für das Verständnis dieser Unterscheidung im *Rawls*'schen Kontext ist es ausreichend, unter individuellen Tatsachen nur solche zu verstehen, die auf raum-zeitlich lokalisierbare Individuen zutreffen und deshalb selbst im Raum-Zeit-System lokalisierbar sind (vgl. dazu *Strawson*, Einzelding und logisches Subjekt, 1972, S. 47 f.). Nur das raum-zeitlich lokalisierende Wissen ist aus der original position ausgeklammert, dagegen kein Wissen, das ohne die Verwendung des raum-zeitlichen Koordinatensystems formulierbar ist, etwa das Wissen der Soziologie (im Gegensatz zu dem der Geschichtsschreibung). *Kerstings* Angriff gegen *Rawls* erscheint mir deshalb in der vorgetragenen Allgemeinheit auf einem Missverständnis zu beruhen. Das schließt natürlich nicht aus, dass *Rawls* von gesellschaftlichen Tatbeständen keine Kenntnis genommen hat, die er als „gerechtigkeitsrelevant" hätte einstufen sollen.

vorausgesetzt, sie handeln rational (S. 162) (und weiter vorausgesetzt, dass es objektive Regeln des rationalen Entscheidens für den vorgestellten Urzustand gibt). Das Modell des Urzustandes hinter dem Schleier des Nichtwissens wirkt also nach *Rawls* im Sinne der Vermeidung egoistischer Grundsätze, im Sinne der Aufstellung *allgemeiner* Grundsätze und im Sinne der einstimmigen Annahme einer bestimmten Gerechtigkeitsvorstellung.

Wie steht es nun mit der Plausibilität dieses Verfahrensvorschlags? Dass bei der Aufstellung von Gerechtigkeitsgrundsätzen der Egoismus ausgeschaltet sein sollte, entspricht dem denkbar vorsichtigsten Vorverständnis von einer Suche nach Gerechtigkeit und leuchtet deshalb wohl allgemein ein. Bemerkenswert bleibt, dass sich hier die moralische Intuition nicht auf einen Gerechtigkeitsgrundsatz inhaltlicher Art, sondern *auf das Verfahren* bei der Suche nach solchen Grundsätzen bezieht. Dass über die zu wählenden Gerechtigkeitsgrundsätze nur nach allgemeinen, d. h. nicht auf bestimmte Individuen in bestimmten Lagen bezogenen Kriterien geurteilt werden soll, geht auf die gleiche Intuition zurück, nämlich auf die der Unparteilichkeit des Urteils. Was schließlich die Annahme betrifft, der Schleier des Nichtwissens führe zu einem übereinstimmenden Urteil der Parteien, so steht die Plausibilität in zwei Richtungen in Frage. Ob die Einstimmigkeit sich herstellen würde, lässt sich in diesem Stadium der Überlegungen nur vermuten, aber nicht als sicher erwarten. *Rawls* weist darauf hin, er erwarte nicht, dass jeder, der seine Konkretisierungen des Urzustandes als vernünftig ansehe, auch seine Ableitungen aus der ursprünglichen Vertragssituation akzeptieren werde (S. 32). Wenn das so ist, dann ist es nicht leicht, sich vorzustellen, dass trotzdem die Menschen im Urzustand über die zu wählenden Grundsätze mit Sicherheit übereinstimmend urteilen würden. Sieht man von dieser Schwierigkeit ab, so lässt sich darüber, ob Einmütigkeit im Urzustand ein gutes Zeichen, ein Zeichen für Richtigkeit, ist, erst dann urteilen, wenn man weiß, *was* für Menschen es sind, die einmütig urteilen sollen. Unsere Plausibilitätsbetrachtung zu diesem Charakteristikum des ursprünglichen Vertrags lässt sich somit ohne Betrachtung und Bewertung der Eigenschaften der Vertragsschließenden nicht zu Ende führen.

Damit kommen wir zu der vielleicht interessantesten Konkretisierung des Urzustandes: der „Vernünftigkeit" der Vertragspartner. *Rawls* umschreibt sie so: „Von einem vernunftgeleiteten Menschen wird wie üblich angenommen, dass er ein widerspruchsfreies System von Präferenzen bezüglich der ihm offen stehenden Möglichkeiten hat. Er bringt sie in eine Rangordnung nach ihrer Dienlichkeit für seine Zwecke; er folgt dem Plan, der möglichst viele von seinen Wünschen erfüllt und der eine möglichst gute Aussicht auf erfolgreiche Verwirklichung bietet" (S. 166 f.). Es fällt auf, dass es sich um eine Vernünftigkeit handelt, die nicht von moralischen Anforderungen geprägt ist; der Begriff meint vielmehr eine auf die möglichst vollständige Verwirklichung eines beliebigen Lebensplanes gerichtete Klugheit.

Rawls meint nun, noch die Zusatzannahme machen zu müssen, dass ein vernunftgeleiteter Mensch keinen Neid kenne (S. 167). Darin könnte man allerdings eine moralische Qualität der gemeinten Art von Vernünftigkeit sehen. Aber es erscheint zweifelhaft, ob es sich um eine echte Zusatzannahme zur Vernünftigkeit i. S. von Klugheit handelt. Wenn man unter Neid nämlich die Neigung versteht, andere glücklichere Menschen zu schädigen, ohne dass dies Vorteile für eine optimale Durchführung des eigenen Lebensplanes bringen würde, so steht die Handlung aus Neid eben nicht in dem rationalen Kontext des Versuchs, optimal zu handeln. Das wäre nur der Fall, wenn für die Vertragspartner im Urzustand feststünde, dass sie Befriedigung in der Kränkung von Glücklicheren finden würden, dass sie also neidisch sein werden. Gerade das wissen sie aber nicht, weil diese Eigenschaft hinter dem Schleier des Nichtwissens liegt.

Dies trifft ganz ebenso auf die Einstellung zu, *anderen* Gutes zu tun (S. 168). Denn auch dies gehört nicht ohne weiteres nach eines jeden Lebensplan zu einem optimalen Leben. Anders ausgedrückt: Menschen hinter dem Schleier des Nichtwissens, die ihre späteren Neigungen noch nicht kennen, können noch nicht wissen, ob sie lieben oder hassen werden; sie wissen nur, (weil sie kraft der *Rawls*'schen Fiktion rational eingestellt sind), dass sie *irgendeinen* Lebensplan aus eigenem Interesse werden klug durchführen wollen, und sie werden deshalb nur durch ein von allen bestimmten Lebenszwecken abstrahierendes Rationalitätsmodell gesteuert. Liegen die Lebenszwecke hinter dem Schleier des Nichtwissens, so kann es sich bei der Rationalität der Vertragsschließenden im Urzustand natürlich nur um eine solche der *Mittel* und der formalen Koordination *beliebiger Zwecke* handeln, nicht um eine Vernünftigkeit der Zwecke selbst. Wir können dies auch so ausdrücken: die von *Rawls* geschilderte Vernünftigkeit erscheint auf dieser Stufe der Überlegungen deshalb als moralfrei, weil sie nicht auf bestimmte Lebensziele abhebt, die auf ihre moralische Qualität befragt werden könnten, sondern nur auf die Optimierung der Mittel zur bestmöglichen Verwirklichung von beliebigen, noch nicht feststehenden Lebenszielen.[101]

Wie steht es nun mit der Plausibilität des Vorschlags, die bloße Mittel- und Koordinationsrationalität von Menschen hinter einem Schleier des Nichtwissens über die Grundsätze einer Gesellschaftsordnung entscheiden zu lassen?

Man wird möglicherweise diese Konkretisierung des Urzustandes für sich betrachtet zunächst für überhaupt nicht plausible halten. Es ist so ohne weiteres nicht einzusehen, weshalb Wesen, die in den Kategorien des Vorteils und Nachteils für eigene Lebenspläne denken, hinter dem Schleier des Nichtwissens sich auf Grundsätze einigen würden, die wir intuitiv als gerecht beurteilen könnten. Unwahr-

---

101 Nicht moralisch neutral wäre dieser Rationalitätsbegriff dann, wenn man ihn mit einer egoistischen Einstellung im üblichen Sinn identifizieren müsste. Das ist aber nicht der Fall. Auch altruistisch Handelnde brauchen Spielräume und verwendbare Mittel. Den Wunsch danach als egoistisch zu bezeichnen, käme einer Verschiebung der Wortbedeutung gleich. Bei diesem ganz anderen „Egoismus" handelt es sich um die Verteidigung eines Aspekts der Möglichkeiten menschlichen Existierens überhaupt.

scheinlich erscheint daran der sozusagen mechanische Übergang moralfreier Rationalität in moralisch relevante Grundsätze der Gerechtigkeit. Natürlicher muss es zunächst erscheinen, den Menschen im Urzustand und ihrem Nachdenken über den zu schließenden Gesellschaftsvertrag schon gewisse inhaltliche Gerechtigkeitsvorstellungen zu unterstellen, die sichern, dass aus ihren Beratungen und Entscheidungen nicht etwas vom Standpunkt wohl überlegter Gerechtigkeitsurteile völlig Unannehmbares herauskommt.

Zu einer anderen Bewertung gelangt man aber vielleicht dann, wenn man gewahr wird, dass, indem jene im Dienste beliebiger individueller Lebenspläne stehende moralfreie Rationalität in die Situation des ursprünglichen Vertrages eingebaut wird, das *Individuum* zum Vertragspartner und damit Wahrer der *Rechte eines jeden* Individuums bestellt wird, dass also durch diese gedankliche Verfahrensanordnung das (verallgemeinert gedachte) Interesse eines jeden menschlichen Individuums zum Maßstab der Rechtsordnung werden soll. Man kann dies so ausdrücken: Dass eigeninteressierte Überlegungen moralische Grundsätze abwerfen werden, erscheint nicht plausibel; aber dass das Individuum schon im Urzustand das Recht hat, die Interessen von Individuen (*des* Individuums) geltend zu machen, erscheint moralisch richtig. Die am Individuum festgemachte, eigeninteressierte Koordinations- und Mittelrationalität fungiert in der ursprünglichen Situation, wo es um vertragliche Beschränkungen des Freiheitsbereichs von Individuen geht, als Verteidiger der Interessen *des* Individuums. Deren Wahrung wäre bei nicht eigeninteressierten („altruistischen") Vertragspartnern weniger gut aufgehoben, weil sie viel eher bereit wären, Individualinteressen aufzugeben. Der Kalkül des Eigeninteresses im Urzustand repräsentiert den Bedarf jedes Individuums an Handlungsmöglichkeiten, Lebenschancen und Gütern, und seine Plausibilität speist sich (bei einer leichten Wendung des Blicks: fort von der moralischen Neutralität des Nutzenkalküls hin zu dessen Funktion in der ursprünglichen Vertragssituation) aus ähnlichen Quellen, wie es die Grundrechtsformeln tun (vgl. oben 3.2.5.2.1), sofern es nämlich jedem Individuum schon im Urzustand möglich sein soll, sich selbst als Wert zu bejahen und, im Urzustand, zu bestimmen, wie dieser Wert institutionell zur Geltung gebracht werden soll. Das Bild des Urzustandes stellt Menschen als frei, autonom und rational dar und zehrt allein schon dadurch von der in unserer philosophischen und politischen Tradition lebendigen positiven Bewertung von Freiheit und vernünftiger Selbstbestimmung. Diesen Transfer von „Evidenz" leistet das Bild vom Urzustand unabhängig davon, ob Menschen im Urzustand auch eine freiheitliche Verfassung wählen würden, ob sie also den ihnen zugeschriebenen Selbstbestimmungswillen in ein System von Grundfreiheiten umsetzen würden. Denkbar wäre ja auch, dass sie, obwohl selbst im Urzustand autonom und frei, der Freiheit keinen eigenen Stellenwert beimessen, Freiheit vielmehr bereits im Akt des Gesellschaftsvertrages aufgeben würden, weil ihnen dies für Menschen nützlicher erschiene.

Unterstellt man, dass der Urzustand, wie *Rawls* ihn konkretisiert, wegen der unmittelbaren Einsichtigkeit der einzelnen Elemente als ein gutes prozedurales Prinzip erscheint, so stellt sich jetzt die Frage nach der Fruchtbarkeit dieses Prinzips. Diese Frage spaltet sich in zwei Unterfragen auf. In erster Linie ist zu fragen, ob der geschilderte Urzustand überhaupt irgendeine (im obigen Sinne) rationale Entscheidung der Vertragsschließenden zwischen mehreren Gerechtigkeitsvorstellungen zulässt. Erst in zweiter Linie fragt sich, wie viel an konkretem Regelungsgehalt sich für eine Gesellschaftsordnung aus der im Urzustand rational gewählten Gerechtigkeitsvorstellung gewinnen lässt.

Rawls meint, im Urzustand würde folgenden Grundsätzen der Vorzug vor den anderen in Betracht kommenden gegeben (S. 336 f.):

„Erster Grundsatz:
   Jedermann hat gleiches Recht auf das umfangreichste Gesamtsystem gleicher Grundfreiheiten, das für alle möglich ist.

Zweiter Grundsatz
   Soziale und wirtschaftliche Ungleichheiten müssen folgendermaßen beschaffen sein:
   a) sie müssen unter der Einschränkung des gerechten Spargrundsatzes den am wenigsten Begünstigten den größtmöglichen Vorteil bringen
   b) sie müssen mit Ämtern und Positionen verbunden sein, die allen gemäß fairer Chancengleichheit offen stehen.

Erste Vorrangregel (Vorrang der Freiheit)
   Die Gerechtigkeitsgrundsätze stehen in lexikalischer Ordnung; demgemäß können die Grundfreiheiten nur um der Freiheit willen eingeschränkt werden, und zwar in folgenden Fällen:
   1 a) eine weniger umfangreiche Freiheit muss das Gesamtsystem der Freiheiten für alle stärken;
   1 b) eine geringere als gleiche Freiheit muss für die davon Betroffenen annehmbar sein.

Zweite Vorrangregel
(Vorrang der Gerechtigkeit vor Leistungsfähigkeit und Lebensstandard)
   Der zweite Gerechtigkeitsgrundsatz ist dem Grundsatz der Leistungsfähigkeit und Nutzenmaximierung lexikalisch vorgeordnet; die faire Chancengleichheit ist dem Unterschiedsprinzip vorgeordnet, und zwar in folgenden Fällen:
   2 a) eine Chancen-Ungleichheit muss die Chancen der Benachteiligten verbessern;
   2 b) eine besonders hohe Sparrate muss insgesamt die Last der von ihr Betroffenen mildern."

Eine vollständige Erörterung dieses Tableaus von Grundsätzen und Vorrangregeln, welches hier wenigstens zitiert werden sollte, ist natürlich an dieser Stelle nicht möglich. Ich beschränke mich darauf, den ersten Grundsatz im Zusammenhang mit der Vorrangregel 1a darauf zu prüfen, mit welcher Plausibilität er aus dem Urzustand ableitbar ist und welche Potenz, zu *eindeutigen* Konkretisierungen zu gelangen, er in sich enthält.

Die Plausibilität der Ableitung des Ersten Grundsatzes lässt sich (in abkürzender Interpretation) wie folgt zeigen: Das Interesse der Menschen im Urzustand für gleiche Grundfreiheiten ist die einleuchtende Folge der Wirkungsweise des Schleiers des Nichtwissens auf die geschilderte Nutzenrationalität. Kennen die Vertragspartner ihre persönlichen Glücksvorstellungen und den darauf aufbauenden persönlichen Lebensplan nicht, so müssen sie für die Bedingungen der Möglichkeit zur Führung *irgendeines* (für gut gehaltenen) menschlichen Lebens optieren. Dazu gehört ein Spielraum des Handelns. Da die individuellen Lebenspläne wegen Unkenntnis der Glücksvorstellungen noch nicht im Urzustand festgelegt werden können, müsste für Entscheidungs- und Handlungsfreiheit vorgesorgt werden, um die spätere Aufstellung und Verfolgung individueller Lebenspläne offen zu halten. Freiheit erscheint unter dieser Voraussetzung als ein Grundgut. Möglichst viel davon zu haben, folgt ebenfalls aus der Art des Nichtwissens: Wer nicht weiß, was er später wollen wird, muss bestrebt sein, viele Möglichkeiten offen zu halten, dies auch wegen der Möglichkeit, dass die Glücksvorstellungen eines- und desselben Menschen wechseln können. Dass Freiheit *gleich* verteilt sein soll, folgt aus den Wirkungen des Schleiers des Nichtwissens allerdings nur dann, wenn die Vertragschließenden *kein Risiko* eingehen wollen. Sie könnten ja auch va banque spielen und auf Ungleichverteilung setzen. Vermutlich lässt sich dieses Problem nicht lösen, ohne den Parteien im Urzustand nun doch eine allen gemeinsame Eigenschaft zuzuschreiben, die sich nicht auf Vernünftigkeit im Sinne von Nutzenrationalität reduzieren lässt, sondern eine Charaktereigenschaft darstellt: Das Ausmaß der Risikobereitschaft. Sonst wäre die Annnahme, individuelle Nutzenrationalität könne zu einer Entscheidung für oder gegen *gleiche* Freiheiten führen, nicht gerechtfertigt. Dagegen bemüht *Rawls* sich um den Nachweis, dass der Urzustand die Merkmale einer Situation habe, in der rein entscheidungstheoretisch die normalerweise für Entscheidungen in Ungewissheit wenig brauchbare Maximin-Regel, welche Vorsicht ausdrückt, ausnahmsweise doch vernünftig erscheint (S. 177-181). Letzteres ist insbesondere dann der Fall, wenn *schwere* Risiken drohen, falls man nicht der Maximin-Regel folgt. *Ist* dies der Fall, so wählt man am besten diejenige Alternative, deren schlechtestmögliches Ergebnis immer noch besser ist als das schlechtestmögliche Ergebnis der anderen Alternativen (S. 178). Auf unser Entscheidungsproblem angewendet bedeutet dies: Die Wahl eines Systems *gleicher* Freiheiten versperrt zwar die Aussicht auf die „große" Freiheit auf Kosten anderer, bewahrt aber vor der Knechtschaft, die als ganz unerträglich gedacht wird.[102] Hinzu kommt

---

102 *Höffe*, Kategorische Rechtsprinzipien, 1994, S. 316 ff., bezweifelt die Richtigkeit dieser Argumentation, verfolgt das Thema aber nicht weiter, weil seine Frage („Ist Rawls' Gerechtigkeitstheorie kantisch?") beantwortet werden kann, ohne das entscheidungs-

das Argument, dass, wenn ungleiche Freiheiten gewährt würden, jeder wüsste, dass diese Wahl von den Menschen mit geringeren Freiheiten später nicht durchgehalten werden könnte, weil ein System der ungleichen Freiheiten unerträglich für die Benachteiligten wäre, wodurch das Sozialsystem entgegen den Absichten im Urzustand instabil würde (S. 201 ff.).

Hält man die entscheidungstheoretische Ableitbarkeit des Prinzips *gleicher* Freiheiten für gegeben und prüft man die *Fruchtbarkeit* des ersten Gerechtigkeitsgrundsatzes, so fällt auf, dass aus ihm nicht ohne weiteres folgt, *welche* Grundfreiheiten (Gewissensfreiheit, Koalitionsfreiheit usw.) es geben soll. Die Anweisung, das umfangreichste Gesamtsystem gleicher Grundfreiheiten, welches für alle möglich ist, zu schaffen, gibt zwar eine eindeutige Richtung an: soweit Menschen Einschränkungen spezifischer Art, die sie an bestimmten Verhaltensweisen (Tun oder Lassen) hindern, unterliegen, gewinnt die allgemein gedachte Freiheit einen spezifischen Inhalt durch die Aufhebung jener spezifischen Schranken (S. 230); das umfangreichste Gesamtsystem gleicher Grundfreiheiten wäre das der Aufhebung aller jener spezifischen Schranken. Diese zunächst eindeutig erscheinende Richtung wird aber durchkreuzt durch die einschränkende Bedingung, dass dieses Gesamtsystem der Grundfreiheiten *für alle* möglich sein muss. Hier liegen die Schwierigkeiten. *Rawls* entwickelt nun das Gesamtsystem der Grundfreiheiten nicht. Er erörtert nur paradigmatisch die Gewissensfreiheit und ihre Grenzen (S. 234-251) sowie den Grundsatz der gleichen Teilnahme an der politischen Willensbildung, die ebenfalls als eine Freiheit verstanden wird, nebst den denkbaren Einschränkungen (S. 251-265). Es lässt sich deshalb kaum beurteilen, mit welcher Stringenz ein Gesamtsystem von Grundfreiheiten ableitbar wäre.

Wichtiger erscheint es, die Aufmerksamkeit auf die internen Abstimmungsschwierigkeiten des gedachten Gesamtsystems gleicher Grundfreiheiten zu lenken. *Rawls* spricht dieses Problem an, gibt aber keine Lösung. Er setzt einfach voraus, „dass es unter einigermaßen günstigen Bedingungen stets eine Bestimmung dieser Freiheiten derart gibt, dass in den wichtigsten Punkten alle gleichzeitig verwirklicht und die grundlegendsten Interessen geschützt werden können; oder mindestens, dass dies in absehbarer Zeit möglich wird …" (S. 231). Damit sind gegenseitige Freiheitsbeschränkungen nicht ausgeschlossen, sondern gerade impliziert. Die Abgeordneten einer verfassungsgebenden Versammlung werden „an vielen Punkten … eine Grundfreiheit gegen eine andere abwägen müssen, etwa die Redefreiheit gegen das Recht auf ein faires Gerichtsverfahren. Das beste System der Freiheiten hängt von der Gesamtheit der für sie geltenden Einschränkungen ab" (S. 232).

---

theoretische Problem im Urzustand zu lösen. *Rawls* selbst hat es zuletzt selbstkritisch für einen Fehler gehalten, … eine Gerechtigkeitstheorie als Teil einer Theorie rationaler Entscheidung darzustellen …". Vgl. Die Idee des politischen Liberalismus (Fn. 98, 1994), S. 273, 274, in der Anmerkung 20.

Die Abwägung zwischen Grundfreiheiten, die *Rawls'* Theorieansatz nicht zu ersparen vermag und für die er keine Metaregeln angibt, verweist uns methodisch in den vorherigen Abschnitt 3.2.6 zurück. *Rawls* gibt die Unschärfe seines Gerechtigkeitsbegriff selbst zu, wenn er, allgemein (S. 229) oder im Hinblick auf besondere Problemstellungen (z. B. S. 232, 260/261), verschiedene Lösungen für möglich hält. Die Fähigkeit dieses sich selbst als Naturrecht verstehenden Entwurfs (S. 549, Fußnote 30), konkretes Recht abzuleiten, darf – und das liegt auch im Sinne von *Rawls* – nicht überschätzt werden.

3.3 Wege zum konkreten Naturrecht

Für das naturrechtliche Denken bleibt hier eine Herausforderung. Von seinem Erkenntnisziel muss die Vorstellung als unerträglich erscheinen, dass da, wo das Recht konkret wird, zumeist alternative Entscheidungsregeln ins Spiel kommen, zwischen denen dezisionistisch oder „weltanschaulich" gewählt werden muss.[103] Die naturrechtlichen Versuche, dieser Herausforderung gerecht zu werden, zielen in der einen oder anderen Weise darauf ab, ein vorgegebenes, unverfügbares Konkretum aufzuzeigen, das die Einbindung isolierter Wertgesichtspunkte, Bedürfnisse, Interessen in einen Gesamtzusammenhang (ein Gefüge, ein System, in Institutionen usw.) je schon geleistet hat, so dass aus dem Sinn jenes Konkretums die bestimmte Tragweite von Werten, Bedürfnissen, Interessen abgelesen werden kann. Das Maß wird nicht mehr in abstrakten Wertgesichtspunkten oder Postulaten oder Verfahrensweisen gesucht, sondern in einer Ganzheit, in der jene Abstrakta nur Momente sind, die je schon in konkrete Zusammenhänge verwiesen sind und aus ihnen ihren Sinn erhalten.

3.3.1 Die „Natur der Sache" als Sammelbecken der Konkretisierungsversuche

Jenes Konkretum als Kosmos anzusprechen, als das Ganze einer Weltordnung, die Natur und Gesellschaft umspannt, dazu fehlte der nicht kirchlich gebundenen Naturrechtsbewegung verständlicherweise der Mut. Aber unter dem bescheidener klingenden Titel der „Natur der Sache" war man bemüht, ein der Komplexität des Lebens entsprechendes vorgegebenes Recht aufzuweisen. In der einen oder anderen Form wird dabei der Begriff der Ordnung wichtig: Es wird versucht, *seiende Ordnungen*[104] aufzudecken, die unabhängig von aller Normsetzung existieren. Die Lehre von der Natur der Sache macht sich zunutze, dass Realität, insbesondere aber gesellschaftliche, unterhalb der Ebene der rationalen Planung gesellschaftlicher

---

103 Deutlich in dieser Richtung: *Arthur Kaufmann*, Naturrecht (Fn. 54), S. 24.
104 *Ballweg*, Zu einer Lehre von der Natur der Sache, 1960, S. 64.

Abläufe Systeme ausbildet, die gegen normierende Eingriffe (relativ) resistent sind; aber auch, dass es Elemente der Realität gibt, die sich nur in bestimmter Weise in ein Ganzes einordnen lassen und dadurch das Ganze inhaltlich mitkonstituieren. „Natur der Sache ist die objektiv feststellbare, sachlogische Strukturiertheit der Wirklichkeit, deren seinsmäßiger Ordnungscharakter das Recht maßgebend konstituiert".[105]

Strukturen mit Ordnungscharakter lassen sich[106] etwa wie folgt klassifizieren: Als „Naturalien", die – wie der Wechsel von Tag und Nacht und der Wechsel der Jahreszeiten – eine Anpassung des gesellschaftlichen Lebens an die „Natur" erfordern; als „Vitalien", die man als je schon erprobte Ordnungen möglicher Entfaltung der biologischen Existenz des Menschen deuten kann; als technische Sachzwänge, die zwar Ergebnisse rationalen Handelns sind, als solche jedoch nicht immer intendiert waren, jetzt aber, als eigenständige Sphäre sachlicher Erfordernisse, der juristischen Sphäre wie eine zweite Natur in Gestalt objektiver Strukturen mit Ordnungscharakter vorgegeben sind; als Wirtschaftsordnung, die sich autochthon konstituiert als die Sachlogik eines sich ausdifferenzierenden Systems der optimalen Bedürfnisbefriedigung,[107] als sachlogische Strukturen,[108] als Institution, die das geordnete Ensemble von persönlichen und sachlichen Mitteln und Interaktionszusammenhängen ist zur Erfüllung einer bestimmten – nicht in Frage gestellten – Aufgabe oder einer als unverzichtbar klassifizierten gesellschaftlichen Funktion, (die durchaus – wie z. B. der Strafvollzug – nicht rational kommensurabel zu sein braucht, sich aber trotzdem behauptet); als bereitliegende Interaktionsmuster, die erst im Augenblick ihrer Verletzung überhaupt bewusst, dann aber als außerbewusste Ordnungsleistungen hohen Ranges erkannt und als Konstituentien sozialtypischer Existenzformen (Rollen) spontan verteidigt und sich gegenseitig zugestanden werden (vielleicht in Analogie zur fraglosen Legitimität biologischer Selbstbehauptung).[109]

Die angeführte Reihe der Regionen, in denen reale Ordnungsstrukturen vorgefunden werden können, ist ontisch in sich heterogen. Sie ließe sich verlängern, und es ist zu erwarten, dass neue Spielarten der „Natur der Sache" – wenn auch nicht ausdrücklich unter diesem Namen – stets dann auftreten, wenn neue (besonders sozialwissenschaftliche) Methoden der Beschreibung und Deutung von Strukturen der Realität gefunden und erprobt werden. Die Verklammerung all jener For-

---

105 *Ballweg*, Lehre (Fn. 104), S. 67.
106 Unter teilweiser Anlehnung an *Ballweg* (Fn. 104).
107 Aus der Natur *dieser* Sache gedacht ist der berühmte Abschnitt der Hegelschen Rechtsphilosophie über das „System der Bedürfnisse" (§§ 189 bis 208).
108 *Welzel*, Naturrecht und Rechtspositivismus (Fn. 11), S. 334 ff.
109 Vgl. dazu *Garfinkel*, Das Alltagswissen über soziale und innerhalb sozialer Strukturen. In: Alltagswissen, Interaktion und gesellschaftliche Wirklichkeit, Hrsg. Arbeitsgruppe Bielefelder Soziologen, 2 Bde., 1973, S. 189 ff.

schungsansätze zu *einer* Lehre von der Natur der Sache wird nur möglich im Rückgriff auf das naturrechtliche Erkenntnisinteresse, Recht im Modus der Unverfügbarkeit zu erfassen.

3.3.2 „Natur der Sache" und praktische Jurisprudenz

Würde man nun erwarten, dass die Lehre von der Natur der Sache ihre Fruchtbarkeit durch eine Vielzahl von Einzelanalysen gezeigt hätte, so wäre eine Enttäuschung unvermeidlich. Am ehesten lässt sich die Theorie der Natur der Sache als ein Bündel methodischer Anweisungen für praktische Jurisprudenz begreifen, die darauf hinauslaufen, die Ordnungsstrukturen der Wirklichkeit, wo immer sie auftauchen, nicht zu verletzen.

Ob die Theorien der Natur der Sache zur Jurisprudenz *mehr* als jenes methodische Bewusstsein beigesteuert haben, kann zweifelhaft sein. Die Beispiele eingehender Analysen sind spärlich genug. Eine gewisse Berühmtheit hat die heute nicht gerade sehr aktuelle Darstellung der Ordnungsstrukturen des Schwarzmarkts durch *Fechner*[110] erlangt. Viel zu oft wird man sonst mit der Nennung von Beispielen für konkrete Ordnungen, die dann aber nicht analysiert werden, abgespeist. Mit der Beteuerung etwa, es gebe (ontologisch?) unbeliebige Erwartungen und Entsprechungen im Verhältnis wechselbezüglicher Rollen und Lagen, wie Käufer – Verkäufer, Lehrer – Schüler, Vater – Sohn usw.,[111] wird die Schwelle der erfahrungsmäßigen Überprüfbarkeit von Aussagen über die Natur einer *bestimmten* Sache noch nicht erreicht. Ein Grund für die auffällige Abstinenz bezüglich Einzelanalysen könnte es sein, dass Letztere unvermeidlich mit den juristischen Institutionen, wie sie durch Überlieferung, Gesetzgebung, Auslegung und Kasuistik begründet und ausdifferenziert worden sind, konkurrieren müssten. Wahrscheinlich müsste dann das in der Idee von der Natur der Sache liegende Versprechen durch eine fundamentalere Dogmatik, durch eine Rekonstruktion der Institutionen aus den Sachgesetzlichkeiten gesellschaftlichen Lebens, eingelöst werden. Dabei würde sich zeigen, dass gute Rechtsdogmatik dies immer schon versucht. Wozu also die Bewährung der Idee von „Natur der Sache" an Einzelanalysen? Die juristische Dogmatik zeigt stets schon die Bedeutung dessen, was man Denken aus der Natur der Sache nennt.

3.3.2.1 Denken aus der Natur der Sache: ein Beispiel. Immerhin bleiben die Fälle übrig, in denen neue gesellschaftliche Wirklichkeit der juristischen Nachkonstruktion oder eine in Frage gestellte Institution der juristischen Neukonstruktion aus verbliebenen realen Ordnungsfaktoren bedürfte. Wie so etwas vor sich gehen könnte, mag aus den nachfolgenden Bemerkungen zu Strukturelementen

---

110 Rechtsphilosophie, Soziologie und Metaphysik des Rechts, 2. Aufl. 1962, S. 151-154.
111 *Maihofer*, Natur (Fn. 92).

des fragwürdig gewordenen Verhältnisses „Hochschullehrer – Student" entnommen werden.[112] Die Strukturelemente sollen aus der Sachgesetzlichkeit einer Lehr-Lernsituation, die sich an dem Ziel einer Ausbildung zu wissenschaftlichem Arbeiten orientiert, abgelesen werden.

Aus der Natur der Sache einsichtig erscheint Folgendes: Die Entwicklung von Autorität in der Lehr-Lernsituation widerspricht einerseits dem Sinn wissenschaftlichen Lernens, weil die wissenschaftliche Einstellung gerade verlangt, nichts auf Autorität hin zu akzeptieren, selbst wenn dies von einem mehr praktischen Gesichtspunkt aus vernünftig wäre; andererseits begründet der in der Lehr-Lernsituation gewöhnlich gegebene und auch erwünschte Wissensvorsprung der einen Seite deren Autorität. Diese schlägt insbesondere bei der Frage einer sachgemäßen Stoffauswahl, die eine Übersicht über das Wissensgebiet voraussetzt, und überhaupt bei Fragen des sachgemäßen Aufbaus des Lernens als selbständiger Faktor zu Buche. Wird dieser Sachverhalt missachtet oder nicht akzeptiert, so wird dies nicht nur von den Lehrenden sondern auch von den Lernenden als Störung einer optimalen Erreichung des Lernziels, durch das die Situation entscheidend mitdefiniert ist, erlebt. Die Autorität aufgrund Wissensvorsprungs der Lehrenden bedarf dann einer Verdichtung zu juristisch verfestigter Organisationsgewalt, da andernfalls die Festlegungen der Lehrenden hinsichtlich der Stoffes – von externen Festlegungen der Lehre etwa durch staatliche Prüfungsordnungen sei hier abgesehen – von einem Teil der Lernenden missachtet werden können, dies mit negativen Folgen für *alle* Lernenden. Wissenschaftliche Autorität in der Lehr-Lernsituation geht deshalb tendenziell in juristisch sich verfestigende Organisationsgewalt über, weil die Gestaltung der Lehrveranstaltungen, die bei Inkompetenz der Lernenden automatisch an die Lehrenden fällt, verbindliche Entscheidungen notwendig macht. Dieser Tendenz kann nicht durch formale Verfahren, sondern nur in *der* Weise gesteuert werden, dass die Lernenden eigene sachliche Kompetenz entwickeln.

Ergibt sich so anscheinend aus der „Natur" der Lehr-Lern-Situation die Notwendigkeit, die Freiheit der Lehre institutionell abzusichern, so impliziert dies aber keinesfalls die Unfreiheit des Lernens im Sinne einer institutionalisierten Abhängigkeit von Lehr-Lern-Situationen. Lernende können den Versuch machen, unter *Vermeidung* der Lehr-Lern-Situation ihr Lernziel zu erreichen. Nichts spricht dagegen, auf diese *Lernfreiheit* institutionell Rücksicht zu nehmen. Die „sachlogischen Strukturen" der Lehr-Lern-Situation reichen nämlich nicht weiter als diese Situation selbst. Zum andern muss auch bei der institutionellen Ausgestaltung von Lehr-Lern-Situationen auf das Bedürfnis nach kritischem Lernen Rücksicht genommen werden. Das impliziert die Institutionalisierung von Möglichkeiten der Kritik an der Lehre. Die Lehrenden müssen sich nach einer näher zu bestimmenden Ordnung Dialogsituationen stellen, in denen ihre Autorität – ihre Prärogative bei der

---

112 Es handelt sich um die gerafften Ergebnisse einer Seminardiskussion Anfang der siebziger Jahre.

Gestaltung der Mikrostruktur der Lehre (nur von ihr ist hier die Rede) – suspendiert ist. Dem Recht, die „Umfunktionierung" von Lehrveranstaltungen zu verweigern, korrespondiert die Pflicht, an anderer Stelle auf autoritative Gestaltung zu verzichten, das autoritativ Gestaltete in Frage stellen zu lassen und sich gleichwohl nicht aus der Situation zurückzuziehen. Es müssten überdies Regeln gefunden werden, nach denen *innerhalb* der autoritativ festgelegten Lehr-Lern-Situation Autorität punktuell suspendiert werden kann, um kritisches Lernen zu ermöglichen.

Auch wenn man geneigt ist, die angeführten Schlüsse aus der „Natur der Sache" zu akzeptieren, so wird schon hier sichtbar, wie schwierig es ist, aus Ordnungsfaktoren in der gesellschaftlichen Wirklichkeit eine konkrete Ordnung zusammenzufügen, die dem Anspruch genügt, die „wirkliche" Ordnung zu sein. Blickt man gar von dem andeutungsweise analysierten Element, der Lehr-Lern-Situation, auf das Ganze der Institution „Hochschule", so ergeben sich zahlreiche Schwierigkeiten und Alternativen bei der Einordnung jenes Elements in das Ganze. Die konstruktive Verwendung der aus der Lehr-Lern-Situation abgeleitete Ordnungselemente etwa bei der Ausarbeitung der Gesamtordnung der Hochschule ist nicht eindeutig bestimmt, auch wenn man sicher zu sein glaubt, dass jene Ordnungselemente mit der richtigen, realitätsgerechten Ordnung etwas zu tun haben. Kurzschlüssig wäre es z. B., von dem Wissensvorsprung der Lehrenden auf ihre alleinige Kompetenz der Festlegung von Lehrplänen und Prüfungsordnungen, der Bestimmung des wissenschaftlichen Nachwuchses und der Berufung neuer Hochschullehrer schließen zu wollen.

3.3.2.2 Kritik des Beispiels. Das skizzierte Beispiel zeigt, dass Denken aus der Natur der Sache seine Stärke eher in der Aufbereitung von Ordnungs*elementen* und weniger in der alternativlosen Zusammenfügung jener Elemente in einen größeren sozialen Kontext hat. So urteilt auch *Coing*:[113] „Was wir ... aus der ‚Natur der Sache' selbst nicht gewinnen können, ist die Einsicht in eine geschlossene Ordnung ... Die Natur der Sache bietet uns ... Ordnungselemente, aber keine Ordnung selbst ... Sie macht die ordnende Tat der Rechtssetzung nicht unnötig."

Ist damit – am naturrechtlichen Erkenntnisinteresse gemessen – die Tragweite des Denkens aus der Natur der Sache stark eingeschränkt, so ergibt sich die Möglichkeit einer fundamentaleren Kritik an dieser Denkfigur, sobald man die Maßgeblichkeit der vorgefundenen Ordnungselemente oder -strukturen auf ihren axiologischen Gehalt befragt und unter Wertungsgesichtspunkten auch in Frage stellt. Die Frage, die beim Denken aus der Natur der Sache zumeist zu kurz kommt, manchmal sogar bewusst ausgeklammert wird,[114] ist, ob diese oder jene „seiende Ordnung" überhaupt sein *soll*. Ist diese Frage einmal gestellt, so genügt es nicht mehr, den ohnehin verwickelten und unsicheren Nachweis der Existenz eines vor- oder außergesetz-

---

113 *Coing*, Grundzüge der Rechtsphilosophie, 5. Aufl. 1993, S. 189 f.
114 *Ballweg*, Lehre (Fn. 104), S. 68 f.

lichen Ordnungszusammenhangs zu erbringen, sondern die etwa nachgewiesene Ordnung muss jeweils auf ihr Sein-Sollen und gegebenenfalls auf ihre Veränderbarkeit befragt werden. Dabei muss im Einzelfall geprüft werden, inwieweit der als existent behauptete Ordnungszusammenhang nicht auf Tatsachen sondern auf bestimmten Soll-Vorstellungen beruht, die, *weil* sie Sollvorstellungen sind, nicht im üblichen Sinne *empirisch* überprüfbar sind, sondern auch die Frage ihrer normativen Richtigkeit aufwerfen. Fragen wir in diesem Sinne nach dem axiologischen Gehalt der ansatzweise analysierten Lehr-Lern-Situation, so war das wichtige *Faktum mit Ordnungstendenz* der regelmäßig gegebene Wissensvorsprung des Lehrenden; nicht auf der Ebene der Faktizität lag dagegen die – lediglich nicht in Frage gestellte – Aufgabe der Hochschule, nach gewissen Standards von Wissenschaftlichkeit dem Lernenden die Fähigkeit zu wissenschaftlichem Arbeiten zu vermitteln. Wird diese Zielvorstellung – entweder direkt oder durch eine Uminterpretation oder Veränderung der Standards von „Wissenschaftlichkeit" – angegriffen, so geraten die Strukturen des Verhältnisses Hochschullehrer – Student noch grundsätzlicher ins Zwielicht und werden ungewiss.

Der Wissensvorsprung verliert, obwohl er unter einem bestimmten axiologischen Gesichtspunkt ein Faktum mit bestimmter Ordnungstendenz ist, diese Bedeutung; möglicherweise verliert er sogar *jede* Ordnungstendenz. Darin zeigt sich, dass die häufig prätendierte Vorrangigkeit der Sachgesetzlichkeiten vor den axiologischen Gesichtspunkten oder gar deren Irrelevanz nicht durch Analyse überschaubarer sozialer Situationen einzulösen ist; diese werden vielmehr durch intersubjektiv konsentierte axiologische Setzungen konstituiert.[115] Wandeln sich diese Setzungen, so wandeln sich auch die Ordnungstendenzen der sachlichen Vorgegebenheiten, seien dies Naturalien, Vitalien, technische Sachzusammenhänge oder was auch immer.

3.3.3 Die methodischen Voraussetzungen der Kritik. Das Problem von Sein und Sollen

Dass in unserer Darstellung die Denkfigur der Natur der Sache nicht geeignet erscheint, den Dualismus von *Sein* und *Sollen* in dem Sinne zu überbrücken, dass sich aus der unverfälschten Aufnahme dessen, was ist, ablesen ließe, was sein soll, hat bestimmte methodische Voraussetzungen, die es jetzt bewusst zu machen – und damit zugleich zu relativieren – gilt. Dabei wird sich zeigen, dass wir die Natur der Sache bis jetzt methodendualistisch interpretiert haben. Als „Methodendualismus" bezeichnet man in erster Annäherung die Ansicht, vom Sein könnte nicht auf ein Sollen geschlossen werden; als Methodenmonismus dagegen die Auffassung, das Sein umschließe die Ebene der Werte und des Sollens.

---

115 Zur (weitgehenden) Reduktion der Natur der Sache auf „Wertungskonsequenz" vgl. *Günter Stratenwerth*, Das rechtstheoretische Problem der Natur der Sache, 1975.

Entscheidend für das Verständnis dieser Thesen ist die Frage, was hier jeweils unter „Sein" verstanden wird. Der – besonders durch die Philosophie des Neukantianismus ausgearbeitete – Methodendualismus versteht Sein im Sinne von Faktizität, während der – etwa durch *Thomas* und *Hegel* repräsentierte – Methodenmonismus Sein als Wesenswirklichkeit begreift.

Sind, wie bei *Thomas*, das Sein und das Gute in unlösbarer Verbindung gedacht, so ist mit Sein nicht bloße Faktizität gemeint. Das wird beispielsweise deutlich an der korrespondierenden Definition von „böse", wie *Thomas* sie gibt: „Kein Wesen wird böse genannt, sofern es seiend ist, sondern sofern es seines Seins verlustig ist".[116] Das Nichtsein kann also gleichsam wirken. Dass es wirkt, macht es nicht zu Seiendem. Auch gilt für das Seiende i. S. dieser Philosophie nicht, dass es entweder ist oder nicht ist; sondern etwas *ist* mehr oder weniger; Sein ist ein steigerungsfähiger Begriff. Gutsein bedeutet Wesensverwirklichung (Vollkommenheit), Bösesein das Verfehlen des eigenen Wesens oder das Zurückbleiben hinter seinen wesensgemäßen Möglichkeiten. „Sollen" kann auf dem Boden dieser Metaphysik als die aufzuhebende Differenz zwischen Wesen und Seiendem begriffen werden, wobei aber das Wesen nicht vom Seienden abgelöst, sondern als Grund des Seienden gedacht ist.[117]

Entsprechend versteht *Hegel* Wirklichkeit nicht als *bloße Faktizität*, wenn er in der Vorrede zur Rechtsphilosophie sagt, was vernünftig sei, das sei wirklich, und was wirklich sei, das sei vernünftig. Wirklich in diesem Sinne „ist nur das notwendige Sein oder die Erscheinung als ganze und angemessene Manifestation des Wesens".[118]

Der Seinsbegriff des Methodendualismus neukantianischer Prägung[119] meint dagegen gerade Faktizität, schließt deshalb jeden Seinsbezug des Seienden auf ein es mitkonstituierendes Wesen aus; und damit auch jenes dem Sein immanente Sollen, welches in der möglichen Differenz zwischen Seiendem und Wesen gründet. Als Wirklichkeit wird vielmehr das angesehen, was sich – im Prinzip – mit empirischen Methoden erforschen lässt. Solche Forschung hat ihre Basis letztlich in Aussagen, die (raum-zeitliche) Beobachtungen wiedergeben. Alle Theorie bedarf der Verifizierung oder Bewährung an dieser Basis. Die Welt der Kultur, die nicht der Beobachtung allein zugänglich ist, sondern zusätzlich ein Sinnverstehen fordert, wird gleichwohl in die Ebene der raumzeitlichen Faktizität gerückt, indem unterschieden wird zwischen den in der Geschichte auftauchenden, dort als objektiv geglaubten Sinngehalten, welche nicht der Wirklichkeit (dem Sein), sondern der Sphäre des Geltens (Sollens) angehören, und den zeitlichen Akten, in denen Inhal-

---

116 *Thomas*, Pot. 3, 16 ad. 3.
117 *Kluxen*, Philosophische Ethik bei Thomas von Aquin, 1964, S. 171 ff.
118 *Bloch*, Subjekt – Objekt, 1962, S. 253.
119 Kritische Darstellung dazu: *Verdross*, Statisches und dogmatisches Naturrecht, 1971, S. 95 f.

te der vorgenannten Art – vermeintlich oder zutreffend – erfasst werden. Nur diese Akte sind in der Zeitordnung klassifizierbar, insofern beobachtbar und also wirklich im Sinne eines beobachtbaren Phänomens. Auf diese Ebene der Faktizität wird die Geschichte der Kultur dadurch gezogen, dass zwischen der *faktischen Geltung* von Wertvorstellungen einer Zeit und der *Richtigkeit* dieser Wertvorstellungen in einem absoluten Sinne unterschieden wird. Die Werte selbst in ihrer Idealität stehen nicht in der Ebene der Faktizität; und umgekehrt ist die Erforschung der Wirklichkeit des wertbezogenen Denkens, seiner Geschichte und seiner gesellschaftlichen Bedingungen, prinzipiell keine Methode, das Reich des Geltens und Sollens verbindlich zu erkennen.[120]

Da Methodendualismus und Wesensphilosophie, wie ersichtlich, nicht dieselben Begriffe von Sein und Wirklichkeit verwenden, kann man den Versuch machen, die so diametral entgegengesetzt erscheinenden Grundpositionen einander anzunähern. In diesem Sinne lässt sich sagen: Beide Theorien sind sich darin einig, dass das Seinsollende nicht aus Fakten (induktiv) abgeleitete werden kann. Vom wesensphilosophischen Ansatz her ist Faktisches nicht ohne weiteres wirklich (seinsollend). Das Sein-Sollen wird nämlich aus der Wirklichkeit des Wesens abgelesen. Das Wesen wird zwar durch Betrachtung von solchem Faktischen, in welchem es sich realisiert hat, erkannt; aber Wesenserkenntnis ist von Realitätserkenntnis methodisch zu unterscheiden, auch wenn Wesenserfahrung die Realität nicht überspringt. Der Methodendualismus andererseits verneint nun zwar die Wirklichkeit von realitätsimmanenten Wesenheiten oder leugnet doch deren Erkennbarkeit und versucht entweder – platonisch und damit der Wesensphilosophie verwandt – das von der Realität abgetrennte Gute als realitätsunabhängiges Reich reinen Geltens von Werten zu erschauen oder – kantisch – das Sollen als formale, irgendwie aus der Organisation der Vernunft abgeleitete Struktur des Wollens zu deuten, die der Wille annehmen kann und soll. Trotzdem ist auch das so konzipierte Sollen seinem eigenen Sinn nach auf die reale Welt zurückverwiesen, weil den idealen Sinneinheiten, die man Werte oder Sollen nennen kann, keine Selbstgenügsamkeit eignet. Denn immer soll etwas *Reales* sein oder nicht sein oder anders sein. Das Sollen ordnet sich der Realität als Maßstab zu und übernimmt so die Rolle des Wesens. „Wesen" lässt sich – methodendualistisch – als verdinglichtes Wertsein oder Sollen deuten; umgekehrt Sollen und Wert als Abspaltungen (Abstraktionen)

---

[120] *Heinrich Rickert,* einer der bekanntesten Neukantianer, formuliert dies in seinem Buch „Kulturwissenschaft und Naturwissenschaft" (6. und 7. Auflage 1926), hier zitiert nach der Ausgabe 1986, S. 112, so: „Das *wertbeziehende* Verfahren … ist …, wenn es das Wesen der Geschichte als einer theoretischen Wissenschaft zum Ausdruck bringen soll, auf das schärfste vom *wertenden* Verfahren zu trennen, und das heißt: für die Geschichte kommen die Werte nur insofern in Betracht, als sie *faktisch* von Subjekten und dabei *faktisch* gewisse Objekte als Güter bezeichnet werden. Auch wenn die Geschichte es also mit Werten zu tun hat, ist sie doch *keine wertende Wissenschaft*. Sie stellt vielmehr lediglich fest, was *ist*." (Hervorhebungen von *Rickert* selbst).

aus dem, was der Wesensphilosophie Sein oder Wirklichkeit heißt. Der Wert kann sogar wechselweise entweder als Abspaltung aus dem umgreifenden Sein oder als Hypostasierung eines gedanklichen Derivates aus der formalen Struktur des sittlichen Wollens verdächtigt werden.[121]

3.3.4 Methodendualistische Interpretation und Verwendung der „Natur der Sache"

Überträgt man das Entwickelte auf unsere bisherige Darstellung der Theorie der Natur der Sache, so bestätigt sich, dass wir diese methodendualistisch konzipiert haben, weil wir zu zeigen bemüht waren, dass zum einen die an gewissen Sachverhalten ablesbaren Ordnungstendenzen sich immer nur von einem bestimmten Wertgesichtspunkt aus zeigen und dass zum anderen wirkliche Ordnungszusammenhänge auf ihr Seinsollen kritisch befragt werden dürfen und müssen. Beides setzt eine Transzendenz des Sollens gegenüber dem, was implizit als die wirkliche Ordnung definiert war, voraus. Dieses Wirkliche war folglich nicht als Wesenswirklichkeit, sondern als Faktizität konzipiert, die sich einer szientistisch verstandenen Erfahrung – auch Alltagserfahrung – erschließt.

Auch und gerade in methodendualistischer Sicht kann aber die Denkfigur der Natur der Sache zu einer besonnenen und sorgfältigen Beachtung aller vorfindlichen Ordnungen, Systeme und Ordnungselemente anleiten, dann nämlich, wenn gesehen wird, dass das Seinsollende nur bei Berücksichtigung dessen, was faktisch *ist*, erreicht werden kann. Als eindeutige Beziehungen zwischen Sein und Sollen ergeben sich dann die Folgenden:

Es ist nicht gerechtfertigt oder gar aufgegeben, Utopisches (ohne vermittelnde, die Utopiesituation beseitigende Zwischenstadien) anzustreben. So hätte etwa bei nachweisbarer vorläufiger Unaufhebbarkeit der Gesetze kapitalistischen Wirtschaftens der Versuch einer Abschaffung des vorgegebenen Wirtschaftssystems als technisch nicht machbar oder zumindest unökonomisch bis auf weiteres zu unterbleiben.

Aber auch änderbare Ordnungszusammenhänge müssen grundsätzlich als Leistung, die immer schon erbracht ist, d. h. als gesellschaftlicher Reichtum, gewertet werden, weil ihre Ersetzung zumeist neue Ordnungsleistungen erfordert, die das System neu stabilisieren. Gerade diese Bewertung jeweils schon installierter oder gewachsener Ordnungen ist es, die dem Juristen in der Alltagspraxis das Denken aus der Natur der Sache ganz selbstverständlich erscheinen lässt.

Eine methodendualistisch konzipierte Lehre von der Natur der Sache kann der systemtheoretischen These zustimmen, dass *alles* in einem System abänderbar ist, aber nicht alles – genauer: nur weniges – auf einmal.

---

121 Vgl. einerseits *Heidegger*, Einführung in die Metaphysik, 1953, S. 152-155. Andererseits *Kluxen*, Ethik (Fn. 117), S. 221.

3.3.5 Natur der Sache als Brücke vom Sein zum Sollen?

Wiewohl damit auch eine methodendualistisch konzipierte Theorie der Natur der Sache seinsmäßig unverfügbare Voraussetzungen und Grenzsetzungen für das positive Recht zu markieren vermag, so handelt es sich doch, wie gezeigt, um eine relativierte Unverfügbarkeit. Darüber hinaus aber auch um eine denaturierte: Das (relativ) Unverfügbare im Recht entpuppt sich zum einen als Grenze des Machbaren, eine Grenze, die in ihrer Zufälligkeit nicht weniger sinnlos zu sein braucht als menschliche Willkür selbst und deshalb keine Hochstilisierung zum „ewigen Naturrecht" verdient; zum andern als Sinnlosigkeit des Änderns, wo sich keine zwingende Alternative zeigt. Das naturrechtliche Erkenntnisinteresse bleibt auf diesem Wege unbefriedigt.

3.3.6 Überwindung des Dualismus von Sein und Sollen durch eine fundamentalontologische Theorie der Natur der Sache?

Gerade deshalb blieb die Lehre von der Natur der Sache bei dieser methodendualistischen Konzeption nicht stehen, sondern versuchte die Aufdeckung von Wirklichkeitsstrukturen, durch die das rechtliche Sollen mitgesetzt ist und aus denen es deshalb abgeleitet werden kann. So hat *Maihofer* die Natur der Sache identifiziert mit der ontologisch – nicht soziologisch – interpretierten „sachgesetzlichen Struktur der sozialen Lebensrollen und Lebenslagen".[122] Diese haben zugleich eine Seins-, Sinn-, Wert- und Sollensstruktur, was sich darin zeigt, dass soziale Rollen wechselseitig aufeinander verwiesen sind,[123] dass sie wechselseitig Bedeutung füreinander,[124] und dass ihre Träger wechselseitige Erwartungen aneinander haben – der Schüler an den Lehrer und umgekehrt, der Patient an den Arzt und umgekehrt – Erwartungen, die natürlich oder vernünftig sind, weil sie sich aus der Bezogenheit der Rollen aufeinander ergeben;[125] und dass schließlich diese Erwartungen nach Maßgabe der Struktur der Rollenbeziehungen berechtigt sind, woraus die Rechte und Pflichten erwachsen.[126] Die Struktur der Rollen ist es, die dem kategorischen Imperativ *Kants*, aber auch der goldenen Regel einen Inhalt zu geben vermag, weil die in diesen Formeln gemeinte Allgemeinheit und Allgemeingültigkeit des Handelns nur als die spezifische Allgemeinheit eines rollengemäßen Verhaltens konkreten Sinn hat. Die Rolle, so können wir *Maihofer* interpretieren, konstituiert ohne Ansehen des Rollenträgers ein rollengemäßes Sollen: der Aufweis der Sollensstruktur der Rolle gehört gleichsam zu ihrer ontologischen Explikation. Ohne die Zeichnung der jeweiligen Sollensstruktur wäre die Explikation der jeweiligen Rolle unvollständig, ja unmöglich.

---

122 Natur (Fn. 92), S. 69.
123 Natur (Fn. 92), S. 73.
124 Natur (Fn. 92), S. 74.
125 Natur (Fn. 92), S. 75.
126 Natur (Fn. 92), S. 76 ff.

Dass *Maihofer* an der Seinsimmanenz von Sollen mit Konsequenz festgehalten hat, zeigt sich – auf dem Hintergrund des oben entwickelten (neu)kantianischen Realitätsbegriffs – auch darin, dass er die von ihm angesprochenen Strukturen der sozialen Lebensrollen als *nicht* ontisch und als *nicht* der wissenschaftlichen Empirie, beispielsweise der Soziologie, zugänglich charakterisiert. Das ist deshalb schwer genug, weil *Maihofer* den geschichtlichen Wandel der Strukturen der einzelnen sozialen Rollen nicht leugnen mag. Indem er aber der „ontischen Geschichte des soziologischen Wandels der Eigenschaften und Beschaffenheiten dieser Rollen und Lagen" ihre „ontologische Geschichte" gegenüberstellt, die eine Geschichte der „Eigentlichkeit" des „Allseins" (d. h. des Daseins in Rollen) ist, gelingt es ihm zumindest begrifflich, ontologische Strukturen des Daseins in Rollen von den empirisch beschreibbaren, empirisch-soziologischen Rollen abzuschichten.

Die Abschichtung bleibt indessen – ebenso wie die Differenz von Existenz und Wesen in der Wesensphilosophie – im Grunde verbal. Soll es neben den soziologisch fassbaren Strukturen sozialer Rollen noch ontologische geben, so müsste es ein Kriterium der Unterscheidung geben, das nicht darin bestehen dürfte, die Unzuständigkeit soziologischer Empirie für ontologische Strukturen zu beteuern. Als Unterscheidungsmerkmale finden sich bei *Maihofer* – außer dem formal bleibenden kategorischen Imperativ und der ebenso formal bleibenden goldenen Regel – nur Kriterien wie „gehörig", „vernünftig", „berechtigt" usw. Das impliziert zwar, dass es auch ungehörige, unberechtigte und unvernünftige typische Erwartungen und Entsprechungen, also schlechte Rollenstrukturen geben kann; aber man erfährt nicht, wie man Gehöriges und Ungehöriges usw. konkret zu unterscheiden hätte. Der Hinweis auf die ontologischen Strukturen hilft nicht, weil diese erst durch die – nicht funktionierenden – Kriterien von den soziologisch beschreibbaren Strukturen unterschieden werden müssten.

Ist es ein Zufall, dass wir von *Maihofer* keine Ontologie der Rollen (Vater – Sohn, Lehrer – Schüler, Arzt – Patient usw.) haben? Wäre eine die Konkretion wagende Ontologie der sozialen Rolle etwas anderes geworden als die sehr persönliche Verdichtung persönlicher Wertungen in der Form von Beschreibungen von Rollenverhalten – nicht wie es ist, sondern – wie es sein soll? Wenn nicht dieses, so hätte die Ontologie der sozialen Rolle sich auf Empirie, auf die Soziologie der Rollen stützen müssen, um sich den Zugang zu der empirisch verifizierbaren Ordnungsleistung sozialer Rollen und ihrer sozialen Normen zu verschaffen; dies aber um den Preis, der methodendualistischen Frage nach dem Seinsollen der Rollen in ihrer bestimmten historischen Gestalt nicht mit der ontologischen Volte ausweichen zu können. Nicht die „rechtliche Fixierung sozialer Standorte und Gruppenzugehörigkeit", die „von keiner Seite mehr in Frage zu stellen" ist, lässt sich *Maihofer* bei genauer Analyse seiner Begrifflichkeit vorwerfen,[127] sondern – an dem

---

127 So *Maus*, Die Basis als Überbau oder: „Realistische" Rechtstheorie, in: *Rottleuthner* (Hrsg.), Rechtstheorie, 1975, S. 492.

Interesse praktischer Philosophie gemessen – die Inhaltslosigkeit seiner ontologischen Kriterien.

Freilich drängt solche Ontologie nach handfesten Materialisierungen im Ontischen und muss dann entweder die Strukturen der sozialen Rollen so nehmen, wie sie empirisch sind; oder es muss eine Sollensstruktur unterlegt werden, deren Herkunft zwar nicht auf Empirie, wohl aber auf das nicht ausweisbare Vor-Urteil des Denkers zurückweist. In diesem Sinne postuliert *Maihofers* Rechtsontologie allerdings „die Versöhnung von menschlicher Bestimmung und jeweils vorgegebener Wirklichkeitsstruktur im Zeichen eines stets werdenden konkreten Naturrechts, einer dynamisch sich entwickelnden Natur der Sache".[128] Im Ergebnis läuft solches Naturrecht aus der Natur der Sache auf eine zirkuläre Explikation persönlich oder kulturell bedingter Sein-Sollens-Korrelation hinaus.[129] Dagegen ist nichts einzuwenden, *wenn* es zugegeben wird.

3.4 Abstrakt-rationales Naturrecht und Denken aus der Natur der Sache im Vergleich

Der hier hervorgehobene Konservativismus im Natur-der-Sache-Denken *Maihofers*, der sich mit stetigem Wandel gut verträgt, bleibt eine durchgängige Attitüde allen Denkens aus der Natur der Sache, sofern es konkret zu werden versucht.

Das gibt Veranlassung, das Denken aus der Natur der Sache mit dem Verfahren der Aufstellung relativ abstrakter Prinzipien hoher Konsensfähigkeit zu vergleichen. Dabei zeigt sich: Wesentlich für alle Ansätze zur Bestimmung der Natur der Sache ist der Versuch, das Recht als Ordnung nicht durch eine „rationale" Gewichtung einzelne Werte, Ziele oder Interessen – also als Vernunftrecht – zu konstituieren, sondern Ordnungen in der Wirklichkeit vorzufinden, welche die Frage der Gewichtung immer schon gelöst haben oder gar nicht aufkommen lassen, weil die Ortsbestimmung der an einem (Teil-)System beteiligten Elemente eben durch das System schon geleistet ist. Im Natur-der-Sache-Denken ist logisch das Ganze, die Ordnung, und sei diese noch so klein und segmenthaft, *vor* dem Teil, während im Naturrecht rationalistischer Prägung von Einzelargumenten hoher Konsensfähigkeit ausgegangen wird, um über ein Raisonnement zum Ganzen einer konkreten Problemlösung zu kommen. Rationalistisches Naturrecht eignet sich, wie schon dargestellt, wenig dazu, konkrete Ordnungen (Problemlösungen) aufzuzeigen oder gar abzuleiten; es ist aber imstande, vorgegebene Ordnungen kritisch zu beleuchten, weil es im Ansatz kraft seiner Methode der *isolierenden* Hervorhebung von essentials utopi-

---

128 *Maus,* Basis (Fn. 127), S. 491.
129 Zum Zirkelschluss im naturrechtlichen Denken vgl. *Welzel,* Naturrecht und materiale Gerechtigkeit, 4. Aufl. 1962, S. 61.

schen Charakter hat und alle Konkretionen des gesellschaftlichen Miteinanders tendenziell überspringt. Das Denken aus der Totalität der jeweils vorgegebenen Ordnung affirmiert dagegen tendenziell diese Ordnung; es lebt aus dem Sinngehalt des historisch Erreichten, hat aber Schwierigkeiten, eine notwendige Neubestimmung der Gesamtsituation zu leisten.

In der Natur-der-Sache-Lehre bleibt die Dimension der Geschichtlichkeit im Grunde noch ausgeklammert, weil Geschichtlichkeit das Offensein in die Zukunft ebenso impliziert wie das sich Zurückbeziehen auf Gewordenes. Die vorgegebenen Ordnungen, auch wenn sie in geschichtsphilosophischer Perspektive als transitorisch interpretiert werden können, werden trotz des äußerlichen Wissens um ihr Gewordensein als fertige und maßgebliche und also gerade nicht als Möglichkeiten des Transzendierens in Zukunft genommen. Nur so vermögen sie die im Alltag benötigte Konstanz treffsicherer Problemvermeidung und -lösung zu gewährleisten, die den Vorteil des Denkens aus der Natur der Sache gegenüber den in Aporien sich verlierenden Reflexionen des abstrakten Naturrechts ausmacht. Das Denken aus der Natur der Sache wird so zum adäquat erscheinenden methodischen Selbstbewusstsein juristischer Alltagserfahrung und Alltagspraxis, die es mit Entscheidungen *innerhalb* überschaubarer Systeme zu tun hat.

3.5 Die Geschichtlichkeit des Rechts als rechtsphilosophisches Problem

Gesucht wird in Anbetracht dieser Polarisierung die Synthese von abstrakt-utopischem und konkret-konservativem Rechtsdenken. Solches Denken müsste bestimmen können, wann genau eine fraglos vorgegebene konkrete Ordnung in Frage gestellt und in ein neues System transformiert werden kann, darf und muss, um eine bessere Annäherung an eine praktische Konkordanz allseits konsentierter axiologischer Prinzipien zu erreichen. Das würde eine Theorie der Geschichte voraussetzen; die Geschichte wäre dabei als Metasystem zu allen geschichtlich entstandenen konkreten Ordnungen zu verstehen oder als dasjenige System, das durch die schon realisierten Ordnungen hindurch gleichzeitig die Dimensionen der Zukunft und der Richtigkeit offen hielte.

So müsste die Rechtsphilosophie sich als Geschichtsphilosophie begreifen: als Philosophie, die den Sinn des geschichtlich Gewordenen in die Zukunft auslegt und dadurch ihre situationsbezogenen Postulate gewinnt. Solche Ansätze sind vorhanden. Vorherrschend sind aber die Analysen von *Geschichtlichkeit* im Recht. Was die rechtsphilosophische Reflexion zunächst herausfordert, ist die Frage, wie die Idee unverfügbaren – wahren oder richtigen – Rechts sich mit der Vorstellung des *historisch* Richtigen und also mit einem *Wandel* richtigen Rechts verträgt.[130]

---

130 Grundlegend: *Arthur Kaufmann,* Naturrecht (Fn. 54), S. 1 ff.

3.5.1 Richtiges Recht im Wandel?

Will man die Frage verstehen, so ist eine kurze rechtstheoretische Verständigung über gewisse Strukturmerkmale eines rationalen Rechts überhaupt notwendig. Bestimmt man mit *Engisch*[131] das Wesen des Rechtssatzes dahin, dass er einen auf einer Wertung aufbauenden, unbedingt geltenden Imperativ aussage, der eine konditionale (eine Wenn-Dann-) Struktur habe, so reicht der Rechtssatz (bzw. die durch ihn verbalisierte Rechtsnorm) mit seinem konditionalen Teil in die veränderliche Lebenswelt hinein, sofern dieser Teil auf die jeweilige Lebenswelt hinzielt und versucht, einen typischen Ausschnitt aus ihr, eine typisierte Situation, zu antizipieren. So setzen z. B. Regeln über das Führen von Kraftfahrzeugen die Erfindung des Kraftfahrzeuges voraus. Recht, verstanden als ein Bestand von konditionalen Imperativen, passt sich den Änderungen der Lebenswelt an, ist in diesem Sinne wandelbar, „geschichtlich". Von den zahlreichen konditionalen Imperativen, beispielsweise des Straßenverkehrsrechts, die jeweils den veränderten sachlichen Gegebenheiten gemäß neu durchdacht werden müssen, kann man aber Zielvorstellungen oder Bewertungen abheben, die von dem Wandel der Lebenswelt und der konditionalen Imperative nicht berührt werden; konstant bleibende Zielvorstellungen führen unter veränderten Umständen zu veränderten oder neuen Rechtssätzen im definierten Sinn und müssen dies sogar, soll das unveränderte Ziel unter gewandelten Verhältnissen noch erreicht werden. Die alte Zielvorstellung des „neminem laedere" – im Grunde unverändert wiederholt im § 1 der Straßenverkehrsordnung – führt unter den Bedingungen moderner Verkehrstechnik zu einem historisch neuen Regelwerk. Rechtshistorisch lässt sich eine zumindest *relative* Konstanz jener Zielvorstellungen oder Wertungen – nennen wir sie Prinzipien – aufweisen. Die Frage ist, ob es sich – spekulativ betrachtet – um eine *absolute* Konstanz handelt, welchen Prinzipien diese eignet und ob die Prinzipien untereinander in einer Ordnung stehen, die ihr Gewicht im Verhältnis zueinander für alle denkbaren Situationen antizipiert. An dieser Stelle ist zunächst nur festzuhalten, dass, da sich Unwandelbarkeit von Prinzipien mit Wandelbarkeit von Rechtssätzen verträgt, die Frage nach der Unwandelbarkeit oder Wandelbarkeit von Naturrecht stets der Rückfrage bedarf, ob die Ebene der Prinzipien oder der Rechtssätze (der konditionalen Imperative) gemeint sei. Allgemeiner gefasst lautet die Rückfrage dahin, auf welche Elemente der Konstitution von richtigem Recht sich die Prädikate „unwandelbar" und „wandelbar" beziehen.

3.5.2 „Kodifikation" ewigen Naturrechts?

Die Einsicht, dass die konditionalen Imperative, mit denen ein sich ausformulierendes Recht (Gesetzgebung und Richterrecht, aber auch „Naturrecht") arbeitet, situationsbedingt sind, ist so weit verbreitet, dass heute Versuche, überzeitlich gül-

---

131 *Engisch*, Einführung in das juristische Denken, 9. Aufl. 1997, S. 32 f.

tige, alle Lebensbereiche umfassende Gesetzbücher zu schaffen[132], undenkbar wären. Gesucht wird stattdessen das situationsgerechte, damit auch das „zeitgerechte Recht".[133] Die Möglichkeit überzeitlicher Rechtssätze wird beinahe zur sekundären Frage; sie hängt in Anbetracht der Bezogenheit von Normen auf Situationen davon ab, ob es durch die Geschichte hindurch konstante Situationen menschlichen Daseins mit typischen, immer wiederkehrenden Elementen gibt,[134] eine Frage, die man der Rechtserfahrung überlassen kann. Diese Situationen markieren die äußerste Grenze für einen denkbaren Bestand von überzeitlichen Rechtssätzen, wobei die Unwandelbarkeit der Prinzipien versuchsweise unterstellt wird. Darüber besteht wohl Einigkeit. Prekärer ist die Frage, ob es überzeitliche Rechts*prinzipien* gibt, welchen Inhalt und welche Reichweite sie haben und wie sie begründet werden; oder ob es einen vom Gedanken der Richtigkeit her verstehbaren geschichtlichen Wandel: gleichsam historisch notwendige Formen des Richtigen gibt, oder ob die Prinzipien teils unwandelbar und teils wandelbar sind.

3.5.3 Naturrecht mit wechselndem Inhalt (Stammler)

Die äußerste Vorsicht in dieser Frage, die sich denken lässt, sehen wir bei *Rudolf Stammler* (1856–1938).[135] Nimmt man seine erkenntnistheoretisch erarbeitete These hin, im Reich der Zwecke, zu dem das Recht gehört, gebiete die Idee von Einheit und Ordnung die Herstellung einer internen Stimmigkeit, einer Harmonie der Zwecke, so lässt sich geschichtliche Bedingtheit von richtigem Recht wie folgt begreifen: Da der einzelne Zweck seine Richtigkeit nicht aus sich, sondern nur daraus empfängt, dass er sich harmonisch in das Reich der Zwecke einordnet, bestimmt die geordnete *Gesamtheit* der Zwecke über seine Richtigkeit. Diese ist indessen selbst historisch bedingt, weil es in der Gesamtheit der Zwecke keinen absoluten Zweck gibt. Der Welt der Zwecke übergeordnet ist nicht ein Endzweck, sondern eine Methode, Zwecke in eine harmonische Ordnung, wie immer diese inhaltlich aussehen mag, zu bringen. Richtig ist eine Rechtsordnung, der es gelungen ist, eine harmonische Ordnung der Verfolgung der Einzelziele vorzuzeichnen. Welche Ordnung dies konkret ist, das hängt davon ab, welche Einzelziele faktisch in einer Gesellschaft oder in einer geschichtlichen Epoche verfolgt werden. Diese Einzelziele werden nicht für sich, sondern nur im Hinblick auf ihre Harmoniefähigkeit im geschichtlichen Kontext bewertet. Sie sind zulässige – und damit den Kontext mitbedingende – Ziele, wenn sie harmoniefähig sind.

3.5.3.1 Kritische Einordnung. Über die Möglichkeit, aus *Stammlers* formalem Prinzip eine *konkrete* Lehre richtigen Rechts zu entwickeln, soll hier nicht einge-

---

132 Vgl. dazu *Rommen*, Wiederkehr (Fn. 60), S. 250/251.
133 *Arthur Kaufmann*, Naturrecht (Fn. 54), S. 18 ff.
134 *Coing*, Grundzüge der Rechtsphilosophie, 5. Aufl. 1993, S. 201.
135 Vgl. besonders *Stammler, Rudolph*, Die Lehre von dem richtigen Rechte, 2. Aufl. 1926.

hend gesprochen werden. Sie dürfte im Sinne der Ausführungen unter 3.2.5.1 zu verneinen sein, wiewohl es *Stammler* im dritten Buch seiner Lehre von dem richtigen Rechte (in der „Praxis des richtigen Rechtes") an – juristisch durchaus klugen – Konkretisierungsversuchen nicht hat fehlen lassen. Interessant ist für unseren Zusammenhang, wie bei dem Theoretiker des Naturrechts mit wechselndem Inhalt Geschichte gedeutet wird.[136] Charakteristischerweise bleibt *Stammler* auch hierbei formal. Geschichte ist der Schauplatz, auf dem sich die Versuche zum richtigen Recht abspielen. Beim Betrachten der Szene vermag man Beispiele für einen Fortschritt in Richtung auf richtiges Recht zu sehen. Es entsteht damit die Aufgabe, eine Geschichte des Fortschritts zum richtigen Recht zu schreiben, dies aber gleichsam aus der Vogelperspektive des Theoretikers des richtigen Rechts, dessen Grundidee eines universal verwendbaren formalen Verfahrens Geschichte immer schon transzendiert und damit auch zu bloßem Material denaturiert. Eine geschichtliche Situationsanalyse gegenwärtigen Rechts zur Vorbereitung des nächsten historischen Schritts ist nicht seine Sache, erst recht nicht eine Globaldeutung der Geschichte des Rechts, wie sie wirklich verlaufen ist, mit Zukunftsperspektiven. Kantisch ist solche Abstinenz nicht unbedingt. Man denke nur an *Kants* Schrift „Zum ewigen Frieden", in welcher er den Versuch macht, Chancen eines werdenden Völkerrechts durch eine Deutung der bisherigen Geschichte und der Natur des Menschen, wie sie sich historisch gezeigt hat, zu gewinnen, dabei auch die Zwänge registrierend, die auf ein besseres Recht hindrängen.[137]

3.5.4 Existenzphilosophische Begründung geschichtlich wahren Rechts?

3.5.4.1 Die Einheit von Entscheiden und Finden. Im Vorfeld dessen, was eine Geschichtsphilosophie des Rechts zur Aufdeckung zwar geschichtlichen, aber gleichwohl unverfügbar wahren Rechts zu leisten hätte, bleibt auch der existenzphilosophische Ansatz, soweit er, wie dies *Fechner*[138] tut, den existenzphilosophischen Begriff der Entscheidung als Grundlage wählt für das Konzept eines Naturrechts „mit werdendem Inhalt, an dem der Mensch entschiedenen Anteil hat …".[139] Dass eine existenzphilosophische Begründung des Rechts, wie *Fechner* sie versucht hat, sich als *Naturrecht* verstehen kann, gründet in der Dialektik der Termini „Entschluss" und „Entscheidung". Einerseits schafft Entscheidung – nicht nur Realität, sondern auch – Maßstäbe für die folgende Zeit; sie wird „ein neuer Grund in der Gestaltung meiner geschichtlichen Wirklichkeit. Nunmehr werde ich … gebunden … durch den Schritt, den ich als Selbstschöpfung im Augenblick der Wahl an mir

---
136 Lehre (Fn. 135), S. 364-370. Vgl. auch zur Theorie der Rechtswissenschaft, 2. Aufl. 1923, Neudruck 1970, S. 478-495.
137 Vgl. besonders: Zum ewigen Frieden, Band XI (Fn. 2), S. 226.
138 Rechtsphilosophie, Soziologie und Metaphysik des Rechts, 2. Aufl. 1962, S. 248-263.
139 *Fechner*, Rechtsphilosophie (Fn. 138), S. 261.

selbst tat".[140] Andererseits stellt sich im existenziellen Entschluss das Bewusstsein ein, dass dieser Entschluss ein notwendiger ist; es wird eine Einheit von Freiheit und Notwendigkeit erlebt. „Ich bin, wie ich werde, durch ein Anderes, aber *in der Form meines Freiseins*".[141] Entschluss und Entscheidung haben also zugleich den Charakter einer Setzung und einer Offenlegung von Wirklichem. Wäre die existenzielle Entscheidung bloße Setzung, so könnte eine Transposition der Existenzphilosophie in den Bereich des Rechts nur eine Legitimation für Positivismus abgeben. Da dieses Setzen aber zugleich paradoxerweise den Charakter von Finden (Offenlegen) hat, macht es das existenzphilosophische Konzept eines durch geschichtliche Entscheidungen geschaffenen und gleichwohl unverfügbaren Rechts möglich. Indem die Existenzphilosophie im Begriff des Entschlusses die Idee einer nicht durch vorgegebene Normen oder Werte ausgewiesenen, gleichwohl aber nicht willkürlichen Willensäußerung fasst, eröffnet sie – die Übertragbarkeit des Signums[142] „Entschluss" in die Sphäre des Rechts vorausgesetzt – (formaliter) die Möglichkeit eines Rechts, dessen Notwendigkeit sich *durch* den Akt der Setzung zeigt. Weil es im Entschluss *gefunden* wird, entspricht solches Existenzrecht der formalen Bestimmung von Naturrecht, unverfügbar zu sein.

3.5.4.2 Kritik. Mag sein, dass Völker oder Rechtsgemeinschaften „existenzielle Entschlüsse" in Fragen des Rechts fassen oder besser: die Entschlüsse anderer existenziell aneignen können.[143] Die Theorie des Existenzrechts darf in diesem Falle aber nicht dabei stehen bleiben, die Existentialität von Recht formal darzustellen. Sie müsste sich als Philosophie einer Rechtsgemeinschaft vielmehr inhaltlich-kommunikativ verhalten, indem sie – jeder Denker aus seiner Sicht – den existenziellen Gehalt unseres Rechts artikulierte, und zwar sowohl die verpflichtenden Vorentscheidungen als auch die „existenziellen Rechtsungewissheiten",[144] die nach Entscheidung drängen. Während die Methode der Existenzerhellung, die sich im Medium einer allgemein zugänglichen Sprache an den *unbekannten* Einzelnen wendet,[145] es sich erlauben kann und muss, konkrete Existenz, die unbekannt ist, auszuklammern und die existenziellen Prozesse versuchsweise in ihren allgemeinen Strukturen darzustellen, müsste existenzielle Rechtsphilosophie im geschichtlichen Kontext unseres *bekannten* Rechts realiter mit den *Inhalten* dieser Rechtsordnung, d. h.: mit den – auch vergangenen – Trägern existenzieller Rechtsentscheide kommunizieren und dabei zeigen, wie die existenzphilosophische Begrifflichkeit diese Kommunikation zu klären und zu kräftigen vermag.

---

140 *Jaspers*, Philosophie, 2.Aufl. 1948, S. 462; zitiert bei *Fechner*, Rechtsphilosophie (Fn. 138), S. 254.
141 *Jaspers*, Philosophie (Fn. 140), S. 466.
142 Zu diesem Terminus vgl. *Jaspers*, Philosophie (Fn. 140), S. 307.
143 So offenbar *Fechner*, Rechtsphilosophie (Fn. 138), S. 250 f.
144 *Fechner*, Rechtsphilosophie (Fn. 138), S. 251.
145 *Jaspers*, Philosophie (Fn. 140), S. 274.

3.5.5 Geschichtsphilosophische Rechtsbegründung

Existenzphilosophische Reflexion auf die *Geschichtlichkeit* von Recht drängt also mit einer gewissen Notwendigkeit über sich hinaus zu einer spekulativen Aneignung unserer konkreten *Geschichte*, um aus ihr richtige rechtliche Forderungen abzuleiten. Das geht, wie etwa bei *Maihofer*, nicht ohne Übernahme philosophischer Aussagen und Postulate einer Philosophie der Geschichte ab, die nicht genuin existenzphilosophisch ist. *Maihofer* rekurriert auf *Marx* und *Bloch*[146] und damit auf eine bestimmte Ausdeutung des Sinnes und des Zieles der konkreten Menschheitsgeschichte.

Ob solche Begründung richtigen Rechts aus dem „Wesen" einer geschichtlichen Epoche überzeugend möglich ist, kann nur der Fortgang der in der Tradition des deutschen Idealismus und der marxistischen Philosophie stehenden geschichtsphilosophischen Bemühungen, die hier nicht geschildert werden konnten, zeigen. Nur das Gelingen dieser Bemühungen könnte jedenfalls die für das neuere naturrechtliche Denken so charakteristische „Suche nach einem konkreten geschichtlichen Naturrecht"[147] zum Erfolg führen.[148]

Ausgewählte Literatur

Böckle, Franz/Böckenförde, Ernst-Wolfgang (Hrsg.), Naturrecht in der Kritik, 1973.
Coing, Helmut, Grundzüge der Rechtsphilosophie, 5. Aufl., 1993.
Kaufmann, Arthur, Naturrecht und Geschichtlichkeit, 1957. Auch in: *ders.,* Rechtsphilosophie im Wandel, 2. Aufl. 1984, S. 1-23.
Maihofer, Werner (Hrsg.), Naturrecht oder Rechtspositivismus, 3. Aufl. 1981.
Rawls, John, Eine Theorie der Gerechtigkeit, 1975.
Ryffel, Hans, Grundprobleme der Rechts- und Staatsphilosophie, 1969.
Schnädelbach, Herbert, Philosophie in Deutschland 1831–1933, 1983 5. Aufl. 1994 (Darin zum Wertproblem: S. 198 bis 231).

---

146 So schon in: Naturrecht oder Rechtspositivismus, 3. Aufl. 1981, S. 37 f.
147 *Kaufmann/Hassemer,* Grundprobleme (Fn. 51), S. 18.
148 Besondere Bedeutung dürfte dabei einem Rückgriff auf die Geschichtsphilosophie *Kants* zukommen, insbesondere auf seine Schrift „Zum ewigen Frieden", mit der Kant den heute immer aktueller werdenden Versuch gemacht hat, auf die Gegebenheiten und Entwicklungstendenzen seiner Zeit mit dem vernunftrechtlichen Entwurf eines künftigen Völkerrechts zu antworten. Hingewiesen sei hier nur auf *Habermas,* Kants Idee des ewigen Friedens – aus dem historischen Abstand von 200 Jahren, (1995), wieder abgedruckt in: *ders.,* Die Einbeziehung des Anderen, 1996, S. 192-236.

4 Recht und Moral

Von Günter Ellscheid, Saarbrücken

4.1 Bezüge zwischen Recht und Moral. Vergleiche, Begriffe, traditionelle Problemstellungen

4.1.1 Recht und Moral als auseinander driftende normative Ordnungen

Recht und Moral manifestieren sich in Normen. Diese drücken direkt oder mittelbar ein Sollen, ein gesolltes Verhalten, aus. Auch gesetzliche Definitionen und Zuordnungen von Rechten oder Befugnissen verweisen letztlich auf Verhaltensnormen; die Ausformulierung von Werten oder Zielvorstellungen in Recht und Moral wirkt im Sinne der Bildung von Verhaltensvorschriften, die die Wert- oder Zielverwirklichung fördern sollen. Der Norm entspricht eine Verbindlichkeit des Normadressaten, sich in bestimmter Weise zu verhalten.

Das Verhältnis von Recht und Moral kann nur in Gesellschaften problematisch werden, in denen die beiden Normbereiche nicht mehr eine ununterscheidbare Einheit bilden. Ob es diese Einheit in Reinform jemals gegeben hat, muss hier dahinstehen. Für sehr frühe Phasen der Menschheit ist es wahrscheinlich, sofern man unter Recht[1] nur eine solche „Gruppe von Normen" versteht, „deren Geltung sicherzustellen die Gesellschaft nicht den von ihrer Verletzung Betroffenen überlässt, für die sie vielmehr selbst organisatorische Vorkehrungen trifft." Nicht bezweifeln lässt sich jedenfalls, dass das Recht in einem Prozess der zunehmenden Ausdifferenzierung und Ausbreitung in Lebensbereiche begriffen war und noch ist, die vorher entweder allein durch eine gesellschaftlich wirksame Moral oder überhaupt nicht normativ geregelt waren.

Die Ausdifferenzierung des Rechts aus dem Gesamtnormenbestand einer Gesellschaft vollzieht sich zum einen formal durch die Schaffung besonderer gesellschaftlicher Organe und Verfahren, die die Funktion der Formulierung (Setzung) und Durchsetzung bestimmter Normen, Letzteres durch das In-Aussicht-Stellen oder

---

[1] Etwa mit *Günter Dux*, Rechtssoziologie, 1978, S. 131.

Verhängen von Sanktionen wahrnehmen.[2] Daneben gibt es aber auch eine inhaltliche Ausdifferenzierung. Zwar besteht auch in modernen Gesellschaften neben der Rechtsordnung ein Bestand von allgemein geteilten moralischen Prinzipien und Verhaltensregeln fort, und normalerweise ist die Rechtsordnung mit ihnen nicht nur verträglich, sondern enthält die gleichen Wertungen von Verhaltensweisen wie die Moral auch.[3] Oft sind die Normen der Moral aber nicht differenziert genug, um die sich im komplizierten Netzwerk modernen Rechts abbildenden komplexen Sachverhalte überhaupt zu erfassen und bewertbar zu machen.[4]

Die Ausdifferenzierung einer gegenüber der Moral selbständigen, durch bewusste Normsetzungsakte geschaffenen Rechtsordnung ist zu einem Teil Folge davon, dass die „Anwendung" der in der Moral enthaltenen Regeln und Prinzipien zu wenig Informationen für ein aufeinander abgestimmtes Verhalten hergeben. Die Unterstellung, die Moral gewährleiste in ausreichendem Maße das Abstimmen von Interaktionen, ist nicht realistisch. Dies wird häufig daran liegen, dass das ethische Urteil durch Eigeninteressen von Gruppen verzerrt ist. Wichtiger ist die in komplexeren Kontexten – mit gegenläufigen für sich betrachtet anerkennenswerten Interessen – abnehmende Sicherheit des normativen Urteils, wobei es vor allem schwierig ist, für derartige Kontexte eine jedem einleuchtende Verhaltensregel zu begründen und so zu formulieren, dass sie in eine kohärente Beziehung zu einem möglichen Gesamtsystem kontextbezogener Verhaltensnormen tritt.[5]

Darin liegt *eine* Rechtfertigung von juridischer Normformulierung, Systematik und Kodifikation. In einer modernen, sich rasch wandelnden Gesellschaft genügt die bloße Aufzeichnung von Rechtsbrauchtum immer weniger, so dass nur noch Gesetzgebung, ergänzende richterliche Regelsetzung über Präzedenzfälle und die Kunst der Vertragsgestaltung den Informationsbedarf für abgestimmtes Verhalten – auf dem Wege juristischer Beratung oder rollenspezifischer Rechtskenntnis – decken kann. Werden, wie es für moderne Gesellschaften typisch ist, Handlungszusammenhänge immer häufiger erst über Gesetz und Vertrag geschaffen (organisiert), so ist Kooperation immer seltener durch universal verbreitete moralische Normen ausreichend informiert.

---

2 Auch in gewaltenteilenden Staaten mit gesonderter Gesetzgebung ist die Normsetzung nicht auf den Gesetzgeber beschränkt. Vgl. zur richterlichen Regelbildung *Günter Ellscheid*, Probleme der Regelbildung in der richterlichen Entscheidungspraxis, in: ARSP, Beiheft Nr. 45, 1992, S. 23-35.
3 Vgl. dazu unten den Abschnitt 4.2.1.
4 Das immer wieder beklagte Anwachsen der juristischen Normenflut, die im Zusammenhang mit dem Problem der „Verrechtlichung" gesehen wird, ist deshalb zum Teil unvermeidlich. Vgl. dazu *Ellscheid*, Verrechtlichung und Entsolidarisierung, in: *Gessner/Hassemer* (Hrsg.), Gegenkultur und Recht, 1985, S. 51-71.
5 Vgl. dazu Einzeleinheiten bei *Ellscheid*, Rechtsethik, in: *A. Pieper/U. Thurnherr* (Hrsg.), Angewandte Ethik, 1998, S. 141/142.

4.1.2 Vorbegriff des Rechts

Obwohl also modernes Recht ein komplizierteres Gebilde zu sein scheint als Moral, ist es leichter zu sagen, was man unter Recht versteht, als einen irgendwie einheitlichen Begriff von Moral darzulegen. Schon aus der Perspektive des praktischen Lebens gibt es ein dichtes Vorverständnis von Recht: Da sind die Paragraphen, die oft schwer verständlich sind, die der Auslegung durch Behörden oder Anwälte bedürfen, um dem Normadressaten klar zu machen, wie er sich verhalten soll, welche Rechte er hat, wie man Verträge formulieren und schließen muss, um sie in das geltende Recht reibungslos einzupassen; und da ist die bei Behörden monopolisierte Zwangsgewalt, die rechtliche Maßnahmen verhängen und durchsetzen kann, insbesondere Strafen, Steuern, aber auch Ansprüche Privater gegen andere Private oder gegen den Staat. Vor allem: Recht ist Menschenwerk. Rechtsnormen können von den zuständigen Instanzen gesetzt und geändert werden. Sie gelten – setzen sich durch –, auch wenn der Betroffene sie für ungerecht hält. Daraus speisen sich Motive, für Rechtsänderungen „politisch" einzutreten. Durch Rechtsregeln ist festgelegt, wer zur Rechtssetzung und zur autoritativen Interpretation des Rechts berufen ist. Die diesbezüglichen Verfahrensvorschriften nehmen eine übergeordnete Stellung ein, sind aber gleichwohl in besonders geordneten Verfahren änderbar. Dies alles assoziiert der aufmerksame Zeitgenosse mit den Ausdrücken wie „Recht", „Rechte", „juristisch", „Befugnisse", „Erlaubnisse", „Gesetzgeber", „Verfassung", „Staat" usw.

Daneben hält sich eine Vorstellung von Recht im Sinne von Gerechtigkeit oder von moralischen Rechten und es gibt die Hoffnung und den Anspruch, aber keine Sicherheit, dass das Rechtssystem, wie es tatsächlich funktioniert, diesen Zielvorstellungen dient. Gleichwohl bleibt der Unterschied zwischen geltendem Recht und Recht, wie es sein soll, im öffentlichen Bewusstsein erhalten. Anders ausgedrückt: Der Bürger ist sich klar darüber, dass nicht sein Rechtsgefühl oder sein gesunder Menschenverstand, sondern eine von außen kommende, heteronome Instanz darüber bestimmt, was positives Recht ist. Dies kommt in dem Misstrauen gegen den „Erzwingungsstab"[6] des Rechtssystems und darüber hinaus gegen die Profession des Juristen zum Ausdruck.

4.1.3 Moralbegriffe

Auf die Frage, was Moral ist, muss man in modernen Gesellschaften mit unterschiedlichen Antworten rechnen. Die Unterschiede zeigen sich bei der Frage, wer bestimmt, was moralisch geboten oder verboten ist. Drei Antworten kommen in Betracht: die Gesellschaft, gewisse Autoritäten oder die Vernunft.

---

6 Vgl. zum Begriff des Erzwingungsstabs *Max Weber*, Wirtschaft und Gesellschaft, 1964, S. 24 f.

4.1.3.1 Moral als gesellschaftliches Phänomen. Die erste Antwort versteht unter Moral die in einer Gesellschaft allgemein verbreiteten und deshalb gesellschaftlich wirksamen Auffassungen über gutes und schlechtes Verhalten. Um von Moral zu sprechen, muss es sich allerdings um gesellschaftliche Verhaltenserwartungen handeln, bei denen Abweichungen als untragbar empfunden und entsprechend mit einer spezifisch „moralischen" Missbilligung bedacht werden. Diese kann verschiedene Formen annehmen: Sie kann sich äußern als Tadel, Abbruch des gesellschaftlichen Verkehrs, abwertende Beurteilung des Charakters eines anderen, schädigendes Verhalten wie Boykott u. Ä. Schwierig ist, näher zu bestimmen, wann das Missbilligen eines Verhaltens spezifisch moralischer Natur ist. Die angeführten gesellschaftlichen Sanktionen sind, rein äußerlich betrachtet, kein sicheres Kriterium; Abbruch gesellschaftlicher Beziehungen findet auch ohne vorangegangene moralische Verstöße statt. Die von Philosophen als spezifisch moralisch klassifizierten *Gefühle* wie Empörung, Groll, Schuldempfindung und Scham deuten darauf hin, dass moralische Urteile einen Sinnbezug zum Gewissen des Beurteilten, zu seiner Verantwortlichkeit und zu Strafe haben, zu einer Reaktionsform also, die auf der Ebene der Gefühle vernunftmäßig eher unkontrolliert verläuft. Es geht gefühlsmäßig um schlichte Repression in Anbetracht einer Normverletzung. Zur gesellschaftlichen Moral zählen also allgemein geteilte Vorstellungen darüber, welche Verhaltensweisen negativ sanktioniert werden sollen, während bloße Abweichungen von Gewohnheiten (Bräuchen) keinen Wunsch nach Sanktionen nach sich ziehen.[7]

Wichtig für diesen Moralbegriff ist es, dass es sich um *allgemein geteilte* normative Konzepte handelt. Nicht der über moralische Probleme reflektierende Einzelne, sondern der main stream ist maßgebend dafür, welche moralischen Normen gelten. Für den Einzelnen kommt die moralische Norm, nicht anders als die positive Rechtsnorm „von außen", wenn auch mit dem Anspruch, im Gewissen zu verpflichten. Wird dies von dem Einzelnen unreflektiert akzeptiert, so befindet er sich analog zum Recht unter dem Regime einer Fremdgesetzlichkeit, einer Heteronomie. Wird ihm dies bewusst, so kann eine reflektierte Entscheidung entweder dazu führen, sich hinsichtlich moralischer Normierungen grundsätzlich außengeleitet zu verhalten und dadurch uneingeschränkt *in* der Gesellschaft zu leben oder gegebenenfalls kritisch zu ihr auf Distanz zu gehen.

4.1.3.2 Moral und (religiöse) Autorität. Eine andere Form heteronomer Moral beruht auf religiösem Glauben oder auf elitär verwalteten Gemeinschaftsideologien. Beide Formen prägen insofern autoritäre Strukturen aus, als sie Wächter der

---

7 Zu den typisch moralischen Gefühlen vgl. *Peter Strawson*, Freedom and Ressentiment and other Essays, 1974, S. 1-25; deutsch in: *Pothast* (Hrsg.), Seminar: Freies Handeln S. 201-233. Siehe auch *Ernst Tugendhat*, Vorlesungen über Ethik, 3. Aufl., 1995, S. 20-22. – Es geht im Text nicht um einen allgemeinen Normbegriff der Soziologie, sondern um das Besondere von Normen, die als moralische interpretiert werden.

reinen Lehre kreieren, seien dies die religiösen Autoritäten oder eine ideologische Avantgarde. Beide neigen dazu, umfassende, das gesamte menschliche Leben steuernde Institutionen und Verhaltensnormen auszuprägen und zugleich gegenüber anderen Lebensformen intolerant zu werden. Dies geschieht unter Umständen aufgrund subtiler und tiefgründiger Theologie oder Sozialphilosophie. Geistliche und ideologische Seelenführung sind nur die deutlichsten Manifestationen der Abhängigkeit von der Autorität einer herausgehobenen Personengruppe.

Diese Strukturelemente einer autoritativ verwalteten Sittlichkeit prägen sich historisch besonders scharf im Zeitalter der Konfessionalisierung aus. Inquisition und sittliche Kontrolle bis in den engsten Bereich des privaten Lebens sind typisch sowohl für die Reformatoren des 16. Jahrhunderts als auch für die sofort einsetzende Gegenreformation.[8]

Bei den beiden Formen heteronomer Moral handelt es sich um Typisierungen, die in der Realität nur als Mischtypen auftreten werden. Über Religion implementierte Moral hinterlässt im Laufe der Zeit ein Sediment allgemeiner moralischer Auffassungen, deren religiöse Herkunft vergessen sein kann. Umgekehrt können Religionen eine vorhandene Sittlichkeit integrieren, stärker motivational verankern – z. B. durch Glaubensinhalte über jenseitigen Lohn und Strafe – und so eine die Außensteuerung entlastende Innensteuerung über das ansozialisierte Gewissen erreichen.

4.1.3.3 Autonome (kritische) Moral. Wird in einer Gesellschaft die Auffassung herrschend, dass über das normativ Richtige und Falsche *ohne Denkverbote* nachgedacht und ohne Tabus diskutiert werden darf und sogar muss, so geraten die heteronomen Formen von Moral in einen Prozess, der tendenziell zu ihrer fortschreitenden Relativierung, im Extremfall auch zur Auflösung, führt.

4.1.3.3.1 Verwurzelung des autonomen moralischen Denkens im gesellschaftlichen Bewusstsein. Es ist ein Spezifikum autonomen moralischen Denkens, Traditionen auf ihre Vernünftigkeit befragen zu können. Autonome Moral ist kritisch im Sinne des britischen Rechtsphilosophen *H.L.A. Hart*. Er unterscheidet „critical morality" und „positive morality", wobei wir Letztere mit „Gesellschaftsmoral" identifizieren können. Autonome und kritische Moral sind Begriffe gleichen Umfangs; sie bezeichnen denselben Gegenstand, jedoch verweist der erste Ausdruck auf die eigenständige Vernunft als Quelle von Moral, der zweite auf die gesellschaftliche Funktion dieser Form von Moral. Sie besteht für *Hart* darin, sowohl der Gesellschaftsmoral als auch dem positiven Recht als Beurteilungsinstanz entgegentreten zu können. Dabei stützt sie sich auf allgemeine Prinzipien, die Kritik sowohl an positivem Recht als auch an der positiven Moral einer Gesellschaft ermöglichen

---

8 Besonders eindringlich ist das Beispiel Calvins. Vgl. dazu *E.W. Zeeden*, Hegemonialkriege und Glaubenskämpfe, 1556–1648, 1982, S. 33-52.

und sogar die Frage aufwerfen lassen, ob eine Gesellschaft das moralische Recht hat, ihre aktuelle Gesellschaftsmoral durch rechtliche Sanktionen schon deshalb zu erzwingen, weil sie die herrschende Moral ist.[9]

Dadurch, dass sich Moralphilosophie dieser Provenienz als kritische Instanz in der Gesellschaft positioniert, werden, im Prinzip unbegrenzt, die Voraussetzungen tradierter Normen, seien es solche der heteronomen Moral oder des Rechts, in den Strudel der Kritik gezogen. Dieses Denken ist gesellschaftlich wirksam. Ihm ist geradezu die Verankerung in der Gesellschaftsmoral gelungen. Letzteres wird selbst von Autoren, die der autonomen Moral keine integrierende oder sonst für die Gesellschaft bedeutsame Funktion zubilligen, nicht in Zweifel gezogen.[10] Das moralische Recht, Diskurse über die Vernünftigkeit von Normen zu führen, ist in einer modernen Gesellschaft anerkannt; diese Freiheit gehört paradoxerweise zum Normenbestand der Gesellschaftsmoral. Dass gesellschaftliche Normen sich ändern können und dass es grundsätzlich legitim ist, überlieferte sittliche Gebote, wenn sie irrational erscheinen, durch geeignete gesellschaftliche Aktionen zu schwächen, ist ebenso anerkannt wie Politik, die auf die Abschaffung oder Änderung bestimmter Gesetze hinarbeitet. Man denke nur an den langen Weg von der zunächst noch verfassungsrechtlich unbeanstandeten Strafbarkeit der einfachen männlichen Homosexualität[11] bis zur rechtlichen Anerkennung der homosexuellen Lebensgemeinschaft. Die Möglichkeit prinzipiell nicht einschränkbarer Kritik bedeutet natürlich nicht, dass die tradierte Moral in toto annulliert wäre. Sie bewährt sich im Gegenteil täglich in einem durchaus beachtlichen Bereich universalen Konsenses. Es würde aber als unangemessen erscheinen, die Geltung unbestrittener sittlicher Normen allein auf Tradition oder religiöses Gebot oder heilige Schriften zu stützen.[12] Das gilt auch und gerade für Normen aus dem als unverfügbar erlebten Kernbereich von Moral, etwa von Normen zum Schutz des Lebens oder der Bewegungsfreiheit, die anthropologisch verankert zu sein scheinen. Bei ihnen wird vielmehr vorausgesetzt, dass sie in einem Diskurs unabhängig von den Traditionen der Diskursteilnehmer allgemein akzeptiert würden, weil sie „vernünftig", z. B. als im Interesse aller liegend, angesehen würden.[13] Überdies zeigt sich ihnen gegenüber

---

9 Siehe *H.L.A. Hart*, Law, Liberty, and Morality; reprinted 1984, S. 19/20. Positive Moral ist „the morality actually accepted and shared by a given social group" im Unterschied zu „the general moral principles used in the criticism of actual social institutions including positive morality. We may call such general principles ‚critical morality' …".
10 Vgl. dazu *Theodor Geiger*, Vorstudien zu einer Soziologie des Rechts, 4. Aufl., 1987, S. 265 ff.
11 BVerfG NJW 57, 865 = BVerfGE 6, 389.
12 Die Unabhängigkeit der kritischen Moral von den Buchreligionen zu zeigen, ist *ein* Thema von *Immanuel Kants* Schrift „Die Religion innerhalb der Grenzen der bloßen Vernunft". – *Kant* wird zitiert, wie oben Kapitel 3 (Fn. 2) (hier: Band VIII, S. 645-879).
13 Zum interessenbezogenen Universalisierungsgrundsatz der Diskurstheorie vgl. *Jürgen Habermas*, Moralbewußtsein und kommunikatives Handeln, 6. Aufl., 1996, S. 75.

die kritische Reflexion darin, dass über die Reichweite der zum Kernbereich von Moral gehörenden Normen – z. B. über diejenige des Tötungsverbots – stets neu nachgedacht werden kann, wie etwa die kontroversen Standpunkte zur Todesstrafe zeigen.

Ebensowenig schließt die These von der Dominanz autonomer Moral über die heteronomen Formen von Moral aus, dass religiös bestimmte Moralen mit ihren z. T. partikulären Inhalten überdauern und dass Gruppenmoralen auf ideologisch-elitärer Basis entstehen. Letztere setzen sich dem moralischen Diskurs aber schon deshalb aus, weil sie auf der behaupteten Vernünftigkeit oder „Wahrheit" ihrer Gesellschaftsphilosophie aufbauen. Aber auch Religionen verzichten nicht darauf, ihre Moral als für jeden einsichtig darzustellen und sie gegen Angriffe mit allgemein akzeptablen Argumenten zu verteidigen.

4.1.3.3.2 Kommunikatives moralisches Denken. Diese Überlegungen erlauben es, einen einheitlichen Moralbegriff zurückzugewinnen. Sind das Recht und die intellektuelle Pflicht, heteronome Moral auf ihre Vernünftigkeit hin zu kontrollieren, gesellschaftlich anerkannt, so zeigt sich, dass die Gesellschaftsmoral und die partikularen Moralen mit dem autonomen moralischen Denken die gemeinsame Plattform des gesellschaftlichen Anerkanntseins teilen und damit auf ständige Kommunikation verwiesen sind. Überlieferte Bestände der Gesellschaftsmoral werden von Seiten autonomen Denkens als Versuche zum Richtigen respektiert und so in den Diskurs einbezogen, dies mit dem Prae, bisher allgemein überzeugt zu haben. Sie werden als Produkte und zugleich als Konstituentien eines menschlichen Miteinanders gesehen, mit dessen Vernünftigkeitsgehalt sich autonomes Denken auseinandersetzen muss, wenn es nicht in rationalistische Tabula-rasa-Ideen verfallen will. Autonome moralische Reflexion ist kritisch, aber in mehrfachem Sinne: nicht nur kritisch verwerfend, sondern auch kritisch bewahrend oder kritisch an neue Gegebenheiten anpassend. Die starre Unterscheidung von heteronomer und autonomer Moral – oder mit *Hart*: zwischen positive and critical morality – löst sich auf in einem Zusammenspiel von bewusstem Bewahren und bewusstem Verändern, an dem alle denkend teilnehmen können.

Dabei können sich Menschen, wenn sie Überliefertes reflektiert bejahen, nicht mehr als fremdbestimmt empfinden. Die Entgegensetzung von Heteronomie und Autonomie löst sich auf in der Vorwegnahme einer Kommunikationsgemeinschaft, in die die Vernunft des Einzelnen eingebunden ist, ohne zum Konsens gezwungen zu sein.

4.1.3.3.3 Die Dynamisierung der Moral. Vielmehr bleibt die Autonomie des moralischen Urteils unangetastet. Nun bedeutet Autonomie des moralischen Reflektierens auch, dass dieses seine Gegenstände selbst bestimmt. Während traditionelle und religiös basierte Moral einen grundsätzlich als fertig aufgefassten Bestand an Regeln und Prinzipien haben, der kodifizierbar wäre und sich zu abschließender Systematisierung eignet, ist nicht abzusehen, welche Problemstellungen sich für kritisches moralisches Denken ergeben. Die „Endlichkeit" tradierter Moral zeigt sich besonders beim Auftreten neuer gesellschaftlich relevanter Sachverhalte; sie hat beispielsweise keine Lösungen für die neu entstandenen und entstehenden biomedizinischen, eugenischen, intensivmedizinischen Handlungsmöglichkeiten oder die ökologischen Konsequenzen der Produktions- und Wirtschaftsformen; oder für das Problem der Präventivverteidigung gegen aggressive Staaten und Terrororganisationen im Zeichen exorbitanter Vernichtungspotenziale. Der Versuch, die neuen Sachverhalte unter schon eingelebte moralische Regeln zu „subsumieren", ist meistens irgendwie möglich, aber selten überzeugend, weil sich neue Abwägungsprobleme stellen, die nicht durch Subsumtion unter aus dem Traditionszusammenhang gerissene moralische Normen lösbar sind. Die Aufgabe kritischen moralischen Denkens, das sich in Fällen der genannten Art in heftigen Diskussionen meldet, besteht vielmehr darin, neue und spezifische Regeln zu finden.

In dieser Situation erhält moralische Reflexion auch hinsichtlich der richtigen Gestaltung von Recht eine nicht beschränkbare Reichweite. Bezieht man z. B. über die *relative* Anerkennung des Grundprinzips der utilitaristischen Moraltheorie[14] Fragen der Nützlichkeit menschlichen Handelns, wozu auch das Schaffen juristischer Normen gehört, in die moralische Reflexion ein, so wird man nur wenige rechtliche Normen finden, die in keinem Zusammenhang mit moralisch relevanten Regelungsinhalten stehen. Nicht einmal das Rechtsfahrgebot der Straßenverkehrsordnung – dieses beliebte Beispiel für eine angeblich moralisch neutrale Rechtsregel – gehört dazu, da es das moralisch keineswegs neutrale Gebot der Schadensverhütung konkretisiert und die Gesetzgebung eine solche Konkretisierung keineswegs unterlassen durfte. Nur die Entscheidung für Rechts- oder Linksfahren war „moralfrei", aber nicht, dass man sich für eines von beiden entschied. Ein ebenso ausgedehntes Feld rechtsethischer Reflexion tut sich auf, wenn man die individuelle Freiheit als moralischen Wert setzt.[15] Dann gilt *H.L.A. Harts* Prinzip der Notwendigkeit einer Rechtfertigung für gesetzlichen Zwang. „In asking it we are committed at least to the general critical principle that the use of legal coercion by any society calls for justification as something *prima facie* objectionable to be tolerated only for the sake of some countervailing good."[16]

4.1.4 Die rechtspositivistische These der Trennung von Moral und Recht

Wenn es moralische Anforderungen an den Gesetzgeber gibt und darüber hinaus an alle Instanzen eines Rechtssystems, die im Wege der Interpretation oder der Lückenfüllung die Bildung von Rechtsregeln vornehmen können, so kann sich die

---

14 Vgl. oben unter 3.2.6.2.
15 Dass das Konzept moralischer Autonomie zum Postulat gleicher Freiheitsräume führt, wird in Abschnitt 4.2.2 behandelt.
16 *Hart* (Fn. 9), S. 20.

C *Schwerpunkte*

Behauptung, Recht und Moral seien völlig verschiedene Normbereiche, nicht auf die normativen *Inhalte* der beiden Bereiche beziehen. Hier gibt es vielmehr weitreichende Überschneidungen. Mit der rechtspositivistischen Trennungsthese ist denn auch nicht gemeint, die normativen Inhalte von Recht und Moral hätten inhaltlich nichts miteinander zu tun. Die These bezieht sich vielmehr auf die Geltung des Rechts – seine verpflichtende Kraft – und besagt, dass die Verbindlichkeit des Rechts und die daraus folgenden Rechtspflichten unabhängig davon bestehen, ob die Rechtsnormen sich mit moralischen Inhalten vertragen oder nicht.[17] Die These geht von der Voraussetzung aus, dass Rechtsnormen und Moralnormen sich inhaltlich widersprechen können, und behauptet, dass ein solcher Widerspruch der Inhalte an der Verbindlichkeit von Rechtsnormen für die Adressaten dieser Normen nichts ändert. Die These besagt also nicht, dass eine inhaltliche Kritik nach moralischen Maßstäben am positiven Recht nicht möglich oder nicht zulässig sei, sondern sie bedeutet, dass solche Kritik nicht geeignet ist, die Verbindlichkeit von Rechtsnormen aufzuheben.

Es gibt zwei Wege, die so verstandene Trennungsthese zu begründen. Auf dem ersten Weg, mit dem wir uns hier befassen wollen, führt die Argumentation zu einem moralphilosophischen Postulat. Es werden, was zunächst paradox anmutet, moralische Argumente dafür angeführt, dass der unmoralische Inhalt von Rechtsnormen deren Verbindlichkeit nicht aufhebt. Diese Theorie, die man als die im engeren Sinne rechtspositivistische Theorie beschreiben kann, ist Teil der Moralphilosophie; sie behandelt das Problem der Verbindlichkeit moralwidrigen Rechts als ein innermoralisches Problem.[18] Demgegenüber behauptet z. B. der soziologische Rechtsrealismus in der Form, wie er von *Theodor Geiger* vertreten wird, die Belanglosigkeit kritischer Moral für die Verbindlichkeit positiven Rechts mit der Begründung, dass das, was man sinnvollerweise als Geltung oder Verbindlichkeit des Rechts bezeichnen könne, einfach eine gesellschaftliche Tatsache sei, die sich durch die Reflexionen darüber, ob diese Tatsache sein *soll*, nicht ändert.[19]

Aus der Perspektive kritischen moralischen Denkens, die wir hier weiter verfolgen wollen, kann dagegen nicht zweifelhaft sein, dass die Frage nach der Verbindlichkeit positiven Rechts und der eventuellen Grenzen seiner Verbindlichkeit gestellt werden muss, da sich nach dem Selbstverständnis autonomer moralischer Reflexion kein menschliches Handeln, also auch nicht das des Normsetzers und des Norminterpreten im juristischen Bereich, der moralischen Beurteilung entzieht und dass natürlich dann auch die Frage, ob moralisch verwerfliches Recht verbindlich ist, von ihr zu beantworten ist.

---

17 Die wohl gründlichste Untersuchung zu diesem Problembereich stammt von *Robert Alexy*, Begriff und Geltung des Rechts, Freiburg/München, 2. Aufl., 1994.
18 Dies ist insbesondere die Sichtweise von *Gustav Radbruch*, Rechtsphilosophie (Studienausgabe), 1999, § 5 und § 10.
19 Vgl. Fn. 10.

4.1.4.1 Gibt es einen einheitlichen Verpflichtungsbegriff? Moralphilosophisches Denken könnte versuchen, dem Problem mit Hilfe der These auszuweichen, der Ausdruck „Verbindlichkeit" habe nur scheinbar dieselbe Bedeutung, wenn einerseits von rechtlicher und andererseits von sittlicher Verbindlichkeit die Rede ist. Die Folge dieser rein negativen terminologischen Festlegung wäre, dass das Recht schon begrifflich keine moralische Pflicht zu begründen und moralische Pflichten nicht zu verdrängen, ja, nicht einmal mit ihnen in Kollision zu kommen vermag. In dieser Perspektive bleibt die kritische Moral übergeordnet, jedoch dem positiven Recht gegenüber wirkungslos. Vom moralischen Standpunkt aus kollidiert dann die moralische Pflicht nicht mit einer durch das Recht begründeten Pflicht, weil es im Sinne der Moral solche Pflichten überhaupt nicht gibt. Anders gewendet würde das Argument lauten: Wie immer man den Ausdruck Rechtspflicht deuten mag, gilt, dass er in der Sprache der Moral nicht vorkommt und dass man, wenn es so etwas wie Rechtspflichten gibt, vom moralischen Standpunkt aus nichts zur wirksamen Begründung oder Nichtigerklärung der Verbindlichkeit rechtlicher Normen beitragen kann. Die Rechtspflicht wird moralisch allenfalls relevant als ein Faktum, das die Erfüllung der moralischen Pflicht erleichtert oder erschwert oder keines von beiden tut. Als Pflicht, die mit der moralischen Pflicht auf der gleichen Ebene sich treffen und dort kollidieren kann, existiert sie nicht. Rechtstheoretiker und Moralphilosophen reden über verschiedene Dinge, wenn sie von Normen und Pflichten sprechen.

Die Vertreter der rechtspositivistischen Trennungsthese könnten mit dieser Selbstbeschränkung des moralischen Denkens vielleicht zufrieden sein. Indessen erscheint schon die terminologische Festlegung, es sei von zwei verschiedenen Verbindlichkeitsbegriffen oder Pflichtbegriffen die Rede, zweifelhaft. Wer behauptet, es gebe zwei verschiedene Bedeutungen von „Pflicht" oder „Verbindlichkeit", je nachdem, ob diese Worte in moralischen oder rechtlichen Kontexten verwendet werden, muss wenigstens die Bedeutungsdifferenz angeben können. Diese Differenz kann sich nicht auf die Entstehung der Pflicht beziehen; sie muss vielmehr die Art des Verpflichtetseins betreffen.

Eine solche Differenz ist nicht ersichtlich. Zwar verlangt nach *Kant* die Moral außer der pflichtgemäßen Handlung noch, dass diese aus Achtung vor dem Sittengesetz, also aus Moralität, vorgenommen wird, während für die Legalität der Handlung das Motiv belanglos ist. Die Pflicht besteht indessen unabhängig davon, wie sich der Handelnde motiviert. Die Merkmale „Moralität" und „Legalität" beziehen sich nicht auf die Pflicht, sondern auf die Handlung.[20] Wo also ist der begriffliche Unterschied

---

20 Die Trennung des Begriffs der Pflicht von dem der Moralität wird bei *Kant* (Metaphysik der Sitten, Band VIII (Fn. 12), S. 323-326 vorausgesetzt, wenn er, bezogen auf alle Pflichten sagt: „Man nennt die bloße Übereinstimmung oder Nichtübereinstimmung einer Handlung mit dem Gesetz ohne Rücksicht auf die Triebfeder derselben die *Legalität* (Gesetzmäßigkeit), diejenige aber, in welcher die Idee der Pflicht aus dem Gesetz zugleich die

zwischen der durch Moral und der durch Recht begründeten Pflicht oder Verbindlichkeit? Ein Ausweg könnte darin bestehen, dass die Verbindlichkeit von Rechtsnormen auf ihre Erzwingbarkeit reduziert wird. Damit wäre ein Übertritt in das Lager des soziologischen Rechtsrealismus verbunden, für den „Verbindlichkeit" nur bedeutet, dass der Handelnde vor der Alternative steht, dem in einer Norm umschriebenen Verhaltensmodell entweder zu entsprechen oder sich der Gefahr einer vom Rechtsstab verhängten negativen Sanktion auszusetzen. In der Konsequenz müsste bei dieser Betrachtungsweise die Reichweite der Rechtspflichten in der Weise begrenzt werden, dass sie dort endet, wo Menschen sicher sein können, dass eine Sanktion für sie und für dieses Verhalten nicht erfolgt.[21] Hält man dagegen für Rechtsnormen an einem von der Faktizität ablösbaren normativen Moment fest, so ist die begriffliche Differenz zum Pflichtbegriff der Moral nicht zu erkennen.

Eine Bedeutungsdifferenz zwischen moralischer Pflicht und Rechtspflicht lässt sich auch nicht damit begründen, dass die moralische Pflicht als unbedingte Pflicht, die Rechtspflicht dagegen nur als hypothetische Pflicht aufzufassen sei. So scheint *Kelsen* gedacht zu haben, wenn *Alexys* Interpretation zutrifft. Danach ist *Kelsen* so zu verstehen: „Eine Rechtspflicht gibt es nur für den, der, aus welchen Gründen auch immer, am Spiel des Rechts teilnimmt. Für den, der dies nicht tut, existiert nur das Risiko, von Zwangsakten getroffen zu werden. Insofern verpflichtet das Recht zu nichts."[22] Wenn dies richtig wäre, so wären die Rechtspflichten allerdings überhaupt keine Pflichten, weil man sich von Pflichten nicht dadurch lösen kann, dass man aus dem „Spiel" austritt. Den freien Ein- und Austritt gibt es nach dem Sinngehalt von Rechtsordnungen gerade nicht. Die Deutungshoheit über den Sinngehalt des Ausdrucks „Recht" liegt nicht bei der Willkür einzelner; vielmehr ist es der Sinn von Rechtspflichten, die Willkür des Einzelnen einzuschränken. Insoweit unterscheiden sie sich nicht von moralischen Pflichten. – Übrigens könnte man genau so gut und genau so unrichtig sagen, moralische Pflichten gälten nur für den, der das Spiel der Moral mitspielen wolle.[23]

Es bleibt deshalb bei der Ununterscheidbarkeit des Pflichtbegriffs, ob er nun in moralischen oder in rechtlichen Kontexten auftaucht. Deshalb gibt es auch die Möglichkeit einer Pflichtenkollision im Spannungsfeld von Recht und Moral. Dem wenden wir uns jetzt wieder zu.

Triebfeder der Handlung ist, die *Moralität* (Sittlichkeit) derselben." Rechtspflichten, die ihre Existenz einer „äußeren Gesetzgebung" verdanken, gehören für Kant schon deshalb, „weil sie Pflichten sind, mit zur Ethik …" (a. a. O., S. 323) und sollen deshalb auch aus ethischen Motiven erfüllt werden. – So auch *Radbruch*, a. a. O., S. 47/48.

21 In diesem Sinne kritisch zu Geigers Rechtsrealismus auch *Niklas Luhmann*, Rechtssoziologie, 1972, Band 1 S. 43, Anm. 32.
22 *Robert Alexy*, a. a. O., S. 181.
23 Vgl. zu diesem Problembereich *William K. Frankena*, Analytische Ethik, 2. Aufl., 1975, S. 139 ff.

4.1.4.2 Moralische Argumente für die rechtspositivistische Trennungsthese. „Es spricht ... vieles dafür, dem Bestehen einer Rechtsordnung als solchem einen gewissen moralischen Wert zuzuschreiben und daraus eine prima facie bestehende moralische Verpflichtung zum Rechtsgehorsam abzuleiten."[24] Kann, wie es in pluralistischen Gesellschaften häufig der Fall ist, Orientierungssicherheit für Interaktionen nicht mehr über eine einheitliche gesellschaftliche Moral erzielt werden, so muss – das ist die Überlegung – das Rechtssystem die unter Umständen kontroversen moralischen Auffassungen von Individuen oder Gruppen suspendieren, um überhaupt ein erträgliches Zusammenleben zu ermöglichen, indem auftretende Konflikte statt schließlich durch Gewalt durch ein rechtliches, friedliches Verfahren anhand allgemein geltender Regeln und Prinzipien gelöst werden können. Dieses Argument ist offensichtlich moralischer Natur, weil es beansprucht, aus einer Idee des guten Zusammenlebens ableitbar zu sein. Bis zu welcher Grenze die spezifischen Rechtswerte wie Rechtssicherheit, Orientierungssicherheit und Friede die durch ein Unrechtsgesetz verletzten Werte überwiegen, bedarf nun wiederum der kritisch-moralischen Beurteilung sowohl aus der Perspektive der Normadressaten als auch derjenigen, die durch ihre Bestellung zu Agenten der Durchsetzung des positiven Rechts ihre Qualität als moralische Personen nicht verlieren.

Gegen die Befugnis, geltendes Recht aus Gewissensgründen zu verwerfen und zu brechen, lässt sich ein gewichtiges Argument aus der Tatsache ableiten, dass es sich bei der Rechtsordnung einer Gesellschaft, so wie sie ist, um ein gemeinschaftliches Gut handelt, an dem alle partizipieren. Über dieses Gut kann nur die Gesellschaft insgesamt verfügen. Wer als Einzelner oder als Gruppe die Rechtsgeltung auf sich allein gestellt verneint, verletzt das Recht der Gesellschaft im Ganzen, jenen Rechtswerten eine bestimmte Gestalt durch eine bestimmte Ordnung zu geben. Diese Ordnung, auf die sich die Menschen eingelassen haben, kann nur durch Akte außer Kraft gesetzt werden, die, wie auch immer, der Gesellschaft im Ganzen zurechenbar sind. Es ist moralische Pflicht, die Prärogative der Gesamtheit zu respektieren und nicht auf eigene Faust zu handeln.

Dies gilt auch für einzelne Angehörige des „Rechtsstabs", beispielsweise ein Gericht, das aus Gewissensgründen positives Recht nicht anwenden möchte. Wenn ein Richter dies trotzdem tut, so bedarf diese Entscheidung keiner Heroisierung, wie sie *Gustav Radbruch* formuliert hat: „(Wir) verehren den Richter, der sich durch sein widerstrebendes Rechtsgefühl in seiner Gesetzestreue nicht beirren lässt ...".[25]

---

24 So treffend *Norbert Hoerster*, Zum begrifflichen Verhältnis von Recht und Moral, in: Neue Hefte für Philosophie (Hrsg.: *Bubner, Cramer, Wiehl*) 1979, Heft 17, S. 77. Deshalb besteht, wie *Hoerster* a. a. O. sagt, „das besondere Problem im Fall des Konfliktes zwischen rechtlicher und moralischer Verbindlichkeit darin, dass dieser Konflikt letztlich wohl innerhalb der Moral, das heißt als Konflikt *zweier moralischer Verbindlichkeiten* ausgetragen werden muss."
25 *Gustav Radbruch*, a. a. O., S. 85.

Jedoch sollte die Tatsache, dass ohne gesetzestreue Richter und Beamte die spezifischen Rechtswerte, auf die jede moderne Gesellschaft angewiesen ist, überhaupt nicht entfaltet werden können, den einzelnen Rechtsanwender dazu veranlassen, die Gesetzestreue besonders hoch zu veranschlagen.

Argumente dieser Art, die ersichtlich solche autonomen moralischen Reflektierens sind, können, so scheint es, aufgrund genauerer Überlegungen über die destabilisierende Wirkung von Widerstand sich zu der definitiven Regel verdichten, die verpflichtende Kraft des positiven Rechts unbedingt durchzuhalten und den „Rechtsbrecher" aus Überzeugung in keinem Fall von der moralischen Pflicht, der positiven Rechtsnorm zu folgen, zu entbinden. So dachte der platonische Sokrates, als er sich weigerte, sich dem ungerechten Todesurteil seiner Vaterstadt durch die ihm nahe gelegte Flucht zu entziehen.[26]

Ein subtiles Argument für die rechtspositivistische Trennungsthese findet sich bei dem englischen Rechtsphilosophen *Hart*. Ihm geht es darum, die Freiheit des kritischen moralischen Denkens auch gegenüber dem positivierten Recht zu wahren. Deshalb hält er es für richtig, die Rechtsgeltung lediglich an strukturellen und funktionalen Eigenschaften des Rechtssystems festzumachen und sie nicht auf die inhaltliche Übereinstimmung mit moralischen Prinzipien zu stützen. Es soll vielmehr anerkannt bleiben, dass das positive Recht ungerecht sein kann, weil sonst die Heteronomie das autonom-kritische moralische Denken zu überwältigen droht. *Hart* verwirft die moralische Aufladung des Rechts, um so die freie moralische Reflexion zu schützen. *Neil MacCormick* charakterisiert den Standpunkt von *Hart* wie folgt: „Harts Grund für das Bestehen auf der begrifflichen Trennung von Recht und Moral ist so – man mag es paradox finden – ein moralischer Grund. *Hart* ist Positivist, weil er ein kritischer Moralist ist. Sein Ziel ist es nicht, eine Rechtfertigung zu Gunsten des Gehorsams gegenüber den staatlichen Herrschern zu liefern. Gestärkt werden soll das Recht des Bürgers zu unverminderter moralischer Kritik am Gebrauch und am Missbrauch staatlicher Gewalt."[27]

Noch auf einem anderen Wege tritt *Hart* für die Freiheit der autonomen moralischen Reflexion ein, indem er nämlich die kurzschlüssige Verbindung zwischen Strafrecht und heteronomer Moral mit folgender Frage durchkreuzt: „Ist die Tatsache, dass ein bestimmtes Verhalten nach allgemeinen Standards unmoralisch ist, ausreichend, dieses Verhalten unter gesetzliche Strafe zu stellen?"[28] Die Frage so zu stellen bedeutet, dass (Straf-)Recht sich vor kritisch-moralischen Reflexionen nicht dadurch schützen kann, dass es als Verstärker von Gesellschaftsmoral auftritt.

4.1.4.3 Grenzen der moralischen Argumentation für die Trennungsthese. Wenn das positive Recht so gestaltet ist, dass es den ihm zugeschriebenen spezifischen

---

26 *Platon* (Übersetzung *Schleiermacher*) 1957, Band I, Kriton, S. 33 ff., 42.
27 *Neil MacCormick*, H.L.A. Hart, 1981, S. 160 (eigene Übersetzung).
28 *Hart*, a. a. O., S. 4 (eigene Übersetzung).

Rechtswerten (Rechtssicherheit, Friede) nicht dient, etwa, wenn es staatliche Befugnisse zu beliebiger Verhängung und Aufrechterhaltung von Haft oder willkürlichen Tötungen gewährt, so wird die moralische Rechtfertigung des positiven Rechts offenbar unmöglich. Was wird aus *Harts* Rechtfertigung einer nicht nachlassenden Kritik des Gebrauchs oder Missbrauchs staatlicher Macht, wenn die Kritik durch das positive Recht mundtot gemacht wird? Was heißt dann noch Verbindlichkeit des Rechts, und was wird aus dem Argument, das jeweils geltende positive Recht sei gemeinsames Gut aller Rechtsgenossen, so dass darüber nicht einzelne Normadressaten oder Gruppen verfügen können, sondern nur die Gesellschaft als Ganzheit? Dieses Argument setzt voraus, dass die staatlichen Akte, auf denen das positive Recht beruht, der Gesellschaft als Gesamtheit ihrer Mitglieder zurechenbar sind. Fragen und Einwände dieser Art legen die Vermutung nahe, dass eine definitive moralphilosophische Entscheidung für die rechtspositivistische Trennungsthese nur unter den Bedingungen eines erreichten und eingehaltenen zivilisatorischen Niveaus einer Gesellschaft überzeugen kann. Anscheinend lässt sich das Verhältnis von Recht und Moral, wenn man es als innermoralisches Problem auffasst, nicht im Hinblick auf *jede* Ordnung, die als positives Recht beschreibbar ist, sinnvoll behandeln. Vorausgesetzt ist stets, dass das positive Recht den spezifischen Rechtswerten der Rechtssicherheit und des Rechtsfriedens dient und das einer Gesellschaft innewohnende normative Orientierungssystem nicht vollständig demoliert.

Kant bringt diesen Zusammenhang zum Ausdruck mit dem Satz: „Der nicht-widerspenstige Untertan muss annehmen können, sein Oberherr *wolle* ihm nicht Unrecht tun."[29] Diese Annahme wird widerlegt, so *Kant* weiter, wenn der Oberherr das Recht des Bürgers, „seine Meinung über das, was von den Verfügungen desselben ihm ein Unrecht gegen das gemeine Wesen zu sein scheint, öffentlich bekannt zu machen", nicht gewährt. Denn dies bedeutet, dem Bürger „allen Anspruch auf Recht in Ansehung des obersten Befehlshabers … (zu) nehmen". Diese Überlegungen verallgemeinert *Kant* in dem nachfolgenden Prinzip: „Was ein Volk über sich selbst nicht beschließen kann, das kann der Gesetzgeber auch nicht über das Volk beschließen".[30] Wiewohl *Kant* den Versuch macht, diese Aussage in eine Ableitung a priori zu integrieren, liegt doch die folgende Interpretation nahe: Es gibt in der Kultur eines Volkes allgemein anerkannte ethische Prinzipien, die seine Lebensform, mag sie auch hohe Flexibilität besitzen, mitkonstituieren, so dass der massive Verstoß gegen sie das Bewusstsein zusammenbrechen lässt, man habe es noch mit einem Versuch des Gesetzgebers zum Richtigen, Gerechten und Zweckmäßigen zu tun. Selbst für *Kant*, der das Recht auf Widerstand prinzipiell verneint, kann in einer solchen Situation die Geltung des positiven Rechts an eine Grenze kommen. Das Unternehmen, positives Recht auf eine „oberste bloß nach Klugheitsregeln

---

29 *Immanuel Kant*, Kleine Schriften zur Geschichtsphilosophie, Ethik und Politik, 1959. Darin: Über den Gemeinspruch u. s. w., S. 102. Auch in *Kant* (Fn. 2), Band XI, S. 161.
30 A. a. O., S. 103 bzw. 162.

verfahrende Gewalt" zu stützen, nennt er einen „Verzweiflungssprung ... von der Art, dass, wenn einmal nicht vom Recht, sondern nur von der Gewalt die Rede ist, das Volk auch die seinige versuchen und so alle gesetzliche Verfassung unsicher machen dürfe".[31] Zwar will *Kant* an dieser Stelle lediglich darlegen, dass eine Rechtstheorie, die geltendes Recht im Sinne der Setzung von Normen aufgrund bloßer Klugheitsüberlegungen interpretiert, eine philosophische Gültigkeit der Rechtsordnung nicht ableiten kann; dies vermag nur eine Interpretation positiven Rechts, die *unterstellt*, dass es diesem auch darum geht, die nicht zwangsweise durchsetzbaren, aber aus der Vernunft folgenden Rechte des Bürgers gegen den Staat zu wahren. Aber es bleibt die Frage, wie Zustände zu bewerten sind, in denen jene Unterstellung jegliche Plausibilität verliert.

Darauf gibt *Gustav Radbruch* eine Antwort. Er hat seine rechtspositivistische Trennungsthese erst aufgegeben, nachdem er den Einbruch der Nazibarbarei in die Kultur eines zivilisierten Volkes und Staates erlebt hatte. Für ihn wurde erst jetzt deutlich, dass die Ablösung der Rechtsgeltung von allen moralischen Prinzipien nur haltbar ist in einer Periode, in der das positive Recht bereits eingelebte und noch lebendige fundamentale moralische Prinzipien integriert hat.[32] Für jedes Rechtssystem stellt sich deshalb die Frage, welche moralischen Prinzipien ihm zugrunde liegen und wie sie im positiven Recht zum Ausdruck kommen.

4.2 Autonomie im Spannungsfeld von Recht und Moral

Damit ist das Thema des letzten Hauptabschnitts unserer Erörterung über das Verhältnis von Recht und Moral vorgezeichnet.

4.2.1 Der Sinnzusammenhang zwischen Moraltypus und Verfassungstypus

Recht und Moral lassen sich als zwei wesensbestimmende unselbständige Elemente gesellschaftlichen Lebens auffassen. Da sie beide, unmittelbar oder mittelbar, auf menschliches Verhalten bezogen sind, insbesondere auf Interaktionen mit anderen Menschen oder aber auch mit Gruppen oder Institutionen, ist es unwahrscheinlich, dass sie die Lebensform einer Gesellschaft in völlig unterschiedlicher Weise charakterisieren. Vielmehr ist zu erwarten, dass die für eine Gesellschaft als grundlegend anerkannten ethischen Normen sich in der Rechtsordnung ausdrücken und dass an dieser ablesbar ist, welche ethische Konzeption vom Menschsein diese Gesellschaft hat.

---

31 A. a. O., S. 105 bzw. 164.
32 Vgl. seinen zuerst in SJZ 1946 S. 105-108 veröffentlichten Aufsatz „Gesetzliches Unrecht und übergesetzliches Recht", wieder abgedruckt in *Radbruch* (Fn. 18), Anhang, S. 211-219.

Das wird zum einen durch die Tatsache bestätigt, dass sich in Recht und Moral weitgehend dieselben unbestrittenen normativen Inhalte finden. Zum anderen vermag eine Rechtsordnung aber auch auszudrücken, welchem Typus von Moral (vgl. oben den Abschnitt 4.1.3) sie entspricht. Die These ist, dass zentrale Rechtsnormen sich aus der Vorstellung ableiten lassen, welche eine historische Gesellschaft über den *Geltungsgrund* von Moral hat. Blicken wir auf die Typologie der Erscheinungsformen von Moral zurück, so stellt sich die Frage, ob und wie sich in einer Rechtsordnung das Konzept der herrschend gewordenen autonomen, kritischen Moral ausdrückt.

Sicher ist, dass zu diesem Typus ein anderes verfassungsrechtliches Institutionengerüst passt als zu einer Moral, die sich in ihrem Selbstverständnis nicht zentral durch Vernunft, sondern durch Tradition oder Autorität (Religion) oder in anderer Weise heteronom legitimiert.

In dieser Perspektive ist die Rechtsordnung unter zwei Aspekten zu befragen: Gewährt sie die vom moralischen Autonomiegedanken beanspruchte Freiheit der Lebensgestaltung und der Kommunikation und versucht sie sicherzustellen, dass kritische moralische Impulse die Ebene der Politik erreichen können (nachfolgend 4.2.2)? Dazu spiegelbildlich ergibt sich die Frage, welche besonderen Tugenden eine auf Autonomie jedes Einzelnen ausgelegte Rechtsordnung erfordert, um sich selbst erhalten zu können (4.2.3). Schließlich stellt sich die Frage, ob es ein moralisches Grundprinzip gibt, das sowohl die Rechtsordnung bestimmt als auch über die Rechtsordnung hinaus in akzeptierten moralischen Ansprüchen an das mitmenschliche Verhalten lebendig ist (nachfolgend 4.2.4).

4.2.2 Die Institution einer rechtsstaatlichen Demokratie als Voraussetzung kritischen moralischen Denkens

Es ist leicht zu sehen, dass die Institutionen einer Demokratie, die zugleich formaler und materialer, d. h. Grundrechte anerkennender Rechtsstaat ist, dichte Bezüge zu der Konzeption einer Moralphilosophie haben, die das moralische Denken als kritisch, autonom und in einem geschichtlichen Prozess der Entwicklung begriffen betrachtet.

4.2.2.1 Autonome Moral und ihr Bezug zu den Freiheitsrechten.
Moralphilosophie dieser Prägung stützt sich auf die Vernunft des Einzelnen in seinen menschlichen Bezügen. Sie traut der Vernunft nicht nur Erkenntnis dessen, was ist, in Grenzen zu, sondern stützt auch Prinzipien des Handelns auf Vernunft und stellt dementsprechende Institutionen bereit. Die einzelnen Menschen fordert sie auf, sich ihrer eigenen Vernunft zu bedienen, auch und gerade in moralischen Angelegenheiten. Damit ist notwendig die Freiheit verbunden, sein Leben (seine Beziehungen zu anderen) selbst und nach eigener Einsicht ohne Zwang zu gestalten.

Die Rechtsordnung spiegelt dieses moralische Postulat durch die juristische Absicherung von Freiheitsräumen. Diese geschieht durch die Benennung und Umschreibung spezieller Freiheiten, aber auch durch das allgemeine Freiheitsprinzip, welches dem Staat die Argumentationslast aufbürdet, sofern er die Freiheit von Individuen einschränken will. Die Freiheitsräume werden den Individuen zugeordnet; aber dies heißt nicht, die Individuen als isoliert oder gleichsam als ungebundene Atome zu verstehen. Zu den Freiheiten gehört deshalb auch das Recht, persönliche Beziehungen aufgrund individueller Konsense unabhängig von vorgeformten Lebensmustern zu gestalten, und im spezielleren Sinne das Vereinigungsrecht mit – in den Grenzen des Rechts – freier Zielbestimmung. Das Recht, mit anderen seine Vergesellschaftung in wichtigen Bereichen selbst zu gestalten, passt zu einem Pluralismus der Lebensformen und zur Notwendigkeit von Toleranz.

Die Bestimmung der Freiheitsräume erfolgt nicht gemäß den Grenzziehungen einer gerade herrschenden heteronomen Moral. Sie ergeben sich vielmehr aus dem Prinzip der gleichen Freiheiten aller. Das ist mit *Kants* Rechtsbegriff gemeint. Für ihn ist das Recht „der Inbegriff der Bedingungen, unter denen die Willkür des einen mit der Willkür des anderen nach einem allgemeinen Gesetz der Freiheit zusammen vereinigt werden kann."[33] Die Freiheit wird nur durch eine gleiche Freiheit der anderen begrenzt. „Freiheit (Unabhängigkeit von eines anderen nötigender Willkür), sofern sie mit jedes anderen Freiheit nach einem allgemeinen Gesetz zusammen bestehen kann, ist dieses einzige, ursprüngliche, jedem Menschen kraft seiner Menschheit zustehende Recht."[34] Dadurch, dass das allgemeine Gesetz als juridisches Gesetz verstanden wird, wird das Recht zum Wahrer der Freiheit gegenüber dem sozialen Druck, der von einer Gesellschaftsmoral ausgeht, deren freiheitsbeschränkende Wirkung über das hinausgeht, was das Gesetz selbst verbietet.[35] Dadurch also, dass das Recht Freiheitsräume normiert, schützt es die Bedingungen autonomen moralischen Lebens gegen die Heteronomie der Gesellschaftsmoral. Hinzu tritt die Ersetzung des diffusen Drucks der Gesellschaftsmoral mit nicht kalkulierbaren sanktionierenden Aggressionen durch die schützenden Formen von Verfahren, in denen nur berechenbare und stets limitierte Sanktionen zulässig sind.[36]

---

33 *Kant*, Metaphysik der Sitten, Bd. VIII (Fn. 12), S. 337.
34 *Kant*, a. a. O., S. 345.
35 Zur systemtheoretischen Interpretation dieses Zusammenhangs vgl. *Niklas Luhmann*, in: Ders. und *H. Pfürtner* (Hrsg.), Theorietechnik und Moral, 1978, S. 8-95, hier: S. 68 f.
36 Näheres dazu bei *Ellscheid*, Die Verrechtlichung sozialer Beziehungen als Problem der praktischen Philosophie, in: Neue Hefte für Philosophie, 1979, Heft 17, S. 37-61, S. 37 ff. – Zu den schützenden Formen des Strafverfahrens vgl. *Winfried Hassemer*, Einführung in die Grundlagen des Strafrechts, 2. Aufl. 1990, S. 135 ff. und in: Festschrift für *Lange*, 1976, S. 501, 518 f.

4.2.2.2 Kommunikative moralische Vernunft und Grundrechte der Kommunikation. Als Vernunftwesen kann jeder zurechnungsfähige Mensch an der allgemeinen Vernunft, auch am moralischen Denken, teilnehmen. Erscheinungsform der allgemeinen Vernunft ist die Kommunikation zwischen Vernunftwesen im Medium der Sprache und sonstiger Ausdrucksformen (Kunst). Kommunikation schließt Information oder sonstige einseitig bleibenden Äußerungen ein, erschöpft sich aber nicht darin: Sie ist Diskurs, Kritik, Verhandlung, Beeinflussung, Zusammenschluss, gemeinsame (gesellschaftsbezogene) Aktion und dergleichen. In allen Kommunikationsformen entfaltet sich praktische Vernunft, als kritische Moral, als ethischer Entwurf, als emotionale Umstrukturierung, als Entscheidung, als kommunikative Macht.[37]

Die für die Autonomie der Menschen geöffnete Rechtsordnung schützt die Freiheit dieses kommunikativen Prozesses durch Grundrechte des öffentlichen Vernunftgebrauchs; so die freie Meinungsäußerung, die *Kant* schon in der Form der „Freiheit der Feder", welche auch Kritik an der Obrigkeit einschließt, gefordert hat, die freie Berichterstattung einschließlich Informationsbeschaffung, das Demonstrationsrecht, aber auch die Kommunikation im Privaten durch Schutz vor Ausforschung (Datenschutz) und überhaupt das Recht, nicht zu kommunizieren als Bedingung der Möglichkeit einer freien, d. h. auch: freiwilligen Kommunikation. Des Weiteren die Freiheit der Kunst und – am Anfang der ganzen Entwicklung stehend – die Freiheit der Religion. Das Recht sichert auch, was hier nicht näher ausgeführt werden kann, die realen Bedingungen dieser Grundrechte.

4.2.2.3 Kommunikative moralische Vernunft und politische Grundrechte. Die Offenheit der politischen Sphäre für Impulse kritischen moralischen Denkens setzt ein Bezogensein der Politik auf die moralischen Urteile aus dem Publikum voraus. Die Annahme, diese Voraussetzung sei gegeben, erscheint in einem demokratisch verfassten Gemeinwesen plausibel, weil die politische Debatte ihren Probleminhalten nach weitgehend in sich selbst eine moralische Debatte ist. Dabei ist von dem weiten Moralbegriff auszugehen, den wir oben (4.1.3.3.3) skizziert haben. Die weitgespannten Themen moralischen Denkens lassen sich mit den Ausdrücken „Gerechtigkeit" und „Gemeinwohl" benennen. Sie sind die für die Rechtsgestaltung wesentlichen moralischen Problembegriffe. Politische Konzeptionen sind immer auch Gemeinwohl- und Gerechtigkeitskonzeptionen, sei es, dass es um Chancen- und Lastenverteilung, um Kampf gegen Diskriminierung von Gruppen, um soziale Grundrechte, um die produktivste Ordnung von Wirtschaft, um Erziehungssysteme, Verwaltungsstrukturen und dergleichen geht.

---

37 Den kommunikativen Kreislauf, den die verfassungsrechtlich garantierten Kommunikationsrechte ermöglichen und sichern sollen, analysiert *Jürgen Habermas*, Faktizität und Geltung, 4. Aufl. 1994, in dem Kapitel „Zur Rolle von Zivilgesellschaft und politischer Öffentlichkeit", bes. im 3. Abschnitt dieses Kapitels (435-467).

Auch wenn Gerechtigkeits- und Gemeinwohldiskurse sich in Fachdiskursen über das Machbare und Nichtmachbare fortsetzen und insoweit „wertneutral" erscheinen können, wird der Bezug zu den moralischen Grundbegriffen nicht gekappt, sondern stets vorausgesetzt: Die moralische Reflexion überschreitet die Ebene der Zielsetzungen hin zu moralischer Bewertung der Mittel und der gerechten Abwägung im Felde konfligierender Interessen.

Natürlich ist es richtig, dass häufig eine moralisierende Rhetorik benutzt wird, um Gruppeninteressen durchzusetzen. Aber der Zwang zu solcher Rhetorik zeigt die Unumgänglichkeit der Sphäre einer an Prinzipien orientierten öffentlichen moralischen Reflexion.

Im Übrigen ist die Artikulation von Interessen Voraussetzung für den Gerechtigkeitsdiskurs und gehört deshalb in den gesellschaftlichen Prozess der autonomen und kritischen Moral. In diesem Diskurs geht es nicht um (Gruppen-)Egoismus oder -Altruismus, sondern um die Unterscheidung gerechtfertigter und nicht gerechtfertigter Interessen. In einer Demokratie kann die Politik diesem öffentlichen, seinem Inhalt nach moralischen Diskurs nicht ausweichen. Sie muss es vielmehr als ihre Aufgabe darstellen, das Gemeinwohl zu vertreten, berechtigte Interessen von unberechtigten zu unterscheiden und Interessenkonflikte gemeinwohl- und gerechtigkeitsverträglich zu regeln.

Die Rückbindung der politischen Ebene an den öffentlichen, von moralischen Konzepten nicht ablösbaren Diskurs wird gesichert durch die verfassungsrechtlich vorgegebene Organisationsform der Demokratie mit subjektiven persönlichen Rechten, Wahlen auf begrenzte Zeit, gleiche Wählbarkeit und gleiches Wahlrecht, Recht zur Parteienbildung, basisabhängige Parteistrukturen, Wählervereinigungen usw. Nur diese Organisationsform zwingt die Politik, auch tatsächlich in den öffentlichen Gerechtigkeitsdiskurs einzutreten und auf ihn zu reagieren. Erst dadurch wird die rechtliche Bedingung der Möglichkeit gewonnen, dass der Prozess der kritischen Moral seinen Einfluss in das politische System hinein erstrecken kann.

Dass die politischen Prozesse in den kritischen öffentlichen Diskurs hineingezogen werden, beseitigt zwar nicht die Tatsache, dass aus der Perspektive der Privatheit Rechtsnormen als von außen kommende Zwangsgesetze erscheinen müssen. Da sich der Einzelne aber am politischen Prozess, der zugleich ein autonomer moralischer Prozess der Gesellschaft ist, über seine Kommunikations- und (im engeren Sinne) politischen Rechte beteiligen kann, wird die Einstellung möglich, sich zugleich als Beteiligter an der Gesetzgebung, als citoyen, zu sehen und zu verhalten.

4.2.3 Die von einer freiheitlich-demokratischen Rechtsordnung ausgehende moralische Herausforderung

Die Korrelierung der Grundsätze einer freiheitlichen Demokratie mit dem Grundprinzip autonomer Moral könnte zu dem Schluss führen, es finde keine wechselseitige Zuordnung von Recht und Moral statt, sondern stattdessen werde eine Auflösung der Moral, nämlich ihre Ersetzung durch ein System von Freiheiten und politischen Rechten programmiert. Statt von Pflichten sei von Freiheiten die Rede; die moralische Substanz der Gesellschaft werde innerhalb eines zu weit gesteckten rechtlichen Rahmens der Beliebigkeit der Einzelnen und Gruppen überlassen. Die Ordnung des gesellschaftlichen Lebens durch solches Recht beschränke sich darauf, Übergriffen in die Individualsphäre anderer entgegenzuwirken und bringe damit das, was Moral, aber auch was ethische Lebensform einer Gesellschaft sei, durch Freigabe von Beliebigkeit zum Absterben. Man beklagt den Verlust der Tugenden.[38]

4.2.3.1 Die Ambivalenz der Freiheiten. Argumentationen dieser Art müssen ernst genommen werden. Wird die rechtlich geschützte kritische Moral auf die Autonomie der Einzelvernunft bezogen und dadurch für das Individuum ein gegenüber der Gesellschaftsmoral transzendentaler Standpunkt in Anspruch genommen, so dehnt sich bereits dadurch der Bereich der äußeren Freiheit aus, indem Äußerungsmöglichkeiten in Kunst, Literatur und Philosophie zugelassen werden, die als Unterminierung von Moral überhaupt deutbar sind. Soll die moralische Leistung, soweit möglich, ohne Zwang und nur bestimmt durch die sittliche Einsicht erbracht werden, so setzt dies in einem wesentlich weiteren Umfang als im Rahmen heteronomer Moral zulässig die Möglichkeit einer nicht durch moralische Regeln gebundene Willkür frei. Empirisch betrachtet kann dies Tendenzen auslösen, die Grenzen des gesellschaftlich Erträglichen zu testen. Unter dem moralischen und zugleich rechtlichen Dach für eine eigenverantwortliche Lebensführung, die auf Freiheitsräumen für eigenständiges moralischen Reflektieren bestehen muss, kann Unverantwortlichkeit wachsen und in alle Sphären ausstrahlen. Die rechtlichen Bedingungen verantwortungsbewussten Lebens sind zugleich die Bedingungen faktischer Verantwortungslosigkeit. Der (teilweise) Rückzug des der moralischen Autonomie verpflichteten Rechts aus ethischen Inhalten droht zum Schrittmacher des moralischen und ethischen Zerfalls der Gesellschaft zu werden.

Diese Ambivalenz der Freiheit muss vom Standpunkt autonomer Moral grundsätzlich akzeptiert werden. Aber man darf sich nicht darauf beschränken, aus der Beobachterperspektive Tendenzen des möglichen Zerfalls zu registrieren. Aus der Perspektive von Teilnehmern am Unternehmen der auf autonome Vernunft fokussierten Rechtsordnung wird man fragen müssen, ob die durch den Einbruch des Autonomiegedankens dynamisierte moralische Reflexion nicht neue, für diese Form von Moral spezifische Tugenden entwickeln kann und muss und worin deren Wesen besteht.

---

38 Dies ist das Thema des Buches von *Alasdair MacIntyre*, After Virtue (1981), in deutscher Übersetzung unter dem Titel: Der Verlust der Tugend, zur moralischen Krise der Gegenwart, Frankfurt a. M., New York 1987.

Bei dieser Fragestellung ist vorausgesetzt, dass die rechtlichen Institutionen, welche Bedingungen der Möglichkeit eigenverantwortlicher Lebensführung und des vernünftigen politischen Diskurses sichern sollen, nicht von sich aus die Vernünftigkeit der Gesellschaft bewirken können. Die erörterten rechtlichen Institutionen sind notwendige, aber nicht hinreichende Bedingungen für die Erreichung des Ziels, das im Autonomiegedanken angelegt ist. Es bedürfte der Entwicklung konstanter Haltungen und Praktiken, die das bereitstehende rechtliche System mit dem Leben autonomer Moral füllen.

Insbesondere sind Bürgertugenden gefragt, ohne die nicht einmal die auf kommunikative öffentliche Vernunft ausgelegten Verfassungsinstitutionen auf Dauer überleben können. Sie bedürfen der Pflege im Erziehungssystem und durch Vorbilder. Denn Bürgertugenden entwickeln sich nicht in den Interaktionen des menschlichen Nahbereichs allein, sondern bedürfen der Ausweitung des Blicks auf die jeweilige Totalität des gesellschaftlichen und politischen Lebens und der Entwicklung von Handlungsformen in Bezug auf diese. Sie sind nicht durch Recht erzwingbar. Nicht einmal die Erzwingung der Ausübung der den Bürgern zustehenden politischen Rechte, z. B. des Wahlrechts, ist sinnvoll, weil dann aus der Freiheit, am Leben des Gemeinwesens teilzunehmen, ein Unterwerfungsakt nach dem Muster einer Heteronomie begründet würde. Um ein anderes Beispiel zu nennen: Die Medien verlieren ihre moralische Bedeutung in dem Maße, wie sie, durch die ökonomische Sphäre überwältigt, den Bezug zur Wahrheit und damit das Ziel, Politik und gesellschaftliche Prozesse transparent zu machen, aufgeben. Natürlich darf dies an der Freiheit auch des heruntergekommenen Teils der Medien nichts ändern, weil auch in diesem Falle ihre Freiheit unverzichtbare Bedingung der Möglichkeit der öffentlichen Artikulation kritischer Moral bleibt. Aber es besteht eben der moralische Anspruch fort, durch ein besseres journalistisches Ethos eine kritische Moral der Gesellschaft zu stützen.

4.2.4 Die Gleichheit der Menschen als moralisches und rechtliches Grundprinzip

Von den unmittelbar auf das politische System bezogenen Tugenden soll hier nicht weiter die Rede sein. Sie beziehen sich auf die Ausübung der Bürgerrechte und damit nur auf die prozedurale Möglichkeit autonomer Vernunft im öffentlichen Bereich. Sie lassen sich – in einem keineswegs abwertenden Sinne – als Sekundärtugenden einer auf die moralische Autonomie fokussierten Gesellschaft deuten. Sie betreffen nicht das Ethos selbst, welches das Verhältnis zwischen den Subjekten des autonomen Vernunftgebrauchs unmittelbar und substanziell bestimmt. Private Freiheiten und die Möglichkeit öffentlichen und einflussreich werdenden Vernunftgebrauchs sowie politische Rechte geben als solche noch keinen Hinweis darauf, wie der Mensch den Menschen begegnet und begegnen soll.

Neben den den Bürgerrechten zuzuordnenden Tugenden bedarf ein Gemeinwesen, soll es nicht ohne Integration bleiben, eines inhaltlichen moralischen Prinzips, das die in den Bürgerrechten und den demokratischen Institutionen abgestützte Prozeduralität der gesellschaftlichen Vernunft übersteigt. Dieses Prinzip muss in grundlegender Weise das Verhältnis der Menschen zueinander festlegen. Nun ist es von grundlegender moralischer und zugleich institutioneller, d. h. vornehmlich: rechtlicher Bedeutung, ob jenes Verhältnis ein solches der Ungleichheit oder der Gleichheit sein soll. Modernes Recht und moderne Moral gehen, wie wir noch sehen werden, von der Idee der Gleichheit der Menschen aus. So bemerkt *Christoph Menke*:[39] „Die Gleichheitsidee ist die gemeinsame Klammer um modernes Recht und moderne Moral. Sie ist die Grundidee des modernen Rechts, denn es geht ihm um die Verwirklichung der gleichen Rechte aller. ... Im selben Zug wird Gleichheit zur zentralen Idee im modernen Verständnis der Moral. Denn ins Zentrum der Moralität rücken im modernen Verständnis diejenigen Verpflichtungen, die ein jeder jedem anderen gegenüber hat. Das bedeutet ..., dass der Grund der moralischen Verpflichtungen ihre Quelle nicht in einer transzendenten Instanz ..., sondern allein in der Anerkennung der Tatsache hat, dass jeder andere einen grundsätzlich gleichen Status wie ich hat." Den gleichen Status der Menschen versucht *Kant* in der Aussage zu fassen, der Mensch besitze „eine *Würde* (einen absoluten inneren Wert), wodurch er allen andern vernünftigen Weltwesen *Achtung* für ihn abnötigt, sich mit jedem Anderen dieser Art messen und auf den Fuß der Gleichheit schätzen kann."[40]

4.2.4.1 Abgrenzung gegenüber dem diskurstheoretischen Gleichheitsprinzip.

Dieses von *Kant* und von *Menke* anvisierte Gleichheitsprinzip erschöpft sich nicht darin, hinsichtlich der kommunikationssichernden Grundrechte, von denen eben die Rede war, die Gleichheit aller zu fordern. Diese Rechte lassen sich zwar aus dem rationalen Diskurs als *gleiche* Rechte – als Rechte mit gleichem Umfang – herleiten, und dies macht die große Bedeutung der Diskursethik für die Demokratietheorie aus[41]; denn das Telos des rationalen Diskurses fordert, dass alle Argumente eingebracht werden sollen, gleichgültig, von wem sie kommen. Das daraus resultierende Gleichbehandlungsgebot mit seinen verschiedenen Facetten bezieht sich indessen nur auf einen schmalen Ausschnitt des Menschseins, nämlich lediglich darauf, in einer sachlich gemeinten (öffentlichen) Diskussion unter denselben Bedingungen

---

39 In seiner tiefschürfenden Untersuchung: Spiegelungen der Gleichheit, 2000, S. 3-4.
40 *Kant*, Metaphysik der Sitten, Bd. VIII (Fn. 12), S. 569.
41 Besonders hinzuweisen ist auf das bereits zitierte Werk von *Jürgen Habermas*, Faktizität und Geltung, sowie auf seinen Aufsatz: Wahrheitstheorien, wiederabgedruckt in: Jürgen Habermas, Vorstudien und Ergänzungen zur Theorie des kommunikativen Handelns, 3. Aufl., 1989, S. 127 ff. Vgl. weiter *Robert Alexy*, Theorie der juristischen Argumentation, 3. Aufl., 1996, wo die Diskursethik für das Rechtsdenken fruchtbar gemacht ist. Wichtig sind besonders die Seiten 161-177.

wie jeder andere Argumente vorbringen zu können. Dieses Gleichheitsprinzip reicht nicht über die Diskurssituation hinaus. Es geht vielmehr im Sinne der Konstitution öffentlicher universeller Vernunft letztlich um den „zwanglosen Zwang des besseren Arguments" (*Habermas*), aber nicht um Gleichheit im Sinne von Gerechtigkeit für alle menschlichen Individuen in ihrer jeweiligen Ganzheit.

4.2.4.2 Gleichbehandlung, „Gleichheitssachverhalt" und die für sie konstitutive Bedeutung des moralischen Urteils. Schon im ersten interpretatorischen Zugriff wird klar, dass mit der Gleichheit der Menschen sowohl ein Gleichbehandlungsgebot als auch ein beschreibbarer „Gleichheitssachverhalt" gemeint ist. Treffend formuliert *Christoph Menke*[42]: „Gleichheit im normativen Sinn – alle gleichermaßen zu berücksichtigen – setzt Gleichheit auch in einem deskriptiven Sinn voraus. ... Den anderen gleich zu behandeln setzt voraus, den anderen als in bestimmten Hinsichten Gleichen zu beschreiben; Gleichbehandlung heißt Gleichbeschreibung." Das ist normlogisch insoweit zwingend, als jede Norm, auch ein Gleichbehandlungsgebot, auf durch Merkmale allgemeiner Art gekennzeichnete gleiche Sachverhalte verweisen muss.

Dabei muss zwischen Gleichbehandlungsgebot und Gleichheitssachverhalt ein Sinnzusammenhang bestehen, dergestalt, dass Menschen in bestimmten Hinsichten gleich behandelt werden sollen, *weil* sie, ebenfalls in bestimmten Hinsichten, d. h. nach bei jedem Menschen gegebenen „Merkmalen", tatsächlich gleich sind. Da es nun eine vollständige Gleichheit der Menschen nicht gibt – sie unterscheiden sich in natürlichen Anlagen, Bedürfnissen, Fähigkeiten, zufälligen zwischenmenschlichen Kontakten und Beziehungen, kurz: in ihren biologischen und sozialen Schicksalen – so kann der Gleichheitssachverhalt, auf den sich das moralisch-rechtliche Urteil, es bestehe ein Gleichbehandlungsgebot, beziehen soll, nicht in der vollen Individualität der Menschen bestehen. Der Gleichheitssachverhalt muss demnach etwas sein, was allen Menschen trotz ihrer unabsehbaren Verschiedenheit gemeinsam ist.

Dabei ist klar, dass das Gleichbehandlungsgebot nicht an beliebigen Gleichheitsmerkmalen anknüpft, sondern nur an solchen, die das moralische Urteil auslösen, im Hinblick auf diesen bestimmten, bei allen Menschen in gleicher Weise vorhandenen Sachverhalt sei eine in bestimmter – nicht: in jeder – Hinsicht gleiche Behandlung aller Menschen geboten. Klar ist auch, dass nicht jede Ungleichheit von Menschen ohne weiteres eine Ungleichbehandlung in einer bestimmten Hinsicht oder gar in beliebiger Hinsicht rechtfertigen kann.

Daraus ergibt sich, dass die Konstruktion oder Abstraktion des Gleichheitssachverhalts aus einer größeren Merkmalsfülle die Struktur eines moralischen Urteils hat, das der Begründung bedarf. Wir klammern vorerst das Begründungsproblem aus.

---

42 Spiegelungen (Fn. 39), S. 17/18.

Ob eine solche Begründung möglich ist, mag hier dahinstehen. Es geht zunächst um die *Interpretation* des Gleichheitsprinzips; und dessen Logik, die wir durch die Unterscheidung und Verknüpfung der Begriffe „Gleichbehandlung" und „Gleichheitssachverhalt" in Gang gesetzt haben, ist schon für sich betrachtet kompliziert genug. Sie vollständig zu explizieren, kann nicht das Ziel der nachfolgenden Bemerkungen sein. Sie wollen aber kenntlich machen, dass und warum die juristische Dogmatik des Gleichheitsprinzips in moralphilosophische Reflexionen übergehen muss. Diesem Gang der Überlegungen entsprechend beginnen wir mit der Interpretation gewisser Aspekte der Gleichheit als Rechtsprinzip.

4.2.4.3 Gleichheit als Rechtsprinzip. Wir fragen also, ob und wie es dem juristischen Denken gelungen ist, den Gleichheitssachverhalt zu erfassen. Das juristische Denken steht aus Gründen der Erkennbarkeit dessen, was rechtens ist, unter dem Postulat, klare Rechtsfolgeanordnungen an klar umrissene typisierte Sachverhalte, so genannte Tatbestände, anzuknüpfen und man sollte erwarten, dass die Tatbestände, auf die sich das Gebot der Gleichbehandlung bezieht und zugleich das, worin die Gleichbehandlung der Tatbestände besteht, im Rechtsdenken präzise herausgearbeitet worden sind.

Geht man mit dieser Erwartung an die Interpretation der Formulierungen des Gleichheitsprinzips in modernen Verfassungen heran, so ergeben sich indessen Schwierigkeiten, die von prinzipiell anderer Art sind als die, die bei der Interpretation sonstiger rechtlicher Normen auftreten.

Im Grundgesetz der Bundesrepublik finden sich, abgesehen von Sondertatbeständen, zwei Fassungen des Gleichheitsprinzips. Die hier zunächst interessierende *positive* Fassung lautet: „Alle Menschen sind vor dem Gesetz gleich" (Art. 3 Abs. 1 GG). Der Satz wird dahin verstanden, dass auch der Gesetzgeber an den Gleichheitsgrundsatz gebunden ist.

Gleich zu behandeln sind also alle Menschen. Der Gleichheitssachverhalt scheint damit das Menschsein als solches zu sein. Daran ist zunächst nichts unklar, sofern man Abgrenzungsprobleme wie die, wann das Menschsein beginnt oder endet, beiseite lässt. Offen ist aber, worin die Gleichbehandlung besteht. Das Gleichbehandlungsgebot formuliert weder direkt bestimmte Rechtsfolgen noch bestimmte Tatbestände, an die die Rechtsfolgen geknüpft sind. Es setzt vielmehr Normen dieser Art, z. B. Strafbestimmungen für Diebstahl oder baurechtliche Voraussetzungen für die Erteilung von Baugenehmigungen – nennen wir sie *Sachnormen* – logisch voraus und fügt diesen lediglich das Gebot der Gleichbehandlung hinzu. Das bereitet keine Schwierigkeiten, sofern die Sachnormen bereits existieren (gelten) und es lediglich noch um ihre Anwendung geht. Gleichbehandlung bedeutet aus der Anwenderperspektive, dass die jeweilige Sachnorm in gleicher Weise auf alle anzuwenden ist, die von ihr aufgrund bestimmter Tatbestandsmerkmale betroffen sind. Unklar bleibt aber, was das Gleichbehandlungsgebot für den Normsetzer, der ebenfalls durch Art. 3 Abs. 1 GG gebunden ist, besagt. Sicherlich darf der

Gesetzgeber bei gleichen Sachverhaltstypen für verschiedene Einzelpersonen nicht unterschiedliche Rechtsfolgen festlegen; er darf z. B. nicht namentlich genannte Personen, z. B. Berlusconi, von ihrer Anwendung ausnehmen. Wie aber steht es mit nach bestimmten Merkmalen gebildeten Gruppen von Menschen, z. B. Kaufleuten und Nichtkaufleuten, Konsumenten und Nichtkonsumenten (Produzenten, Händlern), Armen und Reichen (im Steuerrecht), Ministerpräsidenten und anderen Leuten?

Würde man das Gleichbehandlungsgebot so auslegen, dass es überhaupt keine Gruppenbildung zuließe, die als Anknüpfungspunkt für unterschiedliche Rechte und Pflichten dienen, so wäre der Gesetzgeber nicht in der Lage, angemessene Regelungen für die unterschiedlichen Funktionen und Rollen von Menschen in einer arbeitsteiligen Gesellschaft aufzustellen. Zugespitzt lässt sich mit *Ekkehart Stein* sagen, dass das ganze Recht aus Differenzierungen besteht.[43] Diese Differenzierungen bestehen auch und gerade hinsichtlich der Zuweisung unterschiedlicher Rechtspositionen an Menschen in verschiedenen Funktionen, Lagen und Zuständen. Diese rechtlichen Unterschiede alle einzuebnen kann nicht der Sinn des Gleichbehandlungsgebotes sein. Nimmt man dies hin, so folgt daraus, dass der in der Verfassung nur mit dem Ausdruck „alle Menschen" gekennzeichnete Gleichheitssachverhalt ein Begriff ist, in dessen Definition die verschiedenen Funktionen, Lagen und Zustände, in denen der Mensch sich befinden kann, nicht eingehen darf. Dasselbe gilt für unterschiedliche natürliche Eigenschaften der Menschen, z. B. unterschiedliche Begabungen, sofern man es für richtig hält, sie – z. B. im Schulsystem – als Anknüpfungspunkte für unterschiedliche Behandlung zu nehmen. Damit wird fraglich, was eigentlich mit dem Gleichheitssachverhalt „alle Menschen" gemeint ist. Sind unterschiedliche Behandlungen aufgrund dessen, was man umgangssprachlich einen Menschen nennt, in rechtlicher Hinsicht – unbestimmt in welchem Umfange – zulässig, so gerät das, was mit dem Begriff „alle Menschen" in Art. 3 Abs. 1 GG gemeint ist, ins Ungewisse. Und ungewiss wird gleichzeitig damit auch, was eigentlich mit der Gleichbehandlung gemeint ist.

Die juristisch-dogmatischen Versuche der Interpretation des Art. 3 Abs. 1 GG führen nicht zur Bestimmung des Gleichheitssachverhalts. Die Formel, wesentlich Gleiches dürfe nicht ungleich und wesentlich Ungleiches nicht gleich behandelt werden[44], enthält keine inhaltliche Aussage über den Sachverhalt, auf den sich das Gleichbehandlungsgebot beziehen soll. Er verweist vielmehr mit dem Ausdruck „wesentlich" auf nicht sachverhaltsgebundene Wertungen. Bemerkenswert ist dabei, dass sich die Suche nach dem Gleichheitssachverhalt von dem Begriff „alle Menschen" wegbewegt und durch den Begriff „gleicher Sachverhalt" ersetzt wird. Begriffslogisch lässt diese Verschiebung es nicht nur zu, irgendwelche an Menschen haftende Merkmalsunterschiede zu Anknüpfungspunkten unterschiedlicher Be-

---

43 A.K.-GG-*Stein*, 2. Aufl., Art. 3 Rn. 34.
44 So BVerfGE 1, 14/52; 76, 256-329; 78, 249-287.

handlung zu machen oder umgekehrt als unwesentlich zu erklären; vielmehr können auch außerhalb des Begriffs „Mensch" oder „menschliche Beziehungen" liegende Tatbestände wesentlich oder unwesentlich im Sinne der Anwendung des Art. 3 Abs. 1 GG sein. Nichts Neues ergibt sich insoweit, wenn man statt von wesentlich gleichen Sachverhalten, die gleich zu behandeln sind, vom Willkürverbot spricht. Die inzwischen ausgereiftere Interpretation[45] betrachtet das Gleichheitsgebot durch den Gesetzgeber als gewahrt, wenn mit dem Gesetz ein nach den sonstigen Verfassungsnormen zulässiges Ziel mit von diesen Normen nicht verbotenen angemessenen Mitteln angestrebt wird. Damit gewinnt man zwar Anschluss an andere verfassungsrechtliche Wertungen, wie insbesondere an das Verhältnismäßigkeitsprinzip, gelangt aber nicht zu einer beschreibenden Erläuterung des Gleichheitssachverhalts des Art. 3 Abs. 1 GG. Übrig bleibt insoweit nur die Logik der gesetzgeberischen Regelbildung, die bestimmte Rechtsfolgen an bestimmte Tatbestände knüpft, welche aus allgemein gefassten Merkmalskomplexen bestehen.

Nun kann aber die Logik der Regelbildung als solche, weil sie an beliebige Merkmale oder Merkmalskomplexe anknüpfen kann, beliebige Ungleichbehandlungen nicht verhindern. Das wird bestätigt durch ein ohne weiteres gelingendes Gedankenexperiment eines Regelwerkes, in welchem der Begriff „Mensch" oder ein gleichbedeutender Begriff nicht oder jedenfalls nicht ohne unterscheidende Zusätze Verwendung findet, so dass es in einem solchen System keine Regel gibt, für die das bloße Menschsein der einzige Anknüpfungspunkt für ein- und dieselbe Rechtsfolge ist. Aber nur, wenn es Rechtsfolgen gibt, die allein am Merkmal des Menschseins anknüpfen, kann man, normtheoretisch betrachtet und beschränkt auf bestimmte Rechtsfolgen, von rechtlicher Gleichheit aller Menschen in bestimmter Hinsicht sprechen.

Als solche Normen kommen die in den Verfassungen eines bestimmten Typs enthaltenen Menschenrechte in Betracht. Sie wollen offenbar den rein formalen Gleichheitsbegriff, der sich allein schon über die Logik der Regelbildung verwirklicht, überschreiten, indem sie als inhaltliches Kriterium für bestimmte Rechte nur die Eigenschaft des Menschseins setzen, und zwar mit Ausdrücken wie „jeder", „jeder Mensch", „der Mensch", „jede natürliche Person" usw. Die Frage ist aber, ob diese Rechte, die allein an das Merkmal des Menschseins anknüpfen, wirklich *gleiche* Rechte sind, ob also die Freiheitsrechte eines jedes Menschen, die die Verfassungen stipulieren, gleichen Umfang haben.

Diese Frage zielt nicht auf den sehr unterschiedlichen Ertrag, den gleiche Freiheitsrechte den verschiedenen Personen tatsächlich erbringen – den so genannten „Wert" der Freiheit für den Einzelnen, der von den gesellschaftlichen Verhältnissen und den persönlichen Fähigkeiten beeinflusst wird.[46] Sieht man davon ab, so kann man aus der internen Sicht eines Normensystems schon dann von gleichen Rech-

---
45 Ich verweise insoweit auf *Stein* (Fn. 43), Rn. 33-37.
46 Vgl. dazu *John Rawls*, Eine Theorie der Gerechtigkeit, 1979 (1975), S. 332 f.

ten sprechen, wenn für verschiedene Menschen keine unterschiedlichen *normativen* Einschränkungen gelten. Aber solche findet man in allen die Menschenrechte anerkennenden Rechtssystemen, ohne dass man dadurch das Gleichheitsprinzip als verletzt ansieht. Insoweit genügt es, an die bereits erwähnten funktionsbedingten oder rollenspezifischen Pflichten zu erinnern.

Soll die Idee der Gleichheit der Menschen als materiales moralisches Postulat nicht wirkungslos an der juristischen Logik, die eine solche der Regelbildung mittels subsumtionsfähiger Tatbestände und der Regelinterpretation ist, abprallen, so muss die Frage, welche mit dem Menschsein als solchem gegebenen Züge es sind, auf die sich das moralische Urteil der Gleichbehandlung bezieht, auf der Tagesordnung bleiben; dies auf die „Gefahr" hin, sich in das philosophische Gleichheitsproblem zu verwickeln.

4.2.4.4 Diskriminierungsverbote. Eine Veränderung in diese Richtung erfährt die juristische Dogmatik des Gleichheitsprinzips schon durch eine zweite, negative Formulierung des Gleichheitssatzes in Art. 3 Abs. 3 Satz 1 GG. Die Vorschrift lautet: „Niemand darf wegen seines Geschlechtes, seiner Abstammung, seiner Rasse, seiner Sprache, seiner Heimat und Herkunft, seines Glaubens, seiner religiösen oder politischen Anschauungen benachteiligt oder bevorzugt werden."

Negativ ist diese Formulierung deshalb, weil sie den Gleichheitssachverhalt mittels der Durchstreichung bestimmter Diskriminierungsmerkmale zu kennzeichnen versucht. Ersichtlich geht es dem Verfassungsgeber darum, bestimmte Erscheinungsformen des Menschseins nicht höher oder niedriger zu stellen als andere; der „Status" eines Menschen soll nicht von den aufgeführten Diskriminierungsmerkmalen abhängen. Ex negativo gewinnt man einen Blick auf das, was das Menschsein wesentlich ausmacht, eben nicht Geschlecht, Rasse usw.

Offensichtlich rekapituliert die Vorschrift die (Rechts-)Geschichte, die in Richtung auf größere Gleichheit der Menschen verlaufen ist, durch die Einebnung von bestimmten Unterschieden, die zuvor relevant für Ungleichbehandlung gewesen waren.

Das führt auf die Frage, ob der geschichtliche Prozess abgeschlossen oder noch offen für die Tilgung weiterer Diskriminierungsmerkmale ist. Dafür, dass Letzteres der Fall ist, mag sprechen, dass nachträglich (durch Verfassungsergänzung vom 27. 10. 1994) das Verbot der rechtlichen Benachteiligung von Behinderten in den Grundrechtskatalog eingefügt worden ist (Art. 3 Abs. 3 Satz 2 GG). In dieselbe Richtung weist die verfassungsgerichtliche Interpretation des oben erörterten, positiv gefassten formalen Gleichheitsprinzips, wonach ein Gleichheitsverstoß im Sinne von Willkür besonders nahe liegt, wenn aufgrund personengebundener Merkmale Gruppen gebildet und ungleich behandelt werden, insbesondere, wenn sich die Gruppenmerkmale denjenigen Merkmalen annähern, die in der negativen Fassung des Gleichheitsgrundsatzes aufgeführt sind (BVerfGE 88, S. 87, 96). Als grundsätzlich offen erscheint der Prozess der Tilgung weiterer Diskriminierungskriterien letztlich deshalb, weil die Charakterisierung des in Art. 3 Abs. 1 GG gemeinten Menschseins nicht auf dem Wege des Verbots einzelner Unterscheidungskriterien abschließend definiert werden kann.

Zu fragen ist deshalb erneut, worin denn nun positiv das Menschsein besteht, welches durch die von der Verfassung verworfenen Unterscheidungskriterien verletzt würde.

4.2.4.5 Achtung und Missachtung als Wegweiser. Näherungsweise wird jenes Humanum greifbarer, wenn man auf die Missachtung abhebt, die Menschen empfinden, wenn man sie nur deshalb benachteiligt, weil sie z. B. Frau oder Mann, schwarz oder weiß, muselmanisch oder katholisch oder areligiös oder von niederer Herkunft sind usw. Diese Zurücksetzung bedeutet mehr als Benachteiligung bei der Verteilung von Rechten, Gütern oder Chancen. Sie wird erst manifest, wenn durch das Medium der Benachteiligung hindurch Achtungsansprüche von Menschen verletzt werden, indem sie von vornherein als Menschen minderen Wertes (zweiter, dritter Klasse) oder gar als Nichtmenschen eingestuft werden.[47] Die Missachtung liegt nicht vor, wenn die Besser- oder Schlechterbehandlung an dem unterschiedlichen Wert, dem Nutzen, den bestimmte Leistungen von Menschen für andere Menschen oder für die Gesellschaft im Ganzen haben, anknüpfen. Missachtend und ungerecht wird die Ungleichbehandlung aber, wenn *Statuskriterien* aufgestellt werden, die es beispielsweise ermöglichen, Leistungen gleichen relativen Werts von Rechts wegen unterschiedlich zu bewerten. Darin manifestiert sich nämlich, dass die Zurücksetzung gegenüber anderen gerade nicht an einem sachgebundenen Merkmal ansetzt, sondern am Menschen selbst, der ohne Rücksicht auf ein sachbezogenes Kriterium in eine niedrigere Klasse befördert wird.

Die Logik dieser Missachtung, für die wir nur ein Beispiel angeführt haben, ist die Folgende: Angeknüpft wird an ein Unterscheidungsmerkmal von eindeutiger interaktiver Relevanz, z. B. an den Unterschied von Mann und Frau. Es ist offenkundig, dass es für menschliche Belange von Bedeutung sein kann, ob man Mann oder Frau ist. Es genügt insoweit, daran zu erinnern, dass die Schwangerschaft zu besonderen Bedürfnissen führt, deren Berücksichtigung im mitmenschlichen Umgang ein moralisches Gebot und aus der Perspektive der Gesetzgebung ein Postulat ist. Missachtung des Menschseins tritt dagegen ein, wenn die Bedeutung des Differenzierungskriteriums über seine reale Relevanz für das menschliche Miteinander

---

47 Die Brutalität, mit der eine Sklavenhaltergesellschaft guten Gewissens – d. h.: in Übereinstimmung mit ihrer Gesellschaftsmoral – Diskriminierung bis in den selbstverständlichen Sprachgebrauch hinein betreibt, beleuchtet eine Stelle aus einem Roman von Mark Twain, die *Hart* wie folgt referiert und kommentiert: „ Huckleberry Finn, when asked if the explosion of a steamboat boiler had hurt anyone, replied, ‚No'm: killed a nigger.' Aunt Sally's comment ‚Well it's lucky because sometimes people do get hurt' sums up a whole morality which has often prevailed among men" (*H.L.A. Hart*, The Concept of Law, second edition, 1997 (1994), S. 200).

hinaus ausgedehnt wird. Diese Ausdehnungen lassen sich als logische Fehlschlüsse darstellen, bei denen von einer bestehenden, für das menschliche Miteinander relevanten Differenz auf die Verschiedenheit in allen wesentlichen Dingen und von da auf die Existenz zweier verschiedener Spezies des Menschseins geschlossen wird, die durchweg unterschiedlich behandelt werden dürfen. Es entsteht so ein – zunächst substanzloses, abstraktes – Bild von *der* Frau oder *dem* Mann, das durch generalisierende und deshalb falsche Zuschreibungen angereichert oder durch generalisierendes Absprechen von Qualitäten modelliert wird. Durch die so erschlichene Kategorisierung ergibt sich die begriffliche Möglichkeit, Gruppen im Hinblick auf Differenzen offensichtlich begrenzter sozialer Bedeutung *grundsätzlich* als ungleichwertig einzustufen. Die Differenzierungskriterien werden zu freischwebenden, nicht mehr sachgebundenen Begriffen, die überall in diskriminierender Absicht verwendbar sind, dies um so leichter, je mehr sich der Trugschluss dem Bewusstsein der Privilegierten entzieht.

Ist dies einmal geschehen, so werden die sachlich überzogenen und abstrakt gewordenen Differenzierungskriterien zu statischen Hierarchisierungsmerkmalen mit potenziell unbegrenzter Reichweite. Gesellschaften, die von solchen Hierarchisierungsmodellen beherrscht sind, verhindern für die geringer eingestuften Gruppen von vornherein die Möglichkeit, sich voll zu entfalten. Sie verhindern den sozialen Aufstieg, der sonst möglich wäre, und verordnen Unfreiheiten für die niedrigeren Ränge, die unübersteigbar sein *sollen*. Das kann offen durch Recht und Normen der Gesellschaftsmoral geschehen oder aber verschleiert durch Bildung geschlossener Gesellschaften und durch informelle Machtstrukturen.[48]

4.2.4.6 Noch einmal: Der Gleichheitssachverhalt. Das Menschsein, das durch Hierarchisierung verletzt wird, haben wir damit implizit und vielleicht überraschend als die Möglichkeit zur vollen Entfaltung der je eigenen Individualität definiert. Die Behauptung, wir hätten damit den gesuchten Gleichheitssachverhalt gefunden, erscheint paradox, weil der Begriff der Individualität auf die unübersehbare Unterschiedlichkeit der Menschen verweist. Das bedeutet indessen nicht, dass wir das personale Menschsein durch die Addition der zahllosen individuellen Merkmale definiert hätten. Die das Humanum ausmachende allgemeine Struktur liegt nicht auf der Ebene der individualisierenden Merkmale. Gemeint ist vielmehr die Fähigkeit jedes Menschen, mit sich selbst, mit seinen individuellen Gegebenheiten, wie immer diese aussehen mögen und wie begrenzt sie immer durch Vorgegeben-

---

48 Bei *Kant* heißt es hierzu: „ Aus dieser Idee der Gleichheit der Menschen im gemeinen Wesen als Untertanen geht nun auch die Formel hervor: Jedes Glied derselben muss zu jeder Stufe eines Standes in demselben ... gelangen dürfen, wozu ihm sein Talent, sein Fleiß und sein Glück hinbringen können; und es dürfen ihm seine Mituntertanen durch ein erbliches Prärogativ ... nicht im Wege stehen, um ihn und seine Nachkommen unter demselben ewig niederzuhalten". *Kant*, oben Fn. 29, S. 89 f. bzw. 147 f.

heiten sein mögen, umzugehen. In diese Beschreibung geht nichts ein, wodurch sich die einzelnen Individuen voneinander unterscheiden. Das ist jedenfalls dann so, wenn nicht auf die jeweils bestimmte Weise des Umgangs mit sich selbst abgehoben wird. Diese wird verschieden sein und gehört – sogar in besonderem Maße – zur Eigenart der verschiedenen Persönlichkeiten. Sieht man in einem weiteren Abstraktionsschritt von der individuellen Art und Weise des Umgangs mit sich selbst ab, so zeigt sich eine einheitliche Struktur des Menschseins in der Tatsache, dass jeder zum praktischen Vernunftgebrauch fähige Mensch sich in allem, was er anstrebt, was er tut, wie er mit anderen Menschen kommuniziert und was er von ihnen gewinnt, sich stets zugleich zu sich selbst verhält und dass umgekehrt dieses Selbstverhältnis immer zugleich auch ein Umgang mit oder ein sich Beziehen auf andere Menschen oder auch auf Sachen ist.[49]

In diesem durch zweifache Abstraktion aufgedeckten Gleichheitssachverhalt wird eingegriffen, wenn Entfaltungsmöglichkeiten durch auf Dauer gestellte Hierarchisierungen der Gesellschaft verkürzt werden. Dieser Eingriff trifft die abgewerteten Menschen als Ganze, weil die Eingruppierung der Menschen in einen höheren oder niedrigeren Rang an Merkmalen festgemacht ist, die das Menschsein, nämlich das aktive Sich-Verhalten-zu-sich-selbst, nicht zu erschöpfen vermögen und gleichwohl der Mensch als Ganzer einer diskriminierten Gruppe zugeordnet wird.

4.2.4.7 Autonome Moral als Grundlage des Gleichheitssachverhalts. Es ist *Kants* Philosophie der autonomen Moral, die eine innere Beziehung des skizzierten Gleichheitssachverhalts mit dem Gleichheitsprinzip hergestellt hat.

Auf Vernunft gegründete Moral verweist, wenn man Vernunft nicht als „objektiven Geist" (*Hegel*) fehlinterpretiert, auf die Vernunfttätigkeit lebendiger Individuen, die sich in der angedeuteten Grundsituation des Verhaltens zu sich selbst befinden. In dieser Grundsituation stellt sich jedem endlichen Vernunftwesen zwar auch die letztlich in eigener Verantwortung zu lösende moralische Frage des richtigen Verhaltens zu den anderen, und *Kant* scheint die wesentliche Gleichheit der Menschen darin zu sehen, dass sie das Vermögen besitzen – oder im Laufe ihrer Entwicklung erwerben werden – das Sittengesetz zu erkennen.[50]

Diese Interpretation schöpft indessen *Kants* Gleichheitsphilosophie nicht aus. Er bezeichnet den Menschen als „Zweck an sich selbst". Diesen Begriff verwendet er

---

49 Diese Grundbefindlichkeit des Menschen wird in gültiger Weise ausführlich in der Existenzphilosophie von *Karl Jaspers* und der Existentialontologie *Martin Heideggers* analysiert, ohne dass diese Philosophen ursprünglich auf die rechtsphilosophische Relevanz ihrer Analysen eingehen. Vgl. bes. *Karl Jaspers*, Philosophie, 1948 (1932), darin das zweite Buch „Existenzerhellung", und *Martin Heidegger*, Sein und Zeit, 9. Aufl., 1960 (1927). Später, in einer Erwiderung auf seine Kritiker *Hennig* und *Fritz Kaufmann* geht *Jaspers* auf die Bedeutung des existentiellen Selbstverhältnisses für Fragen der Gerechtigkeit und der Gleichheit kurz ein, in: *P.A. Schilpp* (Hrsg.), Karl Jaspers, 1957, S. 756-760.
50 So wohl *Menkes* Kurzkritik am Kantianismus (Spiegelungen [Fn. 39], S. 9).

an einer für seine Philosophie zentralen Stelle, nämlich in der zweiten Fassung des kategorischen Imperativs in seiner „Grundlegung zur Metaphysik der Sitten": *„Handle so, dass du die Menschheit sowohl in deiner Person als in der Person eines jeden andern jederzeit zugleich als Zweck, niemals bloß als Mittel brauchst."*[51] Diese Formel schließt nicht aus, dass Menschen andere Menschen in einem Zweck-Mittel-Verhältnis verwenden, etwa wenn der eine den anderen vertraglich zu Dienstleistungen verpflichtet. Aber in jedem Falle muss das Verhältnis von Mensch zu Mensch dadurch geprägt sein, dass ein Mensch *nicht bloß* als Mittel benutzt wird. Vielmehr existiert jeder Mensch um seiner selbst willen. Er ist also ein absoluter, von keinem anderen Zweck ableitbarer Zweck für sich.

Das endliche Vernunftwesen ist auch nicht ein Mittel zwecks Erfüllung des Sittengesetzes. Daran scheitert die oben angesprochene moralische Engführung des *Kant*'schen Gleichheitsprinzips. Das Verhältnis des endlichen Vernunftwesens zum Sittengesetz ließe sich nur dann als eine Mittel-Zweck-Relation deuten, wenn es sich bei dem Sittengesetz um eine heteronome Gesetzgebung handeln würde, die dem Menschen von einer transzendenten Macht auferlegt wäre. Dagegen steht aber *Kants* Idee, dass es der Mensch als Vernunftwesen selbst ist, der sich autonom ein Sollensgesetz gibt. Die moralische Verfassung des Menschseins setzt also ein Selbstverhältnis voraus, innerhalb dessen der Mensch auf sich selbst einwirkt.

Dass *Kant* das Selbstverhältnis in Begriffen beschreibt, die durch die Kritik der reinen Vernunft, nämlich durch deren Unterscheidung von Ding an sich („Verstandeswelt") und Erscheinung („Sinnenwelt") vorgeprägt sind, wobei das Sittengesetz der Verstandeswelt angehört, zerlegt das „vernünftige Naturwesen", welches der Mensch ist, nicht in zwei zusammenhanglose Teile, sondern wird zum Ausdrucksmittel für das Selbstverhältnis. So heißt es: „Denn jetzt sehen wir, dass, wenn wir uns als frei denken, so versetzen wir uns als Glieder in die Verstandeswelt und erkennen die Autonomie des Willens *samt* ihrer Folge, der Moralität; denken wir uns aber als verpflichtet, so betrachten wir uns als zur Sinnenwelt und doch zugleich *zur* Verstandeswelt gehörig."[52] Auf die die Verstandeswelt und die Sinnenwelt übergreifende Ganzheit des natürlichen Vernunftwesens Mensch bezieht sich also der Begriff des Zwecks an sich selbst und damit auch auf sein naturgegebenes Glücksstreben. In der zitierten zweiten Fassung des kategorischen Imperativs ist diese Ganzheit zum Inhalt des Sittengesetzes gemacht. Aus ihr folgert *Kant* deshalb u. a. auch, andere Menschen in dem Sinne als Zweck an sich selbst zu behandeln, dass man zum einen dem „Naturzweck, den alle Menschen haben, nämlich ihre eigene Glückseligkeit", nicht Abbruch tut; aber *Kant* führt weiter aus: „allein es ist dieses doch nur eine negative und nicht positive Übereinstimmung zur *Menschheit als Zweck an sich selbst,* wenn jedermann auch nicht die Zwecke anderer, soviel an ihm ist, zu befördern trachtete. Denn das Subjekt, welches Zweck an sich selbst ist,

---

51 *Kant*, Bd. VII (Fn. 12), S. 61.
52 *Kant*, Bd. VII (Fn. 12), S. 89.

dessen Zwecke müssen, wenn jene Vorstellung *alle* Wirkung tun soll, auch soviel möglich *meine* Zwecke sein."[53]

Damit öffnet sich die Moralphilosophie *Kants* für den vollen Gleichheitssachverhalt, wie wir ihn oben skizziert haben. Besonders deutlich wird dies daran, dass die moralische Unterstützungspflicht sich nicht direkt auf das Glück des anderen richtet, was nicht ohne Bevormundung möglich wäre, sondern auf die Zwecke, die sich jeder – nach Maßgabe seiner eigenen Glücksvorstellungen – selbst setzt. Dies besagt, dass dem jeweils anderen die Souveränität darüber verbleibt, was er für sein Leben will – wie er mit sich, auch in den Beziehungen zu den anderen – umgehen will und kann.

Dies intersubjektiv anzuerkennen bedeutet zugleich, die Binnenperspektive eines jeden zur Selbstreflexion fähigen Individuums als unaustauschbar und damit unersetzlich zu achten. Denn die Frage nach dem Sinn der reflexiven Einzelexistenz wird aus deren Perspektive und nicht aus einer objektivierenden Perspektive gestellt. Diese Perspektive ist existenziell mit dem Dasein des einzelnen Individuums verbunden. Die Sinnfrage lässt sich deshalb auch nicht auf etwas außerhalb der Einzelexistenz verschieben, weil diese sonst als Mittel für einen transzendenten, sie überschreitenden Zweck und damit als prinzipiell ersetzbar aufgefasst würde.

Die Unersetzbarkeit einer jeden menschlichen Einzelexistenz impliziert ein Gleichheitsprinzip. Denn Unersetzbarkeit ist kein komparativer Begriff. Menschen sind zwar in Bezug auf die Interessen anderer, z. B. als Funktionsträger, *mehr oder weniger* unentbehrlich, nicht aber in ihrer eigenen Perspektive des Umgangs mit sich selbst.

In dieser Struktur der Binnenperspektive der zur Selbstreflexion fähigen Individuen gründet *Kants* Begriff der Würde des Menschen. Wenn das Verhältnis zu sich selbst, das jedes Vernunftwesen ist, durch nichts ersetzbar ist, so kann es nicht getauscht werden gegen relative Werte. „Im Reiche der Zwecke hat alles entweder einen *Preis* oder eine *Würde*. Was einen Preis hat, an dessen Stelle kann auch etwas anderes als *Äquivalent* gesetzt werden; was dagegen über allen Preis erhaben ist, mithin kein Äquivalent gestattet, das hat eine Würde".[54] Das vernünftige Individuum steht nicht im Austauschverhältnis zu dem, was einen Preis hat – allgemeiner formuliert: mit dem, was im Zusammenhang mit den Zielen, Interessen, Bedürfnissen von irgendjemand steht. Denn das mit sich selbst bewusst umgehende Individuum ist „das Subjekt aller möglichen Zwecke",[55] ohne welches es Ziele usw. gar nicht gäbe. Jedes vernünftige Individuum hat, wenn man am Leitfaden des Wortes „Wert" weiterdenken will, einen absoluten, mit nichts verrechenbaren Wert.

---

53 *Kant*, a. a. O., S. 63.
54 A. a. O., S. 67 f.
55 A. a. O., S. 71.

Diese Unverrechenbarkeit kommt jedem in der gleichen Weise zu. Die Menschen haben folglich eine *gleiche* Würde. Sie ist nicht abstufbar und geht selbst für den Vergeltungstheoretiker *Kant* nicht durch unwürdiges, verbrecherisches Verhalten verloren.[56]

Die These, dass die menschliche Würde nicht abstufbar ist, bedarf schon allein deshalb der Vertiefung, weil das Wort Würde nach wie vor Anklänge hat, die auf die Vorstellung einer Abstufung von Würdigkeit hinlenken. Der Begriff der gleichen Würde setzt voraus, dass es keine „Zwecke an sich selbst" oberhalb oder außerhalb des jeweils sich zu sich selbst verhaltenden Individuums gibt. Diese Voraussetzung ist gegeben, sofern man den Menschen mit *Kant* als das Subjekt aller möglichen Zwecke, ohne welche es Zwecksetzungen nicht gäbe, betrachtet. Damit ist nicht notwendig eine atheistische Position verbunden; es kann offen bleiben, ob es eine transzendente personale Intelligenz gibt, die als handelnd und schaffend und damit notwendig als zwecksetzend zu verstehen ist. Denn jedenfalls hängt die Gültigkeit der autonomen und kritischen Moral im Sinne *Kants* nicht von der Existenz dieses Wesens ab. Die moralische Reflexion, die um das Menschsein im Sinne des Zwecks an sich selbst kreist, muss sich in sich schließen können, ohne die Voraussetzung, dass dem Menschen durch eine transzendente Instanz Zwecke gesetzt werden.

Freilich können Individuen ihre Bestimmung darin suchen und finden, dass sie sich in den Dienst einer „größeren Sache" stellen und andere eigene Interessen dahinter mehr oder weniger vollständig zurücktreten lassen. Sie können auch ihre Handlungsmaximen statt aus dem kategorischen Imperativ aus religiöser Offenbarung begründen. In beiden Fällen liegt indessen eine Form der Selbstbestimmung und des bewussten Sich-Verhaltens zu sich selbst vor. Das die Würde des Menschen begründende Selbstverhältnis kann auf diesem Wege nicht hintergangen werden.

Das geschieht auch nicht dann, wenn jemand Menschen, mit denen er in persönlichen Beziehungen steht, eine verschieden große Bedeutung für die eigene Existenz zuschreibt. Denn diese Zuschreibung versteht sich nicht als universalisierbar und ist deshalb kein Ansatzpunkt für eine objektive Skalierung des Wertes von Menschen.

4.2.4.8 Folgerungen. Ob aus dem eruierten Gleichheitssachverhalt juristische Ergebnisse ableitbar sind, die über das hinausgehen, was durch Rechtsprechung und juristische Dogmatik, die wir in dem Abschnitt 4.2.4.3 kritisch beleuchtet haben, geleistet ist, muss im Rahmen dieses Beitrags offen bleiben. Vielleicht eignen sich aber die Ausführungen über die Sophistik der Hierarchisierung (4.2.4.5) dazu, das Willkürverbot, welches aus Art. 3 Abs. 1 GG entnommen wird, etwas sicherer zu handhaben. Skizziert werden sollen aber noch einige Charakteristika der prak-

---

56 Metaphysik der Sitten, Bd. VIII (Fn. 12), S. 602.

tisch-moralischen Haltungen, die aus dem Konzept der gleichen Würde ableitbar erscheinen.

4.2.4.8.1 Abgrenzung der gleichen Würde gegen egalitäre Gleichheit. Der Gleichheitssachverhalt, den wir als die Grundlage gleicher Würde dargestellt haben, führt zur moralischen Forderung des achtungsvollen, respektvollen Verhaltens gegenüber jedem Menschen. Was darunter im Einzelnen zu verstehen ist, bedarf der Erläuterung, wobei nicht zu erwarten ist, dass die Ausdrucksformen von Achtung und Missachtung in verschiedenen Kulturen und Stadien der Entwicklung konstant bleiben. In jedem Falle muss aber das Prinzip der gleichen Würde von dem egalitären Gleichheitsprinzip unterscheidbar bleiben. Dass die moralischen Forderungen, die aus den unterschiedlichen Prinzipien ableitbar sind, sich nicht decken, muss nicht bedeuten, dass sie nicht nebeneinander bestehen können. In ihren Grundlagen sind die beiden Gleichheitsprinzipien jedoch verschieden:

Die Moral der gleichen Würde richtet sich nicht auf die Einebnung der natürlichen und funktionell bedingten gesellschaftlichen Unterschiede. Erst recht führt von ihr kein Weg zu einem egalitären Politikkonzept, dessen Ideal die Gleichverteilung von Gütern ist, mittelbar auch dann, wenn Chancengleichheit als Bedingung der Möglichkeit der Teilnahme an der Güterverteilung nach Maßgabe der eigenen Anstrengung verstanden wird. Der Grund dafür liegt darin, dass das egalitäre Politikkonzept reaktiv abhängig ist vom Hierarchisierungsmodell der Epochen der normativ zementierten Ungleichheit. Dieses Modell hat, durch Trugschlüsse gestützt (vgl. oben 4.2.4.5), im Ergebnis das Menschsein nach Kriterien der Unterschiedlichkeit gesellschaftlicher Existenzbedingungen klassifiziert und mit skalierten Wertungen abgestempelt. Der Egalitarismus kritisiert die Sophistik der Status zuweisenden Hierarchisierung nicht, wie es aus der Perspektive des Würdekonzepts nötig wäre, mit dem Argument, sie bestimme fälschlich den Wert von Menschen anhand von Unterschieden in ihren Lebensbedingungen; vielmehr übernimmt die egalitäre Politik diese falsche Voraussetzung der Hierarchisierungslogik und fordert *deshalb* die Abschaffung aller Unterschiede. Damit verschiebt sich die Gleichheitspolitik vom Leitbild der Würde des Menschen weg in Richtung auf die Stillstellung des sozialen Neides, worin dessen moralische Anerkennung – mit tiefgreifenden sozialpsychologischen Folgen – impliziert ist.

Die Politik der gleichen Würde geht – übrigens realistischer als die Neidvermeidungspolitik, die ihr Ziel nicht erreichen kann – vom Fortbestehen unterschiedlicher Lebensbedingungen aus und sucht für diese Grundsituation nach Wegen, die gleiche Würde der Menschen zu wahren. Sie ist eine Philosophie der „Gleichheit menschlicher Wesen trotz ihrer Unterschiede".[57] Für sie ist die gleiche Würde nicht

---

57 Der Ausdruck stammt von *Bernard Williams*, Der Gleichheitsgedanke, in: *ders.*, Probleme des Selbst, 1978, S. 366-397, hier S. 395.

identisch mit Gleichverteilung; vielmehr leitet das Würdekonzept dazu an, „jene Strukturen weniger zu beachten, innerhalb deren die Menschen Ansehen genießen und die Menschen unabhängig von jenen Gütern zu betrachten, auf deren Verteilung der Gedanke der Chancengleichheit gerade unsere und ihre Aufmerksamkeit lenkt."[58] Darin liegt zugleich die Zuwendung zu dem oben (4.2.4.7) erörterten Selbstverhältnis, die *B. Williams* beschreibt als eine „Betrachtungsweise, die in erster Linie darauf gerichtet ist, was es *für ihn* bedeutet, dieses Leben zu führen und jene Handlungen mit diesem Charakter auszuführen."[59] Die Haltung des Respekts gegenüber der Würde jedes einzelnen Menschen ist diejenige Tugend, die quer durch alle empirischen Unterscheidungsmerkmale hindurch jedem Menschen selbst gilt und ihm die Selbstachtung unabhängig von einer Gleichverteilung der Glücksgüter oder der unterschiedlichen funktionellen gesellschaftlichen Bedeutung ermöglichen will; und dem korrespondiert die Tugend der Selbstachtung, die sich vom „neidvollen Vergleich" (*Richard Sennett*) frei hält.

Mit dem Respekt vor der gleichen Würde eines jeden Menschen ist keine Gleichgültigkeit gegenüber den Lebensbedingungen der anderen verbunden. Das Prinzip der gleichen Würde begründet keinen ideologischen Kult der Selbständigkeit, der kalt macht für die schicksalhaften Umstände, unter denen Menschen mit sich und ihren Weggenossen zurechtkommen müssen. Gleichgültigkeit gegenüber schwierigen Lebensbedingungen eines Mitmenschen missachtet die menschliche Würde, weil diese der Ganzheit des „vernünftigen Naturwesens" zukommt, also auch dem Moment des Angewiesenseins auf lebbare empirische Bedingungen. Wie wir sahen, fällt schon für *Kant* individualethisch betrachtet die Pflicht, das natürliche Glücksstreben anderer nach Maßgabe von deren eigenen Zielvorstellungen zu unterstützen, unter den kategorischen Imperativ, Menschen als Zwecke an sich selbst zu behandeln. Dass diese Hilfspflicht auf der Grundlage der *Kant*'schen Philosophie in den privaten Bereich verbannt bleiben müsste, ist nicht einzusehen.[60] Denn auch die politische Gemeinschaft kann an Elendsverhältnissen nicht vorübergehen nach der lügenhaften liberalistischen Devise, jeder sei für seine Lage verantwortlich. Ein kollektives System sozialer Hilfe verstößt als solches nicht gegen die Würde des Hilfsbedürftigen, sondern ist von ihr sogar gefordert, wenn die Ärmlichkeit der Lebensbedingungen in Anbetracht vorhandenen gesellschaftlichen Reichtums, wie man sich auszudrücken pflegt, „nicht mit anzusehen ist". Würde existiert nicht nur durch Unabhängigkeit, sondern auch in der Abhängigkeit von der Hilfe anderer, wenn wechselseitig verstanden ist, dass Würde nicht mit dem Maß der von anderen eingeschätzten „Selbstverwirklichung" verknüpft ist und dass der Unterschied zwischen dem Helfenden und dem Hilfsbedürftigen in den Bereich jener Zufälligkeiten gehört, die die Würde nicht tangieren.

---

58 *Williams*, a. a. O.
59 A. a. O., S. 376.
60 In diesem Sinne auch *Herlinde Pauer-Studer*, Autonom leben, 2000, S. 147, insbesondere auch die Fn. 50.

4.2.4.8.2 Respekt in einer Welt der Ungleichheit.
Dieses wechselseitige Verständnis von Würde ist allerdings nicht leicht zu erreichen, und seine Sicherung bedarf der Konstanz bestimmter Praktiken. Dies gilt besonders für den Bereich der Sozialarbeit. Das hat *Richard Sennett* aufgrund persönlicher Erfahrungen eindrucksvoll herausgearbeitet.[61] Er stellt die Frage in allgemeiner Form so: „Wie kann man die Grenzen der Ungleichheit in wechselseitigem Respekt überschreiten?"[62] Aus dem Blickpunkt des Sozialarbeiters, der sich in der Rolle des Stärkeren befindet, kommt er zu folgender Fassung des Problems: „Der Kern des Problems, vor dem wir in der Gesellschaft und insbesondere im Sozialstaat stehen, liegt in der Frage, wie der Starke jenen Menschen mit Respekt begegnen kann, die dazu verurteilt sind, schwach zu bleiben".[63]

Die Schwierigkeit, dass Menschen sich als Gleiche begegnen, obwohl sie in ihren Rollen zumeist nicht symmetrisch, sondern komplementär aufeinander bezogen sind, geht auf den oben bereits beschriebenen Mechanismus der Hierarchisierung zurück. Positionen, die Macht und Einfluss oder Abhängigkeit und Hilfsbedürftigkeit symbolisieren, können sich jederzeit in Haltungen umsetzen, die man als Überheblichkeit, Herablassung, mangelnde Zuwendung, Unterdrückung bis zur Beleidigung und umgekehrt als Unterwürfigkeit, mangelnde Zivilcourage, Karrierismus und dergleichen mehr beschreiben kann. Als Laster sind diese Haltungen indessen nur denunzierbar aus der Perspektive einer Moral der gleichen Würde. Sie ist es, die den skizzierten Haltungen das negative Vorzeichen erteilt. Der Vielzahl dieser Laster steht gleichsam die eine Kardinaltugend der Moral der gleichen Würde entgegen, jederzeit die Relativität und begrenzte Bedeutung der Rollen, Funktionen, Besitz- und Machtverhältnisse durch ein entsprechendes Betragen zur Geltung zu bringen.

Der praktische Weg dahin führt über die Haltung der Sachlichkeit in der gesellschaftlichen Kooperation. Sie verhindert das funktional überflüssige Schwelgen in eigener Bedeutung oder der eigenen Misere, die einfach darin besteht, in den Sozialbezügen nicht „oben" zu figurieren. Das gilt auch in Situationen, in denen Menschen geholfen werden muss. Wenn diese Hilfe gemäß der oben dargestellten *Kant*'schen Position Wesen zu leisten ist, die Subjekte aller Zwecksetzungen sind, so ist sie richtig geleistet nur, soweit bei der Bewältigung des sozialen Problems die Hilfsbedürftigen selbst, soweit möglich, zur aktiven Teilnahme ermutigt werden. In jedem Falle muss die dünne „Scheidewand zwischen Fürsorge und Bevormundung"[64] intakt bleiben.

---

61 In seinem Buch: Respect in a World of Unequality, hier zitiert in der deutschen Übersetzung: Respekt im Zeitalter der Ungleichheit, Berlin 2002.
62 A. a. O., S. 36.
63 A. a. O., S. 317 f.
64 *Sennett*, a. a. O., S. 160 f.

Konsequenz des Prinzips der gleichen Würde ist es insbesondere, das Anderssein von Menschen zu tolerieren. Das Unterprinzip der Toleranz ist nicht verstanden, wenn es als eine lästige Pflicht betrachtet oder aber von der Möglichkeit eines verstehenden Nachvollzugs der Handlungen und Ansichten eines Menschen abhängig gemacht wird. „Statt einer Gleichheit des Verstehens, einer transparenten Gleichheit, bedeutet Autonomie, dass man akzeptiert, was man im anderen nicht versteht – eine opake Gleichheit. Damit behandelt man die Autonomie des anderen als der eigenen gleichwertig."[65] Das der Tugend der Toleranz korrespondierende Laster ist die Ausgrenzung der vermeintlich oder wirklich Andersartigen. Es verstellt die Möglichkeit, sich über die Grenzen des gemeinsamen Verständnishorizontes hinweg gleichwohl verständig zu verhalten.[66]

Vom Blickpunkt gleicher Würde lässt sich als Hauptlaster der modernen Gesellschaft die oft entscheidende Prägung der Mentalität durch das reine Konkurrenzprinzip bezeichnen. Sie reduziert das Menschsein auf den Erfolg nach den Maßstäben von Macht und Geld. Es ist mehr als fraglich, ob eine die Seele so prägende Gesellschaft sich dauerhaft zu integrieren vermag oder ob nicht Gesellschaften, die auf den Typus der autonomen Moral umgeschaltet haben, einer nicht nur theoretisch bleibenden Verankerung im Prinzip der gleichen Würde bedürfen.

---

65 *Sennett*, a. a. O., S. 151.
66 Vgl. zu diesem Problem *Werner Kogge*, Die Grenzen des Verstehens, Weilerswist 2002, S. 352 ff.

5 Rechtssystem und Kodifikation: Die Bindung des Richters an das Gesetz

Von Winfried Hassemer, Frankfurt/Main

5.1 Vorbemerkung

Etwa seit der Jahrhundertwende versteht sich die deutsche Rechtstheorie und Methodenlehre in erster Linie als Auseinandersetzung mit der Polarität von gesetzlicher Norm und richterlichem Urteil. Nicht von ungefähr häufen sich – gerade in der Zeit, welche die methodologischen Probleme der Rechtswissenschaft besonders engagiert diskutierte (etwa seit 1900 bis zum Beginn der Nazi-Herrschaft und deren Hinwendung zu „inhaltlichen", politischen Fragestellungen) – Veröffentlichungen unter einem solchen Titel[1].

5.2 Die Bedeutung der Kodifikation im Rechtssystem

Das wichtigste Instrument einer Bindung richterlichen Handelns ist spätestens seit der Jahrhundertwende die Kodifikation. Mehr oder weniger exakt und übersichtlich schreiben umfangreiche Gesetzeswerke dem Richter die Normen vor, nach denen er seine Fälle zu entscheiden habe[2]; und sie tun ein Übriges: Sie „binden" den Richter.

Dass die Existenz von Kodifikationen das richterliche Handeln und folglich auch die Theorie richterlichen Handelns zentral betrifft, ist damit vorläufig belegt. Welche

---

1 Vgl. etwa *Bülow*, Gesetz und Richteramt, 1885; *Grünhut*, Begriffsbildung und Begriffsanwendung im Strafrecht, 1926; *Eugen Huber*, Recht und Rechtsverwirklichung, 1925; *Isay*, Rechtsnorm und Entscheidung, 1929; *Walter Jellinek*, Gesetz, Gesetzesanwendung und Zweckmäßigkeitserwägung, 1913; *Reichel*, Gesetz und Richterspruch; Zur Orientierung über Rechtsquellen- und Rechtsanwendungslehre der Gegenwart, 1915; *Rumpf*, Gesetz und Richter, 1906; *Eberhard Schmidt*, Gesetz und Richter; Wert und Unwert des Positivismus, 1952; *Carl Schmitt*, Gesetz und Urteil, 1912; *Wieacker*, Gesetz und Richteramt, 1958; allgemein *Hassemer*, Der Begriff des positiven Rechts, in: Zeitschrift für vergleichende Rechtswissenschaft, 1978, S. 101 ff.
2 Vgl. auch *Noll*, Gesetzgebungslehre, 1973, bes. S. 79 ff.; *Frosini*, Gesetzgebung und Auslegung, 1995.

Bedeutung Kodifikationen jedoch für richterliches Handeln haben und in welcher Weise sich die Bindung des Richters an die kodifizierte Norm verstehen lässt, hängt davon ab, für wie zwingend man die Determination der Rechtsentscheidung durch die Rechtsnorm hält. Diese Haltung begegnet uns in verschiedenen Varianten.

5.2.1 Kodifikation und „Subsumtionsideologie"

Wer der – naiven[3] – Vorstellung folgt, der Richter leite seine Rechtsentscheidung aus dem Gesetz ab, er „subsumiere" den Fall unter die kodifizierte Norm, weist der Kodifikation die Funktion der alleinigen Quelle jeglicher Rechtsentscheidung zu. Richterliches Handeln ist dann „richtig", wenn es den Inhalt der kodifizierten Norm ohne Weglassung und Hinzufügung exakt auf den zu entscheidenden Fall transportiert. Rechtstheorie bzw. Rechtsmethodologie haben dann, jedenfalls im Hinblick auf den Richter, nur eine einzige Aufgabe: die Regeln des exakten Transports zu formulieren. Will man ihnen darüber hinaus eine Beratung des Gesetzgebers zutrauen, so bezieht sich auch dies wiederum auf die Kodifikation: Eine solche Beratung könnte die Rechtstheorie dadurch leisten, dass sie die Inhalte „höherer" Rechtsprinzipien – Naturrecht, Verfassungsrecht, Natur der Sache, sachlogische Strukturen, „Vernunft des Menschen", gesellschaftliche Institutionen – auf die „niedere" Ebene einer Kodifikation konkretisiert.

In jedem Fall verbürgt in dieser Variante allein die Kodifikation die Richtigkeit der Entscheidung, der Richterspruch hat keine andere Aufgabe als die, den Inhalt des Gesetzes auf den zu entscheidenden Fall zu übertragen und zu konkretisieren. Die Bindung des Richters an das Gesetz ist zwingend und kennt keine Ausnahme oder Relativierung. Das Ideal der Rechtssicherheit scheint erreicht: Die allgemeine Norm verbindet die Entscheidung verschiedener Fälle zu einer gleichmäßigen und einheitlichen Rechtsprechung; die einzelnen Rechtsentscheidungen sind jeweils vorab prognostizierbar, da sie ausschließlich aus der vorab formulierten Rechtsnorm fließen.

5.2.2 Kodifikation und Rechtsprechung

Die Vorstellung, der Richterspruch folge eindeutig aus der kodifizierten Norm, ist mittlerweile jedoch überwunden. Sie hat der Erkenntnis Platz gemacht, dass der Richter, ob er das sieht und will oder nicht, rechtsschöpferisch tätig ist. Damit sind die Fragen nach der Funktion der Kodifikation für das richterliche Handeln jedoch nicht erledigt, sondern vielmehr neu – und komplizierter – gestellt. Gerade wer die Aufgabe des Richters nicht in dessen absoluter Unterwerfung unter das Gesetz sieht, muss sich fragen, welche Bedeutung die Kodifikation im richterlichen Entscheidungsprozess (noch) hat.

---

3 Dazu ausführlich Kapitel 6 sowie 11.

Die Schattierungen zwischen der Hoffnung, der Richter finde seine Fragen nach Entscheidungsprinzipien im konkreten Fall vom Gesetz eindeutig und vollständig beantwortet, bis hin zu der Anweisung an den Richter, er solle das Gesetz hinter sich lassen und nach seinem Rechtsgefühl bzw. nach den Interessen der Betroffenen so entscheiden, wie er sie sieht, sind vielfältig. Sie werden in diesem Buch vorgeführt und differenziert. Allen aber ist gemeinsam, dass sie das Verhältnis von Gesetz und Richterspruch thematisieren. Ihre Einstellung zu einer Kodifikation lässt sich in groben Strichen so skizzieren:

Die Erkenntnis, dass das kodifizierte Gesetz den Richterspruch jedenfalls faktisch nicht vollständig determinieren kann, ist nicht neu. Plausibel machen lässt sich diese Erkenntnis etwa mit der nachprüfbaren Erfahrung, dass sich die Rechtsprechung inhaltlich grundlegend verändern kann, ohne dass das jeweils einschlägige Gesetz novelliert worden wäre. Beispiele gibt es genug, ja sie sind der Normalfall des Verhältnisses von Gesetzessystem und Rechtsprechung. Man denke nur an die Slalomfahrten, welche die Rechtsprechung mit dem Begriff „unzüchtige Schriften" in § 184 Abs. 1 StGB[4] bis hin zum Fanny-Hill-Urteil des *BGH*[5] veranstaltet hat oder an den „Wandel der Privatrechtsordnung im Nationalsozialismus", den *Rüthers*[6], gestützt auf eine überwältigende Fülle von Material, der „unbegrenzten Auslegung" einer dem Wortlaut nach unverändert geltenden bürgerlichen Rechtsordnung angelastet hat[7].

Ein vorsichtiger Schluss aus dieser Erkenntnis belässt es bei der dominierenden Rolle der Kodifikation gegenüber dem Richterspruch. Dass Gesetzesworte nicht immer eindeutige Anweisungen geben, dass sie „wertausfüllungsbedürftig", „porös" oder „vage" sind, wird zugestanden. Im Rückzug aber werden neue Verteidigungslinien aufgebaut: „Grenze der Auslegung" sei etwa der „Wortlaut" der Gesetzesbegriffe oder die „natürliche Wortbedeutung" oder: man müsse zwischen einem (harten, eindeutigen) „Begriffskern" und einem (vagen, auslegungsbedürftigen) „Begriffshof" unterscheiden und könne beim ersteren jedenfalls auf die determinierende Potenz der Kodifikation bauen[8].

---

4 § 184 Abs. 1 StGB spricht jetzt von „pornographischen Schriften". Damit ist die Differenz von Norminhalt und Richterspruch für den Einzelfall pornographischer Literatur möglicherweise reduziert, aber nicht aufgehoben.
5 BGHSt 23, 40; dazu *Hassemer*, Strafrechtsdogmatik und Kriminalpolitik, 1974, S. 179 ff.
6 *Rüthers*, Die unbegrenzte Auslegung; Zum Wandel der Privatrechtsordnung im Nationalsozialismus, 5. Aufl. 1997.
7 Noch weiter gehend, hat *Gustav Radbruch*, nach Erfahrungen mit der Gesetzgebung der NS-Zeit, die Kodifikation unter den Verdacht des „gesetzlichen Unrechts" gestellt und die Frage aufgeworfen, wann der Richter dem Gesetz aus Gründen der Gerechtigkeit die Gefolgschaft zu versagen habe (vgl. Gesetzliches Unrecht und übergesetzliches Recht, in: *ders.*, Rechtsphilosophie III [Ed. Hassemer], Gesamtausgabe 3, 1990, S. 83 ff; selbständiger Neudruck 2002.)
8 Vgl. etwa *Baumann*, Die natürliche Wortbedeutung als Auslegungsgrenze im Strafrecht, in: MDR 1958, 394 ff.; *Larenz/Canaris*, Methodenlehre der Rechtswissenschaft, 3. Aufl. 1995, S. 141 ff.; *Wank*, Die Auslegung von Gesetzen, 2. Aufl. 2001, S. 47 ff.

C *Schwerpunkte*

Hier bleibt vorerst dahingestellt, ob sich solche Hoffnungen auf die Kraft der Kodifikation erfüllen[9]. Klar ist jedenfalls, dass sich ein solches Verständnis richterlichen Handelns von der Kodifikation her formuliert, sie weiterhin im Zentrum sieht. An der „dienenden" Rolle des Richterspruchs hat sich nichts Wesentliches geändert. Im Zweifel ergibt er sich aus dem Wortlaut des Gesetzes; ist dieser ausnahmsweise nicht klar genug, so hat der Richterspruch das kodifizierte Gesetz zu vervollständigen und zwar in der Richtung, die der Gesetzgeber vermutlich selber eingeschlagen hätte, hätte er die nun zur Entscheidung anstehende Frage bedacht[10]. Bedingung der Richtigkeit richterlichen Handelns bleibt seine Übereinstimmung mit dem Gesetz. Eine Theorie richterlichen Handelns kann sich – außer der Formulierung dieser Gesetzesabhängigkeit des Richters – lediglich die Aufgabe stellen, möglichst exakte Ableitungsregeln auszuarbeiten und für den Fall, dass der zu entscheidende Sachverhalt einen „Begriffshof" trifft, einige Argumentationshilfen zu geben.

Diese Beschränkung rechtstheoretischer Fragebereiche, ihr Aufgehen in einer die Gesetzesauslegung nur unterstützenden Dogmatik[11], ist in einer Tradition wie der unseren, die seit geraumer Zeit über Gesetzeswerke organisiert ist, verständlich und konsequent. Aus diesem Blickwinkel lassen sich einige Konsequenzen der Kodifikation für die Rechtsprechung erkennen.

5.2.2.1 Rechtssicherheit. Die Kodifikation großer Bereiche des Rechts – Bürgerliches Recht, Handelsrecht, Strafrecht und die jeweiligen Verfahrensrechte – bedeutete nach einer langen Zeit der Rechtszersplitterung, die Chance einer „sicheren" Rechtsprechung mit all ihren Konsequenzen für den Schutz staatsbürgerlicher Rechte[12]. Kodifikation bedeutete zugleich ein Festschreiben und Absichern rechtlicher Positionen gegenüber staatlicher Willkür und richterlicher Innovation, eine

---

9 Dazu unten 5.3.
10 In klassischer Formulierung Art. 1 des SZGB:
   I. „Das Gesetz findet auf alle Rechtsfragen Anwendung, für die es nach Wortlaut und Auslegung eine Bestimmung enthält.
   II. Kann dem Gesetz keine Vorschrift entnommen werden, so soll der Richter nach Gewohnheitsrecht und, wo auch ein solches fehlt, nach der Regel entscheiden, die er als Gesetzgeber aufstellen würde.
   III. Er folgt dabei bewährter Lehre und Überlieferung."
11 Vgl. dazu insbes. *Ellscheid*, Zur Forschungsidee der Rechtstheorie, in: Rechtstheorie (Ed. Arthur Kaufmann), 1971, S. 5 ff.
12 Dazu ausführlich *Gagnér*, Studien zur Ideengeschichte der Gesetzgebung, 1960, vor allem S. 341 ff.; *Wieacker*, Privatrechtsgeschichte der Neuzeit unter besonderer Berücksichtigung der deutschen Entwicklung, 2. Aufl. 1967, bes. S. 468 ff.; vgl. auch ebenda S. 390 ff. zum sog. „Kodifikationsstreit" zwischen *Savigny* und *Thibaut* und seine kontroversen Argumente zum Wert der Kodifikation. Zur Orientierung über Stand und aktuelle Probleme der Gesetzgebungstheorie *Noll*, Gesetzgebungslehre (Fn. 2); *Pichler*, Der Kampf um die Kodifikation; Ein rechtshistorischer Akzentuierungsversuch, in: Bydlinski/Maier-Mali/Pichler (Ed.), Renaissance der Idee der Kodifikation, 1991, S. 9 ff.; *Hofmeister* (Ed.), Kodifikation als Mittel der Politik, 1986.

erstrangige Bedingung rechtsstaatlicher Justiz in unserem heutigen Verständnis. Eine durch Kodifikation verbesserte und stabilisierte Rechtssicherheit meint nicht nur, dass richterliches Handeln eher voraussagbar wurde, dass der Betroffene sich verlässlicher auf künftige Rechtsprechung einstellen konnte, dass in allgemein zugänglichen Büchern nachzulesen war, mit welchen Rechten und Pflichten gerechnet werden musste; verbesserte Rechtssicherheit meint auch, dass die Richtigkeit richterlichen Handelns exakter nachprüfbar wurde – unter der oben eingeführten Voraussetzung, dass diese Richtigkeit auf der Übereinstimmung mit dem Gesetz beruhte.

Mit der Nachprüfbarkeit richterlichen Handelns anhand einer kodifizierten Rechtsordnung sind schon die Konsequenzen angesprochen, welche die Kodifikation, über die Absicherung staatsbürgerlicher Rechtspositionen hinaus, unmittelbar für die Herstellung und Darstellung des Richterspruchs und die Organisation der Rechtsprechung hatte.

5.2.2.2 Systematisierung juristischen Wissens. Eine auf den ersten Blick trivial anmutende, aber in ihrer Wirkung weitreichende Konsequenz war die Möglichkeit, die juristischen Stoffmassen – die von Rechtswissenschaft und Rechtspraxis erarbeiteten Entscheidungsprinzipien, Argumentationsregeln, Unterscheidungskriterien, Systematisierungen, Fall- und Normdifferenzierungen – überschaubar zu ordnen und darzustellen und sie auf diese Weise der weiteren Differenzierungsarbeit von Wissenschaft und Praxis zuzuführen. Die Ordnung von Rechtsproblemen in Tatbeständen, die Zusammenfassung der Tatbestände zu „Abschnitten", zu „allgemeinen" und „besonderen" Teilen, letztlich zu Gesetzbüchern, war Vorbedingung einer Kommentar-Literatur und Entscheidungs-Dokumentation, die den Zugriff auf juristisches Wissen ungleich schneller und differenzierter ermöglichte, als dies frühere Versuche der Dokumentation erlaubt hätten[13].

Die Systematisierung juristischen Wissens im und am System der Kodifikation ermöglichte nicht nur einen verbesserten Zugang zu diesem Wissen, sondern auch seine weitere Ausdifferenzierung, insbesondere durch Richterrecht, also durch eine tradierte und in Rechtsentscheidungen immer wieder realisierte Auslegung von Rechtsnormen und Systematisierung von Rechtsproblemen[14]. Richterrecht kann sich nur bilden, wenn Richter über Rechtsprobleme konsistent kommunizieren. Richterrecht wird sich um so eher ausdifferenzieren, je genauer die Kommunikationspartner wissen, wovon die Rede ist, je mehr Problemdifferenzierungen zum Gegenstand der Kommunikation gemacht werden können, je schneller und beque-

---

13 Freilich muss auch die Gefahr solcher Dokumentation gesehen werden: Das Dokument ist unausweichlich eine Verkürzung und Veränderung des Dokumentierten, die Selektionskriterien bleiben regelmäßig im Dunkeln. Gerade die Kommentar-Literatur kann auf diese Weise kaschiert justizpolitischen Einfluss nehmen.
14 Siehe auch *Luhmann*, Rechtssoziologie 1, 1972, S. 201 ff.

mer der Zugang der Partner zu den jeweiligen Kommuniqués bewerkstelligt werden kann. Es lässt sich leicht einsehen, dass eine Kodifikation mit ihren gerade beschriebenen Wirkungen für Systematisierung und Tradierung juristischen Wissens eine hervorragende Bedingung eines ausdifferenzierten Richterrechts ist.

5.2.2.3 Legitimation der Rechtsentscheidung.
Noch eine dritte Überlegung zur Wirkung von Kodifikationen auf richterliches Handeln lässt es verständlich erscheinen, dass das Verhältnis von Gesetz und Richterspruch im Zentrum der rechtstheoretischen Diskussionen stand und steht[15]. Liegen Entscheidungsprinzipien einer Rechtsordnung in kodifizierter Form vor, so verkürzen sich die Legitimationsanforderungen an Rechtsentscheidungen in spezifischer Weise. Die kodifizierte Norm ist für den Regelfall – insbesondere solange sie sich innerhalb der Grenzen der Verfassung bewegt – imstande, die Rechtsentscheidung inhaltlich zu legitimieren, ohne dass die Entscheidungsbegründung gezwungen wäre, auf Entscheidungsprinzipien zurückzugreifen, welche wiederum Grundlage der kodifizierten Norm sind und diese rechtfertigen.

Organisiert eine Rechtsgemeinschaft ihre Entscheidungspraxis so, dass Rechtsfragen, die zwischen den Beteiligten kontrovers sind, von Fall zu Fall je neu beantwortet werden müssen, so muss die inhaltliche Richtigkeit[16] der Antwort je neu und vollständig demonstriert werden. Diese Demonstration wird typischerweise auf grundlegende Rechtsprinzipien immer wieder zurückgreifen müssen, um zu zeigen, dass sich die Entscheidung der kontroversen Rechtsfrage aus konsentierten Prinzipien herleiten lässt. Die Legitimationsanforderungen in Bezug auf inhaltliche Richtigkeit der Rechtsentscheidungen sind bei einer so organisierten Entscheidungspraxis grundsätzlich grenzenlos. Möglicherweise lässt sich von dieser Überlegung her verstehen, warum Rechtsordnungen ohne Kodifikation und ohne ausdifferenziertes Richterrecht dazu neigen, die Abnahme der Entscheidungen durch die Betroffenen eher von einer Beachtung ritueller Verfahren zu erwarten als von einer Demonstration inhaltlicher „Richtigkeit" dieser Entscheidungen: Gottesurteil, Zweikampf, Leumundszeugnis.

Anders ist es mit den Legitimationsanforderungen an rechtliche Entscheidungen, wenn sich das richterliche Handeln auf kodifizierte Normen berufen kann. Die kodifizierte Norm selbst braucht in der Entscheidungsbegründung nicht mehr legitimiert zu werden; sie „gilt". Demonstration der „Richtigkeit" der Entscheidung heißt hier nur noch, dass die Ableitung der Rechtsentscheidung aus der Norm

---

15 Dazu ausführlich *Hassemer*, Stichwort „Rechtsphilosophie", in: Handlexikon zur Rechtswissenschaft (Ed. Axel Görlitz), 1972, S. 333 ff.
16 Es geht nur um die *inhaltliche* Richtigkeit. Natürlich ist es möglich, dass die Betroffenen die Entscheidung über ihre kontroversen Rechtsbehauptungen etwa schon deshalb akzeptieren, weil sie in einem geordneten Verfahren ergangen ist – gleichgültig, welchen Inhalt sie hat.

gezeigt werden kann, die Berufung auf grundlegende Rechtsprinzipien ist nicht mehr vonnöten – und in der Regel gar verdächtig: Wer sich innerhalb eines kodifizierten Systems auf „Treu und Glauben", „gute Sitten" oder „Verwerflichkeit" beruft, um seine Entscheidung zu legitimieren, setzt sich dem Verdacht aus, dass er kodifizierte Normen umgeht oder verbiegt, dass er die Kodifikation selbst, die ja behauptet, sie habe die grundlegenden Rechtsprinzipien konkretisiert, nicht ernst nimmt. Von da her lässt sich verstehen, dass ein solches System der Entscheidungspraxis in der Kodifikation die Repräsentation grundlegender Rechtsprinzipien sieht und nicht nur eine Sammlung von Dekreten des Gesetzgebers, die unter Beachtung formeller Zuständigkeitsregeln zu Stande gekommen sind.

Die hier beschriebene Verkürzung der Legitimationsanforderungen an Rechtsentscheidungen kann ein kodifiziertes System nämlich nur leisten, wenn der kodifizierten Norm zugetraut wird, dass sie konsentierte Rechtsprinzipien repräsentiert. Die Berufung auf die Norm bedeutet dann zugleich die Berufung auf das Rechtsprinzip, welches die Norm trägt. Die Norm transportiert die Entscheidungsweisung aus dem Rechtsprinzip zur Rechtsentscheidung.

Dass die Funktion der Kodifikation für richterliches Handeln auf diese Weise beschrieben werden kann, zeigt sich auch und gerade dann, wenn diese Funktion ausfällt: wenn die kodifizierte Norm „obsolet" geworden ist (wenn sie also, obwohl sie vom Gesetzgeber nicht beseitigt oder verändert worden ist, von der Rechtsprechung über lange Zeit nicht mehr angewendet wird) bzw. wenn der Richter im Einzelfall eine kodifizierte Norm nicht anwendet und sich dabei auf grundlegende Rechtsprinzipien beruft (etwa: die Anwendung der Norm würde im konkreten Fall die Grundsätze der Gleichbehandlung, des Sozialstaatsprinzips oder der Menschenwürde verletzen). In all diesen Fällen leugnet die Rechtsprechung, ob sie das nun ausspricht oder nicht, die Repräsentationsfunktion der kodifizierten Norm: Die kodifizierte Entscheidungsanweisung kann sich auf ein grundlegendes konsentiertes Rechtsprinzip nicht (mehr) berufen, ja sie verletzt es sogar in einem oder in allen der von ihr gemeinten Fälle. Dann wird die von der kodifizierten Norm angestrebte Verkürzung des Legitimationsprozesses wieder aufgehoben, die „Richtigkeit" der Rechtsentscheidung muss nunmehr unter Berufung auf grundlegende Rechtsprinzipien demonstriert werden – falls nicht eine andere kodifizierte Norm zur Hand ist, auf die das Entscheidungsergebnis gestützt werden kann.

5.2.2.4 Positivierung des Rechts. Mit der Formulierung von Rechtsprinzipien in Kodifikationen wird schließlich eine zentrale Bedingung für ein Phänomen geschaffen, das *Luhmann*[17] „Positivierung des Rechts" nennt: die strukturelle Umstellung des Rechtssystems vom invarianten „natürlichen Recht" auf ein prinzipiell änderbares Gesetzgebungsrecht. Die Herrschaft des „alten" – und allein deshalb

---

17 Vgl. vor allem Rechtssoziologie 1, S. 190 ff.; 2, S. 294 ff.; auch Rechtssystem und Rechtsdogmatik, 1974, S. 24 ff.

„richtigen" – Rechts wird abgelöst von der Erfahrung kontingenter Rechtsregeln, welche die Gesetzgebung als eine „Routineangelegenheit ‚des Staatslebens'"[18] zur Lösung neu entstandener Regelungsprobleme zur Verfügung stellt. Mit der Trennung von Person und Rolle des Herrschers als Gesetzgeber, mit der Ausdifferenzierung einer gesetzgebenden Institution wurde es möglich, die Bindung des Gesetzgebers an das von ihm früher verfügte Recht zu lockern und eine Änderung dieses Rechts nicht als Rechtsbruch und Ungehorsam, sondern als funktionale Antwort des Rechtssystems auf veränderte Anforderungen seiner Umgebung zu begreifen.

Mit dieser Umstrukturierung des Rechtssystems auf Positivierung des Rechts ist Geltungsgrundlage „richtigen" Rechts nun nicht mehr die Vorgegebenheit von Regeln, sondern deren Setzung[19]. Dadurch wird das Rechtssystem instand gesetzt, sich auf sozialen Wandel einzustellen und „Instrument gesellschaftlicher Veränderungen"[20] zu werden. Variantes und in Kodifikationen immer wieder geändertes Recht verliert seine Fixierung auf die Prinzipien feststehender Ordnung und gewinnt eine „gesteigerte Selektivität"[21]. Früher konstante, der Rechtsentscheidung vorgegebene (und sie legitimierende) Regeln werden disponibel, werden Gegenstand von Setzung und Entscheidung. Damit wird sichtbar, dass sie als gewählte Alternativen gelten und bei geänderten Anforderungen durch andere, dann passende, ersetzbar sind.

5.3 Die Bedeutung der Kodifikation für die Entscheidung von Rechtsfällen

Die Formulierung von Rechtsregeln in Kodifikationen kann nur dann folgenreich sein, wenn sich diese Rechtsregeln in irgendeiner Weise in der konkreten Entscheidung von Rechtsfällen durchsetzen. Sie setzen sich nur durch, wenn der Richter sie bei seiner Entscheidung beachtet. Also sehen kodifizierte Rechtsordnungen vor, dass der Richter an die Kodifikation „gebunden" ist.

5.3.1 Freiheit und Gebundenheit des Richters

Das Thema „Freiheit und Gebundenheit des Richters" ist freilich schon vor und außerhalb eines kodifizierten Rechtssystems ein Generalthema der Rechtstheorie. Gleichgültig, ob eine nationale Rechtsordnung ihre Entscheidungsregeln in kodifi-

---

18 *Luhmann*, Rechtssoziologie 1, 1972, S. 196.
19 *Luhmann*, Rechtssoziologie 1, 1972, S. 203.
20 *Luhmann*, Rechtssoziologie 2, 1972, S. 294.
21 *Luhmann*, Rechtssoziologie 1, 1972, S. 204: „Letztlich kann die Positivität des Rechts mithin begriffen werden als gesteigerte Selektivität des Rechts."

zierter Form vorschreibt, ob Grundsätze der Gleichbehandlung von Rechtsfällen durch Richterrecht ausgearbeitet sind oder ob sich die Rechtsprechung gar an ästhetische Prinzipien hält[22] – es geht allemal um eine Einschränkung richterlicher Handlungsfreiheit. Diese Einschränkung kann man in zweierlei Hinsicht formulieren: in Bezug auf die Wahl von Entscheidungsalternativen und in Bezug auf die Wahl der Argumente (oder gar der Argumentationsformen), mit denen die gewählte Entscheidungsalternative begründet werden soll.

Auch die Ziele, die mit einer Bindung des Richters verfolgt werden, lassen sich nach zwei Richtungen verstehen: Richterbindung erlaubt zum einen eine genauere Prognose des Entscheidungsergebnisses; der Betroffene kann sich eher auf richterliches Handeln einstellen, andererseits erhöht sich damit die erwartbare gesellschaftliche Wirkung von Rechtsnormen: Je exakter die Folgen von Handlungen voraussehbar sind, desto nachhaltiger dürften sie im Regelfall die Alternativenwahl des Handelnden bestimmen. Zum anderen ist eine Bindung des Richters an Entscheidungsmaßstäbe (z. B. Gesetzesnormen), die nicht erst durch die Entscheidung selbst in Geltung gesetzt werden, Voraussetzung einer Nachprüfbarkeit dieser Entscheidung und damit wohl auch des Vertrauens der Menschen in die Rechtspflege.

Nur richterliches Handeln, das vorgängige Entscheidungsregeln für sich gelten lässt, kann – an der Befolgung dieser Regeln – gemessen werden. Selbst dann, wenn sich die Richterbindung auf ein Minimum reduziert – etwa auf die Verpflichtung, „richtige Ergebnisse" zu produzieren –, kann auch dieses Rudiment noch Basis einer Nachprüfbarkeit dieser Entscheidung sein: dann, wenn vorgängige Vorstellungen über „richtige Ergebnisse" bestehen.

So verstanden, ist die Bindung des Richters notwendiges Element jeder konsistenten Rechtspflege. Ein kodifiziertes Rechtssystem wird diese Bindung verschärfen und das Gesetz zum Element der Richterbindung machen.

5.3.2 Die gesetzlichen Grundlagen der Richterbindung

„Die richterliche Gewalt wird durch unabhängige, nur dem Gesetz unterworfene Gerichte ausgeübt" (§ 1 GVG); „Die Richter sind unabhängig und nur dem Gesetze unterworfen" (Art. 97 Abs. 1 GG); „Die Gesetzgebung ist an die verfassungsmäßige Ordnung, die vollziehende Gewalt und die Rechtsprechung sind an Gesetz und Recht gebunden" (Art. 20 Abs. 3 GG) – gleich an drei zentralen Stellen unserer Rechtsordnung wird die Freiheit des Richters fundamental eingeschränkt. Für jegliche strafrechtliche Verurteilung verschärft Art. 103 Abs. 2 GG (wortgleich § 1 StGB) die Gesetzesbindung des Richters noch durch das sogenannte „Analogieverbot" und das „Rückwirkungsverbot": „Eine Tat kann nur bestraft werden, wenn die Strafbarkeit gesetzlich bestimmt war, bevor die Tat begangen wurde."

---

22 Beispiele bei *Simon*, Rechtsfindung am byzantinischen Reichsgericht, 1973, S. 13 ff., 22 f.

In diesen gesetzlichen Formulierungen, auf welche die Bindung des Richters an die Kodifikation gestützt wird, kommt zugleich eine weitere Kategorie neuzeitlicher Rechtspflege zum Ausdruck: die Unabhängigkeit des Richters[23]. Beide Prinzipien stehen miteinander in funktionalem Zusammenhang und repräsentieren zentrale rechtsstaatliche Errungenschaften; eine Übertragung kodifikatorischer Rechtsvorstellungen in die Rechtsentscheidung ist ungestört nur möglich, wenn dem Richter als übertragender Instanz persönliche und sachliche Unabhängigkeit zugesichert ist[24].

5.3.3 Kritik am Bindungspostulat

Nicht nur neuere rechtstheoretische Ansätze sind in den Ruch gekommen, diese rechtsstaatlichen Fundamente des Gerichtsverfassungsrechts zu erschüttern. Mit Berufung auf die Formulierung des Verfassungsgebers in Art. 20 Abs. 3 GG („Gesetz *und Recht*") wurde an der strengen Bindung des Richters an den Wortlaut des Gesetzes gezweifelt[25]. Auch das Analogieverbot hat sich als nicht effektive Begrenzung richterlicher Freiheit erwiesen[26], weil sich die Grenzen der Strafbarkeit nicht jenseits der richterlichen Auslegungstätigkeit aus dem Wortlaut des Strafgesetzes ergeben[27]. Der Richter selbst konstituiert diese Grenzen und es gibt keine tauglichen Kriterien, die eine Überschreitung richterlicher Entscheidungsbefugnisse zweifelsfrei markieren könnten.

Es ist offenbar widersinnig, entgegen den Erkenntnissen zur unaufhebbaren Vagheit und Porösität von Gesetzesbegriffen oder zum je differenten richterlichen Vorverständnis darauf zu beharren, der Richter müsse sich streng an das Gesetz halten. Er kann es nicht. Konsequenz einer solchen, sich scheinbar rechtsstaatlich begründenden, Forderung kann nicht sein, dass die Rechtsprechung sich nunmehr exakter an gesetzliche Vorschriften hält, sondern vielmehr, dass sie so tut, als folge sie nur dem Gesetz. Wenn es nämlich stimmt, dass richterliches Handeln den Bedeutungsumfang der Gesetzesworte unausweichlich erst in der Auslegung des Gesetzes

---

[23] Dazu umfassend *Simon,* Die Unabhängigkeit des Richters, 1975; *Arthur Kaufmann,* Richterpersönlichkeit und richterliche Unabhängigkeit, in: Einheit und Vielfalt des Strafrechts, Festschrift für *Karl Peters* zum 70. Geburtstag (Ed. Jürgen Baumann und Klaus Tiedemann), 1974, S. 295 ff.
[24] Zur historischen Entwicklung des Unabhängigkeitsprinzips siehe *Simon,* Unabhängigkeit (Fn. 23), S. 1 ff., 41 ff., zu Einschränkungen dieses Prinzips ebenda S. 21 ff.
[25] Vgl. etwa *Maihofer,* Die Bindung des Richters an Gesetz und Recht (Art. 20 Abs. 3 GG), 1960; auch *Arthur Kaufmann,* Gesetz und Recht, in: Rechtsphilosophie im Wandel; Stationen eines Weges, 2. Aufl. 1984, S. 131 ff.
[26] Vor allem *Arthur Kaufmann,* Analogie und Natur der Sache; Zugleich ein Beitrag zur Lehre vom Typus, 2. Aufl. 1982; *Hassemer,* Tatbestand und Typus; Untersuchungen zur strafrechtlichen Hermeneutik, 1968, S. 160 ff.; jeweils mit weiteren Nachweisen.
[27] Dazu ausführlich *Hassemer,* Strafrechtsdogmatik (Fn. 5), S. 39 ff.; s. auch *Yi, Sang-Don,* Wortlautgrenze, Intersubjektivität und Kontexteinbettung, 1992.

am Fall konstituiert[28], dann kann eine „strenge" Auffassung der Richterbindung dieses Faktum nicht ändern, sondern allenfalls verschleiern. Eine Rechtsprechung, die entgegen diesen Handlungsbedingungen zu einem blinden Gesetzesgehorsam verpflichtet wird, wird mangels einer Alternative weiterhin diesen Handlungsbedingungen folgen; zugleich wird sie aber, um der erwähnten Verpflichtung zu genügen, die Unsicherheiten der situativen Faktoren ihrer Auslegung hinter einer Demonstration von Geschlossenheit, Sicherheit und Unwandelbarkeit verstecken. Damit tritt ein, was das rechtsstaatliche Gebot der Richterbindung gerade verhindern will: Der unausbleibliche Wandel der Rechtsprechung und seine Determinanten bleiben undurchsichtig[29].

Kein Gesetz kann die Entwicklung der Rechtsprechung determinieren. Sobald das Gesetz erlassen ist, stehen seine Anweisungen dem richterlichen Handeln zur Disposition, und das gilt natürlich auch für Novellen, mit denen der Gesetzgeber eine ihm nicht genehme Rechtsprechung einzufangen versucht[30]. Das ist die inhaltliche Seite der richterlichen Unabhängigkeit, so wie sie die zitierten Verfassungsgebote vorschreiben. Und was für die Bestimmung des Bedeutungsumfangs gesetzlicher Vorschriften gilt, das gilt auch für das Phänomen der Freiheit und Gebundenheit des Richters selbst: Allein richterliches Handeln disponiert darüber, wie weit die Bindung des Richters an das Gesetz reicht – freilich nicht so, dass die Faktoren notwendiger richterlicher Freiheit disponibel würden, sondern so, dass die Richterbindung selber der richterlichen Interpretationsherrschaft untersteht. „Auch die Bindung selbst kann dann noch dogmatischer Interpretation unterworfen werden, so dass die Dogmatik ihre Freiheit aus ihrer Gebundenheit herleiten kann[31]."

Damit ist ein Verständnis der Richterbindung ausgeschlossen, das die Fallentscheidung als schlichtes Implikat des Gesetzeswortlauts begreift. Der Richter ist nicht der „Mund des Gesetzes" (*Montesquieu*); er geht mit dem Gesetz vielmehr schöpferisch um[32].

---

28 Zur Entwicklung dieser These *Hassemer*, Tatbestand (Fn. 26), bes. S. 118 ff., 127 ff.
29 Umfangreiches Material hierzu bei *Rüthers*, Unbegrenzte Auslegung (Fn. 6); vgl. auch *Ransiek*, Gesetz und Lebenswirklichkeit. Das strafrechtliche Bestimmtheitsgebot, 1989, S. 87 ff.
30 Siehe ausführlich *Hassemer*, Rechtstheorie, Methodenlehre und Rechtsreform, in: Rechtstheorie (Fn. 11), S. 27 ff.; *Larenz*, Die Bindung des Richters an das Gesetz als hermeneutisches Problem, in: Festschrift für Ernst Rudolf Huber (Ed. Forsthoff, Weber, Wieacker), 1973, S. 291 ff.; *Arthur Kaufmann*, Richterpersönlichkeit (Fn. 17), S. 299 ff.
31 *Luhmann*, Rechtssystem (Fn. 17), S. 16. Vgl. auch die zusammenfassende Darstellung bei *Kilian*, Juristische Entscheidung und elektronische Datenverarbeitung; Methodenorientierte Vorstudie, 1974, S. 55-82.
32 Vgl. etwa *Larenz*, Kennzeichen geglückter richterlicher Rechtsfortbildung, 1965; *Langenbucher*, Die Entwicklung und Auslegung von Richterrecht. Eine methodologische Untersuchung zur richterlichen Rechtsfortbildung im deutschen Zivilrecht, 1996.

5.3.4 Chancen des Bindungspostulats

Dieses Zwischenergebnis legt die Vermutung nahe, wirksame Bindungselemente seien zwar nicht im Gesetz, wohl aber im Handeln der Richter selber enthalten: die Richter bänden sich an die Ergebnisse ihrer eigenen Entscheidungstätigkeit. Diese Vermutung wird durch die Erkenntnis gestützt, dass Rechtssysteme ohne oder mit nur rudimentärer Kodifikation ebenfalls eine „gebundene" und konsistente Rechtsprechung aufweisen. Wenn auch die Methodologie des Case-law in der kontinental-europäischen Rechtstheorie bislang noch kaum aufgearbeitet ist[33], so ist doch jedenfalls verständlich, dass ein Rechtssystem, welches seine Entscheidungsregeln aus Fallentscheidungen destilliert und systematisch tradiert[34], eine Bindungswirkung für die Entscheidung künftiger Fälle erzeugt. Nach allem, was wir über die rechtsschöpferische Tätigkeit des Richters unter kodifizierter Rechtsordnung wissen, ist sogar zu erwarten, dass die Richterbindung im Case-law-System faktisch nicht lockerer sein dürfte.

5.3.4.1 Bindung durch Auslegungsregeln. Die rechtswissenschaftliche Methodenlehre hat, um die richterliche Entscheidungstätigkeit an Regeln zu binden, die über die Beachtung des Gesetzeswortlauts hinaus auch den Umgang mit dem Gesetz selber vorschreiben, sog. Interpretationsmethoden oder Auslegungscanones entwickelt[35]: die Bindung an den Wortsinn der Gesetzesnorm (grammatikalische), an den Bedeutungszusammenhang der einschlägigen gesetzlichen Vorschriften (systematische), an den Regelungszweck, den der konkrete Gesetzgeber mit der fraglichen Norm verfolgt hat (historische), an den Regelungszweck, wie er in der fraglichen Norm heute objektiv zum Ausdruck kommt (teleologische) und an die prinzipiellen Wertentscheidungen der Verfassung (verfassungskonforme Auslegung). Möglicherweise verbürgt ein solcherart regelgeleiteter Umgang mit dem Gesetz, dass sich die Wahlmöglichkeiten des Richters verringern und sich somit seine Bindung an das Gesetz verstärkt.

---

33 Ein Beispiel für diese Beschränkung auf die Rechtstheorie einer kodifizierten Rechtsordnung ist etwa das derzeit gründlichste und umfassendste deutsche Lehrbuch von *Larenz/Canaris,* Methodenlehre (Fn. 8), das dem case-law keine eigene Untersuchung widmet (vgl. lediglich zur Bedeutung der „Präjudizien" für die Bildung von „Richterrecht", S. 252 ff.); s.a. *Röhl,* Allgemeine Rechtslehre, 2. Aufl. 2001, S. 534 ff.

34 Siehe aus dem deutschen Schrifttum vor allem *Radbruch,* Der Geist des englischen Rechts, 4. Aufl. 1958; *Esser,* Grundsatz und Norm in der richterlichen Fortbildung des Privatrechts, 3. Aufl. 1974, bes. Kap. X: „Principles and Rules in Case Law"; *Strache,* Das Denken in Standards; Zugleich ein Beitrag zur Typologik, 1968. *Schlüchter,* Mittlerfunktion der Präjudizien, 1986, bes. S. 83 ff. Auch Essers Arbeit Vorverständnis enthält zahlreiche Hinweise auf die methodologischen Anweisungen eines Case-Law-Systems: Vorverständnis und Methodenwahl in der Rechtsfindung; Rationalitätsgrundlagen richterlicher Entscheidungspraxis, 2. Aufl. 1972.

35 Zur gründlichen Orientierung *Larenz/Canaris,* Methodenlehre (Fn. 8), S. 133-186; *Rüthers,* in: Rechtstheorie, 1999, S. 392-455; *Röhl,* Allgemeine Rechtslehre, (Fn. 33), S. 628 ff.; Kap. 6 in diesem Band.

Schon ein erster Blick auf diese Interpretationsmethoden zeigt, dass sie selbst interpretationsbedürftig sind. Im günstigen Fall, nämlich bei klarer Aussage der Gesetzesmotive, mag der Wille des historischen Gesetzgebers eindeutig zu ermitteln sein. Keineswegs eindeutige Ergebnisse darf man jedoch erwarten, fragt man nach den „prinzipiellen Wertentscheidungen" des GG oder gar nach dem „objektiven Regelungszweck" der Norm[36].

Selbst wenn in der Entscheidungssituation die Anweisungen nach den einzelnen Auslegungscanones eindeutig sind, ist der Richter damit noch nicht an ein bestimmtes Entscheidungsergebnis gebunden. Es gibt nämlich keine Meta-Regel der Interpretationsregeln[37]: eine Anweisung, die dem Richter von Fall zu Fall die Anwendung einer bestimmten Methode vorschriebe. Methodisch ist er in der Wahl der Interpretationsregeln frei. Da die differenten Auslegungsregeln typischerweise zu differenten Ergebnissen bezüglich des „richtigen" Normverständnisses kommen, sind auch sie nicht imstande, eine stringente Bindung des Richters an das Gesetz zu gewährleisten.

5.3.4.2 Bindung durch Richterrecht. Eine (wenigstens faktische) Bindungswirkung dürfte jedoch vom Richterrecht ausgehen, von den sog. „Präjudizien"[38]. Die von der Rechtsprechung in langer Tradition erarbeiteten, geänderten und dann wieder bestätigten Entscheidungsgrundsätze, Problemdifferenzierungen, Wortlautfeststellungen und Institutionen verlangen ja nicht (nur) deshalb Beachtung, weil sie immer wieder faktisch befolgt und bestätigt werden, sondern (auch) deshalb, weil sie von sich behaupten, „richtig" zu sein, d. h. konsentierte Rechtsprinzipien zu repräsentieren – auch neben der oder bisweilen gar gegen die kodifizierte Norm.

Auf diese Funktion des Richterrechts stellt richterliches Handeln sich ein. Wenn ausdifferenziertes Richterrecht vorliegt[39], setzt sich richterliche Argumentation zuerst einmal nicht mit der durch Richterrecht konkretisierten Norm selbst, sondern

---

36 Dazu *Naucke,* Der Nutzen der subjektiven Auslegung im Strafrecht, in: Festschrift für Karl Engisch zum 70. Geburtstag, 1969, bes. S. 280 ff.
37 Darauf hat vor allem *Josef Esser* aufmerksam gemacht (Stichwort „Methodenpluralismus", Vorverständnis (Fn. 34), S. 124 ff.; s. daneben *Kriele,* Theorie der Rechtsgewinnung, entwickelt am Problem der Verfassungsinterpretation, 2. Aufl. 1976, S. 85 ff.; aber auch *Larenz,* Bindung (Fn. 30), S. 294. S. ferner m. w. N. *W. Hassemer,* Nomos Kommentar zum Strafgesetzbuch (NK-StGB), 1999, § 1 Rn. 119 ff.; *Mastronardi,* Juristisches Denken; Eine Einführung, 2001, S. 166 ff.
38 Siehe dazu *Larenz,* Über die Bindungswirkung von Präjudizien, in: Festschrift für Hans Schima zum 75. Geburtstag (Ed. Fasching/Kralik), 1969, S. 247 ff.; *Germann,* Präjudizien als Rechtsquelle, 1960; *Kriele,* Theorie (Rn. 37), S. 247 ff., 258 ff.; vgl. auch *Schlüchter,* Präjudizien (Fn. 34), bes. S. 111 ff., 83 ff.
39 Beispiele solcher Ausdifferenzierungen: zu „Treu und Glauben" im Zivilrecht; zur Garantenstellung bei der Unterlassung im Strafrecht; zum Begriff des „Verwaltungsakts" im Verwaltungsrecht.

mit den richterlichen Problemdifferenzierungen auseinander. Fallentscheidungen können durch den schlichten Hinweis auf anerkannte richterrechtliche Regeln (oder die „allgemein herrschende Meinung") (verkürzt) legitimiert werden; eine Legitimation der richterlich begründeten Regel selbst ist nicht mehr vonnöten.

Dass es sich hier um eine faktische Bindungswirkung handelt, zeigt das Gegenbeispiel. Der Richter „darf" von Richterrecht zwar abweichen, ist also nicht mit der formalen Stringenz des Gesetzesbindungspostulats auf Präjudizien festgelegt. Weicht er aber ab, so hat er in der Begründung seiner Entscheidung einen erheblichen Argumentationsaufwand zu leisten.

5.3.4.3 Bindung durch Rechtsdogmatik. Ebenso verhält es sich mit der Rechtsdogmatik, die, mit Unterstützung der Rechtswissenschaft, richterliche Regeln systematisiert, auf den Begriff bringt, korrigiert und in ein Regelsystem einarbeitet[40]. Auf einer mittleren Abstraktionshöhe zwischen Gesetz und Fallentscheidung entwickelt sie Entscheidungsregeln, die ebenfalls, wenn sie sich durchsetzen, den Richter faktisch binden. Auch Rechtsdogmatik versteht sich nicht nur als Konkretisierung des Gesetzes, sondern konstituiert ihrerseits Gesetzessinn und Gesetzesinhalt nach eigenen (und durchaus wechselnden) Kriterien[41]. Dass sie eine Bindung der Rechtsprechung wenigstens faktisch erreicht, verdankt sie ihrer Stabilisierungs- und Differenzierungsfunktion: Sie macht Fälle dadurch entscheidbar, dass sie den Kreis möglicher Entscheidungsalternativen verringert, Probleme markiert und systematisiert, Relevanzen bestimmt, Begründungsmuster zur Verfügung stellt. Erst mit den Hilfsmitteln der Rechtsdogmatik kann der Richter das Gesetz konsistent handhaben, kann er Differenzierungen wahrnehmen, Fälle klassifizieren und seine Entscheidung in einem System präzise verorten.

5.3.4.4 Bindung durch informelle Programme. Was hier „Richterrecht" und „Rechtsdogmatik" genannt wird, sollte – auch unter methodentheoretischem Blickwinkel – nicht zu abstrakt gesehen werden. Es sind nicht nur Entscheidungsanweisungen, die sich in Kommentaren und Lehrbüchern aufschreiben und nachlesen und in den Massenveranstaltungen universitärer Ausbildung vortragen und mitschreiben lassen: Es sind nicht nur „formelle Programme", es sind auch und vor

---

40 Vgl. dazu vor allem *Esser*, Dogmatik zwischen Theorie und Praxis, in: Funktionswandel der Privatrechtsinstitutionen, Festschrift für Ludwig Raiser (Ed. Fritz Bauer u. a.), 1974, S. 517 ff.; *Krawietz*, Was leistet Rechtsdogmatik in der richterlichen Entscheidungspraxis?, in: ÖZöR 23 (1972) S. 47 ff.; *Luhmann*, Rechtssystem (Fn. 17), bes. S. 15 ff., 24 ff.; *Viehweg*, Zwei Rechtsdogmatiken, in: Philosophie und Recht, Festschrift zum 70. Geburtstag von Carl August Emge, 1960, S. 106 ff.; *Wieacker*, Zur praktischen Leistung der Rechtsdogmatik, in: Hermeneutik und Dialektik, Festschrift für Hans-Georg Gadamer, Bd. II, 1970, S. 311 ff.; *Hassemer*, Strafrechtsdogmatik (Fn. 5), bes. S. 146 ff., 17 ff., 208 ff.
41 *Hassemer*, Strafrechtsdogmatik (Fn. 5), S. 211 u. ö.

allem „informelle Programme"[42]-Systeme von nicht-expliziten Regeln für (richterliches) Handeln[43].

Zu diesen informellen Programmen gehören wichtige Bereiche richterlicher Entscheidungstätigkeit, wie etwa die Beweiswürdigung in allen Verfahrenstypen oder die Strafzumessung im Strafrecht. Niemand wird den geschriebenen Entscheidungsanweisungen von Gesetz, Dogmatik und Judikaten vollständig entnehmen können, dass eine bestimmte Zeugenaussage nur in bestimmten Teilen glaubhaft oder dass es gerecht ist, für eine bestimmte Straftat genau ein Jahr und drei Monate Freiheitsstrafe zu verhängen. Wer das lernen will, muss bei anderen nachfragen, die das schon „können" und die das nicht durch Nachlesen, sondern durch Hinschauen und Nachfragen bei anderen Juristen gelernt haben.

Vor allem im Verfahrensrecht spielen solche informellen Konkretisierungen der formellen Entscheidungsprogramme eine überragende Rolle[44], sie wirken aber auch bei der Handhabung des materiellen Rechts an der Vermittlung von Gesetz und Sachverhalt mit. Das zeigt sich etwa bei der sog. „Folgenberücksichtigung", die in jüngster Zeit als Gegenstand der richterlichen Auslegungstätigkeit intensiv diskutiert wird[45]. Welche Folgen seiner Entscheidung der Richter wann wie intensiv ins Kalkül zu ziehen hat, ist nur ausnahmsweise gesetzlich vorgeschrieben (vgl. etwa § 46 Abs. 1 Satz 2 StGB) – und auch dort regelmäßig nur plakativ. Dies wird ihn aber – jedenfalls in einer politisch argumentierenden Rechtskultur wie der unseren[46] – nicht daran hindern, seine Entscheidung so zu treffen, dass jedenfalls negative Folgen vermindert werden.

Unter dem Gesichtspunkt einer Bindung des Richters an vorgegebene Entscheidungsprogramme betrachtet, sind die „informellen Programme" von großer Bedeutung. Sie bestehen aus Regeln, deren Befolgung kontrolliert werden kann und deren Verletzung sanktioniert ist, auch wenn Kontrollmöglichkeiten und Sanktio-

---

42 Überblick und Nachweise über Begriff und Beispiele formeller und informeller Entscheidungsprogramme bei *Hassemer*, Informelle Programme im Strafprozess; Zu Strategien der Strafverteidigung, in: Strafverteidiger 1982, S. 377 ff.
43 *Hassemer*, Informelle Programme (Fn. 42), S. 381.
44 Vgl. zur Begründung dafür die Anforderungen, die das „szenische Verstehen" an den Richter im Verfahren stellt: *Hassemer*, Einführung in die Grundlagen des Strafrechts, 2. Aufl. 1990, S. 122 ff.
45 Diskussion und Überblick bei *Lübbe-Wolff*, Rechtsfolgen und Realfolgen; Welche Rolle können Folgenerwägungen in der juristischen Regel- und Begriffsbildung spielen?, 1981, bei *Deckert*, Folgenorientierung in der Rechtsanwendung, 1995, und bei *Hassemer*, Über die Berücksichtigung von Folgen bei der Auslegung der Strafgesetze, in: Festschrift für Helmut Coing, 1982, Band I, S. 493 ff.; Versuch einer Systematisierung und Operationalisierung von Folgeneinschätzungen bei der Beurteilung von Gesetzen bei *Böhret/Konzendorf*, Handbuch Gesetzesfolgenabschätzung, 2001; vgl. auch in diesem Band Kap. 6, 10, 12.
46 Vgl. etwa *Walter Schmidt*, Einführung in die Probleme des Verwaltungsrechts, 1982, Rn. 109, 112 f.; *Röhl*, Allgemeine Rechtslehre; Ein Lehrbuch, 2. Aufl. 2001, S. 405 ff.

nen selber informeller Natur sind[47]. Sie leiten die richterliche Entscheidungstätigkeit an und bestimmen sie faktisch.

5.3.4.5 Bindung durch Habitus. Neuere Ansätze einer praxisorientierten Methodenlehre bringen die Einsichten zum Verhältnis von Gesetz und Richterspruch auf den Punkt, die vor allem in der juristischen Hermeneutik und in der Lehre von den informellen Programmen ausgearbeitet worden sind. Diese Ansätze entfernen sich entschlossen von der Vorstellung, der Richter komme zu seinem Spruch vor allem durch die Betrachtung des Gesetzes und das Lesen von Texten. Sie fragen vielmehr von der praktischen Seite der Rechtsgewinnung her und behaupten, „gelingendes professionalisiertes juristisches Entscheiden" beruhe „nicht auf der Befolgung von Normanwendungsregeln", sondern „auf einem entsprechenden Habitus des Juristen".[48]

Das mag schockierend klingen, ist aber nur folgerichtig. Die Hermeneutik hatte aufgedeckt, dass der Richter weder das Gesetz noch seinen Fall vollständig vorfindet, dass er vielmehr in einem Prozess fortschreitender Erkenntnis die Gesetzesnorm am Fall konkretisiert und den Fall unter den normativen Vorgaben der Norm Schritt für Schritt herstellt. Die Lehre von den informellen Regeln hatte darauf aufmerksam gemacht, dass die relevanten Entscheidungsprogramme nicht sämtlich formalisiert vorliegen, sondern auch in professionellen Routinen enthalten sind. Dann ist es kein großer Schritt mehr zu Vorstellungen von „tacit knowledge" oder „Betriebswissen" als den zentralen Handlungsmustern einer professionssoziologischen Betrachtungsweise, die im habituellen Handeln des erfahrenen Praktikers die gelingende Vermittlung von Normprogramm und „Sachverhalt" erblickt[49]. Das ist nicht das Ende der Methodenlehre, sondern vielmehr ihre radikale Hinwendung zu den Bedingungen der juristischen Praxis[50].

---

47 Näheres bei *Hassemer*, Informelle Programme (Fn. 42), S. 379, 381 f.
48 *Morlok/Kölbel*, Rechtspraxis und Habitus, in: Vom Scheitern und der Wiederbelebung juristischer Methodik im Rechtsalltag – ein Bruch zwischen Theorie und Praxis? Sonderheft Juristische Methodenlehre der Zeitschrift Rechtstheorie, 2001 (Ed. Krawietz/Morlok), S. 304. Auch die anderen Beiträge zu diesem Sonderheft belegen diese neue Sichtweise der Methodenlehre.
49 Auch eine Betrachtung richterlichen Handelns aus dem Blickwinkel der Psychologie hat Routinen und Regeln entdeckt, die über die formalisierten Vorgaben weit hinaus gehen und gleichwohl verbindlich sind: *Löschper*, Bausteine für eine psychologische Theorie richterlichen Urteilens, 1999, insbes. S. 62 ff., 277 ff.
50 Auf ähnlichen Wegen bewegen sich *Strauch*, Die Bindung des Richters an Gesetz und Recht – eine Bindung durch Kohärenz, in: KritV 2002, S. 311 ff., und *Kudlich/Christensen*, Zum Relevanzhorizont strafgerichtlicher Entscheidungsbegründungen, in: GA 2002, 337 ff.

5.3.5 Faktische Bindung und Bindungsprinzip

Damit stellt sich freilich die Frage, ob und inwieweit eine so beschriebene Bindung des Richters an formelle und informelle Regeln von Richterrecht und Rechtsdogmatik den Forderungen des Gesetzesbindungsprinzips genügen kann. Die Beantwortung dieser Frage setzt einige Verdeutlichungen und Differenzierungen voraus[51].

Zum einen bleibt das Gesetzesbindungspostulat als normative Anforderung an richterliches Handeln unbestritten. Auch wenn der Richter rechtsschöpferisch tätig ist, gilt der Verfassungsbefehl, Rechtsschöpfung nach den Institutionen des Gesetzes zu betreiben, jedenfalls so lange, als nicht gezeigt ist, dass das Gesetz gar keine oder etwa verfassungswidrige Entscheidungsregeln enthält. Gezeigt ist lediglich, dass der Richter im Regelfall über Entscheidungsspielräume verfügt. Auch eine radikale Theorie richterlicher Entscheidungsfreiheit behauptet nicht, dass die Grenzen von Entscheidungsspielräumen gesetzlich nicht markiert werden könnten[52].

Zum Zweiten sagt gerade die hermeneutische Rechtstheorie, die als Gegnerin des Justizsyllogismus auf dem rechtsschöpferischen Charakter richterlicher Gesetzesauslegung besteht, dass nicht schon der Gesetzeswortlaut die Rechtsnorm darstellt, sondern erst das an Sachverhalten verstandene und konkretisierte Gesetz[53]. Diese Einsicht muss auch für das Problem der Gesetzesbindung Folgen haben. Eine Bindung des Richters ist im Prozess der Normkonkretisierung desto weniger möglich, je weniger die Norm ausdifferenziert ist. Also ist es sinnvoll, das Gesetzesbindungspostulat in Hinsicht auf die Differenzierungen zu verstehen, die in Richterrecht und Rechtsdogmatik vorliegen[54].

Zum Dritten werden die Ziele des Gesetzesbindungsprinzips – konsistente Rechtsprechung (Gleichmäßigkeit) und voraussehbare Rechtsentscheidung (Rechtssicherheit)[55] – gerade durch ein Verständnis der Richterbindung erreichbar, das von Richterrecht und Rechtsdogmatik her konzipiert ist. Nur dort nämlich finden sich Entscheidungsregeln, die einerseits generalisierbar (und damit auf eine Mehrzahl von Fällen übertragbar) und andererseits konkretisiert (und damit informativ und als Anknüpfungspunkt für das Bindungspostulat sinnvoll) sind. Dies gilt für den informellen Teil der Entscheidungsregeln freilich nur beschränkt.

---

51 Vgl. zum Folgenden *W. Hassemer*, NK-StGB (Fn. 37), § 1 Rn. 126 ff.
52 Dazu oben 2.3.4.4 zur „Freirechtslehre".
53 Mit weiteren Nachweisen *Arthur Kaufmann*, Richterpersönlichkeit (Fn. 23), S. 203 f. Er nennt die noch nicht konkretisierte Gesetzesnorm „Rohmaterial"; Näheres hier in Kapitel 6.
54 Wobei natürlich nicht ausgeschlossen ist, dass Regeln von Richterrecht und Rechtsdogmatik mit Berufung auf den Gesetzeswortlaut (und damit auf das Gesetzesbindungspostulat) kritisierbar bleiben; Beispiel: Angriffe gegen die Dogmatik der Unterlassungsdelikte vor Einführung des § 13 StGB mit Berufung auf das Fehlen einer gesetzlich bestimmten Strafbarkeit.
55 Diese Zielsetzung findet sich auch bei *Larenz*, Bindung (Fn. 39), S. 293.

Zum Vierten wird die Bindungsproblematik besser sichtbar, wenn man die in der neueren Rechtstheorie diskutierte Unterscheidung von Herstellung und Darstellung des richterlichen Urteils bzw. von Rechtsfindung und Rechtfertigung[56] übernimmt und damit die Faktoren, die ein Entscheidungsergebnis bedingen, absetzt von den Bedingungen, die für die Darstellung und Legitimation dieses Ergebnisses von Bedeutung sind[57]. Dann nämlich stellt sich das Postulat der Bindung an das Gesetz je verschieden dar.

Was den Rechtfertigungsaspekt betrifft, so ist die Funktion des Bindungsprinzips offensichtlich. „Bindung an das Gesetz" heißt dann, dass der Richter sich in der Begründung seiner Entscheidung an Sprache, Problemdifferenzierung und Entscheidungsregeln von Gesetz (soweit konkretisiert vorhanden) und an Richterrecht bzw. Rechtsdogmatik zu halten hat. Insofern ist die Beachtung des Bindungspostulats auch kontrollierbar. Diese Beachtung ist überdies Voraussetzung dafür, dass sich Richterrecht und Rechtsdogmatik konsistent fortentwickeln können.

Was den Rechtsfindungsaspekt angeht, so bleibt das Bindungsprinzip ebenso Postulat wie die Forderungen nach einer transparenten, auf Konsens angelegten, Rechtsprechung oder einer „offenen" Dogmatik[58]. Dass die Einlösung dieser Forderungen nicht kontrolliert werden kann, macht sie nicht obsolet. Eine Angleichung von Rechtsfindung und Rechtfertigung ist erst erwartbar, wenn der Richter sich über die formellen und informellen Prozesse und Faktoren im Klaren ist, die seine Tätigkeit bedingen[59]; darum ist eine Aufklärung des Juristen in der universitären und praktischen Ausbildung bezüglich der methodologischen und empirischen Gesetze des richterlichen Handelns eine notwendige und auf Dauer vielleicht auch hinreichende Bedingung für die Durchsetzung des Bindungsprinzips unter dem Aspekt der Rechtsfindung.

Ausgewählte Literatur

Hassemer, Winfried, Juristische Hermeneutik, in: ders., Freiheitliches Strafrecht, 2001, S. 15 ff. (Überblick).
Kaufmann, Arthur, Richterpersönlichkeit und richterliche Unabhängigkeit, in: Einheit und Vielfalt des Strafrechts, Festschrift für Karl Peters zum 70. Geburtstag (Ed. Jürgen Baumann und Fritz Tiedemann), 1974, S. 295 ff. (Vertiefung).

---

56 Dazu unten Kap. 6.4.3; außerdem *J. Schneider,* Information und Entscheidung des Richters; Zu einer juristischen Entscheidungs- und Kommunikationstheorie automatischer Informationssysteme im Recht, 1980, S. 77 ff.
57 Was in den Urteilsgründen steht (Darstellung), ist nicht notwendig das, was den Inhalt und das Ergebnis des Urteils produziert hat (Herstellung).
58 Siehe insbes. *Esser,* Dogmatik (Fn. 40), mit weiteren Nachweisen.
59 Ähnlich *Arthur Kaufmann,* Richterpersönlichkeit (Fn. 23), S. 305 f.

Sonderheft Juristische Methodenlehre der Zeitschrift Rechtstheorie 32: Vom Scheitern und der Wiederbelebung juristischer Methodik im Rechtsalltag – ein Bruch zwischen Theorie und Praxis? (Ed. Krawietz/Morlok), 2001 (Überblicke zu einer neueren Strömung der Methodenlehre).

Mastronardi, Philippe, Juristisches Denken; Eine Einführung, 2001 (gut verständliche und originelle Einführung in die klassischen Probleme der Jurisprudenz).

Pawlowski, Hans-Martin, Methodenlehre für Juristen; Theorie der Norm und des Gesetzes; Ein Lehrbuch, 3. Aufl. 1999, Rn. 383 ff. (Einführung mit besonderer Betonung des positiven Rechts).

6 Hermeneutik, Norminterpretation und richterliche Normanwendung

Von Ulrich Schroth, München

6.1 Die neuere hermeneutische Philosophie

Der Beginn der neueren Diskussion der philosophischen Hermeneutik wird allgemein bei *Schleiermacher* gesehen.[1] Unter allgemeiner Hermeneutik verstand *Schleiermacher* dabei die Disziplin, die sich, im Unterschied zu der Beschäftigung mit Auslegungstechniken, mit dem Verstehen auseinandersetzte, das den Auslegungstechniken zugrunde liegt. Die Auffassung, dass Texte Missverstand bereiten, war bei *Spinoza* noch eine Erscheinung am Rande, bei *Schleiermacher* steht sie im Mittelpunkt der hermeneutischen Texttheorie. Hermeneutik wurde jetzt als die Kunst verstanden, *Missverstand* zu vermeiden. *Schleiermacher* entwickelte seine hermeneutische Theorie aus einer Theorie des Textes. Texte, die zu verstehen sind, sind individuelle Texte. Aufgabe jedes Verstehens ist es, das Individuelle eines Textes nachzuvollziehen. Verstehen hatte bei *Schleiermacher* zwei Seiten: Einmal muss der Interpret sich in die Psyche des Autors hineinversetzen, zum andern ist dem Interpreten die Aufgabe gestellt, den Text als sprachlichen Zusammenhang zu rekonstruieren. Das Textganze und dessen Teile müssen vom Interpreten in Entsprechung gebracht werden (hermeneutischer Zirkel). *Schleiermacher* stellte sowohl für die Rekonstruktion des Textes als sprachlichen Zusammenhang, als auch für die Rekonstruktion des Textes unter der Perspektive des Autors Auslegungsregeln auf.[2]

Die Regeln, die *Schleiermacher* für die Textinterpretation aufstellte, sind deutlich von dem Interesse getragen, eine Textinterpretation möglichst an Auffassungen des

---

[1] Vgl. dazu die Übersicht bei *Schnädelbach*, Philosophie in Deutschland 1831 bis 1933, 1983, S. 139 ff.

[2] *Schleiermacher*, Hermeneutik und Kritik, *Frank* (Hrsg.), 7. Aufl. 1999, Autobiographische Notiz, S. 8 und S. 309 ff.; vgl. dazu ausführlich, *Frank*, Das individuelle Allgemeine; zur juristischen Relevanz der Schleiermacherschen Kanons, 1. Aufl. 1977, Nachdruck 2001; *Coing*, Die juristischen Auslegungsmethoden und die Lehre der allgemeinen Hermeneutik, 1959; *U. Schroth*, Theorie und Praxis subjektiver Auslegung im Strafrecht, 1983, S. 23 ff.

Autors zurückzubinden. Als willkürlich wird ein Textverstehen angesehen, das lediglich eigene Inhalte an den Text heranträgt. Zugleich wird Verstehen aber prozessual, als unendliche Aufgabe gedacht. „Dieses Geschäft des Verstehens und Auslegens ist ein stetiges, sich allmählich entwickelndes Ganzes, in dessen weiterem Verlauf wir uns immer gegenseitig unterstützen. Es ist das allmähliche sich selbst Finden des Geistes".[3] Der Interpret versteht den Autor, nach Auffassung *Schleiermachers*, bei der gelungenen Textinterpretation besser, als dieser sich selbst verstand.

Wurde „Verstehen" bei *Schleiermacher* noch als Grundlage der Textinterpretation gedacht, so wird der Verstehensbegriff bei *Dilthey* als Grundlage der Geisteswissenschaften konzipiert.[4] Verstehen wird nicht mehr als individuelle Leistung eines Subjekts gesehen, sondern das Subjekt vollzieht Verstehen als Repräsentant einer Gesellschaft. Verstehen ist immer zugleich ein *Einrücken in den Überlieferungszusammenhang* einer Gesellschaft. Einerseits wird Verstehen bei *Dilthey* psychologisiert. Verstehen wird als der Vorgang definiert, in welchem wir aus sinnlich gegebenen Zeichen ein Psychisches, dessen Äußerung die Zeichen sind, erkennen.[5] Andererseits wird aber das Subjekt nicht mehr als Einzelsubjekt, sondern als Repräsentant eines Lebenszusammenhangs begriffen. Verstehen wird dabei als wissenschaftstheoretisches Problem uninteressant. Verstehen wird als etwas angesehen, das in einer Gesellschaft immer funktioniert. Die Aufgabe, die *Dilthey* sich stellt, ist die Beantwortung der Frage, warum Verstehen so gut funktioniert. Dabei kommt er zu der Auffassung, dass sich Subjekte vermöge ihrer „Verwandtschaft" untereinander verstehen.

Heidegger ist es dann, der Verstehen endgültig dem Bereich wissenschaftstheoretischer Problemstellung entzieht. Verstehen gehört zum Dasein. „Das Dasein ist ein Seiendes, das nicht nur unter anderen Seienden vorkommt. Es ist vielmehr dadurch ontisch gekennzeichnet, dass es diesem Seienden in seinem Sein, um dieses Sein selbst geht".[6] Verstehen wird damit zum Existential. Auslegung ist der Prozess, in dem das Verstehen sich Seinsverständnis zueignet. Auslegung, die Verständnis bereitstellen soll, so *Heidegger* in einer Neuformulierung des Problems des hermeneutischen Zirkels, muss das Auszulegende verstanden haben.[7]

Aus den Verstehensvorstellungen *Diltheys* und *Heideggers* entwickelt *Gadamer* seine Konzeption der Möglichkeit des Verstehens. Verstehen ist nach Auffassung von *Gadamer* nur *möglich*, wenn der Verstehende überhaupt schon mit einem Vorver-

---

3 *Schleiermacher*, Hermeneutik (Fn. 2), S. 328.
4 Vgl. dazu *Schnädelbach*, Philosophie (Fn. 1), S. 199 ff.
5 *Dilthey*, Gesammelte Schriften, Bd. V, 1922 ff., S. 317 ff.
6 *Heidegger*, Sein und Zeit, 18. Aufl. 2001, S. 12.
7 *Heidegger*, Sein (Fn. 6), S. 152.

C *Schwerpunkte*

ständnis an den Text herangeht.[8] Das bedeutet: Der Interpret *richtet* den Text einerseits *auf etwas aus*, auf seine Lebenswelt nämlich. Mit dem Verstehen eines Textes ist gleichzeitig ein *Interesse* am Verstehen verbunden. Wir haben mit dem Text etwas vor, wenn wir ihn verwenden. Nicht zuletzt verwenden wir zum Verstehen auch immer unsere *eigene Begrifflichkeit*. Durch das Vorverständnis, das die Textinterpretation leitet, ist jede Interpretation eines Textes zugleich Applikation auf die derzeitige Bewusstseinslage des Interpreten. Damit wird deutlich, wieso der *hermeneutische Zirkel* bei *Gadamer* als ein *Ineinanderspielen der Bewegung der Überlieferung und der Bewegung des Interpreten* verstanden wird.[9] Durch das Vorverständnis des Interpreten wird der Text im Verstehensprozess ein jeweils anderer. Umgekehrt verändert der Text die Auffassungen des Interpreten. Verstehen ist bei *Gadamer* niemals reproduktives, sondern immer auch produktives Verhalten. Bei *Gadamer* gibt es im Verstehensprozess immer zwei Erfahrungswelten: Die Erfahrungswelt, in der der Text geschrieben wurde und die Erfahrungswelt, in der der Interpret steht. Ziel des Verstehens ist es, die Erfahrungswelten zu verschmelzen.[10]

Auf Kriterien richtigen Verstehens wird von *Gadamer* verzichtet. Vielmehr macht der Zeitabstand zwischen Text und Interpreten die eigentlich kritische Frage zur Hermeneutik lösbar, nämlich das „wahre" Vorverständnis, mit dem wir verstehen, von dem zu trennen, mit dem wir „missverstehen". Die Suspendierung des eigenen Vorverständnisses geschieht dadurch, dass es in Form einer Frage an den Text herangetragen wird. Das eigentliche Vorverständnis bringt sich dadurch ins Spiel, dass es selbst auf dem Spiel steht.[11] Die Hermeneutik *Gadamers* verlangt normativ vom Interpreten, die Diskrepanz der Erfahrungswelten bei seinen Verstehensversuchen mitzudenken, wirkungsgeschichtliches Bewusstsein zu haben.[12] Weiter verlangt *Gadamer* vom Interpreten „Applikationsbewusstsein". Der Interpret muss also wissen, dass das Verstehen des Textes immer auch ein Anwenden auf heute ist.[13]

---

8   *Gadamer*, Wahrheit und Methode; Grundzüge einer philosophischen Hermeneutik, 4. Aufl. 1975, insbesondere S. 250 ff.; S. 261 ff., S. 324 ff.; zur rechtsphilosophischen Relevanz *Arthur Kaufmann*, Die Geschichtlichkeit des Rechts im Licht der Hermeneutik, in: *ders.*, Beiträge zur juristischen Hermeneutik, 2. Aufl. 1998, S. 25 ff.; zur methodischen Relevanz *Esser*, Vorverständnis und Methodenwahl in der Rechtsfindung; Rationalitätsgrundlagen richterlicher Entscheidungspraxis, 2. Aufl. 1972; *Hinderling*, Rechtsnorm und Verstehen, 1971; zur Rezeptionsproblematik *Frommel*, Die Rezeption der Hermeneutik bei Karl Larenz und Josef Esser, 1981.
9   *Gadamer*, Wahrheit (Fn. 8), S. 250 ff.
10 *Gadamer*, Wahrheit (Fn. 8), S. 250 ff.
11 *Gadamer*, Wahrheit (Fn. 8), S. 344 ff.
12 *Gadamer*, Wahrheit (Fn. 8), S. 324 ff.
13 *Gadamer*, Wahrheit (Fn. 8), S. 329 ff.; zur juristischen Problematik *Wieacker*, Zur praktischen Leistung der Rechtsdogmatik, in: Hermeneutik und Dialektik, Festschrift für Hans Gadamer, Bd. II (Ed. Rüdiger Bubner, Conrad Cramer, Rainer Wiehl), 1970, S. 311 ff.; *Betti*, Zur Problematik der Auslegung in der Rechtswissenschaft, in: Festschrift für Karl Engisch zum 70. Geburtstag, *Paul Bockelmann, Arthur Kaufmann, Ulrich Klug* (Hrsg.), 1969, S. 205 ff.

Der Interpret muss sich auch bewusst sein, dass sein eigenes Vorverständnis nur als Hypothese ins Spiel gebracht werden darf. Der Interpret muss fähig sein, sein eigenes Vorverständnis zu revidieren.

6.2 Leistung und Kritik hermeneutischer Philosophie

Inwieweit hat philosophische Hermeneutik für eine juristische Auslegungstheorie neue Erkenntnisse zutage gefördert, inwieweit ist sie ergänzungs- und kritikbedürftig?

Zunächst muss man sagen, dass philosophische Hermeneutik die Begrenztheit methodischer Regeln bei der Auslegung transparent macht. Philosophische Hermeneutik zeigt, dass Verstehensleistungen immer auch ein schöpferisches Moment immanent ist, ob man es mit *Schleiermacher* als „Besser-Verstehen" des Autors ansieht oder mit *Gadamer* lediglich als „Anders-Verstehen", ist in diesem Zusammenhang gleichgültig.[14]

Weiter verdeutlicht philosophische Hermeneutik, dass Verstehen in Lebenspraxis gründet. Gerade der Begriff des gemeinsamen Vorverständnisses in der Hermeneutik soll die Verankerung des Verstehens in Lebenspraxis dokumentieren.[15] Dabei zeigt philosophische Hermeneutik, dass Auslegungshypothesen, die an einen Text herangetragen werden, nicht in einem regelgeleiteten Verfahren entdeckt wurden, sondern aus der Lebenspraxis stammen und an den zu verstehenden Text herangetragen werden. Gerade der Nachweis der Vorverständnisbedingtheit des Verstehens macht auch deutlich, dass Auslegung ein Verfahren der Hypothesenprüfung ist.

In einigen Punkten erscheint philosophische Hermeneutik unter methodischer Sicht präzisierungsbedürftig. Es erscheint wichtig, die Vorverständnisbedingtheit des Verstehens weiter aufzuklären.

Hinter der Vorverständnisbedingtheit des Verstehens verbirgt sich einerseits das von *Stegmüller* als eigensprachliches Interpretationsdilemma bezeichnete Methodenproblem.[16] Um beispielsweise den Tatbestand des Diebstahls zu verstehen, muss

---

14 Vgl. dazu ausführlich *Arthur Kaufmann*, Geschichtlichkeit (Fn. 8), S. 81 ff.; *Hassemer*, Tatbestand und Typus; Untersuchungen zur strafrechtlichen Hermeneutik, 1968; *Esser*, Vorverständnis (Fn. 8); zur Kritik dieser Ansätze vergleiche *Zimmermann*, Rechtsanwendung als Rechtsfortbildung; Untersuchungen zu einem hermeneutischen Problem, in: Europäische Hochschulschriften, Reihe 2, Rechtswissenschaft, Bd. 174, 1977; zur Kritik der Kritik, *Lübbe-Wolff*, Rechtsfolgen und Realfolgen; Welche Rollen können Folgenerwägungen in der juristischen Regel- und Begriffsbildung spielen?, 1981, S. 113 ff.
15 Dieser Aspekt ist noch nicht genügend herausgearbeitet worden, vgl. dazu aber, *Pezcenik*, Grundlagen der juristischen Argumentation, 1972, S. 197 ff. und *Adomeit*, Rechtstheorie für Studenten, 4. Aufl. 1998, S. 71 ff.
16 Vgl. zu diesem Problem *Stegmüller*, Rationale Rekonstruktion von Wissenschaft und ihrem Wandel, 1979, S. 37 ff.

man die einzelnen Tatbestandsmerkmale kennen. Um aber die Tatbestandsmerkmale genauer präzisieren zu können, muss man wiederum den Tatbestand des Diebstahls insgesamt verstehen.[17] Weiter steckt hinter der Vorverständnisbedingtheit des Verstehens das Problem der Standortgebundenheit des Interpreten.[18] Jede Verstehensleistung juristischer Normen ist auch davon abhängig, welche Regeln, Einstellungen und normative Erwartungen der Interpret internalisiert hat.[19] Die Lehre der Vorverständnisbedingtheit des Verstehens soll auch das von *Stegmüller* so genannte „Bestätigungsdilemma" abdecken.[20] Es lassen sich in der juristischen Wissenschaft häufig für verschiedene Auslegungshypothesen „gleich gute" Argumente anführen.[21] Es bleibt dann der vorverständnisgesteuerten Intuition des Interpreten überlassen, welcher Auslegungshypothese er folgen will. Die These der Vorverständnisbedingtheit des Verstehens beinhaltet aber auch die Aussage, dass Texte sich im Verlauf von Interpretationsgeschichten verändern. Der Text wird durch Konfrontation mit neuen Erfahrungen ein anderer, man vergleiche etwa alte und neue Kommentierungen der „gleichen" Normen eines Gesetzbuches.

Welche Auffassungen philosophischer Hermeneutik sind nun problematisch?

Gadamers Hermeneutik legt die Auffassung nahe, dass auf Kriterien der Textinterpretation ganz verzichtet werden sollte. Geht man mit *Schleiermacher* davon aus, dass Missverstehen beim Textverstehen alltäglich stattfindet, so ist es jedoch notwendig, Kriterien der Interpretation herauszuarbeiten, die, jedenfalls zeitorientiert, ein gemeinsames Textverständnis erlauben.[22]

Weiter ist problematisch, dass *Gadamer* Textverstehen ohne jeglichen Rückbezug zum Autor betrieben haben will. Wie an anderer Stelle dargelegt, schließt jedoch auch die Hermeneutik ein autorspezifisches Verständnis eines Textes nicht aus. Es ist vielmehr eine normative Frage, ob man einem Text noch den Sinn zuschreiben soll, den der Autor ihm zuschreiben wollte, oder einen anderen.[23] Problematisch ist

---

17 Zum juristischen Aspekt des Problems *Arthur Kaufmann*, Über den Zirkelschluß in der Rechtsfindung, in: *ders.* (Fn. 8), S. 65 ff.; dieser „Zirkel" wird von *Schleiermacher* als Zirkel von Ganzem und Teil bezeichnet, *Hirsch* will gerade wegen dieses „Zirkels" Autor-spezifisch auslegen, *Hirsch*, Prinzipien der Interpretation, 1972, S. 215 ff.
18 Zum methodischen Problem vgl. *Stegmüller*, Rekonstruktion (Fn. 16), S. 41.
19 Zum juristischen Problem vgl. *U. Schroth*, Zum Problem der Wertneutralität richterlicher Tatbestandsfestlegung im Strafrecht, in: Rechtstheorie, Arthur Kaufmann (Hrsg.), 1971, S. 103 ff.
20 Hierzu ausführlich *Stegmüller*, Rekonstruktion (Fn. 16), S. 45 ff.
21 Vgl. etwa in strafrechtlichen Lehrbüchern die Diskussion um die Strafbarkeit der sogenannten „Geldersatzhehlerei".
22 In der juristischen Methodenliteratur wird wohl von niemandem bestritten, dass es überhaupt Kriterien der Textinterpretation geben muss. Umstritten ist jedoch, wie stark die Kriterien den Richter binden sollen. Vgl. auf der einen Seite *Esser*, Vorverständnis (Fn. 8), auf der anderen Seite *Friedrich Müller*, Juristische Methodik, 8. Aufl. 2002.
23 Vgl. *Neumann*, Neuere Schriften zur Rechtsphilosophie und Rechtstheorie, in: Philosophie Rundschau 1981, S. 197 ff.; *U. Schroth*, Theorie (Fn. 2), S. 33 ff.

auch die Auffassung *Gadamers*, dass zum Verstehen ein Einverstandensein in dem Sinne des Zustimmens gehört. Man kann Texte verstehen, ohne ihnen zuzustimmen.[24]

Die philosophische Hermeneutik, die sicherlich in der Lage ist, sinnvolle Grundlage einer Rechtsontologie zu sein,[25] vernachlässigt ein Thema, das für Rechtsanwendung zentral ist. Bei der Norminterpretation geht es entscheidend um die Überwindung der Differenz zwischen der Allgemeinheit der Norm und der Singularität des Einzelfalles.[26] Juristische Auslegungstheorie muss sich genau mit diesem Problem beschäftigen.

6.3 Probleme der Anwendung von Rechtsnormen auf den Einzelfall

6.3.1 Die Anwendungskriterien von Rechtssätzen

Rechtssätze bestehen aus den im Tatbestand niedergelegten Voraussetzungen für eine spezifische Rechtsfolge (z. B. für einen bestimmten Strafrahmen). Der Tatbestand formuliert abstrakt die Kriterien einer Anwendungsmöglichkeit von spezifischen Rechtsfolgen. Er ist im logischen Sinne vollständig, wenn er die Voraussetzungen formuliert, die erfüllt sein müssen, um eine spezifische Rechtsfolge anzuwenden, und gleichzeitig auch die negativen Bedingungen, die trotz Vorliegens der positiven Voraussetzungen die Anwendungen der Rechtsfolge ausschließen.

Man unterscheidet bei Rechtsnormen die *Verhaltens- von der Sanktionsnorm*. Die Verhaltensnorm richtet sich an den Bürger. Sie formuliert Erwartungen des Gesetzgebers an den Bürger. Die Sanktionsnorm charakterisiert die Voraussetzungen, die der Richter nachweisen muss, um eine Rechtsfolge anwenden zu können.[27]

Die Tatbestandsmerkmale einer Rechtsnorm des besonderen Teils des Strafgesetzbuches legen die Grobstruktur der Anwendungskriterien fest, für die der Rechtsanwendende die Garantie übernehmen muss. Als Beispiel sei § 259 StGB angeführt: Eine Handlung (H) eines Täters (T) kann nur dann als Hehlerei angesehen werden,

---

24 So auch *Habermas*, Theorie des kommunikativen Handelns, Bd. 2, 1981, S. 195 f.
25 Prototypisch etwa *Arthur Kaufmann*, Naturrecht und Geschichtlichkeit, 1957.
26 Zu dem Problem, inwieweit die Philosophische Hermeneutik die Anwendungsproblematik juristischer Hermeneutik verkennt, vgl. *Neumann*, Schriften (Fn. 23), S. 198 f.
27 Die Rechtsordnung kennt neben Rechtsnormen noch etliche andere Arten von Rechtssätzen. Geltungsnormen bestimmen etwa über die Anwendbarkeit von Rechtsnormen; Ermächtigungsnormen räumen Rechtsmacht ein; Organisationsnormen legen die Organisationsformen von Staat und Gemeinden bindend fest; Statusnormen regeln den Status einer Person; Form- und Verfahrensvorschriften sind einerseits Organisationsnormen, andererseits Voraussetzungen für die Wirksamkeit von Rechtsakten; Legaldefinitionen kennzeichnen den Sprachgebrauch von Rechtsnormen; gesetzliche Fiktionen legen ungleiches in spezifischer rechtlicher Hinsicht als gleich fest.

wenn sich hinsichtlich des Gutes (X), auf das sich die Handlung bezieht, behaupten lässt: X ist eine Sache und X hat ein anderer gestohlen oder X hat ein anderer durch ein Vermögensdelikt erlangt. Weiter muss sich hinsichtlich der Handlung (H) des Täters (T) behaupten lassen, T hat X sich verschafft, oder T hat X einem Dritten verschafft, oder T hat X abgesetzt, oder T hat X absetzen geholfen. Hinsichtlich des Täters (T) muss sich behaupten lassen, T hat vorsätzlich gehandelt und T hat sich oder T hat einen Dritten bereichern wollen. Die von dem Gesetzgeber vorgegebenen Grob-Kriterien der Rechtsanwendung reichen jedoch nach herrschender Rechtsauffassung nicht aus: Der Rechtsanwendende muss auch noch dafür garantieren, dass der Täter (T) das Gut (X) von dem Vortäter derivat erworben hat.[28] Diese Grobstruktur ist jedoch in vielerlei Hinsicht ergänzungsbedürftig. Die Grobkriterien der Anwendung des Tatbestandes der Hehlerei werden nämlich häufig in konkreter Rechtsanwendung unklar. Ein Beispiel: § 259 StGB verlangt von demjenigen, der den Hehlereitatbestand annehmen will, dass er behauptet, dass das Hehlgut gestohlen oder sonst *durch* eine gegen fremdes Vermögen gerichtete rechtswidrige Tat erlangt ist. Ist nun das Hehlgut nicht mehr unmittelbar durch Vermögensstraftaten erlangt, sondern mittelbar, so stellt sich die Frage, ob dann noch die Sache *durch* eine gegen fremdes Vermögen gerichtete Tat erlangt ist. Um diese Behauptungshandlung sinnvoll wahrnehmen zu können, müssen die Anwendungskriterien des Wortes „durch" präzisiert werden. Die herrschende Auffassung im Strafrecht verlangt, dass das Hehlgut „unmittelbar" aus der Vortat erlangt sein muss. Mit diesem Kriterium der Verwendung des Merkmals „durch" kann der Rechtsanwendende für eine Reihe von Fällen klar entscheiden, welche Bedingungen gegeben sein müssen, damit der Tatbestand angewendet werden kann. Jedoch tauchen bei weiteren Sachverhaltsmengen wiederum Schwierigkeiten auf. Wann ist etwa Geld unmittelbar aus der Vortat erlangt und wann nicht? Man kann sich auf den Standpunkt stellen, dass Geld auch dann unmittelbar aus der Vortat stammt, wenn es als *Geldsumme* identisch mit dem aus der Vortat Erlangten ist; man kann aber auch argumentieren, dass Geld nur dann unmittelbar aus der Vortat stammt, wenn der konkrete Geldschein der Geldschein der Vortat ist.[29] Alle Kriterien der Rechtsanwendung eines Tatbestandes tragen nur einen Teil der Rechtsanwendungsfälle. Sie tragen soweit, als die Anwendungskriterien, hinsichtlich derer Konsens besteht, es auch zulassen, Sachverhalte gemeinsam zu beurteilen. Sie sind ungenügend, wenn mit ihnen Sachverhalte unterschiedlich „gemessen" werden. Die Anwendungskriterien sind dann unklar. „Zur Übereinstimmung in der Sprache gehört nicht nur eine Übereinstimmung in den Definitionen, sondern (so seltsam es klingen mag) eine Übereinstimmung in den Urteilen ... Eines ist es, die Messmethode zu beschreiben, ein anderes, das Messergebnis zu finden und auszuspre-

---

28 Vgl. dazu *Tröndle/Fischer,* Strafgesetzbuch, 51. Aufl. 2003, Rn. 3, 4 zu § 259.
29 Statt Aller: *Wessels/Hillenkamp,* Strafrecht, Besonderer Teil – II, 25. Aufl. 2002, Rn. 830 ff., 838.

chen. Aber was wir „messen" nennen, ist auch durch eine gewisse Konstanz der Messergebnisse bestimmt".[30]

6.3.2 Die Theorie der Fallnorm – das Präjudiz: Die Beschreibung der Praxis der Rechtsanwendung

Fikentscher hat in verdienstvoller Weise darauf aufmerksam gemacht, dass der Ausgangspunkt der Praxis der Rechtsanwendung häufig der bisher entschiedene Einzelfall ist. Für bestimmte Fallgruppen (= Sachverhaltsmengen) werden in der Rechtspraxis „Fallnormen" gebildet. Eine Fallnorm existiert dann, wenn eine Sachverhaltsmenge, für die eine bestimmte Rechtsfolge vorgesehen ist, existiert, unter die ein zu entscheidender Sachverhalt im logischen Sinne subsumiert werden kann.[31] Die Fallnorm beschreibt nicht nur die Rechtsfolge, sondern immer auch die Sachverhalte, auf die sie angewendet werden soll und bestimmt damit auch das, was rechtlich als gleich anzusehen ist. Die Fallnormtheorie fordert auf, zukünftig alle gleichliegenden Fälle nach der Fallnorm zu entscheiden.[32]

Diese Theorie von *Fikentscher* macht sehr deutlich, wie sich in der Praxis Rechtsanwendung vollzieht. Die Norm liefert häufig nur die Schablone, die tatsächlichen Beurteilungskriterien der zu entscheidenden Fälle werden aus der Praxis bisheriger Rechtsprechung entnommen. Das Präjudiz ist damit als wesentliches Rechtsfindungselement erkannt. Fraglich ist aber, inwieweit den Präjudizien „Verbindlichkeit" zukommt. Die Fallnormtheorie fordert zunächst die Gerichte auf, sich mit Fallnormen auseinanderzusetzen. Weiter fordert sie für die Fallnormen, die das Gesetz „weiterbilden", Verbindlichkeit. Die Fallnorm ist nämlich dann objektives Recht.[33] Unproblematisch erscheint dies nicht. Eine gewisse formelle Bindung an Entscheidungen hat der Gesetzgeber für die OLG-Senate (§ 121 Abs. 2 GVG) und die BGH-Senate (§ 132 Abs. 2 GVG) eingeführt. Die Senate der Oberlandesgerichte und des Bundesgerichtshofes müssen (teilweise jedenfalls), wenn sie abweichende Entscheidungen treffen wollen, die zu entscheidende Sache anderen Senaten vorlegen. Eine weitergehende Bindung erscheint, wenn man von dem Gerichtsverfassungsgesetz ausgeht, problematisch. Das GVG regelt nämlich, zusammen mit anderen Gesetzen (Art. 95 GG, Gesetz zur Wahrung der Einheitlichkeit der Rechtsprechung), die Verbindlichkeit von Gerichtsentscheidungen abschließend.

Fallnormen dürften auch häufig Fallnormen von Untergerichten sein. Eine Bindung des höheren Gerichts an Untergerichtsentscheidungen dürfte kaum akzeptiert werden und sich auch nicht konsensfähig begründen lassen.

---

30 *Wittgenstein*, Philosophische Untersuchungen, § 242, Sonderausgabe 1967.
31 *Fikentscher*, Methoden des Rechts in vergleichender Darstellung, IV, 1975–1977, S. 202.
32 *Fikentscher*, Methoden IV (Fn. 31), S. 204.
33 Vgl. zu dieser Problematik einerseits *Larenz/Canaris*, Methodenlehre der Rechtswissenschaft, 3. Aufl. 1995, S. 252 ff.; andererseits *Fikentscher*, Methoden IV (Fn. 31), S. 289; vgl. dazu *Bydlinski*, Juristische Methodenlehre und Rechtsbegriff, 2. Aufl. 1991, S. 515 ff.

C *Schwerpunkte*

Eine gewisse materielle Bindung der BGH-Senate an andere BGH-Senate ist von obergerichtlicher Rechtsprechung anerkannt. Ein BGH-Senat darf von einem anderen BGH-Senat nur dann abweichen, wenn *überwiegende* Gründe gegen dessen Entscheidung sprechen (gleich gute Gründe genügen nicht!).

Eine offene methodische Frage bleibt, wieweit es eine Rechtsanwendung, auch wenn sie sich auf Gerichts-Regeln berufen kann, gegen das Gesetz geben darf. Diese Frage lässt sich sicherlich nur rechtsgebietsbezogen beantworten. Im Strafrecht darf es *keine* Rechtsanwendung gegen das Gesetz zu Ungunsten des Angeklagten geben. Im Zivilrecht lassen sich eine Menge, allgemein als legitim erachtete Fallnormen finden, die Entscheidungen gegen Gesetzesnormen darstellen (vgl. etwa die Herrenreiter-Entscheidung BGHZ 26, 359, in der gegen § 253 BGB und über die Grenzen aller Schadensersatznormen des BGB ein Immaterial-Schadensersatz für die Verletzung des allgemeinen Persönlichkeitsrechts anerkannt wurde). Dass es im Zivilrecht berechtigterweise Fallnormen gegen das BGB gibt, scheint allgemein anerkannt zu sein. Notwendig erscheinen allerdings Kriterien dafür, wieweit Fallnormen „gegen" das Gesetz zulässig sind.

6.3.3 Wie werden Anwendungskriterien von Normen herausgefunden und überprüft?

6.3.3.1 Erkenntnistheoretische Problematik. Die Analogielehre des Verstehens von Rechtstexten (insbesondere *Arthur Kaufmann* und *Winfried Hassemer*) hat den Nachweis geführt, dass jede innovative Auslegung analog verfährt.[34] Sie ist auf den Vergleich angewiesen. Über das „tertium comparationis" werden Sachverhalte mit Normen in Entsprechung gebracht. Dabei tastet sich der Rechtsanwendende von den sicheren Sachverhaltsmengen, die unter eine Norm fallen, zu den „unsicheren Fällen" langsam vor. Die Kriterien der Anwendung der Norm werden, bei ständigem Hin- und Herwandern des Blickes zwischen tatsächlichem und möglichem Sachverhalt und Norm, um ein Bild *Engischs* zu benützen (auch dieses Bild wird als hermeneutischer Zirkel bezeichnet), herausgearbeitet. Die Sachverhalte, die noch unter eine Norm fallen sollen, werden mit Hilfe von Kriterien von *den* Sachverhalten abgegrenzt, die nicht mehr unter die Norm fallen sollen. Jedes vorgeschlagene Abgrenzungskriterium wird dann in der Kommunikationsgemeinschaft „Rechtswissenschaft und Rechtspraxis" einer Geltungsprüfung ausgesetzt. Mit Argumenten „für" oder „gegen" Auslegungskriterien werden unterschiedliche Erfahrungen an diese herangetragen. Argumente, die Auslegungskriterien testen, nehmen Bezug auf unterschiedliche Erfahrungstypen. Sie nehmen u. a. Bezug auf:

---

34 Ausführlich dazu *Arthur Kaufmann*, Analogie und Natur der Sache; Zugleich ein Beitrag zur Lehre vom Typus, 2. Aufl. 1982, insbesondere ist dabei auf das Nachwort der 2. Aufl. zu verweisen; ausführlich dazu auch *Hassemer*, Tatbestand (Fn. 14).

- Sprachregeln, im Hinblick auf die in der Norm verwendeten Begriffe,
- allgemeine Zweckvorstellungen zu einer Rechtsnorm,
- dogmatische und soziale Konsequenzen eines Auslegungskriteriums und deren Bewertung,
- die Praktikabilität eines Auslegungskriteriums in der forensischen Situation,
- die Verträglichkeit mit Verfassungsnormen und deren Dogmatik,
- die Verträglichkeit mit anderen Auslegungskriterien,
- die mutmaßliche Regelungsvorstellung des historischen Gesetzgebers zur Norm.

6.3.3.2 Die Auslegungsproblematik von Rechtsnormen. Seit *F.C. v. Savigny* unterscheidet die klassische juristische Auslegungslehre vier Auslegungselemente. Zunächst zu der Auslegungslehre *v. Savignys*: Er unterschied die Auslegung gelungener Gesetze von der Auslegung mangelhafter Gesetze.[35] Im Rahmen der Auslegung gelungener Gesetze hat der Interpret die folgenden Auslegungselemente zu berücksichtigen: Bei der grammatikalischen Auslegung soll der Interpret die vom Gesetzgeber angewandten Sprachregeln rekonstruieren; innerhalb des logischen Elements der Auslegung den Gedanken eines Gesetzes. Im historischen Element der Auslegung soll vom Interpreten dargestellt werden, wie Rechtsregeln in einen vorgegebenen Rechtszustand eingreifen. Im systematischen Element der Auslegung ist der innere Zusammenhang von Rechtsinstituten und Rechtsregeln zur Geltung zu bringen.

Von diesem geschilderten Normalfall der Auslegung getrennt, untersucht *v. Savigny* die Auslegung mangelhafter Gesetze. Hier sind die Gründe, die zu dem Gesetz geführt haben, mit zu berücksichtigen.[36] *V. Savigny* unterscheidet zwei Arten von Gründen, die zu einem konkreten Gesetzentwurf geführt haben können: Vergangenheits- und zukunftsbezogene Gründe. Ein vergangenheitsbezogener Grund liegt dann vor, wenn der Gesetzgeber ein Gesetz mit einer höheren, bereits geltenden Regel begründet hat. Unter zukünftigen Gründen versteht *v. Savigny* die Gründe eines Gesetzes, die eine soziale Wirkung intendieren.[37] Während den Gründen des Gesetzgebungsverfahrens bei normalen Gesetzen keine selbständige Erkenntnisfunktion zukommen kann, ist dies bei mangelhaften Gesetzen anders. Die Gründe des Gesetzgebungsverfahrens, die zu einem konkreten Gesetz geführt haben, dürfen und müssen insoweit herangezogen werden, als sie klar erkennbar sind und eine Verwandtschaft zum Gesetzesinhalt besteht.[38]

---

35 *F.C. v. Savigny*, System des heutigen römischen Rechtes, Bd. I, 1840, S. 222 ff. Zur Auffassung Römischer Juristen zur Gesetzesauslegung vgl. *Adomeit*, Rechtstheorie (Fn. 15), S. 61 ff.
36 *F.C. v. Savigny*, System (Fn. 35), S. 235.
37 *F.C. v. Savigny*, System (Fn. 35), S. 236.
38 *F.C. v. Savigny*, System (Fn. 35), S. 236.

C *Schwerpunkte*

Die klassische heutige Auslegungslehre geht ebenfalls von vier Auslegungselementen aus. Sie unterscheidet die grammatikalische Auslegung von der systematischen Auslegung. Als weitere Auslegungselemente führt die heutige klassische Auslegungslehre die subjektive Auslegung an. Innerhalb der subjektiven Auslegung soll der Wille des historischen Gesetzgebers ermittelt und in seiner Auslegungsrelevanz zur Geltung gebracht werden. Weiteres Auslegungselement ist die objektiv-teleologische Auslegung. Nach ihr ist das Gesetz vom heutigen Zweck her auszulegen.[39]

Einige Bemerkungen zu den Auslegungscanones:

Zur grammatikalischen Auslegung:

Die *grammatikalische* Auslegungstheorie stellt auf die Bedeutung der sprachlichen Gebilde ab, die die Anwendungskriterien der Norm festlegen. Man unterscheidet derzeitig zwei Typen von Bedeutungstheorien. Der Intentionalismus geht davon aus, dass die Bedeutung von sprachlichen Zeichen sich daraus konstituiert, dass mit diesen Zeichen etwas gemeint wird. Die Identifizierung dessen, was der Sprecher meint, geschieht dadurch, dass versucht wird herauszufinden, welche Wirkung der Autor hervorrufen wollte. Die Hauptaufgabe dieses Konzeptes besteht darin, darzulegen, was es heißt, dass mit einer Äußerung etwas gemeint wird. Der Konventionalismus dagegen ist der Auffassung, dass die Bedeutung von sprachlichen Zeichen durch den Umgang mit diesen Zeichen festgelegt wird. Die Bedeutung von Zeichen konstituiert sich über die Regeln, die für diese Zeichen gelten. Das Hauptproblem des konventionalistischen Ansatzes liegt darin, den Regelbegriff zu präzisieren. Lassen sich sprachliche Regeln schon dann behaupten, wenn sich sprachliche Regelmäßigkeiten feststellen lassen, oder müssen Regeln bestimmten Anforderungen genügen? *Eike von Savigny* erkennt Regeln lediglich als solche an, wenn die Mitglieder einer Gruppe in spezifischen Situationen nur selten von diesen abweichen. Weiter verlangt er, dass sie dann, wenn sie abweichen, Sanktionen ausgesetzt sind, und diese Sanktionen auch im Allgemeinen akzeptiert werden.[40]

Die Gebrauchstheorien der Bedeutung erscheinen als Konzeption des grammatikalischen Auslegungselements angemessener. Sie zeigen zunächst, dass selbst der sprachlichen Formulierung von Tatbeständen bereits Bedeutung zukommt. Tatbestandsmerkmale sind insoweit bedeutungsvoll, als klar ist, wie man ihnen folgen soll. Dies ist dann der Fall, wenn der Rechtsanwendende weiß, welcher Sachverhalt, bezogen auf einen zu beurteilenden Fall, festgestellt werden muss, damit das

---

39 Zu den klassischen Auslegungstheorien informiert man sich am besten bei *Engisch*, Einführung in das juristische Denken, 9. Aufl. 1997, S. 90 ff.; *Larenz/Canaris*, Methodenlehre (Fn. 33), S. 133 ff.; *Fikentscher*, Methoden III (Fn. 31), S. 657 ff.; eine moderne argumentationstheoretische Deutung nimmt *Alexy* vor, Theorie der juristischen Argumentation, 4. Aufl. 2001 (Originalausgabe 1978), S. 283 ff.
40 *Eike von Savigny*, Die Philosophie der normalen Sprache, 2 Aufl., 1974, S. 280; zum intentionalistischen Regelbegriff vgl. *Kemmerling*, Bedeutung und Sprachverhalten, in: Probleme der sprachlichen Bedeutung, *Eike von Savigny* (Hrsg.), 1976, S. 73 ff.

Tatbestandsmerkmal als erfüllt angesehen werden kann. Intentionalistische Modelle der Bedeutung führen umgekehrt dazu, Rechtsnormen rein gesetzgeberbezogen zu sehen. Konventionalistische Modelle sind offener. Sie lassen die heutige Verwendung des Sprachgebrauchs als Auslegungskriterium zu. Konventionalistische Modelle machen deutlich, dass Sprachregeln auch neu festgelegt werden müssen. Der wirkliche Sprachgebrauch hat häufig etwas Fluktuierendes. Dieses Fluktuierende entsteht dadurch, dass Sprachregeln unter Normalbedingungen gelernt werden. Man kann die Normalbedingungen, unter denen wir eine Sprache gelernt haben, nicht aufzählen, aber wenn ein Umstand den Gebrauch von speziellen sprachlichen Ausdrücken zweifelhaft macht, kann gezeigt werden, wie dieser Umstand von dem gewöhnlichen abweicht.[41] Man könnte sich sogar auf den Standpunkt stellen, die Sprachverwendung von Normen sei immer an besondere Bedingungen gebunden, da an diese Rechtsfolgen geknüpft sind. Es darf vermutet werden, dass mit der Verwendung der Kategorie des „Zwecks einer Norm" in praktischer Begründungstätigkeit „für" oder „gegen" Auslegungshypothesen besondere Bedingungen der Sprachverwendung eingebracht werden sollen. Ob und wie weit besondere juristische Regeln der Verwendung von Tatbestandsmerkmalen gegen den feststellbaren natürlichen Sprachgebrauch *festgesetzt* werden dürfen, ist eine Frage, die normativ beantwortet werden muss. *Festgestellt* werden Regeln dann, wenn aufgrund empirischer Verfahren in der Lebenspraxis gebräuchliche Regeln ermittelt werden. *Festgesetzt* werden sie, wenn aufgrund normativer Überlegungen (zum Beispiel, welchen Zweck eine spezifische Rechtsnorm verfolgt) bestimmte Verwendungsregeln unabhängig von existenten Regeln als sinnvoll behauptet werden.

Zur systematischen Auslegung:

Aufschlüsse über die notwendige Verwendung einer Gesetzesnorm können sich auch aus der *systematischen Stellung* einer Gesetzesnorm ergeben. Voraussetzung der systematischen Auslegung ist, dass die einzelnen Normen nicht als unverbunden nebeneinander stehend betrachtet werden, sondern als System von Wertentscheidungen zu interpretieren sind. Der Interpret muss dann versuchen, Kriterien zu entwickeln, die sich in das Wertentscheidungssystem integrieren. Die einzelne Rechtsnorm ist dann Teil eines Gesamtkontextes. Von *Stammler* stammt der Satz, dass, wer eine Rechtsnorm anwende, letztlich die gesamte Rechtsordnung anwende.

Seit *Heck* ist es üblich, zwischen dem äußeren und inneren System des Rechts zu unterscheiden.[42] *Canaris* hat diese Differenzierung aufgenommen und weiter entwickelt.[43] Das äußere System bezieht sich auf den äußeren Aufbau eines Gesetzes. Der äußere Aufbau des Gesetzes gliedert den Rechtsstoff. Das innere System meint

---

41 *Wittgenstein*, Philosophische Grammatik, § 118.
42 Vgl. *Heck*, Begriffsbildung und Interessenjurisprudenz, Tübingen 1914, S. 139.
43 *Canaris*, Systemdenken und Systembegriff in der Jurisprudenz: entwickelt am Beispiel des deutschen Privatrechts, 2. Aufl., 1983, S. 19 ff.

C Schwerpunkte

den inneren Bau des Rechtes. Der Interpret muss hier versuchen, das Rechtssystem als System konsistenter Wertentscheidungen zu rekonstruieren und hieraus seine Auslegungskriterien zu entwickeln.[44]

Zur subjektiven Auslegung:

Die *subjektive* Auslegung (auch genetische oder historische Auslegung genannt) hat nichts mit der Festlegung eines psychischen Willens des historischen Gesetzgebers zu tun. Einen psychischen Willen eines Gesetzgebungsorgans, der sich aus vielen Einzelwillen zusammensetzt, gibt es nicht. Die subjektive Auslegung hat auch nichts mit einem Sinn einer Rechtsnorm zu tun, auf den sich Bundestag und Bundesrat geeinigt haben.

Subjektive Auslegung, die richtig verstanden wird, knüpft an den Sachverhalt an, dass mit der Gestaltung konkreter Rechtsnormen durch den Gesetzgeber auf spezifische Fragen geantwortet wird, die im Rahmen eines Gesetzgebungsverfahrens aufgetaucht sind. Die Fassung eines Tatbestandes will die spezifischen Fragen lösen.[45] Tatbestandsmerkmale als Antworten des Gesetzgebers auf konkrete Fragen zu verstehen, heißt, eine Äußerungsbedeutung des Gesetzgebers zu bestimmen. Im Rahmen subjektiver Auslegung geht es um die Äußerungsbedeutung, die einer Rechtsnorm zukommt, das heißt, um die Bestimmung der Antworten, die der Gesetzgeber mit der konkreten Fassung einer Rechtsnorm geben wollte.

Wir verstehen genau dann, dass ein Gesetzgeber zu einem bestimmten Zeitpunkt mit einer konkreten Fassung einer Norm einen bestimmten Zweck verfolgte, wenn wir erkennen, dass er sich zu diesem Zeitpunkt in einer spezifischen Entscheidungssituation befindet und seine Handlung für ihn eine Lösung des Entscheidungsproblems darstellt. Wir verstehen, dass er der Rechtsnorm einen spezifischen Inhalt geben wollte, wenn wir erkennen, dass er eine konkrete Fassung wählte und mit dieser einen spezifischen Inhalt verbindet. Von einem gesetzgeberischen „Willen" lässt sich genau dann sprechen, wenn man die Gesetzesmaterialien konsensfähig im Hinblick auf spezifisch verfolgte Zielsetzungen bzw. im Hinblick auf verschiedene Rechtsinhalte interpretieren kann. Man kann weiter von einem Willen des historischen Gesetzgebers sprechen, wenn und soweit man den Übergang einer Gesetzesfassung in die andere oder eine spezifische Formulierung nur in spezifischer Weise deuten kann. Die Möglichkeit subjektiver Auslegung endet dort, wo es keine konsensfähige Deutung der Materialien gibt oder keine konsensfähige Erklärung der Transformation eines Gesetzeszustands bzw. einer konkreten Fassung einer Norm.

---

44 Der Bundesgerichtshof hat gerade über eine systematische Interpretation des Betreuungsrechts rechtsfortbildend entschieden, dass lebensverlängernden Maßnahmen bei einwilligungsunfähigen Patienten eine vormundschaftliche Genehmigung der Betreuerentscheidung notwendig ist, NJW 2003, 1588 = NStZ 2003, 477.

45 Zum Verständnis juristischer Begriffe als Fragen und Antworten eindrucksvoll *W. Burckhardt*, Methoden und System des Rechts, 1936, S. 70 ff.

Es sollen zwei Beispiele angeführt werden. Der Gesetzgeber des Organhandelsverbots wollte mit seinem Begriff des Handeltreibens an den Begriff des Handeltreibens des Betäubungsmittelrechts anknüpfen. Er wollte damit einerseits an einen entwickelten Begriff der Rechtssprache anknüpfen und andererseits einen sehr weiten Begriff des Handeltreibens verwenden, um alle Schattierungen, die verwerflich erscheinen, erfassen zu können. Knüpft man an diesen Begriff bei der Auslegung des Organhandelsverbots an, so knüpft man an einer Äußerungsbedeutung des Gesetzgebers an, die zu einer sehr extensiven Interpretation des Organhandelsverbots führt. Es kann kein Zweifel bestehen, dass er den Begriff des Handeltreibens nach den Regeln, die für diesen Begriff im BtMG gelten, bestimmen wollte. Diese weite Fassung wirft aber viele Fragen auf. Sie macht das Delikt des Organhandelsverbots auch zu einem Delikt gegen Preistreiberei. Der Arzt, der überhöhte Gebühren verlangt, ist nach dieser weiten Fassung des Organhandelsverbots auch Organhändler, da er ein Handeln an den Tag legt, das eigennützig und auf den Umsatz von Organen gerichtet ist. Er unterfällt auch nicht der Angemessenheitsklausel des § 17 Abs. 2 TPG, die angemessene Entgeltzahlungen für Heilbehandlungen aus dem Organhandelsverbot ausnimmt. Es stellt sich aber die Frage, ob der Rechtsanwender an diese Äußerungsbedeutung gebunden ist, oder ob es dem Rechtsanwendenden erlaubt ist, einen völlig anderen Begriff zu entwickeln oder zumindest beim Organhandelsverbot einschränkende Fallgruppen zu bilden.[46] Man muss nämlich konstatieren, dass sich der Zweck des Organhandelsverbots – nämlich die Autonomie des Organspenders und des Organempfängers zu sichern – mit einem derartigen Verständnis des Begriffs des Handeltreibens völlig verändert.[47] Der Tatbestand wird zu einem Delikt gegen Preistreiberei. Delikte gegen Preistreiberei kennt das StGB „an sich" aber nicht, wenn man von dem engen Wuchertatbestand absieht, der aber eigentlich kein Delikt gegen Preistreiberei ist, sondern gegen die Ausnutzung von Notlagen. Meines Erachtens führt diese Konsequenz dazu, dass man den Tatbestand von seinem Zweck her teleologisch reduzieren muss. Die Vorstellung des Gesetzgebers, die er mit dem Handeltreiben verbunden hat, sollte jedoch nicht völlig verworfen werden, da ansonsten ein nicht unerheblicher Zustand der Rechtsunsicherheit eintritt. Der Zweck des Organhandelsverbots, die Autonomie von Organspender und Organempfänger zu sichern, erlaubt es jedoch, bestimmte Fallgruppen aus dem Organhandelsverbot herauszunehmen.[48]

---

46 Vgl. hierzu *Schroth*, Das strafbewehrte Organhandelsverbot des Transplantationsgesetzes, in: Grundlagen einer gerechten Organverteilung, 2003, S. 115 ff.
47 Zu der Herleitung dieses Zwecks vgl. *Schroth*, Das Organhandelsverbot, in: Festschrift für Claus Roxin zum 70. Geburtstag am 15. Mai 2001, hrsg. von *Schünemann u. a.*, S. 871 ff.
48 Zur teleologischen Reduktion des Tatbestandes vgl. *U. Schroth*, Das strafbewehrte Organhandelsverbot des Transplantationsgesetzes. Ein internationales Problem und seine deutsche Lösung, in: Transplantation, Hrsg. *Oduncu, Schroth, Vossenkuhl*, 2003, S. 166 ff.

Eine Äußerungsbedeutung kann sich auch aus der sprachlichen Fassung des Gesetzes ergeben. Wenn es etwa in § 250 Abs. 1 StGB heißt: „Auf Freiheitsstrafe nicht unter drei Jahren ist zu erkennen, wenn 1. der Täter oder ein anderer Beteiligter am Raub a) eine Waffe oder ein anderes gefährliches Werkzeug bei sich führt, b) sonst ein Werkzeug oder Mittel bei sich führt, um den Widerstand einer anderen Person durch Gewalt oder Drohung mit Gewalt zu verhindern oder zu überwinden", so bedeutet dies, dass für die Alternative Raub durch Beisichführen eines gefährlichen Werkzeugs die Verwendungsabsicht keine Rolle spielen kann. Verlangt man auch hier eine Verwendungsabsicht, so definiert man die Alternative § 250 Abs. 1 Nr. 1. a) als gegenstandslos. Alle Fälle, die unter § 250 Abs. 1 Nr. 1. a) fallen, würden nämlich auch gleichzeitig unter § 250 Abs. 1 Nr. 1. b) subsumiert werden können. § 250 Abs. 1 Nr. 1. a) wäre ausschließlich Teilmenge des § 250 Abs. 1 Nr. 1. b). Eine Auslegung, die ein Tatbestandsmerkmal als überflüssig erscheinen lässt, ist kaum eine angemessene Interpretation einer gesetzgeberischen Entscheidung. Auch hier taucht die Frage auf, ob der gesetzgeberische Wille verbindlich sein kann, da der Begriff des gefährlichen Werkzeugs, wenn man ihn nicht von der Verwendungsabsicht her bestimmt und auch nicht über die Verwendung bestimmen kann, reichlich unbestimmt wird. Meines Erachtens sollte er trotzdem nicht von der Verwendungsabsicht bestimmt werden, da ansonsten die erste Alternative des § 250 Abs. 1 StGB gegenstandslos und der gesetzgeberische Wille auf den Kopf gestellt würde. Der Gesetzgeber wollte erreichen, dass der Räuber, der gefährliche Tatobjekte wie etwa Salzsäure, Tapetenmesser, Handgranaten mit sich führt, auch ohne dass ihm eine Verwendungsabsicht nachgewiesen werden kann, besonders sanktioniert werden kann.

Zur objektiv-teleologischen Auslegung:

Die *objektiv-teleologische* Auslegung interpretiert Normen von Zwecksetzungen aus, die eben nicht Zwecksetzungen des Gesetzgebers sind. Verfassungsrechtliche Prinzipien, Ideen, die sich in der Kommunikationsgemeinschaft „Rechtswissenschaft" entwickeln, sind dann Auslegungsmaßstäbe der Rechtsnorm. Zentrale Frage ist hier: Wann ist der Rechtsanwendende berechtigt, von Zwecksetzungen, die der Gesetzgeber verfolgt hat, Abstand zu nehmen?

Ein Teil der Methodenliteratur hält es für notwendig, innerhalb eines auslegungstheoretischen Konzeptes zwischen Auslegungsziel und Auslegungsmitteln zu unterscheiden. Auslegungsmittel sind der Wortlaut, der systematische Zusammenhang und sonstige Normbereichselemente.[49] Das Auslegungsziel ist entweder die Erschließung des Willens des historischen Gesetzgebers oder die Ermittlung des heutigen Zwecks des Gesetzes. Dementsprechend muss hinsichtlich der Auslegungsmittel differenziert werden. Ist man Anhänger der subjektiven Auslegung, so muss gefragt werden, welchen Sinn der historische Gesetzgeber mit dem Wortlaut

---

49 Dazu ausführlich *Engisch*, Einführung (Fn. 39), S. 90 ff.

verband; welches die Bedeutung aufgrund des systematischen Zusammenhang ist, der in der Absicht des Gesetzgebers liegt; welchen Zweck der historische Gesetzgeber verfolgte. Folgt man der Ansicht, dass der heutige Zweck des Gesetzes entscheidend sei, so dürfen die Auslegungsmittel nicht subjektiv, sondern müssen objektiv befragt werden.[50]

Friedrich Müller geht einen anderen Weg. Er bestreitet mit gutem Grund, dass es eine Alternative zwischen subjektiver und objektiver Auslegung gibt.[51] Das Verfahren, mit dem versucht wird, Normen auf Sachverhalte anzuwenden, nennt *Müller* „Normkonkretisierung". Die Normkonkretisierung besteht für ihn einerseits aus Normtextauslegung und andererseits aus Konkretisierung der Norm über Normbereichselemente, also dogmatische, theorie- und lösungstechnische und rechtspolitische Elemente.

Normbereichselemente liefern Kriterien für die Rechtsanwendung, soweit das Normprogramm auf soziale Strukturen verweist. Die dogmatischen Elemente können eine Norm dann konkretisieren, wenn es bereits Gerichts- und Lehrmeinungen gibt. Die juristische Dogmatik ist nach Auffassung von *Müller* ein Untersystem von Kommunikationstechniken in der Rechtswelt.[52] Soweit zu konkreten Rechtsgebieten „Theorien" aufgebaut werden, sind diese ebenfalls Normkonkretisierungselemente, sofern sich aus diesen für ein konkretes Problem entscheidungsrelevante Gesichtspunkte ableiten lassen. Lösungstechnische Elemente steuern die Normkonkretisierung nach Auffassung von *Müller*, indem sie Vorschläge zur Taktik akzeptierter Falllösungen bieten. Innerhalb rechtspolitischer Elemente werden Konsequenzen aus einer Entscheidung abgewogen und bewertet.[53] Normtextauslegung besteht für *Müller* aus grammatikalischer, systematischer und subjektiver Interpretation. Das subjektive Element bei der Normtextauslegung zerfällt in zwei Teile: in eine historische und in eine genetische Auslegung. Die historische Auslegung arbeitet mit Texten von Normen, und zwar von anderen Normen, als den im vorliegenden Fall zu konkretisierenden, nämlich mit Texten früherer Regelungen. Die genetische Auslegung arbeitet mit Texten der Entstehungsgeschichte.[54] *Müller* formuliert hinsichtlich der Konkretisierungselemente Präferenzregeln. Eine Rangfolge der Auslegungselemente wird nicht über eine Zielbestimmung der Auslegung herzuleiten versucht, sondern über Vorzugsregeln der Konkretisierungselemente.

---

50 Die reine objektive Auslegungstheorie findet sich zahlreich in juristischen Lehrbüchern. Vgl. statt Aller: *Baumann*, Strafrecht, Allgemeiner Teil, 8. Aufl. 1977, § 13; Methodenlehren nehmen häufig positiv zur objektiven Auslegung Stellung, nehmen aber Einschränkungen vor. Vgl. statt Aller: *Larenz/Canaris*, Methodenlehre (Fn. 33), S. 153 ff.
51 *Friedrich Müller*, Methodik (Fn. 22), S. 153 ff.; *Krey,* Studien zum Gesetzesvorbehalt im Strafrecht, 1977, S. 181 ff.
52 *Friedrich Müller*, Methodik (Fn. 22), S. 228 ff.
53 *Friedrich Müller*, Methodik (Fn. 22), S. 237 ff.; zu Taktiken vernünftiger Falllösung vgl. ausführlich *Adomeit*, Rechtstheorie (Fn. 15), S. 71 ff.
54 *Friedrich Müller*, Methodik (Fn. 22), S. 272 ff.

So gehen etwa die unmittelbaren normbezogenen Elemente den nicht unmittelbar normbezogenen Konkretisierungselementen vor. Bei den unmittelbar normbezogenen Konkretisierungselementen haben grammatikalische und systematische Konkretisierungselemente im Konfliktfall den Vorrang. Historische und genetische Argumente folgen aber in ihrer Relevanz unmittelbar den grammatikalischen und systematischen Elementen.

Es stellt sich die Frage, ob man die Anwendung einer Norm auf einen Einzelfall mit der klassischen Auslegungslehre nur als Auslegung verstehen sollte, oder nicht mit *Müller* als Normkonkretisierung. Diese Frage muss eindeutig im Sinne von *Müller* beantwortet werden. Die Anwendung eines Gesetzes auf den Einzelfall kann nicht nur als Textauslegung gedacht werden. Die zunehmende Berücksichtigung von Auslegungsfolgen weist bereits darauf hin, dass Normkonkretisierung nicht nur Auslegung ist.[55] Es muss davon ausgegangen werden, dass in täglicher Praxis auch andere Erfahrungen als „normbezogene" in das Konkretisierungsverfahren eingehen. Der Richter bringt etwa seine internalisierten sozialen Normen in das Auslegungsverfahren mit ein. In alltäglicher Praxis wird weiter bei der Normkonkretisierung auf allgemeine Theorieelemente der Rechtswissenschaft zurückgegriffen. Die Theorie der objektiven Zurechnung spielt bei der Normkonkretisierung im Strafrecht eine zentrale Rolle.

Welche Funktion erfüllen nun die Auslegungselemente der juristischen Methodenlehre? Um diese Frage zu beantworten, muss man sich zunächst Klarheit verschaffen, vor welchen Schwierigkeiten der Rechtsanwendende steht.

Der Rechtsanwendende muss zunächst einmal die *Auslegungsbedürftigkeit* eines Textes feststellen. Dies kann er einerseits dadurch merken, dass er einem Text nicht mehr folgen kann, weil er nicht weiß, wie er ihm folgen soll. Der Rechtsanwendende kann aber auch durch einen Blick in die Gesetzesmaterialien feststellen, dass der Gesetzestext, so wie er ausformuliert ist, zumindest unvollständig ist. Der Rechtsanwendende kann weiter, wenn er einen Gesetzestext vor dem Hintergrund einer Gesetzessystematik liest, auch feststellen, dass der Normtext, so wie er dasteht, nicht zu verstehen ist. Die Auslegungselemente können damit helfen, die Auslegungsbedürftigkeit eines Textes transparent zu machen.

Die nächste Phase im Normkonkretisierungsverfahren ist das *Aufstellen von Hypothesen*, die Auslegungskriterien formulieren. Auch hier können die Auslegungselemente helfen. In Gesetzesmaterialien kann der Rechtsanwendende häufig Auslegungskriterien vorformuliert finden. Bei dem Lesen eines Normtextes vor dem Hintergrund einer Systematik fallen dem Rechtsanwendenden mögliche Auslegungskriterien ein.

---

55 Im Münchener Forschungsprojekt „Argumentationstheoretische Aspekte höchstrichterlicher Rechtsprechungsänderungen, das von Prof. Dr. h. c. *Arthur Kaufmann*, Prof. Dr. *Ulfrid Neumann* und Dr. *Jochen Schneider* geleitet wurde, wurde festgestellt, dass Folgenbewertungsargumente mit am häufigsten in obergerichtlicher Rechtsprechung vorkommen.

Die Phase, die sich im Normkonkretisierungsverfahren hieran anschließt, ist die *Entscheidung* für ein Auslegungskriterium. Die Entscheidung für ein Auslegungskriterium erfolgt argumentativ durch Abwägung der Argumente „für" und „gegen" Auslegungshypothesen. Hier liegt der eigentliche Relevanzbereich der Normkonkretisierungselemente. Sie formulieren Formen von Erfahrungsmöglichkeiten, an denen Auslegungskriterien gemessen werden können und sollen. Die Geltungsprüfung von unterschiedlichen Auslegungskriterien ist am einfachsten, wenn für ein Auslegungskriterium alle Auslegungselemente sprechen. Wie ist nun zu verfahren, wenn für zwei entgegengesetzte Auslegungskriterien unterschiedliche Auslegungselemente sprechen, bzw. möglicherweise sogar gegen diese stehen? Dies ist dann der Fall, wenn für das Auslegungskriterium A1 die Sprachregeln des Tatbestandes angeführt werden können und gegen A1 das System, in dem die Norm integriert ist, und für das Auslegungskriterium A2 das System strafrechtlicher Bewertung spricht und dagegen der Gesetzeswortlaut. Ist die Auslegungssituation derartig gelagert, so gibt es mehrere methodische Möglichkeiten. Man kann argumentieren, es müssen nun Relevanzregeln dafür begründet werden, wie wichtig jedes Auslegungselement ist. Man kann sich aber auch auf den Standpunkt stellen, dass die Entscheidung zwischen A1 und A2 dann jeder Rechtsanwendende eigenverantwortlich, unter dem Gesichtspunkt der Erreichung möglichst hoher Einzelfallgerechtigkeit, zu treffen habe.[56] Für die erste Position spricht, dass nur sie eine gleichmäßige Beurteilungsbasis gleicher Methodenkonstellationen garantiert. Sie ist sicherlich nicht deshalb falsch, da sie den Richter zu intensiv bindet. Auch hier bleibt dem Rechtsanwendenden ein eigenverantwortlicher Bereich. Für die zweite Position kann als Grund angeführt werden, dass nur sie das eigentliche Ziel der Rechtswissenschaft, Gerechtigkeit zu realisieren, am besten erreicht. Dieses Ziel muss aber auch bei der ersten Auffassung berücksichtigt werden. Nur muss ihm ein bestimmter Relevanzwert im Verhältnis zu den übrigen Auslegungselementen zugewiesen werden.

Die Auslegungselemente spielen weiter eine wesentliche Funktion bei der *Grenzbestimmung* juristisch noch möglicher Normkonkretisierung. Jedenfalls gilt dies für einzelne Rechtsgebiete. Im Strafrecht beispielsweise wird von der überwiegenden Auffassung der Strafrechtslehrer die These vertreten, dass der mögliche Sprachgebrauch die Auslegungsgrenze darstellt.[57] Von den Anhängern der subjektiven Auslegung wird zumeist die These vertreten, dass Auslegung nur zulässig sei, soweit sie sich auf den Willen des Gesetzgebers berufen kann.[58] Die letztere Auslegungsgrenze ist sicherlich zu krass. Eine derartig strenge Bindung des Richters an die

---

56 Vgl. zu dieser Problematik *Neumann,* Schriften (Fn. 23), S. 200 ff.; *Larenz/Canaris*, Methodenlehre (Fn. 33), S. 166 ff.
57 Vgl. statt Aller: *Engisch,* Methoden der Strafrechtswissenschaft, in: Enzyklopädie der geisteswissenschaftlichen Arbeitsmethoden, Methoden der Rechtswissenschaft Teil I, 1972, S. 62 ff.
58 Vgl. dazu *U. Schroth,* Theorie (Fn. 2), S. 110 ff., mit weiteren Nachweisen.

gesetzgeberische Wertung ist weder praktisch durchsetzbar, noch theoretisch durchführbar.

Der mögliche Sprachgebrauch ist nur teilweise eine klare Auslegungsgrenze.[59] Vielfach ist es eine Frage der Fähigkeit zur sprachlichen Toleranz, ob ein Auslegungskriterium als sprachlich noch möglich akzeptiert wird.[60]

Hans-Joachim Koch u. a.[61] haben den Versuch unternommen, die Grenze der Auslegung mit sprachanalytischen Überlegungen zu präzisieren. Sie übernehmen dabei Grunderkenntnisse der realistischen Semantik. Hiernach muss bei Begriffen zwischen „Intension" und „Extension" unterschieden werden. Unter der Extension eines Begriffes werden die Sachverhalte verstanden, für die der Begriff steht. Unter Intension sind die „Anwendungsregeln" eines Begriffes zu verstehen. Durch die Intension wird die Extension festgelegt. Die Intensionen sind über die Beschreibung eines tatsächlichen Sprachgebrauchs zu ermitteln. Sie sind dann genau, wenn man in allen Fällen der Anwendung eines Begriffes für das Zutreffen oder das Nichtzutreffen dieses Begriffes auf bestimmte Sachverhaltsmengen eine Entscheidung treffen kann. Fallen bestimmte Sachverhaltsmengen unter einen Begriff, so haben wir es mit den positiven Kandidaten dieses Begriffes zu tun, fallen sie zweifelsfrei nicht unter den Begriff, so sind es negative Kandidaten. Kann nicht entschieden werden, ob eine Sachverhaltsmenge unter einen Begriff fällt oder nicht, handelt es sich um einen neutralen Kandidaten.[62] Man kann nun behaupten, dass der Nullum-crimen-sine-lege-Grundsatz dahingehend zu verstehen ist, dass auf jeden Fall die *negativen Kandidaten* eines Begriffes des Strafrechts nicht unter diesen Begriff fallen dürfen.

Die Unterscheidung von positiven, negativen und neutralen Kandidaten einer Gesetzesanwendung besticht durch ihre Prägnanz. Sie erlaubt aber nur teilweise eine präzise Begriffsbestimmung der Grenze strafrechtlicher Auslegung. Tatsächlich wäre diese Begriffsbestimmung erst dann präzise, wenn es ein intersubjektiv akzeptiertes Verfahren gäbe, negative, positive und neutrale Kandidaten zu bestimmen. Hierzu wiederum müsste es ein Verfahren geben, nach dem Intensionen objektiviert festgestellt werden können.

Eine weitere Funktion kommt den Auslegungselementen bei der *Darstellung* des Ergebnisses der Entscheidungen zu. Soweit sich ein Auslegungskriterium mit ei-

---

59 Vgl. *Neumann*, Der „mögliche Wortsinn" als Auslegungsgrenze in der Rechtsprechung der Strafsenate des BGH, in: *Neumann, Rahlf, E. v. Savigny*, Juristische Dogmatik und Wissenschaftstheorie, 1976, S. 42 ff.; *Priester*, Zum Analogieverbot im Strafrecht, in: *H.J. Koch* (Hrsg.), Juristische Methodenlehre und analytische Philosophie, 1974, S. 153 ff., der allerdings dem möglichen Wortsinn als Auslegungsgrenze nicht so skeptisch gegenüber steht.
60 Vgl. dazu *U. Schroth*, Theorie (Fn. 2), S. 110 ff.
61 *Koch/Rüßmann*, Juristische Begründungslehre, 1982, S. 129.
62 *Koch/Rüßmann*, Begründungslehre (Fn. 61), S. 195.

nem Auslegungskanon begründen lässt, ist es jedenfalls ein vertretbares Auslegungskriterium.

Von einigen Autoren wird behauptet, dass den Auslegungscanones überhaupt kein Erkenntniswert zugesprochen werden kann. Soweit man dies bejaht, wird dies zum einen damit begründet, dass die Auslegungselemente zu unpräzise sind und zum anderen damit, dass in der Rechtsanwendungspraxis die Auslegungselemente je nach Belieben heran- bzw. nicht herangezogen werden. Beide Argumente sind nicht von der Hand zu weisen. Sie verraten jedoch mehr über den derzeitigen Zustand der Methodenlehre, als über die Auslegungselemente „an sich". Richtig ist sicherlich, dass die Auslegungselemente präzisiert werden müssen. Bei subjektiver Auslegung muss beispielsweise präzisiert werden, was unter subjektiver Auslegung verstanden wird, wieweit sie möglich ist und inwieweit ihr normative Verbindlichkeit zukommt. Hinsichtlich objektiv-teleologischer Auslegung muss geklärt werden, woher der „telos" seine Legitimität erfährt, wie abstrakt er formuliert werden darf (je abstrakter er ist, umso mehr Auslegungskriterien passen zu ihm) und wieweit ein Auslegungskriterium ihm dienen muss. Für die grammatikalische und die systematische Auslegung gilt das Gleiche. Es muss geklärt werden, was unter ihnen verstanden wird, wie die Sprachregeln bzw. das System ermittelt werden sollen und inwieweit ihnen normative Verbindlichkeit zukommt.[63] Dass in der Praxis die Auslegungselemente unterschiedlich gehandhabt werden, ist jedenfalls insoweit erwiesen, als man davon ausgeht, dass Auslegungselemente in *jedem* Fall die gleiche Verbindlichkeit haben müssten.[64] Die Auslegungselemente haben nicht bei jeder Subsumtion die gleiche Wertigkeit. Ist man dagegen der Meinung, dass die Abwägungsleitlinien der Auslegungselemente situationsspezifisch verstanden werden müssen, so lässt sich keine Aussage mehr dazu machen, ob die Praxis tatsächlich willkürlich verfährt. Es können nämlich inhaltliche Gründe dafür vorhanden sein, dass Auslegungselemente einmal herangezogen werden und einmal nicht. Es spricht viel dafür, die Abwägungsleitlinien der Auslegungselemente situationsspezifisch zu verstehen. Einige Argumente, die auf das Auslegungselement „Wille des historischen Gesetzgebers" bezogen sind, seien angeführt. Es macht sicherlich einen Unterschied, ob der „Wille des historischen Gesetzgebers" klar oder unklar ist.[65] Der unklare „Wille des Gesetzgebers" sollte bei juristischer Auslegung keine

---

63 Ausführlich zu diesen Fragen hinsichtlich subjektiver Auslegung *U. Schroth,* Theorie (Fn. 2), S. 82 ff. Im Anschluss an *Heck* wird hier der Begriff „Wille des Gesetzgebers" als Paraphrase eines Handlungsverstehens des Gesetzgebers durch den Interpreten verstanden. Der Begriff hat nichts mit „psychologischem" Willen zu tun. Vielmehr müssen Bewertungsgesichtspunkte, die die konkrete Fassung der Norm veranlasst haben, reformuliert werden; hinsichtlich grammatikalischer Auslegung, *Koch* Einleitung, Seminar: Die juristische Methode im Strafrecht, 1977, S. 35 ff.; zur teleologischen Auslegung am präzisesten *Koch/Rüßmann,* Begründungslehre (Fn. 61).
64 Dazu *U. Schroth,* Theorie (Fn. 2), S. 101 ff.
65 *U. Schroth,* Theorie (Fn. 2), S. 101 ff.

Rolle spielen, da verschiedene Auffassungen dazu, wie der konkrete „Wille" aussieht, möglich sind. Für die Relevanz des „Willens des historischen Gesetzgebers" dürfte es auch eine Rolle spielen, ob der Wille neben dem Gesetz steht oder unmittelbar Ausdruck in der Gesetzesnorm gefunden hat. Er sollte nur insoweit auslegungsrelevant sein, als er einen „erahnbaren" Einfluss auf die Gesetzesformulierung genommen hat. Der „Wille des Gesetzgebers" sollte bei jungen Gesetzen auch eine erheblich größere Rolle spielen als bei Gesetzen, die in einem Werturteilssystem erlassen wurden, das mit unserem derzeitigen nicht mehr übereinstimmt.[66] Der Wille des historischen Gesetzgebers dürfte normativ als erheblicher bei denjenigen Sachproblemen einzustufen sein, für die es keine konsensfähige Antwort gibt, als bei jenen, bei denen allgemeine Übereinstimmung darüber besteht, wie sie zu lösen sind.[67] Wenn der Gesetzgeber mit der Art der Fassung eines Tatbestandes eine spezifische Grenze setzen wollte, sollte diese auch verbindlich sein. Ebenso sollte der Wille des Gesetzgebers verbindlich sein, wenn er etwa mit der Fassung eines Gesetzes eine spezifische Theorie ablehnen oder auch eine Rechtsprechungsänderung bewirken wollte und dies im Gesetz auch zum Ausdruck kommt. Dies gilt jedenfalls solange, als die beabsichtigte Wirkung, die der Gesetzgeber bezweckt hat, nicht gegen die Verfassung verstößt. Um es an einem trivialen Beispiel zu sagen: Wenn der Gesetzgeber bei der Irrtumslehre die Vorsatztheorie ablehnen will und die eingeschränkte Schuldtheorie offensichtlich dem Allgemeinen Teil des StGB zu Grunde gelegt hat, ist es unangemessen, wenn der Rechtsanwender trotzdem der Vorsatztheorie folgt.

In analoger Weise kann man auch die Relevanz der anderen Auslegungselemente bestimmen.

6.3.4 Unbestimmte Auslegungskriterien und Entscheidungsfolgen

Häufig können in tatsächlicher Auslegungspraxis keine klaren, sondern nur unbestimmte Auslegungskriterien entwickelt werden.

Die Strafrechtsdogmatik präzisiert beispielsweise den „Wegnahme"-Begriff mit „Bruch fremden und Begründung neuen Gewahrsams".[68] Gewahrsam wird dann als tatsächliches, von einem Herrschaftswillen getragenes Herrschaftsverhältnis verstanden.[69] Hinsichtlich dieser Begriffsexplikation wird auf die Anschauungen des täglichen Lebens verwiesen.

Sind nun Fälle zu entscheiden, wie der, dass der Ladendieb einen Gegenstand unter Beobachtung des Kaufhausdetektivs in seine Manteltasche verschwinden lässt, so

---

66 *U. Schroth*, Theorie (Fn. 2), S. 104 ff.
67 *U. Schroth*, Theorie (Fn. 2) S. 105.
68 Statt Aller: *Wessels/Hillenkamp*, Strafrecht, Besonderer Teil – II (Fn. 29), S. 26, Rn. 71.
69 Statt Aller: *Wessels/Hillenkamp*, Strafrecht, Besonderer Teil – II (Fn. 29), S. 28f, Rn. 73, 75.

stellt sich die Frage, ob der Dieb bereits Gewahrsam begründet hat.[70] Je nachdem, wie man diese Frage entscheidet, ist in diesen Fällen „versuchter" oder „vollendeter" Diebstahl anzunehmen.

In derartigen Fällen lässt sich, wie *Lübbe-Wolff* richtig dargelegt hat, die Frage, wie der Fall zu entscheiden ist, nicht mehr von der Frage trennen, wie der Wegnahmebegriff im Strafrecht richtig zu verstehen ist.[71]

Damit wird aber der Rechtsanwendende unmittelbar aufgefordert, Entscheidungsfolgen zu bewerten. Die Legitimität eines richtigen Verständnisses der Rechtsnorm bemisst sich dann an der Legitimität der Ergebnisse. Auslegungskriterien werden insoweit über Fallnormen, Regeln für identifizierbare Sachverhalte, erst anwendbar gemacht.[72] Die Legitimität dieser Fallnormen bemisst sich an der Legitimität der Ergebnisse. Wie *Lübbe-Wolff* dargelegt hat, ist dies auch das generelle Auslegungsproblem von Generalklauseln. Generalklauseln zeichnen sich gerade dadurch aus, dass sich Auslegungs- und Entscheidungsfolgefragen (ohne künstliche Konstruktion) nicht trennen lassen.[73]

6.3.5 Auslegungskriterien und Strafrahmen

Im Strafrecht stellt sich die Frage, inwieweit Strafrahmen bei der Auslegung berücksichtigt werden müssen.[74] Ein Beispiel sei angeführt. Bei § 224 StGB wurde die gesetzliche Mindeststrafe auf sechs Monate angehoben. Die Frage, die sich damit stellt, ist, ob damit die Tatbestandsmerkmale, die eine Körperverletzung qualifizieren, nicht einengend ausgelegt werden sollten. Man könnte beispielsweise sagen, dass der Begriff des gefährlichen Werkzeugs jetzt enger verstanden werden müsse, oder dass die gemeinschaftliche Begehungsweise, die aus einer Körperverletzung eine gefährliche Körperverletzung macht, ebenfalls einengend ausgelegt werden sollte. Meines Erachtens sollte die Auslegung bei Erhöhung von Mindeststrafrahmen auch im Regelfall eine einengende Interpretation zur Folge haben, und zwar einfach deshalb, da Rechtsfolgen bei der strafrechtlichen Verurteilung verhältnismäßig sein müssen. Allerdings muss darauf hingewiesen werden, dass diese Regel dann nicht mehr gilt, wenn der Gesetzgeber bewusst den Strafrahmen erhöht hat, da er der Auffassung war, dass die Rechtsprechungspraxis bestimmte Arten der Deliktsverwirklichung höher sanktionieren muss und die Entscheidung des Gesetzgebers verfassungsrechtlich nicht zu beanstanden ist. Wenn der Gesetzgeber überhaupt nur eine Strafe, nämlich lebenslänglich, vorsieht, ist immer eine restriktive Auslegung geboten. Dies einfach deshalb, da sich der Verhältnismäßigkeitsgrund-

---

70 Dazu statt Aller: *Wessels/Hillenkamp*, Strafrecht, Besonderer Teil – II (Fn. 29), S. 39 ff, Rn. 109 ff.
71 *Lübbe-Wolff*, Rechtsfolgen (Fn. 14), S. 135.
72 *Fikentscher*, Methoden IV (Fn. 31), S. 202 ff.
73 *Lübbe-Wolff*, Rechtsfolgen (Fn. 14), S. 136.

satz nicht anders wahren lässt. Die gravierendste Strafe, die die Rechtsordnung kennt, kann nur in Fällen gravierendsten Unrechts verhängt werden. Der Bundesgerichtshof trägt, bedauerlicherweise, diesem Gedanken nicht immer ausreichend Rechnung. Er hatte einen Fall zu beurteilen, in dem das Opfer sich gegenüber dem Täter vor der Tötung unmenschlich verhalten hatte. Das Opfer hatte die Ehefrau des Täters vergewaltigt, hatte die Scheidung der bis dahin harmonischen Ehe erreicht, hatte angedroht, den Täter zu töten und die Ehefrau des Täters noch einmal zu vergewaltigen, und hatte so den Tatentschluss des Täters provoziert. Der BGH und die Tatsacheninstanz gingen davon aus, dass die Tötungsart heimtückisch war und an sich § 211 StGB zur Anwendung kommen müsste. Um eine verhältnismäßige Strafe aussprechen zu können, wurde dann contra legem entschieden, dass eine analoge Anwendung des § 49 Abs. 1 Satz 1 StGB zu erfolgen hätte.[75] Diese Rechtsprechung vermag nicht zu überzeugen, da sie, wie *Neuner* gezeigt hat, nicht zu einer Rechtsprechung, die den Gleichheitsgrundsatz berücksichtigt, führt. Auslegungsmäßig hätte berücksichtigt werden müssen, dass die Mordmerkmale einer Korrektur bedürfen, wenn und soweit Tötungshandlungen zwar unter Erfüllung von Mordmerkmalen erfolgen, aber nicht dem durchschnittlichen Schweregrad üblicher Tötungshandlungen, die als Mord anzusehen sind, entsprechen. Beispielsweise erscheint es kaum sinnvoll, wenn eine Frau über Jahre schwer misshandelt wird, § 211 StGB anzuwenden (Rechtsfolge lebenslange Freiheitsstrafe), wenn sie ihren Peiniger im Schlaf erschießt, auch wenn sie dabei heimtückisch gehandelt hat.[76]

6.3.6 Auslegungskriterien und Dispositionsprädikate

Begriffe wie „Schuldunfähigkeit" oder „Fahruntüchtigkeit" zeichnen sich dadurch aus, dass sie nicht unmittelbar auf „Beobachtbares" zurückgeführt werden können. Sie bezeichnen vielmehr „Dispositionen", die nicht unmittelbar durch Wahrnehmung erfassbar sind. Ob diese Begriffe vorliegen oder nicht, ist nur dann zu ermitteln, wenn man menschliches Verhalten in bestimmten Situationen beobachtet und weiß, in welcher Art und Weise man Rückschlüsse von bestimmten Verhaltensweisen in diesen Situationen auf das Vorliegen der Disposition treffen darf. Will man derartige Begriffe aufklären, so muss man ihre Funktion im Rechtssystem aufklären und ihre *Zuordnungsregeln* hinsichtlich einer feststellbaren Wirklichkeit transparent machen. Wird von der Rechtsprechung der Begriff „Fahruntüchtigkeit" dahingehend präzisiert, dass diese auf jeden Fall vorliegt, wenn der Fahrer eines Kraftfahrzeuges 1,1 Promille Alkohol im Blut hat, so verwendet die Rechtsprechung für die Präzisierung dieses Begriffes eine Zuordnungsregel zur Wirklich-

---

74 Hierzu ausführlich *Kudlich*, Die strafrahmenorientierte Auslegung im System der strafrechtlichen Rechtsfindung, ZStW, 2003, S. 1 ff.
75 Vgl. *BGHSt* 30, 105, dazu *Neuner*, Die Rechtsfindung contra legem, 1992, S. 166 ff.
76 Vgl. hierzu den „Haustyrannen"-Fall, BHG StV 2003, 665.

keit. Zuordnungsregeln unterscheiden sich von „normalen" Anwendungskriterien dadurch, dass sich nicht mehr trennen lässt, was normale Begriffspräzisierung und was Beweisregel ist.[77] Da derartige revisionsrechtliche Regeln die Gerichte jedenfalls indirekt binden, wird insoweit die freie richterliche Beweiswürdigung eingeschränkt; die Tat- wird zur Rechtsfrage.[78] Normativ problematisch ist, wieweit Revisionsgerichte Tatsacheninstanzen mit solchen Zuordnungsregeln in ihrer Beweiswürdigungskompetenz beschneiden dürfen.[79]

6.3.7 Anwendungskriterien und Folgenorientierungsproblematik juristischer Entscheidungen

Entscheidet sich der Rechtsanwendende für bestimmte Auslegungskriterien von Rechtsnormen, so hat diese Unterscheidung in zweierlei Hinsicht Folgen: Einmal hat diese Wahl Entscheidungsfolgen. Die Auslegungskriterien führen in dem konkreten zu entscheidenden Einzelfall, als auch in einer Reihe weiterer, gleich gelagerter Fälle, zu spezifischen Rechtsfolgen. Zum anderen führt die Auswahl bestimmter Auslegungskriterien häufig noch zu weitergehenden Konsequenzen. Die Rechtsansicht des BGH, dass in Hinsicht auf verbotene Vernehmungsmethoden (§ 136a StPO) einerseits der Freibeweis gilt und andererseits der In-dubio-pro-reo-Grundsatz keine Anwendung findet, hat die Konsequenz, dass möglicherweise § 136a StPO in der Praxis nicht hinreichend Beachtung findet, da ein Nachweis der Verletzung des § 136a StPO nur schwer möglich ist. Derartige gesellschaftliche Folgen von Rechtsfolgen nennt man Adaptionsfolgen. Methodisch ist weitgehend ungeklärt, inwieweit Entscheidungs- und Adaptionsfolgen innerhalb des Verfahrens der Normkonkretisierung berücksichtigt werden müssen.

Ein ungerechtes Ergebnis als Folge eines Auslegungskriteriums wird von einem Teil der Methodenliteratur als Indiz gegen die Richtigkeit des Auslegungskriteriums angesehen. Ein anderer Teil der Methodenliteratur sieht ein ungerechtes Ergebnis als entscheidendes Argument gegen die Richtigkeit eines Auslegungskriteriums. Einigkeit dürfte jedoch darüber bestehen, dass Auslegungskriterien, die üblicherweise zu ungerechten Ergebnissen führen, inhaltlich nicht zu akzeptieren sind.[80]

---

77 Ausführlich zu diesem Problem *Volk*, Strafrechtsdogmatik, Theorie und Wirklichkeit, in: Festschrift für Paul Bockelmann, zum 70. Geburtstag, *Kaufmann, Bemmann, Kraus, Volk* (Hrsg.), 1979, S. 75 ff.
78 *Volk*, Strafrechtsdogmatik (Fn. 77), S. 81 ff.
79 Zu der Problematik instruktiv die Diskussion um die absolute Fahruntauglichkeit, vgl. dazu BGHSt 21, 157 mit Anm. *Haffke*, JuS 1971, 448; BGHSt 22, 352 mit Anm. *Händel*, NJW 1969, 1578.
80 Interessant dazu die unterschiedliche Behandlung dieses Problems bei *Larenz/Canaris*, Methodenlehre (Fn. 33), S. 168; *Esser*, Vorverständnis (Fn. 8), S. 8 ff.; *Kriele*, Theorie der Rechtsgewinnung, entwickelt am Problem der Verfassungsinterpretation, 2. Aufl. 1976, S. 312 f.; dazu insgesamt *Neumann*, Schriften (Fn. 23), S. 199 ff.

Inweit Adaptionsfolgen von Entscheidungen bei der Auswahl des richtigen Auslegungskriteriums eine Rolle spielen müssen, ist völlig ungeklärt. In der Rechtspraxis wird auf Adaptionsfolgen von Entscheidungen teilweise überhaupt nicht eingegangen, in anderen Teilen der Rechtsprechung spielen Adaptionsfolgen von Entscheidungen eine erhebliche Rolle, der auch die Rechtswissenschaft zustimmt.[81] Methodisch erscheint es unerlässlich, dass Entscheidungen sich mit nahe liegenden Adaptionsfolgen beschäftigen. Legitim erscheint eine Nicht-Berücksichtigung von als untragbar erkannten Adaptionsfolgen nur soweit, als diese Adaptionsfolgen auch „anders" verhindert werden können. Adaptionsfolgen können auch nur mit „mehr" oder „weniger" großer Wahrscheinlichkeit erkannt werden. Es muss methodisch noch geklärt werden, ab welcher Wahrscheinlichkeit sie zu berücksichtigen sind.

6.4 Richterliche Normanwendung

6.4.1 Analyse und Ziele richterlichen Handelns

Das Ziel (Erkenntnisinteresse) der einzelnen Etappen richterlicher Entscheidung ist ein je anderes. So kann man es als Ziel der Sachverhalts-Festlegung ansehen, einen Sachverhalt zu ermitteln, der wahr ist in dem Sinne, dass er die Wirklichkeit abbildet. Verfahrensordnungen enthalten, soweit sich dieses Ziel nicht erreichen lässt, Regeln darüber, welcher Sachverhalt einer Entscheidung zu Grunde zu legen ist, wenn sich kein wahrer Sachverhalt ermitteln lässt.[82] Prozessordnungen legen außerdem fest, mit welchen Beweismitteln, in welcher Form wahre Sachverhalte ermittelt werden dürfen. Das Ziel der Erforschung wahrer Sachverhalte darf nicht mit allen Mitteln antizipiert werden. Aber das Ziel „Festlegung wahrer Sachverhalte" bleibt, selbst wenn der Ermittlungsgrundsatz in der konkreten Verfahrensordnung nicht gilt, als Ziel erhalten. Das Ziel der rechtlichen Würdigung hat nun sicherlich nichts mit dem Interesse der Abbildung der Wirklichkeit zu tun. Vielmehr soll hier der Versuch gemacht werden, plausible Verhaltensnormen festzulegen. Die Verhaltensnormen sollen einerseits in Gesetzesentsprechung hergestellt werden, andererseits von der Kommunikationsgemeinschaft „Rechtswissenschaft"

---

81 *Lübbe-Wolff,* Rechtsfolgen (Fn. 14), S. 139 ff. und *Nell,* Wahrscheinlichkeitsurteile in juristischen Entscheidungen, 1983; zum generellen Problem der Folgenberücksichtigung vgl. die unterschiedlichen Standpunkte bei *Hassemer,* Über die Berücksichtigung von Folgen bei Auslegung der Strafgesetze, in: Festschrift für Helmut Coing zum 70. Geburtstag, *Horn* (Hrsg.); 1982, S. 493 ff.; *Sambuc,* Folgenerwägungen im Richterrecht, 1977; *Wälde,* Juristische Folgenorientierung, 1979; *Luhmann,* Rechtssystem und Rechtsdogmatik, 1974, S. 31 ff.; *Pawlowski,* Methodenlehre für Juristen, 3. Aufl. 1999, § 11; *Rottleuthner,* Zur Methode einer folgenorientierten Rechtsanwendung, in: Wissenschaften und Philosophie als Basis der Jurisprudenz, ARSP, Beiheft Nr. 13, 1980, S. 97 ff.
82 Im Strafrecht gilt z. B. der „In-dubio-pro-reo"-Grundsatz.

anerkannt werden. Rechtliche Würdigung hat auch immer damit zu tun, Anwendungskriterien forensisch praktikabel zu gestalten. Rechtsfolgenentscheidungen sind teilweise zwingend, teilweise hat der Richter einen Beurteilungsspielraum, in dem er verschiedene Ziele möglichst weitgehend verwirklichen muss. Das Ziel der Sanktionsbestimmung im Strafrecht ist es beispielsweise, innerhalb eines durch Gesetz festgelegten Rahmens eine Strafe zu finden, die die Schuldgrenze nicht übersteigt, und die einerseits potenzielle Täter abschreckt und andererseits zugleich eine günstige Individualprognose für den Täter zulässt.

Von den jeweiligen Zielen aus muss richterliches Handeln differenziert analysiert werden. Für die Verfolgung der verschiedenen Ziele bieten sich unterschiedlichste Informationsmöglichkeiten an. Während es bei der rechtlichen Würdigung eine Menge Informationen gibt, sind die Informationsmöglichkeiten, die dem Richter eine wissenschaftlich fundierte Beweiswürdigung erlauben, begrenzt. Es gibt derzeit zu wenig empirisch gesicherte Erkenntnisse über die Beurteilung von Zeugenaussagen.[83] Informationsmöglichkeiten für eine gesicherte Sozialprognose (positive und negative Generalprävention beispielsweise) existieren zwar, sind aber noch nicht hinreichend.

6.4.2 Problemkatalog

Bei der Analyse der Problemstrukturen ergeben sich ebenfalls Unterschiede im richterlichen Handeln. Der Richter hat es einmal mit der Feststellung von singulären Ereignissen zu tun, etwa damit, ob „A" an einem Ereignis „X" beteiligt war, oder ob überhaupt ein Ereignis „X" stattgefunden hat. Will er dies feststellen, so muss er aufgrund von Zeugen- oder Sachverständigenaussagen auf eine wie auch immer geartete Beteiligung des „A" an diesem Ereignis „X" schließen. Hierzu braucht er anerkannte Theorien, Gesetzmäßigkeiten, die es ihm erlauben, Beweismittel zu beurteilen. Problem der Erklärung singulärer Ereignisse ist, von welchen Theorien und Gesetzmäßigkeiten der Richter ausgehen sollte und ausgehen darf.

Weiter hat es der Richter mit intentionalem Handlungsverstehen zu tun. Intentional erklärt man immer dann, wenn man zu beurteilende Handlungen in einen Kontext von Zielen und kognitiven Elementen stellt. Das Erschließen des Vorsatzes oder anderer Formen innerer Beteiligung ist nur als intentionales Handlungsverstehen begreifbar. Man kann den „Vorsatz" eines Täters nicht sehen, sondern muss ihn aufgrund von Zuordnungsregeln feststellen. Bei Richtern, die es typischerweise mit Handelnden zu tun haben, die ihren Vorsatz bestreiten, müssen Zuordnungsregeln entwickelt werden, die es erlauben, aufgrund äußerer Tatsachen innere Tatsachen zu behaupten. Diese Zuordnungsregeln dürfen nicht willkürlich sein, sondern müssen ihre Legitimation in dem Rechtssystem finden.

---

83 Vgl. aber *Bender-Röder-Nack*, Tatsachenfeststellung vor Gericht, 1981.

Bei der Auslegung von Gesetzesnormen stellt sich für den Richter das Normkonkretisierungsproblem, das Problem also, Kriterien zu entwickeln, die den Übergang von der Norm zum Einzelfall konsensfähig leisten. Bei der Rechtsfolge hat es der Richter mit unterschiedlichen Problemen zu tun. Er muss etwa die Schadenshöhe ermitteln, Rentenanwartschaften berechnen, Individual- und Sozialprognosen stellen und zwischen unterschiedlichen Zielen, die mit Rechtsentscheidungen verfolgt werden, abwägen.

6.4.3 Rechtsfindung und Rechtfertigung

Grundsätzlich ist bei der Betrachtung richterlicher Urteile zwischen Herstellung und Darstellung zu unterscheiden. Diese beiden Komplexe sind nicht so getrennt zu sehen, dass man davon ausgehen müsste, dass zwischen ihnen kein Zusammenhang bestünde. Vielmehr ist es so, dass die Begründung als abschließende Phase, die sich dem Entscheidungsprozess anschließt, das Ergebnis des Herstellungsprozesses widerspiegeln sollte. Dennoch gilt wohl häufig, dass in ein Urteil mehr und anderes eingeht, als die Begründung des Urteils aufweist. Es können auch in der Begründung Aspekte auftauchen, die in der Herstellungsphase nicht relevant waren. Der Begründungszwang bringt es auf jeden Fall mit sich, dass die späteren Möglichkeiten der Darstellung die Herstellung beeinflussen, kanalisieren und motivieren. Während es also durchaus sinnvoll ist, Herstellung und Darstellung als zwei aufeinander folgende Phasen zu sehen, ist damit nicht zugleich eine absolute Trennung von Entscheidung und Begründung bzw. Argumentation verbunden.

Das Vorverständnis des Richters, das Entscheidungsmöglichkeiten selektiert, wird immer nur zu solchen Ergebnissen kommen, die später auch begründbar sind. Schon in frühen Stadien des Entscheidungsprozesses führt die Zwischenüberprüfung der bisherigen Lösungshypothesen zu einer Projektion auf die Legitimierbarkeit. Das „Durchspielen" von Lösungsmöglichkeiten und ihre Analyse auf ihre Folgen führen zum Ausscheiden gewisser Lösungswege. Praktisch handelt es sich also schon bei der Herstellung zugleich um Teil-Entscheidungen zum Fortgang der eigentlichen Entscheidung und deren Begründung. In einem nicht linearen Prozess durchdringen sich Elemente der Dezision und der Argumentation ständig. Dennoch kann es sinnvoll sein, Entscheidungs- und Argumentationselemente als Aspekte zu unterscheiden und somit zwei Betrachtungsebenen einzuführen, die diese Differenzierung und zugleich die Analyse der Beziehung zwischen beiden Aspekten zulassen.

Auf der Ebene der Entscheidung müssen die Elemente untersucht werden, die im Hinblick auf das *Ergebnis* prägenden Charakter haben. Auf der Ebene der Argumentation wird analysiert, welche Regeln für juristisches *Diskutieren* und *Begründen* gelten und gelten sollen.

Ausgewählte Literatur

Alexy, Robert, Theorie der juristischen Argumentation, 4. Aufl. 2001 (Originalausgabe 1978).
Burkhardt, Walter, Methode und System des Rechts, 1936.
Engisch, Karl, Einführung in das juristische Denken, 9. Aufl. 1997 (Einführung).
Esser, Josef, Vorverständnis und Methodenwahl, 2. Aufl. 1972.
Fikentscher, Wolfgang, Methoden des Rechts, 5 Bde., 1975–1977.
Gadamer, Hans-Georg, Wahrheit und Methode, 4. Aufl. 1975.
Hassemer, Winfried, Tatbestand und Typus; Untersuchungen zur strafrechtlichen Hermeneutik, 1968.
ders., (Hrsg.), Dimensionen der Hermeneutik, Arthur Kaufmann zum 60. Geburtstag, 1984.
Hinderling, Hans-Georg, Rechtsnorm und Verstehen, 1971.
Kaufmann, Arthur, Beiträge zur Juristischen Hermeneutik, 2. Aufl. 1998.
ders., Analogie und Natur der Sache, 2. Aufl. 1982.
Kudlich, Hans, Die strafrahmenorientierte Auslegung im System der strafrechtlichen Rechtsfindung, in: ZStW, 2003, S. 1 ff.
Kramer, Ernst-A., Juristische Methodenlehre, 1998.
Kriele, Martin, Theorie der Rechtsgewinnung, 2. Aufl. 1976.
Larenz, Karl/Canaris, Claus-Wilhelm, Methodenlehre der Rechtswissenschaft, 3. Aufl. 1995.
Lübbe-Wolff, Gertrud, Rechtsfolgen und Realfolgen, 1981.
Müller, Friedrich, Juristische Methodik, 7. Aufl. 1997.
Neumann, Ulfrid, Juristische Argumentationslehre, 1986.
Neuner, Jörg, Die Rechtsfindung contra legem, 1992.
Schnädelbach, Herbert, Philosophie in Deutschland 1831–1933, 1983 (Einführung).
Schroth, Ulrich, Theorie und Praxis subjektiver Auslegung im Strafrecht, 1983.
Vogel, Joachim, Juristische Methodik, 1998.
Wälde, Thomas, W., Juristische Folgenorientierung, 1979.

7 Juristische Logik

Von Ulfrid Neumann, Frankfurt/Main

7.1 Der Begriff der juristischen Logik

Der Begriff der juristischen Logik ist doppeldeutig, weil der Begriff der Logik in einem weiteren und in einem engeren Sinne verwendet wird. Im *weiteren Sinne* meint „Logik" soviel wie *„Methodologie"*; in dieser Bedeutung wird der Begriff etwa gebraucht, wenn von der „Logik der Sozialwissenschaften" oder der „Logik der Kulturwissenschaften" die Rede ist. Im *engeren Sinne* bezieht sich der Begriff der Logik nur auf formale Regeln, d. h. auf Regeln, deren Geltung von einem spezifischen Anwendungsbereich unabhängig ist. In diesem engeren Sinne ist Logik die „Theorie der Aussagen, die aufgrund ihrer Form allein wahr sind"[1]. Legt man den engeren Begriff zugrunde, so kann man die Existenz einer spezifisch „juristischen" Logik bestreiten, da es um die Wahrheit von Aussagen allein aufgrund der *Form* geht, die Inhalte der Aussagen der jeweiligen Wissenschaft also gerade keine Rolle spielen. Teilweise wird deshalb behauptet, die Rede von einer juristischen Logik sei ebenso wenig sinnvoll wie die von einer medizinischen oder einer biologischen Logik[2].

In der Tat können sich Fragen einer „juristischen Logik" im formalen Sinn nur als Fragen der *Anwendung* der *allgemeinen Logik* auf Recht und Rechtswissenschaft stellen[3]. Die hier liegenden spezifischen Probleme rechtfertigen es aber, den Begriff der „juristischen Logik" auch für den Anwendungsbereich der Logik im formalen Sinn, um den es im Folgenden geht, beizubehalten. Diese spezifischen Probleme betreffen beispielsweise die logische Struktur der Subsumtion (7.2), die Notwendigkeit einer eigenen Logik der Normen (7.4.1.3) und das Verhältnis von Logik und juristischer Argumentation (7.5.4).

---

1 *Patzig*, Sprache und Logik, 1970, S. 10.
2 In diesem Sinne *Wagner/Haag*, Die moderne Logik in der Rechtswissenschaft, 1970, S. 7. Vgl. auch *Perelman*, Juristische Logik als Argumentationslehre, 1979, S. 14.
3 In diesem Sinne etwa *Simon*, Juristische Logik und die richterliche Tätigkeit, ZVglRWiss 81 (1982), S. 63; *Tammelo*, Modern Logic in the Service of Law, 1978, S. 1 f.; vgl. aber auch *Tammelo* in der 3. Aufl. dieses Buches, S. 120.

7.2 Syllogistik und „Justizsyllogismus"

Die halb ironische, halb ernsthafte Kennzeichnung der juristischen Subsumtion als *„Justizsyllogismus"* verweist auf die Schlussformen der traditionalen Logik, der Syllogistik. Diese auf *Aristoteles* zurückgehenden[4] Schlussformen lassen sich am besten anhand zweier Beispiele darstellen. Der Syllogismus

M a P
S a M
S a P

ist zu lesen: Alle M sind P, alle S sind M, daraus folgt: Alle S sind P. Der Syllogismus

M e P
S i M
S o P

ist zu lesen: Kein M ist P, einige S sind M, daraus folgt: Einige S sind nicht P. Die Kleinbuchstaben a, i, e, o (von *affirmo* und n*ego*) kennzeichnen in dieser Reihenfolge die generell-positive (*„alle ... sind ..."*), die partiell-positive (*„einige ... sind ..."*), die generell-negative (*„kein ... ist ..."*) und die partiell-negative (*„einige ... sind nicht ..."*) Beziehung. Die einzelnen Schlussmodi werden mit dreisilbigen Namen bezeichnet, deren Vokale die jeweiligen Beziehungen zwischen M und P in den Prämissen und der Konklusion charakterisieren; im ersten Beispiel handelt es sich um den *modus barbara*, im zweiten um den *modus ferio*[5]. Sieht man davon ab, dass der Untersatz bei der juristischen Subsumtion ein singulärer Satz ist[6], dann lässt sich der sog. Justizsyllogismus als ein Anwendungsfall des modus barbara rekonstruieren:

Alle Mörder sollen bestraft werden
T ist ein Mörder
T soll bestraft werden.

---

[4] Die Unterschiede zwischen der aristotelischen und der traditionellen (scholastischen) Syllogistik können hier außer Betracht bleiben; dazu *Patzig*, Die aristotelische Syllogistik, 1959, S. 11-24.

[5] Eine vollständige Wiedergabe der gültigen Syllogismen findet sich bei *Tammelo/Schreiner*, Grundzüge und Grundverfahren der Rechtslogik, Bd. 1, 1974, S. 110 ff. und bei *Herberger/Simon*, Wissenschaftstheorie für Juristen, 1980, S. 23 ff. Vgl. auch *Arthur Kaufmann*, Das Verfahren der Rechtsgewinnung, 1999, S. 43 ff.

[6] Vgl. dazu etwa *Klug*, Juristische Logik, 4. Aufl. 1982, S. 49.

7.3 Logische Kalküle

Die Schlussformen der Syllogistik stellen einen wichtigen Schritt auf dem Weg zur Entwicklung einer formalen Logik dar, weil sie allgemeine Strukturen des Schließens wiedergeben, deren Verbindlichkeit von den jeweiligen Inhalten unabhängig ist. Sie sind für alle denkbaren Aussagen in gleicher Weise gültig. Deshalb und nur deshalb können in ihnen inhaltliche Begriffe („Mörder", „soll bestraft werden" etc.) durch abstrakte Symbole (hier: Großbuchstaben [M, P]) ersetzt werden. Die Schlussformen der Syllogistik erlauben aber keine Operationen, deren Zulässigkeit nicht unmittelbar plausibel oder in jedem Falle inhaltlich überprüfbar wäre. In diesem Punkt liegt ein wichtiger Unterschied zwischen *moderner* und *traditioneller* Logik. Die moderne Logik ermöglicht ein formales Operieren im Kalkül. Unter einem *Kalkül* versteht man ein System von Zeichen, die nach bestimmten Operationsregeln miteinander kombinierbar sind[7]. Die Beschreibung eines Objektbereichs mittels eines Kalküls setzt voraus, dass den Zeichen des Kalküls Elemente des Objektbereichs zugeordnet werden können, d. h. dass die Bedeutung der einzelnen Zeichen festliegt. Einen solchen inhaltlich interpretierten Kalkül bezeichnet man als *formalisierte Sprache*[8]. „Formalisierung" heißt also anderes und mehr als die Ersetzung von Wörtern durch Zeichen („Symbolisierung"); entscheidend ist die Existenz von Operationsregeln, die den Übergang von einem Ausdruck des Kalküls zu einem anderen unter Vernachlässigung der „Bedeutung" der Ausdrücke, also rein „formal" ermöglichen. Formalisierte Sprachen in diesem Sinne sind beispielsweise der Aussagen- und der Prädikatenkalkül in der modernen Logik. Wenn von einer „Formalisierung" der Rechtssprache die Rede ist, dann ist damit im Allgemeinen deren Übersetzung in den (mit Rücksicht auf die Normativität des Rechts möglicherweise modifizierten) Kalkül der Aussagen- oder Prädikatenlogik gemeint (näher unter 7.3.1 und 7.3.2). Auf welchen Kalkül man zur Darstellung logischer Zusammenhänge zurückgreift, hängt davon ab, welche Strukturen zum Ausdruck gebracht werden sollen. Die einzelnen Kalküle weisen ein unterschiedliches Maß an Differenziertheit und damit ein unterschiedliches „Auflösungsvermögen" auf. Die Wahl des Kalküls hängt deshalb davon ab, welches Maß an Vergrößerung man in Hinblick auf welche Strukturen erreichen will.

---

7 Zum Begriff des Kalküls näher *Reisinger*, Überlegungen zur Formalisierung im Recht, in: DSWR 1974, 46 ff., 87 ff., S. 47.
8 *Reisinger*, Überlegungen (Fn. 7), S. 47.

7.3.1 Der Aussagenkalkül

Der *Aussagenkalkül* spiegelt die logischen Zusammenhänge zwischen elementaren Aussagen („es regnet", „die Straße ist nass") und komplexen Aussagen („es regnet und die Straße ist nass")[9]. Da es hier auf die jeweilige Struktur der Aussagen nicht ankommt, enthält der Aussagenkalkül nur zwei Arten von Zeichen: Die Kleinbuchstaben p, q, r (evtl. weitere), die Aussagen symbolisieren (Aussagenvariable), und die Operatoren, nämlich den Negator und die Junktoren, die elementare Aussagen zu komplexen verknüpfen. Diese Junktoren können großenteils mit Hilfe umgangssprachlicher Wendungen umschrieben werden („und", „oder", „wenn-dann", „nur dann, wenn"). Für das Verständnis der Möglichkeit einer Übersetzung von Formulierungen der natürlichen Sprache (und damit auch der Rechtssprache) in den Aussagenkalkül ist außerordentlich wichtig, dass sie aber nicht von diesen umgangssprachlichen Partikeln her definiert werden. Definiert werden die Junktoren der Aussagenlogik durch die Abhängigkeit des Wahrheitswertes der durch sie gebildeten komplexen Aussagen von den Wahrheitswerten der elementaren Aussagen[10]. Der der umgangssprachlichen Und-Verknüpfung entsprechende Konjunktor „$\wedge$" wird dadurch definiert, dass die durch ihn gebildete komplexe Aussage (p $\wedge$ q) genau dann (d. h. dann und nur dann) wahr ist, wenn die elementaren Aussagen p und q gleichfalls wahr sind.

Schreibt man „1" für „wahr" und „0" für „falsch", so lässt sich das folgendermaßen darstellen:

$$
\begin{array}{c}
p \wedge q \\ \hline
1\ 1\ 1 \\
1\ 0\ 0 \\
0\ 0\ 1 \\
0\ 0\ 0
\end{array}
$$

Dabei gibt die mittlere Spalte (1000) den Wahrheitswert des gesamten Ausdrucks (der Konjunktion) in Abhängigkeit von dem jeweiligen Wahrheitswert von p (linke Spalte) und q (rechte Spalte) an.

Für die Implikation (p $\rightarrow$ q) gilt die Wahrheitswertverteilung

$$
\begin{array}{c}
p \rightarrow q \\ \hline
1\ 1\ 1 \\
1\ 0\ 0 \\
0\ 1\ 1 \\
0\ 1\ 0
\end{array}
$$

---

9 Einführende Darstellung bei *Ruppen*, Einstieg in die formale Logik, 1997, S. 17 ff. sowie bei *Buth*, Einführung in die formale Logik, 1996, S. 40 ff.
10 Auch der Negator wird durch eine Wahrheitswertverteilung definiert:

$$
\begin{array}{cc}
p & \neg p \\ \hline
1 & 0 \\
0 & 1
\end{array}
$$

Diese Definition der logischen Junktoren über Wahrheitswerte bedeutet für die Übersetzung der mit ihrer Hilfe gebildeten logischen Ausdrücke in die Umgangssprache, dass diese Übersetzung nur für solche Partikel der Umgangssprache unproblematisch ist, die Beziehungen lediglich zwischen den Wahrheitswerten (und nicht: den Bedeutungen) von Sätzen herstellen. Zu diesen Verknüpfungen ist das umgangssprachliche „und" zu rechnen; die Aussage „es regnet und Paris ist die Hauptstadt Frankreichs" ist wahr genau dann, wenn sowohl die Aussage „es regnet" als auch die Aussage „Paris ist die Hauptstadt Frankreichs" wahr sind[11]. Andere Aussageverbindungen sind umgangssprachlich nicht ohne Gewaltsamkeiten umschreibbar, wie umgekehrt auch die Mehrzahl der umgangssprachlichen Satzverknüpfungen (weil, obwohl, während etc.) im Aussagenkalkül nicht darstellbar ist.

Allenfalls annäherungsweise in der Umgangssprache umschreibbar ist die aussagenlogische *Implikation*: In der umgangssprachlichen „Wenn-Dann"-Verknüpfung schwingt eine Kausalbeziehung mit, die im Kalkül nicht ausgedrückt werden kann. So ist etwa die Aussage „wenn London die Hauptstadt Frankreichs ist, dann liegt Stockholm am Nil" in der aussagenlogischen Kalkülisierung als Implikation wahr, da die Implikation per definitionem jedenfalls dann wahr ist, wenn der Vordersatz falsch ist (gleichgültig also, ob der Nachsatz richtig oder falsch ist)[12]. Dennoch würden wir zögern, die Aussage in ihrer umgangssprachlichen Formulierung für wahr zu halten. Dies deshalb, weil nicht einzusehen ist, dass die „Verlegung" von London nach Frankreich die „Verlegung" von Stockholm an den Nil „bewirken" sollte. Gerade dieses Moment von Kausalität kommt aber im Aussagenkalkül nicht zum Ausdruck.

Der Kalkül ist also einerseits genauer, andererseits aber „ärmer" als die Umgangssprache. Das erklärt sich aus der extensionalen Konzeption[13] der Aussagenlogik. Die Aussagenlogik hat es nur mit der Extension (dem Wahrheitswert), nicht mit der Intension (dem Sinn) von Aussagen zu tun. Inhaltliche Verknüpfungen von Sätzen aber sind eine Frage des Sinns (der Bedeutung). Damit ist eine scharfe Grenze der Formalisierbarkeit von Sätzen im Aussagenkalkül wie auch in allen anderen extensionalen Kalkülen markiert: Inhaltliche Zusammenhänge können nicht dargestellt werden. Auf die daraus für die Versuche einer Formalisierung von Rechtsnormen resultierenden Schwierigkeiten wird weiter unten einzugehen sein.

---

11 Das Befremden, mit dem wir auf die Äußerung „Es regnet und Paris ist die Hauptstadt Frankreichs" reagieren würden, beweist freilich, dass wir an einen mit „und" verknüpften Satz im Allgemeinen auch Erwartungen hinsichtlich des Bestehens eines Sinnzusammenhangs stellen. Die Äußerung „Die Opposition übernahm die Regierungsgewalt und die Arbeitslosigkeit ging drastisch zurück" dürfte im *Regelfall* als Behauptung eines Kausalzusammenhangs verstanden werden (anders beispielsweise, wenn sie die Antwort auf die Frage nach den wichtigsten Ereignissen innerhalb eines bestimmten Zeitraums darstellt). Die daraus resultierenden rhetorischen Möglichkeiten liegen auf der Hand.
12 Vgl. die Zeilen 3 und 4 der Wahrheitswertetabelle (S. 301).
13 Vgl. dazu *Klaus*, Moderne Logik, 7. Aufl. 1973, S. 129 ff.

7.3.2 Der Prädikatenkalkül

Unabhängig von diesem Problem der Darstellbarkeit inhaltlicher Verknüpfungen ist der Aussagenkalkül wegen seiner beschränkten Ausdrucksmöglichkeit für die Formalisierung von Rechtsnormen und Rechtssätzen wenig geeignet; der Unterschied zwischen generellen und singulären Sätzen, der für die Struktur der juristischen Subsumtion wesentlich ist, kann im Aussagenkalkül nicht erfasst werden. Für die Formalisierung von Rechtsnormen und -sätzen wird deshalb überwiegend auf den *Prädikatenkalkül*[14] zurückgegriffen[15], in dem der Unterschied zwischen generellen, partikulären und singulären Sätzen mit Hilfe des Alloperators „$\wedge$" und des Existenzoperators „$\vee$" dargestellt werden kann:

„$\wedge$"$x(Px \to Sx)$, zu lesen: Für alle x gilt: wenn x das Prädikat/die Eigenschaft P zukommt, dann kommt x das Prädikat/die Eigenschaft S zu; oder kürzer: Alle P sind S.

$\vee x(Px \wedge Sx)$, zu lesen: Es gibt mindestens ein x, für das gilt: x kommt das Prädikat/die Eigenschaft P zu und x kommt das Prädikat/die Eigenschaft S zu; $(Pa \wedge Sa)$, zu lesen: a kommt das Prädikat/die Eigenschaft P zu und a kommt das Prädikat/die Eigenschaft S zu.

Als Grundform des juristischen Syllogismus ergibt sich in der Darstellung im Prädikatenkalkül

$$\frac{\wedge x \quad (T_1 x \to R_1 x)}{T_1 a}$$
$$R_1 a$$

Für alle x gilt: Wenn x den Tatbestand T_1 erfüllt, dann gilt für x die Rechtsfolge R_1

a erfüllt den Tatbestand T_1

Für a gilt die Rechtsfolge R_1

Die strukturelle Ähnlichkeit dieser Darstellung des juristischen Syllogismus mit dem modus barbara ist auffallend. In der Tat lässt sich die Syllogistik jedenfalls grundsätzlich als Teilbereich der Prädikatenlogik (erster Stufe) interpretieren[16].

---

14 Einführende Darstellung bei *Buth*, S. 96 ff. sowie bei *Ruppen*, S. 155 ff.
15 Vgl. *Rödig*, Über die Notwendigkeit einer besonderen Logik der Normen, in: Jb. Bd. 2, S. 163 ff., passim; *Yoshino*, Über die Notwendigkeit einer besonderen Normenlogik als Methode der juristischen Logik, in: U. Klug u. a. (Hrsg.), Gedächtnisschrift für Jürgen Rödig, 1978, S. 140 ff. Einführende Darstellung zum Prädikatenkalkül bei *Ruppen*, Einstieg in die formale Logik, 1997, S. 155 ff. sowie bei *Buth*, Einführung in die formale Logik, 1996, S. 96 ff.
16 Dazu *Klug*, Logik (Fn. 6), S. 48 ff.; *Herberger/Simon*, Wissenschaftstheorie (Fn. 5), S. 114 ff.

C *Schwerpunkte*

7.4 Die Leistungsfähigkeit der Logik im Recht

Welche Rolle der Logik im Rahmen der Rechtswissenschaft zukommt bzw. vernünftigerweise zukommen kann, ist heftig umstritten. Auf der einen Seite ist ein deutliches Misstrauen festzustellen[17], das nicht nur der gering geschätzten Leistungsfähigkeit der Rechtslogik, sondern auch möglichen Gefahren einer „Logifizierung" von Recht und Rechtswissenschaft gilt. Auf der anderen Seite finden sich – neben vehementen Attacken juristischer Autoren auf Kritiker der Logik[18] – Arbeiten, die von den Mitteln der modernen Logik bei der Analyse des Rechts und des rechtlichen Argumentierens erfolgreich Gebrauch machen[19]. Will man sich in diesem Streit orientieren, so muss man zunächst zwischen Logik als formalisiertem System (Kalkül) einerseits, als implizitem Regelsystem der Sprache andererseits unterscheiden.

7.4.1 Formalisierung und Axiomatisierung von Rechtssätzen

7.4.1.1 Ziele der Formalisierung. Die Frage nach den möglichen Zielen der Formalisierung von Rechtssätzen lässt sich zumindest negativ sehr rasch beantworten. Es kann nicht das Ziel der Formalisierung sein, Entscheidungen zu ermöglichen, die außerhalb des Kalküls nicht zu gewinnen wären. Da logische Kalküle keine normativ relevanten Daten bereitstellen, erhöhen sie nicht die Menge der ableitbaren Entscheidungen. Positiv wird als Ziel einer Formalisierung die Transparenz juristischer Argumentationen genannt; in diesem Zusammenhang findet sich der Hinweis[20] auf ein Bild *Freges*, der die mathematische Logik mit einem Mikroskop verglichen hat, das dem Auge (im Vergleich: der natürlichen Sprache) an Beweglichkeit unterlegen sei, es aber an Schärfe weit übertreffe[21]. Ein schlichtes Beispiel bietet die Beseitigung der Mehrdeutigkeit umgangssprachlicher Bindewörter im Aussagenkalkül. Die Darstellung von Satzverknüpfungen im Aussagenkalkül zwingt dazu, die genaue logische Struktur der Verknüpfung, die von der Umgangssprache häufig verwischt wird, eindeutig zu klären. Wenn § 303 StGB beispiels-

---

17 Vgl. *Esser*, Grundsatz und Norm in der richterlichen Fortbildung des Privatrechts, 3. Aufl. 1974, S. 221; *ders.*, Vorverständnis und Methodenwahl in der Rechtsfindung. Rationalitätsgrundlagen richterlicher Entscheidungspraxis, 2. Aufl. 1972, S. 106 ff.
18 Zu der bei *Koch/Rüßmann*, Juristische Begründungslehre, 1982, S. 59-63 an Toulmin geübten Kritik vgl. *Neumann*, Juristische Argumentationslehre, 1986, S. 25-28.
19 Aus dem deutschsprachigen Schrifttum sind hier vor allem die Arbeiten *Rödigs* zu nennen; hinsichtlich der Analyse juristischer Entscheidungen *Alexy*, Die logische Analyse juristischer Entscheidungen, in: Hassemer/Kaufmann/Neumann (Hrsg.), Argumentation und Recht, ARSP-Beiheft n. F. Nr. 14, 1980, S. 181 ff.
20 *Alexy*, Analyse (Fn. 19), S. 181.
21 *Frege*, Begriffsschrift. Eine der arithmetischen nachgebildete Formelsprache reinen Denkens, 1879, S. IV.

weise für vorsätzliche Sachbeschädigung Geldstrafe *oder* Freiheitsstrafe androht, so ist aus dieser Formulierung nicht ersichtlich, ob Geldstrafe und Freiheitsstrafe auch nebeneinander verhängt werden dürfen (sog. einschließendes „oder"), oder ob nur entweder auf Freiheitsstrafe oder auf Geldstrafe zu erkennen ist (sog. ausschließendes „oder").

Will man § 303 Abs. 1 StGB im Aussagenkalkül darstellen, so muss die Frage, welche Interpretation des „oder" zutreffend ist, zuvor entschieden werden. Im ersteren Falle wäre für die Straffolge des § 303 Abs. 1 StGB die aussagenlogische Disjunktion (p ∨ q) zu verwenden (Wahrheitswertfolge 1 1 1 0), im zweiten Falle die Kontravalenz (p >< q, Wahrheitswertfolge 0 1 1 0). Die Formalisierung einzelner Rechtsnormen bzw. -sätze zwingt also zur Beachtung der Präzisionsstandards des verwendeten Kalküls. Die Rekonstruktion von Argumentationen im Kalkül ermöglicht darüber hinaus die Identifizierung von Ungenauigkeiten der Argumentation, etwa die Feststellung fehlender oder widersprüchlicher Prämissen.

7.4.1.2 Probleme einer Formalisierung von Rechtsnormen. Bedenken gegen eine Formalisierung von Rechtsnormen (für die im Folgenden exemplarisch ihre Darstellung im Prädikatenkalkül stehen soll) können sich zum einen aus den rechtstheoretischen Implikationen, zum anderen aus technischen Schwierigkeiten der Formalisierung ergeben. Unter *rechtstheoretischem Aspekt* lässt sich zunächst einwenden, dass die Verwendung des Implikators zur Darstellung der konditionalen Struktur der Rechtsnorm unangemessen ist; sie vernachlässigt den zwischen Antezedens (Tatbestand) und Konsequens (Rechtsfolge) bestehenden Sinnzusammenhang und führt deshalb zu inakzeptablen Folgerungen: Da die Implikation immer schon dann wahr ist, wenn der Vordersatz falsch ist, wäre bei Verwendung des Implikators jede Norm wahr bzw. gültig, deren Vordersatz falsch ist. In einer Gesellschaft, in der niemand älter als 100 Jahre ist, wäre die Norm: „Jeder, der älter als 100 Jahre ist, wird mit dem Tode bestraft" wahr bzw. gültig[22]. Diese Inadäquanz der logischen Implikation für die Darstellung inhaltlicher Zusammenhänge legt es nahe, für die Formulierung von rechtlichen Normen[23] – wie auch von Naturgesetzen[24] – andere Funktoren zu verwenden.

Allerdings spricht die Tatsache, dass sich inhaltliche Zusammenhänge in (extensionalen) logischen Kalkülen nicht abbilden lassen, nicht zwingend gegen das Unternehmen einer logischen Rekonstruktion. Denn es geht beim Einsatz logischer

---

22 Vgl. dazu *Weinberger*, Kann man das normenlogische Folgerungssystem philosophisch begründen?, in: ARSP 1979, S. 178; kritisch dazu *Yoshino*, Die logische Struktur der Rechtsnormen bezüglich der logischen Formalisierungsweise für die Rechtsnorm : A(x) (Mö(x) → St(x)), in: ARSP Supplement Vol. 1, Part 3, 1983, S. 289.
23 Vgl. *Koch/Trapp*, Richterliche Innovation – Begriff und Begründbarkeit, in: Harenburg/Podlech/Schlink (Hrsg.), Rechtlicher Wandel durch richterliche Entscheidung, 1980, S. 91 ff.
24 Vgl. *Popper*, Logik der Forschung, 10. Aufl. 1994, S. 374 ff., 388 ff.

Kalküle *nicht* um die *Übersetzung*, sondern um die *Ersetzung* der Umgangssprache[25]; eine Adäquanz der Formalisierung im Sinne der Berücksichtigung von Sinnzusammenhängen ist deshalb von vornherein nicht zu erwarten. Bedenklicher als die „Armut" des Kalküls im Vergleich zur Umgangssprache ist seine Produktivität; die Ableitbarkeit von Normen der oben (bei Fn. 22) gekennzeichneten Art erscheint kaum akzeptabel.

Allerdings müssen derartige Misshelligkeiten im Bereich *rechtstheoretischer* Konsequenzen nicht gegen den *instrumentellen* Einsatz des Kalküls sprechen – so wenig es gegen die Verwendung einer Lupe spricht, dass sie neben einer Vergrößerung *bestimmter* Textstellen Verzerrungen anderer liefern mag. Indes erscheint auch bei dem nur technischen Einsatz des Kalküls Vorsicht geboten. Die scheinbar banale Formalisierung des § 211 Abs. 1 StGB („Der Mörder wird mit lebenslanger Freiheitsstrafe bestraft")

$\quad \wedge x \ (Mx \to Fx)$

kann sehr rasch zu Widersprüchen führen, weil gleichzeitig gilt

$\quad \wedge x \ (\neg Sx \to \neg Fx)$

(„Wer nicht schuldfähig ist, wird nicht mit lebenslanger Freiheitsstrafe bestraft").

Im Falle eines schuldunfähigen Mörders a gilt sowohl Ma als auch ¬Sa, woraus sowohl Fa als auch ¬Fa folgt.

Diese Gefahr des Auftretens von Widersprüchen bei der (im Rahmen der Rekonstruktion juristischer Argumentationen kaum zu vermeidenden) Formalisierung von einzelnen Rechtssätzen hat zu der Forderung geführt, nicht einzelne Rechtsnormen, sondern nur (axiomatisierte) Rechtsgebiete zu formalisieren[26]. Eine Notlösung liegt darin, jede Formalisierung mit einer „Angstklausel" zu versehen, also etwa zu schreiben

$\quad \wedge x \ (Mx \wedge \neg Ax \to Fx)$

wobei „¬Ax" zu lesen wäre „hinsichtlich x greift keine andere Regelung ein"[27].

7.4.1.3 Wahrheitsfunktionale oder deontische Logik? Der bisher am ausführlichsten erörterte Einwand gegen eine Formalisierung von Rechtsnormen im Prädikatenkalkül (oder einem anderen Kalkül der nicht-deontischen Logik) beruht darauf, dass die Implikation wie auch die anderen Junktoren einer wahrheitsfunktionalen Logik mittels einer Wahrheitswerteverteilung definiert werden (dazu

---

25 So dezidiert *Patzig*, Sprache und Logik, 1970, S. 16, 37 f.; ebenso *Alexy*, Analyse (Fn. 19), S. 198 f.; *Koch/Rüßmann*, Begründungslehre (Fn. 18), S. 33.
26 *Rödig*, Axiomatisierbarkeit juristischer Systeme; wiederabgedruckt in: E. Bund u. a. (Hrsg.), Jürgen Rödig, Schriften zur juristischen Logik, 1980, S. 81.
27 Zu dieser Technik vgl. *Alexy*, Analyse (Fn. 19), S. 202 f. Zur Kritik vgl. die Nachweise bei *Ratschow*, Rechtswissenschaft und Formale Logik, 1998, S. 75 m. Fn. 81.

schon oben S. 301 f.). Die Untersuchung des Wahrheitswerts von Ausdrücken setzt naturgemäß voraus, dass diesen sinnvoll ein Wahrheitswert zugesprochen werden kann. Normen (und folglich auch Rechtsnormen) sind aber nach überwiegender Auffassung nicht wahrheitsfähig. Trifft diese Auffassung zu, so scheitert die Formalisierung von Rechtsnormen mit Hilfe der aussagenlogischen Implikation daran, dass diese als Wahrheitsbeziehung definiert ist. Eben so wenig können dann Ableitbarkeitsbeziehungen zwischen verschiedenen Normen im Kalkül dargestellt werden. Es ergibt sich also folgende Situation: Normen kann ein Wahrheitswert nicht zugeschrieben werden. Die Ableitbarkeitsbeziehung ist als Wahrheitsbeziehung definiert. Andererseits gibt es Folgerungsbeziehungen, in denen Normen als Glieder auftreten und deren Evidenz der reiner Aussagefolgerungen nicht nachsteht (sog. *Jørgensensches Dilemma*)[28]. Soll auf die formallogische Ableitbarkeit im Bereich von Normen nicht verzichtet werden, so muss entweder die Ableitbarkeitsbeziehung anders gefasst oder die Verneinung des Wahrheitswertes von Normen revidiert werden.

Der erste Weg führt zur Entwicklung eigenständiger normlogischer (deontischer)[29] Systeme, die sich mehr oder weniger stark an die indikativen logischen Systeme anlehnen können; auf die im Einzelnen sehr unterschiedlichen Entwürfe kann hier nicht näher eingegangen werden[30]. Die zweite Lösung hat unter Rückgriff auf den von *Tarski* entwickelten „semantischen" Wahrheitsbegriff besonders nachdrücklich *Jürgen Rödig* verfochten. Im Unterschied zur traditionellen Korrespondenztheorie definiert *Tarski* „Wahrheit" nicht als Übereinstimmung von Satz und Sachverhalt, sondern als Verhältnis zwischen Sätzen verschiedener Stufen, zwischen objektsprachlichem und metasprachlichem Satz: „Die Aussage ‚Schnee ist weiß' ist wahr genau dann, wenn Schnee weiß ist"[31]. Die Frage, was es heißen soll, dass Schnee weiß ist, kann offen bleiben; die Existenz eines in dem objektsprachlichen Satz behaupteten Sachverhalts wird nicht vorausgesetzt. Die semantische Konzeption der Wahrheit ist mit jeder erkenntnistheoretischen Position vereinbar[32].

Auf diesen Wahrheitsbegriff *Tarskis* greift *Rödig* zum Aufbau der Semantik eines rechtslogischen Kalküls zurück. Versteht man Wahrheit als Eigenschaft von Aussagen (und nicht von den durch sie repräsentierten Inhalten), so kann man etwa

---

28 Vgl. *Jørgensen,* Imperatives and Logic, in: Erkenntnis 7 (1937/38), S. 288 ff.
29 Die Begriffe „Normlogik" und „deontische Logik" werden überwiegend synonym verwendet; teilweise wird unter „deontischer Logik" die Logik normbeschreibender Sätze (im Gegensatz zur Logik der Normen) verstanden (so etwa *Keuth,* Deontische Logik und Logik der Normen, in: Lenk (Hrsg.), Normenlogik; Grundprobleme der deontischen Logik, 1974, S. 65).
30 Guter Überblick bei *Kalinowski,* Einführung in die Normenlogik, 1972.
31 *Tarski,* Die semantische Konzeption der Wahrheit und die Grundlagen der Semantik (1944), in: Sinnreich (Hrsg.), Zur Philosophie der idealen Sprache, 1972, S. 53, 88.
32 *Tarski,* Konzeption (Fn. 31), S. 87.

definieren: Die Aussage „Es ist geboten, die Behörden von einem drohenden Verbrechen zu unterrichten" ist wahr genau dann, wenn es geboten ist, die Behörden von einem drohenden Verbrechen zu unterrichten[33]. Die Frage, wann dies der Fall ist, kann offen bleiben.

Die Konzeption *Rödigs* scheint widerspruchsfrei durchführbar. Die Kritik[34] stützt sich auf die unterschiedliche Verifikation von Aussagen einerseits und Normen andererseits und bezieht sich damit auf ein Problem, das der formale Wahrheitsbegriff gerade unterläuft[35]. Die Frage der Verifikation ist bei Zugrundelegung eines „relativen" Wahrheitsbegriffs von der Frage des Wahrheitswertes scharf zu trennen.

Eine Formalisierung von Rechtsnormen und Rechtssätzen dürfte danach im Prädikatenkalkül ebenso möglich sein wie in einem besonderen deontischen System. In beiden Fällen bleiben aber theoretische wie praktische Vorbehalte. Zum einen kranken nahezu[36] alle bisher bekannten Versuche an unerfreulichen Nebenfolgen; die Paradoxien speziell der deontischen Logik haben sich mittlerweile zu einem eigenen Forschungsbereich entwickelt. Zum anderen bleibt die Frage nach dem Gewinn, den ein derart aufwendiges Unternehmen unter dem Strich abwirft. Der Vergleich des „kalkulierenden" Juristen mit dem Mann, der seine Hose mit der Beißzange anzuziehen pflegte[37], erscheint überzogen, aber nicht gänzlich abwegig.

7.4.2 Die Axiomatisierung von Rechtssätzen

Zwischen der *Formalisierung* und der *Axiomatisierung* des Rechts besteht insofern ein Zusammenhang, als das Operieren im Kalkül dessen Axiomatisierung voraussetzt; umgekehrt freilich ist für die Axiomatisierung eines Systems dessen Formalisierung keineswegs erforderlich[38]. Auch Sätze der Umgangssprache können in ein axiomatisches System gebracht werden. Ein solches System besteht aus

1. den gesetzten Aussagen (Axiomen)
2. den Regeln, nach denen im System aus den Axiomen oder aus von ihnen abgeleiteten Aussagen weitere Aussagen abgeleitet werden können
3. den im System ableitbaren Aussagen (Theoremen).

---

33 *Rödig*, Notwendigkeit (Fn. 15), S. 170.
34 *Adomeit*, Rechtswissenschaft und Wahrheitsbegriff, in: JuS 1972, S. 631; *Weinberger*, Bemerkungen zu J. Rödigs „Kritik des normlogischen Schließens", in: Theory and Decision 3 (1973), S. 314.
35 Dazu auch *Ratschow*, Rechtswissenschaft und Formale Logik, 1998, S. 97 f.
36 Eine Ausnahme bildet insoweit die „Ordinale Deontik" (1974) von *Cornides*.
37 Der Vergleich findet sich bei *Zippelius*, Juristische Methodenlehre, 7. Aufl. 1999, S. 113.
38 Vgl. *Rödig*, Axiomatisierbarkeit (Fn. 26), S. 52; *Eike v. Savigny*, Zur Rolle der deduktiv-axiomatischen Methode in der Rechtswissenschaft, in: Jahr/Maihofer (Hrsg.) Rechtstheorie, 1971, S. 339; *Bund*, Juristische Logik und Argumentation, 1983, S. 100.

Zu diesen Merkmalen, die ein Axiomensystem konstituieren (d. h. die gegeben sein müssen, damit man von einem axiomatischen System sprechen kann) kommt als zusätzliche Anforderung an eine *gelungene* Axiomatisierung die Forderung nach der Widerspruchsfreiheit des Systems. Die weiteren Anforderungen (Vollständigkeit des Systems und Unabhängigkeit der Axiome) sind von geringerer Bedeutung[39]. Aus dem Gesagten ergibt sich, dass die Axiomatisierung von Rechtssätzen (im weiteren Sinne, d. h. sowohl von Rechtsnormen als auch von Sätzen der Dogmatik) jedenfalls prinzipiell möglich ist[40]. Die geläufigen Einwände richten sich denn auch weniger gegen die – wissenschaftstheoretische – *Möglichkeit* einer Axiomatisierung von Rechtssätzen; sie bestreiten lediglich, dass dieses Verfahren der Rechtswissenschaft angemessen sei. Befürchtet werden insbesondere eine Dogmatisierung des Rechts und ein Rückfall in die Begriffsjurisprudenz.

Dabei scheint der *Einwand der Dogmatisierung* vorauszusetzen, dass die Sätze eines axiomatischen Systems von Rechtssätzen als unantastbare Fundamentalsätze anzusehen wären. Tatsächlich ist mit der Axiomatisierung einer Satzliste über die Richtigkeit der Axiome oder Theoreme aber nichts gesagt. Man kann, worauf *Eike v. Savigny* hinweist, ein Rechtssystem etwa mit dem Ziel axiomatisieren, die Falschheit einzelner Sätze leichter nachweisen zu können. Für den heutigen Sprachgebrauch in der Wissenschaftstheorie nicht mehr zutreffend ist auch die, der umgangssprachlichen Verwendung des Begriffs entsprechende, Vorstellung, Axiome seien Sätze, denen ein besonders hohes Maß an Evidenz zukomme. Welche Sätze einer Satzliste als Axiome ausgewählt werden, ist allein eine Frage der Zweckmäßigkeit, nicht aber ihrer inhaltlichen Richtigkeit. Freilich könnten sich nach erfolgreicher Axiomatisierung eines Rechtsgebiets psychologische Widerstände gegen die Einführung oder Streichung eines Rechtssatzes ergeben, wenn dies einen weitgehenden Umbau des Systems erfordern würde, d. h. die jedem System eigenen Beharrungstendenzen könnten durch eine Axiomatisierung verstärkt werden. Wie hoch diese Gefahr zu bewerten ist, hängt aber von den konkreten Bedingungen der Axiomatisierung (Umfang des Rechtsgebiets, Zahl der Axiome etc.) ab.

Auch der Streit um den Zusammenhang von Axiomatisierung des Rechts und *Begriffsjurisprudenz* leidet unter der ungenauen Verwendung des Begriffs der Axiomatisierung. Wenn die Unmöglichkeit einer axiomatisierten Rechtswissenschaft mit der Unmöglichkeit einer wertneutralen Rechtswissenschaft begründet wird[41], so wird damit an die Sätze eines Axiomensystems eine Forderung gestellt, die jedenfalls keine Forderung des Axiomensystems selbst ist. Es ist nicht zu sehen, warum

---

39 Vgl. *Bochénski*, Die zeitgenössischen Denkmethoden, 10. Aufl. 1993, S. 78 ff.
40 Beispiele für Axiomatisierungen kleinerer Teilsysteme des Rechts bei *Eike v. Savigny* (Fn. 38), S. 316-326; *Rödig*, Die Denkform der Alternative in der Jurisprudenz, 1969, S. 140 ff.
41 So *Simitis:* „Es gibt keine wertneutrale und daher auch keine axiomatisierte Rechtswissenschaft" (Zum Problem einer juristischen Logik, in: Ratio 3 [1960], S. 77).

Sätze, die Wertungen beinhalten, nicht axiomatisierbar sein sollten. So kann etwa die Liste der Sätze

1. Lieber eine Inflationsrate von 5 % als eine Stagnation des Wirtschaftswachstums
2. Lieber eine Stagnation des Wirtschaftswachstums als eine negative Handelsbilanz
3. Lieber eine Inflationsrate von 5 % als eine negative Handelsbilanz
4. Lieber eine negative Handelsbilanz als 5 % Arbeitslosigkeit
5. Lieber eine Stagnation des Wirtschaftswachstums als 5 % Arbeitslosigkeit
6. Lieber eine Inflationsrate von 5 % als 5 % Arbeitslosigkeit

bei Zugrundelegung der *Transitivitätsregel* (Wenn X besser als Y und Y besser als Z ist, dann ist X besser als Z) auf die Axiome

Lieber eine Inflationsrate von 5 % als eine Stagnation des Wirtschaftswachstums (Satz 1)
Lieber eine Stagnation des Wirtschaftswachstums als eine negative Handelsbilanz (Satz 2)
Lieber eine negative Handelsbilanz als 5 % Arbeitslosigkeit (Satz 4)

zurückgeführt werde. Die Behauptung, im Falle einer Axiomatisierung des Rechts würde „das Begriffsgebäude der Begriffsjurisprudenz ... lediglich durch ein geschlossenes, kalkülisiertes, logisches System ersetzt werden"[42] geht von dem umgangssprachlichen, nicht aber von dem – heutigen – wissenschaftstheoretischen Begriff der Axiomatisierung aus. Was auch immer man unter „Begriffsjurisprudenz" genau verstehen mag: Es sollte Einigkeit darüber bestehen, dass ihr jedenfalls zwei Momente wesentlich sind: einmal die Annahme einer vorgegebenen Ordnung der juristischen Begriffe, zum anderen die Konzeption dieser logischen Ordnung als Erkenntnisquelle bisher unbekannter Rechtssätze. Keine dieser beiden Annahmen wird bei einer Axiomatisierung von Rechtssätzen vorausgesetzt. Gegenstand der Axiomatisierung kann eine willkürlich erstellte Liste von Rechtssätzen sein: Die Sätze und die in ihnen verwendeten juristischen Begriffe stehen nicht in einer vorgegebenen Ordnung; sie werden vielmehr in eine von mehreren möglichen axiomatischen Ordnungen gebracht.

Welche Sätze auf der Liste der zu axiomatisierenden Sätze erscheinen, d. h. im Falle der Axiomatisierung eines Teilgebiets des Rechts: welche Sätze gültige Aussagen dieses Gebiets formulieren, bestimmt sich nach Kriterien, die mit der Axiomatisierung nichts zu tun haben. Daher schließen sich auch *Topik* und *Axiomatik* keineswegs aus[43]; der Topik geht es um die Auswahl, bei der Axiomatisierung um die Anordnung von Sätzen.

---

42 *Simitis,* Problem (Fn. 41), S. 76.
43 So übereinstimmend *Seibert,* Topik als Problematisierung von Aussagesätzen, in: ARSP 59 (1973), S. 54 und *Eike v. Savigny,* Topik und Axiomatik: eine verfehlte Alternative, in: ARSP 59 (1973), S. 250.

7.4.3 „Formale" und „natürliche" Logik in der Rechtswissenschaft

7.4.3.1 Die Verbindlichkeit der „Logik der Sprache". Von der Frage, welchen Nutzen die Verwendung *logischer Kalküle* in der Rechtswissenschaft verspricht, ist die nach der Bedeutung der *natürlichen Logik* in der juristischen Argumentation zu unterscheiden. Dass die Regeln dieser Logik für Recht und Rechtswissenschaft verbindlich sind, bedarf keiner Hervorhebung. Es genügt der Hinweis darauf, dass ein Verstoß gegen Denkgesetze die Revisibilität des Urteils begründet[44] und eine Bindung an das Gesetz ohne Bindung an die Regeln der Logik nicht möglich ist[45]. Maßgebend sind hier aber die Standards einer impliziten Logik der Sprache, nicht die Theoreme eines bestimmten logischen Kalküls. So gibt es in der natürlichen Logik der Sprache keine Regel, die dem ex falso quodlibet-Theorem (dazu oben S. 303) entsprechen würde[46]. Näher zum Verhältnis von Logik und juristischer Argumentation unten 7.5.4.

7.4.3.2 Pseudo-logische Argumente. Zu beachten ist aber, dass zahlreiche Argumente, die teilweise ausdrücklich als „logische" gekennzeichnet werden, mit der Logik im üblichen Verständnis als „Theorie der Aussagen, die aufgrund ihrer Form allein wahr sind"[47], nichts zu tun haben. So ist es entgegen Behauptungen in Rechtsprechung und Schrifttum keine Frage der Logik, ob ein nicht Ausgebürgerter wieder eingebürgert[48], ob eine bereits abgelaufene Frist verlängert[49] oder ob ein nichtiges Rechtsgeschäft angefochten werden kann. Gerade das letztere Beispiel erscheint besonders aufschlussreich. Die Auffassung, die Anfechtung eines nichtigen Rechtsgeschäfts sei „logisch unmöglich"[50], geht offenbar davon aus, der Satz „die Anfechtung nichtiger Rechtsgeschäfte ist nicht möglich" sei ein Satz der Logik. Diese Annahme ist jedoch falsch. Der zitierte Satz ist eine *inhaltliche* Aussage und kann schon deshalb kein Satz der Logik sein, die es nach der oben angegebenen Definition mit der Wahrheit von Aussagen aufgrund der *Form* zu tun hat. Unbestreitbar ist freilich, dass der Satz zunächst eine gewisse Plausibilität für sich hat: Diese Plausibilität beruht jedoch nicht auf logischen Gesetzen, sondern auf einer sprachlichen Irreführung: Zugrunde liegt die Vorstellung, etwas Nichtvorhandenes könne nicht Objekt irgendwelcher Handlungen sein – eine Vorstellung, die dem Sprachgebrauch im Bereich der gegenständlichen Welt entsprechen mag. Die

---
44 BGHSt 6, 70, 72.
45 *R. Schreiber*, Logik des Rechts, 1962, S. 92 ff.
46 Näher dazu *Neumann*, Juristische Argumentationslehre, 1986, S. 32 f.
47 *Patzig*, Sprache (Fn. 25), S. 10.
48 Dazu *Neumann*, Rechtsontologie und juristische Argumentation. Zu den ontologischen Implikationen juristischen Argumentierens, 1979, S. 47 ff.
49 Dazu *Simon*, Logik (Fn. 3), S. 47 ff.
50 *Simitis*, Problem (Fn. 41), S. 74. Ähnlich die Auffassung, die Annahme einer „Doppelnatur" der Allgemeinverbindlicherklärung von Tarifverträgen widerspreche der Logik; vgl. *Adomeit*, Rechtswissenschaft (Fn. 34), S. 630.

C *Schwerpunkte*

Rechtswissenschaft hat es jedoch in ihrem Gegenstandsbereich „Recht" nicht mit Entitäten zu tun. Der Satz: „Ein Rechtsgeschäft R_1 ist unter der Bedingung x nichtig" ist eine abgekürzte Schreibweise für den Satz:

unter der Bedingung x soll das zuständige Gericht den Parteien Ansprüche aus dem Rechtsgeschäft R_1 nicht zusprechen.

Für diesen Normsatz verwendet man – aus rein arbeits-ökonomischen Gründen – den äquivalenten Satz: R_1 ist unter der Bedingung x nichtig. D. h.: „nichtig" ist ein Kürzel, das durch jedes andere Kürzel, etwa durch „sichtig", ersetzt werden könnte. Für eine Bevorzugung von „nichtig" sprechen allein Gründe der Anschaulichkeit. Diese größere Anschaulichkeit bringt freilich auch die Gefahr eines begriffsjuristischen Missverständnisses mit sich. Aus diesem Missverständnis resultiert die Auffassung, nichtige Rechtsgeschäfte könnten nicht anfechtbar sein[51].

Die Auffassung, die Anfechtung nichtiger Rechtsgeschäfte sei logisch unmöglich, ist also doppelt falsch: Einmal, weil sie eine Frage deren Beantwortung sich allein aus dem positiven Recht ergeben kann, in Analogie zu den „Axiomen des Verhaltens physischer Zustände" lösen will, zum anderen, weil sie eine inhaltliche Frage als Frage der Logik missversteht[52].

Ähnliches gilt für die Kritik des sog. *juristischen Syllogismus*. Mit der Rekonstruktion der juristischen Subsumtion als Syllogismus (modus barbara) oder im prädikatenlogischen Kalkül wird nicht behauptet, dass sich die Subsumtion in der Anwendung eines logischen Schlusses *erschöpfe*, dass das Gesetz die Entscheidung vollständig determiniere. Wie wenig die Frage der logischen Struktur der juristischen Entscheidungsbegründung[53] mit dem Problem der Gesetzesbindung zu tun hat, zeigt die Tatsache, dass auch Entscheidungen contra legem in der Form eines juristischen Syllogismus rekonstruiert werden können. Unter logischem Aspekt ist die Auswahl der Prämissen selbstverständlich beliebig; es ist keineswegs erforderlich, als Obersatz eine Paraphrase eines Gesetzestextes zu schreiben[54].

7.4.3.3 Die logische Grundstruktur regelorientierten Entscheidens.
Gleichwohl ist fraglich, ob die Rekonstruktion juristischer Entscheidungsbegründungen im Prädikatenkalkül – oder als juristischer Syllogismus – angemessen ist. Bedenken erge-

---

51 Vgl. dazu *Wieacker*, Die juristische Sekunde. Zur Legitimation der Konstruktionsjurisprudenz, in: Thomas Würtenberger u. a. (Hrsg.), Existenz und Ordnung; Festschrift für Erik Wolf zum 60. Geburtstag, 1962, S. 446 ff. *Wieacker* macht zugleich auf die Schwierigkeiten aufmerksam, „die Axiome des Verhaltens physischer Zustände ... zu unterscheiden von logischen Axiomen ..." (S. 447); allerdings dürfte es weniger um logische Axiome als vielmehr um Regeln der Sprache gehen.
52 Vgl. *Eike v. Savigny*, Die Phausnahme und die Phregel, oder was die Logik im Recht nicht leisten will, in: Jb. Bd. 2 (1972), S. 231.
53 Noch immer lesenswert: *Engisch*, Logische Studien zur Gesetzesanwendung, 3. Aufl. 1963.
54 Vgl. etwa die Rekonstruktion des sog. Lebach-Urteils des BVerfG (BVerfGE 35, 202) bei *Alexy*, Analyse (Fn. 19), S. 194 ff.

ben sich vor allem unter zwei Gesichtspunkten. Zum einen haben wir bereits festgestellt, dass bei der logischen Rekonstruktion einer „Anwendung" des § 211 Abs. 1 StGB dessen Darstellung in der Form

$\wedge x \ (Mx \rightarrow Fx)$

zu stark ist; es sollen keineswegs *alle* Personen, die den Tatbestand des § 211 Abs. 1 StGB verwirklichen, zu einer Freiheitsstrafe verurteilt werden. Die Einführung einer „Angstklausel" rettet zwar die Widerspruchsfreiheit der Rekonstruktion; ob es sinnvoll ist, juristische Regeln als logische Allsätze zu deuten, diese starke Interpretation aber zugleich durch die Einfügung einer Ausnahmeklausel erheblich abzuschwächen, bleibt indes offen. Zumindest wäre zu fragen, was uns berechtigt, für die Begründung juristischer Entscheidungen die Herleitbarkeit aus einem logischen Allsatz zu fordern. Warum sollte der, der die Strafbarkeit eines *bestimmten* Mörders begründet behaupten will, zugleich die Strafbarkeit *aller* Mörder behaupten müssen?

Die Antwort auf diese Frage gibt das dem Prinzip der formalen Gerechtigkeit entsprechende *Universalisierbarkeitsprinzip*, das es verbietet, Fälle, die unter allen entscheidungsrelevanten Aspekten vollständig gleich sind, ungleich zu behandeln[55]. Die Herleitung der Entscheidung aus einem logischen Allsatz erfüllt die Forderung dieses Prinzips: Die Strafbarkeit eines bestimmten Mörders darf nur behaupten, wer zugleich bereit ist, die Strafbarkeit *aller* Mörder zu behaupten. Dass diese Herleitung den Anforderungen des Universalisierbarkeitsprinzips gerecht wird, heißt aber nicht, dass sie im Hinblick auf dieses Prinzip unverzichtbar wäre. Versteht man das Universalisierbarkeitsprinzip als Willkürverbot[56], dann ist ihm bereits dann Genüge getan, wenn eine *Regel* existiert, der zufolge Mörder zu bestrafen sind, ohne dass vorausgesetzt werden müsste, dass ausnahmslos jeder einzelne Mörder bestraft werden soll. Nur eine solche Regel, die Ausnahme zulässt, nicht aber einen (ausnahmefeindlichen) logischen Allsatz formulieren auch die gesetzlichen Vorschriften, auf deren universellen Charakter im Zusammenhang mit der logischen Rekonstruktion von Entscheidungsbegründungen verwiesen wird[57]. Weder das Universalisierbarkeitsprinzip noch die Bindung an „universelle" Gesetzesnormen vermögen die Forderung nach Deduktion der Entscheidung aus einem logischen Allsatz zu rechtfertigen.

Hinzu kommt ein Zweites. Der Allsatz

$\wedge x \ (Mx \rightarrow Fx)$

„begründet" den singulären Satz $Ma \rightarrow Fa$ nicht, sondern behauptet ihn. Insofern ist die „Begründung" des singulären Satzes durch den Allsatz zirkulär[58]. Veran-

---

55 Vgl. *Hare,* Freiheit und Vernunft, 1983, S. 25 ff. u. ö.; *Alexy,* Analyse (Fn. 19), S. 186.
56 Vgl. *Alexy,* Analyse (Fn. 19), S. 186 mit Hinweis auf *Hare.*
57 *Alexy,* Analyse (Fn. 19), S. 186.
58 Näher dazu *Neumann,* Juristische Argumentationslehre, 1986, S. 19; *Neumann,* Rechtstheorie und allgemeine Wissenschaftstheorie, in: Michael Martinek u. a. (Hrsg.), Vestigia Juris. Festschrift für Günther Jahr zum 70. Geburtstag, 1993, S. 157 ff.

schaulichen kann man sich diesen Zusammenhang durch die Überlegung, dass man erst dann weiß, ob wirklich *alle* Mörder bestraft werden sollen, wenn man weiß, ob auch der Mörder Anton bestraft werden soll.

Spätestens an dieser Stelle wird deutlich, dass die Rekonstruktion der Begründungsstruktur juristischer Entscheidungen im Prädikatenkalkül zu undifferenziert und damit inadäquat ist. Der Mörder Anton soll nicht deshalb bestraft werden, weil der Mörder Anton – wie andere Mörder auch – bestraft werden soll, sondern: Anton soll bestraft werden, weil er ein Mörder ist und weil die *Regel* existiert, dass Mörder bestraft werden sollen. Der Richter begründet die Verurteilung Antons damit, dass dieser einen Mord begangen hat; er beruft sich dabei auf die Existenz der Regel, dass Mörder zu lebenslanger Freiheitsstrafe zu verurteilen sind. Wird die Existenz einer solchen Regel angezweifelt, kann er auf § 211 Abs. 1 StGB verweisen. Diese Struktur der juristischen Argumentation kommt in dem von *Toulmin* erarbeiteten Argumentationsschema präzise zum Ausdruck:[59]

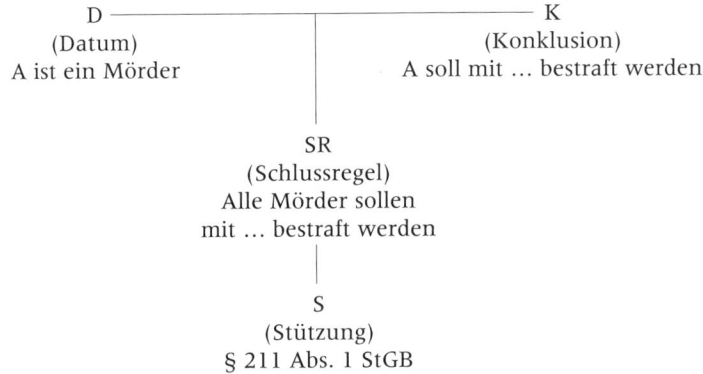

Die Feststellung, dass die Rekonstruktion der juristischen Subsumtion als Syllogismus die Struktur juristischen Begründens nicht angemessen wiedergibt, bedeutet, nochmals gesagt, nicht, dass die juristische Argumentation nicht an die Regeln der Logik gebunden wäre. Der Satz vom Widerspruch formuliert zugleich einen Standard juristischen Argumentierens; zumindest *bestimmte* Regeln der Logik sind für die juristische Argumentation offenbar verbindlich. Zu fragen ist, worauf diese Verbindlichkeit beruht und ob sie für alle oder nur für bestimmte logische Regeln gilt.

---

59 *Toulmin*, Der Gebrauch von Argumenten, 1975, S. 86 ff. Näher dazu *Neumann*, Juristische Argumentationslehre, 1986, S. 21 ff. Zur Diskussion der Kritik, die Toulmin am Syllogismus als Argumentationsmodell übt, vgl. *Ratschow*, Rechtswissenschaft und Formale Logik, 1998, S. 63 ff.

7.5 Die Frage des Geltungsgrundes

7.5.1 Möglichkeiten der Logikbegründung

Die grundsätzlichen Möglichkeiten[60], die Verbindlichkeit der Logik zu begründen, lassen sich durch folgende Überlegungen erschließen:

Man kann einmal, von der Erwägung ausgehend, dass Reden schon immer *Reden über etwas* ist, die Regeln der Logik als abstrakte, allgemeine Gesetze des Objektbereichs verstehen (ontologische Begründung der Logik); die logischen Gesetze sind dann im Objektbereich „verankert". Man kann aber auch – davon ausgehend, dass Reden immer *Reden miteinander* ist – die Sätze der Logik als Standards eines vernünftigen Dialogs begreifen; sie sind dann nicht im Objektbereich, sondern im Bereich intersubjektiver Verständigung festgemacht (dialogische Begründung der Logik). Für die Rechtswissenschaft scheint sich darüber hinaus die Möglichkeit zu bieten, den Regeln der Logik als „Normen des ungeschriebenen Rechts"[61] rechtliche Verbindlichkeit zuzuerkennen; indes lässt sich zeigen, dass diese Auffassung nicht haltbar ist[62]. Dass eine Verletzung der „Denkgesetze" rechtlich bedeutsam ist, verleiht den logischen Regeln ebenso wenig den Status von Normen des positiven Rechts wie den naturwissenschaftlichen Gesetzen, deren Missachtung durch den Richter gleichfalls die Revision begründet.

Eine ontologische Auffassung der Logik findet sich beispielsweise bei *Bertrand Russell*[63] und *Heinrich Scholz*, beides Wissenschaftler, die an der Entwicklung der modernen Logik maßgebenden Anteil hatten. Im Bereich der Rechtsphilosophie wird diese Konzeption durch *Arthur Kaufmann* und *Garcia Maynez* repräsentiert. Nach *Arthur Kaufmann* ist das Denken „nur deshalb an das Widerspruchsprinzip gebunden, weil dieses in der Wahrheit des Seins begründet ist"[64]. Auch das Identitätsprinzip, das Gesetz des zureichenden Grundes und der Satz vom ausgeschlossenen Dritten sind „ontologische Gesetze und können daher nur metaphy-

---

60 Für eine differenzierte Darstellung der unterschiedlichen Möglichkeiten vgl. *Essler*, Analytische Philosophie I, 1972, S. 191 ff.
61 BGHSt 6, 70, 72; dagegen etwa *Sarstedt/Hamm*, Die Revision in Strafsachen, 6. Aufl. 1998, Rn. 891.
62 Dazu im einzelnen *Neumann*, Rechtsontologie (Fn. 48), S. 7 f.
63 „Der Glaube an den Satz vom Widerspruch betrifft Dinge, nicht bloß Gedanken. Wir glauben z. B. nicht, dass wir nicht gleichzeitig *denken* könnten, ein Baum wäre eine Buche und auch keine Buche. Wir glauben, dass, wenn der Baum eine Buche *ist*, er nicht gleichzeitig *keine* Buche *sein* kann. Der Satz vom Widerspruch ist also ein Satz über Dinge und nicht bloß über Gedanken …" (*Russell*, Probleme der Philosophie, 5. Aufl. 1973, S. 78 f.). – Zur „materialistischen" Logikbegründung in der marxistischen Philosophie etwa *Klaus*, Logik (Fn. 13), S. 9 f.
64 *Arthur Kaufmann*, Rechtspositivismus und Naturrecht in erkenntnistheoretischer Sicht, in: *ders.*, Rechtsphilosophie im Wandel; Stationen eines Weges, 2. Aufl. 1984, S. 78.

sisch erfasst und begründet werden"[65]. Und *Garcia Maynez*: „Ebenso wie die höchsten Prinzipien der reinen Logik sich auf die entsprechenden der allgemeinen Ontologie gründen, haben die höchsten Prinzipien der juristischen Logik ihr Fundament in solchen der formalen Rechts-Ontologie"[66]. Kritiker dieses Models einer im Ontischen verankerten Logik gehen umgekehrt davon aus, dass nicht die Regeln der Logik in den Strukturen des Seins wurzeln, sondern dass sie gerade ein bestimmtes Bild von diesen Seinstrukturen (eine bestimmte Ontologie) prägen.

7.5.2 Die intuitionistische Logik in der Rechtswissenschaft

An diesem Punkt setzen die Arbeiten der Vertreter der sog. *intuitionistischen Logik* an[67]. Nach Auffassung des Intuitionismus ist die klassische (zweiwertige) Logik auf die Ontologie einer an sich seienden, fertigen Welt gegründet. Die Behauptung, auch Aussagen, deren Wahrheit nicht entscheidbar ist, seien „an sich" entweder wahr oder falsch (Satz vom ausgeschlossenen Dritten), könne nur unter dieser ontologischen Voraussetzung gerechtfertigt werden. Für den Bereich des Rechts bedeutet das: Nur unter der Voraussetzung, dass

a) das Recht nicht positiv gesetzt, sondern vorgegeben ist,
b) die Rechtsordnung geschlossen, d. h. jede Handlung gesetzlich geregelt ist,

könnte die klassische Logik auf das Recht Anwendung finden. Gibt man diese Voraussetzungen auf, so kann nicht mehr davon die Rede sein, dass ein Rechtssatz „an sich" rechtens ist; dass ein Rechtssatz rechtens ist kann dann nur noch heißen, dass er von einem gesetzten Rechtssatz herleitbar ist. Umgekehrt ist er nicht rechtens, wenn seine Negation ableitbar ist.

Es ist leicht einzusehen, dass der Satz vom ausgeschlossenen Dritten dann nicht universal gilt; denn es kann sich ergeben, dass weder der Rechtssatz R_1 noch seine Negation von einem gesetzten Rechtssatz herleitbar ist.

Fraglich ist allerdings, wie eine Logik, die auf den Satz vom ausgeschlossenen Dritten verzichtet, begründet werden kann. Der skizzierte Angriff gegen die Annahme „an sich" wahrer Sätze und die Verlagerung des Wahrheitsproblems auf das Problem der Ableitbarkeit verweisen auf die Dimension, in der eine solche Begründung zu suchen wäre: Den Bereich intersubjektiver Verständigung. Es wäre der Versuch zu unternehmen, Logik als „Theorie des vernünftigen Dialogs" zu begründen.

---

65 *Arthur Kaufmann*, Rechtspositivismus (Fn. 64), S. 78.
66 *García Máynez*, Die höchsten Prinzipien der formalen Rechtsontologie und der juristischen Logik, in: Arthur Kaufmann (Hrsg.), Die ontologische Begründung des Rechts, 1965, S. 429.
67 Für den Bereich der juristischen Logik vgl. *Philipps,* Sinn und Struktur der Normlogik, in: ARSP 52 (1966), S. 195 ff.; *ders.,* Rechtliche Regelung und formale Logik, in: ARSP 50 (1964), S. 317 ff.

7.5.3 Die dialogische Begründung der Logik

Genau das geschieht in der „operativen Logik" von *P. Lorenzen*. „Menschliche Rede ist zunächst immer Anrede an einen oder mehrere Partner, die gegebenenfalls antworten, so dass ein Dialog, ein Gespräch entsteht im Wechsel von Rede und Gegenrede. Sätze stehen also nicht als wahre oder falsche gleichsam im leeren Raum, sondern sie werden behauptet oder bestritten (was freilich bedeutet, dass ihnen ausdrücklich oder unausdrücklich die Prädikatoren „wahr" oder „falsch" zu- oder abgesprochen werden)"[68]. Von diesem Ausgangspunkt aus definiert *Lorenzen* die Junktoren der Aussagenlogik nicht durch Wahrheitstafeln (wie die klassische Aussagenlogik), sondern durch die Angabe von Dialogverläufen. Eine Darstellung der operativen Logik ist im Rahmen dieser Einführung nicht möglich[69]. Im vorliegenden Zusammenhang kommt es darauf an, dass der Satz vom ausgeschlossenen Dritten in der dialogischen Logik *Lorenzens*[70] nicht logisch wahr ist. Man kann sich das folgendermaßen plausibel machen: Anders als der Satz vom Widerspruch formuliert der Satz vom ausgeschlossenen Dritten keinen Standard der Diskussion. Das heißt: Man erwartet zwar von jedem Diskussionspartner – und hinsichtlich jeder beliebigen Aussage p – dass er nicht gleichzeitig p und ¬p behauptet, beispielsweise also nicht gleichzeitig

(S_1) Es gibt einen Gott
und
(S_2) Es gibt keinen Gott

behauptet. Dagegen wird nicht erwartet, dass er sich auf S_1 oder S_2 festlegt. Wo eine Entscheidung für einen Satz oder seine Negation normativ erwartet wird – was etwa in Diskussionen, die der Vorbereitung politischen Handelns dienen, häufig der Fall ist – handelt es sich um themenspezifische, nicht um generelle Diskussionsstandards. Einen dem Satz vom ausgeschlossenen Dritten entsprechenden allgemeinen Diskussionsstandard gibt es nicht.

7.5.4 Juristische Logik und juristische Argumentation

Mit dem Rekurs auf Standards des vernünftigen Argumentierens ist ein Fundament erreicht, von dem aus sich die Verbindlichkeit der Logik für alle Bereiche rationalen Handelns und Redens begründen lassen könnte. Der Zusammenhang

---

68 *Kamlah/Lorenzen*, Logische Propädeutik, 3. Aufl. 1996, S. 158.
69 Vgl. *Kamlah/Lorenzen*, Propädeutik (Fn. 68), S. 150 ff., 196 ff.; *Lorenzen*, Logische Strukturen in der Sprache, in: *ders.*, Methodisches Denken, 3. Aufl. 1988, S. 60 ff., passim; vgl. auch *K. Lorenz* in: *Lorenzen/Lorenz*, Dialogische Logik, 1978, S. 17 ff., 96 ff.
70 Eine dialogische Begründung der Logik führt freilich nicht zwangsläufig zu einem System, in dem dieser Satz nicht gilt; vgl. dazu *Essler*, Philosophie (Fn. 60), S. 197 ff.

von Logik und Argumentation wird sowohl im Bereich der Rechtstheorie[71] als auch in dem der allgemeinen Logik- und Wissenschaftstheorie[72] zunehmend herausgestellt. Diese Perspektive dürfte der Rolle der Logik in Recht und Rechtswissenschaft gerecht werden. Sie verweist einerseits auf die Bedeutung, die der Logik in der Rechtswissenschaft als einer argumentierenden Wissenschaft notwendig zukommt, macht andererseits aber deutlich, dass von der Verwendung logischer Kalküle ein Erkenntnisgewinn nicht zu erwarten ist. Versteht man Logik als Rekonstruktion der Regeln vernünftigen Argumentierens[73], dann sind die Transformationsregeln einer formalen Logik an ihrer Übereinstimmung mit diesen Regeln zu messen; nicht aber können sie umgekehrt zum Maßstab einer vernünftigen Argumentation erhoben werden[74].

7.5.5 Ansätze einer „nichtmonotonen" Logik

Dieser Gedanke steht Pate bei der Entwicklung sog. nichtmonotoner Logiken, wie sie in den letzten Jahren insbesondere von *Thomas F. Gordon*[75], *Henry Prakken*[76] und *Giovanni Sartor*[77] entwickelt worden sind[78]. Nichtmonotone Logiksysteme sind, vereinfachend formuliert, dadurch gekennzeichnet, dass – im Unterschied zu monotonen Logiken – logisch gültige Folgerungen durch Erweiterung der Prämissenmenge ungültig werden können. Argumentationstheoretisch interessant sind diese Systeme, weil sie in der Lage sind, der Regel-Ausnahme-Struktur in juristischen (wie auch in anderen umgangssprachlichen) Argumentationen Rechnung zu tragen.

---

71 Vgl. *Bund,* Logik (Fn. 38); *Perelman,* Logik (Fn. 2). Grundsätzlich anders beispielsweise *Gardies,* der die formale Rechtslogik der Logik des „tatsächlichen juristischen Denkens" kontrastiert; die Logik schildere nicht das Denken selbst, sondern „die eigene Struktur ihrer Objekte" (*Gardies,* Juristen und Logiker: Die Schwierigkeiten einer Zusammenarbeit, in: Rechtstheorie Beiheft 1, 1979, S. 225 ff.). Vorausgesetzt wird dabei die ideale Existenz von „Objekten" der Logik, im Bereiche einer deontischen Logik: von (Rechts-) Normen.
72 *Gethmann* (Hrsg.), Logik und Pragmatik, 1982; *ders.,* (Hrsg.), Theorie des wissenschaftlichen Argumentierens, 1980.
73 Dieser Ansatz ist näher ausgeführt bei *Neumann,* Juristische Argumentationslehre, 1986, S. 30 ff.
74 In diesem Zusammenhang sind die Versuche von Bedeutung, eine gemeinsame Syntax der natürlichen Sprache und des logischen Kalküls zu entwickeln: dazu *Schlapp,* Zur Einführung: Logik und Recht, JuS 1984 S. 505 ff., 509 mit Hinweis auf *Montague* und die Darstellung bei *Stegmüller,* Hauptströmungen der Gegenwartsphilosophie, Bd. II, 8. Aufl. 1987, S. 35 ff.
75 *Thomas F. Gordon,* The pleadings game: An Artficial Intelligence Model of Procedurale Justice, Diss. Darmstadt 1993.
76 *Henry Prakken,* Logical Tools for Modelling Legal Argument, Diss. Amsterdam 1993 (Dordrecht: Kluwer Academic, 1997).
77 *Giovanni Sartor,* Artificial Intelligence and Law: Legal Philosophy and Legal Theory, Oslo: Tano 1993.
78 Gute Übersicht bei *Ratschow,* Rechtswissenschaft und Formale Logik, 1998, S. 141 ff.

Dementsprechend ergeben sich zahlreiche Verbindungslinien zwischen nichtmonotoner Logik und (juristischer) Argumentationstheorie. Dass Systeme nichtmonotoner Logik – wie teilweise projektiert – das bisherige Terrain der juristischen Argumentationstheorie vollständig erobern könnten, steht angesichts ihrer auf Strukturfragen beschränkten Perspektive nicht zu erwarten[79].

Auf eine Annäherung an die Strukturen der Wirklichkeit juristischen Argumentierens zielen auch die Versuche, Modelle der sog. Fuzzy-Logik für das Verständnis und die Rekonstruktion juristischen Schließens fruchtbar zu machen. Hier ist insbesondere auf die verständlich geschriebenen (und vergnüglich zu lesenden) Arbeiten von *Lothar Philipps* zu verweisen[80].

Ausgewählte Literatur

Bund, Elmar, Juristische Logik und Argumentation, 1983.
Buth, Manfred, Einführung in die formale Logik – unter der besonderen Fragestellung: Was ist Wahrheit allein aufgrund der Form?, 1996.
Klug, Ulrich, Juristische Logik, 4. Aufl. 1982.
Herberger, Maximilian/Simon, Dieter, Wissenschaftstheorie für Juristen, 1980.
Neumann, Ulfrid, Juristische Argumentationslehre, 1986.
Ruppen, Paul, Einstieg in die formale Logik: Ein Lern- und Übungsbuch für Nichtmathematiker, 1997.
Weinberger, Ota, Rechtslogik, 2. Aufl. 1989.

Zur Vertiefung

Ratschow, Eckart, Rechtswissenschaft und Formale Logik, 1998.
Rödig, Jürgen, Theorie des gerichtlichen Erkenntnisverfahrens, 1980.

---

79 Dazu eingehend *Ratschow* (Fn. 78), S. 141 ff.
80 *Philipps,* Ein bißchen Fuzzy Logik für Juristen, in: Tinnefeld/Philipps/Weis (Hrsg.), Institutionen und Einzelne im Zeitalter der Informationstechnik, 1994, S. 219 ff.; vgl. auch *Krimphove,* Der Einsatz der Fuzzy-Logik in der Rechtswissenschaft, in: RTh. 30 (1999), S. 540 ff.

8 Normentheorie

Von Lothar Philipps, München

8.1 Verbote und Gebote – der Strukturunterschied

„Wer einen Menschen tötet ... wird ... mit Freiheitsstrafe nicht unter fünf Jahren bestraft." So steht es im Strafgesetzbuch (§ 212). In den Zehn Geboten freilich heißt es: „Du sollst nicht töten!" Welche der Formulierungen kommt dem Wesen der Rechtsnorm näher? Diese Frage ist seit dem 19. Jahrhundert umstritten. Die einen sagen: Wesentlich ist allein der Wenn-dann-Satz, wie er typischerweise auch im Gesetz steht. In ihm haben wir alles, was wir brauchen: eine Rechtsfolge und den Tatbestand, an den sie sich knüpft. Die anderen sagen: Der Wenn-dann-Satz berührt nur die Oberfläche der Rechtsordnung, das Recht, wenn es durch Gerichte und Behörden angewandt wird. Dieser Aspekt sei zwar wichtig genug, vorgängig aber sei doch ein anderer: Die Bürger lassen sich in ihrem alltäglichen Verhalten nicht von Gesetzestexten bestimmen, sondern von Vorstellungen darüber, was man tun soll oder nicht soll (von sog. Bestimmungsnormen), und wenn der Richter in Zweifel gerät, tut er es auch[1].

Der alte Streit kann nicht hier und heute entschieden werden. Immerhin aber hoffe ich zu zeigen, dass die Betrachtung der Normen als Verbote, Gebote und übrigens auch Erlaubnisse einige zentrale Phänomene des positiven Rechts erklärt, die keineswegs unmittelbar in den Wenn-dann-Sätzen der Gesetze erfasst sind.

Man kann sich die Struktur der Normen und ihrer Beziehungen untereinander gut veranschaulichen, wenn man Venn-Diagramme zeichnet: sich überschneidende Kreise, welche Begriffe (in einer anderen möglichen Interpretation: Klassen) repräsentieren[2]. Von ihnen wird angezeigt, ob es Gegenstände gibt oder nicht gibt,

---

[1] Eine gute Einführung in diese wie andere Fragen der Normentheorie gibt *Karl Engisch*, Einführung in das Juristische Denken, 8. Aufl. 1983. Auf dem Unterschied zwischen „Rechtssatz" und „Norm" hat der Strafrechtler *Karl Binding* ein tiefangelegtes System errichtet: „Die Normen und ihre Übertretung", 2. Aufl. 1890–1919 (4 Bände). Dort findet man auch die Kontroversen jener Zeit behandelt.

[2] Zu Venn-Diagrammen sei empfohlen *Willard von Orman Quine*, Grundzüge der Logik, dtsch. 1969, S. 104 ff., zur Verwendung eines „Balkens", S. 117. Auf juristische Anwendungen

auf die sie zutreffen. Dies geschieht durch einen Balken oder aber eine Schraffur. Dass es ein A gibt (einen Gegenstand mit der Eigenschaft A), wird durch einen Balken im Kreis A angezeigt. Um auszudrücken, dass es kein B ohne A gebe (und das heißt auch: wenn B, dann A), wird der Kreis B außerhalb von A (der „Halbmond" von B) schraffiert.

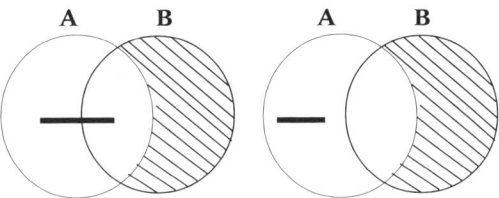

In der linken Variante ist angezeigt, dass es auch ein A gibt, das B ist; in der rechten Variante bleibt diese Frage offen.

Die „Gegenstände" können auch Handlungen sein. Deshalb liegt der Gedanke nahe, die Diagrammdarstellung auf Normen zu erstrecken. Statt „Es gibt ein A" wäre dann zu lesen: „Es soll ein A geben!" A ist geboten. Statt „Es gibt kein A" lese man jetzt: „Es soll kein A geben!" A ist verboten.

Man stelle sich vor, das Diagramm symbolisiere den Handlungsspielraum eines Menschen. Der schraffierte Bereich bedeute: „Sperrgebiet!" Diesen Bereich darf er nicht betreten. Das ist ein Verbot. Den Bereich mit dem Balken soll er dagegen aufsuchen: „Zielgebiet!" Das ist ein Gebot. In den übrigen Bereichen ist sein Verhalten ungeregelt geblieben. Hier darf er sich frei und ungeleitet bewegen.

Der Unterschied zwischen Verboten und Geboten ist bei dieser Betrachtungsweise fundamental. Es handelt sich um zwei unterschiedliche, ja entgegengesetzte Arten von Normen.

Die ganz vorherrschende Auffassung in der Normentheorie sieht das allerdings anders. Hiernach ist der Unterschied zwischen Verboten und Geboten nicht struktureller, sondern lediglich sprachlicher Art. „Verboten dass ..." wäre hiernach lediglich eine sprachliche Abkürzung für „Geboten dass nicht ...". „Es ist verboten zu töten!" würde demnach lediglich den Satz verkürzen: „Es ist geboten, nicht zu töten!" Und statt „Es ist geboten, einem Verunglückten zu helfen!" könnte man auch etwas umständlicher mit einer doppelten Negation sagen: „Es ist verboten, ... nicht zu helfen!" Insbesondere *Kelsen* hat schon frühzeitig die bloß sprachliche Natur des Unterschiedes behauptet, und in der heutigen deontischen Logik ist das

---

weist bereits *Herbert Fiedler* hin: Juristische Logik in mathematischer Sicht, in: ARSP 1966, S. 93 ff. Dabei kommt auch *Fiedler* zu dem Ergebnis, dass die verbreitete Vorstellung, man könne alle rechtlichen Regelungen auf die „Normalform" eines Rechtssatzes mit Tatbestand und Rechtsfolge bringen, nicht oder nur in gekünstelter Weise eingelöst werden kann.

geradezu eine Systemvoraussetzung[3]. Wer freilich mit realer Jurisprudenz zu tun hat, weiß, dass der Unterschied von Verboten und Geboten von größter praktischer Bedeutung ist. Erwähnt sei die Unterscheidung von Leistungs- und Unterlassungsansprüchen, ihre unterschiedliche Behandlung im Prozess und im Vollstreckungsverfahren sowie der Unterschied von Begehungs- und Unterlassungsdelikten in allen Rechtsgebieten.

Ich werde auf diese Phänomene zurückkommen; zuvor möchte ich jedoch noch auf einen anderen wichtigen Unterschied zwischen Verboten und Geboten aufmerksam machen. Er betrifft die zeitliche Natur der beiden Normarten. Allgemein gilt: Wer das Sperrgebiet eines Verbotes betritt, hat eine Norm übertreten; wer das Zielgebiet eines Gebotes nicht aufsucht, ist einer Norm nicht nachgekommen. Im Detail zeigt sich dabei jedoch ein Unterschied. Ein übertretenes Verbot ist gewiss und unwiderruflich übertreten worden; aber ein unerfülltes Gebot könnte man immer noch erfüllen – heute, morgen oder übermorgen, vielleicht aber auch erst in zwanzig Jahren.

Die Einsicht, die sich hieraus gewinnen lässt, ist: Ein Gebot muss in irgendeiner Weise terminiert sein, mit einer Frist für die Erfüllung versehen; andernfalls lässt sich kein Verstoß dagegen festhalten; die Norm ist nicht viel mehr wert als eine bloße Empfehlung. Ein Verbot dagegen kann zeitlos formuliert sein; die grundlegenden Verbote im Strafrecht, Zivilrecht und öffentlichen Recht sind es auch[4]. Dies ist bereits ein bedenkenswerter Hinweis für den Gesetzgeber.

---

3 Vgl. *Hans Kelsen*, Hauptprobleme der Staatsrechtslehre, entwickelt aus der Lehre vom Rechtssatz, 2. Aufl. 1923, S. 669. (Das Werk gibt übrigens die beste Darstellung der besonderen, rechtssatzorientierten *Kelsen*schen Normentheorie, noch vor der sprichwörtlich gewordenen Reinen Rechtslehre, 2. Aufl. 1960.) In der Literatur zur deontischen Logik finden sich entsprechende Umformungen etwa bei *Franz von Kutschera*, Einführung in die Logik der Normen, Werte und Entscheidungen, 1973, unter T 1.2-7 und T 1.2-8. Diese Einführung sei hier auch im Übrigen empfohlen. Die juristisch-dogmatische Literatur geht zumeist von einem sachlichen (nicht nur sprachlichen) Unterschied zwischen Verboten und Geboten aus; besonders entscheidend und reflektiert geschieht dies bei *Armin Kaufmann*, Die Dogmatik der Unterlassungsdelikte, 1959. Oft wird auch der entsprechende „ontologische" Unterschied zwischen Begehen und Unterlassen oder zwischen Verursachen und Nicht-Verursachen thematisiert: vgl. *Arthur Kaufmann* und *Winfried Hassemer*, Der überfallene Spaziergänger, in: JuS 1964, S. 151 ff. Auch meine Arbeit: Der Handlungsspielraum, 1974, beruht auf der grundsätzlichen Unterscheidung von Verbot und Gebot; die ontologischen Unterscheidungen werden dabei – vgl. S. 125 f. – hinzugenommen.

4 *Karl Popper* hat den Unterschied betont, dass in der Naturwissenschaft die Gesetze „universell" formuliert sind, während Existenzsätze individuelle raum-zeitliche Bestimmungen enthalten müssen, um überprüfbar zu sein: vgl. *Popper*, „Logik der Forschung", 8. Aufl. 1985, S. 35 ff. Das ist ein ganz ähnlicher Unterschied aus ganz ähnlichen Gründen; dazu *Philipps* a. a. O., S. 21 ff.

8.2 Bestimmen und Bewerten – zur Frage der Erlaubnisse

Erlaubnisse können ebenso zeitlos formuliert sein wie Verbote; die Grundrechte unseres Grundgesetzes zeigen das (übrigens eine von vielen Strukturgleichheiten zwischen diesen beiden Normarten). Wie hat man Erlaubnisse zu verstehen? Wir haben zunächst einmal den Bereich des rechtlich Ungeregelten – im Diagramm jene Flächen, die weder durch eine Schraffur noch durch einen Balken ausgezeichnet sind. Ist das Ungeregelte auch schon das Erlaubte? Manche nehmen es an. („Was nicht verboten ist, ist erlaubt."[5]) Im Ungeregelten kann man sich frei bewegen, ohne rechtliche Sanktionen gewärtigen zu müssen. Es ist nicht leicht vorstellbar, was einem eine „eigentliche" Erlaubnis darüber hinaus noch gewähren könnte.

Und doch haben viele, Juristen wie Laien, den sicheren Eindruck, dass eine Erlaubnis etwas anderes, Stärkeres sein müsse, als das, was die Verbote übrig lassen. Nur, wie soll man dies fassen?

Lassen wir uns wieder von der Anschauung leiten! Die nachfolgenden Diagramme symbolisieren jeweils zwei Verbotszonen A und B. Wir stellen uns dazu diesmal noch zwei Normadressaten Alpha und Beta vor. Das Betreten von A sei dem Beta verboten und das Betreten von B dem Alpha.

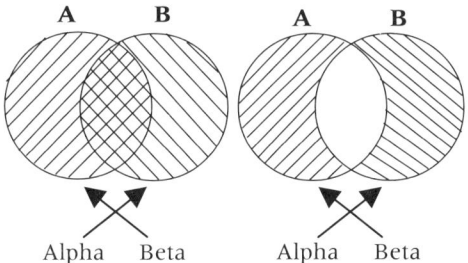

Die beiden Varianten unterscheiden sich hinsichtlich des Schnittbereichs von A und B, wo die Interessen beider betroffen sind und es Interessenkonflikte geben kann. Im linken Modell werden die Beteiligten strikt auseinander gehalten: die „Kollisionszone" zu betreten ist für beide verboten. Im rechten Modell ist dieser Bereich ungeregelt: in der Praxis müssen die Beteiligten versuchen, sich zu einigen, oder der eine expandiert auf Kosten des anderen[6].

---

5 Der so genannte Allgemeine negative Grundsatz; vgl. dazu *Claus-Wilhelm Canaris*, Die Feststellung von Lücken im Gesetz, 2. Aufl. 1964, S. 49 ff.
6 Die Einsicht, dass zwei Personen – nicht nur der Handelnde, sondern auch der Betroffene – für den Handlungserfolg zuständig sind und verantwortlich sein können, eröffnet den Zugang zu Kategorien wie „mitwirkendes Verschulden", „Handeln auf eigene Gefahr" („autonome Selbstgefährdung") und „Einwilligung". Die Janusköpfigkeit der Norm – zum fremden Interesse/zum eigenen Interesse hingewandt – verbindet auch die Verbote und Gebote des positiven Rechts mit elementaren („naturrechtlichen") Prinzipien des rechtlichen Zusammenlebens wie der Goldenen Regel („Was du nicht willst, dass man dir tu, das füg' auch keinem andern zu!").

Derartige Verbote gelten typischerweise mit Rücksicht auf die Interessen des jeweils anderen. Das Betreten von A ist dem Beta mit Rücksicht auf Alpha verboten und das Betreten von B dem Alpha mit Rücksicht auf Beta. Die Verbotszone ist also die Kehrseite einer anerkannten Interessenzone. „Du sollst nicht ... betreten!" einerseits, „Du darfst deine Interessenzone freihalten!" andererseits.

Eine eigentliche Erlaubnis hat demnach außer der negativen Seite, dass es an einem der erlaubten Handlung entgegenstehenden Verbot fehlt, auch die positive Seite, dass die erlaubte Handlung einen von der Rechtsordnung anerkannten Wert verkörpert. Das Recht zur Notwehr, das notfalls bis zur Tötung des Angreifers geht, bedeutet nicht einfach eine Lücke im Tötungsverbot, sondern dabei die wertende Bevorzugung der Interessen des Angegriffenen gegenüber den Interessen des Angreifers.

Diese Konzeption entspricht der These von den „Bewertungsnormen", die nach Ansicht vieler Autoren den Bestimmungsnormen, den Verboten und Geboten, vorgelagert sind[7]. Wollte diese These nichts anderes sagen, als dass der Gesetzgeber nicht ohne guten Grund Verbote und Gebote aufstellt (oder aufstellen sollte), so beträfe sie Vorjuristisches, wäre vielleicht auch trivial. Gemeint ist jedoch etwas Stärkeres: dass sich wesentliche Phänomene des Rechts nicht recht verstehen lassen, wenn man nur Imperative und nicht auch Anerkennungen von Interessen oder anderen Werten in Betracht zieht. Manche Phänomene – außer auf Erlaubnisse werde ich noch auf unechte Unterlassungsdelikte eingehen – lassen sich viel leichter und natürlicher aus einem Zusammenspiel von Bestimmungsnormen und Bewertungsnorm erklären als aus einer dann ziemlich künstlich anmutenden Form der Bestimmungsnorm allein.

Ein recht umstrittenes Phänomen dieser Art sei noch erwähnt: Die Konzeption der Bewertungsnormen legt die Frage nahe, ob es Verbotslücken gebe, die sich in ihrem Unverbotensein erschöpfen, die also nicht durch einen entsprechenden „positiven" Wert ausgefüllt sind. Man spricht hier von einem „rechtsfreien Raum"[8]. Die Autoren, die diese Möglichkeit bejahen, weisen auf Konstellationen wie die Folgende hin: Ein Arzt ist in die Situation geraten, dass er, um einen von zwei Verunglückten retten zu können, den anderen sterben lassen muss. Wie immer er sich dabei entscheidet, die Rechtsordnung legt ihm keine Sanktionen auf. Aber diesmal nicht deshalb, weil sie das Leben des Geretteten dem Leben des Gestorbenen vorzöge, sondern weil sie auch keinen besseren Rat weiß.

---

7 Eine gute Darstellung hat die Lehre von den Bewertungsnormen in der „Rechtsphilosophie" von *Gustav Radbruch* gefunden; leicht zugänglich ist deren Studienausgabe, hrsg. von R. Dreier und St. L. Paulson., Heidelberg 1999, S. 45 (2. Aufl. 2004).
8 Vgl. hierzu vor allem *Arthur Kaufmann*, Rechtsfreier Raum und eigenverantwortliche Entscheidung, in: F.-C. Schroeder/H. Zipf (Hrsg.), Festschrift für Reinhard Maurach, 1972, S. 327 ff.

Ist hier der „rechtsfreie Raum" noch strukturell bedingt, so gibt es doch auch die Möglichkeit eines dezidierten Wertungsverzichts aus inhaltlichen Gründen. Es spricht manches dafür, auch die Fälle der Freistellung des Schwangerschaftsabbruchs nicht als rechtfertigende Bevorzugung, sondern als Verzicht auf Sanktionen in einer pluralistischen Gesellschaft mit einander widersprechenden Werthaltungen zu interpretieren (*Arthur Kaufmann*).

Ein bemerkenswerter Versuch, auch die Erlaubnis im eigentlichen Sinne rein strukturell zu bestimmen, löst sich von der stillschweigenden Voraussetzung des einen Normgebers: Vorausgesetzt wird nunmehr eine hierarchische Ordnung von (mindestens) zwei Normgebern[9]. In einer solchen Ordnung kann die untere Instanz all das, aber auch nur das, regeln, was die obere Instanz ungeregelt gelassen hat. Die obere Instanz kann deshalb für den Bürger Handlungsspielräume freihalten, die die untere Instanz zu respektieren hat. So hat es bei uns der Verfassungsgeber getan, mit Grundrechten, die der einfache Gesetzgeber zu respektieren hat. Rein aus der Struktur, aus dem Mechanismus der Hierarchie, ergibt sich dabei aber nach wie vor lediglich die Garantie von Zonen des Unverbotenseins, nicht auch, dass es sich dabei um „Rechte" handele.

8.3 Norm und arbeitsteiliges Verhalten – Verbotsübertretung durch Unterlassen

Immerhin hat sich zuletzt gezeigt, dass es weiterführt, die zunächst selbstverständlich scheinende Voraussetzung des einen Normgebers fallen zu lassen, um differenziertere normative Phänomene zu verstehen. Das Gleiche gilt für die zunächst ebenfalls selbstverständlich anmutende Prämisse des für sich handelnden einzelnen Normadressaten. Menschliches Handeln vollzieht sich nun einmal weithin arbeitsteilig. Das ist zwar auch für den Nichtsoziologen selbstverständlich; gar nicht selbstverständlich ist aber seltsamerweise für die Rechtstheorie, dass es dann auch das vereinigte Verhalten der mehreren ist, das sich an die Verbote und Gebote der Rechtsordnung zu halten hat und an ihnen gemessen wird. Das isoliert betrachtete Verhalten des einzelnen kann dabei von dem allgemeinen Verbotssinn oder Gebotssinn der Norm (der ein Unterlassen oder ein Tun verlangt) abweichen; der Einzelne muss gegebenenfalls vom Verbotssinn oder Gebotssinn der Norm (der ein Unterlassen oder ein Tun verlangt) abweichen; der Einzelne muss gegebenenfalls handeln, damit durch das vereinigte Verhalten mehrerer ein Verbot nicht übertreten werde, oder er muss umgekehrt unterlassen, damit ein Gebot erfüllt werde[10].

---

9 *Eugenio Bulygin*, Permissive Norms and Normative Systems, in: Automated Analysis of Legal Texts, Amsterdam 1986, S. 211 ff.
10 Vgl. dazu *Philipps*, a. a. O., S. 132 ff. Einen entsprechend „funktionalistischen" Standpunkt vertritt durchgängig *Günter Jakobs*: Strafrecht Allg. Teil, 1983, 2. Aufl. 1991.

Ein Beispiel: Ich hoffe, das Bild vom Handlungsspielraum nicht über Gebühr zu strapazieren, wenn ich es in der Weise ausmale, dass zwei Personen sich nicht mehr zu Fuß in einem Teilbereich ihres Handlungsspielraums bewegen, sondern in einem Auto, und das rallyemäßig. Der eine steuert und konzentriert sich dabei auf Motor, Getriebe und Straßenverhältnisse; er verlässt sich dabei blindlings auf den anderen, der, eine Straßenkarte auf den Knien, ihm angibt, in welche Richtung zu fahren sei.

Das bedeutet aber unter dem Gesichtspunkt zunächst sportlicher Normen u. a.: Wenn das Team in ein gesperrtes Gebiet gerät, weil der Beifahrer den Fahrer nicht rechtzeitig gewarnt hat, so ist es auch das Team – Fahrer wie Beifahrer – das disqualifiziert wird. Dabei ist es der Beifahrer, der persönlich für das Verhalten des Teams und damit für die Verbotsübertretung verantwortlich ist, und dies wohlgemerkt, obwohl er selber nicht gehandelt, sondern unterlassen hat. Das Verhalten des einzelnen wird nach dem Verhalten des Systems, dessen verantwortlicher Teil er ist, bewertet. Für die Normen des Sports – für Qualifikation und Disqualifikation, Erfolg und Misserfolg – ist das selbstverständlich. Aber auch für rechtliche Normen gilt nichts anderes. In diesem Sinne kann der Beifahrer deshalb auch für die Tötung eines Passanten verantwortlich sein. Die Begriffe Verbotsübertretung und Begehungsdelikt decken sich nicht, wie der Jurist weiß (unechtes Unterlassungsdelikt), und hier wird auch klar, warum nicht.

Aber nicht nur die Beachtung eines Verbotes im wörtlichen Sinne, sondern auch die Wahrung eines rechtlich anerkannten Interesses kann auf das arbeitsteilige Verhalten mehrerer verteilt sein. Der Rallyefahrer vertraut nicht nur das Leben Dritter, sondern auch sein eigenes dem Beifahrer an, so dass dieser wiederum auch für den Unfalltod des Fahrers – durch Untätigkeit und trotzdem gemäß dem Tötungsverbot – verantwortlich sein kann. Ganz in diesem Sinne unterscheidet die juristische Dogmatik seit *Armin Kaufmann* (1959) zwischen „Garantenpflichten" zur Überwachung einer Gefahrenquelle und zur Obhut für ein Schutzobjekt (wobei beides, wie auch in unserem Beispiel, oft zusammenfällt)[11].

Im letzten Teil dieser Ausführungen sind Begriffe, die man eher in einer dogmatischen als in einer rechtstheoretischen Arbeit erwarten würde, immer häufiger geworden. Der Punkt, an dem der Rechtstheoretiker die Stafette an den Dogmatiker des positiven Rechts abgeben sollte, ist erreicht.

8.4 Exkurs zu Venn-Diagrammen im normativer Interpretation

Im vorstehenden Text kommen immer wieder Venn-Diagramme vor; das selber schon metaphorische Leitmotiv vom „Handlungsspielraum", der durch „Sperrzonen" und „Zielgebiete" differenziert wird, gewinnt durch die Diagramme eine auch grafische Bildhaftigkeit.

---

11 *Armin Kaufmann,* a. a. O. (Anm. 3).

Venn-Diagramme sind eine Weiterentwicklung der sog. Euler-Kreise, die allerdings leichter verständlich und viel verbreiteter sind und die man auch außerhalb der Literatur zur Logik antrifft, beispielsweise im Wirtschaftsteil der Tageszeitungen. Zum Verständnis der Venn-Diagramme ist es zweckmäßig, mit der Erläuterung der Euler-Kreise zu beginnen.

In *Eulers* Verfahren (wie auch später dem von *Venn*) werden Begriffe durch Kreise symbolisiert. Durch die verschiedenen Positionen, die zwei Kreise zueinander einnehmen können, werden die logischen Beziehungen zwischen den Begriffen zum Ausdruck gebracht. Es gibt drei Positionen:

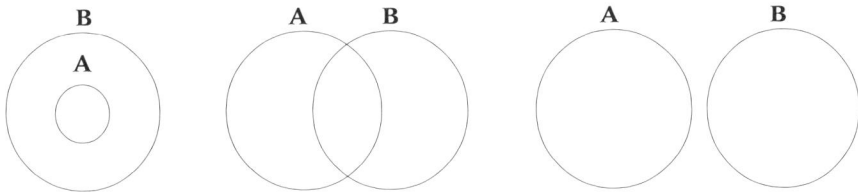

1. Der eine Begriffskreis – nennen wir ihn A – ist in einem anderen Kreis – beispielsweise B – völlig enthalten. Zu Sätzen umgedeutet, würde dies zum Ausdruck bringen: Alles, was A ist, ist (auch) B. Alle A sind B.
2. Die Kreise A und B überlappen einander, der Inhalt eines jeden ist teilweise in dem des anderen enthalten. Das besagt: Einiges, das A ist, ist (auch) B. Einige A sind B. Man beachte, dass das Verhältnis der beiden Kreise symmetrisch ist, so dass man die Grafik auch „rückwärts" lesen kann: Einige B sind A. In der asymmetrischen Konstellation 1 wäre eine solche Umkehrung nicht möglich, außer in dem Grenzfall, dass die beiden Begriffskreise deckungsgleich sind. (Alle A sind alle B.)
3. Die Kreise A und B liegen separat nebeneinander. Das bedeutet: Nichts, das A ist, ist (auch) B. Kein A ist B. Auch diese Grafik ist symmetrisch, und auch dieser Satz lässt sich umkehren: Kein B ist A.

Mit dieser Methode kann man wesentliche Teile der Logik, vor allem die Lehre von den Syllogismen, begründen und überprüfen. Allerdings braucht man zur Erfassung der Syllogistik drei Kreise, weil Syllogismen drei Begriffe enthalten.

Was nun Venn-Diagramme anlangt, so ist der Unterschied dieser: *Eulers* Kreise lassen sich gegeneinander verschieben; in der unterschiedlichen Positionierung der Kreise liegt ja die Pointe des Verfahrens. *Venns* Kreise sind dagegen starr miteinander verbunden; sie sind in einer der drei „Euler'schen" Positionen eingefroren, und zwar in der, wo sie einander teilweise überschneiden (s. oben Konstellation 2). Um die Beziehungen zwischen den Begriffen auszudrücken, verwendet *Venn* zwei zusätzliche Symbole, mit denen angedeutet wird, dass ein Begriff (oder ein Teilbereich des Begriffs oder die Vereinigung mehrerer Begriffe) „leer" oder aber „erfüllt" ist.

C Schwerpunkte

1. Diejenigen Bereiche in der Grafik der beiden Begriffskreise, welche leer sind, denen keine Elemente zugehören, werden durch eine Schraffur gekennzeichnet. „Es gibt kein ..."
2. Umgekehrt wird durch einen in die Grafik eingezeichneten Balken (häufig auch durch einen Stern) zum Ausdruck gebracht, dass ein Begriffsbereich erfüllt ist: „Es gibt ..."

Die drei oben mit Euler-Kreisen dargestellten Satzformen werden in Venn-Diagrammen folgendermaßen veranschaulicht, wobei sich wiederum in der Symmetrie bzw. Asymmetrie der Grafiken zeigt, ob eine Satzform umkehrbar ist oder nicht:

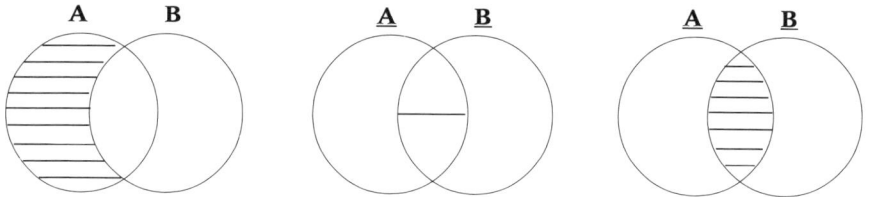

1. Es gibt nichts, das A ist, ohne B zu sein. Oder: Alle A sind B. Oder auch: Wenn etwas A ist, dann ist es auch B.
2. Einige A sind B. Es gibt Dinge, die sowohl A wie B sind.
3. Kein A ist B. Es gibt nichts, das sowohl A wie B ist.

Der wahre Unterschied zwischen Euler-Kreisen und Venn-Diagrammen liegt aber nicht auf der grafischen Oberfläche, sondern tiefer, und er ist mit einem wesentlichen Schritt in der Entwicklung der Philosophie, nicht nur der Logik, verbunden (*Euler* lebte im 18., *Venn* im 19. Jahrhundert). Begriffe werden von *Venn* wie von *Euler* durch Kreise ausgedrückt; aber die Frage, ob ein Begriff erfüllt ist oder nicht, ob ein entsprechender Gegenstand existiert oder nicht existiert, d. h. die grafische Repräsentation von Existenz oder Nichtexistenz hat *Venn* von der Repräsentation des Begriffsinhalts getrennt und in anderer Weise ausgedrückt. Man darf vermuten, dass dies eine Auswirkung von Kants berühmter These ist, in seiner Kritik am ontologischen Gottesbeweis entwickelt, dass die „Existenz" eines Gegenstandes keines seiner möglichen Prädikate sei und von dem in Frage stehenden Begriffsinhalt streng unterschieden werden müsse[12].

Mit dieser Trennung hat *Venn* der Logik Möglichkeiten eröffnet, die auch heute, viele Jahre nach seiner Zeit, zu einem wesentlichen Teil noch unausgenutzt sind. Zwar gehört der von *Venn* zur grafischen Anschauung gebrachte Unterschied von „Existenzsätzen" und „Allsätzen" („Nichtexistenzsätzen") seit langem zum Grundbestand der modernen Logik und Wissenschaftstheorie. Aber in anderer Hinsicht

---

[12] In frappanter Weise wird der Unterschied von Prädikat und Existenz an dem Scherzwort deutlich: Der ideale Ehemann trinkt nicht, raucht nicht, flucht nicht und existiert nicht.

ist die Verbindung zu *Kant* verloren gegangen. Bekanntlich hat *Kant* (nach *Hume*) noch einen anderen Schnitt nachdrücklich vorgenommen, und zwar die Trennung von Sein und Sollen; um diese Kluft kreist vor allem die neukantianische Philosophie. Da aber Dichotomie eine Entgegensetzung vom Vergleichbarem ist, sollte nun der Gedanke nahe liegen: Auch Sollen ist kein Prädikat, so wenig wie Sein[13].

Gemäß dieser Annahme lassen sich auch Sollenssätze zwanglos in Venn-Diagrammen darstellen. Dass es etwas nicht geben soll – einen Gegenstand, einen Zustand, ein Ereignis, eine Handlung – kann im Diagramm in gleicher Weise zum Ausdruck gebracht werden, wie dass es jenen Gegenstand, …, jene Handlung nicht gibt. Man schraffiere wiederum den entsprechenden Begriffsbereich. (Wobei es oft zweckmäßig sein wird, die „normativen" Schraffuren und Balken ein wenig anders zu gestalten, beispielsweise gewellt oder andersfarbig. Hier habe ich darauf verzichtet, weil sich jeweils aus dem Kontext ergibt, ob die Symbolik deskriptiv oder normativ gemeint ist.)

Dass ein Kreis, der den Begriff „Mord" symbolisiert, durch eine normativ interpretierte Schraffur ausgefüllt ist, bedeutet nun: „Einen Mord soll es nicht geben", „Man soll nicht morden". Hier handelt es sich um ein Verbot. Ein Gebot wird demgegenüber durch einen Balken verkörpert: „Es soll geben …" statt „Es gibt …". Dass ein Kreis, der den Begriff „Hilfe für einen Menschen, der sich in Not befindet" symbolisiert, von einem normativ interpretierten Balken durchzogen wird, bedeutet nun: „Für einen Menschen in Not soll es Hilfe geben." „Man soll einem Menschen, der sich in Not befindet, helfen".

Die drei oben eingefügten Venn-Diagramme würden in normativer Interpretation so zu lesen sein:

1. Es soll keine Handlung A ausgeführt werden, ohne dass im Zusammenhang mit ihr eine Handlung B ausgeführt wird. Man soll nicht A ohne B tun. Wer A tut, soll (auch) B tun.
2. A und B sollen gemeinsam vollzogen werden. Es soll eine Doppelhandlung A mit B verwirklicht werden.
3. Die Handlungen A und B sollen nicht gemeinsam vollzogen werden. Zum Beispiel: Man soll nicht während des Autofahrens mit dem Handy telefonieren.

Der Leser sollte die Venn-Diagramme nicht nur als Bilder betrachten, die ihm die Gedanken dieses Artikels zur Anschauung bringen möchten. Er sollte sie vor allem als ein Werkzeug begreifen, das ihm für eigene normenlogische Untersuchungen

---

13 Ulrich Klug beispielsweise fasst Sollen ausdrücklich als ein Prädikat auf; er symbolisiert es durch ein „S". Wenn allerdings Sein kein Prädikat ist – nach heute fast allgemeiner Ansicht und natürlich auch der von Klug –, dann wird vermutlich auch Sollen kein Prädikat sein – schon fast aus ästhetischen Gründen nicht. Vgl. *U. Klug*, Die Reine Rechtslehre von Hans Kelsen und die formallogische Rechtfertigung der Kritik an dem Pseudoschluss vom Sein auf das Sollen. In: Law, State, and International Order, Essays in Honor of Hans Kelsen, hrsg. von Salo Engel, Knoxville 1964, S. 153 ff.

C   *Schwerpunkte*

an die Hand gegeben sei. Es sei ihm empfohlen, selber mit Diagrammen zu experimentieren: Er möge normativ interessante Konstellationen grafisch nachbilden und analysieren, beispielsweise Konkurrenzen und Widersprüche von Normen, Verbindungen von Normen und naturwissenschaftlich-technischen Regeln, sowie anderes mehr; er möge umgekehrt auch grafisch interessante Konstellationen ins Normative übersetzen.

Manch einem Leser mögen solche Diagramme gleichwohl als ein triviales Hilfsmittel erscheinen, mit welchem Ergebnisse zur Anschauung gebracht werden, die eigentlich selbstverständlich sind. Nichts wäre verkehrter als das: Vielen dieser Ergebnisse stehen nämlich als gesichert geltende Theoreme einer während eines halben Jahrhundert ausgearbeiteten „deontischen Logik" entgegen, die die logische Struktur der Normen zu erfassen beansprucht; die schlichte Evidenz normativer Venn-Diagramme wird es schwer haben, sich dagegen durchzusetzen.

Deshalb sind hier ein paar Bemerkungen zur deontischen Logik angebracht. Sie geht auf *Leibniz* zurück. *Leibniz* ist einer der Begründer der Modallogik, d. h. der Logik, die sich mit Sätzen beschäftigt wie „Es ist notwendig, dass A der Fall ist", „Es ist möglich, dass A der Fall ist." Naheliegende Theoreme der Modallogik sind: „Wenn A notwendig ist, ist A möglich." „Wenn A notwendig ist, ist es nicht möglich, dass nicht-A der Fall ist." Leibniz hatte darüber hinaus die ingeniöse Idee, die Modallogik normativ zu interpretieren. Den Modus der Notwendigkeit deutete er als „Gebotensein" (in Kants späterer Formulierung: „praktische Notwendigkeit"), den Modus der Möglichkeit als „Erlaubtsein" („praktische Möglichkeit"). Daraus ergibt sich zum Beispiel der Satz: „Wenn A geboten ist, ist A erlaubt."

Diese Konzeption haben vor etwa fünfzig Jahren der Finne *Georg Henrik von Wright* und der Deutsche *Oskar Becker* – unabhängig voneinander – mit dem Instrumentarium der modernen Logik neu realisiert, und so ist das entstanden, was seit von Wright „deontische Logik" genannt wird[14]. Die deontische Logik war von Anfang an ein Erfolgsmodell, allerdings nur unter Philosophen und Mathematikern, nicht auch unter Juristen. Die Literatur ist zwar längst nicht mehr überschaubar, aber eine nennenswerte Anwendbarkeit auf rechtliche Probleme hätte sich wohl im Laufe eines halben Jahrhunderts unter den Juristen herumgesprochen. Tatsächlich bilden sich jedoch bei der normativen Interpretation der Modallogik sehr rasch Theoreme, die mit dem, was ein Jurist unter Normen, unter Geboten, Verboten und Erlaubnissen versteht, nur wenig zu tun haben. Ein Beispiel dafür sei zum Schluss angefügt.

---

14   *G.H. von Wright*, Deontic Logic, in: Mind 1951, wieder abgedruckt in: von Wright, Logical Studies, London 1957, S. 58 ff.; *O. Becker*, Untersuchungen über den Modalkalkül, Meisenheim/Glan 1952. Im Unterschied zu von Wright ist Becker leider weitgehend in Vergessenheit geraten.

Der Philosoph *Paul Weingartner* schreibt in einem geistreichen Aufsatz über „Rechtssysteminvariante Normen", dass es ein „grundlegendes" Gesetz gebe, das in allen – sonst sehr unterschiedlichen – Systemen deontischer Logik anerkannt sei. Als logische Schlussweise lässt es sich so formulieren[15].

Man soll, wenn man A tut, B tun.
Man soll A tun.
Man soll B tun.

In diesem Punkte wären sich demnach alle Theoretiker der deontischer Logik einig. Das ist seltsam; wenn ich nämlich juristischen Praktikern einen solchen Schluss zeige, pflegen sie verblüfft zu sagen: Das stimmt nicht! Praktiker wissen auch sogleich mit triftigen Gegenbeispielen aufzuwarten: Ein Diplomat bekomme den dienstlichen Auftrag, ein bestimmtes Land aufzusuchen. Es gebe eine Vorschrift, wonach wer in dieses Land reist, sich einer bestimmten Impfung unterziehen muss. Ist jener Diplomat also verpflichtet, sich impfen zu lassen? Nach jenem „grundlegenden" deontisch-logischen Gesetz, das angeblich in allen Rechtssystemen gilt, wäre er dazu verpflichtet; in Wahrheit ist er es aber nicht. Wenn er sich weigert, dem Reisebefehl nachzukommen, braucht er sich auch nicht impfen zu lassen. Die Verpflichtung zur Impfung wird nur dann aktuell, wenn er die Reise tatsächlich anzutreten im Begriff ist, und zwar ganz unabhängig davon, ob er zur Reise verpflichtet ist oder nicht. Die gefolgerte Norm ist also falsch oder zumindest missverständlich, wenn man unter der Rede, dass etwas „geboten ist" oder dass jemand etwas „tun soll", das versteht, was man im Alltag darunter versteht, sei man nun Laie oder Jurist: nämlich eine Handlungsanweisung oder wenigstens eine Aussage über eine gültige Handlungsanweisung.

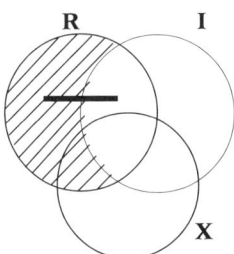

R stehe für die Reise in das erwähnte Land, I für die Impfung, X für eine beliebige andere Handlung. Das Diagramm führt einem vor Augen: Nur wenn man den Bereich von R betreten will, wird man durch das Vorhandensein einer Sperrzone (Schraffur) in den Bereich von I „genötigt". Wenn man dagegen im unteren Bereich des Diagramms bleibt, im X-Bereich außerhalb von R, ist das nicht der Fall; insofern unterliegt man nicht der Anweisung, sich impfen zu lassen. Allerdings verhält man sich dann in anderer Weise normwidrig: man entzieht sich jetzt dem Gebot (siehe Balken!), den Bereich R zu betreten. Ebenso wenn man sich impfen lässt, also im Sinne von I handelt, ohne die Reise anzutreten.

---

15 Vgl. dazu *Philipps*, a. a. O., S. 17 ff.

Trotzdem kann die normative Scheinfolgerung in zwei Hinsichten sinnvoll sein, und zwar als Ansatzpunkt einer Kritik am einschlägigen Normkomplex und als Vorentwurf weitergehender Normen. Um wieder das Beispiel des Reisebefehls aufzugreifen: Man ist zwar – erstens – nicht unbedingt zur Impfung verpflichtet; doch wer sich strikt rechtstreu verhält und alle (beiden) hier vorausgesetzten Normen beachtet, kommt an einer Impfung (im Diagramm: an dem Bereich I) nicht vorbei. In dieser Hinsicht des Nicht-daran-Vorbeikommens bei durchgängig pflichtgemäßem Verhalten ist die Impfung tatsächlich „gesollt". Und diese Folgerung ist nicht nur im formalen Sinne „korrekt", sondern auch sinnvoll, und zwar als Ansatzpunkt für eine Kritik an den normativen Prämissen, die im Spiel sind. Wenn jener Beamte sich aus gesundheitlichen Gründen gegen die Konsequenz der Impfung wehrt und dabei erfolgreich ist, muss nach dem modus tollens mindestens eine der beiden normativen Prämissen weichen: die bedingte Impfpflicht oder das unbedingte Reisegebot. Und zweitens: Unter den angenommenen Umständen mag es zweckmäßig sein, wenn die Behörde eine Verwaltungsanordnung erlässt, die die Pflicht zur Impfung schon an den Reisebefehl und nicht erst an die faktische Vornahme der Reise knüpft. Das würde die Durchsetzbarkeit der Impfgebots erleichtern, dessen Aktualisierung beim normalen Gang der Dinge zu erwarten ist. Diese Möglichkeit kann man verallgemeinern: es ist eine vernünftige heuristische Technik, zu prüfen, ob man Quasi-Normen, die durch die deontische Logik angedeutet werden, in den Rang echter Normen erheben sollte.[16] Doch an beiden dieser Punkte betreten wir wiederum ein Gebiet, das über die Normentheorie im engeren Sinne hinausgeht.

Ausgewählte Literatur

Alexy, Robert, Theorie der Grundrechte, 1985.
Hart, Herbert, L.A., Der Begriff des Rechts, dtsch. 1973.
Hohfeld, Wesley Newcomb, Fundamental Legal Conceptions, 1919.
Kelsen, Hans, Allgemeine Theorie der Normen, 1979.
Lachmayer, Friedrich, Grundzüge einer Normentheorie, 1977.
Opałek, Kazimierz, Theorie der Direktiven und der Normen, 1986.
Philipps, Lothar, Der Handlungsspielraum, 1974.
Robles, Gregorio, Rechtsregeln und Spielregeln, 1987.
Rödig, Jürgen, Die Denkform der Alternative in der Jurisprudenz, 1969.
von Savigny, Eike, Die Überprüfbarkeit der Strafrechtssätze, 1967.
Weinberger, Ota, Normentheorie als Grundlage der Jurisprudenz und Ethik, 1981.
von Wright, Georg Henrik, Norm und Action, 1963.

---

16 Noch ein weiteres Beispiel, aber nur als Anmerkung und Andeutung, weil der zur Analyse notwendige Apparat über das hier Vorgestellte hinausgeht. Ein A habe eine Forderung gegen einen B; B wiederum eine entsprechende Forderung gegen einen C. Wäre es nicht „logisch" und praktisch, wenn man A die Möglichkeit gäbe, sich direkt an C zu halten? Das wäre es in der Tat; man könnte das Ganze dann „Anweisung" oder „Wechsel" nennen, müsste allerdings noch einige Hilfsnormen einführen.

9 Theorie der juristischen Argumentation

Von Ulfrid Neumann, Frankfurt/Main

9.1 Ziel und Funktion juristischen Argumentierens

Juristen argumentieren. Als Richter sind sie nach den ausdrücklichen Bestimmungen der Verfahrensgesetze verpflichtet, ihre Urteile zu begründen (z. B. § 267 StPO, § 313 ZPO). Dieser Begründungspflicht genügen sie nur dann, wenn ihre Entscheidung auf rationaler Argumentation beruht (BVerfGE 34, 269, 287). Als Strafverteidiger oder als Parteivertreter in Zivilverfahren müssen Juristen argumentieren, um bei Gericht eine günstige Entscheidung für ihren Mandanten zu erreichen. Und in Verhandlungen mit dem Anwalt eines zahlungsunwilligen Vertragspartners ihres Mandanten müssen sie versuchen, der Gegenseite die Berechtigung der geltend gemachten Forderung nachzuweisen.

Wer argumentiert, will überzeugen. Soweit es nur darum geht, etwas zu erreichen, also – in den genannten Beispielen – von dem Vertragspartner eine umstrittene Leistung oder von dem Gericht eine bestimmte Entscheidung zu erlangen, kommen auch andere, möglicherweise sogar effizientere Mittel in Betracht – Bedrohung, Versprechungen, Bestechung. Auch diese Mittel werden von Juristen gelegentlich eingesetzt. Sie sind aber keine juristischen Mittel. Die Waffe des Juristen ist das Argument. Als Jurist muss er versuchen, den anderen zu überzeugen.

An diese Feststellung schließt sich sofort die Frage an: *Wovon* will der Jurist seinen Argumentationspartner überzeugen? Offensichtlich nicht (nur) davon, dass es in dessen eigenem Interesse liegt, die beantragte „Leistung" (Freispruch des Angeklagten, Verurteilung des Prozessgegners, Bezahlung der Schuld) zu erbringen. Die juristische Argumentation zielt nicht, jedenfalls nicht unmittelbar, auf *Interessen* der Beteiligten, sondern auf *Rechte* und *Pflichten*. Das legt die Antwort nahe: Der Jurist will seinen Gesprächspartner davon überzeugen, dass eine bestimmte rechtliche Bewertung oder Entscheidung eines bestimmten Falles die richtige ist. Am Beispiel der Gerichtsentscheidung: das Gericht soll davon überzeugt werden, dass gerade das beantragte Urteil das richtige Urteil ist.

Diese Antwort ist zutreffend, aber unzureichend. Denn es schließt sich sogleich die weitere Frage an, was man unter der „Richtigkeit" einer rechtlichen Bewertung oder Entscheidung eines Falles zu verstehen hat. Ist eine Entscheidung richtig,

C *Schwerpunkte*

wenn sie – wie die Entscheidung des Azdak zum Sorgerecht in Brechts „Kaukasischem Kreidekreis"[1] – die *besten Folgen* für die Beteiligten und/oder die Gesellschaft hat? Ist sie richtig, wenn sie mit den Regeln einer *überpositiven Gerechtigkeit* übereinstimmt? Oder ist sie richtig, wenn sie dem hier und jetzt geltenden *positiven Recht* entspricht?

Diese Fragen lassen sich nicht allgemein gültig beantworten. Denn der Maßstab, nach dem die Richtigkeit der Entscheidung zu bestimmen ist, wird festgelegt durch die jeweilige Auffassung von Recht. Geht man von einem theokratisch orientierten Naturrechtssystem aus, so ist der *göttliche Wille* der maßgebliche Bezugspunkt des Richtigkeitsanspruchs des Rechts. In einem säkularen Naturrechtssystem übernimmt das Kriterium der *Gerechtigkeit* bzw. der *Vernünftigkeit* der entscheidungsleitenden Regeln diese Maßstabfunktion, während es in einem Präjudizienrecht entscheidend auf die Übereinstimmung der Entscheidung mit den von der *Rechtsprechung* entwickelten Regeln ankommt. In einem – im Folgenden zugrunde zu legenden – kodifizierten Rechtssystem schließlich, wie es heute in den kontinentaleuropäischen Rechtsordnungen dominiert (und auch das Rechtswesen im angloamerikanischen Bereich zunehmend bestimmt), ist die Übereinstimmung mit den Regeln des gesetzten („positiven") Rechts das Kriterium „richtigen" rechtlichen Entscheidens.

9.2 Struktur der juristischen Argumentation

9.2.1 Rechtsanwendung und Tatsachenfeststellung

Gesetze haben typischerweise eine konditionale Struktur: *Wenn* der Tatbestand verwirklicht ist, *dann* soll eine bestimmte Rechtsfolge festgestellt oder festgesetzt werden. Die Richtigkeit der rechtlichen Entscheidung eines konkreten Falles setzt damit nicht nur die korrekte Anwendung der einschlägigen Rechtsnormen, sondern auch und zuallererst die zutreffende Ermittlung und Feststellung der relevanten Fakten voraus. Dementsprechend umfasst die Entscheidungsbegründung auch die Darlegung, wie das Gericht zu der Überzeugung gekommen ist, das maßgebliche Geschehen habe sich gerade so und nicht anders abgespielt[2]. Obwohl auch für diesen Teil der Urteilsbegründung spezifisch rechtliche Regeln gelten (so darf die Überzeugung des Gerichts vom Feststehen des Sachverhalts nicht auf Umstände gestützt werden, die Beweisverwertungsverboten unterliegen), rechnet es nicht zum Kernbereich der Theorie juristischen Argumentierens[3]. Im Zentrum steht die Begründung der rechtlichen Würdigung des Falles.

---

1 Dazu noch immer lesenswert: *Wiethölter*, Rechtswissenschaft, 1968, S. 12 ff.
2 Soweit die Prozessgesetze (wie § 267 Abs. 1 Satz 2 StPO) hier lediglich Soll-Vorschriften enthalten, werden diese von Rechtspraxis und Rechtswissenschaft inzwischen als Muss-Vorschriften interpretiert.
3 Einbezogen werden Fragen der Begründung von Sachverhaltsfeststellungen etwa bei *Koch/Rüßmann*, Juristische Begründungslehre, 1982, S. 271 ff.

9.2.2 Regelorientierung

Die Grundstruktur dieser Begründung ergibt sich in einem ersten Schritt aus den Bedingungen rationalen Argumentierens, die der Entscheidung für ein bestimmtes (naturrechtliches oder positives, präjudizien- oder gesetzesorientiertes) Rechtssystem voraus liegen. Rational begründet ist eine Entscheidung nur dann, wenn sie auf eine *Regel* zurückgeführt werden kann, der zufolge *alle* Fälle dieses Typs in entsprechender Weise zu entscheiden sind. Dieses Moment der Generalisierung folgt aus dem Begriff der rationalen Begründung selbst. Denn Gründe im normativen Bereich lassen sich, ebenso wie Ursachen im Bereich der Empirie, nicht auf den Einzelfall beschränken. Ein bestimmter Wirkstoff ist nur dann ursächlich für eine Erkrankung, wenn er ceteris paribus auch in anderen Fällen geeignet ist, eine entsprechende Erkrankung auszulösen. Ebenso ist die Tötung des Opfers im Schlaf nur dann ein Grund, den Angeklagten wegen eines heimtückisch verübten Mordes zu verurteilen, wenn auch alle anderen Täter ceteris paribus bei Tötung eines schlafenden Opfers wegen Mordes zu verurteilen sind. Negativ formuliert: sowenig es im Bereich der Naturwissenschaften singuläre Ereignisse gibt, die sich den allgemeinen Naturgesetzen entziehen (Wunder), sowenig gibt es im Bereich des Rechts normative Wunder, also Fälle, in denen die richtige Lösung den allgemeinen Regeln und Richtigkeitskriterien widerspricht. Auch sofern es Ausnahmen gibt, existieren diese nur in generalisierter Form, also in der Gestalt von Ausnahmeregeln.

Dieses Moment der Generalisierung von Gründen (Argumenten) ist nicht auf den rechtlichen Bereich beschränkt. Es gilt in gleicher Weise für rationale moralische Argumentationen[4] und ist im Argumentationsmodell des juristischen Syllogismus[5] ebenso zu identifizieren wie in konkurrierenden Modellen, beispielsweise im Toulmin-Schema[6].

9.2.3 Gesetzliche und dogmatische Regeln

Dagegen formuliert die Frage nach der Herkunft dieser Regeln ein Problem, das sich nicht nur für das Recht insgesamt (im Vergleich zur Moral), sondern für jedes einzelne Rechtssystem in besonderer Weise stellt. In kodifizierten Rechtsordnungen kommt den in Gesetzesform statuierten Rechtsnormen eine vorrangige Bedeutung zu. Indes lassen sich die zur korrekten Begründung rechtlicher Entscheidungen erforderlichen Rechtsregeln mit den Gesetzesnormen nicht gleichsetzen. Dies zum einen deshalb, weil die Gesetze nicht nur *Regeln*, sondern auch *Prinzipien* des Rechts statuieren, die erst zu anwendungsfähigen Regeln verdichtet werden müs-

---

4 Grundlegend *Hare*, Moralisches Denken, 1992 (englisches Original: Moral Thinking: Its Levels, Method and Point, 1981), S. 166 ff.
5 Dazu oben S. 299.
6 Dazu oben S. 314.

sen⁷. Zum anderen sind aber auch die in Regelform erlassenen Gesetze in den meisten Fällen zu unbestimmt, um für sich allein eine substanzielle Begründung der konkreten Entscheidung zu ermöglichen. Wenn § 211 StGB die „heimtückische" Tötung eines Menschen als Mord bestraft, dann bleibt im Gesetz beispielsweise offen, ob die Tötung eines schlafenden oder bewusstlosen Opfers – immer, oder aber unter bestimmten Voraussetzungen – als heimtückische Tötung zu bewerten ist. Es müssen also weitere, differenziertere Regeln gebildet werden, deren Bereitstellung Aufgabe der (von der Rechtswissenschaft wie von der Rechtspraxis betriebenen) *Rechtsdogmatik* ist. Auch die Entscheidung für diese Regeln muss selbstverständlich begründet werden. Man kann deshalb zwei Stufen der Begründung (Rechtfertigung) des Urteils unterscheiden: Die Begründung der Entscheidung durch (gesetzliche und dogmatische) Regeln (interne Rechtfertigung) einerseits, die Begründung dieser Regeln (externe Rechtfertigung) auf der anderen Seite⁸.

9.2.4 Grenzen der Regelorientierung der Entscheidung

Die Begründung der Entscheidung anhand der gesetzlichen und dogmatischen Regeln (interne Rechtfertigung) ist in vielen Fällen unproblematisch. Akzeptiert man die Regel, dass stets „heimtückisch" handelt, wer sein Opfer im Schlaf tötet, dann ist die Verurteilung des Angeklagten A, der seine Frau im Schlaf erschlagen hat, wegen Mordes *insoweit* selbstverständlich. Schwierigkeiten bereitet neben der Aufgabe der angemessenen Rekonstruktion dieses Ableitungszusammenhangs⁹ die Frage, ob sich in *allen* Fällen eine Regel bilden lässt, aus der die Entscheidung des Sachverhalts logisch folgt. Diese Frage hat erhebliche praktische Bedeutung, weil sie über die Grenzen der Möglichkeit zur Vereinheitlichung der Rechtsprechung entscheidet. Der Gesetzgeber versucht, die Homogenität der Rechtsprechung dadurch zu sichern, dass er die Revisionsgerichte verpflichtet, die Entscheidung des Bundesgerichtshofs bzw. eines Großen Senats des Bundesgerichtshofs einzuholen, wenn sie von einer dogmatischen Regel abweichen wollen, die ein anderes Revisionsgericht einer Entscheidung zugrunde gelegt hatte (§§ 121 Abs. 2, 132 Abs. 2 GVG). Das damit verfolgte Ziel der Einheitlichkeit der Rechtsprechung ist aber nur zu gewährleisten, soweit die Entscheidungen sich auf allgemeine Regeln zurückführen lassen. Das aber ist nicht durchgängig der Fall¹⁰. So kann die Frage, ob der

---

7 Zur Unterscheidung von Rechtsregeln und Rechtsprinzipien *Dworkin*, Bürgerrechte ernstgenommen, 1984 (englisches Original: Taking Rights Seriously, 1977), S. 42 ff.; *Alexy*, Zum Begriff des Rechtsprinzips (1979), in: *ders.*, Recht, Vernunft, Diskurs, 1995, S. 177 ff.; *Sieckmann*, Regelmodelle und Prinzipienmodelle des Rechtssystems, 1990.
8 *Alexy*, Theorie der juristischen Argumentation, 3. Aufl. 1996, S. 273 ff.
9 Dazu oben S. 312 ff.
10 Näher *Kuhlen*, Regel und Fall in der juristischen Methodenlehre, in: Herberger/Neumann/Rüßmann (Hrsg.), Generalisierung und Individualisierung im Rechtsdenken, ARSP-Beiheft Nr. 45 (1992), S. 101 ff.

„gekreuzigte Christus mit Gasmaske" von Grosz eine Beschimpfung eines religiösen Bekenntnisses im Sinne des Tatbestands des § 166 StGB darstellt, nicht durch Rückführung auf eine generelle Entscheidungsregel beantwortet werden. Es geht bei derartigen Konstellationen, in der Formulierung der Revisionsgerichte, um Fragen des „Einzelfalles", die sich der Überprüfung anhand genereller Regeln entziehen. Aber das sind Ausnahmekonstellationen. Im Regelfall lässt sich die Entscheidung anhand einer Regel begründen, die freilich typischerweise nicht dem Gesetz allein entnommen werden kann, sondern von dem Gericht unter Berücksichtigung der von Rechtspraxis und Rechtswissenschaft formulierten dogmatischen Regeln gebildet werden muss.

9.3 Standards juristischen Argumentierens

9.3.1 Autoritätsargumente und Sachargumente

Erheblich größere Probleme wirft die *externe Rechtfertigung*, die Begründung der zugrunde gelegten Rechtsregeln auf. Die Frage, auf welche Argumente man sich zur Rechtfertigung einer dogmatischen Regel berufen kann, steht im engen Zusammenhang mit der Rechtsquellentheorie. Betrachtet man ausschließlich das Gesetz als „Rechtsquelle", dann müssen sich alle rechtlichen Entscheidungsregeln (also auch die dogmatischen Regeln) auf das Gesetz zurückführen lassen. Sie können dann nur im Wege der „Auslegung" des Gesetzes gewonnen werden. Akzeptiert man dagegen die Möglichkeit einer richterlichen Fortbildung des Rechts und damit das Richterrecht als zumindest subsidiäre Rechtsquelle[11], dann eröffnet das der Argumentation erhebliche größere Freiräume. In diesem Fall kann eine Regel auch *allein* mit Argumenten ihrer sachlichen Richtigkeit begründet werden; ihre institutionelle Legitimation liefert dann nicht die Kompetenz des Gesetzgebers, sondern die des Richters.

Diese Überlegungen verweisen auf eine zentrale Unterscheidung in der Theorie der juristischen Argumentation: die zwischen *Autoritätsargumenten* auf der einen, *Sach-*

---

11 Die Frage, ob einer gefestigten Rechtsprechung der Charakter einer eigenständigen Rechtsquelle zuzuerkennen ist, ist umstritten. Das Meinungsspektrum reicht hier von der Deutung des Richterrechts als bloßer Rechtserkenntnisquelle (*Larenz*, Methodenlehre der Rechtswissenschaft, 6. Aufl. 1991, S. 432) über die Annahme einer „Verbindlichkeitsvermutung" (*Kriele*, Theorie der Rechtsgewinnung, 2. Aufl. 1976, S. 243 ff.) und die Einordnung als selbständige, aber schwächere Rechtsquelle (*Bydlinski*, JZ 1985, S. 153 f.) bis hin zu der Auffassung, Richterrecht sei eine dem Gesetzesrecht ebenbürtige Quelle von Fallnormen (*Fikentscher*, Methoden des Rechts, Bd. 4, 1977, S. 143 f.). Das Bundesverfassungsgericht spricht dem Richterrecht eine dem Gesetzesrecht vergleichbare Rechtsbindung ab (BVerfGE 84, 212, 227), bejaht aber die Befugnis des Richters zur „schöpferischen Rechtsfindung" (BVerfGE 34, 269, 287).

argumenten auf der anderen Seite[12]. Für die Anerkennung einer Rechtsregel und damit der von ihr getragenen Entscheidung kann sprechen, dass sie von einer zuständigen Autorität gesetzt worden ist, oder aber, dass sie gerecht und vernünftig ist (oder in ihrer Anwendung zu den vorteilhafteren Konsequenzen führt). Typische Autoritätsargumente sind etwa die Berufung auf den Willen des Gesetzgebers, der Verweis auf die herrschende Meinung, aber auch das Argument des Wortlauts des Gesetzes; typische Sachargumente sind die Gerechtigkeit einer Regel, ihre Vernünftigkeit, die positiven Folgen ihrer Anwendung.

Obwohl dem kodifizierten Rechtssystem mit seiner idealtypischen Arbeitsteilung zwischen regelsetzender Gesetzgebung und regelanwendender Rechtsprechung theoretisch nur die autoritätsorientierte Argumentation entspricht, zeigt sich in der Analyse der Rechtspraxis ein erhebliches Gewicht sachorientierter Begründungen[13]. Allerdings verschleifen sich die Gegensätze teilweise in der Argumentationspraxis, weil Sachargumente mit Autoritätsargumenten verbunden werden. So wird häufig argumentiert, eine bestimmte Gesetzesinterpretation könne, da in ihren Konsequenzen ungerecht oder unvernünftig, nicht dem Willen des Gesetzgebers entsprechen. Gleichwohl markiert der Dualismus von Autoritätsargumenten und Sachargumenten auch für die Praxis der juristischen Argumentation grundsätzlich alternative Optionen, deren Spielraum im Einzelnen noch nicht abgeklärt ist. Umstritten ist insbesondere, inwieweit sich der Richter an den praktischen Folgen seiner Entscheidung orientieren darf[14].

9.3.2 Das Verhältnis von juristischer und allgemein-praktischer Argumentation

Die juristische Argumentation hat, wie dargestellt, die Funktion, die Richtigkeit einer rechtlichen Entscheidung, die getroffen worden ist oder getroffen werden soll, zu begründen. In diesem Bezug auf „Richtigkeit" unterscheidet sie sich nicht von anderen Argumentationen, die der Rechtfertigung von Handlungen dienen. Insbesondere zur moralischen Begründung von Handlungen und Handlungsnormen bestehen hier offensichtliche Parallelen. Das wirft die Frage auf, wie sich die juristische Argumentation zur allgemein-praktischen Argumentation verhält. Ist die juristische Argumentation lediglich ein Sonderfall der allgemein-praktischen Argumentation, oder handelt es sich um ein eigenständiges System von Argumenten und Argumentationsstrukturen, das sich zur allgemein praktischen Argumentation alternativ verhält?

---

12 Grundlegend *N. Horn*, Rationalität und Autorität in der juristischen Argumentation, Rechtstheorie 6 (1975), S. 145 ff.
13 Zur Bedeutung des Arguments der Gerechtigkeit der Entscheidung in der Rechtsprechung der Strafsenate des BGH immer noch grundlegend *Eike v. Savigny*, Die Überprüfbarkeit der Strafrechtssätze, 1967.
14 Umfassend dazu *Deckert*, Folgenorientierung in der Rechtsanwendung, 1995; vgl. ferner die Beiträge in *Teubner* (Hrsg.), Entscheidungsfolgen als Rechtsgründe, 1995.

Eine klare Antwort auf diese Frage fällt deshalb schwer, weil es weniger um die *Analyse* von Differenzen und Gemeinsamkeiten zwischen den Argumentationssystemen als um deren *Gewichtung* geht. Dass es sowohl Überschneidungen (z. B. in der Einbeziehung der Kriterien der Gerechtigkeit und der Vernünftigkeit der Entscheidung) als auch Trennendes gibt (Verbindlichkeit von Regeln kraft Setzung im Rechtsdenken), wird von keiner Seite bestritten.

Hinsichtlich der damit erforderlichen Gewichtung von Gemeinsamkeiten und Differenzen wird man zwischen der Struktur der Argumentation, den zugelassenen Argumenten und dem Ziel der Argumentation zu unterscheiden haben. *Strukturell* besteht insofern eine weitgehende Übereinstimmung, als in moralischen wie in rechtlichen Argumentationen die Formulierung einer Regel erforderlich ist, anhand derer sich die fragliche Konstellation rechtlich oder moralisch entscheiden lässt (s. oben). Was die *Typologie* der zugelassenen Argumente betrifft, so haben bestimmte, spezifisch juristische Argumente in der rationalen moralischen Debatte keine Entsprechung. Die Berufung auf den Willen einer regelsetzenden Instanz oder auf eine „herrschende Meinung" ist in rationalen moralischen Diskursen nicht akzeptabel. Dagegen ist etwa in der Moraltheologie die Berufung auf Autoritäten (Gott, Papst, Kirchenlehrer) ebenso wie in der Rechtswissenschaft zugelassen.

Entscheidende Unterschiede ergeben sich hinsichtlich des *Ziels* der juristischen Argumentation einerseits, der moralischen andererseits. Die juristische Argumentation zielt nicht darauf ab, eine Entscheidung oder Rechtsauffassung in einem umfassenden, „absoluten" Sinne als richtig zu erweisen. Maßstab der „Richtigkeit" ist vielmehr die Übereinstimmung mit dem hier und jetzt geltenden Recht, das mit den Normen der Moral selbstverständlich in Widerspruch stehen kann. Auch dort, wo die juristische Entscheidung der Sache nach auf moralische Kriterien zurückgreift, muss sie diese Kriterien in juristische Kategorien transformieren. So kann die Strafbarkeit von Angehörigen der DDR-Grenztruppen, deren Verhalten nach dem geschriebenen Recht der DDR legal war, nicht einfach mit der moralischen Verwerflichkeit der Tötung unbewaffneter Flüchtlinge begründet werden. Der Gesichtspunkt der moralischen Verwerflichkeit muss dazu in das juristische Koordinatensystem eingepasst werden. Das geschieht im Beispielsfall durch Rückgriff auf naturrechtliche Argumentationsstrukturen. Exemplarisch ist hier das von *Radbruch* vorgeschlagene und vom Bundesgerichtshof (BGHSt 39, 1, 15 f.) wie vom Bundesverfassungsgericht (BVerfGE 95, 96, 134 f.) herangezogene Kriterium eines unerträglichen Verstoßes gegen die Gerechtigkeit. Danach ist Gesetzen die Rechtsverbindlichkeit dort abzusprechen, wo „der Widerspruch des positiven Gesetzes zur Gerechtigkeit ein so unerträgliches Maß erreicht, dass das Gesetz als ‚unrichtiges Recht' der Gerechtigkeit zu weichen hat"[15].

---

15 *Radbruch*, Gesetzliches Unrecht und übergesetzliches Recht (1946), GRGA Bd. 3 (1990), S. 83, 89.

Auch dort, wo der Sache nach auf moralische Kriterien (Ungerechtigkeit) zurückgegriffen wird, kann das also nur mit Hilfe von Transformationsregeln geschehen, die den moralischen Kriterien einen Einfluss auf den Bestand des *rechtlichen* Regelsystems zuerkennen. Mit anderen Worten: Welche Kriterien für die „Richtigkeit" der juristischen Entscheidung, auf deren Darlegung die juristische Argumentation zielt, relevant sind, entscheidet allein das Rechtssystem. Das spricht dafür, die juristische Argumentation nicht als Sonderfall des allgemein praktischen Diskurses, sondern als eigenständigen Diskurs zu interpretieren (zur „Sonderfallthese" vgl. auch unter 9.5.4).

9.4 Das Problem der einzig richtigen Entscheidung

9.4.1 „Richtigkeit" oder „Vertretbarkeit" rechtlicher Entscheidungen?

Wenn der juristischen Argumentation die Aufgabe zukommt, die rechtliche Richtigkeit einer bestimmten Entscheidung zu begründen, dann wirft das die Frage auf, ob es in jedem Fall tatsächlich nur eine einzige richtige Entscheidung gibt. Diese Frage ist nicht nur in der wissenschaftlichen Diskussion außerordentlich umstritten. Sie wird auch in unterschiedlichen Bereichen der juristischen Praxis in höchst unterschiedlicher Weise gehandhabt. So geht die Praxis der Revisionsgerichte wie selbstverständlich davon aus, dass die dem Urteil der Vorinstanz zugrunde liegende Rechtsauffassung entweder richtig oder aber fehlerhaft ist: tertium non datur. Ebenso wird von einem juristischen Gutachten – und das heißt: auch von Falllösungen in juristischen Klausuren und Hausarbeiten – erwartet, dass sie *eine* Rechtsauffassung für richtig, die konkurrierenden für falsch erklären.

Bei der Bewertung dieser Gutachten dagegen wird das Modell der einzig richtigen Entscheidung verlassen. An die Stelle der strikten Gegenüberstellung von „richtig" und „falsch" tritt die wesentlich tolerantere von „vertretbaren" und „nicht vertretbaren" Rechtsauffassungen. Der Revisionsrichter, der noch am Vortag in einer dezidierten Entscheidung den Mordtatbestand (§ 211 StGB) als im Verhältnis zum Totschlag (§ 212 StGB) eigenständiges Delikt eingeordnet und die abweichende Auffassung der Strafrechtswissenschaft schlicht für rechtsirrig erklärt hat, muss diese bei einer Staatsprüfung am Folgetag als zumindest vertretbar bewerten. Auf die Kategorien „vertretbar" und „unvertretbar" greift auch das Bundesverfassungsgericht zurück, wenn es darum geht, ob ein Bürger durch ein fehlerhaftes Urteil eines Fachgerichts in seinen Grundrechten verletzt wurde. Eine Grundrechtsverletzung soll nur dann zu bejahen sein, wenn das fragliche Urteil auf einer unvertretbaren Rechtsauffassung beruht[16]. Das Bundesverfassungsgericht nimmt also eher die Perspektive des wohlwollenden Prüfers als die eines Revisionsgerichts ein.

---

16 BVerfGE 96, 375, 395; BVerfGE 85, 248, 257 f.; BVerfGE 82, 6, 13.

Dieser Uneinheitlichkeit der Rechtspraxis entspricht der Diskussionsstand in der Rechtsphilosophie. Die Positionen reichen hier von der strikten Auffassung, es gebe für jeden Rechtsfall nur eine einzig richtige Entscheidung[17], bis hin zu einer radikalen Skepsis gegenüber juristischen Richtigkeitsansprüchen und ihrer Ersetzung durch faktische, allein auf den tatsächlichen Meinungsstand bezogene „Zertitätswerte"[18].

9.4.2 Die Theorie der „einzig richtigen Entscheidung" (Dworkin)

Die These, es gäbe für jeden Rechtsfall und jedes Rechtsproblem nur eine einzig richtige Entscheidung, wird im heutigen Diskussionskontext vor allem von *Ronald Dworkin* vertreten. *Dworkin* illustriert diese These durch ein Bild von hoher suggestiver Kraft. Ein Richter mit übermenschlichen Fähigkeiten, den *Dworkin* „Herkules" nennt, wäre den Zweifeln des minderbegabten Richters – „Herbert" – nicht unterworfen. Aber die suggestive Kraft dieses Bildes ist höher als sein Beweiswert. Denn das Bild unterstellt, dass die tatsächliche Vielfalt kontroverser Rechtsauffassungen nicht der Unbestimmtheit des Rechts, sondern ausschließlich der mangelnden Fähigkeit der Juristen zur Erkenntnis des „wirklichen" Rechts zuzuschreiben ist. Indes: genau diese Behauptung, dass die Meinungsverschiedenheiten zwischen den Juristen nicht auf einem *Regelungsdefizit* der Rechtsordnung, sondern auf einem *Erkenntnisdefizit* der sie verwaltenden Personen beruhen, ist wenig plausibel. Denn rechtliche Regeln haben, anders als etwa mathematische Gesetze, keine ideale sondern nur eine soziale Existenz. Das bedeutet: „Richtig" ist *die* Entscheidung (wie die sie tragende Rechtsregel), die sich anhand der anerkannten Argumentationsregeln als „richtig" begründen lässt. Da aber die anerkannten Argumente (Wortlaut des Gesetzes, Wille des Gesetzgebers, Gesetzessystematik, Entstehungsgeschichte, Praktikabilität, Gerechtigkeit, „herrschende Meinung" u. a.) typischerweise in unterschiedliche Richtungen weisen und präzise Gewichtungsregeln für die Abwägung dieser Argumente nicht existieren, ist häufig eine Mehrzahl von Rechtsauffassungen methodengerecht begründbar.

9.4.3 Die Abhängigkeit der Richtigkeit von der Begründung

Dieser Zusammenhang zwischen der Richtigkeit einer Rechtsauffassung und der für sie angeführten Begründung kennzeichnet eine Besonderheit der juristischen Argumentation, die diese von der Argumentation in anderen wissenschaftlichen Disziplinen unterscheidet. Die Richtigkeit einer naturwissenschaftlichen Hypothe-

---

17 Grundlegend *Dworkin*, Bürgerrechte ernstgenommen (Anm. 7), S. 144 ff., 448 ff., 529 ff.; ferner *Larenz/Canaris*, Methodenlehre der Rechtswissenschaft, 3. Aufl. 1995, S. 60 m. Fn. 131.
18 *Adomeit*, Rechtstheorie für Studenten, 4. Aufl. 1998, S. 24 f.

se ist keine Folge der für sie angeführten Begründung. So war, wenn man den Wissenschaftshistorikern Glauben schenken darf, zur Zeit des Kopernikus nach dem damaligen Stand des Wissens das geozentrische Weltbild erheblich besser begründet (auch: in höherem Maße durch Beobachtungsdaten gesichert) als das heliozentrische. Gleichgültig, ob diese wissenschaftsgeschichtliche These tatsächlich zutrifft: sie verdeutlicht die Unabhängigkeit der Richtigkeit einer These von der für sie angeführten (und anführbaren!) Begründung im Bereich der Naturwissenschaft. Eine durch gute Argumente gestützte naturwissenschaftliche Hypothese kann sich als falsch erweisen. Umgekehrt kann die Hypothese zutreffen, ihre Begründung untauglich sein bis zur Abwegigkeit.

Dagegen ist die Qualität der juristischen Begründung für die Qualität der von ihr getragenen Rechtsauffassung konstitutiv. Eine bestimmte Rechtsauffassung kann mit einer bestimmten Begründung vertretbar, mit einer anderen unvertretbar sein. D. h.: die Annehmbarkeit der Begründung schlägt auf die Annehmbarkeit der Rechtsauffassung durch. Das hängt zusammen mit einer Besonderheit der Rechtswissenschaft, die diese von anderen Wissenschaften unterscheidet: rechtswissenschaftliche Forschung verändert den Gegenstand ihrer wissenschaftlichen Tätigkeit. Ein Lehrbuch der Ornithologie lässt die Vogelwelt unangetastet; ein Lehrbuch des Strafrechts verändert auch das Strafrecht[19].

9.4.4 Die einzig richtige Entscheidung als regulative Idee

Wenn häufig nicht nur eine einzige Rechtsauffassung, sondern eine Mehrzahl von Rechtsauffassungen methodengerecht begründbar und in diesem Sinne „richtig" ist, so bedeutet das nicht, dass der Jurist, der als Richter oder Gutachter eine Rechtsfrage zu beantworten hat, sich mit der Feststellung begnügen dürfte, dass eben verschiedene Lösungen richtig oder jedenfalls vertretbar seien. Als Richter oder Gutachter muss er sich für eine Auffassung entscheiden, und er muss sich dabei am Ziel der am besten begründbaren (und in diesem Sinne einzig richtigen) Entscheidung orientieren. D. h.: Das Modell der einzig richtigen Entscheidung fungiert in weiten Bereichen der Rechtspraxis als eine unverzichtbare *regulative Idee*. Aus der internen Perspektive des Richters kann es nur eine richtige Entscheidung geben; aus der externen des Rechtsphilosophen handelt es sich um eine kontrafaktische Unterstellung.

---

19 Dazu *Adomeit*, Rechtstheorie für Studenten, 4. Aufl. 1998, S. 13; *Peczenik*, Grundlagen der juristischen Argumentation, 1983, S. 142.

9.5 Theorien juristischen Argumentierens

9.5.1 Einteilungskriterien

Für den wissenschaftlichen Zugriff auf den Gegenstandsbereich „juristische Argumentation" eröffnen sich unterschiedliche Perspektiven. Ein anspruchsvolles Konzept einer Theorie der juristischen Argumentation liegt in dem Versuch, Regeln und Standards rationalen juristischen Begründens zu entwickeln; das Ziel, der Argumentationspraxis verbindliche Richtlinien vorzugeben, kennzeichnet ein solches Modell als *normative (präskriptive)* Theorie juristischen Argumentierens. Andere Untersuchungen beschränken sich darauf, die Regeln, die in juristischen Argumentationen tatsächlich befolgt werden, im Wege der systematischen Analyse von Rechtstexten zu rekonstruieren; man kann hier von *analytisch-rekonstruktiven* Ansätzen im Bereich der juristischen Argumentationstheorie sprechen. Schließlich kann man juristische Argumentationen in Hinblick auf Rationalitätsdefizite, auf Idealisierungen, auf rhetorische Elemente hin untersuchen; das ist der Zuständigkeitsbereich einer *analytisch-kritischen* Theorie der juristischen Argumentation. Diese Einteilung hat selbstverständlich idealtypischen Charakter; so kann eine normative Theorie juristischen Argumentierens weder auf die Kenntnisnahme der faktisch befolgten Argumentationsstandards noch auf deren kritische Analyse verzichten. Dementsprechend lassen sich die einzelnen Beiträge zu einer Theorie der juristischen Argumentation diesen Modellen nur schwerpunktmäßig zuordnen.

Neben der jeweiligen Blickrichtung spielt für die Einordnung der einzelnen Beiträge zur juristischen Argumentationstheorie ein weiterer Gesichtspunkt eine wesentliche Rolle. Man kann Argumentation zum einen als einen rein sprachlichen Vorgang begreifen; Argumentationsanalyse ist dann auf eine Textanalyse zu beschränken, die normativen Regeln der Argumentation sind auf Regeln der Textstrukturierung zu reduzieren. Diese Sichtweise dominiert insbesondere bei den logisch-analytischen Modellen der juristischen Argumentation. Man kann Argumentation aber auch als Kommunikationsprozess verstehen, der sich zwischen zwei oder mehreren Personen abspielt. Aus dieser Perspektive ist Gegenstand einer analytisch-rekonstruktiven Argumentationstheorie nicht nur der Text, sondern auch das kommunikative Verhältnis zwischen den beteiligten Personen; für eine normative Argumentationstheorie geht es bei dieser Sichtweise nicht nur um Standards der Textgestaltung, sondern auch um Regeln über die Teilnahme an Argumentationen wie etwa die Regel, dass jeder Argumentationsteilnehmer (Diskursteilnehmer) ungehindert seine Einstellungen, Wünsche und Bedürfnisse äußern kann[20].

---

20 *Alexy*, Theorie der juristischen Argumentation, 3. Aufl. 1996, S. 362.

9.5.2 Der logisch-analytische Zugang zur juristischen Argumentation

Als Modell für eine rationale Rekonstruktion juristischen Argumentierens bietet sich das Modell des logischen Schließens aus mehreren Gründen an. Zum einen ist nicht zu bestreiten, dass logische Gesetze wie das des ausgeschlossenen Widerspruchs („nicht: *a* und *non-a*") für jede rationale Argumentation und damit auch für juristische Begründungen verbindlich sind. Zu recht gilt der Verstoß gegen „Denkgesetze" auch als Gesetzesverletzung, die mit dem Rechtsmittel der Revision gerügt werden kann. Zum anderen scheint gerade das Kernstück juristischen Argumentierens, die Urteilsbegründung, in seiner Struktur einem klassischen logischen Schlussschema zu entsprechen[21]. Es verwundert deshalb nicht, dass teilweise die juristische Argumentation mit logischem Folgern weitgehend gleichgesetzt[22] und der juristische Syllogismus jedenfalls für den Bereich der „internen" Rechtfertigung zum verbindlichen Argumentationsmodell erhoben wird[23].

Es ist grundsätzlich möglich, die Subsumtion eines Sachverhalts unter das Gesetz (oder eine dogmatische Regel) in Form eines logischen Schlusses darzustellen[24]. Die komplexe Struktur der Subsumtion kommt allerdings bei dieser Darstellung weniger präzise zum Ausdruck als in alternativen Argumentationsmodellen[25]. Zwar wird in dem prädikatenlogischen Modell immerhin die Regelorientierung allen juristischen Entscheidens deutlich (logischer Allsatz als Prämisse). Das logische Modell wird aber der Komplexität der juristischen Argumentation nicht annähernd gerecht. Die entscheidenden Probleme liegen nicht bei der internen Rechtfertigung, sondern bei der Herausarbeitung und Begründung der dogmatischen Regel, anhand derer der konkrete Fall entschieden werden soll. Die Begründung dieser Regel aber ist ein von heterogenen Argumenten und Gegenargumenten durchwirktes Argumentationsgefüge, in dem Abwägungen eine erhebliche und logischen Deduktionen eine marginale Rolle zukommt.

Das schließt nicht aus, dass die logische Analyse in bestimmten Fällen zur Verdeutlichung der Struktur bestimmter juristischer Argumente beitragen kann. So lässt sich zeigen, unter welchen Voraussetzungen das Analogieargument, das argumentum e contrario und das argumentum a fortiori zu formal gültigen Schlussschemata umgestaltet werden können[26]. Insbesondere für die Alternative von argumentum per analogiam und argumentum e contrario kann die logische Analyse die Prämissen verdeutlichen, die jeweils vorausgesetzt werden müssen, wenn auf die eine oder andere Argumentationsform zurückgegriffen werden soll. Die in der Praxis

---

21 Näher dazu *Neumann*, Juristische Logik, in diesem Band S. 298 ff.
22 *Rödig*, Theorie des gerichtlichen Erkenntnisverfahrens, 1973, S. 3.
23 *Alexy*, Theorie der juristischen Argumentation, 3. Aufl. 1996, S. 273 ff.; *Koch/Rüßmann*, Juristische Begründungslehre, 1982, S. 48 ff.
24 Oben S. 299, 303, 312.
25 Oben S. 312 ff.
26 Näher dazu *Neumann*, Juristische Argumentationslehre, 1986, S. 34 f.

häufig problematische Entscheidung zwischen beiden Alternativen aber kann die Logik dem Juristen nicht abnehmen. Auch hier gilt, dass der Rückgriff auf die Logik zur Verdeutlichung, nicht aber zur Lösung von Problemen der juristischen Argumentation beitragen kann.

9.5.3 Topisch-rhetorische Ansätze

Auf der anderen Seite des Spektrums finden sich topisch-rhetorische Modelle, die den rhetorischen Charakter und die strategische Ausrichtung juristischen Argumentierens hervorheben. In der Rekonstruktion dieser rhetorischen Strukturen und ihrer Kontrastierung mit den Regeln der offiziellen juristischen Methodenlehre sieht man die Aufgabe einer „rhetorischen Rechtstheorie" („analytische Rhetorik")[27]. Die Konzeption ist analytisch-kritisch; es geht in erster Linie um Aufklärung über die tatsächlichen Strukturen juristischen Argumentierens und deren Bedingungen. Kritisiert werden insbesondere Ontologisierungen in der juristischen Sprache, die eine fiktive Objektivität konstituieren, hinter der sich subjektive Entscheidungen verbergen. Normative Folgerungen werden nur angedeutet. Im angloamerikanischen Bereich findet diese Richtung eine gewisse Parallele in der Bewegung der „Critical legal studies"[28].

9.5.4 Die Theorie des rationalen juristischen Diskurses (Alexy)

Ein explizit normatives Modell juristischen Argumentierens mit hohem Rationalitätsanspruch hat auf der Basis der Diskurstheorie (*Habermas*) *Robert Alexy* entwickelt[29]. Ausgangspunkt ist die Feststellung, dass, ebenso wie mit tatsächlichen Behauptungen, auch mit normativen Aussagen und damit auch mit Rechtsbehauptungen der Anspruch auf Richtigkeit verbunden ist. Vorausgesetzt wird damit die Möglichkeit, auch im normativen Bereich zwischen wahren (richtigen) und falschen Aussagen sowie zwischen guten und schlechten Gründen, gültigen und ungültigen Argumenten zu unterscheiden[30].

Die entscheidende Frage, die sich hier anschließt, betrifft die Verfügbarkeit von Kriterien, anhand derer richtige von falschen Rechtsbehauptungen, gültige juristi-

---

27 Zusammenfassend: *Katharina Gräfin v. Schlieffen*, Rhetorik und rechtswissenschaftliche Aufklärung, in: Rechtstheorie 32 (2001), S. 175 ff.; vgl. ferner die Darstellung bei *Neumann*, Juristische Argumentationslehre, 1986, S. 54 ff.
28 Zur Orientierung: *S.P. Martin*, Ist das Recht mehr als eine bloße soziale Tatsache? Neuere Tendenzen in der anglo-amerikanischen Rechtstheorie, in: RTh. 22 (1991), 525 ff.; zu den „Critical Legal Studies" S. 527 ff.
29 *Alexy*, Theorie der juristischen Argumentation, 3. Aufl. 1996; *ders.*, Theorie der Grundrechte, 3. Aufl. 1996; *ders.*, Recht, Vernunft, Diskurs, 1995.
30 Näher und mit Nachweisen dazu *Neumann*, Juristische Argumentationslehre, 1986, S. 78 ff.

sche Argumente von ungültigen unterschieden werden können. Die Aufgabe der Selektion übernehmen in der Theorie *Alexys* – ebenso wie in der Diskurstheorie von *Habermas* – nicht inhaltliche, substanzielle, sondern prozedurale Gesichtspunkte. Entscheidend ist, ob die fragliche Aussage als Ergebnis eines idealen Verfahrens zur Normgewinnung bzw. Normprüfung gedacht werden kann[31]. Diese Bindung der Richtigkeit einer Aussage an das Verfahren, in dem sie gewonnen wird, kennzeichnet die Theorie *Alexys* als prozedurale Theorie.

Kernproblem einer solchen prozeduralen Theorie sind die Auswahl und die Begründung der Regeln, deren Befolgung die Richtigkeit des Ergebnisses garantieren soll. Dabei ist zwischen den Regeln des allgemeinen praktischen Diskurses, die nach der „Sonderfallthese"[32] auch für den juristischen Diskurs verbindlich sind, und den spezifischen Regeln des juristischen Diskurses zu unterscheiden.

Zu den Regeln des allgemeinen praktischen Diskurses, die ihrerseits wieder in unterschiedliche Regelgruppen differenziert werden, gehört beispielsweise das Verbot, sich zu widersprechen (1.1.), das Gebot, Behauptungen auf Verlangen zu begründen (2) sowie die Erlaubnis, jede Behauptung in den Diskurs einzuführen (2.2.a). Zu den Regeln des juristischen Diskurses rechnen etwa: das Gebot, jedes juristische Urteil mittels mindestens einer universellen Norm zu begründen (J. 2.1), das Gebot der „Sättigung" (Substanziierung) juristischer Argumentformen (J. 6) sowie der Grundsatz, dass die Argumente des Wortlauts des Gesetzes und des Willens des Gesetzgebers anderen Argumenten vorgehen, sofern sich nicht ausnahmsweise Gründe für eine abweichende Rangfolge angeben lassen (J. 7). Für eine genauere Darstellung und Würdigung von *Alexys* elaboriertem Modell juristischen Argumentierens muss auf detailliertere Ausführungen an anderer Stelle verwiesen werden[33].

9.5.5 Historische und kulturelle Relativität von Argumentationsstandards

Für jede normative Theorie der juristischen Argumentation stellt sich allerdings die Frage, inwieweit sich universal verbindliche, der zeitlichen wie der rechtskulturellen Relativität entzogene Standards rechtlichen Argumentierens formulieren lassen. Diese Frage reicht über den eingangs thematisierten Zusammenhang von Rechtsmodell (theokratisches oder aber rationales Naturrecht, Präjudizienrecht, kodifizierte Rechtsordnung) hinaus. Denn sie betrifft nicht nur die Struktur einer Rechtsordnung, sondern auch deren ideologischen Hintergrund – der Begriff der „Ideologie" hier in einem wertneutralen Sinne verstanden. Nicht zu bestreiten ist, dass die in einer Rechtskultur tatsächlich anerkannten Argumentationsstandards

---

31 Wie Fn. 30
32 *Alexy*, Theorie der juristischen Argumentation, 3. Aufl. 1996, S. 273 ff.
33 *Neumann*, Juristische Argumentationslehre, 1986, S. 78 ff.

in hohem Maße einem vorgängigen politisch-gesellschaftlichem Konsens verpflichtet sind, der mit den Regeln der „political correctness" auch Standards zulässiger rechtlicher Argumentationen definiert. So wäre heute – anders als in früheren Rechtsordnungen – in einer juristischen Argumentation die Behauptung einer ethnisch bedingten geringeren oder größeren intellektuellen Leistungsfähigkeit (oder: besonderen charakterlichen Disposition etc.) bestimmter Personengruppen undenkbar. Es liegt in der Logik der Funktion dieses Hintergrundkonsenses, dass er – da seine wesentlichen Gehalte als selbstverständlich vorausgesetzt werden – den Argumentierenden im Regelfall nicht bewusst wird. Typischerweise werden deshalb fremde, insbesondere vergangene Rechtsordnungen zum Gegenstand ideologiekritischer Analysen[34]. Eine vergleichende Analyse der juristischen Argumentationskultur in unterschiedlichen *gegenwärtigen* Rechtsordnungen wird im Zeichen eines zusammenwachsenden Europas und einer fortschreitenden Globalisierung auch der rechtlichen Interaktionen eine der wesentlichen Aufgaben juristischer Grundlagenforschung sein.

Weiterführende Literatur

Alexy, Robert, Theorie der juristischen Argumentation, 3. Aufl. 1996.
Grabowski, Andrzej, Judicial Argumentation and Pragmatics, Krakau 1999.
Mac Cormick, Neil, Legal Reasoning and Legal Theory, 1978.
Neumann, Ulfrid, Juristische Argumentationslehre, 1986.
Peczenik, Aleksander, Grundlagen der juristischen Argumentation, 1983.
Raz, Joseph, Practical Reason and Norms, 3. Aufl. 1999.
Summers, Robert, The Jurisprudence of Law's Form and Substance, 2000.
Stamatis, Constantin, Argumenter en droit, Paris 1995.

---

34 Grundlegend *Rüthers*, Die unbegrenzte Auslegung – Zum Wandel der Privatrechtsordnung im Nationalsozialismus, 5. Aufl. 1997.

10 Theorie juristischen Entscheidens

Von Jochen Schneider, München

> *„Sprichwörter Salomos, des Sohnes Davids,/
> des Königs von Israel: um Weisheit zu lernen
> und Zucht,/ um kundige Rede zu verstehen,
> um Zucht und Verständnis zu erlangen,/
> Gerechtigkeit, Rechtssinn und Redlichkeit,
> um Unerfahrenen Klugheit zu verleihen,/
> der Jugend Kenntnis und Umsicht.
> Der Weise höre und vermehre sein Wissen,/
> der Verständige lerne kluge Führung,
> um Sinnspruch und Gleichnis zu verstehen,/
> die Worte und Rätsel der Weisen."*
>
> (Buch der Sprüche 1, 1–6)

10.1 Rechtsfindung und Rechtfertigung

Im Vordergrund dogmatischer Betrachtung steht, basierend auf den jeweiligen Prozessordnungen, das „Urteil". Dieses kann als die „Entscheidung" gesehen werden. Tatsächlich besteht ein Urteil aus „Tatbestand" (Sachverhalt) und „Begründung". Die „Begründung" gehört also zum Urteil, weist aber evtl. die wahren Determinanten der Entscheidung nicht aus. Das „gerechte" Urteil zielt auf eine Qualität im Ergebnis, die nicht direkt auch die Begründung umfasst. Eine Entscheidungstheorie wird sich mit den Determinanten, wie es zu einem Urteil kommt, zu befassen haben. Tatsächlich befassen sich die Entscheidungstheorie, deren einzelne Strömungen und die juristische Rezeption kaum mit diesen Determinanten, wozu auf verwandte Bereiche, etwa Soziologie, zurückzugreifen ist. Vor allem erfolgt die Fokussierung weniger auf das *gerechte* Urteil, als mehr auf das Richtige.

Mein Dank gilt I. Conrad und T. Vollmer für ihre Unterstützung bei der Bearbeitung des Manuskripts; besonders betonen möchte ich, dass der Beitrag aus einem Gemeinschaftswerk mit U. Schroth aus den früheren Auflagen (dort Kap. 14) stammt, wovon Teile, meist bearbeitet, übernommen wurden.

Muss ein richterliches Urteil salomonisch sein? Hat es im Idealfall nicht nur juristisch richtig, sondern auch gerecht und redlich zu sein? Der Maßstab der Richter in der Gegenwart ist – auf den ersten Blick zumindest – erheblich schlichter: sie müssen „subsumieren". Zwar vertritt niemand (mehr) wirklich das Subsumtionsmodell juristischen Urteilens in der Wissenschaft[1]. Die Praxis hält jedoch die Konstruktion, nicht zuletzt in der Ausbildung, aufrecht. So werden immer noch Kandidaten, die in der Prüfung nicht „sauber" arbeiten, ableiten und argumentieren, aufgefordert, doch mal richtig zu subsumieren. Dadurch mag der Eindruck entstehen, dass der Richter nicht wirklich eine Wahl hat, nicht wirklich richtet. Tatsächlich jedoch bedeutet auch richterliches Urteilen stets, zwischen Alternativen entscheiden zu müssen.

Grundsätzlich ist dabei zwischen der *Herstellung* und der *Darstellung* eines Urteils zu unterscheiden. Auf der Ebene der Herstellung bzw. der Entscheidung im engeren Sinne, werden die Elemente untersucht, die im Hinblick auf das *Ergebnis* prägenden Charakter haben. Auf der Ebene der Darstellung, der Argumentation wird analysiert, welche Regeln für juristisches *Diskutieren* und *Begründen* gelten und gelten sollen.

Diese beiden Komplexe sind nicht so getrennt, als dass zwischen ihnen kein Zusammenhang bestünde. Vielmehr schließt sich die Begründung als abschließende Phase an den Entscheidungsprozess an und sollte das Ergebnis des Herstellungsprozesses widerspiegeln. Dennoch geht wohl häufig in eine Entscheidung mehr und anderes ein, als die Begründung des Urteils aufweist. Andererseits können in der Begründung Aspekte auftauchen, die in der Herstellungsphase nicht relevant waren. Ein Beispiel eines entscheidungssteuernden Aspekts, der auf der Herstellungs- und auf der Darstellungsebene relevant werden kann, ist die richterliche Wahrnehmung, die ihrerseits durch zahlreiche Faktoren beeinflusst wird.

Der Begründungszwang bringt es auf jeden Fall mit sich, dass die späteren Möglichkeiten der Darstellung die Herstellung des Urteils und dessen Ergebnis beeinflussen, kanalisieren und motivieren. Während es also durchaus sinnvoll ist, Herstellung und Darstellung als zwei aufeinander folgende Phasen zu sehen, ist damit nicht zugleich eine absolute Trennung von Entscheidung und Begründung bzw. Argumentation verbunden. Das Vorverständnis des Richters, das Entscheidungsmöglichkeiten selektiert, wird immer nur zu solchen Ergebnissen kommen, die später auch begründbar sind.

Der Richter besitzt zu Beginn des Entscheidungsprozesses – bewusst oder unbewusst – eine Freiheit, eine Wahlfreiheit, die er im Wege eines Entscheidungsprozesses mittels individueller Fähigkeiten und Eigenschaften wahrzunehmen und aufzubrauchen gezwungen ist. Schon in frühen Stadien des Entscheidungsprozesses führt die Zwischenüberprüfung der bisherigen Lösungshypothesen zu einer

---

1 Im Einzelnen s. Kap. 6 und 7.

Projektion auf die Legitimierbarkeit. Das „Durchspielen" von Lösungsmöglichkeiten und die Analyse ihrer Folgen führen zum Ausscheiden gewisser Lösungswege. Praktisch enthält also bereits die Herstellung Teil-Entscheidungen zum Fortgang der eigentlichen Entscheidung und deren Begründung. In einem nicht linearen Prozess durchdringen sich Elemente der Dezision und der Argumentation ständig.

Die folgenden Ausführungen wollen einen Einblick in die Grundzüge der Theorie juristischen Entscheidens vermitteln. Neben grundlegenden Begriffen und Differenzierungen werden unterschiedliche wissenschaftliche Ansätze kurz erläutert, und es wird aufgezeigt, in welche Richtung sich die Entscheidungstheorien im juristischen Bereich entwickeln können. Dass gerade in der juristischen Entscheidungstätigkeit die Wissensvermittlung, der Informationsbedarf und v. a. die Zurichtung der Information und deren Gewinnung eine große Rolle spielen, wird anschließend am Konstrukt des *„homo informaticus"* i. V m. Informationssystemen als Entscheidungsproblem – im Hinblick auf die These, mehr Information sei bessere Information und bessere Information bewirke bessere Entscheidungen – erläutert. Der Beitrag erhebt keinen Anspruch auf Vollständigkeit. Er will einen Eindruck von den strukturellen Problemen juristischer Entscheidungsprozesse wecken, der es dem Juristen ermöglicht, eine bewusstere Entscheidung im Sinne einer Auswahl zu treffen. Vielleicht ist der erste Schritt zu einem Urteil, das salomonisch im besten Sinne des Wortes ist, die Erkenntnis des Urteilenden, *dass* er eine *Wahl* hat.

Das Vorhandensein einer Wahl und mithin deren Erkennen ist konstitutiv für die „Entscheidung" i. S. d. Entscheidungstheorie[2]. Es spricht allerdings viel dafür, dass das tatsächliche Verhalten von Entscheidern weit weniger an rationalen Vorgaben orientiert oder die Potenziale an Alternativen und Informationen ausschöpft, als dass es sich um eine Mischung von Intuition, ratio, Erfahrung, Opportunitätserwägungen und ökonomischen Restriktionen handelt, die einen Prozess ergibt, der als „Handhabung" von Entscheidungen plastisch gewertet wird[3]. Damit wird berücksichtigt, dass eine Ausschöpfung der Komplexität zu lösender komplexer Probleme[4] kaum möglich ist, – wie schon die Einrichtung von Instanzenzügen und deren Wirkungsweise zeigt. Dem juristischen Verständnis des vertretbaren, nicht des einzig richtigen Ergebnisses wird dieser reduzierte Anspruch durchaus gerecht. Jedoch entspricht er nicht dem Kern der Entscheidungstheorie.

---

2 S. *Helmut Laux*, Entscheidungstheorie, 5. Aufl. 2003, S. 4, 10 (zur Erforschung der Alternativen).
3 S. *Werner Kirsch*, Die Handhabung von Entscheidungsprozessen, 5. Aufl. 1998.
4 Und wenn sie nicht komplex sind, sind es keine Probleme mehr.

10.2 Überblick

„Entscheidung" ist ein Konstrukt. Entscheidungen manifestieren sich zwar sehr konkret, etwa im Urteil. Die eigentliche Entscheidung „gibt" es aber ebenso wenig als solche wie „Information". Beide, Information und Entscheidung, werden erst vom Entscheider in konkreten Situationen generiert. Die – stark betriebswirtschaftlich geprägte – Entscheidungstheorie befasst sich mit der Analyse und Optimierung und rationalen Gestaltung dieses Prozesses, lässt allerdings je nach Ausprägung die personalen und sozialen Einflüsse auf den Prozess außer acht.

Typisch für die Entscheidungstheorie ist die Konstruktion der Wahl zwischen Handlungsalternativen. Je mehr der Subsumtions-Charakter juristischer Entscheidung betont wurde[5], desto weniger Alternativen kamen in Sicht: Die einzige Alternative scheint zu sein, ob ein Merkmal des Tatbestands gegeben ist oder nicht.

Bei mehreren Tatbestandsmerkmalen und gebotenen Abwägungsprozessen – „wenn nicht das Wohl des X oder die Interessen des Y überwiegen"[6] – entsteht beim Abarbeiten der Schritte ein iterativer *Prozess*. Aber auch schon für die Wahl zwischen lediglich zwei möglichen Varianten ergibt sich ein Prozess der Vorbereitung, bei dem diese Varianten, etwa nach Vorzügen und Nachteilen und die Beschaffung der Information hierzu schrittweise aufbereitet und zugerichtet werden. Auch diese Beschaffung/Nichtbeschaffung der Information beruht, wenn auch zum Teil unbewusst, auf Entscheidungen.

Bereits für *Epiktet*[7] bedeutete menschliches Leben, Wahl (proha*í*resis) zu sein. Mit anderen Worten: Menschsein heißt sich zu entscheiden. Allerdings ist dieses Sein nicht gleichzusetzen mit rationalem Entscheiden, und das mag auch für Juristen gelten.

Der *allgemeine* Begriff der „Entscheidung" im Rahmen des üblichen Sprachgebrauchs verlangt zweierlei:
1. ein Wahlproblem für ein Individuum oder eine Gruppe, und
2. dass dessen Ausgang nicht ganz unerheblich für den/die Entscheider oder andere ist[8].

Dementsprechend breit gefächert ist das Anwendungsgebiet der Entscheidungstheorie. Wegen ihrer Bedeutung beispielsweise für die Betriebswirtschaft, Sozialwissenschaft oder Rechtswissenschaft bildet die entscheidungstheoretische For-

---

5 Zur Einbettung des Subsumtionsmodells in die Rechtsgewinnung s. *Arthur Kaufmann*, Das Verfahren der Rechtsgewinnung, 1999, S. 68 ff. mit Schemata; s. a. Kap. 6.
6 Das Datenschutzrecht, voran das BDSG, enthält eine Vielzahl solcher Abwägungsgebote mit Notwendigkeit der Antizipation der Einstellung und Befindlichkeit des Betroffenen, also stark individuell geprägter Merkmale gegenüber Interessen der verarbeitenden Stelle, z. B. § 28 Abs. 1 Satz 1 Nr. 2 und 3 BDSG.
7 *Epiktet*, Diatriben; Nachweis bei *W. Schmid*, Philosophie der Lebenskunst, 1998, S. 479.
8 Ähnlich *Laux*, Entscheidungstheorie (Fn. 2), S. 1.

C *Schwerpunkte*

schung auch einen interdisziplinären Schwerpunkt, der das Entscheidungsverhalten von Individuen und Gruppen systematisch zu erfassen sucht. Es gibt also nicht eine oder die Entscheidungstheorie schlechthin. Vielmehr existiert ein breit gefächertes Spektrum an Theorien und Ansätzen, die sich als Entscheidungstheorien verstehen oder als solche gewertet werden können. Diesen verschiedenen Theorien und Ansätzen liegt *kein einheitlicher Begriff* der Entscheidung zugrunde.

Der *wissenschaftliche* Entscheidungsbegriff ist noch weiter als der allgemeine und umfasst jede „(mehr oder weniger bewusste) Auswahl einer von mehreren möglichen Handlungsalternativen"[9].

Eine gerade für den juristischen Bereich sinnvolle Unterscheidung innerhalb der entscheidungstheoretischen Ansätze geht auf den aristotelischen Gegensatz von Wissenschaft (επιστημη, scientia) und sittlicher Einsicht (φρουησις, prudentia) zurück. Während die Wissenschaft in diesem Sinne als „die [abstrakte] methodische Erkenntnis des Seienden aus seinen Prinzipien" definiert wird, beschreibt die sittliche Einsicht „die abwägende Wahl des Guten in einer konkreten Situation"[10]. Analog werden die Entscheidungstheorien zunächst grob in *präskriptive* (von praescribere, dt. vorzeichnen, vorherbestimmen, regeln) und *deskriptive* (describere, dt. abschreiben, beschreiben) Ansätze eingeteilt.

Unter präskriptiven (auch *normativ* genannten) Entscheidungstheorien sind im juristischen Bereich solche zu verstehen, die dem Entscheider sagen, wie er und nach welchen Regeln er objektiv „richtig" bzw. „gerecht" entscheidet. Tatsächlich beantworten die normativen Entscheidungstheorien diese Frage nicht, sondern geben ein Schema, vor allem ein Ablaufschema des Entscheidungsprozesses, vor. Solche Ansätze, die eine Struktur aufstellen, der die „richtige" Entscheidung zu folgen hat, und die sich an einen rationalen, also vernünftigen, Entscheider richten, sind zahlreich. In diesen Zusammenhang gehören auch das Schlagwort vom *homo oeconomicus* und der pragmatische Ansatz der *ökonomischen Analyse des Rechts*.

Während *Aristoteles* Gesetzgebung, Rechtsprechung und Rechtsberatung nicht der Wissenschaft, sondern der sittlichen Einsicht zugeordnet[11] hat, sind wirklich *deskriptive* entscheidungstheoretische Arbeiten im juristischen Bereich kaum zu verzeichnen und nur im Zusammenhang mit der Richtersoziologie bzw. der Rechtstatsachenforschung bekannt.

Zwischen den normativen und den deskriptiven Ansätzen stehen gleichsam als *vermittelnde Kategorie* die *verstehenden*. Diese haben insofern normativen Charakter, als sie ein Ideal richtigen Entscheidungsverhaltens voraussetzen, bzw. ein Ideal

---

9 *Laux*, Entscheidungstheorie (Fn. 2), S. 1.
10 *Ralf Dreier*, Zum Selbstverständnis der Jurisprudenz als Wissenschaft, Rechtstheorie 1971, Bd. 2, S. 1 ff.
11 Nikomachische Ethik IV 3 ff. (1139 b 14 ff.), dt. Übers. *Dirlmeier*, 1959, 125 ff.; s. a. Kap. 2.2.1.4.

vorgeben, nach dem tatsächlich Entscheidungsabläufe beurteilt werden können. Sie sind andererseits deskriptiv, insoweit als sie die tatsächliche Entscheidungspraxis analysieren.

10.3 Die Analyse juristischer Entscheidungsprozesse

10.3.1 Präskriptive Theorien

10.3.1.1 Das ökonomische Verhaltensmodell als Ausgangspunkt. Präskriptive Entscheidungstheorien postulieren – unabhängig vom konkreten Entscheidungsvorgang – das *Rationalprinzip*. Ein rational handelnder Mensch entscheidet danach so, dass die Folgen seiner Entscheidung möglichst günstig sind. Als „günstigste Folge" gilt in der Betriebswirtschaft das *Prinzip der Nutzenmaximierung*. Nutzenmaximierung beruht auf einem Nutzen-Kosten-Vergleich. Kosten sind der entgangene Nutzen der nicht gewählten Alternative (Opportunitätskosten). Die nutzenmaximierende Entscheidung ist diejenige, bei der der Nutzen der gewählten Handlungsalternative höher ist, als der Nutzen der besten der nicht gewählten Alternativen.

Zur Anleitung und Unterstützung dieses rationalen Entscheidungsprozesses beschreiben die präskriptiven Theorien den Auswahlvorgang mittels eines Grundmodells und zerlegen ihn in eine Abfolge von Phasen. Sowohl die Elemente des Grundmodells als auch das Phasenschema werden von den einzelnen Autoren jeweils variiert und modifiziert, wobei sich in vielen Fällen nur die Begriffe unterscheiden. Grundelemente sind z. B.:
- Ziele,
- Handlungsalternativen (synonym: Alternativen, Aktionen, Optionen),
- Umwelteinflüsse (synonym: Umweltzustände, Zustände),
- Entscheidungskriterien (synonym: Zielkriterien, Merkmale, Attribute),
- Folgen (synonym: Ergebnisse, Konsequenzen, Zielerreichungsgrade) und
- Entscheidungsregeln[12].

Bei der Wahl zwischen Handlungsalternativen unterscheidet man üblicherweise zwischen der *Entscheidung unter Sicherheit, Entscheidung unter Risiko* und *Entscheidung unter Unsicherheit*[13]. Entscheidungen unter Sicherheit zeichnen sich dadurch aus, dass die eintretenden Umwelteinflüsse bekannt sind. Bei Entscheidungen unter Risiko sind die Wahrscheinlichkeitsverteilungen der zu erwartenden Umwelteinflüsse vom Entscheider zu schätzen, weil er das tatsächliche Eintreten bestimmter Um-

---

12 *Laux*, Entscheidungstheorie (Fn. 2), S. 19 ff.; *Gregor Poschm*ann, Grundbegriffe der präskriptiven Entscheidungstheorie, 1999, S. 6 f. (Skript tu-berlin.de).
13 *Gerhard Gäfgen*, Theorie der wirtschaftlichen Entscheidung, 2. Aufl. 1968, v. a. S. 240 ff.; s. a. *Koch/Rüßmann*, Juristische Begründungslehre, 1982; *Laux*, Entscheidungstheorie (Fn. 2).

weltfaktoren ex ante nicht sicher vorhersagen kann. Dagegen kennt der unsichere Entscheider die objektiven Eintrittswahrscheinlichkeiten deshalb nicht, weil er subjektiv eine eindeutige (möglicherweise falsche) Vorstellung von dem Eintritt hat.

Setzt man nun in das Rationalprinzip als „günstigste Folge" das Prinzip der Nutzenmaximierung ein, so lauten die (mathematischen) Entscheidungsregeln:

Bei Entscheidung unter Sicherheit:
Wähle die Handlung aus, der in einer Nützlichkeitsmatrix in der Spalte des mit Sicherheit eintretenden Umstands der höchste Nutzen zugesprochen worden ist. Die Bewertung der Konsequenzen erfolgt durch Wertfunktionen (multiattributive Werttheorie).

Bei Entscheidung unter Risiko:
Wähle die Handlung mit dem höchsten Erwartungswert, wobei der Erwartungswert dadurch bestimmt wird, dass man die Werte der Nützlichkeitsmatrix mit der Wahrscheinlichkeit des für den betreffenden Wert maßgeblichen Umstands multipliziert und dann für jede Handlung die Zeilensumme bildet. Die Bewertung der Konsequenzen erfolgt durch Nutzenfunktionen (multiattributive Nutzentheorie).

Bei Entscheidung unter Unsicherheit:
Hier gibt es mehrere Entscheidungsregeln, die auf typische Persönlichkeitsmerkmale (Optimist, Pessimist) zugeschnitten sind:

Maximinregel: Rechne mit dem Schlimmsten und maximiere deinen Nutzen für diesen Fall (Regel für Pessimisten).

Maximaxregel: Wähle die Handlung mit dem höchsten Nützlichkeitswert in der Nützlichkeitsmatrix (Regel für Optimisten).

Bei diesen Entscheidungsregeln taucht einerseits die Frage auf, wie Nutzen gemessen werden kann. Andererseits stellt sich das Problem, welche Regeln bei der Wahl zwischen Handlungsalternativen garantieren, dass Nutzen maximiert wird[14]. Wenn jede Handlungsentscheidung von Individuen rational im Sinne einer Nutzensmaximierung des jeweiligen Individuums erfolgen würde, würde sich auch die Frage stellen, welche Entscheidungen verallgemeinerungsfähig sind. Jedes Individuum würde die Maximierung seines Nutzens als verallgemeinerungsfähig ansehen.

10.3.1.2 Übertragbarkeit der ökonomischen Analyse auf das Recht. Betriebswirtschaft und Rechtswissenschaft sind beide Handlungswissenschaften[15]. Der Ökonom fragt nach dem Nutzen und den Kosten von Handlungen, der Jurist nach ihrer

---

14 *Höffe*, Strategien der Humanität, 1975, S. 42 f.
15 *D. Schmidtchen*, Die ökonomische Analyse des Rechts, in: Schmidtchen/Weth, (Hrsg.) Der Effizienz auf der Spur. Die Funktionsfähigkeit der Justiz im Lichte der ökonomischen Analyse des Rechts, Baden-Baden, 1999, S. 9 ff.

Rechtmäßig- bzw. Rechtswidrigkeit. Die Wirtschaftstheorie geht vom Idealbild des *homo oeconomicus* aus, der seine Handlungsalternativen streng rational in eine Rangordnung bringen kann und dessen Präferenzen vollständig und widerspruchsfrei (transitiv) sind. Die Menge der Handlungsalternativen wird begrenzt durch so genannte Handlungsrestriktionen, also Umweltzustände wie Einkommen, Preis oder rechtliche und religiöse Vorschriften. Hinsichtlich der Präferenzen – z. B. altruistische Motive, Neid – ist der homo oeconomicus autonom, d. h. er setzt sie sich selbst.

Auch das Recht wendet sich überwiegend an „vernunftbegabte Wesen". Der Grundsatz der Privatautonomie im Zivilrecht, das Schuldprinzip im Strafrecht oder die Mündigkeit des Bürgers bzw. das Demokratieprinzip im öffentlichen Recht setzen voraus, dass der Mensch die Vor- und Nachteile seines Handelns ex ante abwägen und rational nach dieser Einsicht handeln kann.

Während das soziologische Verhaltensmodell den Rechtsgehorsam zum eigentlichen Motiv für rechtstreues Handeln macht, ist für das ökonomische Verhaltensmodell der Rechtsgehorsam lediglich das Ergebnis einer Nutzen-Kosten-Rechnung[16]. Beispiele für objektive Kosten in diesem Sinne sind im Zivilrecht etwa der Verlust von Rechtspositionen oder die Schadensersatzhöhe, im Strafrecht z. B. die Anzahl der Tagessätze einer Geldstrafe und die Bestrafungswahrscheinlichkeit oder im öffentlichen Recht die Versagung oder der Verlust von Genehmigungen. Auch die gesellschaftliche Ächtung von rechtswidrigem Verhalten ist ein Kostenfaktor. Daneben sind subjektive Kosten eines Verhaltens, etwa Gewissensbisse, denkbar. Auf verschiedene Kostenfaktoren ist direkter staatlicher Einfluss möglich.

Die ökonomische Analyse des Rechts geht davon aus, dass mit steigenden Kosten einer rechtswidrigen Handlung diese – bei gleich bleibendem Nutzen – tendenziell seltener gewählt wird. Umgekehrt werden Entscheidungen für ein bestimmtes Verhalten durchschnittlich häufiger getroffen, wenn die Kosten dafür sinken. Die ökonomische Wirkungsanalyse von Normen wirft also ex ante einen Blick auf die Rechtsfolgen und geht davon aus, dass das, was ex post geschehen wird, ex ante eine verhaltenssteuernde Wirkung auf den Normadressaten hat[17]. Damit postuliert sie ein präskriptives (normatives) Entscheidungsablaufschema. Der Mitbegründer der ökonomischen Analyse des Strafrechts und Nobelpreisträger *Gary Becker* hat diesen Ansatz mit den Worten erfasst: „Some persons become ‚criminals' not because there basic motivation differs from that of others, but their benefits and costs differ."[18]

---

16 *D. Schmidtchen*, Homo oeconomicus und das Recht, CSLE Diskussionsbeitrag 2000–03, S. 5.
17 Siehe zur Differenzierung der Folgen und der entscheidungssteuernden Wirkung unter „10.3.1.4 Ablaufschemata mit Rückkopplung" die Ansätze von *Wälde* und *Lübbe-Wolf*.
18 *G. Becker*, Crime and Punishment: An Economic Approach, Journal of Political Economy 76 (1968), S. 176.

C *Schwerpunkte*

Normative Entscheidungstheorien scheinen sich für den juristischen Entscheider und seine Aufgabenstellung geradezu anzubieten[19], denn sie geben dem Entscheider Regeln an die Hand, derer er sich in verschiedenen typischen Situationen bedienen soll. Die Entscheidungstheorie will dann sagen können, nach welchen Regeln der Entscheider „richtig" zwischen den Alternativen zu wählen hat[20]. Im Falle der richterlichen Entscheidung wäre in das Rationalprinzip *Gerechtigkeit* statt ökonomischer *Nutzensmaximierung* einzusetzen. Jedoch sind typisierte Entscheidungssituationen gerade nicht typisch für den juristischen Entscheider.

Zwar beschäftigt sich die ökonomische Analyse auch mit eingeschränkt rationalem Verhalten. Das meint den Umstand, dass Entscheidungsfehler deshalb auftreten, weil die Kompetenz des Entscheiders, in der konkreten Situation die Struktur seiner Entscheidung – also z. B. die Anzahl der Handlungsalternativen, die Beziehungen zwischen seinem Verhalten und der Umwelt, den tatsächlichen Nutzen für ihn – vollständig zu erkennen, beschränkt ist (Entscheidung unter Unsicherheit)[21]. Strikt rationale Wirtschaftsakteure irren sich niemals und bereuen nichts. Dagegen ist der eingeschränkt rationale Entscheider gezwungen, seine Kompetenzunsicherheit dadurch zu kompensieren, dass er sein Verhaltensrepertoire einschränkt. Auf diese Weise kommt er nicht zwingend zu optimalen Lösungen. Andererseits verstärkt das Bewusstsein von der eigenen Unvollkommenheit regelgebundenes, schematisches Vorgehen. Die Rationalität regelgebundenen Verhaltens liegt also in der Beherrschung von Verhaltensunsicherheit[22].

Die organisationale Entscheidungstheorie[23] unterscheidet daher folgende drei Entscheidungssituationen bzw. Handlungsmodelle:
1. Vermeidung von Entscheidungen durch Routinisierung und Programmierung von Verhalten. Dieses Handlungsmodell wird in Standardsituationen verwendet und ist durch Angemessenheit und Regelorientierung geprägt.
2. Begrenzt rationales problemlösendes Handeln. Durch derartiges Verhalten werden neue Situationen oder Probleme bewältigt, bei denen zwar das Handlungsziel unstreitig und der Erfolg gut erfasst ist, für die es jedoch noch keine Routineantworten gibt.

---

19 *Koch/Rüßmann*, Begründungslehre (Fn. 13), S. 347.
20 *Gäfgen*, Theorie (Fn. 13).
21 *H. Simon*, Models of Man, New York 1957; 198; *ders.*, Administrativ Behavior, New York 1961, S. xxiv; *R. Heiner*, The Origins of Predictable Behavior, American Economic Rewiev 73 (1983), 564; *R. Selten*, Features of experimentally observed bounded rationality, European Economic Rewiev 42 (1998), 413 ff.
22 *D. Schmidtchen*, Homo oeconomicus und das Recht, CSLE Diskussionsbeitrag 2000-03, S. 24.
23 Die organisationale Entscheidungstheorie zählt zur verhaltenswissenschaftlichen Theorie der Organisation. Organisationen sind typisch für alle modernen Kulturen; *Dorothea Jansen*, Der neue Institutionalismus, Antrittsvorlesung an der Deutschen Hochschule für Verwaltungswissenschaften Speyer, 27. Juni 2000, S. 10.

3. **Politisches Handeln.** In politischen Entscheidungssituationen besteht besonders große Unsicherheit für alle Beteiligten, weil Ziele nicht operationalisierbar sind oder die Teilnehmer unterschiedliche Ziele verfolgen. Um in dieser Situation trotzdem einen relativ geordneten Geschäftsgang zu ermöglichen, werden Entscheidungen verschoben, oder es werden Entscheidungen getroffen aber nicht ausgeführt, bzw. es wird anders gehandelt als geredet usw.

Verschiedene Autoren haben auf dieser Grundlage das richterliche Entscheidungsverhalten und das Prozessrecht untersucht, z. B. *Leder*[24] die Rationalität der „stare decisis"-Doktrin, *Kirstein*[25] Vertragstreue und Klageverhalten der Parteien bei imperfekten Richtern und *Schmidtchen/Kirstein*[26] die ökonomische Analyse der Koppelung der Prozesskosten an den Streitwert.

Zu berücksichtigen bleibt aber, dass bereits die Definition einer Situation als Entscheidung unter Risiko, Unsicherheit oder Sicherheit eine Frage von Erfahrung bzw. der Fähigkeit zur Informationsbeschaffung und Informationsverarbeitung ist. Auf diese Weise greifen mehr und mehr subjektive, unkalkulierbare Umstände in das präskriptive Entscheidungsschema ein. Als plausible Theorie ist die normative Entscheidungstheorie jedoch dann nur geeignet, wenn sie dem Entscheider Kriterien für objektive Situationsbeurteilungen an die Hand zu geben vermag[27].

10.3.1.3 Lineare Phasenschemata. Zwei Merkmale kennzeichnen alle präskriptiven bzw. normativen Ansätze im Kern: zum einen wird richtigerweise behauptet, dass der Entscheidungsprozess in Phasen, und zwar in reinster Form der Theorie in einem *linearen Phasenschema*[28], abzulaufen habe. Zum anderen wird die Entscheidung in ihrem Kern stark vereinfacht und schematisiert, indem sie auf die *Wahl zwischen Alternativen* reduziert wird.

Das reine Phasenschema sieht folgende Schritte vor:
1. Identifikation des Problems,
2. Informationssuche,
3. Alternativensuche,

---

24 *M. Leder*, Die sichtbare und die unsichtbare Hand in der Evolution des Rechts, Berlin 1998.
25 *R. Kirstein*, Imperfekte Gerichte und Vertragstreue. Eine ökonomische Theorie richterlicher Entscheidungen, Wiesbaden 1999.
26 *Schmidtchen/Kirstein*, Abkopplung der Prozesskosten vom Streitwert?, Eine ökonomische Analyse von Reformvorschlägen, in: Prütting/Rüßmann (Hrsg.), Verfahrensrecht am Ausgang des 20. Jahrhunderts, Festschrift für Gerhard Lüke zum 70. Geburtstag, München 1997, S. 741 ff.; *Schmidtchen/Kirstein*, Prozesskostenreform und richterliche Entdeckungsfähigkeit, in: Schmidtchen/Weth (Hrsg.), Der Effizienz auf der Spur, Die Funktionsfähigkeit der Justiz im Lichte der ökonomischen Analyse des Rechts, Baden-Baden, 1999, S. 207 ff.
27 S.a. *Gäfgen*, Theorie (Fn. 13).
28 Vgl. zu Darstellung und Kritik des Schemas *Eberhard Witte*, Phasen-Theorem und Organisation komplexer Entscheidungsverläufe, in: ZfbF 20 (1968), N.F., S. 256 ff.

4. Bewertung der Alternativen (Lösungsmöglichkeiten),
5. Auswahl einer Durchführungsstrategie,
6. Ausführung.

Noch kompakter und auch banaler ist das Schema, das *Krüger* propagiert:
1. Vorlauf,
2. Ortsbestimmung,
3. Alternativenermittlung,
4. Alternativenbewertung,
5. Entscheidungsergebnis,
6. Abschluss[29].

Bei diesem wie auch anderen Ablauf-Schemata fällt auf, wie wenig spezifisch der juristische Entscheidungs- und speziell der Informationsbeschaffungsprozess gesehen wird und wie gering deshalb die Rolle der Gesetze und Präjudizien i. V. m. „h. M." erscheint. Viel wahrscheinlicher erscheint eine Abfolge, bei der nach Ermittlung des Sachverhalts in Verbindung mit schon tentativer Einbeziehung möglicher relevanter Normen der Entscheider nach einschlägigen Fundstellen im „Palandt" o. ä. Standardwerken sucht, um sich über die dort gefundenen Hinweise zu den Entscheidungen und evtl. sogar Literaturstellen weiterzuhangeln – je nach Zeitdruck, Erreichbarkeit und Problembewusstsein. Dennoch überwiegen bei weitem die Schemata starrer Abfolgen mit dem Primat der Alternativen, bevor man sich auf Informationssuche begibt.

Kilian[30] zerlegt den Entscheidungsprozess in die Phasen:
1. Problemstellung,
2. Ziele,
3. Alternativensammlung,
4. Informationssammlung,
5. Alternativenauswahl,
6. Alternativenausführung,
7. Lernprozesse.

Damit führt er in das reine Phasenschema als einen wesentlichen zusätzlichen Schritt die Zielsetzung bzw. Zielsuche ein. Implizit wird behauptet, der Entscheider versuche „sich die Konsequenzen der möglichen Handlungsalternativen zu vergegenwärtigen, um die Alternative mit der günstigsten Folge auszuwählen"[31].

Die eigentliche Zielrichtung von Entscheidungstheorien ist die Gewinnung eines objektiv richtigen Urteils über *kollektiven, individuellen* oder auch *institutionellen Nut-*

---

29 *F. Krüger*, Nicht-lineares Information Retrieval in der juristischen Informationssuche, 1997.
30 *Wolfgang Kilian*, Juristische Entscheidung und elektronische Datenverarbeitung, 1974, S. 151.
31 *Kilian*, Entscheidung (Fn. 30), S. 151, unter Bezugnahme auf *Gäfgen*, Theorie (Fn. 13).

zen. Bei der Frage, wie Nutzen gewonnen, bzw. maximiert werden kann, werden Wahrscheinlichkeitstheorien verarbeitet[32].

Nell[33] zeigt in seiner Rezeption der Wahrscheinlichkeitstheorie, dass viele juristische Begriffe für ihre Anwendung Wahrscheinlichkeitsurteile erfordern. Aufgabe der Rechtswissenschaft ist es, die Grade der Wahrscheinlichkeit, die für konkrete Rechtsentscheidungen notwendig sind, herauszuarbeiten. Schichtet man verschiedene Grade von Wahrscheinlichkeiten ab[34], entsteht eine Skala von Null bis Eins. Eins bedeutet dabei „volle Überzeugung" (auch im Sinne von § 286 ZPO). Überzeugung ist dann nur noch ein Grenzwert von Wahrscheinlichkeit.

Wahrscheinlichkeit versteht *Nell* normativ-subjektiv. Subjektiv ist die Wahrscheinlichkeit insofern, als sie vom Entscheider wahrgenommen wird (als individuelle Abbildung „objektiver" Gegebenheiten). Normativ ist Wahrscheinlichkeit, da aus den subjektiven a-priori-Wahrscheinlichkeiten intersubjektive a-posteriori-Wahrscheinlichkeiten werden[35].

10.3.1.4 Ablaufschemata mit Rückkopplung. Einen Gewinn in Richtung realistischer Annäherung an „Judiz", „Erfahrung" und „h. M." stellen die Ansätze dar, die zwar Phasen postulieren bzw. verwenden, jedoch deren mehrmaligen Durchlauf, etwa kontrolliert nach Überprüfung der Ergebnisse des Ersten, vorsehen. Die „weniger" oder „nicht vertretbaren" Varianten werden verworfen, ein neuer Durchlauf erzeugt evtl. schon bessere Ergebnisse.

Die Wahl zwischen Entscheidungsalternativen stellt sich (auch) als Gerechtigkeitsproblem, bei dessen Lösung die jeweils mit einer Alternative verbundenen Folgen zu berücksichtigen sind[36]. Im Sinne der Phasen-Schemata gehört die Folgenberücksichtigung zu der Phase der Bewertung. Jedoch führt die Folgenberücksichtigung[37] dazu, dass die lineare Abfolge der Phase – wie sie die normative Entscheidungstheorie behauptet – als Idee aufgegeben werden muss: Stößt der Entscheider auf eine nach den eigenen, bisherigen Prämissen nicht akzeptable Folge, so muss er wieder „ins Schema" einsteigen. Es entstehen Schleifen mit Rückkopplungseffekt. Solche Schemata lassen den Entscheider zwar „lernen", sie entsprechen auch ten-

---

32 Vgl. *Otfried Höffe*, Strategien der Humanität, 1975; *Popp/Schlink*, Präferenztheoretische Bedingungen einer sozialen Wertordnung, in: Adalbert Podlech (Hrsg.), Rechnen und Entscheiden, 1977, S. 61 ff.; *dies.*, Rechts- und staatstheoretische Implikationen einer sozialen Präferenztheorie, in: Adalbert Podlech (Hrsg.), Rechnen und Entscheiden, 1977, S. 87 ff.; *Koch/Rüßmann*, Begründungslehre (Fn. 13), S. 348 ff. m. w. N.
33 *Ernst-Ludwig Nell*, Wahrscheinlichkeitsurteile in juristischen Entscheidungen, 1983, S. 54 ff.
34 *Nell*, Wahrscheinlichkeitsurteile (Fn. 33), S. 56.
35 *Nell*, Wahrscheinlichkeitsurteile (Fn. 33), S. 56 ff.
36 Siehe oben 3.1.2.
37 Handlungsfolgen im Sinne der Entscheidungstheorie, vgl. *Gäfgen*, Theorie (Fn. 13), S. 126 ff.

denziell den – spiralförmigen – Modellen, wie sie in der Methodenlehre und in der Rechtsphilosophie, vor allem von *Engisch, Kriele, Esser, Arthur Kaufmann* entwickelt wurden[38]. Jedoch sind solche Abläufe nur noch von ihrer *Struktur* normative Vorgaben für „richtiges" Entscheiden. Sie geben keine *Regeln* dafür an, wann eine Entscheidung im Ergebnis richtig ist. Allenfalls lässt sich die *Regelbildung* näher analysieren und rechtfertigen. Dazu unterscheidet *Ellscheid* zur Strukturierung der – unvermeidlichen – richterlichen Abwägungsprozesse zwischen *Entscheidungs-* und *Relevanz-*Regeln[39]. Entscheidungsregeln dienen als Prämisse im Subsumtionsprozess und verhelfen zur fallübergreifenden Wirkung der einzelnen Fall-Entscheidung. Relevanzregeln finden sich in vielen Normen, etwa durch das Gebot bestimmte oder alle Umstände zu berücksichtigen. Sie verhelfen zur Gewinnung der Grenzziehung zwischen verschiedenen Merkmalsausprägungen.

Ablaufschemata mit Rückkopplung stellen z. B. *Adomeit* und *Wälde* vor[40]. *Wälde* vor allem verdichtet (von ihm geschildert) Anwendungen der Entscheidungstheorie in einem „Argumentations-Ablauf-Schema" mit dreizehn Lösungsstufen von der Identifizierung des Entscheidungs-Problems bis zur Entscheidung selbst:
1. Identifizierung des Entscheidungsproblems
2. Ermittlung und Konstruktion rechtsdogmatisch vertretbarer Entscheidungsoptionen
3. Folgenermittlung: Selektion relevanter Folgenerwartungen
4. Bestimmung der maßgeblichen Zielstruktur des Problembereiches
5. Operationalisierung der Zielstruktur: Rangordnung/Bewertungsskala
6. Wahrscheinlichkeitsschätzung für relevante Folgenerwartungen
7. Bewertung des Folgenresultates einer möglichen Entscheidungsstrategie anhand der operationalisierten Zielstruktur
8. Bewertung des Folgenresultates anhand des Ungewissheitsfaktors
9. Auswahlakt anhand des Entscheidungsverfahrens
10. Sensitivitätsprüfung
11. Prüfung der Legitimationskriterien: Ist das Entscheidungssystem für den Entscheidungsvorschlag legitimiert?
12. Prüfung der Funktionalitätskriterien: Insbesondere anhand der Fragen:
    a) Sind ausreichend Informationen verarbeitet?
    b) Haben andere Entscheidungssysteme eine bessere Informationsfähigkeit?
    c) Ist die Entscheidung durchsetzbar?
13. Begründung

---

38 S. im Einzelnen Kap. 5 und v. a. Kap. 6.
39 *Günter Ellscheid*, Probleme der Regelbildung in der richterlichen Entscheidungspraxis, in: ARSP-Beiheft 45, 1992, S. 23 ff. (33 ff.) m. Verweis auf *U. Neumann*, GA 1988, 387 ff., (398 f.).
40 *Klaus Adomeit*, Methodenlehre und Juristenausbildung, in: ZRP 1970, S. 176 ff.; *Thomas W. Wälde*, Juristische Folgenorientierung, 1979.

Von den Schritten 10., 11., 12. und 13. lässt das Schema jeweils einen Rückverweis auf Stufe 2 zu. Außerdem erfolgen Rück- und Verkoppelungen zwischen verschiedenen Stufen, deren Ausführung einem „Hin- und Herspringen" gleicht. Ein solches Schema kann einen Gewinn an Rationalität in dem Sinne bewirken, dass der Entscheider sich klarmacht, von welchen Faktoren bzw. Erwartungen er sich leiten ließ und leiten lässt. Das Schema ist dagegen kein Regelkatalog in dem Sinne, dass ein bestimmter Ablauf auch die „richtige Entscheidung" garantiert.

Wälde[41] – wie auch eine Reihe anderer Autoren – differenziert nicht weiter zwischen verschiedenen Arten der Folgen. *Lübbe-Wolf*[42] hingegen unterscheidet Rechtsfolgen von Realfolgen. *Rechtsfolgen* sind Folgen, die durch Rechtssätze an das Vorliegen mehr oder weniger bestimmter Voraussetzungen geknüpft sind, wohingegen *Realfolgen* die tatsächlichen Folgen der Geltung und Anwendung von Rechtssätzen sind[43]. Innerhalb der Realfolgen unterscheidet *Lübbe-Wolf* weiter zwischen Entscheidungs- und Adaptionsfolgen[44]. *Entscheidungsfolgen* sind die Folgen, die durch eine auf Grundlage der Rechtsnorm ergehenden autoritativen Entscheidung angeordnet und realisiert werden. Zu den Entscheidungsfolgen gehören auch die sich aus der Realisierung mittelbar ergebenden Folgen. *Adaptionsfolgen* betreffen die verhaltensbeeinflussende Wirkung rechtlicher Regeln: die Geltung und Anwendung rechtlicher Regeln hat auch insofern Wirkung, als Rechtssubjekte sich – zur Erlangung von Vorteilen bzw. Vermeidung von Nachteilen – anders verhalten, als sie sich unter der Geltung einer anders lautenden Regel verhalten würden[45]. Zum Beispiel sind die konkrete Verurteilung des Diebes nach § 242 StGB und eine eventuelle Verbüßung der Strafe in der Haftanstalt eine Entscheidungsfolge, während die – erhoffte – Generalprävention eine Adaptionsfolge wäre. Adaptionsfolgen sind zwar häufig Mitinhalt der Zieldimension (z. B. Generalprävention), nicht hingegen konkretes Tatbestandsmerkmal. Die Urteile über die Wahrscheinlichkeit des Eintretens von Adaptionsfolgen beeinflussen aber die Auslegung von Rechtsnormen nach allgemeinen Kriterien (Sinn und Zweck der Strafe, Schutzgut, usw.), soweit nicht Gesetze selbst die Zieldimension enthalten oder implizit ausdrücken.

Damit ist eine generelle Unterscheidung hinsichtlich der *Programmierung* von Entscheidungen angesprochen, nämlich die in *finale* und *konditionale* Programmierung. Die normative Entscheidungstheorie geht prinzipiell vom „Wenn-Dann-Schema" aus, also von *konditionaler* Programmierung. Für *Luhmann* ist die konditionale Programmierung funktional und für das Rechtssystem konstitutiv. Nur dieser Programmierungstyp biete die nötige Reduktionsleistung, die erforderlich ist, um die Komplexität einer Entscheidung dem geringen Komplexitätsgrad des Rechts-

---

41 *Wälde*, Folgenorientierung (Fn. 40).
42 *Gertrude Lübbe-Wolff*, Rechtsfolgen und Realfolgen, 1981, S. 25.
43 *Lübbe-Wolff*, Rechtsfolgen (Fn. 42), S. 25.
44 *Lübbe-Wolff*, Rechtsfolgen (Fn. 42), S. 139.
45 *Lübbe-Wolff*, Rechtsfolgen (Fn. 42), S. 139 f.

systems anzupassen[46]. Dennoch dürfte insgesamt unbestritten sein, dass bei der Herstellung einer juristischen Entscheidung auch *finale* Momente[47] eine Rolle spielen, insbesondere dann, wenn innovativ, also abweichend von der bisherigen Dogmatik, entschieden wird. Die Gesetzgebung nimmt in einigen Gesetzen ausdrücklich eine Definition des Gegenstandes oder eine Definition der Aufgaben und Zwecke des Gesetzes auf (vgl. z. B. BImSchG, BDSG). Damit wird die Praxis richterlicher Folgenberücksichtigung um legislative Zielvorgaben ergänzt und somit wiederum an objektivierbare Ziele rückkoppelbar.

Dies ist einer der Hauptwidersprüche in der normativen Entscheidungstheorie: Einerseits wird die Regelhaftigkeit des Entscheidens gefordert und gleichzeitig letztlich das Wenn-dann-Schema aufrechterhalten. Andererseits wird anerkannt, dass sich „die Rechtsprechung" ändert, dass es innovative Urteile, also Abweichungen gibt. Die Frage nach der Subjektivität und Objektivität von Wahrscheinlichkeitsurteilen, bzw. von Folgenbewertungen stellt sich dann nur anders formuliert als Frage nach der Entstehung abweichender, bzw. innovativer Entscheidungen. Den normativen Ansätzen ist gemeinsam, dass sie als einen der wichtigsten Entscheidungsschritte, bzw. als wichtige Entscheidungs-Phase die Ausprägung der Alternativen und die Auswahl der „richtigen" Alternativen ansehen, wobei eventuell noch die Bewertung einer Alternative hinzukommt. Diese Phase ist dann die „Einbruchstelle" sowohl für Innovationen als auch – vorrangig – für Folgenbewertungen. Die Bewertung der Alternative wird nämlich – unter anderem – von ihren Folgen gesteuert[48].

10.3.2 Deskriptive Theorien

10.3.2.1 Soziologisch-empirische Analyse richterlichen Entscheidungsverhaltens.
Bereits *Aristoteles* hatte die Rechtswissenschaft nicht der scientia, der methodischen Erkenntnis der Prinzipien, sondern der prudentia, der sittlichen Einsicht in einer konkreten Situation, zugerechnet[49]. Nach *Cicero* bilden den Gegenstand der Rechtswissenschaft die aus der recta ratio fließenden, ewig gültigen Prinzipien des Rechts, an deren Maßstab sich das wandelnde empirische Recht legitimiert, und anhand derer es kritisiert werden kann[50]. Mit Herausbildung der neuzeitlichen

---

46 *Niklas Luhmann*, Recht und Automation in der öffentlichen Verwaltung, 1966; *ders.*, Rechtssystem und Rechtsdogmatik, 1974.
47 Vgl. statt vieler *Klaus Hopt*, Finale Regelungen, Experiment und Datenverarbeitung in Recht und Gesetzgebung, in: JZ 1972, S. 65 ff.; *Kilian*, Entscheidung (Fn. 30).
48 Zum Überblick: *Thomas Sambuc*, Folgenerwägungen im Richterrecht, 1977; *Martina R. Deckert*, Folgenorientierung in der Rechtsanwendung, 1995; i. V. m. teleologischer Auslegung *Manfred Rehbinder*, Rechtssoziologie, 5. Aufl. 2003, Rz. 20 f. m. w. N.
49 Siehe oben 10.2.
50 *H.E. Troje*, Wissenschaftlichkeit und System in der Jurisprudenz des 16. Jahrhunderts, in: Blühdorn/Ritter (Hrsg.), Philosophie und Rechtswissenschaft, 1969, S. 108 f.

Naturwissenschaften wurde die zwingende Allgemeingültigkeit zum konstitutiven Merkmal wissenschaftlicher Erkenntnis. Seitdem zerreißt sich die Rechtswissenschaft zwischen dem Universalitätsanspruch naturwissenschaftlicher Methodologie und der Eigenständigkeit geisteswissenschaftlicher Erkenntnis, wie sie die Hermeneutik (griech. Hermeneuein, auslegen, erklären) vertritt[51]. Die hermeneutische Analyse der juristischen Verstehens- und Entscheidungsprozesse fragt nach den Bedingungen der Entscheidungen, wobei sich zeigt, dass Verstehen von vorgängigem Wissen abhängt, bzw. von einer wechselseitigen Interpretation von Norm und Sachverhalt[52]. Dazu allerdings, *welche* konkreten Erfahrungen in den juristischen Entscheidungsprozess eingehen und ggf. *wie*, kann hermeneutische Reflexion nichts aussagen. Es sollen insoweit kurz einige rechtssoziologische Ansätze in den Zusammenhang der Suche nach Entscheidungsdeterminanten gestellt werden.

Die *Richtersoziologie* hat es als ihre Aufgabe angesehen, richterliches Verhalten methodisch vorauszusagen mittels induktiv gewonnener Regeln der Erfahrung, also mittels eines soziologisch empirisch-analytischen Verfahrens. Sie geht davon aus, dass die im Sozialisationsprozess erworbenen Erfahrungen Eingang in das Urteil finden.

Kaupen/Rasehorn u. a.[53] haben Herkunft und Sozialisation der Juristen erforscht. Zu ihren Ergebnissen gehört u. a.: Justizjuristen rekrutieren sich aus der Mittel- und Oberschicht. Viele stammen aus Beamtenfamilien. Bedingt durch ihre Herkunft handeln Justizjuristen – nach dieser Theorie – relativ konformistisch, Staatsanwälte neigen im Gegensatz zu Richtern eher zum Konformismus gegenüber althergebrachten Normen, etc.

Von *Heldrich* und *G. Schmidtchen* wurde eine Untersuchung über den sozialen Hintergrund junger Juristen und junger Richter vorgelegt[54]. Junge Richter, wurde dabei herausgefunden, stammen, ihrer sozialen Herkunft nach, nach wie vor aus der oberen (47 %) und der unteren Mittelschicht (48 %) und stimmen der (bestehenden) „politischen Ordnung" relativ weitgehend zu. Allerdings befürworten 2/5 der jungen Richter die Einführung weitergehender plebiszitärer Mitspracherechte, 3/4 sind für eine Erweiterung der Mitbestimmung, 1/3 hält die (gegebene) Vertei-

---

51 *Ralf Dreier*, Zum Selbstverständnis der Jurisprudenz als Wissenschaft, Rechtstheorie 1971, Bd. 2, S.1 ff.
52 Vgl. *Arthur Kaufmann*, Analogie und Natur der Sache; Zugleich ein Beitrag zur Lehre vom Typus, 2. Aufl. 1982; *Hassemer*, Tatbestand und Typus; Untersuchungen zur strafrechtlichen Hermeneutik, 1968; *Esser*, Vorverständnis und Methodenwahl in der Rechtsfindung; Rationalitätsgrundlagen richterlicher Entscheidungspraxis, 2. Aufl. 1972; s. im Einzelnen Kap. 6.
53 Vgl. hierzu u. a. *Kaupen*, Die Hüter von Recht und Ordnung, 1969; *Kaupen/Rasehorn*, Die Justiz zwischen Obrigkeitsstaat und Demokratie, 1971; *Walther Richter*, Die Richter des Oberlandesgerichts der BRD, in: Hamburger Jahrbuch für Wirtschafts- und Gesellschaftspolitik, 5 (1960), S. 241 ff.
54 *A. Heldrich/G. Schmidtchen*, Gerechtigkeit als Beruf, 1982, S. 196.

lung von Einkommen und Besitz für ungerecht, 1/6 zeigt eine Bereitschaft, leichte Gesetzesverletzungen, bei der Auseinandersetzung um kontroverse Grundfragen, zu tolerieren[55]. Die Zahl der jungen Richter, die aus einer Beamtenfamilie stammen, ist jedoch zurückgegangen.

Analysen dieser Art weisen eine Tendenz, in die die Erforschung konkreten richterlichen Handelns gehen kann, jedoch besagen die bisherigen Forschungen für Aussagen über konkrete richterliche Entscheidungstätigkeit zu wenig. Die bisher gewonnenen Erkenntnisse zu Werten bei und Einstellungen von Richtern sind noch zu allgemein gefasst, als dass man aus ihnen genügend für die konkrete richterliche Entscheidungstätigkeit ableiten könnte. Sie sind in diesen Forschungen auch noch nicht in einen Zusammenhang mit Rechtsanwendung gerückt, der eine präzise Korrelation zwischen der Sozialisation des Richters und der Entscheidung erlauben würde.

Im Übrigen ist das Ziel des soziologischen Ansatzes lediglich eine Berücksichtigung von derartigen Tatsachen bei der juristischen Wertung, nicht aber ein Ersetzen der Wertung. Die Sozialwissenschaften sind nicht das geeignete wissenschaftliche Instrument, um eine juristische Wertung als richtig oder falsch zu beurteilen. Wertentscheidungen sind vorrangig politische Entscheidungen. Allerdings verkleinert die Soziologie den Bereich echter Wertentscheidungen, indem sie es ermöglicht, die Handlungsalternativen und ihre Auswirkungen möglichst konkret zu analysieren[56]. Für präskriptive und deskriptive Entscheidungstheorien ergibt sich somit ein Verhältnis, wie es *Kant* für Verstandesleistungen und Sinneseindrücke festgestellt hat: „Gedanken ohne Inhalt sind leer, Anschauungen ohne Begriffe sind blind ... Der Verstand vermag nichts anzuschauen, und die Sinne nichts zu denken."[57]

Folgerichtig befassen sich deskriptive Entscheidungstheorien primär nicht mit der Frage, wie Entscheidungen rational getroffen werden können, sondern versuchen zu beschreiben und zu erklären, wie Individuen und Gruppen in der Realität tatsächlich entscheiden[58]. Mittels empirisch erstellter Hypothesen über das Entscheidungsverhalten versuchen die deskriptiven Ansätze bei Kenntnis der Ausgangssituation das Entscheidungsergebnis zu prognostizieren. Auch die deskriptiven Entscheidungstheorien können daher dem Entscheider ermöglichen, durch Refexion seiner Annahmen und seines Vorgehens eine „bessere" (rationalere) Entscheidung zu treffen. Daneben können ihre Ergebnisse für die präskriptiven Entscheidungstheorien von Bedeutung sein, sofern sie dem Entscheider Kompetenzunsicherheiten bei der Entscheidung, also den Ausgangspunkt von Entscheidungsfehlern, bewusst machen[59]. Erkennt der Entscheider z. B., welche Handlungsalternativen

---

55 *A. Heldrich/G. Schmidtchen*, (Fn. 54), S. 205 ff.
56 *M. Rehbinder*, Rechtssoziologie, 5. Aufl. 2003, S. 29.
57 *I. Kant*, Kritik der reinen Vernunft, Felix Meiner Verlag, S. 95.
58 *Laux*, Entscheidungstheorie (Fn. 2), S. 15.
59 Siehe oben 10.3.1.2.

ihm aufgrund von Wahrnehmungs- oder Informationsproblemen verschlossen sind, so ist ihm grundsätzlich eine bessere Alternativenwahl im Sinne der Nutzenmaximierung möglich als bei Unkenntnis dieser Unsicherheit.

Die deskriptiven Theorien versuchen u. a. folgende Fragen zu beantworten[60]:
– Auf welche Weise setzen sich Individuen/Gruppen Ziele und wie verändern sich diese im Laufe des Entscheidungsprozesses?
– Wie bilden sich Individuen Wahrscheinlichkeitsurteile über den Eintritt ungewisser Ereignisse?
– Beeinflussen Gruppenbildung und -diskussion die Risikobereitschaft von Entscheidern?
– Wovon hängt der Problemlösungs- bzw. Mitentscheidungsbeitrag eines Gruppenmitglieds ab?
– Wie beeinflussen Informationsbeschaffung und -verarbeitung den Entscheidungsprozess und das Entscheidungsergebnis?

Trotz der Möglichkeit eigener Schwerpunktbildung hat sich eine über die Rechtssoziologie hinausgehende empirische juristische Entscheidungsforschung kaum entwickelt. Als Ansätze einer deskriptiven juristischen Entscheidungstheorie sind jedoch die Arbeiten von *Lautmann* und *Rottleuthner* zu sehen, die im Folgenden skizziert werden[61].

10.3.2.2 Attitüden als Entscheidungsdeterminanten. Dass auch persönliche Eigenheiten des Entscheiders seine Handlungen beeinflussen, erscheint offensichtlich. Normative Theorieansätze versuchen, diesen subjektiven Anteil möglichst auszuschalten. Dies ändert aber nichts an der Wirkungsweise. Allerdings ist deren genaue Beschaffenheit unklar.

Mögliche Zusammenhänge zwischen der persönlichen Werthaltung bzw. Einstellung des Richters und seinen Urteilen lassen sich durch Einführung des Begriffs der *Attitüden* aufzeigen. Die Attitüdenforschung begreift das Urteil im *Stimulus/Response-Schema* als Reaktion (response) auf einen Fall (stimulus). Theoretisch müssen auf den gleichen Fall gleiche Urteile erfolgen. In empirischer Forschung wird untersucht, ob dies tatsächlich stimmt. Falls nicht, müssen Einstellungen des Richters (Attitüden) dazwischen liegen, die auf den gleichen Fall unterschiedliche Reaktionen folgen lassen[62]. Hierdurch wird das klassische stimulus-response-Modell um die Attitüde erweitert.

---

60 *Laux*, Entscheidungstheorie (Fn. 2), S. 14.
61 *Rüdiger Lautmann*, Justiz – die stille Gewalt, 1972; *Rottleuthner*, Richterliches Handeln. Zur Kritik der juristischen Dogmatik, 1973; s. im Einzelnen Kap. 6.
62 Vgl. hierzu ausführlich *Rottleuthner*, Rechtswissenschaft als Sozialwissenschaft, 1973, insbes. S. 114 ff.; *Opp/Peuckert*, Ideologie und Fakten in der Rechtsprechung; Eine soziologische Untersuchung über das Urteil im Strafprozess, 1971.

C *Schwerpunkte*

S (Fall)
↓
A (Attitüde)
↓
R (Urteil)

Das Problem des Modells ist, dass sich der Fall, der Sachverhalt erst unter dem Gesichtspunkt der Attitüde des Richters konstituiert. *Rottleuthner* hatte vorgeschlagen, zwischen S (dem tatsächlichen Fall) und S' zu unterscheiden. Mit S' ist der vom Richter für relevant gehaltene Sachverhalt gemeint. Dieser wird durch Attitüden geprägt. Er ist es, der später das Urteil auslöst[63]. Das Modell der Attitüdenforschung sieht dann wie folgt aus:

S (Fall)
↓↑
S' (der vom Richter angenommene Fall)
↓
A (Attitüde)
↓
R (Urteil)

Attitüden müssten Urteile verzerren. Unklar ist, wie dies genau geschieht. *Dorothee Peters* hat versucht, Verzerrungen von tatsächlichen Lebenssachverhalten im Strafverfahren aufzuzeigen[64]. Dabei kam sie zu den folgenden Ergebnissen[65]. Die Annahme der Geregeltheit der Lebensführung führt dazu, dass der Täter von Gerichten als Gelegenheitstäter angesehen wird. Das Verhalten wird dann eher als ungeplant und ohne besonderen Unrechtsgehalt definiert. Die Annahme der Ungeregeltheit der Lebensführung führt dazu, dass die Prognose zukünftigen Verhaltens eher ungünstig ausfällt. Die Sanktionsstärke ist bei ungeregelter Lebensführung größer[66]. Die Ergebnisse wurden aufgrund von 51 Beobachtungen richterlicher Entscheidungen im Gerichtssaal gewonnen. Sie sind in ihrer Objektivität insofern gefährdet, als die Kriterien nicht angegeben sind, aufgrund derer Urteile verglichen wurden. Ein weiteres Ergebnis dieser Untersuchung ist, dass die Definition des Diebes durch Richter mit den typischen Vorstellungen über Unterschichten korrespondiert. Etwa wird der typische Dieb als arbeitsscheu und als Gelegenheitsarbeiter, ungelernt mit dem Interesse an mühelosem Gelderwerb dargestellt. Unterschichtsangehörigkeit bedeutet für die gleichen Richter „Leute, die arbeitsscheu, ohne Beruf sind, den Wunsch nach bequemen Leben haben, voller Neid gegenüber den

---

63 Vgl. hierzu ausführlich *Rotthleuthner*, Richterliches Handeln (Fn. 61), S. 82 ff., insbes. S. 88 f.
64 Zum Zivilrecht s. *Bender/Schumacher*, Erfolgsbarrieren vor Gericht. Eine Untersuchung zur Chancengleichheit im Zivilprozeß, 1980.
65 *Dorothee Peters*, Richter im Dienst der Macht, 1973.
66 *Dorothee Peters*, Richter (Fn. 65), S. 40 f.

Bessergestellten sind". Aufgrund der gleichartigen Definitionsebene von Unterschichtsangehörigkeiten und Dieben kann es zwar nicht zwangsläufig, aber auch nicht unplausibel, zu Verzerrungen von Sachverhalten kommen[67].

Im Zivilrecht konnte die Frage der Schichtzugehörigkeit nicht als signifikante Einflussgröße erkannt werden, wohl aber die Erfahrung bei Gericht[68].

Eine umfangreiche Untersuchung im Bereich der Arbeitsgerichtsbarkeit, die von *Rottleuthner* geleitet wurde, konnte allerdings keinen Zusammenhang zwischen sozialer Einstellung eines Richters und dem Erfolg einer Klage eines Arbeitnehmers im Arbeitsgerichtsverfahren feststellen[69]. Arbeitnehmerfreundlichkeit oder sozialfürsorgliche Einstellung von Richtern führen nicht zu einer höheren Erfolgsquote der Arbeitnehmerschaft, die Mitgliedschaft im DGB wirkt sich für die Erfolgsquote von Arbeitnehmern eher negativ aus. Weiter hat die Untersuchung deutlich gemacht, dass es weder den Typ des Vergleichs-, noch den des entscheidungsorientierten Richters gibt. Allenfalls lässt sich sagen, dass die Vergleichsorientiertheit von Richtern zunimmt, wenn Richter der oberen Mittelschicht angehören[70].

Aus alledem ergibt sich zwar ein deutlicher Hinweis auf die Ergebnisrelevanz bestimmter sozialer Faktoren, jedoch keine Bestimmbarkeit der Wirkung einzelner Faktoren auf die konkrete Entscheidung, die diese determinieren würden.

10.3.2.3 Rollentheorie und Entscheidungsverhalten. Bei dem bisherigen Versuch, Ursachen von Entscheidungen zu ermitteln, wurde von der Darstellung des Rechtsfindungsprozesses abgesehen. Auf die Art und Weise des Zustandekommens nach Phasen und Einflussgrößen kommt es aber an, wenn man davon ausgeht, dass auch die Art und Weise des Verfahrens urteilsprägend ist. In die Beurteilung der Richtigkeit und Legitimität von Entscheidungen muss daher der Prozess der *Rechtsfindung* einbezogen werden. Ein Ansatz, den Prozess der Rechtsfindung zu analysieren, ist die *Interaktionsstruktur*. Dabei wird zum einen ein Kausalzusammenhang zwischen bestimmten Strukturen und Strukturelementen mit dem Prozess der Rechtsfindung unterstellt, zum anderen ein solcher Zusammenhang zwischen dem Prozess und dem Ergebnis der Rechtsfindung. Beides ist plausibel. Die Effekte von *Attitüde* und *Vorurteil* i. V. m. der Tendenz zur Suche nach konsonanter Information bei (vor-)gefassten Entscheidungen beeinflussen allerdings – den entsprechenden Theorien zufolge – diesen Prozess. Die Rollentheorie kann diese verschiedenen Faktoren in Richtung eines Rahmens entwickeln. Rollen aktualisieren sich typisch in Kommunikationsprozessen, also auch und sehr massiv in förm-

---

67 *Dorothee Peters*, Richter (Fn. 65), S. 96, 99.
68 *Bender/Schumacher*, Erfolgsbarrieren vor Gericht. Eine Untersuchung zur Chancengleichheit im Zivilprozeß, 1980; s. a. *Rehbinder*, Rechtssoziologie, 5. Aufl. 2003, Rz. 135 ff.
69 Vgl. *Rottleuthner*, Abschied von der Justizforschung?, in: Z. f. Rechtssoziologie, 1982, 106 ff.
70 Vgl. *Rottleuthner*, Abschied (Fn. 69), S. 110.

lichen Verhandlungen vor Gericht. Insofern impliziert die Anwendung rollentheoretischer Ansätze, dass dieser Kommunikationsprozess „Verhandlung" für die Entscheidungsfindung tatsächlich relevant ist. Daran dürfen erhebliche Zweifel bestehen. Umso wichtiger wäre die Berücksichtigung der Interaktion im Kollegialorgan bzw. bei der Beratung, – eine Phase, die von den Entscheidungstheoretikern ausgeblendet wird[71].

Im Hinblick auf die Interaktionsstruktur haben *Schumann* und *Winter* als Arten der Verhandlungsführung die liberale und die autoritäre ihren Untersuchungen zugrundegelegt. Diese Verhandlungsstile stellen jeweils einen bestimmten Herrschaftsmechanismus dar, von dem die Partizipationschancen der Beteiligten abhängen. Der autoritäre Verhandlungsstil ist in der Untersuchung von *Schumann* und *Winter* dadurch gekennzeichnet, dass der Angeklagte, der Staatsanwalt und der Verteidiger wenig neue Gesichtspunkte einbrachten, dass es oft Missverständnisse gab, und dass die Verfahrensbeteiligten oft unterbrochen wurden. Bei der liberalen Verhandlungsweise bringen Verteidiger, Staatsanwalt, Angeklagter häufig neue Gesichtspunkte in das Verfahren ein, es entstehen selten Missverständnisse etc. Beide Verhandlungsführungen sind monologisch, zu echter Diskussion kommt es nicht. Bei der liberalen Verhandlungsführung findet man häufiger als bei der autoritären eine tatsächliche Konsensbildung. Als Konsensindikatoren wurden von *Schumann* und *Winter* angesehen, dass der Angeklagte, den Richter als ausreichend informiert ansah, mit dem Verhandlungsstil zufrieden war und ein gleich hartes oder härteres Urteil erwartet hatte. Ein Zusammenhang zwischen der strafrechtlichen Konsensbildung und dem Ausmaß des Diskutierens im Gerichtssaal besteht nicht. Der autoritäre Stil würde begünstigt durch den Einzelrichter, durch die Passivität des Angeklagten, durch geringe Redegewandtheit etc.

Der liberale Stil kommt am ehesten vor bei Kollegialgerichten, bei wenig Zeugen, bei Kooperationsbereitschaft und vorhandener Redegewandtheit des Angeklagten. Dialogische Momente im Gerichtsverfahren wurden, wenn überhaupt, bei Gerichten als Berufungsinstanz vorgefunden[72].

Eine signifikante Relation der jeweiligen Verhandlungsstile zu der „Qualität" der Entscheidungen (nicht zu deren Akzeptanz) ist wohl nicht ersichtlich.

Im Berliner Projekt über die Arbeitsgerichtsbarkeit wurde auch der Einfluss der mündlichen Verhandlung auf den Erfolg des Arbeitnehmers im Arbeitsgerichtsverfahren untersucht. Dabei wurde analysiert, wieweit einerseits Merkmale des Arbeitnehmers (Aktivität, Informiertheit, bisherige Erfahrungen mit Arbeitsgerichten), andererseits des Richters (kompensatorisches Verhalten), Einflüsse auf den Ausgang des Verfahrens haben[73]. Dabei wurde festgestellt:

---

71 S. dazu v. a. (und immer noch) *Lautmann*, Justiz (Fn. 61).
72 Vgl. zu diesen Forschungsergebnissen *Winter/Schumann*, Sozialisation und Legitimierung des Rechts im Strafverfahren, in: Jb. 3, 1972, S. 529 ff.
73 *Rottleuthner*, Abschied (Fn. 69), S. 113.

– Je aktiver der Arbeitnehmer bzw. dessen Vertreter ist, desto weniger Erfolgsaussicht hat er. Positiv wirkt sich allerdings die Tatsache aus, dass der Arbeitnehmer überhaupt vertreten ist; kompensatorisches Verhalten des Richters wirkt sich weder positiv noch negativ aus.
– Die Nicht-Informiertheit des Arbeitnehmers sowie mangelnde Fähigkeit sich auszudrücken wirken sich weder positiv noch negativ aus.
– Die richterliche Aktivität, in Form von Auflagen etwa, wirkt sich eher negativ für den Arbeitnehmer aus.
– Zeugenbefragungen, gleich von welcher Seite die Zeugen beantragt wurden, wirken sich für den Arbeitnehmer eher negativ aus.
– Bisherige Erfahrungen des Arbeitnehmers mit Arbeitsgerichten wirken sich positiv für ihn aus.
– Frauen haben bei Arbeitsgerichten mehr Erfolg als Männer.

Auch insoweit wird ein Nachweis unmittelbarer Wirkung der genannten Faktoren hinsichtlich der einzelnen Entscheidung kaum nachweisbar sein.

Die *Blockanalyse* hat es sich zur Aufgabe gestellt, die Abhängigkeit richterlichen Entscheidens von Machtfaktoren in Kollektivorganen zu untersuchen[74]. *Ulmer*[75] hat beispielsweise analysiert, wieweit Richter dazu neigen, sich Mehrheitskoalitionen anzuschließen. Er ging davon aus, dass das Anschließen an die Mehrheitskoalition etwas über Macht in Entscheidungsinstanzen aussagt. Bei den bisherigen Untersuchungen, bei denen nur Machtstrukturen amerikanischer Gerichte untersucht worden waren, hat man es jedoch versäumt zu analysieren, von welchen Ursachen „Macht" im Interaktionsprozess abhängt, ob also etwa Rhetorik, Konfessionszugehörigkeit oder die soziale Stellung des Richters eine Rolle spielen. Man hat es weiter versäumt zu analysieren, ob Minderheitskoalitionen Mehrheitskoalitionen im Hinblick auf die Urteilsfindung beeinflussen können[76].

Bei der *Rollentheorie* im engeren Sinne wird versucht, die Determinanten, die eine Entscheidung des Richters strukturell bedingen, herauszufinden. Der Wirkzusammenhang mit der Entscheidung erscheint klarer, da die „Rolle" – unter anderem – das Informationsverhalten beeinflusst. Nimmt man den weiteren Zusammenhang an, dass das Informationsverhalten die Entscheidung beeinflusst, wäre eine Kette der Faktoren des Wirkzusammenhangs ersichtlich. Allerdings könnte dies auch ein negativer Zusammenhang insofern sein, als der Entscheider sich seine Informationen danach zusammensucht, ob sie zu seinem „Vorurteil" passen.

---

74 Vgl. hierzu ausführlich *Eikenberg*, Voraussetzungen und Schwierigkeiten der empirischen Erforschung richterlicher Entscheidungsgrundlagen, in: Jb. 1, 1970, S. 361 ff.; *Weiß*, Die Theorie der richterlichen Entscheidungstätigkeit in den Vereinigten Staaten von Amerika, 1971.
75 *Ulmer*, The Analysis of Behaviour Pattern on the US Supreme Court, in: Journal of Politics, Vol. 22 (1960), S. 629 ff.; zu anderen Methoden der Analyse tatsächlicher Machtstruktur vgl. *Shapley-Shubik*, in: American Political Review, Vol. 48, S. 787 ff.
76 Vgl. dazu *Eikenberg*, Voraussetzungen (Fn. 74), S. 376.

An den Inhaber der Rolle eines Richters werden im Justizalltag Erwartungen herangetragen. Der Richter internalisiert Rollenerwartungen. Bei der Übernahme der „Richter-Rollen" werden informelle Regeln, die die Herstellung von Sachverhalten sowie deren rechtliche Würdigung beeinflussen übernommen. Die informellen Regeln prägen dabei die Interpretation von Informationen und deren Selektion. *Lautmann* hat beispielsweise herausgefunden, dass in richterlichen Entscheidungsprozessen die Entscheidungsfolgen häufig ausgeblendet werden[77]. Rollenverhalten bewirkt auch, dass häufig eine *konsonante* (also auf Stimmigkeit bzw. Übereinstimmung mit der Meinung ausgerichtete) Auswahl an Informationen stattfindet. Hierdurch wird bei konkreten Entscheidungen das Gewissen des Richters entlastet. Passen Informationen besser zusammen, ist es einfacher zu entscheiden[78]. Umfassende Informationssysteme bieten umfassende Chancen zur Gewinnung konsonanter Information, welche der Entscheider zur Minderung der „kognitiven Dissonanz" benötigt, während er sich kaum anstrengt, die „kognitiven Dissonanzen" zu vergrößern[79].

Lautmann[80] hat ein entscheidungsorientiertes Konzept vorgelegt, das richterliches Rollenverhalten charakterisiert[81]. Er hat dabei vor allem die Beeinflussung des Richters durch die soziale Umgebung (Kollegen, Gesellschaft) deutlich gemacht. Dieses Konzept leistet mehr als die Attitüdenforschung, da diese die Einflussnahme der Kommunikation im Umfeld des Richters auf die konkrete Entscheidung vernachlässigt. Bei *Lautmann* bleiben aber zwei Theorieelemente problematisch: Einmal lassen sich die Phasen des Entscheidungsfindungsprozesses (Aufgabenstellung, Alternativensammlung, Informationssammlung, Bewertung, Auswahl, Ausführung, Nachgefühle) nicht nacheinander und isolierbar in der Realität wieder finden[82]. Zum anderen wird durch *Lautmann* die Organisation, in der der Entscheidende sich befindet, die ebenfalls Einfluss auf die Entscheidung nimmt, vernachlässigt.

Lautmann zeigt insbesondere[83], dass sich schon in einem frühen Stadium des Entscheidungsprozesses ein Entschluss ausprägt, den beizubehalten eine stärkere Tendenz besteht, als ihn wieder abzuändern. Diese Tendenz wirkt sich auch in der Suche nach konsonanter Information aus, die stärker ist, als die Suche nach Gegen-Informationen. Wenn man unterstellt, dass dieser Entschluss möglicherweise analog dem Vorurteil bzw. dem Vorverständnis entsteht, würde es nicht verwundern, wenn das „konsonante" Informationsverhalten nicht erst als nachdezisionales Ent-

---

77 *Lautmann*, Justiz (Fn. 61), S. 76.
78 *Lautmann*, Justiz (Fn. 61), S. 55 ff., 157 ff., 162 ff.
79 Zu kognitiver Dissonanz und Suchverhalten (i.S.v. *Festinger*) s. *Werner Kirsch*, Die Handhabung von Entscheidungsproblemen, 1998, S. 34 ff. m. w. N.
80 *Lautmann*, Rolle und Entscheidung des Richters – Ein soziologischer Problemkatalog, in: Jb. 1, 1970, S. 381 ff.
81 *Lautmann*, Rolle (Fn. 80), S. 396 ff.
82 *Lautmann*, Rolle (Fn. 80), S. 396.
83 *Lautmann*, Justiz (Fn. 61); *Rottleuthner*, Richterliches Handeln (Fn. 61).

scheidungsverhalten zu beobachten wäre, sondern dass dieses Verhalten bereits *vor* der endgültigen und verbindlichen Entscheidung (auch im Sinne der Darstellung) erfolgen würde.

Damit wird aber das Phasen-Schema als Struktur für „richtige" Entscheidung im Sinne einer rationalen Entscheidung endgültig unbrauchbar. Die eigentliche Entscheidung nämlich wäre die erste Phase der Problemdefinition, in der im Kern bereits die zukünftige endgültige Entscheidung steckt. Eine solche Vor-Entscheidung besteht z. B. schon darin, dass ein Richter einen ihm vorgelegten Fall als gleich, vergleichbar oder als ähnlich oder schließlich in erheblichen Punkten abweichend sieht. Je nachdem wird er sein gesamtes weiteres *Informationsverhalten steuern*[84]. Die Annahme, zusätzliche Informationen würden „bessere", andere Ergebnisse bewirken, erscheint mit den Erfahrungen von Lautmann widerlegbar. Andererseits ist unleugbar, dass es rechtliche Innovationen auch im Bereich von Entscheidungssequenzen, in der Rechtsentwicklung gibt, was der BGH, wenn er die Änderung ausweist, etwa untertreibend bezeichnet als unter „*Aufgabe von ...*"[85].

10.3.2.4 Problemstruktur und Organisationsstruktur von Entscheidungen. Speziell für die Analyse von Innovationen hat *Harenburg* ein Rahmenkonzept entwickelt[86], in dem er Vorverständnis neu konzipiert und mit dem Topos „Innovation" so in Verbindung bringt, dass sich rechtlicher Wandel erklären lässt. Nach *Harenburg* entwerfen Richter zwei kognitive Modelle des Falles – im Sinne einer Art mentaler Abbildung – und erzeugen zwei voneinander unabhängige Lösungen.

Das erste Modell (I.) ist *programm*orientiert (Programm im Sinne der konditionalen Programmierung). Dieses Modell ist juristisch/dogmatisch orientiert. Der Sachverhalt ist bereits über juristische Vorstellungen selektiv konstituiert.

Das zweite Modell (II.) ist *problem*orientiert. Es basiert auf der Wahrnehmung des Falles als *soziales* Geschehen bzw. Problem.

I. ist die individuelle Verarbeitung der Dogmatik beim Richter. II. ist sozusagen die Internalisierung der sozialen Welt beim Richter. Für I. und II. entwickelt der Richter jeweils eine Lösungshypothese. Beide Hypothesen werden von ihm miteinander verglichen (Lösungstests). Sind beide nicht miteinander vereinbar, muss der Rich-

---

84 Siehe auch *Martin Kriele*, Theorie der Rechtsgewinnung, 2. Aufl. 1977.
85 Siehe z. B. zur Quellcodevorlage s. z. B. BGH v. 2. 5. 2002, I ZR 45/01 (= NJW-RR 2002, 1617), ohne die Absenkung der Anforderungen für den urheberrechtlichen Bereich gegenüber BGH v. 8. 1. 1985, X ZR 18/84 – Druckbalken – (= NJW-RR 1986, 480) im Patentstreit deutlich auszuweisen; zu Vertragsstrafenklausel s. BGH v. 23. 1. 2003, VII ZR 210/01 (= NJW 2003, 1805) *unter Aufgabe* von BGH v. 25. 9. 1986, VII ZR 276/84 (= NJW 1987, 380).
86 *Jan Harenburg*, Vorverständnis und Innovation – Ein Rahmenkonzept empirischer Innovationsanalyse, in: Harenburg/Podlech/Schlink (Hrsg.), Rechtlicher Wandel durch richterliche Entscheidung, 1980, S. 265 ff.

ter seine Lösungen weiterentwickeln. Dabei fungiert das jeweils andere Modell als Testinstanz für das zu modifizierende Modell. *Harenburg* schlägt sodann Schritte der Lösungsvariation vor[87]:
1. Die zu prüfende Lösung wird im Bereich der Testinstanz reformuliert und hypothetisch als Ergebnis eingeführt.
2. Für dieses Ergebnis wird nach Mitteln seiner Herstellung gesucht – unter Einsatz allgemeiner heuristischer Programme und spezieller juristischer Operationsprogramme (z. B. Problem- und Begriffsdifferenzierung, Generalisierung, Analogie).
3. Ein gefundenes Mittel und die nunmehr mögliche Lösung werden den Kontrollen des Modellbereichs, in I. insbesondere dogmatischen Kontrollen, unterworfen und im Vergleich zur bisherigen Lösung bewertet.

Damit nähert sich diese empirisch-orientierte Entscheidungstheorie den normativen, am Phasenschema verhafteten Theorien. Diese Verwandtschaft liegt darin, dass es einerseits immer wieder auf die subjektive bzw. intersubjektive Bewertung der Alternativen anzukommen scheint, dass aber andererseits mit diesen Phasenschemata eine Rationalität verbunden sein soll. Dies führt stets zu der ursprünglichen „Phase", nämlich der Problemdefinition und der Qualität der Schritte, die sich aus dieser Problemdefinition ableiten, zurück.

Mit den Entscheidungstheorien im betriebswirtschaftlichen Bereich wäre es nahe liegend, als Anfang der Handhabung eines Problems eine Entscheidung zu sehen, die jeweils zwei Ebenen gleichzeitig betrifft, nämlich die Inhalts- und die Meta- bzw. Organisations- oder Handhabungsebene. Die Meta-Ebene wird häufig ausgeblendet, ist aber, wie auch in der Interaktion, wichtig: Je nachdem, wie ein Entscheider ein Problem definiert, insbesondere für wie schwierig und für wie kompliziert er es hält, wird er seine Anstrengungen dosieren. Der Entscheider passt sein Anspruchsniveau an die von ihm für erforderlich erachtete Handhabungskomplexität an. Gleichzeitig dimensioniert er damit den Handlungs- und Lösungsrahmen, innerhalb dessen er nach Informationen und Alternativen suchen wird, indem er Spannungen aushalten und austragen wird, usw. Eine solche Interdependenz zwischen der Metaentscheidung (und auch der Meta-Zieldimension) und dem Entscheidungsinhalt ist durchaus bekannt, vor allem im Zusammenhang mit der Richtersoziologie. Zum Beispiel haben *Lautmann*[88] und *Simon*[89] die Bedeutung der *Instanz-Sicherheit* eines Urteils hervorgehoben.

Letztlich besagt diese Interdependenz aber auch, dass der Entscheider nicht wirklich darum bemüht ist, ein – ihm abstrakt gestelltes – Problem zu *lösen*, sondern dass er dieses entsprechend seinem Anspruchsniveau und entsprechend seiner Situationseinschätzung *handhabt*. Statt also in Phasen des Entscheidungsverhaltens zu

---
87 *Harenburg*, Vorverständnis (Fn. 86), S. 293 ff.
88 *Lautmann*, Justiz (Fn. 61).
89 *Dieter Simon*, Die Unabhängigkeit des Richters, 1975.

differenzieren, käme es auf die Situationscharakteristik an, die das Handhaben der Entscheidung beeinflusst. Damit ist aber nicht die Situation im Sinne der Entscheidung unter Sicherheit, Risiko oder Unsicherheit gemeint, wenn diese Einteilung auch die mögliche Folge sein kann, sondern die *Struktur des Problems* als Kriterium.

H.A. Simon hat eine einfache Typisierung des Charakters von Problemen vorgenommen, die auf breiter Basis rezipiert wurde: Es gibt *operationale* und *nicht-operationale Probleme*. Operationale sind gut-definiert (gut-strukturiert), nicht operationale sind schlecht-definiert (schlecht-strukturiert). Rezipiert wurde diese Unterscheidung z. B. von *Kirsch*[90]. Allgemein könnte man sagen, dass der Entscheider bei gut-strukturierten Problemen ein vollständiges Handlungsprogramm vorfindet und dieses nur durchführen muss, während er sich bei schlecht-strukturierten Problemen dieses Handlungsprogramm erst mühsam selbst erstellen muss. Da einerseits der Entscheider häufig die bereitstehenden Handlungsprogramme nicht vollständig kennt bzw. beherrscht, man es andererseits nicht mit sehr einfach strukturierten Problemen – sonst wären sie keine Probleme mehr – zu tun hat, kann man sich in der Praxis die Problemhandhabung als eine Art „Durchwursteln", wie dies *Lindblom*[91] genannt hat, vorstellen.

Die empirische Entscheidungstheorie hätte nach dieser Auffassung die Frage zu beantworten, wie der Entscheider mit den unterschiedlichen Problemsituationen jeweils umgeht, wie und ob er die Komplexität des jeweiligen Problems erkennt und wie er diese in geeigneter Weise abbildet. Dieser Frage in der Praxis nachzugehen, ist nicht nur aus organisatorischen Gründen schwierig. Offen bleibt, an welche Kriterien man bei der Beurteilung anknüpfen will, wenn es denn andere sein sollten, als juristisch/dogmatische. Dunkel ist, wie man versuchen könnte, die interne Organisation des Entscheiders, also seine Problemadäquanz bei zum großen Teil unbewussten Vorgängen zu ermitteln und abzubilden, weil jede direkte Befragung den Entscheidungsprozess beeinflussen würde.

10.3.3 Verstehende Ansätze

Eine Art neutralen Standpunkt zwischen den normativen und den deskriptiven Entscheidungstheorien nehmen Ansätze ein, die einen oder mehrere Faktoren hinsichtlich der möglichen Wirkungen auf die Entscheidung erhellen. Solche Faktoren sind die Richterpersönlichkeit, das Vorverständnis, das Rechtsgefühl, die Organisation (von Verwaltung und Entscheidungsprozess) und auch die Information.

Bihler[92] will einen Schritt in Richtung auf eine „Psychologie der Rechtsgewinnung" tun. Er will die Auswirkungen aufzeigen, die das persönlichkeitsspezifische subjek-

---

90 *Werner Kirsch*, Die Handhabung von Entscheidungsproblemen, 5. Aufl. 1998.
91 *Charles E. Lindblom*, The Science of „Muddling through", in: Public Administration Review 13 (1959), S. 79 ff.; s. a. *Braybroke/Lindblom*, A Strategy of Decision, 1963.
92 *Michael Bihler*, Rechtsgefühl, System und Wertung, 1979.

C *Schwerpunkte*

tive Gefühl der Richtigkeit einer rechtlichen Entscheidung auf den Prozess Entscheidungsfindung hat. *Bihler* selbst bezeichnet seine Theorie als deskriptiv, die (nur) noch nicht empirisch überprüft ist. Dieser Ansatz vermittelt zwischen normativer Theorie (wonach Normen das Verhalten des Richters steuern) und Entscheidungs-Empirie, indem er idealtypische Begründungs-Situationen und -Muster herausarbeitet und dabei die jeweilige Rolle des Rechtsgefühls analysiert. Mit seinem Konzept behandelt *Bihler* letztlich auch eine Grundfrage der Rechtswissenschaft, nämlich welche Rolle Gerechtigkeitsvorstellungen im Rahmen des Rechtsgefühls bei der Normkonkretisierungspraxis spielen und spielen sollen.

Aus den traditionellen Theorien zu Vorverständnis und analogischer Methode der Rechtsgewinnung entwickelt *Schneider*[93] einen kommunikationsorientierten Ansatz, demzufolge Informationen Resultate von Entscheidungsprozessen sind. Diese Richtung des Wirkungszusammenhangs zwischen Informationen und Entscheidung widerspricht diametral den traditionellen Vorstellungen (vor allem auch der normativen Entscheidungstheorie). Gleichzeitig verlagert sich gemäß dieser Sichtweise der Wirkungsbereich der eigentlichen Entscheidung vom rationalen, dezisionalen punktuellen Akt (der „einzig richtigen Entscheidung") auf den Prozess der Kommunikation, dessen einzelne Stationen jeweils Entschlüsse (Schritte der Entscheidung) darstellen. Dies würde auch eine Abkehr von linearen Phasenschema des Entscheidungsprozesses hin zu spiralförmig, iterativen Prozessen bedeuten. Folgt man dieser Auffassung, so müssten die Dokumentationssysteme[94] als kontraindiziert angesehen werden, da sie konzeptionell auf dem klassischen Phasenschema aufbauen. Andererseits ist aber nicht zu verkennen, dass die Verarbeitungskapazität der juristischen Entscheider darüber bestimmt, wie gut die Komplexität der Problemlage, aus der die Fälle stammen, erfasst und verarbeitet werden kann. Dass überhaupt die Komplexität der Problemlagen in die Entscheidung einwirkt, hängt mit der Folgenorientierung zusammen, wäre also bei ausschließlicher konditionaler Programmierung vernachlässigbar[95].

Luhmann hat deshalb auch immer wieder herausgestellt, dass die zumindest nach außen hin angewandte konditionale Programmierung funktional im Hinblick auf

---

93 *Jochen Schneider*, Information und Entscheidung des Richters, 1980.
94 Zur Entwicklung vgl. *Haft*, Elektronische Datenverarbeitung im Recht, 1970; *Svoboda*, Juristische Informationssysteme, 1984; Rechtsinformationssysteme: Dokumentation des 3. Forums Informationswissenschaften und Praxis, 5. und 6.6.1986 in Saarbrücken, 1987; *Berkemann/Siebert*, Dokumentationsdichte der Entscheidungen der Obersten Bundesgerichte im Informationssystem JURIS. Analyse und Probleme, CR 1987, S. 385; Europäisch und international: *Lloyd*, Legal Databases in Europe: User Attitudes and Supplier Strategies, 1986; *Bing*, Handbook of Legal Information Retrieval, 1984; zu USA siehe v. a. *Berring*, Volltextdatenbanken und juristische Informationssuche: Mit dem Rücken zur Zukunft, iur 1987, S. 5 ff., 70 ff., 115 ff.
95 *Luhmann*, Recht und Automation in der öffentlichen Verwaltung, 1966; ders., Legitimation durch Verfahren, 1969; ders., Rechtssystem und Rechtsdogmatik, 1974.

die Notwendigkeit ist, die Umweltkomplexität zwangsläufig in wesentlich geringerem Maße, als diese tatsächlich gegeben ist, nur abbilden zu können[96].

Im Gegensatz zu den normativen Entscheidungstheorien, vor allem im Gegensatz zu *Kilian* und *Wälde*[97], hält *Luhmann* das Rechtssystem bzw. die Rechtsdogmatik für – derzeit – nicht in der Lage, die Folgen der Entscheidung vorauszusehen und adäquat zu berücksichtigen.

Internalisierung, Ebenendifferenzierung, Angliederung an inhaltlich nicht judizierbare Zweckprogramme und Einbau einer Art Zukunftsverantwortung in das Rechtsverhältnis selbst, sind Mechanismen und Funktionen, die es dem Rechtssystem und der Rechtsdogmatik erlauben, der Folgenproblematik durch Korrektiv-Funktionen zu begegnen. Das bedeutet, dass es nicht eine allgemeine Folgenberücksichtigung bzw. eine umfassende Verarbeitung der Information über Rechts- und Realfolgen gibt, dass aber im Einzelfall eine Folgenberücksichtigung existiert, die Korrektiv-Funktionen gegenüber dem konditionalen, generellen Schema ausübt.

Noch deutlicher als die theoretische Diskussion zeigt das Aufkommen von „Expertensystemen", „wissensbasierten Systemen" sowie auch von Arbeitsplatzcomputern für den Sachbearbeiter bzw. Richter, dass das normative, lineare Schema in der Praxis unbrauchbar ist[98]. Solche Entwicklungen verändern auch die Sicht auf die juristische Entscheidung, weil sie über Versuch- und Irrtum-Strategien (trial and error) zeigen, dass der juristische Entscheidungsverlauf doch anders, als in der Theoriebildung vorausgesetzt bzw. angenommen, ist. Insbesondere die Problematik assoziativer Wissens-Organisation deutet darauf hin, dass die Entscheidungs-

---

96 *Luhmann*, Rechtssystem und Rechtsdogmatik, 1974; grds. zur Folgenorientierung *Deckert*, Folgenorientierung in der Rechtsanwendung, 1995.
97 *Kilian*, Entscheidung (Fn. 30); *Wälde*, Folgenorientierung (Fn. 40).
98 Zu den Ansätzen juristischer Expertensysteme und ähnlichen Konzepten siehe z. B. die Beiträge von *Grundmann* u. a., in: Erdmann u. a. (Hrsg.), Computergestützte juristische Expertensysteme, 1986; *Fiedler*, Orientierung über juristische Expertensysteme. Grundlagen und Möglichkeiten, CR 1987, S. 325; *Fiedler* u. a., Untersuchungen zur Formalisierung im Recht als Beitrag zur Grundlagenforschung juristischer Datenverarbeitung, 1984; *Fiedler/Traunmüller*, Formalisierung im Recht und Ansätze juristische Expertensysteme, 1986 (u. a. den Beitrag von *Philipps*); *Goebel/Schmalz*, Probleme beim Einsatz juristischer Expertensysteme in der Rechtspraxis, CR 1986, S. 510; *Haft*, Zukunftsperspektiven der Justizarbeit mit elektronischen Medien, CR 1987, S. 641; *Kowalski*, Lösungsansätze für juristische Expertensysteme, Diss. Tübingen, 1987; *Watermann/Peterson*, Expert Systems für Legal Decision making, Expert Systems, Vol. 3 (1986), S. 212 ff. Zu Experten-Systemen allgemein s. *Alty-Coombs*, Expert Systems. Concepts and Examples, 1984; *Brauer/Radig* (Hrsg.), Wissensbasierte Systeme. GI Kongress 1985, Berlin u. a. 1985; *Charniak/McDermott*, Artificial Intelligence, Reading, Mass. 1985; kritisch, aber teils überholt: *Dreyfus*, Die Grenzen künstlicher Intelligenz, 1985 (Orig.: 1979); *Dreyfus/Dreyfus*, Mind over Machine: The Power of Human Intuition and Expertise in the Area of the Computer, 1986; *Rich*, Artificial Intelligence, 1983; *Schank/Childers*, Die Zukunft der künstlichen Intelligenz. Chancen und Risiken, 1986.

abläufe wesentlich komplexer, als sie theoretisch dargestellt werden, sind. Das Scheitern vieler Versuche zur Automations-Unterstützung juristischer Entscheidung spiegelt die Inadäquanz und damit Problematik normativer Konzepte.

10.3.4 Informationsbeschaffung und Informationsanalyse als Entscheidungsproblem

Die Ursache für die Entscheidungen unter Unsicherheit sind – der Theorie gemäß – unvollkommene Informationen[99]. Andererseits bedarf es zwecks Absenkung der Komplexität Mechanismen zur Ausblendung der Unvollkommenheit der Informationen[100] ebenso wie zur Gewinnung bzw. Konstruktion der „Welt", innerhalb derer die Information gewonnen wird. In einer Welt der vollkommenen Informationen und streng rationalen Individuen wäre jegliches menschliches Handeln determiniert, denn jede Entscheidung erginge unter Sicherheit und nach dem Prinzip der Nutzenmaximierung. Tatsächlich aber spiegeln jeder Entscheidungsvorgang sowie jedes Entscheidungsergebnis stets den subjektiven (unvollkommenen) Informationsstand und „irrationale" Momente bzw. Elemente der Persönlichkeit des Entscheiders wider. Gerade für juristische Entscheidungen spielt der Faktor „Wissen" eine große Rolle, der aber sehr subjektiv, also individuell geprägt ist.

Sofern sich der Entscheider dieses Einflusses bewusst ist, soll er sich der Theorie entsprechend bemühen, seinen Informationsstand zu verbessern, um die Anzahl seiner Handlungsalternativen zu vergrößern, um Eintrittswahrscheinlichkeiten ungewisser Ereignisse besser einschätzen zu können und um Entscheidungen unter Unsicherheit zu vermeiden.

Regelmäßig ist die Informationsbeschaffung und -auswertung mit Kosten verbunden, und sei es nur der dafür erforderliche Zeitaufwand. Diese Kosten bzw. die Versuche deren Vermeidung können möglicherweise zu Lasten der eigentlichen Entscheidung gehen, wenn z. B. bestimmte Handlungsalternativen nur sofort (also ohne Zeitverlust durch Informationsbeschaffung) realisiert werden können. Die Entscheidungen über Art und Weise der Informationsgewinnung und -verarbeitung sind daher ihrerseits wichtige Teil- und Vorentscheidungen im Rahmen des Entscheidungsfindungsprozesses. Die Entscheidung über „ob" und „wie" des Sich-Informierens ist (bereits) eine Entscheidung unter Risiko[101].

Einen aufschlussreichen Anhaltspunkt im Sinne empirischer Überprüfung böte in objektivierbarer Form das Informationsverhalten bei der Nutzung computergestützter Informationssysteme. Hierbei stellt sich allerdings das Problem in umgekehrter Wirkungsrichtung: Bei der Errichtung von Informationssystemen für

---

99 *Indra Spieker*, Staatliche Entscheidungen unter Unsicherheit, Preprints aus der Max-Planck-Projektgruppe Recht der Gemeinschaftsgüter, Bonn 2001, S. 2.
100 S. *Luhmann*, Legitimation durch Verfahren, 1969.
101 *Laux*, Entscheidungstheorie (Fn. 2), S. 337.

Juristen – juristische Datenbanken, juristische Dokumentationssysteme – wird unterstellt, dass eine „bessere" Information auch „bessere" Entscheidungen bewirke, Informationen also Entscheidungen beeinflussen. Folglich wäre der Zusammenhang zwischen der Steigerung der Qualität der Beschaffung von Informationen und deren Organisation mit der Qualität der Entscheidung zu untersuchen. Was allerdings Kriterien „besserer" Information (höherer Qualität der Information) sein sollen, ist nicht geklärt, obwohl die computergestützten juristischen Informationssysteme längst in intensivem praktischem Einsatz sind[102]. Kriterien könnten Vollständigkeit, Aktualität, Objektivität, Erschließung und Wiedergewinnung, Präzision (mit zugleich nur geringem Ballast, der die Ökonomie der Nutzung beeinträchtigt) und Adäquatheit der Problemabbildung sein. Gäbe es diesen Zusammenhang zwischen der Qualität der Information, dem Informationsverhalten und dem Entscheidungsverhalten, ließe sich aus dem Informationsverhalten auf die innere Problemkomplexität des Entscheider rückschließen. So gesehen könnte die empirische Entscheidungsforschung an das Forschungsgebiet Informationsverhalten, insbesondere im Zusammenhang mit JURIS, anknüpfen.

Neben dem Überwachungsaspekt (Datenschutzproblem, Mitbestimmung, wenn nicht völlige Anonymität gesichert wäre) ist der methodologische Aspekt, wie die Kriterien gewonnen und gemessen werden könnten, ungeklärt. Es wäre insbesondere aber denkbar, dass Entscheider erst dann geeignete Fragen an ein Informationssystem stellen können und wollen, wenn sie die zu lösenden Vorfragen „richtig" definiert haben und insofern eigentlich schon – aufgrund ihres Vorverständnisses – bereits die Lösung prädefiniert haben. Dann aber hätte die Untersuchung des Informationsverhaltens praktisch auch die Entscheidungsergebnisse zum Gegenstand und nicht die Voraussetzungen des Entscheidungsverhaltens. Richtig wäre es also, das Informationsverhalten zumindest auch als einen Output von Entscheidungsakten zu sehen. So gesehen könnten sich empirische Entscheidungsforschung und Anwendung juristischer Dokumentations- bzw. Informationssysteme in nahezu idealer Weise ergänzen. Tatsächlich aber wird dieser Ansatz kaum verfolgt.

Die Untersuchung des nicht-Technik-gestützten Anteils des Informationssystems bzw. der Informationsbeschaffung des Richters fehlt weitgehend[103]. Es darf aber angenommen werden, dass die „Bibliothek" zum klassischen Informationsreservoir gehört, mithin das jeweilige Angebot des Gerichts, das von Qualität, Aktualität und Umfang als diametral dem Komplexitätsgrad und der Offenheit des Problems gegenläufig ausgestaltet vermutet werden darf: Beim Eingangsgericht, zumal bei dem ohne Anwaltzwang, aber durchaus auch bei den Gerichten mit Anwaltzwang,

---

102 Vor allem JURIS, ebenso Onlinesysteme und -Datenbanken von Verlagen.
103 Die Arbeiten zur Benutzerforschung bei JURIS sind v. a. Selbsteinschätzungen der befragten Juristen, siehe z. B. *Jungjohann*, Informationsverhalten und -bedarf von Juristen, 1974.

schlagen die Probleme unstrukturiert und völlig offen mit oft unzureichender Sachverhaltsdarstellung auf, ohne dass eine adäquate informationelle Unterstützung (Bibliothek, Assistenz, Referent u. Ä.) geboten wäre. Der Brückenschlag zur Technik-Unterstützung kann in der Theorie über das Modell des *„homo informaticus"* in Verbindung mit dem Ansatz der Problem*handhabung* (im Gegensatz zur Problem*lösung*)[104] erfolgen.

Der *„homo informaticus"* bietet sich als (normatives) Konstrukt analog dem „homo oeconomicus", „homo sociologicus"[105] u. Ä. an. Der sog. Informationsverarbeitungsansatz sieht den menschlichen Entscheider als informationsarbeitendes System und setzt ihn mit technischen („künstlichen") Informationsverarbeitungs-Systemen (im Prinzip) gleich[106]. Dies ermöglicht die Einbeziehung auch solcher Ansätze, die auf die Adäquanz der Technik-Systeme abstellen. Kurz gesagt erscheint es wenig sinnvoll, technische Systeme an einem Benutzerniveau zu orientieren, das in der Praxis nicht oder kaum anzutreffen ist. Entsprechendes gilt für die Strukturierung von Informationssystemen, die der „Handhabung" des Problems adäquat sein müsste. In der Praxis lässt sich dies sehr schön am Erfolg von JURIS einerseits (praktisch, einfach, umfassend; inzwischen meist Volltext, was Urteile betrifft) im Vergleich zu dem kaum mehr weiter verfolgten Ansätzen zu „künstlicher Intelligenz"[107] verfolgen.

Weiterführend scheint hingegen der Ansatz, „Die juristische Entscheidung als Informationsprozess" zu begreifen[108], wenn dabei eine Analyse des Informationsbedarfs erfolgt, „der durch die bei einer Entscheidung erfolgenden Informationsprozesse auftritt"[109].

Der Anteil der tatsächlich relevanten Informationen innerhalb der nachgewiesenen sollte möglichst hoch sein. Die gewisse Ungenauigkeit der Abfragesprache führt jedoch zwangsläufig, wenn man die Wiederfindungsquote erhöht, zu erheblicher zusätzlicher Ungenauigkeit und damit zur Steigerung des *Ballastes* (nachgewiesene, aber nicht relevante Dokumente). Präzisiert man die Abfrage allzu sehr, finden sich zwar fast nur noch relevante Dokumente unter den nachgewiesenen.

---

104 Siehe v. a. *Werner Kirsch*, Die Handhabung von Entscheidungsproblemen, 5. Aufl. 1998.
105 *Ralf Dahrendorf*, Homo Sociologicus. Ein Versuch zur Geschichte, Bedeutung und Kritik der Kategorie der sozialen Rolle.
106 Siehe v. a. *Newell/Simon*, Human Problem Solving, 1972.
107 S. schon *Weizenbaum*, Die Macht der Computer und die Ohnmacht der Vernunft, 1977; s. a. *van Raden*, Richter, Rechner, Realitäten, 1989.
108 So Kap. 33 der Diss. von F. *Krüger*, Nicht-lineares Information Retrieval in der juristischen Informationssuche, 1997.
109 Von *Krüger* wird insoweit das Phasenmodell des Informationsbedarfs zugrundegelegt, das typisch für die normativen Entscheidungstheorien ist (unter Verwendung einer Rezeption von *Hunziker*, Juristische Informationen: theoretische Analyse des Rechtsanwendungsprozesses zur Ermittlung der in eine schweizerische Datenbank aufzunehmenden Informationen, 1987).

Jedoch dürfte es eine überproportional hohe Zahl von ebenfalls relevanten Dokumenten geben, die nicht nachgewiesen werden, leidet also die Nachweisgenauigkeit und die Vollständigkeit. Man muss sich mit einer Vielzahl von Nachweisen beschäftigen, diese also durchlesen, um sie dann eliminieren zu können. Ansonsten besteht die Gefahr, mit einer zu engen Suchfrage eine zu große Anzahl relevanter Informationen abzuschneiden, um die Ballastquote zu verringern – eine nur scheinbare Präzision. Das Theorem zur Minderung kognitiver Dissonanz[110] durch konsonante Information würde insoweit implizieren, dass die Entscheider die abweichenden (dissonanten) Informationen als Ballast empfinden und ausblenden würden.

Die „Managementinformationssysteme" der Wirtschaft sind seinerzeit nicht nur an zu hoher Komplexität der Entscheidungsstrukturen, die die damalige Technik überfordert haben mag, gescheitert. Es darf angenommen werden, dass schlicht das Entscheidungsverhalten in der Praxis nicht dem Angebot der Informationssysteme entsprach. So gesehen sind solche Projekte bis hin zu künstlicher Intelligenz sehr schöne Manifestationen der Annahmen und Irrtümer über die Entscheidungsstrukturen und zugleich wichtige Prüfsteine des insofern in die Systeme inkorporierten Rationalitätsmodells.

Die Verwaltungsautomation war schon in ihren Anfängen Gegenstand der Theoriebildung, insbesondere im Hinblick auf die Struktur von Entscheidungsprozessen. *Luhmann* hatte die beiden unterschiedlichen Typen der Entscheidung, nämlich die *konditionale* und die *finale* „Programmierung", u. a. als Erklärung dafür herausgearbeitet, dass sich nicht alle Entscheidungsprozesse für den Computereinsatz programmieren lassen, vielmehr die konditionale Programmierung (wenn ..., dann ...) den Erfordernissen der EDV entgegenkommt, während die finale Programmierung („um ..., zu ...") sich der Automation weitgehend widersetze[111].

Die Automatisierung juristischer Prozesse heißt immer auch eine Schematisierung von Abwägungen, die Quantifizierung von „Ermessen" und „Auslegung". Damit soll nach der Vorstellung vieler ein Gewinn an Rechtssicherheit einhergehen.

Dieser Gewinn an Rechtssicherheit soll durch Gleichförmigkeit der Abarbeitung von Fällen anhand rationaler Kriterien erzielt werden. Dem steht gegenüber, dass gerade nicht quantifizierbare, intuitive Prozesse, einzelfallbezogene Abwägungen verdrängt und aufgelöst werden, weil diese Schemata im juristischen Bereich von ähnlich geringer (mangelnder) Eignung sind, wie bei psychologischen Eignungstests oder zur Messung der „Intelligenz" und Kompetenz. Allerdings verraten solche Anordnungen, also auch Automationsvorhaben, sehr viel über die Vorstellun-

---

110 *Festinger*, A Theory of Cognitive Dissinance, 1957; *ders.*, Conflict, Decision, and Dissonance, 1964.
111 *Ulfrid Neumann*, Neuere Schriften zur Rechtsphilosophie und Rechtstheorie, in: Philosophische Rundschau 1981, S. 189 ff., S. 213.

gen derjenigen Personen, die sie schaffen. Dieser Aspekt wird aber meist nicht berücksichtigt bzw. weiter verfolgt.

Die Ungenauigkeit der Rechtsbegriffe, die mangelnde logische Struktur der Normen und wohl auch diese unterschiedlichen „Programmierungstypen" (Strukturen der Problemcharakteristik offener, komplexer, final orientierter Aufgabe) waren Grund für die Forderung nach einer „automationsgerechten Gesetzgebung"[112].

Generell aber fehlt es – immer noch – an einem fundierten Nachweis des Wirkungszusammenhangs zwischen Information und Entscheidung.

Alle „Verbesserungen" von JURIS und ähnlichen Systemen setzen voraus, dass überhaupt die Vermittlung von juristisch relevanten Informationen im Urzustand, also ohne Aufbereitung und Auswertung zu „besseren" Entscheidungen führt. Diese Annahme[113] über den Kausalzusammenhang von mehr, also „besseren Informationen", also bessere Entscheidung müsste überprüft und empirisch auf seine Richtigkeit hin getestet werden. Es spricht manches dafür, dass eines der wichtigen, wenn nicht das wichtigste Selektionskriterium das Vorwissen und die Intuition[114] sind, das sog. gute Judiz, die Erfahrung, das Rechtsgefühl[115].

Andererseits lassen sich die Informationssysteme als präskriptive Rahmenbedingungen sehen, die die Unabhängigkeit des Richters bedrohen. Auf die *Unabhängigkeit* des Richters üben juristische Informationssysteme einen rechtspolitisch relevanten, zumindest mittelbaren Einfluss aus. Sie präformieren das Informationsverhalten und dadurch auch die Handhabung der Entscheidungsprozesse, somit wiederum die Rechtsentwicklung, – wenn man den Wirkzusammenhang Information-Entscheidung bejaht.

Es muss die Präformierung bei zentral organisierten Arbeitsplätzen besorgt werden, wenn diese dem Richter faktisch vorschreiben und vor-selektieren, zu welchen Informationen er Zugang erhält, wie er seine Entscheidungsergebnisse zu gestalten hat (über Textbausteine). Trotz dieser Bedenken, die vor allem *van Raden* veranlasst haben, den dezentralen, vom Richter selbst bestimmten Arbeitsplatz mit multifunktionellen Einrichtungen zu postulieren (1989), gibt es in der Justiz zahlreiche EDV-Anwendungen, ohne dass diese Problematik des drohenden Verlustes der Unabhängigkeit des Richters besondere Beachtung finden würde[116].

Die Krönung der Beherrschung des Entscheidungsprozesses wären automatisierte juristische Entscheidungen. Die Vorstellung von höherer Gerechtigkeit durch Automaten ist die Triebfeder. Der „Subsumtionsautomat" ist eine in vielen Variationen

---

112 Als Grundlagen – ohne expliziten Bezug – zur Normentheorie s. *Philipps*, Kap. 8; zur juristischen Logik *Neumann*, Kap. 7.
113 S. oben 10.3.1.1.
114 S. *Esser*, Vorverständnis und Methodenwahl in der Rechtsfindung, 2. Aufl. 1972.
115 S. *Bihler*, Rechtsgefühl, System und Wertung, 1979.
116 S. aber *van Raden*, Richter, Rechner, Realitäten, 1989.

auftretende Idee, die sich in der Praxis nicht realisieren lässt, aber eine sehr reizvolle und ertragreiche Forschungsrichtung (künstliche Intelligenz, Realisierung von Expertensystemen) für den juristischen Bereich fruchtbar macht.

Entsprechend anspruchsvoll ist die Schaffung von Systemen, die selbst juristische Entscheidungen vornehmen oder zumindest den Rechtsfindungsdialog in kompetenter Weise – als Experte – unterstützen[117].

Die Vorstellung vom „Richterautomaten" bzw. der „automatischen Subsumtion" ist schon relativ alt. Sie mündet in *juristische Expertensysteme* bzw. die *wissensbasierten juristischen Systeme*. Eine wichtige, wenn nicht die wichtigste Zielvorstellung dabei ist auch die „Rechtssicherheit"[118], nicht zuletzt in ihrer Variante der Vorsehbarkeit von Entscheidungen. Möglicherweise besagen jedoch die Bemühungen (und deren Scheitern) um die automatisierten Subsumtionsverfahren mehr über die Vorstellungen, die Juristen über die juristische Entscheidung haben, als über die tatsächlich realistischen Möglichkeiten des Computereinsatzes in diesem Bereich. Allerdings war bei den ersten Ansätzen vor allem zu berücksichtigen, dass die EDV-Technik erhebliche Grenzen durch die relativ geringe Leistungsfähigkeit zog. Umso beachtlicher sind vor allem die Arbeiten von *Suhr*[119]. Dort wurde in Umsetzung des „klassischen" Subsumtionsschemas versucht, Begriffe des Tatbestandes so aufzugliedern und zu definieren, dass eine Art Begriffsbaum entstand, in dem sämtliche Tatbestandsmerkmale aufgegliedert werden konnten und dem die Begriffe des Sachverhalts jeweils zugeordnet werden konnten. An dieser ersten „Subsumtionshilfe" („JUDITH") wurde in gewissem Sinne weitergearbeitet. Das Subsumtionsschema wurde erweitert und dialogfähig[120].

Solche Begriffs-Bäume unterstellen, dass juristische Begriffe relativ klar definierbar sind und in einer eindeutigen Zuordnung zueinander stehen. Obwohl Rechtsphilosophie und Rechtstheorie schon seit langem deutlich gemacht hatten, dass diese Prämissen nicht erfüllt sind, wurden immer wieder entsprechende Versuche unternommen. Einen theoretischen Überbau zu den Ansätzen lieferte die Arbeit von *Kilian*[121]. Danach sind Veränderungen in den theoretischen Ansätzen vonnöten und durchzuführen, um die juristische Entscheidung in ihrer Struktur den Bedingungen der automatisierten Durchführung anzupassen. Die duale Struktur der

---

117 Zu Grundlagen und Möglichkeiten: *Fiedler*, iur 1988, 101; *Fiedler/Traunmüller*, Formalisierung im Recht und Ansätze juristischer Expertensysteme, 1986; *Traunmüller* (Hrsg.), Formalisierung und formale Modelle im Recht, 1984; *Kowalski*, Lösungsansätze für juristische Expertensysteme, Diss. Tübingen, 1987; *Grundmann*, in: Erdmann u. a. (Hrsg.), Computergestützte juristische Expertensysteme, 1986, 97; *Susskind*, Expert Systems in Law, 1987; *Gordon*, jur-pc, 1990, 605, 638; s. a. Nachweise in Fn. 98.
118 S. auch *Franzen*, in: Fiedler/Traunmüller, 1986, 131.
119 *Suhr* (Hrsg.), Computer als juristische Gesprächspartner, 1970; *Suhr* u. a., Begriffsnetze, Invarianten, Routinen der Kritik, 1971.
120 S. *Suhr* u. a., 1971.
121 S. *Kilian*, Juristische Entscheidung und elektronische Datenverarbeitung, 1974.

Rechenautomaten bzw. des Computers lasse sich nicht ändern, weshalb die Theorie dem dualen Schema anzupassen sei. Die – normative – Theorie linearer Schritte der Entscheidungsfindung aus der betriebswirtschaftlichen Entscheidungstheorie liefert das Grundraster des Entscheidungsprozesses. Dort wird als eine der wesentlichen Phasen im frühen Stadium des Entscheidungsvorgangs die Informations*suche* herausgestellt, obwohl diese Phase gerade voraussetzt, dass die Problemdefinition schon erfolgt ist[122].

Den gegensätzlichen Standpunkt nahmen *Popp/Schlink*[123] ein. Hier flossen schon die Erkenntnisse der „künstlichen Intelligenz" ein, in dem Bemühen, die automatisierten Systeme in ihrer Verarbeitungsleistung den Anforderungen seitens des juristischen Nutzers anzupassen. Die Arbeit an juristischen Expertensystemen hat gleichzeitig Grundlagenarbeit für Rechtstheorie geleistet.

Die intensiven und fundierten Arbeiten an dem Tübinger Projekt zur angemessenen Wartezeit bei § 142 StGB haben gezeigt, welch immenser Arbeitsaufwand in der Durchdringung der Strukturen juristischer Entscheidungen und deren Programmierung bzw. EDV-Unterstützung schon bei einer relativ begrenzten Aufgabenstellung liegt[124].

Die Bearbeitung der sog. juristischen Expertensysteme bzw. deren Entwicklung war von der Annahme ausgegangen, dass es doch gelingt, die Prämissen der Entscheidung eindeutig zu erkennen und zu bearbeiten, Systemen also Urteilskraft zu verleihen. Diese Leistung wiederum wäre eine wichtige Voraussetzung für die Entwicklung wissensbasierter Systeme, die also wie eine Art Experte reagieren können, der gezielt „intelligente", auf Vorwissen basierende Fragen stellt, die dann der Benutzer aber schließlich doch mit Antworten vom Typ „ja/nein" beantworten muss. Im Rahmen der Differenzialdiagnose bei medizinischen Systemen mögen solche Verfahren noch geeignet sein. Im juristischen Bereich sind bisher keine durchbrechenden Erfolge erzielt worden.

Einen möglichen Ausweg aus der allzu sehr an *Eindeutigkeit* und binärem Schema orientierten Sichtweise und den Problemen unscharfer Relationen stellt evtl. die „fuzzy logic" dar[125]. Dabei ist es nicht mehr erforderlich, Begriffe bzw. einzelne Entscheidungsschritte eindeutig zu definieren. Vielmehr können Bereiche festgelegt werden, die sich überlappen, für die bestimmte Kriterien vorliegen oder nicht.

---

122 S. oben 10.3.1.3.
123 *Popp/Schlink*, DVR 1975, 1 ff., 294 ff.
124 Siehe z. B. *Gerathewohl*, Erschließung unbestimmter Rechtsbegriffe mit Hilfe des Computers – ein Versuch am Beispiel der „angemessenen Wartezeit" bei § 142 StGB, Diss. Tübingen 1987; *Baumann/Sulz*, CR 1989, 331.
125 S. *Philipps*, in: Festschr. f. Roxin, 2001, S. 365 ff.; s. a. Tagungsbericht CR 2000, 863; *Klein*, Automatisierter Fallvergleich, 1998; *Notburga Ott*, Unsicherheit, Unschärfe und rationales Entscheiden. Die Anwendung von Fuzzy-Methoden in der Entscheidungstheorie, 2001, m. w. N.

Es gibt deshalb nicht nur „ja/nein", sondern auch ein „weniger" oder „mehr", ein „auch" und evtl. eine Gewichtung, also auch eine Aussage im Sinne von „näher" bzw. „richtiger", von „ausreichender" und ungenügender Anspannung von Aufmerksamkeit oder Gewissenskräften, „Zumutbarkeit" oder „Angemessenheit" von Fristen, Zuwarten oder Nachbesserung.

10.4 Zusammenfassung

Die Moderne gilt insgesamt als die Epoche der Wahl[126]. Der Mensch sieht sich täglich mit Wahlfreiheit konfrontiert, die einerseits Fähigkeiten und Eigenschaften von ihm fordert, die ihm vielleicht nicht zur Verfügung stehen. Andererseits verbraucht sich die Freiheit im Vollzug der Entscheidung. Damit Entscheidung nicht zur Enttäuschung wird, ist erhebliches Können gefordert. Ziel der Theorie juristischen Entscheidens ist es, dem Juristen zumindest einen größeren Pool an Handlungsalternativen zu vergegenwärtigen, so dass er sich bewusst dafür entscheiden kann, eine Entscheidung im Sinne eines Aufbrauchens von Wahlmöglichkeiten zu treffen. Im Sinne der Entscheidungstheorie verbessern die Informationen über die Entscheidungssituation und deren „richtige" Handhabung die Leistung des juristischen Entscheiders und tragen so zu einer Verminderung von Fehlern bei Entscheidungen unter Unsicherheit bei.

Normative Entscheidungstheorien sind jedoch nicht zuletzt deshalb kritisch zu hinterfragen, weil sie Informationen und ihre Bewertung, die der Einzelne für seine Wahl benötigt, also Vorfragen und deren Lösungen, ausblenden. Außerdem wird ein subjektiver Faktor immer verbleiben, der auf (unterschiedlichen) Bedürfnissen und Präferenzen sowie Einschätzungen der jeweils gegebenen Situation beruht. Damit aber fragen die normativen Entscheidungstheorien eigentlich nach den Einflussgrößen und Faktoren, die die deskriptiven bzw. die bestehenden Ansätze zu erhellen versuchen, vor allem nach der Bedeutung der *Informationen* und deren Verarbeitung.

Die dargestellten Ansätze ergeben ein vielschichtiges und multifaktorielles Bild des Entscheidens. Allerdings werden – zwangsläufig – immer nur ein oder zwei Faktoren je Ansatz beleuchtet. Am tragfähigsten erscheint der Ansatz der *Handhabung der Probleme*[127], nicht zuletzt, weil sich die verschiedenen Faktoren – finale Orientierungen wie Instanzsicherheit ebenso wie Suche nach konsonanter Information, Beharrungsvermögen i. S. von „herrschender Meinung" u. Ä. – gut einbauen lassen. Allerdings beinhaltet dies eine starke Absenkung der Anforderungen an Ent-

---
126 *Wilhelm Schmid*, Philosophie der Lebenskunst, 1998, S. 188 ff.
127 Wozu oben v. a. auf *Werner Kirsch* verwiesen wurde (Die Handhabung von Entscheidungsproblemen, 5. Aufl. 1998).

scheidungen einschließlich der dafür erforderlichen Informationsprozesse. Gleichzeitig ist dies eine Absage– mangels Adäquanz – an die Operationalisierung der Entscheidung durch die „klassische", stark normative Entscheidungstheorie.

Ausgewählte Literatur

Kilian, Wolfgang, Juristische Entscheidung und elektronische Datenverarbeitung, 1974.
Kirsch, Werner, Die Handhabung von Entscheidungsprozessen, 5. Aufl. 1998.
Laux, Helmut, Entscheidungstheorie, 5. Aufl. 2003.
Nell, Ernst-Ludwig, Wahrscheinlichkeitsurteile in juristischen Entscheidungen, 1983.
Ott, Notburga, Unsicherheit, Unschärfe und rationales Entscheiden. Die Anwendung von Fuzzy-Methoden in der Entscheidungstheorie, 2001.

D. Theorien der Rechtswissenschaft

11 Wissenschaftstheorie der Rechtswissenschaft

Von Ulfrid Neumann, Frankfurt/Main

11.1 Rechtswissenschaft und Wissenschaftstheorie

Der Begriff einer „Wissenschaftstheorie der Rechtswissenschaft" setzt sich im rechtstheoretischen Schrifttum nur langsam durch; das Stichwort *„Wissenschaftstheorie"* ist in einer Vielzahl rechtsphilosophischer und -methodologischer Grundlagenarbeiten nicht zu finden[1]. Das bedeutet indes nicht, dass die einer Wissenschaftstheorie der Rechtswissenschaft zuzuordnenden Probleme randständig oder auch nur neuartig wären, im Gegenteil: So wenig eingebürgert der Begriff noch ist, so alt sind die von ihm erfassten Fragestellungen. Die Frage etwa, ob und in welchem Sinne die Rechtswissenschaft eine *Wissenschaft* sei, beschäftigte schon im 16. Jahrhundert Philosophen und Juristen[2]. Andererseits bleibt der jeweilige Stand der allgemeinen Wissenschaftslehre natürlich nicht ohne Einfluss auf die Diskussion in der Rechtswissenschaft[3]. Mit fortschreitender Spezialisierung der wissenschaftlichen Disziplinen verliert dieser Einfluss zwar nicht notwendig an Bedeutung, wohl aber an Selbstverständlichkeit. Die Angst vor einer „Überfremdung" der Rechtswissenschaft, die teilweise gegenüber den Sozialwissenschaften zu spüren ist, dürfte auch für die Reserviertheit der Juristen gegenüber der allgemeinen Wissenschaftstheorie ursächlich sein. So verständlich diese Angst auch sein mag: Der

---

1 Vgl. aber etwa *Bydlinski*, Juristische Methodenlehre und Rechtsbegriff, 2. Aufl. 1991, S. 60 ff., 76 ff.; *Arthur Kaufmann*, Rechtsphilosophie. 2. Aufl. 1997, S. 54 ff.; *Röhl*, Allgemeine Rechtslehre, 2. Aufl. 2001, S. 126 ff.; *Zippelius*, Rechtsphilosophie, 4. Aufl. 2003, S. 262 ff.

2 Vgl. *Troje,* Wissenschaftlichkeit und System in der Jurisprudenz des 16. Jahrhunderts, in: Blühdorn/Ritter (Hrsg.), Philosophie und Rechtswissenschaft, 1969, S. 63 ff., passim; ausf. *Jan Schröder*, Recht als Wissenschaft. Geschichte der juristischen Methode vom Humanismus bis zur historischen Schule, 2001.

3 Zum geschichtlichen Zusammenhang etwa *Jan Schröder,* Wissenschaftstheorie und Lehre der „praktischen Jurisprudenz" auf deutschen Universitäten an der Wende zum 19. Jahrhundert, 1979; *Herberger,* Dogmatik. Zur Geschichte von Begriff und Methode in Medizin und Jurisprudenz, 1981 (mit einem Aufriss der Wissenschaftslehre von der Antike bis ins 19. Jahrhundert).

D *Theorien der Rechtswissenschaft*

Verzicht auf Kenntnisnahme der wissenschaftstheoretischen Diskussion bedeutet die Inkaufnahme eines vermeidbaren Reflexionsdefizits der Rechtswissenschaft. Auf der anderen Seite darf die Rechtswissenschaft sich natürlich keine Probleme oder Lösungen von außen aufdrängen lassen; es kann nicht darum gehen, die Rechtswissenschaft an eines der konkurrierenden wissenschaftstheoretischen Modelle auszuliefern[4]. Hilfreich ist die Anleihe bei der allgemeinen Wissenschaftstheorie nur insofern, als sie dazu dient, originäre Probleme der Rechtswissenschaft aufzudecken, zu formulieren oder zu lösen.

11.2 Die Wissenschaftlichkeit der Rechtswissenschaft

Am Anfang einer Beschäftigung mit der Wissenschaftstheorie der Rechtswissenschaft steht die Frage nach dem Wissenschaftscharakter der Rechtswissenschaft. Ob die Rechtswissenschaft in ihrem Kernbereich, der Rechtsdogmatik, eine Wissenschaft oder etwa nur eine (Rechts)Lehre, eine Sammlung von Informationen und Meinungen zum jeweiligen Rechtssystem darstellt, ist umstritten. In dieser Allgemeinheit gestellt, formuliert die Frage nach der Wissenschaftlichkeit der Rechtswissenschaft indes ein Scheinproblem[5]: Solange kein konsensfähiger Katalog der notwendigen und zureichenden Kriterien der Wissenschaftlichkeit einer Disziplin vorliegt, würde eine Antwort auf die Frage keine Behauptung über die Rechtswissenschaft, sondern eine Aussage über den zugrunde gelegten Begriff von „Wissenschaft" artikulieren. Gleichwohl sind die Diskussionen um diese Frage von wissenschaftstheoretischem Interesse. Denn die als Kriterien der Wissenschaftlichkeit der Rechtswissenschaft erörterten Gesichtspunkte (Überprüfbarkeit der Aussagen, Gegenstand, Methode) markieren zentrale Probleme der Wissenschaftstheorie.

---

4 So nachdrücklich *Bydlinski*, Methodenlehre (Fn. 1), S. 77. Sehr abgewogen zur Rezeption der allgemeinen Wissenschaftstheorie in der Rechtswissenschaft *Wieacker*, Vom Nutzen und Nachteil des Szientismus in der Rechtswissenschaft, in: F. Kaulbach/W. Krawietz (Hrsg.), Festschrift für Helmut Schelsky zum 65. Geburtstag, 1978, S. 745-764, passim.
5 In diesem Sinne auch *Arthur Kaufmann*, Das Verfahren der Rechtsgewinnung. Eine rationale Analyse, 1999, S. 41; *ders.*, Über die Wissenschaftlichkeit der Rechtswissenschaft. Ansätze zu einer Konvergenztheorie der Wahrheit, in: ARSP 72 (1986), S. 425 ff., 426. Anders wohl *Lege*, Pragmatismus und Jurisprudenz, 1999, S. 405 f. Wie hier als Frage der Übereinkunft versteht *Aarnio* das Problem der Wissenschaftlichkeit der Rechtswissenschaft (*Aarnio*, Denkweisen der Rechtswissenschaft, 1982, S. 37). Im gleichen Sinne *Bydlinski*, Methodenlehre (Fn. 1), S. 76 ff. Selbstverständlich sollte sein, dass die Forderung nach einem Höchstmaß an Rationalität der Rechtswissenschaft nicht von der Entscheidung über deren Wissenschaftscharakter abhängt; so treffend *Bydlinski*, Methodenlehre (Fn. 1), S. 78.

11.2.1 Der Gegenstandsaspekt

Der Streit um die Wissenschaftlichkeit der Rechtswissenschaft war zunächst an dem aristotelischen Wissenschaftsbegriff orientiert. Nach *Aristoteles* ist *Wissenschaft* (episteme, scientia) methodische Erkenntnis des Seienden aus seinen Prinzipien. Konstitutiv für diesen Wissenschaftsbegriff sind also Vorgegebenheit und Unveränderlichkeit des Objekts[6]. Die Rechtswissenschaft kann diesem Begriff nur genügen, soweit sie von der Idee einer vorgegebenen Ordnung unwandelbarer Rechtsprinzipien ausgeht. Sofern sie sich mit Rechtsordnungen befasst, die dem historischen Wandel unterworfen sind, kann sie nach diesem Wissenschaftsbegriff nur als Kunst (techne, ars) oder als *Klugheit* (phronesis, prudentia) verstanden werden[7].

Das aristotelische Wissenschaftskriterium klingt noch an, wenn *Julius von Kirchmann* die Wissenschaftlichkeit der Rechtswissenschaft als einer Disziplin, die „das Zufällige zu ihrem Gegenstand macht"[8], in Zweifel zieht. Die Versuche, die Wissenschaftlichkeit der Rechtswissenschaft mit dem Hinweis auf die Konstanz bestimmter Probleme im Sozialbereich bzw. auf „sachlogisch bedingte Strukturen" im Recht zu verteidigen[9], schaffen hier nur wenig Entlastung, weil sie den weithin kontingenten (zufälligen) Charakter des überwiegenden Gegenstandsbereichs der Rechtswissenschaft, des positiven Rechts, nicht in Frage stellen können.

Nun könnte die Wandelbarkeit des Gegenstands der Wissenschaft nach Ort und Zeit mit gleichem Recht auch gegen andere Disziplinen, etwa die Geschichtswissenschaft, ins Feld geführt werden[10]; will man nicht weiten Bereichen der sog. Geisteswissenschaften den Wissenschaftscharakter absprechen, muss man das aristotelische Kriterium der Unwandelbarkeit des Objektbereichs als Klassifikationskriterium der Wissenschaften, nicht aber als Grenzmarkierung gegenüber dem Bereich des „Unwissenschaftlichen" verwenden. In diesem Sinne lässt sich die von der Heidelberger („südwestdeutschen") Richtung des Neukantianismus erarbeitete Einteilung der Wissenschaften in Disziplinen, die über den Gegenstandsbereich allgemeine Gesetze aufstellen (nomothetische Wissenschaften), und solche, die

---

6 „Der Gegenstand wissenschaftlicher Erkenntnis hat also den Charakter der Notwendigkeit. Das heißt, er ist ewig" (*Aristoteles*, Nikomachische Ethik, Buch VI, 1139 b [Übersetzung Dirlmeier]).
7 Vgl. *R. Dreier*, Zum Selbstverständnis der Jurisprudenz als Wissenschaft, in: RTh 2 (1971), S. 49; *Jan Schröder*, Wissenschaftstheorie (Fn. 3), S. 49 f. mit Fn. 39. Zur richterlichen Tätigkeit im System der aristotelischen Wissenschaftslehre vgl. *Gröschner*, Verhältnis zwischen Theorie und Praxis in einer dialogisch rekonstruierten Techne der Jurisprudenz, in: Krawietz/Morlok (Hrsg.), Vom Scheitern und der Wiederbelebung juristischer Methode im Rechtsalltag – ein Bruch zwischen Theorie und Praxis?, in: RTh. 32 (2001), S. 213, 215 ff.
8 *v. Kirchmann*, Die Wertlosigkeit der Jurisprudenz als Wissenschaft (1848), 1960, S. 25.
9 Vgl. etwa *Larenz*, Über die Unentbehrlichkeit der Jurisprudenz als Wissenschaft, 1966, S. 23.
10 Vgl. *Radbruch*, Rechtsphilosophie, 8. Aufl. 1973, S. 222 f. (= GRGA Bd. 2, S. 356 f.).

D *Theorien der Rechtswissenschaft*

nur singuläre Beschreibungen formulieren (idiographische Wissenschaften) verstehen (*Windelband*). Die Rechtswissenschaft hätte dieser Einteilung zufolge idiographischen Charakter[11].

Eine andere Frage ist, ob die Rechtswissenschaft als Rechtsdogmatik, als Jurisprudenz[12], überhaupt als eine „graphische", eine beschreibende Disziplin zu verstehen ist. Denn Rechtsdogmatik zielt zumindest auch auf die Erarbeitung nicht vorgegebener rechtlicher Regeln. In diesem Punkt unterscheidet sich die Rechtswissenschaft von allen anderen wissenschaftlichen Disziplinen. „Wenn eine wissenschaftliche Beschreibung nicht der Welt entspricht, ist die Beschreibung falsch und die Welt ändert sich nicht. Eine juristische ‚Beschreibung', die nicht den Quellen entspricht, kann aber das Recht verändern"[13]. (Auf die Konsequenzen dieser kreativen Funktion der Rechtswissenschaft wird bei der Erörterung des wissenschaftstheoretischen Status rechtsdogmatischer Theorien zurückzukommen sein[14].) Angesichts dieser Schwierigkeiten ist die Tendenz verständlich, bei der Erörterung der Frage der Wissenschaftlichkeit der Rechtswissenschaft den Diskussionsschwerpunkt vom Gegenstands- auf den Methodenbereich zu verlagern[15]. Möglicherweise kann der Halt, den man im Objektbereich der Rechtswissenschaft angesichts der Wandelbarkeit und Unbestimmtheit des Rechts vergeblich sucht, ja in der Sicherheit und Zuverlässigkeit der juristischen Methode gewonnen werden.

11.2.2 Der Methodenaspekt

Versteht man Wissenschaft als „auf die Gewinnung von Erkenntnissen gerichtete planmäßige Tätigkeit"[16], so erscheint der Anspruch der Rechtswissenschaft auf den Status einer „wirklichen" Wissenschaft in der Tat eher als begründet: Dass es sich bei der juristischen Arbeit um planvolle geistige Tätigkeit handelt, wird niemand bestreiten wollen. Die Präzisierung des Begriffs im Sinne eines jeden „rational nachprüfbare(n) Verfahren(s), das mit Hilfe bestimmter, am Gegenstand entwickelter Denkmethoden geordnete Erkenntnisse zu gewinnen sucht"[17], verweist auf eine wesentliche Voraussetzung „wissenschaftlicher" Tätigkeit: Die rationale Über-

---

11 So ausdrücklich *Radbruch*, a. a. O., S. 221 (= GRGA Bd. 2, S. 356).
12 Die Begriffe werden hier synonym verwendet. Demgegenüber versteht *Ballweg* (Rechtswissenschaft und Jurisprudenz, 1970, S. 1 ff.) unter „Rechtswissenschaft" die Metatheorie der dogmatischen Jurisprudenz.
13 *Peczenik*, Grundlagen der juristischen Argumentation, 1983, S. 142. Ähnlich *Adomeit*, Rechtstheorie für Studenten, 4. Aufl. 1998, S. 13.
14 Vgl. unten S. 395 f.
15 Vgl. dazu etwa *Weinberger*, Der Wissenschaftsbegriff der Rechtswissenschaften, in: Wissenschaftsbegriff in den Natur- und Geisteswissenschaften, Studia Leibnitiana, hrsg. im Auftrag der Gottfried-Wilhelm-Leibniz-Gesellschaft e.V., Sonderheft 5, 1975, S. 104.
16 So *Larenz*, Methodenlehre der Rechtswissenschaft, 6. Aufl. 1991, S. 6.
17 *Larenz*, Unentbehrlichkeit (Fn. 9), S. 11.

prüfbarkeit der aufgestellten Behauptungen. Dieses Überprüfbarkeitskriterium markiert einen zentralen Diskussionspunkt der analytischen Wissenschaftstheorie.

11.3 Rechtswissenschaft und analytische Wissenschaftstheorie

11.3.1 Das empiristische Sinnkriterium

Der moderne Empirismus, dem die analytische Wissenschaftstheorie stark verpflichtet ist, sah in der empirischen Überprüfbarkeit der Behauptungen einer Disziplin das entscheidende Kriterium zur Abgrenzung der empirischen Wissenschaften von den „Formalwissenschaften" Logik und Mathematik einerseits, von der Metaphysik andererseits. Die verschiedenen Fassungen des *empiristischen Sinnkriteriums* können hier nicht diskutiert werden[18]. Gemeinsam ist ihnen die Forderung nach empirischer Prüfbarkeit bzw. Bestätigungsfähigkeit aller nicht logisch wahren bzw. logisch falschen Aussagen.

Misst man die Jurisprudenz an dem Maßstab dieses Sinnkriteriums, so scheint das Ergebnis klar zu sein: Die Rechtswissenschaft wäre *als Wissenschaft* auf Sätze zu beschränken, die in dem dargestellten Sinne überprüfbar sind. Aufgabe einer so verstandenen Rechtswissenschaft könnte – neben der *Beschreibung* von Gesetzgebungsakten und richterlichen Entscheidungen – auch die *Prognose* richterlicher Entscheidungen sein; da die Formulierung von Entscheidungen unstreitig einen beobachtbaren Sachverhalt darstellt, wäre dem empiristischen Sinnkriterium Genüge getan. Dagegen müsste der gesamte Bereich der Rechtsdogmatik, in dem es um die Interpretation gesetzlicher und die Entwicklung gesetzesergänzender Rechtsregeln geht, mangels empirischer Überprüfbarkeit aus dem Bereich der Rechts*wissenschaft* verbannt werden. Die Wissenschaftlichkeit der Rechtswissenschaft wäre damit gerettet – allerdings um den Preis ihrer Verstümmelung. Denn diese Lösung, die der Position des sog. *Rechtsrealismus* entspricht, unterschlägt die zentrale, die *entscheidungsvorbereitende* Funktion rechtswissenschaftlicher Arbeit.

Gesetzesinterpretation und Entwicklung „dogmatischer" Regeln sind nicht Selbstzweck, sondern dienen der Gewährleistung einer konsistenten richterlichen Entscheidungspraxis. Rechtsdogmatik betreibt auch und gerade der Richter, der sich bei der Entscheidung eines Falles für *eine* mögliche Gesetzesinterpretation (und damit gegen eine andere, gleichfalls mögliche) entscheidet. Aus dieser, der akademischen Rechtswissenschaft wie der richterlichen Rechtspraxis gemeinsamen Perspektive der entscheidungsvorbereitenden Regelinterpretation und Regelsetzung aber kann Rechtswissenschaft nicht auf eine rechtliche Entscheidungen beschrei-

---

18 Dazu *Stegmüller*, Hauptströmungen der Gegenwartsphilosophie. Eine kritische Einführung, Bd. 1, 6. Aufl. 1978, S. 380 ff.

D *Theorien der Rechtswissenschaft*

bende und prognostizierende Disziplin beschränkt werden. „Der Richter kann seinen eigenen Spruch nicht empirisch-soziologisch voraussagen"[19]. Die Rechtswissenschaft als entscheidungsvorbereitende Dogmatik genügt offenbar nicht dem empiristischen Sinnkriterium. Da nach der Konzeption des logischen Empirismus neben den empirischen Wissenschaften nur Logik und Mathematik als formale Disziplinen das Prädikat „Wissenschaft" beanspruchen dürfen, wäre damit die Rechtswissenschaft als Rechtsdogmatik aus dem Kreis der Wissenschaften verbannt[20].

11.3.2 Die Überprüfbarkeit der Rechtssätze

Es fragt sich jedoch, ob der Grundgedanke des logischen Empirismus, nämlich die Notwendigkeit intersubjektiver Überprüfbarkeit wissenschaftlicher Sätze, tatsächlich zu einer empiristischen Fassung des Wissenschaftskriteriums zwingt. Denn die wissenschaftstheoretische Bedeutung der Beobachtungsevidenz liegt in ihrem hohen Grad von Intersubjektivität, nicht in der Methode ihrer Gewinnung. Es käme folglich darauf an, ob sich eine Kontrollinstanz finden lässt, die für den Bereich der Rechtswissenschaft die Funktion der Beobachtungsevidenz übernimmt.

Als eine derartige Kontrollinstanz kommt nach einer immer noch lesenswerten Untersuchung *Eike von Savignys* zur Begründungsstruktur höchstrichterlicher Strafurteile das *Rechtsgefühl* in Betracht. Nach *von Savigny* ist die deutsche Strafrechtswissenschaft wissenschaftstheoretisch als ein System von Werthypothesen zu verstehen[21], die durch Werturteile als Basissätze falsifiziert werden können. Akzeptiert bzw. verworfen würden diese Werturteile aufgrund der Wertevidenz, die alle wissenschaftstheoretisch relevanten Eigenschaften der Beobachtungsevidenz teile; insbesondere bewirke sie wie die Beobachtungsevidenz eine Einigung auf Argumente *durch unwillkürliche Zustimmung*. Da sie – dank der Verwendung von Basissätzen – überprüfend arbeite, sei die Strafrechtswissenschaft eine Wissenschaft sensu stricto.

Die Untersuchung *von Savignys* macht deutlich, dass die Rechtswissenschaft fahrlässig handelt, wenn sie sich weigert, Entwicklungen in der allgemeinen Wissenschaftstheorie zur Kenntnis zu nehmen. Wie weit die Parallele zwischen Rechtswissenschaft und den empirischen Wissenschaften im einzelnen trägt, bliebe allerdings noch zu untersuchen. Dabei wäre sowohl der Existenz von Werturteilen, die sich nicht auf intersubjektive Wertevidenz stützen können, als auch der *„heterogenen Basis"* der Jurisprudenz Rechnung zu tragen, das heißt der Tatsache, dass in der

---

19 *Ellscheid,* Zur Forschungsidee der Rechtstheorie, in: Arthur Kaufmann (Hrsg.), Rechtstheorie, 1971, S. 5 ff., S. 13. Im gleichen Sinne schon *H. Kantorowicz,* Rationalistische Bemerkungen über Realismus, in: ders., Rechtswissenschaft und Soziologie, 1962, S. 113 ff.
20 Dazu auch *Röhl,* Allgemeine Rechtslehre, 2. Aufl. 2001, S. 59 ff, 126 ff.
21 *E. v. Savigny,* Die Überprüfbarkeit der Strafrechtssätze, 1967, S. 95.

Rechtswissenschaft neben Argumenten, die Wertungen formulieren, auch Argumente anderen Typs zugelassen sind (systematische, historische, gesetzespolitische etc.)[22].

11.3.3 Das Falsifikationsmodell in der Rechtswissenschaft

Die Theorie, dass die Überprüfung wissenschaftlicher Theorien nur im Wege der (versuchten) Widerlegung (Falsifikation), nicht aber ihres Beweises, ihrer Verifikation möglich sei, steht im Zusammenhang mit deren logischer Struktur. Wissenschaftliche Theorien haben typischerweise die Struktur von Allsätzen („Alle Planeten bewegen sich in elliptischen Bahnen um ihre Sonne"; „alle Raben sind schwarz"; „alle Täter, die ihr Opfer unter Ausnutzung von dessen Arg- und Wehrlosigkeit vorsätzlich töten, sind Mörder im Sinne des § 211 StGB"). Da diese Allsätze sich auf eine unbegrenzte Anzahl von Fällen und Objekten beziehen (nicht nur auf die bisher bekannten Planeten bekannter Sonnen, sondern auf alle denkbaren Planeten aller denkbaren Sonnen), sind sie durch noch so viele Einzelbeobachtungen nicht beweisbar. Das *Induktionsprinzip*, das es ermöglichen soll, von einer Vielzahl beobachteter Einzelfälle auf alle denkbaren Fälle zu schließen, ist kein logisch gültiges Prinzip und wird von den Vertretern des „Falsifikationsmodells" einer vernichtenden Kritik unterzogen[23]. Das inzwischen nahezu klassische Beispiel: Dass *alle* Raben schwarz sind, lässt sich durch das Aufzeigen noch so vieler schwarzer Raben nicht beweisen, wohl aber durch den Nachweis eines einzigen nicht schwarzen Raben widerlegen. Da die Theorien der empirischen Wissenschaften, wie gesagt, die logische Struktur von Allsätzen haben, folgt daraus, dass die naturwissenschaftliche Erkenntnis immer nur vorläufigen Charakter hat: Bestätigt werden können Theorien nur indirekt, nämlich durch die Erfolglosigkeit von Falsifikationsversuchen. Im Bereich von Recht und Ethik entspricht diesem Falsifikationsmodell die Kritik an der Idee einer zureichenden Begründung, ja am „Begründungsdenken" überhaupt[24]; an die Stelle der Idee der Begründung tritt die der *kritischen Prüfung*[25].

Inwieweit die Rechtswissenschaft dem Falsifikationsprinzip folgt bzw. folgen sollte, ist umstritten. Sicher dürfte sein, dass die Parallele zu den Naturwissenschaften nicht beliebig weit gezogen werden kann. Der rechtsdogmatische Satz „alle Täter, die ihr Opfer unter Ausnutzung von dessen Arg- und Wehrlosigkeit vorsätzlich töten, sind Mörder im Sinne des § 211 StGB" kann nicht durch Nachweis eines derartigen Täters falsifiziert werden, der *nicht* Mörder in Sinne des § 211 StGB

---

22 Zur heterogenen Basis der Rechtswissenschaft vgl. *E. v. Savigny,* in: Neumann/Rahlf/v. Savigny, Juristische Dogmatik und Wissenschaftstheorie, 1976, S. 144 ff.
23 *Popper,* Logik der Forschung, 10. Aufl. 1994, S. 3 ff.
24 *Albert,* Traktat über kritische Vernunft, 5. Aufl. 1991, S. 9 ff.
25 *Albert,* Traktat (Fn. 24), S. 35 ff.; *ders.,* Traktat über rationale Praxis, 1978, S. 11.

wäre. Andererseits ist es nicht nur möglich, sondern ständige Praxis, dass dogmatische Sätze mit Rücksicht auf bisher nicht berücksichtigte Fall*gruppen* aufgegeben oder eingeschränkt werden. So hat der Bundesgerichtshof den Satz „alle Mörder werden mit lebenslanger Freiheitsstrafe bestraft" (Paraphrase von § 211 Abs. 1 StGB) für besondere Ausnahmefälle im Wege der sogenannten „Rechtsfolgelösung" eingeschränkt (BGHSt 30, 105)[26]. In diesem weiteren, auf Fallgruppen bezogenen Sinn ist die Methode der Falsifikation in der Rechtswissenschaft anwendbar[27].

Eine andere Frage ist, ob sich die Rechtswissenschaft auf die Methode der Falsifikation dogmatischer Theorien zu beschränken hat. Das wird teilweise mit der Begründung bejaht, eine Verifikation rechtsdogmatischer Theorien komme wegen der „unabgeschlossenen Wirklichkeit", mit der es die Rechtswissenschaft zu tun habe, nicht in Betracht[28]. Das ist sicher insofern richtig, als rechtsdogmatische Aussagen prinzipiell korrigierbar bleiben; in diesem Sinne ist eine Verifikation, ein unumstößlicher Beweis ihrer Richtigkeit, ausgeschlossen. Aber die Alternative von Verifikation und Falsifikation greift jedenfalls für den Bereich der Rechtswissenschaft zu kurz. Rechtswissenschaftliche Theorien können nicht verifiziert, aber sie können und müssen *begründet* werden. Eine rechtsdogmatische Behauptung kann nicht *allein* mit dem Hinweis darauf verteidigt werden, dass sie bisher nicht falsifiziert worden sei[29]; es müssen Gründe *für* ihre Annahme vorgebracht werden[30]. Die Unmöglichkeit einer Verifikation rechtswissenschaftlicher Theorien, die m. E. freilich eher auf der Überholbarkeit von Wertungen als auf der Unabgeschlossenheit der Wirklichkeit beruht, bedeutet nicht deren Unbegründbarkeit; das zur Verifikation untaugliche Induktionsprinzip spielt im Rahmen der rechtswissenschaftlichen Begründungen eine wesentliche Rolle[31].

Richtig ist allerdings, dass diese Begründung nicht als *Beweis* verstanden werden kann; das Aufstellen von Rechtsgrundsätzen vollzieht sich in einem Prozess tenta-

---

26 Zum Unterschied zwischen der Falsifikation eines Allsatzes durch einen Basissatz, der sich auf einen singulären Fall bezieht einerseits, durch eine Regelbehauptung, die sich auf eine Fall*gruppe* bezieht andererseits vgl. näher *Neumann*, Juristische Argumentationslehre, 1986, S. 39 ff.
27 In diesem Sinne auch *Canaris*, Funktion, Struktur und Falsifikation juristischer Theorien, in: JZ 1993, S. 377, 386.
28 So dezidert *Schlink*, Bemerkungen zum Stand der Methodendiskussion in der Verfassungsrechtswissenschaft, in: Der Staat 19 (1980), S. 88 f.
29 Daher halte ich die Behauptung *Schlinks* für problematisch, wo eine Verifikation nicht möglich sei, könne Rechtfertigung „nur Bewährung i. S. nicht bzw. noch nicht eingetretener Falsifikation" bedeuten (S. 89). Näher zur Frage der Tauglichkeit des Falsifikationsmodells für die Rechtswissenschaft *Neumann*, Juristische Argumentationslehre, 1986, S. 37-45.
30 So auch *Arthur Kaufmann*, ARSP 72 (1986), S. 438. Grundlegend zu den an juristische Begründungen zu stellenden Anforderungen *Alexy*, Theorie der juristischen Argumentation, 3. Aufl. 1996, S. 273 ff.
31 Vgl. dazu *Wittmann*, Induktive Logik und Jurisprudenz, RTh. 9 (1978), S. 43-61, passim.

tiven, probierenden Denkens[32], der für neue Erfahrungen und Wertungen offen bleibt. Das schließt die Möglichkeit juristischer Entdeckungen[33] oder Erfindungen[34] und damit einen Fortschritt innerhalb der Rechtswissenschaft[35] nicht aus; aber der Doppelsinn des Begriffs der *Erfindung*, der die Produkte rechtswissenschaftlicher Sternstunden am besten kennzeichnen dürfte, verdeutlicht zugleich die Vorläufigkeit und den konstruktiven Charakter juristischer Ergebnisse: Es geht nicht um die Erkenntnis von etwas Vorgegebenem, sondern um die Erarbeitung einer angemessenen Lösung für ein bestimmtes gesellschaftliches Problem. Ob die angebotene Erfindung tatsächlich zum Fortschritt beiträgt oder aber in eine Sackgasse führt, lässt sich auf Anhieb nicht beurteilen.

11.3.4 Probleme der rechtswissenschaftlichen Begriffsbildung

Die Rechtswissenschaft arbeitet weithin mit Begriffen wie „Eigentum", „delictum sui generis", „Juristische Person", die sich nicht, oder jedenfalls nicht unmittelbar, auf etwas empirisch Gegebenes beziehen; die Wissenschaftstheorie spricht hier von *„theoretischen Begriffen"*[36]. Die Verwendung derartiger Begriffe ist unter erkenntnistheoretischen Gesichtspunkten problematisch, weil sie die Gefahr der Verdinglichung (Hypostasierung), der Annahme eines Bereichs fiktiver Wesenheiten mit sich bringt; daraus erklären sich die zahlreichen Versuche in der analytischen Wissenschaftstheorie, theoretische Begriffe auf empirische zu reduzieren[37].

Für die theoretischen Begriffe der Rechtswissenschaft kommt eine Reduktion auf empirische Begriffe wegen ihrer normativen Funktion nicht in Betracht; denkbar wäre aber eine *funktionale Interpretation* dogmatischer Begriffe, der zufolge Begriffe wie „Eigentum" als Knotenpunkte zwischen den Voraussetzungen ihrer Anwendbarkeit einerseits, deren Folgen andererseits zu verstehen sind[38]. Soweit eine solche

---

32 Vgl. *Zippelius,* Rechtsphilosophie, 4. Aufl. 2003, S. 84 ff.
33 Grundlegend *Dölle,* Juristische Entdeckungen, 1958.
34 *Ehrlich* vergleicht die Entwicklung der Idee der Stellvertretung mit der Erfindung der Lokomotive (vgl. *Zippelius,* Rechtsphilosophie, [Fn. 32], S. 86).
35 Man kann die Möglichkeit eines solchen Fortschritts als Argument für den Wissenschaftscharakter der juristischen Dogmatik anführen; so *Alexy,* Theorie (Fn. 30), S. 328 f.
36 Zur Problematik vgl. *Stegmüller,* Theorie und Erfahrung. Probleme und Resultate der Wissenschaftstheorie und analytischen Philosophie, Bd. II, 1. Halbband, 1970, S. 181 ff. Zur Bedeutung der Unterscheidung von theoretischen Begriffen und Beobachtungsbegriffen für die Analyse rechtswissenschaftlicher Probleme vgl. *Volk,* Strafrechtsdogmatik; Theorie und Wirklichkeit, in: A. Kaufmann u. a. (Hrsg.), Festschrift für Paul Bockelmann zum 70. Geburtstag, 1979, S. 75 ff., passim.
37 Vgl. *Stegmüller,* Theorie (Fn. 36), 1. Halbband, S. 213 ff.; unter rechtstheoretischem Aspekt *Podlech,* Rechtslinguistik, in: D. Grimm (Hrsg.), Rechtswissenschaft und Nachbarwissenschaften, Bd. 2, 1976, S. 113 ff.
38 Dazu klärend *Lübbe-Wolff,* Rechtsfolgen und Realfolgen. Welche Rolle können Folgenerwägungen in der gerichtlichen Regel- und Begriffsbildung spielen?, 1981, S. 40 ff.

Interpretation möglich ist, sind die theoretischen Begriffe der Rechtsdogmatik prinzipiell eliminierbar; der Begriff „Eigentum" könnte dann durch die unmittelbare Verknüpfung der Voraussetzungen (z. B.: „Wer eine bewegliche Sache zehn Jahre in Eigenbesitz hat ...") mit den Rechtsfolgen des Eigentumserwerbs („... kann ... mit der Sache nach Belieben verfahren ...")[39] ersetzt werden.

Ob eine Eliminierung aller theoretischen Begriffe der Rechtsdogmatik jedenfalls prinzipiell möglich ist, ist noch nicht abschließend geklärt[40]. Feststehen dürfte aber, dass jedenfalls dann, wenn einem Begriff keine Rechtsfolge (mehr) entspricht, eine ontologische Interpretation des Begriffs unumgänglich ist[41].

11.3.5 Theorien in der Rechtsdogmatik

11.3.5.1 Parallelen zu Theorien in den empirischen Wissenschaften. In der allgemeinen Wissenschaftstheorie versteht man unter einer „Theorie" die „explizite Formulierung bestimmter Beziehungen in einer Menge von Variablen ..., mit deren Hilfe eine größere Klasse empirisch feststellbarer Regelmäßigkeiten (oder Gesetze) erklärt werden kann"[42]. Erklärt ist ein Ereignis, wenn der es bezeichnende Satz aus der Theorie und den Randbedingungen logisch gefolgert werden kann. Die Erklärung eines bekannten Sachverhalts hat damit die gleiche logische Struktur wie die Prognose eines unbekannten Sachverhalts; Erklärung und Prognose sind komplementäre Funktionen wissenschaftlicher Theorien[43].

Vergleicht man die Aufgaben, die den rechtsdogmatischen Theorien zuerkannt werden, mit diesen Funktionen, so ergeben sich zunächst auffallende Übereinstimmungen: Neben ihrer didaktischen Bedeutung, d. h. der Aufgabe, das Erlernen des Rechtsstoffes durch dessen Strukturierung zu erleichtern[44], haben dogmatische Theorien die Funktion der Erklärung gegebener[45] und der Bereitstellung nicht ge-

---

39 §§ 937 I, 903 BGB.
40 Optimistisch *Lübbe-Wolff,* Rechtsfolgen (Fn. 38), S. 30 f., 42, 58 f.; *Philipps,* Das dialogische Tableau als Werkzeug des Rechts, in: Jb. Bd. 2 (1972), S. 223 ff. Skeptischer *Neumann,* Rechtsontologie und juristische Argumentation. Zu den ontologischen Implikationen juristischen Argumentierens, 1979, S. 53 ff.
41 Vgl. dazu *Neumann,* Rechtsontologie (Fn. 40), S. 81 f.; *Röhl,* Allgemeine Rechtslehre, 2. Aufl. 2001, S. 448 ff.
42 *Nagel,* Probleme der Begriffs- und Theoriebildung in den Sozialwissenschaften, in: Albert (Hrsg.), Theorie und Realität, 2. Aufl. 1972, S. 70.
43 *Popper,* Logik (Fn. 23), S. 32. Fasst man den Begriff der Prognose weit, so kann auch die Erklärung als Prognose (von bekannten Sachverhalten) verstanden werden; vgl. *Popper,* Logik (Fn. 23), S. 32 Fn. 2.
44 Vgl. dazu *Podlech,* Rechtstheoretische Bedingungen einer Methodenlehre juristischer Dogmatik, in: Jb. Bd. 2 (1972), S. 492 f.
45 Vgl. *H. Wagner,* Die Theorie in der Rechtswissenschaft, in: JuS 1963, S. 458 ff.

gebener Rechtssätze (heuristische Funktion)[46]. Beispielsweise erklärt die *Vertretertheorie*[47] die Tatsache, dass sich die örtliche Zuständigkeit des Insolvenzgerichts nicht nach dem Gerichtsstand des Insolvenzverwalters, sondern nach dem des Schuldners bestimmt (§ 43 InsO) ebenso, wie die Relativitätstheorie die Ablenkung von Lichtstrahlen im Bereich von Gravitationsfeldern erklärt. Sie erlaubt ferner die Ableitung der gesetzlich nicht festgelegten Regel, dass bei Überschreitung der „Organmacht" des Insolvenzverwalters die Vorschriften über den Vertreter ohne Vertretungsmacht (§§ 179 ff. BGB) anwendbar sind. Die Parallele sowohl zu der erklärenden als auch zu der prognostischen Funktion der Theorien in den empirischen Wissenschaften ist offenkundig.

11.3.5.2 Unterschiede zu Theorien in den empirischen Wissenschaften. Über diesen Parallelen dürfen jedoch die Unterschiede zwischen den Theorien in den empirischen Wissenschaften einerseits, den rechtsdogmatischen Theorien andererseits nicht übersehen werden. Diese Unterschiede beziehen sich auf das Verhältnis der Theorien zu ihrem Gegenstandsbereich. Differenzen ergeben sich hier unter zwei verschiedenen Gesichtspunkten. Die Theorien in den empirischen Wissenschaften sind einerseits an vorgegebene Erfahrungen gebunden; andererseits sind sie in ihrem begrifflichen Instrumentarium, soweit theoretische Begriffe in Frage stehen, gegenüber ihrem Objektbereich weitgehend frei. Ob man der Optik die Geometrie von *Euklid* oder die von *Riemann* zugrunde legt, ist allein eine Frage der Zweckmäßigkeit[48]. Gebunden sind die Theorien der Optik aber an bestimmte konstante Erfahrungen (z. B. die Beobachtung der Folgen der Brechung des Lichts beim Durchgang durch ein Medium anderer Konsistenz).

Umgekehrt wird der Gegenstandsbereich der rechtsdogmatischen Theorien, das Recht, von diesen teilweise mit konstituiert; andererseits können dogmatische Theorien *als solche* durch die Gesetzgebung festgeschrieben oder aber verworfen werden. Am Beispiel der *Vertretungstheorie*: diese Theorie hat die normative Konsequenz, dass bei Überschreitung der Organmacht des Insolvenzverwalters die Regelungen der §§ 179 ff. BGB Anwendung finden; insofern beeinflusst sie die Rechtslage und damit ihren „Gegenstandsbereich". Andererseits bleibt es dem Gesetzgeber unbenommen, die Vertretungstheorie durch eine gesetzliche Regelung festzuschreiben („Der Insolvenzverwalter handelt als Vertreter des Gemeinschuldners") oder aber ausdrücklich zu verwerfen. Beides hängt eng zusammen: Weil und

---

46 Dazu *Wagner*, Theorie (Fn. 45), S. 460 f. und *Podlech*, Bedingungen (Fn. 44), S. 493. Ausf. zum Verhältnis von erfahrungswissenschaftlicher und rechtswissenschaftlicher Theoriebildung *Schlapp*, Theorienstrukturen und Rechtsdogmatik. Ansätze zu einer strukturalistischen Sicht juristischer Theoriebildung, 1989.
47 Vgl. *Thomas-Putzo*, Zivilprozeßordnung, 25. Aufl. 2003, § 51 Rdn. 27.
48 Vgl. *E. v. Savigny*, Hypothesenbildung als Auslegung – Eine Detailanalyse, in: Neumann/Rahlf/v. Savigny, Dogmatik (Fn. 22), passim.

soweit sich aus den rechtsdogmatischen Theorien normative Konsequenzen ergeben, muss es dem Gesetzgeber freistehen, diesen Theorien Verbindlichkeit zuzuerkennen oder abzusprechen[49].

Für den wissenschaftstheoretischen Status der dogmatischen Theorien ist dieser Gesichtspunkt außerordentlich wichtig. Denn der positiv-rechtlichen Regelung stehen naturgemäß nur Normen, nicht aber kognitive Sätze offen. Soweit sie zur Disposition des Gesetzgebers stehen, haben dogmatische Theorien daher nicht kognitiven, sondern normativen, genauer (da sie nicht mit der Autorität verbindlicher Entscheidungskompetenz formuliert werden): normpropositiven Charakter[50]. Insofern kann man ihnen den Status von Theorien im Sinne der Wissenschaftstheorie mit guten Gründen bestreiten[51].

Andererseits enthalten die von der Rechtswissenschaft formulierten Theorien immer *auch* kognitive Elemente; dogmatische Theorien unterliegen Anforderungen nicht nur hinsichtlich ihrer internen, sondern auch ihrer externen Konsistenz[52], d. h. ihrer Vereinbarkeit mit vorgegebenen Regelungen. Diese Janusköpfigkeit rechtsdogmatischer Theorien, ihre für die Rechtsdogmatik charakteristische Stellung zwischen Erkenntnis und Normsetzung[53], macht eine klare Antwort auf die Frage, ob rechtsdogmatische Theorien als Theorien im technischen Sinne zu verstehen sind, außerordentlich schwierig[54].

11.4 Rechtswissenschaft als Handlungswissenschaft

11.4.1 Die Rechtswissenschaft als normative Wissenschaft

Die Charakterisierung der Rechtswissenschaft als „normative Wissenschaft" ist mehrdeutig: „Normativ" kann hier verstanden werden im Sinne des Vorschlagens, des Beschreibens oder der Statuierung von Regeln (norm-propositive, norm-deskriptive und norm-expressive Funktion). Tatsächlich kann die Rechtswissenschaft jede dieser Funktionen übernehmen. Geht es um die Aufgabe der Vorbereitung

---

49 Daher ist *Canaris* zuzustimmen, der die Behauptung, der Gesetzgeber könne nicht dogmatische Einsichten, sondern nur Rechtsfolgen vorschreiben, als „höchst anfechtbar" bezeichnet (Systemdenken und Systembegriff in der Jurisprudenz, 2. Aufl. 1983, S. 101 Fn. 53). Zur Frage, ob dogmatische Theorien als solche oder nur über die Festlegung bestimmter Rechtsfolgen normiert werden können, vgl. einerseits *Canaris*, a. a. O., andererseits *Neumann*, Rechtsontologie (Fn. 40), S. 90.
50 Vgl. dazu näher unter 11.4.1.
51 So *Adomeit*, Zivilrechtstheorie und Zivilrechtsdogmatik – mit einem Beitrag zur Theorie der subjektiven Rechte, in: Jb. Bd. 2 (1972), S. 505.
52 Vgl. *R. Dreier*, Zur Theoriebildung in der Jurisprudenz, in: *ders.*, Recht – Moral – Ideologie, 1981, S. 70 ff., 88 ff.
53 Dazu *Peczenik*, Grundlagen (Fn. 13), S. 88 ff.
54 Bejahend *R. Dreier*, Theoriebildung (Fn. 52), S. 94.

gesetzgeberischer oder richterlicher Entscheidungen, so verfährt die Rechtswissenschaft sowohl norm-deskriptiv (nämlich insoweit, als Geltung und Gehalt einzelner Normen unstreitig sind)[55], als auch norm-propositiv (soweit sie Gesetzesentwürfe oder dogmatische Lösungsvorschläge unterbreitet).

Norm-expressive Funktionen übernimmt die Rechtswissenschaft, sofern man ihr die Funktion einer kritischen Analyse von Rechtssetzung und Rechtsanwendung zuerkennt[56]. Aufgabe einer so konzipierten Rechtswissenschaft wäre es, im Sinne einer (normativen) juristischen Argumentationstheorie die Entscheidungsbegründungen der juristischen Praxis zu rekonstruieren und kritisch, d. h. am Maßstab erreichbarer Rationalität orientiert, zu überprüfen[57]. In jeder dieser Funktionen zielt die rechtswissenschaftliche Tätigkeit auf die Beeinflussung gesellschaftlichen Handelns; Rechtswissenschaft ist insofern Handlungswissenschaft[58].

Mit dieser Feststellung ist der Aufgabenbereich der Rechtswissenschaft freilich noch nicht definitiv festgelegt; nicht beantwortet ist insbesondere die Frage, ob die Rechtswissenschaft sich auf eine normbeschreibende und -vorschlagende (norm-deskriptive und norm-propositive) Funktion beschränken oder aber die Rechtspraxis darüber hinaus anhand normativer Standards zu bewerten hat.

11.4.2 Die sozialtechnologische Deutung der Rechtswissenschaft

Im ersten Sinne wird die Frage von Vertretern des *Kritischen Rationalismus* beantwortet, die eine sozialtechnologische Deutung der Jurisprudenz favorisieren[59]. Aus der Perspektive des Kritischen Rationalismus obliegt der Rechtswissenschaft zunächst eine realwissenschaftliche Aufgabe, nämlich die der Erklärung der faktischen Geltung und der sozialen Steuerungsleistung rechtlicher Regeln[60]. Das Selbstverständnis der Rechtswissenschaft als dogmatischer Wissenschaft normativen Charakters ist nach *Albert* das Ergebnis mangelhafter Differenzierung zwischen Normen einerseits, Aussagen über Normen andererseits, also zwischen der norm-

---

55 Soweit die Aufgabe der Rechtswissenschaft in der Beschreibung von Normen besteht, lässt sie sich durchaus als *empirische Wissenschaft* charakterisieren (dazu *Röhl*, Allgemeine Rechtslehre [Fn. 41], S. 126 ff.). Eine Rechtswissenschaft, die sich auf schlichte Beschreibung beschränkte und auf eigene Wertungen und Interpretationsvorschläge verzichtete, würde aber zu einem schlechten Repetitorium degenerieren.
56 *Rottleuthner*, Rechtswissenschaft als Sozialwissenschaft, 1973, S. 86; ähnlich *Ballweg* (Fn. 10).
57 *Rottleuthner*, Rechtswissenschaft (Fn. 56), S. 205, 258.
58 Vgl. *Schwerdtner*, Rechtswissenschaft und kritischer Rationalismus, in: RTh. 2 (1971), S. 232 ff.; *Wieacker*, Nutzen (Fn. 4), S. 130 (mit Bedenken hinsichtlich der Unschärfe des Begriffs).
59 *Albert*, Praxis (Fn. 25), S. 60 ff., insbes. S. 75 ff.; vgl. ferner *Albert*, Rechtswissenschaft als Realwissenschaft, 1993. Übersichtliche Darstellung bei *Hilgendorf*, Hans Albert zur Einführung, 1997, S. 108 ff.
60 *Albert*, Praxis (Fn. 25), S. 65.

D *Theorien der Rechtswissenschaft*

deskriptiven und der normativen (norm-expressiven) Tätigkeit der Rechtswissenschaft. Die Aussagen der Rechtswissenschaft seien Aussagen *über* Normen und hätten als solche selbst nicht normativen Charakter[61]. Hinsichtlich der praktischen Aufgabe der Rechtswissenschaft resultiert aus dieser Abstinenz vom Normativen eine sozialtechnologische Position: Die Rechtswissenschaft hat (lediglich) Deutungsvorschläge für geltende Normen und Vorschläge de lege ferenda zu unterbreiten (in der hier verwendeten Terminologie: normpropositive Funktion der Rechtswissenschaft); sie ist praxisorientiert, ohne normativen Charakter zu haben[62].

Zu fragen ist, ob eine solche Selbstbeschränkung der Rechtswissenschaft möglich und wünschenswert ist. Es gibt gute Gründe dafür, beide Fragen zu verneinen. Schon die Behauptung, ein bestimmter Deutungsvorschlag beinhalte eine *mögliche Interpretation* der fraglichen Norm, enthält eine Wertung. Darüber hinaus reduziert die sozialtechnologische Deutung der Rechtswissenschaft deren argumentatives Potential auf einen einzigen Argumenttyp, nämlich den des Folgenarguments.

Daran ändert auch die Tatsache nichts, dass die Rechtswissenschaft nach *Albert* als an bestimmten *Wertgesichtspunkten* orientierte Sozialtechnologie zu verstehen ist[63]; denn diese Wertungen sind als Bewertungen von Folgen zu verstehen, die mit der Realisierung eines Deutungsvorschlags verbunden sind, und von den Wertungen, wie sie der Behauptung der Vereinbarkeit einer Deutung mit dem Wortlaut des Gesetzes, dem Willen des Gesetzgebers oder den Erfordernissen der Gerechtigkeit zugrunde liegen, different. Die Vermittlung von genereller Regelung (Gesetz) und konkreter Entscheidung als Aufgabe der Rechtswissenschaft findet in dem sozialtechnologischen Modell keinen Platz[64]. Der Bereich rationaler Argumentation wird damit zugunsten der Dezision der „autorisierten Rollenträger" erheblich eingeschränkt.

Damit ist die zweite Frage angesprochen, die der *Wünschbarkeit* einer sozialtechnologischen Restriktion der Rechtswissenschaft. Hier ist zunächst festzustellen, dass die vorgeschlagene Aufgabenbestimmung geeignet ist, das Problem subjektiver Wertungen und Entscheidungen, die als rechtswissenschaftliche Erkenntnisse getarnt werden, zu lösen oder doch wesentlich zu entschärfen. Der Preis dafür ist freilich hoch; er liegt in dem Verzicht auf die rationale Kontrolle der Wertungen, die die Entscheidungen der autorisierten Rollenträger bestimmen.

---

61 *Albert*, Praxis (Fn. 25), S. 73 f.
62 *Albert*, Praxis (Fn. 25), S. 80.
63 *Albert*, Praxis (Fn. 25), S. 80.
64 Dementsprechend ist die von *Albert* projektierte Rechtswissenschaft keine hermeneutische, sondern eine realwissenschaftliche Disziplin (a. a. O.).

11.4.3 Die Rechtswissenschaft als kritische Wissenschaft

Die Alternative zu der vom Kritischen Rationalismus favorisierten Wertaskese wäre die Bewusstmachung und rationale Kontrolle von in Rechtswissenschaft und -praxis auftretenden Wertungen. Aufgabe der Rechtswissenschaft wäre es dann, die Beeinflussung rechtswissenschaftlicher und richterlicher „Erkenntnisse" durch außergesetzliche Faktoren, etwa Vorurteile, bewusste Präferenzen, tendenziöse Informationen, und den in diesem Sinne „politischen" Charakter von Rechtsdogmatik und Rechtspraxis bewusst zu machen.

Unter diesem Aspekt können etwa Forschungen zur Richtersoziologie (vgl. dazu Kap. 12) oder zur Sozialisierungsfunktion des juristischen Studiums nicht in den Bereich einer juristischen Hilfsdisziplin verwiesen werden; sie sind originäre Aufgabe der Rechtswissenschaft. Freilich wäre der detaillierte Nachweis entsprechender Zusammenhänge nur *eine* der Aufgaben einer politischen, d. h. kritischen Rechtswissenschaft. Will sie nicht nur das Selbstverständnis der Entscheider, sondern auch die Entscheidungen selbst substantiell kritisieren, so bedarf sie eines Kriteriums inhaltlicher Stimmigkeit von Entscheidungen, d. h. eines transpositiven Maßstabs richtigen Rechts, der „Wahrheit" von Rechtssätzen. Diese Wahrheit kann nun freilich nicht im Sinne der *Korrespondenztheorie* als Übereinstimmung der Rechtssätze mit vorgegebenen Normen verstanden werden; die Definition von Wahrheit als adaequatio rei et intellectus ist hinsichtlich der res zu einer Existenzvoraussetzung gezwungen, die allenfalls für ein konsequent naturrechtliches Rechtsdenken akzeptabel wäre. Unter diesem Gesichtspunkt erscheint der Vorschlag plausibel, für die Rechtswissenschaft den Wahrheitsbegriff der *Konsenstheorie* zu übernehmen[65], die auf die Zustimmungsfähigkeit von Aussagen abstellt: „Bedingung für die Wahrheit von Aussagen ist die potentielle Zustimmung aller anderen"[66].

Für die Rechtswissenschaft ist die Konsenstheorie in zwei Punkten von Bedeutung: Sie vermeidet einmal die ontologischen Schwierigkeiten, in die ein realistischer Wahrheitsbegriff die Rechtswissenschaft zu verstricken droht[67], und erlaubt andererseits, auch Normen und Bewertungen Wahrheitswerte zuzuschreiben. Die Korrespondenztheorie muss die Wahrheitsfähigkeit von Normen konsequenterweise deshalb verneinen, weil Normen keine Sachverhalte behaupten, mit denen sie übereinstimmen könnten. Versteht man dagegen mit *Habermas* Wahrheit als diskursive Einlösbarkeit des Geltungsanspruchs eines Sprechaktes[68], so kommt auch Normen ein Wahrheitswert zu; denn auch mit Geboten und Bewertungen werden Geltungsansprüche erhoben, die in einem praktischen Diskurs zu rechtfertigen

---

65 *J. Schmidt*, Noch einmal: Wahrheitsbegriff und Rechtswissenschaft, in: JuS 1973, S. 219. Ausführlich zur Konsenstheorie bei *Habermas: Alexy*, Theorie (Fn. 30), S. 134 ff.
66 *Habermas*, Wahrheitstheorien, in: H. Fahrenbach (Hrsg.), Wirklichkeit und Reflexion, Walter Schulz zum 60. Geburtstag, 1974, S. 219.
67 Vgl. dazu *J. Schmidt*, Wahrheitsbegriff (Fn. 65), S. 207.
68 *Habermas*, Wahrheitstheorien (Fn. 66), S. 218.

D *Theorien der Rechtswissenschaft*

sind[69]. Im Lichte der Konsenstheorie bezeichnet der Wahrheitsanspruch der Rechtswissenschaft nicht mehr die erkenntnistheoretisch fragwürdige Vorstellung von einer vorgegebenen einzig richtigen Entscheidung[70], sondern formuliert den Anspruch auf überzeugende Begründung. Die Konsenstheorie lenkt das Augenmerk auf den Charakter der Rechtswissenschaft als einer argumentierenden Disziplin: Die Rationalität der Rechtswissenschaft liegt in der Rationalität ihrer Argumente, oder, genauer, in der Möglichkeit, juristische Argumente am Maßstab rationalen Argumentierens zu überprüfen[71]. Die Wissenschaftstheorie der Rechtswissenschaft mündet in eine Theorie der juristischen Argumentation.

Ausgewählte Literatur

Aarnio, Aulis, Denkweisen der Rechtswissenschaft, 1982.
Dreier, Ralf, Recht – Moral – Ideologie, 1981.
Neumann, Ulfrid/Rahlf, Joachim/E. v. Savigny, Juristische Dogmatik und Wissenschaftstheorie, 1976.

Zur Vertiefung

Lege, Joachim, Pragmatismus und Jurisprudenz, 1999.
Neumann, Ulfrid, Rechtstheorie und Allgemeine Wissenschaftstheorie, in: Michael Martinek u. a. (Hrsg.), Vestigia Juris. Festschrift für Günther Jahr zum 70. Geburtstag, 1993, S. 157 ff.
Schlapp, Thomas, Theorienstrukturen und Rechtsdogmatik, 1989.

---

69 *Habermas,* Wahrheitstheorien (Fn. 66), S. 220. Näher differenzierend jetzt *Habermas,* Richtigkeit versus Wahrheit, in: *ders.,* Wahrheit und Rechtfertigung, 1999, S. 271 ff.
70 Vgl. *Arthur Kaufmann,* Die Geschichtlichkeit des Rechts im Lichte der Hermeneutik, in: *ders.,* Beiträge zur Juristischen Hermeneutik, 1984, S. 52: „Eine objektive Richtigkeit des Rechts außerhalb des methodischen Rechtsfindungsverfahrens kann es ... nicht geben." Gegenüber einer rein prozedural verstandenen Konsenstheorie macht *Kaufmann* aber darauf aufmerksam, dass eine *Wahrheitstheorie* die Idee der sachlichen Stimmigkeit des konsentierten Ergebnisses notwendig voraussetzt (*Arthur Kaufmann,* Wissenschaftlichkeit [Fn. 5], passim).
71 Grundlegend *Alexy,* Theorie (Fn. 30), S. 259 ff.; *Peczenik,* Grundlagen (Fn. 13), S. 167 ff.

12 Rechtswissenschaft und Sozialwissenschaft

Von Alfred Büllesbach, Stuttgart

12.1 Sozialwissenschaftliche Anknüpfungen für die Rechtswissenschaft

Gesellschaftliche Bezüge von Recht, Politik, Wirtschaft, Erziehung, Kultur etc. zu erfassen, bedeutet eine detaillierte Analyse der Institutionen und Prozesse in Staat, Gesellschaft, Organisationen, Gruppen und Personen. Schon um die Jahrhundertwende entstanden große reformerische Konzeptionen durch die so genannte soziologische Schule[1]. Kennzeichnend für die Diskussion von damals und heute ist das ernste Bemühen, durch empirische Analyse, Methoden der Rechtsvergleichung und durch die gesellschaftstheoretische Erklärung die Entwicklung und Wirkung des Rechts in der Gesellschaft zu erfassen. Im Strafrecht wurde schon vor ca. 70 Jahren von der Humanisierung und Rationalisierung und von der Ablösung des Prinzips der Vergeltung durch das der Resozialisierung gesprochen. Deutlich zeigt sich der Wandel rechtlicher Normen in den Bereichen Ehe, Familie, Eigentum, Mietrecht, Sozialrecht, Wirtschaftsrecht oder in neuen Regelungsmaterien (z. B. Umweltschutz, Datenschutz).

Für die Rechtswissenschaft stellte sich daher immer die Aufgabe, die durch die gesellschaftliche und geschichtliche Entwicklung hervorgerufenen Veränderungen aufzunehmen. Die heutige Diskussion hat ihren Ausgangspunkt in dem Unbehagen am Recht, in dem Stand der ökonomischen Entwicklung, dem Bewusstseinsgrad der Bürger, dem inzwischen anerkannten und stark ausgeweiteten Wissenschaftsstatus einzelner sozialwissenschaftlicher Disziplinen. Die Entstehung der Rechtsnormen im gesellschaftspolitischen System und ihre Anwendung und Wirkung innerhalb der Gesellschaft und des Staates machen die Zusammenarbeit mit den Gesellschafts- (Sozial-)Wissenschaften erforderlich. Dem Juristen bieten die Sozialwissenschaften ein neues und erweitertes Instrumentarium in vielen Bereichen an. In der Forschung durch die noch zu erstellenden Analysen von Recht,

---

1 *von Liszt, Franz,* Lehrbuch des Deutschen Strafrechts, 23. Aufl. 1921, S. 1-16; *Fuchs, Ernst,* Gesammelte Schriften über Freirecht und Rechtsreform, Bd. 1 1970, Bd. 2 1973, Bd. 3 1975; *Ehrlich, Eugen,* Grundlegung der Soziologie des Rechts, 1929, S. 1-19, siehe auch 4. Aufl., durchgesehen und hrsg. von *M. Rehbinder,* Berlin, 1989.

dem gesellschaftlich vorfindbaren Begriff des Rechts, der Entstehung, Anwendung und Wirkung von Rechtsnormen, den Untersuchungen zum Rechtsstab, der Analyse der gerichtlichen Verfahren[2], des Verwaltungsverfahrens[3] und des Gesetzgebungsverfahrens[4]. In der Lehre, die bisher nur Normwissenschaft und die Dogmatik der Jurisprudenz vermittelte, fehlt die Empirie. Sozialwissenschaften leisten die Einbeziehung der Realität in die Ausbildung und helfen dadurch, die menschliche Wirklichkeit, die Sozialstrukturen und die tatsächlichen Auswirkungen des Rechts (Folgenorientierung bei der Rechtsanwendung) einzubeziehen. In der rechtswissenschaftlichen Theoriediskussion zeigt sich die Kritik der juristischen Methodenlehre als Subsumtionskritik, d. h. als Kritik des vermeintlich logischen Deduzierens aus starren Rechtsnormen. Das juristische wie auch sozialwissenschaftliche Aufgreifen der Funktion der Dogmatik und die Diskussion des Verfahrens bei der Rechtsfindung und Rechtsanwendung bringt den Zusammenhang mit Sprache, Kommunikation und Interaktion[5], Organisationsstrukturen, Rolle und Person zum Vorschein. Ansätze hierzu finden sich in dem Bemühen um eine theoretische Analyse der juristischen Argumentations-, Begründungs-, Entscheidungstätigkeit und dessen Legitimation für das politische System[6].

---

2 Vgl. *Friedman, L.H.* (Hrsg.), Jb. 4 (1976), Zur Soziologie des Gerichtsverfahrens; *Hof, Hagen/Schulte, Martin* (Hrsg.), Wirkungsforschung zum Recht III, Folgen von Gerichtsentscheidungen, Baden-Baden, 1. Aufl. 2001, in der Reihe Interdisziplinäre Studien zu Recht und Staat, hrsg. von Werner Maihofer und Gerhard Sprenger, Band 17.
3 Siehe *Blankenburg, E.* (Hrsg.), Jb. Bd. 7, 1980, Organisation und Recht; organisatorische Bedingungen des Gesetzesvollzugs; *Hill, Hermann/Hof, Hagen* (Hrsg.), Wirkungsforschung zum Recht II, Verwaltung als Adressat und Akteur, in der Reihe a. a. O. (Fn. 2), Band 15, 1. Aufl. 2000.
4 *Rödig, J.* (Hrsg.), Studien zu einer Theorie der Gesetzgebung, 1976; *Hof, Hagen/Lübbe-Wolff, Gertrude* (Hrsg.), Wirkungsforschung zum Recht I, Wirkungen und Erfolgsbedingungen von Gesetzen, Reihe a. a. O. (Fn. 2), Band 10, 1. Aufl. 1999. Hinweis: die interdisziplinären Studien zu Recht und Staat sind eine neue Folge des Jahrbuchs für Rechtssoziologie und Rechtstheorie, das in den Jahren 1970 bis 1993 erschienen ist. Die Bände gehen über die Bereiche Rechtssoziologie und Rechtstheorie hinaus und behandeln grundlegende Fragen der Rechtsphilosophie und Staatstheorie mit. Sie spiegeln insgesamt interdisziplinäre Forschung wider.
5 *Graumann, C.F.*, Interaktion und Kommunikation, in: Graumann (Hrsg.), Handbuch der Psychologie, 7. Bd. Sozialpsychologie, 2. Halbband, 1972, S. 1109-1262.
6 Vgl. *Müller, Fr.*, Juristische Methodik und Politisches System (1976), S. 11-52, S. 68 ff., S. 94 ff.; *Müller, Friedrich/Christensen, Ralph*, Juristische Methodik. Bd. I: Grundlagen, Öffentliches Recht, 8. Aufl. 2002; Bd. II: Europarecht, 2003; *Koch, Hans-Joachim* (Hrsg.), Juristische Methodenlehre und analytische Philosophie, 1976; *Koch, H.J./Rüßmann, H.*, Juristische Begründungslehre, eine Einführung in Grundprobleme der Rechtswissenschaft, München 1982; *Koch, H.J.* (Hrsg.), Praktische Vernunft und Rechtsanwendung, in: ARSP, Beiheft, Neue Folge 53, Stuttgart 1994, S. 270; *Christensen, Ralph/Kudlich, Hans*, Theorie richterlichen Begründens, Berlin 2001; *Alexy, R./Koch, H.-J./Kuhlen, L./Rüßmann, H.*, Elemente einer juristischen Begründungslehre, 2003.

12.2 Orientierungen

In der Diskussion um den Themenbereich Rechtswissenschaft und Sozialwissenschaft kristallisieren sich heute im Wesentlichen folgende Ansätze heraus.

12.2.1 Anknüpfungspunkte

Der Zugang der Sozialwissenschaften zur Rechtswissenschaft vollzieht sich über Anknüpfungspunkte[7] des Soziallebens in das Normensystem. Diese sind gleichermaßen für die Rechtswissenschaft wie für die Rechtspraxis interessant. In einer groben Differenzierung ergeben sich solche Anknüpfungspunkte:

a) Die Setzung von Rechtsnormen (Gesetzgebungsverfahren, Interesseneinflüsse, Zusammenhang von Recht und Gesellschaftssystem, Rechtspolitik);
b) Der Rechtsfindungs- und Rechtsanwendungsprozess und die Durchsetzung[8] von Rechtsnormen (Rechtspflege)[9], Rechtsdogmatik[10], Argumentation, Entscheidung, Rechtstatsachen;
c) Untersuchungen über den Rechtsstab, dessen Sozialisation, Spracheinübung und Verfahrensübung durch Rollenübernahme, dessen Herkunft und Schichtzugehörigkeit etc.[11]; Rolle der Frauen im Recht[12].

---

7 Vgl. dazu auch *Büllesbach/Schneider,* Inhalt und Grenzen der Wahlfachmaterie Rechtsphilosophie, in: WEX-Heft 11. Rechtsphilosophie, (hrsg. von E. Behrendt und R. Maurach), 1976, S. 36 ff., 47 ff.; insgesamt zu der neueren Forschung verweise ich auf die interdisziplinären Studien zu Recht und Staat, hrsg. von Werner Maihofer und Gerhard Sprenger, bisher erschienen: Band 1 (1994) bis Band 17 (2001), Baden-Baden.
8 Vgl. *Opp,* Soziologie im Recht, 1973; *Noll,* Gründe für die soziale Unwirksamkeit von Gesetzen, in: Jb. 3, 1972, S. 258 ff.; *Schröder, H.J.,* Zur Erfolgskontrolle der Gesetzgebung, in: Jb. 3, S. 271 ff., weiterhin *Zitscher, W.,* Nichtintentionale Normwirkung bei der Setzung von Recht als empirisches Problem der Rechtssoziologie, in: Jb. 3, 1972, S. 289 ff.; siehe auch *Noll,* Gesetzgebungslehre, 1973.
9 *Kaupen,* Das Verhältnis der Bevölkerung zur Rechtspflege, in: Jb. 3, 1972, S. 555 ff. und Fn. 2.
10 *Rottleuthner,* Richterliches Handeln; Zur Kritik der juristischen Dogmatik, 1973; *ders.,* Einführung in die Rechtssoziologie, 1987, unveränderte Neuauflage 2001; *Hassemer,* Strafrechtsdogmatik und Kriminalpolitik, 1974; *ders.,* Strafen im Rechtsstaat, Baden-Baden, 2000; *Luhmann, N.,* Rechtssystem und Rechtsdogmatik, 1974.
11 *Kaupen,* Die Hüter von Recht und Ordnung, 1969; *Raiser, Thomas,* Das lebende Recht, Rechtssoziologie in Deutschland, 3. Aufl. 1999, 21. Abschnitt: Das Sozialprofil der Juristen, S. 361-382.
12 Geschlecht als soziale Konstruktion: Ethnomethodologie und Feminismus (Goffman, Garfinkel, Kessler/McKenna, Hagemann-White, Gildemeister), in: Treibel, A. (Hrsg.), Einführung in soziologische Theorien der Gegenwart, 5. Aufl. 2000, S. 133 ff.; *Battis, U./Schulz, U.* (Hrsg.), Frauen im Recht, Heidelberg 1990; *Hassels, A./Hommerich, C.,* Frauen in der Justiz, 1993; *Gerhard, U.* (Hrsg.), Frauen in der Geschichte des Rechts, 1997; *Lucke, D.,* Recht ohne Geschlecht? Zu einer Rechtssoziologie der Geschlechterverhältnisse, 1996; *Rust, U.* (Hrsg.), Juristinnen an den Hochschulen – Frauenrecht in Lehre und Forschung, 1997.

D *Theorien der Rechtswissenschaft*

d) Organisationssoziologische Analysen von Institutionen wie Parlament, Gerichte, Universitäten, Behörden[13] etc.;
e) Erforschung der Entstehung und Wirkung abweichenden Verhaltens (Selektivität der Strafverfolgung, Diversion[14], Viktimologie[15]);
f) Das Verhältnis von Rechtsnorm zur sozialen Norm (Geltung, Wirkung, Folgen, Effektivität, Alternativität).
g) Recht und Verhalten außerrechtliche Verhaltensregelung, Rechtsethologie[16];
h) Außergerichtliche Konfliktregelung[17].

12.2.2 Rechtswissenschaft als Sozialwissenschaft/Rechtssoziologie

Rechtswissenschaft ist ein Teil der Sozialwissenschaft. Nicht mehr nur Interdisziplinarität, sondern die Begründung eines neuen wissenschaftlichen Verständnisses ist erforderlich. Als Aufgaben der Rechtswissenschaft wären geltend zu machen[18]: Die Beschreibung (der Erscheinungsformen), die Erklärung (mit Hilfe allgemeiner Gesetze), die Prognose der Rechtspraxis und deren Kritik. Rechtspraxis in diesem Sinne umfasst die Entstehung von Rechtsnormen, die Bedingungen und Wirkungen staatlicher Aktivitäten, Bedingungen konformen und abweichenden Verhaltens, Organisationsstruktur staatlicher Entscheidungsinstanzen, Einstellungen und Verhaltensweisen ihres Personals, deren Ideologien und den Legitimitätsglauben des „Publikums". *Rottleuthner* unterscheidet eine fünffache Beziehung der Rechtswissenschaft zur Rechtspraxis. Die Rechtswissenschaft sozialisiert (d. h. sie „liefert" mehr oder weniger vorqualifiziertes Personal), sie arbeitet Deutungsvorschläge aus, sie liefert symbolische „dogmatische", jedenfalls kommunikative Handlungs-Orientierungen und rechtfertigende Darstellungsmittel. Der Einfluss auf die Rechtspraxis ergibt sich daneben auch durch die Zitierkartelle, Verlagswesen, Gutachter- und Berufungspolitik. Darüber hinaus besteht eine doppelte Beziehung zwischen

---

13 *Mayntz, Renate,* Soziologie der öffentlichen Verwaltung, 1978, 3. Aufl. 1985.
14 *Lamneck, S.,* Neue Theorien abweichenden Verhaltens, S. 271-313; *Ludwig/Mayerhofer, W.,* Diversion und Privatisierung staatlicher Sanktionen, in: Privatisierung staatlicher Kontrolle: Befunde, Konzepte, Tendenzen, Baden-Baden 1995; *Peters, H.,* Devianz und soziale Kontrolle, Eine Einführung in die Soziologie abweichenden Verhaltens, Weinheim, 2. Aufl. 1995.
15 Siehe *Lamneck, S.,* Neue Theorien abweichenden Verhaltens, a. a. O., S. 236-270.
16 *Hof, H.,* Rechtsethologie, Heidelberg 1996; *Hof, H./Kummerer, H./Weingart, P./Maasen, S.* (Hrsg.), Recht und Verhalten, Baden-Baden, 1994.
17 *Haft, F.,* Verhandlung und Mediation, München, 2. erweiterte Aufl. 2000; *Eidmann, D.,* Schlichtung: Zur Logik außergerichtlicher Konfliktregelung, 1. Aufl. 1994; *Gottwald, W.,* Verfahrensmäßige Bedingungen alternativer Konfliktregelung, in: Brand/Strempel (Hrsg.), Soziologie des Rechts, FS Blankenburg, a. a. O., S. 635 ff.; *Hofmann-Riem, W.,* Mediation als moderner Weg zur Konfliktbewältigung, in: Brand/Strempel (Hrsg.), a. a. O., S. 649 ff.
18 *Rottleuthner,* Rechtswissenschaft als Sozialwissenschaft, 1973, S. 257; siehe auch *Engel, Ch.,* Rechtswissenschaft als angewandte Sozialwissenschaft, in: ders. (Hrsg.), Methodische Zugänge zu einem Recht der Gemeinschaftsgüter, Baden-Baden, 1998, S. 11-40.

Rechtspraxis und Rechtswissenschaft im Rahmen der praktischen Argumentation, den Problemen der Rechtfertigung von Werturteilen und deren Rekonstruktion. Hierfür ist Wissen über gesetzesartige Zusammenhänge notwendig. Damit wäre eine Wissenschaft möglich, die die Folgen verschiedener Interpretationen beschreiben und prognostizieren könnte. Die reine Text-Orientierung wäre damit aufgelöst.

Die Diskussion, ob Rechtswissenschaft als Sozialwissenschaft, bzw. Rechtswissenschaft und Sozialwissenschaft ist vor Jahrzehnten in Deutschland heterogen geführt worden. Ein Resümee der wissenschaftlichen Auseinandersetzung der letzten Jahrzehnte in der Bundesrepublik Deutschland findet sich im Wesentlichen unter dem Stichwort Rechtssoziologie. Soziologie und Rechtssoziologie haben sich in den letzten Jahrzehnten als Forschungsdisziplinen etabliert und Anerkennung verschafft. Zur Entwicklung und Ausgestaltung dieser Disziplin der Rechtssoziologie hat wesentlich *Erhard Blankenburg* beigetragen. Die Arbeit umfasst sowohl theoretische Beiträge als auch empirische Forschungen, die durchaus auch der Rechtstatsachenforschung zugerechnet werden. Neben *Blankenburg* sind hier insbesondere *Thomas Raiser*, *Manfred Rehbinder* und *Klaus F. Röhl* zu nennen. Die inhaltliche Ausrichtung der Rechtssoziologie der oben genannten Autoren spiegelt sich in den Themenkomplexen Soziologen und Recht, Soziologie und Recht, Norm und Geltung, Recht und Politik, Recht und Kultur, Recht und Konflikt sowie Rechtssoziologie und Rechtspflege wider[19].

Andere Forschungsgebiete, die in diesem Kontext Rechtswissenschaft als Sozialwissenschaft und rechtssoziologische Forschungen unverzichtbar zu nennen sind, sind Systemtheorie im Recht, Diskurstheorie im Recht, Rechtswissenschaft als Politikwissenschaft, handlungs- und verhaltenstheoretische Ansätze im Recht, die hier nicht ausführlich behandelt werden, da sie an anderen Stellen des Buches aufgenommen sind. Darüber hinaus werden nachfolgende Ansätze aufgegriffen.

12.2.3 Funktionale Betrachtung

Rehbinders funktionale Betrachtung des Rechts führt zu einer Neuinterpretation der Rechtswissenschaft. Nicht mehr in den althergebrachten Funktionen der Sicherung von Frieden und Ordnung erschöpft sich das Recht, sondern Recht bewirkt auch die Organisation und Legitimierung sozialer Herrschaft. „Recht ist auch ein Mittel der Sozialplanung und ein Mittel der Überwachung und Erziehung sozialen

---

19 Vgl. *Brand, Jürgen/Strempel, Dieter* (Hrsg.), Soziologie des Rechts, Festschrift für Erhard Blankenburg zum 60. Geburtstag, Baden-Baden 1998, Schriften der Vereinigung für Rechtssoziologie, Bd. 24; *Raiser, Thomas*, Das lebende Recht: Rechtssoziologie in Deutschland, 3. Aufl. 1999; *Röhl, K.F.*, Rechtssoziologie, Köln 1987; *Rehbinder, M.*, Rechtssoziologie, 5. Aufl. 2003.

Fortschritts"[20]. *Rehbinder* arbeitet[21] unter dem Blickwinkel, dass das Recht den sozialen Zusammenhang der Rechtsgemeinschaft festigt, fünf soziale Funktionen des Rechts heraus:
1. Die Bereinigung von Konflikten (Reaktionsfunktion),
2. die Verhaltenssteuerung (Ordnungsfunktion),
3. die Legitimierung und Organisation sozialer Herrschaft (Verfassungsfunktion),
4. die Gestaltung von Lebensbedingungen (Planungsfunktion),
5. die Rechtspflege (Überwachungsfunktion).

12.2.4 Empirische Sozialforschung

Allen Diskussionen, die gegenwärtig unter dem Gesichtspunkt der sozialwissenschaftlichen Orientierung der Rechtswissenschaft und der Rechtspraxis geführt werden, ist die Aufnahme der Methoden der empirischen Sozialforschung gemeinsam. Sei es z. B. bei der Sozialisationsforschung, in der Kriminologie oder in der Rechtstatsachenforschung. Die Soziologie, verstanden als Wissenschaft vom sozialen Handeln, hat in diesem Sinne auch juristisches Handeln und Entscheiden als Erkenntnisgegenstand. Die Rechtsnormen sind in zweierlei Hinsicht zu unterscheiden, nämlich die Rechtsnormen, die wirksam sind, ohne dass es Streitfälle gibt, und die Rechtsnormen, die durch gerichtliche Entscheidung, durch Verwaltungshandeln oder durch strukturelle und institutionelle Verfestigungen wirksam sind. Darüber hinaus ist zu beachten, dass sehr häufig nicht die Rechtsnormen, sondern die tatsächlich geltenden Sozialnormen das menschliche Verhalten regeln und steuern. Aufgabe der empirischen Rechtssoziologie ist es, die Wirksamkeit des Rechts mit den Methoden und Techniken der empirischen Sozialforschung zu untersuchen, wie z. B. die Befragung, die Beobachtung, das Interview, die schriftliche Befragung, die Gruppendiskussion, die Soziometrie, die Aktenanalyse, die Inhaltsanalyse und die Sekundäranalyse[22].

Die Bedeutung von Normen, Rechtsnormen, wie sozialen Normen, ist ein Grundlagenproblem der empirischen Rechtssoziologie. Warum orientieren sich Menschen an Normen, warum weichen sie ab, worin besteht der Unterschied zwischen regel-

---

20 *Rehbinder,* Die gesellschaftlichen Funktionen des Rechts, in: Albrecht/Daheim/Sack (Hrsg.), Soziologie, René König zum 65. Geburtstag, 1973, S. 254 ff., 366; *Rehbinder, M.,* Rechtssoziologie, 5. Aufl. 2003, S. 127-146.

21 *Rehbinder* rezipiert die Arbeitsergebnisse von *Llewellyn* und funktionalisiert sie. Vgl. *Llewellyn,* The normative, the Legal and the Law-Jobs: the Problem of Juristic Method, in: Yale Law Journal 49 (1939/40), S. 1355-1400 (1373-1395).

22 *Friedrichs, Jürgen,* Methoden empirischer Sozialforschung, 14. Aufl. 1990; *Noelle-Neumann/ Schramm,* Umfrageforschung in der Rechtspraxis, 1961; zum Überblick siehe *Blankenburg* (Hrsg.), Empirische Rechtssoziologie, 1975; s. a. Jb. 3, 1972, Abschn. III; *Behrens, Fritz,* Empirische Rechts- und Justizforschung in Nordrhein-Westfalen, in: Brand/Strempel (Hrsg.), Soziologie des Rechts, FS Blankenburg, a. a. O. (Fn. 19), S. 483-490.

geleitetem Verhalten und Normorientierung? Dies sind Fragen, die die Rechtssoziologie beschäftigen, die aber auch gleichzeitig Gegenstand der Rechtstheorie sind.

Es gibt also vielfältige Überschneidungen zwischen Rechtssoziologie und Rechtswissenschaft, auch wenn die Rechtswissenschaft solche Beziehungen nur sehr zögernd aufgenommen hat[23]. Es herrscht zwar vielfach Skepsis über die Leistungsfähigkeit der Rechtsdogmatik und der juristischen Methodenlehre[24], doch reicht dies noch nicht für ein derart großes Unbehagen aus, um neue Denkanstöße aufzunehmen. Erneuerungen ergeben sich zunächst durch die Rechtsinformatik. Die Anwendung von EDV in Justiz und Verwaltung (Verwaltungsinformatik) zur Verbesserung der Effizienz der Organisation und der Entscheidungen greift spezielle sozialwissenschaftliche Theorien auf. Diese Übernahme erweitert das Problembewusstsein. So führt notwendig der Gedankengang von der Effizienzerhöhung der Entscheidungen zur Begründung dieser (Argumentation, Dogmatik), von dort zur Methodenlehre, zur Analyse der Rechtspraxis und zur folgenorientierten Rechtsanwendung. Der in der Praxis eingesetzte Computer verlangt zunächst Entscheidungsanalysen, um für den Computereinsatz Entscheidungen formalisierbar und technisierbar zu machen. Damit ergibt sich die Diskussion über die Probleme der Textinterpretation, der Inhaltsanalyse, des Vorverständnisses, der Sozialisation des beteiligten Personals, dem Legitimationsgrad der Entscheidungen und der ideologischen Prämissen. Von besonderem Interesse ist dann auch die Organisationssoziologie mit ihren sozial-psychologischen und ökonomischen Komponenten bei der Reform der Verwaltung und der Justiz. Schließlich stehen der Gesetzgebung neue Anforderungen in Form neuer Regelungsmaterien und dem Bemühen um automationsgerechte Normsetzung gegenüber.

12.3 Rechtsnorm – soziale Norm

12.3.1 Normen sind Instrumente sozialer Kontrolle

Rechtsnormen wie soziale Normen bewirken eine Kontinuität in der gelebten Sozialordnung[25]. Diese wird dadurch erreicht, dass sie als Bestandteile einer Ordnung soziale Kontrolle ausüben und ihre Geltungskraft von äußerer Missbilligung oder äußerem Zwang abhängen. Damit ist auf die Reichweite der Rechtsgeltung als rechtsphilosophisches wie als rechtssoziologisches Problem aufmerksam gemacht.

---

23 Vgl. dazu *Hopt,* Was ist von den Sozialwissenschaften für die Rechtsanwendung zu erwarten?, in: JZ 1975, S. 341; *Schünemann, Hans-W.,* Sozialwissenschaften und Jurisprudenz, 1976, S. 1-8; *Heldrich,* Das Trojanische Pferd in der Zitadelle des Rechts?, in: JuS 1974, S. 281 ff.
24 Vgl. *Fr. Müller, Esser, Kriele.*
25 *W. Hassemer,* Über nicht-juristische Normen im Recht, in: ZVglRWiss 81 (1982), S. 84 ff., spricht hier von der äußerlich garantierten Ordnung; siehe insbesondere *Röhl, K.F.,* Allgemeine Rechtslehre, 2. Aufl. 2001, Kapitel 4, Die Rechtsnorm, S. 167 ff.

Es kommt nicht auf die innere Überzeugung (insbesondere bei ethischen oder religiösen Normen), sondern darauf an, dass es Durchsetzungsmechanismen gibt, die ein äußerliches Beachten gewährleisten. Einerseits wirken diese Mechanismen nicht auf die innere Gedankenfreiheit, andererseits aber können gesellschaftliche Kontrollverfahren zur Ritualisierung bzw. Konformismus führen.

Besondere Unterschiede zwischen juristischen und anderen sozialen Normen liegen darin, dass juristische Normen innerhalb des Herrschaftsbereiches staatlicher Rechtsordnung ubiquitäre Geltung beanspruchen, während die übrigen Normen segmentär gelten (z. B. bezugsgruppenorientiert). Die juristischen Normen sind darüber hinaus in hohem Maße formalisiert. Der Unterschied zur sozialen Norm liegt nicht im „Zwang", sondern in der formalisierten Sanktionierung und der formalisierten sozialen Kontrolle. Wichtige Träger der Formalisierung von Rechtsnormen sind der professionalisierte Rechtsstab zur Durchsetzung dieser Normen sowie die ausdrückliche, öffentliche und kontrollierbare Definition normrelevanten Verhaltens, der Anordnung von Sanktionen bei Normabweichung und die Ausgestaltung eines Kontrollverfahrens. Doch es gibt auch soziale Gebilde (wie z. B. Konventionen in Großfamilien), in denen eingeschliffene und auch vorhersagbare, insoweit auch kontrollierbare soziale Normen wirken, die der Geltung von Rechtsnormen sehr nahe kommen. Dies zeigt, dass die Übergänge von juristischen und nicht-juristischen Normen in den Randbereichen fließend sind und in ihrem Verhältnis zueinander dem sozialen Wandel unterliegen, also geschichtlich sind.

12.3.2 Wirkungsspirale

Der Wirkungszusammenhang im Mikro- und Makrobereich einer Gesellschaft stellt einen Kreislauf bzw. eine Wirkungsspirale (im Sinne einer historischen Entwicklung) dar und verweist somit ständig auf den Zusammenhang von Recht und sozialer Wirklichkeit, von Rechtswissenschaft und Sozialwissenschaft. So strukturieren die durch die Sozialisation übernommenen Wissensbestände eingespielte Handlungsorientierungen um und bewirken in ihren jeweiligen Gehalten eine Veränderung der Interaktionsprägungen, die neue Probleme des Handelns hervorrufen und so zu einer erneuten Umstrukturierung des Wissensbestandes Anlass geben. Der Bezug von gesellschaftlicher Wirklichkeit und dem Wissen der Gesellschaftsmitglieder über diesen Zusammenhang und den von diesem Wissen beeinflussten Handlungen und Interaktionen, die wiederum neue Ereignisse hervorrufen, stellt die Wirkungsspirale her[26].

---

26 *Matthes, J./Schütze, F. u. a.*, Arbeitsgruppe Bielefelder Soziologen (Hrsg.), Alltagswissen, Interaktion und gesellschaftliche Wirklichkeit, 5. Aufl. 1981; *Naschold,* Politische Wissenschaft, 2. Aufl. 1972, S. 12.

12.3.3 Verhaltensregelmäßigkeiten durch Normen und Sanktion

Für Juristen ist geltendes Recht diejenige kodifizierte Verhaltenserwartung, die mit dem Anspruch auf Einhaltung erhoben wird. Der Soziologie wird entsprechend die Aufgabe zugewiesen festzustellen, inwieweit das tatsächliche Verhalten diesem Anspruch nachkommt. *Maihofer* wirft die Frage nach dem Verhältnis von Recht und Gesellschaft (gesellschaftlicher Basis und juristischem Überbau) auf und stellt fest: „Das Recht ist als Norm ebenso ein Teil des gesellschaftlichen Seins: der tatsächlichen rechtlichen Übungen in einer Gesellschaft wie ein Teil des gesellschaftlichen Bewusstseins: der tatsächlichen rechtlichen Überzeugungen in einer Gesellschaft"[27]. Es besteht eine Differenz zwischen dem tatsächlichen Verhalten und den Verhaltenserwartungen, über die in der Gesellschaft Konsens herrscht. Was diese Differenzierung begründet, so wird von *Max Weber* auf verschiedene Typen sozialen Handelns und verschiedene Wertmotivationen verwiesen[28]. Ebenso wie später auch *Theodor Geiger*[29] führt *Weber* das Kriterium der Reaktion auf Abweichung als Definiens von „Konvention" und „Recht" ein[30]. Normverwirklichung setzt daher die Tätigkeit „anderer" voraus. Dieses Verhalten „anderer" kann sowohl Belohnung wie negative Sanktion sein, es ist aber immer ein Mittel der sozialen Kontrolle. *Blankenburg* unterscheidet die sozialen von den rechtlichen Normen nach verschiedenen Stufen der sozialen Interdependenz. Die erste Stufe bildet der Sanktionsvollzug auf der Ebene der bloßen Gegenseitigkeit, sobald Dritte eingreifen, führen sie die Sanktionierung in ein Geflecht sozialer Beziehungen und erreichen eine größere Stabilität der Normen. Auf der dritten Stufe wird die Verfestigung dadurch erreicht, dass dieser Dritte eine Instanz bildet, die über den Normen wacht („primitives Recht"). Gelingt es dieser Instanz, die Sanktionsgewalt erfolgreich zu monopolisieren, so sei von „entwickeltem Recht" gesprochen[31]. In unserer Gesellschaft ist eine Monopolisierung der Sanktionsgewalt festzustellen. Dafür sind besonders geregelte Verfahren der Rechtsprechung, ein Erzwingungsstab zur Durchsetzung der Sanktionen und eine Organisierung der Feststellung der Normabweichung erforderlich. Wie sehr die Wirksamkeit der Norm von der Gruppenöffentlichkeit abhängt, zeigen die hohen Dunkelziffern verbunden mit einer geringen Anzeigebereitschaft z. B. bei Ladendiebstählen. Es besteht eine Sanktionsapathie der Gruppenöffentlichkeit, die die Effektivität der Norm verringert. Die Monopolisierung der Sanktionsgewalt ist daher für *Blankenburg* das entscheidende Kriterium für die Beurteilung von Rechtsordnungen.

---

27 *Maihofer*, Die gesellschaftliche Funktion des Rechts, in: Jb. 1, 1970, S. 11 ff., 18.
28 *Weber, M.*, Wirtschaft und Gesellschaft, 1922, S. 1-30.
29 *Geiger, Th.*, Vorstudien zu einer Soziologie des Rechts, 4. Aufl. 1987.
30 Vgl. *Blankenburg*, Recht als Kategorie sozialer Verhaltensregelmäßigkeiten, in: Jb. 1, 1970, S. 218 ff., 230/231.
31 *Blankenburg*, Recht (Fn. 30), S. 232/233.

12.3.4 Die doppelfunktionale Wirkung des Rechts

Den Bezug von Norm und Sanktion verlässt *Ziegert* und kommt zum Systemzusammenhang, in dem Recht operiert. Dabei bindet Recht in doppelter Weise, einmal durch die Festlegung von Reaktionsweisen (expressive Normfunktion) und zum anderen stellt es menschliches Handeln in gesellschaftliche Zusammenhänge (instrumentelle Normfunktion). Die Wirksamkeit des Rechts wird durch die Verbindung der Sozialstruktur und der Systemstruktur, die die beiden Funktionen des Rechts sinnvoll zuordnet, ermöglicht[32]. Unter dem Gesichtspunkt eines starken expressiven Normierungseffektes im sozialen Nahbereich und eines starken instrumentellen Normierungseffekts im gesamtgesellschaftlichen Planungsbereich kann sowohl für den Normsender als auch für den Normempfänger dieses Grundmodell erweitert werden.

„Bei einer dreistufigen Vermittlung von Normen (sozio-ökonomisches System, Gruppen ‚rechtlicher Subkultur', personales System) bzw. der Vermittlung verschiedener Gruppennormen (staatsführende Gruppen, eigene Referenzgruppe, externe Gruppen) und der Entwicklung sozialer, technischer und ökonomischer Veränderungen auf diesen Vermittlungsvorgang im ganzen Umfang seines Verlaufs, erscheint die rechtliche Wirkung – als Verhaltenssteuerung darstellbar – nicht als ‚Brechung' von Rechtsnormen auf verschiedenen Ebenen neben rechtlicher Normbildung, sondern als die unterschiedliche Reichweite expressiver und instrumenteller Normierung auf der Basis der strukturellen Ausrüstung des sozialen Systems, auf das sie sich bezieht"[33]. Recht, in der strukturellen Differenzierung der Wirkungsweisen, bezieht seine gesellschaftliche Wirkung durch die wechselseitige Ergänzung und Unterstützung der Zurechnung zum gemeinsamen Normsystem. Hierin wird einerseits die expressive Normierung durch die informelle und persönliche Reichweite und andererseits durch die persönliche Bindung an ideologische Programme begrenzt. Für den sozialen Nahbereich kann eine erhebliche „Normkonkurrenz" durch die Individual- oder Gruppennormen entstehen. Diese Normen leisten hier mehr als die Rechtsnormen und genießen, soweit sie überhaupt mit rechtlichen Normen konkurrieren, in Konfliktsituationen den Vorzug, da sie besser in die persönliche Kalkulation passen, verlässlicher sind; d. h. aber auch, dass dort ein hohes Maß an Normierungsunbeweglichkeit herrscht, das Verhaltensänderung in kurzer Zeit kaum zulässt.

Im Gegensatz dazu finden sich vor allem bei wirtschaftlichen (Trust- und Kartellbildung) und in gewissem Rahmen auch bei politischen Absprachen (Wahlabsprachen, Geheimverträge) Gruppennormen, die in ihrem instrumentellen Charakter flexibler sind und wegen der Gebundenheit der expressiven Variablen an Person und Werte von hier aus die rechtliche Normwirkung unterlaufen.

---

32 *Ziegert*, Zur Effektivität der Rechtssoziologie; Die Rekonstruktion der Gesellschaft durch Recht, 1975, S. 232-242, 233.
33 *Ziegert*, Effektivität (Fn. 32), S. 239.

Für die gesellschaftliche Organisation gewinnt dabei die Gesetzgebungsaktivität einen starken instrumentellen Charakter. Dies drückt sich in einer zunehmenden Formalisierung und Spezialisierung rechtlicher Beziehungen aus. Das Ziel ist, langfristig menschliches Verhalten enttäuschungsfest regeln zu können. Das setzt voraus, dass die Gesellschaft in der Lage ist, einen weiten Ausschnitt an Umweltproblematik zu erfassen und zu verarbeiten und dass sie über genügend sichere soziale Systembezüge verfügen kann, in denen enttäuschungsfrei normativ erwartet werden kann. In dieser Situation ist Recht nicht mehr nur soziale Kontrolle oder Schlüssel zum sozialen Wandel, sondern als Struktur der Gesellschaft den gleichen Gesetzen der Veränderung ausgesetzt wie diese. Recht ist so komplex im Gesellschaftssystem verankert, dass eine nur instrumentelle Funktion gesellschaftspolitisch nicht weit trägt[34]. Auf dieser Ebene wirken das sozio-ökonomische System, die Einflüsse der technischen und ökonomischen Veränderungen auf das gesamte Gesellschaftssystem und damit auch auf das Recht. Auf dieser Stufe ist der Bereich gesellschaftlichen Wissens bedeutsam, das sich im Zusammenspiel von soziologischer, ökonomischer und technologischer Entwicklung ergibt und gesamtgesellschaftliche Planung wie normative Erwartungssicherheit ermöglicht.

12.4 Soziale Wirklichkeit und Rechtswirklichkeit – Die Aufnahme sozialwissenschaftlicher Beiträge

Die Aufarbeitung sozialwissenschaftlicher Ergebnisse zeigt sich in den Theorien richterlichen Handelns[35], in den Theorien über abweichendes Verhalten[36] und nicht zuletzt in der sozialwissenschaftlich geprägten Diskussion im neuen Bereich Rechtsinformatik. Durch die organisatorischen und institutionellen Veränderun-

---

34 Vgl. dazu auch *Lenk,* Zur instrumentalen Funktion des Rechts bei gesellschaftlichen Veränderungen, Manuskript eines Referates auf dem Kongress der Deutschen Vereinigung für Politische Wissenschaft, 1975; siehe auch *Kielmannsegg, Peter Graf* (Hrsg.), Legitimationsprobleme politischer Systeme, Politische Vierteljahresschrift, Sonderheft 7, 1976.
35 Vgl. *Rottleuthner,* Handeln (Fn. 10); *ders.,* Zur Soziologie richterlichen Handelns, in: KJ 3 (1970), S. 283-306; KJ 4 (1971), S. 60-88; *Opp/Peuckert,* Ideologie und Fakten in der Rechtsprechung; Eine soziologische Untersuchung über das Urteil im Strafprozeß, 1971; *Opp,* Gesetzliche und außergesetzliche Einflüsse auf das Verhalten von Richtern, in: Zeitschrift für Soziologie (1972), S. 250-262.
36 *Hassemer,* Theorie und Soziologie des Verbrechens; Ansätze zu einer praxisorientierten Rechtsgutslehre, 1973; *ders.,* Kriminalitätstheorien, in: WEX 2, Kriminologie, 1973; vgl. auch die Auseinandersetzung im Kriminologischen Journal zwischen *Opp* und *Sack,* Heft 1, 1972; *Sack/König,* Kriminalsoziologie, 1968; *Moser,* Jugendkriminalität und Gesellschaftsstruktur, stw 1987; *Quensel,* Soziale Fehlanpassung und Stigmatisierung – Ein Text zum Messen der delinquenten Entwicklung, in: Jb. 3, 1972, S. 447-490; *Lamneck, Siegfried,* Theorien abweichenden Verhaltens, 6. Aufl. 1996; *ders.,* Neue Theorien abweichenden Verhaltens, 1994.

D *Theorien der Rechtswissenschaft*

gen (EDV-Einsatz) im Rechtswesen werden systemtheoretisch-kybernetische[37], organisationssoziologische, planerische und psychodynamische Kommunikations- und Interaktionsbeziehungen zum Teil für Juristen erstmalig problematisiert. Dies äußert sich auch in der Verwaltungslehre und in der Verwaltungsinformatik[38]. Von besonderem Interesse für die Rechtswissenschaft und für die Jurisprudenz ist wegen der umfassenden Bedeutung für ihr Selbstverständnis der Einfluss sozialwissenschaftlicher Theorien und sozialwissenschaftlichen Denkens[39], der sich in der Kritik der Rechtsdogmatik und der juristischen Methodenlehre äußert (siehe 9.3.3.2, 10. und 11.).

12.4.1 Sozialisationsprobleme der Juristen

Sowohl die Erziehung und Ausbildung prägt die Persönlichkeit elementar als auch die sozial-kulturellen Beziehungen, z. B. Herkunftsfamilie[40], Kirche[41], Freundeskreis[42], Größe des Heimatortes etc. *Kaupen* kommt in seiner empirischen Analyse zu dem Schluss, dass die deutschen Juristen in einem überwiegenden Anteil aus Familien stammen, „die – über den Beruf des Vaters – einer starken sozialen Kontrolle im partikularistischen, das heißt relativ homogenen Rahmen überschaubarer

---

37 Vgl. *Garstka*, Regelkreismodelle des Rechts, 1983.
38 *Luhmann*, Recht und Automation in der öffentlichen Verwaltung, 1966; *Luhmann*, Funktionen und Folgen formaler Organisation, 4. Aufl. 1995; *Brinckmann* u. a., Verwaltungsautomation; Thesen über Auswirkungen automatisierter Datenverarbeitung auf Binnenstruktur und Außenbeziehungen der öffentlichen Verwaltung, 1974, siehe dort auch das Literaturverzeichnis S. 110 ff.; *Renate Mayntz*, Soziologie der Organisation, 1974; *Ronge/Schmieg* (Hrsg.), Politische Planung in Theorie und Praxis. 1971; *v. Berg*, in: Arthur Kaufmann (Hrsg.), Münchener Ringvorlesung: EDV und Recht – Möglichkeiten und Probleme, 1973, S. 147 ff.; *Garstka/Schneider/Weigand* (Hrsg.), Verwaltungsinformatik, Textbuch, 1980; *Büllesbach*, Informationstechnologie und Datenschutz, München, 1985; *Steinmüller*, Informationstechnologie und Gesellschaft, Darmstadt, 1993; *Hofmann, H./Meyer-Teschendorf, K.G.*, Modernisierung von Staat und Verwaltung im Zeichen der Globalisierung – Vorschläge des Sachverständigenrates „schlanker Staat" und erste Umsetzungsergebnisse, ZG, S. 338-349; *Strempel, D.*, Perspektiven der Rechtswirkungsforschung (RWF), in: Hof/Lübbe-Wolff (Hrsg.), Wirkungsforschung zum Recht I, 1999, S. 627 ff.; *Büllesbach, A.* (Hrsg.), Staat im Wandel, Köln 1995.
39 *Naucke*, Über die juristische Relevanz der Sozialwissenschaften, 1972, S. 17-20; *Dieter Grimm* (Hrsg.), Rechtswissenschaft und Nachbarwissenschaften, Bd. 1, 1973; *Opp*, Soziologie (Fn. 8), S. 79-82.
40 *Kaupen*, Die Hüter von Recht und Ordnung, 1969, Tabelle 17: Die Rekrutierung der deutschen Juristen im Zeitvergleich, S. 78/79.
41 *Kaupen*, Hüter (Fn. 40), Tabelle 22: Häufigkeit des Kirchgangs bei Beamten im Vergleich zum Recht der Bevölkerung und Tabelle 23: Die konfessionelle Verteilung bei Beamten. Vgl. auch Tabelle 21: Parteipräferenzen, S. 90/91.
42 *Kaupen*, Hüter (Fn. 40), Tabelle 49: Verbindungszugehörigkeit S. 124 und Tabelle 24: Anteilnahme der „Alten Herren", S. 92 und Tabelle 58: Katholische Studentenverbindungen, S. 133.

Gemeinschaften unterworfen sind und ihr Verhalten sowie die Erziehung ihrer Kinder an diesen relativ strengen (moralischen) Maßstäben der Verhaltenserwartungen ausrichten. Inhaltlich sind diese Maßstäbe (zum Teil direkt, überwiegend jedoch indirekt) durch religiöse Glaubenssätze geprägt, die – insbesondere beim Katholizismus, aber auch beim Protestantismus lutherischer Prägung – das diesseitige Wohlverhalten (Konformität) zum Kriterium der Belohnung im Jenseits machen"[43]. Je strenger die Sozialisierung im Elternhaus auf die Einhaltung bestimmter, vorgegebener Verhaltensregeln gerichtet war, desto eher entscheiden sich die Juristen für eine Justizlaufbahn. Je stärker aber die Sozialisierung auf die Entwicklung eigener Initiative und Leistungsbereitschaft gerichtet war, desto eher wird eine anwaltschaftliche Tätigkeit mit einer Orientierung an der Wirtschaft gewählt. *Kaupen* stellt eine konsistente Beziehung bei den Indikatoren Vaterberuf, Religions- bzw. Konfessionszugehörigkeit und der Größe des Heimatortes fest. Neben familiärer Herkunft und schulischer Bildung stellen das juristische Studium und die juristische Praxis wichtige Sozialisationsfaktoren dar. Dies drückt sich durch Einüben und Übernahme spezifischer Sprache, Denkstrukturen und Verhaltensweisen aus. Welchen Einfluss diese Sozialisationsfaktoren z. B. auf das richterliche Handeln haben, wie der Bewusstseinsstand des Juristen geprägt ist, welche Interpretationen und Wertorientierungen er für richtig hält, welche Ordnungsvorstellungen er hat, wie er sich selbst in seiner Rolle wahrnimmt und sich versteht, wie er sich nach außen repräsentiert (verbunden mit dem institutionellen Hintergrund, Organisation), ist sozialwissenschaftlich teilweise analysiert worden[44]).

---

43 *Kaupen,* Hüter (Fn. 40), S. 140/141.
44 *Lautmann,* Justiz – die stille Gewalt, 1972; *Rottleuthner,* Handeln (Fn. 10); *Opp,* Einflüsse (Fn. 35); *Opp/Peuckert,* Ideologie (Fn. 35); *Kaupen/Rasehorn,* Die Justiz zwischen Obrigkeitsstaat und Demokratie, 1971; *Blankenburg* (Hrsg.), Rechtssoziologie (Fn. 22), S. 97-192; *Peters, Dorothee,* Richter im Dienst der Macht, 1973; *Lenk,* Juristen in der öffentlichen Verwaltung; Überlegungen zur gegenwärtigen Bedeutung des Juristenprivilegs, in: Die Verwaltung 1975, S. 277 ff.; *W. Böhme* (Hrsg.), Weltanschauliche Hintergründe in der Rechtsprechung, 1968; *Dahrendorf,* Deutsche Richter; Ein Beitrag zur Soziologie der Oberschicht, in: ders., Gesellschaft und Freiheit, 1961, S. 176-196; ders., Gesellschaft und Demokratie in Deutschland, 1971, S. 260-276; *W. Weyrauch,* Zum Gesellschaftsbild des Juristen, 1970; Jb. 4 (1976), Zur Soziologie des Gerichtsverfahrens; *Raiser, Th.,* Das lebende Recht, Rechtssoziologie in Deutschland, 3. Aufl. 1999, 21. Abschnitt: Das Sozialprofil der Juristen, S. 361 ff.; *Hommerich, C.,* Der Markt sucht sich seine Rechtsanwälte, Empirische Ergebnisse zum Berufsbild des Syndikusanwaltes, in: Brand/Strempel (Hrsg.), Soziologie des Rechts, a. a. O. (Fn. 19), S. 539 ff.; *Roethe, T.,* Strukturprinzipien professionalisierten anwaltlichen Handelns. Eine hermeneutische Rekonstruktion anwaltlicher Scheidungsberatungen, Baden-Baden 1994; *Wernet, A.,* Professioneller Habitus im Recht – Untersuchungen zur Professionalisierungsbedürftigkeit und zum Professionshabitus von Strafverteidigern, Berlin 1997.

12.4.2 Rechtstatsachenforschung

Nach *Arthur Nußbaum*[45] bedeutet Rechtstatsachenforschung „die systematische Untersuchung der sozialen, politischen und anderen tatsächlichen Bedingungen, auf Grund derer einzelne rechtliche Regeln entstehen, und die Prüfung der sozialen, politischen und sonstigen Wirkungen jener Normen"[46]. „In erster Linie gilt es zu erforschen, wie die Formen der tatsächlichen Anwendung des Gesetzes beschaffen sind, insbesondere in welcher Weise das Gesetz von den Gerichten und dem Publikum tatsächlich angewendet wird, ferner welche Zwecke mit den Normen verfolgt werden und welche Wirkungen sie äußern. Wir wollen z. B. wissen, ob Rentenschulden oder Nachlassverwaltungen in der Wirklichkeit vorkommen und eventuell weshalb sie nicht oder nur vereinzelt vorkommen"[47].

Die Rechtswissenschaft hat nicht nur den Inhalt der Rechtsnormen, sondern auch ihre Ziele, Anwendungsformen und Wirkungen zu untersuchen, dabei ist zu berücksichtigen, dass es Normen gibt, die in der Rechtsgemeinschaft tatsächlich befolgt werden, obwohl sie nicht in Gesetzen oder Gerichtsentscheidungen festgelegt sind. Die damit angesprochene Ursachenforschung weist auf die Interdependenz von Recht und Sozialleben. Die Aufarbeitung dieses Zusammenhangs ist dringend notwendige Voraussetzung für tiefere Kenntnisse über Recht und (in) Gesellschaft. Darin liegen auch teilweise die materialen Probleme, bis zu deren Lösung vielen Juristen die Diskussion der Rechtswissenschaft als Sozialwissenschaft als äußerlich und ohne sachlichen Grund aufgezwungen erscheint und abgelehnt wird[48]. Für *Nußbaum* handelt es sich um das Erkennen, „dass das Recht sich keineswegs so mit dem wirklichen Recht deckt, wie es die Schulmeinung lehrt"[49]. So wird ein „erweiterter Normenbegriff" zu Grunde gelegt, dessen Gegenstand die „allgemeinen Regeln sind, die das Verhalten der Rechtsgenossen in rechtlich bindender Weise bestimmen"[50]. Neben den gesetzlichen Normen stehen auch außergesetzliche Normen. Die Letzteren lassen sich einteilen in durch Gewohnheit entstandene und durch bewusste rechtsschöpferische Akte geschaffene Normen (z. B. Verkehrsbräuche, Handelsbräuche, typische Rechtsgeschäfte in der Kautelarjurisprudenz, gemischtrechtliche Verträge etc. und Satzungen, Tarifverträge, einseitige Normschöpfungsakte wie allgemeine Geschäftsbedingungen)[51]. *Nußbaum* fordert für die freigeschaffenen Normen („freie Rechtsbildung") die „systematische Ermittlung" und hinsichtlich des Gesetzes die Untersuchung seiner tatsächlichen Geltung. Sind

---

45 *Nußbaum, Arthur,* Rechtstatsachenforschung, 1968.
46 *Nußbaum,* Rechtstatsachenforschung (Fn. 45), S. 67.
47 *Nußbaum,* Rechtstatsachenforschung (Fn. 45), S. 24.
48 Vgl. dazu auch *Beutel, K.,* Die experimentelle Rechtswissenschaft; Möglichkeiten eines neuen Zweiges der Sozialwissenschaft, 1971, S. 92, 99/100.
49 *Nußbaum,* Rechtstatsachenforschung (Fn. 45), S. 48.
50 *Nußbaum,* Rechtstatsachenforschung (Fn. 45), S. 19.
51 *Rehbinder,* Rechtstatsachenforschung, S. 337.

die tatsächlich geltenden Rechtsnormen gefunden, ist ihre Entstehung und Wirkung zu erforschen. Dann tritt auch die empirisch-rechtssoziologische Seite hervor. Denn die Überprüfung soziologischer Theorien oder Hypothesen über das Recht erfordert die Feststellung der relevanten sozialen Fakten.

Die „experimental jurisprudence" *K. Beutels*[52] will mit naturwissenschaftlichen Methoden die Erneuerung und die Effizienz der Rechtsordnung erreichen. In einer Stufenfolge werden zunächst die sozialen Phänomene erforscht, die das Recht regeln sollen. Dann wird eine Norm aufgestellt, die das betreffende soziale Problem zu lösen hat. Anschließend wird die Auswirkung dieser Norm im gesellschaftlichen Leben festgestellt. Darauf wird eine Hypothese aufgebaut, die die Gründe für die betreffende Reaktion des Soziallebens erklärt. Durch die Erweiterung auf ähnliche Probleme wird diese Hypothese dann zu einer rechtlichen Gesetzmäßigkeit verdichtet. War die betreffende Norm ganz oder teilweise wirkungslos, wird ein neues Gesetz in Kraft gesetzt und der Prozess wiederholt[53].

Die Rechtstatsachenforschung ist im Ansatz nicht unproblematisch. Das Verhältnis von Wissenschaft und Politik lässt sich nicht reichlich trennen nach der Devise, hier die Erforschung der Tatsachen, dort die Entscheidung, was gemacht werden soll. Es gibt nicht die „Tatsache" an sich, sondern jeweils diejenige, nach der wir fragen, und die wir beobachten und messen können, es besteht eine dialektische Beziehung zwischen Sein und Sollen[54].

Die Rechtstatsachenforschung versteht sich heute verfahrensorientiert (Justizforschung)[55] oder gegenstandsorientiert (materielle Rechtstatsachenforschung). Die Letztere bemüht sich besonders um die Organisationsformen in Handel und Wirtschaft, um die Vertrags- und Abwicklungsformen des Massenverkehrs und um die personenbezogene Rechtsgestaltung. Die weitere Entwicklung der Rechtstatsachenforschung wird von *Hartwieg*[56] in dreifacher Hinsicht gekennzeichnet:

---

52 Siehe *Beutel, K.,* Rechtswissenschaft (Fn. 48).
53 *Rehbinder,* Rechtstatsachenforschung, S. 354.
54 *Blankenburg,* in: Bender, R. (Hrsg.), Tatsachenforschung in der Justiz, 1972, S. 15; *Bender, R./Wax,* Einführung, in: Bender (Hrsg.); *Röhl,* Das Dilemma der Rechtstatsachenforschung, 1974.
55 *Koch, Harald,* Zur Einführung: Justizforschung, in: JuS 1973, 471-474; *Rasehorn,* Justizforschung abseits der Justiz?, in: ZRP 1974, S. 90 ff.; *Chiotellis/Fikentscher* (Hrsg.), Rechtstatsachenforschung, Köln 1985; *Renning, C./Strempel, D.,* Justiz im Umbruch, Rechtssächliche Studien zum Aufbau der Rechtspflege in den neuen Bundesländern, Bundesanzeiger Jg. 49 Nr. 22a vom 1.2.1997; *Klatt, Hans-A.,* Die Rechtsschutzversicherung als Gegenstand der Rechtstatsachenforschung, in: Brand/Strempel (Hrsg.), Soziologie des Rechts, a. a. O. (Fn. 19), S. 551 ff.; zur empirischen Grundlage siehe auch *Blankenburg,* Mobilisierung des Rechts, 1995.
56 *Hartwieg,* Rechtstatsachenforschung im Übergang, 1975, S. 57 ff., der weitere Literatur ausführt; vgl. auch *Rottleuthner,* Probleme der marxistischen Rechtstheorie, 1975, S. 171-189.

a) Rechtstatsachenforschung zur Verbesserung des Realitätsbezugs;
b) Rechtstatsachenforschung zur Wechselwirkung zwischen Recht und Gesellschaft;
c) Rechtstatsachenforschung als Ergänzung zur Rechtsvergleichung.

12.4.3 Gesetzgebungslehre

Die wissenschaftliche Diskussion um die Gesetzgebungslehre steht häufig im Zusammenhang mit der Frage nach dem Wirklichkeitsdefizit des „Gesetzgebers" und mit der Frage, inwieweit die Rechtstatsachenforschung auch der Gesetzgebung nützlich sein kann. Bedingt einerseits durch die von *F.C. von Savigny*[57] beeinflusste Tradition des Rechtsdenkens und durch die einseitige Konzentrierung der Rechtswissenschaft auf die richterliche Tätigkeit, wurde die Gesetzgebung als juristischer Beruf vernachlässigt. Die besondere Betonung der richterlichen Rechtsanwendung, die gleichzeitig eine bestimmte Denkstruktur und ein bestimmtes dogmatisches und organisatorisches Aufbereiten der Rechtsnormen erfordert, verdrängte nicht nur die Arbeitsbereiche anderer juristischer Berufe, wie z. B. Anwalt, Notar, Wirtschafts- und Verwaltungsjurist, sondern verhinderte auch, dass die Funktion des Gesetzgebers und der Inhalt seiner Tätigkeit Gegenstand einer wissenschaftlichen Theorie geworden sind. Eine interdisziplinäre Kooperation der rechtswissenschaftlichen Forschung mit den Sozialwissenschaften (hier vor allen Dingen mit der Politologie, Soziologie und Volkswirtschaftslehre) ist erforderlich, um all die theoretischen Erkenntnisse in praktisches Handeln umzusetzen. Dies ist nicht zuletzt bedeutsam aus Gründen des ständigen sozialen Wandels, der gesellschaftlichen, technologischen, wissenschaftlichen Entwicklung und der Notwendigkeit, dieser Entwicklung auch im juristischen Bereich adäquaten Ausdruck zu verleihen (vgl. auch das Erfordernis ständiger politischer Legitimation). Hier zeigt sich einerseits die Verantwortung der Wissenschaft für die Gesellschaft und andererseits die staatliche Bereitschaft, die zahllosen empirischen und theoretischen Ergebnisse gesetzgeberisch zu nutzen. Für die juristische Lehre bedeutet dies, dass die bisherige Einübung von Juristen nur in die Gesetzesanwendung nicht genügt[58]. Erforderlich ist es, die Techniken und Methoden[59] der Gesetzgebungstätigkeit, wie sie in den Parlamenten, Regierungen, Parteien und Verbänden schon verwendet werden, zu vermitteln[60]. Dies allein genügt aber nicht. Hinzu kommt notwendigerweise die

---

57 Vom Beruf unserer Zeit für Gesetzgebung und Rechtswissenschaft, 1814.
58 *Noll*, Von der Rechtsprechungswissenschaft zur Gesetzgebungswissenschaft, in: Jb. 2, S. 524 ff.; *Hof/Lübbe-Wolf* (Hrsg.), Wirkungsforschung zum Recht I, Wirkungen und Erfolgsbedingungen von Gesetzen, a. a. O. (Fn. 4), 1. Aufl. 1999. Dieser Band beschäftigt sich in vielen Einzelbeiträgen insbesondere mit dem Thema „Was bewirken Gesetze?", „Warum versagen Gesetze?" und „Unter welchen Voraussetzungen erfüllen Gesetze ihren Zweck?".
59 Vgl. *Noll*, Gesetzgebungslehre, 1973.
60 Vgl. insbesondere die Erfahrungen mit den Alternativ-Entwürfen des StGB und des Strafvollzugsgesetzes. *Opp*, Soziologie (Fn. 8), S. 126-218. Vgl. die Planspiele zum Städtebau-

analytische und kritische Aufarbeitung der gesellschaftlichen und politischen Einwirkungen, Initiativen, Steuerungen und Verhinderungen der Gesetzgebungstätigkeit[61]. Hier kann auf soziologische und politikwissenschaftliche Theorien und Analysen der gesellschaftlichen Entwicklung, der Sozialstruktur, der Macht und Herrschaftsbeziehungen[62], des gesellschaftlichen Kommunikations- und Interaktionsnetzes Bezug genommen werden. Erforderlich ist auch eine Rückkoppelung, um einen Verbesserungs- und Lernprozess in der Gesetzgebung zu ermöglichen. Dies und die Organisation von Vorhaben und deren Durchführung, ihre interne Steuerung und Kontrolle und die Möglichkeiten eventuell beabsichtigter gesellschaftlicher Steuerung erfordern insgesamt für die Gesetzgebungstätigkeit eine Theorie der juristischen und politischen Planung. Dabei kann die Frage nach der Steuerungsfunktion des Rechts und die Offenheit und Flexibilität des Rechtssystems nicht vernachlässigt werden[63]. Für ein konkretes Gesetzesvorhaben wird zunächst die Problemanalyse und die Regelungsnotwendigkeit zu erarbeiten sein. Dann ist das Ziel operational zu definieren. Dies kann nur unter Berücksichtigung der parlamentarischen Mehrheiten, der Werte des gesellschaftlichen Systems und der Bedingungen der Verwirklichung durch das Rechtssystem geschehen. In der Verfolgung des Ziels ist nicht auf geeignete und bewährte Instrumentarien und Techniken der Zielverwirklichung zu verzichten[64]. So kann beispielsweise in Form von Simulationen und Planspielen die Praktikabilität des Vorhabens, nicht vorhergesehene Nebenfolgen, Zielkonflikte, die Auswirkungen auf das politische und rechtliche Verhalten, Organisationsdefizite, Folgenprognose und Erfolgskontrolle getestet werden[65].

---

förderungsgesetz 1971 – Sanierung des Ortskerns von Stuttgart-Vaihingen; das Planspiel zur Novelle des Bundesbaugesetzes von 1975; siehe auch *Liedtke, W.*, Das Bundesdatenschutzgesetz; Eine Fallstudie zum Gesetzgebungsprozeß, 1980; dazu auch *Teubner*, Organisationsdemokratie und Verbandsverfassung, 1978.

61 *Noll*, Gründe (Fn. 8), S. 259 ff.; *Zitscher*, Normwirkung (Fn. 8), S. 289 ff.; *Aubert*, Einige soziale Funktionen der Gesetzgebung, in: KZfSS, Sonderheft 11, Studien und Materialien zur Rechtssoziologie, 1967, S. 284-309.

62 *Hondrich*, Theorie der Herrschaft, 1973; *Rottleuthner*, Rechtstheorie (Fn. 56), S. 86-90.

63 Die instrumentale Steuerungsfunktion des Rechts darf nicht überschätzt werden. Gerade die Geltung der Rechtsnorm verweist auf die soziale Norm und ihre Verankerung in den politischen und gesellschaftlichen Verhältnissen.

64 *Böhret*, Entscheidungshilfen für die Regierung, 1970; *Aderhold*, Kybernetische Regierungstechnik in der Demokratie, 1973; *Böhret*, Entbürokratisierung durch vollzugsfreundliche und wirksame Gesetze, Speyer 1980.

65 *Schröder, H.J.*, Zur Erfolgskontrolle der Gesetzgebung, in: Jb. 3, 1972, S. 271 ff.; *Bender, Rolf*, Zur Notwendigkeit einer Gesetzgebungslehre, dargestellt an aktuellen Problemen der Justizreform, 1974; *Hopt*, Simulation und Planspiel in Recht und Gesetzgebung, in: Gesetzesplanung, S. 33 ff.; *Garstka*, Formulierungsprobleme bei der Gesetzesplanung, in: Gesetzesplanung, S. 83 ff.; *von Berg*, u. a., Möglichkeiten ADV-gestützter Gesetzesplanung dargestellt am Beispiel des Wohngeldgesetzes, in: Gesetzesplanung; *Haft*, Automatisierte juristische Dokumentation und Gesetzesplanung, in: Gesetzesplanung; siehe mit weiteren Literaturhinweisen *Büllesbach, A.*, Informationstechnologie und Datenschutz, 1984, 2. Kap. V.

12.4.4 Sozialwissenschaftliche Ansätze in der Kriminologie

Einen anderen großen Zugangsbereich bilden die Strafrechtswissenschaften. So gehen sozialwissenschaftliche Erkenntnisse in die Reform des Strafgesetzbuches, in das Strafvollzugsgesetz[66] und der Kriminologie ein. Die Kriminologie ist eine Wissenschaft, die auf die Zusammenarbeit einzelner Sozialwissenschaften angewiesen ist, wenn sie die mit der Begehung, Entstehung und Bekämpfung von Kriminalität zusammenhängenden sozialen Vorgänge erforschen will. Ihre Bedeutung für die Rechtswissenschaft liegt in der Vermittlung von Tatsachenwissen und dessen Interpretation und damit der Öffnung der sozialen Wirklichkeit für den normativ denkenden Strafjuristen. Die Einbeziehung der Wirkung der Rechtsnorm auf den einzelnen Menschen und auf die Gesellschaft als Ganzes kann so in sinnvoller Weise Einfluss auf die Anwendung von Strafrechtsnormen, auf die zweckentsprechende Behandlung im Strafvollzug und auf die Kriminalpolitik haben. Die Bedeutung der Kriminologie für die juristische Ausbildung liegt darüber hinaus auch im Kennenlernen anderer Denk- und Arbeitsstile. In der Kriminologie ist die Diskussion um die Theorien abweichenden Verhaltens vorherrschend. Ätiologisch lassen sie sich in zwei Gruppen einteilen: Solche, die den Ursprung im Einzelnen sehen und solche, die ihn in den gesellschaftlichen Verhältnissen sehen. Die individualistischen Theorien differenzieren sich in die bioanthropologischen („geborene Verbrecher", Genstruktur, Körperbau) und die psychodynamischen Theorien. Die psychodynamischen Kontrolltheorien führen Abweichung darauf zurück, dass natürliche Neigungen zu abweichendem Verhalten durch den zusammengebrochenen inneren Kontrollmechanismus nicht mehr eingedämmt werden. Dies kann Folge einer Fehlentwicklung des Superegos oder einer aus ständigen Frustrationen entstandenen übermächtigen Aggressivität sein. Die psychodynamischen Abwehrtheorien erklären abweichendes Verhalten aus einem Abwehrmechanismus einer tiefsitzenden Angst – etwa vor dem Konkurrenzkampf[67].

Die Anomietheorien, die kulturellen Übertragungstheorien und die Stigmatheorien (labeling theories) knüpfen an gesellschaftliche Bedingungen im Interaktionszusammenhang an, während Marxismus die Kriminalität aus den gesellschaftlichen Produktions- und Reproduktionsverhältnissen, der Klassenstruktur, der kapitalistischen Gesellschaft ableitet. Die von *Durkheim* und *K. Merton* aufgestellte Anomie-

---

66 *Kaufmann, Arthur* (Hrsg.), Die Strafvollzugsreform, 1971; siehe auch Wahlfach Examinatorium WEX 3, Strafvollzug; *Peuckert, R.*, Abweichendes Verhalten und soziale Kontrolle, in: Korte/Schäfers (Hrsg.), Einführung in die Hauptbegriffe der Soziologie, 5. Aufl. 2000; siehe *Röhl, K.F.*, Rechtssoziologie, 1987, § 34, § 35, S. 284 ff., 292 ff.; *Albrecht, P.-A.*, Kriminologie, 2. Aufl. 2002; neuere Ansätze der Verhaltensforschung siehe *Hof, H.*, Rechtsethologie, Heidelberg 1996.
67 Vgl. zu dem Gesamtkomplex Psychoanalyse und Recht, *Lorenzer, Alfred*, Symbol, Interaktion und Praxis, in: Psychoanalyse als Sozialwissenschaft, 1971, S. 9-59; Psychoanalyse und Justiz (Hrsg. T. Moser) mit Beiträgen von *Th. Reik, F. Alexander, H. Staub* und *T. Moser*, S. 1-22, S. 23 ff.

theorie führt abweichendes Verhalten auf einen Zusammenbruch der sozialen Kohäsion oder auf eine Diskrepanz zwischen kulturell definierten Zielen und sozial definierten (und limitierten) Mitteln zur Erreichung dieser Ziele (z. B. Wohlstand, Reichtum, Chancengleichheit) zurück. Nach den kulturellen Übertragungstheorien wird abweichendes Verhalten im Rahmen differenzieller Assoziation erlernt, d. h. kriminelles Verhalten beruht auf einem üblichen Lernvorgang (vgl. Lerntheorie), in dem kriminelle Motivation, Rationalisierungen und Attitüden erlernt werden (z. B. mit Banden). Nach den in den letzten Jahren stark hervorgetretenen Stigmatheorien (labeling theories) schreibt die Gesellschaft einzelnen oder Gruppen mehr oder weniger willkürlich Kriminalität zu. Diese Stigmatisierung fördert eine Abweichungsidentität und indiziert letztlich Sekundärabweichung[68].

Abschließend sei nun der Gedankengang noch auf den Problemzusammenhang von maßgebender Theorie und Forschungsrichtung gelenkt. Dass hier Begünstigungen oder Zurückdrängen mancher Forschungseinrichtungen möglich sind, legen *Hassemer* und *Schroth*[69] im Rahmen des „labeling approach" dar. So begünstigt diese Forschungsrichtung die Erstellung von Analysen über die Auslegung von Tatbeständen, der Beweiswürdigung der Gerichte (möglicherweise zu ungunsten von Angehörigen der Unterschicht); über die Ermittlungsweisen von Polizei[70] und Staatsanwaltschaft; über gesellschaftliche Gruppennormen und ihre Auswirkungen auf Rechtsentscheidungen; über die Wirkung der Sanktion auf die Sanktionierten; über die Rollenhaltungen; über die Organisationsstruktur etc. Die Kriminologie kann als gutes Beispiel gelten, wo die interdisziplinäre sozialwissenschaftliche Zusammenarbeit stattfindet[71].

12.4.5 Selektivität von Sanktionstätigkeit

Das wissenschaftliche Interesse in der neueren Kriminalsoziologie hat sich von der Untersuchung abweichenden Verhaltens weg und zur Untersuchung der Reaktion sozialer Kontrollinstanzen (Polizei, Staatsanwaltschaft, Strafgerichte, Gefängnisse)

---

68 *Seibel, H.D.*, Abweichendes Verhalten und soziale Integration, in: KZfSS 24 (1971), S. 1 ff.; *Hassemer*, Kriminalitätstheorien (Fn. 36), S. 79 ff.; zum Labeling approach auch *Hassemer/Schroth*, Labeling Approach, in: WEX 2, Kriminologie, S. 91 ff.
69 *Hassemer/Schroth*, Approach (Fn. 68), S. 91 ff.
70 *Feest/Blankenburg*, Die Definitionsmacht der Polizei; Strategien der Strafverfolgung und soziale Selektion, 1972; *Feest/Lautmann* (Hrsg.), Die Polizei; Soziologische Studien und Forschungsberichte, 1971; *Feest, J. u. a.*, Totale Institution und Rechtsschutz, Eine Untersuchung zum Rechtsschutz im Strafvollzug, Opladen, 1997.
71 Die Literatur ist sehr umfassend. Als Überblick über Themen und Literatur sei auf *Kaiser/Kerner/Sack/Schellhoss* (Hrsg.), Kleines Kriminologisches Wörterbuch, 3. Aufl. 1993, verwiesen; *Trutz von Trotha* (Hrsg.), Politischer Wandel, Gesellschaft und Kriminalitätsdiskurse, Beiträge zur interdisziplinären wissenschaftlichen Kriminologie, Festschrift für Fritz Sack zum 65. Geburtstag, 1. Aufl. 1996, S. 467.

hin orientiert. Die Selektivität z. B. polizeilicher Sanktionstätigkeit hat ein umfangreiches wissenschaftliches Interesse gefunden.

Die kommunikative Struktur des Verhältnisses Polizei – Bevölkerung hat die Konsequenz, dass handlungsleitend für die polizeiliche Tätigkeit nicht nur Rechtsnormen und Dienstvorschriften, sondern auch Interpretationen und Erwartungshaltungen sind. Polizeiliche Sanktionstätigkeit ist demzufolge selektiv, d. h.: sanktioniert werden nicht alle Verhaltensweisen, die unter Strafnormen etc. gebracht werden können, sondern nur ein Bruchteil davon.

In Wahrnehmung der polizeilichen Aufgaben treten typische Konflikte auf, z. B. Rollenkonflikte der Person Polizeibeamter mit der Aufgabe der Polizei (Intra-Rollenkonflikt), Konflikte des Privatmanns, der Polizist geworden ist, mit dem Bürger, den er zu kontrollieren hat (Inter-Rollenkonflikt). Bei diesem Kommunikationsprozess spielen die ganz allgemein vorausgesetzten Zusammenhänge wie

– sprachliche Differenzierungen
– verschiedene Sozialisationsvoraussetzungen
– unterschiedlicher gesellschaftlicher Status
– unterschiedliche gesellschaftliche Anerkennung
– Selbsteinschätzung
– Attitüden
– Differenzierung der verschiedenen Wahrnehmungsformen und nicht zuletzt
– unterschiedliche Denkstrukturen

eine wesentliche Rolle[72].

Der Selektionsprozess lässt sich prinzipiell in dreierlei Art und Weisen verstehen. Zunächst werden aus der Gesamtheit der unter Sprachnormen fallenden Handlungen der Mitglieder einer Gesellschaft, nach näher bestimmbaren Selektionsmechanismen (Strafanzeige etc.), bestimmte Handlungen als „kriminell" ausgewiesen und damit als gesellschaftlich reale Kriminalität festgelegt. Juristische Selektivität äußert sich im Vorgang der sog. Subsumtion des bereits selektiv ermittelten Sachverhaltes unter die Rechtsnorm. Dieser scheinbar logische Prozess blendet alles aus, was nicht rechtlich subsumierbar erscheint. Auf die hier ansetzende Kritik des

---

[72] Vgl. *Brusten, Manfred,* Determinanten selektiver Sanktionierung durch die Polizei, S. 17 ff.; *Peters,* Die soziale Herkunft der von der Polizei aufgegriffenen Täter, S. 93 ff.; beide in: Feest/Lautmann (Hrsg.), Die Polizei, 1971; *Malinowski,* in: Die Polizei – eine Institution öffentlicher Gewalt, Arbeitskreis junger Kriminologen (Hrsg.), 1975, S. 61 ff.; *Fischer-Kowalski, Leitner, Steinert,* Statusprobleme zwischen Polizei und Bevölkerung und ihre Bewältigung in der Produktion einer unteren Unterschicht, in: Arbeitskreis Junger Kriminologen (Hrsg.), S. 89 ff.; vgl. auch *Kaiser,* Kriminologie 3/1976, S. 114-121, 169 f., 220 f., 228 f; *Kaiser, G.,* Kriminologie, Ein Lehrbuch, 3. Aufl. 1996; *Brusten, M.* (Hrsg.), Devianz im Wandel, Helge Peters zum 60. Geburtstag, Oldenburg, 1998; *ders.* (Hrsg.), Polizeipolitik: Streitfragen, kritische Analysen und Zukunftsperspektiven, Weinheim, 1992, Krim. Journal, Beiheft 4.

"juristischen Syllogismus" kann nicht näher eingegangen werden[73]. Aber in der Kritik an dieser sog. Subsumtion werden gleichzeitig die Ansätze für die dritte Sichtweise des Selektionsprozesses deutlich.

Der englische Kriminologie und Kriminalstatistiker *Mac Naughton-Smith* nennt diese Ebene des regelhaften Handelns, die sich gerade dadurch auszeichnet, dass sie nicht fixiert und unmittelbar greifbar festzustellen ist, "Second Code". Gemeint sind damit Selektionsmechanismen, die fest institutionalisierte und strukturell verankerte soziale Prinzipien darstellen, welche weitgehend unterhalb der Schwelle manipulierbaren Rollenhandelns liegen. Das Funktionieren des "Second Codes" als einer weiteren Ebene regelhaften Handelns hängt wesentlich davon ab, dass diese Ebene nicht sichtbar ist und unterschwellig wirkt. Der "Second Code" ist daher nur durch empirische Untersuchungen feststellbar. Ausgangspunkt ist dabei nicht die Tatsache, dass jemand eine festgelegte Handlung begeht, sondern seine Etikettierung als Krimineller durch die Gesellschaft. Wobei diese Etikettierung nicht aus der Missachtung der rechtlichen Norm (erster Code) folgt, sondern eine Konsequenz aus irgendeinem Ereignis oder einer Situation, die einen impliziten, latenten zweiten Code verletzt, darstellt[74].

Die Polizei hat[75] sich handlungsleitende Alltagstheorien entwickelt, deren sie sich weitgehend unbewusst bei der Lösung ihrer täglichen Aufgaben bedient. Mit diesen handlungsleitenden Theorien schaffen sich die Polizeibeamten Begründungen, Rechtfertigungen, Vorstellungen, Vermutungen über Ursachen und Erscheinungsformen von Kriminalität und deren Täter und machen sie damit gleichzeitig zu Kriterien ihrer jeweiligen Entscheidung. Es versteht sich, dass dabei sowohl die polizeiliche "Erfahrung", die von älteren Kollegen vermittelt und tradiert wird, wie auch Selektionskriterien, die sich aus den sozialen, ökonomischen und beruflichen Attributen des Täters bestimmen, und nicht zuletzt auch die Selbsteinschätzung ihres eigenen beruflichen Status und die vermutete Fremdeinschätzung durch die Bevölkerung eine Rolle spielen. *Manfred Brusten* stellt dazu fest: "Zur Gewinnung eines akzeptablen Selbstbildes und zur Sicherung ihres sozialen Status innerhalb der breiten Öffentlichkeit bzw. ihrer tragenden Schichten entwickelt die Polizei einen strengen Verhaltenskodex, der sich insbesondere an den Normen und Werten der Mittelschicht ausrichtet"[76].

Der meist aus der Unterschicht stammende Polizeibeamte steht daher bei der Durchführung der polizeilichen Maßnahmen in einem sozialen Spannungsver-

---

73 Vgl. Kap. 6 u. 10.
74 Vgl. *Mac Naughton-Smith*, Der zweite Code, in: Lüderssen, K./Sack, F. (Hrsg.), Seminar: Abweichendes Verhalten II, Die gesellschaftliche Reaktion auf Kriminalität, Bd. 1, 1975, S. 1208, vgl. auch Bände 2-4, 1975-1980.
75 Vgl. hierzu auch Feststellungen in der Richtersoziologie: *Rottleuthner, Lautmann, Rasehorn*; vgl. *Rasehorn, Th.*, Der Richter zwischen Tradition und Lebenswelt, Alternative Justizsoziologie, 1989.
76 *Brusten*, Determinanten (Fn. 72), S. 50.

hältnis. Hieraus ergeben sich für den Polizeibeamten Rollenkonflikte im Hinblick auf die Differenzierung der potenziellen Interaktionspartner in der Öffentlichkeit. Dies äußert sich in der Schwierigkeit z. B. „Verdächtige" und „Nichtverdächtige" zu unterscheiden. Für diese Differenzierung benötigt der Polizeibeamte Unterscheidungskriterien. Diese liegen nicht in der gesetzlichen Definition von Straftatbeständen bzw. Ordnungswidrigkeiten, sondern ergeben sich aus einem vermeintlichen klaren Werte- und Normbewusstsein, aus dem hieraus der Polizeibeamte glaubt, normbrechendes Verhalten klar qualifizieren zu können. Bekanntermaßen gelingt dies nicht ohne Verzerrungen, wie z. B. Indifferenz bei sog. statushohen Normbrechern und Sanktionsgewalt bei statusniedrigen Normbrechern[77]. Meist hat der Polizeibeamte in Gefahrensituationen einen Ermessensspielraum, in dem der Second Code, d. h. die Verschiedenartigkeit der Alltagstheorien wirken, wodurch zusätzlich selektiv sanktioniert wird. Zu bemerken ist hier, dass von Polizeitheoretikern dieser Ermessensbegriff ausschließlich juristisch definiert ist. Gerade selektives Handeln aber weist darauf hin, dass dieser Ermessensspielraum sehr stark soziologische Zuordnungen und Definitionen trifft. Dabei sind Ermessensspielräume gekennzeichnet durch die Einschätzung, die Beurteilung, das Abwägen, durch die Definition der Situation[78]. Der Polizeibeamte muss jedenfalls in solchen Situationen immer eine Entscheidung fällen. Dabei werden diese Entscheidungen regelmäßig von folgenden Faktoren beeinflusst: nämlich Interessen (öffentliches Interesse, Gruppeninteresse, persönliches Interesse), zweitens von Machtstrukturen (Macht, Taktik, Konkurrenz) und schließlich von Einstellungen und Vorurteilen (Sympathien und Antipathien, Konventionen, Normen und Werten). Es ist heute unstreitig, dass Entscheidungen durch den Ablauf des Verfahrens nicht nur beeinflusst werden, sondern der Entscheidungsprozess selbst im Ergebnis dadurch bestimmt wird. Beobachtet werden konnte, dass der Polizeibeamte in Situationen eine Tendenz zur Selbstjustiz hat, die sich in der Überdehnung von sog. Entscheidungsspielräumen zeigt.

Deutlich wird dies in Situationen, in denen der Polizeibeamte glaubt, seine Überlegenheit werde nicht anerkannt. Es ist einer der häufigsten Alltagsfälle, in denen Zwang angewendet wird, das heißt: dass die Kompetenz ausgeweitet und zusätzlich Personen kriminalisiert werden. Zu vermuten ist hier, dass dies Fälle aus der Unterschicht sind, die hier betroffen werden, da hier ein sozialisationsbedingtes Verhaltenspotenzial frei wird, das sich gegenüber augenscheinlicher und ungerecht empfundener Macht häufig abrupt wehrt.

Sozialpsychologisch handelt es sich um „Interpunktionskonflikte", die darauf beruhen, dass die Partner derartiger Kommunikationsbeziehungen meist von der uner-

---

77 Siehe *Peters, D.*, in: Feest/Lautmann (Fn. 70), S. 93 ff., 989 ff.; *Feest/Blankenburg*, Die Definitionsmacht der Polizei, 1972, S. 114/115.
78 Auf die Problemlage, die sich aus der Anwendung von unbestimmten Gesetzesbegriffen und dem Beurteilungsspielraum ergibt, sei hier nicht explizit eingegangen.

schütterlichen Überzeugung ausgehen, dass es nur eine Wirklichkeit gibt, nämlich die Welt, wie sie sie sehen, und dass jede Wirklichkeitsauffassung, die von dieser Sicht abweicht, ein Beweis für die Irrationalität des Betreffenden oder seine böswillige Verdrehung von Tatsachen sein muss[79]. Grundlage derartiger Interpunktionskonflikte sind häufig widersprüchliche Annahmen der Betroffenen hinsichtlich dessen, was Ursache und was Wirkung des Konfliktes ist. Meist ist von außen betrachtet weder der eine noch der andere Standpunkt stichhaltig, da solche Interaktionen nicht linear, sondern kreisförmig verlaufen. Das bedeutet, dass das Verhalten jedes Beteiligten zugleich action und reaction ist, d. h. sowohl das Verhalten des anderen bedingt als auch selbst durch das Verhalten des anderen bedingt ist. Das Verhalten des anderen wird dabei aus der Sicht des einzelnen nur interpretiert. Aus diesem Mechanismus ergibt sich aber, dass die eigenen Interpretationen in der Form einer Aktion für den anderen überhaupt erst das Verhalten im anderen erzeugen.

Diese Kreisförmigkeit wird als selbsterfüllende Prophezeiung (selffulfilling prophecy) bezeichnet. Wenn z. B. der Polizeibeamte davon überzeugt ist, dass ihn jemand nicht respektiert, wird er ein misstrauisches, abweichendes oder aggressives Benehmen an den Tag legen, auf das seine Umwelt höchstwahrscheinlich mit Unmut reagiert und damit seine ursprüngliche Annahme „beweist". Im Bereich der Interpunktion handelt es sich hier um Verhaltensformen, die in anderen Menschen Reaktionen auslösen, auf die das betreffende Verhalten eine adäquate Reaktion wäre, wenn sie es nicht selbst bedingt hätten. Kommunikationstheoretisch wird dieses Interpunktionsproblem deshalb bedeutsam, weil der Betreffende sein Verhalten nur als Reaktion auf das der anderen sieht, nicht aber auch als dessen auslösendes Moment. Dieser Gesichtspunkt ist im Hinblick auf eine gegenseitige Kommunikation besonders hervorzuheben, da im polizeilichen Bereich überwiegend nur die Situation einseitig von der Polizei im Hinblick auf die Bevölkerung betrachtet wird, nicht aber auch die Wirkung polizeilichen Handelns auf die Bevölkerung und die Reaktion der Bevölkerung auf dieses Verhalten.

Ein weiterer Faktor des polizeilichen Sanktionsverhaltens ergibt sich aus dem Erlebnis, das der Polizeibeamte durch die richterliche Tätigkeit als „Erfolgskontrolle" hat. Je nachdem, wie kongruent mit den Auffassungen der Polizeibeamten die Richter deren Handeln beurteilen (Einstellungen, Freisprüche, Verurteilungen) werden sich die Polizeibeamten – geprägt durch ihre Erfahrungen mit dem Gericht – in Ermittlungssituationen verhalten. Die Polizeibeamten forcieren die Handlungsstrategien, die nach ihrer Erfahrung bei Gericht zu „Erfolg" führen, also durch Verurteilung und hohes Strafmaß bestätigt werden (rechtskybernetisch könnte hier von einem Regelkreisverhalten gesprochen werden). Polizeibeamte müssen erfolgreiche Strafverteidigung als Misserfolg der eigenen Ermittlungstätigkeit erleben.

---

79 Vgl. *Watzlawick, P./Beavin, J.H./Jackson, D.* (Hrsg.), Menschliche Kommunikation, 8. Aufl. 1990, Bern, S. 93.

D *Theorien der Rechtswissenschaft*

Dieses Erlebnis der sozialen Interaktion zwischen Polizei und Rechtsprechungsorganen schlägt auf das alltägliche Handeln der Polizei durch. Diese Wirkung ist einerseits auf vorgesehene Rechtskontrollwirkung, andererseits, und dieser Aspekt wird hier hervorgehoben, fühlen sich die Polizeibeamten von den Gerichten falsch verstanden und in ihrer Arbeit kritisiert, was bei ihnen ein Unbehagen hervorruft und Vorbehalte gegenüber dem Gericht erzeugt[80].

12.4.6 Rechtsanthropologie[81]

Das Menschenbild eines Wissenschaftlers, eines Denkers, einer wissenschaftlichen Disziplin, ja einer historischen Epoche war immer entscheidend für die Antworten auf die Fragen in der jeweiligen Epoche. Die Naturrechtswende bei *Hobbes* war geprägt von seiner Auffassung vom Menschen. Ist der Mensch von Natur böse, d. h. des anderen Feind und gewillt, ihm Schaden zuzufügen, dann folgt für *Hobbes* daraus, dass der Staatsvertrag kein Gesellschaftsvertrag, sondern ein Herrschafts- und Unterwerfungsvertrag (Leviathan) sein muss. Der Naturzustand des Menschen als eines „bellum omnium contra omnes"[82] wird hauptsächlich durch Konkurrenz, Verteidigung und Ruhm begründet. Nicht Selbsterhaltungstrieb mit Furcht vor dem Nächsten, sondern Geselligkeitstrieb, appetitus socialis führt nach *Grotius* zum Staatsvertrag. Jus naturale ist ein „dictatum rectae rationis" und recta ratio ist Übereinstimmung mit der vernünftigen und allgemeinen Menschennatur. Was zu verschiedenen Zeiten und an verschiedenen Orten für gewiss gehalten wurde, das muss auf eine allgemeine Ursache (ad causam universalem) bezogen werden[83]. *Pufendorfs* Naturrechtssystem zog aus *Hobbes* die Lehre, dass der Mensch von Natur aus selbstsüchtig sei, aus *Grotius*, dass er zur Geselligkeit strebt. Da diese beiden Grundtriebe nicht harmonisieren, ist Zwang notwendig. Aus der Schwäche der Natur wird der Staatszwang hergeleitet, also: Harmonie durch Staatsgewalt.

Neben dieser Tradition anthropologischen Denkens steht prinzipiell die positive Forderung nach Menschlichkeit, nach Verwirklichung des Menschen. Nicht mehr „homo homini lupus", sondern „homo homini homo" ist der gesellschaftsbezogene Grundriss einer besseren Welt. In ihr findet, wenn das zwischenmenschliche Ver-

---

80 Vgl. *Brusten*, Determinanten (Fn. 72), S. 55-58; *Kube, E.*, Kommunikationsprobleme zwischen Polizei und Gericht, in: JZ 1976, S. 17-24; siehe zum weiteren Zusammenhang von Strafrecht und Kriminalisierung, *Steinert, H.*, Statusmanagement und Kriminalisierung, in: Steinert, H. (Hrsg.), Der Prozess der Kriminalisierung, 1973, S. 9 ff.; *Kaupen, W.*, Das Verhältnis der Bevölkerung zum Recht in einer demokratischen Gesellschaft, in: Steinert, H. (Hrsg.), Der Prozess der Kriminalisierung, S. 27 ff., vgl. auch S. 62-65.
81 Vgl. grundlegend *Röhl, K.F.*, Rechtssoziologie, 1987, § 16, Der Mensch als soziale Person, S. 119-126 mit weiteren Literaturhinweisen.
82 *Hobbes*, Opera Latina, Nachdruck Aalen, 1966, Vol. 3, Leviathan, S. 101.
83 *Grotius*, De iure belli ac pacis. 1625, Proleg. 40, S. 55.

hältnis in Ordnung gekommen ist, auch die Vermittlung mit der Natur statt[84]. Im Menschen selbst liegt die Möglichkeit zur Verwirklichung der Menschlichkeit. In diesem Sinne muss Gesellschaft und Dasein radikal werden, d. h. sich an der Wurzel fassen[85]. „Die Wurzel der Geschichte aber ist der arbeitende, schaffende, die Gegebenheiten umbildende und überholende Mensch"[86]. Die Problemlage ist damit bei weitem nicht gelöst. Es stellt sich die Frage, wie die Dynamik der Produktionsweise in der gegebenen Gesellschaft mit der Dynamik des Bewusstseins zusammenhängt. Dies macht den Übergang von der einseitigen Betrachtung des menschlichen Individuums zur Analyse der gesellschaftlichen Massenbewegungen erforderlich. Die bisherige philosophische Anthropologie erweitert sich und wird ergänzt durch die biologische, ethnologische, psychologische, verhaltenstheoretische, soziologische Anthropologie und eine Kulturanthropologie[87].

Dieses neue Interesse an Anthropologie[88] hat seine Triebkräfte in den brüchig gewordenen philosophischen Welterklärungen, die mehr und mehr als Handlungsorientierungen ausfallen und in den zunehmend bewusstwerdenden ökonomi-

---

84 Wie wichtig dies ist, zeigen die immer häufiger und mahnender werdenden Veröffentlichungen über Naturausbeutung, Umweltverschmutzung etc. Die Verhältnisse Mensch/Mensch, Mensch/Natur sind in unserer Zeit am intensivsten gestört. Stellvertretend für die umfassende Literatur zu dieser Problematik seien nur genannt: *Horn, Klaus* (Hrsg.), Gruppendynamik und der „subjektive Faktor", Repressive Entsublimierung oder politische Praxis, 1972; *Meadows, Dennis,* Die Grenzen des Wachstums, 1972 und *Mesarovic/Pestel,* Menschheit am Wendepunkt, 2. Bericht an den Club of Rome zur Weltlage, 1974; diese beiden Berichte behalten trotz der vielseitigen Kritik ihren aufklärerischen Wert. Siehe auch die Erörterung der sozialen und wirtschaftlichen Folgen der Informations- und Kommunikationstechnologien und z. B. die ethischen Fragen bei der Anwendung der Gentechnologie; vgl. *Winnacker, E.-L.,* Gentechnik: Eingriffe am Menschen, Ein Eskalationsmodell zur ethischen Bewertung, 4. Aufl. 2002, München.
85 Vgl. das Marx-Zitat: „Radikal sein, ist die Sache an der Wurzel fassen. Die Wurzel für den Menschen ist aber der Mensch selbst." *Marx, K/Engels, F.,* Werke, Berlin 1970, MEW Bd. 1, S. 385; vgl. auch *Bloch,* Über Karl Marx, 3. Aufl. 1971, Frankfurt a. M., S. 156.
86 *Bloch, Ernst,* Das Prinzip Hoffnung, 1967, S. 1628.
87 Vgl. *Gadamer/Vogler,* Bd. 6 u. 7, Philosophische Anthropologie; *Keller, Wilhelm,* Einführung in die philosophische Anthropologie, 1971; *Plessner, H.,* Philosophische Anthropologie, 1971; *Gadamer/Vogler* (Hrsg.), Bd. 1 und 2, Biologische Anthropologie; vgl. *Lepenies,* Soziologische Anthropologie, Materialien, 1971, S. 10-20; *Gadamer/Vogler* (Hrsg.), Bd. 5, Psychologische Anthropologie, Biologische Anthropologie Bd. 2, S. 3 ff.; *Lepenies,* Soziologische Anthropologie; *Lepenies/Nolte,* Kritik der Anthropologie, 1971; *Gadamer/Vogler* (Hrsg.), Sozialanthropologie; *Gadamer/Vogler* (Hrsg.), Bd. 4, Kulturanthropologie; *Rothacker,* Probleme der Kulturanthropologie, 2. Aufl. 1965; *Fikentscher, W.* (Hrsg.), Begegnung und Konflikt – eine kulturanthropologische Bestandsaufnahme, München 2001.
88 Hier kann nicht annähernd auf die vielen Beiträge der Einzelwissenschaften eingegangen werden. Einen knappen, ausgezeichneten Überblick bietet *Lepenies,* Soziologische Anthropologie, S. 9-41; *Müller, H.-P.* u. a. (Hrsg.), Norm, Herrschaft und Vertrauen. Beiträge zu James S. Coleman's Grundlagen der Sozialtheorie, Opladen 1998; *Bourdieu, P.,* Reflexive Anthropologie, Frankfurt a. M. 1996; *Fikentscher, W.,* Zur Anthropologie der Körperschaft, 1995.

schen und psychologischen Bedrohungen menschlichen Lebens. Es werden neue Kriterien, neue Maßstäbe gesucht, man besinnt sich des Ausgangspunktes: Der geschichtliche Mensch in seinen gesellschaftlichen Verflechtungen. Dieser neue Trend, der ein interdisziplinäres Interesse findet, leitet eine Phase sozialwissenschaftlicher Zusammenarbeit ein. In der Psychiatrie, Psychologie, Pädagogik, Biologie, Politologie und Kriminologie bemüht man sich, wichtige anthropologische Fundamente dieser Disziplin herauszuarbeiten[89]. *Maihofer* gliedert die anthropologischen Funktionen des Rechts in eine rationalisierende und in eine antizipierende Funktion[90]. *Lampe*[91] untersucht in seiner Rechtsanthropologie lediglich die Strukturen des Einzelmenschen und deren Bedeutung für das Recht. *Würtenberger* verlangt für die Rechtsanthropologie die Berücksichtigung möglichst aller Seiten des Menschseins. Sowohl die empirische Methodik der heutigen Naturwissenschaft oder Sozialforschung als auch die vielfältigen Methoden eines deutenden Verstehens geistiger Zusammenhänge in den Geistes- und Kulturwissenschaften gehören zum rechtsanthropologischen Wissenschaftsbereich[92]. Nur auf diesem Hintergrund sind wegweisende Kategorien wie beispielsweise Situation, Handlung, Rolle, Norm, Institution, Kompetenz (sprachliche, kommunikative, soziale), Performanz etc. zu gewinnen. *Arthur Kaufmann* grenzt die rechtsontologische Frage von der Rechtsanthropologie ab. Die Rechtsontologie hat die Aufgabe, die „Seinsverfassung des Rechts" zu erforschen und nur im Rahmen dieser Aufgabe ist aus methodischen Gründen (analogia entis) auch die Natur des Menschen zu untersuchen[93]. Die

---

89 Vgl. z. B. *Claessens,* Instinkt, Psyche, Geltung, 1968; *ders.,* Anthropologische Grundlagen modernen Denkens, 1970; *Gehlen,* Anthropologische Forschung; Zur Selbstbegegnung und Selbstentdeckung des Menschen, 1963; *ders.,* Studien zur Anthropologie und Soziologie, 1963; *Ryffel,* Grundprobleme der Rechts- und Staatsphilosophie; Philosophische Anthropologie des Politischen, 1969, S. 103 ff., S. 161 ff., 308 ff.; *Schelsky,* Systemfunktionaler, anthropologischer und personfunktionaler Ansatz der Rechtssoziologie, in: Jb. 1, 1970, S. 37 ff; *Kaulbach, S./Krawietz, W.* (Hrsg.), Recht und Gesellschaft, Festschrift für Helmut Schelsky zum 65. Geburtstag, Berlin 1978.
90 *Maihofer,* Die gesellschaftliche Funktion des Rechts, in: Jb. 1, 1970, S. 10 ff., S. 32-35; vgl. auch *ders.,* Anthropologie der Koexistenz, in: Hollerbach, A. u. a. (Hrsg.), Mensch und Recht, Festschrift für Erik Wolf zum 70. Geburtstag, 1972, S. 163 ff.
91 Rechtsanthropologie (Fn. 94).
92 *Würtenberger, Th.,* Über Rechtsanthropologie, in: Hollerbach, A. u. a. (Hrsg.), Mensch und Recht, Festschrift für E. Wolf zum 70. Geburtstag, 1972, S. 1 ff., S. 12; dieser Aufsatz kann gleichzeitig als eine aktuelle und knappe Einführung in die Rechtsanthropologie dienen. Weitere Literatur: *Engisch,* Vom Weltbild des Juristen, 2. Aufl. 1965; *Lange,* Das Menschenbild des Positivismus und die philosophische Anthropologie unserer Zeit, in: ZStW 81 (1969), S. 556 ff.; *Noll,* Die Normativität als rechtsanthropologisches Grundphänomen, in: Bockelmann, P. u. a. (Hrsg.), Festschrift für Karl Engisch zum 70. Geburtstag, 1969, S. 125 ff.; *Wolf, E.,* Das Problem einer Rechtsanthropologie, in: Rombach, Heinrich (Hrsg.), Die Frage nach dem Menschen; Aufriß einer philosophischen Anthropologie, Festschrift für Max Müller zum 60. Geburtstag, 1966, S. 130 ff.
93 Vgl. *Kaufmann, Arthur,* Die ontologische Struktur des Rechts, in: A. Kaufmann (Hrsg.), Die ontologische Begründung des Rechts 1965, S. 491.

Frage nach der Natur des Menschen, seine Personalität, ist daher maßgebend für das Wesen des Rechts. Maßstab des Rechts, die Idee des Rechts selbst, ist der Mensch[94].

Ausgewählte Literatur

Alexy, R./Koch, H.-J./Kuhlen, L./Rüßmann, H., Elemente einer juristischen Begründungslehre, 2003.
Brand, Jürgen/Strempel, Dieter (Hrsg.), Soziologie des Rechts: Festschrift für Erhard Blankenburg zum 60. Geburtstag, Baden-Baden, 1998.
Hassemer, W./Steinert, H./Treiber, H., Soziale Reaktion auf Abweichung und Kriminalisierung durch den Gesetzgeber, in: Sozialwissenschaft im Studium des Rechts, Bd. III, 1978.
Höffe, Otfried, Kategorische Rechtsprinzipien; Ein Kontrapunkt der Moderne, 1. Aufl. 1990, Frankfurt a. M.
Korte, Hermann/Schäfers, Bernhard (Hrsg.), Einführung in Hauptbegriffe der Soziologie, 5. Aufl. 2000 (6. Aufl. 2002).
Nußbaum, Arthur, Rechtstatsachenforschung, 1968.
Rehbinder, Manfred, Rechtssoziologie, 5. Aufl. 2003.
Röhl, Klaus F., Rechtssoziologie, München, 1987.
Rottleuthner, Hubert, Rechtstheorie und Rechtssoziologie, 1981, mit differenzierten Literaturhinweisen, S. 217-226.
Steinmüller, Wilhelm, Informationstechnologie und Gesellschaft, 1993.
Treibel, Annette, Einführung in soziologische Theorien der Gegenwart, 5. Aufl. 2000.

---

94 Vgl. *Kaufmann, Arthur,* Rechtsphilosophie im Wandel; Stationen eines Weges, 2. Aufl. 1984, S. 219 ff., S. 221 ff., 338 ff., S. 98 ff.; auch in: *ders.,* Schuld und Strafe, 2. Aufl. 1983, S. 25 ff., S. 45 ff.; vgl. auch *Lampe,* Rechtsanthropologie; Eine Strukturanalyse des Menschen im Recht, 1. Bd., 1970, S. 25; *ders.,* Beiträge zur Rechtsanthropologie, in: ARSP/Beiheft, NF, 22, 1985; *ders.,* Grenzen des Rechtspositivismus, eine rechtsanthropologische Untersuchung, Berlin 1988; *Kuck, S.,* Die Anfänge der deutschen Rechtsanthropologie: Die vergleichend-ethnologische Universalrechtsschule, Regensburg 2001.

13 Systemtheorie im Recht

Von Alfred Büllesbach, Stuttgart

13.1 Ausgangssituation

Die Systemtheorien erheben den Anspruch, Gesellschaft im Ganzen (in der Totalität) zu begreifen. Insbesondere bei *N. Luhmann* verbindet sich die Gesellschaftstheorie mit dem Interesse an gesamtgesellschaftlicher Analyse. Dies erfordert sowohl eine Theorie der sozialen Evolution als auch eine Theorie der Gesellschaftsstruktur in ihren sozialen, ökonomischen und politischen Verflechtungen. Verbindungen zu geschichtsphilosophischen Konzeptionen, den Fragen zur Einheit von Theorie und Praxis sowie zur Frage der Selbstkonstitution der Gattung bzw. der Gesellschaft bis hin zur aktuellen Erörterung einer Theorie lebender Systeme (autopoietische Systeme) bilden weitere Bezüge. Systemtheoretische Ansätze werden heute mit dem Interesse an der Lösung aktueller gesellschaftspolitischer Fragen aufgegriffen[1]. In der Rechtswissenschaft wird angesichts der zunehmenden Strukturveränderungen gefordert, sich diesen Entwicklungen zu stellen und das teilweise verengte Rechtsverhältnis zu überwinden[2].

---

1 Zur philosophischen Diskussion siehe *Schulz, W.,* Philosophie in der veränderten Welt, 2. Aufl. 1974, S. 145 ff., S. 208 ff.; *Schmidt, Siegfried J.,* Der Diskurs des radikalen Konstruktivismus, 4. Aufl. 1991; *Krohn/Küppers/Nowotny* (Eds.), Self-organization, Portrait of a scientific revolution, Dordrecht, 1990 (bes. *Teubner,* How the law thinks, S. 87 ff.); *v. Beyme,* Ein Paradigmawechsel aus dem Geist der Naturwissenschaften: Die Theorien der Selbststeuerung von Systemen (Autopoiesis), in: Journal für Sozialforschung, 31. Jg. (1991), Heft 1, S. 3-24; *Haken, H.,* Erfolgsgeheimnisse der Natur, Synergetik, Die Lehre vom Zusammenwirken, Berlin, 1988. *Teubner, G.,* Recht als autopoietisches System, 1989, vgl. *ders.* (ed.), Autopoietic Law: A New Approach to Law and Society, 1988. *Krawietz, W./Preyer, G.* (Hrsg.), System der Rechte, demokratischer Rechtsstaat und Diskurstheorie des Rechts nach Jürgen Habermas, Rechtstheorie, 27, Heft 3, 1996, S. 271-473. *Ziegert, K.A.,* Rechtstheorie, Reflexionstheorie des Rechtssystems und die Eigenwertproduktion des Rechts in: de Berg, H./Schmidt, J. (Hrsg.), Rezeption und Reflexion. Zur Rezeption der Systemtheorie, Niklas Luhmanns außerhalb der Soziologie, 2000, S. 93-133; *Neumann, Ulfrid,* Zur Interpretation des forensischen Diskurses in der Rechtsphilosophie von Jürgen Habermas, in: Rechtstheorie 27 (1997), S. 415 ff.

2 *R.-P. Calliess,* Rechtswissenschaft als Projekt- und Strukturwissenschaft; Ein Beitrag zur Rechtstheorie, in: Jb. 2, S. 277 ff. *Luhmann,* Rechtssystem und Rechtsdogmatik, 1974, *ders.,* Ausdifferenzierung des Rechts, Beiträge zur Rechtssoziologie und Rechtstheorie,

13.2 Der Begriff des Systems

Dem kontinentalen Juristen ist der Sprachgebrauch des Wortes System nicht fremd[3]. Er kennt eine Vielzahl von „Systemen". Das Rechtssystem selbst, das System (die Dogmatik) des römischen Rechts, das Gesetzessystem inklusive der systematischen Auslegungsmethode, die Systeme des 19. und 20. Jahrhunderts (z. B. Begriffs-, Interessenjurisprudenz, die Reine Rechtslehre etc.). Hier wird der Begriff in traditioneller Weise verwendet und meint ein Ordnungsprinzip oder Kodifikationssystem.

Die soziologische Systemtheorie versteht unter System nicht die Tradition wie sie z. B. bei *Canaris*[4] dargestellt ist, sondern fasst z. B. nach *Georg Klaus* unter „System" eine Menge von Elementen und eine Menge von Relationen, die zwischen diesen Elementen bestehen[5], wobei alle isomorphen Ganzheiten dieser Art als ein und dasselbe System betrachtet werden, zusammen. Die Menge der Relationen zwischen den Elementen stellt die Struktur des Systems dar. Unter dem Gesichtspunkt der Informationstheorie wird die Reichhaltigkeit, unter dem der Organisation wird die Ordnung etc. der Struktur eines Systems erfasst.

Mit der Formalisierbarkeit von Rechtssystemen werden diese berechenbar, folglich vergleichbar mit anderen formalisierten Systemen (Rechtsvergleichung), darüber hinaus wandelbar und in Grenzen planbar (Rechts-, Sozial-, Kriminalpolitik). Gesellschaftliche Planung setzt eine Analyse der Systemzusammenhänge voraus. Systemanalytisch ist dazu 1. die Analyse der Zielsetzung, 2. die Analyse der Elemente, 3. die Analyse der Beziehungen und 4. die Analyse des Systemverhaltens[6] notwendig.

1981; *ders.*, Das Recht der Gesellschaft, 2. Aufl. 1997, *ders.*, Gibt es in unserer Gesellschaft noch unverzichtbare Normen?, Heidelberg, 1993, *Günther, K.*, Vom Zeitkern des Rechts in: Rechtshistorisches Journal, 14/1995, S. 13-35.
3 *Schmidt, J.*, System und Systembildung in der Rechtswissenschaft, in: RTh. II, 1971, S. 384/385.
4 *Canaris*, Systemdenken und Systembegriff in der Jurisprudenz, 1969.
5 *Klaus*, Wörterbuch der Kybernetik, Bd. 1 und 2, 1969, Bd. 2, S. 634.
6 Vgl. z. B. *Geiger/Schneider*, Der Umgang mit Computern; Möglichkeiten und Probleme ihres Einsatzes, 1980, S. 160; zur weiteren Vertiefung der Diskussion zur Systemtheorie siehe: *Greven*, Systemtheorie und Gesellschaftsanalyse, 1974, der sich insbesondere mit Easton, Deutsch, Etzioni, Klaus, auseinandersetzt; *Prewo/Ritsert/Stracke*, Systemtheoretische Ansätze in der Soziologie; Eine kritische Analyse, 1973, die sich mit G.H. Mead, Parsons, Taylor, Max Weber beschäftigen; *Narr*, Theoriebegriffe und Systemtheorie, Teil I, 2. Aufl. 1971; *Narr/Naschold*, Theorie der Demokratie; Eine Einführung in die moderne politische Theorie, Teil III, 1971; *Maciejewski* (Hrsg.), Theorie der Gesellschaft oder Sozialtechnologie; Theorie-Diskussion, Supplement 1 und 2, 1974; *Büllesbach*, Individuelle und gesellschaftliche Werte im Konflikt, in: Beiträge zur juristischen Informatik, Bd. 16, Riskante Systeme, 1991, S. 169 ff. *Willke, H.*, Systemtheorie I, Grundlagen, Eine Einführung in die Grundprobleme der Theorie sozialer Systeme, 6. Aufl. 2000, *ders.*, Systemtheorie II, Interventionstheorie, 3. Aufl. 1999, *ders.*, Systemtheorie III, Steuerungstheorien, 2. Aufl. 1998, *Schimank, U.*, Theorien gesellschaftlicher Differenzierung, Opladen 1996.

Die Übertragung dieser Theorie auf die Rechtswissenschaft rückte dort neben den fundamentalen Begriffen wie Regelung und System den Begriff „Information" wieder ins Zentrum. Die Bedeutung der Information (der Austausch, die Informationsflut, die Verfügung über sie, etc.) ist mit der Entwicklung der Informationstechnologie gewachsen. Der Einsatz von Informations- und Kommunikationstechnologie verändert die Rechtsanwendung in der Verwaltung und auch in der Justiz[7]. Die Gesetzgebung ist in doppelter Weise tangiert, sie soll automationsgerecht werden und insbesondere lenkend und gestaltend menschenwürdige Verhältnisse entsprechend den Werten unseres Grundgesetzes aufrechterhalten. Die für die Rechtstheorie notwendigen Instrumente, um die grundlegenden Probleme darzustellen, könnte die Systemtheorie beitragen.

13.3 Soziologische Theorie als Systemanalyse

Die modernen Systemtheorien sind nicht nur als Theorien der Systeme zu verstehen, sondern beanspruchen auch eine Form der gesamtgesellschaftlichen Analyse[8] zu sein. Die Gesellschaft als Sozialsystem besteht aus erwartungsgesteuerten Handlungen, Systeme werden als Orientierungsrahmen des Handelns mit vielen Variablen gesehen. Recht ist eine von diesen Variablen.

Von dem hier darzustellenden systemtheoretischen Ansatz ist der handlungstheoretische abzugrenzen. In der Handlungstheorie wird bei der Richtigkeit des Handelns im Hinblick auf den Zweck (etwa Gerechtigkeit) angesetzt. So zielt die Erkenntnisrichtung auf den einzelnen Menschen und dessen Handlungszwecke. Von hier aus entwickeln sich die Doppelformen in ihrer Entgegensetzung als Solidarität und Konflikt oder pax et iustitia. In den entsprechenden soziologischen Theorien wie der Bezugsgruppentheorie, der Rollentheorie, der Handlungstheorie etc. glaubte man daher auch ohne den Begriff „Gesamtgesellschaft" auskommen zu können. Durch die Darstellung nur einzelner Perspektiven verlieren diese jedoch den Zusammenhang. Diesen Zusammenhang zu gewährleisten hat sich der systemtheoretische Ansatz zur Aufgabe gestellt (hier Zusammenhang zwischen Subsystemen, Teilsystemen und Gesamtsystemen).

Vorfahren der modernen Systemtheorie stellen die Theorie des Organismus und die Theorie der informationsverarbeitenden Maschine dar.

---

7 Vgl. *Büllesbach,* Informationstechnologie und Datenschutz, 1985; *ders.,* Das neue Bundesdatenschutzgesetz, NJW 1991, S. 2593-2660; *Dworatschek/Büllesbach/Koch, H.O.* u. a., Personal Computer und Datenschutz, 6. Aufl., 2000; *Steinmüller,* Informationstechnologie und Gesellschaft, Einführung in die angewandte Informatik, Darmstadt, 1993; *Bizer/Lutterbeck/ Rieß* (Hrsg.), Umbruch von Regelungssystemen in der Informationsgesellschaft, Freundesgabe für Alfred Büllesbach, 2002.
8 Hier ist darauf hinzuweisen, dass der Begriff „Systemanalyse" in der EDV, vgl. *Geiger, H./ Schneider,* Umgang (Fn. 6), S. 160 ff., eine andere Bedeutung hat.

„Der Organismus ist für die heutige Biologie nicht mehr ein beseeltes Wesen, dessen Seelenkräfte die Teile nicht zu einem Ganzen integrieren, sondern ein adaptives System, das auf wechselnde Umweltbedingungen und -ereignisse durch Einsatz eigener Leistungen sinnvoll kompensierend, substituierend, blockierend oder ergänzend reagiert, um auf diese Weise die eigene Struktur invariant zu halten (Homöostatik). Die Maschine wird ... als Selbststeuerungsanlage konstruiert, die auf wechselnde Umweltinformationen nach eingegebenen Programmen mit wechselnden Leistungen reagiert, um ... abstrakter konzipierte Zwecke unter veränderlichen Bedingungen gleichmäßig zu bedienen (Kybernetik)"[9]. Abgegrenzt nach den Kriterien Ganzes/Teile, Struktur/Prozess, Funktion, Ausdifferenzierung, System/Umwelt, Steuerung, Rückkoppelung, Leitung werden systemtheoretische Ansätze[10] weitgehend zur Analyse von sozialen Systemen (→ Rechtssystemen) herangezogen.

Luhmann hat um 1980 einen so genannten Paradigmenwechsel, die so genannte autopoietische Wende vollzogen. Es wird seither zwischen dem frühen[11] und dem späten[12] Luhmann unterschieden. Systeme sind nicht mehr nur durch die System-/Umwelt-Differenz, sondern durch so genannte Selbstreferenz oder Autopoiesis charakterisiert. Die System-/Umwelt-Differenz tritt in den Hintergrund.

Es lassen sich folgende Ansätze unterscheiden:
1. die allgemeine Systemtheorie (General Systems Theory) als interdisziplinäre Theorie der gleichförmigen Struktur (Isomorphie);
2. die kybernetische Systemtheorie als Theorie der Steuerung, Regelung und Kontrolle von Systemen;
3. das Input-Output-Modell des politischen Systems;
4. die strukturell-funktionale und funktional-strukturelle Systemtheorie;
5. kybernetische Regelungstheorie des Rechts,
6. Theorien der Selbststeuerung von Systemen (Autopoiesis).

---

9 *Luhmann*, Soziologie als Theorie sozialer Systeme, in: Soziologische Aufklärung, 2. Aufl. 1971, S. 39.
10 Vgl. zu den Begriffsbildungen *Luhmann*, Moderne Systemtheorie als Form gesamtgesellschaftlicher Analyse, in: Habermas/Luhmann, Theorie der Gesellschaft als Sozialtechnologie – was leistet die Systemforschung? 1971, S. 7-24 (9-11). *Luhmann*, Das Recht der Gesellschaft, insb. Kap. 3, Die Funktion des Rechts, S. 124 ff. und Kap. 11, Die Selbstbeschreibung des Rechtssystems, S. 496 ff., 2. Aufl. 1997.
11 Vgl. *Kiss, G.*, Grundzüge und Entwicklung der Luhmannschen Systemtheorie, 2. Aufl. 1990.
12 Siehe *Kneer/Nassehi*, Niklas Luhmanns Theorie sozialer Systeme, Eine Einführung, 3. Aufl. 1997.

13.3.1 Allgemeine Systemtheorie

Die allgemeine Systemtheorie geht vom so genannten offenen System aus (Gegensatz: das konventionelle, d. h. geschlossene, physikalische System, z. B. Maschine), das Materie, Energie oder Information mit seiner Umgebung austauscht. Für das offene soziale System heißt das, dass ein dauernder Prozess des Ein- und Ausflusses von Anforderungen, Produkten, Entscheidungen usw. stattfindet, der die Systemkomponenten zur Veränderung veranlasst, wobei die Organisationsstruktur und nicht der wechselnde Inhalt interessiert[13]. Diese Abstraktion macht den Schwerpunkt der Betrachtung, die Struktur deutlich. Das Anliegen der allgemeinen Systemtheorie liegt dementsprechend darin, die immer stärkere Aufteilung der Wissenschaft in Spezialdisziplinen aufzufangen. In der Beschränkung auf eine einzigmögliche Wissenschaftsmethode will die General-Systems-Theory generellen Geltungsbereich und hohen Genauigkeitsgrad verbinden[14]. Der allgemeine Systemgesichtspunkt richtet sich auf das Erkennen struktureller Typologien; man hofft mit der strukturellen Typologie ein einheitsstiftendes Prinzip bei der Entwicklung von Theorien über Konflikte und Kooperation gefunden zu haben, die für Situationen mit erheblich verschiedenen Inhalten, aber ähnlicher Logik der Struktur gelten[15].

Die allgemeine Systemtheorie ist innerhalb der Rechtswissenschaft nicht explizit aufgegriffen worden. Wenn auch einzelne Beiträge darauf hindeuten mögen, wie z. B. Rechtstheorie als Systemtheorie[16], Strukturtheorie des Rechts[17] etc. Die allgemeine Systemtheorie beansprucht, ein Instrumentarium zur Analyse beliebiger Phänomene zu liefern, wenn sie sich als System begreifen lasen. Zusammen mit *Ashby's*[18] Automatentheorie wurde das wissenschaftstheoretische Konzept der Allgemeinen Systemtheorie von *Bertalanffys* in die Regelkreistheorie integriert. Die Bedeutung für die Rechtstheorie liegt darin, dass mit Hilfe von Regelkreismodellen beteiligte Größen sich unter den Informationsbegriff fassen lassen, wodurch eine einheitliche Kategorisierung möglich wird, d. h. Regelung kann als Verhalten von informationsverarbeitenden Systemen begriffen werden. Die Herstellung und Darstellung von Rechtsentscheidungen wie auch der Gesetzgebungsprozess basieren auf Informationsverarbeitung.

---

13 *v. Bertalanffy/Rapaport* (eds.), General Systems; Yearbook of the Society for General Systems Research XI (1966) und *Buckley,* Sociology and Modern Systems Theory, Inc. 1967, S. 1.
14 *Narr,* Theoriebegriff (Fn. 6), S. 98.
15 *v. Bertalanffy* und *Rapaport* (Fn. 13), S. V.
16 *Calliess, R.-P.,* Rechtstheorie als Systemtheorie, in: RTh. II (Jahr/Maihofer, Hrsg.), 1971, S. 142 ff.
17 *v. Kempski,* Grundlegung zu einer Strukturtheorie des Rechts, 1961.
18 *Ross Ashby, W.,* An introduction to cybernetics, 1. Aufl. 1956, 3. Aufl. 1965, deutsch, 1970.

13.3.2 Die kybernetische Systemtheorie

13.3.2.1 Überblick. Die Kybernetik in ihren Formen als allgemeine Systemtheorie, als Theorie der Regelung, Theorie der Information und Spieltheorie kann mit *Klaus/Buhr* unter dem Vorbehalt einer Fülle von Modifikationen „als Wissenschaft von den dynamischen selbstregulierenden und selbstorganisierenden Systemen" umschrieben werden[19]. *Deutsch* stellt die kybernetische Systemtheorie vor allem für die Politikwissenschaft dar[20]. Dabei bezieht er sich, vor dem Hintergrund des allgemeinen Kommunikations- und Kontroll(Regelungs-)prozesses, auf neuralgische Punkte der Regierungsfunktionen. Ausgangspunkte sind die zwei Grundvoraussetzungen, dass jede Organisation durch Kommunikation zusammengehalten werde (S. 77), und dass Kybernetik die volle Dynamik eines Systems bei statistisch variierendem Input (S. 90) bedeute.

Drei entscheidende Vorgänge der Selbstkontrolle eines Systems[21] sind festzustellen: „Die Fähigkeit, Ziele zu suchen, ohne dabei die Operationslage im Innern zu verändern; die Lernleistung, die Änderungen im Inneren erforderlich macht; das Vermögen, Daten aus dem Innern des Prozesses zu prüfen und auszuwählen, ein Vermögen, sekundäre Nachrichten zu erzeugen, das mit dem Terminus ‚Bewusstsein' versehen wird (S. 98 ff.). Alle drei Verhaltensweisen eines Systems sind also Prozesse des feedback, die zunächst zur Aufrechterhaltung der unmittelbaren Ziele dienen: der augenblicklichen Befriedigung, der Selbsterhaltung und der Bewahrung der Prozesskontinuität"[22].

Für *Deutsch* gewährleistet das Recht, dass das politische System durch das soziale System akzeptiert wird. Diese Leistung ist von einem ungestörten Informationsfluss im politischen System abhängig. *Deutsch* ist der Auffassung, dass die Akzeptanz und die Legitimität (Befolgung von Gesetzen) eines politischen Systems auch davon abhängt, inwieweit für den einzelnen „Wege vorhanden sind, auf denen er Befehle rasch und genau empfangen kann"[23].

Dieses Modell wird vor allem in 3 Punkten kritisiert:

a) *Deutsch* beschränkt sich auf die „Nerven" des politischen Systems; Information und Kommunikation werden ihrer Basis, den gesellschaftlichen Bedingungen, enthoben. *G. Klaus* und *K.H. Tjaden* versuchen dagegen in der Theorie sozialer Systeme zu zeigen, dass bei der Analyse eines Systems von Bedingungen gesell-

---

19 *Klaus/Buhr* (Hrsg.), Philosophisches Wörterbuch, 1964, S. 305; *Narr*, Theoriebegriffe (Fn. 6), S. 100 ff.
20 *Deutsch*, Politische Kybernetik, 2. Aufl. 1970.
21 Zu beachten ist dabei, dass im System eine bestimmte Reihenfolge von Zielen vorhanden ist, die entsprechend der Komplexität des Systems und seiner Kapazität erweitert werden können.
22 *Narr*, Theoriebegriffe (Fn. 6), S. 104; Hervorhebungen vom Verfasser.
23 *Deutsch*, On Communication Models in the Social Sciences, in: Public Opinion Quarterly 16 (1952), S. 356-380.

schaftlicher Produktion und Distribution auszugehen ist. *Deutsch* setzt das politische System fast autonom, löst es damit von dem Kontrollpartner Gesellschaft und vernachlässigt die unter dem Aspekt der Demokratie wichtigen mikropolitischen Faktoren.

b) Der Selbstregulierungsprozess bedeutet eine hohe Konvergenz von Zielfunktionen und Bestandsbedingungen des Systems. Dies lässt sich nur bei einem hohen Grad an normativer Konsensbildung (compliance) erreichen. Diese Integrationsannahme macht Dissens, Konflikt oder radikaler Wandel dysfunktional oder uninteressant.

c) *Deutsch* unterliegt wie alle modellbildenden Systemanalysen der Gefahr, die Grenzen zwischen dem analytischen Modell und der Wirklichkeit ständig zu verwischen.

Deutsch sieht die Aufgabe der Kybernetik auch darin zu erklären, „wie spezielle Gesetzesvorschriften oder Institutionen im Rahmen eines speziellen politischen oder sozialen Systems funktionieren und welcher Funktionswandel zu erwarten ist, wenn man sie in den Rahmen eines anderen Systems verpflanzt"[24].

13.3.2.2 Ein kybernetisches Modell der Jurisprudenz[25]. Unter einem kybernetischen Grundmodell verstehen wir ein unter bestimmten Gesichtspunkten (Funktion) geordnetes Ganzes (Struktur), das sich von den aus der sozialen Umwelt stammenden Störungen (Umweltreize) abgrenzt. Damit wird gesagt, die Jurisprudenz könnte als ein System verstanden werden, das auf bestimmte, aus seiner sozialen Umwelt stammende Störungen (Input) mit Regelungen (Output) reagiert. Die Umwelt kann als ein System (der sozialen Ordnung, als Sozialordnung) verstanden werden, das sich zu einer Regelung der Jurisprudenz bedient.

Die Jurisprudenz regelt Störungen, d. h. sie hält die Stabilität des Systems aufrecht. Führungsgrößen könnten z. B. Gerechtigkeitsvorstellungen sein. Stabilität heißt für die Jurisprudenz Aufrechterhaltung der „Rechtsordnung". In dieser Grobstruktur ist der black-box-Anteil[26] noch zu hoch, deshalb erscheint es sinnvoll, zur Reduktion Mittelstrukturen und Unterfunktionen, Teilsysteme des Systems zu analysieren.

Abstrahieren wir das System der Jurisprudenz von der Umwelt der sozialen Wirklichkeit, also etwa von der sozialen Osmose zwischen öffentlicher Meinung und Entscheidungsbereich, von dem sozialen Wandel in seiner Wirkung auf die Dogmatik unter Übergehung der Gesetzgebungsorgane und von den nichtinstitutionali-

---

24 *Deutsch*, Politische Kybernetik (Fn. 20), S. 53.
25 Dieses Modell orientiert sich an *Ballweg*, Rechtswissenschaft und Jurisprudenz, 1970, S. 77 ff.; siehe auch *Garstka*, Ein Regelungsmodell der Rechtsanwendung, in: Jb. 2, 1972, S. 347-360, dort besonders Fußn. 10, mit weiterer Literatur.
26 *Klaus*, Wörterbuch (Fn. 5), Bd. 1, S. 107.

sierten Einflüssen auf die einzelnen Elemente oder auf Teilfunktionen der Jurisprudenz, so lässt sich folgendes kybernetisches Modell der Jurisprudenz darstellen[27].

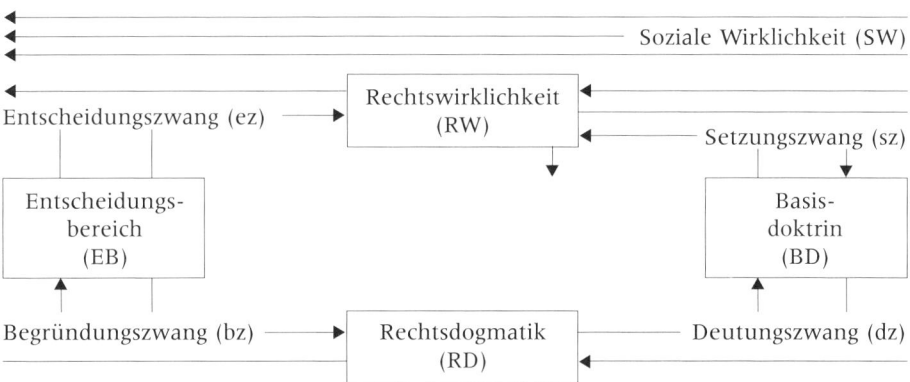

Ausgehend von der sozialen Wirklichkeit als Umwelt mit Prozesscharakter, gehen bestimmte Probleme der sozialen Wirklichkeit in die Rechtswirklichkeit ein (Input). Die Rechtswirklichkeit stellt die Summe der Rechtsprobleme dar, die dem EB (Entscheidungsbereich) vorgelegt werden. Zwischen den beiden Elementen besteht Entscheidungszwang. Die Entscheidung wird in die Rechtswirklichkeit entlassen und tritt ihrerseits ihre soziale Wirkung (Output) an. Bisher genügt dieses Modell dem Entscheidungszwang. Will man aber Willkür ausschalten und Legitimation herstellen, so muss die Entscheidung begründet werden. Sie wird damit auch in gewisser Weise kontrollierbar. Ein weiteres Element liefert die Begründung; die Rechtsdogmatik. Dieses Element RD (Rechtsdogmatik) dient zunächst als Informationsspeicher; Inhalt und Umfang garantieren die Begründung einer großen Zahl von Entscheidungen und erhöhen dadurch den Stabilitätsbereich.

Die Stabilität des Gesamtsystems der Jurisprudenz könnte durch größere Flexibilität in der Anwendung der Dogmatik, d. h. sie aus der Basisdoktrin zu deuten, gesteigert werden. Zwischen den beiden Elementen (RD + BD) besteht also Deutungszwang. Die Basisdoktrin (BD) als viertes Element stellt Ultrastabilität[28] her. Dies geschieht durch die in der Basisdoktrin enthaltene Universaldeutung der sozialen Wirklichkeit, diese Deutungsvorschrift wirkt auf den Deutungszwang, indem sie beansprucht, so sie Wirklichkeit verfasst, d. h. sie ist die Verfassung der politisch-sozialen Wirklichkeit. Der darin enthaltene Anspruch der BD auf Totalinterpretation der sozialen Wirklichkeit wird beschränkt durch die kulturellen Verhaltensmuster und Institutionen und durch die Einengung auf ausgewählte

---

27 *Ballweg*, Rechtswissenschaft (Fn. 25), S. 89.
28 *Klaus*, Wörterbuch (Fn. 5), Bd. 2, Stichwort „Ultrastabilität", S. 674.

D *Theorien der Rechtswissenschaft*

regelmäßig betonte Umwelt[29]. Mit dem Setzungszwang als Relation zwischen den Elementen BD und RW wird das Gesamtsystem der Jurisprudenz zum (kybernetischen) Rückkoppelungssystem. „Das kybernetische Modell erscheint somit in der Lage, das System der Jurisprudenz als komplexes (multirelationales) und kompliziertes (mit unterschiedlichen Elementen ausgestattetes), aus Teilsystemen und entsprechenden Teilfunktionen sich aufbauendes, hochstabiles[30] dynamisches System sozialer Regelung abzubilden. Komplexität, Kompliziertheit und Finalität der Jurisprudenz erweisen sie als selbstorganisierendes System höchster sozialer Adaptationen"[31].

13.3.3 Das Input-Output-Modell des politischen Systems

Die bisher bereits verwendete Input-Output Methode eignet sich dazu, so genannte Übergangsfunktionen eines Systems sichtbar zu machen. Die Übergangsfunktion beinhaltet eine Aussage über die Art und Weise, in der die Ausgabe (Output) eines Systems mit der Eingabe (Input) zusammenhängt. Nicht unbedingt notwendig sind dabei Kenntnisse über die innere Struktur des Systems. Sind keine oder nur unvollständige Kenntnisse vorhanden, so sprechen wir von einem „black-boxsystem".

„Die Input-Output-Analyse ist in dem Sinne ein lineares Verfahren, in dem sie sich jeweils nur für den schnittpunktartigen Zusammenhang zwischen Eingabe und Ausgabe eines Systems interessiert"[32]. Begreift sie die Ausgabe eines Systems wieder als einen eingabewichtigen Faktor, so wird sie zur Regelkreismethode.

Am Beispiel *D. Easton*'s soll der Zusammenhang von Rechtssystem und politischem System aufgezeigt werden. Wie leistet es das politische System, in einer fortlaufend Ansprüche stellenden Umwelt zu überleben? Das ist die entsprechende Frage für dieses Modell. *Easton* hat ein Schema entwickelt, in dem er verschiedene grundlegende Variablen ausdifferenziert, die insgesamt den vorgestellten politischen Prozess darstellen sollen. Dies sind: Bedürfnisse (wants), Forderungen (demands), Unterstützung (support), Weiterverarbeitung (conversion process), Allokationstätigkeit (authoritative allocations) sowie Akzeptierung (acception)[33].

In einer übersichtlichen Struktur sind diese Variablen angeordnet und bilden das politische System (political system) und dessen Umwelt (environment). *Easton* hat

---

29 *D. Claessens*, Instinkt, Psyche, Geltung, 1968, S. 176 „Hauptleistung im Rahmen der Anpassung ist Entlastung durch Ordnung".
30 Die Mehrteiligkeit des Gesamtsystems erlaubt die Multistabilität einzelner Teilsysteme, die erst die hohe Stabilität des Gesamtsystems ermöglicht; siehe *Klaus*, Wörterbuch (Fn. 5), Stichwort „Multistabilität", S. 434.
31 *Ballweg*, Rechtswissenschaft (Fn. 25), S. 88.
32 *Greven*, Systemtheorie (Fn. 6), S. 65.
33 *Münch, W.*, Der Begriffsapparat bei *D. Easton*, in: Oberdörfer, D. (Hrsg.), Systemtheorie, Systemanalyse und Entwicklungsländerforschung, 1971.

schwerpunktartig das politische System im Auge. Er versteht die gesamte Gesellschaft als einen einzigen Komplex diffizil miteinander verbundener Subsysteme. Jedes dieser Subsysteme (z. B. das kulturelle, das ökonomische, das Rechtssystem etc.) unterstützt funktional das Gesamtsystem[34].

13.3.4 Die strukturell-funktionale und die funktional-strukturelle Systemtheorie (Talcott Parsons – Niklas Luhmann).
Ausgangspunkt der Diskussion beider Theorieansätze ist die Zuordnung von Struktur und Funktion in sozialen Systemen. *Parsons* ordnet den Strukturbegriff dem Funktionsbegriff vor, d. h. er setzt soziale Systeme mit bestimmten Strukturen voraus und stellt dann die Frage nach den zu erbringenden funktionalen Leistungen, damit die Systeme erhalten bleiben.

Diese Theorie sozialer Systeme wird als strukturell-funktionale Theorie bezeichnet. Ziel *Parsons'* ist die Aufstellung einer allgemeinen und systematischen Theorie, die die Basis aller Sozialwissenschaften sein soll. Dabei gingen Einflüsse von *Marshall, Pareto, Durkheim, Weber* und *Freud* in die Theorie ein. Darüber hinaus sind Elemente der Ethnologie (*Radcliffe-Brown, Malinowski*), der Biologie (*Spencer*), der Naturwissenschaften und schließlich des Positivismus vorhanden[35].

Parsons bemühte sich, ein theoretisches System von Kategorien, Variablen und Sätzen, die durch Hypothesen miteinander verbunden sind, zu entwickeln. Kennzeichen dafür sind sein Bemühen um logische Geschlossenheit, Widerspruchsfreiheit und, unabhängig von der spezifischen historischen Situation, um Allgemeingültigkeit. Entsprechend bezog er sich auf Grundkategorien, ohne die keine Handlung denkbar ist (Handelnder, Ziele, Situation, Orientierung an der Situation)[36].

Parsons erarbeitete 3 Typen von empirischen Handlungssystemen. Das personale System mit den Motiven und Wertorientierungen um die Bedürfnispositionen eines handelnden Individuums; das soziale System interdependenter Zusammenhänge der Interaktionen mehrerer Handelnder in einer Situation und das Kultur-

---

34 Vgl. *Narr,* Theoriebegriffe (Fn. 6), S. 124 ff., 198.
35 Vgl. *Bergmann,* Die Theorie des sozialen Systems von Talcott Parsons, 1967; *Schmid, Günther,* Funktionsanalyse und politische Theorie, 1974, S. 28-43; *Parsons,* The Structure of Social Action. Volume I, II, The Free Press, 1968, *Parsons/Shils* (Hrsg.), Toward a General Theory of Action, Mass. 1951; *Parsons,* The Social System. Glencoe, III., 1961; *Parsons,* An Outline of the Social System, in: Parsons, T./Shils, E.A./Naegele, K.D./Pitts, J.R. (Hrsg.), Theories of Society; Foundations of Modern Sociological Theory, 2 Bde., Glencoe, III., 1961, S. 30 ff.; *Staubmann, H./Parsons, T.,* Social Systems and the Evolution of Action Theory (1977), in: Papcke, S./Osterdiekhoff, G. (Hrsg.), Schlüsselwerke der Soziologie, 2001, S. 384-386., vgl. auch *Rüschemeyer, D.* (Hrsg.), T. Parsons, Beiträge zur soziologischen Theorie, 1964. *Münch, R.,* Talcott Parsons (1902-1979), S. 24-50, in: Kaesler, D. (Hrsg.) Klassiker der Soziologie, Bd. 2, 1999. *Münch, R.,* Theorie des Handelns. Zur Rekonstruktion der Beiträge von Talcott Parsons, Emile Durkheim und Max Weber, 1988, *Alexander, J.C.,* Theoretical Logic in Sociology, 4 Bde., Berkeley 1982/83. *Joas, H.,* Die Kreativität des Handelns, 1992.
36 Vgl. dazu *Bergmann,* Theorie (Fn. 35), S. 31.

system, als ein System von verbindlichen Werten und Symbolen, kulturellen Mustern für das einem sozialen System typische Verhalten und Handeln.

Nach *Parsons* Vorstellung geht menschliches Verhalten geregelt vor sich, besitzt eine Struktur (die Regeln) und bildet damit ein System (Handlungssystem). Die Struktur sozialer Systeme wird also von sozialen Normen gebildet, ihre Stabilität besteht im Konsensus (bewusst oder unbewusst) der Beteiligten. „Die formale Konzeption vom stabilen empirischen System wird zum materialen Prinzip der Theorie"[37]. Bezugspunkte der funktionalen Analyse sind dabei die Erfordernisse des Systems und die Bedürfnisse der Individuen. Die Anpassung von sozialen Systemen und Individuen geht über die Integrationsmechanismen Sozialisation und soziale Kontrolle vor sich. *Bergmann* charakterisiert dieses theoretische Systemmodell als Zusammenfassung gewisser Elemente der empirischen Realität zu einem kohärenten System von Kategorien[38].

Ausgangspunkt des gleichgewichtigen Systemmodells ist das einfachste Modell eines sozialen Systems: die Interaktion zweier Personen. Hierin sind bereits alle wesentlichen Merkmale jedes sozialen Systems enthalten, nämlich strukturelle Werte, Rollen (funktional spezifische Verhaltensanforderungen), Kollektiv (die durch gemeinsame Wertorientierungen und Gefühle begründete Gesamtheit). Das soziale System einer Gesellschaft unterscheidet sich vom Interaktionssystem nur durch weitgehende strukturelle und funktionale Differenzierung, sowie durch Institutionalisierung allgemein verbindlicher Werte. Die Integration der Erwartungen der Handelnden in einem relevanten Interaktionssystem von Rollen mit einem gemeinsamen normativen Wertmuster wird als Institutionalisierung[39] bezeichnet. Für die Aufrechterhaltung des Gleichgewichts sind die bereits genannten Integrationsmechanismen in folgender Weise entscheidend: Die Sozialisation reproduziert entsprechend den Erfordernissen des jeweiligen Systems durch lernende Aneignung sowie Verinnerlichung und Akzeptanz von systemfunktionalen Werten, Normen etc. einen angepassten „Sozialcharakter"[40] Jeder Form der Normabweichung korrespondiert eine Form der sozialen Kontrolle, die die Anpassung der Motivationen des Individuums an Systemerfordernisse und Rollenerwartungen wiederherstellen soll. Die Abweichungen rühren entweder von fehlgeleiteter Sozialisation her, oder von Diskrepanzen zwischen Rollennormen und den Motivationen des Rollenträgers (primäre und sekundäre Entfremdung). *Parsons* hat dieses an den Interaktionsbeziehungen zwischen zwei Personen entwickelte Modell (das weitgehend psychologischer Natur ist) auf alle sozialen Systeme übertragen. Empirische Systeme definiert er durch die Interdependenz der Teile und Elemente. Die Inter-

---

37 *Bergmann*, Theorie (Fn. 35), S. 35.
38 Vgl. *Bergmann*, Theorie (Fn. 35), S. 37.
39 Vgl. dazu *R.-P. Calliess*, Eigentum als Institution – Aspekte zur Theorie der Institution, in: RTh. I, 1971; *Philipps*, Information und Recht, in: RTh. I, 1971, S. 125 ff.; *Schnur, R.* (Hrsg.), Institution und Recht, 1968, S. 125 ff.
40 *Bergmann*, Theorie (Fn. 35), S. 41.

dependenz im Handlungssystem sieht *Parsons* in Verhaltenserwartungen, Normen, Werten. In diesem Rahmen ist die Gesellschaft bei *Parsons* nur durch normative Kategorien definiert.

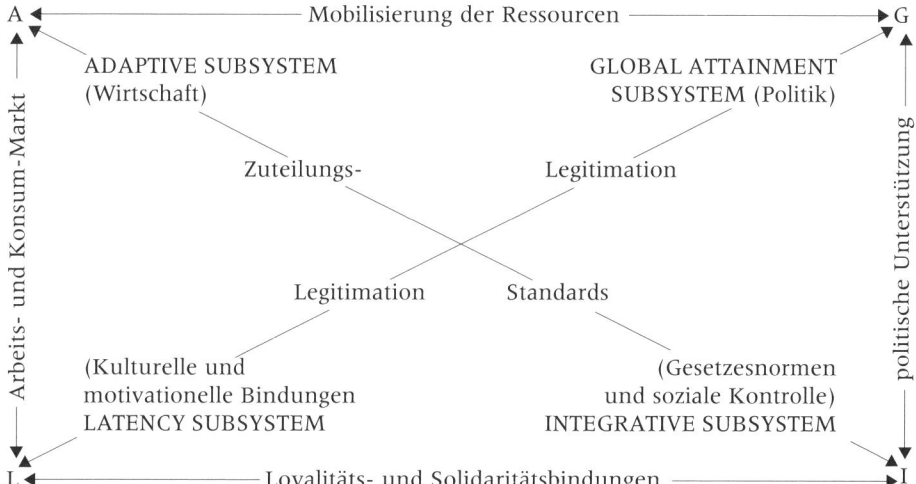

Parsons entwickelte in „Theory of Society" entsprechend den vier Funktionen Adaption (A), Goal-Attainment (G), Integration (I) und Pattern Maintenance (früher: Latency: L) ein hierarchisches Phasenschema (z. B. AGIL oder LIGA), das er später zu einem funktionalen Beziehungsschema erweiterte. In vereinfachter analytischer Form lässt sich das Schema mit 6 vage benannten Beziehungen darstellen[41].

Die Austauschprozesse der funktionalen Beiträge der einzelnen Teilsysteme werden durch „allgemeine Medien", „Systemmechanismen" vermittelt: Rollenverpflichtungen, Geld, Einfluss, Macht.

Das Rechtssystem kontrolliert die Loyalitätsbeziehungen, den Wohlstand, den Arbeits- und Konsummarkt, erhält den Glauben an die Legitimität der Macht, sanktioniert negativ normabweichende Verhalten etc. Von besonderer Bedeutung für das Recht ist der integrative Typus von Sozialsystemen. *Kaupen*[42] kommt zu dem Ergebnis, dass „das Recht, als Komplex strikter, formeller Verhaltensanweisungen definiert, und die Juristen als Spezialisten solcher Art sozialer Kontrolle" eine zentrale Bedeutung nur im integrativen Sozialsystem erlangen. Ausgehend von der Beob-

---

41 *Bühl,* Evolution und Revolution, 1970, S. 350; siehe auch S. 82, 83; vgl. auch *Weber, M.,* Wirtschaft und Gesellschaft, 1922, S. 12 f.; siehe auch *Luhmann,* Warum AGIL?, in: Kölner Zeitschrift für Soziologie und Sozialpsychologie, 1988, S. 40.
42 *Kaupen,* Über die Bedeutung des Rechts und der Juristen in der modernen Gesellschaft; Ein strukturell funktionaler Ansatz, in: Albrecht, G. u. a. (Hrsg.), Soziologie, René König zum 65. Geburtstag, 1973, S. 369 ff., S. 384.

D *Theorien der Rechtswissenschaft*

achtung der Beziehung zwischen einem dogmatischen Rechtssystem und seinem Personal[43] formuliert *Kaupen* im Rahmen dieses theoretischen Bezugssystems folgende Hypothese: „Je stärker in einem Sozialsystem das Schwergewicht auf interner Ordnung und Sicherheit liegt, desto größer ist die Wahrscheinlichkeit, dass eigens Institutionen geschaffen werden, die einen Katalog von fixierten Regeln (Gesetzen) aufstellen und über deren Einhaltung wachen, und dass hierzu ein zuverlässiges, aus homogenen Kreisen rekrutiertes und entsprechend geschultes Personal gewonnen wird, dessen wichtigste Kennzeichen eine diffuse Loyalität gegenüber den Herrschenden, Formalismus und Hängen an konventioneller Moral sind"[44]. In Bezug auf den Wandel eines integrativen Sozialsystems in eine andere funktionale Phase ließe sich nach *Kaupen* eine weitere Hypothese formulieren: „Ein solcher Wandel müsste von einem Abbau der auf strikte Kontrolle der normativen Struktur spezialisierten Institutionen und damit von einem Rückgang der Zahl der Juristen begleitet sein"[45].

Da das Recht als ein wichtiges Instrument zur Umsetzung staatlicher Politik gilt, hat sich die Kritik am „Überhandnehmen des Staates" besonders gegen das Recht gerichtet. Die Kritik an der Verrechtlichung hat ideologiekritische, organisatorische und nicht zuletzt rechtstheoretische Elemente. Diese Gegentendenzen manifestieren sich in den Forderungen nach Entregelung, Entgerichtlichung und Entbürokratisierung[46].

Für das Strafrechtssystem und für den Strafvollzug diskutiert *Hassemer* in Anlehnung an *Parsons* den Begriff der Disfunktionalität der Systeme am Beispiel der Antinomie der Strafziele und der Vollzugsziele. Ein Denken in Teilsystemen ändert sich erst mit dem Ansatz zu einer „Gesamten Strafrechtswissenschaft", welche Antinomieprobleme als Disfunktionalitätsprobleme des Gesamtsystems begreifen kann. „Wenn die Strafe schon je verschiedene teilsystematische Funktionen haben soll, so muss geprüft werden, wie sich diese Funktionen zueinander und zum Gesamtsystem strafrechtlichen Handelns (innerhalb einer Gesamten Strafrechtswissenschaft) verhalten"[47]. Ein mögliches Ergebnis könnte dabei sein, dass das

---

43 Dass Juristen von Berufs wegen zu Konservatismus, Formalismus und moralischer Strenge, d. h. psychologisch ausgedrückt, zu „zwanghaftem" Handeln neigen, und dass die soziale Herkunft der Juristen seit Jahrzehnten nahezu unverändert geblieben ist, stellt *Kaupen*, Bedeutung (Fn. 42), S. 375 kurz dar.
44 *Kaupen*, Bedeutung (Fn. 42), S. 376.
45 *Kaupen*, Bedeutung (Fn. 42), S. 376; vgl. demgegenüber *Günther Schmid*, Funktionsanalyse (Fn. 35), der auf eine zunehmende Verrechtlichung und Formalisierung der Beziehungen zwischen politischer Verwaltung und politischem Publikum hinweist, S. 134. Siehe auch *Voigt, Rüdiger* (Hrsg.), Verrechtlichung, 1980.
46 Vgl. *Voigt, Rüdiger* (Hrsg.), Gegentendenzen zur Verrechtlichung, Jahrbuch für Rechtssoziologie und Rechtstheorie, Bd. 9, 1983.
47 *Hassemer*, Strafzumessung, Strafvollzug und die „Gesamte Strafrechtswissenschaft", in: Kaufmann, Arthur (Hrsg.), Die Strafvollzugsreform, 1971, S. 57; *ders.*, Strafrechtsdogmatik und Kriminalpolitik, 1974.

"Strafziel" das "Vollzugsziel" zu vereiteln geeignet ist und umgekehrt. Diese Disfunktionalität des Strafrechtssystems müsste zu einer Überprüfung des Gesamtsystems führen.

Störungen im Systemprozess erscheinen im Rahmen einer kriminologischen Theorie abweichenden Verhaltens bei *Parsons* nur als Motivationskategorie. Ob sich abweichende Tendenzen in einem Individuum in abweichendem Verhalten manifestieren, hängt von der Wirksamkeit sozialer Kontrolle ab. Die konkrete Vermittlung von Formen abweichenden Verhaltens mit der Sozialstruktur ist damit nicht möglich, Ursachen können nicht gefunden werden. Alle Abweichungen werden reduziert auf Motive (psychische, zwanghafte Ablehnungsbedürfnisse, Angst etc.). Abweichendes Verhalten kann auch gesellschaftliche Strukturveränderungen (sozialer Wandel) in Zuständen gesellschaftlicher Anomie hervorrufen, d. h. geringer Grad von Integration, nur partielle Wirksamkeit der sozialen Kontrollen, mangelnde Stabilität der Verhaltenserwartungen und Wertorientierungen.

Die Kritik an der *Parsons*'schen strukturell-funktionalen Systemtheorie entzündete sich an dem Verhältnis der "Teile" zum "Ganzen" und an dem Primat des Strukturbegriffs. Soziale Systeme definiert *Luhmann* als Sinnzusammenhänge von sozialen Handlungen; die Differenz von Innen und Außen konstituiert das System. Der funktionale Bezugspunkt kann nur etwas sein, was selbst kein Außen hat, die Welt[48]. Ihr Bestand ist nicht gefährdet, daher wird die Welt nicht unter ihrem Sein, sondern unter ihrer Komplexität zum Problem. Abgesehen davon, dass der Begriff "Welt" unklar erscheint, ist auch das Problem der Komplexität nur unter den anthropologischen Annahmen einsichtig, von denen *Luhmann* mit Bezug auf *Gehlen*[49] ausgeht (geringe Aufnahme- und Verarbeitungskapazität organischer Systeme), (siehe auch 13.4.6).

Komplexität, als die Gesamtheit der möglichen Ereignisse in der Welt, muss auf ein Maß reduziert werden, in dem menschliches Erleben und Handeln sich orientieren kann. Reduktion von Komplexität erfolgt grundsätzlich durch Sinn- bzw. Systembildung[50], d. h. durch Selektion und Grenzziehung von innen und außen.

Eine solche Reduktion ist abhängig von Informationen über das System und über die Umwelt. Mit steigender Komplexität treten zwei Veränderungen auf, nämlich auf der Ebene der Verhaltenserwartung ändert sich die Form des Rechts und durch

---

48 Vgl. *Luhmann, N.* Soziologie (Fn. 9); *Brandenburg,* Systemzwang und Autonomie, 1971, S. 99.
49 Vgl. *Gehlen,* Die Seele im technischen Zeitalter, 1957, *ders.,* Die gesellschaftliche Situation unserer Zeit, in: Anthropologische Forschung, 1971, S. 127 ff.; hinsichtlich der Kategorie "Entlastung" siehe auch *Schelsky, H.,* Systemfunktionaler, anthropologischer und personfunktionaler Ansatz der Rechtssoziologie, in: Jb. 1, 1970, S. 36 ff.
50 Vgl. *Luhmann,* Sinn als Grundbegriff der Soziologie, in: *Habermas/Luhmann,* Theorie (Fn. 10), S. 34; *ders.,* Die Gesellschaft der Gesellschaft, Frankfurt a.M. 1987; *ders.,* Das Recht der Gesellschaft, 2. Aufl. 1997, S. 44 ff., S. 127, 214, 255.

die Einrichtung von Verfahren für die Ausarbeitung kollektiv bindender Entscheidungen wird das Recht zum Entscheidungsprogramm. Diese Umstrukturierung des Rechts auf die Form von Entscheidungsprogrammen ist für *Luhmann* ein Element der Positivierung von Recht. Die Entscheidungstätigkeit bringt Tatbestand und Rechtsfolge in eine Wenn/Dann-Beziehung, d. h. wenn bestimmte Bedingungen erfüllt sind, folgt eine bestimmte Entscheidung (konditionale Programmierung)[51]. Diese Struktur ermöglicht für den Entscheider nicht nur die Ausklammerung unmittelbarer Folgenverantwortung, da ja die Geltung der Norm bestätigt wird, sondern ermöglicht die Algorithmisierung und daher die Automatisierbarkeit des Entscheidungsverlaufes. Die Übernahme von Folgen hingegen geschieht durch den Gesetzgeber, der selbst nicht mehr unter Konditionalprogrammen, sondern unter Zweckprogrammen, z. B. Gewährleistung der informationellen Selbstbestimmung der Bürger, handelt. Er hat auch die Möglichkeit der Selbstkorrektur.

Die Reduktionsleistung etwa im Gerichtsverfahren erfolgt ebenfalls durch Ausdifferenzierung von Problemen, Ansichten, Verhalten und Verhaltenserwartungen. Das rechtlich gesteuerte Verfahren ist daher ein typisches „soziales System", das in seiner autonomen Programmierung von zulässigen und relevanten Alternativen Komplexität absorbieren soll[52]. Erst eine solche Reduktion ermöglicht eine sinnvolle Orientierung des Handelns[53]. Die Legitimität der Entscheidung ergibt sich nicht mehr aus dem gesellschaftlichen Hintergrund des Rechtsstreits, sondern aus dem Verfahren als Leistung des Systems[54].

Die Aufgabe von Recht und Gerechtigkeitsdenken bestimmt *Luhmann* vor dem Hintergrund, dass invariante Systeme, also etwa Rechtssysteme auf der Basis als unveränderlich behaupteter Wert, wie z. B. die so genannten Naturrechtssysteme, nur in relativ statischen Gesellschaften funktionieren. Erweisen sich die naturrechtlichen Prinzipien auch hier als zu starr, so können sie durch Auslegung, Begriffsveränderung oder sonstige Anpassungsmechanismen noch in eine Verbindung mit der sozialen Welt, die sie regeln soll, gebracht werden. Steigt dagegen mit der zivilisatorischen Entwicklung die Komplexität der Lebensbedingungen einer Gesellschaft, werden diese Bedingungen also zunehmend variabel, so muss die frühere starre Rechtsordnung zusammenbrechen oder von der Invarianz ihrer Prinzipien abrücken: Mit der Komplexität der Umwelt muss die Komplexität eines Systems dieser Umwelt korrelieren[55].

---

51 *Luhmann*, Rechtssoziologie, Bd. 2, 1972, S. 227 ff.
52 *Esser*, Vorverständnis und Methodenwahl in der Rechtsfindung; Rationalitätsgrundlagen richterlicher Entscheidungspraxis, 2. Aufl. 1972, S. 202.
53 *Luhmann*, Legitimation durch Verfahren, 1969, S. 41.
54 Siehe im Einzelnen dazu die ausgezeichnete Kritik *Essers* (Fn. 52), S. 202 ff.; *Rottleuthner*, Rechtswissenschaft als Sozialwissenschaft, 1973, S. 122 ff., 127-129; *Schünemann, H.W.*, Sozialwissenschaften und Jurisprudenz, 1976, S. 53 ff.
55 Vgl. *Luhmann*, Recht und Automation in der öffentlichen Verwaltung, 1966, bes. S. 55 ff., 141 ff.

Die Rechtsnormen müssen dann um so abstrakter, unbestimmter sein, je mehr Komplexität systemintern bewältigt werden muss. Neben den Rechtssätzen selbst bildet die Gesellschaft in dem Maße, als sie ein Rechtssystem ausdifferenziert, auch Begriffe und Dispositionsregeln aus. Der so in Begriffsform gebrachte Rechtsstoff kann nach Prinzipien geordnet werden und so gleichsam in einem Gärungsprozess in eine dynamische, selbstkritische Masse verwandelt werden. Darin liegt die Funktion von Dogmatik. „Die dogmatischen Begriffe, Theorien, Erkenntnisse sind nicht das System, sie steuern das System des Rechts"[56]. Anhaltspunkte der Analyse sind daher in den gesellschaftlichen Funktionen des Rechts und des Rechtssystems zu suchen[57].

Problematisch bzw. ungelöst blieben bei *Luhmann* die Fragen nach der Richtigkeit (Gerechtigkeitsgehalt), der Wahrheit[58], der Akzeptanz der Rechtentscheidung (Unterwerfung unter dieselbe). Für ihn ist System kein analytischer Begriff, sondern es gibt wirkliche Systeme[59].

Theoretische Aussagen über die Realität zu treffen, ist Gegenstand der Betrachtung des Beobachterstandpunktes geworden. Hieran knüpfen sich die Diskussionen um das ausgeschlossene „Dritte" (das Tertium non datur). Gerade die klassischen Theorien klammerten die Konstitutionsbedingungen ihrerseits selbst aus und behandelten ihren Gegenstand als unabhängige Variable. Das ausgeschlossene „Dritte" ist aber das reflektierende Bewusstsein, das in einer „dreiwertigen Logik" wieder einzuführen ist. Für Luhmann ist die Differenz von System und Umwelt keine ontologische, sie zerschneidet nicht die Gesamtrealität in zwei Teile: hier System und dort Umwelt. Vielmehr ist es systemrelativ, aber gleichwohl objektiv[60]. In der Auseinandersetzung mit *Lyotards* „Der Widerstreit" vermisst *Luhman* bei *Lyotard* genau diesen Gedanken[61]. *Luhmann* schlägt als Lösung des Problems vor, dass das, was der Beobachter nicht sehen kann, über Beobachtung wieder eingeführt wird, nämlich durch Beobachtung des Beobachters[62]. Beobachtung wird im systemtheoretischen Ansatz

---

56 *Luhmann,* Rechtssystem (Fn. 2), S. 24; *ders.,* Das Recht der Gesellschaft, S. 124 ff., 154, 156 ff, 165 ff.
57 Vgl. *Rottleuthner,* der ein systemtheoretisches Modell eines Justiz-Systems skizzierte; *ders.,* Richterliches Handeln; Zur Kritik der juristischen Dogmatik, 1973, S. 146 ff.; 147 und *ders.,* Rechtswissenschaft (Fn. 54), S. 125-130. Siehe auch *Müller, Fr.,* Juristische Methodik und Politisches System (1976), S. 11 ff., S. 16 ff., S. 94 ff.
58 Vgl. *Schmid,* Funktionsanalyse (Fn. 35), S. 131-135 und *Habermas,* Der Systemtheoretische Begriff der Wahrheit und die falsche Einheit von Theorie und Praxis, in: Habermas/Luhmann, Theorie (Fn. 10), S. 221-238; *ders.,* Wahrheitstheorien, in: Fahrenbach, H. (Hrsg.), Wirklichkeit und Reflexion; Walter Schulz zum 60. Geburtstag, 1974, S. 211 ff.
59 *Luhmann,* Soziale Systeme, Grundriss einer allgemeinen Theorie, 1984, S. 30, 4. Aufl. 1991.
60 *Luhmann,* Soziale Systeme, S. 244, *Krause, D.,* Luhmann-Lexikon, 3. Aufl. 2001, S. 71-87; *Luhmann,* Die Gesellschaft der Gesellschaft, S. 537 ff., 766 ff., 1117 ff.
61 *Lyotard,* Der Widerstreit, 1987, Übers. von Joseph Vogl.
62 *Luhmann/Fuchs, P.,* Reden und Schweigen, 1989, S. 10.

D *Theorien der Rechtswissenschaft*

Luhmanns deshalb nicht eine Bewusstseinsleistung, sondern ein systemtheoretischer Grundbegriff. Die sich aus der Differenz von System und Umwelt wechselhaft ergebende Systemperspektive produziert somit eine eigene Umwelt, eine eigene Beobachtung und Beschreibung von Realität und somit auch eine eigene Realität. So bilden Bewusstsein (psychische Systeme) und Kommunikation (soziale Systeme) füreinander je Umwelt und sind nicht aufeinander reduzibel. Sprache ist das Medium der Verhältnisbestimmung von Bewusstsein und Kommunikation und stellt den Kontakt zwischen beiden über die Sinnförmigkeit der Welt her. Begreift man Kommunikation als selbstreferentiell-geschlossenes System, dann findet der Zugang über die Synthese der dreifachen Selektion, Information, Mitteilung und Verstehen, statt. Das Bewusstsein konzipiert und konstruiert dann nicht Kommunikation, sondern es ist die notwendige Umwelt für die Emergenz einer selbständigen, selbstreferentiellen Ebene (autopoietische Reproduktion)[63].

Luhmann begreift Sprache medial als Synchronisation psychischer und sozialer Autopoiesis und als einen gewissermaßen zeitunabhängigen Vorrat von sozialer und psychischer Komplexität. Er setzt damit an die Stelle des Problems der Intersubjektivität das Konzept des selbstreferentiell-geschlossenen Systems gesellschaftlicher Kommunikation[64]. Ungelöst bleibt bei *Luhmann* das Problem, die Bedingung der Möglichkeit zu benennen, die wechselseitige Kommunikation – im weitesten Sinne Verständigung – ermöglicht[65].

Habermas greift die Luhmannsche Position, Recht als ein autopoietisches System zu begreifen, auf, wobei er diese Entwicklung auch rechtskritisch für eine brauchbare Theorie hält[66].

Er kennzeichnet die Systemtheorie des Rechtes durch drei begriffsstrategische Weichenstellungen, nämlich (a) die Umdefinition der Soll-Qualität von Rechtsnormen, um sie einer funktionalen Analyse zugänglich zu machen, (b) die funktionalistische Übersetzung in ein Modell eines ausdifferenzierten, vollständig autonom gewordenen Rechtssystems und schließlich (c) wird die „Legitimität durch Legalität als eine systemstabilisierende Selbsttäuschung erklärt, die durch den Rechtscode und durch das Rechtssystem selbst abgearbeitet wird"[67].

---

63 *Luhmann*, Wie ist Bewusstsein an Kommunikation beteiligt?, in: Gumbrecht/Pfeiffer (Hrsg.), Materialität der Kommunikation, Frankfurt a.M. 1988, S. 893; *Luhmann*, Autopoiesis, Handlung und kommunikative Verständigung, in: Zeitschrift für Soziologie, 1982, S. 11.
64 *Luhmann*, a. a. O., S. 899.
65 *Luhmann*, Neue Entwicklungen in der Systemtheorie, in: Merkur, 1992, S. 299.
66 *Habermas*, Faktizität und Geltung, 2. Aufl. 1992, S. 573.
67 *Habermas*, a. a. O., S. 573; vgl. zur Auseinandersetzung mit Luhmann, S. 573-580 und S. 68, 239.

13.3.5 Kybernetische Regelungstheorie des Rechts

Zur Analyse juristischen Entscheidungsverhaltens, juristischer Informationsverarbeitung und zur Erklärung von Gesetzgebungsverfahren werden auch Regelkreismodelle verwendet. Es wird zwischen institutions- und normenorientierten Ansätzen unterschieden[68]. Als institutionsorientierte Ansätze sind auf *K.W. Deutsch* (13.3.2.1) und auf das Input-Output-Modell *Easton's* (13.3.3) zu verweisen. Normorientiert ist z. B. das „kybernetische Modell der Jurisprudenz" (13.3.2.2). Eine kybernetische Regelungstheorie des Rechts, die versucht, diese beiden Ansätze zu verbinden, wird zunächst die Institutionen und die Informationen (also auch die Rechtsnorm) zu trennen haben, das Verhalten dieser Systemelemente zueinander darstellen und so ermöglichen, dass das Recht selbst zur Regelstrecke normsetzender Instanzen werden kann.

Podlech[69] hat ein rechtskybernetisches Modell skizziert, in dem er im Gegensatz zu *Easton* und *Deutsch* des Staat als „Subsystem der Gesellschaft" versteht. Die informationellen Beziehungen innerhalb eines Regelsystems sind selbst zu regeln, wobei über Rechtsnormen zu bestimmen ist, welche Informationen übermittelt werden dürfen oder welche Informationen Einfluss auf Regelmaßnahmen haben dürfen. Staat und Gesellschaft stehen in einem solchen Modell im Verhältnis eines Reglers zur Regelstrecke. Die Rechtsnormen bilden eine Stellgröße, die den Regelungsprozess steuern.

Für ein solches Regelungsmodell bestehen aber neben den Rechtsnormen auch normative Informationen, die nicht Ereignisse beschreiben, sondern Sachverhalte normativ darstellen. Hinzu kommen allgemeine und individuelle Informationen. Je nachdem, ob es sich um eine konditionale Programmierung oder um eine abstrakte Führungsgröße handelt, wird entweder mit einer bestimmten Stellgröße reagiert oder aber ständig das vorgegebene Ziel auch gegen Störungen angestrebt.

Rechtstheoretisch führt dies dazu, den Begriff des Rechts als eine Struktur von sich in der Gesellschaft vollziehenden informationellen Prozessen zu definieren. Die kybernetische Regelungstheorie kann nur einen Teilaspekt, nämlich den Regelungscharakter des Rechts darstellen, die anderen Aspekte, z. B. der anthropologische, der sprachliche, der logische behalten ihre wichtige Bedeutung.

13.3.6 Theorien der Selbststeuerung von Systemen (Autopoiesis)

Ausgangspunkt dieser wissenschaftlichen Diskussion ist das Paradigma der Selbstorganisation, das zunächst an natürlichen Systemen studiert wurde. Dabei geht es insbesondere um Phänomene wie Selbstorganisation, kohärentes Verhalten in

---
68 Siehe *Garstka, Hans-Jürgen,* Regelkreismodelle des Rechts, 1983, S. 60 ff., S. 125 ff.
69 *Podlech, Adalbert,* Rechtskybernetische Thesen zum Thema „Recht, Sprache und Information", in: Rechtstheorie 5 (1974), S. 108-110.

strukturellem Wandel, Individualität, Kommunikation mit der Umwelt und Symbiose, Morphogenese und Zeitverschränkung in der Evolution. In neuer Sicht erscheinen damit die bisherigen Grundprinzipien der Kybernetik und der allgemeinen Systemtheorie. Dominierte bisher die Betonung räumlicher Strukturen und Systemkomponenten, so ist die neue Sicht prozessorientiert. Betrachtungsschwerpunkt der allgemeinen Systemtheorie war die vorgegebene Struktur (z. B. eine Maschine), die die in ihr ablaufenden Prozesse bestimmt und eine Evolution ausschließt. Nunmehr steht im Zentrum der Betrachtung gerade das Zusammenspiel von Prozessen unter definierbaren Bedingungen zu einem offenen Evolutionsprozess an Strukturen. Damit verändert sich der Begriff des Systems, der nicht mehr an Strukturen oder wechselnde Konfigurationen gebunden ist. Die Erkenntnistheorie natürlicher Systeme setzte mit der empirischen Bestätigung so genannter dissipativer Strukturen in chemischen Reaktionssystemen und damit verbunden die Entdeckung eines in diesen Strukturen wirkenden neuen Ordnungsprinzips ein. Insbesondere *Prigogine*[70] entwickelte diese Theorie, die man als „Ordnung durch Fluktuation" bezeichnen könnte, die gleichzeitig fern eines Gleichgewichtszustandes ist. Autopoietische Systeme erneuern und produzieren sich selbst in einer Dynamik, die niemals zum Stillstand kommt, aber dennoch stabil erscheint. Nicht mehr das Input-Output-Modell ist von Interesse, sondern die Betrachtung der Selbstproduktion. *Maturana* und *Varela* entwickelten eine Theorie lebender Systeme. Sie sind durch ihre Organisation definiert. So schreibt *Varela*, dass in dem Maße, in dem Selbsterzeugung als der Schlüssel zum Verständnis biologischer Phänomene betrachtet wird, sich der Schwerpunkt vom Aspekt der Kontrolle auf den der Autonomie verlagert. „Andere autonome Systeme teilen mit lebenden Systemen die Eigenschaft, dass auch bei ihnen die angemessene Erkenntnis der Einheit sehr eng verbunden ist mit der Organisation und Arbeitsweise der Einheit und in demselben Raum geschieht, der durch deren Organisation und Arbeitsweise festgelegt wird."[71] Die Identität der Systeme wird dadurch bestätigt, dass ihr Funktionieren beobachtet wird, und zwar in der Kopplung zwischen Beobachter und der Einheit in dem jeweiligen Bereich, in dem die Einheit operiert. Autopoietische Systeme erzeugen durch ihr Operieren fortwährend ihre eigene zirkuläre Organisation, die als grundlegende Größe konstant gehalten wird. Diese Organisation kann beschrieben werden als ein Netzwerk zur Produktion ihrer eigenen Bestandteile. Aufgrund dieser zirkulären Organisation sind lebende Symptome selbstreferentielle und bezüglich ihrer Organisation homöostatische Systeme, die ihrer Umwelt gegenüber autonom sind. In der Zirkularität der Organisation liegt für lebende Systeme die Selbstreferentialität geschlossener Systeme, die informationsdicht und

---

70 Siehe insbes. *Prigogine, Ilya*, Vom Sein zum Werden, Zeit und Komplexität in den Naturwissenschaften, 6. Aufl. 1992, Übers. von Friedrich Griese.
71 *Varela*, Autonomie und Autopoiese, in: Schmidt, S.J. (Hrsg.), Der Diskurs des radikalen Konstruktivismus, 4. Aufl. 1991, S. 119 ff., 120; siehe im gleichen Band *Jantsch*, Erkenntnistheoretische Aspekte der Selbstorganisation natürlicher Systeme, S. 159-191.

strukturdeterminiert (autonom) mit einem kognitiven Bereich[72] sind. „Ein lebendes System ist aufgrund seiner zirkulären Organisation ein induktives System und funktioniert in prognostizierender Weise: Was einmal geschehen ist, ereignet sich wieder. Seine Organisation (die genetische wie die sonstige) ist konservativ und wiederholt nur das, was funktioniert. Aus diesem gleichen Grunde sind lebende Systeme historische Systeme. Die Relevanz eines bestimmten Verhaltens oder einer Verhaltensklasse wird immer in der Vergangenheit determiniert."[73]

Anwendungen

Recht als autopoietisches System

Während *Niklas Luhmann* in „soziale Systeme" noch davon ausgeht, dass soziale Systeme aus Kommunikation und aus deren Zurechnung als Handlung bestehen, ist in „Das Recht der Gesellschaft" nur noch von Kommunikation die Rede. Kommunikation ist insofern autopoietisch, als sie nur im rekursiven Zusammenhang mit anderen Kommunikationen erzeugt werden kann, also nur in einem Netzwerk, an dessen Reproduktion jede einzelne Kommunikation selber mitwirkt[74]. *Luhmann* bezieht sich dabei auf die oben dargestellte Theorie der Autopoiese und überträgt diese auf das Rechtssystem. Danach regen sich in einem systemablaufenden zirkulären Prozess Systemelemente und Prozesse fortwährend zur Selbstreproduktion und inneren Weiterentwicklung (Evolution) an. Ausgangsbetrachtung von *Luhmann* ist das Recht als ein autopoietisches, sich selbst unterscheidendes System, zu beschreiben[75]. Wenn *Luhmann* dabei von operativer Geschlossenheit spricht, so meint er nicht kasale Abgeschlossenheit und Isolation gegenüber der Umwelt, sondern dass das Recht, eigene Operationen im Rückgriff und Vorgriff auf andere eigene Operationen erzeugt und nur auf diese Weise bestimmen kann, was zum System gehört und was zur Umwelt[76]. Normative Geschlossenheit bedeutet aber durchaus kognitive Offenheit, denn das Rechtssystem ist ein eigenes System, das als Subsystem der Gesellschaft, deren Struktur es mitgestaltet und insofern mit dem System der Gesellschaft strukturell verkoppelt ist[77]. Dabei sind wichtige Systemleistungen des Rechtssystems, Erwartungen über die Zeit hinweg für die Zukunft zu stabilisieren und durch Codierung und Programmierung, als wichtige Funktionen des Rechts, einen binären Schematismus erzeugen, demzufolge normative Erwartungen entweder erfüllt oder enttäuscht werden. Der Code differenziert eben

---

72 Vgl. *Schmidt,* Der Radikale Konstruktivismus: Ein neues Paradigma im interdisziplinären Diskurs, in: Schmidt, S.J. (Hrsg.), Der Diskurs des radikalen Konstruktivismus, 4. Aufl. 1991, S. 22-24.
73 *Maturana,* Erkennen: Die Organisation und Verkörperung von Wirklichkeit. Ausgewählte Arbeiten zur biologischen Epistemologie, 1982, S. 52.
74 *Luhmann,* Die Gesellschaft der Gesellschaft, S. 82/83.
75 *Luhmann,* Recht der Gesellschaft, S. 30.
76 *Luhmann,* Recht der Gesellschaft, S. 44.
77 *Luhmann,* Recht der Gesellschaft, S. 33 ff., 54 ff., 440 ff.

zwischen Recht und Unrecht. Was mit diesem Kontrollschema Recht/Unrecht nicht erfasst wird, gehört nicht zum Rechtssystem, sondern zu einer inner- oder außergesellschaftlichen Umwelt[78]. *Luhmann* kommt hier zu dem Resultat, dass diese Arbeitsform des Rechtssystems die Voraussetzungen eines autopoietischen Systems erfüllt. Dadurch, dass es emergente Einheiten konstituiert und reproduziert, die es ohne operative Geschlossenheit nicht geben würde, leistet es auf diese Weise eine eigenständige Reduktion von Komplexität, ein so genanntes selektives Operieren angesichts einer Fülle von Möglichkeiten. In diesem Sinne versteht er unter Positivität des Rechts nichts anderes als, dass Recht nur durch sich selbst entsteht, weshalb es kein anderes als positives Recht geben kann.

Luhmann kommt in der Fortentwicklung seiner rechtssoziologischen Theorie zu dem Ergebnis, dass Recht nur von außen beobachtet und beschrieben werden kann, jedoch nichts zur Rechtspraxis und zu den den Juristen aufgegebenen Entscheidungen beiträgt[79]. Das Recht ist insoweit ein System, das Konflikte löst, zugleich aber auch generiert, weil man sich auf das Recht berufen kann, wenn man Druck nicht nachgeben oder Befehlen nicht gehorchen will. Normen ermöglichen also die Verteilung der Code-Werte Recht/Unrecht in Abhängigkeit von den Fällen, die entstehen. Als Programme haben sie dabei die Form „Wenn ..., dann ..." die nicht im Hinblick auf Zwecke spezifiziert wird. Die konditionale Programmierung erlaubt es dem Rechtssystem, klar zwischen Selbstreferenz (formale Bedingungen der Relevanz, die aus Erfahrungen mit der Behandlung von Rechtsfällen entstehen und als Begriffe gespeichert werden) und Fremdreferenz (Fälle von Interessenverletzung, die substanzielle Argumentationen erlauben) zu unterscheiden. Damit wird unterschieden zwischen dem, was rechtlich relevant und dem was rechtlich irrelevant ist. Das Recht kombiniert also Normierung und Kognition in der Gestalt, dass sowohl seine Stabilität (Normen gelten weiter, auch wenn sie enttäuscht werden) als auch seine Lernfähigkeit (im Falle von Streitfällen neuer Art kann man neue Normen produzieren) gewährleistet sind. Hier zeigt sich, dass Recht ein soziales evolutionäres System ist. Um das System und seine Operationen in der System/Umwelt zu beschreiben, bedient sich *Luhmann* der Evolutionstheorie. Strukturelle evolutionäre Veränderungen werden auf der Grundlage der Unterscheidung dreier Mechanismen, 1. Der Variation, 2. Der Selektion von Variationen und 3. Ihrer Retention oder Stabilisierung beschrieben. *Thomas Raiser* kommt zu dem Ergebnis, dass unter dem Druck neuartiger Erwartungen aus der gesellschaftlichen Umwelt es im Rechtssystem autopoietisch zu neuen Rechtsgedanken und Problemlösungsvorschlägen (Variation) kommt, die dann in der (Um-)Interpretation von vorhandenen Regeln und in institutionalisierten Änderungsverfahren ausgewählt werden (Selektion). Als Mittel der Stabilisierung dienen in der Neuzeit

---

78 *Luhmann*, a. a. O., S. 61.
79 *Luhmann*, a. a. O., S. 24 ff.

vornehmlich Schriftlichkeit, Systematisierung und Dogmatisierung[80]. *Luhmann* kommt schließlich zu dem Ergebnis, dass eine volle Ausdifferenzierung des Rechtssystems zur Universalisierung des eigenen Codes führt und insofern keine Sachverhalte mehr kennt, die aus der Natur der Sache für rechtliche Regelung nicht in Betracht kommen. Was rechtlich geregelt wird und was nicht und welche Arten von Regelung in Geltung gesetzt werden, ist allein Sache des Rechtssystems selbst[81].

Als Systemtheoretiker geht *Luhmann* davon aus, dass zwischen Rechtssystem und politischem System unterschieden werden müsse[82]. Nach *Luhmann* unterscheidet sich die Trennung dieser beiden Funktionssysteme insbesondere in der unterschiedlichen Codierung. Es ist für ihn offensichtlich, dass es für die demokratische Codierung der Macht im Schema von Regierung und Opposition im Rechtssystem keine Entsprechung gibt. In der Betrachtung des Rechtsstaates sieht er zwei gegenläufige Perspektiven, nämlich die juristische Fesselung der politischen Gewalt und die politische Instrumentalisierung des Rechts. Während das Rechtssystem die Funktion hat, dafür zu sorgen, dass es keine rechtsfreien Räume gibt, d. h. keine Verhaltensweisen möglich sind, die durch das Recht nicht erreichbar sind und insofern kein unregulierbares, willkürliches und gewalttätiges Verhalten möglich ist. Das politische System versucht hingegen Meinungsbildungen so zu kondensieren, dass kollektiv bindende Entscheidungen getroffen werden können. Das Recht stellt dank seiner Positivität die Änderbarkeit dieser Möglichkeit der Formfestlegung und der Entpolitisierung von Problemen bereit. Es stellt damit sicher, dass Angelegenheiten unter spezifisch rechtlichen, nicht mehr politischen Kriterien, weiter behandelt werden. Die Politik kann sich anderen neuen Problemen zuwenden[83].

Rechtstheorie

Teubner kommt unter Bezugnahme auf *Nonet* und *Selznick*[84] auf autonome Entwicklungsprozesse im Recht zu sprechen und entwickelt unter Berücksichtigung *Habermas'* Rekonstruktion des historischen Materialismus und der Theorie des kommunikativen Handelns und der *Luhmann*schen Evolution des Rechts die Figur des reflexiven Rechts[85].

Dabei wirft er die Frage auf, was es nun bedeutet, Rechtsentwicklung in Terms von evolutionärer Autonomie zu reformulieren. Das Rechtssystem, das ohnehin nicht als geschlossenes System begriffen wird, sondern abhängig von Entwicklungen im

---

80 *Raiser, Thomas,* Das lebende Recht, Rechtssoziologie in Deutschland, 3. Aufl. 1999, S. 155.
81 *Luhmann,* a. a. O., S. 296.
82 *Luhmann,* a. a. O., S. 407.
83 *Luhmann,* a. a. O., S. 424.
84 *Nonet/Selznick,* Law and society in transition, S. 78 ff., 95 ff., 104 ff.
85 *Teubner,* Reflexives Recht, Entwicklungsmodell des Rechts in vergleichender Perspektive, in: ARSP 1982, S. 13 ff.; vgl. *Habermas,* Faktizität und Geltung, 2. Aufl. 1992, S. 553; siehe auch S. 69-78 und S. 418, *Luhmann,* The Unity of the Legal System, in: *Teubner, G.* (ed.), Autopoietic Law, a. a. O., S. 12-35 (Fn. 1).

gesellschaftlichen Kontext zu verstehen ist, ist mit dem Begriff der Selbstprogrammierung bzw. über den Schritt rechtlicher Autonomie hinausgehend als „Selbstproduktion" des Rechtssystems in seinen Elementen zu interpretieren. Diese Betrachtung verweist auf den Begriff der Selbstreferenz. „Recht wandelt sich nur in Reaktion auf seine eigenen Impulse. Die Rechtsordnung – Normen, Dogmatiken, Institutionen, Organisationen – reproduziert sich selbst in ihren Elementen, aber sie tut dies in Reaktion auf Umweltinteressen."[86]

Selbstreferenz führt in der Rechtsentwicklung unmittelbar zu einem Konzept des postmodernen Rechts, dessen Rationalität ausschließlich als Produkt einer inneren normativen Entwicklungslogik erscheint. In der Transformation des Rechtsformalismus im Konzept des „responsive law" lässt sich einerseits beobachten, dass formale Rationalität durch materiale Orientierung ersetzt bzw. angereichert und andererseits durch eine reflexive Orientierung weiterentwickelt wird[87].

Teubner entwickelt die Figur des „responsive law" weiter, indem er auf reflexive Rationalität eingeht. Die Rolle des reflexiven Rechts besteht darin, integrative Mechanismen für Verfahren und Organisation innerhalb der betroffenen Teilsysteme selbst bereitzustellen, ihnen eine Sozialverfassung zu geben, die ihre Eigengesetzlichkeiten respektiert, ihnen aber zugleich gesellschaftliche Restriktionen auferlegt. Der Ausdruck „reflexiv" bezeichnet erstens Selbstidentifikationsprozesse im Rechtssystem als solchem und verweist zweitens auf die unterstützende Rolle des Rechts in Selbstidentifikationsprozessen anderer Sozialsysteme. Er bezeichnet schließlich drittens die selbstbezüglichen normativen Mechanismen, deren sich die Rechtsordnung dabei bedient[88].

Resultat rechtlicher Reflexionsprozesse wäre nicht notwendigerweise die De-Regulationspolitik. Nach *Teubner* ist eher *Habermas'* Konzept einer Demokratisierung wirtschaftlicher Teilsysteme, das mit seiner Betonung prozeduraler Legitimation die Richtung angeben kann, auf die sich reflexives Recht hinentwickeln mag. Insbesondere die Unterscheidung zwischen „Recht als Medium" und „Recht als Institution" ist bedeutsam. Während Recht nämlich als sozialstaatliches „Medium" der Gesellschaftssteuerung die kommunikativen Strukturen des verrechtlichten Handlungsbereiches zu verletzen droht, kann Recht als „Institution" kommunikative Strukturen unverletzt lassen. Recht als „äußere Verfassung" muss Verfahren der Konfliktregulierung ermöglichen, die den Strukturen verständigungsorientierten Handelns angemessen sind: „diskursive Willensbildungsprozesse und konsensorientierte Verhandlungs- und Entscheidungsverfahren"[89]. *Teubner* sieht sich bezüglich seines Verständnisses der gesellschaftlichen Leistungen eines „reflexiven"

---

86 *Teubner,* Reflexives Recht (Fn. 85), S. 20-21.
87 *Eder,* Prozedurale Rationalität, Moderne Rechtsentwicklung jenseits formaler Rationalisierung, Zeitschrift für Rechtssoziologie, 1986, S. 1-30.
88 *Teubner,* Reflexives Recht (Fn. 85), S. 27.
89 *Habermas,* Theorie des kommunikativen Handelns, 1. Aufl. 1981, Bd. 2, S. 535 ff.

Rechts, nämlich die äußere Verfassung für Prozesse der Selbstreflexion in anderen sozialen Bereichen zu normieren, bestätigt. Gerade die Herstellung prozeduraler Legitimität in Diskursen kann durch Recht erfolgen. In diesem Sinne kann das Rechtssystem Normierungen für Verfassungen, Verfahren, Organisation und Kompetenzen entwickeln, die andere Sozialsysteme als Voraussetzung demokratischer Selbstorganisation und Selbstregulierung benötigen. „Anstatt – wie es unter materialer Rechtsrationalität tendenziell geschieht – die Funktionen anderer Sozialsysteme autoritativ zu definieren bzw. deren Input-Output-Leistungen rechtlich zu regulieren, müsste das Recht nun seine Aufmerksamkeit auf solche Mechanismen richten, die systematisch ihrerseits Reflexionsstrukturen innerhalb anderer Subsysteme fördern."[90] Beispielhaft für diese Entwicklung soll das Vertragsrecht aufgegriffen werden, in dem gesetzliche Definitionen von Minimalbedingungen und richterliche Inhaltskontrollen die Materialisierung des Vertragsrechts beinhalten. So tendiert das staatliche Recht dahin, kollektive Vereinbarungen indirekt dadurch zu steuern, dass es auf die innere Organisation, z. B. der Tarifverbände, Einfluss nimmt, ihre rechtliche Anerkennung von bestimmten Strukturvoraussetzungen abhängig macht, Verfahrensnormen für das Verhandlungssystem und kampfweise Auseinandersetzungen entwirft und die Kompetenz der kollektiven Akteure ausweitet bzw. einschränkt. Im Datenschutzrecht ist innerhalb der europäischen Rechtsentwicklung die Diskussion über administrative bzw. Selbstregulations- und Selbstreferenzmodelle geführt worden. So zeigt sich auch hier in der Diskussion, ob es ein einheitliches zentralisiertes Meldeverfahren oder dezentrale Beratungs- und Kontrollstrukturen geben soll. Auch im Vertragsrecht ist zu beobachten, dass Vertragsregelungen zur Standardisierung des Datenschutzes als reflexive Rationalität des Rechts sich etablieren.

Systemtheorie in Wirtschaft und Recht

Moderne Positionen innerhalb der Management-Wissenschaft haben Konzepte wie Wirklichkeitskonstruktion, Selbstorganisation, Selbstreferenz und Verantwortung aufgegriffen. So versteht *Probst* z. B. Management als Konstruktion von Wirklichkeit („Management heißt Gestalten, Lenken und Entwickeln")[91]. Der hierin liegenden Neuorientierung liegt ein Konzept sozialer Systeme zugrunde, das sowohl als „gemachte" als auch als „spontane" Ordnung betrachtet wird.

Soziale Systeme – als Produkte gesellschaftlicher Konstruktionen verstanden – sind kulturelle, komplexe und dynamische Gebilde. Deshalb ist die Konsequenz von Eingriffen nicht bestimmt vorhersagbar. Prozesse der Ordnungsbildung in sozialen

---

90 *Teubner,* a. a. O., S. 50; vgl. zur vertiefenden Befassung insbes. *Teubner/Willke,* Kontext und Autonomie: Gesellschaftliche Selbststeuerung durch reflexives Recht, in: Zeitschrift für Rechtssoziologie, 1984/85, S. 4-33 (30 ff.).
91 *Probst,* Management als Konstruktion von Wirklichkeit – Die Konsequenz Verantwortung, 1985, zitiert nach *Schmidt* (Hrsg.), Der Diskurs des radikalen Konstruktivismus, 4. Aufl. 1991, S. 53.

Systemen sind deshalb als Organisieren und Selbstorganisieren zu betrachten[92]. Während in der bisherigen Management-Wissenschaft Organisieren als konstitutiver Prozess des inhaltlichen Gestaltens im Vordergrund stand, obgleich bekannt war, dass das für diesen Prozess notwendige Wissen insgesamt nicht verfügbar bzw. im Falle der Verfügbarkeit unsere geistige Kapazität nicht in der Lage ist, es zu bewältigen. Bei dieser Gestaltung wurden zwei Prozesse nicht beachtet: nämlich das symbolische Gestalten und spontane Prozesse der Ordnungsbildung (Selbstorganisation). Diese Selbstorganisationsphänomene führten dazu, dass die traditionelle Management- und Ordnungslehre akzeptiert, dass zu keinem Entscheidungszeitpunkt jemand in der Lage ist, ein produktives soziales System zu planen und logisch rational zu führen. Die Mechanismen der Entstehung, Aufrechterhaltung und Veränderung spontaner Ordnungen sind über das soziale System verteilt und nicht eindeutig lokalisierbar. Sie bilden aber die Grenze der Planbarkeit und Strukturierbarkeit eines sozialen Systems. Um diese Prozesse besser beschreiben zu können, griffen Management-Wissenschaftler auf die Theorie selbstreferentieller Systeme zurück und konzentrierten sich auf die Konzepte „Selbststrukturierung" und „Selbstreferenz".

Insbesondere die Berücksichtigung selbstreferentieller Prozesse verändert die traditionelle Management-Wissenschaft intensiv. Während bisher auf Input-Output-Modelle rekurriert wurde, geht es nunmehr darum, innere Zusammenhänge eines Systems zu beschreiben, um zu verstehen, wie ein System genau das tut, was es tut[93].

Die vielfältige Beschäftigung mit Unternehmenskultur ist durchaus ein Beispiel für selbstreferentielle Steuerungen. Soziale Systeme müssen sich bei sich ständig verändernder Umwelt vielfältig durch Regularien und Organisation anpassen. Die Identität des Systems in diesen Veränderungsprozessen geschieht dadurch, dass die Überzeugungen und Werthaltungen konstant bleiben, während sich alles andere strukturell verändert.

Einen wichtigen Ansatzpunkt für die Management-Wissenschaft bietet das Problem der Verantwortung. Als anwendungsorientierte Wissenschaft entwirft Management-Wissenschaft soziale Systeme und will sie gestalten, d. h., mit dem Gestaltungsprozess muss auch Verantwortung übernommen werden. Eine solche Verantwortung ist für den gesamten Prozess der Gestaltung und deren Wirkung auf die Menschenwelt zu begreifen. Dabei geht es wegen der Selbstorganisationskomponenten nicht um eine Schaffung manipulierter sozialer Wirklichkeit, sondern um Wirklichkeitskonstruktionen, die Manager durch neue Interpretationsrahmen für

---

92 Vgl. *Teubner,* Eigensinnige Produktionsregimes: Zur Ko-Evolution von Wirtschaft und Recht in den varieties of capitalism, in: *Baecker, D./Hutter M.* (Hrsg.), Systemtheorie für Wirtschaft und Unternehmen; Zeitschrift Soziale Systeme, Jg. 5 (1999), S. 7-25.
93 *Probst/Scheuss,* Die Ordnung von sozialen Systemen: Realität von Organisieren und Selbstorganisation, in: Zeitschrift für Führung und Organisation, Nr. 8, 1984, S. 480-488 (486).

Handlungen schaffen. Schließlich kann Übernahme von Verantwortung nicht bedeuten, dass ein Einzelner für das Verhalten eines ganzen sozialen Systems verantwortlich ist, vielmehr ist der Einzelne immer nur Teil eines komplizierten, vernetzten, dynamischen Systems. Er ist selbstverständlich für seine Konstruktion von Wirklichkeit und damit für sein Handeln als Teil eines Systems verantwortlich.

Zusammenfassend zur Diskussion über den radikalen Konstruktivismus verweise ich auf *S.J. Schmidt* im gleichnamigen Buch, S. 72, der die Erfahrungen wie folgt bezeichnet:
– Die konstruktivistische Berücksichtigung holistischer und monistischer Aspekte erlaubt, reduktionistische Forschungsansätze aufzulösen (etwa in der Psychiatrie oder in der Management-Wissenschaft), und fördert komplementären Methodeneinsatz.
– Die Sensibilität für erkenntnistheoretische Grundlagen und Probleme jeder wissenschaftlichen Aktivität wird durchweg erhöht.
– Die Aufmerksamkeit wird auf Selbstorganisation und Eigentätigkeit gelenkt, statt bloß auf Steuerung oder einfaches Reagieren.
– Prozesse und Systeme werden gegenüber Strukturen komplementär berücksichtigt, und es wird in „Wirkungsnetzen" gedacht.
– Die Fixation auf Denkmuster vom Typ „es muss aber doch ..." wird aufgelöst.
– Wissenschaftliche Tätigkeit wird menschenbezogen und anwendungsorientiert gesehen.
– Die ethischen Konsequenzen werden aus der Einsicht in die Konstruktivität und Subjektdependenz alles Wissens und aller Werte gezogen.

13.4 Kritik der Systemtheorie Luhmanns

13.4.1 Allgemeine kritische Anmerkungen zu Luhmanns Systemtheorie

Knapp und prägnant zusammengefasst verweise ich hier auf die Pro- und Kontra-Anmerkungen von *Detlef Krause*.

Für *Luhmann* sprechen hiernach zusammengefasst: 1. Vermittlung von Einsicht durch Fernsicht, 2. Befreiung von logischen Fesseln des Beobachtens, 3. Rückzug aus sinnstiftenden Rückzugspositionen, 4. ernsthafte Spielfreude und 5. Vermittlung von sicherer Unsicherheit[94].

Kontra *Luhmann* wird zusammengefasst und schlagwortartig formuliert: 1. Nutzloses abstraktes Philosophieren, 2. Sprachkunst statt Begriffschärfe, 3. Autopoiesis als Täuschungsmanöver, 4. Selbstbewegung versus bewegende Selbste, 5. über allem der Schleier des Sozialen, 6. geringe Benutzerfreundlichkeit[95].

---

94 *Krause, D.*, Luhmann-Lexikon, 3. Aufl. 2001, S. 92 ff., 93-96.
95 Siehe *Krause, D.*, a. a. O., S. 96-101.

Die frühere Kritik[96] richtet sich vor allem gegen den puren Funktionalismus, gegen die sozialtechnokratische Auffassung von Gesellschaft und damit verbunden gegen einseitig gebrauchte Rationalität. Haupteinwand ist, dass grundlegende kybernetische Konzepte der Steuerung, Regelung und Selbstregulierung nicht nur relativ willkürlich auf sämtliche Teilbereiche von Gesellschaft angewendet werden, sondern auch auf diese selbst appliziert, ohne dabei konsequent die Frage zu stellen, ob und inwieweit in jenen Bereichen oder gar in der Gesamtgesellschaft die Probleme der Steuerung, Regulierung und Selbstregulierung so gegeben sind[97].

13.4.2 Habermas' Kritik

Habermas hält zunächst die These, mit der *Luhmanns* Theorie steht und fällt, nämlich, dass die funktionalistische Analyse den einzigen zulässigen Weg der Rationalisierung von Entscheidung weist, für unbegründet. Die Systemtheorie kann als ein einziger groß angelegter Begründungsversuch für die praktische Empfehlung verstanden werden, „dass eine unmittelbar sozialtechnologisch gerichtete Analyse überall da an die Stelle des vermeintlichen Diskurses über ohnehin nicht wahrheitsfähige praktische Fragen zu treten habe, wo mit den Illusionen einer Verwirklichung praktischer Vernunft, und das heißt: mit Demokratisierungstendenzen, noch nicht vollends aufgeräumt worden ist"[98]. Für *Habermas* stellt die Systemtheorie der Gesellschaft die Hochform eines technokratischen Bewusstseins dar, „das heute praktische Fragen als technische von vornherein zu definieren und damit öffentlicher und ungezwungener Diskussion zu entziehen gestattet"[99]. Der Begriff des Diskurses ist – anders als der Begriff des Systems – auf Intersubjektivität und Konsens angelegt. Die Systemtheorie *Luhmanns* bietet dem Beobachter nur ein Schema an, nämlich die Differenz von System und Umwelt[100].

Der Systemtheorie wird das materiale Interesse des Menschen an seiner Emanzipation im sozialen System entgegengehalten. *Habermas* unterscheidet zwischen den technisch fortschreitenden Subsystemen und dem institutionellen Rahmen der Gesellschaft. Die Unterscheidung beruht auf der anthropologischen Differenzierung von zwei Arten menschlicher Tätigkeit: der Arbeit (zweckrationales Handeln) und

---

96 Vgl. *Loh*, Kritik der Theorieproduktion von Luhmann und Ansätze für eine kybernetische Alternative, 1972; *Rottleuthner*, Rechtswissenschaft (Fn. 54), S. 129, 130.
97 Siehe *Merz-Benz, P.-U./Wagner, G.* (Hrsg.), Die Logik der Systeme. Zur Kritik der systemtheoretischen Soziologie Niklas Luhmanns, Konstanz 2000.
98 *Habermas*, Theorie (Fn. 10), S. 144.
99 *Habermas*, Theorie (Fn. 10), S. 145; ders., Theorie des kommunikativen Handelns, 1. Aufl. 1981, Bd. 2, S. 552.
100 Vgl. auch den Beitrag von *Nassehi*, Habermas, Lyotard und die Suche nach dem ausgeschlossenen Dritten, in: Eickelpasch (Hrsg.), Unübersichtliche Moderne?, Opladen 1991, S. 175-233 (233); vgl. *Habermas*, Faktizität und Geltung, 2. Aufl. 1992, S. 405/406.

der Interaktion (kommunikatives Handeln)[101]. Die Arbeit ist für die Reproduktion der Menschengattung unentbehrlich. Der institutionelle Rahmen besteht zwar auch aus institutionalisierten Lern- und Anpassungsprozessen, deren Funktionieren durch Unterdrückung und Sublimierung von Triebansprüchen gesichert wird. Das Maß der Bedürfnisse und der Triebunterdrückung, der Grad der Herrschaft sind historisch wandelbar. Sie werden in der Gestalt von Werten in den institutionellen Rahmen antizipiert und dann kraft handlungsorientierender Normen in der Lebenspraxis verwirklicht; der institutionelle Rahmen soll aber über bestehende Werte hinaus die Möglichkeit der kritischen Diskussion über diese und damit die Möglichkeit der Emanzipation erhalten[102].

Durch Reflexion der Abhängigkeitsverhältnisse und Selbstreflexion soll ein „herrschaftsfreier Dialog" in einer Gesellschaft vorbereitet werden, der die Emanzipation all ihrer Glieder ermöglicht.

Dies setzt die Freisetzung einer kommunikativen Vernunft – nicht zuletzt durch die Theorie des kommunikativen Handelns – voraus. In ihr sind zunächst die Grundlagen der Rationalität von Erfahrung und Urteil, Handeln und sprachlicher Verständigung zu erfassen. Hierbei bilden Argumentation, Verständigung, Moral, Ästhetik, Erfahrung und objektivierendes Denken wichtige rekonstruktive Bestandteile empirischer Theorien. Mit diesen empirischen Theorien wären z. B. die Ontogenese von Sprache und kommunikativen Fähigkeiten, von moralischen Urteilen und sozialer Kompetenz zu erklären. Darüber hinaus bieten sie ein Erklärungsmodell, das den Strukturwandel religiös-metaphysischer Weltbilder, die Entwicklung von Rechtssystemen, ja überhaupt Formen der sozialen Integration beschreiben lässt[103].

Lässt sich das Interesse des sozial verfassten und dem Gesetz unterworfenen Menschen an Mündigkeit als ein a priori Einsehbares aufzeigen, so wäre damit ein erster Ansatzpunkt einer materialen Rechtsphilosophie gefunden. Ausgehend von der Analyse konkreter gesellschaftlicher Abhängigkeit wären Zielvorstellungen richtigen Rechts in dieser Gesellschaft zu entwerfen und zu begründen.

---

101 *Habermas,* Technik und Wissenschaft als Ideologie, 2. Aufl. 1969, S. 62 ff.
102 Grundlegend *Habermas,* Erkenntnis und Interesse, 2. Aufl. 1973; *ders.,* Technik (Fn. 101), S. 146-168 (155 ff.); auch *ders.,* Erkenntnis, bes. S. 204 ff., 332 ff.; *Horkheimer,* Kritische Theorie (A. Schmidt ed.), 2 Bde., 1968; *ders.,* Zur Kritik der instrumentellen Vernunft (A. Schmidt ed.), 1967; *Apel,* Szientistik, Hermeneutik, Ideologiekritik, in: *Apel,* Transformation der Philosophie, 1973, Bd. II, S. 96 ff.; *Habermas/Luhmann* (Fn. 10), S. 142 ff.; *Habermas,* Theorie des kommunikativen Handelns, 1. Aufl. 1981, Bd. 2, Zur Kritik der funktionalistischen Vernunft.
103 *Habermas,* Theorie des kommunikativen Handelns, 1. Aufl. 1981, Bd. 2, S. 580-593 (586/587); Der Wechsel von der Beobachter- zur Teilnehmerperspektive innerhalb der kritischen Theorie ist von *Dubiel* aufbereitet worden: Herrschaft oder Emanzipation?, in: Honneth u. a. (Hrsg.), Zwischenbetrachtungen, Jürgen Habermas zum 60. Geburtstag, 1989, S. 510 ff.

D *Theorien der Rechtswissenschaft*

Habermas hat mit seinem Werk „Faktizität und Geltung, Beitrag zur Diskurstheorie des Rechts und des demokratischen Rechtsstaats" eine umfangreiche Grundlegung der Diskurstheorie und einer Philosophie des Rechts vorgelegt, Recht als Bestandteil kommunikativen Handelns erkannt und umfangreich in der Wirkung von Grundrechten, im Strafrecht, im Zivilrecht, im parlamentarischen Gesetzgebungsprozess und nicht zuletzt in der Wirkung von Richterentscheidungen aufgearbeitet. Die Diskurstheorie des Rechts hat erstmalig eine derartig umfangreiche rechtsphilosophische Darstellung erfahren. Für *Habermas* erklärt die Diskurstheorie die Legitimität des Rechts mit Hilfe von Verfahren und Kommunikationsvoraussetzungen, welche die Vermutung begründen, dass die Prozesse der Rechtssetzung und der Rechtsanwendung zu rationalen Ergebnissen führen. „Als rational bewähren sich die vom politischen Gesetzgeber verabschiedeten Normen und die von der Justiz zuerkannten Rechte inhaltlich daran, dass die Adressaten als freie und gleiche Mitglieder einer Gemeinschaft von Rechtssubjekten behandelt werden."[104]

Den historischen Streit zwischen sozialstaatlichen und liberalen Rechtsparadigmen deutet *Habermas* auch als einen Streit über die Grenzziehung zwischen privater und öffentlicher Autonomie und damit über die jeweiligen Kriterien der Gleichbehandlung. Vor dem Hintergrund der gegenwärtigen Rechtskritik, die sich insbesondere in der nachlassenden Bindungswirkung des parlamentarischen Gesetzes und der Gefährdung des Prinzips der Gewaltenteilung in einem Staat ausdrückt, der mit seinen wachsenden und qualitativ neuen Aufgaben stark belastet ist, drückt sich die Gewährung von Ansprüchen in Teilhabe- und Schutzrechten aus; etwa im Sinne der Gewährleistung der sozialen Sicherheit und des Schutzes vor ökologischen oder wissenschaftlich-technischen Gefahren. Die Gewährleistung dieser Ansprüche bleibt gleichzeitig relativ bezogen auf die Entwicklung individueller Selbstbestimmung als notwendige Bedingung der politischen Selbstbestimmung. Damit wird die dogmatische Kernidee des Rechtsstaates formuliert, nämlich die Idee der Autonomie, wonach Menschen nur in dem Maße als freie Subjekte handeln, wie sie genau den Gesetzen gehorchen, die sie sich gemäß ihren intersubjektiv gewonnenen Einsichten selber geben. In dieser Idee spricht sich eine Spannung von Faktizität und Geltung aus, die mit dem Faktum der sprachlichen Verfassung soziokultureller Lebensformen, d. h. für uns, die wir in unseren sozialen Lebensformen unsere Identität ausgebildet haben, unhintergehbar ist."[105]

---

104 *Habermas*, a. a. O., S. 499.
105 *Habermas*, a. a. O., S. 537; eine vertiefte Auseinandersetzung mit dem umfangreichen Werk von Habermas kann nicht an dieser Stelle geleistet werden. Vgl. zum Werk: Höffe, O., Eine Konversion der kritischen Theorie?, in: Rechtshistorisches Journal, 12/1993, S. 70-88.

Ausgewählte Literatur

Greven, Michael Th., Systemtheorie und Gesellschaftsanalyse, 1974.
Habermas, Jürgen, Faktizität und Geltung, Beiträge zur Diskurstheorie des Rechts und des demokratischen Rechtsstaats, 2. Aufl. 1992.
ders., Theorie des kommunikativen Handelns, Bd. 1, Handlungsrationalität und gesellschaftliche Rationalisierung, Bd. 2, Zur Kritik der funktionalistischen Vernunft, Frankfurt a. M. 1981.
ders./Luhmann, Niklas, Theorie der Gesellschaft oder Sozialtechnologie – was leistet die Systemforschung?, 1971.
Höffe, Otfried, Politische Gerechtigkeit; Grundlegung einer kritischen Philosophie von Recht und Staat, Frankfurt a. M. 1987 (Taschenbuch 1989).
ders., Kategorische Rechtsprinzipien; Ein Kontrapunkt der Moderne, 1. Aufl. 1990, Frankfurt a. M., stw, 1. Aufl. 1995.
Krause, Detlef, Luhmann-Lexikon, 3. Aufl. 2001, Stuttgart.
Luhmann, Niklas, Rechtssoziologie, 2 Bände, 1972; überarbeitete Neuveröffentlichung: Rechtssoziologie, 3. Aufl. 1987.
ders., Soziale Systeme, Grundriss einer allgemeinen Theorie, Frankfurt a. M. 1984.
ders., Das Recht der Gesellschaft, 1. Aufl. 1993.
Narr, Wolf-Dieter, Theoriebegriffe und Systemtheorie, 4. Aufl. 1976.
Pfeiffer, Rolf/Lindner, Helmut (Hrsg.), Systemtheorie und Kybernetik in Wirtschaft und Verwaltung, 1982.
Podlech, Adalbert, Rechtskybernetische Thesen zum Thema „Recht, Sprache und Information", in: Rechtstheorie 5 (1974), S. 108 ff.
Schmidt, Siegfried J., (Hrsg.), Der Diskurs des radikalen Konstruktivismus, 4. Aufl. 1991.
Schulz, W., Philosophie in der veränderten Welt, 7. Aufl., Stuttgart 2001.
Teubner, Gunther, How the law links: Towards a constructivist epistemology of law, in: Krohn et al (eds.), Self-organization, 1990, S. 87-113.
ders., Recht als autopoietisches System, Frankfurt a. M. 1989.
ders., Die Rückgabe des zwölften Kamels, Niklas Luhmann in der Diskussion über Gerechtigkeit, Stuttgart 2000.
Weinberger, Ota, Neo-Institutionalismus versus Systemtheorie, Ein Streit um die philosophischen Grundlagen der Rechtstheorie und Rechtssoziologie, in: Benz, P.-U./Wagner, G. (Hrsg.), Die Logik der Systeme, Konstanz 2000.

E. Tendenzen

14 Medizin-, Bioethik und Recht

*Von Ulrich Schroth, München**

14.1 Die Begriffe

Medizinethik beschäftigt sich mit den normativen Fragen, die der Umgang mit menschlichen Krankheiten aufwirft. Der Begriff ist weiter als derjenige der ärztlichen Ethik, der sich mit dem moralisch Gesollten im Arzt-Patienten-Verhältnis beschäftigt. Medizinethik hat es auch mit den normativen Problemen zu tun, die in der medizinischen Wissenschaft auftauchen, etwa dort, wo es um die Frage der Zulässigkeit von Humanexperiment oder Heilversuch geht. Die zeitgenössische Medizinethik thematisiert aber auch Fragen der Fortpflanzung, wie etwa die Zulässigkeit der Pränatal- und Präimplantationsdiagnostik (PID), und die Frage, ob, und wenn ja, wann Abtreibung legitim sein kann. Bei letzteren Sachverhalten geht es vor allen Dingen um die Frage des moralischen Status des Embryos.

Der Begriff *Bioethik* thematisiert die normativen Probleme der Biowissenschaften. Einmal beschäftigt sich Bioethik mit dem normativ Gesollten im Bereich von Gentechnik und Transplantationsmedizin. Weiter wird im Rahmen der Bioethik gefragt, ob die Herstellung von embryonalen Stammzellen, die mit der Verwerfung des Embryos verbunden ist, zulässig ist. Auch die Frage nach der Legitimität des Klonens ist Gegenstand der Bioethik.

Der Begriff existiert auch als negativ besetzter Begriff. Als Bioethik werden dann utilitaristische Positionen gekennzeichnet, die aus Nützlichkeitserwägungen den Handlungsspielraum von Biowissenschaftlern und Medizinern erweitern wollen.

14.2 Das gegenwärtige Interesse an Medizin- bzw. Bioethik

Gegenwärtig ist in der öffentlichen Diskussion ein enormes Interesse an medizin- bzw. bioethischen Fragestellungen zu konstatieren. Dies hängt mit mehreren Faktoren zusammen.

---

* Frau *Christine Joost* danke ich für wesentliche Zuarbeiten.

Die Möglichkeiten der Medizin wachsen. Wenn heute beispielsweise Lebendtransplantationen von Leberteilen möglich sind, stellt sich die Anschlussfrage, wann eine derartige Lebendtransplantation, die ein nicht unerhebliches Risiko für den Spender bedeutet, zulässig ist.

Die Gewinnung neuer Heilungschancen ist auch mit Eingriffen in das Überlebensinteresse früher Embryonen verbunden; hier stellt sich die Frage der Zulässigkeit solcher Eingriffe.

Ferner ist das gewachsene Interesse an Medizin- und Bioethik darauf zurück zu führen, dass Ärzten und Forschern nicht mehr die gleiche Autorität in moralischen Fragen zugestanden wird, die sie einmal hatten. Die Gesellschaft hat selbst ein unmittelbares Interesse daran, neue Chancen der Medizin und Biowissenschaften auf ihre normative Zulässigkeit zu hinterfragen. Der Handlungsspielraum, der Ärzten und Forschern zugestanden werden soll, wird als ein öffentlich zu diskutierendes Problem wahrgenommen.

In einer pluralistischen Gesellschaft, in der wir leben, prallen unterschiedliche Moralkonzeptionen aufeinander. Dies kann aber nicht davon entbinden, Mindeststandards für den Bereich der Medizin und auch der Biowissenschaften festzulegen.

14.3 Die Entwicklung von Medizin- und Bioethik

Medizinethik dürfte so alt sein wie die Medizin selbst. Der so genannte hippokratische Eid ist über 2000 Jahre alt. Er enthält das Postulat, ärztliche Verordnungen nicht zum Schaden und in unrechter Weise, sondern nur zum Nutzen der Kranken zu treffen. Er verbietet die Gabe eines tödlichen Mittels, auch dann, wenn der Arzt darum gebeten wird, und fordert, keiner Frau ein Abtreibungsmittel zu geben.

Ein wesentlicher Meilenstein der Medizinethik war der Nürnberger Kodex von 1947, eine Reaktion auf die 1946 begonnenen Nürnberger Ärzteprozesse, in denen die missbräuchliche Forschung von Nazi-Ärzten transparent geworden war. Sie hatten im Dritten Reich grausame und qualvolle Forschungsmethoden verfolgt. Im Nürnberger Kodex wurde deshalb festgelegt, dass ärztliche Forschung die freiwillige und informierte Einwilligung der Patienten und Probanden voraussetzt.

1964 hat der Weltärztebund in der Deklaration von Helsinki eine Selbstbindung der Ärzte dahingehend festgeschrieben, dass medizinische Forschung nur durchgeführt werden darf, wenn der Proband freiwillig und nach hinreichender Aufklärung eingewilligt hat.

Ein Entwicklungsschub der Medizinethik ist in Deutschland seit den 70er-Jahren zu verzeichnen. Es bildeten sich Zentren an Universitäten und innerhalb der Kirchen. Zeitschriften wurden gegründet, Lehrbücher sind erschienen. Auch die Forschung wurde umfänglich gefördert. Seit 2003 spielt die medizinische Ethik in der Ärzteausbildung eine wesentliche Rolle.

E *Tendenzen*

Auf europäischer Ebene versucht man, Mindeststandards der Bioethik festzuschreiben. In der so genannten „Bioethikkonvention", einem Menschenrechtsübereinkommen zur Biomedizin, sollen nach dem Willen des Europarates Regeln vorgeschlagen werden, die den Schutz der Menschenwürde im Bereich der Humanbiologie und -medizin gewährleisten[1]. In Artikel 1 ist als Zweck der Konvention der Schutz der Bürger, ihrer körperlichen Integrität und Identität genannt. Festgelegt wird, dass medizinische Eingriffe die Zustimmung (Einwilligung) nach Aufklärung voraussetzen. Festgeschrieben ist auch die Forderung nach dem Schutz der Einwilligungsunfähigen, der psychisch Kranken und der in Notfallsituationen geratenen Personen. Im Hinblick auf das menschliche Genom ist die Diskriminierung aufgrund genetischer Merkmale verboten. Die somatische Gentherapie wird nur zu medizinischen Zwecken zugelassen, die Keimbahntherapie ist gänzlich verboten. Die medizinische Forschung am Menschen ist nur erlaubt, wenn es keine Alternative zu solcher Forschung gibt, das Risiko-/Nutzenverhältnis vertretbar ist, eine Prüfung durch eine Ethikkommission erfolgt ist und der Betroffene nach umfangreicher Aufklärung schriftlich sein Einverständnis gegeben hat. Bei einwilligungsunfähigen Personen kommt hinzu, dass Forschung nur erlaubt ist, wenn sie für die Gesundheit des Betroffenen oder einer der in der Bioethikkonvention genannten Bezugsgruppen potenziell von Nutzen ist.

Damit ist international verbindlich der Nürnberger Kodex festgeschrieben, der bisher nur über die Helsinki-Deklaration berufsrechtlich fixiert war. Die parlamentarische Versammlung und das Ministerkomitee des Europarates haben es ermöglicht, diese Konvention durch Protokolle zu ergänzen. Die erste Ergänzung ist das 1997 verabschiedete Protokoll zum Klonverbot des Menschen.

14.4 Methoden der Medizin- und Bioethik

In der Medizin- und Bioethik hat sich keine der ethischen Theorien alleine durchgesetzt[2]. Die Bezugnahme auf *Utilitarismus*[3], *deontologische Ethik*, *Diskursethik* geschieht immer nur teilweise.

Es existieren Ansätze, die versuchen, einerseits ein Normensystem zu begründen und andererseits Methoden zur Verfügung zu stellen, mit denen medizinethische Meinungsverschiedenheiten gelöst werden können. Eine Konzeption wurde von *Gert, Culver, Clouser und Danner* entwickelt[4].

---

1 Zu den Beratungen des Menschenrechtsübereinkommens zur Biomedizin (Bioethikkonvention) vgl. Bundestagsdrucksache 13/54435 v. 21. August 1996.
2 Zu den unterschiedlichen Theorieansätzen vgl. *Düwel/Steigleder* (Hrsg.), Bioethik, 2003.
3 Zu einer utilitaristischen Medizinethik vgl. *Singer*, Rethinking life and death, 1994; zu einer solchen Ethik *Düwel*, Utilitarismus und Bioethik, in: Bioethik (Fn. 2), S. 57 ff.
4 Vgl. *Gert/Culver/Clouser/Danner*, Bioethics, A Return to Fundamentals, 1997.

Gegenmodelle verfahren kasuistisch. Sie gehen von der Prämisse aus, dass Bioethik am Fall beginnt, und dass Ethiker die Aufgabe haben, sich von den Fällen, die eine sichere Beurteilung erlauben, zu den unsicheren Fällen vorzuarbeiten. *Brody* hat folgende Methode vorgeschlagen: Zu beginnen ist mit der Folgenbewertung für die Betroffenen. Dann sind die Rechte der Betroffenen zu analysieren (einerseits substanziell wie zum Beispiel das Recht auf Leben, andererseits die verfahrensmäßigen Rechte). Danach muss sich Bioethik Gedanken machen über den Respekt, den jeder Patient verdient. Schließlich hat man Fälle auch unter Tugendgesichtspunkten zu betrachten (Mitgefühl, Ehrlichkeit etc.). Last but not least sind Gerechtigkeitserwägungen und Kostenüberlegungen anzustellen[5].

Der bekannteste integrative Ansatz in der Medizinethik stammt von *Tom Beauchamp* und *James Childress*[6]. In ihrem Buch „The Principles of Bioethics" (zuerst erschienen 1979) haben sie vier Prinzipien festgelegt, die zentral sein sollen in Medizin- und Bioethik:
- die Respektierung der Autonomie des Patienten,
- die Schadensvermeidung,
- die Fürsorgepflicht bzw. Nutzenvermehrung,
- die Gerechtigkeit.

Diese Prinzipien werden als Prinzipien mittlerer Reichweite bezeichnet. Sie gewinnen ihre Plausibilität aus der Tatsache, dass sie intuitiv einleuchten. Sie entstammen nicht einer fertigen Theorie, die man ablehnen oder weiterentwickeln kann, sondern sind an sich Maßstäbe der Medizin- und Biowissenschaften.

Die Notwendigkeit der *Respektierung der Patientenautonomie* ergibt sich daraus, dass ärztliches Handeln vielfach hilft, indem in die körperliche Integrität des Patienten eingegriffen wird. Im Hinblick auf ihren Körper haben Patienten einerseits Interessen, die körperbezogen sind, wie etwa die Freiheit von Schmerzen. Sie haben aber andererseits auch wertbezogene Interessen. Diese sind Ausdruck der Vorstellung, was für ein Mensch man sein möchte. Daher kann der ärztliche Eingriff, der Gesundheit herstellt, indem er in die Körperintegrität eingreift, nur als legitim angesehen werden, wenn er die Vorstellung des Individuums des Patienten respektiert. Dies gilt jedenfalls solange, als der Patient autonom handeln kann. Angesichts der Tatsache, dass therapeutisches Handeln vielfach eine Entscheidung unter Unsicherheit ist, muss derjenige, in dessen Körperintegrität eingegriffen wird, auch darüber entscheiden können, unter welchen Voraussetzungen und wie weit der Eingriff stattfinden soll.

Es ist aber auch ein Prinzip erforderlich, das die Respektierung der Autonomie ergänzt. Einige Patienten, bei denen dringende Heileingriffe erforderlich sind, können nicht selbst entscheiden, da sie etwa noch nicht autonom entscheiden können

---
5 *Brody,* Life and Death, Decision making, 1988, S. 22 ff.
6 *Beauchamp/Childress,* The Principles of Bioethics, 5. Aufl. 2001, S. 117 ff.

oder aber bewusstlos sind. Einige Patienten wollen auch gar nicht selbst entscheiden, sondern delegieren Entscheidungen auf den Arzt.

Dass zum ärztlichen Handeln auch die *Schadensvermeidung* gehört, ergibt sich allein daraus, dass der Hippokratische Eid als Grundlage des ärztlichen Rollenverständnisses seit Jahrhunderten anerkannt ist.

Dass auch die *Fürsorge* zum ärztlichen Handeln gehört, erschließt sich daraus, dass Patienten der Fürsorge des Arztes bedürfen und diese auch einfordern. Dass ärztliches Handeln nützlich sein sollte, begründet sich aus dem Faktum, dass nur begrenzte Ressourcen vorhanden sind und man diese für die Gesundheit möglichst so einsetzen sollte, dass sie effektiv sind.

Angesichts knapper Ressourcen und dem subjektivem Recht des Einzelnen, dass ihm im Krankheitsfall therapeutisch geholfen wird, ergibt sich auch die Notwendigkeit, bei der Verteilung der knappen Ressourcen *gerecht* zu verfahren. Ein Medizinsystem, das seine knappen Güter beispielsweise nach finanziellen Möglichkeiten der Patienten aufteilen würde, dürfte kaum auf Akzeptanz stoßen.

An diesem medizinethischen Ansatz wurde scharfe Kritik insofern geübt, als er von vier höchstrangigen Wertmaßstäben ausgeht. Dies führe dazu, dass im Bereich der Medizinethik nach ad-hoc-Lösungen gesucht und dass keine in sich konsistente Theorie entwickelt werde[7]. Eine derartige Kritik lässt sich entschärfen, wenn man die obersten Wertmaßstäbe als Prinzipien nicht als Regeln versteht[8].

Die Behauptung, es handele sich um Prinzipien, heißt zunächst einmal, dass es um *Optimierungsgebote* geht. Im Unterschied zu Regeln, die man erfüllt oder nicht, enthalten Sätze, die Prinzipien formulieren, das Gebot, etwas in möglichst hohem Maße zu realisieren. Der Grad, wie weit Prinzipien zu realisieren sind, hängt von den tatsächlichen Möglichkeiten und von ihrem Verhältnis zu den anderen Prinzipien ab. Geraten Regeln miteinander in Konflikt, wird eine Regel außer Kraft gesetzt und gilt dann nicht mehr. Wenn Prinzipien miteinander in Konflikt geraten, ist es möglich, dass ein Prinzip hinter das andere zurücktritt. Dieses Prinzip ist aber dann nicht ungültig, sondern kann in anderer Form wieder relevant werden. Wenn es einem Arzt etwa erlaubt ist zu schädigen, weil der Patient es so will (z. B. Lebendspende), so muss er trotzdem die Art der Schädigung möglichst gering halten. Ob ein Prinzip hinter ein anderes zurücktritt, ist nicht immer in gleicher Weise zu beantworten: In anderen Sachverhaltskonstellationen kann sich das Verhältnis umkehren. Wenn die Lebendspende zum Tod des Spenders führt, darf sie der Arzt nicht vornehmen, da in unserem Rechtssystem auch die Tötung auf Verlangen

---

7 Hierzu *Gert/Culver/Clouser/Danner* (Fn. 4); hierzu *Quant/Vierth,* Welche Prinzipien braucht die Medizin-Ethik, in: Bioethik (Fn. 2), S. 145 ff.
8 Zu dem Unterschied zwischen Regeln und Prinzipien vgl. *Alexy,* Theorie der Grundrechte, 1985, S. 71 ff.

ausgeschlossen ist. Die Opferung des eigenen Lebens, um einen anderen zu therapieren, ist nicht möglich, da die Rechtsordnung definiert hat, dass der Wille des Patienten, für einen anderen getötet zu werden, unbeachtlich ist. Die oben bezeichneten Prinzipien bedürfen also der Interpretation. Sie sind in ihrer Struktur erst dann klar, wenn deutlich ist, wie sie auf Sachverhaltskonstellationen anzuwenden sind, insbesondere, wann welches Prinzip zurücktritt.

Wir wollen uns im Folgenden mit einigen Sachverhaltskonstellationen beschäftigen, in denen Prinzipien in Konflikte geraten. Um bio- und medizinethische Fragestellungen zu diskutieren, reichen diese Prinzipien nicht aus. Beispielsweise erfordert die Frage, wie weit Embryonen geschützt werden müssen, auch Antworten zu dem moralischen Status des frühen Embryos.

14.5 Einige zentrale Fragen der Medizin- und Bioethik

14.5.1 Schadensvermeidung, Respektierung der Autonomie, Patientenfürsorge am Beispiel der Lebendspende[9]

In der Medizinethik geht es zentral um die Fragen, inwieweit man vor der Selbstbestimmung des Patienten Respekt haben muss und inwieweit es ein Verbot gibt, den anderen zu schädigen, wie weit also der Grundsatz des „primum non nocere" zu beachten ist. Einer der Kernsätze des Hippokratischen Eides lautet: „Der Arzt habe seine Kunst nach bestem Wissen und Können zum Heil der Kranken anzuwenden, dagegen nie zu ihrem Verderben und Schaden".

Versteht man dieses Prinzip absolut, ist die Lebendspende von Organen unzulässig. Sie wäre dann ethisch untersagt. Die hippokratische Position, die das Prinzip der Schadensvermeidung verabsolutiert, widerspricht jedoch anderen Prinzipien: Dem Prinzip des Respekts vor der Selbstbestimmung des Patienten, der Fürsorgepflicht und der Nutzenmaximierung für den Patienten.

Eine Kollision mit dem Nutzenmaximierungsprinzip ergibt sich etwa, weil jedenfalls bei der Lebendspende einer Niere zwischen Ehemann und Ehefrau völlig klar ist, dass der Organspender, der sich zu Gunsten seiner Ehefrau eine Niere entnehmen lässt, einen Vorteil für diese und einen psychologischen Nutzen für sich selbst herbeiführt. Auch er hat etwas davon, wenn sich die Lebensqualität seiner Ehefrau verbessert.

Zentral kollidiert bei der Lebendspende das Prinzip der Schadensvermeidung aber mit dem Prinzip des Respekts vor dem Selbstbestimmungsrecht des Patienten, der sich die Lebendspende wünscht. Wir gehen heute davon aus, dass die Gesellschafts-

---

[9] Zu den folgenden Überlegungen vgl. ausführlich *Gutmann/Schroth*, Organlebendspende in Europa, Rechtliche Regelungsmodelle, ethische Diskussion und praktische Dynamik, 2002, mit weiterführenden Literaturangaben.

mitglieder in sehr weitem Rahmen die Befugnis haben, über ihre körperliche Integrität selbst zu entscheiden. Dieses Verständnis resultiert aus den zusätzlich zu den körperbezogenen bestehenden wertbezogenen Interessen[10] der Menschen, also etwa, wie sie ihr Leben zu gestalten wünschen oder welche Vorstellung sie von einem richtigen Leben haben. Das Prinzip des Respekts vor der Autonomie von einerseits entscheidungsfähigen und andererseits entscheidungsreifen Personen bezieht sich zentral auf die Respektierung dieser wertbezogenen Interessen. Dieses Prinzip ist umso intensiver zu gewichten, als die Menschen als autonome Personen anzuerkennen sind, die wissen, was sie tun.

Das Schädigungsverbot muss im Fall der Lebendspende zurücktreten angesichts einer Entscheidung des einwilligungsfähigen, potenziellen Organspenders, der umfangreich aufgeklärt ist über die Risiken des Eingriffs für sich und über die Heilungschancen für seinen kranken Partner, dem er das Organ spenden will. Potenzielle Organspender müssen das Recht haben, ihre wertbezogenen Interessen zu realisieren, auch wenn dies mit der Schädigung ihres Körpers verbunden ist. Eine Lebendspende muss deshalb, trotz Verstoßes gegen das Schädigungsverbot, grundsätzlich als ethisch gerechtfertigt angesehen werden. Ethisch legitimiert sich eine Lebendspende allein aus einer autonomen Entscheidung des Organspenders. Ein Spender handelt *autonom*, wenn er einerseits *entscheidungsfähig* und andererseits umfassend über alle Gesichtspunkte aufgeklärt ist, die für seine Entscheidung zur Selbstschädigung eine Rolle spielen. Er darf nicht getäuscht werden, er darf weiter nicht Druck ausgesetzt werden und seine Entscheidung muss eine stabile Entscheidung sein, d. h. sie muss – zeitlich gesehen – Bestand haben.

Hiergegen könnte man nun einwenden, dass die Lebendspende dem Selbstverständnis des handelnden Arztes widerspricht, nicht zu schädigen, wie es gerade im Hippokratischen Eid zum Ausdruck kommt.

Jedoch kann sich ärztliches Handeln nur in Teilen durch den Verweis auf hergebrachte Rollenmodelle legitimieren. Hergebrachte Rollenmodelle sind vor allen Dingen nicht in der Lage, das Prinzip in Frage zu stellen, dass Ärzte die Autonomie von Patienten zu respektieren haben. Der heutige Arzt muss versuchen, den wertbezogenen Interessen des Individuums gerecht zu werden. Potenziellen Organspendern das Schädigungsverbot entgegen zu halten, ist nichts weiter als eine Art der Bevormundung. Allerdings sollte man Ärzten, die trotz Wunsches des Patienten die Lebendspende nicht durchführen wollen, da sie nicht schädigen wollen, zugestehen, dass ein Arzt nicht verpflichtet sein kann, eine Lebendspende vorzunehmen. Ein Spender hat keinen Anspruch darauf, dass ein Arzt unter allen Umständen bei ihm eine Lebendspende durchführt.

Gegen die Reklamierung des Respekts vor autonomen Entscheidungen wird die Frage erhoben, ob bei der Lebendspende von Organen ein autonomes Handeln

---

10 Hierzu *Gutmann/Schroth*, (Fn. 9), S. 110; *Dworkin*, Die Grenzen des Lebens, 1994, S. 275 ff.

überhaupt möglich ist. Kann sich etwa der Vater, der vor der Wahl steht, sein von Leberversagen bedrohtes Kind sterben zu lassen, wirklich freiwillig für die Lebendspende entscheiden?[11] Diese Gegenargumentation vermag aber nicht zu überzeugen, denn die Tatsache, dass eine Entscheidung schwer ist, bedeutet nicht, dass sie unfreiwillig ist. Allerdings muss erwartet werden, dass der Organspender sich auch mit den Risiken auseinanderzusetzen bereit ist[12]. Er kann und darf die Risikokalkulation nicht dem Arzt überlassen und er muss umfänglich aufgeklärt werden über das, was eine Organlebendspende in diesem Fall für ihn bedeutet. Eine Entscheidungsdelegation auf den Arzt ist nicht möglich. Lebendspende legitimiert sich allein aus der autonomen Entscheidung des Organlebendspenders in Kenntnis der Risiken. Weiter muss erwartet werden, dass der Spender eine *stabile* Entscheidung trifft, zu der er steht, und die in seiner Person wurzelt. Das heißt, es ist nicht hinreichend, dass er an einem Tag der Lebendtransplantation zustimmt, am anderen Tag nicht bzw. dass er psychisch völlig aufgelöst ist, wenn er an seine Bereitschaft zur Lebendspende denkt. Die Notwendigkeit, eine stabile Entscheidung treffen zu müssen, zeigt, dass man Lebendspendern „Zeit lassen" muss.

Es stellt sich aber die Frage, ob nicht trotz des hohen Wertes des Prinzips der Respektierung der Autonomie das Schadensvermeidungsprinzip in anderen Konstellationen der Lebendspende doch zum Tragen kommen kann. Meines Erachtens nimmt das Autonomieprinzip in seinem Wert ab, je gefährlicher die Lebendtransplantation ist. Es ist nicht mehr relevant, wenn und soweit der Organlebendspender in seiner Existenz bedroht ist. Besteht also die konkrete Gefahr, dass der Organspender bei der Lebendspende stirbt, so ist das Schadensvermeidungsprinzip als höherrangig anzusehen. Medizinische Hilfe findet dort ihre Grenzen, wo geborenes Leben vernichtet wird, um anderes Leben zu retten, auch wenn Bürger dies begehren. Das Schadensvermeidungsprinzip fordert eine Grenze für medizinisches Handeln insofern, als die Gesundung eines anderen nicht mit der Vernichtung geborenen Lebens einhergehen darf. Die Rechtsordnung verbietet zu Recht die Tötung auf Verlangen. Eine solche Regelung ist sinnvoll, da auf diese Weise das Gut „geborenes Leben" tabuisiert und der Abwägung entzogen wird. Leben darf nicht durch Eingriffe in die Existenz des Lebens gerettet werden. Ethisch ist wohl auch zu fordern, dass der Arzt irrationalem Verhalten bei der Lebendspende entgegentreten muss. Irrational ist die Entscheidung des Lebendspenders dann, wenn keine realistischen Chancen gegeben sind, dass sich der Gesundheitszustand des Organempfängers durch die Organspende verbessert. Der Arzt ist hier sicherlich verpflichtet, nicht nur darüber aufzuklären, sondern dem Patienten auch deutlich zu machen, dass die Entscheidung für die Lebendspende nach medizinischer Einschätzung kaum Erfolgsaussichten hat.

---

11 *Gutmann/Schroth*, (Fn. 9), S. 111.
12 *Gutmann/Schroth*, (Fn. 9), S. 112.

Im „normalen" Arzt-Patienten-Verhältnis ist inzwischen die Notwendigkeit des Respekts vor der Autonomie des Patienten weitgehend anerkannt. Der ärztliche Heileingriff, der die Körperintegrität berührt, ist ausschließlich dadurch legitimiert, dass der Patient autonom und nach hinreichender Aufklärung dem Eingriff zugestimmt hat. Nicht mehr Schadensvermeidung oder Fürsorge legitimieren ärztliches Handeln alleine, sondern auch die selbst bestimmte Entscheidung des aufgeklärten Patienten. Autonome Personen haben das moralische und das über das allgemeine Persönlichkeitsrecht garantierte Recht, ihr Leben nach ihren Vorstellungen zu führen, so lange sie anderen nicht dabei schaden. Allerdings ist der Patient berechtigt, einen Teil seiner Entscheidung auf den Arzt zu übertragen. Dies gilt sicherlich für die Entscheidungen, bei denen dem Patienten klar ist, inwiefern er die Entscheidung auf den Arzt delegiert. Auch kann der Patient wünschen, nicht aufgeklärt zu werden, wenn und soweit klar ist, dass er die Dimensionen der „Nicht"-Aufklärung erkennt. Zur Autonomie des Patienten gehört es auch, die Entscheidung bezüglich der Heilmethode dem Arzt zu überlassen. Beim ärztlichen Heileingriff führt das Schadensvermeidungsprinzip sicherlich auch dazu, dass der Arzt versuchen muss, irrationale Entscheidungen des Patienten zu vermeiden. Schließlich führt das Schadensvermeidungsprinzip beim ärztlichen Heileingriff dazu, dass, wenn über die Aufklärung selbst eine existenzielle Bedrohung eintritt, nicht aufgeklärt werden muss. Dies berechtigt aber den Arzt nicht zu den vielfach praktizierten „barmherzigen Lügen" gegenüber Patienten. Grundsätzlich muss der Patient auch über schlechte Prognosen aufgeklärt werden. Das Argument, man dürfe Patienten nicht die Hoffnung nehmen, stimmt nicht. Empirische Befunde zeigen, dass auch Patienten mit schlechten Prognosen noch einmal einen Heilungswillen entfalten können, der sich therapeutisch auswirkt.

Soweit Patienten sich nicht selbst entscheiden können, beispielsweise weil sie bewusstlos sind, ist der Arzt an allererster Stelle gehalten, Schaden zu vermeiden. Er muss im Interesse des Patienten handeln. Mutmaßliche Vorstellungen des Patienten, die der Arzt für nahe liegend hält, weil er den Patienten schon behandelt hat, hat er dabei zu berücksichtigen (mutmaßliche Einwilligung). Soweit es mehrere Handlungsalternativen gibt, hat der Arzt aufschiebbare Entscheidungen aufzuschieben, damit der Patient später aus mehreren Therapiemöglichkeiten selbst wählen kann.

Eine offene Frage ist, ob Ärzte Eingriffe auch dann vornehmen dürfen, wenn der Patient diese wünscht, aber der Eingriff kontraindiziert ist[13].

---

13 Ablehnend OLG München, MedRecht 2003, S. 104; meines Erachtens sollte man kontraindizierte Behandlungen auf Wunsch des Patienten nicht generell für rechtswidrig erklären, sondern nur verlangen, dass der Arzt die Kontraindikation als solche benennt. Hält man sie für unmöglich, so überträgt man dem Arzt eine paternalistische Rolle.

14.5.2 Gesetzliche Einschränkungen der Möglichkeit autonomer Entscheidungen – Das Paternalismusproblem

Der Gesetzgeber hat die *Fremdlebendspende* ausgeschlossen (§ 8 I 2 Transplantationsgesetz – TPG). Ein Arzt, der eine Lebendspende bei sich nicht wieder bildenden Organen durchführt, macht sich strafbar, wenn der Spender mit dem Empfänger nicht im 1. oder 2. Grad verwandt, verlobt, verheiratet ist, eine eingetragene Lebenspartnerschaft besteht oder er ihm sonst in besonderer persönlicher Verbundenheit offenkundig nahe steht[14].

Als Grund für die Begrenzung werden drei Argumente vorgetragen. Einmal soll mit dieser Begrenzung des Spenderkreises *Organhandel* ausgeschlossen werden. Weiter soll der Einzelne vor sich *selbst geschützt* werden. Schließlich soll auf diese Weise die Lebendspende als *solidarische Aktion* gesichert werden.

Derartige Regelungen sind gegenüber möglichen Organspendern paternalistisch. Mit paternalistischen Verboten versucht der Gesetzgeber, die Freiheit eines Rechtsgutinhabers zu dessen Wohl einzuschränken. Sie werden damit begründet, dass Individuen nicht über ihre gesamte Lebenszeit als ein- und dieselbe Person angesehen werden dürfen. Man kann dann argumentieren, dass Personen häufig ihre Einstellungen ändern und insofern nicht immer die gleichen seien. Ist dies richtig, so kann man fortfahren, muss die spätere Person vor bestimmten Handlungen der früheren Person geschützt werden. Wenn diese Argumentation richtig wäre, könnte eine diktatorische Bevormundung des Einzelnen über paternalistische Regelungen stattfinden: Man müsste dann nur behaupten, dass das *spätere Selbst* vor bestimmten Handlungen des *früheren Selbst* geschützt werden müsse. Diese Konsequenz allein spricht schon gegen die Begründung paternalistischer Eingriffe. Vor allem ist gegen dieses Argumentationsmodell einzuwenden, dass man eine Person nicht in verschiedene Personen aufteilen kann, da sonst der Gedanke der Verantwortlichkeit einer Person zerfließt. Verantwortlich ist eine Person nur dann, wenn sie als Einheit anzusehen ist. Ansonsten könnte sich jeder als spätere Person darauf berufen, mit sich als früherer Person nicht identisch zu sein.

Gegen einen derartigen Paternalismus spricht aber vor allem, dass er wertbezogene Interessen des Individuums im Hinblick auf seine Gesundheit nicht angemessen berücksichtigt. Der Wert der Autonomie einer Person ist im Regelfall höher anzusehen als das Schadensvermeidungsprinzip der Medizinethik.

Paternalismus wird von einigen Autoren als legitim angesehen, wenn die Gefahr besteht, dass ein Einzelner seine Menschenwürde verletzt. Auf die Lebendspende bezogen kann man dann argumentieren, niemand dürfe sich selbst schädigen. Dieses Argument sticht nicht. Wenn man den Handlungsspielraum einer Person da-

---

14 Vgl. zur strafbewehrten Begrenzung des Spenderkreises *Schroth*, Die strafrechtlichen Grenzen der Organ- und Gewebelebendspende, in: *Roxin/Schroth* (Hrsg.), Handbuch des Medizinstrafrechts, 4. Auflage 2010, S. 466 ff.

E *Tendenzen*

hingehend beschränkt, dass sie ihre Menschenwürde nicht verletzen darf, so spielt man die Menschenwürde des Einzelnen gegen seine Handlungsfreiheit aus. Dies würde eine Menschenwürdepflicht begründen. Damit wäre dann nicht mehr die Menschenwürde einer einzelnen Person geschützt, sondern ein gesellschaftliches Bild von Menschenwürde, verbunden mit der Forderung, jeder Handelnde müsse sich danach richten.

Paternalismus wird weiter ausnahmsweise für zulässig erachtet, wenn er der Autonomiesicherung des Rechtsgutinhabers zu Gute kommt. Eine Regelung wie die der Begrenzung des Spenderkreises dient jedoch nicht der Autonomiesicherung. Die Frage, ob jemand autonom handelt, hängt nicht mit der Frage zusammen, ob er in einem Verwandtschaftsverhältnis mit dem Organempfänger steht oder nicht. Paternalismus ist sinnvoll, um die Fähigkeit der autonomen Entscheidung des Einzelnen zu sichern. Auf den medizinischen Heileingriff oder die Fremdlebendspende bezogen bedeutet dies: Der Arzt muss den potenziellen Spender umfangreich über die Risiken, die er bei der Lebendspende eingeht, aufklären und ihm dadurch ein selbst bestimmtes Handeln ermöglichen. Die Notwendigkeit der Sicherung der Autonomie erlaubt es nicht, den Spenderkreis bei der Organspende einzugrenzen.

Auch der Ansatz, Fremdlebendspenden nur in solidarischen Verhältnissen zuzulassen, überzeugt nicht. Die Fremdlebendspende ist legitim, um es potenziellen Organspendern zu ermöglichen, ihre wertbezogenen Interessen zu realisieren. Den Wunsch des Spenders, solidarisch zu sein, gibt es nicht nur in engen persönlichen Beziehungen, sondern unter Umständen auch gegenüber Fremden oder gegenüber Personen, denen er sich verpflichtet fühlt. Wurde beispielsweise dem potenziellen Organlebendspender durch eine jetzt kranke Person das Leben gerettet, so mag er den berechtigten Wunsch verspüren, seinem Lebensretter nunmehr eine Niere zu spenden. Der Gesetzgeber schließt diese Lebendspende jedoch durch § 8 I 2 TPG aus.

Die Begründung, das Organhandelsverbot müsse über die Begrenzung des Spenderkreises gesichert werden, überzeugt nicht[15]. Einerseits ist das Organhandelsverbot bereits dadurch institutionell abgesichert, dass ein Verstoß die Strafbarkeit nach sich zieht. Andererseits muss vor jeder Lebendtransplantation eines Organs, das sich nicht wieder bilden kann, eine Kommission entscheiden, ob Anhaltspunkte für Organhandel bestehen. Es besteht keinerlei Notwendigkeit, das Organhandelsverbot noch weiter abzusichern. Polemisch ausgedrückt: Das Rechtsgut Leben muss man zweifelsohne durch Strafrechtsnormen vor Verletzungen schützen. Bisher

---

15 Zum Rechtsgut des Organhandelsverbots vgl. *Schroth*, Das Organhandelsverbot. Legitimität und Inhalt einer paternalistischen Strafrechtsnorm, in: *Schünemann* u. a. (Hrsg.), Festschrift für Claus Roxin zum 70. Geburtstag, 2001, S. 869-890. Hier wird dargelegt, dass als Rechtsgut des Organhandelsverbots nicht die Menschenwürde anzusehen ist, sondern dass es vielmehr um die Rahmenbedingungen der Autonomie von Organspender und Organempfänger geht.

kam aber noch niemand auf die Idee, auch den Straßenverkehr zu verbieten, obwohl dieser eine nicht unerhebliche Gefahr für das Leben darstellt. Dies einfach deshalb, da ein Verbot des Straßenverkehrs die Freiheit des Bürgers nicht unerheblich beeinträchtigen würde. Analog gilt: die Begrenzung des Spenderkreises schränkt nicht nur die Handlungsfreiheit von Fremdspendern ein, sondern verhindert vor allen Dingen, dass Schwerkranken umfänglicher geholfen werden kann.

14.5.3 Nützlichkeit versus Gerechtigkeit bei der Verteilung von Organen

Eines der zentralen Probleme moderner Medizinethik ist die Allokation knapper Güter[16].

Allokationsprobleme existieren auf Makro- und Mikroebene. Auf der Makroebene wird gefragt, wie groß die dem Gesundheitssektor zur Verfügung stehenden Mittelvolumen sein sollen. Auf der Mikroebene stellt sich das Problem, *welche* Gesundheitsleistungen *welchen* Patienten zur Verfügung gestellt werden sollen, wenn die Ressourcen nicht ausreichen. Wer erhält also die Niere des Verstorbenen, wenn mehrere Organempfänger hierfür in Frage kommen?

Es gibt mehrere Verteilungsmodelle. Man kann beispielsweise an schwer Leberkranke die zur Verfügung stehenden Leichenorgane so verteilen, dass ein Gewinn an Lebensjahren zu verzeichnen ist (man verteilt nach Nützlichkeitskriterien). Oder aber man hilft mit den zur Verfügung stehenden Leichenorganen zunächst denjenigen, die zu sterben drohen (man verteilt dann nach Dringlichkeitskriterien). Die Konsequenz der Dringlichkeitsverteilung ist, dass die Nützlichkeit der Organspende abnimmt, da bei Schwerstkranken die Funktionstüchtigkeit eines Leichenorgans nicht so lange gewährleistet ist wie bei Patienten, die weniger schwer erkrankt sind. Eine dritte Variante bestünde in der Auslosung knapper Ressourcen.

Thomas Gutmann und *Bijan Fateh-Moghadam*[17] haben nun mit Vehemenz die These aufgestellt, dass den Grundprinzipien des liberalen Rechtsstaates nur entsprochen wird, wenn bei der Mikroallokation knapper medizinischer Ressourcen solche Kriterien verwendet werden, die den strikt zu verstehenden Gleichheitsanspruch der Rechtspersonen nicht in Frage stellen. Sie widerstreiten damit utilitaristischen Verteilungskriterien. Nur Positionen, die dem verfassungsrechtlichen Grundsatz der *Lebenswertindifferenz* gerecht werden, sind nach ihrer Auffassung mit der Men-

---

16 Hierzu ausführlich *Gutmann/Schneewind/Schroth u. a.*, Grundlagen einer gerechten Organverteilung, 2003; insbesondere die Beiträge von *Gutmann/Fateh-Moghadam*, Rechtsfragen der Organverteilung (Wer entscheidet?, S. 37 ff.; Verfassungsrechtliche Vorgaben für die Verteilung knapper medizinischer Güter am Beispiel der Organallokation, S. 59 ff.; Normative Einzelprobleme der gegenwärtigen Regelung der Organverteilung, S. 105 ff.); hier wird gezeigt, dass nicht nur die rechtlichen Grundlagen der Verteilung problematisch sind, sondern auch die Verteilungskriterien, die die Bundesärztekammer festgelegt hat; mit zahlreichen weiterführenden Literaturnachweisen.
17 Vgl. hierzu *Gutmann/Fateh-Moghadam* (Fn. 16), S. 59 ff.

schenwürde und dem jedem Wartelistenpatienten zustehenden verfassungsrechtlichen Anspruch auf chancengleiche *Teilhabe* an den vorhandenen Transplantationskapazitäten vereinbar. Stellt man auf diesen Grundsatz ab, so darf das Alter der Patienten oder die prognostizierte Organüberlebenszeit für die Zuteilung von Lebenschancen keine Rolle spielen. Bei der Verteilung von knappen Gütern darf einem Patienten, der eine medizinische Ressource dringend benötigt, diese nicht deshalb vorenthalten werden, weil eine andere Person damit eine höhere Lebenserwartung und höhere Lebensqualität hätte. Geht man davon aus, dass für die Verwirklichung der Gerechtigkeit einerseits der Gleichheitsgrundsatz von zentraler Bedeutung ist und andererseits die Notwendigkeit besteht, ein Verfahren zu wählen, das lebenswertindifferent ist, so verbleiben zwei Verteilungsmöglichkeiten. Entweder kann man jedem die gleiche Chance gewähren und ein Losverfahren einführen. Oder man kann die zur Verfügung stehenden Organe nach Dringlichkeit verteilen. Praktiziert man ein Losverfahren, hat dies zur Konsequenz, dass nicht nur die Patienten Organe erhalten, die sie am dringlichsten benötigen, sondern auch solche, für die sie besonders nützlich sind. Für eine gleichmäßige Verteilung der Organe nach Dringlichkeit spricht aber, dass der Staat auch Schutzpflichten gegenüber Schwerstkranken hat. Sind diese Überlegungen richtig, so sind jedenfalls Allokationskriterien falsch, die Organe nach Nützlichkeit verteilen und vorrangig das Ziel einer Maximierung von Lebensjahren im Auge haben.

14.5.4 Die Forschung mit embryonalen Stammzellen, der Status des Embryos vor der Nidation und das Problem eines wertkonsistenten Schutzes des Embryos[18]

Die embryonale Stammzellforschung hat in den letzten Jahren enorme Fortschritte gemacht. Sie hat die Möglichkeit eröffnet, die Entwicklung von Zellen, Geweben und Organen zu studieren und die Tür zu neuen Heilungschancen aufzustoßen. So gibt es eine realistische Hoffnung, dass es möglich sein wird, zerstörte Gehirnzellen zu ersetzen, etwa bei Parkinson-Krankheiten. Es besteht die Möglichkeit, dass zukünftig Herzmuskelzellen nach schweren Herzinfarkten, oder Leberzellen erneuert werden können. Ob es auch möglich sein wird, ganze Organe herzustellen, steht allerdings noch in den Sternen. Die Gewinnung von embryonalen Stammzellen ist in Deutschland juristisch ausgeschlossen und ethisch umstritten. Aus frühen Embryonen dürfen keine Stammzellen gewonnen werden. Dies untersagt § 2 I Embryonenschutzgesetz (EschG), der das Verbot der missbräuchlichen Verwendung von Embryonen enthält. Eine missbräuchliche Verwendung ist jede Verwendung des Embryos zu einem Zweck, der nicht seiner Erhaltung dient. Da die Gewinnung

---

[18] Vgl. zu unterschiedlichen Positionen *Oduncu/Schroth/Vossenkuhl,* Stammzellenforschung und therapeutisches Klonen, 2002; umfänglich hierzu *Merkel,* Forschungsobjekt Embryo, 2002.

von embryonalen Stammzellen die Vernichtung des Embryos zur Konsequenz hat, greift das Verbot des § 2 I ESchG ein. Die Entnahme von embryonalen Stammzellen aus Plastozysten vernichtet den Embryo. Sie ist demgemäß mit dem strafbewehrten Verbot des § 2 I ESchG nicht kompatibel. Der Handlungsspielraum, den der Gesetzgeber deutschen Forschern gegeben hat, ist kompliziert gestaltet. Das folgende Schaubild mag dies verdeutlichen. Ob die Begrenzung des Handlungsspielraums sinnvoll ist, mag jeder Leser selbst beurteilen[19].

Strafbarkeit von Gewinnung und Verwendung embryonaler Stammzellen

Sachverhalt	Juristische Bewertung
1. *Gewinnung* embryonaler Stammzellen in *Deutschland*	Strafbarkeit nach *§ 2 I ESchG*
2. Beteiligung Deutscher an Gewinnung embryonaler Stammzellen – Beteiligung erfolgt ausschließlich im *Ausland*	*keine* Strafbarkeit soweit Gewinnung embryonaler Stammzellen im Ausland nicht strafbar
3. Anstiftung und Beteiligung *vom Inland aus* an Gewinnung embryonaler Stammzellen *im Ausland*	Strafbarkeit nach *§ 2 I ESchG iVm §§ 26, 27 StGB* über § 9 II 2 StGB
4. *Import* von embryonalen Stammzellen aus dem Ausland	Strafbarkeit nach *§ 13 I Stammzellgesetz*, wenn Import ohne Genehmigung (Genehmigung nur möglich, wenn Stammzellen vor dem 1. 5. 2007 gewonnen wurden und wenn sie wissenschaftlich hochwertigen Forschungszielen dienen)
5. *Verwendung* embryonaler Stammzellen in *Deutschland*	Strafbarkeit nach *§ 13 I Stammzellgesetz*, wenn Verwendung ohne Genehmigung
6. *Verwendung* embryonaler Stammzellen durch Deutsche – Verwendung erfolgt ausschließlich *im Ausland*	*keine* Strafbarkeit soweit im Ausland kein Straftatbestand gegeben
7. *Teilnahme an Verwendung* embryonaler Stammzellen *im Ausland* von Deutschland aus (z. B. Kommunikation über Telefon oder Internet)	*keine* Strafbarkeit

---

19 Vgl. hierzu *Schroth*, Forschung mit embryonalen Stammzellen im Lichte des Rechts, Bemerkungen zum Entwurf des Stammzellgesetzes, in: Stammzellenforschung und therapeutisches Klonen (Fn. 18), S. 249, 279 ff.

E *Tendenzen*

Inzwischen hat der Gesetzgeber das Stammzellengesetz geändert. Nun dürfen Embryonen verwendet werden, die vor dem 1. Mai 2007 gewonnen wurden, soweit die Forschung an embryonalen Stammzellen genehmigt wurde. Das Stammzellengesetz selbst inkriminiert Handlungen nur dann, wenn die nicht genehmigte Forschung an Stammzellen in Deutschland stattfindet. Beihilfehandlungen zu im Ausland legitim durchgeführter Stammzellenforschung, sind, wenn sie vor Ort nicht strafbar sind, auch in Deutschland nicht strafbar. Dies gilt auch, wenn die Beihilfehandlung zu dieser Stammzellenforschung von Deutschland aus geschieht. Anders ist dies, wenn das Embryonenschutzgesetz anwendbar ist. Die Beteiligung an der Gewinnung embryonaler Stammzellen ist immer noch gem. § 2 Abs. 1 EschG strafbar, wenn der deutsche Forscher durch eine Handlung in Deutschland, die als Beteiligungshandlung zu werten ist, Hilfestellung bei der Gewinnung embryonaler Stammzellen gibt. Dann ist § 2 I EschG i. V. m. §§ 26, 27 StGB grundsätzlich erfüllt und gem. § 9 II StGB ist eine Strafbarkeit auch an der im Ausland nicht strafbewehrten Tat gegeben, wenn die Beteiligung vom Inland aus geschieht.

Ethisch werden nun gegen die Gewinnung von Stammzellen aus Embryonen in zweifacher Hinsicht Argumente vorgebracht. Ein Verbot sei zum einen erforderlich wegen der Notwendigkeit des *Schutzes des Embryos*, zum anderen wegen eines dahingehenden *Allgemeininteresses*.

Im Hinblick auf den Schutz des Embryos wird argumentiert, dass die Herstellung von embryonalen Stammzellen eine *Menschenwürdeverletzung* darstelle. Weiter wird die Notwendigkeit eines umfänglichen Schutzes aus der *Potenzialität* des Embryos, seiner Zugehörigkeit zur *Spezies Mensch*, der *Kontinuität* des geborenen Menschen mit dem ungeborenen und dem *Lebensrecht* des Embryos abgeleitet.

Im Hinblick auf die Allgemeininteressen wird angeführt, das Verbot der Stammzellforschung sei notwendig, da es ansonsten zu einem *Werteverfall* in der Gesellschaft käme und insbesondere die Heiligkeit des Lebens in Frage gestellt würde. Das *Selbstverständnis des Menschen* sei in Frage gestellt, wenn man die Gewinnung von Stammzellen zuließe.

14.5.4.1 Argumente im Hinblick auf den Schutz des Embryos. Die These, dass in allen Fällen, in denen man embryonale Stammzellen aus frühen Embryonen herstellt, eine *Menschenwürdeverletzung* vorliegt, ist nicht überzeugend. Es ist fraglich, ob der Embryo vor der Einnistung überhaupt Menschenwürdeschutz genießt. Meines Erachtens erscheint es sinnvoll, den Menschenwürdeschutz erst ab der Nidation eintreten zu lassen[20].

– Ab der Nidation ist der Embryo individuelles menschliches Leben, da er sich nicht mehr teilen kann.

---

20 Hierzu *Scholz,* Neue Biotechnik und Grundgesetz, in: *Büdenbender/Kühne* (Hrsg.), Das neue Energierecht in der Bewährung, Festschr. f. Jürgen F. Baur, 2002, S. 663 ff.

– Erst ab der Nidation ist auch das menschliche Programm des Embryos abgeschlossen.
– Ab der Nidation bildet der Embryo eine Einheit mit der Mutter und weist damit soziale Existenz auf.
– Dem Embryo vor der Nidation Menschenwürdeschutz zuteil werden zu lassen, würde auch bedeuten, dass er einen nicht abweisbaren Anspruch darauf hätte, auf die Mutter übertragen zu werden. Dies erscheint kaum sinnvoll.

Die Bezugnahme auf die Menschenwürde ist ein typisches Gewinnerargument[21]. Wenn einem Objekt Menschenwürde zukommt, ist es umfassend geschützt; eine Abwägung mit anderen Interessen ist nicht mehr möglich. Die Menschenwürde gewährleistet die Unantastbarkeit eben desjenigen Objektes, dem Menschenwürde zugeschrieben wird. Es erscheint wenig sinnvoll, den Embryo im frühen Stadium als unantastbar zu definieren. Behauptet man dies, so muss man den Embryo in vivo ebenso umfassend schützen. Wäre der Embryo vor der Einnistung unantastbar, hätte das zur Folge, dass der Gesetzgeber verpflichtet wäre, die „Pille danach" und die „Spirale" als Mittel zur Empfängnisverhütung zu verbieten. Eine derartige Position dürfte in der Gesellschaft kaum auf Akzeptanz stoßen, zumal die „Spirale" das meist benutzte Mittel der Empfängnisverhütung darstellt. Die These, man könne den Schutz des Embryos in vivo und in vitro nicht miteinander vergleichen, da es bei Abtreibung um existenzielle Entscheidungen ginge, bei der Verwerfung von Embryonen nicht, ist völlig unangemessen. Vielfach geht es bei Abtreibung nicht um existenzielle Entscheidungen. Bei Empfängnisverhütung, bei der die Nidation verhindert wird, geht es nahezu nie um existenzielle Entscheidungen. Auch hier werden befruchtete Eizellen vor der Nidation abgetötet.

Dies bedeutet nicht, dass der Gesetzgeber den Embryo in einem frühen Stadium schutzlos lassen sollte. Seine Schutzbedürftigkeit muss aber so begründet werden, dass sein Lebensinteresse mit anderen Interessen abgewogen werden kann – beispielsweise mit dem Interesse der Forschung an der Entwicklung neuartiger Heilungschancen. Angemessener wäre es, dem Embryo vor der Nidation ein *pränatales Persönlichkeitsrecht* zuzugestehen.

Die *Potenzialitätstheorie*[22] behauptet die Notwendigkeit eines umfassenden Schutzes des Embryos, da dieser die Fähigkeit hätte, sich zu einem lebenden Menschen zu entwickeln. Dieses Argument überzeugt nicht. Eine Potenzialität haben bereits Spermium und Eizelle. Abgestellt wird bei dieser Argumentation offensichtlich auf eine besondere Potenzialität, die das vollständige Leben selbständig in sich trägt (aktive Potenzialität). Eine aktive Potenzialität ist jedoch bereits ab dem Eindringen des Spermiums in die Eizelle gegeben. Niemand schützt aber den Pronukleus; viel-

---

21 Zur Argumentation mit der Menschenwürde vgl. *Neumann*, Die Tyrannei der Würde, in: ARSP 1998, S. 153 ff.
22 Hierzu ausführlich *Merkel* (Fn. 8), S. 131 ff.

mehr wird dieser bei der In-vitro-Fertilisation eingefroren, und später, wenn die In-vitro-Fertilisation erfolgreich war, verworfen. Dies zeigt, dass auch die besondere Potenzialität, die das vollständige Leben in sich trägt, in anderen Kontexten keinen umfänglichen Schutz begründet.

Das Potenzialitätsargument kann jedenfalls nicht begründen, dass verwaiste Embryonen schutzbedürftig sind. Sie dürfen nämlich gerade nach dem geltenden Embryonenschutzgesetz in Deutschland einer anderen Frau nicht übertragen werden, da der Gesetzgeber die gespaltene Mutterschaft verhindern will. Dies bedeutet, dass der deutsche Gesetzgeber diese Potenzialität nicht berücksichtigt.

Für die Notwendigkeit eines umfassenden Schutzes wird weiter angeführt, dass der frühe Embryo schon der *Gattung Mensch* angehöre. Letzteres ist nicht zu bezweifeln. Fraglich ist aber, ob er schon als eine Person angesehen werden muss, die einen moralischen Status hat, welcher nach einem umfassenden Schutz verlangt. Wären frühe Embryonen schon umfassend zu schützende Personen, so wäre es nicht angemessen, sie im Körper der Frau vor der Einnistung schutzlos zu lassen.

Die Notwendigkeit eines umfassenden Schutzes wird schließlich daraus abgeleitet, dass der menschliche *Entwicklungsprozess kontinuierlich* und das Programm des Menschen bereits mit der Kernverschmelzung vollständig beendet ist. Zunächst ist zweifelhaft, ob dieses Argument empirisch richtig ist. Bedeutende Naturwissenschaftler gehen davon aus, dass das menschliche Programm erst mit der Nidation abgeschlossen ist[23]. Weiter ist festzuhalten, dass sich in den meisten Gesellschaften der Schutz des Embryos nach seiner Entwicklung richtet, der Schutz also umso intensiver wird, je höher der Embryo entwickelt ist. Am stärksten wird der Schutz, sobald der Mensch geboren ist. Zur Verdeutlichung folgendes Beispiel: Brennt ein Haus, in dem sich sowohl eine Kinderarztpraxis als auch eine Frauenarztpraxis befindet, in der In-vitro-Fertilisation durchgeführt wird, ist es selbstverständliche Pflicht jeden Bürgers, zunächst die Säuglinge und Kinder zu retten. Jeder, der zunächst die Embryonen in der Petrischale rettet und deshalb eine Verletzung der Säuglinge in Kauf nimmt, würde sich strafbar machen (zumindest nach § 323c StGB). Die Rechtsordnung zeigt nämlich durch die Art ihres Schutzes (die Tötung von Menschen wird immer härter bestraft als die Tötung von Ungeborenen), dass sie das Rechtsgut Leben des geborenen Menschen als hochrangiger ansieht[24].

Zur Begründung des moralischen Status des Embryos[25], der einen umfassenden Schutz garantieren soll, wird angeführt, der Embryo *sei* seinem Wesen nach ein Mensch und *entwickle* sich nicht lediglich zum Menschen. Weiter wird argumentiert, der Embryo sei ein *Mensch im Werden* und nicht etwa nur ein *werdender Mensch*.

---

23 Vgl. hierzu *Nüsslein-Vollhardt,* Wann ist ein Tier ein Tier, ein Mensch kein Mensch, in: FAZ v. 2. 10. 2001, S. 55.
24 Hierzu *Merkel* (Fn. 18), S. 151.
25 Hierzu *Oduncu,* Moralischer Status von Embryonen, in: Bioethik (Fn. 2), S. 213 ff.

Gleichzeitig wird auf anthropologische Wesensmerkmale wie die Hilfsbedürftigkeit des Embryos hingewiesen und hieraus gefolgert, dass der Embryo von Anfang an Menschenwürde und das Recht auf Leben und körperliche Unversehrtheit habe und dass dies aus dem Wesen des Menschen resultiere.

Eine derartige Argumentation ist nicht angemessen. Juristen haben sie als begriffsjuristisches Denken bereits zu Beginn des 20. Jahrhunderts kritisiert. Aus einer spezifischen Semantik, die vorgeschlagen wird, lassen sich keine ethischen und juristischen Ansprüche ableiten. Eine derartige Argumentationsform überträgt begriffsjuristisches Denken auf Medizinethik. Auch die Bezugnahme auf angeblich anthropologische Wesenheiten ist für die Begründung von Rechten unangemessen. Man kann natürlich die Wesenheit des Menschen auch anders definieren. Aus der Tatsache, dass bestimmte anthropologische Eigenschaften von Embryo und geborenem Menschen gleich sind, folgt nicht, dass beide die gleichen Rechte haben. Auch lassen sich andere Sprachspiele mit dem Begriff Mensch anstellen. Das Strafgesetzbuch beispielsweise meint, wenn es vom Menschen spricht, den geborenen Menschen. Der Embryo wurde lange Zeit als Leibesfrucht angesehen. In einem derartigen Sprachspiel ist der Embryo dann ein werdender Mensch.

Die These, dass der Embryo umfassend den Menschenwürdeschutz, das Recht auf Leben und die körperliche Unversehrtheit genieße, genauso wie es der geborene Mensch genießt, wird auch den rechtlichen Gegebenheiten in keiner Weise gerecht. Dies würde in Konsequenz bedeuten, dass man dann Embryo und geborenen Menschen in gleicher Weise schützen müsste. Dies leuchtet, wie das obige Beispiel zeigt, auch intuitiv nicht ein.

14.5.4.2 Argumente im Hinblick auf Allgemeininteressen. Dass die Gewinnung von Stammzellen einen *Werteverfall* in der Gesellschaft zum Inhalt hat, darf bezweifelt werden. Auch die liberale Abtreibungsregelung des § 218 StGB hat nicht dazu geführt, dass in unserer Gesellschaft Leben weniger Wertschätzung genießt. Soweit behauptet wird, dass die Rechtsordnung die Heiligkeit des Lebens garantiert und dies mit der Herstellung von Stammzellen in Frage gestellt wird, ist einzuwenden, dass diese Argumentation von einer falschen Prämisse ausgeht. Die Rechtsordnung geht nicht von der Heiligkeit allen Lebens in jedem Entwicklungsstadium aus.

Schließlich wird gegen die Gewinnung von embryonalen Stammzellen aus verwaisten Embryonen das Argument angeführt, dass es zum *Selbstverständnis des Menschen* gehört, nicht einem bestimmten Zweck untergeordnet zu werden. Diesem Argument muss entgegen gehalten werden, dass Menschen in unserer Gesellschaft in vielfältiger Weise instrumentalisiert werden. Indem die Rechtsordnung die gespaltene Mutterschaft verbietet und es untersagt, den verwaisten Embryo auf eine Mutter zu übertragen, instrumentalisiert sie den Embryo. Sie hält offensichtlich die Durchsetzung des Verbots der gespaltenen Mutterschaft für wichtiger als den Embryonenschutz. Es existiert sicherlich ein berechtigtes Interesse daran, dass verwaiste Embryonen nicht instrumentalisiert werden. Gegeninteressen machen aber eine Abwägung nötig: Zum Selbstverständnis des Menschen gehört es nämlich auch, dass er über das Vermögen verfügt, heilen zu können, und dass ihm die Möglichkeit eingeräumt wird, neue Heilungschancen zu erschließen. In Ausnahmefällen muss dieses Interesse als gewichtiger angesehen werden als das Interesse des frühen verwaisten Embryos, der sowieso sterben muss, nicht instrumentalisiert zu werden. Einen solchen Fall kann man bei hochwertiger Forschung annehmen. Immerhin können über Forschungen an embryonalen Stammzellen möglicherweise bedeutende Heilungschancen für viele Menschen entwickelt werden. Es erscheint kaum plausibel, das Recht auf nutzloses Sterben des noch empfindungsunfähigen Embryos, der sowieso verworfen wird, als hochwertiger anzusehen als die Eröffnung neuer Heilungschancen. Verhindert werden muss aber, dass Embryonen ausschließlich zu Zwecken der Forschung erzeugt und zu Geschäftsobjekten degradiert werden.

Habermas hat sich nun dahingehend eingelassen, dass embryonale Stammzellforschung ethisch illegitim sei, da sie eine instrumentalisierende Einstellung gegenüber dem „embryonalen Zellhaufen" verlange[26]. Was dieses im Einzelnen bedeutet, ist nicht völlig klar. Möglicherweise ist diese Stellungnahme nur gegen Forschungen gerichtet, die beabsichtigen, „Designer-Babys" herzustellen[27]. Klar dürfte sein, dass die Möglichkeit der In-vitro-Fertilisation zwangsläufig eine instrumentelle Vernunft voraussetzt. Zweckrationale Vernunft ist aber nicht generell ideologieverdächtig. Sie ermöglicht unfruchtbaren Eltern die Erfüllung des Wunsches auf ein eigenes Kind. Sie erlaubt Selbstbestimmung. Das Recht auf Fortpflanzung ist außerdem verfassungsrechtlich garantiert. Die Stammzellforschung ermöglicht weiter Forschern die Entwicklung neuer Heilchancen. Auch ein Recht zur Forschung ist verfassungsrechtlich garantiert. Ohne instrumentelle Vernunft lässt sich ein Erkenntnisfortschritt in den Biowissenschaften nicht erreichen.

---

26 *Habermas*, Replik auf Einwände, in: DZPhil, Berlin 50 (2002) 2, 283-298 (297).
27 Vgl., *Habermas*, ebenda, S. 296. Habermas differenziert hier zwischen der Einstellung des *Therapeuten*, der sich im Rahmen einer klinischen Praxis zu dem behandelnden Lebewesen auf der Grundlage eines begründet unterstellten Konsenses so verhalten könne, als sei es schon die zweite Person, die es einmal sein wird und der Einstellung des *Designers*, der gegenüber dem genetisch zu verändernden Embryo eine optimierende und instrumentalisierende Einstellung einnehme.

Überblick zur Argumentationsstruktur gegen die Stammzellforschung

1. Perspektive Gründe für Unzulässigkeit im Hinblick auf den *Embryo* 1. Menschenwürdeverletzung 2. Potentialitätstheorie 3. Zugehörigkeit zur Spezies Mensch 4. Kontinuität des geborenen Menschen mit dem ungeborenen 5. Lebensrecht des Emryos	*2. Perspektive* Gründe für Unzulässigkeit im Hinblick auf die *Allgemeinheit* 6. Werteverfall; Heiligkeit des Lebens wird in Frage gestellt 7. Verletzung des moralischen Selbstverständnisses des Menschen (Gattungsethik)

Gegenargumente zur Argumentationsstruktur gegen die Stammzellforschung

zu 1.: Die These, dass in allen Fällen von PID und Herstellung embryonaler Stammzellen eine *Menschenwürdeverletzung* gegeben sein soll, ist nicht überzeugend. Zum einen ist unklar, ob dem frühen Embryo vor der Nidation Menschenwürdeschutz zukommt. Die Menschenwürde gewährleistet die Unantastbarkeit. Es erscheint kaum sinnvoll, den Embryo im frühen Stadium als unantastbar anzusehen. Das Menschenwürdeargument mutierte sonst zur kleinen Münze. Jede Art der Abwägung wäre damit untersagt und der Schutz gleichwertig dem für geborenes Leben. Zum anderen wäre dann auch die Regelung des § 218 I StGB als rechtswidrig anzusehen.

Dies bedeutet natürlich nicht, dass der Embryo im frühen Stadium völlig rechtlos ist. Meines Erachtens sollte man ihm ein *pränatales Persönlichkeitsrecht* zugestehen. Die Frage, ob ein Eingriff zulässig ist oder nicht, ist dann Frage der Abwägung.

zu 2.: Die *Potentialitätstheorie* behauptet, dass ein unabdingbarer Schutz notwendig sei wegen der Fähigkeit des Embryos, sich zu einem lebenden Menschen zu entwickeln.

Dieses Argument überzeugt nicht. Eine Potentialität besteht schon mit Eindringen des Spermiums in das Ei vor der Kernverschmelzung; trotzdem ist hier die aktive Potenzialität noch überhaupt nicht geschützt. Auch müsste dann der Embryo in vivo vor der Einnistung geschützt werden. Die aktive Potenzialität ist auch vor der Nidation deutlich herabgesetzt.

zu 3.: Der Schutz des Tötungsverbots gilt hiernach für den frühen Embryo schon deshalb, weil er zu der *Spezies Mensch* gehört.

Auch dieses Argument kann nicht zutreffen. Haltbar wäre es nur, wenn dargelegt würde, dass der frühe Embryo etwa mit dem geborenen Menschen als normativ gleichwertig anzusehen wäre. Offensichtlich geht unsere

Rechtsordnung davon aus, dass verschiedene Entwicklungsstadien verschiedene Schutzkonzeptionen erfordern. Der Embryo in vivo ist vor der Nidation nicht geschützt. Es ist daher nicht einleuchtend, warum der Embryo in vitro umfassend geschützt sein soll.

zu 4.: Die Notwendigkeit des Schutzes wird auch daraus abgeleitet, dass der menschliche Entwicklungsprozess ein *kontinuierlicher* sei.
Auch dieses Argument vermag einen allumfassenden Schutz des Embryos nicht zu legitimieren. Einmal ist zweifelhaft, ob dieses Argument empirisch zutreffend ist. Das menschliche Programm ist nämlich erst mit der Nidation abgeschlossen. Weiter lässt sich aus dieser Prämisse keine normative Regelung mit dem Inhalt ableiten, dass ein Schutz von Anfang bis Ende identisch gewährleistet werden muss. Die Kontinuitätsthese muss sich auch entgegenhalten lassen, dass bis zur Nidation eine Bildung von Zwillingen möglich ist.

zu 5.: Das *Lebensrecht* wird von der Rechtsordnung nicht uneingeschränkt gewährleistet, wie sich aus Art. 2 II GG und aus der Regelung des § 218 StGB ergibt.
Richtig ist an diesem Argument, dass es ein grundsätzliches Interesse des Embryos am „Überleben" gibt. Stammzellen dürfen deshalb meines Erachtens allenfalls aus verwaisten Embryonen gewonnen werden: Diese sind „zum Tode verurteilt", weil sie keiner anderen Frau übertragen werden dürfen.

zu 6.: Einerseits ist es sehr fraglich, ob die Zulässigkeit der Gewinnung von Stammzellen in der PID einen *Werteverfall* zur Folge hat. Dies war auch nach der großzügigen Regelung des § 218 StGB nicht der Fall. Andererseits geht die Rechtsordnung auch nicht von der Heiligkeit des Lebens aus.

zu 7.: Versucht man dieses Argument in Bezug auf die Frage der Verwendung von verwaisten Embryonen zu substanziieren, stellt sich die Frage, ob es zum *Selbstverständnis des Menschen* gehört, dass jeder Embryo nutzlos stirbt und es deshalb auch nicht zulässig sein darf, aus verwaisten Embryonen Stammzellen herzustellen. Es bestehen Zweifel, ob die Nutzlosigkeit im Sterben wirklich zum Selbstverständnis des Menschen gehört. Meines Erachtens können trotz dieser Auffassung Eingriffe in das Selbstverständnis legitim sein, wenn es gewichtigere Interessen gibt, die ebenfalls zum Selbstverständnis gehören. Zum Selbstverständnis des Menschen gehört es auch, dass er heilen, helfen und forschen kann; hieraus können Eingriffe legitimiert werden.

14.5.5 Mehrlingsreduktion als normatives Problem

Heute ist es vielfach üblich, durch hormonelle Behandlungen Schwangerschaften auf den Weg zu bringen. Reifen mehrere Follikel über die hormonelle Behandlung heran, die nicht diagnostiziert werden, so können Mehrlingsschwangerschaften entstehen. Die Folge davon kann sein, dass Mehrlinge in ihrer Anzahl nicht überleben können. Wird beispielsweise in der 14. Schwangerschaftswoche nach Empfängnis eine derartige Schwangerschaft entdeckt, so stellt sich die Frage, ob der Arzt berechtigt ist, einen oder mehrere der Mehrlinge abzutöten. Wenn es sich um eine Schwangerschaft nach der 13. Woche der Befruchtung handelt, kommt rechtlich nur § 218a II StGB als Rechtfertigungsgrund für den Arzt in Betracht. Nach § 218a II StGB ist ein Schwangerschaftsabbruch mit Einwilligung der Schwangeren zulässig, wenn der Abbruch der Schwangerschaft unter Berücksichtigung der gegenwärtigen und zukünftigen Lebensverhältnisse der Schwangeren nach ärztlicher Erkenntnis angezeigt ist, um eine Gefahr für das Leben oder die Gefahr einer schwerwiegenden Beeinträchtigung des körperlichen oder seelischen Gesundheitszustandes der Schwangeren abzuwenden und die Gefahr auf eine andere, für sie zumutbare Weise, nicht abgewendet werden kann. Diese Regelung ist ein Rechtfertigungsgrund, das heißt, sie legitimiert den Arzt im Sinne der Rechtsordnung. Sie bestimmt, wann in das Lebensrecht eines Ungeborenen eingegriffen werden kann. Die Einwilligung der Schwangeren ist nur rechtmäßig, wenn eine angemessene Aufklärung vorausgeht. Das Problem ist aber, dass § 218a II StGB keine Begründung des Teilabbruchs der Schwangerschaft damit erlaubt, dass die anderen Feten zu schützen sind. Das bedeutet, das Leben eines Fetus kann an sich nicht auf Kosten eines anderen Fetus gerettet werden. § 34 StGB, der rechtfertigende Notstand, erlaubt ebenfalls keine Teilreduktion einer Mehrlingsschwangerschaft. Dies aus zwei Gründen: § 218a II StGB ist eine spezialgesetzliche Regelung und geht daher § 34 StGB vor. Weiter liegen die Voraussetzungen von § 34 StGB nicht vor, da § 34 nur den Eingriff in Rechte erlaubt, wenn ein höherwertiges Interesse geschützt wird. Das heißt, eine Mehrlingsreduktion ist nur zulässig mit Einwilligung der Mutter, wenn und soweit die körperliche oder seelische Gesundheit der Mutter über die Mehrlingsschwangerschaft beeinträchtigt ist.

Gleichwohl sollte eine Mehrlingsreduktion, um einen Teil der Mehrlinge zu retten, zulässig sein. Hierfür sollen drei Argumente angeführt werden:
– Eine Rechtsordnung kann kein Lebensinteresse von Mehrlingen schützen, die qua Natur nicht geschützt werden können. *Sollen* setzt *Können* voraus.
– Das Grundgesetz geht von dem Lebensrecht jedes Fetus aus. Der Grundsatz der völligen Unabwägbarkeit von Lebensrechten von Ungeborenen würde auch dazu führen, dass alle Feten sterben müssten. Es wird damit jedem Fetus das Lebensrecht genommen. Für eine weltliche Rechtsordnung, die partiell Eingriffe in das Lebensrecht von Ungeborenen für gerechtfertigt hält, wenn andere erhebliche Interessen tangiert sind (§ 218a II, III StGB), gibt es keinen normativen Grund, die Unantastbarkeit des ungeborenen Lebens zu fordern, wenn das Leben aller Feten konkret gefährdet ist. Das Abtreibungsrecht geht gerade nicht von der Heiligkeit des ungeborenen Lebens aus, sondern wird von der Prämisse getragen, dass bei Kollision mit anderen Interessen in das Lebensrecht von Feten eingegriffen werden kann.

– In der Medizinethik ist das Schadensvermeidungsprinzip, niedergeschrieben im Eid des Hippokrates, seit 2000 Jahren anerkannter Grundsatz ärztlichen Handelns. Im Schadensvermeidungsprinzip steckt auch das Gebot, Schaden möglichst gering zu halten (wenn Schadenszufügung denn sein muss). Dieses Prinzip muss möglichst weitgehend realisiert werden, das heißt, es enthält ein Schadensminimierungsprinzip. Es ist dann aber Aufgabe der Medizin, in derartigen Fallkonstellationen den Schaden möglichst an der untersten Grenze zu halten.

14.6 Ethik und Recht in der Medizin

In ethischen Diskursen zur Medizin werden vielfach auch Normen angeführt, die geltendes Recht sind. In juristischen Diskursen, die sich mit der Zulässigkeit medizinischer Eingriffe beschäftigen, werden vielfach ethische Reflexionen angestellt. Dieser enge Zusammenhang kommt nicht von ungefähr.

In medizinethischen und medizinrechtlichen Fragestellungen geht es um Lebensschutz und Schutz der körperlichen Integrität von Patienten, Probanden oder Embryonen. Die Relevanz dieser Güter zwingt dazu, gerade wenn rechtliche Regelungen unklar sind, ethische Überlegungen anzustellen, und im ethischen Diskurs auf juristische Vorgaben zu schauen.

14.6.1 Juristische Regeln sichern den notwendigen Respekt vor der Patienten-Autonomie ab

Eines der zentralen ethischen Prinzipien ist, dass der Arzt die autonomen Entscheidungen des Patienten zu achten hat.

Allgemein anerkannt ist, dass sich der ärztliche Eingriff in die Körperintegrität nur über eine *autonome* Einwilligung des Patienten legitimiert. Diese grundlegende ethische Bestimmung ist juristisch abgesichert. Juristisch ist auch abgesichert, dass die Entscheidung eine selbstbestimmte Entscheidung nach hinreichender Aufklärung sein muss. Nur in Ausnahmefällen kann auf die Einwilligung verzichtet werden: wenn der Patient sich nicht selbst bestimmen kann und wenn die Einwilligung nicht einholbar ist. Hier muss nach dem Nutzen für den Patienten und nach seiner mutmaßlichen Einwilligung entschieden werden. Auf die Aufklärung kann nur verzichtet werden, wenn sie selbst zu Schaden führt bzw. wenn der Patient auf sie verzichtet.

14.6.2 Juristische Regeln geben dem Schadensvermeidungsprinzip einen Standort

Klar ist, dass das Schadensvermeidungsprinzip gegenüber dem Selbstbestimmungsprinzip des Patienten im Regelfall nachrangig ist. Der Patient hat das Recht, sich so zu bestimmen, dass er eine nutzbringende Behandlung ablehnen kann, auch wenn ihn dies schädigt. Der Patient hat ferner das Recht, einen Eingriff in seine körperliche Integrität zu wünschen, der einem anderen hilft. Seine wertbezogenen Interessen sind zu berücksichtigen. Juristische Regeln verlangen aber, dass der Patient weiß, in welchen Körperschaden er einwilligt, wenn er sich beispielsweise zu einer Lebendtransplantation entscheidet, und welche Risiken er dabei eingeht.

Umgekehrt ist klar, dass die Einwilligungsfähigkeit in eine Eigenverletzung ihre absolute Grenze findet, wenn der Patient verlangt, getötet zu werden, um einem anderen zu helfen. Das Gesetz schließt eine existenzielle Selbstaufopferung aus. Die Tötung auf Verlangen ist ausgeschlossen, um den Wert des Lebens zum Ausdruck zu bringen. Medizin, bei der getötet werden könnte, um anderen zu helfen, auch wenn dieses im Einverständnis mit dem Getöteten geschieht, würde ihr Vertrauen verspielen.

Diese Beispiele zeigen, dass juristische Regeln dem medizinethischen Diskurs eine Basis geben und Grenzen setzen.

Das Verbot der Tötung auf Verlangen setzt beispielsweise auch dem Diskurs über Möglichkeit und ethischer Legitimation aktiver Sterbehilfe Grenzen.

Das Verbot der Tötung auf Verlangen könnte nun sicherlich wieder in Frage gestellt werden. Hierfür müssten aber zwingende Argumente vorgetragen werden. Tötung auf Verlangen ist Ausdruck der Tabuisierung des Lebens und des Wertgesichtspunkts, dass niemand mit dem Anspruch konfrontiert werden soll, einem anderen möglicherweise sein Leben zu opfern. Weiter ist es Ausdruck der Tatsache, dass man die Bereitschaft zum Sterben tatsächlich erst hat, wenn man selbst bereit ist, „Hand an sich zu legen"[28]. Das Verbot der Tötung auf Verlangen schließt aber nicht die indirekte Sterbehilfe aus, die gewünscht wird und bei der sich der Arzt dem Begehren des Patienten unterordnet, schmerzfrei zu sterben. Ausgeschlossen wird weiter nicht die passive Sterbehilfe; ihre Berechtigung ergibt sich alleine schon aus der Tatsache, dass der Patient in der Lage sein muss, weitere Behandlungsmethoden auszuschließen. Der Bundesgerichtshof hat inzwischen völlig eindeutig entschieden, dass bei einem Patienten, der einwilligungsunfähig ist und bei dem das Grundleiden einen irreversiblen, tödlichen Verlauf angenommen hat, lebenserhaltende und lebensverlängernde Maßnahmen unterbleiben müssen, wenn dies seinem zuvor geäußerten Willen entspricht (zumeist geäußert in der Form einer Patientenverfügung). Dies folgt aus der Würde des Menschen, die es gebietet, sein im einwilligungsfähigen Zustand ausgeübtes Selbstbestimmungsrecht auch dann noch zu respektieren, wenn er zu eigenverantwortlichem Entscheiden nicht mehr in der Lage ist[29].

---

28 Hierzu *Jakobs*, Tötung auf Verlangen, Euthanasie und Strafrechtssystem, 1998.
29 Beschluss vom 17. 3. 2003 – XII ZB2/03 (= NJW 2003, 1588).

14.6.3 Medizinethische Fragestellungen als Kritik an juristischen Regeln

Ethische Reflexionen kritisieren juristische Regeln, indem sie etwa zeigen, dass ein völliges Verbot der Fremdlebendspende sich nicht ethisch begründen lässt. Wenn man wertbezogene Interessen von Individuen anerkennt, muss es möglich sein, dass ein potenzieller Organspender ein begrenztes Risiko eingeht, um einem anderen zu helfen. Die Behauptung, man müsse ihn umfassend vor sich selbst schützen und dürfe nur in solidarischen Beziehungen (enge persönliche Beziehungen) die Spende von Organen, die sich nicht wieder bilden können, zulassen, lässt sich ethisch nicht legitimieren. Damit wird aber die Legitimation eines Verbots fragwürdig (§ 8 I 2 TPG). Ist nachweisbar, dass es ethisch legitim ist, einem Fremden uneigennützig ein Organ zu spenden, so ist ein (strafbewehrtes) Verbot fragwürdig. Der Gesetzgeber hat gravierende ethische Normen zu garantieren und nicht die Aufgabe, Verbote zu erlassen, die auch ethisch legitimes Verhalten unter Strafe stellen. Dies auch dann nicht, wenn er, um angeblich spezifische Gefahren zu vermeiden, glaubt, Fremdlebendspenden verbieten zu müssen.

14.6.4 Medizinethik als Ausfüllung von Leerstellen

Juristische Regeln charakterisieren vielfach einen noch zulässigen Handlungsspielraum. Beispielsweise legen strafrechtliche Regeln fest, wann Sterbehilfe noch zulässig ist und ab wann sich ein Arzt bei der Sterbehilfe strafbar macht. Sie orientieren sich an dem Lebensschutz, der unbedingt erforderlich ist. Sie legen aber nicht fest, wie Sterbehilfe sein soll. Es ist Aufgabe der Medizinethik, sich mit dieser Frage auseinanderzusetzen. Sie hat innerhalb des Handlungsspielraums, der den Ärzten gegeben ist, festzulegen, welche Fürsorge Ärzten gegenüber Sterbenden auferlegt ist. Wie ideale Sterbehilfe auszusehen hat, kann juristisch nicht vorgeschrieben werden.

Das Arzt-Patienten-Verhältnis lässt sich nicht umfassend normativ juristisch regulieren, allein schon wegen dessen Komplexität. Medizinethik hat die Aufgabe, die juristischen Leerstellen im Arzt-Patienten-Verhältnis auszufüllen.

14.6.5 Medizinethik als Plattform zur Diskussion normativer Fragen

Medizinethik hat weiter die Aufgabe, eine Plattform zu bilden für ungeklärte normative Fragestellungen der Medizin bzw. der Biowissenschaften. Lassen sich neue Heilungschancen entwickeln über die Forschung mit embryonalen Stammzellen, dies aber nur über die Verwerfung von frühen Embryonen, so muss es eine Plattform für normative Überlegungen geben. Man muss dann fragen, welchen moralischen Status Embryonen vor der Nidation haben. Es muss die Frage diskutiert werden, ob überhaupt, und wenn ja, wann in diesen Status eingegriffen werden darf. Dabei haben medizinethische Überlegungen Rückwirkungen auf das Recht. Sie führen beispielsweise zu der Frage, wie der moralische Status von Embryonen juristisch abgesichert ist.

Soweit neue Chancen entstehen und unklar ist, wieweit diese realisierbar sind, ist es die Aufgabe der Medizinethik, Plattform für einen normativen Diskurs zu sein.

14.6.6 Juristische Regeln und Entsolidarisierung im Arzt-Patienten-Verhältnis

Juristische Regeln formalisieren das Arzt-Patienten-Verhältnis. Sie geben dem Patienten Ansprüche gegenüber dem Arzt. Macht der Patient Ansprüche geltend, so ist das Verhältnis zwischen Arzt und Patient, welches eigentlich auf Solidarität aufbaut, beeinträchtigt. Der Arzt nimmt dann den Patienten als jemanden wahr, der ihn in seiner Rolle als Arzt beeinträchtigt. Der Arzt kann schlecht dem Patienten gegenüber fürsorglich sein, der juristisch etwas einfordert. Das Solidaritätsverhältnis kann sogar zerstört werden.

Umgekehrt geben Rechte dem Patienten auch Freiheitschancen. Der Patient kann etwas verlangen, er ist nicht alleine Objekt des Arztes, sondern muss als Subjekt ernst genommen werden. Er entscheidet, welche Heilungschancen er wahrnehmen möchte und welche nicht. Der Gesetzgeber ist gehalten, jeweils neu zu entscheiden, inwieweit das Arzt-Patienten-Verhältnis formalisiert werden muss und inwieweit man es von rechtlichen Regeln freistellen sollte. Die Formalisierung des Arzt-Patienten-Verhältnisses führt zur Entsolidarisierung, wertet aber den Subjekt-Status des Patienten auf; sie führt dazu, dass der Patient sich selbst einbringen muss, gerade wenn es um Entscheidungen unter Unsicherheiten geht. Es beeinträchtigt aber den Patienten, der sich nicht selbst entscheiden will, sondern eine Vater-Figur braucht, die für ihn entscheidet. Medizinethik hat es auch mit der Frage zu tun, wie weit man das Arzt-Patienten-Verhältnis formalisieren muss und wie weit man es von juristischen Ansprüchen freistellen sollte.

Ausgewählte Literatur

Beauchamp, Tom L./Childress, James F., Principles of Biomedical Ethics, 5. Aufl. 2001.
Düwel, Marcus/Steigleder, Klaus (Hrsg.), Bioethik. Eine Einführung, 2003.
Gutmann, Thomas/Schroth, Ulrich, Organlebendspende in Europa. Rechtliche Regelungsmodelle, ethische Diskussion und praktische Dynamik, 2002.
Gutmann/Schneewind/Schroth u. a., Grundlagen einer gerechten Organverteilung, 2003.
Habermas, Jürgen, Die Zukunft der menschlichen Natur. Auf dem Weg zu einer liberalen Eugenik, 2001.
Höffe/Honnefelder/Isensee/Kirchhof, Gentechnik und Menschenwürde, 2002.
Irrgang, Bernhard, Grundriss der medizinischen Ethik, 1995.
Jakobs, Günther, Tötung auf Verlangen, Euthanasie und Strafrechtssystem, 1998.
Knoepffler, Nikolaus/Haniel, Anja (Hrsg.), Menschenwürde und medizinethische Konfliktfälle, 2000.
Nationaler Ethikrat, Genetische Diagnostik vor und während der Schwangerschaft, 2003.

Neumann, Ulfrid, Die Tyrannei der Würde, in: ARSP 1998, S. 153 ff.
Oduncu/Schroth/Vossenkuhl (Hrsg.), Stammzellenforschung und therapeutisches Klonen, 2002.
dies. (Hrsg.), Transplantation, Organgewinnung und -allokation, 2003.
Pöltner, Günther, Grundkurs Medizin-Ethik, 2002.
Roxin, Claus/Schroth, Ulrich (Hrsg.), Handbuch des Medizinstrafrechts, 4. Aufl. 2010.

Personenverzeichnis*

Aarnio 20, 86, 102, 386, 400
Aderhold 417
Adomeit 9, 20, 29, 273, 279, 285, 308, 311, 360, 341, 342, 388, 396
Ahrens 70, 97
Albert 142, 168, 391, 397, 398
Albert der Große 41, 164
Albrecht 418
Alchourrón 20
Alexander 418, 437
Alexy 20, 102, 105, 108, 136, 137, 161, 168, 175, 222, 224, 235, 280, 297, 304, 306, 313, 332, 336, 343, 344, 345, 346, 347, 392, 393, 399, 400, 402, 427, 462
Atienza 102
Alty-Coombs 375
Ambrosius 171
Anaximander 29
Ansell-Pearson 71
Anselm v. Canterbury 41
Antiphon 32
Apel 18, 131, 141, 455
Arendt 14
Aristoteles 11, 19, 30, 34, 35, 36, 42, 62, 87, 97, 352, 387
Arnold 45
Ashby 432
Aubert 417
Augustinus 14, 32, 40, 41, 42, 44, 97
Averroes 41

Bachelard 98
Bachmann 54
Bacon, F. 48, 75

Bacon, R. 41
Ballweg 20, 87, 196, 197, 200, 388, 397, 434, 435, 436
Baratta 152
Barth 96
Baruzzi 20
Barros 86
Basilius 171
Baumann, J. 253
Baumann, M. 20
Baumann, R. 79
Baumgarten 79
Bayle 55
Beauchamp 461, 483
Becker 330, 355
Behrens 406
Bemmann 133
Bender, R. 295, 366, 367, 415, 417
Bender, W. 138
Benditt 108
Bentham 52, 53, 97, 178, 179, 180
v. Berg 412, 417
Bergbohm 57, 77, 79, 91
Bergmann 437, 438
Bergson 71, 98, 121
Berkemann 374
Bernhard von Clairvaux 41
Berring 374
v. Bertalanffy 432
Betti 272
Beutel 414, 415
Beyer 71
v. Beyme 428
Bichler 122
Bierling 77, 118, 119

---

* Namen von Herausgebern wurden nur aufgenommen, sofern der Text auf das herausgegebene Werk insgesamt und nicht nur auf den Beitrag eines bestimmten Autors Bezug nimmt.

Personenverzeichnis

Bien 35
Bihler 373, 374, 380
Binder 86, 91
Binding 77, 117, 320
Bing 374
Bittner 107
Birus 100
Blankenburg 405, 406, 409, 415, 419, 422
Bloch 14, 23, 68, 69, 91, 202, 213, 425
Bochénski 309
Bodin 54, 55, 66, 72
Böckenförde 20, 73, 147, 166, 167, 171, 177, 178, 213
Böckle 32, 105, 213
Böhret 265, 417
Bourdieu 425
Brandenburg 441
Brauer 375
Braun, J. 20, 105
Braybroke 373
Briefs, G. 105
Brieskorn 20, 99
Brinckmann 412
Brinkmann 72
Broad 174
Brody 461
Broekman 98
Brugger 57
Brunner 96, 177
Bruns 52
Brusten 420, 421, 424
Buchwald 103
Buckley 432
Bühl 439
Bühler 52
Büllesbach 10, 380, 403, 412, 417, 429, 430
Bülow 251
Buhr 70, 433
Bulygin 20, 325
Bund 308, 318, 319
Burckhardt 174, 282, 297
Buth 301, 303, 319
Bydlinski 20, 108, 277, 337, 385, 386

Calliess, R.-P. 428, 432, 438
Calvin 218
Canaris 20, 87, 114, 253, 261, 281, 297, 323, 392, 396, 429
Carnap 124
Cathrein 95
Cattaneo 72
Chamberlain 71
Charniak 375
Childers 375
Childress 461, 483
Christensen 23, 266, 402
Chrysippos 38, 39
Chrysostomos 32, 171
Cicero 32, 36, 38, 39, 40, 44, 87, 97, 362
Claessens 426, 436
Clouser 460, 462
Coing 2, 20, 200, 210, 213, 270
Collini 52
Comte 76
Conte 87
Cornides 308
Covell 107
de Crescenzo 29
Culver 460, 462

Dahm 79
Dahrendorf 378, 413
Danner 460, 462
Deckert 265, 338, 362
Descartes 47, 76
Deutsch, K.W. 429, 433, 434, 445
Diels 29
Diesselhorst 49
Dietze 79, 152
Dilthey 95, 100, 271
Dimbeck 380
Dirlmeyer 352
Dölle 393
Dombois 96
Dostojewski 99
Dreier, R. 9, 20, 56, 64, 83, 84, 86, 107, 108, 124, 139, 352, 363, 387, 396, 400
Dreyfus 375
Dubiel 456
Dubischar 20
Düwel 460, 483
Duns Scotus 45
Durkheim 418, 437
Dux 214

Dworatschek 430
Dworkin 20, 87, 88, 106, 107, 108, 128, 130, 341, 464

Easton 429, 436, 445
Eckermann 13
Eckmann 86
Eco 45
Eder 450
Ehrlich 121, 123, 393, 401
Eidenmüller 53
Eidmann 404
Eikenberg 369
Eisenhardt 30
Ellscheid 62, 120, 130, 148, 153, 158, 175, 176, 178, 181, 214, 215, 230, 254, 360, 390
Ellul 96
Emge 147
Engel 404
Engels 67, 68, 69, 70, 425
Engisch 13, 20, 45, 79, 87, 88, 97, 104, 104, 123, 134, 209, 278, 280, 284, 287, 297, 312, 320, 360, 426
Epiktet 14, 39, 39, 351
Epikur 31
Esser, J. 2, 20, 100, 102, 103, 105, 111, 262, 263, 264, 268, 272, 273, 274, 293, 297, 360, 363, 380 407, 442
Essler 315, 317
Etzioni 429
Euchner 75
Euklid 395
Euler 327, 328
Evers 83

Fateh-Moghadam 469
Fechner, E. 21, 198, 211, 212
Fechner, H.A. 35
Feest 419, 422
Fehr 152
Feinberg 21
Festinger 379
Feuerbach, A. 73
Feuerbach, L. 67, 73
v. Feuerbach, P.J.A. 28, 73, 74, 90, 114
Feyerabend 160
Fezer 21
Fichte 20, 70

Fiech 380
Fiedler 321, 375
Fikentscher 21, 87, 98, 106, 108, 109, 119, 147, 277, 280, 291, 297, 337, 425
Fischer 276
Fischer-Kowalski 420
Flückiger 147
Forsthoff 79, 152, 153, 154
Frank 101, 270
Frankena 224
Frankenberg 21
Franklin 54
Franzen 381
Frege 304
Freud 437
Friedrich 147
Friedrichs 406
Frommel 100, 102, 272
Frosini 251
Fuchs, E. 121, 401
Fuchs, P. 443
Fuller 53

Gadamer 2, 34, 88, 95, 100, 102, 271, 272, 273, 274, 275, 297, 425
Gäfgen 353, 356, 357, 358, 359
Gagnér 21, 254
Garcia Maynez 315, 316
Gardies 318
Garfinkel 197
Garstka 412, 417, 434, 445
Gast 87
Gehlen 98, 426, 441
Geiger, H. 429, 430
Geiger, Th. 219, 222, 224, 409
George 81
Gerathewohl 382
Germann 263
Gert 460, 462
Gethmann 318
Gianformaggio 124
Glauser 72
Glotz 139
Gnaeus Flavius s. Kantorowicz
Goebel 375
Goethe 11, 13
Golding 21
Gollwitzer 46
Gordon 318, 381

487

Personenverzeichnis

Gorgias 31
Gottwald 404
Goutier 21
Grabowski 347
Gramm 68
Grasnick 107
Graumann 402
Gregor v. Nyssa 171
Greven 429, 436, 457
Grimm, D. 21, 53, 129
Grondin 100
Gröschner 103, 387
Gross 21
Grotius 47, 49, 50, 51, 55, 424
Grünhut 251
Grundmann 375, 381
Guardini 14
Günther 21, 429, 437
Guggenheim 79
Gutmann 463, 464, 465, 469, 483

Haag 298
Habermas 18, 21, 101, 139, 140, 141, 143, 157, 161, 163, 164, 165, 213, 219, 231, 235, 236, 275, 345, 399, 400, 443, 444, 449, 450, 454, 455, 456, 457, 476, 484
Haeffner 97
Händel 293
Haffke 293
Haft 21, 87, 374, 375, 404, 417
Hager 35
Haken 428
Hamann 21
Hamm 315
Hampton 49
Haney 64, 73
Haniel 484
Hare 128, 168, 181, 313, 335
Harenburg 371, 372
Hart 21, 52, 86, 91, 105, 107, 121, 218, 219, 220, 221, 226, 227, 241, 332
Hartnack 168
Hartwieg 415
Hassels 403
Hassemer 6, 84, 91, 100, 102, 103, 120, 125, 137, 139, 168, 213, 230, 251, 253, 256, 260, 261, 263, 264, 265, 266, 267, 268, 273, 278, 294, 297, 322, 363, 403, 407, 411, 419, 427, 440

Hauriou 71, 96
Heck 120, 150, 281, 289
Hegel 10, 11, 20, 33, 64, 65, 66, 67, 68, 70, 76, 89, 91, 118, 145, 197, 202, 243
Heidegger 6, 9, 14, 19, 78, 85, 100, 204, 243, 271
Heiner 356
Heinz, K.E. 96
Heldrich 363, 364, 407
Henkel 21
Hennig 243
Henrich 64
Heraklit 30
Herberger 21, 59, 299, 303, 319, 385
Herodot 34
Herzberg 134
Herzer 71
Hesse 176
Hilgendorf 103, 147, 397
Hillenkamp 276, 290, 291
Hinderling 272, 297
Hinsch 186
v. Hippel, F. 81
Hippias 31
Hirsch 274
Hirschberger 19
Hobbes 47, 49, 50, 51, 97, 118, 138, 153, 164, 183, 424
Höffe 19, 21, 35, 53, 138, 186, 194, 354, 359, 427, 456, 457, 484
Höhn 79
Hoerster 19, 53, 72, 83, 225
Hösle 19, 64, 147
Hof 404, 418
Hofmann 21, 412
Hofmann-Riem 404
Hofmeister 254
Hohfeld 332
Hollerbach 70
Holmes 53
Hommerich 403, 413
Hondrich 417
Honnefelder 484
Hopt 362, 407, 417
Horkheimer 455
Horn, N. 21, 103, 105, 338
Horster 108

Horstmann 11, 64
Hruschka 17, 21, 81, 100, 183
Huber, E. 251
Huber, E.-R. 79
Huber, W. 21
Hugo 56, 97
Hume 48, 75, 329
Hund 107
Hunziker 378
Husserl, E. 17, 84, 98
Husserl, G. 85

Ineichen 100
Irrgang 484
Isay 122, 251
Isensee 484

Jahr 9, 21, 86
Jakobs 21, 325, 481, 484
Jansen 356
Jantsch 446
Jaspers 1, 4, 6, 7, 8, 11, 19, 33, 56, 78, 158, 212, 243
Jellinek, G. 132
Jellinek, W. 251
Jerusalem 124
v. Jhering 77, 78, 117, 119, 127
Joas 437
Joost 458
Jørgensen 21, 100, 307
Jungjohann 377

Kahlo 70
Kaiser 420
Kallikles 31
Kalinowski 87, 307
Kambartel 140
Kamlah 47, 317
Kant 1, 10, 12, 13, 16, 17, 20, 32, 35, 37, 56, 57, 58, 59, 60, 61, 62, 63, 75, 84, 97, 137, 140, 142, 148, 157, 170, 183, 184, 185, 186, 187, 205, 211, 213, 219, 223, 224, 227, 228, 230, 231, 235, 242, 243, 244, 245, 246, 248, 329, 364
Kantorowicz, H. 79, 121, 122, 390
Karneades 31
Kaufmann, Armin 326

Kaufmann, Arthur 2, 4, 6, 9, 11, 14, 15, 16, 17, 21, 28, 32, 35, 39, 40, 41, 43, 45, 46, 48, 53, 55, 59, 61, 62, 68, 73, 74, 78, 79, 81, 84, 85, 86, 89, 91, 97, 100, 102, 103, 105, 106, 108, 120, 121, 125, 127, 128, 129, 131, 134, 135, 136, 137, 139, 141, 142, 144, 145, 147, 165, 168, 196, 208, 210, 213, 260, 261, 267, 268, 272, 273, 274, 275, 278, 286, 297, 299, 315, 316, 322, 324, 325, 351, 360, 363, 380, 385, 386, 392, 400, 426, 427
Kaufmann, E. 79
Kaufmann, F. 243
Kaufmann, F.X. 166
Kaufmann, M. 22
Kaupen 363, 403, 412, 413, 424, 439, 440
Keller 24, 425
Kelsen 17, 22, 57, 77, 79, 83, 87, 89, 91, 124, 125, 126, 127, 130, 131, 149, 158, 224, 321, 322, 332
v. Kempski 432
Kerger 71
Kern 138, 140
Kersting 22, 57, 189
Keuth 307
Kierkegaard 71
Kilian 261, 358, 362, 375, 381, 384
Kipper 73
Kirchhof 484
v. Kirchmann 59, 387
Kirsch 350, 370, 373, 378, 383, 384
Kirstein 357
Kiss 431
Klages 98
Klatt 415
Klaus 302, 315, 429, 433, 434, 435, 436
Klein 382
Klemens 171
Klenner 22, 32, 44, 49, 55, 57, 64, 68, 70, 91, 110, 111, 126, 147
Klug 22, 87, 97, 299, 303, 319, 329
Kluxen 45, 202, 204
Knapp 71
Kneer 431

Personenverzeichnis

Knoepfler 484
Koch, H. 415
Koch, H.J. 22, 86, 128, 168, 170, 288, 289, 304, 305, 306, 334, 353, 356, 359, 402, 427
Koch, H.D. 430
Koellreutter 71, 79
Kölbel 266
König, R. 411
Kogge 250
Kohler 117
Koller 22
Konzendorf 265
Kopp 97
Kopper 48
Koslowski 16
Kowalski 375, 381
Kramer 22, 297
Kranz 29
Krause 70, 443, 453, 457
Krawietz 22, 83, 124, 264
Krey 285
Kriele 22, 103, 111, 263, 293, 297, 337, 360, 371, 407
Krimphore 319
Krings 105
Krüger 358, 378
Kube 424
Kuck 427
Kudlich 266, 292, 297, 402
Kürth 30
Küsters 57
Kuhlen 336, 402, 427
Kunz 86
v. Kutschera 322

Lachmayer 332
Lactantius 171
Ladeur 22
Lagerspetz 49
Lakatos 142
Lamego 100
Lamneck 404, 411
Lampe 22, 83, 97, 98, 122, 426, 427
Landau 64, 98, 147
Lange 426
Langenbucher 261
Langhein 85

Larenz 22, 26, 80, 86, 91, 103, 108, 109, 114, 116, 117, 118, 120, 147, 253, 261, 262, 263, 267, 277, 280, 285, 287, 293, 297, 337, 387, 388
Lask 90
Lassalle 71
Lasson 71
Lautmann 135, 365, 368, 370, 372, 413, 421
Laux 350, 351, 352, 353, 364, 365, 376, 384
Leder 357
Legaz y Lacambra 22
Lege 58, 386, 400
Leibniz 47, 53, 54, 330
Leitner 420
Lenin 69, 70
Lenk 411, 413
Lepenies 425
Lévi-Strauss 98
Leyden 35
Lezius 55
Liedtke 417
Lindblom 373
Lindner 457
v. Liszt 71, 74, 77, 123, 124, 401
Llewellyn 406
Llompart 11, 22, 44, 108, 131
Lloyd, M. 374
Lloyd, S.A. 49
Locke 47, 48, 55, 75, 97
Löschper 266
Loh 454
Lombardi-Vallauri 22
Loos 123
Lopez-Calera 22
Lorenz, Konrad 98
Lorenz, Kuno 97
Lorenz, W. 106
Lorenzen 317, 140
Lorenzer 418
Losano 119
Lucke 403
Ludwig 404
Lübbe-Wolff 265, 273, 291, 294, 297, 355, 361, 393, 394
Lüderssen 22, 87, 146

Luhmann 15, 22, 62, 83, 119, 125, 137, 148, 149, 152, 177, 224, 230, 255, 257, 258, 261, 264, 294, 361, 362, 374, 375, 376, 379, 403, 412, 428, 431, 437, 439, 441, 442, 443, 444, 447, 448, 449, 453, 454, 455, 457
Lukas, Evangelist 52
Luther 45, 46
Lutz 55
Lyotard 443

MacCormick 22, 83, 103, 108, 226, 347
MacGrade 45
MacIntyre 233
MacNaughton-Smith 421
Machiavelli 47
Mackie 153, 154, 168, 169, 181
Maher 161
Maihofer, A. 68
Maihofer, W. 9, 15, 21, 22, 53, 67, 78, 83, 85, 86, 91, 99, 101, 110, 145, 183, 198, 205, 206, 207, 213, 260, 409, 426
Malinowski 420, 437
Marc Aurel 38
Marcel 78
Marcic 22, 29, 31, 64, 147, 156
Marino 22, 83
Marshall 437
Martin 109, 345
Martinez-Doral 22
Marx 47, 67, 68, 69, 70, 213, 425
Mastronardi 22, 263, 269
Matthäus, Evangelist 52, 183
Maturana 446, 447
Maus 206, 207
Mausbach 95
Mayer-Maly 105, 385, 386
Mayer-Tasch 49
Mayerhofer 404
Mayntz 404, 412
Mazurek 107
McDermott 375
Mead 429
Meadows 425
Menger 67
Menke 235, 236, 243
Merkel, A. 77, 172
Merkel, R. 470, 474, 475
Merlau-Ponty 98

Mertens 134
Merton 418
Mesarovic 425
Messner 95, 155, 177
v. Mettenheim 122
Meyer-Hesemann 122
Meyer-Teschendorf 412
Mihailina 105
Mill 52
Mittelstraß 140
Mittenzwei 134
Mollnau 22, 110
Montague 318
Montesquieu 74, 261
Moore 169
Morlok 266
Morus 47
Moser 411, 418
Mühleisen 97
Müller, Fr. 23, 103, 135, 274, 285, 286, 297, 402, 407, 443
Müller, H.P. 138
Müller, W.H. 23
Müller-Dietz 99
Müller-Erzbach 120
Münch 436, 437
Münkler 72
Murphy 108

Nack 295
Nagel 394
Narr 429, 432, 433, 437, 457
Naschold 408, 429
Nassehi 431, 454
Nassen 100
Naucke 23, 134, 263, 412
Neidert 72
Nell 294, 359, 384
Nerhot 23, 35
Neumann, F.L. 55
Neumann, U. 1, 23, 59, 102, 103, 104, 105, 106, 133, 274, 275, 286, 287, 288, 293, 297, 304, 311, 313, 314, 315, 318, 319, 344, 345, 346, 347, 360, 379, 380, 385, 392, 394, 396, 400, 473, 484
Neuner 292, 297
Newell 378
Nicolai 79

Personenverzeichnis

Nida-Rümelin 180
Nietzsche 71, 121
Nikolaus v. Kues 47, 97
Nikomachus 35
Noelle-Neumann 406
Nörr 111
Noll 23, 53, 99, 110, 150, 163, 166, 251, 254, 403, 416, 417, 426
Nonet 449
Nüsslein-Volhard 474
Nußbaum 414, 427

Obermayer 122
Ockham 45, 47
Oduncu 470, 475, 484
Oehler 143
Oesterreich 122
Ogorek 135
Ollero 23, 88
Opałek 23, 86, 87, 124, 332
Opocher 23
Opp 365, 403, 411, 412, 413, 416
Ostermeyer 72
Ott 382, 384
Otto 88

Pannenberg 40, 98
Papageorgiou 52
Pareto 437
Parsons 137, 429, 437, 438, 439, 440, 441
Pascal 2, 14, 53
Paschukanis 69
Patzig 298, 299, 306, 311
Pauer-Studer 248
Paul 81
Paulus, Apostel 32, 34, 40, 44
Pavcnik 103
Pawlowski 23, 269, 294
Peczenik 23, 86, 103, 108, 273, 347, 388, 396, 400
Peirce 53, 84, 131, 138, 142, 144
Pelagius 41
Penski 108
Perelman 23, 87, 103, 140, 298, 318
Perikles 34
Peschka 23
Pestel 425
Peters 260, 366, 367, 404, 413, 420, 422

Peterson 375
Peuckert 365, 411, 413, 418
Pfeiffer 457
Philipps 84, 145, 316, 319, 322, 325, 331, 332, 375, 382, 394, 438
Pichler 254
Platon 11, 18, 30, 31, 32, 33, 34, 40, 41, 64, 97, 226
Plessner 98, 425
Plotin 32
Podlech 393, 394, 395, 445, 457
Pöltner 484
Popp 359, 382
Popper 87, 128, 142, 305, 322, 391, 394, 395
Portmann 98
Poschmann 353
Pospisil 23, 98
Pound 53
Prakken 318
Prewo 429
Priester 86
Prigogine 446
Prinzing 380
Probst 451, 452
Protagoras 12, 31, 33
Puchta 56, 60, 116, 117
Pufendorf 47, 51, 52, 167, 424
Puntel 144
Putzo 395
Pythagoras 30

Quant 462
Quensel 411
Quine 11, 320

Radcliffe-Brown 437
Radbruch 6, 7, 10, 13, 14, 17, 23, 28, 30, 46, 47, 68, 69, 73, 74, 76, 77, 79, 81, 84, 85, 89, 90, 91, 92, 94, 95, 96, 97, 113, 117, 118, 122, 124, 130, 132, 143, 152, 158, 159, 160, 174, 178, 222, 225, 228, 253, 262, 324, 339, 387, 388
Rahlf 23, 288, 400
Raisch 23, 111
Raiser 403, 405, 413, 448, 449
Randelzhofer 51
Ransiek 261

Rapaport 432
Rasehorn 363, 413, 415, 421
Rath 124
Ratschow 306, 308, 314, 318, 319
Rawls 23, 48, 53, 138, 139, 140, 163, 168, 176, 186, 187, 188, 189, 190, 191, 193, 194, 195, 196, 213, 239
Raz 347
Reale 23
Reese-Schäfer 24
Rehbinder 362, 364, 367, 401, 405, 406, 414, 415, 427
Reich 23
Reichel 251
Reik 418
Reinach 85
Reiner 166
Reisinger 300
Renning 415
Rhinow 24
Rich 375
Richter 363
Rickert 203
Ricoeur 100
Riedel 64
Riemann 395
Riezler 122
Ritsert 429
Ritter, J. 19, 35
Ritter, K. 96
Robbers 24
Robles 24, 86, 332
Rodi 100
Rodig 375
Rodingen 24, 103
Röd 19
Röder, A. 295
Röder, K. 71, 97
Rödig 24, 303, 304, 306, 307, 308, 309, 319, 332, 344
Röhl 24, 262, 265, 385, 390, 394, 397, 405, 407, 415, 418, 424, 427
Roellecke 9, 24
Römpp 57
Rössler 100
Roethe 413
Rombach 11
Romeo 24, 35, 85
Rommen 96, 167, 170, 210

Rorty 35
Rosenbaum 152, 154
Rosenberg 72
Ross 86, 91, 105
Rothacker 98, 425
Rottleuthner 24, 152, 294, 365, 366, 367, 368, 370, 397, 403, 404, 411, 413, 415, 417, 421, 427, 442, 443
Rousseau 48, 54, 74, 97
Roxin 484
Rückert 114
Rümelin 122
Rüping 52
Rüschemeyer 437
Rüßmann 22, 128, 138, 288, 289, 304, 306, 334, 353, 356, 359, 402, 427
Rüthers 24, 151, 253, 261, 262
Rumpf 251
Ruppen 301, 303, 319
Russell 86, 315
Ryffel 9, 24, 99, 147, 156, 157, 158, 213, 426

Sack 411
Sadurski 105
Saliger 24
Sambuc 294, 362
Sarstedt 315
Sartor 318
Sartre 15, 61, 78, 98
Sauer 117
v. Savigny, E. 1, 23, 86, 280, 288, 308, 309, 310, 312, 332, 338, 390, 391, 395, 400
v. Savigny, F.C. 56, 70, 111, 112, 113, 114, 115, 125, 153, 254, 279, 416
Schank 375
Schapp 24
Schauer 108
Scheler 85, 98
Schelling 70, 97
Schelsky 124, 426, 441
Scheuss 452
Schilcher 53
Schild 126
Schimank 429
Schlapp 318, 395, 400
Schleiermacher 95, 100, 270, 271, 273, 274

493

v. Schlieffen 345
Schlink 359, 392
Schlüchter 262, 263
Schmalz 375
Schmid 351, 383, 437, 440, 443
Schmidt, E. 79, 251
Schmidt, Johannes 24, 399
Schmidt, Jürgen 399, 429
Schmidt, S.J. 428, 447, 453, 457
Schmidt, W. 265
Schmidtchen, D. 354, 355, 356, 357
Schmidtchen, G. 363, 364
Schmitt 71, 79, 86, 251
Schnädelbach 213, 270, 271, 297
Schneewind 469, 483
Schneider, H. 24
Schneider, H.P. 54
Schneider, J. 10, 105, 268, 374, 380, 403, 429, 430
Schnur 49
Schönfeld 86, 91
Scholler 28, 84
Scholz, H. 315
Scholz, R. 473
Schopenhauer 72, 98, 121
Schramm 24, 108, 406
Schreckenberger 24, 87, 103
Schreiber, R. 311
Schreiner 87, 299
Schröder, H.J. 403, 417
Schröder, J. 385, 387
Schröer 54
Schroth 105, 115, 134, 270, 274, 283, 287, 288, 289, 290, 297, 380, 419, 458, 463, 464, 465, 467, 468, 469, 470, 471, 483, 484
Schünemann, H.-W. 407, 442
Schulz, L. 53, 131
Schulz, W. 428, 457
Schumacher 366, 367
Schumann 368
Schuon 24
Schwemmer 140
Schwerdtner 397
Schwintowski 24
Seelmann 24
Seibel 419
Seibert 20, 310
Seidler 24

Selektor 70
Selten 356
Selznick 449
Seneca 39
Sennett 248, 249, 250
Sforza 24
Shapley-Shubik 369
Shiner 108
Siebert 374
Sieckmann 108
Siegfried 35
Simitis 309, 310, 311
Simon, D. 21, 59, 259, 260, 298, 299, 303, 311, 319, 372
Simon, H. 356
Simon, H.A. 373, 378
Singer 460
Sinzheimer 97
Sokrates 32, 33, 35, 226
Somló 77, 79, 91, 118, 135
Sousa e Brito 20, 88, 100
Spaemann 153
Specht 153, 164, 168
Speck 19
Spencer 437
Spieker 376
Spinoza 47, 50, 51, 97
Stahl 71
Stalin 70
Stamatis 347
Stammler 13, 60, 75, 167, 210, 211, 281
Staub 418
Staubmann 437
Steck 46
Stegmüller 19, 84, 102, 170, 174, 273, 274, 318, 389, 393
Steigleder 483
Stein 1, 8, 9, 19, 84, 238, 239
Steiner 86
Steinert 420, 424, 427
Steinmüller 412, 427, 430
Stelmach 2, 24, 88, 100, 102, 132
Stiehl 30
Stifter 102
Stiller 24
Stipperger 54
Stoll 120
Stolleis 24

Stolpe 55
Stone 24, 53
Strache 262
Stracke 429
Stranzinger 24
Stratenwerth 45, 85, 86, 201
Strauch 266
Strawson 189, 217
Strempel 412, 415
Strömholm 147
Struck 24, 87, 103
Studnicki 100
Suárez 47
Süsterhenn 170
Suhr 381
Sulz 382
Summers 53, 347
Susskind 381
Svoboda 374

Tammelo 22, 24, 87, 298, 299
Tarski 307
Taylor 142, 429
Teubner 150, 338, 417, 428, 449, 450, 451, 452, 457
Thibaut 56, 254
Thomas 395
Thomas v. Aquin 11, 20, 32, 36, 39, 40, 41, 42, 43, 44, 45, 46, 47, 73, 91, 97, 131, 145, 164, 202
Thomasius 52, 97
Thukydides 34
Tidow 153
Tjaden 433
Topitsch 64
Toulmin 24, 102, 140, 314
Trapp 24, 305
Trasymachos 31, 33
Traunmüller 375
Treibel 427
Treiber 427
Tröndle 276
Troje 362, 385
Troller 106
Truyol y Serra 171
Tuck 49
Tugendhat 86, 217
Tully 51
Twain 241

Ulmer 369
Ulpian 39, 122
Utz, A.F. 43, 87
Uusitalo 23, 100, 107

van der Ven 38, 97, 98
van Raden 378, 380
Varela 446
Varga 124
Veit 154
Velten 134
Venn 327, 328
Verdross 29, 32, 53, 147, 202
Viehweg 24, 87, 264
Vierth 462
Villar Borda 124
Villey 24
Vogel 297
Vogler 425
Volk 293, 393
Voltaire 55
Vossenkuhl 470, 484

Wach 117
Wälde 294, 297, 355, 360, 361, 375
Wagner, G. 49
Wagner, H. 298, 432, 433, 394, 395
Walzer 105
Wank 253
Ward 79
Watermann 375
Wax 415
Weber, M. 17, 47, 69, 78, 84, 120, 123, 125, 216, 409, 429, 437, 439
Weinberger, Ch. 100
Weinberger, O. 24, 83, 87, 100, 103, 104, 141, 305, 308, 319, 332, 388, 457
Weingartner 331
Weinkauff 96, 152
Weiß 369
Weizenbaum 378
Wellman 108
Welzel 25, 31, 32, 38, 39, 45, 47, 51, 54, 60, 62, 65, 66, 70, 79, 85, 147, 151, 167, 172, 197, 207
Wernet 413
Wesel 25, 147
Wessels 276, 290, 291

Personenverzeichnis

Westermann 25
Weyrauch 413
Whitehead 86
Wieacker 72, 78, 135, 147, 251, 254, 264, 272, 312, 386, 397
Wiethölter 334
Wilhelm v. Auxerre 164
Wilhelm 73
Williams 247, 248
Willke 429, 451
Windelband 388
Windscheid 117
Winiger 54
Winkler 25, 53, 127
Winnacker 425
Winter, F. 55
Winter, G. 368
Witte 357
Wittgenstein 86, 113, 277, 281
Wittmann 101, 143, 392
Wolf, Erik 14, 25, 29, 31, 51, 96, 99, 147
Wolf, Ernst 96, 426
Wolff, Chr. 54, 55
Wolff, E.A. 70
Wood 64

v. Wright 87, 88, 330, 332
Wuchterl 19
Würkner 72
Würtenberger 99, 426
Wyschinski 69

Xenophanes 29
Xenophon 32

Yi 260
Yoshino 103, 303, 304

Zaccaria 25, 83, 100
Zacher 105
Zaczyk 70
Zapka 122
Zeeden 218
Zemen 99
Zenon 38
Ziegert 410, 428
Ziembinski 25
Zimmermann, G. 49
Zimmermann, J. 100, 273
Zippelius 25, 27, 87, 90, 99, 111, 122, 147, 308, 385, 393
Zitscher 403, 417

Sachverzeichnis

Abduktion 130 f.
Absolutheit, absolut 16, 44, 55, 82, 92, 94, 141
Absolutismus 54 f., 63, 72, 74
Absterben von Staat und Recht 68 ff.
Abtreibung 172, 458, 473, 475, 478, 479, 480
Abweichendes Verhalten 441, 404, 411, 418 f.
Adaptionsfolgen 293 f., 361
Allgemeine Rechtslehre 7, 8 f., 13, 17, 76 f., 89
Alltagstheorien 421, 422
Analogie
 – der Verhältnisgleichheit 34, 35, 62
 – des Seins 426
 – i. e. Sinne als Schlussform 112, 130, 134, 150
 Recht als – 91, 112, 132
 und Rechtsanwendung/-findung 112, 113, 115, 132, 135, 278
Analogieverbot 259, 260
Analytik 59, 88 f., 102
Analytische Rechtstheorie
 s. Rechtstheorie
Analytik-Hermeneutik-Diskussion 88 f.
Anerkennungstheorie 118 f.
Anomietheorien 418 f.
Anschauung 58 f., 91
Ansichsein 58, 75, 92
Anthropologie 32, 97, 98, 425 f., 475
 – des Rechts s. Rechtsanthropologie
 biologische – 425
 philosophische – 32, 97, 425
 psychologische – 425
 soziologische – 425
 voluntaristische – 72

Antwort
 einzig richtige – 18, 107, 108, 128, 130
Aporetik 87, 103
a posteriori 17, 57, 91, 95, 137
Applikationsbewusstsein 272
a priori 57, 58, 59, 60, 62, 63, 91, 95
Apriorische Rechtslehre 85
Arbeit, Arbeitskraft 454
Arbeitsplatz, juristischer 380
Arbeitsrecht 37
Arbeitsteiliges Verhalten 325 f.
Archaisches Recht 28 f.
Argument 104, 140, 333
 der Autorität s. Autoritätsargument
 der Entstehungsgeschichte 341;
 s. a. Auslegung, genetische
 der Gerechtigkeit 103, 338
 der Gesetzessystematik 341;
 s. a. Auslegung, systematische
 der günstigen Folgen 338;
 s. a. Auslegung, ergebnis-(folgen-)orientierte
 der Praktikabilität 103, 341
 der Vernünftigkeit 338
 des Wortlauts 338, 341, 346
 des Willens des Gesetzgebers 338, 341, 346; s. a. Wille des Gesetzgebers
 Gewinner- 473
 Sach- 337 f.
Argumentation 18, 88, 99, 103, 112, 128, 136, 142, 296, 318 f., 333, 349, 403, 455
 als Kommunikationsprozess 343
 als sprachlicher Vorgang – 343
 Gemeinsamkeiten rechtlicher und moralischer -en 338 ff.
 Geschichtlichkeit von – 346 f.
 Idee der vernünftigen – 60

Sachverzeichnis

juristische – 304, 314, 317 f., 333 ff., 337 ff., 343 ff.
Kulturelle Relativität von – 346 f.
moralische – 335, 338 f.
naturrechtliche – 162, 166 f., 339
Praxis der juristischen – 338, 343, 345
Rangordnung der – 104, 346
rationale – 128, 335, 344
Regeln der – 343 s. a. Argumentation, Standards der juristischen
Struktur der – 334 ff., 343
Standards der juristischen – 337 ff., 346 f.
Teilnehmer der – 343
Unterschiede rechtlicher und moralischer –en 338 ff.
Argumentations-Ablauf-Schema 360
Argumentationsprinzip 142
Argumentationsstandards 337 ff., 346 f.
Historische Relativität von – 346 f.
Kulturelle Relativität von – 346 f.
Argumentationstheorie, juristische 99, 88, 102 ff., 136, 318 f., 333 ff., 397, 400
analytisch-rekonstruktive (empirische) – 343
analytisch-kritische – 343, 345
logisch-analytische – 343, 344 f.
präskriptive (normativ) – 343, 345 f., rhetorischer Charakter der -en 345
Argumentform/-typ 111, 346
Argumentum
– e contrario (Umkehrschluss) 112, 150, 130, 135, 344
– a fortiori (Größenschluss) 344
– per analogiam 344; s. a. Analogieschluss
Aristokratie 34
Arzt-Patient-Verhältnis 458, 466, 482, 483
Formalisierung des Arzt-Patienten-Verhältnisses durch Recht 483
Attitüdenforschung 365 ff., 370
Aufklärung 16, 171
Aufklärungspflicht, Umfang der ärztlichen 466, 480
Ausdifferenzierung
– des Rechts 214 f.

– von sozialen Systemen 431, 443, 449
Auslegung 113 ff., 262 f., 337, 271, 279 ff.
ergebnis-(folgen-)orientierte – 104, 293 f.
extensive – 113, 114, 115, 134
genetische – 282, 285
grammatikalische – 103, 113, 114, 134, 262, 279, 280 f., 289
historische – 103, 113, 114, 134, 262, 279, 282, 285
logische – 103, 113, 114, 279
objektiv-teleologische – 94, 113, 114, 115, 117 f., 134, 262, 280, 284 ff., 289
restriktive – 113, 114, 115
subjektive – 114, 137, 138, 144, 162, 280, 282 ff., 285, 287, 289
systematische – 103, 113, 114, 134, 279, 281 f., 285, 289
unbegrenzte – 151
verfassungskonforme – 262
Auslegungsbedürftigkeit, Feststellung der 286
Auslegungselemente
Abwägungsleitlinien der – 341, 289
Funktion der – 286 ff.
Rangfolge der – 285 f.
Auslegungsgrenzen 251 f., 287 f.
Auslegungslehre, juristische 103, 113, 114, 262, 279 ff.
Auslegungskriterien 279 ff., 286 ff.
unbestimmte – 290 f.
Auslegungsmittel 284 f.
Auslegungsregeln 262 f., 270
Auslegungstheorie
objektive – 94 f., 114 f., 117, 119, 285
subjektive – 94, 114 f., 117, 119
Auslegungsziel 284
Ausnahmeregelung 335
Aussage
deskriptive – 164
normative – 345
Richtigkeitsanspruch normativer -en 345
Aussagenkalkül 301 f., 303, 305; s. a. Aussagenlogik

Aussagenlogik 300, 302, 317;
    s. a. Aussagenkalkül
Automatentheorie 432
Automations-Unterstützung juristischer
    Entscheidung 376
Automation, Automatisierung 379
    – juristischer Entscheidungen
    380 ff., 442
Autonomie 91, 93, 250
    des Patienten s. Patientenautonomie
    der Moral s. Moral, autonome
    evolutionäre – 449
    Idee der – 456
    sittliche – 61, 74
Autonomieprinzip 157
Autopoiesis 431, 444, 445 ff., 447, 453
Autoritätsargumente 337 f., 339
Axiome 308, 309
Axiomatik 91, 310
Axiomatisierung 304 ff., 308 ff.

Basis-Überbau 67, 69, 91
Bedeutung 302, 280 f., 282, 283
    Gebrauchstheorie der – 113, 280 f.
Begriff 58, 91, 116 f.
    empirische -e 393
    Genealogie der -e 116
    Porosität von -en 253, 260
    theoretische -e 393 f.
Begrifflichkeit
    Absage an – 120, 123
Begriffsbildung, rechtswissenschaftliche
    393 f.
Begriffshof – Begriffskern 253, 254
Begriffsjurisprudenz 116 ff., 120, 121,
    127, 132, 309, 310, 429
Begriffspyramide 116
Begriffsrealismus 393
Begründung 142, 143, 161, 392, 341 f.,
    348, 349
    – einer Entscheidung 296, 333, 334,
    341 f.
Begründungsdenken 391
Begründungszwang, -pflicht 296, 333,
    349
Benutzerforschung 377
Beobachterstandpunkt, -perspektive
    233, 443, 456
Beobachtung des Beobachters 443

Beobachtungsbegriffe, s. Begriff,
    empirische -e
Bestimmungsnormen 320, 324
Beurteilungsspielraum s. Entscheidungs-,
    Ermessensspielraum
Beweisverwertungsverbote 334
Beweiswürdigung 265, 293
Bewertungsnormen 324
Bewertungsworte 169
Bewusstsein 12 f., 64, 67, 444
Bewusstseinsphilosophie 13
Bezugsgruppentheorie 430
Billigkeit 35
Bindung des Richters 74, 251 f., 258 ff.,
    287 f.
    faktische – 267 f.
    formelle – 277
    materielle – 277 f.
Bioethik 458 ff.
    Begriff der – 458
    Entwicklung der – 459 f.
    Methoden der – 460 ff.
    Mindeststandards der – 460
    zentrale Fragen der – 463 ff.
Bioethikkonvention 460
Biowissenschaften 458, 459, 477, 482
Blockanalyse 369
Brauch 217, 414
Bürgertugenden 234 f.

Case-law 106, 262
Chancengleichheit 138, 247, 248, 470
Code civil 54
Codierung in Recht/Unrecht 447 f.
Common sense 164
Computer 53, 407
Computereinsatz s. EDV-Einsatz
Constitutio Criminalis Carolina 72
Contra-legem-Fabel 121
Corpus Juris Civilis 39
Critical Legal Studies 109, 345

Darstellung von richterlichen Urteilen
    268, 288 f., 296, 349
Datenschutz 351, 377, 401, 451
Deduktion 76, 92, 112, 122, 127 f.,
    129 f., 132 s. a. Syllogismus
Dekalogformeln 170 ff.
    abstrakter Charakter der – 173

Sachverzeichnis

praktische Tragweite der – 173
utopischer Charakter der – 173
Demokratie 34, 74, 157, 159
Demokratietheorie 235
Denken 91
 objektivierendes – 455
 wertbezogenes – 203
Denkgesetze 311, 315, 344
Determinismus, juristischer 104;
 s. a. Subsumtion, Syllogismus
Dezisionismus 122
Dialektik 64 f., 67
Dialog 158, 171, 172, 173, 176, 317
 herrschaftsfreier – 455
Dilemma, Jørgensensches 307
Disfunktionalität s. System
Diskriminierungsverbot 240
Diskurs 18 f., 112, 164, 165, 144 f., 146, 219, 231, 450, 454
 Begriff des -es 454
 juristischer – 136, 338 f., 345 f.
 moralischer – 221, 232
 politischer – 163, 234
 praktischer – 136, 139, 144 f., 338 f., 346, 399 f.
 Regeln des juristischen -es 346
 Regeln des praktischen -es 346
 realer – 27, 146
 theoretischer – 139
 Teilnehmer des -es 165, 219, 343
Diskursethik 104, 141 f., 187, 235, 460
Diskurstheorie 18 f., 104, 154, 164, 139 ff., 219, 345, 455 f.
Dispositionsprädikate 292
Dogmatik 1 ff.; s. a. Rechtsdogmatik
 offene – 268

EDV 379, 380, 381, 382
 Subsumtionshilfe durch – 381
EDV-Einsatz 380, 381
Egalitarismus 247; s. a. Gleichheit, egalitäre
Eigentum 171
Einheitlichkeit der Rechtsprechung
 s. Rechtsprechung, Einheitlichkeit der
Eingriff, medizinischer s. Heileingriff, ärztlicher
Einwilligung 323, 460, 479, 480, 481

Einwilligung, mutmaßliche 466, 480, 481
Einwilligungs(un-)fähigkeit 460, 481
Emanzipation 454
Embryo(nen) 463, 470 ff.,
 Moralischer Status des -s 475 f., 483
 Schutz des -s 473 ff.
Embryonenschutz s. Stammzellforschung
Embryonenschutzgesetz (ESchG) 470 f., 472
Empirie 59, 60, 61, 132, 206, 402
Empirismus 75, 389, 390
Empiristisches Sinnkriterium 389 f.
Entdeckung, juristische 393
Entia moralia 51
Entia physica 51
Entscheidung 162, 176, 177 f., 287, 296, 348 ff., 351, 353 ff., 364, 383 f., 403, 421
 Begriff der – 351 f.
 Begründung einer – s. Begründung einer Entscheidung
 Erkenntnisinteresse richterlicher – 294 f.
 Darstellung der richterlichen – s. Darstellung von richterlichen Urteilen
 Einzig richtige – 340 ff., 374, 400; s. a. Antwort, einzig richtige
 Einzig richtige – als regulative Idee 342
 existentielle – 211 f.
 Herstellung der richterlichen – s. Herstellung von richterlichen Urteilen
 richtige – 348, 358, 360, 361, 371
 vertretbare – 340
 – unter Risiko 353 f., 357, 376
 – unter Sicherheit 353 f., 357, 376
 – unter Unsicherheit 162, 353 f., 356, 357, 376
Entscheidungs-Dokumentation 255
Entscheidungsalternativen 178, 196, 350, 351
Entscheidungsermessen 107, 421
Entscheidungsfindungsprozess, Phasen des -es 370
Entscheidungsfolgen 333 f., 290 f., 293, 361, 370

Entscheidungsmaßstab 176, 333 f.
Entscheidungsprogramm 441;
    s. a. Programmierung, konditionale
Entscheidungsprozess
    – als Kommunikationsprozess 374
    lineares Phasenschema des -es
    357 ff., 374
    Entscheidungs-, Ermessensspielraum
    107, 267, 294, 295
Entscheidungstheorie 348, 350, 351 ff.,
    383
    deskriptive – 352, 362 ff.
    normative – 352, 353 ff., 359, 362,
    364, 383
    organisationale – 356
    verstehende – 352 f., 373 ff.
Entscheidungsunterstützung s. Automations-Unterstützung juristischer Entscheidung
Entscheidungsverhalten 367 ff.
Entschluss, existenzieller 212
Entwicklungsbegriff 77; s. a. Evolution
Erfahrung 17, 27, 59, 82, 91, 137, 143, 146
Erfindung, juristische 393
Erkenntnis 42, 47 f., 58 ff., 101
Erkenntnisbegriff, objektivistischer
    86, 100, 101
Erkenntnisinteresse, naturrechtliches
    152 f., 163, 167, 168, 198
Erkenntnistheorie 12 f., 42, 47 f., 57 ff.
Erklären – Verstehen 92
Erlaubnisse 323 ff.
Ermessensspielraum s. Entscheidungsspielraum
Erwartungen, kognitive und normative
    448
Ethik 52, 60 f., 90, 101, 104, 125, 169,
    182; s. a. Bio- und Medizinethik
    – der Klugheit 142
    ärztliche – 458
    deontologische – 460
Ethikkommission 460
Ethnologie 437
Eudämonismus, sozialer 52;
    s. a. Utilitarismus
Euler-Kreise 327 f.
Evidenz 165, 166, 168, 171, 172, 173,
    186

Beobachungs- 128, 140, 390
Wert- 128, 140, 390
Evolution 77, 428, 446, 447, 449
Evolutionstheorie, systemtheoretische
    448
Evolutionismus 56
Existentielle Erschütterung 13 ff.
Existenzoperator 303
Existenzphilosophie 13 ff., 30, 40, 71,
    78, 85, 98, 101, 243, 211 ff.
Experiment 27
Experimental jurisprudence 415
Expertensystem, juristisches 375, 381, 382
Extension 135, 302, 288

Fairnessprinzip 27, 107, 136
Faktizität s. Sein
faktische Kraft des Normativen 132
Fallibilitätsprinzip 142
Fallnorm 277 f., 291
Falsifikation 128, 143, 391 f.
Falsifikationsmodell in der Rechtswissenschaft 391 ff.
Finalität 91, 92
Folgenberücksichtigung/-orientierung
    265, 293 f., 333 f., 338, 359 ff., 374,
    375, 402
    Argument der – 338
Folgenbewertung 103, 291, 350, 359,
    360, 362, 461
Folgenverantwortung 442
Form, formal 16 f., 43, 58, 62, 75,
    137 ff., 138, 140 f., 144
Formalisierung
    – der Rechtssprache 300, 302,
    304 ff., 308
    – von Rechtsnormen s. Rechtsnorm
Formalisierungsleistung des Rechts
    483
Formalismus 17, 89
Formalobjekt 3 ff.
Formelkompromiss, gesetzgeberischer
    149
Forschungsfreiheit 477
Fortpflanzungsfreiheit, Recht auf 477
Französische Revolution 72
Freiheit 41, 46, 50, 65 ff., 91, 192 ff.,
    230 f., 232 ff.

501

Sachverzeichnis

Freiheitsrechte 74, 159, 239;
s. a. Menschenrechte
Freiheitsstrafe 174
Freirechtsbewegung 121 ff.
Fremdlebendspende 467, 468;
s. a. Lebendspende
Funktionalismus 62, 83 f., 89, 138, 145, 454
Funktion(en) des Rechts
anthropologische – 426
soziale, gesellschaftliche – 406, 443, 447 f.
Fürsorgepflicht des Arztes 461 f., 463
Fuzzy-Logik 319, 382

Garantenpflichten 326
Gebot 320 ff., 331
Gefahren
ökologische – 456
wissenschaftlich-technische – 456
Gegenreformation 218
Geisteswissenschaften 271, 387, 426
Geltung
– des Gesetzes 73, 75, 339
– des Rechts 26, 82 f., 118 f., 123, 126 f., 222, 228, 407 f.
empirische – 222
faktische – 118 f., 123, 203, 407 f.
ubiquitäre – 408
Generalität 92
Generalklausel 150, 291
General Principles 5, 87, 106 ff.
Gentechnologie, Gentechnik 99, 458
Gentherapie, somatische 460
Gerechtigkeit 32, 35 ff., 62 f., 75, 90, 92, 93, 94, 107, 125, 137, 168, 137, 334, 356, 359, 374, 380, 443, 461
Argument der – 338
ausgleichende – 36, 37
austeilende – 36, 37, 62, 178
formale – 313
– i.e. Sinne als Gleichheit 93, 236
– i.w. Sinne als Rechtsidee 93
Konvergenztheorie der – s. Wahrheit, Konvergenztheorie der –
Kriterien der – 169
legale – 36, 37
Prinzipien der – 27, 138
private – 37

prozedurale Theorien der – 16, 27, 43, 62, 137 ff., 186 ff.
soziale – 37, 93
Theorie der – 94, 186 f.
Vertragstheorien der – 27, 104, 138 f., 186 ff.
Gerichtsverfassung 161
Geschichte 63, 208, 211, 213
Geschichtlichkeit
– des Rechts 63, 113, 115, 208 ff., 213
– der Moral 219 f.
– des Menschen 63
Gesetz der – 11, 63
Geschichtsphilosophie 64, 208, 213, 428
Gesellschaft
bürgerliche – 63, 65
klassenlose – 68
offene – 87
pluralistische – 225, 459
Gesellschaftsmoral 218 ff., 230, 241, 242
Gesellschaftstheorie 428, 430, 437 ff., 454, 455
Gesellschaftsvertrag 48, 138, 186, 424;
s. a. Gerechtigkeit, Vertragstheorie der –
Gesetz
Begriff des -es 73
Sprache des -es 135
– und Evangelium 40, 41, 46
– und Recht 43 f., 78 f., 108
Gesetzbücher, naturrechtliche 54 f.
Gesetzesidee, Siegeszug der 72 f.
Gesetzespositivismus 73, 78 f., 82 f., 114, 117, 119, 148 ff.
Gesetzgebung 132, 135
automationsgerechte – 380
Vorgegebenheiten der – 186
Gesetzgebungslehre 53, 110, 416 ff.
Gesetzgebungsverfahren 110, 161, 403
Gesetzliches Unrecht 30, 35, 41, 42, 45, 46, 74, 78 f., 81, 92, 143, 151, 166, 339
Gewaltenteilung 74, 114, 115, 134, 456
Gewissen 44 f., 65 f.
Gewohnheitsrecht 56, 92, 148

Gleichbehandlung, Grundsatz der 31, 92, 94, 108, 234 ff., 236 ff., 243, 257, 267, 292, 469
– und Menschenwürde 245 f.
– und Regelbildung 239
Gleichheit 93, 193, 194, 159, 180
– als Rechtsprinzip 237 ff.; s. a. Gleichbehandlung, Grundsatz der
egalitäre – 248
Idee der – 240
– i. S. v. Gerechtigkeit 236
numerische – 34, 35, 62
proportionale – 34, 36, 62
Gleichheitssachverhalt 236 ff., 242 ff., 245, 246, 247
Gleichsetzungstheorie 36, 134, 135 f.
Goldene Regel 27, 52, 135 f., 205, 182 f., 185, 323
Grenzsituation 14 f.
Gründe und Ursachen 335
Grundfreiheiten
Abwägung zwischen – 196
System gleicher – 138, 192 ff.
Grundnorm 126
Grundrechtsdogmatik 175
Grundrechtsformeln 170 ff.; s. Dekalogformeln
Grundrechtskollisionen 175
Gruppennormen 408, 410 f.
Gute Sitten 129, 257

Handlungsspielraum 321, 325, 326, 482
Handlungssysteme, empirische 437 f.
Handlungstheorie 430
Handlungswissenschaft s. Rechtswissenschaft
Handlungsverstehen, intentionales 295
Hegel-Schule 70 f.
Heileingriff, ärztlicher 460, 461, 466, 468
„Heiligkeit" des Lebens 476, 477, 478
„Herkules" (Dworkin) 107 f., 128, 130, 341
Helsinki-Deklaration (von 1964) 459, 460
Hermeneutik 2, 88 f., 100 ff., 104, 105, 132 ff., 270 ff., 363

juristische – 60, 95, 99, 150, 267, 275
philosophische – 270 ff., 273 ff.
Hermeneutisches Verständnis der juristischen Methode 132 ff.
Herrschende Meinung 264, 338, 339, 341, 358, 359, 383
Herstellung von richterlichen Urteilen 268, 296, 349 f.
Heteronomie 91, 93
Heteronomie der Moral s. Moral, heteronome
Hippokratischer Eid 459, 462, 463, 480
Historische Rechtsschule 56, 63, 153
Höhlengleichnis 33
Homöostatik 431
Homo noumenon 61, 91
Homo phainomenon 61, 91
Humanexperiment 458
Humanismus, realer 68
Hypothesen, Aufstellen von 286, 349 f.

Ideale Sprechsituation 27, 140, 144, 146
Idealgesetz 92
Idealismus 33, 64, 71, 91
Idee 30, 33 f.
– des Rechts s. Rechtsidee
Identitätsphilosophie 64
Ideologie(n) 67, 69, 346
Ideologiekritik 347, 440
Imperativ, konditionaler 209
Implikation, logische 305, 307
In dubio pro reo 293, 294
Induktion 76, 112, 127, 129 f., 132, 143, 391
Information 350, 351, 376, 430
– und Entscheidung 350, 357, 370, 376
Informationelles Selbstbestimmungsrecht 442
Informationssystem, juristische 376 f.; s. a. JURIS
Informationstheorie 429
Informationsverhalten bei Nutzung computergestützter Informationssystem 376 f.
Inhalt(e), inhaltlich 16 f., 43, 60 ff., 63, 75, 89, 93, 94, 116 f., 127, 136, 137 ff., 136, 138, 140 f., 144 f., 162

Innovation 371
Input-Output-Methode 436, 446
Institution(en) 197, 252
  juristische – 198
Institutionalisierung 438
Institutionelle Rechtslehre 71, 96
Instrumentalisierung 449, 476 f.
  – des Rechts 449
Integration, soziale 455
Intellektualismus 40, 44
Intension 302, 288
Interaktion 437, 438, 454
Interaktionsmuster 197
Interdependenz, Stufen der sozialen 409
Interessen 333
  – des Individuums 464, 467, 468
Interessengebundenheit des Richters 162; s. a. Richtersoziologie
Interessenjurisprudenz 91, 120, 121, 127, 176, 429
  genetische – 120
  produktive – 120
Interpretation 107, 110, 111, 112, 113, 115, 127, 134, 270 ff, 274 f.; s. a. Auslegung
  Arten der – 113
  funktionale – 393
Interpunktionskonflikt 422 f.
Intersubjektivität, intersubjektiv 18, 60, 102, 105, 106, 128, 142, 390, 444, 454
Intuition 169
  moralische – 169, 185
  experimentelle – 182
Intuitionismus 316
  ethischer – 169, 182
Inversionsmethode 56
In-vitro-Fertilisation 474, 475, 476

Jørgensensches Dilemma 307
JUDITH 381
JURIS 377, 379, 380, 381
Jurisprudenz s. a. Rechtswissenschaft
  – als kybernetisches System 434 ff.
Juristenausbildung 268, 418
Justizforschung 415
Justizsyllogismus 299

Kalkül 300, 304, 305 f., 318; s. a. Aussagen- und Prädikatenkalkül
Kandidaten
  negative – 288
  neutrale – 288
  positive – 288
Kantianismus 243
Kategorischer Imperativ 27, 61, 62, 68, 136, 137, 183, 184 ff., 205, 244
Katholische Rechtslehre 95 f., 155
Kausalität 91, 92
Kautelarjurisprudenz 414
Keimbahntherapie 460
Kirchenrecht 46
Klassenkampf 67 ff.
Klonverbot (des Menschen) 460
Kodifikation 215, 251 ff.
  – und Rechtsprechung 252 ff.
Kommentar-Literatur 255
Kommunikation 4, 18 f., 139, 141, 220, 231, 433, 444, 447, 456
Kommunikatives Handeln 454 f.
  Theorie des -n -s 449, 455
Komplexität 441 f., 444
  Reduktion von – 361, 441 f.
Konditionalprogramm s. Programmierung des Rechts
Konkretes Ordnungsdenken 86
Konsens 18, 60, 140, 141, 142, 143 f., 160 ff., 164, 165, 186, 219, 220, 434, 438, 454
  fiktiver – 141, 161
Konsensfähigkeit 143, 161, 166, 170, 180, 185, 207
Konsensustheorie s. Wahrheit
Konservatismus 71, 207
Konstruktion 112, 133, 134, 135
Konstruktionsjurisprudenz 117, 119; s. a. Begriffsjurisprudenz
Konstruktivismus 140
  radikaler – 453
Konvention 409
Konvergenz 146
Konvergenztheorie s. Wahrheit
Korrespondenztheorie s. Wahrheit
Kriminologie 418 ff., 426
Kritik 158
  Institutionalisierung von – 158

Kritische Prüfung, Idee der
   142, 391
Kritischer Rationalismus   142 f., 397,
   399
Kritizismus   55, 56, 142
Künstliche Intelligenz   378, 379, 381,
   382
Kultur   90, 92, 203
Kultursystem   437 f.
Kulturwissenschaft   90
Kybernetik   431, 433 f., 446
   – und Recht   431, 434 ff., 423, 445
Kybernetische Regelungstheorie des
   Rechts   s. Recht
Kybernetisches Modell der Jurisprudenz
   s. Jurisprudenz

Labeling   418, 419
Lebendspende, auch Organlebendspende
   459, 462, 463 ff., 481, 482
   Zulässigkeitsvoraussetzungen der –
   467 ff.
Lebenserhaltende Maßnahmen   481
Lebensphilosophie   71, 97, 121
Lebensrecht des Ungeborenen   479 f.
Legaldefinition   275
Legalität   223
Legitimation durch Verfahren   137
Legitimität   61
   – durch Legalität   444
   historische –   154
   prozedurale –   451
Legitimation der Rechtsentscheidung
   256 ff., 442
Lehr-Lernsituation   198 ff.
Lerntheorie   s. Übertragungstheorien
Letztbegründung   18, 141, 143
Leviathan   50, 424
Lex aeterna   s. Recht, göttliches
Lex corrupta   s. gesetzliches Unrecht
Lex humana   s. Recht, positives
Liberalismus   159
Logik   298, 304, 317, 318
   deontische –   87, 306, 307, 308, 322,
   330, 331, 332
   – der Relationen   53, 84, 144
   dialogische –   315, 317
   formale –   298, 300, 311, 318
   – im engeren Sinne   298

   – im weiteren Sinne   298
   intuitionistische –   316
   juristische –   87, 298, 304, 317 f.
   moderne –   300, 328
   monotone –   318
   natürliche –   311
   nichtmonotone –   318 f.
   ontologische –   15, 316
   operative –   317
   traditionelle („klassische") –   299, 300
   transzendentale –   37
   Verbindlichkeit der –   311, 314, 315,
   317
   logische Implikation   s. Implikation,
   logische
Lücken des Gesetzes   78, 112, 114, 115,
   120, 121, 135, 150

Macht   50 f., 55, 76, 118, 123,
   129
Machttheorie   123
Management-Wissenschaft   451 ff.
Marxismus   67 ff., 91, 418
Maschine, informationsverarbeitende
   431
Materialismus   67 ff., 449
Materialistische Geschichtsauffassung
   s. Marxismus
Materialobjekt   3 ff.
Mauerschützen-Urteile   339
Maxime   61, 183, 184 f.
Maximin-Regel   194, 354
Mechanik   53
Mediation   404
Medizin, medizinische Wissenschaft
   458, 459
Medizinethik   458 ff.
   Aufgabe der –   482 f.
   Begriff der –   458
   Entwicklung der –   459 f.
   Methoden der –   460 ff.
   Prinzipien der –   460 ff.
   zentrale Fragen der –   463 ff.
Medizinischer Eingriff   s. Eingriff,
   medizinischer
Mehrlingsschwangerschaft   479 f.
Mehrheitsentscheid   162
Mensch   31, 93, 97 ff., 145, 146, 169,
   424 ff.

Sachverzeichnis

– als Vernunftwesen 162, 231, 244, 245
Menschenbild 97, 424
Menschenrechte 61, 74, 90, 145, 163, 239, 240
Menschenwürde 52, 99, 172, 245 ff., 257, 460, 467 f., 471, 473, 475, 477, 481
    Argument der – 471, 473, 477
    – und (egalitäre) Gleichheit 247
Metaphysik 12, 48, 57 f., 59, 91, 124, 126, 186, 202, 389, 455
Methode
    hermeneutische – 100 f., 132 f.
    juristische – 112, 132 f.; s. a. Methodenlehre
    naturhistorische – 117
    – richtigen Rechts 27
    scholastische – 43
    vollkommenste – 2
Methodendualismus s. Sein und Sollen
Methodenlehre, juristische 56, 80, 109 ff., 112, 127, 407, 412
Methodenmonismus 91, 201 f.
Methodenpolarität 91
Methodenreinheit 125
Methodenwahl 112, 115, 136, 262 f.
Methodologie 298
Mitbestimmung 177
Mitwirkendes Verschulden, Mitverschulden 323
Modallogik 330
Moderne 16
Modus barbara 111, 129, 299, 312
Modus tollens 332
Monade 53
Monarchie 34
Monarchisches Prinzip 71
Moral
    als gesellschaftliches Phänomen 217
    autonome – 218 ff., 229 f., 234, 243, 246, 250
    Begriff(e) der – 216 ff.
    heteronome – 217 f., 219, 220, 229, 230, 234
    Kernbereich der – 219 f.
    kritische – 218 ff., 222, 234, 246
    partikulare – 220
    – und (religiöse) Autorität 217 f., 229

    – und Kommunikation 220
Moralische Indifferenz 221
Moralität 61, 168, 223
Moralphilosophie, -theorie 184 ff., 187, 218 ff.
    – als kritische Instanz 218 ff.
    utilitaristische 221
Moral und Recht s. Recht
Mythos 28 f.
Nationalsozialismus 79 f., 81, 151 f.
Natur 12, 28, 33, 35, 38, 39, 50, 59, 84, 153, 424
Natur des Menschen 31, 49 ff., 82, 97 f., 424
Natur der Sache 6, 17, 31, 85, 91, 130, 148, 169, 196 ff., 252
    Denken aus der – 198 ff., 207 f.
    fundamentalontologische Theorie der – 205 ff.
    methodendualistische Interpretation der – 204
    – und praktische Jurisprudenz 198 ff.
Naturalien 197
Naturalismus 117
Naturbegriff 31 f., 34, 38
Naturgesetz 92
Naturrecht 12, 13, 15, 17, 28, 30, 31, 32, 33, 34, 35, 38, 39, 40, 41, 43, 44, 45, 48 ff., 55, 56, 59, 60, 61, 63, 64, 65, 66, 68, 75, 81 ff., 85, 89 ff., 91, 93, 94, 95, 96, 103, 106, 110, 132, 148, 153 f., 207, 209 f., 252, 323, 334, 424
    abstraktes – 166, 167 ff., 207
    – als Unverfügbarkeit – 152 ff.
    – als Vernunftrecht 48 ff., 53, 55, 56, 63, 207, 346
    aufklärerisches – 54, 171, 172
    experimentelles – 165 f.
    Geltung von – 154 f.
    geschichtliches – 44, 65, 73 f., 213
    – höherer Ordnung 154, 156 ff.
    ideelles – 33 f., 64
    klassisches, substanzontologisches – 55, 84, 90, 132
    Kodifikation von – 209 f.
    konkretes – 85, 196
    – mit wechselndem Inhalt 75, 210 f.
    objektives – 61, 73

säkulares – 187, 334, 346
scholastisches – 40 ff., 164, 171
theokratisches – 334, 346
unbedingtes – 171, 175
– und Positivismus 17 ff., 80, 84, 89 ff., 95 ff.
Naturrechtliche Metaregeln 176 ff.
Naturrechtliches Argumentieren, Struktur 162 ff.
Naturrechtsbegriff, Ausdehnung des -s 153 f.
Naturrechtsdenken, modernes 152 ff.
Naturrechtsidee als Problem der politischen Verfassung 154 f.
Naturrechtsrenaissance 81 ff., 151, 153
Naturrechtssysteme 334, 442
Naturwissenschaft(en) 26, 47, 76, 90, 335, 341 f., 362 f., 391 f., 426, 437
Naturzustand 49, 51, 424
Neminem laede 42, 52, 171, 209
Neopositivismus 82 ff.
Neuhegelianismus 86
Neukantianismus 57, 75, 85, 90 ff., 124, 202 f., 206, 329, 387
Nichtwissen, Schleier des s. Schleier des Nichtwissens
Nominalismus 45, 47, 75
Norm(en) 91, 320 ff., 275 ff.
außergesetzliche – 414
Kollision von -en 179, 180
Kriterien der Anwendung von – 275 ff., 278 f.; s. a. Auslegung
moralische – 214 ff., 222
rechtliche – s. Rechtsnorm
Sanktions- 275
soziale – s. soziale Normen
Verhaltens- 275, 294
Normabweichung 438
Normadressat 93, 214, 216, 222, 325, 355
Normativ 396 f.
Normative Kraft des Faktischen 132
Normativismus 132
Normativität 92
Normentheorie 91, 208, 320, 321
Normfunktion
instrumentelle – 410
Normkonkretisierung 267, 285 ff., 296
Präferenzregeln bei der – 285 f.

Normkonkurrenz 410
Normlogik 307
Normverletzung, gesellschaftliche Reaktion auf 217
Notwehrrecht 324
Nulla poena sine lege, nullum crimen sine lege 74, 288
Nürnberger Kodex (von 1947) 459, 460
Nürnberger Ärzteprozesse (ab 1946) 459
Nutzen 178 ff.
Begriff des -s 180
individueller – 358 f.
institutioneller – 358 f.
kollektiver – 358 f.
Nutzenmaximierung 178 ff., 353 f., 356, 359, 365, 376, 461, 463

Objekt, Objektivität 11, 13, 15, 26, 59, 64, 66, 101, 104 f.
Welt als – 11 ff.
Objektivismus 12, 15, 18, 42, 86, 100, 101, 104, 105, 129
Objektsprache 307
Öffentliches Recht 37, 38
Ökonomische Analyse des Rechts 352, 354 ff.
Ontologie 11 f., 15, 27, 59, 316
– der sozialen Rolle 205 ff.
Rechts – 12, 207, 316, 275, 426 f.
Relationen – 15, 53, 102
Substanz – 12, 15, 42, 50, 82, 84, 100, 104, 144, 145
Ontologismus 116, 132
Ontologisierung 345
Ordnung 145, 196 ff.
konkrete – 198, 200
– durch Fluktuation 446
Ordnungsbegriffe 95, 135
Ordnungselemente 199, 200
Organisationssoziologie 404, 407
Organismus 431
Organhandel 283, 467
– Verbot des -s 283, 468
Organspende 463 ff.; s. a. Lebendspende
– und Nützlichkeitsprinzip 469 f.
– und Gleichheitsgrundsatz 469 f.
– und Verteilungsgerechtigkeit 469 f.

Sachverzeichnis

Pandektenwissenschaft 56, 116 f.
Paradigmenwechsel 16, 89
Parteienlehre, rechtsphilosophische 178
Patientenautonomie 460, 461 f., 463 f., 480, 481
Patientenverfügung 481
Paternalismus 466, 467 ff.
– und Organspende 467 ff.
Patristik 46, 171
Perfektionismus, ethischer 54
Performativer Widerspruch 165
Person(alität), personal 16, 61, 94, 145 f.
Personales System s. System
Persönlichkeitsrecht, pränatales 474, 477
Perversion der Rechtsordnung 83, 152
Pflicht
    Begriff der – 223 f.; s. a. Verbindlichkeit des Rechts
    Kollision von rechtlichen u. moralischen -en 224
    moralische – 52, 223 f.
    rechtliche – 2, 222, 223 f.; s. a. Verbindlichkeit des Rechts
    religiöse – 52
    – und Rechte 333
Phänomenologie 17, 84 f., 98
Philosophie
    Aufgaben der – 16 ff.
    dualistische – 64
    falscher Umgang mit – 7 f.
    Ursprünge der – 10 ff.
Philosophismus 7
Planung, gesellschaftliche 429
Pluralismus 4, 18, 105, 459
Political correctness 347
Politische Theorie 156
Politische Wissenschaft 433; s. a. Rechtswissenschaft
Politisches System s. System, politisches
    Akzeptanz und Legitimität des -s 433
    Input-Output-Modell des -s 431, 436 f.
Polizei, Sanktionsverhalten der 419 f., 421 ff.
Positivierung des Rechts 257 f., 441

Positivismus 13, 15, 17, 31, 45, 51, 72 ff., 75 ff., 78 f., 81 ff., 89 ff., 91, 103, 106, 107, 110, 115, 132, 165, 437
    aufgeklärter – 178
    empirischer – 77 f., 118 ff.
    logischer – 124
    normlogischer – 77, 124 ff., 127, 132
    psychologischer – 77, 118 f., 124
    soziologischer – 77 f., 118 f., 124
    – und Naturrecht s. Naturrecht
Positivität des Rechts 73 f., 92, 93
Postmoderne 16, 19
Potenzialitätstheorie (im Diskurs um den Embryonenschutz) 471, 474, 477
Prädikatenkalkül 303, 305, 306, 308, 312, 314; s. a. Prädikatenlogik
Prädikatenlogik 300, 303, 344; s. a. Prädikatenkalkül
Präimplantationsdiagnostik (PID) 172, 458, 477, 478
Präjudizien, -recht 263, 334, 346, 277
Pragmatismus 53, 109
Praktikabilität s. Argument der Praktikabilität
Praktische Konkordanz 176
Pränataldiagnostik 458
Prinzip des besseren Arguments 140
Prinzipien 177, 209, s. a. Rechtsprinzipien
    – als Optimierungsgebote 462
    oberste formale – 43 f., 49, 55, 131, 135 f., 167
Prinzipienkonflikt 462
    prozedurale – 181 ff., 186 ff.
    – und Regeln 462
Privatautonomie 355
Privatrecht 37, 38, 176, 355
Problemdenken 103, 104
Produktionsverhältnisse 67
Programme, informelle 264 ff.
Programmierung des Rechts
    finale – 441, 361, 379
    konditionale – 334, 361, 441, 448, 371, 374 f., 379
Protestantische Rechtslehre 196
Prozedurale Gerechtigkeitstheorien s. Gerechtigkeit, prozedurale Theorien der

Psychologische Rechtstheorie
  s. Rechtstheorie

Radbruch'sche Formel 339
Rassenphilosophie 71 f.
Ratio s. Vernunft
Rationalismus 48 ff., 54 f., 60, 167
Rationalität 17, 19, 60, 105, 122, 127, 191, 192; s. a. Rechtsrationalität
Realfolgen 334, 361, 375
Recht
  Änderbarkeit von positivem – 158, 395 f.
  – als Institution 450
  – als Instrument staatlicher Politik 158, 405 f.
  – als Medium 450
  – auf Leben 461, 475, 478, 479
  Begriff des -s 13, 90 ff., 92, 95
  Durabilität des -s 93
  Entscheidungscharakter von – 162
  funktionale Betrachtung des -s 83 f., 405 f.
  gesellschaftlicher Bezug von – 401 f., 409
  göttliches – 40 ff., 44, 52
  kybernetische Regelungstheorie des -s 431, 445
  positives – 35, 42, 43, 60, 82, 110
  Praktikabilität des -s 93
  reflexives – s. reflexives Recht
  subjektive(s) (-e) 462
  überpositives – 81 f.
  – und Gerechtigkeit 216
  – und Moral 52, 54, 60 ff., 86, 125 f., 184 ff., 214 ff.
  – -e und Pflichten 333
  wahres – 156
Rechtfertigender Notstand, auch § 34 StGB 479
Rechtfertigung
  externe – 336, 337, 344
  interne – 336
Rechtfertigungsgrund 479; s. a. Rechtfertigender Notstand, Einwilligung
Rechtsanthropologie 96 ff., 166, 424 ff.
  empirische – 98
  philosophische – 99

Rechtsanwendung 101, 111, 112, 120, 135, 275 ff., 277 ff., 285 ff., 294 ff., 334, 348 ff., 363, 364, 403
  Erkenntnisinteresse richterlicher 294 f.
  Kriterien der – 275 ff., 278 f.
Rechtsbegriff s. Recht
Rechtsdogmatik 198, 264, 267 f., 285, 336, 388, 375, 393, 394, 395, 396, 399, 403, 412, 435
  Begriff der – 1 ff.
  Theorien in der – 388, 394 ff.
Rechtsentwicklung 447 ff., 449 ff., 455; s. a. Evolution
Rechtserfahrung 176
Rechtserkenntnis 26, 154 f., 160 f., 162 f.
Rechtserkenntnis, Problem der 340
Rechtsethologie 404
Rechtsfindung 104, 107, 111, 112, 135, 145, 146, 403 s. a. Rechtsverwirklichung
  – als Kunst 122
  – und Rechtfertigung 267 f., 296, 348,
  s. a. Herstellung und Darstellung von richterlichen Urteilen
Rechtsfolgen 293, 361, 375, 393, 396
Rechtsfortbildung, freie richterliche 112, 113, 134, 135, 337
Rechtsfreier Raum 324 f., 449
Rechtsfrieden 42, 93, 227
Rechtsgefühl 103, 122, 129, 216, 373, 374, 380, 390
Rechtsgehorsam 225 f., 355, s. a. Widerstandsrecht
Rechtsgeltung s. Geltung des Rechts
Rechtsgestaltung 26, 101, s. a. Rechtsfindung
Rechtsgewinnung
  Psychologie der – 373 f.
Rechtsgut 468, 475
Rechtsgüterschutz 175
Rechtsidee 34, 90, 93, 94, 125, 131, 135, 146
Rechtsinformatik 407, 411
  Rechtskybernetik s. Kybernetik
Rechtslogik s. Logik, juristische

Sachverzeichnis

Rechtsnorm 214 ff., 222, 275, 320, 406, 407 ff.
   Formalisierung von -en 302, 303, 304 ff., 408
   – und soziale Norm 404, 407 ff.
Rechtsontologie s. Ontologie
Rechtspflicht s. Pflicht, rechtliche
Rechtsphilosophie
   – als Geschichtsphilosophie 209, 211, 213
   Aufgaben der – 26
   Begriff der – 1 ff.
   christliche – 95 f.
   existentielle – 211 ff.
   materiale – 87, 89, 455
Rechtspolitik 124, 127, 403, 429
Rechtspositivismus s. Positivismus
Rechtsprechung s. Kodifikation
   Einheitlichkeit der – 336
   – als Rechtsquelle 337,
   s. a. Richterrecht
Rechtsprinzipien 27, 43 f., 106, 108, 164, 131, 209, 210, 252, 256 f., 263, s. a. General Principles
Rechtsquelle 337
Rechtsquellenlehre 337
Rechtsrationalität
   formale – 450
   materiale – 450 f.
   reflexive – 450 f.
Rechtsrealismus 389
   soziologischer – 222, 224
Rechtsregel 106 ff., 131
   – und Rechtsprinzipien 335 f.
Rechtsschöpfung 26, 114, 127, 252, 337, s. a. Rechtsfindung
Rechtsschöpfungsverbot 78, 116
Rechtssicherheit 33, 35, 42, 50, 73, 76, 90, 92, 93, 94, 103, 115, 227, 252, 254, 267, 379, 381
Rechtssoziologie 91, 123 ff., 127, 365, 404 ff.
Rechtsstaat 72, 107, 114, 229, 455 f., 469
Rechtssystem 175, 216, 240, 251, 257 f., 292, 334, 335, 338, 375, 429, 431, 437, 439, 442 f., 444, 447 ff., 455, 361 f.
   Formalisierbarkeit von -en 429

   und politisches System 449
Rechtstatsachen 77, 118, 128
Rechtstatsachenforschung 406, 414 ff.
Rechtstheorie
   – als Systemtheorie 432
   analytische – 86 f., 91, 105, 106
   Begriff der – 8 ff.
   rhetorische – 345
Rechtsverbindlichkeit s. Geltung
Rechtsvergleichung 401, 416, 429
Rechtsverweigerungsverbot 78
Rechtsverwirklichung 26 f., 120, 127, 131 ff.
Rechtswert 17 f., 65, 90, 92
   individualistischer – 18, 93, 94
   transpersonaler – 18, 93, 94
   überindividualistischer – 18, 93, 94
Rechtswissenschaft 311, 318, 385 ff., 401 ff.
   – als Handlungswissenschaft 396 ff.
   – als normative Wissenschaft 396 ff.
   – als politische Wissenschaft 399 f.
   – als Sozialtechnologie 398
   – als Sozialwissenschaft 404
   Rationalität der – 400
   Wissenschaftlichkeit der – 386 ff., 389
Recht/Unrecht-Codierung s. Codierung
Reflexives Recht 449 ff.
Reflexion, Selbstreflexion 92, 112, 455
Reformation 45
Regel/Ausnahme-Struktur 318
Regel, Begriff der 174 f.
Regel/Prinzipien-Kontroverse 106 ff.
Regelkreismodelle 432, 434, 445;
   s. a. Kybernetik und Recht
Regelorientierung 335 ff.
   Grenzen der – 336 f.
Regelsystem 264
Regel und Fall 336 f.
Regeln und Prinzipien 335 f., 174
Rein, Reinheit 17, 18, 125
Reine Rechtslehre 17, 77, 83, 124 ff., 429
Relation, relational 53, 84, 102, 112, 130, 144, 145 f.
Relativismus 4, 17 f., 31, 84, 89, 93, 94, 105, 158 ff.
Religion 52, 67, 90

Repräsentation 161
Resozialisierung 401
Responsive law s. Reflexives Recht
Rhetorik 87, 103, 343, 345
  analytische – 345
Richter
  entscheidungsorientierter – 367
  vergleichsorientierter – 367
Richterliches Handeln
  Theorien -n -s 411
  – und Kodifikation 251 ff.
Richterpersönlichkeit 102, 373
Richterrecht 92, 129, 148, 209, 255 f., 263, 267 f., 337
  – als Rechtsquelle 337
Richtersoziologie 363 f., 399
Richtiges Recht 3, 9, 26 f., 40, 48, 63, 92, 94, 108, 143, 163, 210 f., 455;
  s. a. Richtigkeit des Rechts
  Idee des -n -s 158, 162, 455
  – im Wandel 209 ff.
Richtigkeit 137, 157 ff., 164, 203, 256
  – der Entscheidung 256, 333 f., 340 ff.
  – des Rechts 17, 101, 210, 334;
    s. a. Richtiges Recht
  keine dogmatisierte – 157 f.
Richtigkeitsanspruch normativer Aussagen 345
Rolle, Rollen 197, 205 ff., 438
Rollenerwartungen 198, 205, 370
Rollenkonflikte 420, 422
Rollentheorie 367, 369 f., 430
Rückkopplung (Systemtheorie) 431
Rückwirkungsverbot 259
Rules s. Rechtsregel

Sachargument 337 f.
Sachlogische Strukturen 85, 197, 199, 252
Sachverhalt 112, 133, 277, 291, 294
Sachzwänge, technische 197
Sanktion(en), gesellschaftliche 217
Sanktionsapathie 409
Sanktionsgewalt, Monopolisierung der 409
Sanktionsnorm s. Norm
Satz vom ausgeschlossenen Dritten 315, 316, 317

Satz vom Widerspruch 314, 317, 344
Schadensvermeidung, Prinzip der 461 f., 463 ff., 467, 480, 481
Scheingründe 122, 129
Schema 168
Schleier des Nichtwissens (Rawls) 138, 186 ff.
Scholastik 40 ff., 42, 45, 46
Schulenbildung 8
Schutzpflicht des Staates 470
Schutzrechte 456
Schwangerschaftsabbruch 325
Scientismus 7 f.
Second Code 421
Sein
  – als Dasein 271
  – als Faktizität 202 f.
  – als Wesenswirklichkeit 202 ff.
Sein und Sollen 17, 29, 42, 43, 51, 76, 77, 85, 64, 90, 91, 112, 120, 124 f., 128, 129, 132, 134 ff., 201 ff., 329, 415
Selbstbestimmung 192, 456, 477;
  s. a. Autonomie
Selbstbestimmungsrecht 463, 480, 481, 482
Selbstgefährdung, autonome (eigenverantwortliche) 323, 463 ff.
Selbstmord, Verbot des 185 f.
Selbstschädigung 462 f., 481;
  s. a. Selbstgefährdung, autonome
Selbstjustiz, Tendenz zur 422
Selbstreferenz s. System
Selbstreflexion s. Reflexion
Selbststeuerung s. Autopoiesis
Selbstverwirklichung 14
Selektivität
  juristische – 420 f.
  – von Sanktionstätigkeit 404, 419 ff.
Self-fulfilling prophecy 423
Semantik 288
Sicherheit, soziale 456
Sinnverhältnis, Identität im 134, 135 f.
Sinnverstehen 100, 132
Sittengesetz 82
Sittlichkeit 32, 60 f., 65 ff., 92, 168, 243, 244; s. a. Moralität
Sklaverei 39, 44

511

Sachverzeichnis

Sonderfallthese (des juristischen Diskurses) 338 ff., 346
Sophistik 31 f.
Souverän(ität) 54 f., 66, 73
Soziale Kontrolle 438, 439, 407 f., 409, 411
Soziale Kontrollinstanzen 419
Soziale Normen 406, 407 ff.
Soziales Handeln, Typen -n -s 409
Soziales System s. System
Sozialforschung
   empirische – 406 f.
   Methoden und Techniken der empirischen – 406 f.
Sozialisation 438
   – der Juristen 363 f., 399, 403, 412 f.
Sozialität 92
Sozialrecht 37
Sozialstaat(sprinzip) 73, 257
Sozialtechnologie s. Rechtswissenschaft
Sozialwissenschaften 351, 364, 385, 401 ff., 416, 426, 437
Sozialwissenschaftliche Beiträge 411 f.
Sozialwissenschaft und Rechtswissenschaft, Anknüpfungspunkte zwischen 401 f., 403 f.
Soziologische Schule 401
Sprache 86, 444, 378
   formalisierte – 300
   Sprachgebrauch, möglicher s. Wortsinn
Sprachphilosophie 86, 168
Sprachregeln 289
Staat 50 f., 65 ff., 74
Staatsabsolutismus s. Absolutismus
Staatsphilosophie 156, 162
   völkische – 71
Stabilisierung von Erwartungen 447
Stammzellengesetz 471, 472
Stammzellforschung 172, 470 ff., 475 ff., 482
   – und Empfängnisverhütung 473
   – und Menschenwürde 473, 477
   – und Potenzialitätstheorie 474, 477
Status civilis 51
Status naturalis 50; s. a. Naturzustand
Sterbehilfe 481, 482
   aktive – 481

indirekte – 481
passive – 481
Stigmatheorien s. labeling
Stoa 38 ff.
Stoff s. Inhalt
Stoffbestimmtheit der Idee 17, 91
Strafrecht 3, 74, 175
Strafrechtssystem, Disfunktionalität des -s 440 f.
Strafrechtswissenschaft, gesamte 440
Straftheorien 36, 37, 62
Strafzumessung 265
Strukturtheorie des Rechts 432
Stufenbau der Rechtsordnung 41, 127, 131 f.
Subjekt, Subjektivität 12, 15, 64, 97, 145 f.
   Welt als – 12 f.
Subjektive Rechte 61, 74, 90, 180
Subjektivismus 13, 15, 31, 101
Subjekt-Objekt-Schema 15, 26, 101, 104, 116, 146
Subsumtion 82, 102, 103, 110, 112, 129, 133, 170, 289, 299, 312, 314, 344, 349, 380 f., 402, 420 f.
   automatisierte – 380 f.
Subsumtionshilfe 381
Subsumtionsideologie 252
Suum cuique 27, 30, 36, 39, 52, 93, 96, 135
Syllogismus 111, 129, 299, 314
   juristischer – 299, 303, 312, 335, 344
Syllogistik 299, 303, 327
Synthetische Urteile a priori 57 ff.
System 428 ff.
   autopoietisches – 428, 444, 445 ff.
   axiomatisches – 87, 308 f.
   Begriff des -s 429 f.
   black-box- 436
   Disfunktionalität der -e 440
   Fremdreferenz des -s 448
   geschlossenes – 54, 82, 91, 94, 99, 100, 310, 432, 447, 449
   homöostatisches – 446
   invariantes – 443
   offenes – 87 f., 91, 94, 99, 102, 103, 104, 432

Organisation des -s 429, 445 ff.
personales – 410, 437
politisches – 431, 433, 434, 436 f., 449
psychisches – 444
Selbstkontrolle eines -s 433
Selbstorganisation des -s 445 ff., 451 f., 452
Selbstproduktion des -s 446, 450
Selbstreferenz des -s 446 f., 448, 449 ff., 451 f.
soziales – 430, 431, 433, 437 ff., 441, 442, 444, 447, 451
Struktur des -s 429
Systematisierung juristischen Wissens 255 f.
Systemmechanismen 439
Systemtheorie 137 f., 428 ff.
allgemeine – 431, 432, 446
Anwendungen der – 447 ff., 449 ff., 451 ff.
funktional-strukturelle – 431, 437, 441 ff.
Kritik an der – 453 ff.
kybernetische – 431, 433 ff.
soziologische – 148 f., 430 f.
strukturell-funktionale – 431, 437 ff.
und Recht 428 ff., 434 ff., 447 ff., 449 ff.
– System/Umwelt-Differenz 431, 443, 454

Tatbestand 112, 135
– und Rechtsfolge 275, 303, 305, 334, 442
Tatsachenfeststellung 334
Tauschgerechtigkeit 36, 37; s. a. Gerechtigkeit, ausgleichende
Teilhaberechte 456
Teilnehmerperspektive 456
Teleologie 53
Teleologische Reduktion 112, 113
Tertium comparationis 135, 278
Theorem 308, 309
Theorie 394
– und Forschungsrichtung 419
Todesstrafe 220
Toleranz(prinzip) 18, 19, 27, 55, 136, 141, 159, 450

Topik 87, 91, 103, 310, 345
Tötungsverbot 43, 173, 220, 324, 478
Tötung auf Verlangen, auch § 216 StGB 462 f., 481
Toulmin-Schema 314, 335
Tradition 48, 101, 102
Transitivitätsregel 310
Transplantationsgesetz (TPG) 467, 468, 482
Transplantationsmedizin 458, 459
Transzendentalphilosophie 100, 132
Trennungsthese, positivistische 221 ff., 225 ff.
Treu und Glauben 257
Typenbegriffe s. Ordnungsbegriffe
Tyrannenmord 45
Tyrannis 31, 50

Überbau s. Basis-Überbau
Überlieferungszusammenhang 271
Überprüfbarkeit 388 f., 390 f.
Übertragungstheorien 418
Überzeugungstäter 45
Umgangssprache 301, 302, 304 f., 306, 308
– als Metasprache 170
Umkehrschluss s. argumentum e contrario
Umweltschutz 401
Unabhängigkeit des Richters 161, 259 f., 380
Universalienproblem 45
Universalisierbarkeitsprinzip 219, 313
Universalisierung 128, 138
Unparteilichkeit 161, 185, 186, 190
Unschuldsvermutung 180, 181
Unterlassen, Verbotsübertretung durch 325 ff.
Unterlassungsdelikte 267, 322, 324, 325 f.
Unterlassene Hilfeleistung, auch § 323c StGB 475
Unverfügbares 6, 12, 15, 28, 63, 74, 78, 82, 83, 84, 86, 90, 96, 196 f.
Unverfügbarkeit von Recht 152 f., 157, 160, 163, 167, 178, 198, 205, 211, 212

513

Sachverzeichnis

Unvertretbarkeit s. Vertretbarkeit
Ursachen und Gründe 335
Urteilsbegründung s. Begründung einer Entscheidung
Urzustand 48, 138, 186 ff.
Utilitarismus 52, 53, 140, 169, 178 ff., 188, 458, 460, 469
   negativer – 140
   positiver – 140
Utilitätsprinzip 178 ff., 181 f.; s. a. Nutzenmaximierung, Utilitarismus

Venn-Diagramme 320 f., 326 ff.
Verantwortung 136, 141, 452 f.
Verbindlichkeit des Rechts 222, 223 f., 227; s. a. Rechtsgeltung
Verbot 320 ff.
Verfahren
   – als Leistung des Systems 441
   Plausibilität des -s 188
Verfahrensrecht 265
Verfassung, beste 154, 156
Verfassungsrecht 252
Vergeltung 401
Verhaltensnorm s. Norm
Verhaltensregelmäßigkeiten 108, 409
Verhaltenssteuerung 406, 410
Verhältnis s. Relation
Verhältnis Polizei/Bevölkerung 420
Verhältnismäßigkeit, Grundsatz der 239, 291 f.
Verhandlungsstile 368 f.
Verifikation 308, 391, 392
Vernünftigkeit 219, 220
   Argument der – 338
Vernunft 48, 60, 65, 157, 243, 252
   instrumentelle – 476 f.
   kommunikative – 455
   zweckrationale – 476
Vernunftprinzip 142
Vernunftrecht s. Naturrecht
Verpflichtung, Begriff der 223 f.; s. a. Verbindlichkeit des Rechts
Verrechtlichung 19, 214, 440
Verstand 48, 58 f.
Verstehen 100 ff., 132, 133, 270 ff.
   Vorverständnisbedingtheit des -s 102, 133, 273 f.
Vertretbarkeit 340, 342

Verwaltungsautomation 379 f.
Verwaltungsinformatik 407, 412
Verwerflichkeit 257
Vitalien 197
Volksgeist 56, 115, 153
Volonté générale 74
Voluntarismus 40, 41, 121 f., 131
Vorsokratik 29
Vorsokratiker 14
Vorurteil s. Vorverständnis
Vorverständnis 2 f., 27, 122, 129, 133, 150, 271 ff., 273 f., 296, 349, 370, 371, 373, 374, 377
   – des Rechts 216
   – des Richters 122, 129

Wahrheit 137, 154, 157 ff., 164, 399 f.
   Kohärenztheorie der – 144
   Konsensustheorie der – 140 ff., 142, 143, 164, 399 f.
   Konvergenztheorie der – 142, 143 f., 146
   Korrespondenztheorie der – 143, 144, 307, 399
   allgemeine Kriterien der – 169 f.
Wahrheitsbegriff
   rationaler – 157 f., 160
   „relativer" – 308
   ontologischer – 164, 165
   semantischer – 307
Wahrheitsfähigkeit von Normen 399
Wahrscheinlichkeitsurteile 359, 365
Wenn-dann-Satz/Struktur 209, 302, 320, 361, 362, 379, 441, 448
Wert(e) 17, 89, 90, 92, 93, 94, 131 f.
   – des Rechts s. Rechtswert
Wertbezogenheit des Rechts 92, 94
Wertfreiheit 17, 90, 92, 125
Wertkonflikt 176, 180
Wertrationalität 119
Werttheorie 90
Werturteile/-entscheidungen/-ungen 112, 127 f., 398
Wesen 91, 203
Wesensphilosophie 203 f.
Wesenswirklichkeit s. Sein
Widerspruch, Satz vom 314, 317

Widerstand(srecht) 45, 46, 55, 74, 139, 155 f., 227
  Ultima-Ratio-Logik vom – 156
Wille, göttlicher 334
Wille des Gesetzgebers 282, 287, 289 f., 338; s. a. Argument des -ns des Gesetzgebers
Willensfreiheit s. Freiheit
Willkürverbot 93, 239, 246, 313
Wirklichkeitsdefizit des Gesetzgebers 416
Wirksamkeit des Rechts 91, 410 f.
Wirkungsspirale, gesellschaftliche 408
Wirtschaftsordnung 197
Wissenschaft 3 ff., 127
  idiographische -en 388
  nomothetische -en 387
  normative -en 144
  Spezialisierung der -en 3
Wissenschaftstheorie
  analytische – 389 ff., 393
  – der Rechtswissenschaft 26 f., 59 f., 76, 128, 318, 385 ff., 363
Wortlaut-Argument s. Argument des Wortlauts
Wortsinn, möglicher 113, 133, 134, 135, 287 f.

Würde des Menschen s. Menschenwürde

Zirkel 5, 32, 62, 95, 117, 138, 141, 274
  hermeneutischer – 5, 102, 133, 145 f., 270, 271, 278
  naturrechtlicher – 32, 140
Ziviler Ungehorsam 139
Zuordnungsregeln 292 f., 295
Zurechnung 126
Zwang 91, 92, 407 f.
Zweck des Rechts 93, 119 f.
Zweckidee 92, 93
Zweckmäßigkeit s. Zweckidee
Zweck-Mittel-Verhältnis, Zweck-Mittel-Relation 244
Zweckprogramm s. Programmierung, finale
Zweckrationales Handeln 454, 476
Zweckrationalität 119
Zwei-Ebenen-Modell 148 ff.
Zweifel, erkenntnistheoretischer 12 f.
Zweireichelehre 46
Zweiweltentheorie s. Philosophie, dualistische

Gustav Radbruch
Gesamtausgabe

„Juristisches Buch des Jahres"
(JZ 23/1999 und NJW 48/1999)

Herausgegeben von Prof. Dr. Dr. h.c. mult. Arthur Kaufmann †
Gesamtausgabe in 20 Bänden

„Ein ungewöhnliches, ein in der Geschichte der deutschen Rechtswissenschaft bislang einmaliges Unternehmen: Die wissenschaftliche Gesamtausgabe des Werkes eines Juristen, der zu den großen Rechtsdenkern dieses Jahrhunderts zählt, eines Mannes, der inzwischen Weltgeltung erlangt hat und dessen wissenschaftliche Größe sich mit einer menschlichen Haltung verbindet, die weit über dem Alltäglichen liegt."
Gerhard Haney in: Archiv für Rechts- und Sozialphilosophie ARSP 1991, S. 421

Band 1: **Rechtsphilosophie I**
Arthur Kaufmann †.
IX, 646 S. € 101,20

Band 2: **Rechtsphilosophie II**
Arthur Kaufmann †.
XI, 629 S. € 147,30

Band 3: **Rechtsphilosophie III**
Winfried Hassemer.
X, 343 S. € 65,50

Band 4: **Kulturphilosophische und -historische Schriften**
Günter Spendel.
XIII, 469 S. € 114,–

Band 5: **Literatur- und kunsthistorische Schriften**
Hermann Klenner.
X, 454 S. € 106,40

Band 6: **Feuerbach**
Gerhard Haney.
IX, 633 S. € 142,10

Band 7: **Strafrecht I**
Monika Frommel.
IX, 322 S. € 75,70

Band 8: **Strafrecht II**
Arthur Kaufmann †.
IX, 470 S. € 111,50

Band 9: **Strafrechtsreform**
Rudolf Wassermann.
XI, 411 S. € 89,–

Band 10: **Strafvollzug**
Heinz Müller-Dietz.
IX, 247 S. € 60,30

Band 11: **Strafrechtsgeschichte**
Ulfrid Neumann.
IX, 794 S. € 149,–

Band 12: **Politische Schriften aus der Weimarer Zeit I**
Demokratie, Sozialdemokratie, Justiz
Alessandro Baratta †.
XI, 329 S. € 70,60

Band 13: **Politische Schriften aus der Weimarer Zeit II**
Justiz-, Bildungs- und Religionspolitik
Alessandro Baratta †.
XI, 357 S. € 78,70

Band 14: **Staat und Verfassung**
Hans-Peter Schneider.
X, 272 S. € 78,–

Band 15: **Rechtsvergleichende Schriften**
Heinrich Scholler.
IX, 483 S. € 126,80

Band 16: **Biographische Schriften**
Günter Spendel.
XI, 499 S. € 85,90

Band 17: **Briefe I (1898–1918)**
Günter Spendel.
IX, 512 S. € 91,–

Band 18: **Briefe II (1919–1949)**
Günter Spendel.
IX, 657 S. € 142,10

Band 19: **Reichstagsreden**
Volkmar Schöneburg.
X, 232 S. € 75,70

Band 20: **Nachtrag und Gesamtregister**
Berthold Kastner.
XXXIV, 462 S. € 128,–

Bei Bezug der Gesamtausgabe 15% Ermäßigung:
Bände 1-20. € 1.732,80
ISBN 3-8114-3333-4

Alle Bände in hochwertiger Ausstattung: Leinen, Buckram-Einband mit Goldprägung. Mit Schutzumschlag und im Schuber. Format Großoktav.

C. F. Müller, Verlagsgruppe Hüthig Jehle Rehm GmbH
Im Weiher 10, 69121 Heidelberg
Kundenbetreuung München: Bestell-Tel. 089/2183-7928, Fax -7620
E-Mail: kundenbetreuung@hjr-verlag.de

So verfechten Sie Ihre Meinung im Rechtsstreit

Prof. Dr. Wolfgang Gast

Juristische Rhetorik

4., neu bearbeitete Auflage 2006.
XXIII, 473 Seiten. Gebunden. € 75,-
ISBN 978-3-8114-1909-4

Nichts ist einfacher, als Recht zu haben: man braucht es nur zu behaupten. Mühsamer ist es, Recht zu bekommen. Recht geben können mir nur andere. Streit um das Recht wird im bestehenden Rechtsbetrieb ausgefochten, durch geregelte Kommunikation. Wie die Beteiligten dort Rechtssuche veranstalten, beschreibt das Prozessrecht - und die juristische Rhetorik.

„Wer aber lernen will, seine Meinung im Rechtsstreit optimal zu verfechten, der sollte zu diesem bemerkenswerten Buch greifen. Es wird dem Praktiker zu professioneller Souveränität verhelfen. Wegen seiner klar strukturierten und einprägsamen Ausführungen auch zur Methodik der Gesetzesauslegung, das entscheidende Mittel zur Bewältigung unbekannter Rechtsprobleme, ist es auch für Studenten und Referendare zur Anschaffung und Durcharbeitung bestens zu empfehlen."
www.hrr-strafrecht.de Juni 2007

„Gast informiert zuverlässig über die Juristische Rhetorik (im Grundsätzlichen wie im Detail), räumt manches Vorurteil aus dem Weg und sorgt dabei auch noch für Lesevergnügen. Seine ‚Juristische Rhetorik' verdient eine uneingeschränkte Lektüreempfehlung."
Privatdozent Dr. Ralf Kölbel in: Goldtammer's Archiv für Strafrecht 8/2007

www.cfmueller-campus.de/lehrundhandbuch